ADERLASS UND SEELENTROST

Die Überlieferung deutscher Texte im Spiegel Berliner Handschriften und Inkunabeln

VERLAG PHILIPP VON ZABERN · MAINZ AM RHEIN

Peter Jörg Becker, Eef Overgaauw (Hrsg.)

ADERLASS UND SEELENTROST

Die Überlieferung deutscher Texte im Spiegel Berliner Handschriften und Inkunabeln

STAATSBIBLIOTHEK ZU BERLIN
PREUSSISCHER KULTURBESITZ

Eine Ausstellung der Staatsbibliothek zu Berlin –
Preußischer Kulturbesitz
Staatliche Museen zu Berlin – Preußischer Kulturbesitz,
Kulturforum
20. Juni – 21. September 2003

Germanisches Nationalmuseum, Nürnberg
November 2003 – Februar 2004

XIII, 473 Seiten mit 238 Farb- und
7 Schwarzweißabbildungen

Umschlag vorne: Kat. 165: Heinrich von Laufenberg:
Tierkreiszeichenmann (Ms. germ. fol. 1191, 23^v)

Vor- und Nachsatzblatt: Kat. 47: Neidhart-Handschrift
(Ms. germ. fol. 779, 240^v/241^r)

Frontispiz: Kat. 194: Rudolf von Ems: Ritterschlacht
(Ms. germ. fol. 623, 16^r)

Umschlag hinten: Kat. 15: Ausschnitt: Ritter mit Blume
(Ms. germ. quart. 1107, 79^r)

Bibliographische Information der Deutschen Bibliothek

Die Deutsche Bibliothek verzeichnet diese
Publikation in der Deutschen Nationalbibliographie;
detaillierte bibliographische Daten sind
im Internet über <*http://dnb.ddb.de*> abrufbar.

Staatsbibliothek zu Berlin – Preußischer Kulturbesitz
Ausstellungskataloge Neue Folge 48

Ausstellungsgestaltung: Werner Max Kattner

Redaktion: Dagmar Renfranz unter Mitarbeit von
Robert Giel

Autoren
ABR   (Anne-Beate Riecke)
AS   (Anneliese Schmitt)
ASCH   (Agnes Scholla)
BBN   (Beate Braun-Niehr)
BJK   (Britta-Juliane Kruse)
BM   (Bernd Michael)
CST   (Carmen Stange)
EO   (Eef Overgaauw)
HJS   (Hans-Jochen Schiewer)
HN   (Holger Nickel)
JG   (Jürgen Geiß)
JH   (Jürgen Hamel)
JO   (Joachim Ott)
KG   (Klaus Gantert)
KH   (Kurt Heydeck)
MS   (Martin Schubert)
PJB   (Peter Jörg Becker)
RB   (Ralf Breslau)
RC   (Regina Cermann)
RG   (Robert Giel)
RS   (Renate Schipke)
TB   (Tilo Brandis)
UW   (Ursula Winter)

Staatsbibliothek zu Berlin – Preußischer Kulturbesitz
(SBB-PK)

Leihgeber:
Staatliche Museen zu Berlin – Preußischer Kulturbesitz,
Kupferstichkabinett (SMB-PK KK)
Geheimes Staatsarchiv – Preußischer Kulturbesitz
(GStA-PK)
Deutsches Historisches Museum (DHM)
Sammlung Leuchte, Berlin

INHALTSVERZEICHNIS

GELEITWORT

'Aderlaß und Seelentrost': wer zur Ader gelassen wurde, wem also Blut zu medizinischen Zwecken abgenommen wurde, wollte einer Krankheit vorbeugen oder sie heilen, eine wichtige Anwendung mittelalterlicher Medizin. Wenn sie versagte, blieb immerhin der Seelentrost. Fachliteratur und Werke der Erbauung und Frömmigkeit, wofür Aderlaß und Seelentrost stellvertretend stehen, decken einen großen Teil der in mittelalterlichem Deutsch verfaßten und geschriebenen Texte ab. Als drittes großes Gebiet, welches der Ausstellungstitel nicht einbezieht, kommt die Unterhaltung hinzu, meist in Form von Epen in Reimpaarversen, aber auch Lyrik, dramatische Spiele, Prosaromane, dazu Weltchroniken und Historienbibeln, wenn diese auch für Belehrung und Erbauung in Anspruch genommen werden konnten.

Alle diese Felder der Überlieferung mittelalterlichen (und bis zu einem gewissen Grad frühneuhochdeutschen) Schrifttums in Handschriften und Inkunabeln, den Drucken vor 1501, können aus den überreichen Beständen der Staatsbibliothek zu Berlin – Preußischer Kulturbesitz mit Ausstellungsstücken ausgestattet werden. Oft blieb die Qual der Wahl, was zur Schau gestellt werden sollte und was in den Magazinen zurückbleiben mußte. Bei deutschsprachigen Handschriften und Inkunabeln können nur wenige Bibliotheken an die Fülle und Bedeutung des in Berlin Gesammelten heranreichen. Handschriften und Inkunabeln bilden einen Kern der historischen Sammlungen der Staatsbibliothek, deren Ursprünge bis zur Kurfürstlichen Bibliothek im 17. Jahrhundert zurückreichen. Sie werden laufend ergänzt, nicht zuletzt durch die großzügige Unterstützung der Kulturstiftung der Länder, durch die Berliner Lottostiftung, durch die oder den Bundesbeauftragte(n) für Kultur und Medien oder die Sponsorenschaft von Stiftungen, Unternehmen oder Privatleuten.

Einige wesentliche Objekte der Ausstellung stammen aus dem Kupferstichkabinett der Staatlichen Museen – Preußischer Kulturbesitz und aus dem Geheimen Staatsarchiv – Preußischer Kulturbesitz, wobei der Kooperationsbereitschaft der Direktoren, Hein-Th. Schulze Altcappenberg und Jürgen Kloosterhuis, sehr zu danken ist. Ein langjähriger Freund der Handschriftenabteilung,

Hans-Jörg Leuchte, trug mit einer Handschrift aus seiner Berliner Privatsammlung zum Gelingen der Ausstellung bei. Das Deutsche Historische Museum stellte uns freundlicherweise sein Heliand-Fragment als Leihgabe zur Verfügung. Hartmut-Ortwin Feistel rundete dankenswerterweise mit der Ausleihe eines Astrolabiums aus den Beständen der Orientabteilung der SBB – PK die entsprechende Fachprosaschaustellung ab. Der Verlag Philipp von Zabern in Mainz, bei dem der Ausstellungskatalog erscheint, war durch seine Kompetenz und sein Engagement eine besonders gute Adresse; Annette Nünnerich-Asmus möchte ich an hervorgehobener Stelle danken.

Das Zusammenwirken verschiedenster MitarbeiterInnen der Handschriftenabteilung der Staatsbibliothek wurde bei dieser Ausstellung als besonders lebhaft und fruchtbar empfunden. Die Danksagungsliste muß daher ziemlich lang ausfallen. Konzept und Durchführung von 'Aderlaß und Seelentrost' lagen bei der Handschriftenabteilung. Eef Overgaauw und Peter Jörg Becker, die beiden Initiatoren der Ausstellung, haben mit ihrer Idee Zustimmung, ja sogar ein großes Engagement bei ihren Kolleginnen und Kollegen hervorgerufen, das weit über die dienstlichen Verpflichtungen hinausging. Eva Bliembach, Beate Braun-Niehr, Klaus Gantert, Robert Giel, Jürgen Geiß, Kurt Heydeck, Bernd Michael, Holger Nickel, Joachim Ott, Anne-Beate Riecke und Renate Schipke haben nicht nur Objektbeschreibungen und Essays geliefert, sie haben auch mit ihren Ideen und Fachkenntnissen die Planung und Realisierung bereichert. Ebenfalls konnte auf die Hilfe ehrenamtlicher KatalogbearbeiterInnen zurückgegriffen werden, auf ehemalige MitarbeiterInnen der Handschriftenabteilung und auf Hochschulangehörige. Herzlich gedankt werden muß Tilo Brandis, Regina Cermann, Jürgen Hamel, Britta-Juliane Kruse, Hans-Jochen Schiewer, Anneliese Schmitt, Agnes Scholla, Martin Schubert, Carmen Stange und Ursula Winter; ohne ihr Wissen und ihre Hilfsbereitschaft wäre die Ausstellung wesentlich weniger umfassend ausgefallen.

Für die Redaktion des Begleitbandes zeichnet Dagmar Renfranz, die auch bei der Organisation der Ausstellung verantwortlich tätig war. Wir danken ihr sehr herzlich für ihren unermüdlichen Einsatz und für die Beharrlichkeit, mit der sie zögernde Autoren zum Ziel brachte. Robert Giel unterstützte sie dankenswerterweise in der Schluß-phase der Redaktion. Für Beratung und Hilfe möchte ich Birgit Bucher, Delia Hoerold, Dieter Lange, Iris Lorenz und Birgit Voß danken. Ohne Christine Kösser und Ruth Schacht, die Photographinnen der Staats-bibliothek, wären die Abbildungen des Katalogs unvoll-kommen geblieben. Ähnliches gilt für Julia Bispinck und ihre Restauratorinnen, die die Objekte ins rechte Licht setzten, sowie für Bettina-Martine Wolter und Elisabeth Fischbach, die für die Öffentlichkeitsarbeit zuständig waren.

Dem Museum für Kunst und Gewerbe in Hamburg, das den Nachlaß von Carl Otto Czeschka besitzt, wie dem Suhrkamp Verlag in Frankfurt/Main sind wir ver-bunden, aus den 'Nibelungen' Illustrationsmotive ver-wenden zu dürfen. Schließlich und nicht am wenigsten

ist Herrn Werner Max Kattner zu danken, der die Ge-staltung der Ausstellung und der mit der Ausstellung einhergehenden Drucksachen mit großer Begeisterung übernommen hat, beim Katalog freilich in Zusammen-arbeit mit dem Verlag Philipp von Zabern. Seine Vorstel-lung, die Ausstellung gleichermaßen von historistischem Ballast wie von anachronistischen modernistischen Gar-nierungen freizuhalten, überzeugte die bibliothekari-schen Initiatoren.

Daß die Ausstellung im Rahmen der Jahrestagung der International Federation of Library Associations (IFLA), die August 2003 in Berlin stattfindet, und anschließend in den Räumen des Germanischen Nationalmuseums Nürnberg und hoffentlich auch in Köln gezeigt werden kann, ist uns eine besondere Freude.

Barbara Schneider-Kempf
Ständige Vertreterin des Generaldirektors

'ADERLASS UND SEELENTROST'

Über das Konzept einer Ausstellung

Unter dem Titel 'Aderlaß und Seelentrost' zeigt die Staatsbibliothek zu Berlin zum ersten Mal in ihrer langen Geschichte eine Auswahl herausragender deutschsprachiger Handschriften und Inkunabeln des Mittelalters. Nur auf den ersten Blick scheint die Wahl der Begriffe von 'Aderlaß' und 'Seelentrost' dem Wunsch nach einer griffigen Formulierung geschuldet zu sein. Vielmehr aber stehen diese Termini sehr prägnant für die zentralen menschlichen Bedürfnisse nach körperlichem und geistigem Heil, wie sie das mittelalterliche Geistes- und Alltagsleben in für uns ungewohntem Maße prägten. Damit umreißt der Titel auch den weitgespannten inhaltlichen Horizont der Ausstellung. Allein durch die gemeinsame Verwendung der deutschen Sprache begrenzt, werden nahezu alle Gebiete der mittelalterlichen Textproduktion abgedeckt. Neben den vielfältigen Erscheinungsformen der frühen deutschen Unterhaltungsliteratur finden sich Bibelübersetzungen, Predigttexte, erbauliche Schriften und Gebetbücher. In weiteren Abteilungen werden Rechtstexte sowie Literatur aus den Gebieten etwa der Medizin, Astronomie oder Alchemie gezeigt. Überlieferungszeugen chronistischer Werke runden das Bild ab. Es mag vermessen erscheinen, eine Präsentation dieser thematischen Breite beinahe allein aus den Beständen einer einzigen Bibliothek bestreiten zu wollen. Daß dies im Fall der Staatsbibliothek zu Berlin dennoch möglich ist, liegt in ihrem spezifischen Sammlungscharakter begründet. Obwohl bereits die Kurfürstliche Bibliothek über einen Fundus deutschsprachiger Codices verfügte, wurde die Erwerbung von Handschriften hier doch nie entscheidend von fürstlichem Sammelinteresse bestimmt. Auch die 'Segnungen' der Säkularisation, die anderswo geschlossene Kloster- und Stiftsbibliotheken in die herrscherlichen Sammlungen brachte, gingen vor dem Hintergrund des protestantischen preußischen Staates spurlos an der Königlichen Bibliothek vorbei. In Berlin hingegen sind es die systematischen Erwerbungen des 19. Jahrhunderts – speziell der Ankauf geschlossener Sammlungen –, die das Bild der Handschriftenbestandes der Staatsbibliothek bis heute bestimmen. Vor dem Hintergrund der Friedrich-Wilhelms-Universität als Zentrum der sich entfaltenden

deutschen Sprach- und Literaturwissenschaft sowie auf der Basis eines neuen historisch-wissenschaftlichen Geistes entstand so ein Handschriftenschatz von zutiefst bürgerlich-akademischer Prägung. Diesem gelehrten Sammlungsinteresse verdanken wir heute die Möglichkeit, Handschriften und Inkunabeln in der angedeuteten Vielfalt präsentieren zu können.

Anders als die meisten Museen können Bibliotheken ihre Schätze nur gelegentlich zeigen. Im Gegensatz zu Gemälden, Skulpturen und kunstgewerblichen Objekten dürfen Bücher aus konservatorischen Gründen nicht über einen längeren Zeitraum dem Tageslicht ausgesetzt werden. In der Regel sind Handschriften und Inkunabeln daher nur einem beschränkten Kreis von Interessenten für wissenschaftliche und pädagogische Zwecke zugänglich. Damit von Zeit zu Zeit auch ein breiteres Publikum diese Kostbarkeiten genießen kann, stellen Bibliotheken einzelne Objekte für Ausstellungen anderer Veranstalter als Leihgaben zur Verfügung oder treten – wie in diesem Fall – selbst als Veranstalter in Erscheinung. Zwar bleibt auch eine interessante Ausstellung lange im Gedächtnis der Besucher bestehen, erst die begleitenden Katalogbeschreibungen der präsentierten Handschriften und Drucke sind es jedoch, die diesen dauerhafte Aufmerksamkeit bescheren, dies umso mehr bei selten oder noch nie gezeigten Stücken. Somit fördern Ausstellungen die Erschließung der eigenen Bestände in doppeltem Sinn: durch den unmittelbaren Genuß der Betrachtung einerseits und die langfristig zur Verfügung stehenden Katalogtexte andererseits.

Dies zeigte sich bereits vor fast drei Jahrzehnten bei der 1975/76 von der Handschriftenabteilung der Staatsbibliothek Preußischer Kulturbesitz veranstalteten Ausstellung 'Zimelien. Abendländische Handschriften des Mittelalters aus den Sammlungen der Stiftung Preußischer Kulturbesitz Berlin'. Auf diesem Wege wurde der West-Berliner Teil des Bestandes der Preußischen Staatsbibliothek das erste Mal seit dem Ende des Zweiten Weltkrieges dem Berliner Publikum in einer Auswahl bedeutender mittelalterlicher Handschriften vorgestellt. Alle 188 gezeigten Codices, darunter einige der kostbarsten Stücken aus dem damaligen Bestand, wurden in einem reich bebilderten Katalog beschrieben. Für viele der gezeigten Handschriften bietet der Zimelien-Katalog nach wie vor eine aktuelle, nicht durch neuere Forschungen überholte Beschreibung. Dreizehn Jahre später fand die Ausstellung 'Glanz alter Buchkunst' statt, in der 125 Exponate gezeigt und in einem begleitenden Katalog publiziert wurden. Dieses Mal handelte es sich bei den Exponaten nicht nur um besonders kostbare Handschriften, sondern auch um solche, deren Wert sich eher kodikologisch, philologisch oder historisch bestimmt. Daß diese Ausstellung auch in Braunschweig (dort sogar noch vor Berlin) und in Köln gezeigt wurde, belegt das Interesse der Stiftung Preußischer Kulturbesitz, ihre Bestände nicht nur dem Publikum im geteilten Berlin, sondern auch in den die Stiftung mittragenden Bundesländern bekannt zu machen. Auch in der Deutschen Staatsbibliothek im Ostteil der Stadt bemühte man sich um die Präsentation wertvoller Bestände. Im Jahr 1986 veranstaltete man die Ausstellung 'Was du ererbt … Sammlungen und Nachlässe – Schenkungen und Ankäufe in der Deutschen Staatsbibliothek', in der eine breite Auswahl an Zimelien aus allen Bereichen der Bibliothek gezeigt wurde, darunter auch Handschriften und Inkunabeln. 'Aderlaß und Seelentrost' steht somit in einer Reihe großer Ausstellungen mittelalterlicher Handschriften aus dem Bestand der Staatsbibliothek zu Berlin und ist die erste dieser Art nach der glücklichen Wiedervereinigung der Deutschen Staatsbibliothek und der Staatsbibliothek Preußischer Kulturbesitz im Jahre 1992.

Warum nun aber eine Ausstellung deutschsprachiger Handschriften? Wer die Exponate einmal gesehen hat, wird keine Antwort auf diese Frage mehr benötigen. Zu unmittelbar ist die von den einzelnen Stücken ausgehende Faszination, zu deutlich treten dem Betrachter ihre jeweiligen Eigenarten entgegen. Ob man eine besonders kunstvolle Miniatur betrachtet, ob man über das hohe Alter eines Codex oder seinen guten Zustand staunt, oder ob man einfach die unendliche Mühe erkennt, die zur Verfertigung vieler der gezeigten Bücher einstmals aufgewendet werden mußte: Der unmittelbare Bezug des Betrachters zu den Handschriften und dem dahinter stehenden Bildungswillen ist jederzeit gegeben und spürbar.

Sucht man aber nach tiefschürfenderen Begründungen, so fallen auch diese nicht schwer. Ganz direkt erschließt sich die Bedeutung deutscher Handschriften und Inkunabeln für die Geschichte unserer Sprache: Sie sind das Fundament der altgermanistischen Philologie. Seit den Anfängen der wissenschaftlichen Germanistik im späten 18. Jahrhundert werden diese Quellen erschlossen, um sie als Grundlage für Editionen sowie als

Materialien für sprachwissenschaftliche Forschungen nutzen zu können. Bald nach der Gründung der Friedrich-Wilhelms-Universität im Jahre 1810 entwickelte sich Berlin zu einem Zentrum der Germanistik. Die Professoren der Universität fanden rasch ihren Weg zu den Büchern der Königlichen Bibliothek und den dort aufbewahrten Handschriften. Auch die Mitglieder der Preußischen Akademie der Wissenschaften haben für die maßgebliche Publikationsreihe 'Deutsche Texte des Mittelalters' (seit 1904) immer wieder auf die Handschriften- und Inkunabelbestände der Staatsbibliothek zurückgegriffen. Umgekehrt konnte die Bibliothek – besonders im 19. Jahrhundert – ihre Bestände durch die Erwerbung von Privatbibliotheken und Sammlungen Berliner Gelehrter ständig erweitern. Zahlreiche deutsche Handschriften und Inkunabeln gelangten auf diesem Weg in die Königliche Bibliothek. Dieser unmittelbare Kontakt von Bibliothek und akademischer Wissenschaft ist nie abgerissen. Seit der Gründung der Freien Universität ist die Lehre und Forschung der hier tätigen Altgermanisten quellennah ausgerichtet, Hochschullehrer und ihre Studenten sind im Rahmen von Lehrveranstaltungen immer wieder gern gesehene Gäste in der Handschriftenabteilung. In umgekehrter Richtung sind Mitarbeiter der Handschriftenabteilung als Honorarprofessoren oder Lehrbeauftragte in den Lehrbetrieb der entsprechenden universitären Fachbereiche eingebunden. Schließlich ist der vorliegende Katalog selbst ein Beleg dieser gegenseitigen Verbundenheit, haben an ihm doch nicht nur Bibliotheksmitarbeiter, sondern auch 'externe' Fachwissenschaftler unterschiedlicher Disziplinen mitgewirkt.

Angesichts ihrer Bedeutung für die philologische Forschung stellt sich die Frage nach der Breite der entsprechenden handschriftlichen Überlieferung. Mit über 2000 mittelalterlichen Handschriften und 1000 Inkunabeln in deutscher Sprache besitzt die Staatsbibliothek zu Berlin eine der bedeutendsten germanistischen Sammlungen weltweit, hierin nur wenigen anderen Bibliotheken – etwa der Österreichischen Nationalbibliothek in Wien, der Bayerischen Staatsbibliothek München oder der Universitätsbibliothek Heidelberg – vergleichbar.

Aus dieser herausragenden inhaltlichen und quantitativen Geltung der Berliner Sammlung leiteten die Verantwortlichen schon seit geraumer Zeit die Verpflichtung zu einer Ausstellung charakteristischer und wichtiger deutschsprachiger Handschriften und Wiegendrucke her. Diese Verpflichtung kann nun freudig eingelöst werden. Dabei bot die Vorbereitung der Präsentation den Mitarbeitern der Staatsbibliothek Anreiz und Gelegenheit, sich systematisch mit einem Kernstück der eigenen

Bestände, eben den deutschen Handschriften und Inkunabeln, zu beschäftigen. Viele der in 'Aderlaß und Seelentrost' gezeigten Handschriften und Inkunabeln werden dem breiteren Publikum zum ersten Mal präsentiert. Speziell einige der deutschen Codices, die nach dem Zweiten Weltkrieg erworben wurden, sind in diesem Rahmen erstmals zu sehen. Daher war die Ausstellungsvorbereitung auch für viele Kolleginnen und Kollegen eine Entdeckungsreise durch teilweise unbekanntes Gebiet. Die Ergebnisse dieser Entdeckungsreise sind nun in der Ausstellung zu sehen und im Begleitband nachzulesen.

Wie eingangs erwähnt, gilt es, eine möglichst breite Übersicht über die mittelhoch-, frühneuhoch- und niederdeutsche Textüberlieferung in Handschriften und Inkunabeln zu zeigen. Durch diesen weitgespannten Anspruch geraten neben der 'schöngeistigen Literatur' auch Chroniken, Rechtsbücher, philosophische, theologische und didaktische Literatur sowie Bücher aus den Bereichen, die wir heutzutage 'Medizin' und 'Naturwissenschaften' nennen, in den Blick. Dieser Ansatz hat Folgen für das äußere Erscheinungsbild des Gezeigten. Anders als bei einer allein auf die ästhetische Wirkung der Exponate abzielenden Ausstellung, stellte das Vorkommen oder gar die Qualität einer künstlerischen Ausstattung keine zwingende Vorbedingung für die Präsentation eines Stückes dar. Natürlich sind viele der gezeigten Codices 'Tresorstücke', darunter äußerst kostbare Pergamenthandschriften mit wunderbaren Miniaturen, wie zum Beispiel Thomasins von Zerklaere 'Welscher Gast', die Toggenburger Weltchronik oder die Berliner Handschrift der Sächsischen Weltchronik. Auch bei den Inkunabeln gibt es Glanzlichter der frühen Buchkunst zu sehen, wie etwa Boners 'Edelstein' oder die niederdeutsche Bibel des Lukas Brandis. Da wir jedoch die deutsche Überlieferung in ihrer ganzen Breite darstellen möchten, finden sich in den Vitrinen auch bescheidene Texthandschriften ohne Miniaturen sowie Inkunabeln ohne Holzschnitte. Sind manche von ihnen vielleicht auch keine 'Liebe auf den ersten Blick', so hat doch jedes dieser Exponate seinen eigenen Reiz. Dieser ist eben nicht immer unmittelbar mit dem Auge zu erfassen, sondern erschließt sich erst bei näherem 'Hinlesen', etwa aus der Stellung eines Textes innerhalb der Überlieferung eines bestimmten Werkes oder aus der Druck- bzw. Besitzgeschichte des Codex. Im vorliegenden Begleitband werden gerade diese Aspekte neben der kunsthistorischen Bedeutung der Miniaturenhandschriften erörtert.

Es war den Organisatoren wichtig, Texte aus allen Teilen des deutschen Sprachgebietes zu präsentieren. Süd(west)deutsche und österreichische Provenienzen sind gut vertreten, weil diese Regionen für die deutsche Literatur des Mittelalters besonders wichtig waren. Darüber hinaus bot sich jedoch die Möglichkeit, die Aufmerksamkeit auch anderen Landschaften zuzuwenden, sind in Berlin doch deutsche Handschriften aus Schlesien, aus Mitteldeutschland, aus dem Rheinland und aus Westfalen in erheblicher Zahl vorhanden. Wie schon die große inhaltliche Bandbreite, so ist auch diese regionale Vielfalt dem beschriebenen speziellen Charakter des Berliner Handschriftenschatzes als einer 'Gelehrtensammlung' geschuldet.

Schließlich befinden sich unter den Exponaten nicht nur Handschriften, sondern immer wieder auch Inkunabeln, die dem Betrachter einen Eindruck von der frühen Druckgeschichte vermitteln. Auf diese Weise werden in der Präsentation zwei parallele Entwicklungen in der spätmittelalterlichen Buchproduktion erkennbar. Einerseits wurden die gleichen Texttypen, manchmal sogar dieselben Werke, in der zweiten Hälfte des 15. Jahrhunderts sowohl in handgeschriebenen als auch in gedruckten Büchern verbreitet. Andererseits zeigt sich, daß mit dem Aufkommen des Buchdrucks neue Textgattungen entstanden, die es in Handschriften kaum oder gar nicht gegeben hatte, die aber seit dem späteren 15. Jahrhundert im Druck verbreitet wurden. Unsere Ausstellung dokumentiert also sowohl den Medienbruch von der Handschrift zum Druck als auch die Kontinuität der mittelalterlichen Buchherstellung, das Weiterbestehen der Handschriftenproduktion in den ersten fünf Jahrzehnten nach Gutenberg.

Natürlich ist das, was in 'Aderlaß und Seelentrost' gezeigt wird, nicht repräsentativ für die gesamte Überlieferung deutscher Texte im Mittelalter. Zum einen sind die für ausstellungswürdig befundenen Codices oft per se von überdurchschnittlicher Qualität. Für verschiedene Sachgruppen, wie etwa Bibel, Medizin, Chroniken und Recht besitzt die Staatsbibliothek zu Berlin viel mehr deutsche Handschriften und Inkunabeln als ausgestellt werden können. Selbstverständlich wurden in der Auswahl die Stücke bevorzugt, die inhaltlich und kunsthistorisch bedeutender und optisch reizvoller sind als die übrigen. Zum anderen ist die deutsche Überlieferung in einigen Bereichen in der Staatsbibliothek eher schwach vertreten. Zwar reicht die Ausstellung zurück bis zu den Anfängen deutschsprachiger Schriftlichkeit, mit frühesten Zeugnissen der deutschen Sprache ist die Berliner Sammlung jedoch nur recht dünn bestückt. Die älteste gezeigte Handschrift ist daher auch das altniederdeutsche Heliand-Fragment ('Fragment P') aus dem Besitz des Deutschen Historischen Museums, das auf die Mitte des 9. Jahrhunderts zu datieren ist. Die ältesten althochdeutschen und frühmittelhochdeutschen Textzeugen in unserer Ausstellung sind Glossen in lateinischen Vokabularen des 11. und 12. Jahrhunderts. Erfreulicherweise konnten wir uns an den wenigen Stellen, an denen sich Lücken auftaten, auf die Handschriften- und Inkunabelsammlung des Kupferstichkabinetts der Stiftung Preußischer Kulturbesitz stützen, von wo aus uns entsprechende Leihgaben zur Verfügung gestellt wurden. Weitere Leihgaben kamen, wie schon erwähnt, aus dem Deutschen Historischen Museum, dem Geheimen Staatsarchiv – Preußischer Kulturbesitz sowie aus einer Berliner Privatsammlung.

Es bleibt zu wünschen, daß die Besucher unsere Ausstellung genießen werden und daß 'Aderlaß und Seelentrost' das Interesse an den Quellen der deutschen Literatur auch dann noch anregen wird, wenn die Handschriften schon längst wieder ihren Platz in unseren Magazinen eingenommen haben.

Eef Overgaauw
Leiter der Handschriftenabteilung

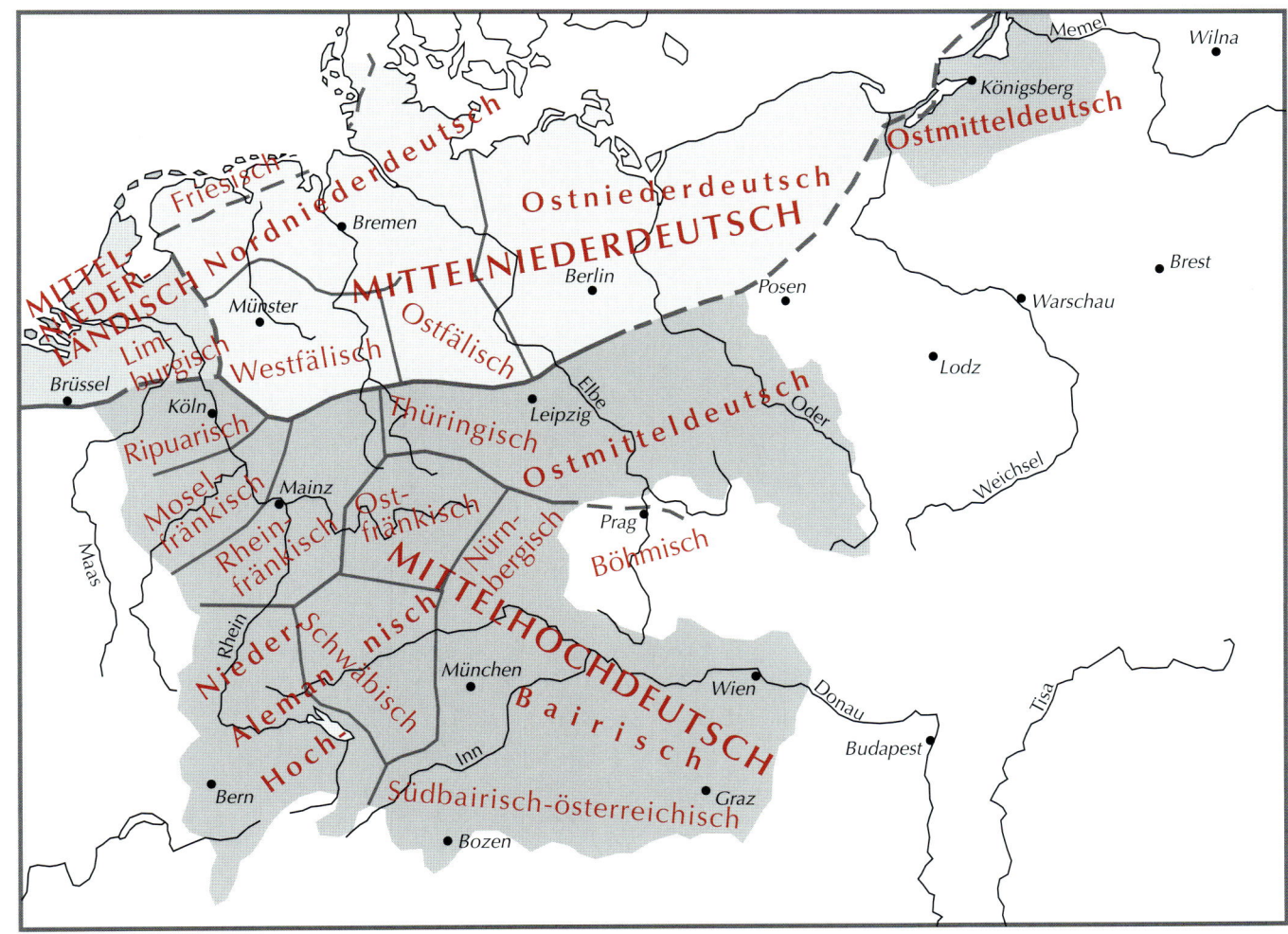

Sprachenkarte

PROVENIENZEN BIS 1945

Die Erwerbung deutscher mittelalterlicher Handschriften und Inkunabeln 1661–1945

I

Am Anfang und am Ende herrschte Krieg. Vom Feldlager in Wyborg, mitten im Ersten Nordischen Krieg, beauftragte Friedrich Wilhelm, der Große Kurfürst, seine Räte am 20. April 1659 damit, dem Professor am Joachimsthalschen Gymnasium Johann Raue seine private Büchersammlung als Bibliothekar zu übergeben.[1] Diese Order leitete einen Prozeß ein, der dann schließlich im Jahre 1661 zur Einrichtung einer öffentlich zugänglichen Bibliothek auf der Grundlage des kurfürstlichen Buchbestandes führte.

Mit dem Großen Kurfürsten begann der Aufstieg Brandenburg-Preußens zu einer Macht von europäischer Bedeutung – nicht nur in militärischer, politischer und wirtschaftlicher Hinsicht, sondern auch in kultureller und wissenschaftlicher. Nach dem Zweiten Weltkrieg und dem Beschluß des Alliierten Kontrollrates von 1947 endete Preußen. Parallel zur historischen Entwicklung dieses Landes entwickelte sich auch die wichtigste Bibliothek dieses Landes, die zunächst als Churfürstliche, dann seit 1701 als Königliche Bibliothek, ab 1918 schließlich als Preußische Staatsbibliothek bezeichnete Institution. 1945 erlebte auch sie ihren tiefsten Fall in Chaos, Verlagerung der Bestände und Zerstörungen. Die Geschichte der Berliner Staatsbibliothek und ihrer Erwerbungstätigkeit an deutschen mittelalterlichen Handschriften und Inkunabeln stand dabei sowohl in vielfachen Wechselbeziehungen zu den politischen Gegebenheiten in Preußen als auch zur jeweiligen aktuellen Situation des kulturellen Umfeldes und der wissenschaftlichen Forschung.[2]

1661 öffnete die Churfürstliche Bibliothek zu Cölln an der Spree im Apothekenflügel des Berliner Stadtschlosses ihre Tore. Damit war die zweifellos bedeutendste Büchersammlung des Landes für ein ausgewähltes begrenztes Publikum von Stand oder Gelehrsamkeit öffentlich zugänglich. Die Bücher und Manuskripte wurden von Anfang an getrennt aufbewahrt: die Handschriften im letzten der drei Bibliotheksräume, von Raue als 'Conclave'[3] bezeichnet. Allerdings hatte dieser Saal zunächst noch den Charakter eines Raritätenkabinetts,

Abb. 1   Daniel Sudermann

denn die wertvollen Schriftdokumente wurden dort zusammen mit Otto v. Guerickes Luftpumpe, „Skeletten und ausgestopften Tieren, die teilweise einen Schmuck der Wände bildeten"[4], sowie seltenen Mineralien aufgestellt.

Die Anfänge der Büchersammlung der brandenburgischen Hohenzollern liegen im Dunkeln, über die Erwerbungen der Herrscher vor 1661 ist nur wenig bekannt. Die Bibliothek existierte aber auf jeden Fall schon unter Kurfürst Joachim I. in der Reformationszeit. Zum ältesten Bestand der Privatbibliothek des Landesherren gehörten an deutschen Handschriften beispielsweise Konrads von Würzburg 'Trojanischer Krieg', theologische und mystische Schriften, ein Sachsenspiegel, Hugos von Trimberg 'Renner' und ein Glockendon-Kalender.

Die wichtigste Gruppe von deutschen Handschriften, die bereits vor der Eröffnung 1661 in die Churfürstliche Bibliothek gelangte, stammte aus dem Besitz von DANIEL SUDERMANN (1550–1631).[5] Dieser Kompilator und Editor mystischer Texte sowie Dichter von Kirchenliedern hatte eine – vor allem religiös motivierte – Sammlung von mittelalterlichen Gebrauchshandschriften mit theologischen Traktaten, Predigten, Erbauungs- und Andachtsliteratur zusammengetragen. Die drei einzigen weltlichen Codices enthalten u. a. Konrad Flecks 'Flore und Blancheflur', Mandevilles Reisen und einen 'Trojanerkrieg' in Prosa. 82 Manuskripte aus dem Besitz SUDERMANNS konnte der Große Kurfürst gegen die Konkurrenz Herzog Augusts von Braunschweig erwerben[6]; sie bildeten den eigentlichen Grundstock der deutschen Handschriftensammlung der Bibliothek.

Im Vergleich zu anderen bedeutenden deutschen Bibliotheken war in Berlin von Beginn an ein erheblicher Mangel an mittelalterlichen Handschriften festzustellen. Schon FRIEDRICH WILKEN hat in seiner Bibliotheksgeschichte von 1828 darauf verwiesen, daß die Mark Brandenburg im Gegensatz zu anderen deutschen Regionen erst spät christianisiert wurde und in den Klöstern nur eine geringe Schriftproduktion existierte.[7] Er zitierte in diesem Zusammenhang den gelehrten Johann von Tritheim, der am 20. Oktober 1505 aus Berlin meldete: „Selten findet man (in der Mark) einen Mann, welcher die Bücher liebt, sondern aus Mangel an Erziehung und aus Lebensart lieben sie mehr Gesellschaften, Müßiggang und Trinkgelage."[8] Die Zisterzienserklöster hatten in dieser Gegend eher den Charakter von Gutshöfen und von der umfangreicheren Handschriftenproduktion der Bettelorden haben nur wenige Objekte die Reformation überstanden.[9]

HERMANN KNAUS hat zurecht bemerkt, dass die Berliner Bibliothek 100 Jahre zu spät gegründet wurde, denn 1661 konnte sie nicht mehr anknüpfen an die „Bibliothekstradition der märkischen Klöster, die in der Reformation verschwunden waren, ohne daß ihr Buchbesitz in weltlichen Sammlungen überliefert worden wäre."[10] In Berlin selbst etwa müssen etliche Handschriften in Klöstern, Kirchen usw. vorhanden gewesen sein, erhalten sind nur drei Gebrauchshandschriften und ein Prachtcodex.[11]

II

Von 1661 bis etwa 1810 handelte es sich bei der Churfürstlichen bzw. Königlichen Bibliothek um die Hofbibliothek absolut regierender Fürsten. Der Herrscher sah diese Einrichtung als seine ihm gehörende – der Öffentlichkeit zugängliche – Privatbibliothek an. FRIEDRICH DER GROSSE etwa spricht von „Ma grande Bibliothèque". Der Kurfürst bzw. König war bis 1786 sein eigener Bibliotheksdirektor, er entschied was gekauft wurde und gewährte die Gelder für die Erwerbung. Die Bestandsentwicklung der Bibliothek war von starken Diskontinuitäten geprägt, da sie von den Vorlieben der jeweiligen Herrscherpersönlichkeit abhing. Sie blieb so ein Spiegelbild der Fürsten. Von den Zuschüssen der Hohenzollern zehrte sie sogar bis zum Ende der Monarchie im Jahre 1918.[12]

Die Neigungen der preußischen Könige im 18. Jahrhundert galten nicht dem mittelalterlichen Schrifttum, schon gar nicht in deutscher Sprache verfaßten Dokumenten. Es bestand aber in dieser Zeit auch kein bedeutendes wissenschaftliches bzw. öffentliches Interesse an dieser Literatur. So wurde dieser Bestand bis zum Beginn des 19. Jahrhunderts kaum vermehrt. Eine kleine Ausnahme bildete lediglich die Übernahme der Büchersammlung des Predigers an der Berliner Jerusalemskirche FRIEDRICH JACOB ROLOFF (1721–1788) im Jahre 1789, die immerhin einige geistliche Handschriften und einen Codex mit Mandevilles Reisen hereinbrachte.

III

Am Beginn des 19. Jahrhunderts entstand für die Königliche Bibliothek und ihre Handschriften- und Inkunabelsammlung eine neue Situation: 1810 wurde sie vom Herrscher unabhängig und in die Staatsverwaltung Preußens eingebaut. Trotzdem engagierten sich die preußischen Könige und deutschen Kaiser immer noch für die Königliche Bibliothek. Vor allem bei besonderen Erwerbungen sprang der Monarch mit privaten Finanzmitteln ein. Zugleich wirkten sich die Entstehung des Historismus, die romantische Bewegung in Kunst und Literatur, die antinapoleonischen Befreiungskriege und die Wiederentdeckung des Mittelalters auf die Bibliothek aus. Die in diesem Zusammenhang entstandenen neuen Wissenschaftsdisziplinen wie die Germanistik, die Volkskunde oder die historische Rechtswissenschaft wandten sich verstärkt den in der Bibliothek aufbewahrten deutschen Handschriften und Inkunabeln zu und die Gelehrten nahmen diesen bisher ungehobenen Schatz mit Interesse wahr. Die Bibliothek nahm diesen neuen Impuls der Forschung auf und bemühte sich offensiv um Neuerwerbungen in diesem Sektor. Der Reichtum der Berliner Sammlung beruht bis heute vor allem auf den Erwerbungspolitik des 19. Jahrhunderts, „die zum Teil mit erheblichen Kosten ganze Bibliotheken oder wichtige Einzelstücke, diese in strenger Auswahl, hereingebracht"[13] hatte.

Augenfällig wurde diese neue Entwicklung mit der Berufung des Historikers, Orientalisten und Paläogra-

phen FRIEDRICH WILKEN (1777–1840) als Bibliotheksleiter im Jahre 1817. Er kümmerte sich, wie übrigens
auch seine Nachfolger PERTZ, LEPSIUS und selbst noch
WILMANNS, persönlich um die Handschriften. Im Jahre
1818 führte er das bis heute gültige Einteilungsprinzip
der handschriftlichen Bestände nach sprachlichen bzw.
literarischen Gruppen und Formaten ein. FRIEDRICH
WILKEN sah die Hauptaufgabe der Königlichen Bibliothek im Zusammenwirken mit der neu konstituierten
Berliner Universität und der in Berlin stationierten
Forschung: „Im allgemeinen ist die Beförderung und
Unterstützung der wissenschaftlichen Bestrebungen der
hiesigen Gelehrten das Hauptziel, auf welches alle Erwerbungen für die Königl. Bibliothek zu richten sind."[14] Er
betrieb als erster Bibliotheksleiter eine aktive und ziel-
gerichtete Erwerbungspolitik.

Vor seiner Berufung nach Berlin war FRIEDRICH WIL-
KEN Direktor der Heidelberger Universitätsbibliothek
und hatte sich in dieser Funktion um die Rückkehr der
deutschsprachigen Codices Palatini aus Paris bemüht.
Dort knüpfte er bereits vor seinem Wechsel nach Berlin
enge Kontakte zu Wilhelm von Humboldt und dem zuständigen preußischen Minister Altenstein, der dann
sein Vorgesetzter wurde.

Das erste große Erwerbungsthema seiner Amtszeit bildete die Rückführung von Handschriften aus Paris, die
ursprünglich den nunmehr preußischen Gebieten
Rheinland und Westfalen entstammten und von dort
nach der französischen Okkupation in den Jahren
1802/1803 durch die Beschlagnahmungen des Staats-
kommissars Jean-Baptiste Maugérard in die Bibliothèque Nationale gelangten.[15] WILKEN sorgte 1818 in
Zusammenarbeit mit dem Kultusministerium dafür, daß
ein Teil in den Besitz der Königlichen Bibliothek überging. Eine nicht unerhebliche Anzahl kam aber wieder in
rheinische Bibliotheken (z. B. Universitätsbibliothek
Bonn, Stadtbibliothek Trier) zurück. Zu den nach Berlin
überführten Beständen – überwiegend aus rheinischen
Klöstern – gehörten nur 6 deutsche Codices, darunter
ein deutsches Speculum humanae salvationis und eine
Sammelhandschrift, die den Tristan Gottfrieds von
Straßburg sowie eine Sächsische Weltchronik enthält.

FRIEDRICH WILKEN bemühte sich, wertvolle und bedeutende Handschriften aus den preußischen Provinzen
nach Berlin zu holen. So gelangten 1821 – einer Anregung Savignys folgend – auf sein energisches Betreiben
50 Manuskripte in drei Kisten per Schiff aus dem
ehemaligen Domstift Havelberg nach Berlin.[16] 1839
wurden die dort verbliebenen Bestände nochmals durch-
forscht und zwei Jahre später kamen dann einige bedeutende Stücke in die Königliche Bibliothek, darunter eine

Abb. 2 *Karl Ferdinand Friedrich v. Nagler*

Glosse zum Sachsenspiegel und andere juristische Codices. Bereits 1820 wurde aus der Bibliothek der Servatius-
kirche in Quedlinburg ein niederdeutscher Sachsenspiegel und ein Landrecht aus dem 14. Jahrhundert nach
Berlin verbracht. Auf Anordnung Minister Altensteins
wurden schließlich Handschriften aus der Ritterakade-
mie in Brandenburg/Havel an die Berliner Sammlung
abgegeben, darunter wiederum eine Glosse zum Sachsenspiegel.

In der Amtszeit FRIEDRICH WILKENS konnten
zwei bedeutende Privatsammlungen mit altdeutschen
Handschriften erworben werden: Aus dem Besitz des
Germanisten JOHANN GUSTAV GOTTLIEB BÜSCHING
(1782–1829) wurden 51 Codices für 120 Taler gekauft,
darunter eine Historie von Herzog Herpin, Spruchgedichte des Teichners, naturwissenschaftliches und
geistliches Schrifttum.

Im Jahre 1835 bot KARL FERDINAND FRIEDRICH
V. NAGLER (1770–1846) seine Bibliothek – um einer
möglichen Zerstreuung nach seinem Tod vorzubeugen –
dem preußischen Staat zum Verkauf an.[17] Die politische
Karriere des Generalpostmeisters war in den Jahren von
1810 bis 1821 durch Hardenbergs Einfluß unterbrochen

Abb. 3 Heinrich Hoffmann v. Fallersleben

Abb. 4 Karl Hartwig Gregor v. Meusebach

worden. Nagler privatisierte, betrieb Kunststudien und baute eine umfangreiche Bibliothek auf. Die Verhandlungen um diese Büchersammlung wurden direkt vom Ministerium der Geistlichen-, Unterrichts- und Medicinalangelegenheiten geführt und nicht durch die Bibliothek. Durch vom König bewilligte Mittel konnte diese bedeutende Sammlung erworben werden. Sie umfaßt 43 z. T. sehr wertvolle deutsche Handschriften, wie z. B. Priester Wernhers 'Drei Lieder der Hl. Jungfrau' vom Ende des 12. Jahrhunderts mit 84 zeitgenössischen Federzeichnungen, das 'Puechlein von der Sphera', medizinische und religiöse Schriften und das Fragment einer Minnesänger-Handschrift. Unter den etwa 120 Inkunabeln befanden sich außerordentlich viele deutschsprachige, insbesondere Holzschnittbücher.

Daneben gelangen WILKEN spektakuläre Einzelerwerbungen, so wurde 1823 für 200 Taler eine Handschrift der 'Eneide' Heinrichs von Veldeke von einem Kammerdiener des FÜRSTEN SAYN-WITTGENSTEIN angekauft und 1827 Willirams von Ebersberg Paraphrase des Hohen Liedes von FRIEDRICH HEINRICH VON DER HAGEN

(1803–1856); 1835 wurde über die Buchhandlung Asher eine Nibelungenlied-Handschrift aus dem Besitz des GRAFEN MOHR aus Tirol erstanden.

Um die Königliche Bibliothek zu einer „leistungsfähigen Gebrauchsbibliothek für Gelehrte zu entwickeln"[18] wurde die Sammlung des Sprachforschers JOHANN CHRISTOPH ADELUNG (1732–1806) erworben, die weitgehend Abschriften von wichtigen mittelalterlichen Handschriften enthält. Diese Kopien hatten insbesondere für die entstehende germanistische Forschung einen außerordentlichen Wert als Quellengrundlage. Auf Betreiben WILKENS wurden weitere bedeutende mittelalterliche Dokumente in auswärtigen Bibliotheken wie z. B. Wien, Paris und Heidelberg abgeschrieben.

In der Amtszeit seines Nachfolgers GEORG HEINRICH PERTZ (1842–1873) gelangen der Königlichen Bibliothek für ihre Sammlung altdeutscher Handschriften zwei singuläre Akquisitionen: 1846 konnten insgesamt 80 Handschriften aus der Bibliothek HEINRICH HOFFMANN VON FALLERSLEBENS (1798–1874) ersteigert werden. Der Dichter, Germanist und Bibliothekar hatte sich mit seinen „Unpolitischen Liedern" den Unwillen der preußischen Obrigkeit zugezogen und wurde 1841 aus dem Staatsdienst entlassen. Bis 1854 ohne Stellung und bespitzelt, mußte er sich vor allem wohl aus finanziellen Gründen von seinen Schätzen trennen. Unter den von der Bibliothek gekauften Handschriften finden sich so bedeutende wie Thomasins von Zerklare 'Der welsche Gast', Fragmente von Wolframs von Eschenbach 'Parzival' und 'Willehalm', Wirnts von Grafenberg 'Wigalois', Eilharts von Oberge 'Tristan', des Herzog Ernst sowie des Nibelungenliedes, Chroniken, darunter die kostbare Weltchronik des Rudolf von Ems[19], und religiöses Schrifttum. Einige Jahre später kamen noch wertvolle niederländische Handschriften von Hoffmann wie Maerlants 'Rijmbijbel' in den Bestand.

Im Jahre 1850 wurde die einmalige Bibliothek des FREIHERRN KARL HARTWIG GREGOR VON MEUSEBACH (1789–1847) vom preußischen Staat erworben. Da sich die Hoffnungen des Juristen auf eine höhere Position im Staatsdienst nicht erfüllten, und vielleicht auch aufgrund seiner frühen Schwerhörigkeit, ging er 1842 als Präsident des rheinischen Kassations- und Revisionshofes in den Ruhestand. Ausgehend von privaten Studien über den Dichter Johann Fischart baute MEUSEBACH in seinem Refugium in Baumgartenbrück bei Potsdam (der 'Meuseburg') eine Bibliothek der deutschen Nationalliteratur des 16. bis 18. Jahrhunderts auf, ein „Denkmal des literarisch-wissenschaftlichen Lebens der Spätromantik"[20]. MEUSEBACH war nach HANS LÜLFING „eine echte Sammlernatur, ein gelehrter Kenner, im Sinne eigentlicher Wissenschaft eher unproduktiv, mit skurilen Zügen, die an Jean Paul erinnerten."[21] Seine eigenwillige Persönlichkeit wird heute noch durch die in seinem Nachlaß aufbewahrten berühmten Klebebriefe sichtbar, d. h. Korrespondenz an seine Freunde, die gespickt war mit kuriosen Zeitungsausschnitten u. a. einmontierten Materialien; Meusebach hatte hier so etwas wie eine Frühform der Collage entwickelt. Zu den gelehrten Mitstreitern des Freiherrn zählten viele der berühmten Germanisten der Zeit wie z. B. die BRÜDER GRIMM oder HOFFMANN V. FALLERSLEBEN, der beinahe sein Schwiegersohn geworden wäre.

Bettina von Arnim eilte im August 1847 zu ihrem todkranken Freund MEUSEBACH und versäumte dadurch ihren Magistratsprozeß, der ihr eine zweimonatige Haftstrafe eintrug. Nach seinem Ableben am 22. August 1847 wandte sie sich zur Rettung der MEUSEBACHSCHEN Sammlung in einem sehr eindringlichen Brief vom 5. September 1847 an König Friedrich Wilhelm IV.: „Von dieser Bibliothek weiss ich, dass schon zur Zeit als vaterländisch gesinnte Männer wie Arnim, Görres, Ha-

gen und die Grimms die Schätze altdeutscher Sprache sammelten, der Grund zu ihr gelegt war, die endlich so bedeutend anwuchs, dass jetzt nach dem Tode des Gründers sich mit gutem Gefühl sagen lässt, sie sei einzig in ihrer Art – ein Nationaldenkmal, das dem hohen Ruhm bringt, der es dem Vaterlande erhält! Aber ein nie genug zu beklagendes Zeichen der Barbarei würde es sein, wenn dieser Nationalschatz zerstreut oder auf fremden Boden verpflanzt werden müsste."[22] Praktisch schlug Bettina von Arnim – in diesem sonst etwas romantisch-überspannten Brief – vor, der Witwe sollte die Pension ihres Mannes als Zinsen überlassen werden, bis Kapital für den Ankauf vorhanden war. Ihr Vorschlag wurde nicht berücksichtigt, da der Brief aufgrund ihres Gefängnisaufenthalts den König wohl erst im Januar 1848 erreichte.[23]

Gleichzeitig wurden jedoch die gelehrten Freunde der Familie MEUSEBACH im Unterrichtsministerium vorstellig. Dort betrachtete man den Ankauf durchaus wohlwollend, zunächst sollte jedoch ein Katalog der Bibliothek erstellt werden. Das von den Germanisten JULIUS ZACHER bzw. FRIEDRICH ZARNCKE 1848/49 erarbeitete Verzeichnis umfaßte den Bestand von 25 000 verschiedenen Werken in 36–38 000 Bänden. Während der komplizierten Verhandlungen kam auch die Idee auf, Sondermittel vom gerade installierten preußischen Parlament zu beantragen. Dazu schrieb Bibliotheksdirektor PERTZ hellsichtig an die Witwe ERNESTINE V. MEUSEBACH am 26. 6. 1850: „. . . dass wo alle Gebrechen und Beschwerden des Landes und der Einzelnen zusammengetragen werden, wo von darbenden Lehrern, einfallenden Schulen und Kirchen, Unterstützung unzähliger Dürftigen die Rede ist, die Sache der Wissenschaft nur eine schmale Stätte findet."[24] Nachdem das Berliner Auktionshaus Asher ebenso wie London und Wien Interesse zeigten, einigte man sich schließlich, und die bedeutende Sammlung wurde 1850 für 40 700 Taler an die Königliche Bibliothek verkauft, ihr Normaletat für Erwerbungen betrug damals übrigens 10 000 Taler pro Jahr. 180 zumeist deutsche Handschriften und Fragmente aus den Gebieten Literatur, Geschichte, Rechtswissenschaft, Theologie konnten am 23. November 1850 der Königlichen Bibliothek einverleibt werden. Zu den bedeutendsten Manuskripten zählen ein Nibelungenlied (15. Jh.), Gottfrieds v. Straßburg 'Tristan', Jacobus' de Theramo 'Belial', Hugos von Trimberg 'Renner', zwei Neidhart-Codices, Chroniken, mystische Literatur von Tauler und Seuse und andere religiöse Texte, dazu kam eine erhebliche Anzahl deutschsprachiger Inkunabeln wie etwa von Freidanks 'Bescheidenheit', 'Tristrant und Isalde', 'Barlaam und Josaphat' und der seltene

Straßburger Druck von 'Salman und Morolf' sowie von Werken des Niklas von Wyle und Albrecht von Eyb.

FRIEDRICH WILHELM IV. selbst erwarb im Jahre 1847 die Büchersammlung des GRAFEN ÉTIENNE MÉJAN (1766–1846) für 64 000 Taler und schenkte sie der Königlichen Bibliothek.[25] Der Jurist und Politiker bekleidete lange Zeit am Hof von Eugen Beauharnais das Amt eines Staatsrats. Seine letzten Lebensjahre verbrachte er – vor allem seinen bibliophilen Neigungen frönend – als Privatmann in München. MÉJAN trug seine Sammlung mit großen Kosten in Frankreich, Italien und Deutschland zusammen. Der preußische König reiste persönlich nach München, um die Sammlung für Berlin zu sichern, die vor allem 315 Inkunabeln umfaßte, darunter viele in deutscher Sprache wie beispielsweise Thomas Lirers 'Schwäbische Chronik', Ulrich Richentals 'Concilium zu Konstanz' und ein Exemplar der einzigen Inkunabelausgabe von Seuses deutschen Werken.

Bereits zwei Jahre früher kaufte der König für die Bibliothek eine äußerst wertvolle Inkunabel von Ulrich Boners 'Edelstein', handelt es sich dabei doch um das einzige noch existente Exemplar eines Nachdrucks des ersten datierten deutschsprachigen Wiegendrucks, der außerdem erstmals Holzschnitte als Illustration aufwies.

Von bedeutenden Gründerfiguren der Germanistik aus der ersten Hälfte des 19. Jahrhunderts gelangten Nachlässe, Handschriftenabschriften und gelegentlich originale mittelalterliche Handschriften in die Bibliothek. Erwähnenswert sind hier aus KARL LACHMANNS (1793–1851) Besitz 1851/53 erworbene Fragmente des 'Willehalm' von Heinrich von dem Türlin und des Nibelungenliedes; von MORIZ HAUPT (1808–1874) kamen der 'Große Rosengarten' und Passional-Fragmente in die Sammlung.

1856 gelang der Erwerb der Sammlung FRIEDRICH HEINRICH VON DER HAGENS (1780–1856) mit etwa 40 Manuskripten, hervorhebenswert Konrads von Fußesbrunnen 'Kindheit Jesu', ein Neidhart-Codex und Passional-Fragmente. Aus der Hinterlassenschaft des klassischen Philologen KARL WILHELM LUDWIG HEYSE (1797–1855) konnten schließlich im Jahre 1854 Handschriften mit Werken des Stricker sowie 'Salman und Morolf' erlangt werden.

Im umfangreichen Nachlaß der BRÜDER GRIMM, der ab 1863 in verschiedenen Etappen bei z.T. komplizierten Eigentumsverhältnissen in den Besitz der Bibliothek überging, fanden sich vor allem Handschriftenabschriften und zunächst nur einige wenige originale mittelalterliche Handschriften, wie z. B. 'Athis und Prophilias'. Erst nach dem Zweiten Weltkrieg hat man in diesem Bestand bei genaueren Forschungen noch eine erhebliche Anzahl von weiteren, teilweise höchst wertvollen Handschriftenfragmenten festgestellt, so u. a. aus der 'Kaiserchronik', dem 'Väterbuch' und von Werken des Rudolf von Ems.[26]

Bei der bedeutendsten Einzelerwerbung in der Ära PERTZ handelt es sich zweifellos um die aus dem Besitz des Kunsthistorikers und Architekten HELFRICH BERNHARD HUNDESHAGEN (1784–1858) stammende reich illuminierte Handschrift des Nibelungenliedes, die dieser während seiner Tätigkeit als Bibliothekar in Mainz aufgefunden und erstanden hatte. Sie wurde vorher von Kindern zeitweise als Bilderbuch genutzt.[27] HUNDESHAGEN, dem die Bibliothek auch die zentrale Handschrift von 'Alpharts Tod' verdankt, veräußerte diese Codices, da er in „traurigster Finanzlage"[28] lebte und schließlich die letzten Lebensjahre in der Irrenanstalt von Endenich verbrachte.

IV

In der Amtszeit von KARL RICHARD LEPSIUS (1873–1884) als Oberbibliothekar der Königlichen Bibliothek fand eine deutliche Änderung der Bibliothekskonzeption statt: Ziel war es nunmehr, diese Institution in der Hauptstadt des 1871 entstandenen Deutschen Reiches zur Nationalbibliothek analog den entsprechenden Einrichtungen in London und Paris auszubauen. Das gesamte nationale Schrifttum sollte erworben, aber auch die Textzeugnisse der älteren deutschen Literatur so vollständig wie möglich beschafft werden. Für die Berliner Bibliothek eine vergleichbare Sammlung mittelalterlicher Handschriften wie in anderen europäischen Hauptstädten aufzubauen, war aber zu diesem Zeitpunkt nur über Ankäufe in Antiquariaten, auf Auktionen und aus Privatbesitz[29] möglich.

Im Mittelpunkt der Ära LEPSIUS stand dabei der 1883 erfolgte Kauf der prachtvollen und an illuminierten Codices reichen Sammlung von ALEXANDER DOUGLAS, 10TH DUKE OF HAMILTON (1767–1852). Die preußische Regierung erstand direkt von den Erben des Herzogs 663 Handschriften für 82 000 Pfund. Die Initiative ging hier vom Generaldirektor der Museen Richard Schöne aus, der Bibliotheksleiter LEPSIUS war aufgrund der immensen Kosten eher dagegen, die Handschriftenexperten des Hauses allerdings dafür. Zur Finanzierung wurden 1887 bzw. 1889 insgesamt 81 Handschriften wieder veräußert. Von den zwei davon auf Auktionen später zurückerworbenen Objekten ist besonders der 'Welsche Gast' des Thomasin von Zerclaere von besonderem Interesse. Durch den Zuwachs von 506 hochwertigen

Handschriften (78 kamen in das Kupferstichkabinett bzw. das Museum für Islamische Kunst), allerdings nur wenigen deutschen, konnte sich die Königliche Bibliothek in ihrem Bestand an mittelalterlichen Handschriften erstmals mit denen der anderen großen europäischen Bibliotheken messen.

Aus dem Besitz des Bonner altkatholischen Theologen und Germanisten ANTON BIRLINGER (1834–1891) wurden 1885 35 Handschriften erworben, u. a. eine Weltchronik des Rudolf v. Ems und Konrads von Megenberg 'Buch der Natur'.

Im Jahre 1883 wurden schließlich auf einer Auktion Codices vor allem mit medizinischem, pharmazeutischem, theologischem und militärischem Inhalt aus der seit 1803 dem Reichsgrafen von WALDBOTT-BASSENHEIM gehörenden Karthause Buxheim ersteigert.

Mit der Ernennung von AUGUST WILMANNS 1886 zum Leiter der Königlichen Bibliothek wurde eine eigenständige Handschriftenabteilung eingerichtet. In seiner bis 1905 währenden Dienstzeit gelangen ein letztes Mal in Qualität und Quantität zwei einzigartige Erwerbungen von großen Sammlungen.

So konnten 1888/89 wertvolle Handschriften aus dem Besitz des FÜRSTEN CAMILLO HEINRICH V. STARHEMBERG (1835–1900) in Schloß Eferding bei Linz (vorher Schloß Riedegg) angekauft werden. Der Fürst, Sproß einer der reichbegütertsten und vornehmsten altadligen Familien Österreichs, war zeitweise in der Politik tätig und wurde wegen seines starken Interesses an sozialen Fragen auch die „rote Durchlaucht" genannt. Seine zahlreichen kostspieligen Passionen, die Jagdleidenschaft, der er auch in Amerika und Afrika nachging, viele Liebesaffären, aber auch seine eifrige Förderung von Kunst und Wissenschaft führten zu solchen massiven finanziellen Problemen, daß er die kostbarsten Schriftdokumente seines Familienbesitzes veräußern mußte, „um die großen Auslagen, welche die Verwaltung seiner Besitzungen und sein verschwenderischer Haushalt erforderten, zu decken."[30] Der Fürst nahm zunächst Kontakt zu dem ihm bekannten Direktor der Kasseler Landesbibliothek Lohmeyer auf, der das Angebot nach Berlin weiterleitete. Da WILMANNS aufgrund des hohen Preises und der vorhandenen schlechten Bestandsübersicht zögerte, wandte sich Lohmeyer direkt an das zuständige Ministerium. Nachdem der Zornesausbruch WILMANNS, der sich übergangen fühlte und allein schon deshalb die Verhandlungen abbrechen wollte, verraucht war, gelang es nach einem aussagekräftigen Gutachten und der Absenkung des Kaufpreises auf 65 000 M schließlich, 220 ungemein wertvolle, vor allem deutsche mittelalterliche Manuskripte wie z. B. Wolframs von Eschenbach 'Willehalm',

Abb. 5 *Sir Thomas Phillipps*

eine Sammelhandschrift mit dem 'Iwein' von Hartmann von Aue sowie Konrads von Würzburg 'Partonopier' und den 'Trojanischen Krieg', eine Übersetzung von Johann Hartliebs 'Alexander des Großen', einen Schwabenspiegel sowie etliche Inkunabeln wie etwa 'Herzog Ernst' aus dieser in vielen Jahrhunderten gewachsenen adligen Gebrauchsbibliothek[31] zu erlangen.

Die größte Erwerbung der Handschriftenabteilung in ihrer gesamten Geschichte bilden die sogenannten Phillipps-Handschriften[32], reich insbesondere an lateinischen Quellen des Mittelalters und griechischen Codices. SIR THOMAS PHILLIPPS (1792–1872), ein als eitel und streitsüchtig verschrieener monomanischer Sammler, lebte – neben seiner Kirchenschriftstellerei – ausschließlich für die Vergrößerung und Verzeichnung seiner riesigen Sammlung in Middlehill bei Broadway (Worcestershire). Besonders in den 1820er und 1830er Jahren gelang es ihm, durch Säkularisierungen und die Umstürze infolge der napoleonischen Kriege in ganz Europa auf dem Markt befindliche wertvolle Handschriften zu erstehen. Da seine Tochter eine von ihm nicht akzeptierte Ehe einging und wegen der daraus folgenden erbrechtlichen Konsequenzen verlegte PHILLIPPS seinen Wohnsitz und seine Bibliothek nach Thirlestaine House in Cheltenham (Gloucestershire). Mit seinem Bücherschatz residierte er, wie ein zeitgenössischer Besucher vermerkte, „einsam und zurückgezogen wie ein Ritter mit seiner Geliebten, eifersüchtig auf seinen Besitz und ohne den Wunsch, seinen Genuss mit anderen zu teilen. Nur Buchhändler, Antiquare und Raritätenhändler, mit denen er tauschen konnte, fanden leichten Zutritt bei ihm. Müßigen Beschauern und bloß wißbegierigen und neugierigen Gelehrten oder Literaturfreunden öffnete er nicht gern sein Haus."[33] Seine gewaltige Bibliothek „drang in alle Räume der Wohnung, in alle Gaststuben und Schlafgemächer ein; sie quartierte sich neben dem Bettzeuge in den Leinenschränken, neben den Bechern und Flaschen in den Glasschränken ein."[34] Die wohl größte von einem Privatmann je besessene Sammlung (ca. 50–60 000 Codices) hatte ihren besonders wertvollen Grundstock in der 1824 in Den Haag von ihm ersteigerten Bibliothek des Gerard Meerman, die wiederum vor allem den Bestand der 1765 nach Aufhebung des Jesuitenordens verschleuderten Bibliothek des Collegium Claramontanum in Paris enthielt.

Aufgrund des für damalige Verhältnisse ungeheuren Kaufpreises (280 000 Mark) gestaltete sich der Ankauf der Meerman-Manuskripte ungewöhnlich schwierig.[35] Nachdem von THEODOR MOMMSEN die Verbindung zwischen den Erben und WILMANNS hergestellt worden war, wurde die Bedeutung auch vom zuständigen Ministerium sofort erkannt. Der Finanzminister lehnte allerdings trotz qualifizierter Gutachten die Erwerbung ab. Da sich aber das Ministerium der Geistlichen-, Unterrichts- u. Medicinalangelegenheiten, namhafte Wissenschaftler und die Bibliothek unbedingt für die Erwerbung einsetzten, lenkte das Finanzministerium schließlich ein. Der Anschaffung wurde möglich, als unter Leitung Adelbert Delbrücks ein Konsortium Berliner Bankiers u. a. Persönlichkeiten (Werner v. Siemens, Franz Mendelssohn, Hugo Oppenheim, Karl v.d. Heydt, Theodor Mommsen) die Sammlung kaufte und sie für denselben Preis plus 4 % Zinsen dem Staat wieder anbot. Erst nach zwei Jahren im März 1889 war die Summe nebst Zinsen von 304 224,40 M abbezahlt. Von 1893 bis 1911 gelangten zusätzlich weitere 240 Handschriften aus der Phillipps-Sammlung nach Berlin.

Im Jahre 1912 konnte der Leiter des germanistischen Seminars der Universität London, Prof. ROBERT PRIEBSCH, weitere 80 Phillipps-Handschriften mit Hilfe eines reichen Mäzens, SIR MAX WAECHTER, erwerben. WAECHTER überließ diese Handschriften Kaiser Wilhelm II., damit er sie als kaiserliches Geschenk an PRIEBSCH geben sollte. Auf energischen Einspruch ADOLF V. HARNACKS, und mit der Unterstützung des Kultusministers und des Chefs des Zivilkabinetts, entschied der Kaiser im April 1912 auf Korfu aber zugunsten einer Schenkung an die Königliche Bibliothek mit einer Entschädigung für PRIEBSCH. Hervorhebenswert an deutschen Handschriften aus der Phillipps-Sammlung sind beispielsweise althochdeutsche Glossenfragmente, der 'Wilhelm von Orlens' von Rudolf von Ems, der 'Wigalois' des Wirnt von Gravenberg, Strickers 'Karl der Große', das Liederbuch der Herzogin Amalia von Kleve-Jülich-Berg und eine Sammelhandschrift mit den Gesta Romanorum, das 'Schachzabelbuch' des Jacobus de Cessolis und Freidanks 'Bescheidenheit'.

Aus dem Besitz des Diplomaten AUGUST FREIHERR V. ARNSWALDT (1798–1855) konnten 1887 insgesamt 37 niederdeutsche und zehn oberdeutsche bzw. lateinische Handschriften mit Predigtliteratur sowie Textzeugnissen von Ruusbroec und Tauler sowie Fragmente vom 'König Rother' in den Besitz der Bibliothek übergehen.

1902 gelangten Handschriften des Koblenzer Gymnasiums, die ursprünglich JOSEPH V. GÖRRES gehört hatten, nach Berlin, u. a. auch einige wenige spätmittelalterliche deutsche Handschriften des 15. Jahrhunderts wie z. B. Konrads von Megenberg 'Buch der Natur'.[36]

Die Zeit der großen Erwerbungen deutscher Handschriften des Mittelalters war eigentlich schon in der Ära ADOLF V. HARNACKS (1905–1921) vorbei, sieht man einmal von den Nachkäufen aus der Phillipps-Kollektion ab. Schwerpunktmäßig versuchte man wie schon in früheren Zeiten, wichtige Sammlungen aus den preußischen Provinzen nach Berlin zu holen.

So kamen 1909 aus dem Bestand der Königlichen Bibliothek in Erfurt 203 Handschriften hierher, darunter Fragmente aus Hartmanns v. Aue 'Gregorius', der Weltchronik Rudolf v. Ems und religiöser und mystischer Schriften. Da der Preußische Staat die Erfurter Bibliothek auflösen wollte, konnten die Inkunabelspezialisten der Berliner Bibliothek 645 bedeutende Wiegendrucke auswählen.

1915 wurden 54 deutsche Handschriften des 15. und 16. Jahrhunderts aus der Sammlung des Erzpriesters FABER aus Neiße unter Vermittlung des Antiquars Martin Breslauer erstanden. Es handelte sich dabei vor allem um geistliche Erbauungsliteratur.

Am Beginn des 20. Jahrhunderts wurden die Inkunabeln der Königlichen Bibliothek erstmals geschlossen aufgestellt und katalogisiert. Da sie bis 1909 als Teil des allgemeinen Druckschriftenbestandes angesehen wurden, läßt sich bei vielen Wiegendrucken heute nicht mehr ermitteln, von welchen Sammlern bzw. aus welchen Sammlungen sie einst für die Bibliothek erworben wurden.

V

Nach dem Ersten Weltkrieg besaß die Preußische Staatsbibliothek im Zeichen von Inflation und Weltwirtschaftskrise nur sehr geringe Finanzmittel für die Erweiterung ihrer Sammlungen.

In dieser Zeit gelangten einige bedeutende Fürstenbibliotheken auf den Antiquariatsmarkt, aber nur wenige Objekte konnten von der Handschriftenabteilung angekauft werden. So wurde 1927 aus der Sammlung des FÜRSTEN VON WALDECK in Arolsen eine Weltchronik von Heinrich von München erworben.

Bei Auktionen kamen im Jahre 1932 aus der Bibliothek der FÜRSTEN VON STOLBERG-WERNIGERODE u. a. Vol(k)mars 'Steinbuch', Ludolfs von Suchem 'Reise nach dem Heiligen Land' und Dichtungen Hermanns von Sachsenheim sowie im Jahre 1933 aus dem Besitz des FÜRSTEN DIETRICHSTEIN (Nikolsburg in Mähren) einige spätmittelalterliche Handschriften, darunter Konrad von Megenbergs 'Buch der Natur' und Predigttexte, jeweils auf Umwegen über Händler in die Staatsbibliothek.

Es gab jedoch nicht nur Stagnation: mit dem Dritten Reich und dem Zweiten Weltkrieg folgte auch eine Regression. Ab 1941 wurde, beginnend mit den Zimelien, nach und nach die gesamte Handschriftensammlung der Preußischen Staatsbibliothek in verschiedene Auslagerungsorte wie Kloster Beuron in Schwaben, Kloster Banz in Franken und Schloß Fürstenstein bzw. Kloster Grüssau in Schlesien aus Furcht vor Luftangriffen und Kampfhandlungen evakuiert. Nach dem Ende des Krieges gelangten die in die amerikanischen Besatzungszone verbrachten Dokumente zunächst nach Marburg (Hessische bzw. Westdeutsche Bibliothek) und die in der französischen Besatzungszone gelagerten Handschriften in die Universitätsbibliothek Tübingen. Von dort aus wurden sie in den 60er Jahren des 20. Jahrhunderts nach Berlin-West zurückgeführt und befinden sich nunmehr im 1978 eröffneten Neubau der Staatsbibliothek Preußischer Kulturbesitz. Die in Orte der Sowjetischen Besatzungszone verlagerten Codices kehrten, wenn sie nicht von der Besatzungsmacht weggeführt worden sind, in das Stammhaus Unter den Linden (Öffentliche Wissenschaftliche Bibliothek bzw. Deutsche Staatsbibliothek) zurück. Die nach Schlesien verbrachten Handschriften (insbesondere Schloß Fürstenstein bzw. Kloster Grüssau) kamen nach dem Krieg in die Biblioteka Jagiellońska in Krakau (darunter 79 deutsche Handschriften), wo sie sich noch heute befinden.[37]

Nach der deutschen Wiedervereinigung konnten unter dem Dach der Stiftung Preußischer Kulturbesitz die beiden Staatsbibliotheken von West- und Ostberlin wie-

der zusammengeführt werden. Die deutschsprachigen Handschriften stehen somit nach über 50jähriger Trennung und mit sehr geringen Kriegsverlusten wieder einträchtig nebeneinander der Wissenschaft und der interessierten Öffentlichkeit zur Verfügung.

RB

[1] TAUTZ, KURT: Die Bibliothekare der Churfürstlichen Bibliothek zu Cölln an der Spree. Ein Beitrag zur Geschichte der Staatsbibliothek im siebzehnten Jahrhundert. Leipzig 1925, S. 235.

[2] Grundlegend zur Erwerbungsgeschichte deutschsprachiger Handschriften und Inkunabeln der Staatsbibliothek: LÜLFING, Handschriftenabteilung [dort auch weitere Literaturangaben]. – ALTMANN, Inkunabelsammlung. – PAUNEL, EUGEN: Die Staatsbibliothek zu Berlin. Ihre Geschichte und Organisation während der ersten zwei Jahrhunderte seit ihrer Eröffnung. 1661–1871. Berlin 1865. – SCHMIDT, WIELAND: Von der Kurfürstlichen Bibliothek zur Preußischen Staatsbibliothek – Geschichtlicher Überblick von 1661 bis 1945, in: Staatsbibliothek Preußischer Kulturbesitz. Festgabe zur Eröffnung des Neubaus in Berlin. Hrsg. von Ekkehart Vesper. Wiesbaden 1978, S. 1–94. – Ausst. kat. Berlin 1975, S. 133–163. – TEITGE, HANS ERICH: Handschriftensammlung, in: Kostbarkeiten der Deutschen Staatsbibliothek. Hrsg. von Hans Erich Teitge u. Eva-Maria Stelzer. Wiesbaden 1986, S. 46–96. – SCHIEWER, HANS-JOCHEN: Berlins schöne Handschriften. Jahresgabe der Leuchte Versicherungsmakler GmbH [Berlin] 1987. – HAEBLER, KONRAD: Die Handschriftenabteilung, in: Fünfzehn Jahre Königl. u. Staatsbibliothek, A. v. Harnack überreicht. Berlin 1921, S. 126–131. – VOUILLIÈME, ERNST: Die Inkunabelabteilung, in: Fünfzehn Jahre Königl. u. Staatsbibliothek, A. v. Harnack überreicht. Berlin 1921, S. 22–31.

[3] TAUTZ, KURT, Die Räume der Churfürstlichen Bibliothek zu Cölln an der Spree, Burg 1924, S. 13. – Vgl. auch WINTER, URSULA: Handschriften, seltene Drucke und Kuriositäten in der churfürstlichen Bibliothek zu Cölln an der Spree, in: Marginalien H. 84, 1981, S. 50–68.

[4] TAUTZ: Die Räume der Churfürstlichen Bibliothek, S. 14.

[5] Vgl. HORNUNG, HANS: Daniel Sudermann als Handschriftensammler. Ein Beitrag zur Straßburger Bibliotheksgeschichte. Phil. Diss. Tübingen 1956.

[6] SCHIEWER, Berlins schöne Handschriften, S. 15.

[7] WILKEN, Bibliothek, S. 1–9.

[8] WILKEN, Bibliothek, S. 6.

[9] LÜLFING, Handschriftenabteilung, S. 322.

[10] KNAUS, HERMANN: Die Handschriftenabteilung, in: Mitteilungen 2, 1970, S. 65–73, hier S. 65.

[11] Vgl. KNAUS, HERMANN: Berliner Handschriften, in: Jahrbuch Preußischer Kulturbesitz 7, 1969, S. 236–253.

[12] Vgl. KNOPP, WERNER: Preußens Könige und ihre Bibliothek, in: Schätze wieder vereint. Die Zusammenführung der historischen Sonderabteilungen der Staatsbibliothek zu Berlin. Berlin 1999, S. 108–123.

[13] KNAUS, Die Handschriftenabteilung, S. 68.

[14] Zitiert nach LÜLFING, Handschriftenabteilung, S. 326.

[15] Vgl. KNAUS, HERMANN: Der Fonds Maugérard, in: KNAUS, HERMANN: Studien zur Handschriftenkunde. Ausgewählte Aufsätze. Hrsg. von Gerard Achten, Thomas Knaus und Kurt Hans Staub. München, London, New York, Paris 1992, S. 169–185.

[16] Vgl. POLTHIER, WILHELM: Die ehemalige Domstiftsbibliothek in Havelberg, in: Von Büchern und Bibliotheken. FS Ernst Kuhnert. Hrsg. von Gustav Abb. Berlin 1928, S. (163)–176.

[17] Vgl. JUCHHOFF, Büchersammlung.

[18] LÜLFING, Handschriftenabteilung, S. 332.

[19] SCHIEWER, Berlins schöne Handschriften. S. 18/19.

[20] LÜLFING, Handschriftenabteilung, S. 335.

[21] LÜLFING, Handschriftenabteilung, S. 335.

[22] WENDELER, Meusebachsche Bibliothek, S. 215.

[23] Vgl. MEYER-HEPNER, GERTRUD: Bettina und die Bibliothek Meusebachs, in: Marginalien H. 10, 1960, S. 16–23.

[24] LÜLFING, Handschriftenabteilung, S. 336, Anm. 76.

[25] Vgl. HUSUNG, MAX JOSEPH: Graf Méjan und seine Sammlung in der Preußischen Staatsbibliothek zu Berlin, in: Werden und Wirken. FS Karl W. Hiersemann. Leipzig 1924, S. 123–138.

[26] Vgl. BECKER, Überblick, S. 333; Kat. Berlin SB Nachlaß Grimm.

[27] SCHIEWER, Berlins schöne Handschriften. S. 28.

[28] BADER, KARL: Lexikon deutscher Bibliothekare im Haupt- und Nebenamt bei Fürsten, Staaten und Städten. Leipzig 1925, S. 115.

[29] LÜLFING, Handschriftenabteilung, S. 341.

[30] NICOLADONI: Art. 'Starhemberg, Camillo Heinrich Fürst', in: Biographisches Jahrbuch und deutscher Nekrolog 5, 1900, S. 81–82, hier S. 82.

[31] Ausst. kat. Berlin 1975, S. 134.

[32] Vgl. JACOBS, EMIL: Die von der Könglichen Bibliothek zu Berlin aus der Sammlung Phillipps erworbenen Handschriften, in: Zentralblatt für Bibliothekswesen 28, 1911, S. 23–39.

[33] BOGENG, G. A. E.: Die großen Bibliophilen. Geschichte der Büchersammler und ihrer Sammlungen. Bd. 1, Leipzig 1922, S. 842.

[34] BOGENG, Die großen Bibliophilen, S. 484.

[35] Vgl. TEITGE, HANS-ERICH: Die Erwerbung der Meerman-Phillipps-Handschriften, in: 100 Jahre Handschriftenabteilung. Festveranstaltung in der Deutschen Staatsbibliothek am 9. April 1986. (Beiträge aus der Deutschen Staatsbibliothek 5). Berlin 1987, S. 8–20

[36] Vgl. JACOBS, EMIL: Die Handschriftensammlung Joseph Görres'. Ihre Entstehung und ihr Verbleib, in: Zentralblatt für Bibliothekswesen 23, 1906, S. 189–204.

[37] Vgl. die Übersicht bei: MILDE, WOLFGANG: Deutsche Handschriften in der Universitätsbibliothek Krakau, in: Wolfenbütteler Barock-Nachrichten 11, 1984, S. 76–80.

DIE ERWERBUNG VON DEUTSCHEN MITTELALTERLICHEN HANDSCHRIFTEN NACH 1945

Große Teile der Bestände der Preußischen Staatsbibliothek, darunter die Handschriften und Inkunabeln, wurden während des Zweiten Weltkriegs ausgelagert, um nicht durch Kriegseinwirkungen, besonders durch Bombardierungen Berlins, verloren zu gehen. Nach und nach wurden sie auf Dutzende von Orten in ganz Deutschland verteilt und dort in Klöstern, Schlössern, Bergwerken und Banktresoren in Sicherheit gebracht.

Nach dem Krieg kamen diese Bestände, abhängig von der Richtung der Auslagerung, nur teilweise nach Berlin zurück. Ende der vierziger Jahre, als das Bibliotheksgebäude Unter den Linden, das während des Krieges stark gelitten hatte, wieder funktionsfähig gemacht worden war, kehrten die nach Mitteldeutschland verbrachten Bestände in das Gebäude der Deutschen Staatsbibliothek in Berlin (DDR) zurück. In Berlin-West hatte sich hingegen die Staatsbibliothek Stiftung Preußischer Kulturbesitz etabliert, zunächst auf mehrere provisorische Lokalitäten verteilt, bis 1978 der Neubau von Hans Scharoun eröffnet wurde. Hierher gelangten infolge der Teilung Deutschlands die während des Krieges auf das Gebiet der nachmaligen Bundesrepublik Deutschland ausgelagerten Bestände, darunter diejenigen Handschriften, die in der französischen und der amerikanischen Besatzungszone in Tübingen und Marburg gesammelt worden waren.

Seit Mitte der sechziger Jahre wurde in den provisorisch bezogenen Räumen des Geheimen Staatsarchivs in Berlin-Dahlem eine funktionsfähige Handschriftenabteilung aufgebaut. Es konnte wieder an eine regelmäßige und planvolle Bestandsergänzung gedacht werden. In der Deutschen Staatsbibliothek und in der Staatsbibliothek Preußischer Kulturbesitz sollte das Erbe der Preußischen Staatsbibliothek bewahrt und gemehrt werden. Kleinere, aber besonders wertvolle Bestände, die während des Krieges nach Schlesien verbracht worden waren, darunter Autographen und Handschriften, gelangten in die Biblioteka Jagiellonska in Krakau, wo sie noch heute aufbewahrt werden. Die Geschichte all dieser Kriegs- und Nachkriegswirren beschrieben Hans Lülfing in der Festschrift der Deutschen Staatsbibliothek von 1961 und Ekkehart Vesper sowie Wieland Schmidt 1978 in der Festgabe zur Eröffnung des Neubaus der Staatsbibliothek Preußischer Kulturbesitz 1978.

Die bibliothekarische Arbeit bei der Wiedervereinigung der beiden getrennten Hälften der Handschriftenabteilung wurde dadurch sehr erleichtert, daß in der Deutschen Staatsbibliothek die alten Signaturenreihen der Preußischen Staatsbibliothek fortgesetzt wurden, während in der Staatsbibliothek Preußischer Kulturbesitz alle neuen Handschriften gleich welchen Inhaltes und welcher Größe unter der Signatur 'Hdschr.' firmierten und die 'Inc.'-Signatur zu 'Wgdr.' wurde, so daß keine Doppelbesetzungen von Signaturen zu korrigieren waren.

In der Deutschen Staatsbibliothek sind seit 1950 sporadische Neuzugänge auch von deutschen mittelalterlichen Handschriften zu verzeichnen, ein 'Kriegsbuch' etwa (Ms. germ. quart. 2041) oder ein 'Sachsenspiegel' (Ms. germ. fol. 1676); leider konnten nur wenige weitere derartige Handschriften folgen, da in der DDR ein Markt für solche Gegenstände kaum existierte und Ankäufe aus dem Ausland sich wegen Devisenschwäche verboten.

Die Ankäufe im westlichen Teil der Bibliothek wurden nach rudimentären Anfängen seit den siebziger Jahren in größerem Stil wiederaufgenommen. Als germanistischer Mediävist gab hier der langjährige Leiter der Handschriftenabteilung, Tilo Brandis (1973–2000), die fachliche Richtung vor. Unter Ausnutzung der Marktlage und der verfügbaren Mittel gehörten auch verhältnismäßig zahlreiche mittelhochdeutsche und frühneuhochdeutsche Handschriften zu den nun konstant erfolgenden Neuerwerbungen; darunter befinden sich in bunter Reihenfolge die 'Magdeburger Schöffensprüche' (Hdschr. 79), Gebetbücher, theologische Sammelhandschriften und Traktate, Minnereden und Tischzuchten (Hdschr. 115, Hdschr. 113), Willirams Paraphrase des Hohenlieds (Hdschr. 197), astronomisch-astrologische und medizinische Fachprosa, Fragmente mittelhochdeutscher Epik und frühneuhochdeutsche Liederbücher.

1993 gelang die En-bloc-Erwerbung einer Sammlung von über vierzig mittelalterlichen deutschen Handschriften und Fragmenten (Hdschr. 382–421), die der Hamburger Antiquar Jörn Günther zusammengetragen hatte. Die Kollektion beruht auf dem Grundstock der seit Jahrhunderten bestehenden Adelsbibliothek der Grafen von Ortenburg auf Schloß Tambach in Oberfranken, die in kundiger Weise erweitert wurde. Der Reigen beginnt mit einer Historienbibel von Diebold Lauber, setzt sich fort mit dem 'Renner' Hugos von Trimberg und dem 'Willehalm von Orlens' des Rudolf von Ems, vermehrt durch Weltchroniken und hochkarätige und illuminierte Rechtshandschriften und Fragmente äußerst selten überlieferter Texte, so vom 'Iwein' Hartmanns von Aue, vom 'Parthonopeus von Blois' und von Reinmar von Zweter; dazu gesellen sich gesammelte Papiere eines Astrologen, eine Art früher Nachlaß. Vieles harrt noch der philologischen, wissenschaftsgeschichtlichen, kunsthistorischen und kodikologischen Erschließung. Bei der Seltenheit dieser Objekte auf dem Handschriftenmarkt handelt es sich um einen einzigartigen Glücksfall in der neueren Erwerbungsgeschichte der Handschriftenabteilung der Staatsbibliothek.

1997, anläßlich der bevorstehenden räumlichen Wiedervereinigung der beiden Handschriftenabteilungen, wurde die Signaturenreihe 'Hdschr.' abgeschlossen und für alle Neuerwerbungen zu den angestammten Signaturen der Königlichen Bibliothek und der Preußischen Staatsbibliothek zurückgekehrt. Die Gesamtzahl der nach dem Krieg in Ost und West angeschafften mittelalterlichen und frühneuzeitlichen deutschen Handschriften liegt bei etwa 100 Exemplaren; die gesamte Zahl der mittelalterlichen lateinischen oder gar der neuzeitlichen deutschen Handschriften ist freilich, der Überlieferungslage entsprechend, etwa um ein dreifaches höher.

Die meisten Erwerbungen konnten auf deutschen Buchauktionen getätigt werden. Vieles resultierte aus direktem Kontakt zu Antiquariaten; einiges kam aus Londoner Auktionshäusern oder von europäischen wie nordamerikanischen Buchhändlern; Ankäufe von Privat besaßen dagegen eher Seltenheitswert. Eine Tendenz, die schon in der ersten Hälfte des 20. Jahrhunderts sichtbar wurde, setzte sich in der zweiten Hälfte verstärkt fort: der Markt für mittelalterliche Handschriften wurde immer knapper. Noch im späten 19. Jahrhundert konnten von der Staatsbibliothek Privat-, Gelehrten- und Adelsbibliotheken mit zahlreichen mittelalterlichen Handschriften in toto übernommen werden. Diese Möglichkeit ist kaum noch gegeben. Was einmal von den staatlichen Bibliotheken vereinnahmt wurde, ist schon wegen gesetzlicher Vorschriften im Normalfall für den Handel verloren. Daher kommt die Explosion der Preise, auch bei lateinischen Texthandschriften, die naturgemäß für Privatsammler lange Zeit keine Objekte der Begierde waren. Ältere oder illuminierte Codices mit ihrer kulturhistorischen Bedeutung und ihrem ästhetischen Reiz sind aus dem Normaletat auch der Staatsbibliothek zu Berlin kaum bezahlbar. Preise, die zur Zeit eines Ankaufs hoch schienen und nur mühsam bezahlt werden konnten, erscheinen wenige Jahre danach als Bagatelle, so daß im Rückblick nicht das teuer Erworbene, sondern das nicht Erworbene reut.

Hochwertige Codices können nur dank der Unterstützung und des Engagements staatlicher oder privater Sponsoren wie der Kulturstiftung der Länder oder der Lottostiftung angekauft werden. Nur auf diese Weise konnte im Jahre 2002 die einzige Handschrift des einzigen in die deutsche Sprache übersetzten Textes 'Vom Fechten und der Ritterschaft' der Christine de Pizan (Ms. germ. fol. 1705) erworben werden, nämlich dank der großzügigen Unterstützung der Kulturstiftung der Länder und des Bundesbeauftragten für Kultur und Medien.

EO

BILDER LESEN

Zur bildlichen Ausstattung deutschsprachiger Handschriften des Mittelalters

Den moralischen Zeigefinger zur Seitenmitte gerichtet und seinen wundertätigen Stab geschultert, steht Moses an der Spitze der Israeliten. Er weiß sich und die Seinen bereits in Sicherheit, die schützende Rahmung der Szene demonstriert dies. Gegenüber, in der Mitte der Doppelseite 154^v–155^r einer um 1380 in Bayern entstandenen Abschrift der mit Enikels Weltchronik vermischten 'Christherre-Chronik' (Kat. 195), geht das Heer der Ägypter im Roten Meer zugrunde – es wird buchstäblich in den Falz hineingesogen. Beide Szenen sind mit flotter Feder gezeichnet und dann waghalsig mit Pinselstrichen überzogen, in der Faktur ungekünstelt, dabei bemerkenswert lebendig. Zu allen Zeiten wird beim Blättern in der Handschrift der Blick zuerst auf das Bild gefallen sein, erst danach auf den Text. Dies wird auch dadurch provoziert, daß der Zeichner Teile des zuvor fertiggestellten Textes mit seinen Wasserfarben übermalte und die zweigeteilte Illustration gleichsam über den Schriftraum hinwegspringen ließ. Doch will das Bild, das die äußere Dramatik von Exodus 14 auf den Punkt bringt, den Text keinesfalls überflügeln oder ignorieren. Es steht nicht direkt an der Textstelle, die den Untergang der Ägypter schildert, sondern begleitet die nachfolgende Passage, an deren Beginn das Staunen der Israeliten, der Moment des Begreifens ihrer Errettung steht. Vom anschließenden Gotteslob Moses' und der Israeliten (nach Ex 15) wird ein Bogen geschlagen zum Taufwasser, das die Sünden ertränke – gleichwie das Rote Meer das Böse. Dann setzt auf der rechten Seite, auf Höhe des Bildes, eine Erörterung der berühmten Frage ein, warum Gott das Übel der Welt zulasse. Die bildliche Darstellung macht optisch erfahrbar, was der Text lehrt und fordert, nämlich die Erkenntnis der Wendung zum Guten und das Gotteslob. Neben diese Einheit von Schrift und Bild tritt insofern auch das gesprochene Wort, als Moses im Typus des zeigend kommentierenden, also das Mündliche personifizierenden Redners abgebildet ist.

I.

Nicht wenige Besucher von Ausstellungen mittelalterlicher Handschriften dürften sich in erster Linie von den bildlichen Darstellungen der jeweils präsentierten Seiten faszinieren lassen, während die gleichfalls sichtbaren Texte meist nur dann ins Blickfeld geraten, wenn auffällige Initialen oder in unterschiedlichen Schriftarten abgestufte Anfangszeilen zu Leseversuchen animieren. Da bei volkssprachigen Codices das Lateinische als Hemmschwelle wegfällt, mag der Wunsch aufkommen, diese eher selektive Herangehensweise hinter sich zu lassen und einen Zugang auch zu den Texten zu finden. Allerdings werden ungewohnte Schriftarten (oder Drucktypen) des Hoch- bzw. Spätmittelalters und die durch dialektale Eigenheiten gefärbte mittelhochdeutsche Schreibsprache das Buchstabieren zu einer Herausforderung machen. Wenn aber gilt, „daß Bildlichkeit geradezu ein Signum von Volkssprachigkeit sein kann" (Curschmann 1999, S. 443), sollte es gelingen, sich den volkssprachigen Texten – sei es als Handschrift, sei es als Druck – auch auf dem Umweg über die Bilder zu nähern. Darum wollen die folgenden Beobachtungen dazu anregen, beim Bilder-Lesen sowohl den spezifisch künstlerischen Aspekten Aufmerksamkeit zu schenken, als auch das Zusammenspiel von Schrift, Buchschmuck und Miniaturen im 'Kon-Text' des Seitenlayouts bewußter wahrzunehmen.

Eine erste Annäherung wird – wie im klerikal-lateinisch geprägten Buchwesen – durch das äußere Erscheinungsbild der Texte erleichtert, das mit seinen vielfältigen Auszeichnungsmöglichkeiten optisch dem Erfassen wichtiger Grundinformationen zuarbeitet. So genügt meist schon ein Blick, um die in Langzeilen, bei großen Formaten auch in zwei Spalten niedergeschriebene Prosa von epischen Werken zu unterscheiden, deren gereimte Verse jeweils in einer neuen Zeile beginnen (z. B. Kat. 39). Auch Lieddichtungen verraten sich durch die zu Strophen zusammengefaßten Verse. Tritt gar eine Melodie hinzu (Kat. 54), verweist dies schlaglichtartig auf die Vortragssituation, die nicht nur für das Lied, sondern für zahlreiche Werke der mittelalterlichen volkssprachigen Literatur als 'raison d'être' mitzudenken ist. Rot unterstrichene oder durch größeren Schriftgrad hervorgehobene Passagen lassen autoritativen Text ins Auge springen und setzen ihn vom Kommentar ab (z. B. Kat. 95;

Kat. 158). Speziell in Rechtshandschriften stößt man vereinzelt auf jenes bereits in den lateinischen Codices perfektionierte Layout, bei dem die kleiner geschriebene Glosse um ein mittig auf der Seite positioniertes 'Textfenster' mit einem Abschnitt aus dem zu kommentierenden Rechtsbuch angeordnet wird (Kat. 148). Diagramme und detaillierte Zeichnungen dienen in fachliterarischen Texten der anschaulichen Vermittlung von schwierigen Sachverhalten. Schließlich bieten gliedernde Textelemente wie rubrizierte Überschriften oder die Hierarchie der Initialen von der einfachen Lombarde zum aufwendig gestalteten Anfangsbuchstaben einen strukturierten Einstieg in die Lektüre.

Wer nun bereit ist, sich auf das in der Ausstellung dargebotene Panorama handschriftlich überlieferter deutscher Texte einzulassen, wird – vielleicht mit Verwunderung – wahrnehmen, daß sich aus der Masse der mit kolorierten Federzeichnungen ausgestatteten Codices nur einige wenige herausheben, die durch ihre Deckfarbenminiaturen, in manchen Fällen sogar auf Goldgrund (vgl. Kat. 206; 33^v), dem gängigen Bild vom prächtig ausgestatteten mittelalterlichen 'Codex picturatus' entsprechen. So unterstreichen bei einem niederländischen Sachsenspiegel (Kat. 147; 6^r) die aufwendige Rahmung der Anfangsseite und eine als Autorenbild über die erste Spalte gesetzte Darstellung des Kaisers den Wert, den der Auftraggeber der Handschrift dem Text zugemessen haben muß. Ähnlich erlaubt die als Stifterbild konzipierte Miniatur des Amplexus Bernardi vor einem ehrfürchtig knienden Zisterziensermönch, die einer Abschrift der deutschen Meßerklärung *Messe singen oder lesen* beigegeben ist, Rückschlüsse auf Entstehungs- und Gebrauchssituation des Bandes in zisterziensischem Umfeld (Kat. 117; 106^r). Dagegen läßt sich nicht mehr klären, ob die zur Meditation anregende Miniatur eines Mönchs, dem Maria in einer Vision erscheint, von Anfang an für das Gebetbuch geschaffen wurde, in dem sie heute als hinteres Spiegelblatt eingeklebt ist (Kat. 135). Sie ist auf keines der deutschen Gebete bezogen, könnte also ursprünglich in anderem nicht unbedingt volkssprachigen Kontext verwendet worden sein. Demgegenüber steht beim Traktat *Uffgehnde morgenrödte* in einer alchemistischen Sammelhandschrift (Kat. 185) die Abhängigkeit von einer bereits mit Illustrationen ausgestatteten lateinischen Fassung außer Zweifel, aus der die deutsche Version auch die sehr feinen Miniaturen übernommen hat. Besonders augenfällig wird der Rückbezug auf die mittelalterlich-kirchliche Buchkultur in einer leider nur fragmentarisch erhaltenen Handschrift, welche die Weltchronik des Rudolf von Ems zusammen mit dem Karlsepos in der Bearbeitung des Strickers überliefert (Kat. 194). Ganz-

seitige gerahmte Deckfarbenminiaturen auf Goldgrund heben den Codex auf ein Anspruchsniveau, das seine Repräsentationsfunktion demonstrativ zum Ausdruck bringt. Durch die Kostbarkeit der Ausstattung, die Darstellungen aus dem alttestamentlichen Bilderkreis und die Übertragung von Mustern der christlichen Ikonographie auf profane Themen erhalten hier die volkssprachigen Texte Anteil an der Aura, die sonst den heilsgeschichtlichen Stoffen zukommt.

II.

Das Streben nach Verschriftlichung von Volkssprache war allem Anschein nach schon früh von dem Wunsch begleitet, das in die Schriftform gebrachte Wort zusätzlich im Bild zu übermitteln. Diese und weitere, einstweilen noch thesenhaft formulierte Grundbeobachtungen verdanken sich der in den letzten Jahren intensivierten Erforschung von Wort, Schrift und Bild namentlich in deutschsprachigen mittelalterlichen Handschriften (hierzu und zum Folgenden zuletzt Curschmann und Ott, s.u.; dort weitere Lit.). Wenn die Überlieferungssituation diesen Schluß zuläßt, bebilderte man anfangs volkssprachige Bücher mit dem Ziel, sie dem gängigen Ausstattungsniveau lateinischer illuminierter Handschriften anzugleichen und damit aufzuwerten und zu etablieren. Es wird kaum mehr zu entscheiden sein, ob von vornherein neben diesem pragmatischen Aspekt auch ein ideelles Bedürfnis stand, gerade der volkssprachigen Schriftkultur unterstützend das Bild an die Seite zu stellen. Spätestens seit dem 13. Jahrhundert, als die Bebilderung volkssprachiger Bücher systematisch und zunehmend auf stilistischen wie ikonographischen Sonderwegen vorangetrieben wurde, ist ein solches gattungsorientiertes Bedürfnis dann nicht mehr zu übersehen. Handschriften mit ins Deutsche übertragenen Werken etwa schienen tendenziell das Bild geradezu einzufordern, wie sich am Beispiel einer Handschrift zeigen läßt, die den 'Belial' des Jacobus de Theramo – von ein und demselben Schreiber geschrieben – sowohl in der lateinischen als auch in der deutschen Version enthält, wobei erstere im Einklang mit der übrigen lateinischen Überlieferung des Werks nicht illustriert, letztere hingegen bebildert ist (Kat. 160).

Am Beginn einer ambitionierten Bildkultur im deutschsprachigen Buch steht unter anderem die um 1220/30 entstandene Berliner Eneide (Kat. 22) mit ihren künstlerisch feinen Miniaturen. Sie gilt als wichtiger Beleg dafür, daß damals deutsch verschriftlichte Erzählstoffe Eingang in die Kreise der höfischen Gesellschaft zu finden begannen und sich damit etablierten. Auf eigenen Blättern ganzseitig und dabei zweizonig angelegt, interpretieren die Bilder dieser Handschrift den Text mehr als ihn wortgetreu wiederzugeben. Auch in der Folgezeit mußte beim Konzipieren illustrierter deutschsprachiger Handschriften immer wieder zunächst die Frage erörtert werden, wo im Spannungsfeld zwischen Textnähe und Textferne eine Bebilderung jeweils anzusiedeln sei. Die Bildgestaltung hatte in aller Regel auf bereits existierende Texte zu reagieren – synchrone Text-Bild-Schöpfungen sind im Mittelalter die Ausnahme – und dabei das intellektuelle Profil und den Anspruch der Leserschaft (in der Regel: des Auftraggebers einer Handschrift) im Auge zu behalten. Entweder schien es angebracht, den Wortlaut präzise im Bild zu wiederholen, oder es wurde im Interesse des Textverständnisses als vorteilhaft angesehen, Bilder als mehr oder weniger autarke optische Interpretationshilfe anzulegen. Im letzteren Sinn zu verstehen sind Bilder, die in Komposition und Motivdichte so sehr zurückgenommen sind, daß sie weitläufige Textpassagen zusammenfassen und vereinfachen, oder solche, die im Gegensatz dazu sich in mannigfachen Details verlieren und viel mehr erzählen, als es der Text vorgibt. Derartige Details waren nicht selten geeignet, Aktualitätsbezüge herzustellen, um den Zugang zu Erzählstoffen, die in die Jahre gekommen waren, zu erleichtern. Beispielsweise konnte vermittels ins Bild gesetzter modischer Versatzstücke wie zeitgenössische Kleidung oder Architektur eine hochmittelalterliche Dichtung für die Augen eines Lesers des 15. Jahrhunderts aufgefrischt werden. Bei alledem darf allerdings nicht vergessen werden, daß im Mittelalter keinesfalls jedes Bildelement, das im zugehörigen Text ohne Entsprechung bleibt, das Produkt einer bewußten Entscheidung und somit von eigener Bedeutung ist. Vielfach erweisen sich solche Elemente als Spuren älterer Bildmuster, die aus anderen Kontexten übernommen wurden, und sind allein durch diese erklärbar.

III.

Rein formal läßt sich Textnähe oder -distanz über die Anlage der Seitengestaltung, also die räumliche Zuordnung eines Bildes zum Text, steuern. Anders als in Frankreich, wo historisierte Initialen sowie kleinformatige gerahmte Miniaturen über einen längeren Zeitraum als Gliederungselemente profaner Texte dienten, begegnet man in deutschen Handschriften dem in die Initiale eingefügten Bild eher selten. In der Magdeburger Schöppenchronik (Kat. 205; 36ra) visualisiert der Anfangs-

buchstabe zur Vorrede das einleitende *Godde to eyneme loue* in einer Darstellung des Schöpfergottes und rückt damit die mit der Besiedlung des Sachsenlandes einsetzende Chronik in eine weltgeschichtliche Perspektive. Zu immer neuen Lösungen fanden die Schreiber und Miniatoren, wenn es darum ging, Text und Bilder aufeinander zu beziehen. In einer 1472 datierten Historienbibel (Kat. 103; 112ra) ist die spaltenbreite Miniatur des Salomon-Urteils mit den zusammengedrängten Akteuren genau an jener Stelle in den Text inseriert, wo durch die unterschiedlichen Antworten der Frauen die Dramatik der Situation kulminiert, um dann in der weisen Entscheidung des Königs zugunsten der wahren Mutter ihre Auflösung zu finden. Von besonderem Reiz ist die Darstellung des Turmbaus zu Babel, für die in der Abschrift der Weltchronik des Rudolf von Ems eine ganze Spalte freigelassen wurde (Kat. 196; 17v). Wie durch ein Fenster blickt man durch einen schmalen roten Rahmen auf die Baustelle. Der am Boden vorbereitete Mörtel wird über steile Leitern aufs Gerüst gebracht; ein neuer Stein wird mit Hilfe eines Krans auf das aus gewaltigen bossierten Quadern errichtete Bauwerk gezogen. Auf der obersten Steinlage steht ein Mann in vornehmer Kleidung, sein Hut stößt bereits an die Rahmung: das Ziel, mit dem Turm den Himmel zu berühren, scheint fast erreicht. Doch als solle die Hybris des Unternehmens anschaulich nachvollziehbar gemacht werden, kehrt sich für jeden, der den daneben stehenden Bericht vom Übermut der Menschen liest, die in der Miniatur bewußt nach oben gelenkte Blickführung ins Gegenteil. Zeile um Zeile müssen die Augen die Textspalte hinabgleiten, wobei der Leser immer mehr davon erfährt, wie Gott das überhebliche Tun durch die Verwirrung der Sprache bestraft, *also das keiner vernam des andren sproch*. Noch enger und zugleich vielschichtiger sind in der Sächsischen Weltchronik (Kat. 193) Text und Bild miteinander verwoben. In einer durchlaufenden Reihe von Adam bis Kaiser Friedrich II. sind immer wieder runde oder quadratische 'Portrait'-Bildchen von wichtigen Personen der Geschichte analog einer Basso-continuo-Begleitung in die Spalten eingefügt. An bestimmten Punkten gelingt es, durch abbreviaturhafte 'Icons' wie dem zwischen den Zeilen aufleuchtenden Regenbogen (5r) einzelne Worte gleichsam zum Klingen zu bringen. Der Akkord wird durch kleine, in den Text integrierte Darstellungen historischer Ereignisse vervollständigt, die als Bildkommentar neben die Erzählung treten und diese – so bei der Arche Noah mit den als Kundschaftern ausgesandten Vögeln, Taube und Rabe – durchaus um Motive erweitern können, die in der Chronik gar nicht erwähnt werden.

Neue Funktionen wachsen den Bildern im Verhältnis

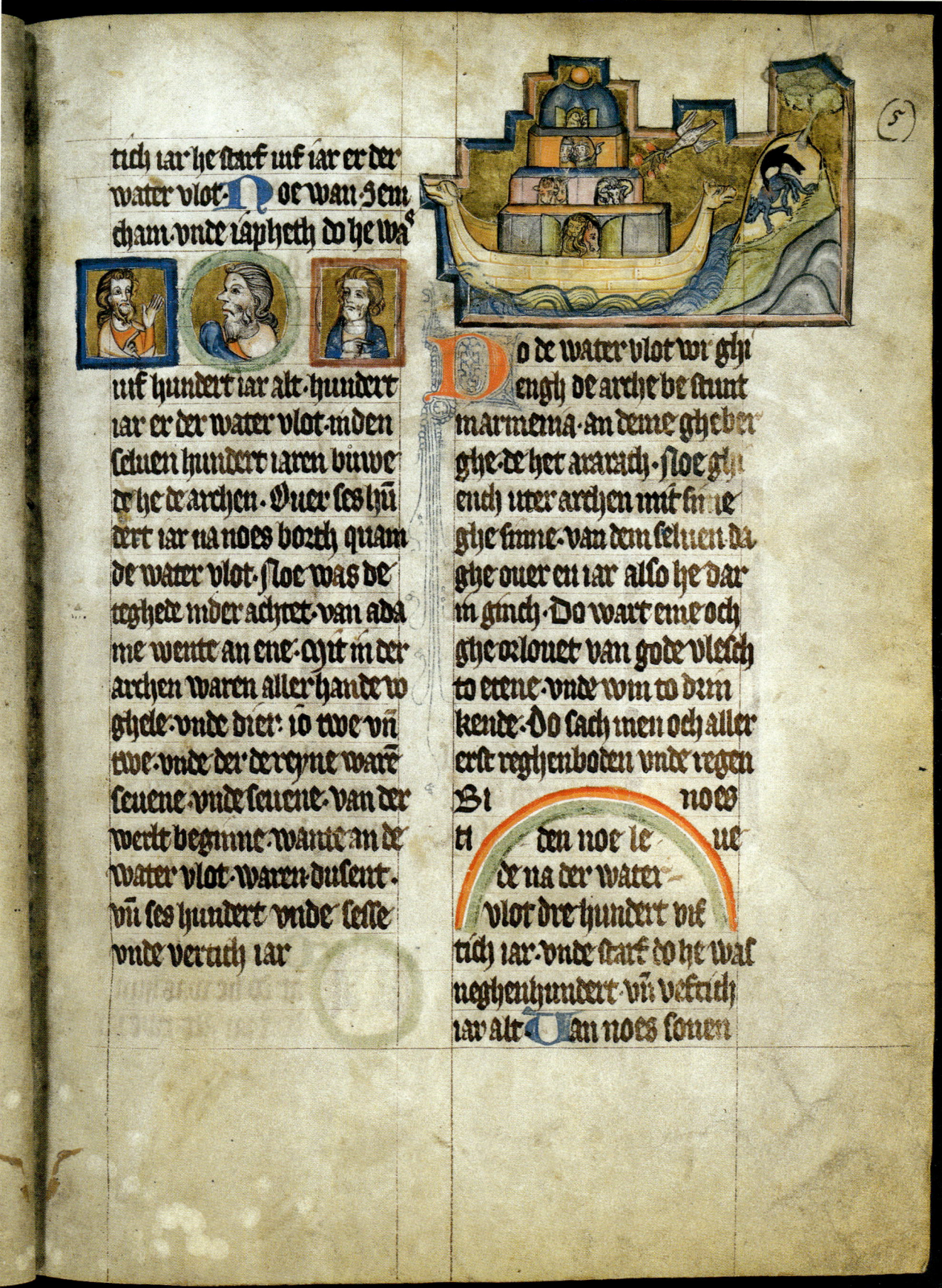

tich iar he starf uif iar er der
water vlot · Noe van Sem
cham · vnde iapheth do he was

uif hundert iar alt · hundert
iar er der water vlot · in den
seluen hundert iaren buwe
de he de archen · Ouer ses hũ
dert iar na noes bort · quam
de water vlot · sloe was de
teghede in der achtet · van ada
me wente an ene · cyit in der
archen waren aller hande w
ghele · vnde diet · io twe vñ
twe · vnde der dereyne wareñ
seuene · vnde seuene · van der
werlt beginne · wante an de
water vlot · waren dusent ·
vñ ses hundert · vnde sesse
vnde vertich iar

Do de water vlot wr ghi
engh de arche be stunt
mar meina · an deme ghe ber
ghe · de het ararath · sloe ghi
engh uter archen mit sine
ghe sinne · van dem seluen da
ghe ouer en iar · also he dar
in ginch · Do wart ene och
ghe orlouet van gode vlesch
to etene · vnde win to dem
kende · Do sach men och aller
erst reghenboden vnde regen
Bi noes
ti den noe le ue
de na der water
vlot drie hundert vif
tich iar · vnde starf do he was
neghenhundert · vñ vertich
iar alt · Van noes sonen

zum Text zu, wenn diese allein schon durch ihre Größe eigenes Gewicht beanspruchen können. Prominent an den Kopf der Rektoseite gerückt, über den beiden Schriftblöcken schwebend, löst sich die ungerahmte Miniatur mit der Eroberung Trojas in der Weltchronik des Heinrich von München (Kat. 198; 153ʳ) tendenziell vom Text und bietet dem Betrachter durch die in einer mittelalterlichen Stadtkulisse agierenden gerüsteten Krieger zusätzliche Identifikationsmöglichkeiten. Gleichfalls über beide Spalten hinweg reichend, wurde in einer aus der Werkstatt des Diebold Lauber stammenden Historienbibel (Kat. 61; 2ʳ) das Bild von der Trunkenheit Noahs zwischen die Überschrift und den Kapitelbeginn eingepaßt. Sowohl die rubrizierten Titelzeilen wie die Miniatur stimmen den Leser auf die folgende Erzählung ein – allerdings jeweils mit einer anderen Aussage. Dabei fördert und fordert das Bild – mehr als der eher nüchtern zusammenfassende Titulus – durch die mit Scham und Entsetzen auf das Mißgeschick ihres Vaters Noah reagierenden beiden jüngeren Söhne geradezu einen emotionalen Zugang. In den beiden ausgestellten Seiten eines in Schwaben entstandenen 'Belial' des Jacobus de Theramo (Kat. 161) kommt das „Bedürfnis nach Visualisierung" (Curschmann 1999, S. 380), das dem Verschriftlichungsprozeß deutschsprachiger Werke häufig inhärent gewesen ist, in prägnanter Weise zum Ausdruck. Die vor den einzelnen Abschnitten in den Schriftraum eingepaßten, von einem einfachen schwarzen Kontur umzogenen kolorierten Federzeichnungen übernehmen die Aufgabe, wie in einem 'Szenenphoto' die am Prozeßgeschehen Beteiligten vor Augen zu führen, während im Text die inhaltlichen Aspekte der Verhandlung, teils sogar in wörtlicher Rede, ihren Niederschlag finden. Dabei mag die Miniatur, die Belial vor dem Höllenrachen zeigt, gerade dem modernen Betrachter eine Ahnung davon vermitteln, was für eine in vielen Bereichen von Oralität geprägte Gesellschaft der Schritt zur Schriftlichkeit bedeutet haben muß. Im Gegensatz zu dem im Bild eindringlich geschilderten Vorgang einer auf das Sehen gegründeten Wahrnehmung – das Endurteil wird auf einer riesigen handgeschriebenen Urkunde der Höllengemeinde präsentiert – steht die allein auf das Hören als Rezeptionsweise abhebende Formulierung des Textes: *da Beleal mit sinem brieff gen hell kam vnd der gelesen ward vnd do die tufel hortten* (89ʳ). Aufschlußreich für das Verhältnis von Text und Bild und bestimmt durch ein Moment didaktischer Aufbereitung des Stoffes sind jene Chronikhandschriften, die sich von den Geschichtskompendien in Rollenform herleiten (Kat. 202–203). Die Argumentation setzt dabei vorrangig auf die visuelle Vermittlung von Profan- und Heils-

geschichte, deren zentrale Ereignisse in Medaillons dargestellt werden. Dem Text kommt nurmehr erläuternde Funktion zu, was nicht verhindert, daß sich – vielleicht begünstigt durch die Offenheit der Seitengestaltung – in Nachträgen weitere Kommentarschichten an den zentralen Kristallisationskern anlagern.

Ein Text-Bild-Bezug läßt sich wie gesehen über die Disposition von Schriftraum und Bildfeld herstellen, er kann aber auch dadurch erzeugt werden, daß Schrift in ein Bild integriert wird. Dies läßt sich besonders gut am Beispiel der bereits genannten Berliner Eneide (Kat. 22), einer der frühesten und bedeutendsten volkssprachigen Romanhandschriften, beobachten. Zweizonige Miniaturen treten hier auf eingeschobenen Doppelblättern als eigene Bildergeschichte zum Text hinzu, die jedoch ihrerseits durch die vielen Figuren beigegebenen Spruchbänder Rede und Gegenrede, aber auch Monologe ins Bild hineinnimmt. Die Sprecher werden – ebenso wie andere wichtige Akteure – auf kleinen den Rahmen aufgelegten Täfelchen beim Namen genannt. Die Sprechakte selbst können in unterschiedlicher Weise visualisiert werden, indem die Spruchbänder mit eigenen, nicht aus dem Roman übernommenen Versen entweder vom Kopf des Redenden ihren Ausgang nehmen oder von ihm in der Hand gehalten werden. Zuweilen scheinen sie die Bildaussage noch zu unterstreichen, wenn etwa auf fol. 27ʳ der „redegewandte Ilioneus" nicht nur – wie von Heinrich von Veldeke berichtet – *die boten* zu König Latinus anführt, sondern so beredsam formuliert, daß sich sein Spruchband zwischen Farbgrund und Rahmenleiste aus der Miniatur hinauswindet und der – jetzt kopfständige – Redefluß außerhalb weitergelesen werden muß. Die Antwort, die *Latinus der chvnic* den Gefolgsleuten des Eneas mit auf den Weg gibt, steht auf einem Spruchband, das sich hinter den überbrachten Gastgeschenken entlangzieht und so dem Gedanken der Gegengabe *Ih wil im geben zu lone … * anschaulich Ausdruck verleiht. Da mag es nicht wundern, wenn nun beide Boten mit einem gemeinsam ausgerollten Spruchband ihrem Herrn vom glücklichen Ausgang der Gesandtschaft berichten.

IV.

Bilder zu lesen heißt auch, über Aspekte der Bildgestaltung, also der Bildanlage im ganzen und einzelner Kompositionsstrukturen nachzudenken. Ein solcher Aspekt ist die Bildrahmung. Was Miniaturen in Handschriften betrifft, so wirken diese je nachdem, ob sie von einer Rahmung eingefaßt oder ungerahmt sind, ganz unterschiedlich. Dies läßt sich anhand der Episode vom trun-

und sprach es wer als
gerecht und gut und wol
betratott dar nach wurd
es gelich also verbrieffet

gegen an ander und ward
dem Moyses sin brieff
in geantwirt und dem
beleal der hell brieff ich

Als da beleal mit
sinem brieff gen hell
kam und der gelesen ward
und do die tüfel horten
das im erloubt was das

si die lüt möchte raissen
und wer im nach vol
get zu er boshait im
also mit dem tod wurd
erfunden on rüw derpolt

kenen Noah verdeutlichen, die in zwei Historienbibeln unterschiedlich illustriert ist. Erstere Variante (Kat. 104; 10ʳ) ist eine (zensierte) Federzeichnung, auf der Noah und seine Söhne sowie einige landschaftliche Versatzstücke dicht gestaffelt in ein skizzenhaft gerahmtes Bildfeld eingebracht sind. Dagegen gewinnt die auch durch ihre Farbigkeit überzeugendere Fassung aus Diebold Laubers Werkstatt, von der bereits die Rede war (Kat. 61; 2ʳ), ihre Dynamik gerade durch das Fehlen eines Rahmens: Noahs gleichsam in den Text ragende Füße und links ein Baum befreien das Bild von den Fluchten des Schriftspiegels, es kann sich eigengestalterisch ausbreiten. Auch anhand anderer Illustrationen ist feststellbar, wie schwungvoll sich insbesondere Naturelemente zum Leben erwecken lassen, wenn man auf Rahmung verzichtet. So fließt in einer gleichfalls aus Laubers Produktion stammenden Abschrift des 'Trojanerkriegs' Konrads von Würzburg das Meer, welches Jasons Schiff trägt, ungehindert bis zu den Seitenrändern (Kat. 62; 82ʳ), und auch das todbringende Rote Meer in der eingangs besprochenen 'Christherre-Chronik' (Kat. 195) wird in ausladender Bewegung gezeigt, so wie es Textzwischenraum und unterer Seitenrand gerade erlauben. Was das brennende Sodom und Gomorra in Jans Enikels Weltchronik betrifft (Kat. 201; 90ᵛ), so meint man zu spüren, daß der Maler Mühe hatte, seine temperamentvoll geschilderten Feuerzungen und Wolkengebilde im Wortsinn im Rahmen – hier den Maßen des Schriftspiegels – zu halten; eine gemalte Rahmung fehlt. Wie zum Ausgleich entschloß er sich zu einem in jeder Schreibstube streng verbotenen Frevel, denn er ließ seine Feder ordentlich spritzen, um so etwas wie Hagel über die Stadt, eher aber über die gesamte Seite bis über den Falz hinaus prasseln zu lassen. Die Maßvorgabe aufzuheben, gelang ihm vollends auf der gegenüberliegenden Seite (91ʳ), wo Lot und seine Töchter – die zur Salzsäule erstarrte Mutter hinter sich lassend – lebhaft gestikulierend von einem Engel nicht nur aus der Stadt, sondern bald auch aus der Seite herausgeführt werden. Aus heutiger Sicht geradezu modern wirken die expressiven blauen Pinselstriche, die hier den Himmel andeuten. Der Umriß der Eingangsminiatur einer Vitaspatrum-Handschrift (Kat. 110; vor 1ʳ) ist nur schwach vorgezeichnet. Vielleicht verzichtete man hier bewußt darauf, einen eigentlich geplanten Rahmen auszuführen, um den Eindruck räumlicher Ausdehnung, den das malerische Bild vermittelt, nicht zu stören.

Zwei weitere Aspekte sind beim Thema Rahmung in Handschriften zu benennen. Zum einen kann ein Rahmen je nach seiner Faktur unterschiedlich gewichtet sein, so daß das Sujet selbst von Fall zu Fall stärker her-

ausgehoben oder eher zurückgedrängt erscheint. Die Spanne reicht hier vom bloß gezeichneten Liniengerüst (Noah-Szene in Kat. 104; 10ʳ) über Plastizität suggerierende Beispiele (Alraune als 'Tafelbild' im Kräuterbuch Kat. 167, 109ᵛ; Doppelarkade der Beratungsszene im 'Belial' Kat. 160, 33ᵛ) bis hin zur beliebig reich ausgestalteten Rahmenbordüre, wie sie in zahlreichen, vor allem spätgotischen Handschriften zu finden ist. Ein zweiter Gesichtspunkt ist die Inbezugsetzung von Rahmung und Sujet auf einer eher kompositionsstrategischen Ebene. Es geht um die Frage, ob der Rahmen als integraler Bestandteil des Gesamtentwurfs angesehen wird oder einfach als Begrenzung einer in sich geschlossenen Darstellung. Betrachtet man die Miniatur auf 83ᵛ einer ostschwäbischen Nibelungenhandschrift (Kat. 10), eine zwar faktisch ungerahmte, jedoch gerahmt wirkende Miniatur, so zeigt sich, daß links die Kulisse der Stadt Passau und rechts die Reitergruppe der Nibelungen von der Bildbegrenzung überschnitten sind, wodurch das Motiv ausdrücklich als Ausschnitt eines größeren Ganzen deklariert ist und eine starke, auf Räumlichkeit bedachte Dynamik erhält. Anders verhält es sich bei dem Verfasserbild in Heinrichs von Laufenberg 'Regimen', wo Person, Möbel und Schriftband exakt in den Rahmen eingepaßt sind, auf dessen kompositorische Einbeziehung folglich verzichtet wurde (Kat. 165; 144ʳ, vgl. Abb. S. 342).

Die prinzipielle Disposition einer Miniatur (ganzseitig, halbseitig, Spaltenbild etc.) und das Vorhandensein oder Nichtvorhandensein einer Rahmung bedingen direkt den letzten hier anzusprechenden Gesichtspunkt: das Anordnen von Bildelementen im Bildraum beziehungsweise das Maß ihrer Reduktion oder Ausbreitung. Wenn allein die Seitenränder die Grenze setzen, das Bild sich ansonsten aber frei ausbreiten darf, kann es zu einem Ergebnis kommen wie die Darstellung der Saturnkinder im Planetenkindertraktat in einer Sammelhandschrift (Kat. 173; 175ʳ), auf der versatzstückhaft über die Seite verteilt ein ganzer Katalog grausamer Bestrafungsmethoden zu besichtigen ist. Hier bleibt genug Raum für das Nebeneinander, es herrscht kein Zwang zum Hintereinanderstaffeln. Ähnliches gilt für die Darstellung Heinrich Seuses als gequälter Mensch in einer anderen Sammelhandschrift (Kat. 114; 147ᵛ), wo die Vielgestaltigkeit heimtückischer Bedrängnis bestmöglich dadurch veranschaulicht wird, daß diese von überall her ungehindert zur Mitte zu drängen vermag. Demgegenüber platzt ein kleines Spaltenbild wie die oben bereits erörterte Darstellung des salomonischen Urteils in einer Historienbibel von 1472 (Kat. 103; 112ʳᵃ) gewissermaßen aus allen Nähten. Die handelnden Personen sind

112

stet aller/ver leichnam vnd erstechen vnd

sprach zu dem küng herr ich pitte
euch das ir der das kind gebt vnd
das ir es nicht verderbet Do sprach die
ander Also tut nicht man sol es tayllen
Do sprach der küng Gebt der frawen
das kind wann die ist sein muter
Do hort alles volck von Israhel das
göttliche weyshayt In Im was vnd
vorchten In all vnd sein rat geben wann
dann sich des vrtayls / die vor seiner
vrtayl gespotet hetten als aines kindes

Das Salomon werckleut zu dem tempel

O sannt der küng fordert
Salomon zu dem küng Iram
von Syria vnd sprach Ich wil
got ainen tempel pawen als er meinem
vater gepoten hat Darumb gepeutt
deinen dienern das sy mir auß hacken
Czederpawm von Lybano was ich der
gebn sol das gib ich dir darumb Do
antwurt der küng Iram vnd sprach
Meinem diener hacken dir das holtz vnd
pringen die das vinitz an das mere vnd
legn die es an die schiff vnd pringen
die es wo du hin wild das du es an der
gestad vindest vnd nemest Do sannt der

mir kost In mein hauß Also gab der
küng Iram dem küng Salomon
Czederpawm holtz termens vnd veuchtens
vnd euchems Do sannt Im der Salomon
alle Iar kost wider zwain zigk tausent
maß waytz vnd alsuil gersten vnd als
vil maß öls vnd alsuil maß weins Do
erwelt der küng Salomon werckleut
auß von Israhel dreyssigk tausent man
vnd sannt Ie zehen tausent an den perg
Lybanni mit des küngs Irams dienern
Do sy da ain monend wurckten vnd and
zway monend wider hayn furen vnd
rassten vnd annd an Ir stat furen Das
sy die arbait alß traysten Er sannt auch
an den perck achtzigk hundert stain
metzn den gab er drey tausent vnd
drey hundert werckmayster den sy vnder
tänig waren vnd die mayst vnd die stain
metzn zaymgten vnd polierten die edln
axerbechstain vnd In d grauben wurd so
groß stain das etlich in der lenng
zwainzigk elln hetten vnd In d prayt
zehen vnd an der höch funf vnd die
geuirten stain polierten des küngs
Salomonis werckmayster Also das
holtz vnd stain aller peraytt würd das
man In dem tempel weder hämern
noch hackhern hört noch mraytte von
eysnwerch Do man den tempel pawn
Do waren auch Dukenzigk tausent roß
da die nure beraytschafft zue traygn

Von des kunigs Salomons ampleutn

O der küng Salomon het zwe
lliff ampleüt vber alles volck
von Israhel vnd ain ygklich pracht von

so dicht wie möglich gestaffelt, wobei der Mann mit dem Schwert links sogar aus dem Rahmen ragt. Fast dieselbe Konstellation bietet eine Gerichtsszene in einer Abschrift des Sachsenspiegels (Kat. 149; 85ᵛ). Hier wird auch deutlich, daß sich mit abnehmender Größe des Bildformats die Möglichkeit vermindert, Personen in einem angemessenen Verhältnis zum Bildraum, etwa zu einer Landschaft oder einem strukturierten Hintergrund zu staffieren. Denn je kleiner eine Miniatur ist, desto größer müssen, um gut erkennbar zu sein, menschliche Figuren abgebildet und desto stärker zurückgedrängt sonstige Bildelemente sein. Eine ausgewogene Relation zwischen Figur und Landschaft schafft auf relativ kleinem Raum, allerdings begünstigt durch eine feine, 'graphische' Faktur, eine Darstellung des simultan als Meßdiener und als Heidenbezwinger auftretenden Herzogs Herpin (Kat. 63; S. 89). Deutlicher noch dominieren Landschaft und Architektur auf der bereits genannten Eingangsminiatur einer Vitaspatrum-Handschrift (Kat. 110; vor 1ʳ). Als besonders einprägsam kann in diesem Zusammenhang die Illustration zur Legendenpredigt über den hl. Georg in einer Sammelhandschrift gelten (Kat. 113; 267ʳ), wo die sichtgerecht in den Hintergrund gesetzte Kulisse der Stadt Köln als Grisaille (nicht kolorierte Zeichnung) vom bunten Vordergrund mit der Drachenszene abgesetzt ist.

Personen räumlich vor einer Architektur anzuordnen, ist einfacher als sie in eine solche hineinzukomponieren. Beides kombiniert ein Belagerungsbild in Sigismund Meisterlins Cronographia Augustensium (Kat. 212; Min 4076), auf dem vorne die Amazonen mit fliegenden Zöpfen in Rückenansicht agieren und folglich gemeinsam mit dem Betrachter den Steinewerfern in der Bildmitte und den Gebäuden im Hintergrund zugewandt sind. Eine ganz ähnliche Hinführung von vorne nach hinten gelingt dem Holzschnitt 11ʳ im Druck von Thomas Lirers Schwäbischer Chronik (Kat. 209), der die Belagerung Ulms zeigt. Was nun die Wiedergabe von Figuren in Innenräumen anbelangt, so kann diese auf dem begrenzten Raum einer Buchseite kaum in natürlicher Inbezugsetzung bewerkstelligt werden, weshalb die Architektur in aller Regel als zu klein gegenüber der Personengröße empfunden werden muß und umge-

kehrt. Zudem entsteht das Problem, dem Betrachter Innenräume öffnen oder über Mauern hinweg Einblick verschaffen zu müssen. Als Beispiel sei noch einmal die Darstellung der Eroberung Trojas in einer Handschrift der Weltchronik Heinrichs von München genannt (Kat. 198; 153ʳ), deren dramatischer Impetus jedoch das proportionale Mißverhältnis zwischen der Stadt und den kämpfenden Rittern mit ihren Pferden beinahe vergessen läßt.

Prägen sich dem menschlichen Gedächtnis am ehesten Worte, Texte oder Bilder ein? Unser Zeitalter der Bildmedien scheint für die letzte Option einzutreten. Doch so einfach ist es nicht, wenn wir Bücher – alte wie neue – betrachten, zumal solche, in denen das Bild zur Schrift hinzutritt. Bilder reizen den Augensinn, und es entsteht Neugier auf das Geschriebene. Dieses verwandelt sich während der Lektüre zumindest innerlich in das gesprochene Wort, den Ausgangspunkt. Alles zusammen erst bringt Genuß und Erkenntnis.

OTT, NORBERT H.: *Mündlichkeit, Schriftlichkeit, Illustration. Einiges Grundsätzliche zur Handschriftenillustration, insbesondere in der Volkssprache*, in: MOSER, EVA (Hg.): *Buchmalerei im Bodenseeraum, 13. bis 16. Jahrhundert*. Friedrichshafen 1997, S. 37–51. – CURSCHMANN, MICHAEL: *Wolfgang Stammler und die Folgen: Wort und Bild als interdisziplinäres Forschungsthema in internationalem Rahmen*, in: LUTZ, ECKART CONRAD (Hg.): *Das Mittelalter und die Germanisten. Zur neueren Methodengeschichte der Germanischen Philologie. Freiburger Colloquium 1997*. Freiburg/Schweiz 1998 (Scrinium Friburgense 11), S. 115–137. – CURSCHMANN, MICHAEL: *Wort – Schrift – Bild. Zum Verhältnis von volkssprachigem Schrifttum und bildender Kunst vom 12. bis zum 16. Jahrhundert*, in: HAUG, WALTER (Hg.): *Mittelalter und frühe Neuzeit. Übergänge, Umbrüche und Neuansätze*. Tübingen 1999 (Fortuna vitrea 16), S. 378–470. – OTT, NORBERT H.: *Texte und Bilder. Beziehungen zwischen den Medien Kunst und Literatur in Mittelalter und Früher Neuzeit*, in: WENZEL, HORST u. a. (Hgg.): *Die Verschriftlichung der Welt. Bild, Text und Zahl in der Kultur des Mittelalters und der Frühen Neuzeit*. Wien 2000 (Schriften des Kunsthistorischen Museums 5), S. 104–143. – OTT, NORBERT H.: *Mise en page. Zur ikonischen Struktur der Illustrationen von Thomasins 'Welschem Gast'*, in: WENZEL, HORST, u. CHRISTINA LECHTERMANN (Hgg.): *Beweglichkeit der Bilder. Text und Imagination in den illustrierten Handschriften des „Welschen Gastes" von Thomasin von Zerclaere*. Köln 2002 (Pictura et poesis 15), S. 33–64.

BBN/JO

BEGINN
DER
DEUTSCHEN
LITERATUR

1 Heliand (Fragment P)

Pergament, 1 Blatt, 24 × 17 cm
um/nach 850
Vorbesitzer: Das Fragment wurde 1880 in der Prager Universitätsbibliothek im Einband des Werks MARCUS HASSAEUS: Ecclesiastes Humanarum rerum actionumque summa Salomone…, Rostock 1598 entdeckt; die Besitzgeschichte dieses Bandes ist nicht geklärt. Es verblieb zunächst im Besitz der Universitätsbibliothek Prag (Sign. 16. D. 42) und kam 1952 an das neu eingerichtete Museum für Deutsche Geschichte nach Ost-Berlin (Sign. D 56/446).
Berlin, DHM R 56/2537

Beidseitig beschriebenes, als Einbandmakulatur verwendetes Pergamentblatt, Ecken beschnitten (Heliand v. 958b–1005).

Die von ihrem ersten Herausgeber, dem Münchener Bibliothekar und Germanisten JOHANN ANDREAS SCHMELLER, 'Heliand' (as. für Heiland) betitelte altsächsische Evangelienharmonie ist das älteste großepische Werk in deutscher Sprache. Ihre Entstehung in der ersten Hälfte des 9. Jahrhunderts steht im Zusammenhang mit der Evangelisierung der von Karl dem Großen unterworfenen und zwangsmissionierten Sachsen. Als Auftraggeber des Werkes wird ein *Luouicus piissimus Augustus* genannt, gemeint ist vermutlich Kaiser Ludwig der Fromme (814–840). Sichere Informationen gibt es weder über den Dichter noch den Entstehungsort und den Rezeptionszusammenhang des Werkes; die Aussagen zweier in einem Druck des 16. Jahrhunderts apokryph überlieferter lateinischer Präfationen sind teilweise widersprüchlich (Matthias Flacius Illyricus: Catalogus Testium veritatis…, Straßburg und Basel 1562, Berlin SBB-PK, Cm 1122). So wird der Dichter beispielsweise auf der einen Seite als *apud suos non ignobilis vates* (bei den Seinen kein unbekannter Dichter) bezeichnet und eine gründliche geistliche Bildung läßt sich ihm nicht absprechen, auf der anderen Seite wird – in Anlehnung an die Erzählung des Beda Venerabilis über den angelsächsischen Dichter Caedmon ('Historia ecclesiastica' IV, 24) – das Bild des ungelehrten, durch ein Wunder inspirierten Sängers evoziert.

Als unmittelbare Vorlage für seine poetische Bearbeitung des Lebens Jesu dienten dem Dichter nicht die Evangelien, sondern die lateinische Fassung des 'Diatessaron', einer im zweiten Jahrhundert entstandenen Evangelienharmonie des Syrers Tatian. Im Bereich des Metrums, der Stilistik und des Wortschatzes ist das nahezu 6000 stabreimende Langzeilen umfassende Werk der mündlichen Dichtungstradition der Sachsen ange-

passt; dieser oralen Tradition entspricht auch die anonyme Überlieferung. Trotz der weitgehenden formalen Angleichung hat es der Dichter vermieden, im inhaltlichen Bereich Zugeständnisse an die vorchristliche heimische Vorstellungswelt zu machen; so werden z. B. die in Sachsen unbekannte Kreuzigung oder das den Germanen unbekannte Paradies nicht durch bekannte Äquivalente ersetzt, sondern durch Variation mit anderen Wörtern erläutert.

Insgesamt ist der 'Heliand' in den zwei nahezu vollständigen Handschriften C und M (London British Library, Cotton Caligula A. VII und München BSB, cgm 25) sowie in drei Fragmenten überliefert. Neben das vorliegende, in karolingischer Minuskel geschriebene Fragment P treten noch V (Rom, Bibl. Vaticana, cod. Palat. Lat. 1447) und S (Straubing, Staatliche Bibliothek am Johannes-Turmair-Gymnasium).

Das nach dem Ort seiner Entdeckung, Prag, P benannte Fragment überliefert einen Teil des zwölften Leseabschnittes (Fitte), die Taufe Jesu im Jordan. Die auffallende Bräunung des im 16. Jahrhundert als Einbandmakulatur verwendeten Pergamentfragments resultiert nicht allein durch den Leim des Buchbinders, sondern auch durch die – im 19. Jahrhundert häufig angewandte – Behandlung einzelner Stellen mit Schwefelammonium, das die Lesbarkeit des Textes kurzfristig verbessern sollte. Wie bei den anderen Textzeugen des 'Heliand' sind auch im Fragment P die Verse nicht abgesetzt, sondern durch Punkte markiert.

Aufgrund sprachlicher und paläographischer Indizien scheint das etwa gleichzeitig mit M und S entstandene Fragment P dem Archetypus besonders nahezustehen; hierfür spricht vor allem die gegenüber den übrigen Textzeugen fast ganz regelmäßige Unterscheidung von b und ƀ (bilabiales w) sowie d und đ (wie engl. th im In- und Auslaut).

BEHAGHEL, OTTO (Hg.): *Heliand und Genesis*, bearb. von Burkhard Taeger. Tübingen ⁹1984 (ATB 4). – TAEGER, BURKHARD: Art. 'Heliand', in: ²VL 3, 1981, Sp. 958–972. – DERS.: *Der Heliand. Ausgewählte Abbildungen zur Überlieferung. Mit einem Beitrag zur Fundgeschichte des Straubinger Fragments von Alfons Huber.* Göppingen 1985 (Litterae 103). – GANTERT, KLAUS: *Akkommodation und eingeschriebener Kommentar. Untersuchungen zur Übertragungsstrategie des Helianddichters.* Tübingen 1998 (ScriptOralia 111). – LAMBEL, HANS: *Ein neuentdecktes Blatt einer Heliandhandschrift (mit einer Tafel)*, in: Sitzungsberichte der Kaiserlichen Akademie der Wissenschaften [Wien]. Philosophisch-historische Klasse 97, 1881, S. 613–624.

KG

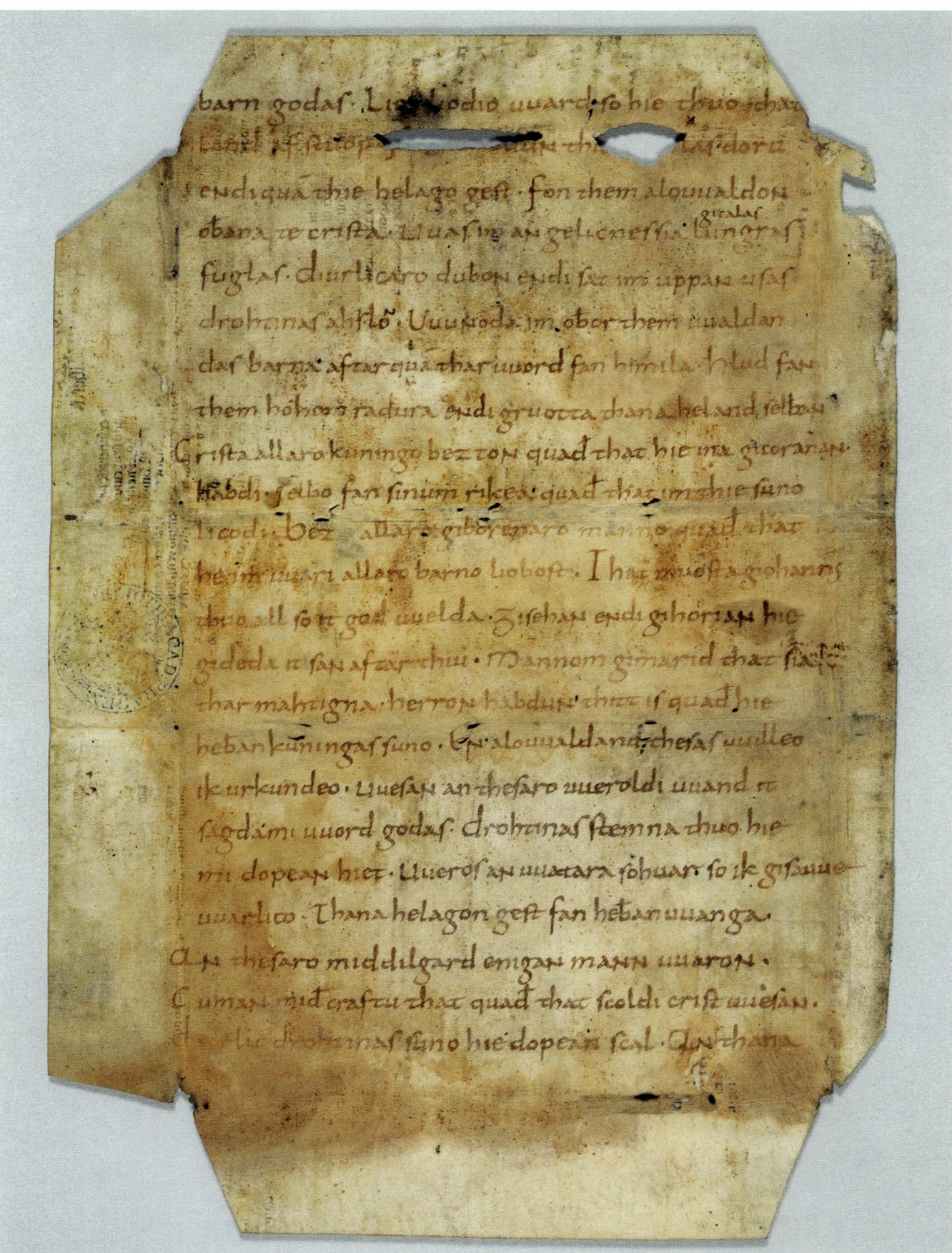

Kat. 1

DEUTSCHE
GLOSSEN
UND
GLOSSARE

Glossen, Glossare, Vokabulare

Glossen, Glossare und Vokabulare gehören gewissermaßen zur 'begleitenden' Literatur des Mittelalters und sind uns in großer Zahl überliefert.[1] Glossen, d. h. Worterklärungen, erscheinen interlinear (zwischen den Zeilen) und marginal (am Rande), bei letzteren sind die jeweils aufeinander bezogenen Wörter bzw. Sätze, das Lemma und das Interpretament, zur besseren Orientierung häufig mit dem gleichen diakritischen Zeichen versehen. Dabei galt die Interlinearglosse dem Wortsinn (littera / spiritus), die Randglosse dem Inhalt (historia / allegoria). Diese Grundform der Erläuterung findet sich am häufigsten. Beim späteren Kopieren solcherart kommentierter Texte konnte es wohl geschehen, daß Interpretamente aus Unkenntnis oder Unachtsamkeit in den Text 'rutschten' und mit ihm weitertradiert wurden.

Mit zunehmender Fülle der glossierten Texte stellte man auch Lemmata und Interpretamente eines bestimmten Textes gesondert zusammen (glossae collectae), wobei die Lemmata dann oft nicht in den im Text erscheinenden Formen, sondern mit Nominativ bzw. Infinitiv angesetzt sind. Indem man dann im täglichen Gebrauch diese Glossensammlungen erweiterte, sie zur praktischeren Nutzung in eine alphabetische Reihenfolge brachte oder ihnen eine sachliche Ordnung gab (Sachglossare), wandelten sich die schlichten 'glossae collectae' zum Glossar. Eines der umfangreichsten ist das dem 'Summarium Heinrici'[2], einer Art Enzyklopädie des frühen Mittelalters, als 11. Buch beigegebene alphabetische Glossar. Die alphabetische Ordnung folgte dabei zunächst nur dem ersten Buchstaben, das Heranziehen der folgenden Buchstaben zur Feinordnung, wie wir es kennen, setzte sich erst im späteren Mittelalter durch. Etwa seit dem 11. Jahrhundert ist mit der zunehmenden Menge der zu ordnenden Wörter ein häufig verwendetes Ordnungselement das Silbenalphabet, bei dem nach dem ersten Buchstaben bei vokalischem Anlaut der zweite Buchstabe, bei konsonantischem Anlaut der Vokal der Silbe zählte.[3]

Vokabulare, d. h. erklärende Wortlexika, wie z. B. der sogenannte 'Abrogans'[4], der 'Vocabularius Ex quo'[5], der 'Vocabularius Brevilogus'[6] u. a., gehen in ihrem Grundbestand teilweise auf oft bis in die Antike zurückreichende Sammlungen zurück. Eine Bereicherung und Befruchtung des überlieferten Materials aus Glossensammlungen darf wohl angenommen werden.

Die ursprüngliche und bis in die frühe Neuzeit hinein übliche Sprache der Glossen und Vokabulare war das Latein, die Sprache der Kleriker, der 'litterati', doch finden wir schon früh auch deutsche Worte als Interpretamente, die sich bis zu Interlinearversionen (interlineare Übersetzungen) ausweiten können. Neben dem schulischen Zweck, den noch nicht des Lateins mächtigen Schülern Hilfen zu geben (und zwar nur solche, denn es bestand das Verbot, deutsch zu sprechen!), gilt das Bemühen um die Gewinnung deutscher Termini in den verschiedensten Wissenschaften zunächst vor allem der Hinführung zu einem besseren Verständnis des lateinischen Textes anhand gewohnter Begriffe, nicht aber der Umsetzung des Lateinischen in die Volkssprache. Besonders ausgeprägt ist dies bei juristischen Texten, wo das kodifizierte römische und kanonische Recht in vielen Bereichen mit den deutschen, auf Mündlichkeit beruhenden Rechtsbräuchen nicht ohne weiteres in Übereinstimmung zu bringen war. Reichhaltig ist die Überlieferung von Glossen und Sachglossaren aus den Naturwissenschaften und der Medizin, vor allem von Tier- und Pflanzennamen, die auch in allgemeinen Glossaren einen großen Anteil ausmachen[7], in der von Hildegard von Bingen entwickelten Geheimsprache (lingua ignota) ist ihre Anzahl ebenfalls auffallend. Die deutschen Interpretamente werden teils in eine lateinische Erklärung eingebettet, davon oft durch *id est* oder *proprie* abgesetzt, teils stehen sie als alleiniges Interpretament neben dem Lemma, häufig ebenfalls mit *id est* angeschlossen oder mit *t.* (teutonice) gekennzeichnet. Nicht selten sind die Glossen auch in Geheimschrift geschrieben worden, wofür es unterschiedliche, zum Teil aus der Antike stammende Systeme gab.[8]

Dienten die Glossen also, wenn auch unbeabsichtigt, der Vorbereitung der Schriftlichkeit der deutschen Sprache und damit der deutschen Literatur im weitesten Sinne, so sind schließlich die Glossare und Vokabulare durch Zusammenfassung und Komprimierung des vorhandenen Wissens in allgemeinen und speziellen Verzeichnissen zu deren Hilfsmitteln geworden, durch ihre Untersuchung können heute wesentliche Erkenntnisse für die Geschichte der deutschen Sprache und Kultur gewonnen werden.

UW

[1] Grundsätzliches dazu siehe [2]MERKER / STAMMLER 1, 1958, S. 579–589; ein Überblick über die 'Forschungsliteratur (1965–1986) zu Vokabularien und Wörterbüchern des Mittelalters und der frühen Neuzeit (1200–1600)' in: Vocabularius Ex quo. Überlieferungsgeschichtliche Ausg. Gemeinsam mit KLAUS GRUBMÜLLER hg. von BERNHARD SCHNELL [u. a.]. Bd. 1. Tübingen 1988, S. 29–40; vgl. auch HENKEL, NIKOLAUS, u. NIGEL F. PALMER: Latein und Volkssprache im deutschen Mittelalter. 1100–1500 ... Ein Forschungsbericht, in: HENKEL / PALMER, Latein, S. 1–18.

2 Hg. von Reiner Hildebrand. Bd. 1.2 (Quellen u. Forschungen zur Sprach- u. Kulturgeschichte der Germanischen Völker. N.F. 61.78). Berlin, New York 1974–1982.

3 So verfahren z. B. Alanus ab Insulis in seinen 'Dictiones' oder auch der im späten Mittelalter verbreitete 'Vocabularius Brevilogus'. Vgl. auch Miethaner-Vent, Karin: Das Alphabet in der mittelalterlichen Lexikographie, in: Lexique 4, 1986, S. 83–111.

4 Steinmeyer / Sievers: Bd. 1, S. 1–270; vgl. auch Splett, Jochen: Art 'Abrogans deutsch', in: ²VL 1, 1978, Sp. 12–15 (Lit.).

5 Gemeinsam mit Klaus Grubmüller hg. von Bernhard Schnell [u. a.]. Bd. 1–5. Tübingen 1988–1989; vgl. auch Grubmüller, Klaus: Vocabularius Ex quo. Untersuchungen zu lateinisch-deutschen Vokabularen des Spätmittelalters (MTU. 17). München 1967.

6 In zahlreichen Hss. u. frühen Drucken (20 Ausg.n allein zwischen 1478 u. 1498) überliefert, vgl. Grubmüller, Vocabularius Ex quo [Anm. 5], S. 31–39; Grubmüller, Klaus: Art. 'Vocabularius Ex quo', in: ²VL 10, 1999, Sp. 1033–1034.

7 Wichtigstes Standardwerk für die althochdeutschen Glossen ist nach wie vor Steinmeyer / Sievers.

8 Vgl. Bischoff, Bernhard: Übersicht über die nichtdiplomatischen Geheimschriften des Mittelalters, in: Bischoff, B.: Mittelalterliche Studien. Bd. 3. Stuttgart 1981, S. 120–149.

2 Dionysius Exiguus: Collectio canonum (lateinisch)

Frankreich, Reims, 9. Jh., Ende
Pergament, 210 Bll., 29,5 × 24 cm
Vorbesitzer: Aus der Bibliothek der Benediktinerabtei St. Remigius (St. Remi) in Reims gelangte die Hs. zu einem unbekannten Zeitpunkt in das in der zweiten Hälfte des 16. Jhs gegründete Jesuitenkolleg (Collegium Claromontanum) in Paris, nach dessen Aufhebung 1763 sie der holländische Sammler Gerard Meerman (1722–1771) mit allen anderen lateinischen und griechischen Hss. ersteigerte. Nach seinem Tode erwarb der englische Sammler Sir Thomas Phillipps (1792–1872) einen erheblichen Teil der Hss., die wiederum 1887 als Collectio Meermanniana von der Königlichen Bibliothek Berlin angekauft wurden (vgl. dazu Teitge, Erwerbung). SBB-PK, Ms. Phill. 1741

Aufgeschlagen Bl. 18ᵛ / 19ʳ.

Dionysii Exigui Collectio canonum (Collectio Hadriana); darin 19ʳᵃ–22ʳᵇ Glossen zu den Canones (lateinisch u. deutsch).

Für das mittelalterliche kirchliche Recht im weitesten Sinne bildeten die Beschlüsse (Canones) der verschiedenen Konzile eine unentbehrliche Grundlage. Dazu gehörten auch Dekretalen (päpstliche Schreiben zu speziellen Rechtsstreitigkeiten) sowie einschlägige Passagen aus der Bibel, den Werken der Kirchenväter, dem weltlichen Recht u. a. Es ist das Verdienst des skythischen Mönchs Dionysius Exiguus († vor 556) diese zunächst griechischen Sammlungen in das Lateinische übersetzt und damit für den lateinischen Westen brauchbar gemacht sowie ihnen eine feste Ordnung gegeben zu haben. Seine Collectio war, immer wieder verändert, angepaßt und novelliert, im Mittelalter weit verbreitet, vor

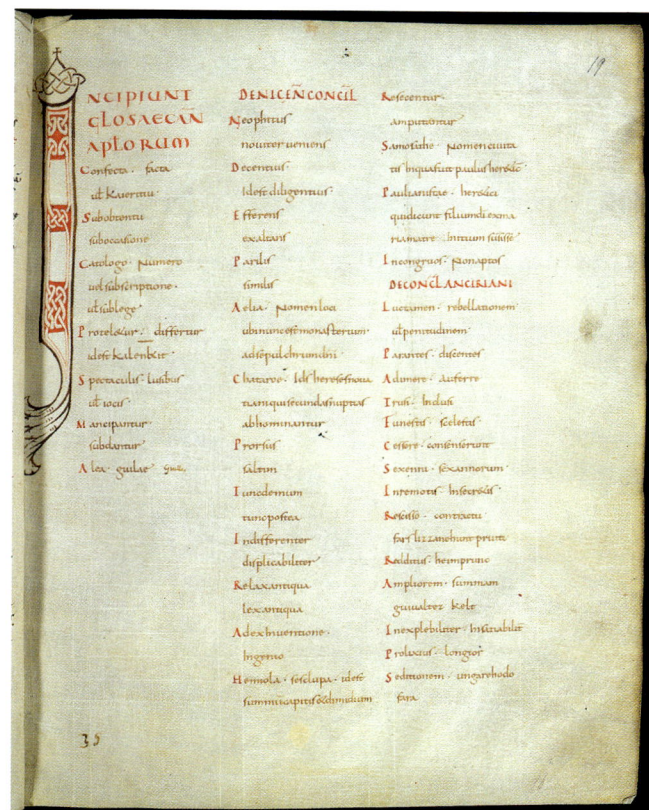

Kat. 2, 19ʳ

allem auch in der hier vorliegenden Fassung, der sogenannten Collectio Dionysio-Hadriana, die auf einen Karl dem Großen im Jahre 774 von Papst Hadrian I. überreichten Codex zurückgeht.

Die Handschrift enthält lateinische und althochdeutsche Glossen zu den Canones, die als selbständiger Block (glossae collectae) zwischen die Texte eingeschoben sind, sie beginnen mit der einzigen in der Handschrift enthaltenen Initiale (rot / Tinte), einem schlichten, aber eleganten I mit zierlicher Flechtbandornamentik (19ʳᵃ). An deutschen Glossen erscheinen hier *confecta – facta uel kaieritiu; proteletur – differtur id est kalenkit; alea – guilae* (19ʳᵃ); *rescisso – contractu, farslizzane huntprutti; redditus – heimprunc; ampliorem – summam, guiualtez kelt; seditionem – ungare hodo fara* (19ʳᶜ). Die Glossen zeigen Verwandtschaft zu denen der Handschrift Ms. HB VI 109 der Württembergischen Landesbibliothek Stuttgart, bilden aber einen ganz selbständigen Überlieferungszweig. Es handelt sich eigentlich um zwei Glossare, das zweite (22ʳᵇ) enthält ungeordnete Nachträge, unsere Handschrift ist die einzige, „die das zweite Glossar sonst noch [d. h. neben der Stuttgarter Hs.] in vollem Umfang überliefert" (Karg-Gasterstädt S. 233).

Die Handschrift ist von mehreren Händen in der zur Zeit des Erzbischofs Hinkmar († 882) in Reims gebräuchlichen karolingischen Minuskel geschrieben. Zwischen Bl. 189 und 190 fehlen 2 Blätter, die heute Bl. 95 und 96 in dem Cod. Reg. Lat. 1283 der Vatikanischen Bibliothek bilden. Sie wurden in Ms. Phill. 1741 durch eine von dem Archäologen AUGUST MAU (1840–1909) wohl im Auftrage THEODOR MOMMSENS (1817–1903) genommene Abschrift (4 Bll. Papier) ersetzt, die MOMMSEN 1899 der Königlichen Bibliothek schenkte. Der Glossentext ist im Gegensatz zu dem sonst einspaltig angelegten Text dreispaltig geschrieben, die Glossen sind abgesetzt und mit roten Anfangsbuchstaben versehen.

ROSE, Phillipps-Hss., S. 162–167, Nr. 82. – STEINMEYER / SIEVERS 4, Nr. 23. – BERGMANN, Glossenhandschriften, Nr. 39 (Lit.). – BISCHOFF, Festländische Handschriften, Nr. 419. – KARG-GASTERSTÄDT, ELISABETH: Die Glossen der Stuttgarter Handschrift H.B. VI 109 (früher iur. et pol. 109). Ein Beitrag zur Geschichte der Canones-Glossierung, in: Beiträge zur Geschichte, Literatur u. Sprachkunde vornehmlich Württembergs. Festgabe für KARL BOHNENBERGER... Hg. von HANS BIHL. Tübingen 1938, S. 231–253. – PELLEGRIN, ELISABETH: Possesseurs français et italiens de manuscrits latins du fonds de la Reine à la Bibliothèque Vaticane, in: Revue d'histoire des textes 3, 1973, S. 279.

UW

3 Neues Testament, Apostelbriefe (lateinisch)

Deutschland, 10. Jh.
Pergament, 148 Bll., 31 × 24,5 cm
Vorbesitzer: Aus dem Fraterherrenhaus St. Martin in Wesel wohl gegen Ende des 15. Jhs an die Benediktinerabtei Werden an der Ruhr gelangt, wie der Besitzeintrag Werdens aus dieser Zeit beweist, kam die Hs. nach der Säkularisierung 1803 in das Provinzialarchiv Münster, von wo sie 1875 der Königlichen Bibliothek Berlin übergeben wurde.
SBB-PK, Ms. theol. lat. fol. 481

Aufgeschlagen Bl. 42ᵛ/43ʳ.

5ᵛ–123ʳ Paulusbriefe; 124ᵛ–148ᵛ Apostelbriefe; vollständig glossiert (lateinisch u. deutsch).

Von den 21 zum Canon des Neuen Testaments gehörenden Briefen werden 14 dem Apostel Paulus, die übrigen den Aposteln Jacobus, Petrus, Johannes und Judas zugeschrieben. Erste Übersetzungen aus dem griechischen Urtext in das Lateinische begannen vermutlich schon im 2. Jahrhundert, die im Mittelalter verbreitete und noch heute gebräuchliche ist die sogenannte Vulgata, die sich ab dem 7. Jahrhundert auf der Grundlage der Übersetzung des Hieronymus allmählich durchsetzte. Schon

früh wurden einzelne Teile der Bibel glossiert und kommentiert, das exegetische Interesse galt besonders dem Neuen Testament.

In unserer Hs. finden sich Interlinear- und Marginalglossen, darunter neben den lateinischen zahlreiche althochdeutsche (altsächsische). Sie wurden von unterschiedlichen Händen meist zwischen die Zeilen geschrieben, die deutschen Glossen häufig in einer auf die Antike zurückgehenden Geheimschrift, bei der die Vokale jeweils durch den im Alphabet folgenden Konsonanten ersetzt werden. So finden wir neben Glossen im 'Klartext', wie z. B. *qui factus est ei – the imo uuard* (5ᵛ), *praedestinauit – kemeinta* (14ᵛ), *delictum – misseburi* (18ᵛ), beispielsweise (6ᵛ) *detractores – bksprbchbrb* [bisprachara], *fide – trkxxxb* [triuuue], (39v) *ducebamini – kngbgbndkx* [ingagandiu], (42ᵛ) *ceterum – dfnnfhpxch* [dennehouch], *idiotae – knbprfnp* [inboreno], (43ʳ) *multum – zfmfkst* [zemeist]. Aber auch Mißverständnisse kommen vor: (37ᵛ) *uenit – xfrkpxfktxxkrdkt*, also 'uerkoufit uuirdit', was aber 'vendit' entsprechen würde. Das Verfahren, das angeblich, nach dem mittelalterlichen Traktat 'De inventione linguarum' (PL 112, Sp. 1579–1584), von Bonifatius gelehrt wurde, war bei den deutschen Glossatoren sehr beliebt, auch wenn, wie hier, keine Notwendigkeit für eine Verschlüsselung bestand.

Die Handschrift ist in karolingischer Minuskel geschrieben, aber weder in Wesel, das erst 1435 gegründet wurde, noch in Werden, wohin die Handschrift später gelangte. Von dem Einband des 15. Jahrhunderts, braunes Leder über Holzdeckeln, sind, nachdem er im 19. Jahrhundert restauriert wurde, nur noch die mit Blindstempeldekor verzierten Einbanddecken (ohne den sogenannten Respektrand) erhalten geblieben. Die verwendeten Stempel weisen auf das Fraterherrenhaus St. Martin in Wesel hin (vgl. SCHUNKE, Schwenkesammlung 2, S. 281, ohne Kenntnis dieser Hs.). Das jetzige vordere Vorsatzblatt bildete, wie die jetzt auf der Verso-Seite liegenden Klebespuren zeigen, ursprünglich vielleicht einen der Spiegel des alten Einbandes. Da das Blatt dem folgenden nur im Falz angeklebt ist, verliert auch der darauf angebrachte Besitzvermerk *Liber sancti Ludgeri episcopi in Werdena* aus dem 15. Jahrhundert seine Aussagekraft.

ROSE 2,1, Nr. 277. – STEINMEYER / SIEVERS 4, Nr. 20. – BERGMANN, Glossenhandschriften, Nr. 57 (Lit.). – STÜWER, WILHELM: Das Erzbistum Köln. 3: Die Reichsabtei Werden an der Ruhr (Germania sacra. N.F. 12,3). Berlin, New York 1980, S. 66, Nr. 28.

UW

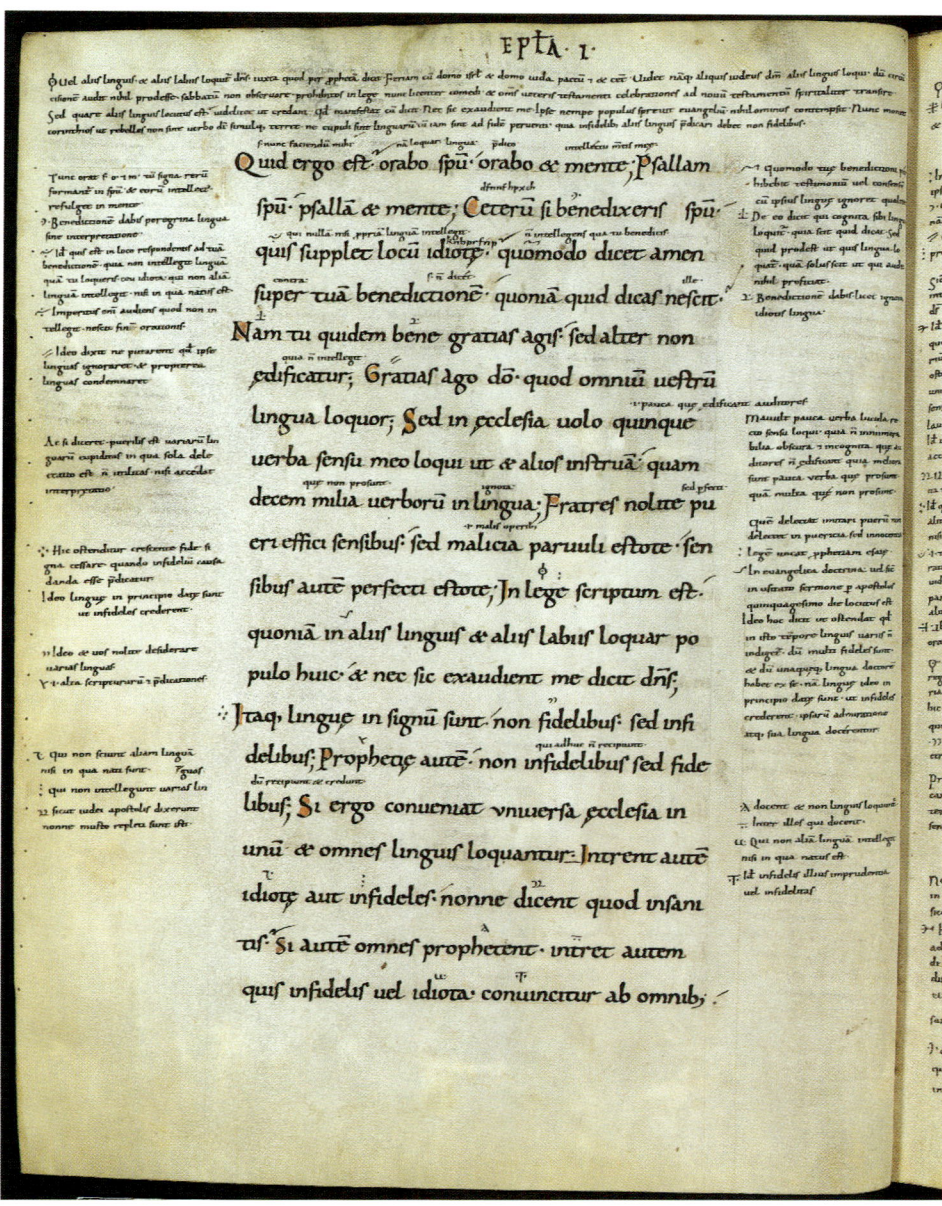

Kat. 3, 42ᵛ

4 Summarium Heinrici, 11. Buch: Glossar (lateinisch und deutsch)

Süddeutschland, Praemonstratenserkloster Weißenau, 11./12. Jh.
Pergament, 30 Bll., 23,5 × 14,5 cm
Vorbesitzer: Die Hs. gelangte nach der Säkularisierung der Abtei 1802/1803 über Franz Graf von Sternberg († 1830) in die Bibliothek der Fürsten Lobkowitz in Prag (Ms. Lobk. 435) und mit dieser nach 1918 in die Prager Nationalbibliothek (Ms. XXIII E 55). 1961 wurde sie anläßlich des 300jährigen Jubiläums der Berliner Staatsbibliothek der damaligen Deutschen Staatsbibliothek als Geschenk der Tschechoslowakischen Volksrepublik übergeben.
SBB-PK, Ms. lat. oct. 445

Aufgeschlagen Bl. 19ᵛ/20ʳ.

1ʳ Ordensstatuten (Auszug, Nachtrag des 14. Jhs; lateinisch); 1ᵛ–30ᵛ Summarium Heinrici, Buch 11: alphabetisches Glossar (lateinisch u. deutsch; unvollständig).

Dem 'Summarium Heinrici', einer wohl Ende des 11. Jahrhunderts entstandenen und breit tradierten, variantenreichen mittelalterlichen Enzyklopädie in 10 Büchern, ist als 11. Buch ein umfangreiches alphabetisches Glossar beigegeben, das zahlreiche deutsche Glossen enthält. Es ist sowohl in einer Langfassung (in 2 Versionen) als auch in einer Kurzfassung und oft selbständig für sich allein und ohne Titelangabe überlie-

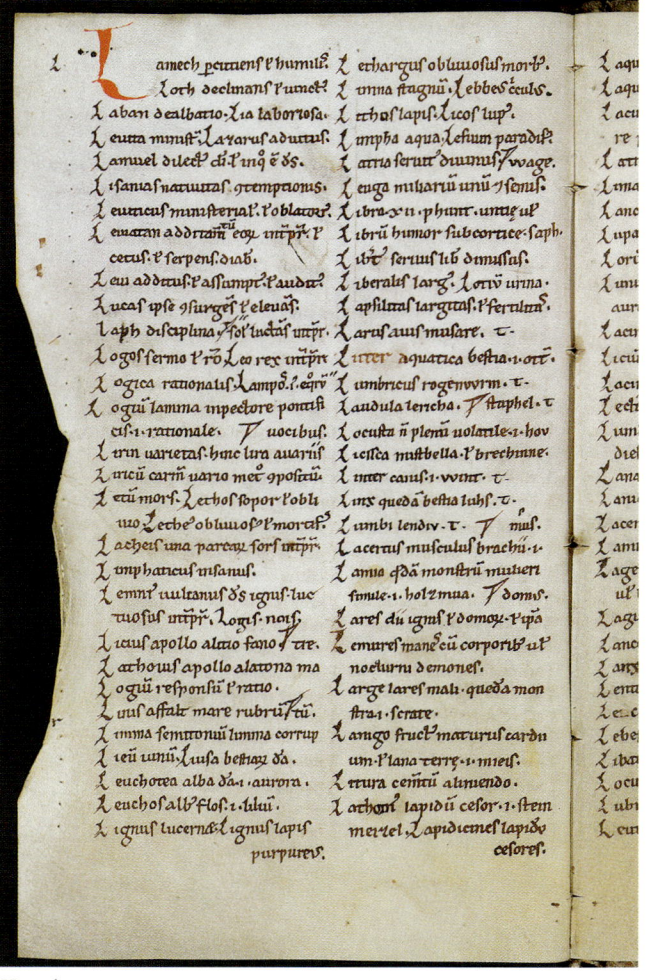

Kat. 4, 19ᵛ

Die Handschrift ist, abgesehen von dem Nachtrag am Anfang, in einer sauberen gotischen Buchschrift geschrieben, zunächst einspaltig (1ʳ–3ʳ), danach, offensichtlich in der Erkenntnis der besseren Übersichtlichkeit und zugleich der ökonomischeren Ausnutzung des teuren Pergaments, zweispaltig. Jeder neue Abschnitt beginnt mit einer einfachen roten Initiale, nur im einspaltigen Teil ist der erste Buchstabe eines jeden Lemmas rot gefüllt. Die Handschrift besitzt den sogenannten Weißenauer Einband aus hellem Leder über Holzdeckeln mit charakteristischem Blindstempeldekor, den fast alle Weißenauer Handschriften zeigen. Am Rückendeckel sind Spuren eines Kettenansatzes zu erkennen. Diese Art Einband wurde etwa zwischen 1478 und 1524 hergestellt, wahrscheinlich in Weißenau selbst (KYRISS, Einbände [1], S. 23; [2,1], Tafel 79.80).

STEINMEYER / SIEVERS 4, Nr. 52b. – BERGMANN, Glossenhandschriften, Nr. 37 (Lit.). – WINTER, URSULA: Weißenauer Handschriften in der Deutschen Staatsbibliothek, in: Über Bücher, Bibliotheken u. Leser. Gesammelte Beiträge zum 60. Geburtstag von HORST KUNZE (Zentralblatt für Bibliothekswesen. Beih. 86). Leipzig 1969, S. 237–241, bes. 239–240 (Lit.). – HILDEBRAND, REINER (Hg.): Summarium Heinrici. Bd. 1.2 (Quellen u. Forschungen zur Sprach- u. Kulturgeschichte der Germanischen Völker. N.F. 61. 78). Berlin, New York 1974–1982; diese Hs. genannt in Bd. 2, S. XLV, mit der Sigle g. – HILDEBRAND, REINER: Art. 'Summarium Heinrici', in: ²VL 9, 1995, Sp. 510–519, bes. 512 u. 513–514. – WENZEL, ELKE: Die mittelalterliche Bibliothek der Abtei Weißenau (Europäische Hochschulschriften. Reihe 15, Bd. 73). Frankfurt a.M. [usw.] 1998, bes. S. 98.

UW

fert. Die Lemmata des Glossars, das auch griechische und hebräische, zum Teil stark entstellte Begriffe enthält, werden neben den lateinischen auch häufig durch althochdeutsche Interpretamente, teilweise als Interlinearglossen, erklärt, die in unserer Handschrift mundartlich im Bodenseeraum zu lokalisieren sind, z. B. (19ᵛᵇ) luter – aquatica bestia id est otter; lumbricus – rogenvvurm; laudula – lericha; linx – quedam bestia, luhs; lamia – quoddam monstrum mulieri simile id est holzmua; (20ʳᵃ) lamina – tenuatum metallum, blech; (20ʳᵇ) luscinia – auis id est nahtegel; lepus, leporis – hase; lincus – strabus id est schilhinte. Häufig ist den deutschen Interpretamenten ein t, d. h. teutonice, beigesetzt. Unsere Handschrift enthält die Version 1 der Langfassung und bricht im Buchstaben S ab, doch sind die fehlenden Lagen, wie der Einband zeigt, bereits in alter Zeit, auf jeden Fall vor dem Neubinden, verlorengegangen.

5 Hildegard von Bingen (lateinisch)

Deutschland, Stift Pfalzel (bei Trier), 13. u. 13./14. Jh.
Pergament, 116 Bll., 28,5 × 21 cm
Vorbesitzer: Nach der Zerstörung des Stifts 1676 gelangte die Hs. in den Besitz des Jesuiten-Kollegs in Agen-sur-Garonne. Im Jahre 1836 wurde sie durch den englischen Handschriftensammler Sir Thomas Phillipps (1792–1872) von dem Londoner Antiquar Thomas Thorpe erworben und nach seinem Tode von dem englischen Industriellen und Mäzen Sir Max Wächter angekauft und Kaiser Wilhelm II. geschenkt, der sie 1912 der Königlichen Bibliothek Berlin überwies.
SBB-PK, Ms. lat. quart. 674

Aufgeschlagen Bl. 59ᵛ/60ʳ.

1ʳᵃ–24ᵛᵇ Godefridus u. Theodericus: Leben der hl. Hildegard (lateinisch); 25ʳᵃ–56ʳᵇ Hildegard von Bingen: Briefe (lateinisch); 58ʳ–62ʳ Geheimschrift (littera ignota) u. Geheimsprache (lingua ignota) der Hildegard von Bingen (lateinisch u. deutsch); 63ʳ–99ᵛᵇ Gebeno: Speculum futurorum temporum (lateinisch); 99ᵛᵇ–100ʳᵇ Quindecim signa quae evenient ante diem judicii (lateinisch); 100ʳᵇ–102ᵛᵃ Hildegard von Bingen: Revelationes de antichristo (lateinisch); 103ʳᵃ–116ʳᵃ Elementarlehre nach Hildegard von Bingen.

Hildegard von Bingen (1098–1179), die schon zu Lebzeiten als 'prophetissa teutonica' verehrt wurde, lebte als Benediktinerin zunächst im Kloster Disibodenberg an der Nahe, gründete dann das Kloster Rupertsberg bei Bingen und später das Kloster Eibingen bei Rüdesheim. Ihre mystischen, visionären Werke (Scivias, Liber vitae meritorum, Liber divinorum operum) waren schon zu ihren Lebzeiten weit verbreitet. Ihr 'Liber subtilitatum diversarum naturarum creaturarum' findet wegen der darin enthaltenen Naturheilmittel und -therapien in entsprechend aufbereiteten Auszügen heute wieder ein breites Lesepublikum. Neben kleineren Werken ist uns auch ein umfangreiches Briefcorpus der gelehrten Nonne erhalten. Sie erfand eine Geheimschrift (littera ignota) und eine Geheimsprache (lingua ignota), die beide in unserer Handschrift und sonst nur noch in dem sogenannten Riesencodex der Werke Hildegards in Wiesbaden (Hessische Landesbibliothek, Hs. 2) enthalten sind. Das Kunstalphabet ist in unserer Handschrift vor dem Glossar der Geheimsprache eingetragen, über jeden Buchstaben ist der entsprechende lateinische gesetzt. Die nicht alphabetisch, sondern grob sachlich geordneten Wörter der Geheimsprache sind in 15 mit roten Lombarden eingeleitete Abschnitte eingeteilt und innerhalb dieser fortlaufend geschrieben. Über jedem der rund 900 Wörter steht in der Regel der lateinische und über diesem dann der deutsche (rheinfränkische) Begriff, bei einer Reihe von Wörtern fehlt jedoch der eine oder der andere, zuweilen auch beide. Für die Wörter lassen sich Wurzeln im Lateinischen, Griechischen und Hebräischen finden, auffällig ist die häufige Verwendung des z; als Beispiele seien genannt: (60ʳ) *scobzia – marca – marc*; *linchz – talantum – phunt*; *pligizil – digel*; *mazanz – cultellus – messer*; *blanschil – scoria – snider*; *spanzol – malleus – hamer*; *miska – forceps – zange*. Für die Anwendung von Alphabet und Geheimsprache besitzen wir nur zwei Zeugnisse im Zwiefaltener Codex der Hildegard-Briefe (Württembergische Landesbibliothek Stuttgart, Cod. theol. et phil. 4° 253). Da das Glossar ausschließlich Substantive enthält, war es für die Bildung von Sätzen auch nicht geeignet. Es wird vermutet, daß beides, wenn überhaupt je praktisch angewendet, zu Geheimbotschaften diente, die nach Empfang vernichtet wurden, so daß kein Zeugnis auf uns gekommen ist.

Die vielleicht zum Teil im Skriptorium von Rupertsberg entstandene Handschrift besteht aus drei Teilen (Bl. 1–62, 63–102, 103–116), die erst später ineinandergefügt und zusammengebunden wurden. Teil 1 und 3, letzterer am Anfang defekt, gehörten möglicherweise bereits vorher zusammen, da sie von demselben Schreiber in zum Teil rubrizierter Textualis geschrieben sind,

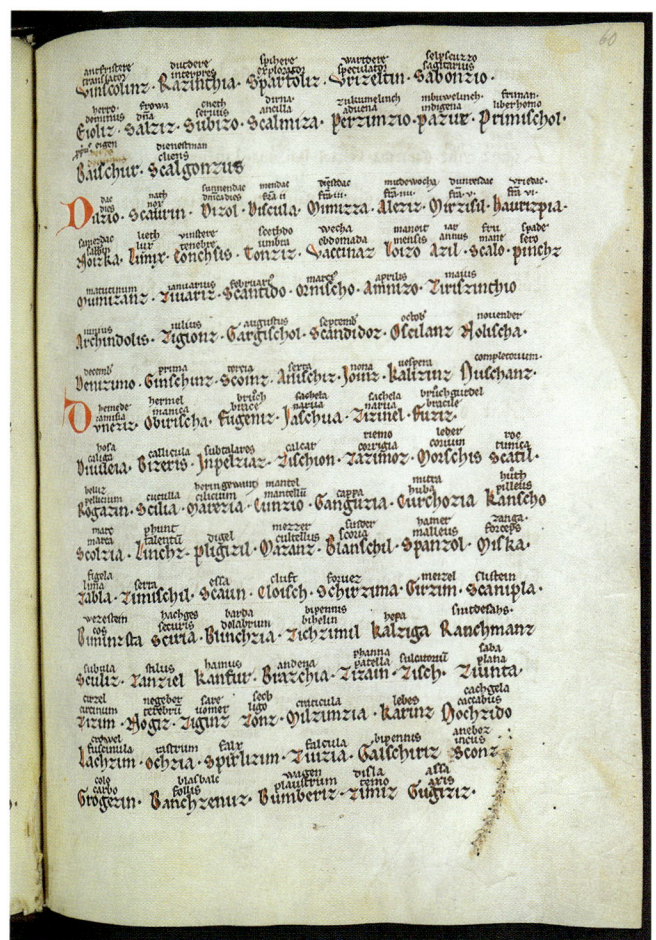

Kat. 5, 60ʳ

während Teil 2 von der etwas jüngeren Hand des Schreibers Guilelmus de Valle stammt, dessen rotunde Textualis außer der Rubrizierung noch mit mehrfarbigen Initialen ausgestattet ist. In der sonst zweispaltigen Handschrift sind nur die Blätter des Glossars einspaltig geschrieben.

DEGERING, *Neue Erwerbungen 2*, S. 12–18. – STEINMEYER / SIEVERS 4, Nr. 82. – BERGMANN, *Glossenhandschriften*, Nr. 51 (Lit.). – ROTH, F.E.W.: *Fontes rerum Nassoicarum. 1, Teil 3*. Wiesbaden 1880, S. XXIII–XXIV, 457–465. – SCHRADER, MARIANNA, u. ADELGUNDIS FÜHRKÖTTER: *Die Echtheit des Schrifttums der hl. Hildegard von Bingen*. Köln [usw.] 1956, So.51–54, 80 (Lit.). – LEHRBACH, HEIKE: *Katalog zur internationalen Ausstellung „Heilige Hildegard von Bingen 1179–1979"... 15.9.–21. 10. 1979 in Bingen*. Mainz 1979, S. 14, 42–43. – MEIER, CHRISTEL: *Art. 'Hildegard von Bingen', in: ²VL 3*, 1981, Sp. 1257–1280, bes. 1274–1275 (Lit.).

UW

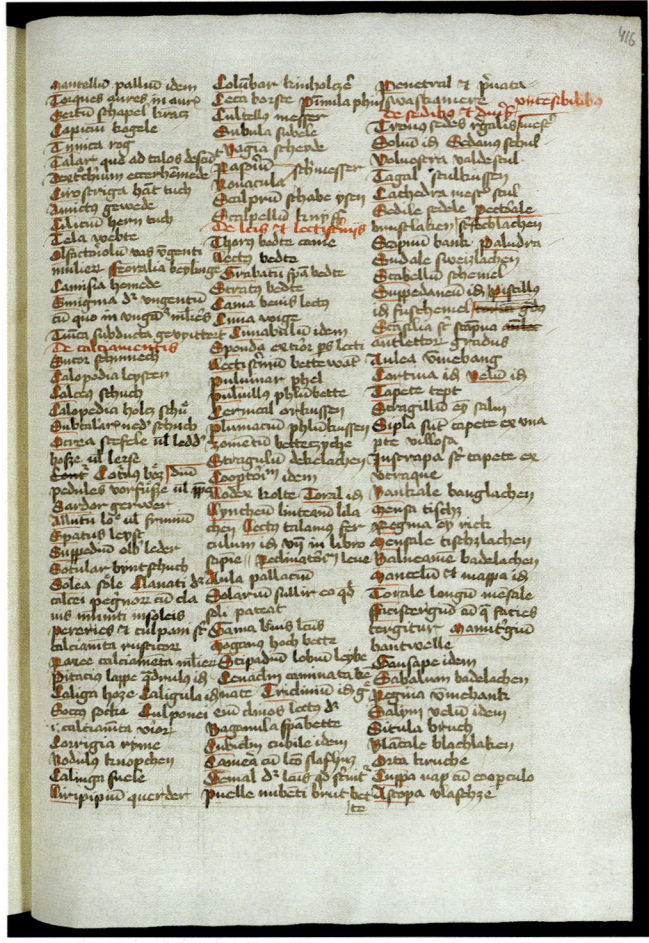

Kat. 6, 416ʳ

6   Vokabulare (lateinisch und deutsch)

Deutschland, Magdeburg, 15. Jh. (zum Teil 1445)
Papier, 436 Bll., 30 × 22 cm
Vorbesitzer: Die Hs. stammt aus dem Besitz des Magdeburger Mediziners Thomas Hirschhorn (Herczhorn, Cornucervinus, seit 1441 Leibarzt des Erzbischofs, † 1493), für den sie vermutlich auch geschrieben wurde. Seine Sammlung fiel nach seinem Tode an das Magdeburger Domstift, dessen Bibliothek später dem 1674 gegründeten Domgymnasium als Schulbibliothek diente. Nach kriegsbedingter Auslagerung im Zweiten Weltkrieg und Verbringung in die Sowjetunion sind die Hss. dieser Sammlung, soweit sie erhalten sind, seit 1961 im Besitz der Berliner Staatsbibliothek.
SBB-PK, Ms. Magdeb. 134

Aufgeschlagen Bl. 415ᵛ/416ʳ.

1ʳᵃ–342ʳᵇ Vocabularium Coenobita (lateinisch u. deutsch); 342ᵛᵃ–359ʳᵇ Vocabularia varia (lateinisch); 359ᵛᵃ–387ᵛᵃ Vocabularius Brevilogus (lateinisch); 387ᵛᵃ–429ʳᵇ Vocabularia varia (lateinisch u. deutsch).

Das am Anfang der Handschrift stehende, als 'Coenobita' bezeichnete Vokabular ist ohne Zweifel in Magdeburg entstanden, wie gelegentliche lokalorientierte Randbemerkungen und die Parallelhandschrift Cod. Guelf. 523.3 Novi der Herzog August-Bibliothek Wolfenbüttel, die 1469 in Magdeburg geschrieben wurde, zeigen. Im Text, vor allem am Anfang des Alphabets und in Randbemerkungen, ist umfangreiches mitteldeutsches Glossenmaterial enthalten. Besonders reich an deutschen Begriffen sind die kleinen Sachglossare (408ʳᵃ–429ʳᵇ), zum Teil regelrechte lateinisch-deutsche Wörterbücher, die offensichtlich aus verschiedenen Vorlagen für den persönlichen Gebrauch des Auftraggebers kompiliert worden sind; darin z. B. (416ʳᵇ) *De lectis et lectisterniis* (Über Betten und Kissen). ... *thorus – bedte, camere; lectus – bedte; puluillus – phlumbette; ceruical – orkussen; plumacium – phlumkussen; zomentum – betteczyche; stragulum – dekelachen; camera cum lecto – slafhuz; puelle nubenti* [sc. *lectus*] – *brutbette*.

Die typische spätmittelalterliche Gebrauchshandschrift ist von mehreren Händen in Bastarda vermutlich in Magdeburg geschrieben worden. Der Bl. 280ᵛ beginnende Teil stammt von der Hand des sich nennenden Schreibers Antonius Hase, der als Herstellungsjahr 1445 angibt. Der zeitgenössische Einband, braunes Leder über Holzdeckeln, zeigt den für die Hirschhorn-Bibliothek typischen, leider fast völlig abgeriebenen Stempelschmuck (vgl. SCHUNKE, ILSE: Die Handschrifteneinbände des Magdeburger Domgymnasiums in der Deutschen Staatsbibliothek Berlin, in: Zentralblatt für Bibliothekswesen 78, 1964, S. 669–670, von ihr dem sogenannten Kronen-Meister zugeschrieben). Der Band weist noch Reste von zwei Schließen und die Spuren von Buckeln sowie vom Ansatz einer Kette auf, die Ecken der Deckel sind mit Metallkanten beschlagen.

WINTER, URSULA, u. KURT HEYDECK: *Die Manuscripta Magdeburgica der Staatsbibliothek zu Berlin – Preußischer Kulturbesitz. T. 2 (in Vorbereitung).*

UW

III

DEUTSCHE
LITERATUR

III.1 Helden- und Dietrichepik

Nibelungenlied

Das Nibelungenlied endet bekanntlich mit dem Untergang und der Auslöschung des Volksstammes, dem das Heldenepos seinen Titel verdankt. Der Dichter läßt das unkommentiert, erst in der 'Klage' wird es reflektiert. Dieses Ende und der dorthin führende Weg sind in der Rezeptionsgeschichte in verschiedener Weise widergespiegelt und beurteilt worden. Neben dem reinen deutschen Jüngling Parzival, dem 'tumben Tor', hatte das um 1200 schriftlich fixierte und ausformulierte, im 18. Jahrhundert durch die Schweizer Bodmer und Breitinger als homerisches Epos der Deutschen wiederentdeckte Nibelungenlied seit dem 19. Jahrhundert sicherlich die größte populäre Resonanz aller mittelhochdeutschen Epen. Die germanische Philologie bemühte sich um Vorlage und Stoff (Sage oder Lieder), um den Autor, um die Überlieferungsstränge und die Bedeutung des Ganzen. Wissenschaftliche Editionen wie populäre Übersetzungen erschienen, illustriert beispielsweise von Alfred Rethel (1840) und Julius Schnorr von Carolsfeld (1843) realistisch im Geist des Historismus, oder von Carl Otto Czeschka ästhetisierend-magisch als grande opéra im Jugendstil (1908); der Gymnasialunterricht hatte die Nibelungen im verbindlichen Curriculum; auf die Bühne kamen die Nibelungen in Richard Wagners 'Ring des Nibelungen' (1840) oder Friedrich Hebbels Trilogie 'Die Nibelungen' (1860/61); der kriegerische vaterländische Geist schuf das stets aktualisierbare deutsche Nationalepos. Die 'Nibelungentreue' zwischen Deutschem Reich und Habsburgermonarchie wurde von Reichskanzler von Bülow beschworen. „Endlich neuerdings der große, unter dem Schlagwort der Nibelungentreue begonnene und, wir dürfen es mit Stolz sagen, von unserer Seite mit Nibelungentreue geführte [erste] Weltkrieg" hat „das Nibelungenlied mehr und mehr zu Ehren gebracht und dasselbe verdientermaßen zum Range des deutschen Nationalepos erhoben" (DEGERING S. XII). Eine nicht ungewöhnliche Äußerung für einen Direktor der Handschriftenabteilung der Preußischen Staatsbibliothek; denn beispielsweise hatte schon vor dem ersten Weltkrieg selbst ein Leipziger Philister und Blümchenkaffeetrinker namens WOLF SIEGHART in dem hektographierten Blättchen 'Die Ernte. Monatsblätter für deutsche Dichtung' Verhängnis und Tod am Vorbild der Nibelungen heroisiert: „Ihre taten kündet die uralte mär:/ sie kündet von helden, die mannhaft und hehr/ verharrt, ob der schwerttod auch dräue,/ sie kündet von kampf,

von blutigem streit,/ von minne und lust, von trauer und leid:/ EIN HOCHLIED GERMANISCHER TREUE" (1. Jg. 1911, Nr. 8, S. 17). „Während des Nationalsozialismus wurde schließlich jene bedingungslose 'Nibelungentreue' zur Volkstugend erhoben, die HEINER MÜLLER in seinem Stück 'Germania Tod in Berlin' (1978) als gesamtdeutschen Verblendungsakt entlarvte" (KLL, Bd. 19, S. 159). Den Mythos von der endgültigen Katastrophe „als blutigem Gegenfest" (JAN-DIRK MÜLLER: Spielregeln, S. 434) konnte auch das ähnlich gestaltete Ende des Zweiten Weltkriegs in Deutschland nicht bannen, oder der Mythos war vielleicht der Leserschaft als historischer Hintergrund des neuerlich Geschehenen und Menetekel vonnöten: schon 1947 publizierte der Insel-Verlag unverdrossen 'Der Nibelungen Not' im 8.–15. Tausend, welches in dem östlich von Leipzig gelegenen Ort Borsdorf gedruckt werden mußte, da die Druckmaschinen im Zentrum des deutschen Verlagswesens Leipzig durch Luftangriffe zerstört waren.

Waffenklirren und kriegerischer Mythos als Emanationen des Männlichen verdunkeln allerdings in vielen Erörterungen des Nibelungenlieds die Rolle des weiblichen Geschlechts, die Rolle der Königinnen, insbesondere das Wirken Kriemhilds, *da von sit vil helde verliesen muosten den lip* (wodurch seitdem viele Helden Leib und Leben verlieren sollten, zitiert nach SBB-PK, Ms. germ. fol. 474, Bl. 1ʳ, vgl. Kat. 8), wie es schon zu Beginn des Epos heißt. Und so ist es nicht verwunderlich, daß Stimmen (nicht nur der political correctness) in der Interpretation eines Germanisten, der ein reiches Muster gesellschaftlicher Regeln und Beziehungen im Nibelungenlied erkennt und nachvollzieht, ausgerechnet „gender" als „one of the most important" „social game rules" vermissen müssen (hier: SARAH WESTPHAL S. 955). In diesem Punkt war 1797 der Südtiroler Karl Graf Mohr schon weiter gewesen, der in den in sein Exemplar des Nibelungenlieds (das oben genannte Ms. germ. fol. 474) eingetragenen Lektürenotizen das Werk mehrmals als einen *Roman von der schönen Kriemhild aus Burgund* bezeichnet und die mißlungene Hochzeitsnacht des Paares Gunther und Brunhild als Schlüsselereignis ausmalt (BECKER, Handschriften, S. 149).

ARNO SCHMIDT – wer wohl sonst? – richtete in 'Kaff auch Mare Crisium' (1960) seinen frivol-parodistischen Philologenblick auf die Metrik der Nibelungenstrophe: „Ane mäßn schoene bumms: so waß irr eddel lieb", „wobei mit 'bumms' die Zäsur (Sprechpause) zwischen den beiden Hälften der Langzeile gemeint ist" (MIEDEMA S. 149, Anmerkung 6). SCHMIDT (S. 171) spricht von einer „Geschichte von Liebe, Treue, Verrat und Mord, von Helden und ihrem Untergang": „eine wahrhaft amerikanische Geschichte", so seine Pointe – oder in einer dialektischen Volte eine unbewußte Schuldverdrängung nach dem Zweiten Weltkrieg? Währenddessen konnte im selben Jahr 1960 Professor Kurt Herbert Halbach in Tübingen noch von der „Altväter-Sphäre ungebrochenen Heldentums" und dem „Wunder eines besonders begnadeten Zusammenklingens mit dem Geist frühgermanischer Tragik" in der Wahrung des „Altheroischen" (DPhiA, Bd. 2, Sp. 593, 595, 603) gewissermaßen im hergebrachten deutsch-nationalen Originalton sprechen. 1998 dann tritt uns durch Professor Jan-Dirk Müller in München – unter großem Beifall der Zunft mit nur gelegentlichem (österreichischen) schüchternen Widerspruch – eine Absage an „jedwede Schicksalsmetaphysik unseligen Angedenkens" (Spielregeln, S. 447) entgegen; Sinn läge allein in der Sinnlosigkeit des Untergangs, deren ins Negative gewendete Spielregeln die Geschichte fast selbsttätig formulierten und erfüllten. Unser heutiges Verständnis könne die ethnologische Alterität des Nibelungenlieds nicht erfassen, die „Unterstellung anthropologischer Konstanten in Affekten, Habitus, Einstellungen, psychischen Mechanismen" ist für Müller „eine vorwissenschaftliche Naivität" (Spielregeln, S. 201 f.). So nah die germanischen Helden und Heroen einem deutschtümelnden Nationalverständnis gestanden hatten, so fern in die Tiefe der Zeit werden sie an der Schwelle des 21. Jahrhunderts gerückt; es scheint, als sollten sie in ein aseptisches, der heutigen Leserpsychologie unzugängliches Reservat verbannt werden.

Übrigens, auch der „genialische Dichter" (DPhiA, Bd. 2, Sp. 601) befindet sich inzwischen in nebelhafter Distanz. Die alte Problematik der drei teils stärker divergierenden Textfassungen, die durch drei Leithandschriften repräsentiert werden, ist willkommener Anlaß, einen haftbar zu machenden Autor des anonymen Werkes in eine Art diffusen Kompilator zu verwandeln. Karl Lachmann favorisierte als ursprünglichsten Text in Verfassernähe den Cgm 34 der Bayerischen Staatsbibliothek München (Sigle A), während Wilhelm Braune in seinem Handschriftenstemma das Ms. 857 der Stiftsbibliothek St. Gallen (Sigle B) als dem Archetypus am nächsten stehend einordnete; die umfangreichste Redaktion C schließlich (ehemals Fürstlich Fürstenbergische Hofbibliothek Donaueschingen, bei der Zerschlagung dieser Institution und dem Ausverkauf des Bestandes als geschütztes Kulturgut knapp vor der möglichen Abwanderung ins Ausland oder in Privatbesitz bewahrt und nunmehr in der Badischen Landesbibliothek Karlsruhe) bevorzugte Friedrich Zarncke, da ein als sehr alt eingestufter Textzeuge dieser Fassung in Fragmentform ihre frühe Entstehung bezeugt. Forschungen des Germani-

sten Helmut Brackert erbrachten einen Neuansatz und wiesen die überlieferten verschiedenen Redaktionen als unfeste, in immer neue Fixierungen gegossene Texte der Korrespondenz mit einer gleichzeitig weiter umlaufenden mündlichen Sagentradition zu, die Varianten und Versionen erzeugte. Die Strophenform des Nibelungenlieds, die der alten österreichischen Kürnberger-Strophe ähnelt, läßt den (potentiell variablen) mündlichen Vortrag und nicht das gelesene Buch als primäre Verbreitungsform erkennen.

Die Erzählung von den Nibelungen, die sich ohne verantwortlichen, bestimmbaren Autor gleichsam selbsttätig blind zum Abgrund bewegt und deren Psychologie und deren narrative Motivationen die einer uns heutigen Lesern fernen, fremden und unverständlichen Ethnie sein sollen, verrückt in modernen Interpretationen vom Objekt nationaler Identifikationsbegierde zu einer Monstrosität, einem Unding.

Ordnungen und Regeln einer fernen Heroenzeit und des germanischen Lehnswesens sind im Nibelungenlied durch die Optik des Dichters, den wir hier doch einmal als unumstritten vorhanden setzen, von solchen der neueren höfischen Kultur überlagert, wodurch logische Widersprüche auftreten, ohne daß sich ein christlicher Sinn stiftet. 'Liebe' schlägt stets in *leit* um (Müller, Nibelungenlied, S. 151–152). Die ethischen Normen sind von einer kriminellen Struktur unterminiert, die Perversion altgermanischer Tugenden ruft die Katastrophe hervor. Im Gegensatz dazu ist die 'Klage' eines ebenfalls unbekannten Autors, die sich in allen Nibelungen-Handschriften dem Epos anschließt, christlich geprägt. Sie fragt nach den Schuldigen des Untergangs und versucht, das Geschehen durch eine zeitgemäß-unarchaische Betrachtungsweise zu bewältigen. Die Anfang des 13. Jahrhunderts wohl ebenfalls wie das Nibelungenlied im Donauraum gedichtete Klage, die wie das Heldenepos selbst Bischof Pilgrim von Passau (1194–1204) erwähnt, stellt somit in ihrer Reflexion die früheste Rezeptionsgeschichte des Nibelungenlieds dar. Den Vortrag der Reimpaarverse der wenig späteren 'Klage' kann man sich kaum gleichzeitig mit der Rezitation der Nibelungenstrophe und eher nur im schriftlichen Kontext denken. Bald aber müssen der Überlieferung und dem Literaturpublikum Werk und Kommentar als untrennbar gegolten haben, während die germanistische Forschung die 'Klage' lange Zeit als überflüssiges und „weinerliches Anhängsel" (Schneider S. 384) betrachtete. Immerhin wird an dieser Verbindung von Texten in der Überlieferung wieder einmal sichtbar, daß die mittelalterlichen Literaturkenner ebenso großen oder sogar mehr Wert auf inhaltliche Vollständigkeit eines Themenkreises als auf

vo den stolzen degenen · di da solden chom · do wart vz d vald
gvter wate vil genom · Durch ir kinde liebe hiez si
do sniden chleit · da mitt wart gezieret · vil frowen vñ manech
meit · vñ vil d wngen rechen · vz burgondn lant · da wart ch
vil den vremdn · bereitet herlich gewant · Aveint · wie Sivrit
Chriemhilde alrerste ersach ·

An sach si tegeliche · nv riten an den Rin · di
zer hochzeite · gerne wolden sin · di dvrch d
kvnege liebe · chomen in daz lant · man gap da
genvgen · beid ross vñ ovch gewant · In was
ir gesidele · allen wol bereit · den hohsten vnt dn
besten · als vns daz ist geseit · zwein vnt drizech fvrsten · da zer hoch
zeit · da zierte sich engegene · vil manech wnscrowe sit ·
Ez was vil vnmvzech · Giselher daz kint · di vremdn vñ ir mage · vil
gvtliche sint · enpfienger vñ Gernot · vñ ovch ir beid man · ia grvzten
si di degene · als er nah eren was getan · Di golt varwen setele ·
si brahten in daz lant · di zierlichen scilde · vñ herlich gewant · dvrch
dz wirtes liebe · zv d hochzeit · vil manegen vngesundn · sah man viöli
chen sit · Di in den pein lagen · vñ heten wndn not · di mv
sen des vgezzen · wi herte was d tot · di siechen vngesundn · di mv
san si vchlagen · si vröten sich d mere · gein d hochzeite tagen ·
wie si lebn wolden · da zer wirtscaft · wnne ane maze · mit vröẟn
vberchraft · heten al di livte · swaz man ir da vant · des hvp sich
michel wnne · vber al daz Gvnthes lant · An einem schinet
morgen · sah man fvr gan · gechleidt wnnechliche · vil manegen chv
nen man · fvnf tvsent od mere · da zer hochzeit · d lop vil vollechli
che · an den Burgondn lit · Der wirt d het di sinne · in was
wol bechant · wi rehte hertenliche · d helt vo Sidlant sine swester
trvte · swie er si niene gesach · d man so grozen scöne · vor allen wnch
frowen iach · Er spch nv raitent alle · mage vñ mine man · d
wie wir di hoch kezite · so lobeliche han · daz man vns drvmbe iht
scelte · hr nach dirre zit · an ieslich lop vil steter ze wngest an den
werchen lit · Do spch vzer ozerzen · d degn Ortwin · welt ir
mit vollen eren · zer hochkezite sin · so svlt ir lazen scowen · div wnnech
lichen kint ·

die alleinige Vergegenwärtigung eines Werkes von hoher dichterischer Qualität legten, wie dies auch die Kombination der Vor- und Nachgeschichte des Tristan und des Willehalm mit den Dichtungen Gottfrieds und Wolframs zeigen.

MÜLLER [MYLLER], CHRISTOPH HEINRICH (Hg.): *Der Nibelungen Liet: ein Rittergedicht aus dem 13. oder 14. Jahrhundert, in: Sammlung deutscher Gedichte aus dem XII., XIII. und XIV. Jh. Berlin 1782. – Der Nibelungen Not. In der Simrockschen Übersetzung nach dem Versbestande der Hundeshagenschen Handschrift.* Hg. von HERMANN DEGERING. *Berlin 1924.* – SCHNEIDER, HERMANN: *Heldendichtung, Geistlichendichtung, Ritterdichtung. Neugestaltete u. vermehrte Ausg. Heidelberg 1943.* – SCHMIDT, ARNO: *Kaff auch Mare Crisium. Karlsruhe 1960. Nachdruck Frankfurt a.M. 1985.* – HALBACH, KURT HERBERT: *Epik des Mittelalters, in: DPhiA, Bd. 2, Berlin 1960, Sp. 397–684.* – *Artikel 'Nibelungenlied' (Redaktionsbeitrag), in: KLL, Bd. 19, S. 156–160.* – MÜLLER, JAN-DIRK: *Das Nibelungenlied, in: Interpretationen, S. 146–172.* – MÜLLER, JAN-DIRK: *Spielregeln für den Untergang. Tübingen 1998.* – HAUSTEIN, JENS: *Rezension von* MÜLLER, *Spielregeln, in: Göttingische Gelehrte Anzeigen Jg. 252, 2000, S. 60–68.* – MIEDEMA, NINE: *Das Nibelungenlied, in:* HONEMANN, VOLKER, u. TOMAS TOMASEK *(Hg.): Germanistische Mediävistik. 2. Aufl. Münster 2000.* – PRZYBILSKI, MARTIN: *Adolf Bartels und das Nibelungenlied, in: Archiv für das Studium der neueren Sprachen und Literaturen. Bd. 238, 2001, S. 79–89.* - LIENERT, ELISABETH: *Heldenepik heute, in: Archiv für das Studium der neueren Sprachen und Literaturen. Bd. 238, 2001, S. 241–259.* – EBENBAUER, ALFRED: *Rezension von* MÜLLER, *Spielregeln, in: Mitteilungen des Institus für Österreichische Geschichtsforschung, Bd. 109, 2001, S. 459–468.* – GILLE, KLAUS F.: *„Das erhabenste und vollkommenste Denkmal einer so lange verdunkelten Nazionalpoesie", in:* GILLE: *Konstellationen. Berlin 2002, S. 189–211.* – WESTPHAL, SARAH: *Rezension von* MÜLLER, *Spielregeln, in: Speculum Bd. 77, 2002, S. 953–955.* - LODEMANN, JÜRGEN: *Siegfried und Krimhild. Roman. Stuttgart 2002.*

PJB

7 Nibelungenlied (Sigle E)

Alemannisch im Grenzgebiet zum Bairisch-Österreichischen, vor der Mitte des 13. Jhs.
Pergament, 1 Doppelbl., 23,5 × 16 cm (oben beschnitten)
Vorbesitzer: 1826 im Besitz des Freiherrn Karl von Roeder in Offenburg. 1937 Ankauf von Else Freifrau Schenk zu Schweinsberg geb. Freiin Roeder von Dierburg (bis 1806 reichsunmittelbare Herrschaft Thiersberg in der Ortenau).
SBB-PK, Fragm. 44

Aufgeschlagen Vorderseite mit Initiale.

Inhalt: 252,3–299,4; innerstes Doppelbl. einer Lage aus einer Nibelungenliedhs; Text ungespalten; Strophen und Verse nicht abgesetzt; kleine spitze gotische Buchschrift eines geübten Schreibers, Abkürzungen, zahlreiche Zierstriche; rubriziert, Strophenanfänge in rot gestrichelten Großbuchstaben im Wechsel mit roten und grünen einzeiligen Initialen; bei Übereinstimmung von Strophen- und Zeilenanfang ist der Anfangsbuchstabe herausgerückt; zu Beginn der 5. âventiure sechszeilige rot-grün gespaltene Silhouetten-Initiale mit Randausläufern, in Einzelelementen ebenso wie im Cod. 857 der Stiftsbibliothek St. Gallen, S. 291, Beginn des Nibelungenlieds, vgl.

die Abb. bei OTFRID EHRISMANN, Das Nibelungenlied, Göppingen 1973 (Litterae. 23), III. Das Ende des 3. Halbverses von Str. 275 (nach der C-Fassung) ist unter die letzte Zeile der Seite gerückt und mit einer Zierleiste eingefaßt: der Abbruch mitten in einer Zeile am Ende einer Seite widersprach dem Schönheitssinn des Schreibers oder störte beim mündlichen Vortrag, indem das Auge die Verbindung von links unten nach rechts oben schlecht gleitend erfassen konnte.

Das schön geschriebene und guterhaltene Fragment stellt den wohl in adligen Archiven in sekundärer Verwendung über die Jahrhunderte geretteten Rest einer Nibelungen-Handschrift dar, die aufgrund ihres altertümlichen Layouts und paläographischen Befunden zufolge noch in die Frühzeit der Überlieferung dieser Dichtung zu setzen ist, ähnlich wie die Handschrift C (Badische Landesbibliothek Karlsruhe, unter der alten Signatur Donaueschingen 63), zu deren Überlieferungsklasse sie gehört. KARIN SCHNEIDER sieht den Entstehungsort dieses Buches in demselben Schreibzentrum, in dem auch die berühmte Sammelhandschrift mittelhochdeutscher Epik St. Gallen, Cod. 857 geschrieben wurde und für das mehrere routinierte Kopisten arbeiteten. Die genaue Schriftheimat des Codex in einem von Bodensee, Vorarlberg, Tirol bis hin zu Südtirol markierten Raum entzieht sich unserer Kenntnis. Schreiber mit ihrem spezifischen Dialekt können gewandert sein, Vorlagen mit ihrer spezifischen Schriftsprache können ebenfalls anderswo genutzt worden sein, so daß der Schriftdialekt einer Handschrift nur ein bedingt gültiges Zeugnis ihrer Herkunft bietet. Jedenfalls stammt diese Kopie des Nibelungen-Epos aus durch Handel und Wandel und zahlreiche Adels- und Fürstensitze ausgezeichneten Gebieten.

KÖNNECKE, GUSTAV: *Die Handschriften des Nibelungenliedes und der Klage. Sonder-Abdruck aus der 2. Aufl. von Könneckes Bilderatlas zur Geschichte der deutschen Nationalliteratur, vermehrt durch die vollständige Wiedergabe der Bruchstücke E und F. Marburg 1901* – SCHNEIDER, *Gotische Schriften, S. 136 und Tafelbd. Abb. 75.*

PJB

8 Nibelungenlied (Sigle J)

Alemannisch (schwäbisch) und bairisch, gegen 1300
Pergament, 68 Bll., 24 × 18 cm
Vorbesitzer: Antonius von Annenberg; Graf Karl Mohr; Beda Weber; Buchhandlung Asher/Berlin; 1835 von der Königlichen Bibliothek Berlin zusammen mit Ms.germ.fol. 475 (s. Kat. 41) und 4 Inkunabeln erworben.
SBB-PK, Ms. germ. fol. 474

Aufgeschlagen 38ᵛ/39ʳ: die beiden âventiuren *Wie Gvnther fuor in Etzilen lant* (Wie Gunther in das Reich Etzels zog) und *Wie Gvnther ze Bechleren enpfangen war* (Wie Gunther in Pöchlarn an der Donau – übrigens der spätere Geburtsort Oskar Kokoschkas – willkommen geheißen wurde).

2 Spalten, Strophen und Langverse abgesetzt; die Klage dreispaltig, Verse abgesetzt; der Winsbecke in fortlaufenden Versen, Strophen abgesetzt; rubriziert, zu Beginn der âventiuren blau-rot gespaltene Initialen, am Strophenanfang (Nibelungenlied, Winsbecke) Majuskeln, Versbeginn (Nibelungenlied, Klage) rot gestrichelt; Textualis, Gebrauchsschrift mit halbkursiven Zügen, die die Brechungen nicht konsequent durchhält, wohl von einem „in Urkundenschrift geübten Kanzlisten", „der möglicherweise neben der geschäftlichen Schreibarbeit auch die literarischen Wünsche eines weltlichen Herrn befriedigte" (SCHNEIDER, Gotische Schriften, S. 253–254). Schlichter, abgewetzter, vielleicht noch zeitgenössischer Holzdeckelganzledereinband, Rahmen und Diagonalen aus Streicheisenlinien; Gerbstoff des umgeschlagenen Einbandleders in den Innendeckeln stärker auf erste und letzte Bll. durchgeschlagen; eine Langriemenschließe – charakteristisch für deutschsprachige Handschriften – erneuert.

Die Handschrift J vertritt neben den Leithandschriften A, B und C eine eigenständige Textfassung, die allerdings der Vorstufe von B (St. Gallen, Cod. 857) nahesteht. Die gegenüber den sonstigen Überlieferungen radikal auf ein Viertel des Umfangs reduzierte Klage umfaßt nur 944 Verse und „bietet ein knapp erzähltes Nachspiel zum furchtbaren Ende" (BUMKE, S. 289). Diese Kurzform erspart dem heutigen Leser ein als solches empfundenes wiederholtes Lamentieren und eine ebensolche unerträgliche Weitschweifigkeit. Auch das Nibelungenlied selbst ist gekürzt. Der Zug der Nibelungen durch Bayern ist ausgelassen, mehr als hundert Strophen, und auf Rasur stellen zwei neukomponierte Langverse den Textanschluß wieder her (38vb, Strophe 1628 bei DE BOOR): *Des morgens do ez taget gen Passav si do riten / Do si der Pischof Bilgrin in herlichen siten* (Bei Tagesanbruch ritten sie nach Passau, wo sie der Bischof Pilgrim in prächtigster Art und Weise [empfing]). BUMKE (S. 297) diskutiert, ob hier – ähnlich wie bei anderen höfischen Epen – eine autornahe Kurzfassung vorliegen kann, deren Gründe „nicht im Bereich der Produktionsästhetik zu suchen" sind, sondern deren Entstehung sich eher „durch die Aufführungs-, Rezeptions- und Überlieferungsbedingungen bestimmt". Und in der Tat, das Format, der schmale Rand mit optimaler Ausnutzung des Beschreibstoffes und starke Gebrauchsspuren verleihen der Handschrift zusammen mit den darin aufgezeichneten Text-Kurzfassungen den Charakter eines Taschenbuchs, das bequem beim Ritt von Burg zu Burg mitgeführt werden konnte.

Neben der Klage, die jede vollständige Nibelungenlied-Handschrift als Werk eines anderen Autors begleitet, wird in dem vorliegenden Codex sinnigerweise noch die aristokratische Lebenslehre des Winsbecke aufgenommen, in der Gott, Minnedienst und Schildesamt, nämlich christlicher Glaube, höfische Liebe und ritterlicher Kampf als Ideale propagierte und verpflichtende Ziele darstellen; der Geist modernen höfischen Rittertums konterkariert das archaische Walten des Verhängnisses im Nibelungenlied. Während der heutige Leser es gewohnt ist, zwischen zwei Buchdeckeln ein einziges Werk *eines* Verfassers vorzufinden, erlaubte es die mittelalterliche Praxis, vorhandene und verfügbare Texte als individuelle Auftragsarbeiten zu reproduzieren und gegebenenfalls in einem Band zu vereinen, und somit Kompendien herzustellen, deren Teile gewissermaßen programmatisch korrespondierten; vielleicht jedoch war die Zusammenstellung bloß dem Zufall in Gestalt von greifbaren Vorlagen zu verdanken.

Mit der Nibelungenlied-Handschrift J tauchen wir ins Zentrum der alten Südtiroler Adelskultur. In den Vorderdeckel schrieb sich im 15. Jahrhundert der damalige Besitzer ein, der auf der Burg Dornsberg ansässige Anton von Annenberg (um 1426/30–1483), dessen Geschlecht sich nach der Vinschgauer Burg gleichen Namens nannte; er fügte die Signatur des Bandes in seiner Bibliothek hinzu: *101. Anthony Anemperger.* Ihm gehörte auch eine vor 1400 geschriebene Handschrift des Jüngeren Titurel (SBB-PK, Ms. germ. fol. 475), die Anton von Annenberg vielleicht in der Kartause Schnals um 1470 (neu-)binden ließ, zu der Zeit, als er sie wie das Nibelungenlied erwarb oder – wahrscheinlicher – aus dem väterlichen Erbe 1471 empfing (FÜRBETH S. 69–71). Daß Antons ältester Bruder den Vornamen 'Parzival' trug, wird kein Zufall sein. Gleichzeitig gab Anton eine humanistisch strukturierte Sammelhandschrift in Auftrag (Innsbruck, Bibl. Ferdinandeum, FB 1050). Insgesamt stellte die Bibliothek Antons, soweit sich das aus dem Erhaltenen rekonstruieren läßt (FÜRBETH S. 64–65), eine theologisch-erbauliche, praktisch-juristische, historiographische und literarische Sammlung dar, wobei die Literatur sich auf die wohl geerbten heroischen und höfischen Epen und die handschriftlich und gedruckt vorhandenen, offenbar seit 1470/75 gezielt erworbenen Texte aus Antike und Humanismus verteilte. Dieser Bibliotheksaufbau mag während der Parallelherstellung von Handschrift und Druck im15. Jahrhundert beim Adel des öfteren bestanden haben. Ende des 17. Jahrhunderts beerbten die Grafen Mohr die ausgestorbenen Annenberger samt ihrer Bibliothek, und Karl Graf Mohr studierte und kommentierte 1797 – zur Zeit der Weimarer Klassik – den alten Nibelungenlied-Codex in unbefangener Weise: *Wie Chunig Gunther von Burgund Erstenacht Brunnhilden von Iselnstain am Rheine beslafen wolt und sie ihn hend und füsse bande – und ihn an ain Nagel auf gehankht und wie der Edle Siffrid der andern Nacht Brunehilden bezuang mit hartem Khampfe das sie Gunthern zu willen geworden* (16^v/17^r) (Wie König Gunther von Burgund in der Brautnacht mit Brünhild

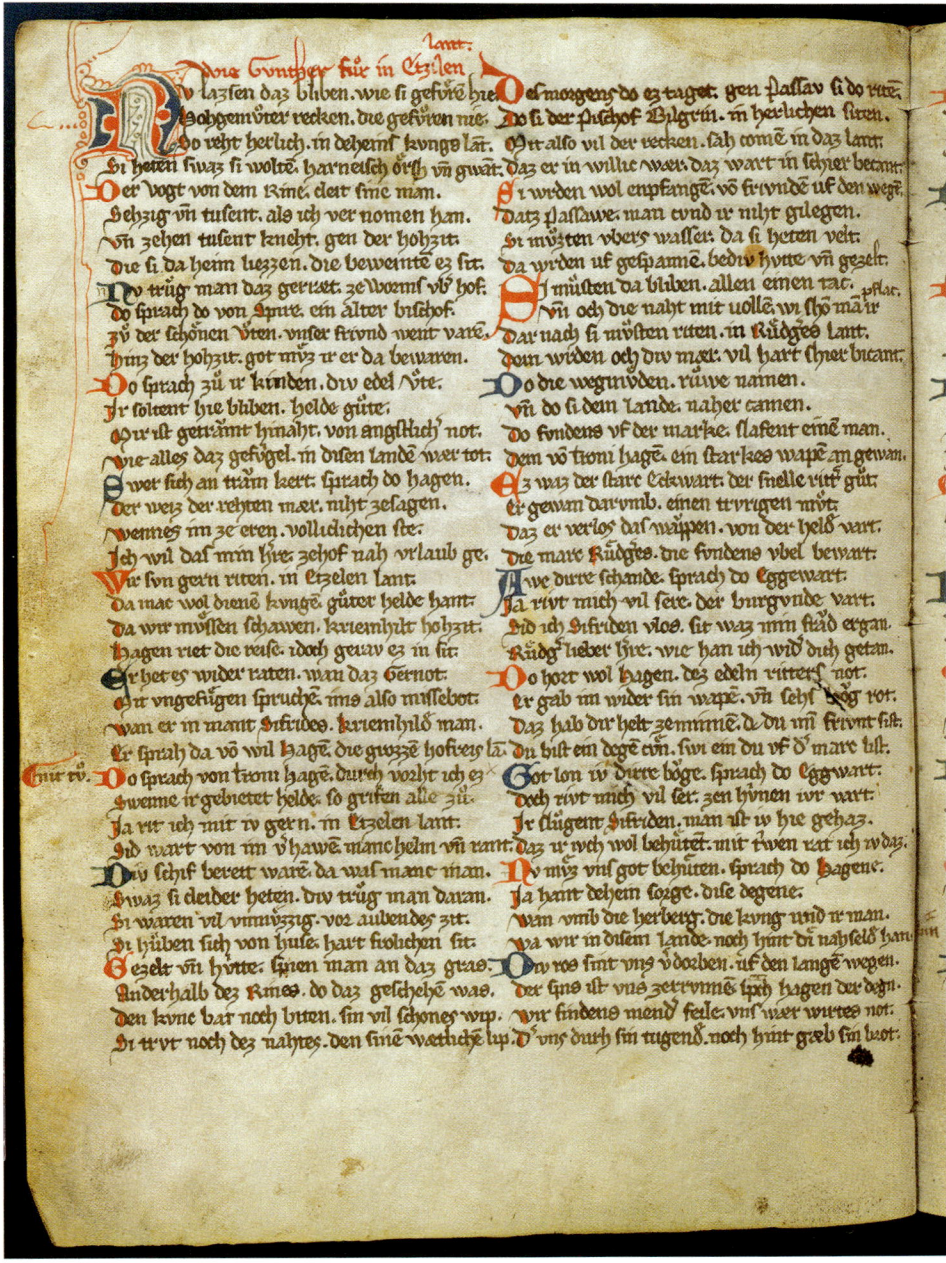

Kat. 8, 38ᵛ

von Isenstein am [heimatlichen] Rhein die Ehe vollziehen wollte und sie ihn [stattdessen] an Händen und Füßen fesselte und an einem Haken aufhing, und wie der edle Siegfried in der folgenden Nacht [unsichtbar] Brünhild in einem schweren Ringkampf bezwang, so daß sie sich Gunther [als dem vermeintlichen Sieger] hingibt). Der naiven Lektüre folgen am Ende der Klage einige literaturhistorische Erörterungen der einfacheren Art und im Hinterdeckel eine Ausbreitung von Lebensdaten und Verwandtschaftsverhältnissen Kriemhilds, die Graf Mohr als Protagonistin des Ganzen betrachtet, dem er den Titel *Roman von der schönen Kriemhild* (vorderer

Innendeckel) verleiht. Im Hinterdeckel bekräftigt Graf Mohr sein literarisches Engagement mit den alten Mären durch die Unterschrift *Latsch 22. Juli 1797*. Die Burg Latsch inmitten des gleichnamigen Ortes am alten Handelsweg zwischen Reschenpaß und Meran gehörte ehemals den Annenbergern, und bei Latsch befanden sich die der Familie Mohr eigenen Sitze Ober- und Untermontani, wo der Tiroler Gymnasiallehrer, Historiker und Politiker Beda Weber (1798–1858) die Nibelungen-Handschrift auf einem für den Latscher Krämer bestimmten Makulaturhaufen aus dem Nachlaß der erloschenen Grafen Mohr 1833 oder 1834 entdeckte und

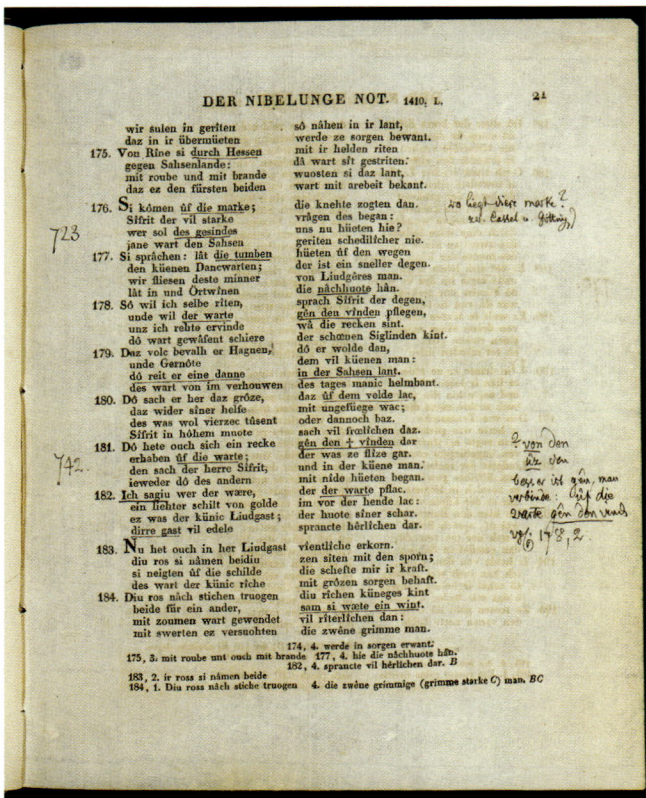

Kat. 9, Nachlaß Grimm 30

derum die zahlenmäßige Beschränkung des mittelalterlich vorhandenen Buchbestands; wie sonst wären zwei benachbarte Wassertropfen aus einem gefüllten Faß gemeinsam in der Neige wieder aufgetaucht?

BECKER, *Handschriften, S. 147–150. – Das Nibelungenlied. Hg. von* HELMUT DE BOOR. *22. Aufl. Mannheim 1988. –* BUMKE, JOACHIM: *Die vier Fassungen der Nibelungenklage. Berlin, New York 1996, S. 172–177 u.ö. – Artikel 'Beda Weber', in: Deutsche Biographische Enzyklopädie, Band 10, München 1999, S. 350. –* FÜRBETH, FRANK: *Die spätmittelalterliche Adelsbibliothek des Anton von Annenberg. In: Sources for the History of Medieval Books and Libraries, edited by* RITA SCHLUSEMANN *etc. (Boekhistorische Reeks. 2) Groningen 1999, S. 61–78.*

PJB

9 Der Nibelunge Not mit der Klage

In der ältesten Gestalt mit den Abweichungen der gemeinen Lesarten herausgegeben von KARL LACHMANN. Berlin: Reimer 1826.
SBB-PK, Nachlaß Grimm 30

Aufgeschlagen S. 21 mit Randbemerkung Jacob Grimms zu Strophe 176, in der die marke *zwischen Kassel und Göttingen vermutet wird.*

Die Erstausgabe von Lachmanns großen wissenschaftlichen Ausgaben mittelhochdeutscher Poesie. Karl Lachmann (1793–1851), von der klassischen Philologie herkommend, suchte in kritischen Editionen ästhetisch hochstehender mittelhochdeutscher Dichtungen deren Originalfassung oder mindestens dem Archetypus der Überlieferung möglichst nahezukommen. Gründliche Kenntnisse von Sprache und Metrik der alten Epen befähigten ihn zur Einschätzung der Qualität der einzelnen Handschriften, die sich einem von der Wurzel bis zur letzten Verzweigung konstruierten Stammbaum jeweils an einer bestimmten Stelle einfügen, so daß der Herausgeber die besten, das heißt ursprünglichsten Lesarten herausfinden kann. Durch die Einsicht in früh fundamental voneinander abweichende Textfassungen und Überlieferungsströme, die sich dann wiederum kompliziert vermischen können, geriet das einsträngig auf ein Urbild ausgerichtete Textverständnis Lachmanns unter starken kritischen Beschuß. Verschiedene autornahe Fassungen, was immer das heißen und wer immer sie hergestellt haben soll, werden von der modernen Germanistk als gleichberechtigt hingestellt. Jedenfalls aber bilden die Ausgaben Lachmanns stringente und lesbare Versionen aus einem Guß, wenn sie auch den Forderungen der neuen Philologie nicht standhalten.

Vorliegender Band stammt aus dem Besitz der Brüder Grimm, zu denen Lachmann reiche Beziehungen pflegte, obwohl sie die Germanistik anders akzentuier

billig erwarb (oder mitgehen ließ?). Mit dem oben genannten Jüngeren Titurel und vier Inkunabeln verkaufte der Berliner Buchhändler Asher sie 1835 der Königlichen Bibliothek Berlin für 500 Reichstaler, einer Summe erheblich unter dem Gegenwert von 2000 Louis d'or, die der Gouverneur von Tirol, Clemens Graf von Brandis, 1844 als Erlös vermutete (SCHNEIDER, Gotische Schriften, Textband, S. 254, Anm. 204).

Kurioserweise kam noch eine weitere der nur zehn je nach Fassung annähernd vollständigen Nibelungenlied-Handschriften in die Königliche Bibliothek Berlin, nämlich die Papierhandschrift mit der Sigle h, Ms. germ. fol. 681 (BECKER, Handschriften, S. 155–156; BUMKE, Nibelungenklage, S. 190–194 u.ö.). Sie enthält dieselbe Textverbindung Nibelungenlied, Klage und Winsbecke und folgt in Einrichtung und Lesarten der Handschrift J derart eng, daß in ihr eine in Tirol gefertigte Abschrift gesehen werden muß, worauf später die Überlieferung allerdings getrennte Wege ging. Daß diese nah verwandten Handschriften, ein Fünftel aller kompletten Codices, bei verschiedenen Lesern und unter verschiedenen Umständen bis zur endgültigen Speicherung in einer wissenschaftlichen Bibliothek überlebten, zeigt wie

ten. Jacob Grimm versah die Nibelungen-Ausgabe durchgehend mit textkritischen, grammatikalischen oder sachlichen Anmerkungen. Unter dem Kurfürsten von Hessen-Kassel war er in Kassel Bibliothekar gewesen, bevor ihn der König von Hannover 1830 zum Professor in Göttingen berief, um ihn 1837 als einen der 'Göttinger Sieben', der gegen die Aufhebung des Staatsgrundgesetzes protestiert hatte, wieder zu entlassen. *Cassel u. Göttingen* wurden verständlicherweise von Jacob Grimm im Nibelungenlied parallel zu den Mittelpunkten seiner Existenz (zu denen sich dann noch Berlin gesellen sollte) markiert; zwischen diesen Orten, im heutigen Kaufungerwald, vermutete er die *marke*, die Siegfried mit einem Heer der Burgunden durchquerte, um gegen die Sachsen zu kämpfen (4. âventiure, Strophe 176).

Zu Jacob Grimm vgl. FRANK SHAW, *zu Karl Lachmann* URSULA HENNIG, *in:* KILLY, *Literatur – Lexikon, Bd. 4, 1989, S. 352–356 und Bd. 7, 1990, S. 107–108. – Kat. Berlin SB Nachlaß Grimm, S. 44.*

PJB

10 Nibelungenlied (Sigle b)

Ostschwaben (Augsburg), zwischen 1436 und 1442
Papier, 192 Bll., 28 × 20,5 cm
Vorbesitzer: Württembergische Adelsgeschlechter von Degenfeld und von First (Fürst) oder Umkreis (16. Jh.); Helfrich Bernhard Hundeshagen (1784–1858); Christian von der Emden (1797–1869) als Erbe des schriftlichen Nachlasses von Hundeshagen; Antiquariat Lempertz in Bonn.
SBB-PK, Ms. germ. fol. 855

Aufgeschlagen Bl. 83ᵛ: *Awenteur wie kriemhild etzeln gefürt war* (Erzählung wie Kriemhild zu König Etzel geleitet wurde; Bildmotiv: Einkehr bei Bischof Pilgrim von Passau).

2 Vorsatzbll. nur in Kopien Hundeshagens erhalten; Text- und Bildverlust durch ca. 10 verlorene Bll., von Hundeshagen durch leere Bll. spätmittelalterlichen Papiers ersetzt; 2 Wasserzeichen: A (Hifthorn) ~ Br. 7770, laut brieflicher Mitteilung von Gerhard Piccard an Hans Hornung im Hauptstaatsarchiv Stuttgart in datierten Schriftstücken von 1436 bis 1440 nachweisbar; B (Mohrenkopf) ~ Br. 15613, laut Piccard Entwicklungsstufe von 1439 (vgl. BECKER, Handschriften, S. 151); keine Spaltenteilung, Nibelungenlied in abgesetzten Langzeilen, Strophenanfänge durch Paragraphenzeichen markiert; in der Klage Reimpaarverse fortlaufend geschrieben; rubriziert; zu Beginn der 39 âventiuren rote Überschriften und kolorierte Federzeichnungen, davon 2 verloren; Bastarda; ursprünglich dunkelgrüner Lederband über Holzdeckeln, 15. Jh., 2 Schließen, je 5 Buckel, Deckel durch Rautenmuster aus Streicheisenlinien geteilt (Reste als Ms. germ. fol. 854 erhalten), nunmehr Samtband des 19. Jhs.

In der schönen plastischen einfachen Sprache der Vorväter beschreibt KARL LACHMANN in seiner editio princeps des Nibelungenlieds von 1826 die Textqualität dieser Bilderhandschrift: eine andernorts davon abgedruckte „probe erregt keine begier nach mehreren" (S. V); so versetzt er ihr den philologischen Todesstoß. Es handelt sich jedoch um eine vielfach interessante spätmittelalterliche Verarbeitung des Stoffes. „Als Konzession an den Zeitgeschmack sind in den Nibelungentext zwei sonst nicht überlieferte Zusätze eingefügt. Am Anfang der 28. Aventiure warnt in einem Einschub Hildebrand die Burgunden vor einer Art Pulver, nämlich vor mit Schwefel und Kohle gefüllten Rohren, die im Auftrage Kriemhilds den Saal in Brand setzen sollen. Gegen Schluß wird eine alte Wanderanekdote mit der Nibelungenhandlung gekoppelt: Hildebrands Schwert, mit dem er den Streich gegen Kriemhild führt, ist so scharf, daß sie nicht merkt, daß sie getroffen ist: erst als sie sich bückt, zerfällt sie in zwei Teile. Solche waffentechnischen Bravourstücke befriedigten die Sensationsgier des Lesers" (BECKER, Handschriften, S. 152).

Unter den zehn mehr oder minder vollständig erhaltenen Nibelungenlied-Handschriften ist diese die einzige mit Bildern. Anders als bei höfischen Epen ist der Stoff des Nibelungenlieds in seinem alpenländischen Verbreitungsgebiet ikonographisch während des Mittelalters nicht präsent. Das Gewicht der mündlichen Überlieferung war vielleicht die Ursache, auf eine bildhafte Vergegenwärtigung zunächst verzichten zu können. Die eigentliche Hoch-Zeit des Nibelungenstoffs in der bildenden Kunst werden das 19. und die erste Hälfte des 20. Jahrhunderts sein, in der er romantische Mythen und nationale Identifikationsmodelle bis hin zu heldischen Trutz- und Untergangsphantasien bedienen sollte (vgl. OTT, Ikonen, passim). Die Handschrift mit ihren über drei Dutzend Federzeichnungen von ungefähr 1440 bleibt eine isolierte Ausnahme, weil das Nibelungen-Epos nie in eine der elsässischen vorindustriellen Vervielfältigungswerkstätten aufgenommen worden zu sein scheint und weil es nicht als abgesunkenes Kulturgut in Volksbüchern und deren Holzschnitten fortlebte. Konstanz (OTT, Mündlichkeit, S. 43/44 mit Abb. 9) und Augsburg wurden als Entstehungsorte des Codex vorgeschlagen. Für den Bodensee sprechen lediglich vage kunsthistorische Anklänge, während die Augsburger Provenienz durch andere künstlerische Parallelen, Schriftdialekt, Schriftcharakter, Wasserzeichen des Papiers und eine Augsburger Urkunde gestützt wird, die zerschnitten als Falze in den Lagenmitten zur Verstärkung der Heftung diente. Aussteller ist Hans Gossembrot, Sohn des 1418 gestorbenen Augsburger Kaufmanns und Patriziers Sigmund Gossembrot und Bruder des Bürgermeisters Sigmund Gossembrot (1417–1493); Urkundeninhalt ist das zukünftige Erbe seiner Mutter

Auenteuͤr wie kriemhild etzeln gefuͤrt wurd

Die poten laſſen reiten wir ſullen ew ein berhant
wie die kunigine geſue durch das lant
Oder wa von ir ſchiedent geiſelher vnd gernot
Sy heten ir gedienet als in ir trewe gepot

Vntz an die tuͤnaue Ze vergen ſy do riten
Sy begunden vrlaubs die kunigine piten
wann ſy wider wolten reiten an den rein
Do mocht es an weinen Zwiſchen frunden nicht geſein

Geiſelher der ſchnelle ſprach zu der ſchweſter ſein
wenne daz du frawe beduͤrffen wellest mein
Ob dir icht werde daz tuͤ mir berhant

Anna Gossembrot (gest. 1436); Zeuge ist u. a. Jörg Minner aus Augsburger Patriziergeschlecht; Ausstellungsdatum 1434. Daß eine solche inneraugsburgische Patriziatsurkunde als Buchbindermaterial nach außen verhandelt worden sein soll, ist eher unwahrscheinlich. Der intensive, artenreiche Augsburger Literatur- und Werkstättenbetrieb, Publikum und Hersteller, schuf die Voraussetzungen für eine Handschrift dieser Art (vgl. OTT, Augsburger Buchillustration, passim).

Während auch im 15. Jahrhundert repräsentative lateinische liturgische Bücher und mancherlei andere lateinische Codices von Bedeutung auf Pergament geschrieben wurden – meist in auszeichnungssignifikanten Schriften wie Textura oder Rotunda – und diese, wenn man von einer Gattung wie dem Stundenbuch absieht, selten Miniaturen erhielten und der Buchschmuck sich mit (historisierten) Initialen, Bordüren, Ranken begnügte, waren deutschsprachige, insbesondere belletristische oder chronikalische Texte häufig bebildert und in einfacheren und flüssigen Bastarda- oder Kursivschriften geschrieben (vgl. KÖNIG, Augsburger Buchkunst). Solche mit Bildern versehene Werke dienten der Schaulust und dem besseren Textverständnis einer neu in den Städten entstandenen, weltlichen, nicht lateingelehrten Leserschicht, zu deren Aufgabenbereich aber die Beherrschung von Lesen und Schreiben in der Volkssprache gehörte, etwa (Groß-)Kaufleute, hohe Verwaltungsbeamte, kurzum ein städtisches Patriziat, für das man sich die Hundeshagensche Handschrift entstanden denken kann. Die Miniaturen wurden vom Künstler – freilich unter Verwendung stereotyper Versatzstücke bei Architektur, Szenenaufbau, Gruppendynamik, Zeremoniell, Gestik und Tracht – individuell gestaltet, da für das Nibelungenlied keine serienmäßig hergestellten Bildvorlagen existiert zu haben scheinen. Stilistische Parallelen zur Augsburger Chronik des Sigmund Meisterlin (München, Bayerische Staatsbibliothek, Cgm 213) bzw. deren Vorlagen von Hektor und Gregor Mülich (vgl. SCHNEIDER, Die deutschen Hss., S. 47) sind unverkennbar. Die Farbskalen der Bilder beider Handschriften sind identisch und erwecken trotz ihrer Buntheit einen geschlossenen Gesamteindruck (LEHMANN-HAUPT S. 126). Rhein und Donau als Transport- und Reisewege mit entsprechenden Schiffen, Warenladungen und Aus- oder Einschiffungen geben charakteristische Motive, die vom Künstler gern genutzt werden. Die Donau als Wasserweg ist im Hintergrund der ausgestellten Miniatur zu sehen, auf der vor dem Stadtbild von Passau Bischof Pilgrim seine Nichte Kriemhild begrüßt, die an der Spitze des Zuges der Nibelungen reitet. Die im Geleit ursprünglich mitziehenden Burgunderkönige Giselher und Gernot,

ihre Brüder, haben sich bereits in Pförring (zwischen Ingolstadt und Regensburg) verabschiedet: geographische Realität im Mythos.

Die Wanderung der Handschrift an den Mittelrhein kann nicht nachvollzogen werden. Der Bibliothekar und Kunsthistoriker Hundeshagen erstand sie angeblich 1817 für 100 Dukaten in Mainz, vielleicht, wie er zunächst notierte – um sich später geheimnisvoll auszuschweigen –, aus dem Besitz der Freiherrn von Dalberg, von denen Johann von Dalberg Bischof von Worms und Förderer der Humanisten um Reuchlin gewesen war, und der Dalberg-Bibliothek auf der Ladenburg, dem ehemaligen Bischofssitz. Laut Akzessionsjournal der Kgl. Bibliothek Berlin soll die Nibelungenlied-Handschrift zu der „Büchersammlung" gehört haben, „welche im Jahre 1815 zu Höchst am Mayn an Juden nach Frankfurt a.M. nach dem Gewicht verkauft wurde" (Catalogus access. librorum manuscriptorum 1863–1886, S. 13). Hundeshagen umsorgte jedenfalls seine Neuerwerbung mit unermüdlichem Eifer; er ließ den Band restaurieren, in biedermeierlichem Stil neubinden (weinroter Samt über Pappe, Spiegel in hellblauer Moiré-Seide, Schnitte dreiseitig vergoldet) und bereitete eine Faksimileausgabe vor (vgl. Nr. 11). GOETHE zensierte Hundeshagen mit einigen seiner nichtssagenden, von olympischer Höhe aus verliehenen Prädikate als einen „talentvollen Mann" voller „Fleiß und Geschicklichkeit" (Zitate bei HORNUNG / SCHWEIKLE S. 10), wie es denn in schöner Normalität sein soll; ironischer- und tragischerweise steht gegen das gravitätisch-nichtig sich anmaßende Urteil GOETHES das Schicksal Hundeshagens, der das letzte Jahrzehnt seines Lebens in der Irrenanstalt Endenich bei Bonn verbringen mußte. Hundeshagens Erbe von der Emden gab den kostbaren Codex an das Kölner Auktionshaus Lempertz weiter, wo er 1867 um 780 Taler plus 78 Taler Aufgeld von der Königlichen Bibliothek Berlin ersteigert wurde. Deren Bibliothekare versuchten erfolgreich während des ganzen 19. Jahrhunderts, die Bibliothek um Prunkstücke und wissenschaftlich ertragreiche Handschriften zu bereichern.

LACHMANN, KARL: *Der Nibelunge Not mit der Klage. Berlin 1826.* – LEHMANN-HAUPT, HELLMUT: *Schwäbische Federzeichnungen. Berlin und Leipzig 1929.* – BLENDINGER, FRIEDRICH: *Gossembrot, in: NDB 6, 1964, S. 648–649.* – SCHNEIDER, KARIN: *Die deutschen Handschriften der Bayerischen Staatsbibliothek München. Cgm 201–350. Wiesbaden 1970, S. 47.* – ELSCHENBROICH, ADALBERT: *Hundeshagen, in: NDB 10, 1974, S. 62–63.* – Ausst.kat. Berlin 1975 Nr. 97 mit Abb. – BECKER, Handschriften, S. 151–153. – *Das Nibelungenlied in spätmittelalterlichen Illustrationen. Ms. germ. fol. 855. Faksimileausgabe in 2. Aufl. hg. von HANS HORNUNG und GÜNTHER SCHWEIKLE. Bozen 1983.* – OTT, NORBERT H.: *Mündlichkeit, Schriftlichkeit, Illustration, in: MOSER, EVA: Buchmalerei im Bodenseeraum 13. bis 16. Jahrhundert. Friedrichshafen 1997, S. 37–51. –* GIER, HELMUT, *u.* JOHANNES JANOTA: *Augsburger Buchdruck und Verlagswesen. Wiesbaden 1997. Darin:* KÖNIG, EBERHARD: *Augsburger Buchkunst an der Schwelle zur Frühdruckzeit, S. 173–200 und* OTT, NORBERT H.: *Frühe Augsburger Buchillustration, S. 201–242. –* OTT, NORBERT H.: *Ikonen deutscher Ideologie. Der Nibelungenstoff in der Bildkunst vom Mittelalter bis zur Gegenwart, in: Ztschr. für bayerische Landesgeschichte 63, 2000, S. 325–356. – Deutsche Mythen, in: Literaturen. Das Journal für Bücher und Themen. Mai 2002. Darin:* WERTHEIMER, JÜRGEN: *Kulturflotte Linksnibelungen, S. 36–41 und* RINK, MORITZ: *Wo sind denn bitte die Helden? (jeweils illustriert mit Farbabb. aus der Hundeshagenschen Hs.).*

PJB

11 Bernhard Hundeshagen:
37 aquarellierte Federzeichnungen
zu den 'Nibelungen'

Mittelrhein, um 1830
Papier, 37 Bll., 20,5 × 28,5 cm
SBB-PK, Ms. germ. fol. 853

Aufgeschlagen Bl. 19 = Ms. germ. fol. 855, 83ᵛ: Wie Kriemhild zu König Etzel geleitet wurde; Bildmotiv: Empfang und Einkehr bei Bischof Pilgrim in Passau.

Hundeshagen kopierte auf sorgfältige Art die Illustrationen der in seinem Besitz befindlichen Nibelungenlied-Handschrift (Kat.10, Ms. germ. fol. 855), um sie als Vorlage zu einer (nicht erschienenen) lithographierten Faksimileausgabe zu verwenden. Die merkwürdige Angabe fortlaufender Heiligenfesttage an den jeweiligen Seitenrändern der Bilder durch Hundeshagen könnte vermuten lassen, daß ihm eine Art christlich-nazarenerhafter Lesezyklus der Nibelungen-Abschnitte als Parallelaktion vorschwebte. „Die Augen der dargestellten Figuren blicken so, als wüßten sie etwas, aber man weiß nicht, was" (kunsthistorischer Allgemeinplatz zur Porträtmalerei des 19. Jahrhunderts, mitgeteilt von BEATE BRAUN-NIEHR).

PJB

12 Der Große Rosengarten zu Worms

Westmitteldeutsch (Rheinfranken? Rheinhessen?), 1453
Papier, 44 Bll. und 2 unbeschriebene Bll., 19 × 14 cm
Vorbesitzer: Buchhändler T. O. Weigel in Leipzig; aus dessen Auktion April 1855 an den Germanisten Moritz Haupt; von ihm 1855 der Kgl. Bibliothek Berlin geschenkt.
SBB-PK, Ms. germ. quart. 744

Aufgeschlagen Bl. 44ʳ: *Hie mit endt sich des rosengarten lied./Got behuot vns vor allen boesen diett etc.* (Gott behüte uns vor allen schlechten Menschen).

Kat. 11, Bl. 19

Ob die wenigen Lagen in Kleinquart, die den Text aufnehmen, als gesondertes Heft zur Lektüre gedacht waren oder als Teil einer Sammelhandschrift mit ähnlichen Texten (wie sie dann in das gedruckte Heldenbuch mündeten), ist offen; für letzteres spricht der unrubrizierte unvollendete Status des Textes und der verhältnismäßig frische unberührte Zustand der Blätter, was auf eine Lagerung zwecks Weiterverwendung schließen läßt. Gotische Kursive, eine Hand, ungespalten, Verse nicht abgesetzt, Raum für Initialen freigelassen. Maroquinlederband mit Goldprägung und Goldschnitt durch das Antiquariat T. O. Weigel, Mitte 19. Jh. Schriftdialekt: mitteldeutsch.

Beim Rosengarten handelt es sich um eine in über zwanzig Handschriften des 14. und 15. Jahrhunderts und in den sechs verschiedenen Drucken des 'Heldenbuchs' (vgl. RIECKE S. 148–163) im 15. und 16. Jahrhundert überlieferte Heldendichtung im sogenannten Hildebrandston aus dem Stoffkreis um Dietrich von Bern. In der für heutige Ohren ziemlich wild klingenden Geschichte, die man sich vielleicht noch am ehesten im Medium eines Comicstrip vorstellen könnte, geht es um die Kämpfe des von Kriemhild provokant herausgeforderten Dietrich von Bern und seiner Recken gegen die Wächter des Rosengartens, den Kriemhild in Worms besitzt. Die Handlung in vereinfachter Form: in 12 plus 52 Einzelkämpfen besiegen die Berner Helden ihre burgundischen Gegner; die Sieger erhalten jeweils einen Rosenkranz und einen Kuß von Kriemhild; Hildebrands Bruder, der Mönch Ilsan, bestreitet allein die 52 Kämpfe und obsiegt; er zerkratzt mit seinem rauhen Bart Kriemhild das Gesicht, *das der kuniginne dar nach ran das rot pluot* (Bl. 42ᵛ). Heimgekehrt in sein Kloster drückt er seinen Mitbrüdern die Rosenkränze so fest aufs Haupt, daß Blut fließt, warum auch immer (in der Nachfolge des dornengekrönten Christus?): *Da truckt er sie mit den*

fingern *In die köpff hin nyn/das in das pluot/beydenthal-*
ben/vber die oren ran (Bl. 44ʳ). In grobianischer und un-
höfischer Manier wird sich durch die gewaltsamen Küsse
an der negativ gezeichneten Kriemhild, die im Nibelungenlied für den Untergang der Burgunden verantwortlich war, vergangen und die Verhaßte gedemütigt: *keynen*
rosengarten hegt me die keyserlich meydt. Die Bedeutung
des Rosengartens ist wohl wörtlich zu nehmen, aber
auch ein Turnier- oder Kampfplatz oder eine Stätte des
Totenkults wurden mit diesem Ausdruck in Verbindung
gebracht. Der Rosengarten zu Worms, der sich zu den
umfangreichen mittelhochdeutschen Heldenepen wie
Nibelungenlied und Kudrun wie eine Kurzgeschichte
verhält, konnte seit seiner Entstehung im 13. Jahrhundert einschneidenden Umformungen keine gravierende
Masse entgegensetzen und liegt daher in verschiedenen,
ziemlich voneinander abweichenden Fassungen samt sze-
nischen Umsetzungen zu Rosengartenspielen vor (philologische Bezeichnung dieses Textes: ältere Vulgat-Fas-
sung der Version A).

Das Leipziger Antiquariat und Auktionshaus Weigel,
durch das der Rosengarten versteigert wurde, war das erste
dieser Art in Deutschland und arbeitete auf der Grundlage bibliophiler Neigungen der Inhaber und ihren daraus erwachsenen Sammlungen. Der 1853 als Nachfolger
Karl Lachmanns auf den Berliner philologischen Lehrstuhl berufene Moritz Haupt (1808–1874), der seiner
Leipziger Professur wegen einer vergleichsweise harmlo-
sen Beteiligung an der 1848er Revolution enthoben
worden war, ersteigerte das Rosengarten-Bändchen bei
Weigel und schenkte es 1855 der führenden Bibliothek
seiner neuen Heimat Preußen. Solche Zeichen von
Altruismus oder Dankbarkeit waren natürlich nur in
einer Zeit möglich, in der altdeutsche Handschriften
durch Säkularisierungen oder europäische Kriege und
Umgestaltungen von alten Besitzfesseln befreit auf dem
Markt erwerbbar waren. Haupt, der Begründer der
'Zeitschrift für deutsches Altertum', behandelte die klassische Philologie neben der deutschen, die Ilias neben
dem Nibelungenlied, wie es in der Lachmann-Schule
und ihrer Art der Quellenkritik üblich war. Er wurde getragen von einem Netzwerk von Lehrern der schon
während ihrer Herausbildungszeit hochaufblühenden
deutschen Altertumskunde und Germanistik, daneben
auch von Privatgelehrten wie dem Freiherrn von Meusebach, und er gehörte zu den Pionieren der großen mittelhochdeutschen Texteditionen. Diese vielfältigen Verbindungen im Fachgebiet symbolisiert der kodikologische
Eintrag Wilhelm Grimms auf dem Vorsatzblatt der
Handschrift.

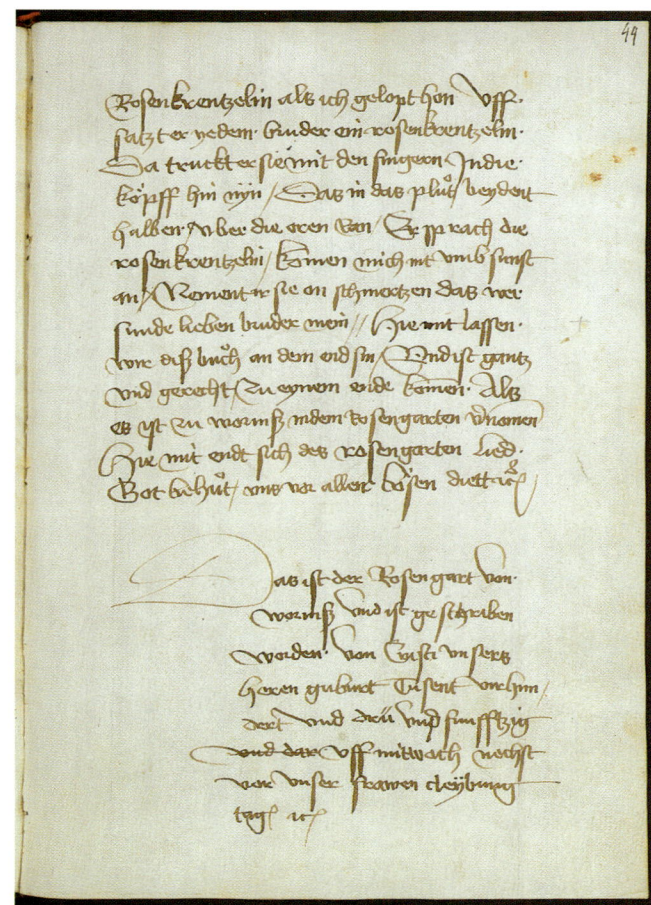

Kat. 12, 44ʳ

VOGTHERR, KURT: *Handschriftliche Archiv-Inventarisierung, 1934,*
nun in der Berlin-Brandenburgischen Akademie der Wissenschaf-
ten. – RIECKE, *Wolfdietrich.* – HEINZLE, JOACHIM: *Einführung in*
die mittelhochdeutsche Dietrichepik. Berlin, New York 1999,
S. 169–187. – *Der Artikel zu Moritz Haupt (*WILHELM SCHERER*) in der*
ADB 11, 1880, S. 72–80.

PJB

13 Heldenbuch

[Straßburg: Johann Prüss, um 1479]. 2°
Papier, 282 Bll., 40 × 29 cm
Vorbesitzer: Aus der Sammlung des Generalpostmeisters Karl von
Nagler, 1835. Frühere Signatur: Libri impressi rari fol. 636.
SBB-PK, Inc. 2377

Aufgeschlagen Bl. 1ᵛ/2ʳ: Kampfszenen und Textbeginn des 'Ortnit'.

1ʳ-6ʳ Heldenbuch-Prosa, 6ᵛ und 7ʳ leer, 7ᵛ Holzschnitt, 8ʳ/ᵛ gereimte
Vorrede, 9ʳ–44ᵛ Ortnit, 45ʳ–215ʳ Wolfdietrich, 215ᵛ und 216ʳ leer,
216ᵛ Holzschnitt, 217ʳ–255ᵛ Rosengarten, 256ʳ leer, 256ᵛ Holzschnitt, 257ʳ–281ʳ Laurin, 281ᵛ und 282 leer; abgesetzte Verse; zeitgenössischer brauner Lederband aus der Nürnberger Werkstatt des
Münzer-Meisters.

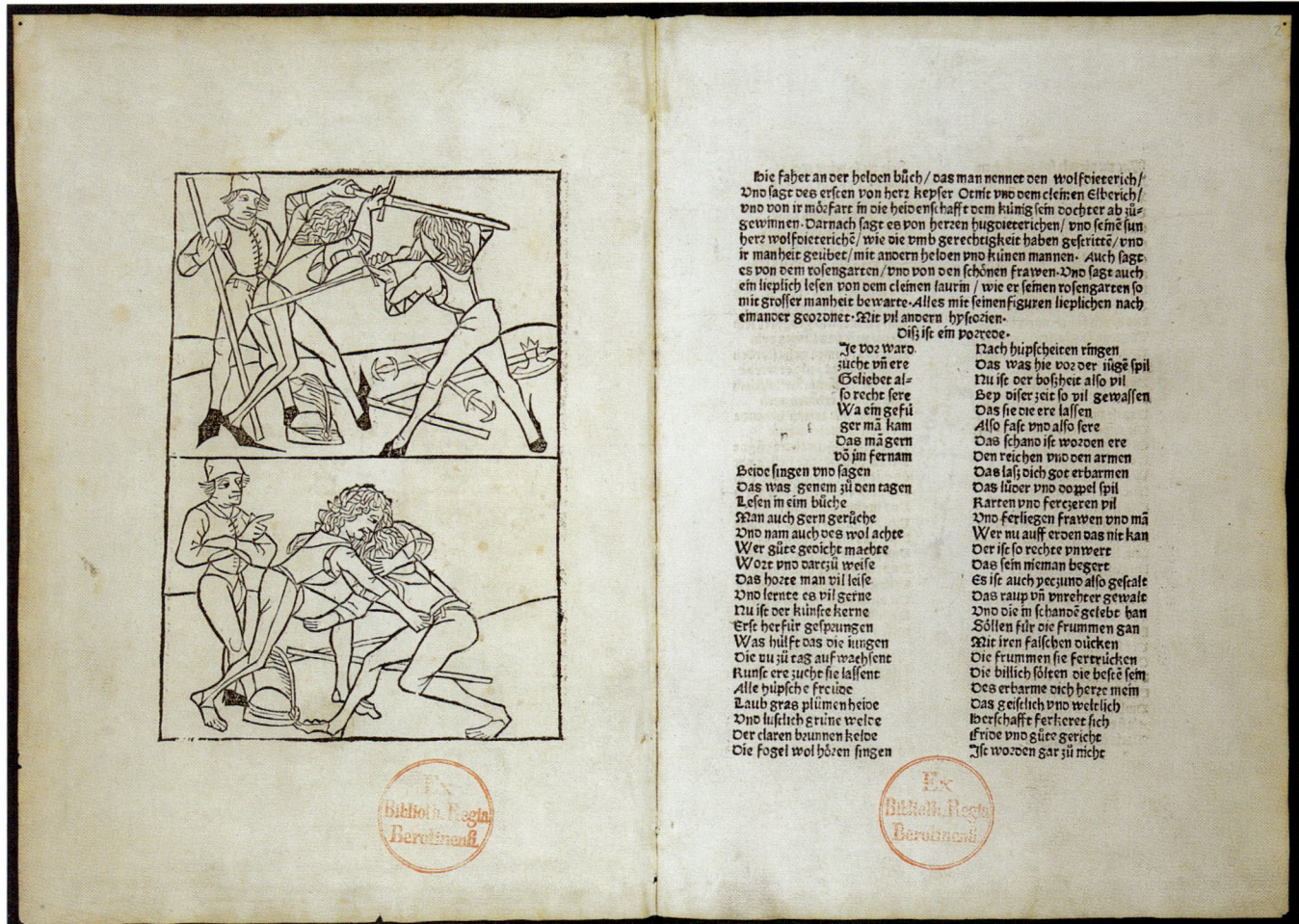

Kat. 13, 1ᵛ/2ʳ

Die germanische Heldendichtung des Mittelalters bietet einen summarischen Überblick über die wichtigsten Gestalten und Ereignisse. Sehr früh schon gibt es eine inhaltlich variierende und weit gestreute Überlieferung mit dem Werktitel 'Heldenbuch', die auf verschiedenen Texten basiert und deren bevorzugter Held Dietrich von Bern ist. Die Drucküberlieferung des 'Heldenbuches' hat ihren Ausgangspunkt in Straßburg und bildet zusammen mit zwei hier im 15. Jahrhundert entstandenen Handschriften, die jedoch nicht als Vorlage für den Druck dienten, einen Straßburger Heldenbuch-Prototyp, der folgende Texte enthält: 'Ortnit', 'Wolfdietrich', 'Rosengarten' und 'Laurin' ('Kleiner Rosengarten'). Jeder Text hat eigene Vorreden oder gereimte Empfehlungen. Lediglich 'Laurin' liegt im 15. Jahrhundert auch als separate Ausgabe vor. Die Geschichten sind faktenreich, werden aber knapp erzählt und haben einen hohen Unterhaltungswert.

Eine besondere Bedeutung kommt der Heldenbuch-Prosa zu. Die nur wenige Seiten umfassende Einführung ist in diesem Exemplar an den Schluß gestellt, also falsch eingebunden. In ihr wird über die Herkunft und das Ende der Helden Ortnit, Wolfdietrich und Dietrich von Bern sowie über die Erschaffung und das Wesen von Zwergen und Riesen berichtet. Der Bearbeiter, der sich hier der modernen Prosa bedient, hat die einzelnen Versdichtungen geschickt miteinander zu einem Zyklus verknüpft und das Heldenbuch damit den zeitgenössischen großen Geschichtszyklen angenähert. Sein Kompilationsprogramm ergänzt der Bearbeiter mit Empfehlungen zur Lektüre, womit er sich direkt an sein Lesepublikum wendet.

Nicht nur die gewählten Texte machen den Unterhaltungswert des Heldenbuches aus, sondern auch seine Gestaltung als Bilderbuch. Die Bilderfolge von 230 Holzschnitten (darunter 74 Wiederholungen) spricht wiederum für einen Straßburger Prototyp. Wahrscheinlich existierte ehemals eine Bilderhandschrift aus dem Atelier des Glasmalers Peter Hemmel, die die Vorlage für den Druck bildete. Die Qualität der Holzschnitte ist zwar unterschiedlich, doch überwiegen die künstlerisch anspruchsvollen. Techniken und Gestaltungselemente, wie z. B. der Verzicht auf Schraffur als Voraussetzung für eine nachträgliche Kolorierung, zeigen die Verbundenheit mit der älteren Tradition der Buchillustration. Eindrucksvoll sind die Kampfszenen und einzelne Figurengruppen gestaltet. Indem Illustration und Text übereinstimmen, erfüllt der Bilderzyklus seine Aufgabe, die epische Dichtung durch eine Konzentration der handelnden Personen bildlich nachzugestalten.

Das vorliegende Exemplar wurde von einem namhaften Nürnberger Buchführermeister eingebunden. Da dieser vorwiegend für einen bedeutenden Mäzen gearbeitet hat, erhielt er nach ihm seinen Namen: Buchbinder des Hieronymus Münzer. Er schuf einen typischen soliden Handelseinband, wie er im bayerisch-fränkischen Umfeld weit verbreitet war.

GW 12185. – Hain-Copinger *8419* .– Schramm *20 Abb. 1328–1494.* – *VB 2317.* – Ertzdorff, Xenja von: *Romane und Novellen des 15. und 16. Jahrhunderts in Deutschland. Darmstadt 1989, S. 178–185.* – Fischel, Lilli: *Bilderfolgen im frühen Buchdruck. Studien zur Inkunabel-Illustration in Ulm und Straßburg. Konstanz, Stuttgart 1963, S. 107–126.* – Heinzle, Joachim: *Art. 'Heldenbuch', in ²VL 3, 1981, Sp. 947–956.* – Heinzle, Joachim (Hg.): *Heldenbuch. I. Abbildungsbd., II. Kommentarbd. (Litterae 75, I. II). Göppingen 1981, 1987.* – Schunke, *Schwenke-Sammlung 1 Taf. 64 Nr. 670, Taf. 54 Nr. 480, Taf. 124 Nr. 18, Taf. 159 Nr. 159 Nr. 42, Schwenke-Sammlung 2, S. 204.*

AS

14   Laurin (König Laurins Rosengarten)

Straßburg: Mathis Hupfuff, 5. September 1500. 4°
Papier, 30 Bll., 27 × 19 cm
Alter Bestand der Berliner Bibliothek.
SBB-PK, Inc. 2543

Aufgeschlagen Bl. 1ᵛ/ 2ʳ: Vorrede und Textbeginn.

1ʳ Titelbl., 1ᵛ Holzschnitt, 2ʳ–29ᵛ Laurin, 30ʳ Holzschnitt, 30ᵛ leer; Pappeinband mit marmoriertem Papier des 19. Jahrhunderts und Perg.-Rücken. Adler-Wappen als Supralibros.

Die anonyme, wohl Ende des 13. Jahrhunderts in Südtirol entstandene Versdichtung vom Rosengarten des Zwergenkönigs Laurin gehört zum Stoffkreis um Dietrich von Bern und ist in verschiedenen Fassungen überliefert. Die Zuweisung an Heinrich von Ofterdingen gilt als Vermutung: *Heinrich von ofterdingen/die obenteur gesungen hat.* Die Drucke gehören zur jüngeren Vulgat-Version und stimmen mit der im 'Heldenbuch' aufgenommenen Fassung überein. Erzählt wird die Geschichte von Dietrichs Kampf mit Laurin im Rosengarten und von der Entführung und Befreiung Künhilds. Diesem Thema stehen auch andere Geschichten nahe, wie z. B. das 'Eckenlied', der 'Rosengarten zu Worms' oder 'Sigenot', die, genealogisch aufeinander bezogen, einem moralisch-didaktischen Programm folgen.

Die abenteuerreichen Geschichten der Dietrichepik fanden – teils in Sammlungen, teils als Separatdrucke – noch lange ihr Lesepublikum und bewahrten ihre Popularität bis ins 18. Jahrhundert. Dazu hat die besondere Buchform viel beigetragen. Mathis Hupfuff wählte ein kleines, handliches Format und stattete seinen Druck mit Holzschnitten aus, und er schuf somit ein Buch, *das gar kurtzwilig ist zu lesen durch vß mit seinen figuren*, wie seine Empfehlung auf dem Titelblatt lautete. Er übernam im Jahre 1500 die Druckplattenbestände von Bartholomäus Kistler, darunter die für den 'Laurin' verwendeten Holzstöcke, die wenige Jahre später von Heinrich Gran in seiner Heldenbuchausgabe wiederverwendet wurden. Mit den von Bartholomaeus Kistler und Mathis Hupfuff genutzten Holzschnitten, die Nachschnitte der Prüß'schen Ausgabe des 'Heldenbuches' sind (Kat. 13), setzte sich endgültig die Schwarz-Weiß-Kunst in der Buchillustration durch. Nichts erinnert mehr an die kolorierten Federzeichnungen der Handschriften. Die Buchgraphik hat sich selbständig gemacht, indem sie kunstvoll dichtschraffierte Holzschnitte verwendete. Im Umfeld der Ausgaben zur Dietrichepik entstanden durch veränderte Nachschnitte Bilderfolgen, die sich dem Publikum einprägten. Sie geben Aufschluß über die Produktionsweise der Drucker und Illustratoren in der Zeit des frühen Buchdrucks.

GW 12628. – Copinger *5171.* – *VB 2543.* – Flood, John L.: *Das gedruckte Heldenbuch und die jüngere Überlieferung des Laurin, in: ZfdPh 91, 1972, S. 29–48.* – Heinzle, Joachim: *Art. 'Laurin', in ²VL 5, 1985, Sp. 625–630.* – Heinzle, Joachim: *Art. 'Rosengarten zu Worms', in ²VL 8, 1992, Sp. 187–192.* – Kühebacher, Egon (Hg.): *Deutsche Heldenepik in Tirol. Laurin und Dietrich von Bern in der Dichtung des Mittelalters (Schriftenreihe des Südtiroler Kulturinstitutes 7). Bozen 1979, S. 172–191.* – Schorbach, Karl (Hg.): *Laurin (Seltene Drucke in Nachbildungen 4). Halle 1904.*

AS

15   Der Jüngere Sigenot

Schwaben (Ulm?), 1459
Papier, 130 im 18. Jh gez. Bll. (Bl. 54–58 fehlen, Bl. 75 doppelt gez.; Verstümmelung der Hs. erst im 19. Jh.), 20,5 × 15 cm
Vorbesitzer: Prof. Georg Veesenmeyer, Ulm; Dietrich Haßler, Gymnasialprofessor in Ulm; Prof. Anton Birlinger, Bonn; 1885 mit der Birlinger-Hss.-Sammlung in die Kgl. Bibliothek Berlin.
SBB-PK, Ms. germ. quart. 1107

Kat. 14, 1ᵛ/2ʳ

Aufgeschlagen Bl. 25ᵛ: Dietrich von Bern ist besiegt von dem Riesen Sigenot in eine Schlangengrube geworfen worden; ein von dem Zwerg Baldung erhaltener Wunderstein schützt ihn: *das gewurme das weych von im hin dan / vnd getorst im nit genahen / von dem edellen steine starck* (da wichen die Schlangen von ihm und trauten sich keine Annäherung an ihn wegen der starken Wirkung des Edelsteins). Die Strophenbezeichnungen sind von Hand eines neuzeitlichen Germanisten.

Reste (Bl. I und II) zweier Originalbll. nur noch mit einzelnen Buchstaben (Anfang des Sigenot) zu Beginn, desgleichen ein Bl. mit Buchstabenresten am Schluß der Hs. Bl. 1ʳ–52ʳ Sigenot: Verse abgesetzt, eine Haupthand in schwäbischer Bastarda, wohl der sich 96ᵛ (neue Zählung 92ᵛ) mit der Jahreszahl *m cccc° lixⁿᵒ* nennende Schreiber *Thomas Palm*, 2ᵛ–3ʳ Kursive einer anderen Hand; Bl. 83ʳ (79ʳ) auf einer leeren Seite dilettantische, karikaturenhaft anmutende rot-schwarze Zeichnung eines [seiner Dame] eine Blüte (Distel? Granatapfel?) darbringenden Ritters (s. Abb.); Halblederbd. der Kgl. Bibliothek von 1885, vorher war der beschädigte Original-Holzdeckeleinband noch vorhanden gewesen. Schriftdialekt: schwäbisch.

Der Jüngere Sigenot (mit ca. 200 Strophen, im Gegensatz zum Älteren Sigenot mit 44 Strophen) bildet hier den ersten Teil einer umfangreichen Sammelhandschrift im Quartformat, auf den passenderweise die ersten Strophen des 'Jüngeren Hildebrandliedes' (vgl. HEINZLE S. 51–53) folgen, während weiterhin über zwanzig (Liebes-)Lieder, Minnereden und Erzählungen mit der Dietrichepik keinen inneren Zusammenhang aufweisen. Der Jüngere Sigenot, ein vor, spätestens um 1300 gedichtetes aventiurenhaftes Epos aus dem Sagenkreis um Dietrich von Bern, ist im Gegensatz zum Nibelungenlied sowohl in Handschriften wie in Drucken überliefert. Da in der breiten Drucküberlieferung von jeder Ausgabe nur ein oder zwei Exemplare oder gar nur Blattfragmente auf uns gekommen sind (vgl. GOTZKOWSKY, T.1, S. 348–359), läßt sich vermuten, daß mehrere weitere Druckausgaben vollständig verloren sind, das heißt, durch starke Benutzung zerlesen und verbraucht worden sind und zudem als individuell verwaltetes Kleinschrifttum ohne den Schutz eines größeren Bibliotheksverbandes keine Chance auf dauerhaftes Überleben hatten; Gleiches gilt freilich für Handschriften, besonders in dem Kleinformat, das derartige Texte aufwiesen.

Die märchenhafte Fabel erzählt vom Kampf Dietrichs von Bern und seines Waffenmeisters Hildebrand gegen den sonst in der Dietrichepik unbekannten Riesen Sigenot. Ingredienzien der Story sind ein Riese, ein Zwerg, ein Wunderstein, eine Schlangengrube, überaus öde Wechselreden und überaus öde Zweikämpfe, an Karl May erinnernde Gefangennahmen und Befreiungen, alles in krassen Äußerlichkeiten verharrend: kurzum der Stoff für Ablenkung oder Träume, mit dem sich ein im Alltag befangenes Lesepublikum in kleinen Portionen zu befriedigen vermochte. Sozialstruktur und die sich daraus ergebenden Bedürfnisse von Lesern und Rezipienten erzeugen die Verklammerung der einzelnen Texte der Handschrift zu einem Gebrauchsbuch, das die an Wundern reiche, mörderische, sagenhafte Welt der Dietrichepik neben Liebeslieder mit Anklang an den Minnesang stellt, Verbrechen und Liebe sind die Fixpunkte der Unterhaltung. Schwerpunkte der Überlieferung des Sigenot bilden die süddeutschen Handelsstädte von Nürnberg über Augsburg bis Straßburg oder ebensolche im mittel- und norddeutschen Raum wie Erfurt, Leipzig und Hamburg, in denen ein Bürgertum aufblühte.

Der Ulmer Gymnasialprofessor Veesenmeyer (1760–1833), ein Mann von polyhistorischen Neigungen und Mitglied im Pegnesischen Blumenorden zur Beförderung der deutschen Sprache und Geschichte und Besitzer einer Handschriftensammlung, war der erste nachweisbare Eigner der Handschrift. Bevor die Kgl. Bibliothek Berlin sie 1885 akquirierte, kam sie nach Zwischenstationen zu dem Bonner Universitätsprofessor für Germanistik, Anton Birlinger (1834–1891), einem unkonventionellen Mann, der in seiner Zeitschrift 'Alemannia' süddeutsche Sprache, Gebräuche, Sagen und Lieder erforschte, ein Spektrum, in welches der Veesenmeyersche Codex perfekt paßte; auch bei Birlinger ist, wie bei vielen Forschern des 19. Jahrhunderts, ein großes Interesse an den Quellen und Überlieferungsträgern der deutschen Literatur zu erkennen.

KELLER, ADELBERT VON: *Verzeichnis altdeutscher Handschriften, hg. von* EDUARD SIEVERS. *Tübingen 1890, Nr. 60, S. 87–93.* – NIEWÖHNER, HEINRICH: *Handschriftliche Archiv-Inventarisierung, 1918, nun in der Berlin-Brandenburgischen Akademie der Wissenschaften.* – FISCHER, HANNS: *Eine vergessene schwäbische Liedersammlung des 15. Jahrhunderts, in: ZfdA 91, 1962, S. 236–254.* – BRANDIS, TILO:

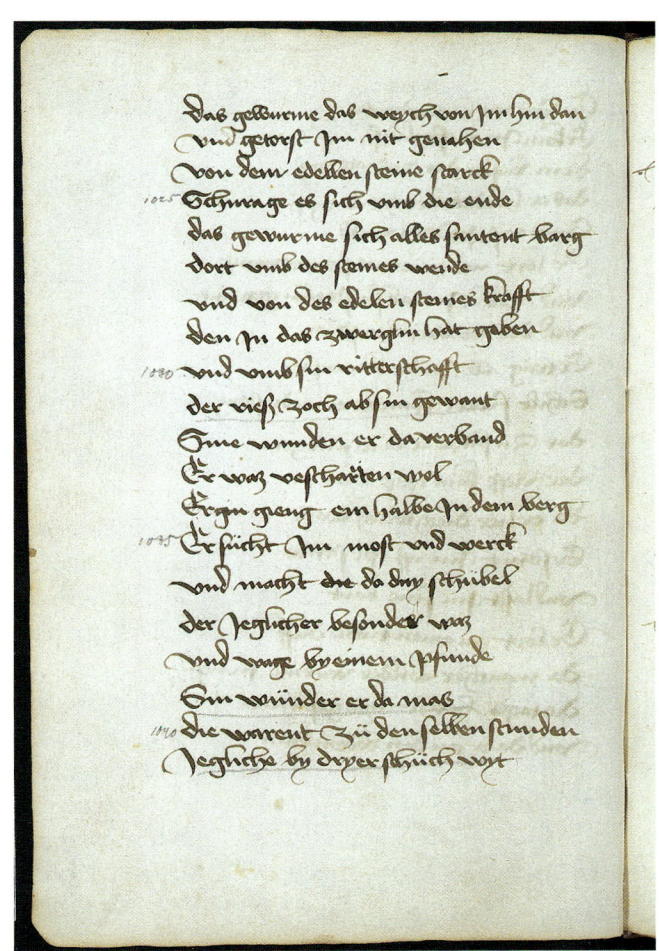

Kat. 15, 25ᵛ

Kat. 15, 79ʳ

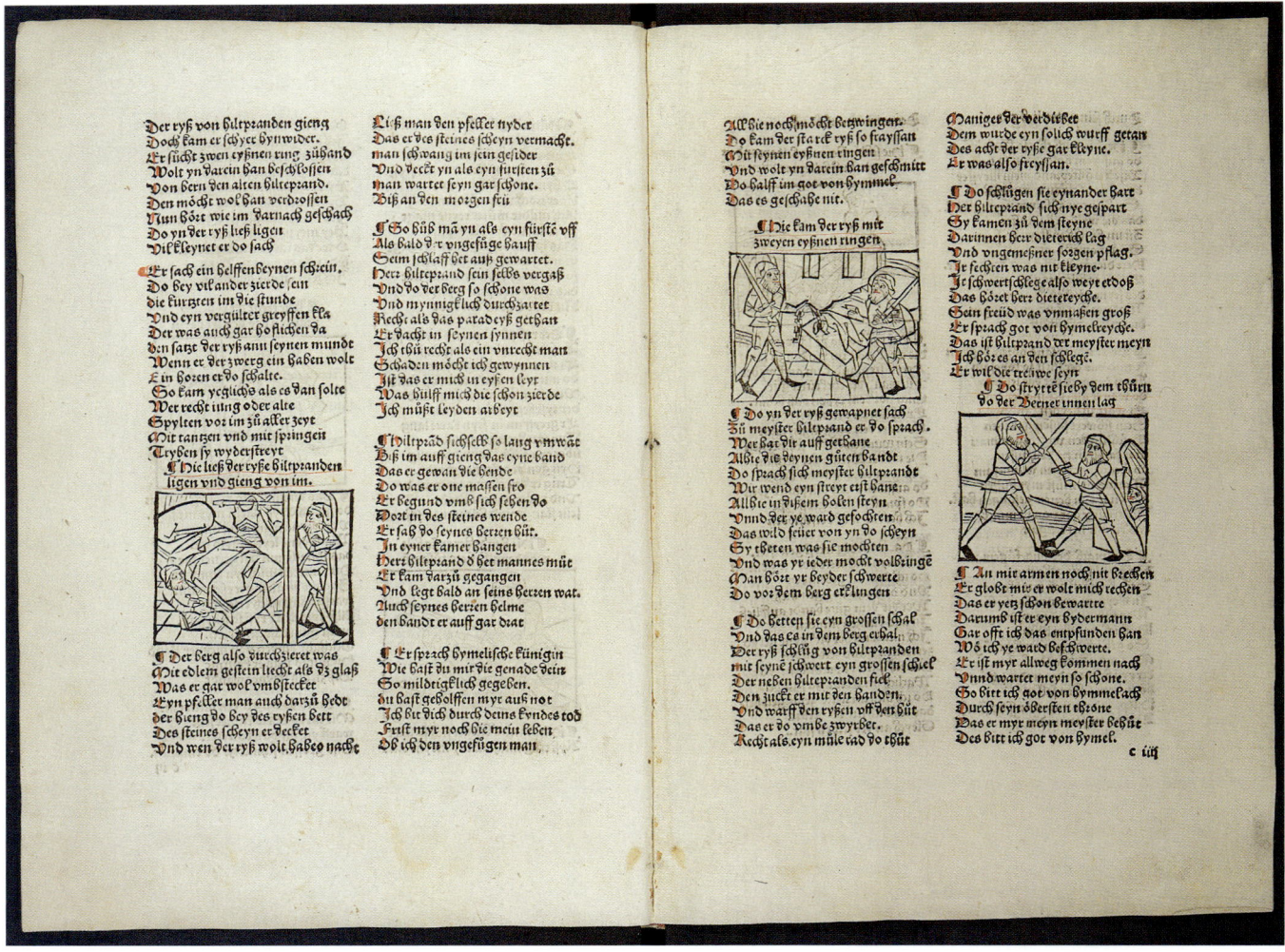

Kat. 16, 17ᵛ/18ʳ

Mittelhochdeutsche, mittelniederdeutsche und mittelniederländische Minnereden. Verzeichnis der Handschriften und Drucke. München 1968 (MTU 25), S. 219. – GOTZKOWSKY, *Volksbücher, S. 348–359.* – HEINZLE, JOACHIM: *Einführung in die mittelhochdeutsche Dietrichepik. Berlin, New York 1999, S. 127–134.* – *Die Artikel zu Georg Veesenmeyer (K.G.* VEESENMEYER*) und Anton Birlinger (O.* SCHELL*) in der ADB 39, 1895, S. 519–523 und 47, 1903, S. 759–760.*

PJB

16 Sigenot (Herr Dietrich von Bern)

Heidelberg: Heinrich Knoblochtzer 1490. 2º
Papier, 22 Bll., 39 × 29 cm
Alter Bestand der Berliner Bibliothek.
SBB-PK, Inc. 1200

Aufgeschlagen Bl. 17ᵛ/18ʳ: Sigenot mit Hildebrand und Dietrich von Bern.

1ʳ Titelbl., xylographisch und typographisch, 1ᵛ leer, 2ʳ-21ʳ Sigenot, abgesetzte Verse, 21ᵛ–22ʳ Rosenkranz unserer lieben Frauen, 22ᵛ leer; Pappeinband mit mittelalterlicher Handschriften-Makulatur (Pergament, schwarze Quadratnoten).

Die Versdichtung gehört zum Sagenkreis Dietrichs von Bern. Sie handelt von den Kämpfen des jungen Dietrich und seines Meisters Hildebrand mit dem Riesen Sigenot. Den Inkunabeln liegt die um 1350 entstandene jüngere, 204 Strophen umfassende Bearbeitung zugrunde. Die ersten beiden Teile sind stark erweitert, der dritte Teil hingegen stimmt wörtlich mit der um 1250 entstandenen älteren Fassung überein. Unter den märchenhaften Dietrichdichtungen gehört 'Sigenot' künstlerisch zu den schwächsten, und inhaltlich gibt es keine Entsprechungen im ursprünglichen Sagengut.

Der Druck Heinrich Knoblochtzers ist die zweite Ausgabe. Er stattete ihn mit 43 Holzschnitten aus, die der Bilderfolge aus dem Erstdruck Johann Bämlers in Augsburg seitenverkehrt nachgestaltet sind. Die einfachen, linearen Holzschnitte, denen eine naive Expressivität bescheinigt wird, sind der Spaltenbreite angepaßt, jedoch mit zweizeiligen Bildüberschriften versehen, deren inhaltlich-konkrete Aussagen eine beliebige Verwendung ausschließen. Die kleinen Bilder sind in der Wiedergabe der Details (Requisiten) gelungen wie auch die unterschiedliche Körpergröße der Kämpfenden gut zum Ausdruck gebracht ist. Der beigedruckte Text des 'Rosenkranzes' ist nicht illustriert und soll allein die freien Seiten der letzten Lage ausfüllen – eine Praxis, die in populären Drucken des 15. Jahrhunderts bereits häufig anzutreffen ist.

GW 11795. – HAIN-COPINGER *6162.* – SCHRAMM *19 Abb. 426–468.* – *VB 1200.* – GOTZKOWSKY, *'Volksbücher', S. 348–359.* – HEINZLE, JOACHIM: *Art. 'Sigenot', in ²VL 8, 1992, Sp. 1236–1239.* – SCHÖNER, AUGUST CLEMENS: *Der jüngere Sigenot. Nach sämtlichen Handschriften und Drucken (Germanische Bibliothek 3,6). Heidelberg 1928.*

AS

Der grob-lineare Titelholzschnitt zeigt Dietrich und Hildebrand im Gespräch, und der Wortlaut bewahrt die ursprüngliche Erzählsituation: *gar lieblich zu horen* – eine Tradition, die im Vorlesen noch lange gepflegt wurde. Am Schluß des Textes wird diese Szenerie nochmals beschworen: *do klagten sich die herren hart / was sy hetten erlitten / do von den risen vff der vart / wie sy hetten gestritten / daruon sagten sy frue vnd spat.*

GW 12798. – COPINGER *5451.* – SCHRAMM *13 Abb. 311.* – *VB 1123.* – GOTZKOWSKY, *Volksbücher, S. 348–359.* – HEINZLE, JOACHIM: *Art. 'Sigenot', in ²VL 8, 1992, Sp. 1236–1239.* – SCHMITT, ANNELIESE: *Tradition und Innovation von Literaturgattungen und Buchformen in der Frühdruckzeit, in: Die Buchkultur im 15. und 16. Jahrhundert. Hg. Maximilian-Gesellschaft. Bd 1, 2. Hamburg 1999, S. 98–102.* – SCHÖNER, AUGUST CLEMENS: *Der jüngere Sigenot. Nach sämtlichen Handschriften und Drucken (Germanische Bibliothek 3,6). Heidelberg 1928.*

AS

17 Sigenot (Herr Dietrich von Bern)

Erfurt: Hans Sporer [14]99. 4°
Papier, 26 Bll., 30 × 21 cm
Vorbesitzer: 1850 als Teil der Sammlung Meusebach von der Königlichen Bibliothek erworben (CROUS, Bücherzeichen Nr 27).
SBB-PK, Inc. 1123

Aufgeschlagen Bl.: 1ʳ Titelblatt.

1ʳ Titel mit Holzschnitt, 1ᵛ leer, 2ʳ–26ʳ Sigenot, abgesetzte Verse, 26ᵛ leer; Pappeinband mit mittelalterlicher Handschriften-Makulatur (Pergament, 2 Spalten, Lombarde und Zierinitiale).

Der kleine, handliche, Ende des 15. Jahrhunderts erschienene Druck von Hans Sporer ist die 5. Ausgabe in der Sigenot-Überlieferung und nur noch in diesem einen Exemplar erhalten. Der Wanderdrucker Hans Sporer, der über Nürnberg und Bamberg nach Erfurt gekommen war, wählte einen Text, der ihm sicheren Absatz garantierte, verzichtete bis auf den Titelholzschnitt auf die bislang übliche illustrative Ausstattung und entschied sich, wie bei allen seinen Drucken, für ein kleines handliches Format. Das Titelblatt fungierte zugleich als Umschlagtitel und diente außerdem der Werbung. Die Bedeutung dieser Ausgabe liegt in der gewählten Buchform: einfach und billig. Das war auch nötig, denn Sporer arbeitete auf eigenes Risiko nur für den freien Verkauf im unmittelbaren Umfeld. Die Käufer kamen aus allen Schichten der Gesellschaft.

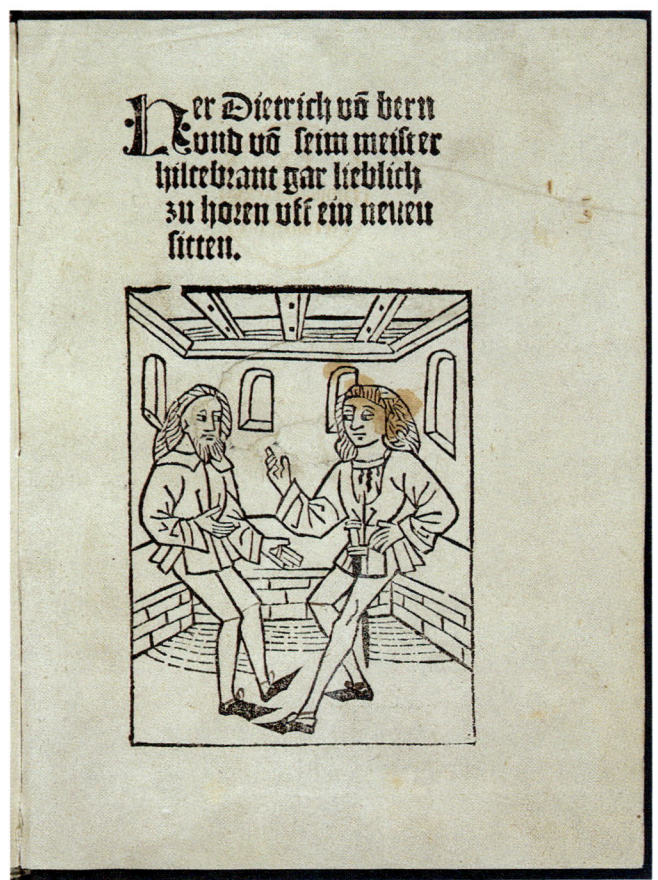

Kat. 17, 1ʳ

III.2 Spielmannsepik

18 Herzog Ernst A
('Prager' Bruchstück I und II)

Mittel- oder Moselfränkisch, 2. Viertel des 13. Jahrhunderts
Pergament, 2 Bll., 12,5 × 9 cm
Vorbesitzer: 1850 aus dem Besitz des Germanisten, Schriftstellers und Bibliothekars August Heinrich Hoffmann von Fallersleben (1798–1874) von der Königlichen Bibliothek erworben.
SBB-PK, Ms. germ. oct. 225

Aufgeschlagen Bl. 1ʳ: Herzog Ernst von Bayern erfreut sich besonderer Gunst seines Stiefvaters, Kaiser Ottos.

1ʳ–2ᵛ Herzog Ernst A (insg. 127 Verse, Entsprechung in Fassung B: v. 616–708 und 1221–1292). Dazu gehören drei weitere Fragmente, die 'Prager' Bruchstücke III–V mit den B entsprechenden Versen 1510–1586, 1758–1847 und 3590–3683 in der Prager Staatsbibliothek im Klementinum. Hoffmann von Fallersleben entdeckte alle Stücke seinerzeit in Prag. – Eine Kopie der Bruchstücke I und II von Hoffmanns Hand ist in Ms. germ. quart. 571, Fasz. XXXVII, Nr. 2 erhalten, einer Sammlung von eigenhändigen Abschriften deutscher Handschriften aus seinem Besitz. – Zum Inhalt der Berliner Bruchstücke: Herzog Ernst von Bayern erfreut sich besonderer Gunst seines Stiefvaters, Kaiser Ottos, bis ihn der Rheinische Pfalzgraf aus Neid verleumdet. Herzog Ernst überfällt mit seinem Freunde Wetzel den Verleumder auf dem Reichstag in Speyer und tötet ihn.

Ein Herzog Ernst von Bayern ist der Held einer im Mittelalter weit verbreiteten Sage. Sie ist in sieben verschiedenen mittelalterlichen Fassungen überliefert: vier mittelhochdeutsche (A, B, D, Kl) und drei mittellateinische (C, E, Erf). Hinzu kommen die frühneuhochdeutschen Fassungen F, die im 'Volksbuch' eine weitere Bearbeitung erfuhr, und G. Der Stoff wurde bis in das 20. Jh. hinein thematisiert (zuletzt 1955 in dem Schauspiel von PETER HACKS 'Das Volksbuch vom Herzog Ernst oder: Der Held und sein Gefolge').

Die älteste in bisher 459 bekannten Versen überlieferte Fassung A, frühestens wohl zwischen 1160 und 1170 im Mittel- oder Rheinfränkischen entstanden, ist nur fragmentarisch erhalten ('Prager' Bruchstücke I–V in Berlin und Prag; 'Marburger' Bruchstücke, ursprünglich in Berlin, Ms. germ. quart. 1303, derzeit in Krakau; 'Saganer' Bruchstücke in Breslau).

Die besondere Bedeutung der Fragmente in Berlin (und Prag) liegt darin, daß sie fast zeitgleich oder wenig später als die Dichtung entstanden sind. „Ich habe sie (die 'Prager' Bruchstücke I und II) auf meiner letzten Reise, Herbst 1827, zu Prag vom Hrn. Bibl. (Václáv) Hanka (1791–1861, Bibliothekar des Nationalmuseums in Prag) eingetauscht", erklärt Hoffmann von Fallersleben seine Erwerbung der Fragmente (Fundgruben, 1, 1830, S. 227, Anm. **). Leider erfahren wir weder etwas über die näheren Umstände des Tauschgeschäftes noch etwas über Hoffmanns Gegengabe.

Das Sujet der Dichtung, die Geschichte eines allseits beliebten und beneideten Fürsten, der sich gegen eine vom Kaiserhof ausgehende Verleumdung zur Wehr setzt, seine Ausfahrt nach Jerusalem und die auf dem Wege dorthin zu bestehenden Abenteuer und Kämpfe im fabulösen Orient, hat das Adelspublikum wegen aktueller Bezüge mit Sicherheit angesprochen. In der am Anfang des 13. Jhs. erfolgten Bearbeitung von A durch einen bairisch-österreichischen oder ostfränkischen Verfasser entstand mit der Fassung B das erste vollständig überlieferte Werk mit über 6000 Versen.

DEGERING 3, S. 77; 2, S. 102. – SCHNEIDER, *Gotische Schriften*, bes. S. 156–158 (Schriftanalyse). – BEHR, HANS-JOACHIM (Hg.): *Herzog Ernst. Eine Übersicht über die verschiedenen Textfassungen und deren Überlieferung (Litterae 62). Göppingen 1979*, darin S. 9–10: Beschreibung der Hs. – SZKLENAR, HANS und HANS-JOACHIM BEHR: Art. 'Herzog Ernst', in: ²VL 3, 1981, Sp. 1170–1191, bes. Sp. 1175–1178. – WEBER, CORNELIA: *Untersuchung und überlieferungskritische Edition des 'Herzog Ernst B' mit einem Abdruck der Fragmente von Fassung A (Göppinger Arbeiten zur Germanistik 611). Göppingen 1994.* (Lit.).

RS

Kat. 18, 1ʳ

ire neſter das wir irer kind ſpeyß werden· Oder ob es got ō
herre villeicht genädig klich alſo ſchickt das wie durch etlichß
mittel lebentig mßgen entrynnen· Der ratt als ich vermeyn dē
graffen wetzelo nit geben was von menſchlicher verſtätt nüß
ſunderlich mer wunderlich von gottes eingieſſen der geuiel dem
hertzogen ze mall wol·

Wie Hertzog Ernſt vnd der graff wetze
lo ſich in ochſen hewöt näen lieſſen·

Alſo giengen ſy onuerziehen in ande ſcheff darin ſy
funderr newö geſtorben menſchen die bey yn hetten
edel geſteyn gold vnd ſilber vnnd allerley koſper-
lichen kleyder ein genügten über die hertzog Ernſt
ein groß erparmung het Si funden auch da groß ochſenheüt
die ſi mtt m wider in ire ſchiff hieſſen tragen· des wunderttenn
die anndern ir geſellen vaſt was ſi darmit mainten Da näenn
vñ häfften ſi der hewöte etlich zeſamen vnd geſegnetē mit treẅ
en ir fünff geſellen vnd namen zu im als ir harnaſch vnnd ann-
der gezewg der ir nott mocht geſein damit ſy ſich in die hewött
hieſſen vernäen vnnd auff des kyels greuſel legten· das ſy die

19 Herzog Ernst
(frühneuhochdeutsche Prosafassung F)

[Augsburg: Anton Sorg, um 1476], 2°
Papier, 52 Bll., 26,5 × 19 cm
Vorbesitzer: Die Inkunabel stammt aus der Bibliothek der Fürsten
von Starhemberg, deren Wappen sich auf dem Vorsatzblatt befindet;
sie wurde 1889 von Kaiser Wilhelm II. für die Bibliothek erworben.
SBB-PK, Inc. 170b

Aufgeschlagen Bl. 26ᵛ: Herzog Ernst läßt sich vom Drachen ent-
führen.

Bl. 1 leer (?), Bl. 2ʳ–52ᵛ Herzog Ernst F (32 Holzschnitte, darunter
1 Wiederholung, Bl. 1, 2, 9, 10 fehlen), angebunden: Die wunderbare Meerfahrt des heiligen Brandan (HAIN 3718, VB 163), Hans
Schiltberger: Reisebuch (HAIN 14515, VB 179) und Ludolphus de
Suchen: Weg zum heiligen Grab (VB 173); altkoloriert; zeitgenössischer blindgestempelter Kalbsledereinband.

Die vorliegende anonyme frühneuhochdeutsche Prosafassung (F) ist wahrscheinlich im 15. Jahrhundert in
Augsburg entstanden, offensichtlich im Hinblick auf ein
stadtbürgerliches Lesepublikum; sie geht nicht auf die
älteren mittelhochdeutschen Versdichtungen zurück,
sondern auf die lateinische Prosafassung (C), die in die
zweite Hälfte des 13. Jahrhunderts datiert wird. Ein
Charakteristikum der deutschen Prosafassung bilden die
Exkurse, die – über die lateinische Vorlage hinaus – zu
einigen historischen Personen und Ereignissen eingefügt
wurden; die gewichtige Rolle der Kaiserin Adelheit,
mit deren Frömmigkeit der glückliche Ausgang der Erzählung begründet wird, ist jedoch aus C übernommen.
Neben dem abgebildeten Erstdruck existieren noch drei
weitere Inkunabelausgaben dieser Fassung sowie drei
Handschriften aus der 2. Hälfte des 15. Jahrhunderts.
Ihrerseits bildete die Prosafassung F die Vorlage des im
16. Jahrhundert entstandenen sogenannten 'Volksbuchs'
Herzog Ernst, von dem bis 1830 vierzehn verschiedene
Auflagen bekannt sind (aus dem 16. Jahrhundert z. B.
SBB-PK, Yu 314R und Yu 316R).

Der anonyme Meister der Holzschnitte, der sogenannte 'Sorgmeister', dessen Augsburger Tätigkeit von
1475 bis 1493 belegt ist, war auch für die Augsburger
Drucker Bämler, Radoldt und Zainer tätig. Die Abbildung illustriert die Flucht Herzog Ernsts und seines
Begleiters Wetze über den sagenhaften *Magnetberg*, der
ihr Schiff angezogen hatte und stranden ließ. Beide
überlisten einen Greifen, der sich und seine Brut von
den Opfern des Magnetberges ernährt, indem sie sich in
grosz ochsenheüt einnähen. Aus dem Nest des Greifen,
der die vermeintlichen Ochsen seinen Jungen zur At-
zung bringt, gelingt schließlich die Flucht.

Interessant ist der Überlieferungszusammenhang des
Berliner Exemplars, dem mit der 'Wunderbaren Meer-

fahrt des heiligen Brandan', dem 'Reisebuch' Hans
Schiltbergers und dem 'Weg zum heiligen Grab' des
Ludolphus de Suchen noch drei weitere Drucke Anton
Sorgs angebunden sind. Die vier undatierten Drucke
wurden offensichtlich nahezu zeitgleich gedruckt (verschiedene Textbestandteile aus dem 'Herzog Ernst' lassen
sich in der 'Meerfahrt des heiligen Brandan' als blindge-
druckter Stützsatz erkennen, z. B. Bl. 19ᵛ) und waren
evtl. auch von Beginn an für eine gemeinsame Ausgabe
vorgesehen. Sie stehen wohl am Beginn der volkssprachlichen Drucke Sorgs, gleichzeitig scheint es sich um die
letzten Drucke in seiner ersten Type (1:103G) zu handeln, die bereits in der Druckerei des Klosters St. Ulrich
und Afra verwendet wurde, die er zeitweilig geleitet
hatte. Eine völlig identische Überlieferungskonstellation
zeigt das Exemplar der British Library (IB 5832,
IB 5851, IB 5856 und IB 5836); auch ein zweiter Londoner Sammelband vereint Schiltbergers 'Reisebuch' mit
dem 'Weg zum Heiligen Grab' (IB 5857 und IB 5837).
Das verbindende Glied zwischen diesen Texten aus unterschiedlichen Gattungszusammenhängen ist offensichtlich das beliebte Thema der Orientfahrt.

HAIN *6672*. – VB *170*. – CROUS, *Bücherzeichen 35*. – SCHRAMM *4*,
Abb. 242–271. – GECK, ELISABETH (Hg.): *Herzog Ernst (Faksimile-
Druck der Originalausgabe Augsburg um 1476)*. Wiesbaden 1969. –
BEHR, HANS-JOACHIM: *Herzog Ernst. Eine Übersicht über die ver-
schiedenen Textfassungen und deren Überlieferung (Litterae 62)*.
Göppingen. 1979. – SZKLENAR, HANS u. BEHR, HANS-JOACHIM:
Art. 'Herzog Ernst', in: ²VL 3, 1981, Sp. 1170–1191. – GOTZKOWSKY,
Volksbücher.

KG

20 Salomon und Markolf

Rheinfränkisch, Anfang des 15. Jahrhunderts
Papier, 48 Bll., 26 × 19,5 cm
Vorbesitzer: Herkunft und Schreiber unbekannt; 1840 im Besitz des
klassischen Philologen und Sprachforschers Karl Wilhelm Heyse
(1797–1855); 1854 von der Königlichen Bibliothek erworben.
SBB-PK, Ms. germ. fol. 763

Aufgeschlagen Spiegel des VD/Bl. 1ʳ: Eintrag Wilhelm Heyses; Textbeginn.

1ʳ–48ᵛ Salomon und Markolf (v. 1–1848), Schwankroman in Versen;
neuzeitlicher hellbrauner Halbpergamenteinband.

Das Werk westmitteldeutscher Herkunft, vermutlich im
14. Jahrhundert entstanden, präsentiert die älteste deutsche Bearbeitung des hochmittelalterlichen lateinischen
'Dialogus Salomonis et Marcolfi', eines Streitgesprächs
zwischen dem weisen König Salomon und dem ebenso
gewitzten wie schlagfertigen Bauern Markolf. Der ano-

nyme deutsche Bearbeiter reichert den Text durch zwei weitere Schwänke an: das verbreitete Exempel vom alten Weib, böser als der Teufel, und die Geschichte vom Bienenkorb und den zwei Dieben, wohl aus mündlicher Tradition stammend. Überliefert in vier noch vorhandenen Handschriften (eine fünfte, die Handschrift der Straßburger Seminarbibliothek, ist 1870 verbrannt), hatte die deutsche Versbearbeitung zwar ihr Lesepublikum im (gehobenen) Laienadel, wurde im Gegensatz zur außerordentlich erfolgreichen Prosaübertragung des 15. Jahrhunderts jedoch nicht gedruckt.

Über die Bedeutung der Berliner Handschrift äußert sich WILHEM HEYSE 1840 im Spiegel des Vorderdeckels folgendermaßen: „Dieses Gedicht ist bis jetzt nur aus einer einzigen Handschrift vom Jahre 1479 bekannt, die in Eschenburg's Besitz war und in v. der Hagen's 'Deutsche Geschichte des Mittelalters' I. Band 1808 vollständig abgedruckt ist... Diese ganz unbekannte Handschrift, allem Anschein nach aus dem Anfang des 15ten Jahrh., jedenfalls älter, als die Eschenburgische, giebt einen im Ganzen reineren Text."

Die hier genannte Handschrift (Johann Joachim) Eschenburgs (1743–1820, Literaturwissenschaftler, Bibliothekar in Braunschweig) befindet sich jetzt als Ms. germ. qu. 13 in der Staats- und Universitätsbibliothek Frankfurt a.M.

DEGERING 1, S. 109. – CURSCHMANN, MICHAEL: Art. 'Salomon und Markolf' ('Spruchgedicht'), in: ²VL 8, 1992, Sp. 530–535. – GRIESE, SABINE: Salomon und Markolf. Ein literarischer Komplex im Mittelalter und in der frühen Neuzeit. Studien zu Überlieferung und Interpretation (Hermaea N.F. 81). Tübingen 1999, S. 139–171, hier S. 140–141: Beschreibung der Handschrift (Lit.).

RS

21 Salman und Morolf

Straßburg: Matthias Hupfuff, 1499, 4°
Papier, 76 Bll., 14 × 19,5 cm
Vorbesitzer: 1850 als Teil der Sammlung Meusebach von der Königlichen Bibliothek erworben.
SBB-PK, Inc. 2538

Aufgeschlagen Bl. 13ᵛ: Morolf gießt der scheintoten Königin geschmolzenes Gold durch die Finger.

Bl. 1–75ᵛ Salman und Morolf, Bl. 76 leer; 2 Titel-, 48 Textholzschnitte; Minuskeln für Initialen; der zeitgenössische blindgestempelte Leipziger Ledereinband über Holzdeckeln (Leipzig, Buchführer. SCHUNKE, Schwenke-Sammlung 2, S. 146, KYRISS, S. 102) weist noch Fragmente von zwei Metallschließen auf.

Der Stoff des spielmännischen Epos 'Salman und Morolf' basiert auf einer orientalischen Erzählung um

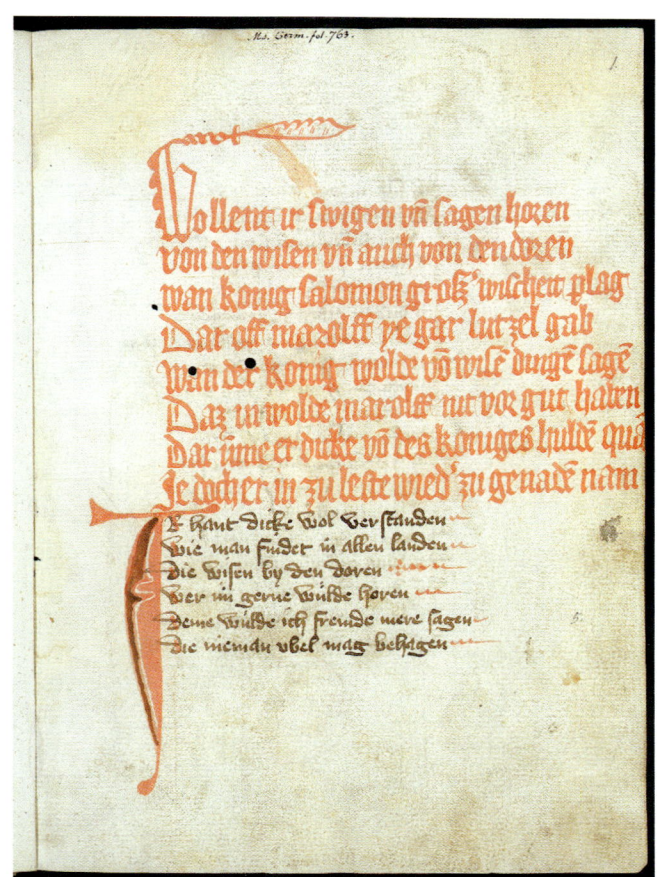

Kat. 20, 1ʳ

den biblischen König Salomo, die über Byzanz nach Europa gelangte und ihre Spuren auch in talmudischen und kabbalistischen Schriften hinterlassen hat. Der nur in drei vollständigen Exemplaren erhaltene Straßburger Druck von 1499 bildet neben drei spätmittelalterlichen Handschriften das wichtigste Zeugnis der Textüberlieferung des wohl ins 12. Jahrhundert zurückgehenden deutschen Epos', das durch das beliebte Motiv der listigen Brautwerbung gegliedert ist.

Nach einer verlorenen Schlacht gegen Salman (König Salomon) entführt der Heidenkönig Fore (Pharao) von Wendelse Salmans Frau Salme mit einer List. Durch die tatkräftige und listenreiche Unterstützung seines Bruders Morolfs gelingt es Salman, seine Frau wiederzugewinnen; Fore wird gehängt, sein Land verheert. Sieben Jahre später wird Salme ein zweites Mal entführt, diesmal von König Princian von Akers, und nun übernimmt Morolf allein mit zahlreichen Listen nicht nur den Kundschafterdienst, sondern auch die Rückgewinnung der Königin. Heil zurückgekommen erwürgt Morolf Salme im Bade mit der lapidaren Begründung, daß er für die

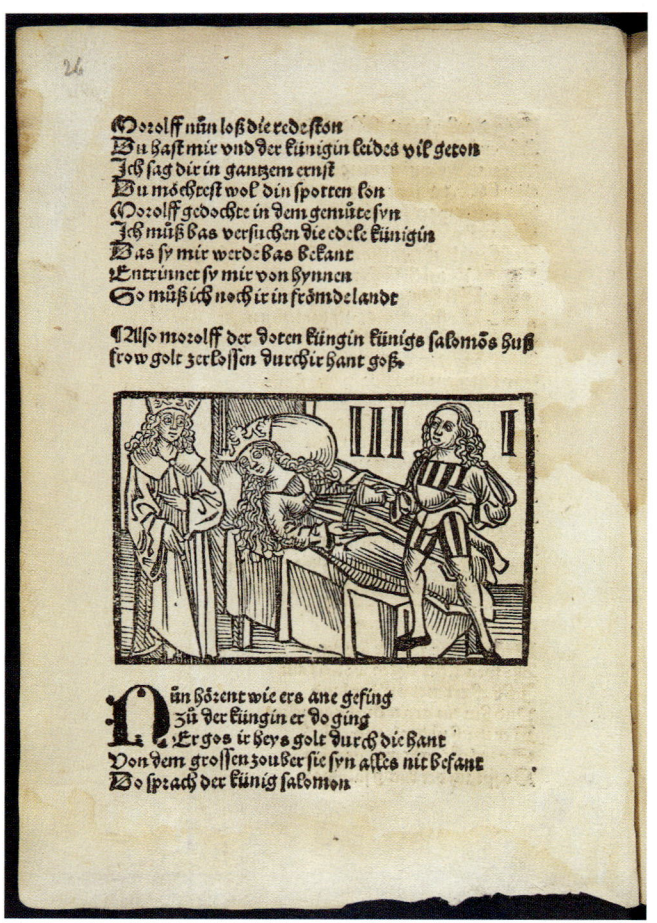

Kat. 21, 13ᵛ

listenreiche Morolf zu beweisen, daß sie noch lebt, indem er ihr geschmolzenes Gold durch die Finger gießt. Ungeachtet des Textbezuges setzt der Drucker diesen Holzschnitt im Textzusatz am Ende noch einmal ein. Der Titelholzschnitt auf Bl. 1ᵛ gehörte ursprünglich zu einer Ausgabe der 'Sieben weisen Meister', er wurde von Hupfuff jedoch mit einer neuen Überschrift versehen und so für seinen Druck vereinnahmt.

Der Drucker Matthias Hupfuff, ein gebürtiger Württemberger, übersiedelte 1498 nach Straßburg, wo er bis 1516 eine reiche Tätigkeit entfaltete. Der Druck des 'Salman und Morolfs' ist typisch für den Charakter seines Œuvres, in dem deutsche Drucke – meist belehrenden und unterhaltenden Inhalts – überwiegen.

Eine Abschrift dieses nur in vier Exemplaren überlieferten Druckes aus dem Besitz der Brüder Grimm befindet sich heute in der Staatsbibliothek zu Berlin (Ms. germ. quart. 926).

COPINGER *5250.* – *VB 2538.* – CROUS *27.* – SCHRAMM *20,* *Abb. 2107–2152.* – KRISTELLER, PAUL: *Die Straßburger Bücher-Illustration im XV. und im Anfange des XVI. Jahrhunderts (Beiträge zur Kunstgeschichte; NF VII) [Nachdruck 1966].* Leipzig 1888, S. 56 f. – *Faks. Dis buch seit von kunig Salomon vnd siner huß frow… (Elsäßische Frühdrucke 2).* Straßburg 1930. – KARNEIN, ALFRED (Hg.): *Salman und Morolf (Altdeutsche Textbibliothek 85).* Tübingen 1979. – GOTZKOWSKY, *Volksbücher.* – CURSCHMANN, MICHAEL: Art. *'Salman und Morolf',* in: ²VL. 8, 1992, Sp. 515–523. – GRIESE, SABINE: *Salomon und Markolf. Ein literarischer Komplex im Mittelalter und in der frühen Neuzeit (Hermaea. Germanistische Forschungen NF 81)* Tübingen 1999 (Lit. S. 345–366).

KG

Königin stets *arbeit mŭste han.* Salman heiratet Fores Schwester und lebt noch dreißig Jahre mit ihr. Verfaßt ist der Text in der sogenannten 'Morolfstrophe', einer fünfzeiligen Vierheberstrophe, die aus einem Reimpaar und einer Waisenterzine besteht, wobei im Druck die Verse, nicht jedoch die Strophen abgesetzt sind.

Von besonderem Interesse für die lebendige Rezeption der Dichtung im Spätmittelalter ist ein moralisierender Textzusatz, der nur in dem vorliegenden Straßburger Druck (Bl. 70ᵛ–75ᵛ) und einem Nachdruck von 1510 (GOTZKOWSKY, S. 265) überliefert ist: Morolf bereut sein sündiges Leben, er stirbt vor Reue und seine Seele wird von einem Engel in den Himmel geleitet; aus Kummer hierüber sterben auch Salman und seine Frau. Nachdem auch ihre Seelen in den Himmel gelangten, werden alle drei gemeinsam begraben.

Der abgebildete Holzschnitt illustriert die erste Entführung Salmes. Ein von Fore geschickter Spielmann hatte der Königin ein Zauberkraut gebracht, das sie in einen scheintoten Zustand versetzte. Vergeblich versucht der

III.3 Höfische Epik

22 Heinrich von Veldeke: Eneasroman

Bayern, um 1220–1230
Pergament, 74 Bll., 25/25,5 × 17/17,5 cm
Vorbesitzer: 1819 (oder 1820) durch den Kasseler Kaufmann und Unternehmer Carl Carvacchi (1791–1869) nach eigenem Zeugnis auf seinen „kaufmännischen Reisen im südlichen Deutschland" erworben „bei einem Manne, der ihn (den Codex)… aus den in Bayern aufgehobenen Klöstern gekauft hatte"; 1823 von der Königlichen Bibliothek erworben.
SBB-PK, Ms. germ. fol. 282

Aufgeschlagen Bl. 9ʳ: Dido empfängt Eneas. Die Geschenke an Dido werden überreicht; s. auch Abb. S. 22.

1ʳ–74ᵛ Heinrich von Veldeke: Eneasroman (v. 1–11491); dreispaltig; 71 Bildseiten (136 Einzelbilder), kolorierte Federzeichnungen, zumeist 2 Miniaturen durch einen Rahmen zu einer Bildseite zusam-

fneaſ   dıv chvnıgınne dıdo

Dıdo

mengefasst (nach dem Muster höfischer Fresken oder Wandteppiche) und der Textseite gegenübergestellt; schmuckloser Schweinsledereinband auf Holzdeckeln.

„Wahrscheinlich die beste Handschrift, die es von dem Werke gibt..." schreibt der bekannte Germanist und Sprachforscher Jacob Grimm (1785–1863) 1820 aus Kassel an den Altphilologen und Germanisten Karl Lachmann (1793–1851) nach Königsberg, nachdem ihm die Handschrift von Carvacchi zur Prüfung vorgelegt worden war. Die Bedeutung der Handschrift in der Veldeke-Forschung liegt darin, dass sie einerseits der früheste vollständig erhaltene Überlieferungszeuge des Eneasromans ist, andererseits sich als frühestes Exemplar eines illustrierten deutschsprachigen Romans überhaupt präsentiert.

Der Autor, Heinrich von Veldeke, entstammte wahrscheinlich einem Ministerialengeschlecht aus der belgischen Provinz Limburg, wurde vor 1150 geboren und ist um die Jahrhundertwende gestorben. Er war u. a. ein älterer Zeitgenosse Wolframs von Eschenbach, Hartmanns von Aue und des Dichters des 'Nibelungenliedes'. Sein Eneasroman, überliefert in 14 Handschriften und Fragmenten aus dem 12. bis 15. Jahrhundert, eröffnet die Gattungstradition des 'höfischen' Romans im deutschen Sprachraum. Als Quellen dienten ihm der französische 'Roman d'Eneas', die antiken Dichter Vergil und Ovid, sowie der spätantike Kommentar des Servius zu Vergil. Der Epilog gibt Auskunft über einen wichtigen Teil der Werkgenese, wenngleich bei der Darstellung literarische Fiktion nicht ausgeschlossen werden kann: Heinrich hatte sein noch unvollendetes Werk der Gräfin von Kleve, einer möglichen Gönnerin, zur Lektüre überlassen. Auf ihrer Hochzeit mit Landgraf Ludwig III. von Thüringen (ca. 1174?) wurde es gestohlen. In den thüringischen Adelskreisen erweckte der Roman offenbar reges Interesse, denn erst nach neun Jahren erhielt Heinrich sein Manuskript durch Ludwigs späteren Nachfolger Pfalzgraf Hermann I. mit der Bitte zurück, es am Thüringer Hof, dem am besten bezeugten literarischen Zentrum des deutschen Sprachraumes, zu vollenden, was spätestens 1190 auch geschehen ist.

Der Weg der Handschrift in die Königliche Bibliothek und ihre Bedeutung sind durch den Briefwechsel zwischen Jacob Grimm, Lachmann, Meusebach und dem Göttinger Professor Friedrich Benecke (1762–1844) einerseits und die Berliner Erwerbungsakten andererseits gut dokumentiert. Eine erste Verkaufsofferte erhielten die Bibliotheken in Kassel und Göttingen: „Schade, daß Kassel und Göttingen nicht 200 Thaler haben dran wenden wollen!" (Lachmann an Grimm,

1. Dez. 1822). Dann informierte Meusebach Grimm (17. Dez. 1822): „Veldecks Eneidt wird von der hiesigen kgl. Bibliothek für 250 Thl. gekauft werden... Das scheint ein billiger Preis...", bezüglich der Erwerbung eine allerdings unzutreffende Behauptung zu diesem Zeitpunkt. Der Berliner Bibliothek, geleitet durch den Oberbibliothekar Friedrich Wilken (1770–1840), der dem u. a. für kulturelle Angelegenheiten zuständigen Staatsminister Freiherrn von Altenstein unterstand, wurde der Codex im Juli 1822 angeboten. In Wilkens Expertise an den Staatsminister vom 25. Juli 1822 (SBB-PK, Acta KB III, C 1, Bd. 1, S. 379–380) wird er als „das älteste bis jetzt bekannte Manuscript dieses merkwürdigen Gedichts" bezeichnet und von ihm nachdrücklich zum Ankauf empfohlen, wobei aber der Erwerbungsetat der Bibliothek nicht über Gebühr belastet werden sollte. Altenstein möchte vielmehr darauf hinwirken, König Friedrich Wilhelm III. zu einem Zuschuß zu bewegen. So könne die Handschrift gekauft werden, „ohne den für die dringendsten wissenschaftlichen Bedürfnisse bestimmten Fonds zu belästigen". Altenstein signalisierte Einverständnis und bittet den König um Zustimmung zum Ankauf und um Sondermittel, weil die „vorhandenen Funds nicht einmal zur Befriedigung der dringenden Bedürfnisse hinreichen". Die Handschrift gehöre „wegen ihres Alters... zu den größten Seltenheiten", die Schrift sei „von der Art wie sie in einer der ältesten Heidelberger deutschen Handschriften vorkömmt" und biete den „Text in einer viel ältern Gestalt als die späteren Handschriften" (z. B. Gotha, Forschungsbibliothek, Cod. chart. A 584 und Heidelberg, Universitätsbibliothek, Cod. pal. germ. 368). Der geforderte Preis von 200 Talern könne „in Vergleichung mit den Preisen um welche andere weniger wichtige Gegenstände dieser Art in der jetzigen Zeit auf öffentlichen Versteigerungen von Privat Männern angekauft werden, für die älteste vorhandene Handschrift der Eneidt als sehr mäßig betrachtet werden". Außerdem sei „einer Königlichen Anstalt von dieser Bedeutung selbst die Verpflichtung aufzulegen, ein so wichtiges Denkmal der alten deutschen Sprache zu erwerben, und gegen die Zerstörung, welche es im Besitze der Privatpersonen so leicht unterworfen seyn könnte, zu sichern." (Abschrift in: SBB-PK, Acta KB III, C 1, Bd. 1a, S. 111–114). Am 10. März 1823 erteilte Friedrich Wilhelm III. Altenstein schließlich seine Zustimmung: „Ich habe den Minister des Schatzes... angewiesen Ihnen zum Ankauf der Handschrift... zweihundert Thaler Courant zahlen zu lassen" (Abschrift in: SBB-PK, Acta, Bd. 1a, S. 115). Am 3. April hat der Verkäufer sein Geld: „zweyhundert reichs Thaler Courant... aus... Königl. Bibliothek für

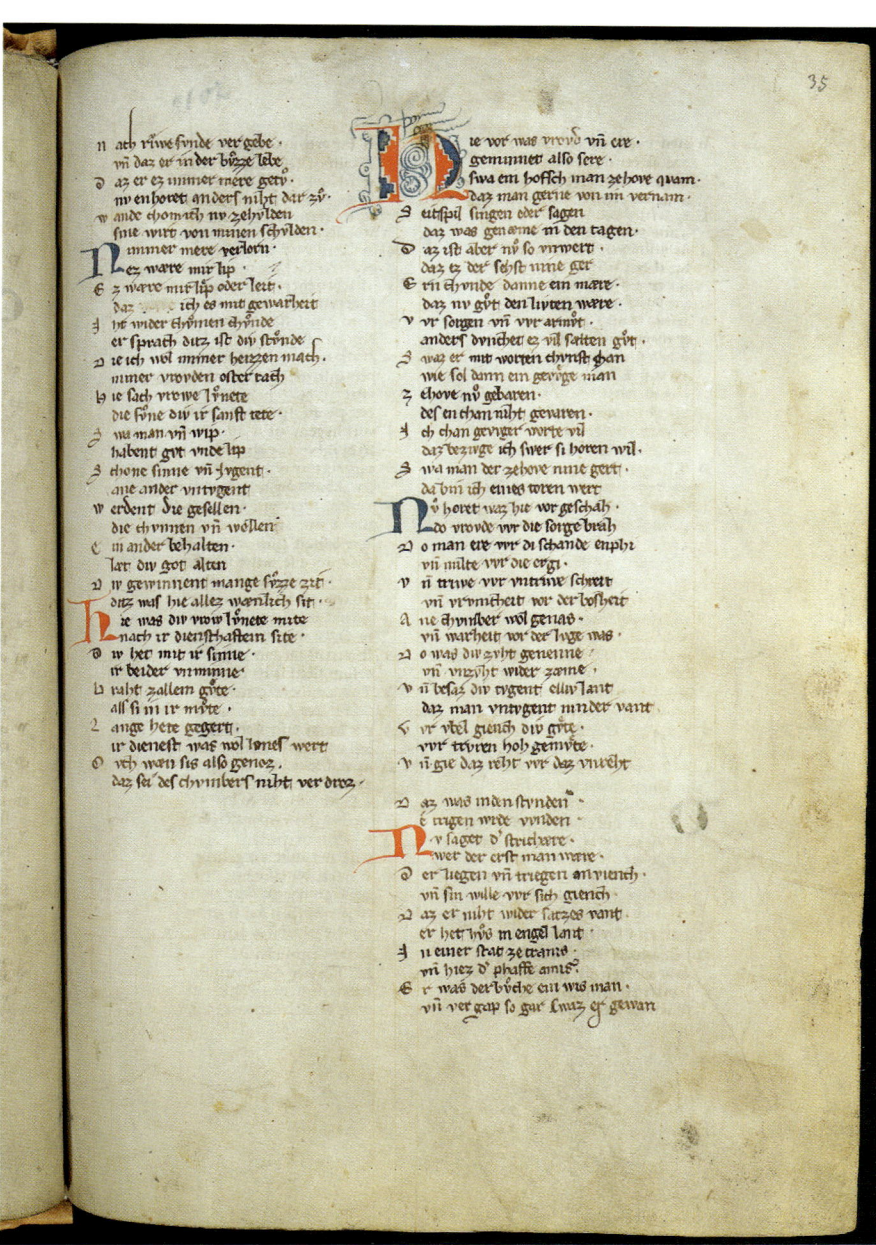

Kat. 23, 35ʳ

die Handschriften (!) von Heinrich von Veldeck richtig und baar erhalten. Berlin den 3ten April 1823 Gens." (SBB-PK, Acta KB III, C 1, Bd. 1, S. 411, nicht mehr vorhanden, zitiert nach HENKEL, S. 31). Damit ist die Erwerbung einer der bedeutendsten deutschen mittelalterlichen Handschriften für die Berliner Bibliothek perfekt !

DEGERING 1, S. 38. – WEGENER, S. 1–2. – BECKER, *Handschriften*, S. 23–26. – Ausst.kat. Berlin 1975, S. 137, Nr. 89. – *Heinrich von Veldeke: Eneas-Roman. Vollfaksimile des Ms. germ. fol. 282 der Staatsbibliothek zu Berlin Preußischer Kulturbesitz. Einführung und kodikologische Beschreibung von* NIKOLAUS HENKEL. *Kunsthistorischer Kommentar von* ANDREAS FINGERNAGEL. *Wiesbaden 1992.* – FROMM, *Eneasroman* (Lit. ab 1986). – *Heinrich von Veldeke: Eneas-roman. Mittelhochdeutsch – neuhochdeutsch. Nach dem Text von* LUDWIG ETTMÜLLER *ins Neuhochdeutsche übers., mit e. Stellenkommentar u. einem Nachwort von* DIETER KARTSCHOKE. *Stuttgart 1986 (Reclams Universalbibliothek 8303). (Lit. bis 1986.).* – SCHNEIDER, *Gotische Schriften*, bes. S. 96–99 (Schriftanalyse). – OPITZ, KAREN: *Geschichte im höfischen Roman. Historiographisches Erzählen im 'Eneas' Heinrichs von Veldeke. Heidelberg 1998 (Germanisch-Romanische Monatsschrift, Beih. 14); Rez. dazu von* BERND BASTERT *in: ZfdA 128, 1999, S. 361–365 und von* REINHARD HAHN *in: ZfdPh 120, 2001, S. 127–129. –* KARTSCHOKE, DIETER: *Mutmaßungen über die Berliner Handschrift des Eneasromas Heinrichs von Veldeke (Ms. germ. fol. 282), in: FS Brandis, Bd 1, S. 276–286.* – WEICKER, TINA SABINE: *Dô wart daz bûch ze Cleve verstolen. Neue Überlegungen zur Entstehung von Veldekes 'Eneas', in: ZfdA 130, 2001, S. 1–18.*

RS

23 Hartmann von Aue: Iwein u. a. ('Riedegger' Handschrift)

Niederösterreich, um 1300
in SBB-PK, Ms. germ. fol. 1062 (Kat. 46)
Angaben zur Entstehung, Provenienz und zum sonstigen Inhalt
s. dort

Bl. 35ʳ: Ende des Romans: Iwein versöhnt sich mit seiner Gattin Laudine; Beginn eines neuen Textes: Strickers Schwankbuch 'Der Pfaffe Amis'.

1ʳᵃ–35ʳᵃ Hartmann von Aue: Iwein (v. 1331–5952. 6145–8158, Sigle E).

Chrétiens 'Le Chevalier au lion' regte Hartmann zu seinem Artusroman 'Iwein' an. Der Artusritter Iwein besiegt den Herrn des Zauberbrunnens, Ascalon, gewinnt die Hand der schönen Witwe Laudine und wird neuer Landesherr. Er erbittet ein Jahr Urlaub, um mit der Artusgesellschaft zu neuen Abenteuern aufzubrechen. Er versäumt die rechtzeitige Rückkehr, wird der Untreue bezichtigt und von seiner Gattin öffentlich verstoßen. Er verfällt dem Wahnsinn, wird aber durch eine Zaubersalbe geheilt. Ihm werden vom Artushof zahlreiche Aufgaben gestellt, die er zuverlässig und mutig erfüllt. Schließlich kehrt er zum Brunnen zurück und kann mit Hilfe der Dienerin Lunete die Versöhnung mit Laudine erreichen. Durch Leiderfahrung vollzieht sich in Iwein ein innerer Reifeprozess und führt zu der Erkenntnis: der unbekümmerte Umgang mit Normen und Verpflichtungen ist in einer festgefügten Wertegemeinschaft nicht durchsetzbar.

Hartmanns 'Iwein' ist in 34 Handschriften und Fragmenten überliefert und gehört damit zu der am weitesten verbreiteten Dichtung vor Wolframs von Eschenbach großen höfischen Epen 'Parzival' und 'Willehalm'. Die breite Resonanz des Artusromans spiegelt sich auch in der bildhaften Umsetzung des Stoffes wider, die bereits zu Beginn des 13. Jahrhunderts begann. Erhalten sind zwei Freskenzyklen in der Südtiroler Burg Rodeneck (bei Brixen) und im sogenannten Hessenhof in Schmalkalden/Thüringen. Figurenbilder finden sich ebenfalls auf dem Maltererteppich in Freiburg/Br. und auf der Burg Runkelstein (bei Bozen).

Zur Verbreitung des 'Iwein' vgl. KLEIN, THOMAS: *Ermittlung, Darstellung und Deutung von Verbreitungstypen in der Handschriftenüberlieferung mittelhochdeutscher Epik, in:* HONEMANN / PALMER, *Deutsche Handschriften, S. 110–167, hier S. 122–124.*

RS

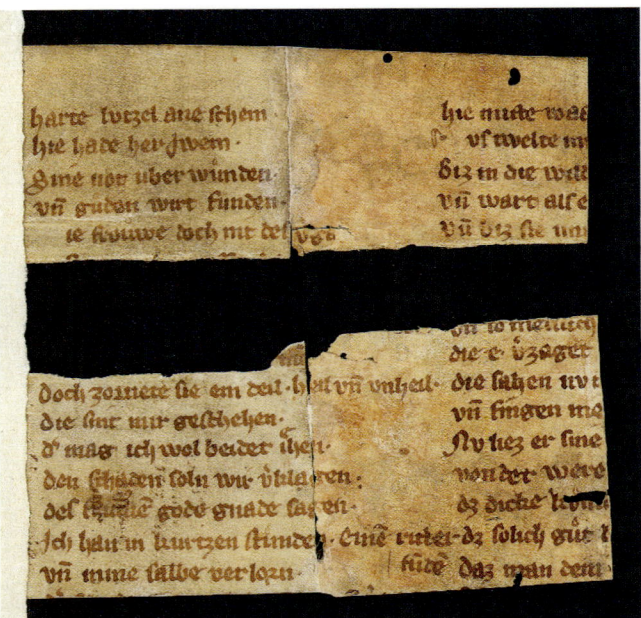

Kat. 24, 1ʳ und 2ʳ

24 Hartmann von Aue: Iwein (Fragment)

Mitteldeutsch (rheinfränkisch-hessisch), um 1300
Pergament, 2 Streifen aus einem Blatt, 3 × 8 cm und 3/3,5 × 8 cm
Vorbesitzer: 1984 im Besitz von Beate Buchholz, Witwe des Bibliothekars Franz Buchholz, Bonn; 1993 Ankauf mit der Sammlung altdeutscher Handschriften des Hamburger Antiquars Jörn Günther (Nr. 21).
SBB-PK, Hdschr. 402

Hartmann von Aue: Iwein (v. 3651–3806 mit Lücken, insg. 54 Verse ganz oder teilw. erhalten, Sigle X1). Jeweils 2 Stücke ergänzen sich zu einem Streifen. Beide Streifen stammen aus einem zweispaltigen Blatt einer kleinformatigen (oktav), schlicht gestalteten Handschrift; Verse abgesetzt.

TERVOOREN, HELMUT: *85. Beitrag. Ein neues 'Iwein'-Fragment, in: ZfdA 113, 1984, S. 235–239.* – KLEIN, THOMAS: *Handschriftenüberlieferung, in:* HONEMANN / PALMER, *Deutsche Handschriften, S. 110–167, hier S. 155.*

RS

25 Hartmann von Aue: Iwein der Riter mit dem Lewen

Hg. von G[eorg] F[riedrich] Benecke und K[arl] Lachmann.
Berlin: Reimer 1827. S. I-IV, 289–420; Bl. 421–423; 23 × 19 cm
SBB-PK, Libr. impr. c. n. mss. quart. 107

Aufgeschlagen S. 306/307: Kommentar zu v. 263: Iwein reitet zu neuen Abenteuern in den Wald von *Breziljan* [in der Bretagne]. Grimm notiert Parallelstellen zur Lokalisierung des Ortes.

306

173. selhes niht *nichts der art, dafs ihr mich als einen knecht ausschelten dürftet; vgl.* 548.

205. zebrechen: *so alle hs. aufser D, wo* zertrechen *steht. diefs ist nicht gerade zu für schreibe- oder druckfehler zu erklären, denn auch Mart.* 26. *heifst es* diu bant der ê brechen, ir gewonheit zertrechen.

207. ouch ist reht, daz der mist stinke. *im Engl. Iwein* (97) It es ful semeli, als me think, A brok (badger) omang men forto stynk.

210. ichn möhte niht geniezen, *mir könnte euer lob und euere freundschaft nichts helfen.*

213. ouch wil ich niht engelten *auch glaube ich nicht, dafs es mir nachtheilig seyn wird; auch wird es mir wenig schaden.*

215. warumbe solt, soltet.

247. deste gerner vil, *um so viel lieber, vgl.* 1982. 5589.

260. zehen jâr, *im Engl. Iwein* sex yer, *aber bei Chretien auch zehen.*

263. ze Breziljân, *bei Chretien* la forêt de Broceliande, *im Parc.* Prizljân, *Tit. XV*, 19. 114. Precilie.

267. der wart vil rûch unde enge *der bald sehr rauh und enge wurde.*

284. *Man mufs zweyerley vögel unterscheiden, den* mûsære, mûser, *auch* miuse-arn *genannt (Bert. s.* 58), *und den* mûzære, mûzer. *diese beiden wörter, so ähnlich sie klingen, können nichts mit einander gemein haben, und es läfst sich nicht annehmen, dafs das* s *im mhd. in* z *übergegangen sey. — Der* mûser (mûsari *der mons. gl.*) *bezeichnet einen vogel, der, obgleich auch zur jagd gebraucht, doch, wie MS.* 2, 146. *b. und amgb.* 31. *b. zeigt, eigentlich ein mauser, mäusefänger ist, und auf den man daher wenig werth legte. der* mûzære *dagegen erscheint allenthalben als ein*

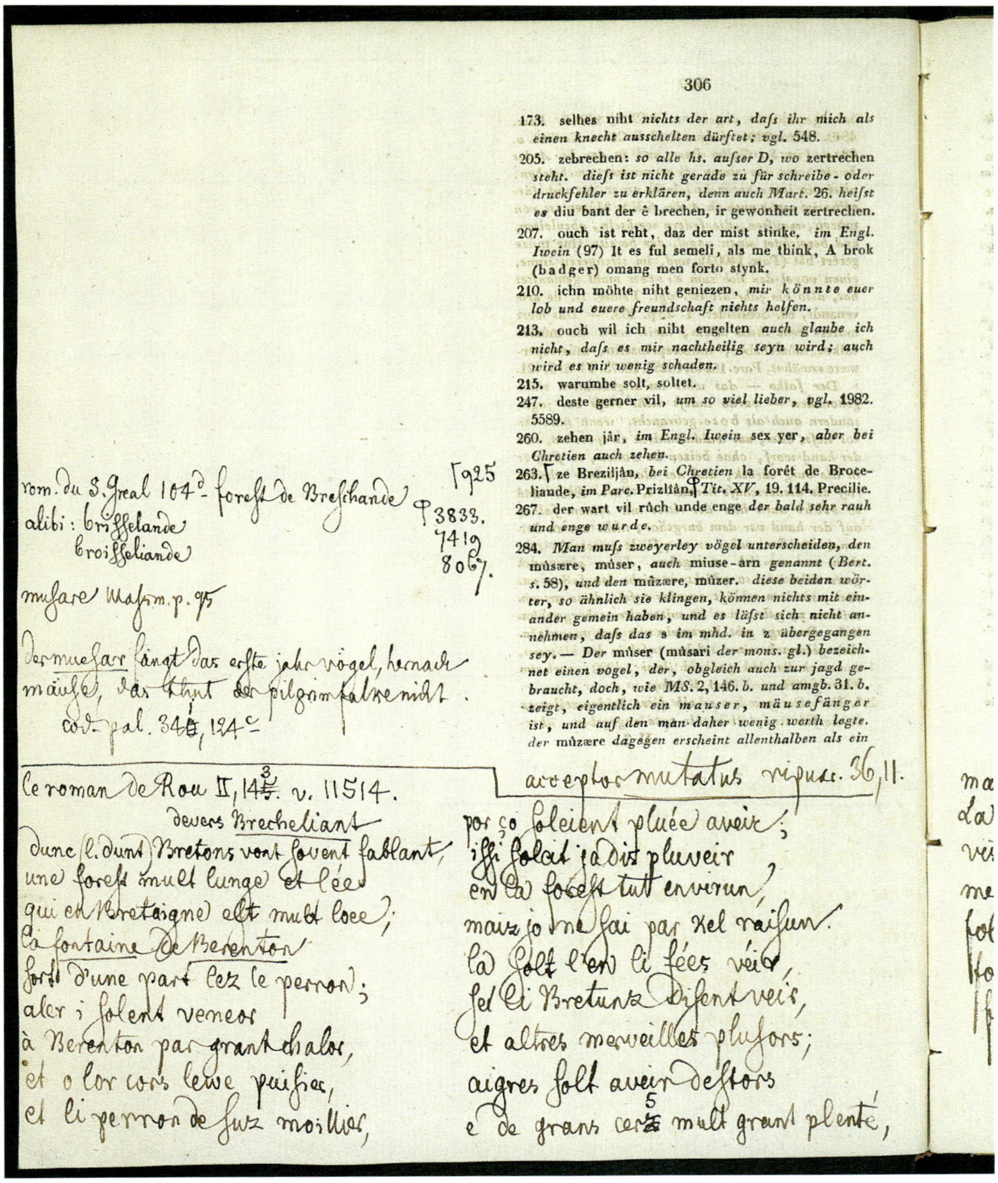

Kat. 25, S. 306

Unvollständiges, breitrandig gedrucktes Handexemplar der Erstausgabe aus dem Besitz Jacob Grimms; mit zahlreichen Anmerkungen, Annotationen und Zusätzen, 421[r]-423[r] Wortliste.

Kat. Berlin SB Nachlaß Grimm, T. 2, S. 661, Nr. [1895].

RS

26 Hartmann von Aue: Iwein. Eine Erzählung

Mit Anmerkungen von G[eorg] F[Friedrich] Benecke und K[arl] Lachmann. 2. Ausgabe. Berlin: Reimer 1843. X, 565 S., 21,5 × 12,5 cm
SBB-PK, Hdschr. 431

Aufgeschlagen S. 114/115 mit Lesartnotaten, u. a. aus der 'Riedegger' Iwein-Handschrift E (= Ms. germ. fol. 1062, 1ra–35ra; Kat. 23).

Handexemplar Karl Lachmanns mit zahlreichen Anmerkungen, Zusätzen und Lesartnotaten.

„Hartmanns Iwein ist eines der… lieblichsten gedichte der mittelhochdeutschen sprache, auch hat es ein glücklicher Zufall gewollt, dass sich nicht wenige handschriften desselben erhalten haben, worunter eine (A [= Heidelberg, UB, Cod. pal. germ. 397]) mehr dem zwölften als dem dreyzehnten jahrhundert [recte: Mitte – 2. Drittel 13. Jahrhundert] anzugehören scheint, und eine zweyte (B [= Gießen, UB, Cod. 97]) mit außerordentlicher sorgfalt und nettigkeit geschrieben ist. Hierin lag für uns eine aufforderung, dieses gedicht so lauter und rein herzustellen, und für leser, die der alten sprache nicht ganz unkundig sind, so klar und verständlich zu machen, als

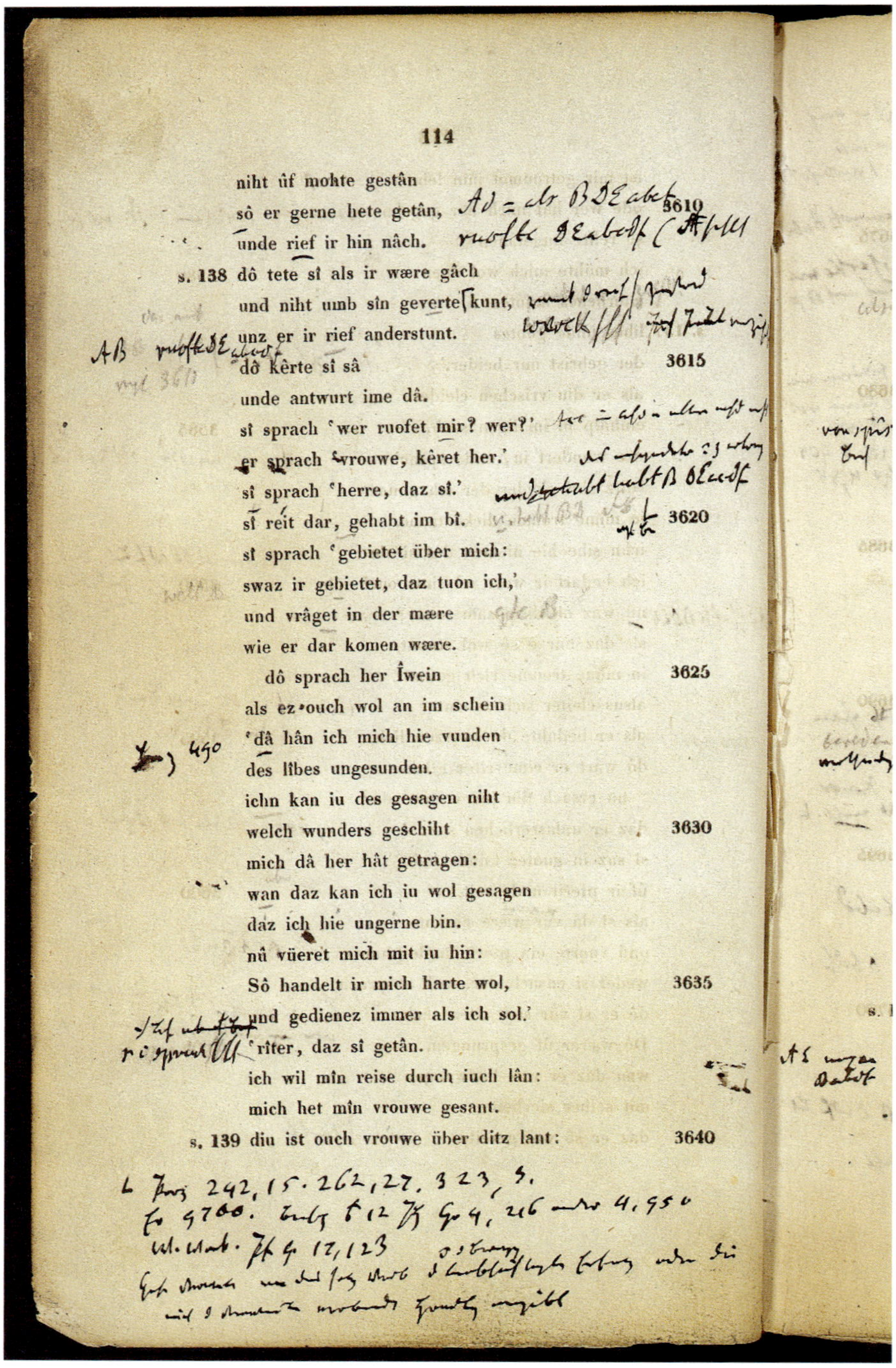

114

niht ûf mohte gestân
sô er gerne hete getân,
unde rief ir hin nâch.
s. 138 dô tete sî als ir wære gâch
und niht umb sîn geverte kunt,
unz er ir rief anderstunt.
dô kêrte sî sâ 3615
unde antwurt ime dâ.
sî sprach 'wer ruofet mir? wer?'
er sprach 'vrouwe, kêret her.'
sî sprach 'herre, daz sî.'
sî reit dar, gehabt im bî. 3620
sî sprach 'gebietet über mich:
swaz ir gebietet, daz tuon ich,'
und vrâget in der mære
wie er dar komen wære.
dô sprach her Îwein 3625
als ez ouch wol an im schein
'dâ hân ich mich hie vunden
des lîbes ungesunden.
ichn kan iu des gesagen niht
welch wunders geschiht 3630
mich dâ her hât getragen:
wan daz kan ich iu wol gesagen
daz ich hie ungerne bin.
nû vüeret mich mit iu hin:
Sô handelt ir mich harte wol, 3635
und gedienez immer als ich sol.'
'rîter, daz sî getân.
ich wil mîn reise durch iuch lân:
mich het mîn vrouwe gesant.
s. 139 diu ist ouch vrouwe über ditz lant: 3640

Kat. 26, S. 114

wir… vermochten." So der klassische Philologe und Germanist Georg Friedrich Benecke (1762–1844) und sein Schüler und späterer Kollege Karl Lachmann (1793–1851), seit 1827 ordentlicher Professor für lateinische und deutsche Philologie in Berlin, im Vorwort zu ihrer 1827 bei Reimer in Berlin erschienenen Iwein-Ausgabe. Beide gelten als Begründer der modernen historisch-kritischen Methode der Textherstellung, die bis in das 20. Jahrhundert hinein die allseits akzeptierte Grundlage für das Edieren sowohl klassischer als auch alt-, mittel- und neuhochdeutscher Texte werden sollte. Nicht das subjektive Empfinden des Editors und der Abdruck einer zufällig entdeckten Quelle mit didaktischer Absicht bilden das Textfundament, sondern die profunde Kenntnis der individuellen Eigenheiten eines Werkes, die Einbeziehung aller bekannten Überlieferungszeugen und deren Wertung in einem Handschriften-Stammbaum. Ziel war ein 'reiner', philologisch konstruierter Text, welcher der häufig fiktiv bleibenden Urfassung möglichst nahe kommt. Nach Lachmanns Auffassung waren außerdem nur 'gute' Autoren editionswürdig. In der modernen Germanistik herrscht Einigkeit darüber, dass Karl Lachmann die Textkritik in der klassischen Philologie zu ihrer Höchstform entwickelt und auf die altdeutsche Philologie übertragen hat; neue Fragestellungen, andere Textgattungen und Textverhältnisse dagegen mit dieser Methode nicht berücksichtigt werden können. Man bedarf einer Differenzierung, einer „dynamischen Ausgabe" (KURT GÄRTNER), die dem jeweiligen Wissenstand, der Quellenlage und dem Zweck angepasst ist.

Gewissermaßen zu Standard-Editionen sollten Lachmanns Ausgaben der berühmtesten mittelhochdeutschen Dichter Hartmann von Aue, Wolfram von Eschenbach und Walther von der Vogelweide werden. Zusammen mit Benecke edierte er 1827 zuerst den 'Iwein' mit umfangreichen Anmerkungen und Lesarten und einem 'Wörterbuch zu Hartmanns Iwein' (1833). Eine enge Freundschaft verband Lachmann mit Jacob und Wilhelm Grimm, die den Entstehungsprozess der Ausgabe aufmerksam verfolgten und ausführlich über philologische Probleme korrespondierten. Lachmann schickte ihnen die bogenweise erscheinende Ausgabe zur Beurteilung. Eine Lieferung mit umfangreichen Notizen Jacob Grimms ist in dem Berliner 'Liber impressus cum notis manuscriptis in quarto 107' erhalten geblieben. Nach Bekanntwerden weiterer 'Iwein'-Handschriften, von der 'Riedegger' Handschrift E erhielt er Kenntnis durch die Grimms, erschien 1843 eine überarbeitete und ergänzte zweite Auflage.

Ein Exemplar dieser Ausgabe mit Lachmanns umfangreichen Notizen gelangte 1995 in die Berliner Bibliothek, weitere befinden sich in der Bibliotheca Bodleiana in Oxford.

RS

27 Hartmann von Aue: Der arme Heinrich ('St. Florianer Bruchstücke')

Alemannisch, 1. Hälfte des 13. Jahrhunderts
Pergament, 4 Streifen aus 2 Blättern, ca. 3,5 bzw. 2,5 × 8 cm
Vorbesitzer: Von dem regulierten Augustinerchorherrn Jodok Stülz auf dem Deckel einer Handschrift aus der Stiftsbibliothek des Klosters St. Florian (Österreich) entdeckt, abgelöst und Franz Pfeiffer (1815–1868, Germanist) zur Veröffentlichung überlassen; aus dessen Nachlaß 1868 in die Königliche Bibliothek gelangt.
SBB-PK, Ms. germ. fol. 923, 7a

Kat. 27, Fragm. 7a,1ʳ–4ʳ

Ausgestellt Fragm. 7a, 1ʳ–4ʳ

Hartmann von Aue: Der arme Heinrich (v. 644–888, mit Lücken, insg. 61 Verse ganz oder teilw. erhalten, Sigle C). Die Streifen (jeweils 2) stammen aus der Mitte bzw. vom unteren Rand zweier Blätter. Verse nicht abgesetzt, durch Reimpunkte getrennt. Die Streifen stammen aus Blättern einer Handschrift kleinen Formats (wahrscheinlich Klein-Oktav). Um die schlechte Lesbarkeit der aufgeklebten Rückseiten zu verbessern, benutzte Pfeiffer Gioberti-Tinktur. Die Wirkung ist nur kurzfristig, der Text nach der Behandlung dunkelblau verfärbt und nicht mehr lesbar.

Die spannungsreich komponierte Verserzählung vom 'Armen Heinrich' schildert die innere Wandlung und Läuterung des aus einer hochadligen Familie stammenden Heinrich von Aue nach mannigfachen Erfahrungen von Leid und Schuld, gegen deren Hinnahme als Prüfung Gottes er sich zunächst heftig wehrt. Heinrich, beliebt, gelehrt und erfolgreich, wird plötzlich von der

Krankheit des Aussatzes befallen, gerät in Verzweiflung und Isolation, erkennt den Schicksalsschlag schließlich als Prüfung Gottes an, verschenkt sein Vermögen an die Armen, zieht sich auf einen Meierhof zurück, wird von der Tochter des Meiers liebevoll betreut und erfährt, dass seine Heilung nur durch den Opfertod einer Jungfrau möglich ist. Das Mädchen bietet sich freudig und energisch zu diesem Opfer an, weil sie zuversichtlich auf die Erfüllung ihres sehnlichsten Wunsches, dadurch eine Heilige zu werden, hofft. Nach langem Widerstand stimmt Heinrich zu, und beide reisen nach Salerno. Als der Arzt im Begriffe ist, das Mädchen zu töten, wird Heinrich durch deren Schönheit und Reinheit plötzlich bewegt, auf seine Heilung zu verzichten und den Opfertod trotz heftigstem Widerstand der Opferwilligen zu verhindern. Seine Entscheidung findet die Gnade Gottes, der ihn nunmehr gesunden läßt. Heinrich kehrt in seine alte Position zurück, heiratet die Meierstochter und beide gewinnen die ewige Seligkeit.

Während Hartmann den 'Gregorius' nach einer französischen Quelle ('La vie du pape Grégoire') bearbeitet hat, läßt sich für den 'Armen Heinrich' keine Quelle nachweisen. Besondere Aufmerksamkeit verdient die ungewöhnliche Gestaltung der Figur der Meierstochter. Sie läßt christliche Demutshaltung in ihrer heftigen und zornigen Reaktion erkennbar vermissen, als sich ihr unbezähmbarer Drang, durch den Opfertod eine Heilige zu werden, dank dem Eingreifen Heinrichs nicht erfüllt. Die breite Schilderung der Persönlichkeit des Mädchens und ihres durchaus egoistischen Wunsches, die für die innere Wandlung Heinrichs entbehrlich gewesen wäre, verleiht der Erzählung eine zusätzliche innere Spannung und macht sie „zu einem der interessantesten Texte der höfischen Zeit" (BUMKE, Geschichte, S. 151).

Der 'Arme Heinrich' ist in sieben Handschriften und Fragmenten überliefert. Im 19. Jahrhundert erfuhr er mit der literarischen Wiederentdeckung des deutschen Mittelalters, besonders nach Erscheinen der Grimmschen Edition (1815), durch zahlreiche Übersetzungen, Bearbeitungen und illustrierte Ausgaben, auch als Schultext, eine weite Verbreitung.

Die 'St. Florianer Bruchstücke' liefern den ältesten erhaltenen Textzeugen. Sie sind zwar äußerlich unansehnlich und scheinen einer Betrachtung kaum wert, zumal abgebröckelte Ränder und die Behandlung mit Gioberti-Tinktur durch ihren ersten Bearbeiter Franz Pfeiffer die Lesbarkeit des Textes teilweise erheblich erschweren bzw. sogar verhindern. Dennoch sind sie von großer Bedeutung und spielen in der Überlieferung des Textes eine Schlüsselrolle, denn die hier gebotenen reinen Sprachformen, das Alter der Handschrift und die Versfolge stehen der ursprünglichen Textfassung am nächsten. Eine Überprüfung der Lesarten ergab, dass ihnen der Vorzug vor den vollständigen Handschriften zu geben ist.

Die im Hochmittelalter beginnende schriftliche Fixierung deutscher Literatur fiel häufig späterer Makulierung anheim und ging damit zunächst verloren. Die Kenntnis der Texte durch jüngere Bearbeitungen, tradiert in spätmittelalterlichen Handschriften oder Drucken, initiierte die Suche der Altgermanisten und Handschriftenforscher nach den „Originalen" und schärfte ihren Blick für die Überprüfung der Einbandmakulatur. Sowohl die 'Gregorius'- als auch die 'Armer Heinrich'-Fragmente sind beredte Beispiele, wie zunächst unspektakulär scheinende Funde zu entscheidenden Textbausteinen in der Überlieferung der hochmittelalterlichen deutschen Literatur werden können und daher besondere Beachtung verdienen.

DEGERING 1, S. 127. – PFEIFFER, FRANZ: Bruchstücke aus Iwein und dem armen Heinrich, in: Germania 3, 1858, S. 338–350, hier S. 347–350. – PAUL, HERMANN (Hg.): Hartmann von Aue: Der arme Heinrich. 16., neu bearb. Aufl. v. KURT GÄRTNER. Tübingen 1996 (ATB 3), S. XIV und XXIII. – GIERACH, ERICH (Hg.): Der arme Heinrich von Hartmann von Aue. Überlieferung und Herstellung. Heidelberg 1913 (Germanische Bibliothek 3,3), S. IX. – Ders.: Untersuchungen zum Armen Heinrich. I., in: ZfdA 54, 1913, S. 257–270. – MÜLLER, ULRICH: Hartmann von Aue „Der arme Heinrich". Abb. u. Materialien zur gesamten handschriftlichen Überlieferung. Göppingen 1971 (Litterae 3), S. IV nebst Abb. und Transkription. – www.marburger-repertorien.de – CORMEAU, CHRISTOPH: Art. 'Hartmann von Aue', in: ²VL 3, 1981, Sp. 512–514 (Lit.). – RAUTENBERG, URSULA: Das 'Volksbuch vom armen Heinrich'. Studien zur Rezeption Hartmanns von Aue im 19. Jahrhundert und zur Wirkungsgeschichte der Übersetzung Wilhelm Grimms. Berlin 1985 (Philologische Studien und Quellen 113).

RS

28 Gottfried von Straßburg: Tristan u. a.

Niederrhein, Mitte des 14. Jahrhunderts
Pergament, 197 Bll., 21,5 × 16,5 cm
Vorbesitzer: Wohl im Besitz eines rheinischen Adligen; Bibliothek der Grafen Manderscheid auf dem Eifelschloss Blankenheim (Eintrag 1ʳ), wo sie sich möglicherweise schon vor 1500 befand, denn eine weitere Blankenheimer Tristan-Handschrift (Köln, Hist. Stadtarchiv W. kl. f ° 88*) wurde wohl aus dieser Handschrift ergänzt. 1794 wurde die Grafschaft Manderscheid-Blankenheim von französischen Truppen besetzt und die Bestände zusammen mit anderen Kunstgegenständen aus dem Hause Manderscheid beschlagnahmt. Die Handschrift gelangte in die Hände des französischen Benediktiners und späteren Regierungskommissars für Kunstgut in den vier Rhein-Departements, Jean Baptiste Maugérard, der sie für die Pariser Nationalbibliothek requirierte (Signatur: B 69). Jacob Grimm spürte sie dort 1815 auf und veranlasste die Rückgabe an Preußen; sie wurde der Königlichen Bibliothek Berlin zugewiesen, wohin sie erst nach längerer Benutzung in Köln durch Eberhard von Groote, wahrscheinlich 1821, gelangte.
SBB-PK, Ms. germ. quart. 284

Kat. 28, 139ʳ

Aufgeschlagen Bl. 138ᵛ/139ʳ: Tristan, als Brautwerber für seinen Onkel Marke am irischen Königshof, trinkt auf der Heimreise mit der irischen Königstochter Isolde, der Braut, versehentlich den für Marke und Isolde bestimmten Liebestrank, der fortan beide in unauflöslicher Liebe verbindet.

1ʳᵃ–53ᵛᵃ Sächsische Weltchronik (bis zum Jahre 1230, mit Reimvorrede); 53ᵛᵃ–63ʳᵃ Bispel, Minnereden und Liedstrophen; 63ʳᵃ–188ᵛᵃ Gottfried von Straßburg: Tristan (Sigle N, bis v. 9548): 188ᵛᵃ–197ʳᵃ Ulrich von Türheim: Tristanfortsetzung (bis v. 2511); 1 Federzeichnung der das Glücksrad drehenden Fortuna, um 1470–1480 nachgetragen (197ᵛ); schlichter dunkelbrauner Ledereinband in mittelalterlicher Manier (Neuband 1983) anstelle eines Pergamentumschlages (17. Jahrhundert).

Die Berliner Sammelhandschrift bietet ein schönes Beispiel für die engagierten Bemühungen Jacob Grimms um Rückführung während der Französischen Revolution veruntreuter Kulturgüter. Er notiert auf der Rückseite des 1. Vorsatzblattes: „Ehemals blankenheimische, von den Franzosen nach Paris geschleppte und nunmehr wieder an Preußen ausgelieferte Handschrift Paris den

14. October 1814". Die Handschrift trägt den Besitz-stempel der Bibliothèque Nationale in Paris und auf Bl. 197ʳ den für Maugérard charakteristischen Vermerk über die Summe der in der Handschrift enthaltenen Blätter. Diese Notiz findet sich auch in fast allen Hand-schriften, die Maugérard zwischen 1794 und 1802 an Herzog Ernst II. von Sachsen-Gotha verkaufte.

Grimm sah sich in seinem Bestreben nach Auf-spürung tatkräftig von anderen Gelehrten unterstützt, darunter von dem Kölner Germanisten Eberhard von Groote (1789–1864). Letzterer gilt als Initiator der u. a. von Generalfeldmarschall Gebhard Leberecht von Blücher (1742–1819) eingesetzten Kommission zur Rückgabe der von Frankreich aus Preußen entführten Kunst- und Kulturschätze und war bevollmächtigt, in Paris und Umgebung zu recherchieren und für die Rück-führung zu sorgen. Groote ergänzt Grimms Notiz: „Ich bemerke, dass die fol. LXIII theils weggeschabte, theils mit Dinte getiligte (!) und weggeäzte Stelle, sich bey der Wiederauffindung der Hnds. in Paris in diesem Zustand befand. Cöln am Rhein den 12ten May 1819". Über die Entdeckung der Handschrift und seine Beziehung zu Groote schreibt Jacob Grimm an seinen Bruder Wilhelm am 10. November 1815 aus Paris: „Drei altdeutsche Handschriften habe ich unvermuthet entdeckt und für Preußen ausgeliefert bekommen, alle pergamentern 1.) Tristan von Gottfried und Türheim 2.) Barl. und Josaphat. 3.) Wilh. von Orlenz.... An sonstigen Arbei-ten auf der Bibl. ist unter dermaligen Umständen nicht zu denken. Seid ihr in Cöln nicht bei Grotes gewesen? Hier ist jetzo der eine Grote, ein feiner, braver und ge-scheidter Mensch, mit dem ich gern umgehe. Er hat nämlich in Cöln auch allerhand altdeutsche MSS." (RÖLLEKE S. 463.) Friedrich Wilken reklamierte alle drei Handschriften für die Königliche Bibliothek, hat aber nur den 'Tristan' bekommen; die beiden anderen Hand-schriften gelangten in die Bonner Universitätsbibliothek. Über Grootes Editionsvorhaben, zu dem dieser die ent-deckte 'Tristan'-Handschrift in Köln benötigte, berichtet Jacob dem Bruder am 11. April 1817 aus Heidelberg: „Eine Ausgabe des Tristan wäre angenehm, allein daran arbeitet jetzt schon Grote; besonders schön ist die Fort-setzung durch Ulr. v. Türh. 3700 Zeilen." (RÖLLEKE S. 486.) Der Bruder zweifelt aber an Grotes Kompetenz, was die 'Tristan'-Ausgabe angeht: „...ich vermuthe, dass Grote nur sehr brauchbare Materialien liefert, aber für eine vollkommene Bearbeitung zu wenig Kenntniße hat." (Kassel, 15. April 1817, s. RÖLLEKE S. 488.) Die Ausgabe erschien tatsächlich 1821, die Ausleihgenehmi-gung hatte Groote sich vom Ministerium erbeten, mußte aber von Wilken an die Rückgabe gemahnt wer-

den. Zuvor war ein Vorstoß der Bonner Universität ge-scheitert, auch diese Handschrift für sich zu vereinnah-men.

Die von Wilhelm Grimm postulierte „vollkommene Bearbeitung" ist noch heute ein Desideratum, trotz zahl-reicher Editionen und einer an Umfang kaum noch zu überschauenden Literatur bis in die jüngste Gegenwart.

Nicht als Einzelüberlieferung präsentiert sich der 'Tristan'-Roman in der Berliner Handschrift, sondern im gewollten Kontext (die Handschrift ist von einer Hand geschrieben) mit der sächsischen Weltchronik und der Klage über den Tod Wilhelms III. von Holland im Jahre 1337 (als geschichtlichem Wissen), den Minnereden und Liedern (als poetischem Bindeglied), sowie den Bis-peln oder Exempla (mit möglichem aktuellen Bezug). Das hier gebotene Panorama von historischen, poeti-schen, unterhaltenden und belehrenden Stoffen war in Adelskreisen geläufiges Lektüreprogramm und standes-gemäße Literatur; die Handschrift wird somit wohl einem rheinischen Adligen gehört haben.

Gottfried von Straßburg ist als historische Person nicht belegt, sein Name nur aus späteren Quellen be-zeugt. Sein monumentaler, leider unvollendeter Vers-roman 'Tristan', entstanden um 1200–1210, gehört zu den wohl beliebtesten und meistüberlieferten epischen Dichtungen des Hochmittelalters, und sein „Autoren-porträt" findet sich schon in der Manessischen Lieder-handschrift. Der Romanstoff erfuhr auch vielfach bildnerische Umsetzung. Weithin berühmt sind bei-spielsweise die aus der 1. Hälfte des 14. Jahrhunderts stammenden kostbaren Bildteppiche aus dem Kloster Wienhausen bei Celle.

Bisher sind 31 Textzeugen in vollständigen Hand-schriften und Fragmenten bekannt (WETZEL, S. 396), sein Werk erreicht damit die Überlieferungsdichte des Nibelungenliedes und Hartmanns 'Iwein', bleibt jedoch weit zurück hinter Wolframs 'Parzival'. Im Mittelpunkt der Dichtung steht die Liebesbeziehung zwischen Tri-stan, dem hochgebildeten Neffen des englischen Königs Marke, und der irischen Königstochter Isolde, vormals Tristans Schülerin, später Gattin seines Onkels. Un-gewöhnlich sind die Akzente, die der Dichter setzt: als Liebesideal vollkommene Aufrichtigkeit und reine Treue, frei von höfischen Konventionen und unter be-sonderer Einbeziehung von Bildung, Kunst und Musik. Nur der literarisch und künstlerisch Gebildete kann die-ses Ideal erreichen. Die Beweggründe des dichterischen Anliegens und die Sichtweisen des Dichters stehen im Zentrum einer Forschungsdiskussion, die in den letzten Jahren besonders intensiv und kontrovers geführt wurde, ohne dass bisher der Schlüssel zum Verständnis gefunden werden konnte. Dem Urteil BUMKES (Geschichte, 2000, S. 189) zufolge hat Gottfried wie kein anderer Dichter der höfischen Zeit „die Regeln der lateinischen Rhetorik so souverän auf die deutsche Sprache angewandt, … mit sprachlichen Mitteln solchen Wohlklang, so funkelnde Ironie und solche Intellektualität erreicht".

BECKER, *Handschriften, S. 45–47.* – KNAUS, HERMANN: *Rheinische Handschriften in Berlin. 6. Folge: Der Fonds Maugérard,* in: *Archiv für Geschichte des Buchwesens 14, 1973, Sp. 257–284, bes. Sp. 265–268.* – HARDER, HANS-BERND u. EKKEHARD KAUFMANN (Hgg.): *Die Brüder Grimm in ihrer amtlichen und politischen Tätigkeit. T. 1: Ausstellungskatalog. Kassel 1985 (Ausstellungskataloge i.A. der Veranstaltungsgesellschaft 200 Jahre Brüder Grimm 3,1), S. 41–42 (Nr. 23).* – WETZEL, RÉNE: *Die handschriftliche Überlieferung des 'Tristan' Gottfrieds von Straßburg. Untersucht an ihren Fragmenten. Freiburg/Schweiz 1992 (Germanistica Friburgensia 13), S. 45.* – WOLF, JÜRGEN: *Die Sächsische Weltchronik im Spiegel ihrer Handschriften Überlieferung, Textentwicklung, Rezeption (Münstersche Mittelalter-Schriften 75). München 1997, S. 72–74: Beschreibung der Hs. mit ausführlicher Bibliogr.* – HUBER, CHRISTOPH: *Gottfried von Straßburg: Tristan. Berlin 2000 (Klassiker-Lektüre 3), Lit. und Forschungsdiskussion.* – HUBER, CHRISTOPH u. VICTOR MILLET (Hgg.): *Der 'Tristan' Gottfrieds von Straßburg. Symposion Santiago de Compostela, 5.–8. April 2000. Tübingen 2002, Forschungsdiskussion.* – RÖLLEKE, HEINZ (Hg.): *Briefwechsel zwischen Jacob und Wilhelm Grimm. T. 1. Stuttgart 2001 (Briefwechsel der Brüder Jacob und Wilhelm Grimm. Krit. Ausg. in Einzelbänden 1,1).* – FOUQUET, DORIS: *Wort und Bild in der mittelalterlichen Tristantradition. Der älteste Tristanteppich von Kloster Wienhausen und die textile Tristanüberlieferung des Mittelalters (Philologische Studien und Quellen 62). Berlin 1971 (Lit.).*

RS

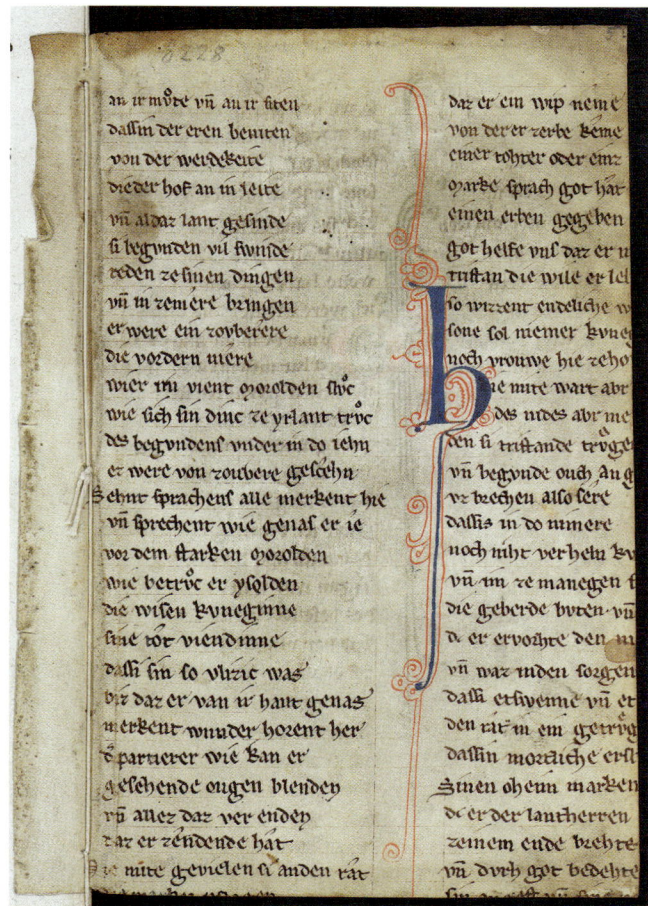

Kat. 29, 1ʳ

29 Gottfried von Straßburg: Tristan (Fragment l)

Westalemannisch, um 1300
Pergament, 1 Bl., 15 × 10,5 cm
Vorbesitzer: Das Fragment gelangte zu einem unbekannten Zeitpunkt (vielleicht 1850 mit den Collectanea aus dem Nachlass Büsching ?) in die Königliche Bibliothek, befand sich dann in der ungeordneten, vielfach unidentifizierten sog. „Berliner Sammelmappe deutscher Fragmente", die später (von den Berliner Handschriftenbibliothekaren Hermann Degering oder Karl Christ?) aufgelöst wurde. Die Fragmente wurden in einzelne Mappen gebunden, unter der Hauptsignatur belassen und durchnummeriert.
SBB-PK, Ms. germ. fol. 923,5

1ʳᵛ Gottfried von Straßburg: Tristan (v. 8327–8354, 8359–8387, 8391–8424, 8429–8456), stark beschnitten; sorgfältige Textualis in 2 Spalten; 2 mehrzeilige Initialen, blau und rot mit Fleuronnée in der Gegenfarbe (1ʳᵇ v. 8369, 1ᵛᵇ v. 8437).

Die alemannisch-oberdeutsche Schreibsprache mit mitteldeutschen Spuren läßt eine mögliche Entstehung der Handschrift im westalemannischen Sprachraum, speziell im Elsaß vermuten (WETZEL, Überlieferung, S. 257). In der Schreibsprache und in der orthographischen Tradition steht sie in einer Linie mit den übrigen älteren Handschriften (bis 1300), die, wenn nicht allein im Elsaß, so doch allesamt im Südwesten (einschließlich Rheinfrankens) entstanden sind.

Der Text schildert das Geschehen an König Markes Hof nach der Rückkehr Tristans aus Irland, wo nur die irische Königstochter Isolde seine Wunden zu heilen vermochte, die ihm ihr im Kampf gefallener Bruder zugefügt hatte. Aus Mißgunst gegen Tristan, den König Marke zu seinem Erben und Nachfolger bestimmt hatte, drängen die Hofbarone auf Verehelichung des Königs und schlagen als Braut Isolde vor, die Tristan hoch zu schätzen und zu verehren gelernt hatte. Hier schließt der Text.

Das Bruchstück wurde 1826 von dem Breslauer Germanisten Johann Gustav Gottlieb Büsching (1782–1829) in der 'Leipziger Litteratur-Zeitung' (Nr. 98, April 1826, Sp. 779–781) abgedruckt und damit als 3. Fundstück seit 1801 bekannt gemacht. Bei der Verszählung orientierte er sich an der von Friedrich Heinrich von der Hagen 1823 herausgegebenen zwei-

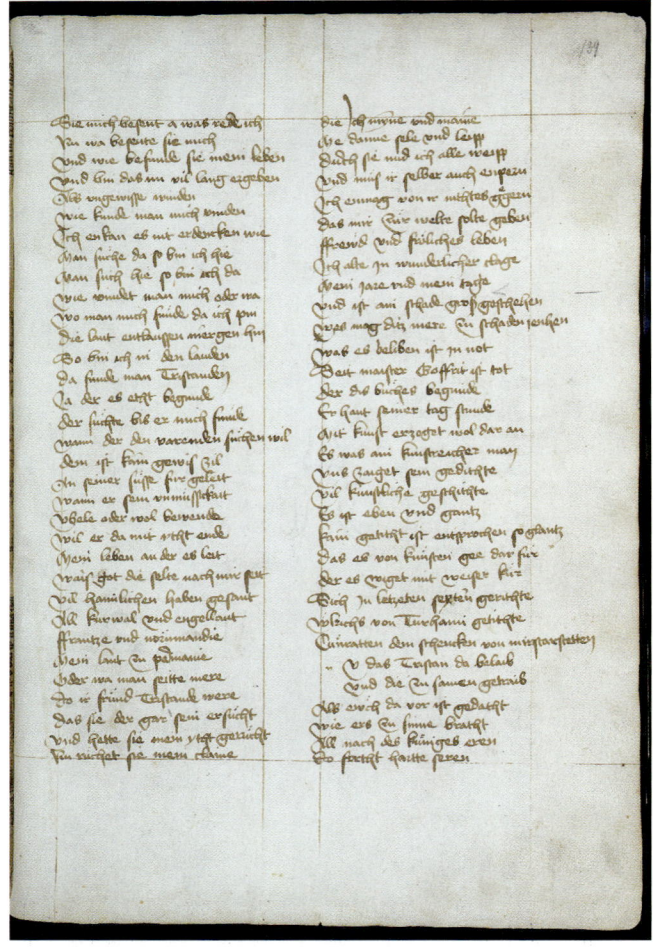

Kat. 30, 139^r

bändigen Gottfried-Ausgabe. Über die Herkunft des Fragments gibt er keinerlei Auskünfte, es sei ihm vor kurzem zugekommen. Es ist nicht auszuschließen, daß es durch ihn oder aus seinem Nachlaß in die Berliner Bibliothek gelangte.

DEGERING 1, S. 127. – WETZEL, *Überlieferung, S. 50, 255–272,* s. Kat. 28. – MAROLD, KARL *(Hg.): Gottfried von Straßburg, Tristan. Unv. 4. Abdruck nach dem 3. mit einem auf Grund von* F. RANKES *Kollationen verbesserten Apparat. Berlin, New York 1977, S. LIII.* – KLEIN, THOMAS: *Ermittlung, Darstellung und Deutung von Verbreitungstypen in der Handschriftenüberlieferung mittelhochdeutscher Epik, in:* HONEMANN/PALMER *(Hgg.): Deutsche Handschriften, S. 110–167, bes. S. 124–126 u. 165.*

RS

30 Gottfried von Straßburg: Tristan (mit Fortsetzung)

Schwaben, 1461
Papier, 167 Bll., 30,5 × 21 cm

Vorbesitzer: 1461 von Walther Schönwalther (dem Jungen) aus Marbach geschrieben (Kolophon Bl. 164^v); mit der Sammlung des Freiherrn Karl Hartwig Gregor von Meusebach (1781–1847) gelangte die Handschrift 1850 in die Königliche Bibliothek.
SBB-PK, Ms. germ. fol. 640

Aufgeschlagen Bl. 139^r: Gottfried (Schluß) – Ulrich von Türheim (Abbruch) – Eilhart von Oberg.

1ra–139rb Gottfried von Straßburg: Tristan (Sigle P), 139rb Ulrich von Türheim: Tristanfortsetzung (nur 14 Verse), 139rb Eilhart von Oberg: Tristant (ab v. 6103); heller Ledereinband auf Holzdeckeln mit Streicheisenverzierung, auf dem VD+HD je 5 runde Metallbuckel, Spuren von 2 Langriemenschließen.

Die Handschrift stammt von einer Kopistenhand und liefert, wie die meisten 'Tristan'-Handschriften, auch die Fortsetzung des unvollendeten Versromans. Der Schreiber war offenbar unschlüssig, welche Fortsetzungsvariante er wählen sollte. Er entschloss sich zunächst, mit Ulrich von Türheim fortzufahren, aus dessen Dichtung am häufigsten ergänzt wurde (6 x in 11 vollständigen Handschriften). Nach nur 14 Anschlußversen entschied er sich aber zum Abbruch. Statt dessen wählte er zur Komplettierung den 'Tristant' Eilharts von Oberg. Die Kombination Gottfried-(Türheim)-Eilhart ist ungewöhnlich und allein in dieser Handschrift überliefert. Der vollständige Eilhart-Text liegt nur als Bearbeitung des 15. Jahrhunderts in zwei Handschriften vor (D = Dresden, Sächsische Landesbibliothek, Ms. M 42, und H = Heidelberg, UB, Cod. pal. germ. 346), dazu noch der 2. Teil in der Berliner Handschrift (= B in der Eilhart-Überlieferung) als Gottfried-Fortsetzung.

BECKER, *Handschriften, S. 33–34.* – BUSSMANN, HADUMOD *(Hg.): Eilhart von Oberg, Tristant. Synoptischer Druck der ergänzten Fragmente mit der gesamten Parallelüberlieferung. Tübingen 1969 (ATB 70), S. XXXV–XXXVI, XVIII und Teilabdruck.* – WETZEL, *Überlieferung, S. 48, s. Kat. 28.* – MAROLD/RANKE, *Tristan, S. LI–LII,* s. Kat. 29.

RS

31 Tristrant und Isalde

Augsburg: Anton Sorg, 1484, 4°
Papier, 188 Bll., 18 × 13,5 cm
Vorbesitzer: Die Inkunabel wurde 1850 als Teil der Sammlung Meusebach erworben.
SBB-PK, Inc. 138

Aufgeschlagen Bl. 74^v: Tristrants 'Bettsprung'.

Bl. 1^r leer, Bl. 1^v–187^r Tristant und Isalde, Bl. 187^r und 188 leer; 60 unkolorierte Holzschnitte, darunter eine Wiederholung; nicht rubriziert; zeitgenössischer blindgestempelter Augsburger Rindsledereinband über Holzdeckeln, Werkstatt des sogenannten Schepf-Nachfolgers (SCHUNKE, Schwenke-Sammlung 2, S. 9; KYRISS 82).

Der nur in dem abgebildeten Berliner Exemplar überlieferte Augsburger Druck bildet eine anonyme Prosabearbeitung des nur fragmentarisch überlieferten frühhöfischen Tristanepos' des Eilhard von Oberge, das um 1170 vermutlich im Auftrag des braunschweigischen Welfenhofes entstand. Handschriften des Prosaromans, der 1498 von Johann Schönsperger, ebenfalls in Augsburg, nachgedruckt wurde (COPINGER 5878, SBB-PK, Inc. 240), sind nicht bekannt.

Von besonderem Interesse für die zeitgenössische Vorstellung von der Überlieferungsgeschichte des Tristanstoffes ist die Nachrede des Druckes: *Von dyser hystorj hat vonn erste geschriben der maister von Britannie. Vnn nach mals sein buch gelühen einem mit namen Filhart von oberet. Der hat es darnach in reym geschriben.* Tatsächlich war nicht das altfranzösische Gedicht des Meisters (Thomas) von Britannien, das zu Beginn des 13. Jahrhunderts von Gottfried von Straßburg bearbeitet wurde, die Quelle Eilhards, sondern eine unbekannte französische Redaktion des Tristanstoffes aus dem Umkreis des Bérol.

Nicht minder interessant sind die Aussagen des anonymen Autors (*ich Vngenannt*) über das Verhältnis seines Publikums zu den Versen der hochmittelalterlichen Vorlage. Er habe es in Prosa abgefasst *der leüt wegen die sollicher gerymter buecher nicht genad haben. Auch etlich die die kunst der reymen nit aigentlich versteen kündent hab ich Vngenannt diese Hystorj in die form gebracht.* (… wegen den Menschen, die derartige Bücher [in Versen] nicht schätzen. Auch für die große Zahl derer, welche die Verskunst nicht wirklich verstehen, habe ich, Ungenannt, die Geschichte in Prosaform gebracht).

Die Holzschnitte der Inkunabel stammen von zwei verschiedenen Händen. Während die eine einen harten, gleichförmigen Strich, blechernes Faltenwerk und grobe Parallelschraffur aufweist, zeichnet die andere weicher und modelliert geschickter. Der abgebildete Holzschnitt illustriert die Szene unmittelbar nach dem so genannten 'Bettsprung' Tristants. Tristant, der – schon einmal verdächtigt und rehabilitiert – als Zeichen der königlichen Gunst in der Kemenate Isaldes schlafen darf, ist der Untreue überführt worden. Ein Zwerg hat Mehl zwischen die Betten der Liebenden gestreut, um Tristant aufgrund der Fußabdrücke überführen zu können, was schließlich auch gelingt. Tristant versuchte zwar, die List durch einen Sprung in das Bett Isaldes zu überwinden, doch konnte er nicht verhindern, daß er dennoch einen Fußabdruck auf dem Boden hinterließ, zudem wird er durch das Blut verraten, das aus einer noch frischen Wunde tropft, die durch den Sprung erneut aufgerissen wurde.

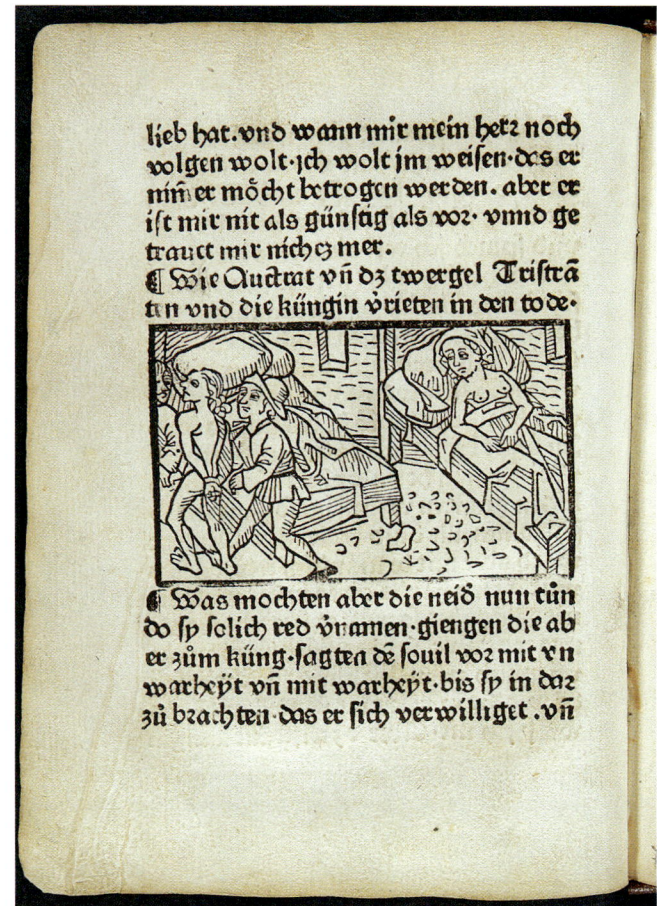

Kat. 31, 74^v

VB 138. – CROUS, Bücherzeichen 27. – SCHRAMM 4, Abb. 2259–2318. – BRANDSTETTER, ALOIS (Hg.): Tristrant und Isalde. Nach dem ältesten Druck aus Augsburg vom Jahre 1484 (ATB; Ergänzungsreihe 5). Tübingen 1966. – Tristan und Isolde (Augsburg bei Antonius Sorg, 1484). Mit einem Nachwort von HELGA ELSNER (Deutsche Volksbücher in Faksimiledrucken Reihe A 16). Hildesheim, Zürich u. New York 1989. – BUSCHINGER, DANIELLE u. SPIEWOK, WOLFGANG (Hgg.): Tristant und Isalde. Prosaroman. Faks.-Ausg. des ältesten Druckes von Augsburg aus dem Jahre 1884 (Wodan 22). Greifswald 1993. – SCHMID, ELISABETH: Art. 'Tristrant und Isalde (Histori von Tristrant und Ysalden)', in: ²VL 9, 1995, Sp. 1065–1068.

KG

32 Tristrant und Isalde

Augsburg: Johann Schönsperger, 1498. 2°
Papier, 58 Bll., 27 × 19,5 cm
Vorbesitzer: Der Druck kam 1835 aus dem Besitz des preußischen Generalpostmeisters Karl Ferdinand Friedrich von Nagler in die Königliche Bibliothek zu Berlin.
SBB-PK, Inc. 240

Aufgeschlagen Bl. 24ᵛ/25ʳ.

1ʳ Titel, 1ᵛ leer, 2ʳ–58ʳ Tristrant und Isalde, 58ᵛ leer; 70 kleine Holz-schnitte, vier Wiederholungen; gedruckte Initialen; moderner Perga-menteinband (Fragmente eines Missale, 16. Jh.) über Pappdeckeln, 19. Jh.

Der vorliegende Druck des Prosaromans 'Tristrant und Isalde' nach der Versfassung Eilhards von Oberge ist die zweite Inkunabelausgabe dieses Textes. Bis in das frühe 17. Jahrhundert fand er sein Publikum in durchwegs illustrierten Ausgaben, so daß ihn die romantisch ver-klärte Germanistik zu Beginn des 19. Jahrhunderts – in Verkennung der literatursoziologischen Gegebenheiten in Mittelalter und Früher Neuzeit – zum Rang eines 'Volksbuches' erhoben hat. Der bei Schönsperger er-schienene Druck, heute nur noch in drei Exemplaren überliefert, ist ein Nachdruck der Augsburger Erstaus-gabe von 1484 (Kat. 31). Der Drucker hat die Holz-schnittserie der Vorgängerausgabe in einer für Augsburg typischen Manier mit kleinformatigen groben Illustra-tionen nachschneiden lassen. Einmal mehr scheint Schönsperger hier seinem mit seinen Nachdrucken der 'Schedelschen Weltchronik' erworbenen Klischee eines 'Raubdruckers', der den Nürnberger Druckerverleger Anton Koberger geschäftlich empfindlich schädigte (Kat. 199), zu entsprechen. Zu Unrecht, denn gerade in der Buch- und Handelsstadt Augsburg war gegen Ende des 15. Jahrhunderts das Nachdrucken von relativ un-aufwendig hergestellten Texten in der Volkssprache sehr verbreitet. Es spiegelt weniger verbotenes Geschäftsgebaren als den für die Zeitgenossen selbstverständlichen Ver-such, die Bedürfnisse nach derartigen Büchern auf dem lokalen Buchmarkt zu befriedigen. Der in Schönspergers Auftrag arbeitende Holzschneider hat – offenbar aus Gründen der Kosten- und Zeitersparnis – von der Vor-lage zumeist spiegelbildliche Versionen angefertigt. Im Vergleich des hier auf Bl. 24ᵛᵃ (oben links) ausgestellten Holzschnittes, der die Überführung Tristrants nach dem mißglückten Sprung zum Bett der Königin illustriert, mit dem entsprechenden Bild aus dem Vorgängerdruck (siehe dort), wird das spiegelbildliche Verhältnis der bei-den Bildkompositionen bis in Details hinein deutlich (perspektivische Darstellung des Fensters, halb abge-schnittene Figur eines der beiden Schergen, Anordnung von Figuren und Gerätschaften im Raum). Einzig das auf dem Boden verteilte Mehl hat der Künstler des Nachfolgedrucks durch eine perspektivisch schraffierte Bodenfläche ersetzt. Auf Bl. 24ᵛᵇ (unten rechts) ist der unter dem Bett liegende *ungeheür zwerge* (Bl. 24ᵛᵃ, Z. 15) als Drahtzieher der Intrige erkennbar. Die in der Türe stehenden Bewaffneten stehen für das mißtrauische Überwachen des verbotenen Tuns der beiden Liebenden am Hofe König Markes.

VB 230. – Gotzkowsky, Volksbücher, S. 362–371. – Schmid, Eli-sabeth: Art. 'Tristrant und Isalde (Histori von Tristrant und Ysal-den)', in: ²VL 9, 1995, Sp. 1065–1068.

JG

Kat. 32, 24ᵛ

Wolfram von Eschenbach: Parzival

In Hans Christian Andersens 'Galoschen des Glücks' propagiert Justizrat Knap das Mittelalter als die von ihm schwärmerisch bewunderte und bevorzugte Zeitspanne; erst die von einer Fee überbrachten Galoschen, die ihn tückischerweise in seine Idealzeit zaubern, bringen die totale Ernüchterung. Die laudatio temporis acti ist eine menschliche Sehnsucht, die auch für eine feudal-adlige Gesellschaft dazu beitrug, das Reich des Königs Artus als leuchtende Folie hinter ihre gewöhnlich bedrängte Existenz zu projizieren. Der Parzival Wolframs bildete für lange Zeit eine ritterliche Identifikationsfigur. Die Ausartung der Idee des Ritters bis in den Wahn, der zum Scheitern verurteilt ist, verkörpert dann Don Quixote, aber erst nach 1600. Im 'Don Quixote' des Cervantes überantworten Priester, Barbier und Haushälterin die ritterlichen Schundromane aus dem Besitz des Helden den Flammen; Klerus und erdverhaftetes Volk obsiegen über das hehre Ideal. Jahrhundertelang hat die arturische Dichtung des mittelalterlichen Europa identitätsstiftend für eine politische und kulturelle Elite gewirkt. Die Vorstellung des Artuskreises als Leitbild inspirierte Literatur und bildende Kunst und prägte und bestätigte das literarische Publikum. Beim höfischen Zeremoniell, in Festen und Turnieren wie in der Namensgebung wirkte das Phänomen Artus nach. Tristan, Zentralgestalt des ritterlichen Minnedienstes, und Lancelot, Recke aus der Tafelrunde des Königs Artus, werden noch 1839 von Edgar Allan Poe – freilich verballhornt und ironisiert – als 'Mad Trist' eines fingierten Autors 'Sir Launcelot Canning' im 'Untergang des Hauses Usher' dem protestantischen Nützlichkeitsdenken Nordamerikas gegenüber heraufbeschworen.

Der um 1200 begonnene Parzival Wolframs von Eschenbach evoziert gleichsam aus dem Stand – freilich nach dem französischen, damals hochaktuellen Gralsroman des Chrétien de Troyes als Quelle – ein äußerst personenreiches, genealogie- und verwandtschaftsgeprägtes, von den Handlungszentren Artushof und Gralsburg bestimmtes Werk. Wolfram als souveräner Autor und Erzähler gestaltet und erklärt das Geschehen, greift ein, kommentiert humorvoll, spielt virtuos mit verschiedenen interferierenden Handlungssträngen, breitet gelehrtes, geistliches und psychologisches Wissen in reicher Fülle aus und läßt seinem Text eine revolutionäre Sprachbehandlung und stilistische Rhetorik angedeihen. Eine erstaunliche hochliterarische Klimax liegt vor, wenn auch gefördert von erweiterter Gelehrsamkeit und ausgedehnterer Wissensvermittlung im Laufe des 12. Jahrhun-

derts und vorgeformt und begleitet von Heinrichs von Veldeke Eneide, Eilharts von Oberge Tristrant, Hartmanns von Aue Erec und Iwein und dem erratischen Brocken des Nibelungenlieds, ein Epos von gleicher unvergleichlicher Qualität; parallel ist die westeuropäische, französisch-normannische Vorbildliteratur zu sehen. Dennoch ragt ein solches Hochgebirge vergleichsweise einsam empor, etwa im Gegensatz zur Weimarer Klassik, deren Gipfelleistungen von einer unendlichen Fülle gedruckter Belletristik jeden Niveaus bis hinab zum Leihbibliothekstrivialroman begleitet wurde. In der Zeit Wolframs sind natürlich die Rezipienten der Dichtung nicht allzu viele, und damit ist die Zahl der Poeten begrenzt.

Mehrere vorzügliche Interpretationen des Parzival erklären das Werk (aus jüngerer Zeit beispielsweise BUMKE, MERTENS, NELLMANN, SCHMID; allerdings stellen manche Deutungen und Inhaltsnacherzählungen gerade in Anbetracht der Lakonie, des Ausschweifenden, der Widerborstigkeit und auch Widersprüchlichkeit dieser Dichtung sehr offensichtlich von Menschen- und nicht von Künstlerhand gemachte Rekonstruktionen dar). Schwierig zu erklären bleibt es, wieso ein nur begrenzt vorgebildetes Publikum, das nicht über ein umfangreiches Vorwissen wie Germanisten oder neuzeitliche Romanleser generell verfügte, eine derart komplexe und komplizierte Dichtung aufnehmen konnte. Voraussetzungen für Entstehung und literarischen Erfolg des Parzival waren zwei gesellschaftliche Umstände: die Herausbildung fester Höfe als Herrschaftszentren und die soziale Verfestigung und Abgrenzung des Ritterstandes, beides Erscheinungen der Zeit. Herrscher und Hof, die herumreisend Herrschaft ausübten, bildeten seit der zweiten Hälfte des 12. Jahrhunderts stationäre Höfe aus (Heinrich der Löwe ging mit der Burg Dankwarderode voran), wo Kunst und Literatur einen Teil der aristokratischen Repräsentation und Selbstdarstellung ausmachten und die Dichter gefördert wurden. Herrscher und Adel bei Hofe, Inhaber von Hofämtern und Gäste stellten ein empfängliches Publikum. Die Minnelyrik zeigt, daß die rechtlich hintangesetzten Frauen in Fragen der literarischen Geschmacksbildung wie in Entstehen und Multiplikation von Literatur wichtige Katalysatoren waren (vgl. BUMKE, Geschichte, S. 30–36). Um die Wende vom 12. zum 13. Jahrhundert förderte der Abschluß des Rittertums zu einer für Newcomer und Aufsteiger schwer zugänglichen Kaste, zu einem allein turnierberechtigten Erbstand, die Herausbildung, Propagierung und Bewahrung eines ritterlichen Tugendsystems, das in großen Zügen an die dreihundert Jahre seine Gültigkeit bewahren und sich in der ritterlich-höfischen Literatur widerspiegeln sollte (vgl. HAUSER S. 78–84). Im Nehmen und Geben wird das Rittertum mit seinen Idealen von großzügiger fürstlicher Patronage angezogen, während der Hof in den Kult ritterlicher Ehre und Tapferkeit eingebunden wird. „Mit der höfischen Dichtung als ihrem höchsten Ausdruck" hat „das Rittertum nach dem Militärischen auch im Kulturellen die Führerschaft in der christlichen Welt übernommen" (MICHAEL BORGOLTE als Rezensent von JOSEF FLECKENSTEIN), ein jeweils zu differenzierender Allgemeinplatz.

Dem Publikum führte Wolfram neben dem Artushof die religiöse Gralsgemeinschaft von Munsalvaesche vor, von geistlichen Ritterorden inspiriert. Beide Welten, für die Gawan und Parzival Exponenten sind, existieren in ihrer in der Dichtung gestalteten Vorbildlichkeit, sind aber auch durch „die Hinfälligkeit des erbsündigen Menschen" (NELLMANN, Bd. 1, S. 422) beschwert. Der Artusritter ist nicht nur auf Schonung der Schwachen, Großmütigkeit gegenüber den Besiegten, Leidensfähigkeit, Verachtung der Gefahr und des materiellen Vorteils und aufopferndem Frauendienst angelegt; er zeigt gleichermaßen „zerstörerische Agressivität", „Triebhaftigkeit und Gewalttätigkeit" (SCHMID S. 175/176). „*Chivalry, looking at the irreconcilable tensions between violence and Christian piety in romance and in medieval history*", wie NANCY MASON BRADBURY es in ihrer Rezension des 'Cambridge Companion to Medieval Romance' ausdrückt. Der literarische Kosmos des Parzival ist besonders groß: hinter oder auch vor der Handschrift liegt die mündliche Tradition, hinter der volkssprachlichen Rittergeschichte lateinische Wissens- und Glaubensstrukturen, hinter der deutschen Dichtung französisch-normannische Vorbilder, hinter der Artuswelt das Gralskönigtum, ein Ineinandergehen des Weltlichen und des Spirituellen; letzterem entspricht, daß weltliche Dichtung im monastischen oder klerikalen Kontext rezitiert wurde und daß Dichtungshandschriften nicht nur in Klöstern, sondern wahrscheinlich auch für Klöster kopiert wurden (PALMER, Culture, S. 11, Anm. 38 und S. 13). Kurzum: PALMER (ebd. S. 21–22) zeigt in seiner Oxforder Antrittsvorlesung unübertrefflich „*the considerable interplay and non-exclusiveness of these factors in the literary culture that was carried by the largely illiterate but aristocratic audience of German vernacular texts in this period*", im Gegensatz zu dem strengen Postulat Alkuins, dem angelsächsischen Gelehrten und Leiter der Hofschule Karls des Großen: „Das Haus ist eng und es gibt keinen gemeinsamen Platz für weltliche und geistliche Literatur". In Wolframs Werk finden sich auch für Themen und Entwicklungen des späteren Mittelalters Stoffe und Gestaltungen. Es ist ein unerschöpfli-

ches Werk, das oberflächliches Hinhören auf eine Handlungsepisode ebenso gestattete wie tiefgründiges Verstehen einer Welt, der Welt, die den Hörer oder Leser bestimmte, wahrhaftig oder fiktiv.

Vom Parzival Wolframs von Eschenbach, der in fünfzehn mehr oder weniger vollständigen Handschriften und mehr als achtzig Fragmenten, die jeweils eine einst geschriebene und (vor-)gelesene komplette Handschrift des Parzival mit eigener Geschichte repräsentieren, überliefert ist, besitzt die Berliner Staatsbibliothek keinen vollständigen Codex, wohl aber fünfzehn Fragmente aus dem 13. und 14. Jahrhundert, die sich durch ihr Alter, ihre Lesarten oder durch paläographische Spezifika auszeichnen. Der Verbreitungseffekt, der durch Vortrag im Umkreis des Dichters oder durch rezitierende Artisten aufgrund von Gedächtnisleistung oder – beim Ritt von Burg zu Burg nicht belastenden – taschenbuch- oder heftartigen Handschriften erzielt wurde, ist nicht berechenbar. Außerdem gehört zur Primärüberlieferung des Parzival der Druck des Straßburgers Mentelin von 1477, der ebenfalls in der Staatsbibliothek vorhanden ist (vgl. Kat. 35). Neben Wolframs Willehalm, einem historisch unterfütterten Leitbild des christlichen Ritters und Fürsten im Abwehrkampf gegen den Islam, bot der Parzival ein lange gültiges ritterliches Vorbild, was zur größten Überlieferungsdichte beider Texte innerhalb der höfischen Epik führte. Sprachform und Denkart Wolframs in ihren oft schwer zu entschlüsselnden Fügungen und jähen Sprüngen, ihrem Wortwitz und komplizierten verfremdeten Ausdrücken und in ihrer eigentümlichen poetischen Abgehobenheit und Symbolik fern jeder trivialen Mitteilung einer Geschichte, scheinen, ähnlich wie beim Jüngeren Titurel, die Bildung einer elitären Rezipientengemeinde befördert zu haben, die sich von der gewöhnlichen plebs abgehoben sah. Nicht umsonst verlegte noch 1477 Mentelin den Parzival gemeinsam mit dem schwer zugänglichen Jüngeren Titurel. Der Parzival lieferte ohne die reale oder postulierte Geschichtsbezogenheit des Willehalm eine Summe ritterlicher Existenzphilosophie und Weltweisheit, gewonnen und vorgeführt in einem imaginären Artusreich und Gralsgeschehen.

Illustrationen waren in Willehalm- wie in Parzivalhandschriften nicht ungewöhnlich. Vom Parzival existieren Bilderhandschriften im 13. wie im 15. Jahrhundert; sie erreichen hingegen nicht die Üppigkeit illuminierter Willehalm-Codices. Die Leitfunktion des Protagonisten Willehalm, einem Helden nach dem französischen Chanson de geste, führte zu reich mit Miniaturen ausgestatteten Folianten, die für Fürstenhöfe bestimmt waren. Wie bei liturgischen Handschriften entsprach der Prachtentfaltung die Absolutheit des Anspruchs. Jedoch konnte anders als etwa in der mittelalterlichen Bibel- oder Psalterillustration nicht auf einen Kanon von Bildtraditionen zurückgegriffen werden; für solche Abhängigkeiten war selbst bei den verhältnismäßig zahlreichen Wolfram-Handschriften das Überlieferungsnetz nicht dicht genug geknüpft. Es bestand anscheinend bis zum elsässischen Diebold Lauber im 15. Jahrhundert, der von einem politisch, wirtschaftlich und kulturell reich entwickelten Umfeld profitierte, keine Werkstatt-Tradition, die denselben Text vielfach kopierte und bebilderte. Der Sangallensis 857 gar, die berühmte Sammelhandschrift mittelhochdeutscher Epen, ist als Einzelstück mit Initialen aus dem Bereich der Liturgica in byzantino-italienischer Tradition ausgeschmückt, die künstlerisch mit Venedig oder Padua zusammenhängen (PALMER, Paläographie, S. 221–223). Vielleicht kann ab Mitte des 14. Jahrhunderts – „perhaps *the* most turbulent and dramatic in all medieval history" (JOHN ABERTH S. 1324) – ein Niedergang in der (nicht nur) deutschen Handschriftenproduktion ausgemacht werden, von dem auch die Parzival- und Willehalm-Reproduktion betroffen ist. Der Schwarze Tod, die Pest, erreichte 1349 Deutschland und raffte durchschnittlich fünfzig Prozent der Bevölkerung dahin und entvölkerte ganze Landstriche. Ist es Zufall, daß die großen und bebilderten Willehalm-Pergament-Codices alle vor diesem Termin oder dann erst wieder gegen Ende des Jahrhunderts hergestellt wurden? Hat der Abbruch der Ausmalung des 1334 geschriebenen Kasseler Willehalm (2^0 Ms. poet. et roman.1; vgl. BECKER, Handschriften, S. 102–104), an der mehrere Künstler beteiligt waren, etwas mit diesem zivilisatorischen Einbruch zu tun? Auch stammt nur ein Fünftel aller vollständig überlieferten Parzival-Handschriften aus dem 14. Jahrhundert, drei von fünfzehn, und nur eine davon ist in diesem Zeitraum nach der Katastrophe der Pest geschrieben worden. Freilich wäre eine genaue Erfassung und Datierung aller Handschriften und Fragmente des 14. Jahrhunderts nötig, um feststellen zu können, ob hier eine Zäsur klafft und merklich weniger kopiert und illuminiert wurde: bei der Schwierigkeit, Pergamenthandschriften einigermaßen genau zu datieren, ein schwieriges Unterfangen.

Der adlig-ritterliche Kontext, in dem der Parzival ein Ideal und Verhaltensreglement lieferte, blieb trotz Bevölkerungskrisen bis in das zweite Drittel des 15. Jahrhunderts bestimmend, ohne daß sich in die Überlieferung ein antiquarischer oder sentimentaler Zug mischte. Erst im letzten Drittel des 15. Jahrhunderts versiegte der Strom klassischer mittelhochdeutscher Literatur, die über fast drei Jahrhunderte im Leben des Adels als

wesentlich empfunden worden war. Die Revolution der militärischen Technik, Infanterie und Artillerie zerstörten den Nimbus des ritterlichen Reiters. Die Hinwendung des Adels zum abhängigen Hof- und Staatsdienst bei einem Landesherren eines Territorialstaats, der im ausgehenden Mittelalter endgültig das Monopol legitimer Gewaltanwendung durchgesetzt hatte, markiert eine gesellschaftliche Entwicklung, in der die alten Rittermären ins Abseits gerieten oder literarisch zum neugeschriebenen Volksbuch für die Unterhaltung bürgerlicher Schichten absanken. Der Parzival-Druck Mentelins (vgl. Kat. 35) scheiterte als überholtes Fossil. Die adlige virtus hingegen wurde von der Literatur des Humanismus und der Renaissance weitergetragen. In Italien bahnte der 1522 zuerst erschienene 'Orlando furioso' Ariosts in einer Mischung von Motiven der Karolinger-Epik mit wild-phantastischen Elementen des höfischen Romans (vgl. 'Herzog Herpin', Kat. 63) „liebessehnsüchtigen und abenteuerlustigen Rittern" weitere Wege; allein die ursprünglichen normgebenden Elemente des ritterlichen Kosmos hatten für das moderne individualistische Ego jede „Verbindlichkeit eingebüßt" (DIETER KREMERS in: KLL, Bd. 1, S. 664). Die Widmung der Versübersetzung des 'Orlando furioso' von 1615 durch den flämischen Poeten Everard Syceram (ca. 1560 – ca. 1620) zielt für diese Dichtung auf einen ähnlichen hochmögenden Kundenkreis, wie ihn einst in entsprechender zeitlicher und örtlicher Abwandlung auch Diebold Lauber für seine Parzival-Reproduktionen angestrebt hatte (vgl. Kat. 60–62): *Tot de doorlvchtighe hooch-geboren neer-lantsche Vorsten, vrome Baroenen, klaren Adel, striitbaer Ridderschap, als wel-gheborene Princerssen, Governeurs, Raden, Colonellen, Capiteyns ende beleefde Iouffrouvven* (Bl. *2^r). Wiederum ist der Ritterroman nicht Leseobjekt eines breiten Volkes, sondern der Oberschichten; an eine ähnliche Klientel richtete sich die barocke deutsche Übersetzung von 1631–1636.

Die sogenannten späthöfischen Epen, die dem Parzival im 14. und 15. Jahrhundert folgten, sind nicht einfach als Verfallsprodukte nach einer Blütezeit anzusehen; vielmehr, „the interaction between the self-conciously literary and intertextual quality of romance on the one hand, and on the other hand its social function as a focus of aristocratic values, gives the genre a complexity of texture that can lead to widely different interpretations of individual works" (JACKSON-RANAWAKE S. 9). Der Parzival-Stoff allerdings, der wirkungsmächtig im 'Jüngeren Titurel' und im 'Lohengrin' fortgesponnen wurde, erhielt im Auftrag des elsässischen Adligen Ulrich von Rappoltstein 1331–1336 im 'Nüwen Parzefal' (ehemals Donaueschingen, nunmehr Karlsruhe, Badische Landesbibliothek, Fürstenberg Ms. 97) einen riesigen, durch zwei Angehörige Straßburger Goldschmiedefamilien verfaßten Einschub (BECKER, Handschriften, S. 87–91; Ausst. Kat. Stuttgart 1993, S. 92–93), eine gigantische Stoffhuberei mit sehr mäßigem dichterischen Sinn und Verstand. Auch in Ulrich Füetrers 'Buch der Abenteuer', das den Parzival in Titurelstrophen umarbeitet und integriert, wird der Anspruch eines Mäzenatentums sichtbar, in der die ritterliche Welt in möglichst umfangreichen literarischen Texten aufgerufen wird und in ihrer Nachfolge die eigene hochadlige Herkunft und Stellung bestimmt und legitimiert werden sollen, nämlich durch das 'Buch der Abenteuer' der Hof Herzog Albrechts IV. von Bayern (1467–1508); ein Prachtexemplar auf Pergament in Großfolio wurde anläßlich seiner Vermählung mit Kunigunde von Österreich 1487 geschrieben (München, Bayerische Staatsbibliothek, Cgm 1, Kat. München SB 5,1, S. 1–6).

Nach diesem Solitär hochadliger Repräsentationslust und Legitimationsanspruchs, der auch den Parzival neu erstrahlen läßt, versinkt dieses vornehmste deutsche Ritterepos für nahezu drei Jahrhunderte im Staub der Vergessenheit. Es wird nicht einmal – wie bei 'Tristrant und Isalde' oder dem 'Wigalois' – in ein sogenanntes Volksbuch umgewandelt. Erst historisch- antiquarische Interessen führten im 18. Jahrhundert im Zuge der Zeit beim Schweizer Historiker JOHANN JACOB BODMER zur Edition einer freien Übersetzung des Parzival in Hexametern. Schon 1735 fragte Bodmer brieflich aus Zürich bei dem Naturforscher Albrecht von Haller in Bern an, „ob in dasiger Bürger-Bibliotheck nichts originales von alten teutschen schriften von Friederichs II. Zeiten anzutreffen sey, insonderheit in genere poetico" (Auktionshaus Stargardt, Kat. 675, Berlin 2002, Nr. 25); wie bei Bodmers Beschäftigung mit dem Nibelungenlied und dessen Teilherausgabe hing die Wiederentdeckung des Parzival mit seiner dichtungstheoretischen Ependiskussion zusammen, die nicht nur das alte Griechenland, Italien und England, sondern auch das deutsche Mittelalter einbezog. Von CHRISTOPH HEINRICH MÜLLER [MYLLER], einem Schüler Bodmers in Zürich, der wegen eines politischen Pamphlets aus seiner Heimat verbannt war und eine Stellung als Professor am Berliner Joachimsthalschen Gymnasium gefunden hatte, erschien dann 1784 eine vollständige Textausgabe, von der er ein Exemplar Friedrich II. widmete; während der vom französischen Rationalismus und Voltaire gebildete preußische König zwei Jahre zuvor das ebenfalls in MÜLLERS 'Sammlung deutscher Gedichte' erschienene Nibelungenlied noch toleriert hatte, hieß er den Parzival ein elendes Zeug, das keinen Schuß Pulver wert sei und das er in seiner Bibliothek

nicht dulden werde; durch die dreimalige, bildhaft eindringlich gestaltete Ablehnung des Königs war der Herausgeber wieder als armseliger Altertumsforscher in seine Schranken gewiesen worden. Der Altphilologe und Germanist KARL LACHMANN, der davor das Nibelungenlied ediert hatte, legte 1833 die im großen und ganzen bis heute gültige und gängige, wenn auch methodisch angezweifelte Textfassung vor, von konsequentem Handschriftenstudium und genialem philologisch-poetischen Gespür getragen.

Die alten Epenhandschriften selbst überlebten noch am besten im Verband einer großen Bibliothek, wo sie irgendwann historisches Interesse erregten. Vieles, nämlich das meiste aber fiel Makulierungen oder vernachlässigendem Desinteresse zum Opfer. Pergamentblätter konnten in mehreren Handwerksgewerben nutzbringend verwendet werden. Die in dieser Ausstellung vorgestellten Fragmente stammen ausnahmslos aus Buch- oder Akteneinbänden; denn zu Umschlägen von Wirtschaftsaufzeichnungen oder schriftlich niedergelegten Rechtsverhältnissen einer Herrschaft oder Behörde – Adelssitz, Kloster, Gericht – waren im 16. und 17. Jahrhundert viele Blätter von als inhaltlich überholt geltenden Pergament-Codices verwendet worden, und Streifen und Schnipsel solcher Blätter dienten mannigfachen Einbandverstärkungen in geschriebenen wie gedruckten Büchern. Daß die genannten Jahrhunderte den Schwerpunkt der Makulierungszeit bilden, ist aus den Datierungen des eingebundenen Materials oder aus den Inhaltsbeschriftungen zweifelsfrei abzulesen. Die beiden ausgestellten Parzivalfragmente stellen Originalurkunden mittelalterlichen literarischen Lebens dar, während vieles den Zeitläuften völlig zum Opfer fiel: klimatische Umstände, mangelnde Konservierung, Vernachlässigung oder Zerstörung wegen Irrelevanz und Unkenntnis, Katastrophen wie Kriege mit den daraus resultierenden Feuersbrünsten und Vandalismen. Sporadisch künden mittelalterliche Bibliothekskataloge von Exemplaren des Parzival oder anderer Epen, die in einer Adelsbibliothek standen, nun aber nicht mehr nachweisbar sind.

ARIOSTO, LUDOVICO: *Orlando furioso. Hoogste voorbeelt van oprecht Ridderschap. In Nederlantsche Rijmen door* EUERART SYCERAM *van Brussel. Antwerpen 1615.* – VAN EEGHEM, W.: *Everard Syceram, in: Biographie Nationale de Belgique, Bd. 24, 1926–1929, Sp. 387–398.* – *Parcival. Ein Ritter-Gedicht aus dem dreizehnten Jahrhundert von Wolfram von Eschilbach zum zweiten Male aus der Handschrift abgedruckt, weil der erste Anno 1477 gemachte Abdruck so selten wie Manuscript ist. In:* MÜLLER, CHRISTOPH HEINRICH: *Sammlung deutscher Gedichte aus dem XII., XIII. und XIV. Jahrhundert. Bd. 2. Berlin 1784.* – *Parcival. Studienausgabe (das auf dem Handschriftenverzeichnis von* EDUARD HARTL *in der 6. Aus-*

gabe beruhende Verzeichnis der 7. Ausgabe von 1952 ist in die Studienausgabe leider unredigiert übernommen worden, so daß allein für die fünfzehn Parzival-Fragmente der SBB-PK fünfzehn falsche, unverständliche oder unvollständige Signaturen genannt werden; das Verzeichnis bedarf für eine Neuauflage dieses Standardtextes und -werkes dringend einer Überarbeitung) (eine neue, überlieferungskritische Ausgabe des Parzival auf CD-Rom plant MICHAEL STOLZ von der Universität Basel, vgl. im Internet Mediaevum.de). – HAUSER, ARNOLD: Sozialgeschichte der mittelalterlichen Kunst. Hamburg 1957 (rowohlts deutsche enzyklopädie 45). – KREMERS, DIETER: Orlando furioso, in: KLL, Bd. 1, München 1988, S. 664–666. – Zu Johann Jacob Bodmer und Karl Lachmann vgl. die Artikel von WOLFGANG F. BENDER und URSULA HENNIG in: KILLY, Literatur-Lexikon, Bd 2, 1989, S. 47–49 und Bd. 7, 1990, S. 107–108. – SCHLECHTER, ANDREAS: Rappoltsteiner Parzifal, in: Ausst. Kat. Stuttgart 1993, S. 92–93. – SCHMID, ELISABETH: Wolfram von Eschenbach: Parzival, in: Interpretationen S. 173–195. – Wolfram von Eschenbach: Parzival. Nach der Ausgabe Karl Lachmanns revidiert und kommentiert von EBERHARD NELLMANN. Übertragen von DIETER KÜHN. Bd. 1.2. Frankfurt am Main 1994 (Bibliothek deutscher Klassiker 110). – MERTENS, Artusroman – JACKSON, W. H. u. S.A. RANAWAKE (Hgg.): The Arthur of the Germans. The Arthurian Legend in Medieval German and Dutch Literature. Cardiff 2000 (Arthurian Literature in the Middle Ages 3). – ABERTH, JOHN: Rezension von: The New Cambridge Medieval History, 6: C. 1300 – c.1415. Cambridge 2000, in: Speculum 77, 2002, S. 1324–1327. – BRADBURY, NANCY MASON: Rezension von: The Cambridge Companion to Medieval Romance. Cambridge 2000, in: Speculum 77, 2002, S. 1332–1334. – BORGOLTE, MICHAEL: Rezension von: FLECKENSTEIN, JOSEF: Rittertum und ritterliche Welt. Berlin 2002, in: Süddeutsche Zeitung Nr. 299, 28./29. 12. 2002, S. 14.

PJB

33 Wolfram von Eschenbach: Parzival (Sigle F)

Alemannisch, letztes Viertel 13. Jh.
Pergament, 2 Doppelbll., 19 × 16,5 cm (Bll. oben beschnitten)
Vorbesitzer: der Parzival-Editor Karl Lachmann; von ihm an Karl Hartwig Gregor von Meusebach, den Sammler älterer deutscher Literatur, anläßlich dessen 50. Geburtstag am 6. Juni 1832 verschenkt.
SBB-PK, Ms. germ. fol. 734, 2

Aufgeschlagen Bl. 4ᵛ: Parzival 685,14–686,18 u. 686,24–687,28; Initiale F mit rotem Randausläufer in Form einer Schriftrolle.

2 Spalten, rubriziert; vereinfachte regelmäßige Textualis kleinen Grades ohne Brechungen, Gebrauchsschrift wohl eines Berufsschreibers, vgl. etwa SCHNEIDER, Gotische Schriften, Abb. 126, 134, 141; das weite Ausschwingen der Oberlängen des d zu Beginn der Verse hat eine Schmuck- und Gliederungsfunktion.

Dieses Fragment, dessen genaue Lokalisierung innerhalb des alemannischen Sprachraums kaum möglich ist, das aber im Rahmen einer umfangreicheren südwestdeutschen Parzivaltradierung steht, besitzt eine große Besonderheit: Die Initiale zum 686. Abschnitt *Frou Bene* ist mit der rot skizzierten Darstellung einer Schriftrolle geschmückt, deren doppelt geschwungene Enden allerdings der ge-

wöhnlichen Handhabung – auf der einen Seite das Abrollen der zu lesenden Partien, auf der anderen Seite das Aufrollen der gelesenen Partien – widersprechen. Buch- und Schriftrollen, in der Antike die gebräuchliche Überlieferungsform für Texte aller Art, existierten im Mittelalter nur für Spezialformen, etwa als Urkundenrolle oder für stammbaumartige chronikalische Texte. Geistesheroen blieb im Bereich der bildenden Kunst die Schriftrolle jedoch als Attribut zugeordnet – gelangte sie von dort als Reminiszenz in den Codex? – Auch bei diesem Fragment erfolgte wie bei so zahlreichen anderen die Makulierung im 16. Jahrhundert, und in jenem Jahrhundert geschriebene lateinische juristische Fachtermini mit Bezug auf Blattzahlen und Jahre neben den Spalten des Parzival-Textes verweisen vielleicht auf einen juristischen Druck, zu oder in dessen Einband die Pergamentblätter Verwendung fanden; die poetische Welt war dem rationalen Rechtsdenken gewichen.

LACHMANN, *Parzival, Studienausgabe, S. XXXVIII.*

PJB

34 Wolfram von Eschenbach: Parzival (Sigle Gᵅ)

Südbayern / Österreich, 1. Viertel 14. Jh.
Pergament, 10 Bll., ca. 33 × 24 cm
Vorbesitzer: der Germanist Franz Pfeiffer.
SBB-PK, Ms. germ. fol. 923, 37 (37. Faszikel dieser Fragmentenmappe)

Aufgeschlagen Bl. 7ᵛ–8ʳ: Parzival 542,21–545,14 u. 556,17–559,1.

Textura, die einen geringeren Grad der Gotisierung aufweist und sich einer vereinfachten Gebrauchsschrift nähert: die Schäfte und Rundungen der Buchstaben sind mehr gebogen als gebrochen; neben mit Anstrichen oder Gabeln versehenen Schäften kommen auch einfache gerade Schaftanfänge vor (Abb. bei DEGERING: Die Schrift, Nr. 91; vgl. SCHNEIDER, Gotische Schriften, Textbd., S. 230 zu Abb. 131 im Tafelbd.).

Von einer ehemaligen breitrandig geschriebenen, bayrisch-österreichischen Handschrift aus dem ersten Viertel des 14. Jahrhunderts sind hier zehn Blätter erhalten. Die Handschrift war also ungefähr hundert Jahre nach der Entstehung des Parzival hergestellt worden. Ein elegantes Sägeblattfleuronnée schmückt gegenfarbig die blau-roten Abschnittsinitialen. Die Anfangsbuchstaben jedes Verspaares sind herausgerückt. Die Blattränder weisen Gebrauchsspuren vom Umblättern auf. Scharfe Knicke bezeugen den Makulierungszweck: das Pergament diente als Kopert für Geschriebenes oder Gedruck-

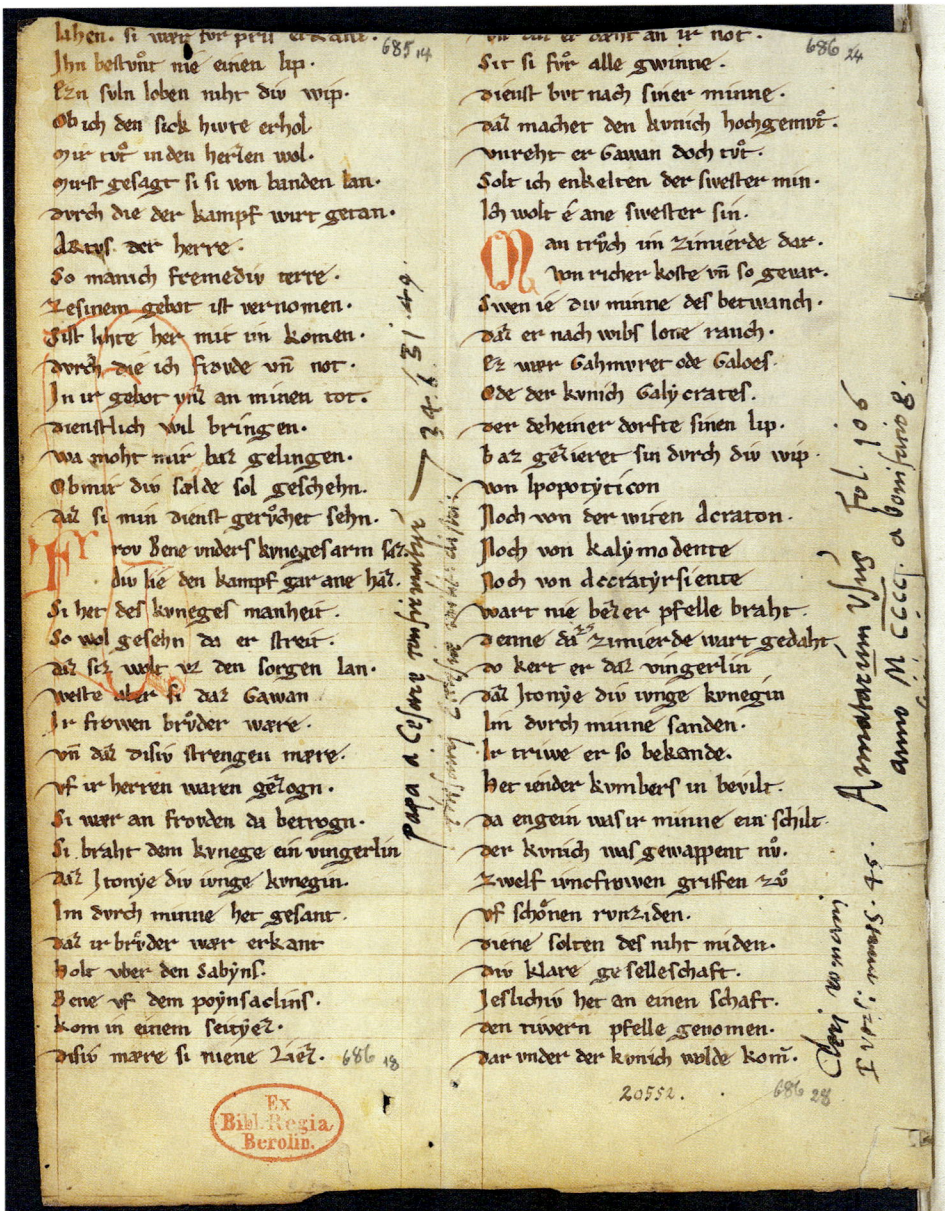

Kat. 33, 4ᵛ

tes. Die drei Verse 557, 27–29 (8ʳ, am Fuß der ersten Spalte; eine ganz besonders schwer zu bestehende âventiure wird angekündigt) waren vom Schreiber oder von der Vorlage des Schreibers zu zwei Versen zusammengezogen worden, von einem aufmerksamen Leser jedoch bald danach teilweise ausradiert und in hergebrachter Form in drei Versen neugeschrieben worden: eher ein Beleg für die Richtigkeit Lachmannscher Textkritik als für gleichberechtigt sein sollende Fassungen, die jeweils vom Schreiber quasi in Autorenfunktion zu verantworten seien, wie es eine momentan grassierende Modeströmung der Germanistik postuliert.

Die Blätter besaß der Germanist Franz Pfeiffer (1815–1868), der in den Pionierjahren dieses Fachs wirkte und seit 1835 Bibliotheksreisen unternahm, um im Zeitalter vor der Erfindung des Mikrofilms und der Digitalisierung altdeutsche Texte abzuschreiben und sie entweder selbst in erstaunlicher Anzahl zu edieren oder sie anderen zu diesem Zweck zu überlassen. Bei diesen Bibliotheksreisen wird Pfeiffer in den Besitz mittelhochdeutscher Fragmente gekommen sein, denn mit dem Bibliothekseigentumsrecht nahm man es damals nicht immer ganz genau, und manches wurde als Souvenir gegeben oder genommen. Mehrere dieser Fragmente kamen auf dem Umweg über Studienfreunde – denn Pfeiffer selbst war als Anti-Lachmannianer erbitterter Gegner der sogenannten Berliner Schule der Germanistik – in die Königliche Bibliothek zu Berlin. Andere Teile des Codex, zu dem diese Pfeifferschen Bruchstücke einst gehörten, liegen in der Bayerischen Staatsbibliothek München, im Franziskanerkloster Schwaz/Inn und im Kloster Maria Lankowitz in der Steiermark (Parzival, Studienausgabe 1998, S. XLIII–XLIV). Daß solche auf getrennten Bahnen überlieferten Fragmente des öfteren auf ein- und denselben Codex discissus zurückgehen,

bildet ein gewichtiges Argument dafür, daß die einstmals bestehende Anzahl von Handschriften einer Dichtung begrenzt war, da sonst derartige Überlieferungszufälle kaum möglich wären. Denkbar wäre es, daß während der maximal drei Rezeptionsjahrhunderte mittelhochdeutscher Epik jeweils von den berühmtesten und bekanntesten Epen in einer Generation im Höchstfall einige hundert Handschriften zirkulierten, von denen in der nächsten Generation schon wieder ein gewisser Prozentsatz vernichtet, andererseits aber auch neugeschrieben sein mochte. Umgekehrt gab es sicherlich Fälle, in

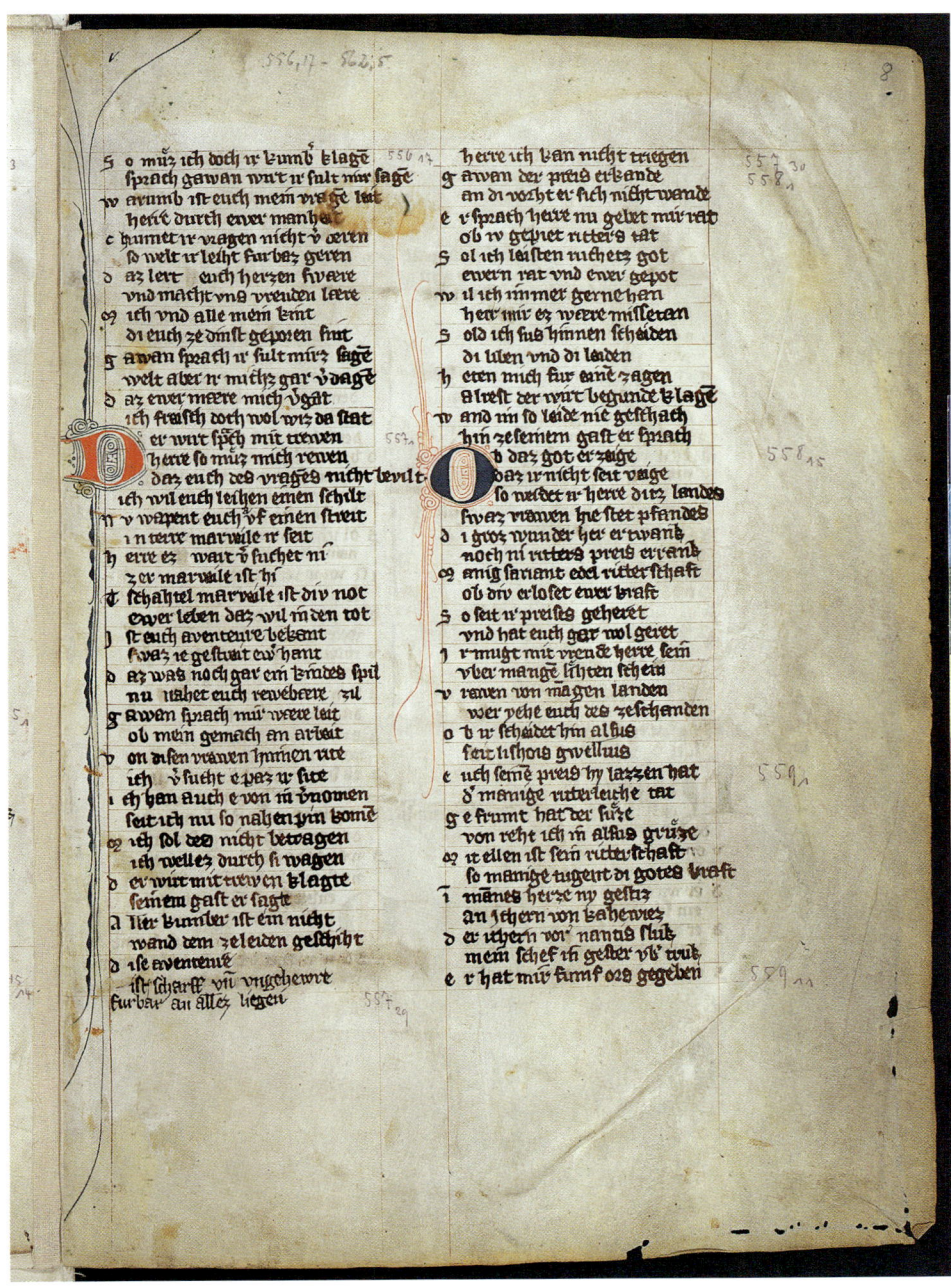

Kat. 34, 8ʳ

denen ein spannender und literarisch hochwertiger Text kaum über seinen Entstehungsort hinausgekommen sein wird, da ohne Verlage und Buchhandel Überlieferung immer vom Zufall abhängig gewesen ist. Ein bekanntes Beispiel: Heinrich Wittenwilers Ring (früher Meiningen/Thüringen, nunmehr als Neuerwerbung in München, Bayerische Staatsbibliothek, Cgm 9300).

DEGERING, HERMANN: *Die Schrift. 3. Aufl. Tübingen 1952.* – LACHMANN, *Parzival, Studienausgabe, S. XLIV.*

PJB

35 Wolfram von Eschenbach:
Parzival

Angebunden:

Albrecht:
Der Jüngere Titurel

Straßburg: Johann Mentelin 1477. 4⁰
Papier, 160 Bll. und 307 Bll., 29 × 21 cm
SBB-PK, Inc. 2085 (Parzival) und Inc. 2086 (Der Jüngere Titurel)

Aufgeschlagen: Anfangsbl. des Parzival mit Leservermerk in dem für eine Initiale freigelassenen Raum.

Beide Drucke um 1500 zusammengebunden. Beim Jüngeren Titurel sind später vom unbekannten Vorbesitzer 8 fehlende Bll. aus dem Wolfenbütteler Exemplar hsl. ergänzt worden; der Parzival ist bis 126ʳ recht und schlecht mit blauen und roten Abschnittsinitialen versehen worden; Raum für Illustrationen in beiden Epen nicht ausgemalt; spätgotischer Einband aus Leipzig, Leder über Holzdeckeln, KYRISS, Einbände, Tafel 209, Nr. 1, 2, 3 (um 1496–1510), Titel auf dem Vorderdeckel aus einzelnen Frakturbuchstaben vom Buchbinder eingeprägt: *Parcifall.*

An der Nahtstelle zwischen mittelalterlicher Handschriftenproduktion und dem sich nunmehr in großem Umfang durchsetzenden und ausbreitenden Inkunabeldruck (dazu BRANDIS, Typologie, passim) stehen die Drucke des Parzival Wolframs von Eschenbach und des Jüngeren Titurel Albrechts, letzterer freilich immer noch unter der fingierten Autorschaft Wolframs als Gütesiegel, somit zusammen gedruckt und – wie auch anderswo – im Berliner Sammelband gemeinsam überliefert. Beide Epen wurden 1477 in Johann Mentelins Offizin in Straßburg als dessen letzte Erzeugnisse hergestellt. Was die Setzer mit der Vorlage, besonders mit dem Parzival, anstellten, rechtfertigt sowohl den Stoßseufzer des vorgeschobenen Verfassers am Schluß des Titurel: *Ich Wolfram bin vnschuldig/Ob schreiber recht vnrichtig machet* (SCHORBACH Tafel XV; einige Strophen zuvor hatte der Autor allerdings von sich als *ich Albrecht* gesprochen, ein ziemliches

logisches Durcheinander) wie auch das stilecht in Reimpaarversen gehaltene Urteil eines Lesers des 16. Jahrhunderts: *Meister Wolfram von Eschenbach:/Bringt hierin für viel seltzam Sach:/Im 1477. Jhar/Sein Reimsprüche sind nicht sehr klar.* Die barocke Schreibweise Wolframs und der schwere sogenannte geblümte Stil des Jüngeren Titurel addierten sich zu Mißverständnissen und Eigenmächtigkeiten von Schreibern in der über zweieinhalb Jahrhunderte während en Überlieferung der beiden Epen. 'Der Jüngere Titurel' allerdings beruhte auf einer guten Textvorlage, die ebenso wie die als Vorlage verwendete Parzival-Handschrift verloren ist. Beides Mal muß es sich um eine Bilderhandschrift gehandelt haben, denn in beiden Drucken gibt es zahlreiche Leerfelder für Abbildungen, die im Parzival schon mit Titeln wie *Hie rait her partzifal, Hie was her partzifal in den gral geritten* versehen sind; es existiert jedoch keine ausgemalte Inkunabel, so daß Absicht des Verlegers und Rezeption beim Publikum einander verfehlten. Durch die ungleiche Länge der abgesetzten Reimpaarverse ist der Kolumnenschluß des Parzival von der unruhigen Wirkung des Flattersatzes, während ein gleichmäßiger Zeilenschluß als typographische Meisterleistung galt; wohl deswegen sind im Jüngeren Titurel bei eingerücktem Strophenanfang nur die Strophen und nicht die Verse abgesetzt.

Johann Mentelin (um 1410–1478), Erstdrucker in Straßburg, wo Gutenberg seine ersten einschlägigen Experimente gemacht hatte, versuchte, die beiden deutschen Dichtungen hohen Ranges in sein sonst überwiegend lateinisches, ausschließlich theologisch oder wissenschaftlich oder klassisch bestimmtes Verlagsprogramm zu integrieren, ein Experiment, womit er scheiterte, denn weitere Auflagen wurden nicht nötig und ein Restbestand, zu dem vorliegendes Exemplar gehört zu haben scheint, blieb lange unverkauft. Mentelin war durch Heirat in Straßburger Patrizierkreise aufgestiegen und war lange Zeit Beamter beim prunk- und kunstliebenden Straßburger Bischof Ruprecht von Pfalz-Simmern gewesen, der die Ependruckausgabe angeregt haben könnte, etwa um die Handschriftenproduktion der nicht mehr existierenden Schreib- und Illustrationswerkstatt Diebold Laubers im elsässischen Hagenau (vgl. Kat. 60–62), aus der Ruprecht einst einen Parzival bestellt hatte (BECKER, Handschriften, S. 81), mit anderen, modernen Mitteln fortzusetzen. Am Ende seiner Laufbahn und finanziell abgesichert, konnte Mentelin sich so ein wirtschaftliches Wagnis leisten, wenn er es denn als solches empfand.

Die Drucke wurden nicht etwa, wie das bei volkssprachlicher Literatur üblich war, in gotisch-gebrochenen Lettern oder Frakturbuchstaben gesetzt, sondern in

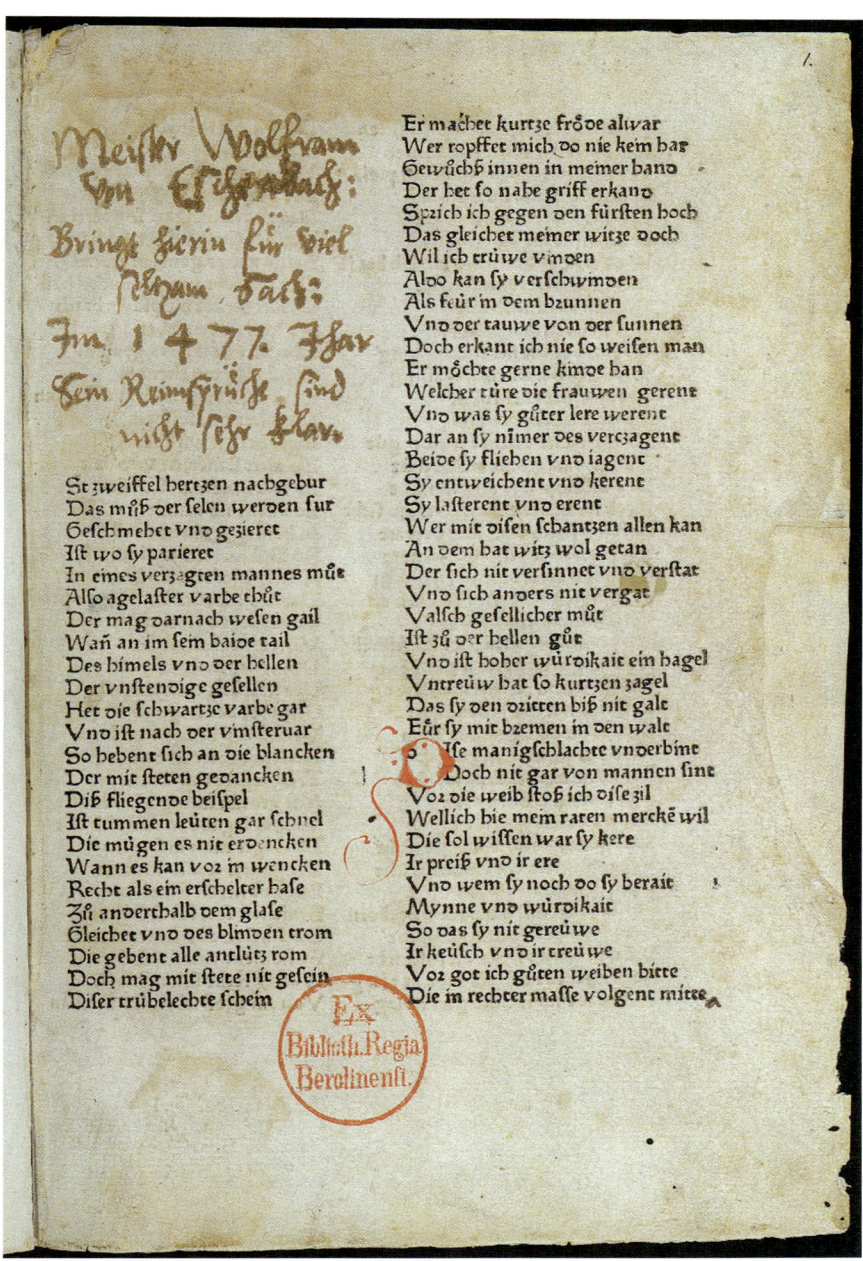

Kat. 35, 1ʳ

einer sonst für große wissenschaftliche Editionen von Mentelin verwendeten Gotico-Antiqua, einer „kleinen halb romanischen Letternart" (SCHORBACH S. 59). Einige Lettern mußten zu dem bereits vorhandenen Alphabet neugegossen werden (*K,k,W,w* und Umlaute), die die typographische Schönheit sichtlich beeinträchtigen. Mentelin unternahm nichts, die mittelhochdeutschen Epen dem Bürgertum typographisch, ausstattungsmäßig (Holzschnitte) oder stilistisch-inhaltlich (Prosaauflösung oder simple Versformen) näherzubringen, so wie es in den wenig später gedruckten Straßburger Heldenbüchern von ca. 1479 und von 1483 geschehen sollte, die, wie aus den wenigen erhaltenen Exemplaren hervorgeht, auf große Resonanz der Leser stießen und durch Gebrauch verbraucht wurden. Vom gedruckten Parzival sind hingegen noch knapp vierzig, vom gedruckten Titurel noch über vierzig Exemplare vorhanden, Mengen, die beweisen, daß sie nicht als einzelne Bücher in den Händen unterhaltungsbegieriger Käufer durch rege Benutzung zerfleddert wurden, sondern im Verband größerer Adels- oder Klosterbibliotheken überdauerten. Das Folioformat (denn um ein solches handelt es sich buchtechnisch gesehen) und die abgehobene Versform mindestens des Jüngeren Titurel prädestinier-

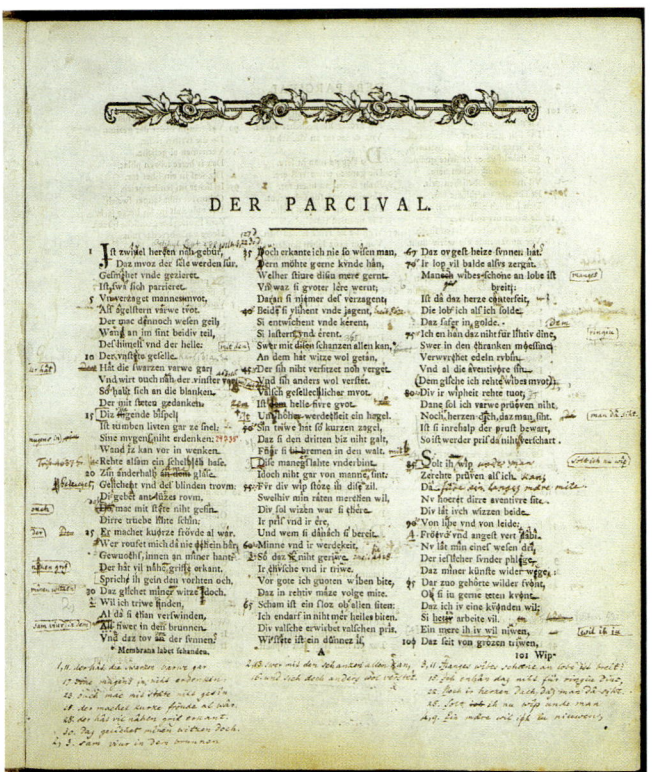

Kat. 36, 1ʳ

ten zu einem derartigen Aufbewahrungsort. Mentelins Parzival und Titurel sollten einer adlig-patrizischen und gelehrten, an Fürstenhöfen oder von der Kirche beschäftigten high society vorbehalten bleiben (vgl. BECKER, Handschriften, S. 249–253) und kein Verkaufsschlager bei neuen lesekundigen Schichten werden. PUFF (S. 82) sieht, indem er den literarhistorischen Eintrag eines spätmittelalterlichen Lesers in die Parzival-Jüngerer Titurel-Inkunabel der Chorherrenstiftsbibliothek St. Florian (Oberösterreich) (heute: Chicago, Newberry Library, Inc f 216–217) interpretiert, „anstelle einer modernisierenden Haltung gegenüber den höfischen Epen" (wie beim Helden- und Volksbuch) „ein antiquarisches Literaturinteresse". Um die Wende des 15. zum 16. Jahrhunderts konnte der Ersterwerber des Berliner Sammelbandes beide Drucke noch in Form von ungebundenen Druckbogen, die vom Buchhandel ökonomischer zu transportieren waren, in Leipzig vorfinden und binden lassen. Die Ependrucke Mentelins waren durch den sich konstituierenden Buchhandel über den gesamten deutschen Sprachraum in ähnlicher Streuung wie die entsprechenden Handschriften verteilt, so daß das Elsaß keineswegs das Hauptverbreitungsgebiet bildete.

VB 2085 und 2086. – SCHORBACH, KARL: *Der Strassburger Frühdrucker Johann Mentelin. Mainz 1932 (Veröffentlichungen der Gutenberg-Gesellschaft. 22), S. *24–*25, Nr. 39 und 40.* – KYRISS, *Einbände, Nr. 103, Tafel 209 und 210.* – RITTER, FRANÇOIS: *Histoire de l'imprimerie alsacienne aux XVe et XVIe siècles. Strasbourg und Paris 1955, S. 19–36.* – FERDINAND GELDNER: *Die deutschen Inkunabeldrucker. Bd. 1: Das deutsche Sprachgebiet. Stuttgart 1968, S. 55–59 mit Abb. 18.* – BECKER, *Handschriften, S. 243–259.* – RIECKE, *Wolfdietrich, S. 148–163 (Bibliographie der gedruckten Heldenbücher).* – BRANDIS, *Typologie, passim.* – Bayerische Staatsbibliothek, Inkunabelkatalog, Redaktion ELMAR HERTRICH u. GÜNTER MAYER, *Wiesbaden, Bd. 1, 1988, A-224 u. Bd. 5, 2000, W-91.* – PUFF, MICHAEL: *Ein Rezeptionszeugnis zu Wolfram von Eschenbach vom Ausgang des Mittelalters, in: ZfdA 129, 2000, S. 70–83.*

PJB

36 Parcival. Ein Ritter-Gedicht aus dem dreizehnten Jahrhundert von Wolfram von Eschilbach

In: MÜLLER, CHRISTOPH HEINRICH: Sammlung deutscher Gedichte aus dem XII., XIII. und XIV. Jahrhundert. Bd. 2. Berlin: Selbstverlag auf Subskribentenbasis, gedruckt bei Spener 1784
SBB-PK, Libr. impr. c. not. mss. quart. 150

Aufgeschlagen: 2. Hälfte der Subskribentenliste und Bl. 1r Textbeginn mit hsl. Verbesserungen Lachmanns.

Die grundlegenden textkritischen, teilweise bis heute verbindlichen Ausgaben mittelhochdeutscher Epik durch Karl Lachmann (1793–1851) verdunkeln die Pionierleistungen des Bodmer-Schülers Müller (Myller), der die Zürcher Heimat aufgrund eines vom aufklärerischen Geist geprägten, in Abschriften zirkulierenden Papiers verlassen mußte. Er fand als Professor für Philosophie und Geschichte am Joachimthalschen Gymnasium in Berlin Unterschlupf und edierte als erster den vollständigen Nibelungen-Text (1782). Eine Widmung dieser Edition nahm Friedrich II. entgegen einer Legende noch wohlwollend auf, aber der 'Parcival' von 1784 erregte seinen entschiedenen Unmut, wobei allerdings schon der Parzival-Prolog für den im Geiste Voltaires gebildeten König eine Zumutung darstellen mußte. Trotz seines dichtungstheoretisch bedingten Zerwürfnisses mit dem Professor für helvetische Geschichte in Zürich, Johann Jakob Bodmer (1698–1783), aufgrund dessen historischen Neigungen und poetischen Wiederentdeckungen Müller sich der mittelhochdeutschen Epik zugewandt hatte, war der Barde, Lyriker und Epiker „Klopstock [!] in Hamburg" neugierig und tolerant genug, sich auf die Subskribentenliste des 'Parcival' setzen zu lassen. Bodmer gewährte gegenüber dem mehr rational gestimmten Hamburger Klopstock, der den mündigen Menschen in einer von Gott vernünftig gestaltenen Welt besang, ausdrücklich dem Wunderbaren Einlaß in die Dichtkunst ('Critische Abhandlung von dem Wunderbaren in der Poesie', 1740), wofür allerdings der Parzival ein fabelhaftes Beispiel bot. Der vorliegende Band war das Handexemplar Karl Lachmanns, der ihn für seine Parzival-Ausgabe (Berlin 1833) durchgehend textkritisch annotierte.

PJB

37 Friedrich Baron de la Motte Fouqué: Der Parcival

Brandenburg (u. a. Spandau), 1831–1832
Papier, 6 Bücher: 88+96+72+64+110+82 S., 35,5 × 22 cm
Vorbesitzer: 1924 aus dem im Familienbesitz befindlichen Fouqué-Nachlaß erworben.
SBB-PK, Ms. germ. fol. 1379

Aufgeschlagen Buch 2, S. 18–19: Schluß eines Gesprächs zwischen Meister Friedrich [Fouqué] und Meister Wolfram [von Eschenbach] über die Minne, in dem Wolfram beklagt, daß er *mit den fatalen* Damen *manch herbes Weh erlebt* habe. In Szene 5 setzt sich die Parcival-Handlung fort und travestiert den vordem beschworenen holden Minnedienst, indem Parcival, der einen groben Flegel von Fischersmann vergebens nach dem Weg nach König Artus' Hof zu Kardignan fragt, seine Auskunft durch die Fischersfrau zu bekommen sucht: *Mit Weibern sprech' ich aus der Maassen gern*, lockt er; doch diese ist dem Fischer *glücklicherweise schon seit ein paar Jahren davon gelaufen.*

Fouqué war preußischer Junker, der sich wie Kleist und Arnim der Literatur verschrieben hatte. Viele seiner Werke verherrlichen mittelalterliche Ritterherrlichkeit, die ihm als Vehikel der konventionellen Ansichten seines Standes diente, so daß er selbst in einer Epoche politischer Restauration zunehmend ins literarische Abseits geriet. Dennoch bildet seine voluminöse Nachgestaltung des mittelalterlichen deutschen Parzival-Epos Wolframs wohl neben Wagners 1882 vollendetem Parsifal die bedeutendste Form künstlerischen Nachlebens des Stoffes, bei Wagner freilich in der Öffentlichkeit der großen Oper dargeboten, während Fouqués Parcival von 1831/32, das Autograph des Verfassers, bis vor wenigen Jahren ungedruckt im Manuskript versteckt lag (zusätzlich im gedruckten Handschriftenkatalog der Staatsbibliothek verborgen unter der ungebräuchlichen Ansetzung 'La Motte', ohne Verweisung von 'Fouqué'). Die bekannteste neuere deutsche Literaturgeschichte, der DE BOOR, kennt noch 1989 im zuständigen Teilband von GERHARD SCHULZ den Parcival gar nicht, ein merkwürdiges Versäumnis, wenn man an die umfangreichen lobenden Empfehlungen – die einer Entdeckung gleich

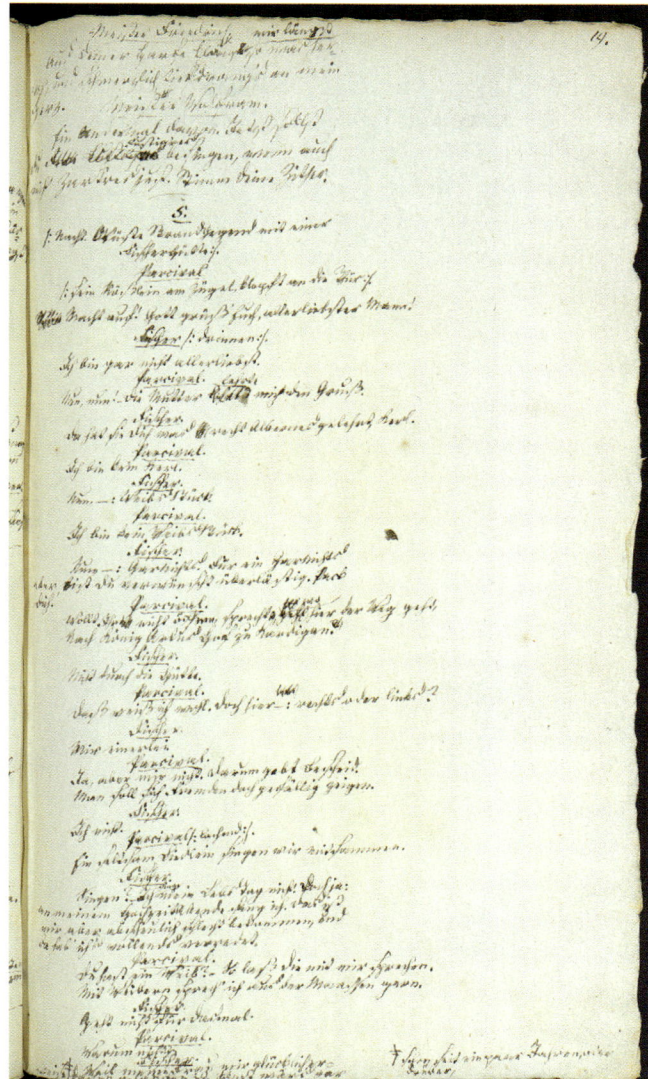

Kat. 37, S. 19

kommen – ARNO SCHMIDTs in seiner Fouqué-Biographie von 1958 denkt, die zudem ein sechsseitiges Szenarium des Epos bietet. Trotz seiner insistierenden Penibilität vergaß aber SCHMIDT wiederum anzugeben, wo denn nun sich das von ihm gefundene und in kulturkritischen Worten möglicher Vernichtung anheimfallen gesehene Werk befand, vielleicht eine un(ter)bewußte Haltung seines elitären Geistes, die das Arkanum bewahren sollte: „Es ist bezeichnend für unsere Zeit und Geisteshaltung, daß wir Unsummen für Fußballwahnsinn, Politikergewäsch und Remilitarisierung verschwenden; und Niemand die 100 Mark übrig zu haben scheint, um dieses eine, einzigartige Exemplar wenigstens durch Mikrofilm vervielfältigen zu lassen, und es so der Nachwelt zu erhalten" (S. 557, zitiert nach der Bargfelder Ausgabe 1993). Schmidt pries Fouqués Parcival als einer der ersten und erkannte die formale Fülle und Virtuosität, die sich in Nibelungenstrophen, Sonetten, Jamben, Trimetern und Trochäen ausdrücken. In die Handlung sind als Parallelaktion Gespräche zwischen den durch sechs Jahrhunderte getrennten, aber geistig sympathisierenden und gleichberechtigten Meistern Wolfram und Friedrich eingeflochten; hier fließen autobiographische Züge Fouqués ein, aus der seelisch wie wirtschaftlich schweren Zeit nach dem Tod seiner Frau.

Degering 1, S. 184; 3, S. 308. – Schmidt, Arno: *Fouqué und einige seiner Zeitgenossen. Biographischer Versuch. Karlsruhe bzw. Darmstadt 1958 bzw. 1959, hier benutzt in der Bargfelder Ausgabe, Werkgruppe III, Bd. 1, Redaktion Bernd Rauschenbach und Wolfgang Schlüter. Zürich 1993.* – Schulz, Gerhard: *Die deutsche Literatur zwischen französischer Revolution und Restauration. 2. Teil. Das Zeitalter der napoleonischen Kriege und der Restauration 1806–1830. München 1989 (de Boor, Geschichte, 7,2).* – Fouqué, Friedrich de la Motte: *Parcival. Hg. von Tilman Spreckelsen, Peter Henning Haischer, Frank Rainer Max, Ursula Rautenberg. Hildesheim u. a. 1997 (die Edition ist buchstabengetreu, berücksichtigt aber die zahlreichen Korrekturen und Streichungen Fouqués nicht).*

PJB

38 Willehalm-Trilogie:
Ulrich von dem Türlin: Arabel;
Wolfram von Eschenbach: Willehalm;
Ulrich von Türheim: Rennewart

Franken, um 1300
Pergament, 8 Bll., ca. 34,5 × 21–23 cm
Vorbesitzer: Johann Gustav Gottlieb Büsching (1783–1829);
Heinrich Hoffmann von Fallersleben (1798–1874).
SBB-PK, Ms. germ. fol. 746

Aufgeschlagen Bl. 2ᵛ aus der Vorgeschichte Ulrichs von dem Türlin: *Hie bvrdiert man vor der kvnegin* (Hier führt man vor der Königin Arabel ein Ritterspiel auf).

Stärker gebräunt, Miniaturen berieben; unter Verwendung von Gazestreifen in den dreißiger Jahren des 20. Jhs. restauriert und in Pappband mit Pergamentrücken gebunden; Fragment einer ehemaligen Folio-Handschrift, von der auch andernorts Bll. vorhanden sind (Stadtarchiv Bamberg, Schönbornsche Schloßbibliothek Pommersfelden, Bayerische Staatsbibliothek München, vgl. Kat. München 5,1, S. 349–350 = Cgm 193,V); ein weiteres Blatt eben dieser Handschrift konnte 1987 von der SBPK erworben werden, nun Hdschr. 269; laut Petzet, S. 349 sind die Fragmente zwischen 1815 und 1835 in Bamberg von Archivalien abgelöst worden; zwei Spalten, Textualis auf Liniensystem, ähnlich Schneider, Gotische Schriften Textbd., S. 218–220 mit Tafelbd., Abb. 124: Weltchronik Rudolfs von Ems, gegen 1300 (Bayerische Staatsbibliothek München, Cgm 6406); Verse abgesetzt, Anfangsbuchstaben herausgerückt und meist rubriziert; rote Abschnittsinitialen und Bildlegenden, deren Wortlaut am

Unterrand vom Schreiber vorgeschrieben wurde (bei der ausgestellten Seite abgeschnitten); insgesamt 6 gerahmte Deckfarbeninitialen auf Goldgrund von dürftiger Qualität: grobe Figuren- und Gewandzeichnung, Gesichtszüge mit Strichmännchenausdruck. Schriftdialekt: ostfränkisch.

Zum Inhalt der Arabel und der aufgeschlagenen Seite: Willehalm, der acht Jahre im Kerker bei den Sarazenen verbringen mußte, begegnet Arabel, der muslimischen Gattin König Tybalts, der ihn gefangenhält. Während einer Abwesenheit Tybalts bringt Willehalm Arabel nicht nur das Christentum, sondern auch seine eigene Person nahe, so daß sie sich ineinander verlieben; Arabel ermöglicht ihre gemeinsame Flucht über das Meer in die Provence; die glückliche Heimkehr wird mit Festen, Gastmälern und Turnieren gefeiert, bis Arabel vom Papst in Avignon christlich auf den Namen Gyburc getauft und das Paar getraut wird. Bei dem hier abgebildeten Buhurt, einem ritterlichen Geschicklichkeitsspiel zweier Gruppen von Jünglingen zu Pferde, verzichtete man auf Panzer, Helme und Waffen, daher war eine Verletzungs- oder gar Lebensgefahr wie bei einem Turnier ausgeschlossen (vgl. Schultz, Bd. 2, S. 96–97); mit Fürstenkronen geschmückte hohe Standespersonen sehen zu, auf Söllern postierte Trommler und Posaunisten spielen so laut auf, daß man sein eigenes Wort nicht versteht: *Tanbvr Bvsvn so lvte donten/daz svnder sprechen was hie cleine* (Bl. 2r).

Seit Beendigung der Arabel Ulrichs von dem Türlin, die die Vorgeschichte des Wolframschen Willehalm darbietet, in den sechziger Jahren des 13. Jahrhunderts wurde es Mode, Wolframs Willehalm zyklisch mit Vor- und Nachgeschichte abzuschreiben und zu illuminieren (Becker, Handschriften, S. 175–176). Zu diesen Trilogien gehören die Berliner Blätter eines einst stattlichen, bei aller künstlerischen Mäßigkeit doch – auch was die Menge der Miniaturen betrifft – üppig ausgestatteten Folianten. Die Geschichte im Willehalm und des Willehalm wurde als historisch richtige und vorbildliche Schilderung empfunden; daher rührt die öfter vorkommende Integration von Willehalm-Textpartien in Weltchroniken (besonders prächtige Handschriften: Berlin, Ms. germ. fol. 1416; Wolfenbüttel, Cod. Guelf. 1.5.2 Aug. fol.). Weltchroniken bilden eine mittelalterliche Textgattung, deren Handschriften ebenso wie die Willehalm-Trilogie gern eine veranschaulichende und den Glanz des Reichtums, oder für manche Illuminierungen besser: den fast sakralen Glanz der Herrschaft ausstrahlende Bebilderung aufweisen. Im sakralen Bereich können Psalterien und Antiphonare zu ähnlichen Zwecken mit ähnlichen Mitteln ausgeschmückt sein. Die der Hocharistokratie vorbehaltenen Bilderhandschriften des

le ir sprach der oarkys zv
iplich so er wol kvnde
ir wol rotem mvnde
anic lys gegeben wart
n dirre pvnderlichen vart
vch wart sie vor georange behvt
o dirse helde nv dvhte gvt
ir ez wol mir tvgen was
ch wene blvmen vnde gras
on in hie sere wart gerv̈ot
ie vis sere geher
vrch vrvde wrden in deme sweizze
n dirre rere heizze
tvnden von den vrsen sie nider
f die pferit sie sazzen wider
ie wart gehort vil manic bein
vnde ob ir viele da zehein
ie rat vil vrech ze velde schein

Daz velt hie zieret vil blvmelin
st v reit zv der kvnegin
er kvnig loys vnde heinrich
n ganzer liebe veterlich
ie kvnegin er ab enpfie
cafilgi ich gesach mir nie
i mirer zit tac so lieben mir
ie ovgen gvzzen nider zer
f der kvneginne war
ir daz din trvwe gefrower mich hat
az ich min kint gesehen han
v getorste ich wol einen bestan
le ich wene den heidentvm
in nvwe craft wart mir nv frvm
ie ich von grozzen vroiden han
il svzze rede wart hie getan
on arabi der kvnegin
ie sprach herze mvt vnde sin
ande ich dar an mir stete
ie ich ime die helfe getete
az sin pinliches liden
v̈ helfe mochte versniden
e tvngest vand ich doch den list
b ir da mide gedienet ist
es vrowe ich mich vil ist mir lieb
in ich nv wvrden minne dieb
ie ir der mich nihr entrvuchet

b mir sin wirde lones gedenket
vrch den ich mich han bewegen
s vs riten sie nv vf den wegen
v roide herre hie iamer vber wegen
v hvb sich svzze parlirn
von den vil claren kin
ch meine der kvneginne gesellen
b die nv reden wellen
az mvz vnder drin geschehen
s wo minne wil minne liebe rehen
a darf sie der drier nihr

hie burdiert man vor der kvnegin

ir sprach glicher volge nihr gihr
es mvz in rede beslozzen sin
ne mit der kvnegin
nde denschariys als ich e sprach
il kvrzewile al hie geschach

Willehalm, der der entsprechenden Gesellschaft als heiligmäßiger Ritter oder literarisches Spiegelbild des rechten Fürsten vorschwebte, wirkten trotz ihrer Bedeutung nicht schulbildend; es handelte sich – jedenfalls soweit überliefert – um Einzelaufträge, manchmal aus Mangel an finanziellen Mitteln oder ausführenden Künstlern unvollendet, die sich auf keine thematische Konvention stützen konnten. Die Produktionsstätten – Hof? Kloster? städtisches Atelier? – für frühe weltliche Epenhandschriften liegen trotz allen gelehrten Scharfsinns und der fortschreitenden Untersuchung paläographischer und kunsthistorischer Zusammenhänge immer noch im Dunkeln. „The debate as to whether such manuscripts were made in the newly wealthy cities or in a court context remains unresolved" (JONATHAN ALEXANDER, S. 570).

Das Willehalm-Epos zählt zu den am häufigsten überlieferten mittelalterlichen deutschen literarischen Texten. Häufig bedeutet, daß zwölf mehr oder weniger vollständige Handschriften und an die neunzig Fragmente ehemals vollständiger Handschriften nachweisbar sind, wobei einige Fragmente allerdings ein- und demselben Codex entstammen und nur getrennt aufbewahrt werden. Fragmente mittelhochdeutscher Texte entstanden durch Makulierung meistens in der frühen Neuzeit, im 16. Jahrhundert, als die Dichtungen das primäre Publikumsinteresse – welches immerhin an die dreihundert Jahre vorgehalten hatte – verloren und eine wissenschaftliche Beschäftigung mit ihnen noch in ferner Zukunft lag. Der Beschreibstoff Pergament war zu kostbar, um weggeworfen zu werden; Pergamentblätter waren verschiedenen Handwerkern willkommen, beispielsweise wurden sie vom Buchbinder weiterverarbeitet und dienten als Umschläge für Akten und Bücher oder verstärkten einen Bucheinband. Papier war dazu untauglich, und entsprechend selten sind Fragmente von Papierhandschriften. Eine kaum zu beantwortende Frage lautet, auf wie viele einst im Mittelalter – beim Willehalm also vom 13. bis zum 15. Jahrhundert – produzierte Codices die überkommenen Relikte schließen lassen. Der Altgermanist GERHARD EIS wollte auf eine noch heute nachweisbare Handschrift einhundertfünfzig verlorene zählen, eine wohl entschieden zu hoch gegriffene Schätzung, die mit ca. 15 000 Willehalm-Handschriften eine flächendeckende Literaturversorgung mit diesem Text bedeutet hätte, selbst wenn diese nicht alle gleichzeitig existiert hätten. Vorsichtiger bemißt UWE NEDDERMEYER (S. 72–87) die Verlustrate, die er für das 15. Jahrhundert bei Handschrift und Inkunabel auf eins zu fünfzehn ansetzt, nämlich ein erhaltener auf je fünfzehn verlorene Überlieferungsträger; dazu wären freilich die noch höheren Verlustquoten für die beiden vorangegangenen Jahrhun-

derte der Willehalm-Überlieferung zu addieren. Immerhin ergeben Hochrechnungen auf dieser Grundlage eine lediglich vierstellige und nicht fünfstellige Anzahl einst im deutschen Sprachraum geschriebener Willehalm-Codices, gemessen an der Menge des für kulturelles Verständnis infrage kommenden Adels immer noch zuviel. Daß der Vortrag von Dichtungen Schriftexemplare oder zumindest deren Eigenbesitz einsparte, kommt hinzu. Für die 2. Hälfte des 14. Jahrhunderts ist wegen der Pest, dem Schwarzen Tod, auch in Deutschland mit einer massiven Bevölkerungsreduktion zu rechnen, die Produktion und Rezeption von Epik gemindert haben wird.

Die Willehalm-Blätter waren nach ihrer Entdeckung um 1820 in J. G. G. Büschings Besitz gekommen, der seit 1823 als ordentlicher Professor der Altertumswissenschaften in Breslau über die sich neu etablierenden Gebiete der älteren deutschen Kunst-, Kultur- und Literaturgeschichte las, wobei er sich auf Reisen als unermüdlicher Sammler und Verzeichner von Realien erwies. Hoffmann von Fallersleben, der Dichter des Deutschlandliedes und einer der Gründerväter der Germanistik, bekleidete seit 1823 die Stelle eines Kustos an der Zentralbibliothek Breslau und wird hier das Willehalm-Fragment für seine Handschriftensammlung übernommen haben. Hoffmann von Fallersleben wurde wegen seiner gegen restaurative Tendenzen gerichteten, letztlich braven, ironisch sogenannten 'Unpolitischen Lieder' (1840/41) pensionslos seiner Breslauer Professur (seit 1830) enthoben; es folgte ein jahrelanges unruhiges Wanderleben, und zu dieser Zeit verkaufte er zahlreiche von ihm auf seinen Fahrten gesammelte Handschriften(fragmente) der Königlichen Bibliothek Berlin. Auch der Kasseler Bibliothekar und Pionier der Germanistik Eduard Lohmeyer, der die Starhembergische Bibliothek nach Berlin vermitteln sollte (vgl. Kat. 39), hielt die Fragmente 1880 zur genaueren Bestimmung in Händen und berichtete darüber auf einem jetzt auf dem Vorsatzblatt eingeklebten Zettel, ein Mann mit der aparten Manier, alle Buchstaben *v* als *f* zu schreiben. In der Tat läßt sich eine anekdotenreiche Geschichte über die frühen Vertreter der deutschen Philologie anhand von Handschriftenbesitz, -besitzverschiebung und -benutzung schreiben.

SCHULTZ, ALWIN: Artikel 'J.G.G. Büsching', in: ADB 3, 1876, S. 645–646. – SCHULTZ, ALWIN: Das höfische Leben zur Zeit der Minnesinger. Bd. 1 und 2. Breslau 1880, Nachdruck Kettwig 1991. – Ulrich von dem Türlin: Willehalm. Hg. von SAMUEL SINGER. Prag 1893, 2. Nachdruck Hildesheim u. a. 1990 (Bibliothek der mittelhochdeutschen Literatur in Böhmen 4), S. VI–VII. – PETZET = Kat. München SB 5,1. – WEGENER S. 5. – EIS, GERHARD: Von der verlornen altdeutschen Dichtung, in: G. Eis: Vom Werden altdeutscher Dichtung. Berlin 1962, S. 7–27. – ELSCHENBROICH, ADALBERT: Artikel 'Hoffmann von Fallersleben', in: NDB 9, 1972, S. 421–423. – Wolf-

ram von Eschenbach: Willehalm. Faksimileausgabe des Cod. Vindob. 2670 der Österreichischen Nationalbibliothek. Kommentar HEDWIG HEGER. *Graz 1974 (Codices selecti 46).* – *Ausst.kat. Berlin 1988, Nr. 61 (mit Abb.).* – NEDDERMEYER, UWE: *Von der Handschrift zum gedruckten Buch. Wiesbaden 1998.* – SCHRÖDER, WERNER: - *Art. 'Ulrich von dem Türlin', in:* ²VL *Bd. 10, 1999, Sp. 39–50.* – ALEXANDER, JONATHAN: *Review: Elisabeth Klemm, Die illuminierten Handschriften des 13. Jahrhunderts deutscher Herkunft in der BSB, 1998, in: Speculum 77, 2002, S. 569–570.*

PJB

39 Willehalm-Trilogie:
Ulrich von dem Türlin: Arabel;
Wolfram von Eschenbach: Willehalm;
Ulrich von Türheim: Rennewart

Ostschwaben, 1.Viertel 14. Jh.
Pergament, 151 Bll. (ein Viertel von Bl. 24 ausgeschnitten),
39 × 28 cm
Vorbesitzer: Mit der Bibliothek der Fürsten von Starhemberg 1889 von der Königlichen Bibliothek Berlin angekauft.
SBB-PK, Ms. germ. fol. 1063

Aufgeschlagen Bl. 26ʳ: Anfang des Wolframschen Willehalm.

Letzte Bll. mit Schluß des Rennewart verloren. 3 Spalten; dieselbe dreispaltige Einrichtung weist das westdeutsche Willehalm-Fragment 84 = Dep. 13 der SBB-PK auf (KLEIN, Französische Mode, Nr. 83; HONEMANN/PALMER, Deutsche Handschriften, S. 339–341, mit Abb.). Von derselben Hand wie Cod. Memb. II 39 der Forschungs- und Landesbibliothek Gotha, eine Hs. von Strickers Karl dem Großen und dem Wilhelm von Österreich Johanns von Würzburg, wohl Augsburger Herkunft (vgl. CORNELIA HOPF S. 36–37); die Berliner wie die Gothaer Hs. sind in gleichmäßiger geübter Textura wahrscheinlich eines Berufsschreibers geschrieben; „im Stil eines Kanzlisten sind von ihm die Anfangsbuchstaben der Wörter in der obersten Zeile jeder Spalte hochgezogen, verschnörkelt und rot gestrichelt worden, so daß am Kopf jeder Seite eine Art Zierleiste entstanden ist", eine gebräuchliche Urkundenausschmückung (BECKER, Handschriften, S. 109). Zu Beginn jedes Textes feine mehrzeilige blau-rote Fleuronnée-Initiale mit Randausläufer, in den Buchstabenkörpern Ornamente und Drachen ausgespart; rote und blaue Abschnittsinitialen oft auf imaginären Diagonalen über die Doppelseiten verteilt (ähnlich wie die Initiale bis heute zur Untergliederung von gedruckten Texten überdauert hat), überlebte das Fleuronnée in Auszeichnungstypen von Drucken volkstümlichen Zuschnitts mindestens bis ins 19. Jahrhundert; hier kann an Andachts- und Kommersbücher gedacht werden, oder – für die siebziger Jahre des 19. Jahrhunderts – an die Volksstücke Ludwig Anzengrubers im Wiener Verlag L. Rosner oder den 'Heiligen Antonius' Wilhelm Buschs bei Moritz Schauenburg in Straßburg: das Fleuronnée als eine Konstante im konservativen Buchgewerbe). Holzdeckel-Ledereinband der Preußischen Staatsbibliothek aus dem Jahre 1938; bei einer Neueinbindung in früherer Zeit ist leider der Buchblock unter Verstümmelung der Initialen und Beeinträchtigung des Verhältnisses von Schriftspiegel zu Blattgröße stark beschnitten worden. Schriftdialekt: ostschwäbisch.

Wolframs Willehalm, bei den Germanisten lange als gesondertes Werk behandelt, wurde seit dem letzten Drit-

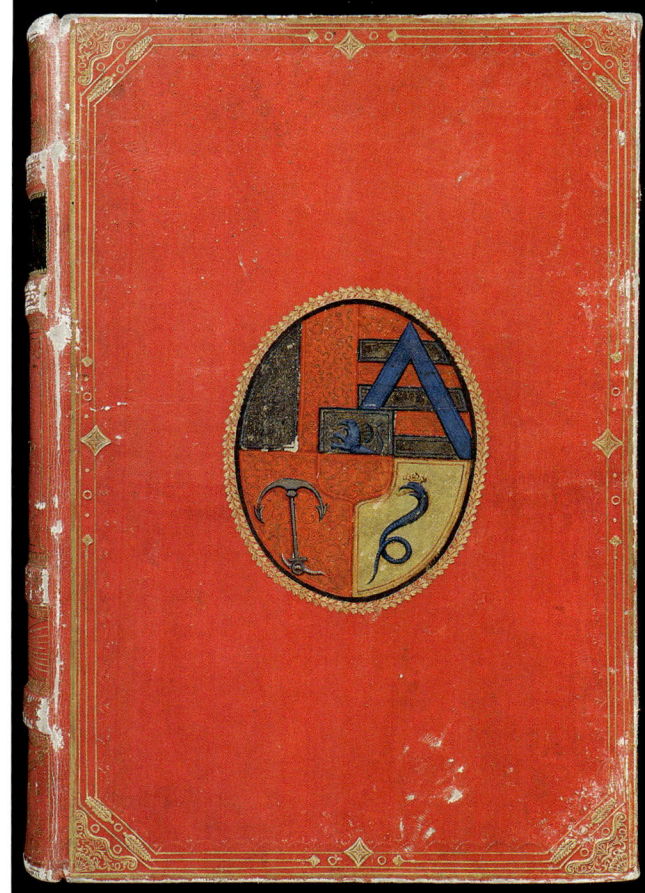

Kat. 39

tel des 13. Jahrhunderts fast ausschließlich als Literaturcorpus kopiert und tradiert, das in der Arabel Ulrichs von dem Türlin die Vorgeschichte der Willehalm-Handlung und im Rennewart Ulrichs von Türheim deren Weiterentwicklung bietet. Diese Veröffentlichungsform zeigt den mittelalterlichen Leser nicht als Freund und Genießer eines bestimmten Autors und Originals, sondern als jemanden, der allen verfügbaren Stoff zu einem Thema zusammengetragen sehen will; ähnliches gilt für die Vor- und Nachgeschichte von Gottfrieds Tristan oder die Aufblähung von Wolframs Titurel zu einem gewaltigen Werk durch einen anderen Autor. Die zeitgenössisch so aufgefaßte Einheit der Willehalm-Trilogie geht in der Starhemberg-Berliner Handschrift daraus hervor, daß das unter dem Dichter Wolfram zu subsumierende Willehalm-Epos als *liber secundus*, als zweites Buch eines Ganzen überschrieben wird.

Historisches Vorbild für den Willehalm ist Wilhelm von Toulouse, der im Auftrag Karls des Großen gegen die Muslime – den vordringenden Islam – in Südfrankreich gekämpft hatte. Wolframs Epos von 14 000 Versen geht auf ein altfranzösisches Heldenepos, die Bataille d'Aliscans zurück. In der Darstellung von Kämpfen, Schlachten und Kriegsgreueln ist Wolframs Werk im Mittelalter unübertroffen. Wegen seines historischen Hintergrunds ist der Willehalm als Geschichtserzählung gelegentlich Weltchroniken inkorporiert worden, etwa einem üppig illustrierten Exemplar der gereimten Weltchronik Heinrichs von München (Ms. germ. fol. 1416 der SBB-PK; vgl. Kat. 198). Bebilderung als Vehikel eines unmittelbaren visuellen Zugangs zum Geschehen ist mehreren Handschriften des historischen Epos Willehalm ebenso wie Reimchroniken zu eigen (vgl. Kat. 38; ein anderes Beispiel: Hdschr. 400 der SBB-PK, ein Fragment einer Bilderhandschrift des Willehalm, vgl. BECKER/BRANDIS, Altdeutsche Handschriften, S. 14–16, mit Abb.). Wolfram fügte zu dem mehr unreflektiert erzählten Geschehen der Vorlage ein spirituelles und meditierendes Element. Ein gelegentlich formulierter überkonfessioneller Toleranzgedanke – identische Gotteskindschaft von Christen und Muslimen – widerspricht bei Wolfram der Tendenz der Quelle. Willehalm formt sich zum heiligen Ritter, zum Ritterheiligen, der als Protagonist und Identifikationsfigur für ein aristokratisches Publikum diente.

Wann die vorliegende Willehalm-Handschrift in die Bibliothek derer von Starhemberg gelangte, ist unbekannt; ihr Weg aus Ostschwaben, vielleicht vom städtischen Schreibzentrum Augsburg, nach Oberösterreich, im weitesten Sinn der Donau folgend, ist nachvollziehbar. Eine Iwein- und Neidhart-Handschrift aus derselben Adelsbibliothek (nun: Ms. germ. fol. 1062 der SBB-PK, vgl. Kat. 46) gehörte Graf Wilhelm Heinrich von Starhemberg, der sie Mitte des 17. Jahrhunderts erworben haben muß, parallel zur Erhebung des Hauses in den Reichsgrafenstand. Ein Werk, das wie der Willehalm aristokratische Werte tradierte und propagierte, paßte in eine solche Adelsbibliothek, bis es dann im 19. Jahrhundert von der philologischen Wissenschaft entdeckt wurde. Ein Vertreter der aufblühenden Germanistik, der Wiener Pofessor Franz Pfeiffer benutzte die Handschrift noch vor dem Kasseler Bibliothekar Eduard Lohmeier, der die Starhembergische Bibliothek schließlich an die Königliche Bibliothek Berlin vermittelte, die sie 1889 erwerben konnte, ein für Oberösterreich, wo sie sich damals auf Schloß Eferding westlich von Linz befand, nicht unbeträchtlicher Verlust historischer Substanz. Die Bibliothek ist in einem handschriftlichen Katalog von 1830 verzeichnet, einem mächtigen, in einem schönen wappenverzierten Biedermeiereinband gebundenen Folianten (Ms. Catal. fol. 67 der SBB-PK, vgl. die Abb.). Die ungefähr zweihundert Handschriften der Bibliothek

sind dem Verzeichnis der Drucke vorangestellt, allerdings mit bibliothekarisch höchst ungenügenden Angaben; die Willehalm-Trilogie ist unter der Signatur *I 38* als *ein Geschichtbuch in Reimen … Alt. Uibrigens gut erhalten* bezeichnet. Ähnliche unbestimmte Angaben kehren öfters in älteren Bibliothekskatalogen wieder, was die Identifizierung unmöglich machen kann.

Leser der Willehalm-Handschrift lassen sich bereits für die Zeit erkennen, als sie sich in unbekanntem Besitz befand. Zwei handschriftliche Bemerkungen geben eine mikroskopische Rezeptionsgeschichte: Schon der Rubrikator, der offensichtlich Humor besaß, versah das Verspaar *Daz ich kein getihte mache/Ich wil leben mit gemache* (O daß ich keine Dichtung verfassen möge, ich möchte angenehm und bequem leben) (Rennewart, Bl. 146ᵛ) mit zwei dicken roten Punkten in der Funktion eines Ausrufungszeichens. Ein mehr sarkastisch gestimmter Leser des 14. Jahrhunderts notierte zu den Versen *vnd doch min sin des niht verstat/Daz din munt gesprochen hat* (mein Verstand begreift nicht, was du gesagt hast) (Rennewart, Bl. 72ᵛ) eine Bezugsperson: *min fra*[we]. In Zeilen, die der Schreiber der Handschrift leergelassen hatte, trug dann ein Leser des 15. Jahrhunderts fehlende Verse ein; ihm mußte also eine andere Handschrift desselben Textes als Vorlage zur Verfügung gestanden haben; er schrieb sehr nachlässig, von Ehrfurcht vor der schönen Erscheinung des Codex, dem man sich im Schriftbild hätte anpassen können, ist keine Rede. Wie zudem deutsche und lateinische Inhaltshinweise zeigen, ist dieses Exemplar der Willehalm-Trilogie permanent an die zweihundert Jahre benutzt worden, bis an der Schwelle zur Reformationszeit das Ende für diese Art altdeutscher Literatur gekommen war.

Die Handschrift ist dreispaltig geschrieben. Der Willehalm gehört mit Vor- und Nachgeschichte wegen seines Textumfangs und seiner ideellen Funktion mit fünf nachweisbaren Codices zu den Spitzenreitern dieser Überlieferungsform. In der deutschen Epenüberlieferung folgt sie einem im 13. Jahrhundert in Frankreich aufgekommenen Schreibmodus. Dieses Layout scheint sich nach Deutschland weniger durch geographische Nähe als durch dynastische Adelsbeziehungen nahezu zeitgleich übertragen zu haben. Die ökonomische Unterbringung einer großen Textmenge mag neben dem repräsentativen Eindruck, den ein derart beschriebener und damit zwangsläufig großformatiger Codex hervorbrachte, Grund der Dreispaltigkeit sein, denn Repräsentation ist ein adliger Ausdruck. Somit ist die Dreispaltigkeit fast ausschließlich auf die Dichtung des höfischen Bereichs beschränkt und findet sich nicht bei Sach- und Fachtexten in Reimform.

A sie valsch
du reiner
du drier vn
doch einer
Schepfer
vber alle
geschaft
an vrhap
din steete
kraft

ane ende auch belibet
ob die von mir vertribet
Gedencke die verlust sint
so bistu vater vnd ich kint
hoch edel vber alle edelkeit
la dinen tugenden wesen leit
swa ich herre an dir misse tu
da ker din erbaermde zu
la herre mich niht vber sehen
waz mir saelden si geschehen
vnd endeloser wunne
din kint vnd din kunne
bin ich bescheidenliche
ich arme vnd du vil riche
din menscheit mir sippe git
diner gotheit mich ane strit
wer pater noster nennet
zu einer kunde er erkennet
auch git der tauf mir einen trost
der mich zwivels hat erlost
ich han gelauphaften sin
daz ich din genanne bin
wisheit ob allen listen
du bist krist so bin ich kristen
diner hohe vnd diner breite
vnd diner tieffen antleite
die wart gezelt anz ende
so lauft in diner hende
der siben sterne gahen
die den hymel wider vahen
luft viur wazzer vnd erde
wont gar in dinem werde
zu dinem gebot ez alles stet
da wilt vnd zam mit vmme get
auch hat din gotliche maht
den liehten tac die truben naht
bezelt vnd vnderscheiden
mit der sunne lauft in beiden maz
nymmer in wirt nie in wart din ebe
al der steine kraft d' wiutze waz
hastu bekant vntz an den ort
der rehten schrifte don vn wort
din geist hat gesterket
din sin dich krefte merket
siht anders ich geleret bin sin
wan hett ich kunste die graeben mir
swaz an den buchen stet geschribe
des bin ich kunstlos beliben
din helfe helfe diner gute
sende min gemute
vnlosen sin so wise
d' in dinem namen geprise
einen ritter der din nie vergaz
swen er verdiente dinen haz
mit sundehaften dingen

din erbaermde kunde in bringen
an dir were daz din manheit
dinen hulden wandels was bereit
din helf in dicke brach vz not
er liez in wage ietwedern tot
der sel vnd auch des libes
durch minne eines wibes
er dicke hertze not gewan
Lantgrave von Duringen herman
teth mir diz maer von im bekant
er ist in franzois genant
lehons willehalms de orangis
ein teglich ritter si gewis
swer siner helfe in angest gert
daz er der nymmer wirt entwert
et ensage die selben not vor got
der vnverzagte werde bote
bekante ritters kummer gar
sin lip wart dicke harnasch var
den strit erkante wol sin hant
der den helm vf daz haubet bant
gein sines verhes koste
er was ein zil der tyoste
bi vinden man in dicke sach
der schilt von arte was sin dach
man hort in francriche iehen
swer sin geslaehte kunde spehen
daz stunde vber al div riche
der fursten kraft geliche
sine mage warn die hohsten te
ane der kune karl nie
so werder franzoys wart geborn
da fiur was vnd ist sin pris erkorn
du hast vnd hete werdekeit
helfer da din kusche erstreit
mit demut vor der hohsten hant
daz si dir helfe ten bekant
helfer hilf in und mir
die helfe wol getruwen dir
sit daz dir warn maere
sagent daz du furste waere
hie vf erde als bist auch dort
din gute enpfahe miniu wort
herre sante willehalm
sines sindehaften mundes galm
dine heilkeit an schreit
sit daz du bist gerriet
vor allen helle banden
so behute auch vor schanden
ouch wolfram von eschenbach
was ich von parzifal gesprach
daz sin auentiure mich wiste
etlich man daz priste
it was auch vil die ez smahten
vnd daz ir rede wahten
kan mir nu got so vil der tage
so sage ich minne vnd ander clage
d' mit triwen pflac wip vnd man
sit ihesus in den jordan
durch tauffen wart gestozen
vnsanfte mac genozen
tutsche rede deheine
durte die ich nu meine
der lazet mich beginnen
swer werdekeit wil minnen

der lade dise auentiure
in sin hus zu fiure
der wirt mit den gesten
franzoysliet die besten
hant ir des die volge gelan
daz bizer rede wart nie getan
mit wirde noch mit werdekeit
vnderswanc noch vnder reit
valschet dise rede nie
des iehent si dort nu boerz auch hie

Ditz maer ist wat doch wndlich
von starkbon der gue heynrich
alle sine sune verstiez
daz er in burge noch hube enliez
noch der erden dehein sin richeit
ein sin man so vil bi im gestreit
vntz er den lip bi im verlos
des kint er zu einem sune erkos
er het auch den selben knaben
durch triwe vzer tauffe erhaben
er bat sine sune keren
vnd selbe ir richeit meren
in div lant swa si mohten
ob si zu dienst iht tohten
striez in div saelde rehte zil
sie erwurben riches lones vil
welt ir verborn den lip
hohen lon hant werdiu wip
ir vindet auch etwa den man
der wol dienstes lonen kan
div lehen vnd mit anderm gute
hintze wiben nach hohem mute
sult ir die sinne rihten
vnd an ir helfe pflihten
der keyser karl hat vil tugent
zwei starke liebe iwer schone iugent
die antwiurt ich in sin gebot
ez muz im wenden hohe not
ein riche iwch ymmer mere
sin hof hat iwer ere
dem sult ir dienstes sin bereit
er bekennet wol iwer edelkeit
diz was sin wille vnd des bat er

Sus schieden si von ir vater
lat iu die helde nennen
daz ir sie muget bekennen
daz eine was gillams
daz ander berhtrams
sus was genant sin dritter sun
der clate suize hufun
heymrich hiez der vierde
des tugent vil lande zierde
arnolt vnd bernhart
die musten an die selben vart
der sibende hiez kylbert
der was auch hubsch vnd wert
wie vil sorgen si dolten
vnd was si auch vreude erholten
wie vil ir maenliche kunst
wibe minne vnd ir hertzen gunst
mit ritterschaft beiagten
vnd dicke also beiagten
daz man sie in hoher wirde sach
selten senftekeit groz vngemach
wart den helden sit bekant

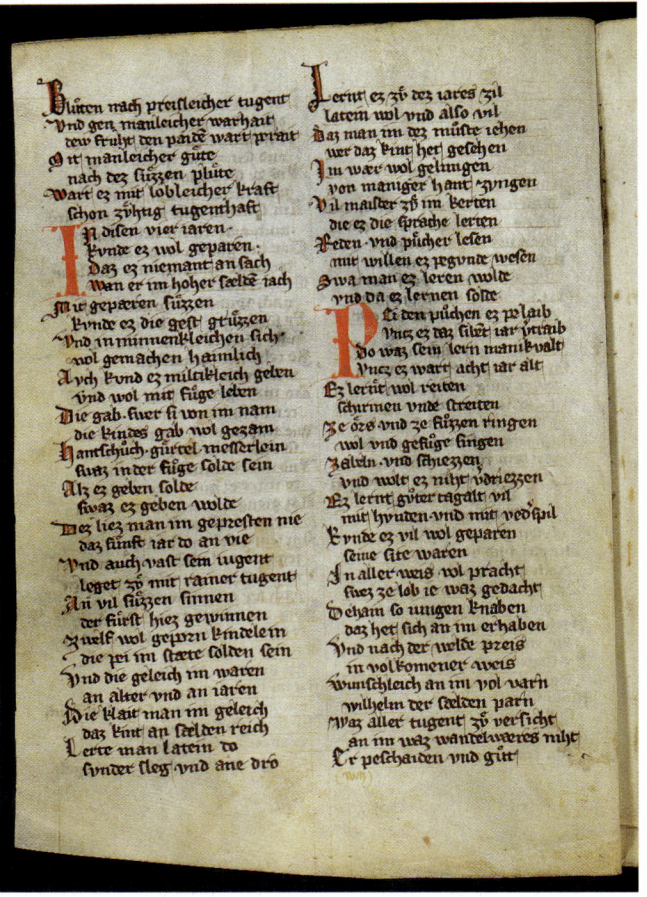

Kat. 40, 11ᵛ

Catalogus Bibliothecae Riedeggensis, MDCCCXXX (Hs.) (Ms. Catal. fol. 67 der SBB-PK). – Ulrich von Türheim: *Rennewart.* Hg. von Alfred Hübner, Berlin 1938 (DTM 39), S. XVII–XXXVI. – Lachmann/Kartschoke, *Willehalm.* – Becker, *Handschriften,* S. 109–110. – Becker, *Überblick,* S. 339–341. – Wolfram von Eschenbach: *Willehalm. Nach der Handschrift 857 der Stiftsbibliothek St. Gallen.* Hg. von Joachim Heinzle (*Bibliothek des Mittelalters 9*), Frankfurt a.M. 1991. – Hopf, Cornelia: *Die abendländischen Handschriften der Forschungs- und Landesbibliothek Gotha. 2. Kleinformatige Pergamenthandschriften Memb. II,* Gotha 1997. – Greenfield, John/Miklautsch, Lydia: *Der 'Willehalm' Wolframs von Eschenbach.* Berlin, New York 1998 (Lit.). – Bumke, Joachim: *Art. 'Wolfram von Eschenbach', in:* ²VL 10, 1999, Sp. 1398–1407 (*Willehalm*). – Klein, *Französische Mode,* Nr. 68 u. Nr. 80–83.

PJB

40 Rudolf von Ems: Willehalm von Orlens

Bayern, vor der Mitte des 14. Jhs.
Pergament, 77 Bll., 23,5 × 18 cm
Vorbesitzer: Grafen von Ortenburg. 1993 mit einer Sammlung mittelalterlicher deutscher Handschriften und Fragmente aus dem Besitz des Hamburger Antiquars Jörn Günther erworben.
SBB-PK, Hdschr. 388

Aufgeschlagen Bl. 11ᵛ: Die Erziehung Willehalms am Hof Jofrits von Brabant.

Anfangs- und Schlußbll. verloren; vorhanden sind die vv. 291–426 und 1042–12681 der Ausgabe von Junk. 2 Spalten (aber wie beim Willehalm Wolframs erzeugte die Absicht, den Text repräsentativ zu gestalten, einen größeren Anteil dreispaltig geschriebener Handschriften, vgl. Klein, Französische Mode, Nr. 57–62; darunter SBB-PK, das Fragment Nachlaß Grimm, 131,1). Textura, von einer Hand geschrieben; feine, senkrechte, zuweilen schlingen- oder ösenartig beginnende, unter die Grundlinie reichende Haarstriche des *t,* haarstrichfeine hakenartige Markierungen des *r,* darin ähnlich München, Bayerische Staatsbibliothek, Cgm 38, Konrads von Megenberg Buch der Natur, Bayern, 2. Hälfte des 14. Jhs. (Petzet/Glauning Nr. 51); rote Abschnittsinitialen; zu jedem Verspaar ein herausgerückter rot gestrichelter Anfangsbuchstabe, der zu Beginn der Kolumnen noch besonders verziert ist. Unverzierter, ursprünglich heller Leder-Holzdeckeleinband des 14. oder 15. Jhs, je 5 Buckel (sie bedeuten nicht nur Zierat, sondern hatten die Funktion, den Einband beim Auflegen vor Feuchtigkeit oder Schmutz zu schützen), 2 Langriemenschließen (ebenfalls in einer sachlichen Funktion, nämlich zu verhindern, daß der Beschreibstoff Pergament sich wellte und Schmutz in den Buchblock eindrang). Schriftdialekt: oberdeutsch. Abschrift dieser Hs. von Karl Study in der Landesbibliothek Coburg, Ms. 90 (Hubay, Coburg, S. 100).

Der Dichter Rudolf von Ems aus einem Ministerialengeschlecht (Dienstadel) aus Hohenems/Vorarlberg weiß sich den klassischen höfischen Epikern als Vorbildern verpflichtet und nennt in einem Literaturkanon im Willehalm von Orlens deren Namen. Der alte, von germanistischer Seite erhobene Vorwurf, ein Epigone seiner Vorgänger zu sein, trifft Rudolf kaum, da er inhaltlich wie formal eigene Wege geht und an seinen Maßstäben gemessen werden sollte. Rudolf gehört zu den sprachlich, fremdsprachlich und wissenschaftlich/theologisch hochgebildeten Autoren. Der pseudo-historische Minne- und Aventiurenroman Willehalm von Orlens – um 1240 wie fast alle deutschen höfischen Epen nach französischem Vorbild verfaßt – ist vom Reichsschenk (ein hoher Hofbeamter) Konrad von Winterstetten in Auftrag gegeben worden und damit im spätstaufischen Literaturkreis angesiedelt, dessen „herrscherlichem Legitimationsinteresse" (Walliczek Sp. 324) er dient. Die Protagonisten der Minnehandlung sind Willehalm und Amelie, ein Paar, das in der Beliebt- und Bekanntheit Gottfrieds Tristan und Isolde entsprach. Willehalm durchläuft die Praxis ritterlicher Bewährung, die Voraussetzung von Hochzeit und Herrschaftsgewinn ist. Rudolf von Ems hielt seinem Publikum einen Spiegel vor, der Lesern und Hörern die rechte Art des Minnebriefschreibens ebenso wie den Vollzug idealer Herrschaft lehrte.

Das Programm einer vorbildlichen Erziehung, die Willehalm am Hof Jofrits von Brabant erfährt, könnte in Teilen dem pädagogischen Werdegang des Dichters entsprochen haben: *sunder sleg und ane dro/Lernt ez zue dez*

iares zil/latein wol und also vil/Daz man im dez muoste ie-
hen/wer daz kint het gesehen/Im waer wol gelungen/von
maniger hant zungen/Vil maister zue im kerten/die ez die
sprache lerten/Reden und puecher lesen/mit willen ez
pegunde wesen/Swa man ez leren wolde/und da ez lernen
solde/Pei den puochen ez peleib/uncz ez daz sibent iar ver-
traib/Do waz sein lern manikvalt/uncz ez wart acht iar
alt/Ez lernet wol reiten/schirmen unde streiten/Ze ors und
ze fuozzen ringen/wol und gefuoge singen/Zabeln und
schiezzen/und wolt ez niht verdriezzen/Ez lernt guoter tag-
alt vil/mit hunden und mit vederspil (ohne Schläge und
Drohung lernte das Kind das Jahrespensum: ebenso gut
wie viel Latein, so daß derjenige, der das Kind kannte,
ihm das zugestehen mußte. Es hatte sich in vielen Sprachen ausgezeichnet. Lehrmeister wurden berufen, die
ihm Sprachunterricht erteilten. Die Kunst der Rede übte
und das Lesen von Büchern betrieb es mit Hingabe und
Ausdauer. Auf welchem Gebiet auch immer man ihm etwas beibringen wollte und wo es lernen sollte: Über den
Büchern saß es bis zum Ende seines siebten Lebensjahrs,
als es eine breitgefächerte Ausbildung erlangt hatte. Im
Alter von acht Jahren lernte das Kind gut reiten, zu
Pferde und zu Fuß kämpfen und sich verteidigen, ringen, schön und kunstfertig singen, Brettspielen und Bo-
genschießen, ohne daß es ihm je Überdruß erregte. Es
lernte mit der Abrichtung von Hunden und Greifvögeln
vornehmen Zeitvertreib). In allen diesen Fertigkeiten
gleichermaßen zu brillieren, scheint wenig wahrscheinlich. Immerhin vermittelt die Passage ein Idealbild ritterlicher Bildung und Ausbildung. Bemerkenswert ist die
Frühreife des Unterrichteten und die wichtige Rolle der
(Lehr-) Bücher, ein Unterrichtsmittel, das bis heute gebraucht wird.

Der adlig-herrscherliche Vorbildcharakter der Handlungsträger im Willehalm von Orlens sorgte ebenso wie
bei der Willehalm-Trilogie Wolframs und der beiden
Ulriche für eine breite Überlieferung, die um die fünf-
unddreißig Textzeugen umfaßt. Die dem Text beigemes-
sene historische Dimension rief die visuelle Phantasie auf
den Plan, so daß analog zur älteren Willehalm-Trilogie
mehrere illuminierte Codices überliefert sind, die wiederum ins Großbild ausstrahlten: Wandmalereien im
Schloß Runkelstein bei Bozen und die Webkunst in
Form von Gobelins nahmen die Historie von Willehalm
und Amelie auf. Bebildert, nämlich mit Holzschnitten,
ist auch die Inkunabelausgabe von 1491 bei Anton Sorg
in Augsburg (HUBAY, Incunabula, Nr. 1307), einem
Zentrum der deutschsprachigen Buchherstellung und
-distribution. Der Wiegendruck bietet eine Bearbeitung
von Rudolfs Werk in Kurzform, so daß vermutet werden
darf, daß der auf dem Markt von deutschen Drucken er-

fahrene Verleger und Drucker Sorg etwas Eingängiges
vermitteln und absetzen wollte. Weiterhin existiert eine
Prosafassung des Willehalm von Orlens, eine Übersetzung ins Niederdeutsche und eine Umformung in die
Strophenform des Herzog-Ernst-Tons von 1522. Das
Werk war also bis in die Reformationszeit lebendig, und
in seiner Rezeption sank es von der staufischen Hocharistokratie in das zunehmend lesekundige Stadtbürger-
tum, dem Kurzfassungen und die Anschaulichkeit der
Illustrationen den Zugriff erleichterten. Es ging den Weg
von der stets in Versform gehaltenen 'hohen' Dichtung
in die 'gemeine' Prosaform des bürgerlichen Romans.
Derartig variantenreiche Überlieferungszweige und -zeu-
gen sind in der mittelhochdeutschen Epik selten.

Die Ortenburger Handschrift des Willehalm ist ungefähr hundert Jahre später als die Dichtung selbst entstanden, in ungebrochener Kontinuität und Aktualität des
Textes als Sinnträger für eine Adelsgesellschaft. Der
Codex wurde 1993 aus Hamburger Sammler- und An-
tiquariatsbesitz zusammen mit anderen Handschriften
aus der ehemaligen Bibliothek der Grafen von Ortenburg erworben, die – etwa neben der freilich weit umfangreicheren Fürstlich Fürstenbergischen Bibliothek
Donaueschingen – am Ende des 20. Jahrhunderts eine
der letzten Adelsbibliotheken mit mittelalterlichen deutschen Handschriften darstellte. Graf Ulrich I. von Ortenburg besaß in der ersten Hälfte des 15. Jahrhunderts
außer dem Erec Hartmanns von Aue und dem Jüngeren
Titurel Albrechts von Scharfenberg sowohl die Willehalm-Trilogie (Arabel, Willehalm, Rennewart), in seinem Bücherverzeichnis nach dem Protagonisten *sand
Wilham* genannt, wie auch *den hübschen* – also höfisch
gebildeten – *Wilham* Rudolfs von Ems (MBKD 4,1,
S. 16). Die Grafen von Ortenburg verteidigten ihr kleines reichsunmittelbares Territorium im Bistum Passau
gegen die Zentralgewalt der bayerischen Herzöge, bis sie
1805/06 ihr angestammtes Gebiet gegen die Grafschaft
Tambach in Oberfranken an der Grenze zu Thüringen
vertauschen mußten. In der repräsentativen Auswahl
mittelhochdeutscher Epik in der Ortenburger Bibliothek
ist der Anspruch ihrer Adelsstellung präfiguriert. Bis
1984 blieb der bereits im 15. Jahrhundert nachweisbare
Willehalm von Orlens-Codex in der Ortenburger
Bibliothek, eine vom Mittelalter bis in die Neuzeit ungebrochene Provenienzreihe.

SCHMIDT, FRANZ: *Die Handschriften der gräflich Ortenburgschen
Bibliothek zu Tambach in Oberfranken, in: Serapeum 3, 1842,
S. 337–350 u. 365–368.* – STUDY, KARL: *Die Tambacher Pergament-
handschrift des Wilhelm von Orlens, in: Einladungsschrift des Gym-
nasium Casimirianum, Coburg 1872, S. 1–30.* – JUNK, VICTOR:
Rudolfs von Ems Willehalm von Orlens. Berlin 1905 (DTM Bd. 2).–

PETZET, ERICH *und* GLAUNING, OTTO: *Deutsche Schrifttafeln aus Pergamenthandschriften des XIII. und XIV. Jahrhunderts. Leipzig 1924 (Deutsche Schrifttafeln aus Handschriften der Bayerischen Staatsbibliothek in München IV).* – HUBAY, ILONA: *Die Handschriften der Landesbibliothek Coburg. Coburg 1962 (Kataloge der Landesbibliothek Coburg 5).* – HUBAY, ILONA: *Incunabula der Staats- und Stadtbibliothek Augsburg. Wiesbaden 1974.* – MBKD, *4,1, Bistümer Passau und Regensburg, bearbeitet von* CHRISTINE ELISABETH INEICHEN-EDER, *München 1977.* – KOPPITZ, *Tradierung, S. 139–143.* – WALLICZEK, WOLFGANG: *Art. 'Rudolf von Ems', in:* ²VL *8, 1992, Sp. 334–338 (Willehalm von Orlens).*– NELLMANN, EBERHARD: *'Wilhelm von Orlens'-Handschriften, in: FS Walter Haug und Burghart Wachinger, hg. von* JOHANNES JANOTA *u. a., Bd. 2, Tübingen 1992, S. 565–587.* – Dr. JÖRN GÜNTHER *Antiquariat: Mittelalterliche Handschriften und Miniaturen. Katalog und Retrospektive, [Hamburg 1993], S. 194–195 (mit Abb.).* – BECKER/BRANDIS, *Altdeutsche Handschriften, S. 16–19.* – BRANDIS, *Präsenz, S. 312, Abb. 3.*

PJB

41 Albrecht:
Der Jüngere Titurel

Tirol, 2. Hälfte 14. Jh.
Pergament, I (Papier) + 316 gez. (recte 315) Bll. (letztes fragmentarisch), 30,5 × 23,5 cm
Vorbesitzer: Vom Bozener Gymnasiallehrer Beda Weber (1798–1858) auf Schloß Montani (Südtirol) entdeckt und 1835 vom Berliner Buchhändler Asher an die Königliche Bibliothek verkauft.
SBB-PK, Ms. germ. fol. 475

Aufgeschlagen Bl. 250ᵛ: Königin als Gralsträgerin in Abschnittsinitiale.

Bl. 280 bei der Zählung übersprungen; 2 Spalten, Textura; rubriziert, am Textbeginn siebenzeilige Initiale grober Machart; an Abschnittsanfängen weitere wenig kunstvolle braun-rote Initialen mit Fleuronnée und Gesichtsprofilen; 250ᵛ Füllung mit Figur einer Königin als Gralsträgerin; 260ʳ mit ausgesparten Tieren im Buchstabenkörper, offensichtlich nach älterer Vorlage, und feinerem Fleuronnée; 276ᵛ entspricht ein exzentrisch geformtes L, das einem geöffneten Blütenkelch gleicht, dem manieristischen Stil der Dichtung. Halblederband der Kgl. Bibliothek Berlin. Schriftdialekt: südbairisch.

Ein monumentales Buch einer monumentalen Dichtung, über 6300 vierzeilige Strophen umfassend. Es wurde beim Südtiroler Adel gelesen (in Teilen vielleicht auch gesungen). Auf der Versoseite des Vorsatzblattes stehen eine Bibliothekssignatur und der Name des Eigners *Antonius Anneberger;* Anton von Annenberg hatte um 1500 auf der gleichnamigen Burg im Vinschgau eine Bibliothek mit Handschriften mittelhochdeutscher Epik und Drucken humanistischer Texte angesammelt, in der sich auch die Berliner Nibelungenliedhandschrift Ms. germ. fol. 474 (vgl. Kat. 8) befand. Von den Annenbergern, die Ende des 17. Jahrhunderts ausstarben, übernahmen die Grafen Mohr Burg und Bibliothek, bis nach dem Erlöschen auch dieses Adelsgeschlechts die Hand-

schrift als Makulatur endete und von Beda Weber gerettet oder jedenfalls in Beschlag genommen und weiterverkauft wurde.

Der bayerische Hofrat und Richter Jakob Püterich von Reichertshausen (um 1390–1469) aus Münchner Stadtadel, dem die Ritterwürde verliehen worden war, bewies gewissermaßen auch literarisch als Büchersammler seine Turnierfähigkeit. Für die Erzherzogin Mechthild von Österreich am Rottenburger Hof (Neckar) stellte Püterich in einem genealogisch-heraldischen Text, dem sogenannten Ehrenbrief (Neuerwerbung der einzigen Handschrift: München, Bayerische Staatsbibliothek, Cgm 9220), die turnierfähigen bayerischen Geschlechter zusammen, dem er eine annotierte Liste der in seinem Besitz befindlichen Epenhandschriften beigab; hier fungierte der Jüngere Titurel als *das haubt ab teutschen puechen,* als Oberhaupt der deutschsprachigen Literatur. Albrechts um 1260–1275 entstandenes Werk beruht auf dem Titurel-Fragment Wolframs von Eschenbach, und in der Maske Wolframs verfaßte er seinen – verglichen mit dem Text Wolframs – späteren und daher 'jüngeren' Titurel. Als das Verhältnis zu seinen Mäzenen, die man unter den Wettinern vermutet, zu Bruch ging, nannte Albrecht gegen Ende des Epos seinen wahren Namen als Verfasser; trotzdem galt es noch den deutschen Romantikern, die die unterbrochenen Fäden zu der deutschen literarischen Vergangenheit wiederaufnehmen wollten, als Werk Wolframs. Der Titel *Dyterell de disciplina hominis,* den Anton von Annenberg in die Handschrift einschrieb, deutet auf die Komponente der (ritterlich-adligen) Lebenslehre, die Albrechts Versepos zu eigen ist. Das Dingsymbol dafür ist das sogenannte 'Brackenseil' (neuhochdeutsch Hundeleine), das eine schicksalsträchtige Lebenslehre als Inschrift trägt und das Tschinotulander für seine Geliebte Sigune – beides Kinder des Gralsgeschlechtes – gewinnen sollte; er scheitert. Neben die *disciplina hominis,* eine Summe mittelalterlicher Bildung, vorgetragen in Wissensstoff, Kommentaren und Allegorien, tritt die Erbauung, die Erlösungs- und Heilsbotschaft des Grals und seiner Reiche. Von Wolframs „Glaubensqualität, die vieles tiefsinnig in der Schwebe ließ, hält der orthodoxe Kleriker" (HANS FROMM S. 97) Albrecht wenig. Der Gral als geheimnisvoller Stein wird bei Albrecht zum christlichen Abendmahlskelch, die Suche nach dem Brackenseil zur christlichen Bußfahrt. Inkorporiert ist dem Werk die Allegorie des Gralstempels als „visionäre Schau eines kosmischen Heiligtums nach dem Vorbild des Himmlischen Jerusalem" (EBENBAUER S. 360), die bedeutendste Architekturbeschreibung des deutschen Mittelalters, die auf reale Bauwerke wie die Wenzelskapelle im Prager Veitsdom abfärbte. Titurel stiftet den Tempel *auz lauter edilin gestaine/ vnd anders nicht wand auzzer roetem golde*; zu Edelsteinen und Rotgold gesellt sich ein wertvolles Tropenholz, alles Baumaterialien, *der edelschait zegunste* (Bl. 16ʳ) (die der Adligkeit angemessen sind). Seinen legendären Ruf verdankte der 'Jüngere Titurel' nicht zuletzt seiner nur schwer zu verstehenden Schreibart, die durchweg mit Eigenheiten der sogenannten 'geblümten Rede', mit Allegorien, Manierismen, Verschlüsselungen und Pretentiösem spielt und gleichwohl – wie die literarisch öfter nachgeahmte Strophenform – strengen Regeln folgt; diese Schreibart bedingte nicht nur Verständnis- und Schreibfehler der Kopisten, sie forderte vielmehr generell Überarbeitungen heraus. Der Gralsroman also als Lehre und Botschaft, die nur einem hermetischen Kreis von Kennern und Eingeweihten zugänglich war und sein sollte, das Buch eines exklusiven höfischen bzw. adligen Zirkels. Als der Straßburger Drucker Mentelin 1477 den Text einem größeren Publikum anbot, worunter er nach Verlagsprogramm und Druckeinrichtung wohl primär die gelehrte Welt verstand, hatte er keinen Erfolg.

Die Handschriftenverhältnisse des Jüngeren Titurel sind im einzelnen sehr verwickelt, wenn auch zwischen zwei Hauptgruppen der Überlieferung unterschieden werden kann, von denen die vorliegende Handschrift (mit der philologischen Sigle X) die älteste der Gruppe II darstellt und daher in WOLFS kritischer Ausgabe komplett mitabgedruckt ist (Ms. germ. fol. 470 der Staatsbibliothek zu Berlin bietet unter der Sigle D einen Text der Gruppe I; vgl. Kat. 42). Zahlreiche Mischredaktionen, die im Zuge von Abschreibvorgängen entstanden sein müssen, bilden Fassungen, die sich von der Version des Autors trennen und so die moderne These von der nur eingeschränkten Gültigkeit eines genuinen Autorentextes bei mittelalterlichen Epen stützen. Die Menge der Handschriften und Fragmente macht den Jüngeren Titurel zu einem der meistkopierten deutschen Epen.

Der Literaturhistoriker und -kritiker Friedrich Schlegel schrieb am 23. 7. 1812 aus Wien an Johann Gustav Gottlieb Büsching in Berlin, einen der Begründer der deutschen Altertumskunde und Germanistik: „Eine Bearbeitung des Titurell ist ein Werk, was ich ganz vorzüglich wünsche und für eins der zunächst nothwendigsten halte. Haben Sie aber auch Gelegenheit gehabt, mehrere Handschriften zu vergleichen, um den Text zu berichtigen u so vieles ganz Unverständliche u gewiß Fehlervolle klar zu machen?" (Auktionskatalog Stargardt 675, Nr. 391). Aus der Rezeption des Epos durch Rittertum und Adel, die bis ins 15. Jahrhundert vorhielt, war im 19. Jahrhundert die methodische philologische Untersuchung einer Quelle altdeutscher Literatur durch

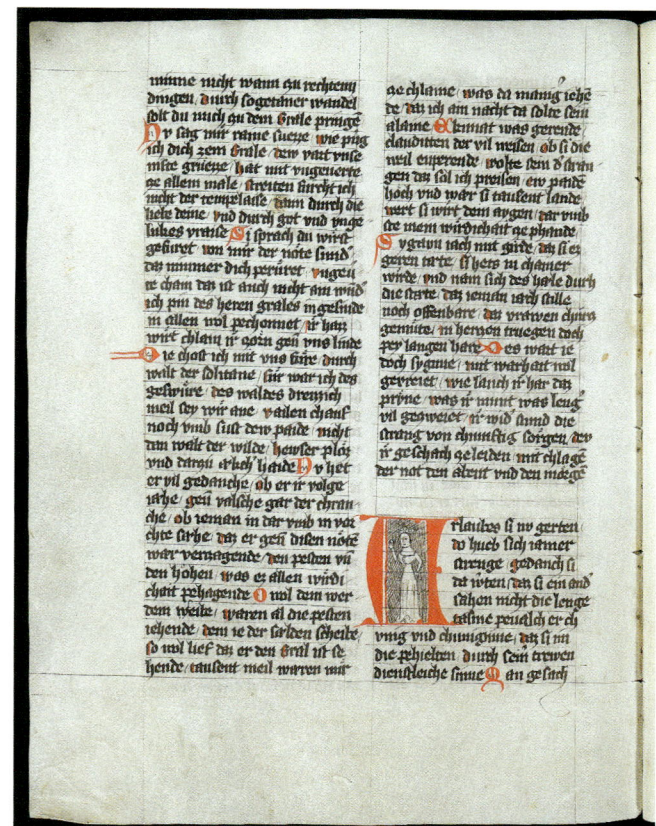

Kat. 41, 250ᵛ

Universitätsprofessoren geworden. Jacob Grimm, ein weiterer Gründervater der Germanistik, war weniger optimistisch, was den Erfolg einer textkritischen Behandlung des Jüngeren Titurel betraf, indem er am 11. 4. 1817 aus Heidelberg seinem Bruder Wilhelm zu bedenken gab: „Nun wären von Handschriften der Hauptwerke zu vergleichen besonders 1. Tristan. 2. Parcifal. 3. Titurel. Mit dem Titurel mag ich mich nicht einlaßen, da könnte man Jahrelang arbeiten und doch käme nichts rechtes heraus" (Briefwechsel Nr. 228, S. 485/486). Die stilistischen Eigentümlichkeiten des Jüngeren Titurel schienen zunächst unüberwindliche Hindernisse für eine wissenschaftliche Edition zu bilden. Freilich bestanden auch Vorbehalte gegenüber dem Dichter, der den selbst gewählten Rahmen Wolfram von Eschenbach mit einem Bild anderen Stils und Inhalts füllte. WERNER SCHRÖDER (S. 134) sprach noch 1982 von einer „tauben Nuß", der auch „die künstlichste Vergoldung nicht zu einem aufhebens- und bedenkenswerten Kern" verhülfe; ein wackeres Urteil, das jedoch dem Faszinosum dieses dichterischen Kosmos schwerlich gerecht wird. Hier war

Friedrich Schlegel schon der bessere Literaturkritiker gewesen.

Der Ehrenbrief des Püterich von Reicherthausen. Hg. von FRITZ BEHREND *und* RUDOLF WOLKAN. *Weimar 1920 (das Zitat in Strophe 100, in der runden Zahl liegt eine weitere Betonung der Bedeutung des Jüngeren Titurel).* – Albrechts von Scharfenberg Jüngerer Titurel *kritisch hg. von* WERNER WOLF, *Bd. 1. Berlin 1955 (DTM 45), S. LXVIII–LXIX.* – BECKER, *Handschriften, S. 133–134.* – HUSCHENBETT, DIETRICH *in:* ²VL *Bd. 1, 1978, Sp. 158–173.* – SCHRÖDER, WERNER: *Wolfram-Nachfolge im 'Jüngeren Titurel'. Devotion oder Arroganz. Frankfurt a.M. 1982.* – FROMM, HANS *in: KLL, Bd. 1, 1988, S. 96–98.* – EBENBAUER, ALFRED: *Albrecht: Jüngerer Titurel, in: Interpretationen, S.353–372.* – *Briefwechsel der Brüder Jacob und Wilhelm Grimm. Hg. von* HEINZ RÖLLEKE. *Stuttgart 2001.* – *Autographen Auktion J.A. Stargardt, Kat. 675, Berlin, 13./14. November 2001.*

PJB

42 Albrecht: Der Jüngere Titurel; Werner der Gartenaere: Helmbrecht

Oberösterreich, um 1400
Papier, I + 241 Bll., 31 × 22 cm
Vorbesitzer: 1833 über den Germanisten Friedrich Heinrich von der Hagen erworben.
SBB-PK, Ms. germ. fol. 470

Aufgeschlagen Bl. 229ᵛ/230ʳ: Helmbrecht, *zwuschen Wels vnd dem Traunberg* war noch nie ein Bauer so verschwenderisch aufgeputzt gewesen (linke Seite, linke Spalte, Zeile 15=v. 192 nach BRACKERT).

Das Satzfragment auf dem Vorsatzbl. verso: *Anno domini millesimo quadringentesimo lvij istum libellum* (nicht: *consumatum libellum*, wie eine darunter notierte neuzeitliche Auflösung vermutet) kann der Anfang eines Entwurfs oder einer Kopie eines amtlichen Schreibens oder aber eines Lesevermerks sein; keinesfalls jedoch bedeutet es eine Datierung der Handschrift (wie WOLF S. LVII und nach ihm andere wie HUNDSNURSCHER S. 7 meinen), die außerdem an solcher Stelle höchst ungewöhnlich wäre; vielmehr erfolgte die Niederschrift nach Ausweis der Wasserzeichen mindestens fünfzig Jahre früher (BECKER, Handschriften, S. 123), wofür auch das grobgerippte Papier spricht. Alte fehlerhafte Paginierung; zwischen Bl. 217ᵛ und 218ʳ und Bl. 227ᵛ und 228ʳ der neueren Foliierung fehlt je 1 Bl.; Kursive, 1 Hand, 2 Spalten, im Jüngeren Titurel die Strophen, im Helmbrecht die Verse abgesetzt, Strophen- bzw. Abschnittsanfänge mit roten Majuskeln bzw. Lombarden markiert, Versanfangsbuchstaben im Jüngeren Titurel bis 8ʳ und im Helmbrecht durchgehend rot gestrichelt, weitere sparsame Rubrikation; zu Beginn des Helmbrecht eine wenig kunstvoll verzierte Lombarde. Leichter Tintenfraß. Zeitgenössischer roter, ungewöhnlich verzierter Lederband: beide Deckel durch Rahmen und Diagonalen unterteilt, die durch unter das Bezugsleder gelegte Leder- oder Garnstreifen erzeugte, von Streicheisenlinien flankierte Wulste gebildet werden; vorn und hinten je 5 kleine Eisenbuckel, davon je 2 verloren; Langriemenschließen – übrigens ein Charakteristikum deutschsprachiger Codices – bis auf die Bleche verloren; Rücken im 19. Jh. mit Leder überklebt. Schriftdialekt: südbairisch.

Der Helmbrecht stellt ein „kleines Meisterwerk der Weltliteratur" dar (KNAPP S. 267). Er gehört zur Gruppe der im 13. Jahrhundert aufblühenden, inhaltlich weit gefächerten Kleinepik. In der kurzen Verserzählung wird Helmbrecht als Aufsteiger aus dem Bauernstand geschildert, dem viele und illegale Mittel recht sind. Er maßt sich ein erstrebtes Rittertum äußerlich in Kleidung und Sprechton an, ein Emporkömmling, der die Bodenständigkeit aufgibt und die Standesgrenzen übersteigen will; aufgrund seiner Hybris verletzt er die gottgegebene Ordnung, er wird kriminell, sein Vater verstößt ihn, bis er schließlich von den Bauern gehenkt wird; der Topos des verlorenen Sohns kehrt in dunklerer Zeichnung mit bösem Ende wieder. Die Lieder Neidharts von Reuenthal gaben dem Dichter Werner Vorbilder für den rüpelhaften Bauernburschen, der hier aber soziale und damit gottgesetzte Schranken einzureißen beabsichtigt und in der falschen ritterlichen Pose elend zugrunde geht. Die ritterlichen Idealbilder der Grals- und Artusepik und der Mythos der Heldenepik sind im Helmbrecht verlassen, um auch andere Stände in ihrer Alltäglichkeit zu entdecken. Ob dieser neu aufgekommene Realismus eine breitere Rezipierung dieser oder ähnlicher Dichtung bremsten, steht dahin. Der Helmbrecht mit seiner wirklichkeitsnahen Zeichnung des Bauerntums brachte es auf zwei Handschriften, die bis heute die Zeiten überdauerten, Heinrich Wittenwilers Ring, in dem die behauptete Häßlichkeit und Gemeinheit der Bauern grotesk-komisch geschildert werden, ist gerade mal in einer einzigen Handschrift auf uns gekommen, kaum ein Zufall. Bekannt sind allerdings aufgrund von Lobpreisungen von Dichterkollegen auch die Titel von Epen, die gänzlich verschwunden sind und von denen keine Handschrift mehr Zeugnis ablegt.

Der Helmbrecht hatte wegen seines geringen Umfangs nur im Verbund mit anderen Texten in Sammelhandschriften eine Überlebenschance; Separataufzeichnungen in Heftform von wenigen Lagen, die es zweifellos gegeben hat, fielen am ehesten dem Verschleiß zum Opfer, zumal diese Hefte einzeln zirkuliert haben werden und nicht als kaum benutzte wissenschaftliche Folianten im Verbund einer Bibliothek geschützt ruhten. Außer in der Berliner Handschrift ist der Helmbrecht noch im sogenannten Ambraser Heldenbuch (Wien, Österreichische Nationalbibliothek, Cod. Ser. n. 2663) kopiert worden, Krönung und Abschluß der mittelhochdeutschen Literatur, das zwischen 1504 und 1515/1516 der 'letzte Ritter' Kaiser Maximilian I. von Hans Ried, Zöllner am Eisack bei Bozen, als Manifestation der im Vergehen begriffenen ritterlichen Sphäre nostalgisch-rückschauend prachtvoll auf Pergament in Großfolio hatte schreiben lassen. Immerhin – eine Textvorlage mußte sich auf einer Südtiroler Burg erhalten haben, wenn man den Text dem Kopisten nicht aus anderen Landesteilen zukommen hatte lassen. Groteske Schreibfehler zeigen, daß sich auch für Hans Ried das Mittelhochdeutsche überlebt hatte und er einzelnes nicht mehr lesen und verstehen konnte.

Eine Entstehung des Helmbrecht in Oberösterreich, Tirol oder Bayern läßt sich durch seine Verbreitung vermuten. Die Verse 192 und 897 sind in beiden Überlieferungssträngen mit jeweils anderen Ortsnamen versehen, die bei der Berliner Handschrift im österreichischen Traungau (Wels, Traunberg, Leubenbach = Leonbach) und bei der Vorlage Rieds im Ambraser Heldenbuch im bayerischen Innviertel (Hohenstein, Haldenberg und Wanghausen) nachweisbar sind und die Helmbrecht-Märe in einer geographisch genau fixierten Umgebung ansiedeln. Jedenfalls haben die jeweiligen Auftraggeber der Handschriften durch den Austausch der Namen die Geschichte in ihrem Lebensbereich spielen lassen oder der Vortragende den Text aktuell lokalisieren wollen. Wilhelminischer Realschullehrerpositivismus (BÖTTI-CHER, Professor an der 4. Realschule zu Berlin) identifizierte sogar den Helmbrechtshof am Zusammenfluß von Salzach und Inn und sah in einem Schimpfwort „Helmel", „mit welchem man dort liederliche Burschen bezeichnet", „eine dunkle Erinnerung an Helmbrechts Geschichte" (BÖTTICHER S. 71). In dem Berliner Codex verewigten sich auf dem Vorsatzblatt mehrere oberösterreichische Kleinadlige samt Wappen und Devisen, nicht als Besitzer des Bandes, sondern in stammbuchartiger Manier; der *Lienhart Mewrll*, der als der 1468 verstorbene Sohn eines Landrichters Hans Meurl nachweisbar ist, gehörte zu einer Ministerialenfamilie, die Schloß Leonbach (Leombach) im Traungau innehatte; der Landrichter Meurl könnte die Handschrift sehr wohl seinem Gerichtsschreiber in Auftrag gegeben oder auch selber geschrieben haben – durch das Richteramt war ein ungewöhnliches Interesse am Rechtskasus Helmbrecht vorprogrammiert (BECKER, Handschriften, S. 124–126). Graphische Kürzel und ein lateinischer Kolophon zeigen, daß der Schreiber lateinkundig war. Die dem Jüngeren Titurel (Bl. 228ʳ) angefügten *Versus veritatis: Dien vast vmb chlainen sold/So werden dir die herren hold/Wer herren dienen wil/Der dien vast vnd aysch nicht vil* (Wenn du aufopfernd für geringen Lohn dienst, werden dir die Herren gewogen. Wer Herren dienen will, sollte aufopfernd dienen und nicht viel fragen und fordern) können auf kleinadlige Dienstmannenstellung ebenso wie auf den Beamten einer Herrschaft weisen. Jedenfalls bilden in der Berliner Helmbrecht-Handschrift die Einträge von Angehörigen der im Traungau oder benachbart wohnenden Adelsgeschlechter Mewrl, Hauzendorf,

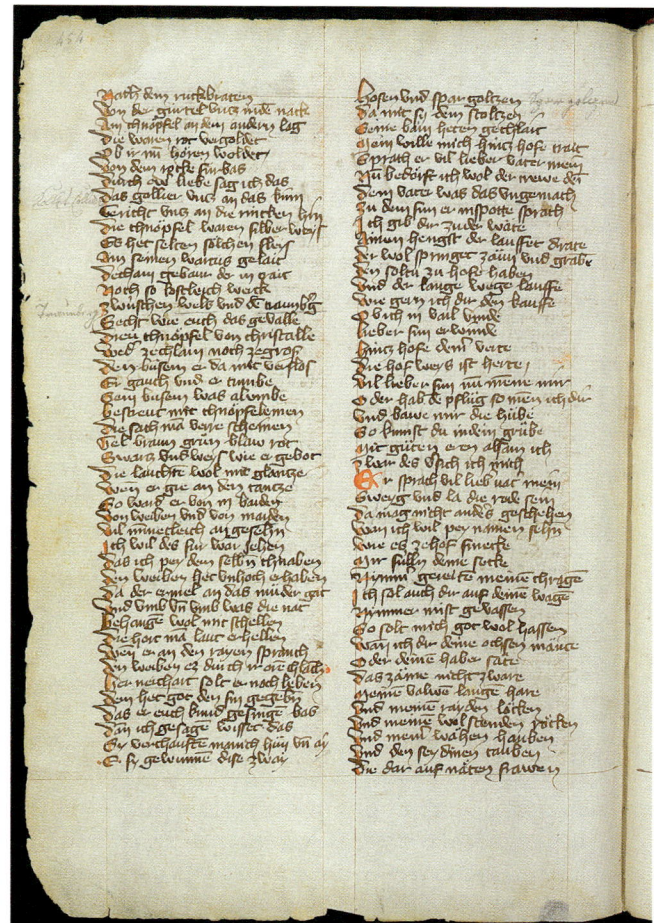

Kat. 42, 229ᵛ

Kastner, Kelberhardt und Neundlinger (mitnichten war „bei der Entzifferung der Namen möglicherweise der Wunsch Vater der Lesart", wie BRACKERT S. 122 meint) und die im Text der Dichtung genannten Ortsnamen die sozialen und geographischen Koordinaten, innerhalb derer der Helmbrecht überliefert ist.

Kleine gereimte Erzählungen wie der Helmbrecht können zum Vortragsrepertoire der von einem Ort zum andern wandernden Sänger gehört haben, unter denen man auch den Autor dieser Märe sucht; aber nicht nur Kleinerzählungen wurden mündlich vorgetragen: am Schluß (228ᵛ) des Jüngeren Titurel, eines außerordentlich umfangreichen und komplizierten Werkes, der in der Handschrift dem Helmbrecht vorangeht, stehen die vom Schreiber improvisierten Verse: *Hie hat dicz püch ain ende/an alle missewende/Wer es gern höret* [sic] *wisset das/Im stet sein weisheit vester bas/gein gut vnd auch gein ere/Was sol ich sprechen mere* (Hier ist das Buch zuende,/makellos und ohne Schande./Wer es gern anhört,

soll eines wissen:/Ihm wird sein Sinn künftig desto be-
ständiger/nach Gutem und Ehrenhaften stehen./Was
soll ich noch weitere Worte machen) – wieder ein Beleg
für die Bedeutung der oralen Tradition.

Die gemeinsame Überlieferung von Helmbrecht und
Jüngerem Titurel ist schwerlich ein Zufall. Die enge
Verknüpfung des Buches zum Kleinadel einer bestimmten vertrauten Umwelt propagiert einer Rezipienten-
Gemeinde – Auditorium oder Leserschaft – eine Moral
von der Geschichte, eine Art Grundgesetz eines Freun-
deskreises, der einerseits den erlauchten Ministerialen
des Gralkönigtums im Jüngeren Titurel ideell zur Seite
steht und sich andererseits – gewissermaßen alltäglich –
gegen einen Aufsteiger und Parvenue wie Helmbrecht
und damit gegen Verschiebungen im gesellschaftlichen
göttlich sanktionierten Gefüge, die die eigene Stellung
beeinträchtigen würden, wehren wollte. Die Sicherung
des herkömmlichen Rechts und der alten Ordnung gehen im Helmbrecht Hand in Hand.

Der nachmittelalterliche Weg des Codex ist unbekannt. 1833 kam er durch den Berliner Germanistikpro-
fessor Friedrich Heinrich von der Hagen (1780–1856)
– einen Begründer dieses Faches, der zahlreiche mittelhochdeutsche Texte edierte – in die Königliche Bibliothek Berlin. Einem in den Vorderdeckel geklebten Gutachten von der Hagens zufolge scheint dieser die *bisher
unbekannte Handschrift des Titurel* lediglich vermittelt zu
haben, ohne daß sich der Band vorher in seiner Bibliothek befunden hätte: *Erwägt man nun, wie theuer der alte
Druck des Titurels* [Straßburg: Mentelin 1477, vgl. Kat.
35] *auf Versteigerungen bezahlt wird, diese alte Hds. aber
wie jede einzig ist, dabei eigenthümlich vom gedruckten
Text abweichend, so ist das Ausgebot derselben gewiß nicht
zu hoch. Man könnte sie ja kaum dafür abschreiben lassen.
Berlin d. 8. Febr. 1833.* Wir meinen zu verspüren, daß von
der Hagen die Bibliothek, die primär für Druckschriften
vorhanden ist, vom Wert eines handschriftlichen Originals, mittels dessen verschiedene Textfassungen studiert werden können, zu überzeugen versucht.

*Der arme Heinrich von Hartmann von Aue und Meier Helmbrecht
von Wernher dem Gärtner übersetzt und erläutert von* GOTTHOLD
BÖTTICHER. *(Denkmäler der Älteren deutschen Litteratur 2),
2. Aufl. Halle a. S. 1899. – Albrechts von Scharfenberg Jüngerer Titu-
rel kritisch hg. von* WERNER WOLF, *Bd. 1. Berlin 1955 (DTM 45),
S. LVII–LX. – Wernher der Gartenaere, Helmbrecht. Hg. von* FRANZ
HUNDSNURSCHER. *Göppingen 1972 (Litterae 6) (Faksimile der Hs.). –
Wernher der Gartenaere, Helmbrecht. Mhd. Text und Übertragung
hg. von* HELMUT BRACKERT, WINFRIED FREY, DIETER SEITZ.
*Frankfurt am Main 1972 (Fischer Taschenbuch 6024), Frankfurt am
Main 1972. –* BECKER, *Handschriften, S. 123–127. –* KNAPP, FRITZ
PETER: *Wernher der Gärtner, in: KLL, Bd. 12, 1992, S. 265–268. –*
DE BOOR/JANOTA, *Geschichte, S. 231–235.*

PJB

43 Wirnt von Grafenberg: Wigalois

Mitteldeutsch, 2. Hälfte des 13. Jahrhunderts
Pergament, 1 Doppelbl., 17 × 13 cm
Vorbesitzer: Herausgelöst aus Inc. 2004 (= GW 5896), der Druck
gehörte zur Bibliothek der Fürsten von Starhemberg, die 1889 an die
Königliche Bibliothek verkauft wurde.
SBB-PK, Ms. germ. fol. 923,35

Enthält insgesamt 322 Verse (v. 2112–2273 und 2594–2753).

Der Versroman 'Wigalois' des Wirnt von Grafenberg
präsentiert sich als „nachklassische" Variante des deutschen Artusromans (SCHIEWER S. 235), zu dessen klassischen Vertretern Wolfram von Eschenbach mit 'Parzival', Gottfried von Straßburg mit 'Tristan' oder
Hartmann von Aue mit 'Iwein' und Heinrich von Veldeke mit dem 'Eneasroman' gehören. Französischen Vorbildern folgend bietet er die Erzählungen von König Artus und den Rittern der Tafelrunde, somit er sich eines
besonderen Interesses des Publikums an den deutschen
Höfen sicher sein konnte.

Über die Lebensumstände des Dichters ist kaum etwas bekannt. Nach allgemeinem Consensus ist der
Name eine Herkunfts-, keine Standesbezeichnung. Da-

Kat. 43, 2ʳ

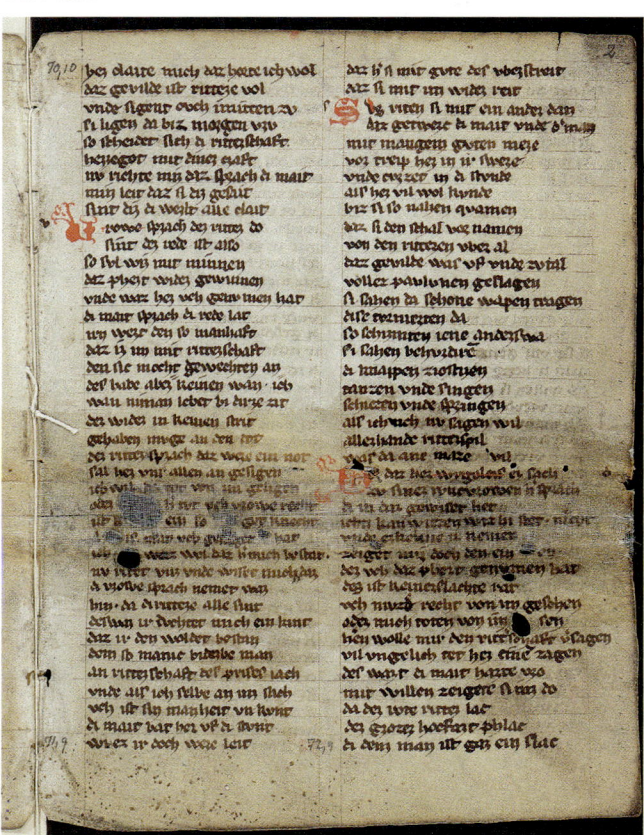

nach könnte er aus dem heutigen Gräfenberg in Oberfranken nordöstlich von Nürnberg stammen. Literarisch erwähnt wird er u. a. von Rudolf von Ems, Heinrich von dem Türlin und Hugo von Trimberg in seinem 'Renner'; der Dichter seinerseits kennt Hartmann und Wolfram.

Wigalois, der Sohn Gaweins, eines Ritters der Artus-Runde, und seine spannenden Abenteuer, die er mit ungebrochenem Gottvertrauen glücklich besteht, um vollwertiges Mitglied des Artushofes werden zu können, bilden den Inhalt des Romans. Die breite Resonanz des Werkes geht wohl auf die Verhaltensweise des Helden zurück, der adlige Tugenden und christliche Moral unbeirrt bewahrt, für das Publikum individuell nacherlebbar macht, und dadurch den erwünschten Erfolg erringt (so SCHIE-WER S. 236–237).

Nach Wolframs 'Parzival' ist der 'Wigalois' das Werk mit der dichtesten Überlieferungsbreite. Seit seiner Entstehung zwischen 1204 und 1230 (am ehesten wohl um 1210) sind bis in das 15. Jahrhundert hinein 13 vollständige Handschriften und 28 Fragmente bezeugt, die Mehrzahl der Texte (21) stammt aus dem 13. Jahrhundert, wobei die vollständig erhaltenen Handschriften im 15. Jahrhundert überwiegen. Der Textumfang (fast 12 000 Verse) und die Häufigkeit kleiner Formate legen die Dominanz der Einzelüberlieferung anstelle der Tradierung in Sammelhandschriften nahe.

Das Berliner Fragment aus der 2. Hälfte des 13. Jahrhunderts stammt aus dem mitteldeutschen Raum, südwestlich von Erfurt und befand sich als Einbandmakulatur in einer Druckausgabe der 'Tabula decretalium' des Bologneser Rechtsgelehrten Johannes Calderinus, erschienen 1481 bei Peter Drach in Speyer. Der Band gehörte zur Bibliothek der Grafen von Starhemberg und gelangte 1889 mit dem Verkauf dieser sich auf Schloss Eferdingen befindlichen Sammlung in die Königliche Bibliothek zu Berlin. Das Fragment wurde 1892 abgelöst und wird seitdem gesondert aufbewahrt. Der Trägerband, eingereiht in die Inkunabelsammlung unter der Signatur Inc. 2004, gehört heute zu den Kriegsverlusten.

DEGERING I, S. 129–130. – HILGERS, HERIBERT A.: *Materialien zur Überlieferung von Wirnts Wigalois*, in: *Beiträge zur Geschichte der deutschen Sprache und Literatur (Tübingen)* 93, 1971, S. 228–288, hier S. 233 (Sigle e). – ZIEGELER, HANS-JOACHIM: *Art. 'Wirnt von Grafenberg'*, in: ²VL 10, 1999, Sp. 1252–1267. – SCHIEWER, HANS-JOCHEN: *Ein ris ich dar vmbe abe brach / Von sinem wunder boume. Beobachtungen zur Überlieferung des nachklassischen Artusromans im 13. und 14. Jahrhundert*, in: HONEMANN / PALMER, *Deutsche Handschriften*, S. 222–278, hier S. 235–257. – JAEGER, ACHIM: *Ein jüdischer Artusritter. Studien zum jüdisch-deutschen 'Widuwilt (Artushof)' und zum 'Wigalois' des Wirnt von Gravenberc*. Tübingen 2000 (Lit.).

RS

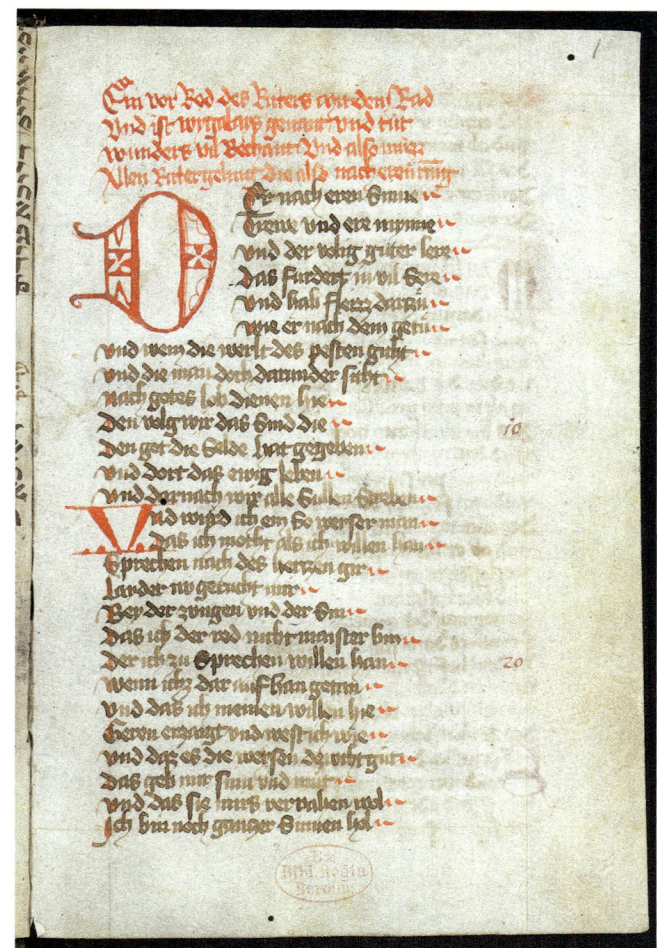

Kat. 44, 1ʳ

44 Wirnt von Grafenberg: Wigalois

Bairisch-österreichisch, letztes Viertel des 15. Jahrhunderts
Papier, 174 Bll., 20 × 14 cm
Vorbesitzer: Aus dem Besitz des altbayrischen Geschlechts Jud von Bruckberg (Bl. 174ᵛ: Wappen); 1847 im Besitz des Leipziger Bibliophilen, Buchhändlers und Antiquars Theodor Oswald Weigel; sodann im Besitz des Handschriftensammlers Guillelmo Libri, der die Handschrift 1862 verkaufte (Sotheby-Auktion London, 1862, Cat. Nr. 565). Auf dieser Sotheby-Auktion erwarb sie Sir Thomas Phillipps (Phill. Ms. 16413). Zusammen mit anderen Handschriften aus der Bibliothek Phillipps gelangte sie schließlich in den Besitz Sir Max Wächters in London, der sie in einem Schenkungsakt 1912 der Königlichen Bibliothek übereignete.
SBB-PK, Ms. germ. oct. 483

Aufgeschlagen Bl. 1ʳ *Ein vorred des Ritters mit dem Rad* (d.i. das Rad der Fortuna zugleich Wappen des Wigalois).

1ʳ–174ʳ Wirnt von Grafenberg: Wigalois; Vor- und Nachsatz Pergament mit einem Talmud-Traktat (Mischna); Einband aus grünem Saffianleder mit Goldprägung und Goldschnitt im Empirestil im mittelbraunen Lederschuber, Anfang 19. Jahrhundert (vgl. auch Kat. 81: in gleicher Manier).

Kat. 44, 174ᵛ

Die Handschrift ist eine Abschrift des Wiener Cod. 2970 (Sigle M), der aus einer mitteldeutschen Vorlage hervorgegangen ist. Bemerkenswert ist die Provenienz der Berliner Handschrift, die sich aus dem Wappen sowie dem Vor- und Nachsatz erschließt. Als Eigentümer (und möglicher Auftraggeber?) kommt vermutlich der in Landshut ansässige Thomam Jud von Bruckberg (der Jüngere) in Frage (1493 als Hausbesitzer dort erwähnt). Die konvertierte Familie ist in dem unweit von Landshut gelegenen Dorf Bruckberg über mehrere Generationen nachweisbar. Thomam Jud verdient auch besondere Aufmerksamkeit dadurch, daß er den Klosterschreiber Hans Seybold beauftragte, die prachtvolle Hochzeit Georgs des Reichen zu Landshut zu schildern (1475, München, Bayerische Staatsbibliothek, Cgm. 331 mit Stifterbild und Wappen). Diese selbst finanzierte Huldigung des Herzogshauses dürfte möglicherweise als Dank für erwiesene Anerkennung oder die wohl anzunehmende Zugehörigkeit zum Patriziat zu werten sein. In Familienbesitz befand sich eine weitere Berliner Handschrift (Ms.

germ. fol. 1464: Konrad von Megenberg, 'Buch von den natürlichen Dingen'), die das auf *1431* datierte Wappen und den Namenseintrag *Tamen Jud von bruckberg wanhaft ze bůch* enthält. Der Eigentümer dürfte hier der ältere 1449 verstorbene gleichnamige Thomam Jud gewesen sein.

Die 'Wigalois'-Handschrift im Besitz der Familie Jud von Bruckberg dokumentiert, ebenso wie ihre anderen wappengeschmückten Bücher, literarische Ambitionen, naturkundliche und gesellschaftliche Interessen, sowie das Bestreben nach öffentlicher Repräsentation und Anerkennung.

DEGERING, *Neue Erwerbungen 2, S. 148–149; 3, S. 160.* – HILGERS, *Materialien, S. 232–233* (Sigle W), s. Kat. 43. – JAEGER, *Artusritter, S. 154–164* (ausführlich zur mittelalterlichen Provenienz), s. Kat. 43. – *Weitere Lit. bei Kat. 43.*

RS

45 Wirnt von Grafenberg. Wigalois der Ritter mit dem Rade

Hrsg. von Georg Friedrich Benecke. Erster Druck.
Berlin: Reimer 1819. LXIV,767 S., 17,5 × 10 cm
Vorbesitzer: Aus der Bibliothek der Brüder Jacob und Wilhelm Grimm 1865; mit dem Nachlass 1869 angekauft.
SBB-PK, Libr. impr. c. n. mss. oct. 247

Mit gedruckter Widmung an Jacob Grimm.
Mit An- und Unterstreichungen, Randbemerkungen und Notizen auf dem eingebundenen Vor- und Nachsatzblatt von Wilhelm Grimm.

Kat. Berlin SB Nachlaß Grimm, T. 2, S. 690, Nr. [2005].

RS

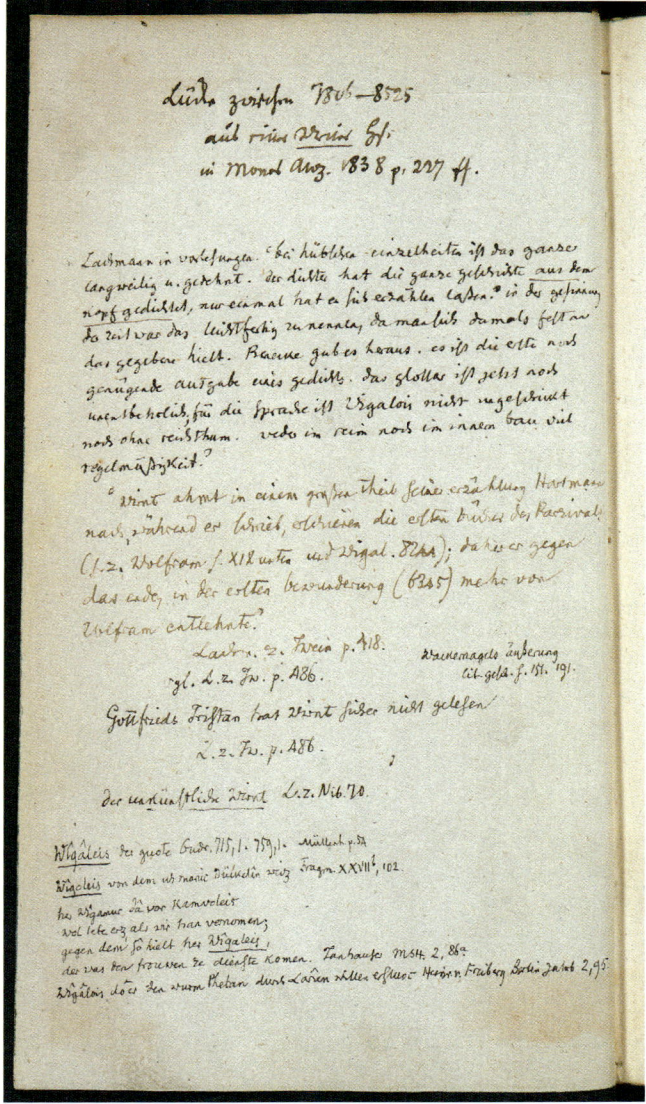

Kat. 45, Vorsatz

III. 4 Lieddichtung

Die Überlieferung höfischer und bürgerlicher Lieddichtung im Berliner Bestand

Die Hauptvertreter der früh- und hochhöfischen Lyrik wie Dietmar von Aist, Heinrich von Veldeke, Heinrich von Morungen, Walther von der Vogelweide, Reinmar der Alte und ihre Nachfolger Tannhäuser, Johannes Hadloub, Reinmar von Zweter, Heinrich von Meissen (genannt Frauenlob) sind in der Berliner Sammlung nur in bescheidenem Maße oder gar nicht vertreten. Es fehlen die erstrangigen Sammlungen in der Art der Grossen Heidelberger ('Codex Manesse') und der Kleinen Heidelberger Liederhandschrift, sowie der 'Weingartner Liederhandschrift'. Vergleichbar dagegen muß die Sammlung von Minneliedern und Sangsprüchen in niederdeutscher Fassung gewesen sein, von der sich Fragmente in den 'Möserschen Bruchstücken' (Kat. 51) erhalten haben. Die 'Berliner Liederhandschrift' (Kat. 52) gehört ebenfalls in dieses Umfeld. Neben einem Minnelieder-Corpus aus der Nachblüte des Minnesangs und Ansätzen des bürgerlichen 'Gesellschaftsliedes' enthält sie außerdem eine spezielle, nur sehr selten überlieferte Gattung rheinischer Minnereden und gewinnt dadurch eine besondere Bedeutung.

Die hoch- und späthöfische Lyrik und deren Nachwirkung bis ins 16. Jahrhundert repräsentieren im Berliner Handschriftenbestand vor allem die Lieder Neidharts, dessen Wirkung im Hoch- und Spätmittelalter als außergewöhnlich bezeichnet werden muß. Im Anschluß an sein Anfang des 13. Jahrhunderts verfaßtes Liedcorpus entstand bis zum 15. Jahrhundert eine Vielzahl von Liedern und Schwänken in seinem Stil, so daß 'ain nithart' ein eigener Gattungsbegriff werden konnte. Unter den Epigonen stieg Anfang des 14. Jahrhunderts der Ritter und Schwankdichter Otto Fuchs am Wiener Hof Herzog Ottos des Fröhlichen (1303–1339) zur zentralen Figur der Neidhart-Rezeption empor. Er legte sich selbst den Beinamen 'Neithart' zu, weil ihn die Bauernschelte in seinen Schwänken mit seinem berühmten Vorgänger verband. So findet sich noch im gedruckten Schwankbuch des 'Neithart Fuchs', das den End- und Höhepunkt der Neidhart-Tradition darstellt, echtes Neidhart-Liedgut. Die neben der Textüberlieferung nachweisbare Rezeption Neidharts in Wort und Bild bezieht sich nicht auf den subtilen, amüsant-derben Dichter des 13. Jahrhunderts, sondern betont die weniger kunstfertige, aber sehr geschickte und lebendige Variante der Neidhart-Schwänke im 'Neithart Fuchs'.

Die Berliner Sammlung dokumentiert in seltener Vollkommenheit das gesamte Panorama der Neidhart-Überlieferung in ihrer unterschiedlichen Ausprägung und bietet damit ideale Voraussetzungen für die moderne Neidhart-Forschung. Sie präsentiert in der sogenannten 'Riedegger' Handschrift (Kat. 46) den ältesten Textzeugen der Neidhart-Lieddichtung. Die Berliner Handschrift c (Kat. 47) stellt unter den jüngeren Textzeugen die wichtigste Sammlung der verschiedenen Neidhart-Corpora (Lieder und Schwänke) dar und bietet zusätzlich die reichhaltigste Überlieferung an Melodien. In der Handschrift f (Kat. 48) ist die umfangreichste Sammlung von Neidhart-Liedern, die überwiegend aus Schwankliedern besteht, enthalten. Sie bildet gleichsam eine Brücke zum Schwankbuch 'Neithart Fuchs'. Es wird in der Berliner Sammlung durch eine 1566 in Frankfurt a. M. gedruckte Ausgabe (Kat. 49) repräsentiert, die als eine der schönsten und gelungensten gilt.

Auch die Überlieferung und Rezeption spätmittelalterlicher Lieder und Spruchgedichte ist im Berliner Bestand gut vertreten. Gezeigt werden Ms. germ. quart. 495 ('Kuppitschs Handschrift' O; Kat. 55), eine zu privatem Zweck angelegte Sammlung von Liedern und Gedichten aus der Bibliothek des für die Wiener Hofbibliothek tätigen Antiquars Matthäus Kuppitsch; das 'Königsteiner Liederbuch' (Kat. 53), eine Sammelhandschrift mit Minnereden, Gebeten und zumeist nur hier überlieferten Minneliedern, und das sogenannte 'Liederbuch der Anna von Köln' (Kat. 54) mit geistlichen und weltlichen Liedern, wahrscheinlich aus dem Besitz einer

Begine oder Nonne aus Köln oder Umgebung. Darüber hinaus verdienen Erwähnung das 'Lochamer Liederbuch' (Mus. ms. 40613)[1] aus Nürnberg, die erste umfangreichere deutsche Liedsammlung des 15. Jahrhunderts, die für die Textüberlieferung deshalb von zentraler Bedeutung ist, weil fast die Hälfte der überlieferten Lieder nur durch diese einzige Handschrift bekannt geworden sind. Hinzu tritt die Spruch- und Lieder-Sammlung in Ms. germ. fol. 488 (Handschrift o), 1530 geschrieben von Martin Ebenreutter in Würzburg (auch 'Naglersche Handschrift' nach dem Vorbesitzer benannt, nach neueren Forschungen als 'Ebenreutters Würzburger Handschrift' bezeichnet) mit engen Parallelen zum 'Liederbuch der Clara Hätzlerin' (Prag, Knihovna Národního Musea, Ms. x A 12).[2] Beide Handschriften schöpfen aus gemeinsamen Vorlagen. Ein weiterer, ebenfalls im 16. Jahrhundert entstandener, Berliner Textzeuge von Bedeutung ist die 'Osnabrückische Liederhandschrift' von 1575 (Ms. germ. fol. 753)[3], mit einiger Wahrscheinlichkeit aus dem Besitz des westfälischen Adligen Johannes (des Älteren) von Dincklage stammend, mit streckenweiser Übereinstimmung mit dem Textbestand des 1582 gedruckten 'Ambraser Liederbuchs'. Sie enthält zwar weithin bekanntes Liedgut, bietet aber wohl eine bessere Auswahl und eine größere thematische Einheitlichkeit.

In der 2. Hälfte des 15. Jahrhunderts endet allmählich die Tradition der an die Höfe gebundenen Kunstausübung des Lied- und Sangspruchvortrags durch fahrende Berufsdichter, die ihrerseits das Erbe der Sangspruchdichter des 13. und 14. Jahrhunderts aufgenommen hatten. In den Städten entstand die Schicht der „stadtbürgerlichen Dilettanten" (SCHANZE, Liedkunst, 1, S. 10)[4]; sie waren meist seßhafte, ein Handwerk ausübende Bürger, die nebenberuflich nach den Tönen (Melodien) der alten Vorbilder den Meistersang im Rahmen organisierter Gesellschaften oder ungebunden ausübten. Zum Zentrum dieser Kunst entwickelte sich Nürnberg. Zwölf alte Meister, nach denen die Töne benannt werden, gelten als die Stifter des Meistersangs. Die Überlieferung meisterlichen Liedguts erfolgte auf unterschiedliche Weise, als Streuüberlieferung in Sammelhandschriften, oder als eigener Überlieferungstyp in Form der Meisterliederhandschrift. In der Berliner Sammlung finden sich einige herausragende Beispiele dieser Gattung. Zu nennen sind u. a. das 'Textheft eines Meistersingers' (Ms. germ. oct. 376, 16. Jahrhundert), die beiden Meisterliedersammlungen von Hans Sachs (Ms. germ. quart. 414 und 410), erstere ein 1517/18 in Nürnberg entstandenes Autograph, sowie die Liedersammlung des zuvor als Weber tätigen Dichters und Sängers Michael Beheim (Ms. germ. quart. 1402: 'Beheim F', eine 1495 für den

Nürnberger Papierhändler Hans Koch angefertigte Abschrift des bekannten autographen Münchener Codex Cgm 291: 'Beheim B').

1 Ausst.kat. Berlin 1975, Nr. 101.
2 MÜCK, HANS-DIETER: Untersuchungen zur Überlieferung und Rezeption spätmittelalterlicher Lieder und Spruchgedichte im 15. u. 16. Jahrhundert Die 'Streuüberlieferung' von Liedern und Reimpaarrede Oswalds von Wolkenstein. Unter Mitwirkung bei Handschrift K von DIRK JOSCHKO. Bd. 1. Göppingen 1980 (GAG 263), S. 113–140.
3 MÜCK, Untersuchungen, S. 141–163.
4 Grundlegend SCHANZE, FRIEDER: Meisterliche Liedkunst zwischen Heinrich von Mügeln und Hans Sachs. Bd. 1: Untersuchungen. Bd. 2: Verzeichnisse. München 1983–1984 (MTU 82.83), der Berliner Bestand in Bd. 2, S. 145–156.

RS

46 Neidharts Lieder u. a. ('Riedegger' Handschrift)

Niederösterreich, um 1300
Pergament, 137 Bll., 33,5 × 23,5 cm
Vorbesitzer: Geschrieben möglicherweise auf Veranlassung eines Herren von Hakenberg oder seiner Verwandten Herren von Kuenring, Angehörige einflussreicher niederösterreichischer Ministerialengeschlechter; seit der Mitte des 17. Jahrhunderts im Besitz der Grafen von Starhemberg (erworben von Graf Wilhelm Heinrich) auf Schloss Riedegg, deren Bibliothek im 19. Jahrhundert eine neue Aufstellung im Schloss Eferding/Oberösterreich fand; 1889 Verkauf der Bestände an die Königliche Bibliothek.
SBB-PK, Ms. germ. fol. 1062

Aufgeschlagen Bl. 60ʳ: *Owe dírre svmerzít* (Haupt/Wiessner 64,21), ein Lied aus dem Zyklus der Winterlieder.

1ʳᵃ–35ʳᵃ Hartmann von Aue, Iwein; 35ʳᵇ–48ʳᵃ Der Stricker, Pfaffe Amis; 48ʳᵃ–62ʳᵇ Neidharts Lieder (58 Lieder mit 383 Strophen, Sigle R); 63ʳᵃ–102ᵛᵇ Dietrichs Flucht; 102ᵛᵇ–136ᵛᵇ Rabenschlacht; Halbledereinband auf Holzdeckeln aus dem Jahre 1969.

Ein Name des Dichters läßt sich urkundlich nicht nachweisen; er ist nur literarisch bekannt und erscheint außerhalb der Handschriften als Titel, Berufs- und Gattungsbezeichnung. Ebenso wenig gibt es feste Anhaltspunkte für seine Biographie. Der Zusatz *Riuwental* (Reuental) stammt aus des Dichters Sommer- und Winterliedern und bildet gewissermaßen ein Erkennungsmerkmal. Ob damit ein Ortsname gemeint ist oder eine Anspielung auf persönliche Verhältnisse ('Jammertal') vorliegt, wird kontrovers diskutiert. Nach jüngsten Forschungen handelt es sich wohl doch um den Ort Rewental (heute Reintal) bei Landshut, Neidharts Heimatdorf. Den Aussagen seiner Lieder zufolge war der Dichter im 2. Jahrzehnt des 13. Jahrhunderts am Landshuter Hof Herzog Ludwigs I., begleitete ihn nach Italien zur Kaiserkrönung Friedrichs II. und wahrscheinlich auch nach Ägypten zum Abbruch des mißlungenen Kreuzzugs. Nach der Ermordung seines Förderers (1231) wandte er sich nach Österreich und fand wohl in Herzog Friedrich II. einen neuen Gönner. Er verstarb wahrscheinlich vor 1246.

Neidhart begründete im traditionellen Minnesang einen neuen Stil, indem er die Bauern in seinen Liedern thematisierte und den komisch-satirischen Gegengesang einführte. Sein Liedcorpus unterteilt sich in die Sommer- und Winterlieder mit unterschiedlichem Strophenbau. Hier werden die schöne Jahreszeit, die dörflichen Vergnügungen im Freien besungen, im Mittelpunkt stehen die Frauen. Dort ist die Geselligkeit in die Stuben verlegt, die Fröhlichkeit der Klage gewichen, die prahlerischen Bauernburschen stehen im Mittelpunkt. Hinzutreten die Schwanklieder mit ihrer thematischen und stilistischen Nähe zu den Winterliedern. Ihre Echtheit ist allerdings umstritten. Derzeit überliefern 27 Handschriften und Bruchstücke, sowie drei Frühdrucke des 'Neithart Fuchs', aus der 2. Hälfte des 13. Jahrhunderts bis in das 16. Jahrhundert Neidhart-Lieder. Damit überflügeln sie die Überlieferungshäufigkeit der Lieder Walthers von der Vogelweide. Die zu mündlichem Vortrag bestimmten Lieder erfuhren eine ständige Umformung und Erweiterung, so daß die Frage nach 'echten' oder 'Pseudoneidharten' kaum zu beantworten ist und bei den Vorbereitungen zu einer kritischen Gesamtausgabe des Neidhart-Oeuvres nicht mehr im Vordergrund steht, sondern die Edition aller unter Neidharts Namen überlieferter Lieder.

Neidharts Lieder erfreuten sich außerordentlicher Beliebtheit und fanden viele Nachahmer, die in seinem Stile dichteten. *Neidhart* schließlich wird zum Helden der Neidhartschwänke und Neidhartspiele. Die literarische Endform ist mit 'Neithart Fuchs' erreicht, eine Sammlung von Schwänken und Liedern mit einem zusammenfassenden gereimten Schlußstück, angelegt als Ich-Erzählung. Neidhart Fuchs gilt als historische Figur am Wiener Hof Ottos des Fröhlichen (1301–1339). Der legendäre Spaßmacher schlüpfte wohl in die Gestalt des hundert Jahre älteren Dichters und spielte seine Rolle so vorzüglich, dass beide zu späterer Zeit nicht mehr unterscheidbar waren. Wessen nach archäologischem Befund umgebettete Gebeine sich im Neidhart-Grab an der Außenseite des Wiener Stephansdomes befinden, muß daher ungeklärt bleiben.

Die Berliner Handschrift R gilt als der älteste Textzeuge der Neidhart-Liedersammlung. Vom Umfang und vom Textbestand her gehört sie neben Handschrift C (Heidelberg, UB, Cod. pal. germ. 848: Codex Manesse) und der wesentlich jüngeren Handschrift c (Kat. 47) zu den wichtigsten und bedeutendsten Überlieferungszeu-

wie dir alles twinget daz den somer mit vreuden
was du hast vogel vil betwingen do d' walt was aller
von besingen dar zu blvmen vnde gras. ich v'chlage
iz alles wol wolte mich div vrowe min scheiden von
so mangem chumber pein den ich von ir gewalte dol

Sichan zovber liste tovgen. si ist mir tage vn nahte
vor minen ovgen dem gelich sam ich si sch si ist
mir in dem slaffe nahen sold ich si mit armen vmbe
vahen vn daz minnechlich geschech. daz ist alles ein
getrwch daz mich in dem slaffe tringet vn mir in dem
siten minne lvget. da von han ich griwen loch.

Wie vol singet nv ze tantze iungen wiben vnd
ze blvmen chrantze. so sprechet aber an sin
stat. walker zevpsin hiltolf d' vie weigolt wildin
ich reich per vnd trvte. iv ist gesagt an vrevde mat.
des cheisers chomen ist iv bagel man tvt iwch des ha
ws ane. neben den ozen hinten ob dem spane. ir
gar phane ir lat den zagel

Ein gebet ich sanfte leide daz man Garzeman
ne al vmbe snide. sin wol valtez reidez har
ym vn sinen tantz gesellen. sol man bie vn chlar
d'also stellen. nah dem alten site. gar also manz bi
charln trich. swelhe sich da wider setzen. di sol man
an leibe vn an gvte letzen. daz sie nimi haben ge
rvch.

Lat iw div mare brinnen. er wil selbe stichen
vnd zernen vn sol dvrch d' vngerlant nider
dvrch di p'lgerey her wider vz vn dvrch di Roma
ney. twinget iz sin miltiv hant. er vn all di val
len sin tevtsch vn all siu vnger. wold er danneh
hinter daz betvinge er. riste d' richte d' cheiser vm
den ron. Ein ander wis

Owe dirre somerzit owe blvmen vnd chle. owe
manger winne d' mir one mvzzen sin. vnd
beider wigstreit bringet riffen vn sne. daz hat
all wsen roten vngelichen schin. also ist vnge
lich min vn amelvngeß swaere. nimes vngeli
gen vrevet er sich vn vroelich d' ist mines scha
den zallenzuten vlizzich vn gewirich er vn
Eberolt ein vngeslvmer wterich

Eberolt vn amlvnch vdelger vn vndelhart
habent wider mich gebrvvet ein sicher
heit manich vodechlich sprinch von in do ge
sprvngen wart. do si sich des rvemten si ge
taten mir ein leit still vn offenbar. habent
si den rvem bekert ich wnsch in nimmer
daz ir cheiner wol genar. vnd disen vieren

hat mir einer den minen mvt beswæret daz
er nie so trvebe wart von iv h engelmar.

Wesso ich wem ich solde chlagen minen
grozzen vngemach den ich von vileide
vn lange her geliten han. swaz mir noch
bi minen tagen leides iz von in geschach
daz ist ein winit. wan daz mir nv d' eine
hat getan. owe daz ich sol nv min sælbes lust
r'vegen. min ovgen winne greif er an den
svdenol. vmber goich des mehteden cheiser
friderichen wol genvgen. honer schimph ge
vellet nimi gvten liuten wol.

Iz ist vrowen e geschen an ir willen von
d' danich daz d' lieben vn d' wolgetaten
da geschach. hiet si den guff gesehen si ist ir
libes nie so chranch. er hiet sin bvez enph
angen des si sich vert iach snæller dann ein
toltz. was sin leip ir leit ergangen nimi
mer was d' dorpel sines hertzen stoltz. do
ne chvnde an den stvnden niht wol langen
di vnwege richt vns bei den herren chnv
tel holtz.

Mine vrivnt nv geu her dan. gebt mir
nv n wisen rat wie ich mit disen dinge
zv minen eren mvge chomen. aller trvwe
ich iwch man. daz ir mir nv bei gestatt mine
weide genge vn ellv min vrevd ist mir
benomen. ich bin vnverzeit beidiv an lip
vn oveh an mvte d' iv dvrch den wille min
sin dinest wider sagte. dem gestvnd ich imm
trvwen bi mit leib vn oveh mit gvte alle di
weil vn mir d' stegereiff zehove wagete

Ich gesah den walt vn all die heide nie vn
mangen zuten in so liehter ovgenweide di
hat d' maye vur gesant. daz si chvnden in div
lant. sine chvnft den vrvten. vn all den hoh
gemvten.

Alles daz div werlt nv hat besleozzen. vreut
sich siner chvnfte wol. d' hab wir e genoz
zen. nv si vns allen willehomen mauge
hertzen ist benomen leit vn vngemvte er
chvnt mit manigem blvte.

Die nv sine brieve horen wellen vn sin leip
mit willen helfen in div lant erschellen
di losen d' lieben nahtigal wan ir stimme
erhal nv sin frozav mære der maye hab des
ere.

gen. Die Liedersammlung steht hier im Verbund mit höfischer Epik, Schwankerzählungen, Lyrik und Dietrichsepik, eine durchaus motivierte Zusammenstellung, wie sich aus der Provenienzgeschichte erkennen läßt. Der im 19. Jahrhundert die Neidhart-Forschung dominierende MORIZ HAUPT (1808–1874) legt die Berliner Handschrift R seiner 1858 erschienenen Ausgabe als 'originalen' Text zugrunde und schreibt in der Vorrede (S. IX): „Unter allen… zeichnet sich die Riedegger handschrift aus, nicht sowohl durch fehlerlosigkeit… als dadurch dass sich in ihr nur selten willkürliche änderungen erkennen lassen. deshalb muste die gestaltung des textes auf diese handschrift gegründet werden… was in R nicht steht das hat keine äussere gewähr der echtheit". Diese Kanonisierung von R verstellte den Blick auf andere substantielle Textzeugen und stößt in den Diskussionen um eine angemessene textkritische Edition heute auf Ablehnung, mindert aber den Wert der Handschrift in der Neidhart-Überlieferung keineswegs. Die Beliebtheit des Textes ist auch daran ablesbar, dass der Neidhart-Teil in der Handschrift intensive Benutzungsspuren trägt.

DEGERING 1, S. 149. – BOUEKE, DIETRICH: *Materialien zur Neidhart-Überlieferung (MTU 16). München 1967, S. 17–18.* – FRITZ, GERD (Hg.): *Abbildungen zur Neidhart-Überlieferung I. Die Berliner Neidhart- Handschrift R und die Pergamentfragmente C^b, K, O und M (Litterae 11). Göppingen 1973.* – BEYSCHLAG, SIEGFRIED: *Die Lieder Neidharts. Der Textbestand der Pergament-Handschriften und der Melodien. Text und Übertragung, Einführung und Worterklärungen, Konkordanz. Edition der Melodien von* HORST BRUNNER. *Darmstadt 1975.* – *Ausst.kat. Berlin 1975, S. 137–138 (Nr. 90).* – BECKER, *Handschriften, S. 57–61.* – SCHNEIDER, *Gotische Schriften, bes. S. 226–228 (Schriftanalyse).* – *Ausst.kat. Heidelberg 1988, S. 264–274, bes. S. 272–273 (G 19).* – HAUPT, MORIZ (Hg.): *Neidhart von Reuenthal. Unv. Nachdr. der Ausgabe Leipzig 1858 (Neidharts Lieder 1). Stuttgart 1986.* – HAUPT, MORIZ u. EDMUND WIESSNER (Hgg.): *Neidharts Lieder. 2. neu bearb. Aufl. Unv. Nachdr. der Ausgabe Leipzig 1923 (Neidharts Lieder 2). Stuttgart 1986.* – BEYSCHLAG, SIEGFRIED: Art. 'Neidhart und Neidhartianer', in ²VL 6, 1987, Sp. 871–893, bes. Sp. 877–880. – BENNEWITZ-BEHR, INGRID: *Original und Rezeption. Funktions- und überlieferungsgeschichtl. Studien zur Neidhart-Sammlung R (GAG 437). Göppingen 1987, S. 14–20.* – BEYSCHLAG, SIEGFRIED u. HORST BRUNNER (Hgg.): *Herr Neidhart diesen Reihen sang. Die Texte und Melodien der Neidhartlieder mit Übersetzungen und Kommentaren (GAG 468). Göppingen 1989, bes. S. 2–129.* – BLECK, REINHARD, *Neidharts Kreuzzugs-, Bitt- und politische Lieder als Grundlage für seine Biographie (GAG 661). Göppingen 1998. (Lit.).* – BENNEWITZ-BEHR, INGRID *und* ULRICH MÜLLER: *Grundsätzliches zur Überlieferung, Interpretation und Edition von Neidhart-Liedern. Beobachtungen, Überlegungen und Fragen, exemplifiziert an Neidharts Lied von der 'Weltsüeze' (Hpt. 82,3 = WL 28), in: ZfdPh 104, 1985, S. 52–79* KLEIN, DOROTHEA: *Der Sänger in der Fremde. Interpretation, literarhistorischer Stellenwert und Textfassungen von Neidharts Sommerlied 11, in: ZfdA 129, 2000, S. 1–30.*

RS

47 Neidhart-Handschrift c

Nürnberg?, 2. Hälfte des 15. Jahrhunderts
Papier, 273 Bll., 31 × 21 cm
Vorbesitzer: Wahrscheinlich im Besitz des Nürnberger Kaufmanns Franz Spengler (1517–1564); späterer Eigentümer Thomas Ried (1773–1827, Kanzlist am bischöflichen Konsistorium zu Regensburg), aus dessen Besitz gelangte die Handschrift an Friedrich Heinrich von der Hagen (1780–1856, Germanist); 1856 Erwerbung durch die Königliche Bibliothek.
SBB-PK, Ms. germ. fol. 779

Aufgeschlagen Bl. 240^v / 241^r: O We liebe sumer zeit, dasselbe Lied wie in Handschrift R, hier mit Melodie und um zwei Strophen erweitert.

Der Band bestand ursprünglich aus drei selbständigen Teilen, die vermutlich auf Spenglers Veranlassung zusammengebunden wurden: (1) 1^r–68^v Thüring von Ringoltingen, Melusine; (2) 72^r–123^v Albrecht von Eyb, Ehebüchlein; (3) 131^r–269^r Neidharts Lieder (132 Lieder mit 1098 Strophen, davon 11 Lieder doppelt überliefert, Melodien zu 45 Liedern in deutscher gotischer Choralnotation auf Fünflinien-Schema ohne Notenschlüssel); brauner Ledereinband auf Holzdeckeln, 1961 restauriert. – Der Neidhart-Teil enthält überaus zahlreiche Bleistiftnotizen, die fast ausschließlich von der Hagen vorgenommen hat.

Die nordbairische Schriftsprache, die frühe Provenienzgeschichte und der Wasserzeichenbefund sprechen für eine Entstehung des Neidhart-Teils in Nürnberg um 1464. Die durch von der Hagen bekannt gewordene Berliner Handschrift c stellt mit ihrer großen Anzahl von Liedern unter den jüngeren Textzeugen die wichtigste Sammlung der Neidhart-Corpora dar. Die in Handschrift R enthaltenen Lieder sind hier inkorporiert und um zusätzliche Strophen ergänzt worden. Handschrift c ist außerdem die einzige Handschrift, in der die Lieder nach Gruppen zusammengestellt worden sind: die 'Sommerlieder' (1–78) und die 'Winterlieder' (79–132), die ihrerseits weitere Untergliederungen nach inhaltliche Kriterien erkennen lassen. Eine weitere Besonderheit der Berliner Handschrift besteht darin, daß sie den umfangreichsten Melodienbestand enthält und die Melodien hier, im Gegensatz zu anderen Handschriften, jeweils am Beginn eines Liedes stehen, also nicht mit Text unterlegt sind. Das Fehlen der Notenschlüssel erschwert allerdings die Bestimmung des Tonhöhenverlaufs.

Handschrift c stand fast ein Jahrhundert im Schatten der sogenannte 'Riedegger' Handschrift, die von Moriz Haupt in seiner Ausgabe zur Leithandschrift favorisiert worden war. Erst seit den sechziger Jahren des 20. Jahrhunderts hat sich die germanistische Forschung erneut mit den Problemen der textkritischen Methoden für die Edition mittelalterlicher deutscher Texte auseinander gesetzt und den Stellenwert eines zu rekonstruierenden Archetypus in Frage gestellt. Statt dessen rückte die Bedeutung der einzelnen Handschrift und ihrer Eigenständigkeit in

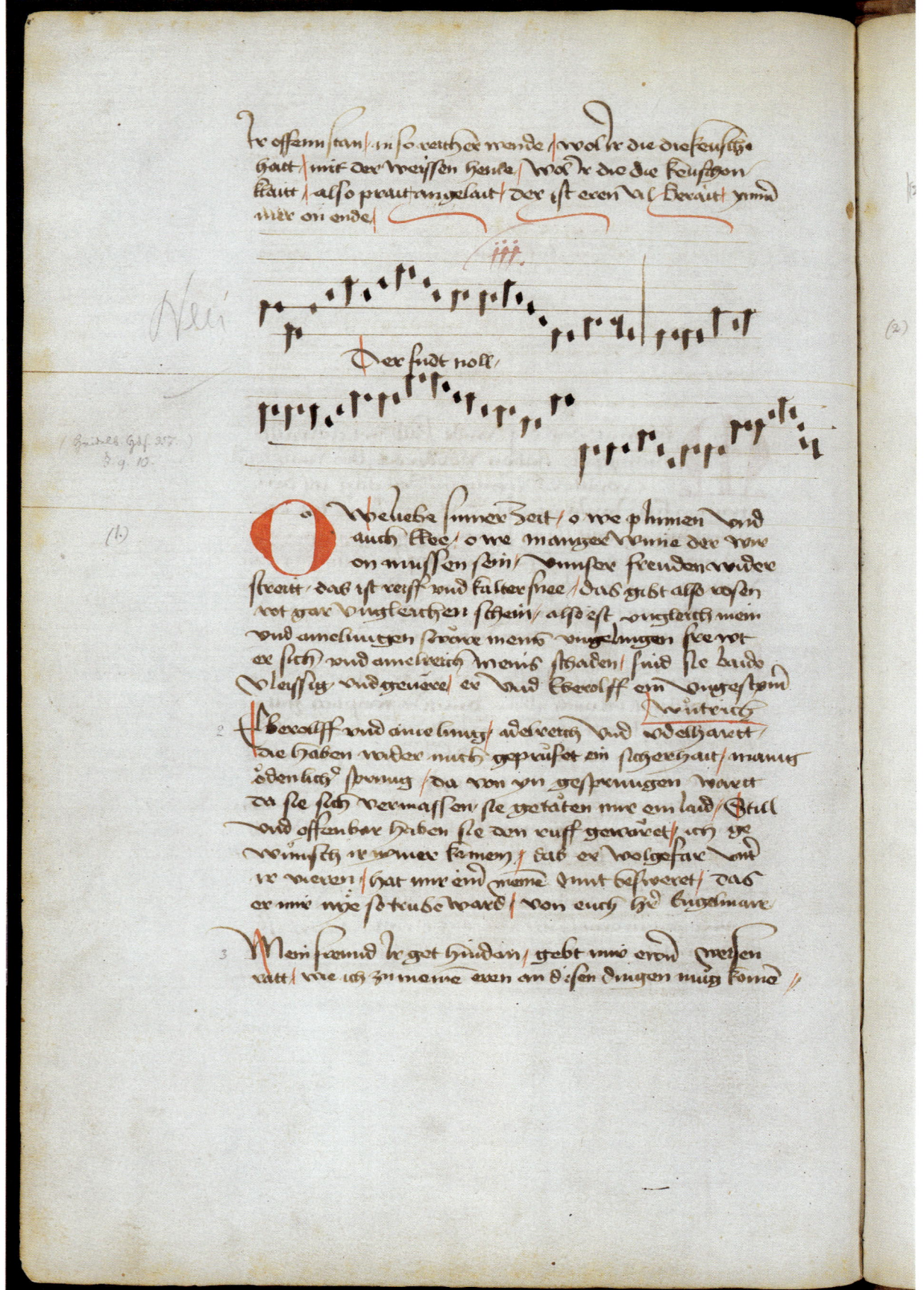

16 Der herzog sprach nür vertiges pald vo hinne
als mein hoffgesind muß schier entrinen wane es
sind gar on gefuge munch fure ware

Liebe kinder geet auß hin under die velchen/ er mües
vatters hie sten noch ungemolichen habt alsam
urlaub herm hin auff die fart

Sie huben sich au den tor hinaus zu trappen die
selben after trappen knappen mit drey langen seute
Dannoch warens pawren hinder noch als vor

XVIII.

Neithart wie er den herzogin
Den veiol mit frawden zeigte

es do v.

1. Ich kam gewin man setzt mich zu disch, man
gab mir wilpret und fisch man hieß mich vast
auß essen Do sprachs auff die trewe mein meins
leyds het ich ugessen

Die herzogin die kam wol dar und sie nam
mei gar eben war sie hub mir vast ein senckten
und solt ich leben hundert iar ich muest daran ge
dencken

Man senckt mir reintlichen ein man hieß mich
vast auß trincken und zwar es was ein gutter
wein mein hauptlein gund mir sincken, so red ichs
auff mon hin fart das es mir nye bas erpotten
ward auf eines fursten sal/ do sprichs auff die
trewe mein es was ein redliche male

2. Da das mal nu het ende Ich nam ein wasser uff
mein hende noch hoffenlichen sitten/ Ich sach
Zu eines venster aus vil mancher kam gerite
Es waren ritter und auch knecht sie hetten all
ein gros gepracht mit hoffenlich schalle so sprachs
ichs auff die trewe mein es muest mir wol ge
vallen

der Textgeschichte in den Mittelpunkt der Untersuchungen. Seither erfuhr Handschrift c die ihr gebührende Bewertung und gehört neben C und R zu den wichtigsten Überlieferungszeugen.

DEGERING 1, S. 110–111. – BOUEKE, Materialien, S. 18–28. – FRITZ, GERD: Sprache und Überlieferung der Neidhart-Lieder in der Berliner Handschrift germ. fol. 779 (c) (GAG 12). Göppingen 1969. – WENZEL, EDITH (Hg.): Abbildungen zur Neidhart-Überlieferung II. Die Berliner Neidhart-Handschrift c (mgf 779) (Litterae 15). Göppingen 1976. – BECKER, HANS: Die Neidharte. Studien zur Überlieferung, Binnentypisierung und Geschichte der Berliner Handschrift germ. fol. 779 (c) (GAG 255). Göppingen 1978. (Lit.). – BENNEWITZ-BEHR, INGRID, unter Mitwirkung von ULRICH MÜLLER: Die Berliner Neidhart-Handschrift c (mgf 779). Transkription der Texte und Melodien (Neidhart-Materialien 1 = GAG 356). Göppingen 1981. – BENNEWITZ-BEHR, DIANE DONALDSON, GEORGE F. JONES, ULRICH MÜLLER (Hgg.): Verskonkordanz zur Berliner Neidhart-Handschrift c (mgf 779). Bd. 1–3 (Neidhart-Materialien 3–5 = GAG 418/1–3). Göppingen 1984. – BEYSCHLAG, Art. 'Neidhart…', in ²VL 6, bes. Sp. 881–883. – Ausst.Kat. Heidelberg 1988, S. 273–274 (G 20) und S. 120 (D 6). – BEYSCHLAG/BRUNNER, Herr Neidhart, S. 140–409. – Institut für für Realienkunde des Mittelalters und der Frühen Neuzeit der Österreichischen Akad. der Wiss. (Krems a.d. Donau): Das Neidhart-Corpus. Datenbankpilotprojekt auf der Grundlage dieser Hs. begonnen 1999. Web-Adresse: – BLASCHITZ, GERTRUD (Hg.): Neidhartrezeption in Wort und Bild (Medium Aevum Quotidianum. Sonderbd. 10). Krems 2000 mit CD-ROM u.d.T.: Neidhartrezeption im Bild. – HELLER-SCHUH, BARBARA: kon[texte]. Methodische Überlegungen zur Konzeption einer Datenbank mittelhochdeutscher Texte, in: BLASCHITZ, Neidhartrezeption, S. 13–29.

RS

48 Neidhart-Handschrift f

Bayern oder Österreich, 2. Hälfte des 15. Jahrhunderts
Papier, 38 Bll., 20,5 × 14 cm
Vorbesitzer: 1804 im Besitz des Dichters Clemens Brentano (1778–1842), vielleicht ursprünglich zu seinem Sammelband mit Minneliedern (Kat. 53) gehörend und später separiert; die Minnelieder-Sammlung überließ Brentano den Brüdern Jacob und Wilhelm Grimm, die den Codex ihrerseits 1827 an Meusebach verschenkten; eine Neidhart-Sammlung (diese Handschrift?) gelangte an von der Hagen; 1856 Erwerbung durch die Königliche Bibliothek.
SBB-PK, Ms. germ. quart. 764

Aufgeschlagen Bl. 25ᵛ/26ʳ: Der Veilchenschwank.

1ʳ–28ʳ Neidharts Lieder (19 Lieder mit 261 Strophen); beigebunden: 30ʳ–38ᵛ Notizen von der Hagens über die Frankfurter Neidhart-Handschrift O (nebst einer Abschrift von Massmann), die Prager Handschrift h, den Hamburger Druck 'Neithart Fuchs' und die Heidelberger Handschrift d; moderner Halbpergamenteinband.

Eine besondere Gattung innerhalb der Liedtypen der Neidhart-Tradition bilden die schon im 13. Jahrhundert entstandenen 'Schwanklieder' mit inhaltlicher und stilistischer Affinität zu den 'Winterliedern'. Sie erfuhren zahlreiche Umformungen und kulminieren im Schwankbuch 'Neithart Fuchs' und in den Neidhart-Spielen. Umstritten ist, ob die Schwanklieder von Neidhart selbst oder von anonymen Nachdichtern stammen, denn sie sind sowohl in den frühen Pergamenthandschriften als auch in den späteren Papierhandschriften überliefert.

Die Berliner Handschrift enthält die umfangreichste Sammlung von Neidhart-Liedern, die überwiegend aus Schwankliedern besteht. Sie stellt gleichzeitig eine Neidhart-Sondersammlung dar, deren Auswahl und Anordnung verdeutlicht, dass die Schwänke als besondere Gruppe unter den Erzählliedern angesehen wurden. Sie bildet gleichsam eine Brücke zum Schwankbuch 'Neithart Fuchs'.

DEGERING 2, S. 135. – BOUEKE, Materialien, S. 32–37. – BECKER, Die Neidharte, S. 75–93. – RSM, Bd. 1, S. 89. – MARELLI, PAOLO: Gli 'Schwanklieder' nella tradizione Neidhartiana. Trascrizione dai manoscritti f, c, pr, traduzione, commento. Con edizione critica del 'Bremenschwank' (GAG 658). Göppingen 1999. Rez.: MARGARETHE SPRINGETH in: ZfdA 130, 2001, S. 110–115.

RS

49 Wunderbarliche gedichte vnd Historien deß Edlen Ritters Neidharts Fuchß (Sigle: z2)

Frankfurt a.M. 1566: Martin Lechler, verlegt bei Sigmund Feirabend und Simon Hueter
88 Bll., 31 Holzschnitte, 13,5 × 8,5 cm
Vorbesitzer: Aus der Bibliothek Meusebach; 1850 von der Königlichen Bibliothek erworben.
SBB-PK, Yg 3851 Rara

Aufgeschlagen Bl. 4ᵛ/5ʳ: Der Veilchenschwank.

1ʳ–85ᵛ Neidhart Fuchs (37 Lieder mit 352 Strophen); Pergamenteinband auf Holzdeckeln, das Pergament Fragment aus einer lateinischen Handschrift – Der Veilchenschwank, entstanden bereits in der 2. Hälfte des 13. Jahrhunderts (in Handschrift c auf Bl. 148ᵛ–149ᵛ), ist unter den Schwankliedern wohl der bekannteste. Das Motiv verwendete auch Hans Sachs in seinem Spiel 'Der Neidhart mit dem feihel'. Der Veilchenschwank wurde fester Bestandteil der Neidhart-Bildrezeption.

Das Schwankbuch 'Neithart Fuchs' bildet den Endpunkt einer fast 300 Jahre anhaltenden unmittelbaren Neidhart-Tradition. Obwohl es eine Kompilation vornehmlich 'unechter' Neidhartlieder in Kombination mit gereimten Schwankerzählungen bietet, steht es doch in enger Beziehung zur Lyrik des Minnesängers Neidhart, dessen z.T. sehr heftige Verspottung der vngefügen dórper hier zum wesentlichen Bestimmungsmerkmal geworden ist.

Der valk gieng in die lúfte.
der er mohti nút dar gelangen.
sin hertz sich des giufte.
wie er doch wer von mir vngeuangen.
Ich gedaht nu hin er ist vor im genesen.
er geb in tusent iaren
dz such ich wol vmb in nút ein wesen.
Ich mohti nút lut geruffen.
wan ich was heiser worden.
Von schrien vnd von wuffen.
an vngemut begund ich aber horden.
Do er streich hin vnd nút zem lud wolte.
ich húb still vnd lugte
wo ich mich nach dem valken rihten solte.
Mich duht wie er abe gienge.
dort vor ein walde.
Ob mich das iht vervienge.
do wolt ich aber nach im ilen balde.
Ich zeigt im lúder vñ schrei als ich do mohte.
gern wer ich geritte bald zu geher reise
min pfert weninge dohte.
Die sporn ich vaste bruhte.
vnd begunde bluwen.
Von muidin es do struhte.
dz es gelag do nider vf beden knuwen.
Ich stúnt d' von vnd lies die gurten ligen.
vnd lief mit mine lúder ze fus hin nach.
austaho ward do nút verswigen.

Die weite Verbreitung der Kenntnis Neidharts dokumentiert sich außerdem in einer Fülle bildlicher Darstellungen seiner Schwänke, unterschiedlich in Form und
Technik: Wandmalereien aus dem 14. und 15. Jahrhundert in Adels- und Patrizierhäusern in Wien, Diessen-
hofen (zerstört), Zürich, Winterthur, Regensburg, im
Ostpalas der Burg Runkelstein bei Bozen (zerstört), der
Burg Trautson bei Matrei, Sandsteinreliefs am Wiener
Neidhart-Grabmal und an der Albrechtsburg in Meißen,
sowie Holzschnittfolgen in den Frühdrucken. Ergänzend
zum mündlichen Vortrag präsentiert sich hier zweck-
gerichtete Gebrauchskunst, die dem mittelalterlichen
Betrachter literarische Inhalte visuell erschließt und sie
ihm damit erlebbar macht.

Der hier gezeigte Druck stellt sich in der Überlieferung von Neidhart-Texten als abschließende Druckfassung dar und gilt als eine der schönsten und gelungensten Ausgaben. 29 der 31 Holzschnitte stammen vermutlich von Jost Amman (1539–1591), 2 Holzschnitte
sind mit dem Monogramm des Virgil Solis (1514–1562
oder 1568) signiert. Beide Holzschneider gehörten zu
den bekanntesten und versiertesten Künstlern ihrer Zeit.

BOUEKE, *Materialien*, S. 64–65. – JÖST, ERHARD: *Bauernfeindlichkeit.
Die Historien des Ritters Neithart Fuchs (GAG 192). Göppingen
1976.* – DERS. (Hg.): *Die Historien des Neithart Fuchs. Nach dem
Frankfurter Druck von 1566 in Abb. (Litterae 49). Göppingen 1980.* –
DERS.: *Den Bawrn zu leyd fahr ich dahere. Text und Bild im 'Neit-
hart Fuchs'*, in: BLASCHITZ, *Neidhartrezeption*, S. 189–209.

RS

50   Der Minne Falkner

Alemannisch, 2. Hälfte des 14. Jahrhunderts
Pergament, 3 Bll. (1 Doppelbl. und 1 Einzelbl.), 22 × 14,5 cm
Vorbesitzer: Mit dem Nachlaß der Brüder Grimm in die Königliche
Bibliothek gelangt.
SBB-PK, Nachl. Grimm 132, 9

Aufgeschlagen Bl. 3ᵛ: *Der valk gieng in die lúfte.*

1ʳᵛ Strophe 17–24, 2ʳᵛ Strophe 73–80, 3ʳᵛ Strophe 113–120.

Das anonym überlieferte Gedicht gehört der Gattung
der Minneallegorie an und schließt sich unmittelbar an
die 'Jagd'-Dichtung des aus einem oberpfälzischen
Adelsgeschlecht stammenden Hadamar von Laber an,
geboren um 1300, verstorben nach 1354. Hadamars
Dichtung gilt als die wohl einflußreichste Minneallegorie, in der Strophenkomposition dem 'Jüngeren Titurel'
folgend und sich damit bewusst in die Tradition der
Adelsliteratur stellend.

Kat. 49, 5ʳ

Das in seiner Nachfolge entstandene, 185 Strophen
umfassende Gedicht 'Der Minne Falkner' ist bisher
durch eine vollständige Handschrift (Neuenstein, Ho-
henloh'sches Zentralarchiv, Hd V 1, 59ʳ–77ʳ) und das
Berliner Fragment im Nachlass Grimm bekannt geworden, das erst zu Beginn der 60er Jahre durch den Hand-
schriftenbibliothekar Hans Hornung im Depot Tübingen entdeckt wurde.

Thematisiert wird die Suche nach dem entflogenen
Falken, dem charakteristischen Minnesymbol. Er wird
hier gleichgesetzt mit der entschwundenen Geliebten,
deren Schönheit der Dichter rühmt und um deren
Rückkehr er sich bemüht. In der mittelalterlichen Kunst
und Literatur (vor allem der deutschen) verbanden sich
mit dem Falken, jenem wilden, kaum beherrschbaren
Einzelgänger, den dem menschlichem Willen zu unter-

Kat. 51, 3ᵛ

Dat aber an der slynghen solt. ꝙ Sprach her her wille komen here. des ik vmber
kome dir. so badde en dat her vor bere. rede de her iugh es sprach to myr. so
mach ik en an ghesen. dorch wat wil her beswaren mich des doch nymber
mach ghescheen. ꝙ Dat her dar zo kan saghen von. dat dit myn we vn is myr
sert. went ik was des vil vnghe won. so senckliker arebeit. als ik nu toghet
in ken tughe. vn en solt vm nymber icht vor ichten. al des ik dir hir nu saghe
ꝙ Des her ghert dat ist der tot. vn der torbet menghen lyp. bleek vn richtes
wanne rot. also verluet it se lyp. myne hertz it de man. it mochte bat
vmmyne heyrten. we vm dois al irst began   twal

Wat vmmatze ist dat. han ik dat ghe sworen. dat se myr leber ist den alle
lyp. an deme erde dirt mylber. dar vor soren. des setze ik in to pande
mynes silbers lyp. we se myr ghe besot also wil ik leben. myne oghen han
my lyp ghe seen. die kune so holde mite ghebben ꝙ Ik spach ny broluc tir
an myr wol. men weset my gnedich des bat ik myne wert dor wat ik dat
haben sol. se slynghet allene vn het reden mich. dar ist nicht ganses rostes by
ni wilt myr an ir ghe sehen. als ik ir trulde vn ok myn ghelobe sy ꝙ Ik
wille dro zo lebe myne vrunden syn. vn allen den to leyde. de myr ane
schulde tunt vruyden schyn. vn weret balde we ik slifvede. den mit von
vrouden. vmme vren hatz. sterben se von leyde. so en wart myr e my dat

                      twal
Dat ik dulde an mynen libe. dat myr doch nicht helpen mach. des er
wil ik nymber blibe. leght me truwen eynen tach. waz rede ik na
sant se gut. Ik hore saghen dat se mite alle haben erne mut. ꝙ weste it
waz ir wille were. dat rete ik en wert ir meter. me dat ik se vor bore
waz. dar vmme myr bestricht. vnc vorkeus se vnber tach. ik wert wol
dat mich ane se nyman wol ghe trosten mach. ꝙ Ik en sach ny lyp so sere. des
ik er doch nicht en gan. se so harte my sterte so se tut an eynen man. myn
rede ist noch gar en kynt. des wil se mich tzo allen tiden treghen. sin en
sughes kynt. ꝙ Dat eyn larb ghe trulde sy des de darf ik rediten wol. byn
ik ir leyder selden bry by. des ik doch nicht ene ghecken sol. twene ik se dorch
gut vor bore. leyts ich it vme ir ere nicht ik nequeme nymber wile da ir
ꝙ Doch wil se mich nicht ghe sworen. dat ik ir liegde nahen by. vn tzo
vrude nicht emperen. we mach ik langer we deme sy. so ist se myr ach
nicht ghe hatz. dar en se was anderz gnade by. myr tete myn dvare
lichte batz. ꝙ Pease ist dat eyn selich man sanfte ir herne waz her wil-
der doch lof vor denen kan. als ik gherne tete bil. dor har vn menlike
grut. von ver besten de vn lebent. it ist eyn not twer also lunghe ver-
berden mut

ꝙ we dat arle de vn lebes. wol lang ir tuiten we myr ist noch eynen
Aube. vn myr den nu noch my en richten. die ik arstet worde by leben
libe. so en claghe ik al myn tinghe. of isen dat den vnghete nuwen ye
baz der vyne ghe schach. de my gne nuwel luwne nod dan seider slvot.
god wolte ir herten gute wil. ir sone lighte worne we den den lewen
ꝙ Eyn rede der luere tut myr we. dar en kan ik nicht vnderslik en to

werfen besonders reizvoll war, vor allem Vorstellungen von Kraft, Schönheit, Adel, Unbeugsamkeit und Freiheit. Er wurde gleichsam Symbol für Königtum, Adel und Rittertum im Sinne von edler Geburt und Gesinnung, vollendetem Benehmen, Mut und Tapferkeit. Als Minnesymbol steht er für Hochherzigkeit (*hôher muot*) des Ritters und das Vermögen, den ritterlichen Tugendkatalog und die Spielregeln der hohe Minne erfüllen zu können, zugleich auch für die Freiheit zu lieben, wen man will, schließlich als weitverbreitetes literarisches Motiv für die ungetreue Geliebte oder den untreuen Liebhaber. Dafür bietet das wohl schönste Beispiel das berühmte Falkenlied des Kürenbergers, u. a. überliefert in der Manessischen Liederhandschrift der Universitätsbibliothek Heidelberg.

BRANDIS, *Minnereden, S. 201, Nr. 512 und S. 219–220.* – BECKER, *Überblick, S. 337.* – *Kat. Berlin SB Nachlaß Grimm, T. 1, S. 87.* – SCHMELLER, JOHANN ANDREAS *(Hg.): Hadamar's von Laber Jagd und drei andere Minnegedichte seiner Zeit und Weise: Des Minners Klage. Der Minnenden Zwist und Versöhnung. Der Minne-Falkner (Bibl. des lit. Vereins in Stuttgart 20). Nachdruck der Ausg. Stuttgart 1850. Amsterdam 1968, S. 171–208.* – BLANK, WALTER: *Art. 'Der Minne Falkner', in: ²VL 6, 1987, Sp. 550–551 (Lit.).* – *Zum Falken-Motiv:* WALZ, DOROTHEA: *Falkenjagd – Falkensymbolik, in: Ausst.kat. Heidelberg 1988, S. 350–371 (Lit.).*

RS

51 'Mösersche Bruchstücke' (Handschrift m)

Niederdeutsch, Anfang oder 1. Viertel des 15. Jahrhunderts
Pergament, 6 Bll. (3 Doppelbll.), 22 × 17,5 cm
Vorbesitzer: Die Fragmente waren Einbände von Pachtrechnungen des 16. Jahrhunderts, die von dem Dichter, Historiker und Juristen Justus Möser (1720–1794) aus Osnabrück entdeckt wurden; nach Mösers Tod im Besitz seiner Tochter Jenny von Voigts; zwischen 1794 und 1808 wahrscheinlich dem späteren Herausgeber der Werke Mösers, Bernhard Rudolf Abeke (1780–1866), geschenkt; 1808 im Besitz von der Hagens; 1857 als Nachtrag zum Ankauf des von der Hagen-Nachlasses (1856) von der Königlichen Bibliothek erworben.
SBB-PK, Ms. germ. quart. 795

Aufgeschlagen Bl. 3ᵛ/4ʳ: Reinmar der Alte; Minnerede.

Fragmente einer verlorenen Sammelhandschrift mit Minneliedern und Sangsprüchen: 1ʳ Heinrich von Breslau, 1ʳ–2ʳ Heinrich von Meißen (genannt Frauenlob), 2ᵛ–3ʳ Reinmar von Zweter, Boppe, 3ʳᵛ Reinmar der Alte, 4ʳᵛ Minnerede 'Die sechs Farben' (mit breiter Parallelüberlieferung), 5ʳ Regenbogen oder Frauenlob, 5ᵛ Frauenlob (?), 6ʳᵛ Peter von Arberg (?); schwarzer Ledereinband mit goldener Deckelprägung des 19. Jahrhunderts.

Neben der im 13. Jahrhundert sich neu belebenden Gattung des Minnesangs fand auch die Spruchdichtung erneutes Interesse. Der Unterschied ergibt sich in der thematischen Trennung: Der Minnesang ist Liebesdichtung, getragen und ausgeübt von Mitgliedern der höheren Gesellschaft. Im Mittelpunkt der (auch gesungenen) wirklichkeitsnäheren Spruchdichtung stehen Herrenlob und Herrenschelte, Tugend- und Sittenlehre, Zeitkritik, getragen von fahrenden Dichtern und Spielleuten, deren Wirken nunmehr auch in Norddeutschland und in den östlichen Reichsteilen überliefert ist. Im Spätmittelalter gelangten Teile der Spruchdichtung, erweitert und teilweise umgeformt, in die Meistersinger-Handschriften.

Die Besonderheit der Möserschen Bruchstücke liegt nun darin, daß sie eine Lyrik-Sammlung erkennen lassen, die ausschließlich nach minnethematischen Gesichtspunkten angelegt worden war. Sie zeigen Parallelüberlieferungen in den Handschriften F (Weimar, Herzogin Anna Amalia Bibliothek, Cod. Quart. 564: 'Weimarer Liederhandschrift'), vielleicht aus Nürnberg, und E (München, UB, 2° Cod. ms. 731: 'Würzburger Liederhandschrift', 'Hausbuch des Michael de Leone'), vielleicht aus Würzburg. Der ursprünglichen Handschrift könnte eine sehr umfangreiche Sammeltätigkeit vorangegangen sein, wegen der Verwandtschaft zu F und E notwendigerweise nach Süden gerichtet, deren Ergebnis sodann niederdeutschen Dialektformen angepasst wurde. Die Qualität des so entstandenen Textes erfuhr in der Forschung hohes Lob. Zudem ist nicht auszuschließen, daß die Gestaltung und Zusammenstellung zumindest einer Strophengruppe (3ᵛ, Zeile 10–20: Reinmar der Alte) eine einmalige aus konkreter Situation entstandene Vortragsform darstellt, die nur in dieser Handschrift überliefert ist.

DEGERING 2, S. 140. – *MF Neuausg. 1977, Bd. 2, S. 56–57: Beschreibung der Handschrift* . – SCHMEISKY, GÜNTER: *Die Lyrik-Handschriften m (Berlin, Ms. germ. qu. 795) und n (Leipzig, Rep. II fol. 70 a). Zur mittel- und niederdeutschen Sangversstyrik-Überlieferung. Abbildung, Transkription, Beschreibung (GAG 243). Göppingen 1978, S. 1–156.* – SCHANZE, *Liedkunst, Bd. 2, S. 152–153.* – *RSM, Bd. 1, S. 89.* – ALEX, HEIDRUN: *Der Spruchdichter Boppe. Edition. Übersetzung. Kommentar (Hermaea 82). Tübingen 1998, S. 11: Beschreibung der Handschrift.*

RS

52 'Berliner Liederhandschrift'

Nördlicher Niederrhein, 1. Viertel des 15. Jahrhunderts
Papier, 134 Bll., 27,5 × 20,5 cm
Vorbesitzer: Im Besitz des Garnisonspredigers und Lehrers Friedrich Ludwig Wagner aus Darmstadt (1764–1835), der nach der Erinnerung seines Sohnes die Handschrift angeblich aus einer Klosterbibliothek in Wimpfen am Neckar 1819 erworben hatte. Der Sohn, Karl Ernst Friedrich Ludwig Wagner (1802–1879, Gymnasiallehrer in

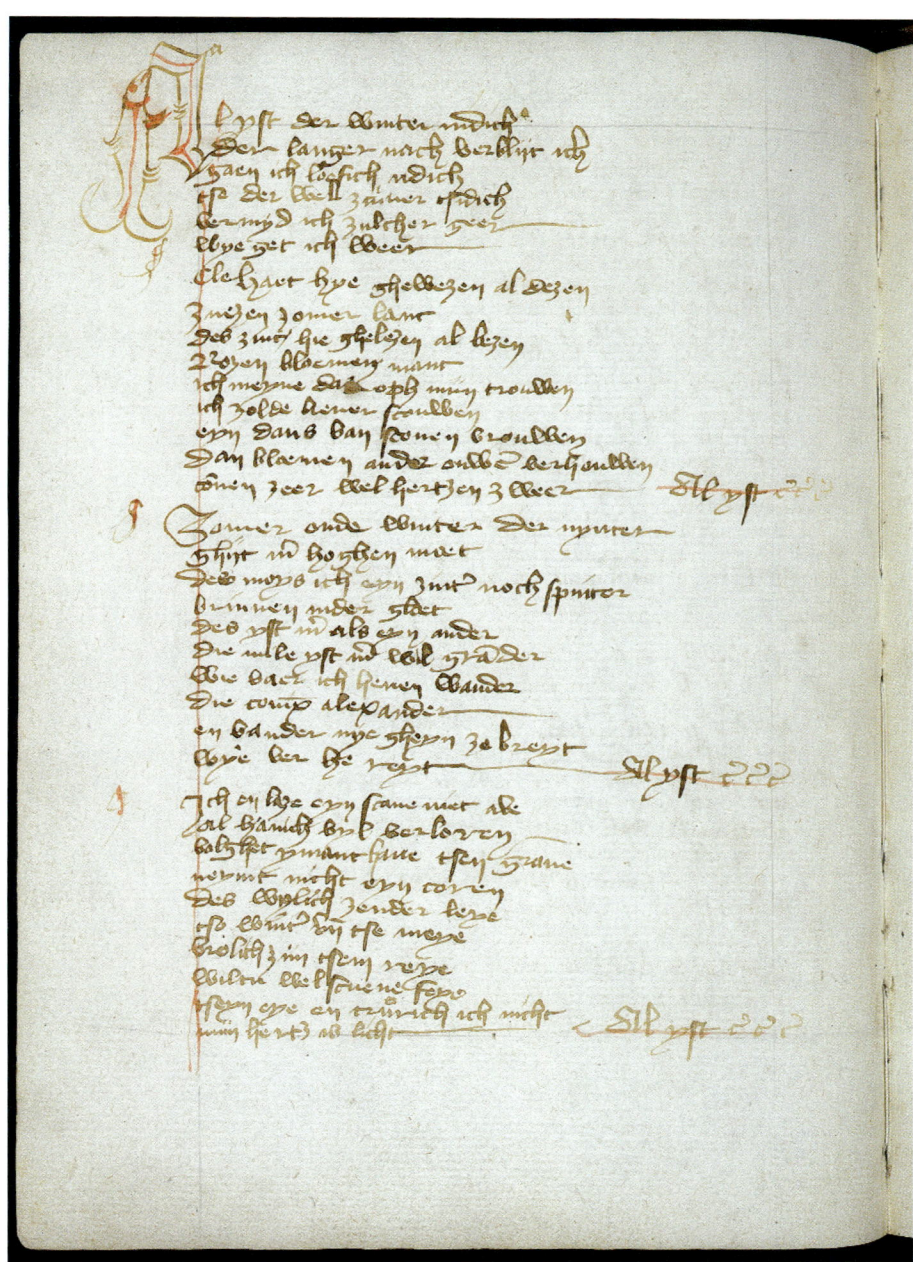

Kat. 52, 64ᵛ

Darmstadt) schenkte sie 1836 Wilhelm Grimm; mit dem Nachlaß der Brüder Grimm gelangte sie in die Königliche Bibliothek. SBB-PK, Ms. germ. fol. 922

Aufgeschlagen Bl. 64ᵛ/65ʳ: Ein Winterlied Al yst der winter nidich und ein Sommerlied So der meye zich lat scouwen von ungewöhnlicher Farbigkeit und Frische. Das Winterlied bezeichnet Kraus (S. 40) als „eine der Perlen der ganzen Sammlung, von einer übermütigen Stimmung wie man sie im Deutschen nur ganz selten findet".

Sammlung von Minneliedern und Minnereden, aus 10 Teilen bestehend: 1ʳ–49ᵛ, 123ʳ–130ᵛ (= Teil 1–6 und 9) Minnereden; 50ʳ–70ᵛ, 131ʳ–134ᵛ (= Teil 7 und 10) Minnelieder (Sigle x); 71ʳ–122ᵛ (= Teil 8) Segheliin van Iherusalem: Rittergedicht (mndl.); beigefügt ein Begleitbrief Wagners (Darmstadt, 11.6.1836) mit dem Vermerk

Wilhelm Grimms, daß am 5.7. für das Geschenk gedankt wurde; brauner Ganzledereinband aus dem Jahre 1965.

Die von mehreren Schreibern in einer deutsch-niederländischen Mischsprache nach dem Wasserzeichenbefund zwischen 1410 und 1430 aufgezeichnete thematische Sammlung prägen eine Reihe herausragender Besonderheiten. Entstanden in der rheinischen Literaturlandschaft, in der Einflüsse französischen und niederländischen Geisteslebens besonders lebendig waren, bildet die Sammlung eine der Hauptquellen der speziellen Gattung rheinischer Minnereden, die nur in wenigen

Sammelhandschriften überliefert sind. In der Zusammenstellung ist eine enge Verflechtung zwischen rheinischem und niederländischem Textgut zu beobachten. Das literarische Publikum ist wohl in den Reihen des rheinischen Adels zu suchen.

Einen weiteren wesentlichen Bestandteil der Handschrift bilden die Minnelieder, ein Corpus von 86 Liedern (davon 12 mit voran stehender Melodienotation), eingeschoben in die Minnereden und angeordnet in vier Gruppen. Mit Ausnahme von drei Liedern (darunter ein umstrittenes Reinmar-Lied und ein Tannhäuser-Lied) präsentiert die Berliner Handschrift hier eine wohl singuläre Überlieferung. Nach Inhalt und Motivik sind die Lieder teils der Minnesangnachblüte des 13. und 14. Jahrhunderts zuzurechnen, teils führen sie bereits zum bürgerlichen 'Gesellschaftslied' hin, das eine neue literarisch interessierte Öffentlichkeit in den Städten anspricht.

Degering 1, S. 126–127. – Kat. Berlin SB Nachlaß Grimm, T. 2, S. 701, Nr. [2042]. – Lang, Margarete (Hg.): Zwischen Minnesang und Volkslied. Die Lieder der Berliner Handschrift Germ. fol. 922. Die Weisen. Bearb. von Josef Maria Müller-Blattau (Studien zur Volksliedforschung 1 = Jb. für Volksliedforschung. Beih. 1). Berlin 1941. – Kraus, Carl von: Zu den Liedern der Berliner Handschrift Germ. Fol. 922 (Abh. der Bayerischen Akad. der Wiss. Phil.-hist. Abt. NF 21). München 1942. – Lomnitzer, Helmut: Art. 'Berliner Liederhandschrift mgf 922', in: ²VL 1, 1978, Sp. 726–727 (Lit.). – Schanze, Liedkunst, Bd. 2, S. 147: Teilbeschreibung und Lit. – RSM, Bd. 1, S. 81: Beschreibung und Lit. – Schludermann, Brigitte: A Quantitative Analysis of German/Dutch Language Mixture in the Berlin Songs mgf 922, The Gruuthuse-Songs, and the Hague Ms 128 E 2. Vol. 1–3 (GAG 338,1–3). Göppingen 1996 (Lit.).

RS

53 'Königsteiner Liederbuch' u. a.

Rheinfränkisch (Gegend um Königstein im Taunus), um 1470–1473
Papier (Vor- und Nachsatz Pergament), I,203,I Bll., 20,5 × 14 cm
Vorbesitzer: Schreiber und Besitzer sind unbekannt, vielleicht im Besitz der Grafen von Eppstein-Königstein (Widmungen, genannte Örtlichkeiten). Die Handschrift gehörte 1804 Clemens Brentano. Er überließ sie den Brüdern Jacob und Wilhelm Grimm, die den Codex ihrerseits 1827 an Meusebach verschenkten. Mit Meusebachs Bibliothek gelangte er 1850 in die Königliche Bibliothek.
SBB-PK, Ms. germ. quart. 719

Aufgeschlagen Bl. 165ᵛ/166ʳ: Lautentabulatur (Melodiensatz) zum vorangegangenen Lied, anschließend *eyn ader lieth 'Iste luste vnd freude uff erden'* mit W als fünfzackiger Krone und Buchstaben S L M; (166ʳ) *eyn ander lieth 'Untruwe du hyste eyn breytten fois'* mit Nachschrift und zwei verschlungenen Bändern, darin die Buchstaben *m o m m* und *c g w a a.*

Sammelhandschrift mit Minnereden, Gebeten und Minneliedern, bestehend aus 6 ursprünglich selbständigen Faszikeln, die später zusammen gebunden wurden: 1ʳ–60ᵛ Hermann von Sachsenheim: Der Spiegel, 61ʳ–65ʳ Erhard Wameshaft: Liebe und Glück (einzige Überlieferung), 68ʳ–101ʳ Schoffthor: Warnung an hartherzige Frauen (einzige Überlieferung), 103ʳ–181ʳ 'Königsteiner Liederbuch', 186ʳ–190ᵛ Gebete in Reimpaaren, 196ʳ–200ᵛ Hermann von Sachsenheim: Die Grasmetze; spätmittelalterlicher dunkelbrauner Ledereinband auf Holzdeckeln, Rücken erneuert, Blindstempel auf dem VD+HD (Rosette: Schunke, Schwenkesammlung 1, Nr. 679, Blüte/Dreiblatt: Nr. 1, Blattwerkornament/Bordüre rhomb.: Nr. 3, Laubstab/Bordüre: Nr. 90, Werkstattzuweisung: Oberes Saaletal, südliches Thüringen, s. Schunke, Schwenke-Sammlung 2, S. 124–125).

Die Benennung 'Königsteiner Liederbuch' führte Paul Sappler in seiner Edition des Liederbuchteils ein, der zugleich umfangreichsten Faszikel der Handschrift. Unter den spätmittelalterlichen Liederbüchern verdient die Handschrift wegen der (seltenen) westmitteldeutschen Herkunft ein besonderes Interesse. Außerdem präsentiert sie in den meisten Liedern (132 von 148) die einzigen Textzeugen. Die Lieder lassen sich verschiedenen thematischen Bereichen zuordnen, unter denen die Liebeslieder die größte Gruppe bilden. Die Betonung liegt auf dem Text, Melodien sind nur zu vier Liedern überliefert. Aufgezeichnet mittels Buchstaben und Zahlen ohne Linien gelten sie wohl als das älteste Beispiel für die Verwendung der deutschen Lautentabulatur.

Die Ausstattung mit Nachschriften, Monogrammen, Widmungen, Verzierungen und Spruchbändern legt eine vorangegangene Sammeltätigkeit innerhalb einer gebildeten Schicht von Liebhabern dieser Kleinkunst nahe, die untereinander tauschten und sich beschenkten, bis schließlich das so gewachsene Corpus zu einem Band vereinigt wurde.

Das 'Königsteiner Liederbuch' steht vermutlich mit der Neidhart-Handschrift f (Kat. 48) in Verbindung, denn Brentano schreibt an Ludwig Tieck am 22. April 1804 (Frankfurt a.M., Freies Dt. Hochstift, Hs KF 652): „Ich habe vor einiger Zeit… eine Sammlung Minnelieder aus dem 14 und 15 saeculo gekauft,… auch besitze ich in demselben Band, die von dem Minnesinger Nithard, dem Hofnarr des Otto des fröhlichen von Oesterreich gesungenen eignen Schalkstreiche mit den Bauren…“. Am 20. September 1827 bietet Jacob Grimm die Handschrift Meusebach als Geschenk an: [Es] „folgt hierbei: eine papierhandschrift mit ungedruckten liedern, gedichten und Neidharten aus dem 15 jh. … Dieser herrlich erhaltne codex würde an andere nicht unter 150 Thlr. in golde abgelaszen werden, wir haben aber nicht einmal 12 sols dafür gegeben und verehren ihn in Ihre Bibliothek“ (Wendeler, Briefwechsel Meusebach/Grimm, Heilbronn 1880, S. 74). In dem von den Germanisten Friedrich Zarncke und Julius Zacher 1850 verfassten Zettelkatalog der Meusebachschen Handschriften findet sich unter der Nr. Z 8016

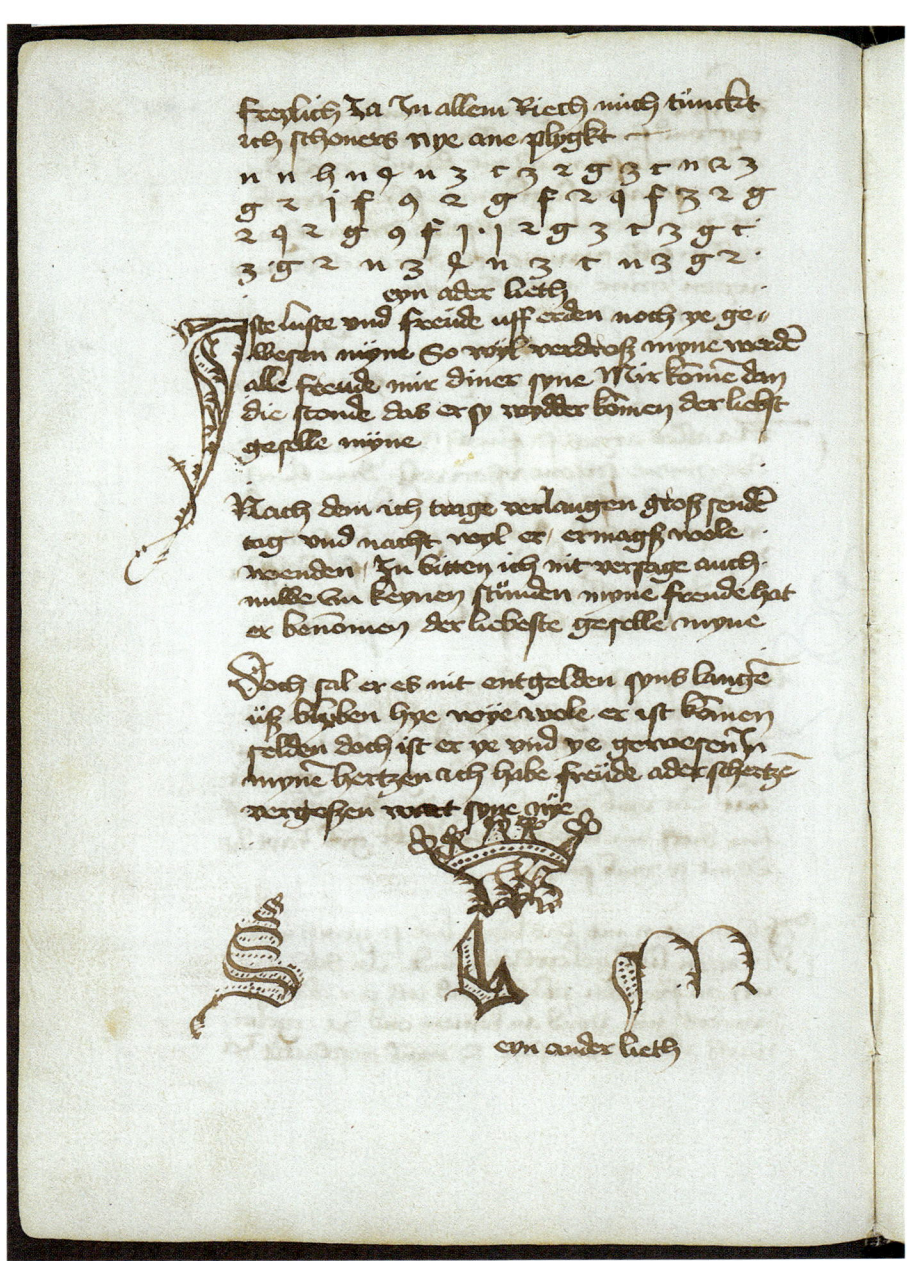

Kat. 53, 165ᵛ

der Eintrag: „Cod. chart. sec. XVI. (ungefähr 250 Bll.), enthaltend größere Gedichte in Versen, Reimpaaren und eine Anzahl Lieder, von verschiedenen Händen geschrieben. Gehörte früher Clemens Brentano dann den Brüdern Grimm (Holzdeckel mit braunem Lederbezug. Rücken fehlt)." Es scheint, als wäre der Neidhart-Teil nicht mehr vorhanden. Denkbar ist, daß er (von Meusebach ?) herausgelöst und an von der Hagen weitergegeben wurde, über den die Neidhart-Handschrift in die Bibliothek gelangte.

Der Eigentumsvermerk in der Handschrift von der Hand JACOB GRIMMS entbehrt nicht eines gewissen Wit

zes, er lautet: *Codex olim Clementis Brentanonis. postea fratrum Grimmiorum. nunc C.G.H. Myorrhoi. 1827.* JACOB GRIMM hat hier den Namen 'Meusebach' gewissermaßen „gräzisiert" (μύς = Maus, ῥέος und ῥεῦμα" = Fluss, Bach).

DEGERING 2, S. 126. – SAPPLER, PAUL (Hg.): Das Königsteiner Liederbuch Ms. germ. qu. 719 Berlin (MTU 29). München 1970. – DERS.: Art. 'Königsteiner Liederbuch', in ²VL 5, 1985, Sp. 108–110. – SCHANZE, Liedkunst, Bd. 2, S. 150–152. – RSM, Bd. 1, S. 89.

RS

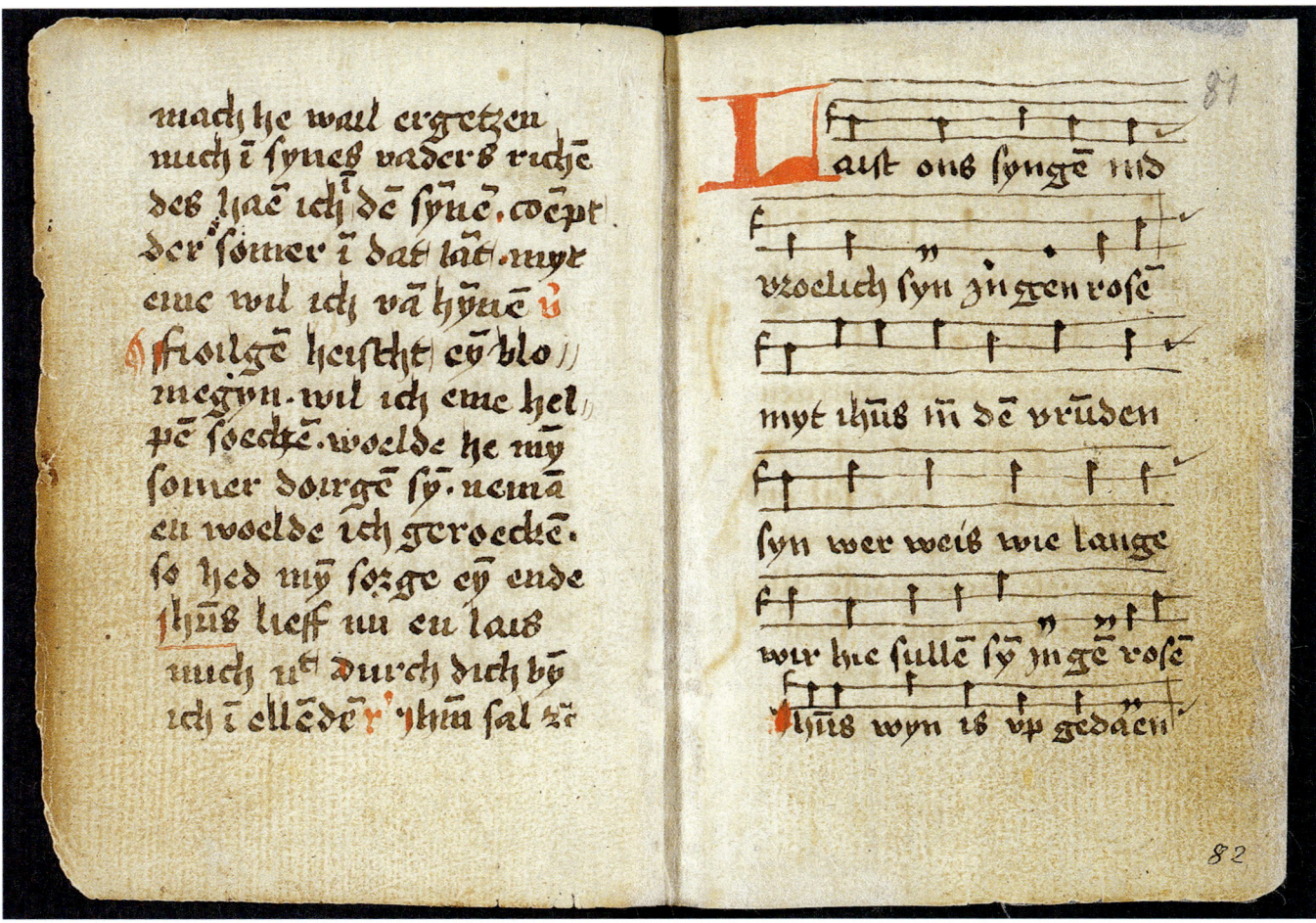

Kat. 54, 80ᵛ/81ʳ

54 'Liederbuch der Anna von Köln'

Niederrhein, um 1500 bis um 1550
Papier, 177 Bll., 9,5 × 7,5 cm
Vorbesitzer: Aus einem mittelrheinischen oder niederrheinischen
Schwesternhaus? (Köln oder Umgebung ?, St. Agneskonvent in Em-
merich?); 1863 von der Königlichen Bibliothek erworben.
SBB-PK, Ms. germ. oct. 280

Aufgeschlagen Bl. 80ᵛ/81ʳ: Schlußstrophen eines sonst nicht belegten
Fastnachtsliedes mit der volksliedhaften Wendung *coempt der somer
in dat lant. myt eine wil ich van hynnen* und Beginn einer geistlichen
Parodie eines sonst nicht belegten Trinkliedes *Laist ons syngen ind
vroelich syn.*

Enth. 82 geistliche (und weltliche) deutsche und lateinische Lieder,
davon 24 mit Melodie-Notation. – Pergamentkopert, 1996 restauriert.

Über die Herkunft der Erstbesitzerin des Liederbuches,
Anna von Köln (Bl. 1ʳ, 136ʳ), ist nichts bekannt. Es wird
aufgrund der niederländischen Lieder vermutet, daß sie
vielleicht dem St. Agnes-Konvent in Emmerich angehörte. Andererseits spräche der weitaus höhere Anteil
an niederrheinischem Liedgut dafür, daß sie eine Begine
oder Nonne aus Köln oder Umgebung gewesen sein
könnte. Sie selbst notiert, dass *Tringen* ('Trinchen', Kose-
form von Katharina) *van Kokleif* ihre *allerliefste vrindijn*
sei (Bl. 127ᵛ). Die Sammlung ist aus mehreren Teilen zusammengefügt, der älteste Teil (Bl. 128ʳ–133ᵛ ohne Wasserzeichen) dürfte um 1500 entstanden und der Beginn
eines jetzt verlorenen wohl niederländischen Liederbuches gewesen sein.

In der dicht mit Städten besetzten lebendigen Kultur-
landschaft am Niederrhein und in den angrenzenden
Niederlanden war ein kräftiges Aufblühen des volkssprachlichen geistlichen Liedes zu beobachten, befördert
von Angehörigen der Minoritenorden und städtisch-
kirchlicher Kongregationen. In den niederdeutschen
Schwesternhäusern fand das Lied besonderen Anklang.
Aus diesem, nach den Regeln einer 'vita communis'
lebenden, bürgerlichen Kreis von Schwestern stammt
mit großer Wahrscheinlichkeit Annas Liederbuch. Es gilt
als die „auf deutschem Boden inhaltvollste Melodie-

quelle dieser Art" (SALMEN S. 3). Es bietet neben zarter, weiblicher Gefühlswelt zuzuordnender Lyrik, geprägt von der Liebe zum göttlichen Herrn und der Sehnsucht nach dem himmlischen Bräutigam, auch urwüchsige Volkslieder. Liebes-, Trink- und Fastnachtslieder werden mit geistlichen Inhalten versetzt, ohne aber den lebensfrohen Ton zu verwässern. Insgesamt stellt es sich als eine Gebrauchssammlung gehobener Hausmusik der Zeit dar. Enge Verwandtschaft verbindet die Handschrift u. a. mit zwei niederländischen Liedersammlungen des 15. Jahrhunderts aus der Bibliothek Hoffmanns von Fallersleben (Ms. germ. oct. 185: 'Deventersche Liederhandschrift' und Ms. germ. oct. 190), dem 'Wienhäuser Liederbuch' aus dem Zisterzienserinnen-Kloster Wienhausen bei Celle (Handschrift 9), sowie dem (verschollenen) Liederbuch aus Werden und dem Liederbuch der Catherina Tiers.

Die Besonderheit der Berliner Handschrift, in der auch 35 Lieder singulär überliefert sind, liegt darin, daß sie die inhaltsreichste deutsche Quelle zu Gehalt und Formen spätmittelalterlicher Volksfrömmigkeit, zum Musikleben in einem bürgerlichen Schwesternhaus und zu den niederrheinischen Volks- und Kunstliedern in der 1. Hälfte des 16. Jahrhunderts bietet.

Das aufgeschlagene, mit einer Melodie versehene Trinklied ist sehr häufig rezipiert worden. In ERK / BÖEHMES 'Deutschem Liederhort' (Bd. 3, 1894, Nr. 1162) ist es als 'Geistliches Trinklied der Nonnen am Niederrhein' aufgenommen worden und fand von hieraus dann Eingang in den 'Zupfgeigenhansl', das beliebte und weit verbreitete Liederbuch der Jugend-Wanderbewegung.

DEGERING 3, S. 95. – BOLTE, JOHANNES: *Das Liederbuch der Anna von Köln*, in: ZfdPh, Bd. 21, 1889, S. 132–163. – SALMEN, WALTER u. JOHANNES KOEPP (Hgg.): *Liederbuch der Anna von Köln <um 1500>* (Denkmäler rheinischer Musik 4). Düsseldorf 1954. – AMELN, KONRAD: *Die Cantio „In dulci iubilo"*, in: Jb. für Liturgik und Hymnologie, Bd. 29, 1985, hier S. 29, 68–69, 78.

RS

55 Sammelhandschrift mit Liedern und Gedichten (Sigle K) ('Kuppitschs Handschrift O')

Nürnberg?, um 1500
Papier, 54 Bll., 22 × 16,5 cm
Vorbesitzer: Wahrscheinlich aus der Privatbibliothek des für die Wiener Hofbibliothek tätigen Antiquars Matthäus Kuppitsch (1797–1849), der insbesondere auch deutsche Handschrifts. sammelte; über den Buchhändler und Antiquar Adolf Asher aus Berlin 1845 in die Königliche Bibliothek gelangt. Von ihm wurden im Oktober desselben Jahres 33 weitere, überwiegend deutsche Handschriften und Fragmente (Acc. Nr. 2269–2280.2282–2302) gekauft, die vermutlich ebenfalls aus der Bibliothek Kuppitsch stammen. Asher, der später auch in London eine Filiale eröffnete und hier Handschriften aus der Sammlung Kuppitsch an die British Library verkaufte, galt seinerzeit als einer der Hauptlieferanten europäischer Handschriften. SBB-PK, Ms. germ. quart. 495

Bl. 17ᵛ / 18ʳ: *Wollt jr horenn eine große schandt* (Schmählied auf den Raubritter Cunz Schott).

Inhaltsübersicht nach Schmidtke: 15 Lieder ohne Melodieaufzeichnung, 7 Minnereden (davon 5 Liebesbriefe oder -grüße), Reimpaargedichte (10 Klopfan-Gedichte, 16 Weingrüße und Weinsegen, 2 Biergrüße, 7 Rätsel), 2 Spruchreden von Hensel Lebenter, 34 meist gereimte Sprüche, 2 Kurzprosatexte; dunkelbrauner marmorierter Bibliothekseinband des 19. Jhs. mit Supralibros (Goldprägung) auf dem Vorderdeckel (Wappen mit heraldischem Adler, Königskrone und Initialen FR).

Der zum Tübinger Romantikerkreis gehörende Lyriker und Germanist Ludwig Uhland (1787–1862) stieß bei seinen Studien zum Minnesang, zur Heldenepik und zum deutschen Volkslied im Sommer 1838 in Wien auf die sich im „Besitze des H. Kuppitsch" befindliche Handschrift, aus der er drei Lieder in seine Publikation 'Alte hoch- und niederdeutsche Volkslieder' (1844 / 45) aufnahm.

Die Handschrift verschwand danach aus dem Gesichtskreis der germanistischen Forschung, galt, obwohl identifiziert, noch 1968 als 'verschollen' und erfuhr nach ihrer 'Wiederentdeckung' (1975 durch MELITTA RHEINHEIMER) eine ausführliche und umfassende Würdigung und Analyse durch DIETRICH SCHMIDTKE (1981).

Die Besonderheiten dieser Handschrift liegen darin, dass sie nicht wie andere Minnereden- oder Liedersammlungen von einem Berufsschreiber für einen bestimmbaren Auftraggeber angefertigt worden ist. Es handelt sich hier um Aufzeichnungen, ausschließlich zu privatem Zweck gesammelt, zusammengestellt und größtenteils auch von der Hand des Erstbesitzers geschrieben. Nach dem inhaltlichen Befund gehörte er mit einiger Wahrscheinlichkeit der eher unteren Mittelschicht des Stadtbürgertums an, verfügte über Lateinkenntnisse und dürfte mit seiner Neigung zum Anstößigen und der Bevorzugung der Liebesthematik entweder ein jüngerer Schreiber oder aber ein „Lebegreis" (SCHMIDTKE S. 24, Anm. 26) gewesen sein! Das hier überlieferte Liedgut ist teils singulär (Lied Nr. 1, Strophe 10; 3; 8; 9; 12; 15), teils auch in anderen Liedersammlungen nachweisbar.

Die im Kontext mit weiterer Kleinliteratur aufgezeichneten Lieder präsentieren den Typ des Volksliedes (einer Gattung der städtischen Lieddichtung außerhalb des Meistersangs), unaufwendig, mannigfach veränderbar durch Umdichtung, in der Regel ohne Autor und

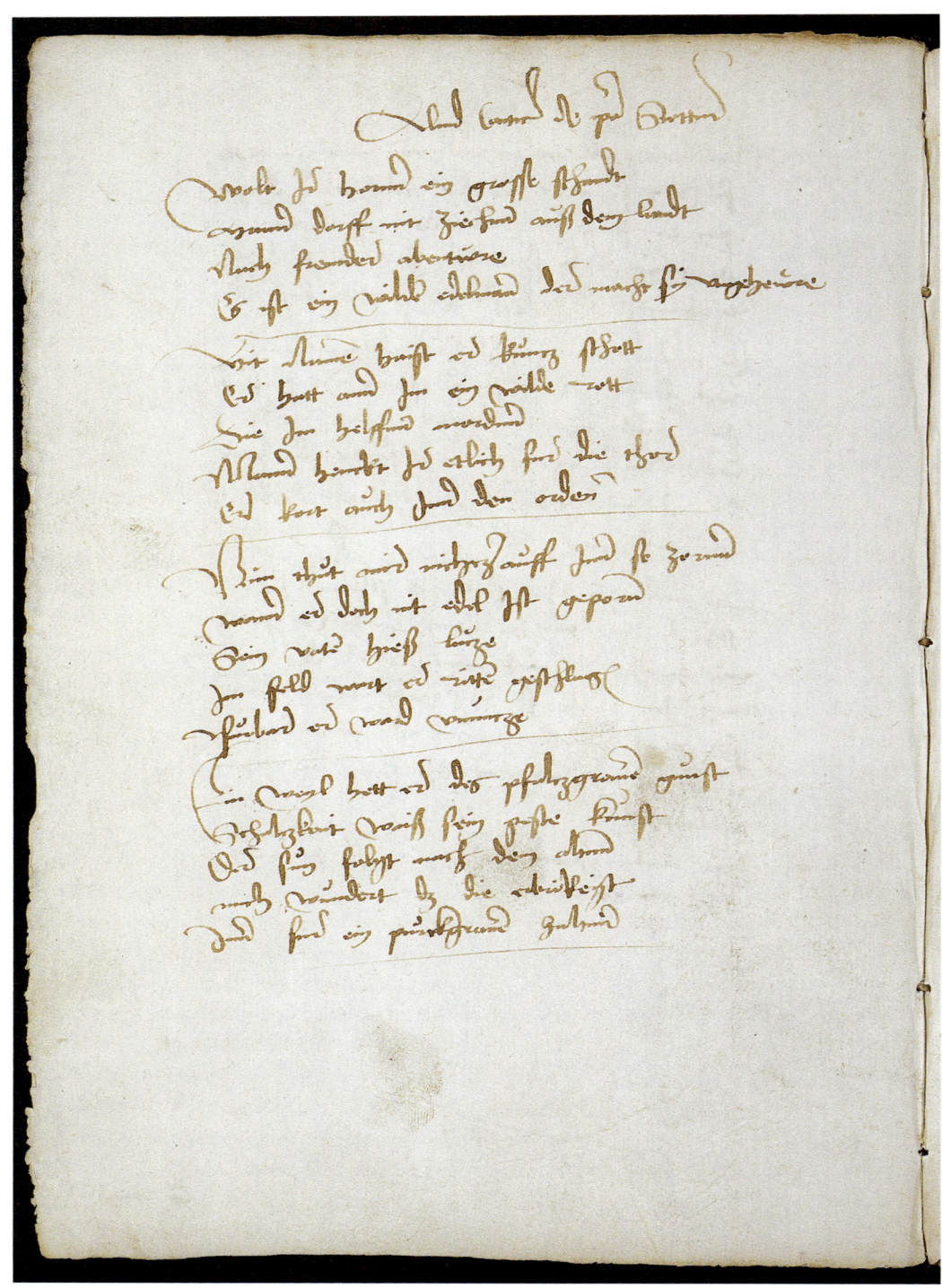

nicht selten bezogen auf ein aktuelles Ereignis. Das aufgeschlagene historische Lied handelt von Cunz Schott,
einem Ritter aus der Umgebung von Nürnberg, der
1499 eine Fehde mit Nürnberg begann. Das Lied ist zugleich ein wichtiger Anhaltspunkt für die Datierung der
Handschrift.

DEGERING 2, S. 88–89. – BRANDIS, *Minnereden*, S. 243 (*'Kuppitschs
Handschrift O: verschollen'*). – RHEINHEIMER, *Rheinische Minnereden, S. 244 und 186–188.* – SCHANZE, *Liedkunst, Bd. 2, S. 149.* –
RSM, *Bd. 1, S. 86.* – SCHMIDTKE, DIETRICH: *Die Lieder der Berliner Handschrift germ. quart. 495, in: Archiv für das Studium der
neueren Sprachen und Literaturen, Bd 218 (Jg. 133), 1981, S. 16–36
und 271–285.*

RS

III.5 Mittelalterliche Spiele

Die Überlieferung des mittelalterlichen Spiels im Berliner Bestand

Literaturgeschichtlich bildet das mittelalterliche Spiel eine eigene literarische Gattung, ohne historischen Zusammenhang mit dem antiken Drama einerseits und mit dem Volksschauspiel der Neuzeit andererseits.[1] Die am weitesten verbreitete Form präsentiert sich in den volkssprachlichen geistlichen Spielen[2], deren Ursprung in der Osterliturgie und in den lateinischen Osterfeiern liegt. Die sich aus den Kernszenen des Ostergeschehens entwickelnden eigenständigen, häufig mit Gesang verbundenen Osterspiele verlagerten sich später aus dem Kirchenraum auf eine eigene Bühne. Hinzu treten die stofflich viel umfangreicheren Passionsspiele, die sich im Spätmittelalter zu mehrere Tage andauernden 'Großspektakeln' auswuchsen. Die Detailtreue ist in der Spielhandlung der Passionsspiele besonders ausgeprägt, sie soll die Zuschauer zur *compassio* (Mitleiden) bewegen, die abschließende Freude der Erlösung sollte um so lebendiger empfunden werden. Neben der volkssprachlichen Predigt übte das Spiel einen weitreichenden Einfluß auf den mittelalterlichen Menschen aus und besaß eine außerordentliche Suggestivkraft.

Die in den Handschriften oder in sonstigen Quellen (z. B. Archivalien) erhaltenen Spielzeugnisse offenbaren darüber hinaus eine große Vielfalt von Themen und Themenkreisen: Szenen aus dem Alten und Neuen Testament, Feste des Kirchenjahres (insbesondere der Oster- und Weihnachtskreis), Sujets aus dem Marienleben, Heiligen- und Kreuzlegenden, sowie, seit der 2. Hälfte des 15. Jahrhunderts und mit Beginn des 16. Jahrhunderts, Dramatisierungen eschatologischer Stoffe in Antichristspielen, Weltgerichtsspielen oder Zehnjungfrauen-Spielen und, hiermit in engem Zusammenhang stehend, die Moralitäten, in denen abstrakte Moralbegriffe personifiziert werden. Letztere entstanden als Spiel-Gattung in Frankreich, ihr bekanntester Vertreter erschien in England unter dem Titel 'Every man'. Die Blütezeit der Moralitäten-Dichtung in Deutschland liegt im ausgehenden Mittelalter. Das herausragendste mittelalterliche Stück dieser Gattung ist die 1448 geschriebene 'Erfurter Moralität' (Coburg, Landesbibliothek, Ms. Cas. 43, Bl. 205ra–273ra). Hinzu gesellt sich die um

1500 entstandene mit ihr verwandte 'Berliner Moralität' (Kat. 58). Sie gewinnt ihre Bedeutung dadurch, daß sie das Weiterleben eines bisher als singulär geltenden Spiel-Typs – zumindest im ostmitteldeutschen Raum – bezeugt.

Geistliche wie weltliche Spiele finden sich in Sammelcodices, Einzelhandschriften oder Handschriftenfragmenten. Sie werden in drei Gruppen eingeteilt[3]: vielfach variierende Aufführungsmanuskripte (z. B. Kat. 56), Lesehandschriften (z. B. Kat. 57), deren Anfertigung sehr unterschiedlich motiviert sein kann, und „indifferente oder neutrale" Handschriften (LINKE, Hss., S. 528). Letztere enthalten zwar zur Aufführung bestimmte Texte, weisen aber keine Aufführungs- und Lesespuren auf, so daß ihr Gebrauchszweck unbestimmbar ist. Nach dieser Einteilung haben zwar Spieltext und Textträger unterschiedliche Funktionen, lassen aber dennoch die originäre Bestimmung, die Aufführung, deutlich erkennen.

Die Spiele waren fast über das gesamte deutsche Sprachgebiet verteilt und wurden im Spätmittelalter in allen deutschen Städten oder Orten mit städtischer Struktur aufgeführt. Klöster als Aufführungsorte sind selten bezeugt, Dörfer in nennenswertem Umfang erst seit dem 16. Jahrhundert.[4] Bei den geistlichen Spielen ist sehr bald eine Veränderung der Trägerschicht und der Sprache zu beobachten. Sie treten aus dem engen Kontext zur Liturgie heraus und verwenden bei ihrer weiteren Ausgestaltung die Volkssprache, Latein wird auf ein Minimum beschränkt. Die Geistlichkeit wird aus ihrer Rolle als alleiniger Spielträger verdrängt, die Regie übernehmen die Angehörigen der Bürgerschaft, aus der nun auch die Darsteller kommen. Die Aufführung eines Spiels bedurfte stets der Genehmigung durch den städtischen Rat. Die Finanzierung floß aus unterschiedlichen Quellen (Mittel der Stadt, Kirchenfonds, Bruderschaften, Zünfte, Privatmittel der Mitspieler u. a.).

Ebenso wie das geistliche Spiel ist auch das weltliche Spiel vor dem Hintergrund des Ablaufs des Kirchenjahres zu sehen. Es wurde alljährlich von einer Laien-Darsteller-Gruppe ('Spielrotte') wechselnder Größe zur Fastnachtszeit oder auch zur Maienzeit aufgeführt. Daneben stehen die Gattungen der Jahreszeiten- und der Neidhartspiele, die stofflich an die überaus populär gewordene Figur des Liederdichters Neidhart mit seiner ausgeprägten Bauernfeindschaft anknüpfen. Die Thematik vieler Spiele ist teilweise auch altem Fastnachtsbrauchtum entlehnt, mit handfesten Prügeleien oder einer witzigen Typenrevue aus dem städtischen und bäuerlichen Leben. Daneben steht das Handlungsspiel, in dem geschichtliche und mythologische, politische oder literarische Motive gestaltet werden, entlehnt aus der Heldenepik oder der Schwankdichtung. Die Aufnahme politischer Motive führte zu Ständesatire und Zeitkritik. Als Verbreitungszentren gelten aufgrund der Überlieferungsträger und der Spielnachrichten insbesondere Nürnberg (mit den Autoren Hans Rosenplüt, Hans Folz, Hans Sachs), Lübeck und Tirol (mit den Spielen aus der Spielesammlung des Sterzinger Malers und Spielleiters Vigil Raber).

Die literarischen Leistungen der Bearbeiter der mittelalterlichen Spiele sind in zahlreichen Einzeluntersuchungen nachgewiesen. Bewußter Gestaltungswille, umgesetzt durch spannungsreiche Komposition, begleitende Kommentare und Zwischentexte, Prologe und Epiloge, die Bearbeitung epischer Vorlagen zu dramatischen Texten, sowie die Vermittlung theologischer Sachverhalte und didaktische Bemühungen, wie wir sie aus der volkstümlichen Predigt und der didaktischen Dichtung kennen, schufen unterschiedlichste Ausformungen der Themen. Das mittelalterliche Drama gehört damit neben dem Epos und der Lyrik zur dritten großen literarischen Gattung seiner Zeit. Es dürfte sogar zum bedeutendsten Vertreter stadtbürgerlicher Literatur im Spätmittelalter zählen, dessen spezifische Erscheinungsform und Darstellungsweise „untrennbar mit dem stets allgegenwärtigen Lebensraum 'Stadt' verbunden (sind)" (NEUMANN, Paradigma, S. 135).

Im Berliner Bestand sind die Überlieferungszeugen des mittelalterlichen geistlichen Spiels in seinen unterschiedlichen Ausformungen gut vertreten. Bei den Osterspielen dominiert vor allem das 'Berliner Rheinische Osterspiel' (Kat. 56), das umfangreichste bisher bekannte deutsche Osterspiel. Hinzu treten das 'Berliner Thüringische Osterspielfragment' (auch 'Berliner Rubinszene' genannt: Ms. germ. fol. 757,4/5) und das 'Lübener Osterspielfragment' (Ms. germ. quart. 1895, Nr. 5, derzeit Krakau, Biblioteka Jagiellońska). Beide Fragmente enthalten Auszüge aus Krämerszenen.

Die Passionsspiele sind vertreten durch das 'Berliner Niederrheinische Passionsspielfragment' (Ms. germ. quart. 1479, 59ᵛ–60ʳ, derzeit Krakau, Biblioteka Jagiellońska), worin Jesus vor Pilatus erscheint. Zur Tradition der Passionsspiele gehört auch der 'Berliner Sündenfall und Erlösung' (Ms. germ. quart. 496, 285ʳ–301ᵛ). Seiner Funktion nach ist es zwar zur Lektüre bestimmt, die Dialogteile sind aber nach Art der Spiele angelegt (vgl. BERGMANN, Spiele, S. 69).

Für die eschatologischen Spiele findet sich neben der 'Berliner Moralität' (Kat. 58) als weiteres Beispiel das 'Berliner Weltgerichtspiel' (Kat. 57) von der Hand Konrad Bollstätters; besonders hervorhebenswert wegen der Illuminierung, die für deutschsprachige geistliche Spiele äußerst selten ist und nur noch im 'Kopenhagener Weltgerichtspiel' (Kopenhagen, Det Kongelige Bibliotek, Ms. Thott 112 4°) ein weiteres Beispiel findet.

Die Gruppe der Heiligen-Spiele wird vertreten durch das 'Berliner Alexiusspielfragment' (Ms. germ. fol. 1219, 30ʳ–32ᵛ; Kat. 56).

Zwischen den Spiele-Gattungen ist der vielseitig ausgestaltete und in der bisherigen Forschung uneinheitlich definierte Texttyp der Marienklagen[5] angesiedelt. Zu den Spielen gehören die dramatischen Marienklagen. Sie können „unselbständig" auftreten, z. B. im Rahmen von Oster- und Passionsspielen, oder als selbständiges Spiel überliefert sein, z. B. die sogenannte 'Smedtstetter (= Erfurter) Marienklage', ein durchgehend mit Noten ausgestatteter szenischer Dialog zwischen Maria und Johannes (so genannt nach der Ortsnotiz in Ms. germ. quart. 636, sie gehört jedoch eher nach Erfurt, vgl. MEHLER S. 23 Anm. 61). Die weitaus meisten Texte gehören allerdings nicht zu den Spielen.

Unter den weltlichen Spielen gelten die 'Berliner Fragmente eines Rosengartenspiels' (Kat. 59) wegen ihrer Illustrierung als singulär. Die Textvorlage stammt aus der Heldenepik, hier aus der märchenhaften Abenteuerdichtung um Dietrich von Bern.

Mit weiteren weltlichen Spielen ist der Berliner Bestand nicht ausgestattet. Keines der fünf anonym überlieferten Neidhart-Spiele, der ersten weltlichen Spiele in deutscher Sprache überhaupt, konnte den Weg in die für die gesamte Neidhart-Überlieferung so wichtige Berliner Bibliothek finden. Es fehlen auch die (anonymen) Fastnachtsspiele, sowie die Spiele von Hans Folz und Hans Sachs.

[1] BERGMANN, ROLF: Art. 'Spiele, Mittelalterliche geistliche', in: ²RL 4, 1984, S. 64–100 (Lit.); LINKE, HANSJÜRGEN: Das volkssprachige Drama und Theater im deutschen und niederländischen Sprachbereich, in: ERZGRÄBER, WILLI u. a.: Europäisches Spätmittelalter (Neues Handbuch der Literaturwissenschaft Bd. 8). Wiesbaden 1978, S. 733–763; DERS. u. STEFANIE STRICKER: Zur Terminologie und Wortgeschichte des Geistlichen Spiels, in: MEHLER, ULRICH u. ANTON H. TOUBER (Hgg.): Mittelalterliches Schauspiel. FS für Hansjürgen Linke zum 65. Geb. Amsterdam 1994 (Amsterdamer Beiträge zur älteren Germanistik 38–39), S. 49–77; BAUER, WERNER M.: Art. 'Spiele, Mittelalterliche weltliche (Fastnachtspiel)', in: ²RL 4, 1984, S. 100–105 (Lit.).

[2] CRAMER, THOMAS: Geschichte der deutschen Literatur im späten Mittelalter. 3. aktualisierte Aufl. München 2000, hier S. 221–232: Geistliche Spiele (Lit.) und S. 345–351: Theaterspielen in der Stadt (Lit.).

[3] LINKE, HANSJÜRGEN: Versuch über deutsche Handschriften mittelalterlicher Spiele, in: HONEMANN/PALMER, Deutsche Handschriften, S. 527–589.

4 Neumann, Bernd: Geistliches Schauspiel als Paradigma stadtbürgerlicher Literatur im ausgehenden Mittelalter, in: Stötzel, Georg (Hg.): Germanistik. Forschungsstand und Perspektiven. Vorträge des Deutschen Germanistentages, Passau 1984. Teil 2: Ältere Deutsche Literatur, Neuere Deutsche Literatur. Berlin 1985, S. 124–135, hier S. 124.

5 Mehler, Ulrich: Marienklagen im spätmittelalterlichen und frühneuzeitlichen Deutschland. Textversikel und Melodietypen. Darstellungsteil. Amsterdam 1997 (Amsterdamer Publikationen zur Sprache und Literatur 128), passim.

RS

56 'Berliner (Rheinisches) Osterspiel'

Mainz?, 1460
Papier, 33 Bll., 29,5 × 11 cm
Vorbesitzer: 1460 von Helfrich wahrscheinlich in Mainz geschrieben; 1906 Ankauf von der Witwe des Magdeburger Archivdirektors Eduard Ausfeld für die Königliche Bibliothek. Ausfeld war zuvor an Archiven in Idstein, Wiesbaden und Koblenz tätig und könnte die Handschrift dort erworben haben.
SBB-PK, Ms. germ. fol. 1219

Aufgeschlagen Bl. 12ᵛ/13ʳ: Salbenkauf der drei Marien.

1ʳ Rollenverzeichnis des Osterspiels, 2ʳ–28ʳ Berliner (Rheinisches) Osterspiel (bis 26ʳ: v. 1–2077, 26ᵛ–28ʳ Reimpredigt *Conclusio ludi* v. 2078–2285), 29ʳ Rollenverzeichnis des Alexius-Spiels, 30ʳ–32ᵛ Berliner Alexius-Spiel (Fragment); Verse abgesetzt, Regieanweisungen nach rechts herausgerückt, fünfliniges Notenschema vorgezeichnet, Hufnagelnoten jedoch nur zweimal ausgeführt.

Die sich im Schmalfolio-Format präsentierende Berliner Handschrift trägt schon äußerlich die typische Form eines Text- und Regiebuches für eine Aufführung, sie bietet ein Rollenverzeichnis und vom laufenden Text abgehobene Regieanweisungen. Hinweise zum Aufführungsort fehlen allerdings. Mit 2077 (2285) deutschen Versen und etwa 60 Rollen enthält die Handschrift das umfangreichste bisher bekannte deutsche Osterspiel und als späteren Anhang ein unvollendetes Alexius-Spiel, von derselben Hand auf einer eigenen Lage geschrieben. Der Zusammenhang muß kein gezieltes Sammlerinteresse dokumentieren, beide Teile können ursprünglich selbständig gewesen und erst später zusammengebunden worden sein. Das Osterspiel schließt mit dem Vermerk, dass *Helffricus* die Abschrift *Anno mᵒcccclxᵒ* acht Tage nach Ostern beendet hat. Die sprachliche Heimat des (anonymen) Autors und des Schreibers Helfrich ist das nördliche Rheinhessen und der Rheingau, deren Mittelpunkt Mainz bildet. Auch Anspielungen auf lokale Verhältnisse weisen nach Mainz. Das Spiel schildert die Ereignisse von Christi Auferstehung bis zu seiner Erscheinung vor dem ungläubigen Thomas. Es

lehnt sich an den alten Osterstoff an, gestaltet ihn aber neu und geht über die Ereignisse des Ostertages hinaus. Ihm liegt ein auf die lateinischen Osterfeiern (Typ III) zurückgehendes lateinisches Stützgerüst zugrunde, um das sich das Handlungsgeschehen gruppiert, darunter auch die lebendigen Genre-Bilder in den Seelenfangszenen, in der Salbenkrämerszene oder die komischen Szenen vor dem Wirtshaus zu Emmaus bei der Weinverkostung durch Wirt und Knecht, die in einer weinseligen 'Sauf-Arie' des Wirtsknechtes gipfelt. Szenenaufbau und dramatische Gestaltung zeichnet das Spiel vor anderen aus; die zahlreichen und ausführlichen Szenenanweisungen zu Bühnenaufbau, Bewegungen und Geräuschen läßt es sogar zu einer Ausnahme unter den deutschen Osterspielen werden. Einzigartig ist auch die gereimte Schlußpredigt (Vers 2078–2285), worin der Autor Vernunft als Bedingung für Erlösung und Sünde polarisiert und nur den permanenten Büßer und das schlechte Gewissen als gottgefällig einstuft. Damit verkehrt er Auferstehungs- und Osterfreude, womit Osterspiele gewöhnlich enden, in das Gegenteil.

Auf einer gesonderten Lage hat Helfrich wenig später das aus dem Thüringischen stammende Alexius-Spiel nachgetragen, das allerdings nach einer ausladend komponierten Eingangsszenerie abbricht. Die Identifizierung ergibt sich aus dem im Rollenverzeichnis aufgeführten Alexius. Es ist ein Beispiel für die Kategorie der Heiligenlegenden-Spiele. Die Aufnahme in die Osterspiel-Handschrift könnte vielleicht mit der seit 1350 in Mainz bestehenden Alexius-Kapelle zusammenhängen. Ein Aufführungsbeleg für ein Alexius-Spiel liegt für die Stadt Essen im Jahre 1457 vor.

Degering I, S. 166. – Rueff, Hans (Hg.): *Das rheinische Osterspiel der Berliner Handschrift Ms. germ. fol. 1219. Mit Untersuchungen zur Textgeschichte des deutschen Osterspiels (Abh. der Gesellschaft der Wiss. zu Göttingen, phil.- hist. Kl., N.F., Bd. 18,1). Berlin 1925.* – Linke, Hansjürgen: Art. 'Berliner (rheinisches) Osterspiel', in: ²VL 1, 1978, Sp. 728–731. – Rosenfeld, Hans-Friedrich: Art. 'Alexiusspiel', in: ²VL 1, Sp. 232–235. – Bergmann, Spiele, S. 64–67, Nr. 20. – Dobras, Wolfgang (Hg.): *Vertonung eines Ausschnitts (Salbenkrämerszene) auf CD-ROM. 2000.*

RS

57 'Berliner Weltgerichtspiel'

Augsburg, 1482
Papier, 43 Bll., 30,5 × 19,5 cm
Vorbesitzer: 1482 geschrieben von Conrad Müller (= Konrad Bollstatter) von Öttingen im Ries; 1852 von dem Berliner Verlags- und Sortimentsbuchhändler Abraham Isaac Asher für die Königliche Bibliothek erworben.
SBB-PK, Ms. germ. fol. 722

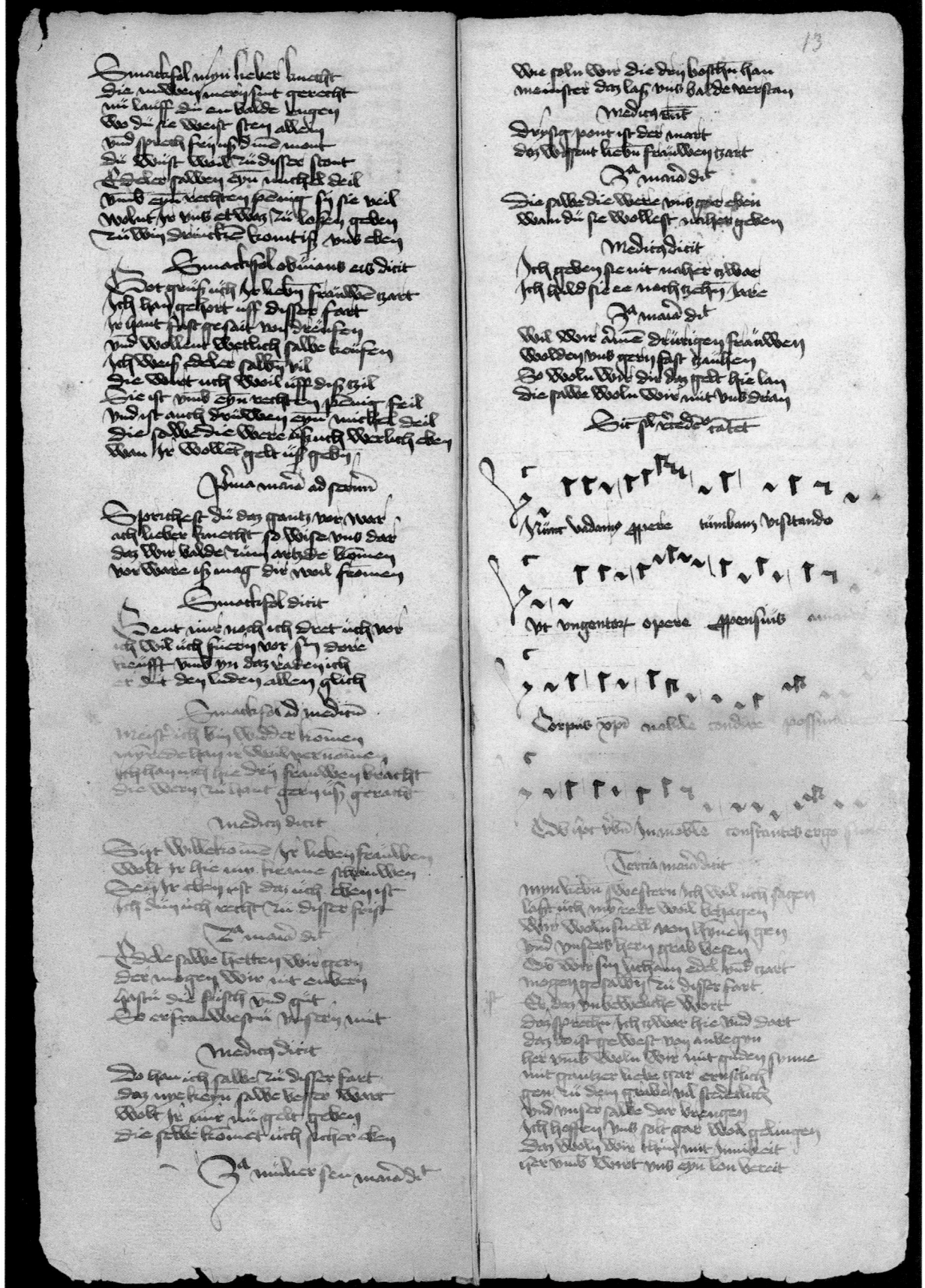

Das Neündt zaÿchen vorm Jüngsten tag

Der neündt tag lasset nicht zit stan /
Alle paüm müssent sich nider lan /
Und die hohen berch überal / ↄ
Die fallent nider Inn die tal
Dann so wirdt die welt eben ↄ
Wie bitter wirdt dann das leben.

Das zehent zaÿchen So merckt

Kat. 57, 9ᵛ

Aufgeschlagen Bl. 9ᵛ / 10ʳ: Vorzeichen des Jüngsten Gerichts, Nr. 9: Felsen und Bäume stürzen zu Tal, Nr. 10: Wilde Tiere werden zutraulich, Nr. 11: Auferstehung der Toten aus den Gräbern.

2ʳ–41ᵛ Berliner Weltgerichtspiel, Überschrift 1ʳ: *Das Jungste Gericht půch*; 53 kolorierte Federzeichnungen.

Die Berliner Handschrift stammt von der Hand des um 1420 im schwäbischen Ries bei Nördlingen geborenen und seit 1466 in Augsburg tätigen Berufsschreibers Conrad Müller, Sohn des gleichnamigen Notars und Schreibers der Grafen von Öttingen. Von ihm sind insgesamt 15 Handschriften bekannt, zumeist mit Kolophonen, in denen er die Zusätze zu seinem Vornamen variiert: Molitor, Bollstatter, von Öttingen, von Öttingen im Ries, häufig ergänzt durch die Beigabe 'Schreiber' oder 'Scriptor', was sicher auf die Art seiner Tätigkeit hindeutet. Sie läßt sich über einen Zeitraum von mehr als 20 Jahren verfolgen und ermöglicht durch Schriftvergleiche auch die Zuschreibung einer nicht mit seinem Namen versehenen Handschrift, wie es sich am Berliner Beispiel, seiner spätesten Arbeit, nachweisen läßt. Alle Handschriften sind mit Buchschmuck ausgestattet: Initialen und Federzeichnungen, letztere teils in sanften, aufeinander abgestimmten Farben und Schraffierungen, seit den 70er Jahren mit 'holzschnittartigen' Silhouetten und kräftigen, leuchtenden Farben. Die rot gerahmten Bilder der Berliner Handschrift bieten hauptsächlich Einzelfiguren aus dem AT und der Kirchenväter, Vorzeichen des Jüngsten Gerichts, das Jüngste Gericht in Einzelszenen u. a. in geschmackvoll abgestimmter Farbgebung und Schattierung. Sie zeigen in der Gestaltung Verwandtschaft mit der 1479 von Conrads Hand geschriebenen Münchner Meisterlin-Chronik (München, Bayerische Staatsbibliothek, Cgm 213). LEHMANN-HAUPT (S. 125) bewertet beide Arbeiten als „typische Vertreter des Augsburger Werkstattstiles". Neueren Forschungen zufolge ist nicht auszuschließen, dass Conrad Müller nicht nur als Schreiber und Redaktor tätig war, sondern einen Teil seiner Handschriften auch selbst illuminierte. Eine zumindest teilweise sehr enge Verwandtschaft zeigt sich außerdem bei der Bildgestaltung im Kopenhagener Weltgerichtsspiel (Kopenhagen, Kongel. Bibl., Ms. Thott 112 4°, Grüningen, 15. Jahrhundert, 2. Hälfte, Schreiber: Johannes Tschudi). Das Berliner und das Kopenhagener Weltgerichtsspiel sind zudem die einzigen umfassend illustrierten Manuskripte, die in der Überlieferung deutschsprachiger geistlicher Spiele bisher bekannt geworden sind. Es gibt Indizien dafür, dass beiden Handschriften bereits eine illustrierte Vorlage voraufgeht.

Die Weltgerichtspiele gehören neben den Oster- und Passionsspielen zu den am weitesten verbreiteten Stücken in der mittelalterlichen Dramenliteratur. Anknüpfend an Christi Rede vom Jüngsten Gericht (Mt 25,31–46) verkünden die Propheten und Kirchenväter Anzeichen und Beginn des göttlichen Gerichts, es folgt eine Schilderung des Ablaufs; die Fürbitten Marias und Johannes' des Täufers sowie die Lobpreisungen der 12 Apostel bilden den Schlußteil. Der Berliner Text gehört in den Kreis der westoberdeutschen spätmittelalterlichen Weltgerichtspiele des 'Schaffhauser Typus', bisher in elf miteinander verwandten Versionen bekannt. Seine Besonderheit besteht neben der schon genannten Illustrierung auch darin, daß hier eine selbständige Bearbeitung der im 'Berner' und 'Schaffhauser Weltgerichtspiel' bewahrten Urfassung aus der 2. Hälfte des 14. Jahrhunderts vorliegt.

Die Illustrationen dienen weder als Regiehilfe für geplante, noch zeichnen sie bereits stattgefundene Aufführungen nach, sondern sie sollen den Text erklären und veranschaulichen. Die Berliner Handschrift als Überlieferungsträger eines mittelalterlichen geistlichen Dramas hat damit die Funktion eines für die Lektüre bestimmten Erbauungsbuches (vgl. BLOSEN S. 208). Sie vertritt den Typ einer Lesehandschrift nach einer Spielvorlage (Weltgerichtspiele, Bd. 1, S. 14).

DEGERING I, S. 95. – WEGENER, S. 110–112. – LEHMANN-HAUPT, HELLMUT: *Schwäbische Federzeichnungen. Studien zur Buchillustration Augsburgs im XV. Jh.* Berlin und Leipzig 1929, S. 110–127, bes. S. 112, 117, 125–126. – ROSENFELD, HELLMUT: *Art. 'Berliner Weltgerichtsspiel'*, in: ²VL 1, 1978, Sp. 735–737 und SCHNEIDER, KARIN: *Art. 'Bollstatter, Konrad'*, in: ²VL 1, 1978, Sp. 931–933. – STEFFEN, RUTH: *Zur Druckgeschichte des Antichrist und zur Straßburger Buchillustration der Frühdruckzeit*, in: *Der Antichrist und die Fünfzehn Zeichen vor dem Jüngsten Gericht. Kommentarband zum Faksimile der ersten typogr. Ausg. eines unbekannten Druckers, um 1480 (Inc. fol. 116 der StuUB Frankfurt a.M.).* Hamburg 1979, S. 147 nebst Abb. 40 und 41 (2ʳ, 22ᵛ). – BERGMANN, Spiele, S. 61–63, Nr. 18. – NEUMANN, BERND: *Geistliches Schauspiel im Zeugnis der Zeit. Zur Aufführung mittelalterlicher religiöser Dramen im deutschen Sprachgebiet (MTU 85).* Bd. 2. München 1987, S. 831, Nr. 3615. – BLOSEN, HANS: *Die Fünfzehn Vorzeichen des Jüngsten Gerichts im Kopenhagener und im Berliner Weltgerichtspiel*, in: DINKELACKER, WOLFGANG u. a. (Hgg.): *Ja muz ich sunder riuwe sin. Festschrift für Karl Stackmann zum 15. Februar 1990.* Göttingen 1990, S. 206–225. – GERHARDT, CHRISTOPH u. NIGEL F. PALMER (Hgg.): *Das Münchner Gedicht von den fünfzehn Zeichen vor dem Jüngsten Gericht. Nach der Handschrift der Bayerischen Staatsbibliothek Cgm 717. Edition und Kommentar.* Berlin, Bielefeld, München 2002, S. 37 (Erwähnung ohne Signatur). – SCHULZE, URSULA (Hg.): *Berliner Weltgerichtspiel. Augsburger Buch vom Jüngsten Gericht. Ms. germ. fol. 722 der Staatsbibliothek Stiftung Preußischer Kulturbesitz. Abb. der Handschrift mit einer Einleitung und Transkription (Litterae 114).* Göttingen 1991, aber ungenau und unsorgfältig, vgl. Rez. von HANSJÜRGEN LINKE in: Germanistik 34, 1993, S. 1127–1128. – LINKE, HANSJÜRGEN (Hrsg.): *Die deutschen Weltgerichtspiele des späten Mittelalters. Synoptische Gesamtausgabe. Bd. 1.2.* Tübingen, Basel 2002, hier Bd. 1, S. 13–14 (Beschreibung der Handschrift, Sigle Bln) und 77, Abb. 3+4 (Wasserzeichen), Bd. 2 (synoptische Edition).

RS

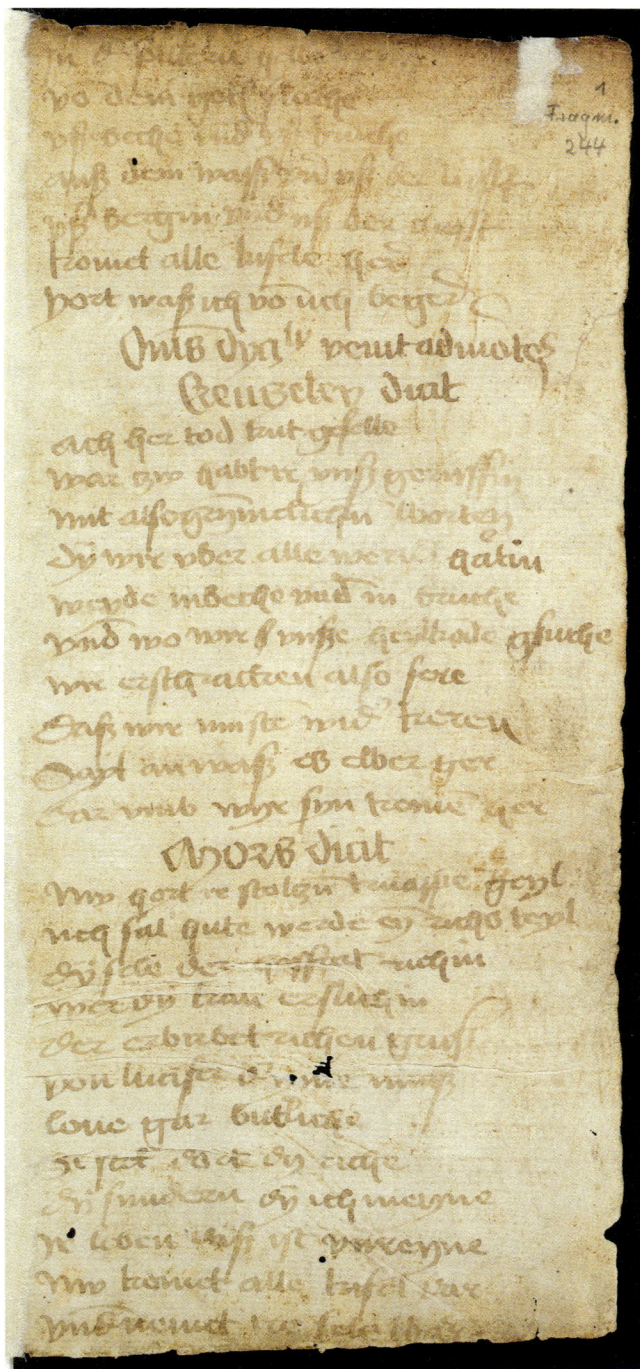

Kat. 58, 1ʳ

1ʳ–4ᵛ 'Berliner Moralität', Fragment (112 Verse); inneres Doppelbl. einer Lage; Verse abgesetzt, Zwischentexte in größerem Schriftgrad; aus einem Einband herausgelöst.

Das nach seinem Fundort benannte Fragment stammt aus einer 'Moralität', einem mittelalterlichen allegorischen Spiel, in dem Personifikationen von abstrakten Moralbegriffen auftreten. Dem Typ der Zehnjungfrauen-Spiele und der Weltgerichtsspiele ist es eng verwandt. Aus dem deutschen Sprachgebiet sind nur wenige, überwiegend unedierte Spiele überliefert, darunter die „innerhalb der deutschen Dramatik seiner Zeit... einzigartige" 1448 entstandene 'Erfurter Moralität' (LINKE Sp. 577) mit rund 18 000 Versen. Handlungsträger des Berliner Textes sind der Tod, die Teufel und die sieben Hauptsünden, dargestellt durch die Seelen der sündigen Menschen. Sie werden vorgeführt und ihre Höllenstrafen festgelegt. Hier bricht das Fragment ab. Beide Spiele zeigen teilweise wörtliche Übereinstimmung, sind beide in der ostmitteldeutschen Sprachlandschaft entstanden und haben mitunter ähnlich lautenden Versbeginn am Seiten- bzw. Spaltenanfang. Der Verfasser der 'Berliner Moralität' könnte die 'Erfurter Moralität' ausgeschrieben haben, wobei er nach eigenem Ermessen änderte oder eine weitere Vorlage benutzte. Die Bedeutung der Berliner Handschrift liegt darin, daß sie einen neuen Zeugen für die Fortsetzung und die Wirkung eines bisher als singulär geltenden Typs, wie ihn die 'Erfurter Moralität' bietet, zumindest im ostmitteldeutschen Raum präsentiert.

LINKE, HANSJÜRGEN: Art. 'Erfurter Moralität', in: ²VL 2, 1980, Sp. 576–582 (Lit.). – SCHIPKE, RENATE: Art. 'Berliner Moralität', in: ²VL 11, Lief. 1, 2000, Sp. 238–239. – DIES.: Die 'Berliner Moralität'. Ein unbekanntes Fragment aus dem Bestand der Deutschen Staatsbibliothek, in: Studien zum Buch- und Bibliothekswesen. Bd. 4, 1986, S. 36–45: Edition nebst Abb.

RS

58 'Berliner Moralität'

Ostmitteldeutsch, zwischen 1470 und 1480
Papier, 2 Bll., 23 × 10,5 cm
Vorbesitzer: 1984 bei der Katalogisierung des 1977 erworbenen Teilnachlasses des Greifswalder Bibliothekars und Philologen Johannes Luther (1861–1954) entdeckt.
SBB-PK, Fragm. 244

59 Berliner Fragmente eines Rosengartenspiels

Mitteldeutsch, 1533
Papier, 6 Bll., 41,5 × 27,5 cm
Vorbesitzer: 1857 aus dem Besitz des klassischen Philologen Moriz Haupt (1808–1874) von der Königlichen Bibliothek erworben. Haupt kaufte die Handschrift 1854 in Posen (Eintrag Bl. Iʳ).
SBB-PK, Ms. germ. fol. 800

Aufgeschlagen Bl. 2ᵛ/3ʳ: Kriemhild überreicht Herzog Dietleib und Graf Walther die Rosenkränze, König Gibich (Kriemhilds Vater) ermuntert zu einem weiterem Duell.

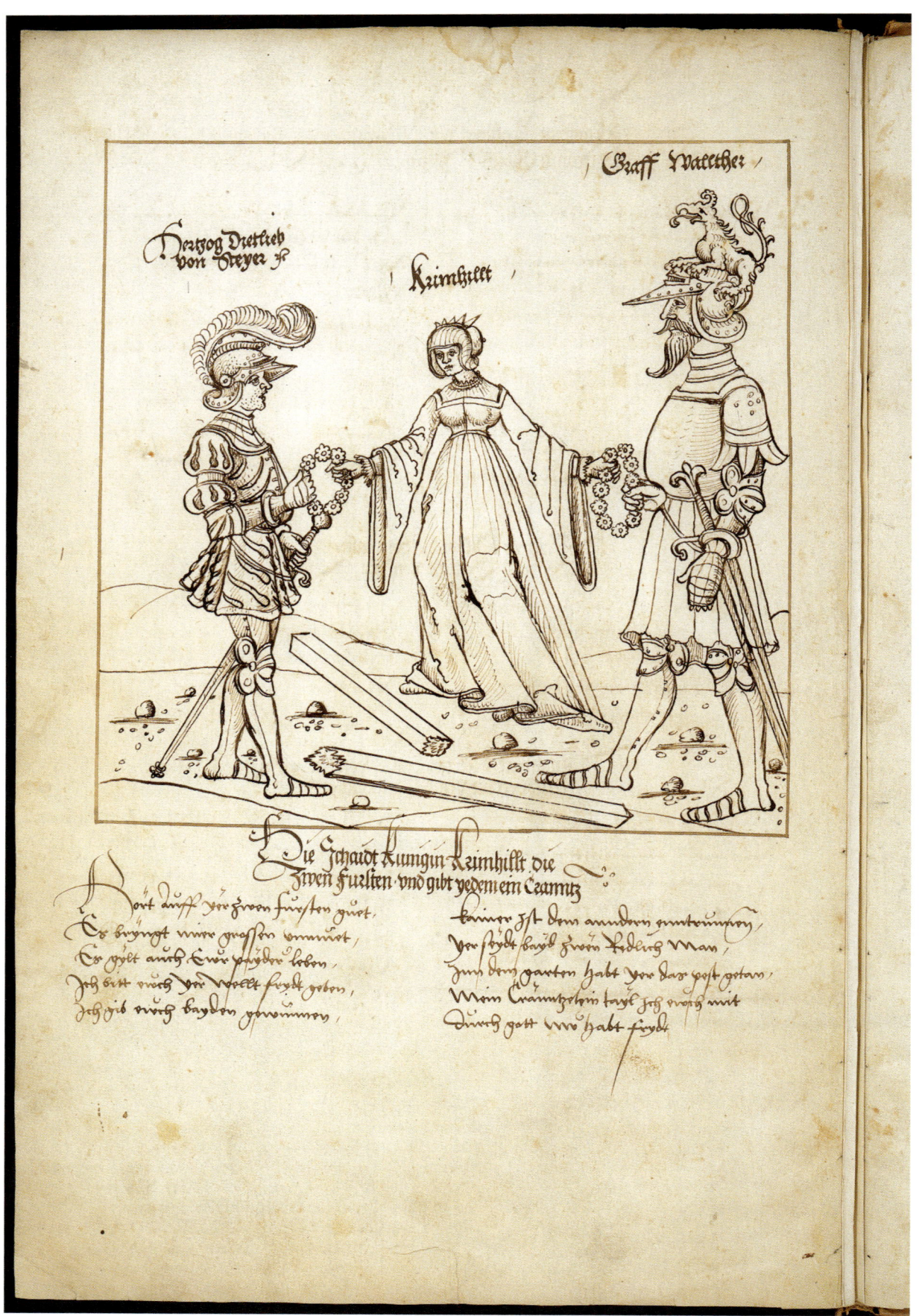

1ʳ–6ᵛ Fragmente eines 'Rosengarten'-Spiels; sorgfältige deutsche Kurrentschrift in zwei Spalten, Zwischentexte in Fraktur; Reste einer alten Zählung (1ʳ,2ʳ,3ʳ): *XI,XII,XIII*; 9 gerahmte, z.T. großformatige braune Federzeichnungen mit Inschriften der handelnden Personen, Datierung auf der 8. Zeichnung (6ʳ): *1533*.

Der 'Rosengarten zu Worms' ist eine in der Mitte oder in der 2. Hälfte des 13. Jahrhunderts entstandene Heldendichtung aus dem Stoffkreis um Dietrich von Bern (vgl. auch Kat. 12). Rückbezüge auf das 'Nibelungenlied' sind deutlich erkennbar. Die burgundische Königstochter Kriemhild lädt Dietrich von Bern und sein Gefolge, darunter seinen Waffenmeister Hildebrand und dessen Bruder, den streitbaren Mönch Ilsan, in ihren bezaubernden Rosengarten zu Duellen mit den 12 Bewachern (ihren Brüdern und ihrem Verlobten Siegfried) des Gartens ein und verspricht dem Sieger jeweils Kuß und Rosenkranz. Nach blutigem Gemetzel, in dem auch Siegfried überwunden wird, erringt schließlich der Haudegen Ilsan den Sieg über weitere 52 Gegner. Der Rosengarten bleibt für immer zerstört. Der epische Text ist in mindestens fünf Versionen überliefert und erfuhr auch eine dramatische Bearbeitung in zwei Fassungen: das 1511 datierte Tiroler 'Reckenspiel' (*Ain vasnacht spill von den risn oder reckhn*) aus der Sterzinger Spielesammlung Vigil Rabers (gest. 1522, Kunsthandwerker und Maler aus Sterzing) und das fragmentarisch erhaltene 'Berliner Rosengartenspiel', das sein Vorbesitzer Moriz Haupt als „eine Bearbeitung des Rosengarten" bezeichnet. Hier bleibt offen, ob es sich um ein Spiel oder eine weitere Variante der bekannten Heldendichtung handelt.

Beide Spiele schöpfen aus einer gemeinsamen Quelle, dem gedruckten 'Heldenbuch' (Erstdruck 1479), dem sie teilweise bis zum gleichen Wortgebrauch folgen. Aufführungsnachrichten von Rosengartenspielen sind aus Wesel (1380, 1395) und Windsheim (1429 kurz nach Pfingsten) bekannt. Die Spielvorlagen konnten nicht ermittelt werden. Es ist umstritten, ob es sich bei allen Nachrichten tatsächlich um Theaterspiele oder eher turnierähnliche Wettkämpfe handelt und der Name 'Rosengarten' vielleicht als Ortsbezeichnung zu interpretieren ist. Unbewiesen bleibt daher, ob 'Rosengarten'-Spiele als Theaterstücke bereits vor dem 1479 gedruckten 'Heldenbuch', der Quelle beider hier behandelter Spiele, wirklich existiert haben. Eine Notiz vom 9. November 1534 besagt, daß im Sterzinger Archiv Rabers *spill puechl oder register in der lad ligen*, darunter ein *Spill von Bern, halb gefiert* (i.e. 'halbes' Quartformat) (NEUMANN, Schauspiel, S. 658). Damit ist die Aufführung des Tiroler 'Reckenspiels' zweifelsfrei bezeugt. Den Aufführungshinweisen zufolge gehört es zu den Fastnachtsspielen.

Die Berliner Fragmente wurden von WILHELM GRIMM entdeckt und erstmals publiziert (1859). Sie beginnen mit dem vollmundigen Auftritt des schon bekränzten ungeduldigen Mönches Ilsan, der sich von Kriemhild gleich 52 Gegner einfordert, um die Rosenkränze für seine 52 Klosterbrüder zu gewinnen. Es folgen die Kampfaufforderungen von König Gibich an Walther von Waxenstein und von Hildebrand, dem Waffenmeister Dietrichs von Bern, an Dietleib von Steyr, die Trennung der Kämpfer durch Kriemhild und die Überreichung zweier Rosenkränze, weitere Kampfaufforderungen an Walther, Volker von Altzen, Ortnit von Mantua, Schrutan, Heim von Soffoy. Das Spiel bricht im Einleitungsgespräch zum Duell zwischen Hagen und dem getreuen Eckart ab. Eine Zuordnung zu einer bestimmten Spiel-Gruppe (vgl. Tiroler Spiel) und damit die Festlegung eines Aufführungstermins ist aufgrund des Textbestandes nicht möglich. Dagegen läßt sich der Gebrauchszweck als Lesehandschrift durch die Ausstattung deutlich erkennen: zweispaltige Textanordnung und z.T. ganzseitige Illustrationen zur Auflockerung der Dialoge. Die braunen, nicht ungeschickten Federzeichnungen zeigen jeweils zwei oder drei Personen in Gesprächen vor oder nach den Duellen bzw. im Zweikampf. Die Duellanten tragen fantastische Rüstungen und Waffen: Dietrichs Helden Schwert und Schild, Kriemhilds Gefolge (die Bewacher oder Riesen) lange Stangen, die nachher zerbrochen am Boden liegen. Die Darstellung der Kämpfer im Duell entbehrt nicht einer gewissen Komik: der zu Boden fallende König Schrutan, vor ihm Herzog Heim mit erhobenem Schwert (Bl. 5ᵛ), oder der am Boden sitzende erschöpfte Hagen, dem der Zweikampf noch bevorsteht (Bl. 6ᵛ). Die Zeichnungen sind in holzschnittähnlicher Manier angefertigt. Personenanordnung und Gestaltung lassen eine gewisse Nähe zu den graphischen Blättern Hans Burgkmairs erkennen, erreichen jedoch nicht deren Qualität.

Die Bedeutung der Berliner Fragmente liegt darin, daß sie einen Spiel-Stoff präsentieren, der nur noch in einer Handschrift überliefert ist und das einzig bisher bekannte illustrierte Beispiel bieten.

DEGERING 1, S. 112. – HEINZLE, JOACHIM: Art. 'Rosengarten zu Worms', in: ²VL 8, 1992, Sp. 187–192 (Lit.). – OTT, NORBERT H.: *Die Heldenbuch-Holzschnitte und die Ikonographie des heldenepischen Stoffkreises*, in: HEINZLE, JOACHIM (HG.): *Heldenbuch. Nach dem ältesten Druck in Abb. 2: Kommentarbd.* (Litterae 75,2). Göppingen 1987, S. 245–296, hier S. 250 und 280 (Abb.). – NEUMANN, BERND: *Mittelalterliches Schauspiel am Niederrhein*, in: ZfdPh 94, 1975: Sonderheft Drama, S. 147–194, hier S. 182–183. – LINKE, HANSJÜRGEN: Art. 'Berliner Fragmente eines Rosengartenspiels', in: ²VL 1, 1978, Sp. 725–726. – BAUER, WERNER M. (Hg.): *Sterzinger Spiele. Die weltlichen Spiele des Sterzinger Spielarchivs nach den Originalhss. (1510–1535) von Vigil Raber und nach der Ausg. von Oswald*

Zingerles (1886) (Wiener Neudrucke 6). Wien 1982, S. 9–26: Das recken spil und Kommentar S. 481–485, hier S. 482–483. – SIMON, ECKEHARD: *Rosengartenspiele: Zu Schauspiel und Turnier im Spätmittelalter, In*: POAG, JAMES F. u. THOMAS C. FOX *(Hgg.): Entzauberung der Welt. Deutsche Literatur 1200–1500. Tübingen 1989, S. 197–209.*

RS

III. 6 Diebold Lauber

60 Konrad Fleck: Flore und Blanscheflur

Hagenau (Elsaß), um 1465–1467
Papier, 199 Bll., 28,5 × 21 cm
Produzent und Schreiber: Diebold Lauber. Vorbesitzer: Daniel Sudermann (1550–1631), mit dessen Nachlaß nach seinem Tode an die Kurfürstliche Bibliothek Berlin.
SBB-PK, Ms. germ. fol. 18

Aufgeschlagen Bl. 2ᵛ: Bücheranzeige Diebold Laubers.

Ungespalten, Verse abgesetzt; oberrheinische Bastarda; rote Strichelung der Versanfangsbuchstaben, rote Kapitelinitialen, rote Überschriften der 61 Kapitel, zum Teil zugleich Maleranweisungen und Legenden der nicht ausgeführten Bilder, für die (allerdings nicht bei allen Kapiteln) großzügig Raum freigelassen ist; zu Anfang Register, Bl. 7ʳ Textbeginn mit achtzeiliger rot-brauner Prunkinitiale mit Blattfüllung und Randausläufer. 1996 in der SBB-PK neugebunden, Leder über Holzdeckeln, und restauriert. Als ehemaliger Spiegel des Vorderdeckels nunmehr separat beiliegend eine Urkunde von 1460, ausgestellt von Propst und Konvent des Prämonstratenserklosters zum Altenspital in Hagenau, den Sedelhof zu Sulz (zwischen Hagenau und Weißenburg/Elsaß) betreffend. Schriftdialekt: elsässisch.

Vor Beginn des Versromans steht ein von derselben Hand wie die Dichtung geschriebener Werbetext: *Item zu hagenowe vil hübscher buechere geistlich oder weltlich hübsch gemolt by diebolt louber schriber vnd guote latinsche buechere*, also eine Anzeige (vier weitere ähnliche sind bekannt), die für illustrierte Bücher geistlichen und weltlichen Inhalts wirbt, die bei einem professionellen Schreiber vorrätig seien. Hierbei handelt es sich um ein seit KAUTZSCH erforschtes Produktionszentrum für deutsche Handschriften unterhaltender oder erbaulicher Art in der merkantil und technologisch hochentwickelten Landschaft am Oberrhein. Fast alle Werke sind mit großformatigen kolorierten Federzeichnungen geschmückt und in mehrfacher Ausfertigung hergestellt worden; dazu bestimmt das Bild der typischen Lauber-Handschrift das „Situationsetikett" (SAURMA-JELTSCH, Bd. 1, S. 91) der durchgehenden roten Kapitel- bzw. Bildüberschriften, das Register zu Anfang der Bände, die

große Initiale am Textbeginn und das Schriftbild vom Typ der oberrheinischen Bastarda. Das Neuartige ist, daß mittelhochdeutsche Epen und andere Texte nicht in einem individuellen Akt nur aufgrund persönlicher Bestellung abgeschrieben werden, sondern – ähnlich wie durch den nachfolgenden Buchdruck – auf Vorrat bereit liegen und gekauft werden können, eine „Spätform mittelalterlicher Buchherstellung" (SAURMA-JELTSCH) und gleichzeitig eine Vorstufe der modernen, entindividualisierten, gleichwohl auf einen bestimmten Kundenkreis abzielenden Buchproduktion und auch des Buchhandels, denn die mit dem Namen Lauber verknüpfte Werkstatt beschäftigte auch Buchführer (BECKER, Handschriften, S. 183–191). Die Monographie von SAURMA-JELTSCH stellt in Darstellung, Handschriftenkatalog, Motivübersichten für die Bilder der Historienbibeln und Abbildungen nunmehr das Standardwerk über Lauber dar, das die seit KAUTZSCH vorgetragene These der standardisierten Fließbandarbeit bei Lauber insofern differenziert, als Änderungen im 'Verlags'-Programm, in der Aussageintention von Bilderzyklen und in Kundenwünschen gesehen und die künstlerische Intention und Variation der Illustrationen analysiert werden. Laubers Betrieb oder vielmehr die Vertreter graphischen Gewerbes, die Lauber wenigstens zeitweise dominierte und koordinierte und die unter diesem Namen in wechselnder Besetzung und Stärke für die Forschung firmieren, arbeiteten annähernd über einen Zeitraum von fünfzig Jahren, der die zwanziger bis sechziger Jahre des 15. Jahrhunderts, also die dem Buchdruck vorangehende Phase umfaßte. Sie waren in Hagenau angesiedelt, zunächst noch Sitz der Landvogtei und damit der zentralen Reichsgewalt im Elsaß, wo potentielle hochrangige Kunden verkehrten; denn die Produkte der Werkstatt – zur Hälfte mittelhochdeutsche traditionelle 'schöne' Literatur, zur anderen Hälfte Erbauungsbücher – stellten keinen populären Lesestoff und keine Bilderbücher für neu entstandene Konsumentenschichten wie ein städtisches Bürgertum dar, das seine zu wirtschaftlichen Zwecken erworbenen Lesekenntnisse hieran üben wollte; vielmehr bildete nach wie vor der Adel den Hauptabnehmerkreis, wofür Namen wie Castell, Dhaun, Manderscheid-Blankenheim, Grafen von Württemberg, Kurfürsten von der Pfalz Beispiele geben (NEDDERMEYER, Handschrift, Bd. 1, S. 378 f., Anm. 437; SAURMA-JELTSCH, Bd. 1, S. 155–166). Zugehörigkeit zu Adelsgesellschaften und die damit bestätigte Turnierfähigkeit betteten den Adel in ein gemeinsames Netzwerk ritterlicher Lebensführung, zu der Literatur in Form von Lauber-Handschriften paßte. In der Spätzeit Laubers traten Adlige als Beamte einer weltlichen oder geistlichen Herrschaft als

Kat. 60, 2ᵛ

Kunden dazu. Die Volkssprachlichkeit war ein elementares Verbreitungskriterium der Erzeugnisse Laubers, aber schon seine häufig wiederholte Werbeformel *hübsch gemolt* suggeriert neben dem wohlgefällig zu Betrachtenden die ursprüngliche Bedeutung von 'hövesch': das dem Hofe Gemäße, Feingebildete, also die Präsentation eines aristokratischen Weltbildes. Erst die Volksbücher schoben die althergebrachten Stoffe der deutschen Dichtung auf eine neue bürgerliche Rezipientenebene. Die lateinischen Bücher, die Lauber in seiner oben zitierten Werbeformel feilbietet, sind unbekannt; womöglich handelt es sich um einen Handel mit fremden, nicht zu seinem Programm gehörenden Handschriften, den er in seiner Schlußphase in der Erwartung zusätzlichen Gewinns seinem Geschäft angliederte.

Die Berliner 'Flore'-Handschrift ist eine der ganz wenigen unvollendeten, indem ihre Bilder nicht mehr ausgeführt sind; in der Endzeit der Werkstatt fand sich wahrscheinlich kein Abnehmer mehr, der die verhältnismäßig teure Bildausstattung bezahlen konnte, oder es war wegen der Auflösungstendenzen kein Buchmaler mehr greifbar. Somit wird Sudermann sie billig erworben haben können oder sie wurde ihm wegen ihres wertmindernden Mankos geschenkt. Der Schwenckfeldianer Sudermann (Straßburg hatte eine Anziehungskraft für Sektenangehörige) war Adelserzieher im Straßburger Bruderhof (Kapitelhaus des Domstifts). Er besaß eine umfangreiche Sammlung von Handschriften und Drucken, die er nach gern und ausgiebig geübter Sitte mit Eigentumsvermerken, frommen Sprüchen, Notizen und kleineren Federzeichnungen versah, weswegen man seine im Druckschriftenbestand der Staatsbibliothek verstreuten Bücher leicht zusammenfinden kann. Im theologisch-religiös bestimmten Spektrum von Sudermanns Buchbesitz nimmt sich der 'Flore'-Roman, der vollständig nur in zwei Lauber-Codices überliefert ist, fremd aus. Die von dem nicht weiter bekannten, vielleicht elsässischen Konrad Fleck um 1220 verfaßte Liebesgeschichte zwischen einem heidnischen Königssohn und einem christlichen Mädchen in Spanien hat ein Happyend. Der Roman in Reimpaarversen, der erzählt, welche

positiven Wirkungen von recht gelebter Liebe auf den Menschen ausgehen, könnte dem überkonfessionellen Toleranzdenken Sudermanns entgegengekommen sein (HORNUNG S. 28*–32*). *Ist auß französischer sprach verteutschet* erklärt Sudermann die Herkunft des Epenstoffs, ein Faktor, der ihn aufgrund seiner französischen Herkunft aus dem wallonischen Lüttich sicherlich angenehm berührte.

KAUTZSCH, RUDOLF: *Diebolt Lauber und seine Werkstatt in Hagenau*, in: Zentralblatt für Bibliothekswesen 12, 1895, S. 1–32, 57–113. – FECHTER, WERNER: *Das Publikum der mittelhochdeutschen Dichtung. Frankfurt a.M. 1935 (Deutsche Forschungen 28), Reprint Darmstadt 1966.* – HORNUNG, HANS: *Daniel Sudermann als Handschriftensammler. Maschinenschriftliche Dissertation Tübingen 1956.* – SAURMA-JELTSCH, LISELOTTE E.: *Spätformen mittelalterlicher Buchherstellung. Bilderhandschriften aus der Werkstatt Diebold Laubers in Hagenau. Bd. 1.2. Wiesbaden 2001 (Frau Saurma-Jeltsch betreibt an der Universität Heidelberg mit Unterstützung der Deutschen Forschungsgemeinschaft ein Projekt der Digitalisierung und wissenschaftlichen und ikonographischen Erschließung sämtlicher Lauber-Handschriften.).* – FASBENDER, CHRISTOPH: *hübsch gemolt – schlecht geschrieben?*, in: ZfdA 131, 2002, S. 67–78.

PJB

61 Historienbibel

Hagenau (Elsaß), Papierherstellung und Schreibvorgang um 1445, Bebilderung womöglich 10 Jahre später
Papier, II + 212 + II Bll., 36 × 27 cm
Produzent: Diebold Lauber. Vorbesitzer: laut Exlibris im Vorderdeckel der Diakon Nicolaus Klein (18. Jh.); aus dem Besitz des Antiquariats Dr. Jörn Günther, Hamburg, 1993 von der SBB-PK erworben.
SBB-PK, Hdschr. 382

Aufgeschlagen Bl. 1ᵛ: Geburt Noahs, Bl. 2ʳ: Trunkenheit Noahs (dazwischen Blattverluste, wahrscheinlich Bilder von Arche und / oder Sintflut).

15–20 Blätter, verteilt über Anfang, den ganzen Band und Schluß, fehlen, darunter wahrscheinlich ein Kapitelverzeichnis am Anfang; 2 Spalten, oberrheinische Bastarda; rote Bildüberschriften, Kapitelzählungen, Initialen; 70 aquarellierte Federzeichnungen aus der Lauber-Werkstatt; nach 1985 restaurierter Pergamentband über Pappe, 17. / 18. Jh., vier grüne Schließbänder; Bl. 108: eine Bildpartie

von noe arove sin kam spot= enden lipnar mit man iger
tet vond lies sich noe miter sisser frucht die er uss ge
vond zeran im vond smen pflantzet hette uff dese erden

Wie kam sins vatter spottet noe da er entslief von armel
Craft vnd da noe ermachte da verflucht er kam sinen sun
lich daraus

N O was gar wol con wissende vnd ioch sin
vond vaste darauf varand abe von snier
zeneiget das er schame vond machte sich
ther ne die vom reben vur= selber bloß das man yme
te vond ward gar sin starck sin schame gar sach Da
vom nach siner art erwart nu kam noes sun das er
ab der reben gelesen vond sach Da gonffer er dar vnd
wol in croms bracht was spottet sins vaters das
tomen do noch tranck noe man der schame solte wer=
des croms nach durste werden vond gonffet es och
zu hand da benant noe des sinen breudern sin vnd iaph=
croms starcke vnd entslief et croie sin vatter so sch
ammlich da legte da hien fur

ist eingefaltet, um der Schere des Buchbinders bei einer Neubindung zu entgehen. Schriftdialekt: elsässisch.

Historienbibeln gehörten an führender Stelle zur Produktenpalette der Werkstatt Diebold Laubers (vgl. auch Kat. 60 und Kat. 62). Sie „erzählen in deutscher Prosa die biblische Geschichte, wobei apokryphe Texte und Ereignisse aus der Profangeschichte dazwischengeschoben, exegetische oder belehrende Texte jedoch weitgehend ausgeklammert werden" (SAURMA-JELTSCH, Bd. 1, S. 188, vgl. VOLLMER S. 5). Die Skala möglicher Vorlagen ist breit und umfaßt die Vulgata wie Reimchroniken, die Historia scholastica des Petrus Comestor oder das Speculum historiale des Vincentius Bellovacensis. Bei der vorliegenden Historienbibel handelt es sich um eine Prosaauflösung der gereimten, Geistliches und Profanes vermengenden Weltchronik Rudolfs von Ems, die unvollendet geblieben ist und im wesentlichen alttestamentliche Geschichte enthält (sogenannte Redaktion IIa). Laubers Erzeugnisse sind durchweg Bilderhandschriften, Text und Bild eine sich wechselseitig ergänzende Einheit, sie sind nicht unabhängig voneinander zu denken. Anhand der biblischen Motive entwickelten die Maler der Lauber-Werkstatt Routine und Formelschatz; Abweichungen im Bildprogramm sind laut SAURMA-JELTSCH Bedürfnissen von Kunden und theologischen Strömungen geschuldet. Die von ihr so bezeichneten „Gliederungsbilder" unterteilen den Fluß der Darstellung, ein „Ereignisbild" gibt ein herausgehobenes Ereignis „mitsamt seiner Interpretation in zeichenhafter Verkürzung" (Bd. 1, S. 193) wieder. Ob diese Trennung der Funktionen Diebold Lauber bekannt war, darf bezweifelt werden; vielmehr gehen diese Komponenten ineinander über.

Ein zugkräftiges Bild muß die Trunkenheit Noahs abgegeben haben, wie nämlich diesem Erbauer der Arche und Stammvater einer neuen Menschheit und zugleich erstem (bekannten) Winzer in der Trunkenheit sein Gewand verrutscht und seine Blöße unbedeckt läßt (Genesis 9, 20–27); während Ham, sein jüngster Sohn, seiner spottet und im Bild sogar noch die schützende Kleidung seines Vaters weiter aufhebt, bedecken seine beiden anderen Söhne Sem und Japheth seine Nacktheit, laut Bibel indem sie sich ihm rückwärts nähern und ihr Gesicht abwenden, um ihn nicht zu desavouieren. Ham (*Kaym*) wird vom Vater verflucht: *Wie kaym sins vatter spottet noe da er entslief von wines Craft vnd da noe erwachte da verfluch er kaym sinen sun*, lautet die einprägsame Bildlegende dieses Motivs, das noch vierzehn weitere Lauber-Historienbibeln illustrieren. Die vom Umblättern abgegriffenen und schmutzigen Blattränder unterstreichen die Beliebtheit der Darstellung. Die schwarze Tinte der Federzeichnung überlagert deutlich die mattere Schrift (Schaftstiefel) und macht einen frischeren Eindruck; die stilistische Datierung durch Saurma-Jeltsch (Bd. 2, S. 2) legt den Sachverhalt nahe, daß der geschriebene (nach den Wasserzeichen des Papiers ziemlich genau datierbare) Text liegenblieb, bis sich ungefähr ein Jahrzehnt später ein Käufer fand, für den die Bibel illustriert wurde – wahrscheinlich der kostenaufwendigere Teil des Herstellungsprozesses. Das Medium Bild wird von Lauber als Anreißer und Aufhänger für das Käuferinteresse eingesetzt: *liß furbas*, heißt es in der Kapitelüberschrift bzw. Bildlegende zur Geburt Noahs, *so komest du recht in die materye* (etwa: lies weiter, dann kommst Du leicht in das Geschehen hinein, oder: lies weiter, dann erschließt sich Dir der Text in rechter Weise) und noch einmal *liß furbas* beim Bild der Trunkenheit. Hier zu Beginn der Handschrift – später fehlen diese Aufmunterungsworte – soll das optisch eingängige Bild zur Lektüre des Bibeltextes führen, so daß der Wunsch nach einem Mehr von Geschichte(n) und damit zur ständigen Verfügbarkeit und dem Erwerb der Handschrift geweckt wird; der bloße Betrachter – der freilich schon die Überschriften studiert hatte – wird in einen Leser und Käufer verwandelt. In der prosaischen Nacherzählung von Highlights des biblischen, besonders: alt-

testamentarischen Geschehens werden dem nicht theologisch gebildeten Laien biblische Fakten und Aktionen und der Weg der Heilsgeschichte vorgestellt und nahegebracht, ein Ziel, welches auch theologische Reformströmungen des 15. Jahrhunderts bejahten, wenngleich sie vor sensationslüsterner Neugier bei der Rezeption der Heiligen Schrift warnten (vgl. Saurma-Jeltsch, Bd. 1, S. 227–235).

Vollmer, Hans: *Materialien zur Bibelgeschichte und religiösen Volkskunde des Mittelalters*. Bd. 1, Berlin 1912. – Hartung & Karl, München, Auktion 49, 1985, Katalog S. 7–8, Nr. 7a. – *Mittelalterliche Handschriften und Miniaturen. Katalog und Retrospektive. Antiquariat Dr. Jörn Günther* (Hamburg 1993), S. 227–230, Nr. H (mit Abb.). – Bloh, Ute von: *Die illustrierten Historienbibeln. Bern u. a. 1993 (Vestigia Bibliae 13/14)*. – Becker/Brandis, *Sammlung*, S. 262–266. – Becker/Brandis, *Altdeutsche Handschriften*, S. 24–28 mit 2 Abb. (Wiederabdruck des vorigen Titels). – Rapp, Andrea: *bücher gar húbsch gemolt. Studien zur Werkstatt Diebold Laubers. Bern u. a. 1998 (Vestigia Bibliae 18) (hier besonders das Kapitel: 'Das Layout der Historienbibeln')*. – Saurma-Jeltsch, *Spätformen*, besonders Bd. 2, S. 2–4, Abb. 163–166 und Tafel 29/1. – Brandis, *Präsenz*, S. 313, Nr. 22 u. Taf. XXVIII.

PJB

62 Konrad von Würzburg: Trojanerkrieg (samt anonymer Fortsetzung)

Hagenau (Elsaß), um 1445
Papier, 7* + 453 Bll., daneben moderne Vor- und Nachsatzbll.,
41,5 × 28,5 cm
Produzent: Werkstatt Diebold Lauber; Vorbesitzer: Altbestand der Kurfürstlichen Bibliothek Berlin.
SBB-PK, Ms. germ. fol. 1

Aufgeschlagen Bl 82ʳ, Kapitel 33: Jason entführt Medea auf einem Schiff nach Griechenland.

Ansetzfalze der Lagen gesondert als Ms. germ. fol. 1, Fragm. 1–58 aufbewahrt, aus einem zerschnittenen pergamentenen Urbar oder Rechnungsbuch mit mehreren elsässischen Personen- und Ortsnamen des 14./15. Jhs., das als Buchbinder-Makulatur verbraucht wurde (vgl. Saurma-Jeltsch, Bd. 1, S. 88–91); die Datierung nach Wasserzeichen; 2 Spalten, Verse abgesetzt, eine Hand, oberrheinische Bastarda; rubriziert; 98 jeweils zwei Drittel bis vier Fünftel eines Blattes einnehmende kolorierte Federzeichnungen in der typischen Manier des Lauber-Ateliers; bei den Bildern Blattweiser bzw. deren Abdrucke im Blattrand; moderner Einband (Halbleder über Holzdeckeln) im Zuge der Restaurierung in der Staatsbibliothek Preußischer Kulturbesitz 1981 angefertigt.

Konrad von Würzburg (um 1235–1287) erfüllte mit seinen Werken Aufträge der Oberschicht von Straßburg und Basel, wo er zuletzt wohnte, von Führungseliten also, die später dem Kundenkreis Diebold Laubers entsprachen. Sein unvollendeter Trojanerkrieg, ein Riesentorso, den ein Anonymus fortsetzte, ist in sechs vollstän-

xxx iii

schyme vnd schame die beide   Do von enweis ich wz ich tů
Twinget mich spate vnd frů

Also medea die iunckfrow mit jasone vber mer für gen kriechen uk uk

digen Handschriften überliefert, deren drei von Diebold Lauber stammen. Der vorliegende mächtige Codex ist das Glanzstück der fünf Lauber-Handschriften der Staatsbibliothek und eröffnet dort nicht unverdient als Nummer 1 die Signaturenreihe der germanischen Folianten. Die kennzeichnenden Merkmale Laubers sind vorhanden: zum Textbeginn füllt eine Rankeninitiale mit Wappentieren fast die ganze Seite, konfrontiert auf der gegenüberliegenden Seite mit dem ganzseitigen Bild des Königs Priamus und seiner Gattin Hekuba, die von der Fackel träumt, die Troja in Brand setzen wird – der Einsatz aller ins Auge fallenden Mittel, um den Käufer zu entzücken und anzureizen. Die Überschrift des Registers versprach bereits *mit figuren gemolet* (mit den Protagonisten des Geschehens in Bildform ausgeschmückt), ein signifikanter Terminus Diebold Laubers, der die unauflösbare Integration von Text und Bild vermeldet. Ja, bei einigen Betrachtern werden das Bild und sein rot geschriebener, der Kapitelüberschrift entsprechender Titulus vor der Textlektüre den Vorrang gehabt oder sie gar ersetzt haben; den bequemen Königsweg hierzu bieten die bei allen Lauber-Handschriften des Trojanerkriegs an diese Stellen geklebten Blattweiser, so daß nur noch aufgeschlagen und angesehen werden mußte (LIENERT S. 19–20). Auch den Malern ermöglichten die Titel ein zügiges Arbeiten, ohne sich mit der Lektüre des Textes aufhalten zu müssen. Das großzügig komponierte Bild der Überfahrt Jasons und Medeas nach Griechenland nimmt fast die ganze Seite ein, und das im Groß-Folio-Format. Die Handschrift des Trojanerkriegs ist von Lauber in Übergröße konzipiert worden, das heißt die im Handel üblichen, zu Blättern in Folio-Größe einfach gefalteten Papierbögen – die dann zu mehrblättrigen Lagen ineinandergelegt wurden – sind entfaltet, der Großfoliobogen als Einzelblatt verwendet und auf Falze geklebt, da er in Lagenform nicht mehr geheftet werden konnte. Dieses beeindruckende Markenzeichen der Übergröße, das auch Laubers Historienbibeln zu eigen ist, hatte den positiven Nebeneffekt, daß mißratene Blätter leicht ausgetauscht werden konnten (SAURMA-JELTSCH, Bd. 1, S. 78–79). Wenige großflächig eingesetzte Farbtöne – Grün, Lehmgelb, Kobaltblau, Karminrot, lasiert erscheinendes Rotbraun, Grau – ergeben für den Betrachter ein harmonisches Ganzes. Die Gestaltungselemente sind prinzipiell einfach und in Serie wiederkehrend rationell zu verwenden, eine Voraussetzung, Handschriften in größerer Stückzahl herstellen zu können. Die Bildbestandteile Land, Wasser, Schiff, Königspaar und Gefolge sind durch bilderbuchartig differenzierende Farben und zeichenhafte Attribute gekennzeichnet: grüner Hügel, blaue Wellen, gelbes Schiff, bunte Gewänder und

farbiger Kopfputz, eine fast überdeutliche Phrasierung der Hände, die an die Bedeutung der Gestik im höfischen Zeremoniell erinnert. Bei aller Stereotypie der Darstellung – die sich durchaus, wie SAURMA-JELTSCH nachwies, ideologisch bestimmt wandeln kann – gibt es auch Individuelles zu beobachten, hier beispielsweise die Fische, die sich so in anderen Bildern nicht wiederholen und gewissermaßen nach dem Leben gezeichnet erscheinen. Ob die verhältnismäßig zahlreichen Schiffsszenen in der Buchillustration mit der Bedeutung des Rheins als Verkehrsader zusammenhängen oder doch eher nur vom Text suggeriert sind, muß offenbleiben.

Der Trojanerkrieg wurde von den Lesern trotz alles Rhetorischen, Fabulösen, Sagen- und Zauberhaften als Werk der Geschichtsschreibung rezipiert, an das ein historischer Wahrheitsanspruch gestellt werden konnte; daher finden sich des öfteren Exzerpte dieser Dichtung in Weltchronikkompilationen. In die Gestalten der Trojageschichten, die der lateinkundige Konrad aus verschiedenen Quellen zusammengestellt hatte, konnten Adel und Patriziat ihre Vorstellungen projizieren, Inbegriffe der Vollkommenheit in Pracht des höfischen Lebens, Minne, Schönheit der Frauen, Ritterfahrt und Kampf, alles auch Themen, die die Bilder der Handschrift zu beschwören trachteten. Die Ideale wurden allerdings von unentrinnbaren düsteren Geschehnissen, Unheil und tragischen Entwicklungen durchkreuzt, *hercze* reimte sich auf *smercze*, so in der auch von Euripides gestalteten Medea-Tragödie, in der Medea ihrem späteren Gatten Jason hilft, das Goldene Vließ zu gewinnen, er ihr untreu wird und sie sich bitterlich rächt.

Ausst.kat. Berlin 1975, Nr. 95 (mit Abb.). – Ausst.kat. Berlin 1988, Nr. 87 (mit Abb.). – Konrad von Würzburg, Trojanerkrieg, SBPK, Ms. germ. fol. 1. Farbmikrofiche-Edition von ELISABETH LIENERT. München 1989 (Codices illuminati medii aevi 15). – SAURMA-JELTSCH, Spätformen, besonders Bd. 2, S. 4–6 (weitere Literatur, Abbildungen).

PJB

III.7 Romane und Fabeln

63 Elisabeth von Nassau-Saarbrücken: Herzog Herpin

Franken, 1487
Papier, 15 Bll. + 816 S., 31,5 × 21,5 cm
Vorbesitzer: der Name *Ernst Albrecht* (16. Jh.) steht auf dem Vorsatzbl., ohne daß dies ein Besitzer gewesen sein muß. Im 19. Jh. der Professor der Altertumswissenschaften in Breslau, Johann Gustav

Gottlieb Büsching (1783–1829); aus der von der Witwe veranstalteten Auktion 1829 an die Kgl. Bibliothek Berlin.
SBB-PK, Ms. germ. fol. 464

Aufgeschlagen S. 89: Herpin hilft dem Einsiedler beim Lesen der Messe und, zweites Ereignis im selben Bild, Herpin tötet Heiden (Muslime), die anläßlich ihrer Belagerung von Rom den Wald durchstreifen: *Es was in dem waldt ein einsidel nahe bey der stat Rome…*.

Zu Beginn Text- und Bildverlust; Schriftraum ungespalten, gotische Kursive einer Hand; bis S. 426 neunzig braune Federzeichnungen mit 188 gerahmten Einzelszenen, danach nur der freigelassene Raum in wechselndem, unkonventionellen Layout, das vom Schreiber mit dem Zeichner abgesprochen worden sein muß, wie aus den stark divergierenden, vom Illuminator kaum unvorbereitet zu füllenden Flächenmengen hervorgeht; die Zeichnungen sind jeweils zu Beginn der Kapitel zusammengefaßt und nehmen den Inhalt optisch vorweg; S. 377 Bleistiftvorzeichnungen; Bl. Iʳ Bleistiftsskizze: Porträt einer Dame; Lederband der Zeit über Holzdeckeln mit verwischten rhombischen Einzelstempeln und Rosettenstempel, 1938 in der Preußischen Staatsbibliothek restauriert; Ansetzfalze vorn und hinten aus einem Antiphonale des 14. Jhs. Schriftdialekt: nordbairisch / fränkisch.

Die Historie von Herzog Herpin (ein von der neuzeitlichen Germanistik geprägter Titel) beruht auf einer französischen chanson de geste, dem 'Lion de Bourges'. Sie wurde von Elisabeth von Nassau-Saarbrücken (1393–1456) oder einem literarischen Adjutanten samt drei weiteren chansons (Sibille, Loher und Maller, Huge Scheppel, allesamt zum Sagenkreis um Karl den Großen gehörig) in deutsche Prosa übertragen. Diese Übersetzungstätigkeit aus romanischen Sprachen ist im 15. Jahrhundert an Höfen oder in Städten nicht ungewöhnlich (vgl. Kat. 97). Beim deutschen Herpin handelt es sich um ein Erzeugnis einer Hofkultur. Elisabeth stand in Beziehung zu den Höfen und Literaturzentren in Nancy, Heidelberg und Rottenburg am Neckar, wo die von Püterich von Reichertshausen in seinem 'Ehrenbrief' stilisierte ritterepikbegeisterte Erzherzogin Mechthild von Österreich (1419–1482) residierte. Von den genannten Prosaromanen sind drei illuminierte Prachthandschriften identischer Herkunft in Hamburg und Wolfenbüttel überliefert (SUB, Cod. 11 und 12 in scrin.; Herzog August Bibliothek, Cod. Guelf. 46 Novissimi 2⁰), die im Auftrag des zweiten Sohns der Elisabeth anläßlich seines Eintritts in den Ritterorden 'de Croissant' nach 1455 entstanden. Die jeweils nur in wenigen Exemplaren überlieferten Prosaromane der Elisabeth sind also nichts weniger als Volksbücher, wenn auch die darin vorgetragenen Stoffe später im 16. und 17. Jahrhundert in Druckfassungen zur populären Lektüre herabsanken. Die Handlung erscheint recht phantastisch und bunt (der Roman ist unveröffentlicht, eine gute Inhaltszusammenfassung bei WOLF). Kreuzzugsreminiszenzen spielen mit. Christen, Muslime, ein üppiges aristokratisches Personal, Ritter, Geistliche, Riesen, Feen und auch Tiere bilden ein Gemisch von Handlungsträgern, die keine Langeweile aufkommen lassen.

Es geht um ein Horn, das nur der rechtmäßige Besitzer blasen kann; ein toter Ritter, der in einem Wirtshaus seit zehn Jahren unbestattet in einem Sack über dem Ofen hängt, weil er nicht zahlen konnte, wird von dem Haupthelden Lewe mit seinem letzten Geld ausgelöst; aufgrund dieser guten Tat wird er als wiederbelebter 'weißer Ritter' dessen unentbehrlicher Helfer – der Name 'Lewe' deswegen, weil dieser Sohn Herpins als Neugeborener von einer Löwin gesäugt wurde. Die Sprünge von Handlungsstrang zu Handlungsstrang werden durch eine konstante Kapiteleinleitungsformel bewältigt, die sinngemäß 'Hier verlassen wir kurzzeitig…' lautet.

Die Berliner Herpin-Handschrift, die freilich auch im Rahmen der high society entstand, ist ausstattungsmäßig keinerlei Derivat des Hamburger Herpin Cod. 11 in scrin. aus dem höfischen Umkreis der Elisabeth. Den Berliner Codex illustrierte ein sehr fähiger, eigenständiger und eigenwilliger Meister, von dem nur wenige weitere Zeichnungen bekannt sind (ANZELEWSKY). Kampf-, Turnier- und Genreszenen in feiner, detailreicher Ausführung wechseln sich ab. Die Gesichtszüge der Dargestellten streifen gelegentlich das Karikaturenhafte. Charakteristisch sind Sträucher, Buschreihen und Baumkronen, die gewissermaßen energiereich rotierend in mehr oder weniger kreisförmigen Parallelschraffuren gestaltet sind, begrenzt durch die Objekte zusammenhaltende hakenförmige Querstriche. Jedenfalls könnte dieser bisher unidentifizierte 'Herpin-Meister' den Notnamen eines 'Master of the Tumbleweeds' tragen, nach jenen so bezeichneten, vom Wüstenwind durch die Geisterstädte des Wilden Westens getriebenen, aus Ranken und Unkraut verflochtenen Bällen. Die ausgeprägten Schraffuren ersetzen eine Kolorierung, indem sie gliedern, akzentuieren und Licht und Schatten verteilen, Plastizität herstellen und Raumgefühl vermitteln. Sie ähneln der Technik gleichzeitiger Kupferstiche und Buchholzschnitte, welch letztere auch nicht unbedingt zur Ausmalung bestimmt waren (und bei bibliophilen Sammlern früherer Zeiten galten denn auch die unkolorierten Exemplare mehr als die kolorierten). Den Berliner Herpin kann man sich in speziellem Auftrag in einer Schreib- und Malwerkstatt einer potenten fränkischen Handels- oder Bischofstadt produziert denken, in jedem Fall ein künstlerisch hochkarätiger Solitär.

WEGENER S. 112–117. – Ausst.kat. Berlin 1975 Nr. 99 (mit Abb.). – ANZELEWSKY, FEDJA: *Eine Gruppe von Malern und Zeichnern aus Dürers Jugendjahren*, in: Jahrbuch der Berliner Museen 27, 1985, S. 35–59. – Ausst.kat. Berlin 1988, Nr. 89 (mit Abb.). – Historie von Herzog Herpin. Farbmikrofiche-Edition der Handschrift Wolfenbüttel. Einführung von EVA WOLF. München 2000 (Codices illuminati medii aevi 57). – Von Rittern, Bürgern und von Gottes Wort Nr. 31, S. 82–83 und Nr. 33, S. 86–87.

PJB

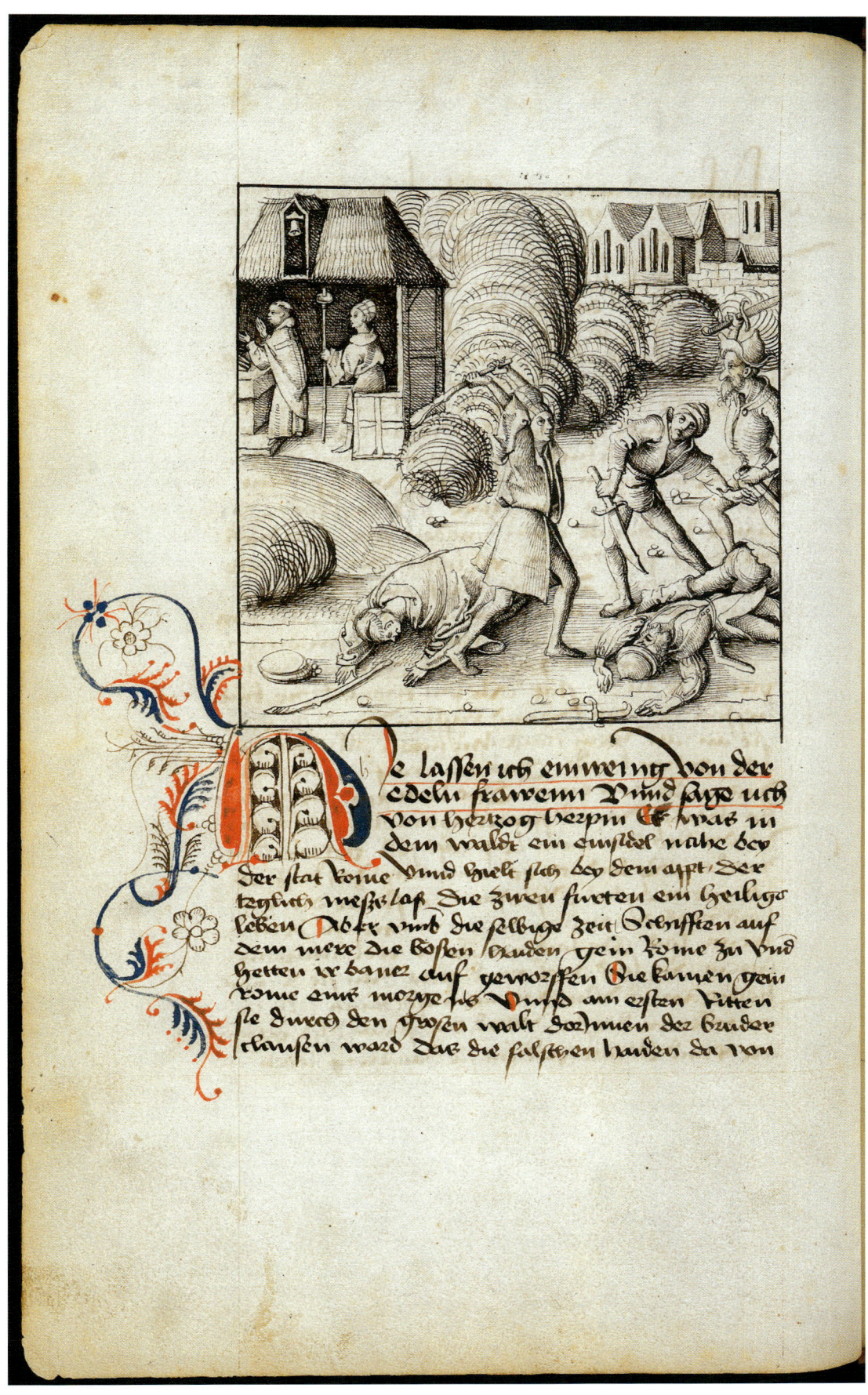

We lassen uch enwenig von der
edeln frawenn Vnd sage uch
von hertzog herpin Es was in
dem waldt ein eynsidel nahe bey
der stat kome vnd hielt sich bey dem apst Der
tzglich messe las Die zwen fueten ein heylige
leben Aber vmb die selbige zeit Scherfften auf
dem mere die bosen buden gein kome zu Vnd
hetten ir baner auf geworffen Die kamen gein
kome eins morgens Vnd am ersten ritten
sie durch den grosen walt darinnen der bruder
clausen ward das die falschen buden da von

64   Barlaam und Josaphat

[Augsburg: Günther Zainer, um 1476], 2⁰
Papier, 98 Bll., 31,5 × 22,5 cm
Vorbesitzer: Die Inkunabel wurde 1850 als Teil der Bibliothek Meu-
sebach erworben.
SBB-PK, Inc. 35

Aufgeschlagen Bl. 9ʳ: Barlaams abgeschiedene Erziehung.

Bl. 1 leer, Bl. 2ʳ–Bl. 97ᵛ Barlaam und Josaphat, Bl. 98 leer (Bl. 1 und
98 fehlt); neuzeitlicher Bibliothekseinband, Pergament über Pappe,

Langstichheftung auf Holzrücken; unbeschnittenes Exemplar,
64 Holzschnitte, bis Bl. 10 altkoloriert, durchgehend rubriziert;
Lagenanfänge am Fuß der Seiten handschriftlich notiert.

Die ursprünglich indische Legende vom Leben Buddhas
erfuhr im byzantinischen Reich eine christliche Adapta-
tion, deren Autorschaft früher zumeist Johannes Damas-
cenus zugeschrieben wurde. Durch lateinische Übersetzungen dieses griechischen Romans fand der Stoff im
Mittelalter in ganz Europa weite Verbreitung und fand

Eingang in die Volkssprachen. In der deutschen Literatur des Mittelalters erfuhr der Roman im 13. Jahrhundert zwei metrische Bearbeitungen in mhd. Reimpaarversen durch Rudolf von Ems und Bischof Otto II. von Freising; die hier vorliegende Prosaübertragung wurde ebenfalls um 1476 ein zweites Mal von Anton Sorg gedruckt (GW 3399).

Dem heidnischen König Avenir in Indien wird bei der Geburt seines Sohnes Josaphat geweissagt, daß dieser zum Christentum übertreten werde. Um dies zu verhindern, läßt der König ihn in einem Palast abgeschirmt erziehen und befiehlt, alle Mönche aus dem Lande zu vertreiben. Betroffen vom Anblick eines Aussätzigen wird Josaphat durch den Einsiedler Barlaam, der ihm von Gott geschickt wurde, dennoch zum Christentum bekehrt. Als der Vater erkennen muß, daß sein Sohn auch durch weltliche Verlockungen nicht von seinem Glauben abzubringen ist, nimmt auch er das christliche Bekenntnis an und übergibt Josaphat die Herrschaft. Nachdem Josaphat den neuen Glauben in seinem Volk verbreitet hat, wählt auch er gemeinsam mit Barlaam das Leben eines Einsiedlers.

Die abgebildete Seite zeigt den abgeschieden aufwachsenden jungen Prinzen Josaphat in Gesellschaft seines Vaters und seiner *zuchtmeyster*, die ihn in *aller zucht, gewonheyt vnn lere der moren vn perseer* unterweisen.

Die mit 64 Holzschnitten reiche Illustrierung dieser Inkunabel ist typisch für das Wirken des Augsburger Erstdruckers Günther Zainer. So nimmt es nicht Wunder, daß der gebürtige Reutlinger Zainer, der – wohl nach einer Lehrzeit in der Straßburger Offizin des Johann Mentelin – 1467 nach Augsburg übersiedelte, rasch in Konflikte mit den eingesessenen Formenschneidern, Briefmalern und Kartenmachern der Stadt geriet. Durch die Vermittlung des Abtes von St. Ulrich und Afra, Melchior von Stamhaim, wurde 1471 zunächst vereinbart, daß Zainer auf gedruckte Initialen und Illustrationen verzichten sollte, was in der Folgezeit jedoch nicht eingehalten wurde.

Charakteristisch für den anonymen Formschneider des 'Barlaam und Josaphat', der wegen seiner Tätigkeit für den Drucker Anton Sorg auch der 'Sorgmeister' genannt wird, sind vor allem die Ansichten der Personen im Halbprofil sowie die schräggestellten Augen, die meist zur Hälfte mit dem Oberlid bedeckt sind. Beim Druck kam es zu einer Verwechslung der Holzschnitte des 16. und des 21. Kapitels, worauf eine gedruckte Bildunterschrift unter der Illustration des 21. Kapitels hinweist: *Dise figur gehort czů dem sechzehenden capitel. vnd die bei dem .xvj. ca. gehort an der figur statt.*

HAIN *5915.* – GW *3398.* – VB *35.* – CROUS, *Bücherzeichen 28.* – SCHRAMM *2, Abb. 543–608.* – SCHMID, HELMUT H.: *Augsburger Einzelformschnitt und Buchillustration im 15. Jahrhundert (Studien zur deutschen Kunstgeschichte 315).* Baden-Baden, Straßburg 1958. – CALOMINO, SALVATORE: *From verse to prose. The Barlaam and Josaphat legend in fifteenth century Germany (Scripta humanistica 63).* Potomac 1990 (Lit. S. 206–216).

KG

65 Thüring von Ringoltingen: Melusine

[Straßburg: Heinrich Knoblochtzer, nicht nach 1478]. 2°
Papier, 73 (von 79) Bll., 28 × 20 cm
Vorbesitzer: Um 1500 im Besitz des Adeligen Hieronymus Krafft von Karlstadt am Main; nach 1881/82 in der Königlichen Bibliothek.
SBB-PK, Inc. 2223

Aufgeschlagen Bl. 14ᵛ/15ʳ.

1ʳᵛ leer (fehlt), 2ʳ–79ʳ Thüring von Ringoltingen: Melusine (Bll. 5, 25, 27, 47 und 54 fehlen); 61 (von 67) halbseitige Holzschnitte; Bl. 2ʳ mit gedruckter Rahmenbordüre und großer Maiblumeninitiale; zeitgenössischer Kalblederband mit Stempelpressungen über Holzdeckeln, gebunden um 1480–1495 in der Werkstatt des Dominikanerklosters Würzburg (SCHUNKE, Schwenke-Sammlung 2, S. 313–314).

Die im Mittelalter in mehreren Fassungen verbreitete Melusinensage beschreibt die schicksalhafte Verbindung des jungen Grafen Raymund von Poitou mit der Fee Melusine. Rettet diese durch die Heirat Raymund vor dem berechtigten Vorwurf des Verwandtenmordes, so erlöst dieser die Fee von einem Fluch – wenn auch nur vorläufig. Denn jeden Samstag liegt ihre Verwandlung in ein drachenartiges Zwitterwesen als Schatten über der Ehe. Der Tabubruch des Grafen, seine Gemahlin nach ihrer Herkunft zu fragen, vernichtet Melusines Hoffnung auf endgültige Erlösung und zerstört die Ehe. Als Drache verläßt die Fee ihren Mann und ihre sechs Kinder und fortan liegt der Fluch über dem Grafenhaus, versinnbildlicht durch Mißbildungen, die vier der sechs Grafenkinder als Zeichen ihrer fragwürdigen Abstammung tragen. Dem Haus Poitou wird erst nach verschiedenen familiären Katastrophen und ritterlichen Bewährungstaten Raymunds und seiner Söhne durch päpstliche Absolution Erlösung zuteil. Der Berner Patrizier Thüring von Ringoltingen (um 1415–1483) hat mit seiner 1456 fertiggestellten alemannischen Version die erste Fassung der Sage in deutscher Sprache geschaffen. Er hat dazu eine französische Vorlage, die um 1401/03 verfaßte Versfassung des poitevinischen Hofdichters Couldrette, benutzt und diese auf Veranlassung des Grafen von Neuchâtel, Markgraf Rudolf von Hochberg, *zuo tút-*

wye sy stochen vnd reymond gar wol stach

Und besunder reymond stach gar ritterlichē vn wol
vn das wert biß vff die vesper do leitman die tisch
dar vnd assen zů nacht vnd mit vil kürtzwil wart dz
nacht mōl vertriben vnd der tantz ouch an geha-
ben/ der wert nůn ein zyt vnd eben lang zů letste do sy bedůch
te das es zyt were do koment melusina volck vnd biessent die
brůt besunders kommen vnd fürtent die in ir gezelt das selbe
vō syden köstlich/vn vsser acht rilich vnd maniger bant vogel
gesticket wz vñ ir bet wz rilich zů gerůst vñ mit lylien wol be
deckt als dar leit mā dy brůt reimōd kā ouch vñ leit sich zůr

Kat. 65, 14^v

scher zungen gemacht und translatiert (in deutsche Sprache gebracht und übersetzt, Bl. 2ʳ). Gleichzeitig setzte
er die Dichtung in die moderne Form des ritterlichen
Prosaromans um. Das breite Interesse an der deutschen
Version spiegeln 16 Handschriften, zehn Inkunabel- sowie 20 Frühdrucke; es läßt nach Ausweis der Überlieferung erst in die zweite Hälfte des 16. Jahrhunderts nach.
Die vorliegende Straßburger Ausgabe ist der Nachdruck

einer 1474 in Basel erschienenen Edition, neben einem
gleichzeitig erschienenen Augsburger Druck eine der
beiden ältesten Ausgaben. Die Druckorte von Thürings
'Melusine' vor 1500 unterstreichen die bevorzugte Rezeption des Textes in Südwestdeutschland, doch wurde
er in niederdeutscher Sprache auch in einer Lübecker Inkunabelausgabe verbreitet. Die Hälfte der Wiegendrucke, so auch die hier vorliegende Ausgabe, brachte

Tzů letſte kam ein biſchoff der ſye vff dē betté ſegete/vñ ſchö-
ne antiphona verſickel vñ collecten laſʒ/vnd nam do vrlop der
groſſe von poitiers vnd die greffin ſin můter vnd fraw ē ſchiedent von dannen vnd menglich ſůchete ſein herberge denn es
obens ſpott was etlich blibent ouch wachende vnd die langen nacht tantʒté vnd ſprungent etlich ſungent ouch gar ſchö-
ne lieder vnd gediecht es were von hoff liedern oder anderm
geſange·

Wye Reymond vnd meluſina zů ſamen wurdent geleit / Vnd
von dem biſchoffe geſegnet wurdent in dem bette·

Kat. 65, 15ʳ

Heinrich Knoblochtzer in Straßburg und Heidelberg heraus. Das Berliner Exemplar, eines von nur drei erhaltenen Kopien der Ausgabe, überliefert neben der 'Melusine' einen Nürnberger Druck des deutschen 'Marco Polo' von 1477 (HAIN-COPINGER 13245. VB 1801) sowie eine 1478 gedruckte Straßburger Ausgabe der deutschen 'Griseldis' Heinrich Steinhöwels (HAIN-COPINGER-REICHLING 12819. VB 2209). Die drei Inkunabeln

wurden Ende des 15. Jahrhunderts in einer Würzburger Werkstatt zusammengebunden, die vor allem für das örtliche Dominikanerkloster gearbeitet hat. Erstbesitzer des Bandes – ausgewiesen durch ein prächtiges gemaltes Wappenexlibris im vorderen Buchdeckel – war der Adlige Hieronymus Krafft aus Karlstadt am Main. In der Zusammensetzung des Sammelbandes (ritterliche Abenteuer, sagenhafte Reiseberichte und frühhumanistische

Das wappen das hie gemolt stat
Ist Jheronimi krafts von Carlstatt.
Mit welchem die kyserlich Mgiestet
Zu vnnd seine erben begnadt hat.

licheit gefaſſet/ Die benanten buͤchlin fuͤr muͤſſig gon /vnnd kurtz wyll zů leſen/ Vnnd haß das jn ſondern mynen doͤchtern/ vnnd ouch andern ſo die ſprach nit koͤnden zů gůt vß frantzoſiſcher zungen zů tiitſch gezogen/ Dann wo ſy die ſelben minen doͤchtern/jn ſteter gůter uͤbung vnd zymlichem weſen hyeltenn/ Wer mir vß vatterlicher liebe beſonder froͤd/ So ferr ouch ander menſchen fruchtbar vnderwyſung/daruß entſpruͤnge/ verhoffte ich den lon von dem almechtigen entpfahenn/

wie der Ritter võ Thurn jn eym
vnder eym boum lag vnd ſyne doͤchtern zů jm in den garten komen/

JN dem jar als man zalt/von der geburt Chriſti vnßers lieben herrn/ Thuſent dry hundert ſybentzig vnnd eyns / Als ich mit namẽ/ der Ritteer vom thurn/Eyns tags zů vßgõn dem Aprillen/mit etwas ſchwermuͤtikeit beladen/Vnd fuͤr offenthalt kurtzwyle/vnnd ergoͤtzung in eynen gartenn/vnder eyns boums ſchattenn gangen/ Da ſelbſt ſytzend was/ hort ich da von dem gefuͤgel der galander troſtlen vnd nachtgallenn/ Die ſich gegen der zyt des ſommers froͤwen warent/ ſoͤllichen

A iij

Novellistik) spiegeln sich die Leseinteressen des Adels und des vermögenden Bürgertums spätmittelalterlicher Städte wider (vgl. dazu auch die aufgeschlagenen Darstellungen von Turnier und öffentlichem Ehevollzug auf Bl. 14^v/15^r). Alle drei Drucke des Sammelbandes sind von zeitgenössischer Hand sporadisch glossiert. Auf Bl. 79^v der 'Melusine' finden sich als Vorspann zu den Reiseberichten des nachfolgenden 'Marco Polo' Notizen zu den heiligen drei Königen sowie zum heiligen Grab in lateinischer Sprache. Zeitgenössische Leser haben bisweilen die Personennamen in den Holzschnitten handschriftlich ergänzt sowie die Abbildungen grob mit hell- und dunkelroter, oliver, hellgrüner, ockerer und brauner Wasserfarbe koloriert.

HAIN-COPINGER *11061*. – *VB 2223*. – MÜLLER, JAN-DIRK: *Art. 'Thüring von Ringoltingen'*, in: ²VL 9, 1995, Sp. 908–914.

JG

66 La Tour-Landry, Geoffroy de: Der Ritter vom Turn, deutsche Bearbeitung von Marquard von Stein

Basel: Michael Furter [für Johann Bergmann von Olpe] 1493. 2°
Papier, 74 Bll., 42 × 29 cm
Vorbesitzer: J. C. Kroyssig 1748 (hsl. auf dem Titelbl.); 1850 als Teil der Sammlung Meusebach von der Königlichen Bibliothek erworben (CROUS, Bücherzeichen Nr 27).
SBB-PK, Inc. 559

Aufgeschlagen Bl. 2^v/3^r: Der schlafende Ritter und seine Töchter im Garten.

1^r xylographischer Titel mit Holzschnitt, 1^v leer, 2^r–40^v Ritter vom Turn; Pappeinband (Pergament) des 20. Jhs.

Der 'Ritter vom Turn' gehört zu den Erzählsammlungen, die zusammen mit der großen Form des Romans im 15. und 16. Jahrhundert eine Blütezeit erlebten. Die zyklische Reihung von Kurzgeschichten ohne Rahmenhandlung führt Exempla, Legenden, Mären, Fabeln und Schwänke zusammen. Diese thematisch auf Tugenden und Laster des weiblichen Geschlechts spezialisierte Erzählsammlung erreichte in der Übersetzung des Marquard von Stein eine weite Verbreitung. Die französische Vorlage 'Le livre du chevalier de La Tour-Landry pour l'enseignement de ses filles' entstand, nach Angabe des einem alten Adelsgeschlecht aus Anjou entstammenden Verfassers, in den Jahren 1371/1372. Der gebildete württembergische Landvogt zu Mömpelgard (Mont-

béliard) Marquard von Stein (um 1425/30–1493/96) übersetzte das Werk ins Deutsche. Handschriften haben sich nicht erhalten. Den Werktitel 'Ritter vom Turn' entlehnte Marquard seiner Vorlage; er führte dazu, daß seine Bearbeitung in der Literaturwissenschaft auch als Ritterdichtung bezeichnet wurde.

Die moralisch-lehrhaften Geschichten sollten der Erziehung der Töchter des Ritters dienen. Gute und berühmte, in einem begüterten Ehestand lebende Frauen werden bösen Frauen, die in Schande verfallen sind, gegenübergestellt. Neben Beispielen aus der Bibel und aus der Antike werden auch mittelalterliche und zeitgenössische Episoden geistlichen und weltlichen Charakters herangezogen. Im Rahmen des Strukturschemas – Regel, Beispiel, Resümee – hält Marquard die moralischen Ermahnungen kurz und legt mehr Gewicht auf die eigentliche 'narratio'. Der Unterhaltungswert dieses Erziehungsbuches wird durch 46 künstlerisch bemerkenswerte Holzschnitte, darunter eine Wiederholung, gesteigert und macht den Erstdruck zu einer kostbaren Ausgabe, die zu den schönsten illustrierten Büchern des 15. Jahrhunderts gerechnet wird. Die einzelnen Bilder gehen detailreich auf einzelne Erzählsituationen ein und dienen zugleich als Merkhilfe der sinnvollen Ergänzung des Textes.

Als Künstler wird kein geringerer als der junge Albrecht Dürer vermutet, der sich um 1492 in Basel aufhielt und in dieser Zeit auch Kontakt zu den Schongauer-Künstlern im Elsaß gesucht hatte. Mit den Namen des Druckers und des Verlegers verbindet sich der Sinn für anspruchsvollen Buchschmuck, und für kostbar ausgestattete Bücher gab es dort beste Absatzmöglichkeiten. Die großformatigen Holzschnitte greifen Szenen einzelner Geschichten auf; der Titelholzschnitt geht auf die Entstehung der Erzählsammlung ein und zeigt, wie der Ritter zwei geistliche und zwei weltliche Sekretäre beauftragt, die Geschichten aufzuschreiben. Die Holzschnitte werden jeweils durch Randleistenschmuck ergänzt. Die bildliche Darstellung ist von unterschiedlicher Qualität und ihre Realistik verbindet sich mit lebendiger Phantasie. Nicht nur dem Künstler gebührt Aufmerksamkeit, auch dem Reißer, dessen kunstvolle Schraffur sein Können unter Beweis stellt.

HAIN-COPINGER *15514*. – SCHRAMM 22 *Abb. 998–1042, 1267*. – *VB 559*. – GOTZKOWSKY, *Volksbücher, S. 155–162*. – HAHN, REINHARD: *Zu Marquards von Stein 'Ritter Vom Turn'*, in: *Archiv für Kulturgeschichte 74, 1992, S. 125–146*. – KREUTZER, HANS JOACHIM: *Art. 'Marquart von Stein'*, in: ²VL 6, 1987, Sp. 129–135.

AS

hē·Do gedēck ein yder an· wil er nit in ſchādē beſtā·

Von hoffart der cleider·

in eſel het erbeit gros·Des ſeinen herren noch
nie verdros·Er legt ym auff māchē ſack·Do
von ſein ruck dick erſchrack·Auch hort ich vō dem
eſel ſagē·Das er zihē muſt und tragen·Erbeit gros
muſt er han·Eins tags wart er herauſz gelan·Vō
kam hin auff die heide·Vnd ſuche do ſein weide·Da
rnach wart nicht lenger geſpart·Das er auff dr ſel=
ben vart·In dē walt kam gerāt·Dariñ er eins lewē
haut vant·Die haut geuil ym recht wol·Sein herz
was freudē vol·Er meinet ſicher zu weſen·Vnd vō
aller not geneſen·Des lewē haut legt er an·Gewal=
tiglich ging er hin dan·Der krafft vber gab er ſich·
Er zu ſtort das gemein vich·An ſeiner weide das ge=
ſchach·In flohe alles das in ſach·In des lewē haut
gā·Vor ym torſt kein vihe beſtā·Das thet alles des
lewē ſchein·Sein meiſter het groſſe pein·Er meinet

67   Ulrich Boner: Der Edelstein

[Bamberg: Albrecht Pfister, um 1463], 2°
Papier, 78 Bll., 30,5 × 21,5 cm
Vorbesitzer: 1837 vom Münchener Antiquar Franz Xaver Stöger ent-
deckt und 1845 für 1000 Reichstaler von der Königlichen Bibliothek
erworben.
SBB-PK, Inc. 332

Aufgeschlagen Bl. 50ᵛ: Der Esel in der Löwenhaut.

Bl. 1ʳ handschriftlicher Titel: *Esopus hat das buch geticht/Vil weiser
red darin bericht*, Bl. 1ᵛ leer, Bl. 2ʳ–78ᵛ Ulrich Boner: Der Edelstein,
103 kolorierte Text- und 103 Vorsatzholzschnitte (mit zahlreichen
Wiederholungen bei den Vorsatzholzschnitten); roter, goldgestempel-
ter Maroquineinband des 19. Jahrhunderts; Spiegel und Vorsatzblät-
ter mit grüner Seide überzogen.

Bei dem Verfasser des 'Edelstein', der sich im Prolog und im
Epilog seiner Versdichtung selbst als *Bonerius* bezeichnet
– beide Textpassagen fehlen in der Druckausgabe – handelt es sich vermutlich um den Berner Dominikaner
Ulrich Boner, der von 1324 bis 1350 urkundlich bezeugt
ist. Die um 1350/51 vollendete Sammlung vereinigt
100 versifizierte Fabeln, von denen im Druck jedoch
lediglich 86 überliefert sind; unter anderem fehlt die erste
Fabel, 'Vom Hahn und dem Edelstein', die dem Text seinen Titel gab. Boners Werk ist die erste von einem Autor
vorgelegte 'Gesamtausgabe' aesopischer Fabeln in hoch-
deutscher Sprache. Dem Text liegen die beiden wichtigsten Fabelcorpora des Mittelalters, der sogenannte 'Anonymus Neveleti' (1–62) und 'Avian' (63–91) zugrunde,
wozu noch einige moralisierende Kurzerzählungen treten. Gewidmet ist das Werk dem Berner Freiherrn
Johannes I., der auch selbst als Spruchdichter hervorge-
treten ist.

Boners 'Edelstein' erfreute sich im späten Mittelalter
einer großen Beliebtheit, was die 32 handschriftlichen
Textzeugen ebenso belegen, wie die beiden frühen Ausgaben des Bamberger Druckers Albrecht Pfister: der
Erstdruck von 1461 (GW 4839) und der vorliegende,
den er um 1463 vollendete. Daß es in den Jahren nach
1463 zu keinen weiteren Druckausgaben des 'Edelsteins' gekommen ist, liegt weniger an einem nachlassenden Interesse an der Textgattung als vielmehr am durchschla-
genden Erfolg der von Heinrich Steinhövel besorgten
deutschen Übersetzung des Aesop, dem sogenannten
'Ulmer Aesop', mit deren Eleganz die Bonerausgabe Pfisters weder in sprachlicher noch in künstlerischer Hinsicht konkurrieren konnte.

Ihre herausragende Bedeutung verdanken die beiden
Pfisterschen Bonerdrucke nicht ihrer Rolle in der Textüberlieferung, sondern ihrer Stellung innerhalb der
Druckgeschichte: Bei der am 14. Februar 1461 vollendeten ersten Ausgabe handelt es sich um den ersten datierten Druck in deutscher Sprache und um den ersten
Druck, der mit Holzschnitten versehen ist. Der vorliegende zweite, nicht firmierte Druck ist ein kaum veränderter Nachdruck der Erstausgabe; von beiden Ausgaben
existiert nur noch ein einziges Exemplar. Mehr noch als
die Ausgaben selbst führt jedoch das von Pfister verwendete Typenmaterial in die Frühgeschichte des Buchdrucks. Bei den Typen beider Bonerdrucke Pfisters handelt es sich um die sogenannte 'ältere Gutenbergtype',
mit der ein unbekannter Drucker 1454 – und somit vermutlich noch vor der Vollendung der Gutenbergbibel –
zwei *Ablaßbriefe zum besten des Kampfes gegen die Türken*
(VB 1512 und 1512,1 Einbl. [Zimelie]) und um 1458
die 36-zeilige Bibel (GW 4202), den ersten Bibeldruck
nach Gutenberg, ausführte. Aufgrund ihrer Monumentalität harmoniert die ursprünglich nicht für eine volkssprachliche Versdichtung, sondern für den Bibeldruck
bestimmte Missaletype nicht mit den schlichten Holzschnitten eines anonymen Meisters; zusätzlich erschwert
wurde die Rezeption der Reimpaare durch den Druck in
fortlaufenden Zeilen.

Der abgebildete Holzschnitt illustriert die Fabel vom
'Esel in der Löwenhaut', in der ein Esel aufgrund seiner
Verkleidung alle Tiere erschreckt; von seinem Herrn je-
doch wird er an seinen langen Ohren erkannt und ge-
bändigt. Die separat neben allen Abbildungen stehende
Figur, ein von einem zweiten Holzstock gedruckter Vor-
satzholzschnitt, rekurriert auf ein verbreitetes Autorbild
Aesops, das die Authentizität des Werkes bezeugen soll.

Copinger 1203. – GW 4840. – VB 332. – Schramm 1, Abb. 7–113. –
Kristeller, Paul (Hg.): *Ulrich Boner: Der Edelstein. Lichtdruck-
nachbildung der undatierten Ausgabe im Besitze der Königlichen Bibliothek zu Berlin. Nebst sechs Tafeln nach der Ausgabe der Herzogli-
chen Bibliothek zu Wolfenbüttel* (Graphische Gesellschaft. Außeror-
dentliche Veröffentlichung 1). Berlin 1908. – Schulz, Herber C.:
Albrecht Pfister and the Nurnberg woodcut school, in: Gutenberg-
Jahrbuch 1953, S. 39–49. – Geldner, Ferdinand: *Die Buchdruckerkunst im alten Bamberg 1458/59 bis 1519*. Bamberg 1964. –
Ulrich Boner: *Der Edelstein. Faksimile der ersten Druckausgabe
Bamberg 1461 der Herzog August Bibliothek*. Stuttgart 1972. –
Grubmüller, Klaus: *Art. 'Boner'*, in: ²VL 1, 1978, Sp. 947–952. –
Fabula docet. Illustrierte Fabelbücher aus sechs Jahrhunderten (Aus-
stellungskataloge der Herzog August Bibliothek 41). Wolfenbüttel
1983.

KG

III. 8 Frühhumanismus

Frühhumanismus in deutscher Sprache

Die Epoche des Frühhumanismus in deutscher Sprache spiegelt sich in den Berliner Beständen vor allem in Zeugnissen des frühen Buchdrucks. Da die wenigen in Berlin befindlichen Handschriften des deutschen Humanismus vermutlich alle Druckabschriften sind, lag es nahe, sich im Rahmen dieser Ausstellung ganz auf gedruckte Textzeugnisse zu konzentrieren. Die Überlieferung im neuen Medium des Buchdrucks setzt in Berlin ein mit dem großartig illustrierten Bamberger 'Ackermann'-Druck von etwa 1463, einem der ersten mit Holzschnitten geschmückten Bücher überhaupt (Kat. 68). Textlich noch deutlich im Mittelalter und in der Handschriftenzeit verankert, läßt sich diese Druckausgabe dennoch bereits als bedeutendster Vorläufer frühhumanistischer Literatur in deutscher Sprache begreifen. Breiter setzt die Drucküberlieferung erst in den siebziger Jahren des 15. Jahrhunderts ein. Das hat seinen Grund, denn die endgültige Durchsetzung des Buchdrucks gerade in diesem Jahrzehnt hat spürbar und wesentlich dazu beigetragen, die Vermittlung des erst um 1450/70 in größerer Breite wahrgenommenen literarischen Humanismus aus Italien nach Deutschland zu unterstützen. Der Druck von Brants 'Narrenschiff' von 1494 (Kat. 79) markiert hingegen nicht nur die zeitliche Grenze vom Früh- zum Hochhumanismus, sondern auch das Ende der frühen Blüte des literarischen Humanismus in deutscher Sprache.

Der geographische Schwerpunkt der Überlieferung humanistischer Literatur liegt in den großen Städten Süddeutschlands. Die in den Berliner Beständen immer wieder genannten Druckstädte Ulm, Nürnberg, Augsburg und Basel stehen durchaus repräsentativ für die Gesamtentwicklung. Gerade hier, an den Knotenpunkten des überregionalen Fernhandels, sorgten Druckwerkstätten für die Produktion volkssprachlicher Bücher sowie die Handelsnetze der städtischen Kaufleute für den Absatz der Bücher auf den Buchmärkten der Zeit. Über die Verflechtungen der süddeutschen Handelsmetropolen mit den Städten Italiens gelangten aber auch lateinische Texte von Humanisten der italienischen Früh- und Hochrenaissance (Ende 14. bis Mitte des 15. Jahrhunderts) nach Deutschland. Hier dienten sie den Frühhumanisten vor Ort als Vorlagen für ihre Übertragungen in die Volkssprache. Die Bemühungen des Ulmer Bürgermeisters und Bibliothekspflegers Hans Neithart, mehrere handschriftliche und gedruckte Vorlagen in lateinischer Sprache für seine Terenz-Übersetzung zu beschaffen (Kat. 77), bezeugen modellhaft diese Beziehungen. Gleichzeitig beleuchten sie aber auch das philologische Interesse der Humanisten, den Wortlaut der „Originale" aus dem Vergleich mehrerer Zeugnisse des gleichen Textes zu erarbeiten.

Der deutsche Frühhumanismus war zweisprachig, freilich mit einem eindeutigen Übergewicht auf der lateinischen Sprache. Mit Albrecht von Eyb (1420–1475), Heinrich Steinhöwel (1412–1478) und Niklas von Wyle (1415–1479) sind die drei bedeutendsten deutschen Frühhumanisten in den Berliner Beständen gut vertreten. Sie haben nicht nur lateinische Texte der klassischen Antike sowie des italienischen Renaissancehumanismus rezipiert, sondern diese in Auswahl auch übersetzt. Mit Johannes von Tepl (um 1350 – vor 1415), Hans Neidhart (um 1430 – um 1490/1502) und Sebastian Brant (1457–1521) sowie dem anonymen Übersetzer des 'Decamerone' gehören sie zu einer relativ homogenen Schicht gebildeter Bürger oder Adeliger, die in den Städten und Fürstenhöfen Süddeutschlands hauptsächlich in der politischen Verwaltung – als Bürgermeister, Stadtschreiber, Stadtarzt, juristischer Gutachter u.ä. – beschäftigt waren. Die volkssprachlichen Werke dieser Humanisten sind kaum während ihrer beruflichen Tätigkeit entstanden, sondern nach eigener Aussage oft in Zeiten der Muße. Niklas von Wyle berichtet etwa, daß er ein Gutteil seiner 'Translationen' (Kat. 75) während der Weinlese in Esslingen verfaßt habe, als er als Stadtschreiber und Lateinlehrer offenbar beruflich weniger eingespannt war. Auf der anderen Seite ist das Profil der humanistischen Werke in deutscher Sprache häufig nicht ohne den beruflichen Erfahrungshintergrund ihrer Autoren denkbar, besonders auffällig etwa im 'Ehebüchlein' des auf Kirchen- und Eherecht spezialisierten Juristen Albrecht von Eyb (Kat. 69), aber auch in der reichspolitischen Publizistik, wie z. B. dem Einblattdruck über die 'Wormser Zwillinge' des kaiserlichen Rats Sebastian Brant (Kat. 78).

Die hohe Stellung in der städtischen und fürstlichen Politik sowie kirchliche Pfründen haben den Humanisten häufig so gute Einkünfte gebracht, daß sie es sich leisten konnten, sich selbst als Verleger für die Verbreitung ihrer frühhumanistischen Werke in deutscher Sprache zu engagieren. Bei Eyb, Steinhöwel, Wyle und Neidhart gibt es deutliche Hinweise darauf, daß sie die Drucke auf eigene Kosten und auf eigenes Absatzrisiko herstellen ließen. Ohne Druckaufträge und finanzielle Unterstützung von Steinhöwels Seite hätte beispielsweise die von ihm Anfang der siebziger Jahre installierte Presse Johann

Zainers in Ulm keinesfalls auf so hohem Niveau existieren können. Konsequenterweise fällt der Niedergang der Offizin unmittelbar in die Zeit nach Steinhöwels Tod. Sebastian Brant gehörte zwei Jahrzehnte später zu den wichtigsten Figuren des Basler Verlagsgeschäfts. Der auch im Bereich der frühhumanistischen Literatur feststellbare Einbruch handschriftlicher Überlieferung im Übergang vom Schreiben zum Drucken in den siebziger und achtziger Jahren des 15. Jahrhunderts dürfte eng mit dem eigenen Engagement der deutschen Humanisten für die gedruckte Publikation ihrer deutsche Texte und mit ihrer Förderung des noch jungen Verlagswesen an den Stätten ihres eigenen beruflichen Wirkens zusammenhängen.

Die Bevorzugung des Buchdrucks als Verbreitungsmedium durch die Humanisten mag auch darin eine Grundlage haben, daß diese mehr als zuvor die Genauigkeit und Verläßlichkeit von Texten in den Mittelpunkt ihrer Bemühungen stellten. Beides konnte man von textidentischen Auflagen – bei einem entsprechend verläßlichen Satz – erwarten. Nach dem Vorbild der italienischen Humanisten des späten 14. und frühen 15. Jahrhunderts, etwa Francesco Petrarca (1304–1374), Giovanni Boccaccio (1313–1375), Poggio Bracciolini (1380–1459), hatten die deutschen Humanisten ihre eigene Sprache und ihren literarischen Stil an (zunächst lateinischen) Textmodellen der heidnischen Antike und christlichen Spätantike geschult. Es waren die Humanisten, die auch in Deutschland ab der zweiten Hälfte des 15. Jahrhunderts im Bereich der Lateinschulen und Universitäten diejenigen Fächer förderten, die zur Arbeit mit Texten und zu ihrer lebenspraktischen Umsetzung befähigten: Grammatik, Rhetorik und Dialektik, Geschichte, Dichtkunst und Moralphilosophie. Diese Fächer, abgeleitet von Ciceros Bildungskanon der „Studienfächer, die eines freien Mannes würdig sind" (lat. *studia humanitatis*), sind bis heute namensgebend für die auf antike Textmodelle fußende neue Reformbewegung im Bereich von Bildung und Sprache geblieben. Die Umsetzung dieses Sprach- und Literaturmodells in die deutsche Sprache ist freilich nicht ohne Brüche und Verwerfungen gelungen. Die Auswahl der Texte ist einmal deutlich auf die bereits etablierten literarischen Erwartungen an Unterhaltung und Belehrung in der Volkssprache geknüpft. Weiter fallen bei den Humanistendrucken allenthalben Hinweise auf die Einbindung der literarischen Muster aus den Metropolen der italienischen Renaissance in die deutsche Lebenswelt auf. Mag man die gotische Architekturelemente und Details modischer Kleidung, etwa in den Holzschnitten zum deutschen Terenz Neidharts (Kat. 77), in Steinhöwels

Übertragungen von Petrarcas und Boccaccios Frauenbiographien ('Griseldis', 'Erlüchte Frauwen'; Kat. 70–73) oder in Dürers Illustrationen zu Brants 'Narrenschiff' (Kat. 79) noch als Äußerlichkeiten ansehen, so läßt sich bei der Umsetzung lateinischer Sprachmodelle des italienischen Humanismus in die deutsche Geisteswelt ein tiefgreifender Eingriff in – unterschiedliche Mentalitäten widerspiegelnde – Textstrukturen feststellen. Den Frühhumanisten war die Differenz zwischen den literarischen Systemen beider Sprachen bewußt. Die intellektuelle Auseinandersetzung der Übersetzer Steinhöwel und Wyle über die Art des wörtlichen oder sinngemäßen Übersetzens (*sin uz sin* gegen *wort uz wort*) verdeutlicht dieses reflektierende Bewußtsein bis heute, das (gescheiterte) Experiment der strukturellen Nachbildung der lateinischen Sprache aus Antike und Renaissance Italiens durch den Kanzlisten und Lateinlehrer Wyle zeigt, wie mächtig die literarischen Vorbilder aus dieser Zeit auf den deutschen Frühhumanismus im dritten Viertel des 15. Jahrhunderts wirkten.

Nach dem, was die Überlieferung frühhumanistischer Literatur in deutscher Sprache heute zeigt, hat sich gerade die „imitierende" Richtung Wyles nicht durchsetzen können, sondern diejenige Steinhöwels. Denn der Ulmer Stadtarzt vermochte es mit erheblich besserem Gespür als der Esslinger Notar, die literarischen Vorbilder in die in Deutschland etablierten Traditionen des Abenteuerromans und der (ritterlichen) Unterhaltungsliteratur in Prosa einzubinden. Ein herausragendes Beispiel für diesen Prozeß der Anpassung ist in dieser Hinsicht in den Berliner Beständen der Sammelband des unterfränkischen Adeligen oder Patriziers Hieronymus Krafft von Karlstadt (vgl. Exlibris Kat. 65). Mit Drucken der 'Melusine', der 'Griseldis' und dem 'Marco Polo' haben ein Ritterroman, eine frühhumanistische Novelle und ein spätmittelalterlicher Reisebericht eine für den Besitzer wahrscheinlich sinnvolle Zusammenstellung gefunden. In den Bereich spätmittelalterlicher Unterhaltungsliteratur gehören auch das deutsche 'Decamerone' (Kat. 74) sowie der Seperatdruck von Wyles 'Goldenem Esel' (Kat. 76). Und auch Brants 'Narrenschiff' hat seinen Erfolg wohl zu guten Teilen der Konjunktur moralphilosophischer Traktate und des Narrenthemas gerade im Deutschland des 15. Jahrhunderts zu verdanken, sein Einblattdruck zu den Wormser Zwillingen dem Tagesgeschäft der Reichspolitik (Kat. 79, 78). Demgegenüber wirken Tepls 'Ackermann', Neidharts kommentierter Terenz, vor allem aber Wyles 'Translatzen' (Kat. 68, 77, 75) akademischer und dadurch isolierter. Texte dieser Art kündigen bereits den Rückzug des deutschen Humanismus aus der Volkssprache seit Beginn des

Kat. 68, 1ᵛ/2ʳ

16. Jahrhunderts an. Er hat wesentlich dazu beigetragen, die literarische Bewegung des deutschen Humanismus in der Folgezeit nie wirklich „volkstümlich" werden zu lassen.

CRAMER, *Geschichte*, S. 352–368. – FÜSSEL, STEPHAN: *Gutenberg und seine Wirkung. Katalog zur Ausstellung der Niedersächsischen Staats- und Universitätsbibliothek Göttingen vom 23. Juni bis zum 29. Oktober 2000. Frankfurt a.M. [u. a.] 2000, S. 59–63.*

JG

68 Johannes von Tepl: Der Ackermann aus Böhmen

[Bamberg: Albrecht Pfister, um 1463]. 2°
Papier, 24 Bll., 30 × 20 cm
Vorbesitzer: Der Druck kam 1835 aus dem Besitz des preußischen Generalpostmeisters Karl Ferdinand Friedrich von Nagler in das Kupferstichkabinett.
SM-PK KK, Ink. 49 bl. (Sign. 2616)

Aufgeschlagen Bl. 1ᵛ/2ʳ: Die Klage des Ackermann vor dem Tod als König der Welt.

1ʳ leer, 1ᵛ (Titel-)Holzschnitt, 2ʳ–24ᵛ Johannes von Tepl: Ackermann; 5 ganzseitige Holzschnitte; Bl. 4 fehlt, Bl. 5ʳ leer, Bl. 22 eingerissen (Text- und teilweise Bildverlust); Ledereinband auf Pappe des 19. Jhs. Vorder- und Rückdeckel außen mit zwei Blättern eines gedruckten Missale (um 1500) bezogen.

Der ‚Ackermann aus Böhmen' ist das bekannteste Werk des Juristen Johannes von Tepl (um 1350 – um 1413/15), der im letzten Viertel des 14. Jahrhunderts vor allem in der westböhmischen Stadt Saaz als Notar, Lateinlehrer und Stadtschreiber tätig war. Der Text entstand wohl kurz nach 1400. Anlaß für seine Abfassung dürfte der Tod von Tepls Ehefrau am 1. August dieses Jahres gewesen sein, auf den der Verfasser in autobiographischer Stilisierung eingeht. Im Text entfaltet sich in 32 Kapiteln ein Gerichtsstreit zwischen der Titelfigur des ‚Ackermann' als Kläger und dem Tod als Beklag-

ten. Thema dieses Disputs, bei dem kapitelweise die
Sprechrollen wechseln, ist die Frage nach dem Sinn
menschlichen Lebens. Während der Tod das Naturgesetz
von Werden und Vergehen verteidigt, vertritt der Ackermann die lebensbejahende Gegenposition. Die Entscheidung wird erst durch Gott im 32. und vorletzten Kapitel
gefällt: *Darumb clager hab ere, tot sige* (Deshalb gebühre
dem Kläger die Ehre, dem Tod der Sieg, Bl. 23ᵛ). Diese
Antwort ist die einzig mögliche, betont dennoch eine im
mittelalterlichen Weltbild – zumindest in deutscher
Sprache – bislang nicht formulierte Humanität. Da der
Verfasser sprachlich mit einem wahren Feuerwerk rheto-
rischer Artistik prunkt, etwa in den kunstvoll variieren-
den Schmähungen des Todes durch die Titelfigur zu
Beginn des Textes (Bl. 2ʳ), hat man im 'Ackermann' frühhumanistische Tendenzen nach italienischen Vorbild
sehen wollen. Schon angesichts des frühen Datums ist
diese Vermutung umstritten. Die kühne Modernität des
Textes in sprachlicher und inhaltlicher Hinsicht läßt sich
freilich nicht in Abrede stellen. Die reiche Überlieferung des
Textes in 17 mittelalterlichen Handschriften und ebenso
vielen Inkunabel- und Frühdruckausgaben bestätigt eine
breite Wirkung dieses Textes bis in die frühe Neuzeit.
Dabei lagen seine Verbreitungsschwerpunkte geographisch in Süddeutschland, zeitlich in der Zeit zwischen
1450 und 1520. Mehrere, zum Teil erheblich voneinander abweichende Fassungen dokumentieren eine auffallend produktive Auseinandersetzung mit dem Inhalt.
Die hier präsentierte Ausgabe ist die zweite Ausgabe des
'Ackermann' aus der Werkstatt des Bamberger Druckers
Albrecht Pfister. Die erste hatte dieser bereits um 1460
herausgebracht (GW 193). Pfister war seit 1440 am
Bamberger Bischofshof als Sekretär und Schreiber tätig
und wohl auch am Druck der berühmten 36-zeiligen
Bibel beteiligt gewesen. Das Typenmaterial aus diesem
Unternehmen benutzte er 1460–1466 für den Druck
mehrerer Ausgaben mit Fabeln und geistlich-erbaulichen
Texten in der Volkssprache. Bahnbrechend war dieses
Verlagsprogramm, zu dem auch die beiden 'Ackermann'-
Ausgaben gehörten, wegen des erstmaligen Einsatzes von
Holzschnitten im Buchdruck. Der vorliegende Druck,
von dem neben mehreren Fragmenten nur noch drei
vollständige Exemplare erhalten geblieben sind, zählt da-
mit zu den frühesten Holzschnittausgaben überhaupt.
Im hier gezeigten Exemplar hat man noch im 15. Jahrhundert die Holzschnitte mit gelber, roter, grüner, brauner und oliver Farbe koloriert und den Text rubriziert.
Auf der ausgestellten Bildseite (1ᵛ) erkennt man links
den Ackermann im braunen Gewand des Landarbeiters
in Begleitung zweier Zeugen als Kläger vor dem Tod.
Dieser wird durch verschiedene Attribute – Krone, Pur-

purmantel, Hacke und Schaufel – als König der Welt gezeichnet, der die Anklage von einem Thron aus erwidert.
Die Anzahl der Zeugen sowie die Schwurgesten der Klä-
gerpartei spiegeln die mittelalterliche Prozeßordnung
und unterstreichen bildlich das formal rechtmäßige Anliegen des Klägers. Daneben wird mit einer aufgebahrten
und in Tücher gewickelten Frauenleiche rechts unten
der Gegenstand des Rechtsstreits ins Bild gesetzt.

*GW 194. – HAIN 73. – VB 331. – HAHN, GERHARD: Art. 'Johannes
von Tepl', in: ²VL 4, 1983, Sp. 763–774 (Lit.).*

JG

69 Albrecht von Eyb: Ehebüchlein

[Nürnberg: Anton Koberger, 16. Oktober 1472]. 2°
Papier, 60 Bll., 27 × 19 cm
Vorbesitzer: Der Band kam 1850 mit der Sammlung Meusebach in
die Königliche Bibliothek.
SBB-PK, Inc. 1788a

Aufgeschlagen Bl. 4ʳ: Mit Blattgold illuminierte Eingangsinitiale.

1ʳ⁻ᵛ (leer) fehlt, 2ʳ Titel, 2ᵛ leer, 3ʳ–59ᵛ Albrecht von Eyb: Ehebüchlein, 60ʳ⁻ᵛ (leer) fehlt; einfacher Pappeinband der königlichen Bibliothek, zweite Hälfte des 19. Jhs.

Ob einem manne sey zunemen ein eelich weyb oder nit (Ob
ein Mann eine Ehefrau nehmen soll oder nicht, Bl. 4ʳ) –
diese Frage setzte der fränkische Jurist und Frühhumanist Albrecht von Eyb (1420–1475) an den Beginn seiner Eheschrift in deutscher Sprache, die bis heute unter
dem Titel 'Ehebüchlein' bekannt geblieben ist. Nach
dem Muster universitärer Streitreden der Zeit diskutiert
Eyb das Für und Wider seines Themas, um den zweiten
Teil der Schrift mit einem Plädoyer für die Ehe zu entscheiden. Im dritten und letzten Teil gibt er Eheleuten
praktische Anweisungen für ein standesgemäßes Zusam-
menleben, die von der Ausrichtung der Hochzeit bis zur
Gestaltung der Ehe im hohen Alter reichen. Mit einer
offiziösen Widmung präsentierte Eyb das Buch 1472
dem Rat der Stadt Nürnberg. Den politischen Entschei-
dungsträgern in der Stadt war ein Text dieser Art hoch-
willkommen, versuchten sie doch nach mehreren aufse-
henerregenden Skandalen um außereheliche Liebschaf-
ten angesehener Bürger, bei denen auch Eyb als juristischer Gutachter hinzugezogen worden war, eine betont
konservative Ehepolitik in Nürnberg durchzusetzen. Eyb
war mit dem Thema nicht nur als Sachverständiger für
Eherecht vertraut. In seiner während eines vierzehnjähri-
gen Studienaufenthalts in Italien systematisch aufgebau-
ten Privatbibliothek fand er die moderne Literatur zu

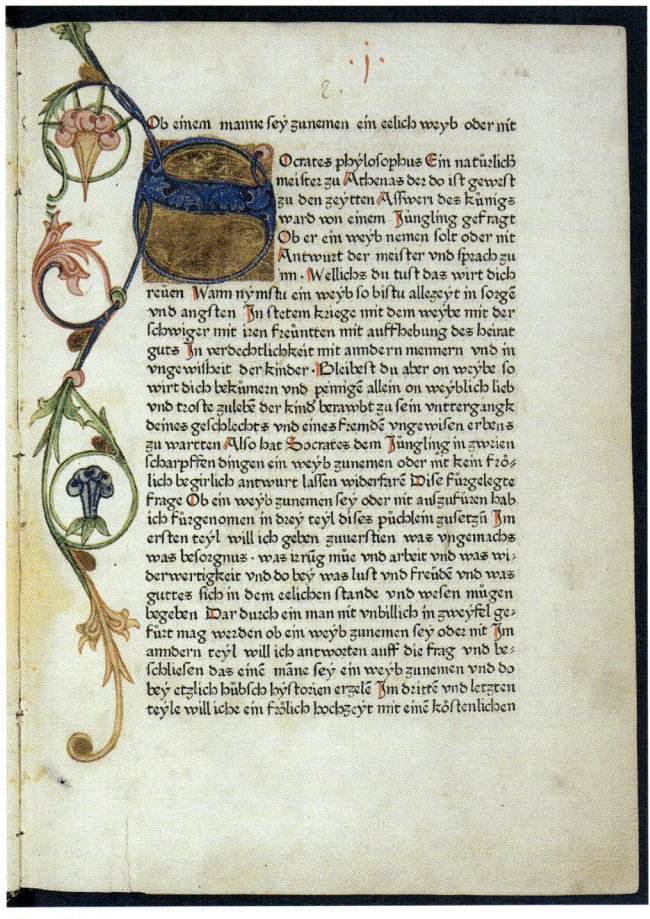

Kat. 69, 4ʳ

spricht auch ein Belegexemplar der Erstausgabe, das in Eybs Privatbibliothek kam und in das der Autor eigenhändig das Datum der Drucklegung mit dem 16. Oktober 1472 eintrug. Die Ausgabe wurde ein verlegerischer Erfolg. Bis 1540 erschienen 12 Ausgaben des Textes im Druck, im Jahre 1493 zusätzlich eine Übersetzung ins Niederländische. Das hier ausgestellte Exemplar des Nürnberger Erstdrucks ist mit Rot und vereinzelt mit Blau rubriziert und mit einer roten Blattzählung in lateinischen Ziffern versehen. Den gehobenen Anspruch für den zeitgenössischen Leser unterstreicht der ungewöhnlich breite Rand des später beschnittenen Exemplars, vor allem aber eine blau illuminierte Eingangsinitiale auf Blattgold in Verbindung mit einem reichhaltigen Fleuronnée in Grün, Blau, Rosa und Gold am Textbeginn (Bl. 4ʳ).

GW 9520. – HAIN 6826. – VB 1788. – KLECHA, GERHARD: *Art. 'Albrecht von Eyb'*, in: ²VL 1, 1978, Sp. 180–186, v.a. 183–184. – WEINACHT, HELMUT: *Albrecht von Eyb: Ob einem manne sey zunemen ein eelichs weyb oder nicht. Mit einer Einführung zum Neudruck (Texte zur Forschung 36). Darmstadt 1982 (Faksimile; Lit.).*

JG

70 Giovanni Boccaccio: De claris mulieribus (deutsch von Heinrich Steinhöwel)

[Ulm: Johann Zainer, nicht vor 15. August 1473]. 2°
Papier, 148 Bll., 28 × 20,5 cm
Vorbesitzer: Der Band gelangte als Schenkung des kurbayerischen Sekretärs Johannes Georg Meychel 1681 in das Münchner Jesuitenkolleg und von dort in die Königliche Hofbibliothek. Dort als Dublette ausgesondert, kam das Buch im 19. Jh. in das Berliner Kupferstichkabinett.
SM-PK KK, Ink. 131 bl. (Sign. 2631)

Aufgeschlagen Bl. 6ᵛ: Ende des Registers; 7ʳ: In Schmuckleiste gedruckte Wappen des tirolischen Herzogpaares sowie des Verfassers.

1ʳᵛ leer, 2ʳ–6ᵛ Inhaltsverzeichnis, 7ʳ–148ʳ Boccaccio: De claris mulieribus (deutsch), 148ᵛ leer; 76 Holzschnitte einer Ulmer Werkstatt (sog. „Boccaccio-Meister", datiert 1473), Bl. 11, 47, 58 eingerissen (Text- und Bildverlust), zwei gedruckte Randleisten sowie zahlreiche gedruckte Initialen; barocker Pergamenteinband auf Pappe.

Etwa 1361/75 hat der italienische Humanist Giovanni Boccaccio seine große Sammlung von 104 lateinischen Frauenbiographien aus Antike und Mittelalter unter dem Titel 'De claris mulieribus' ('Von den berühmten Frauen') abgeschlossen. Ein gutes Jahrhundert später (1473) erschien dieser Text erstmals im Druck – nicht in Italien, wie man vermuten könnte, sondern als illustrierte Ausgabe in Ulm unter der Aufsicht des dort

den Themen Ehe und Frauen auch in lateinischen Schriften italienischer Humanisten. Er selbst verarbeitete diese Quellen in geschickter Übersetzungs- und Montagetechnik weiter – Aktenmaterial aus seiner rechtsgutachterlichen Tätigkeit und die humanistischen Texte, die er zumeist in kompendienartigen Sammlungen aus Italien nach Deutschland gebracht hatte. Entsprechend dem literarischen Geschmack seiner Zeit lockerte er die Fülle belehrender Empfehlungen geschickt durch eingestreute Beispielerzählungen auf; in diesem Zusammenhang übersetzte er auch die beiden schon damals berühmten humanistischen Liebes- und Ehenovellen 'Marina' und 'Guiscardo und Sigismonda' nach Leonardo Bruni ins Deutsche. Sprachlich überzeugt das 'Ehebüchlein' auch heute noch so sehr, daß man Eyb aufgrund dieses Textes als „einer der besten Prosaisten vor Luther" bezeichnet hat (WEINACHT). Weil die sechs erhaltenen Handschriften des Textes alle Abschriften von Frühdrucken darstellen, kann man davon ausgehen, daß Eyb sein 'Ehebüchlein' direkt für die Presse geschrieben und den Druck bei dem aufstrebenden Nürnberger Drucker Anton Koberger auch finanziert hat. Dafür

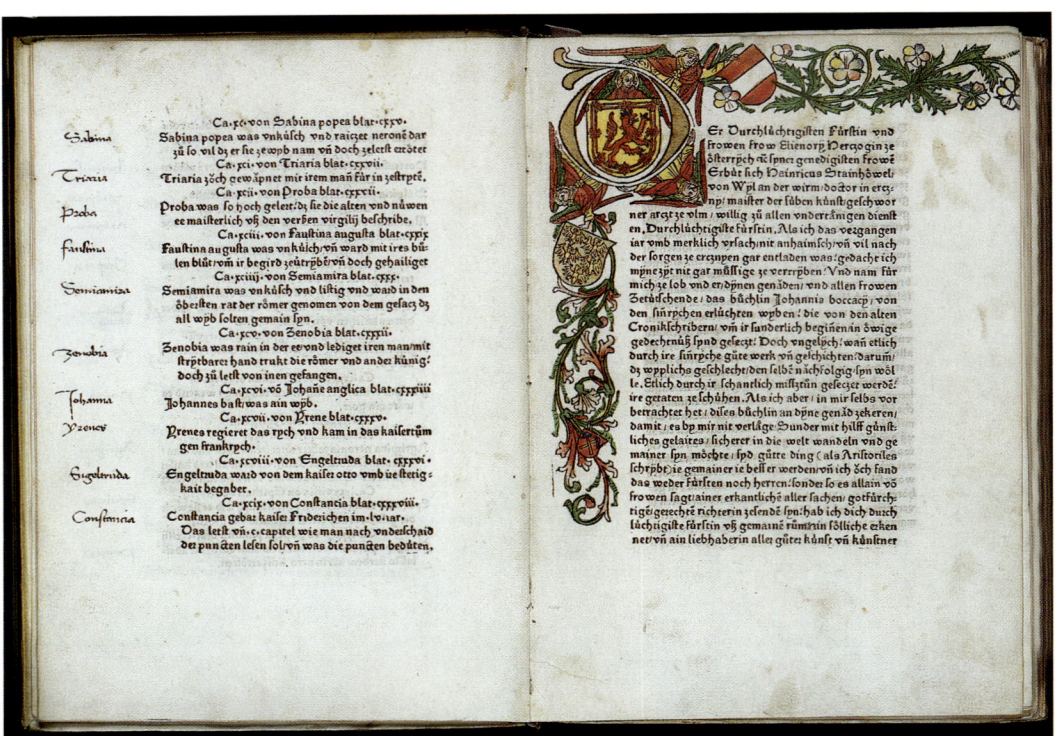

Kat. 70, 6ᵛ/7ʳ

praktizierenden Stadtarztes und Frühhumanisten Heinrich Steinhöwel (GW 4483). Dieser hatte 1472 gerade eine Übersetzung des Textes ins Deutsche ('Von den synnrychen erlüchten wyben') fertiggestellt, konnte dem Drucker also eine handschriftliche Satzvorlage in lateinischer Sprache bieten. Fast gleichzeitig mit dem lateinischen Text ging auch Steinhöwels Übersetzung – die hier ausgestellte Ausgabe – bei Zainer in den Druck. Dabei wurden 75 der in der lateinischen Ausgabe benutzten 76 Bildstöcke wiederverwendet. Für seine Übertragung hat Steinhöwel die Zahl der Biographien gegenüber Boccaccio auf 98 Biographien gekürzt und eine Lebensbeschreibung nach Livius ergänzt. Diese 99 Biographien widmete er der tirolischen Herzogin Eleonore von Schottland mit dem (uneingelösten) Versprechen, den Zyklus mit ihrem Leben als der hundertsten Biographie abzuschließen. Drei Wappen der Herzogin und ihres Gatten Herzog Sigmund von Tirol finden sich am Beginn des Widmungsschreibens an Eleonore (Bl. 7ʳ). Die Beteiligung Steinhöwels an der Drucklegung spiegelt das kleine sprechende Familienwappen mit den zwei gekreuzten Steinhauen im unteren Teil der Schmuckleiste. Steinhöwel stellt seine Übersetzung der 'Berühmten Frauen' programmatisch gegen seinen Zeitgenossen, den Frühhumanisten Niklas von Wyle (vgl. Kat. 75, 76), wenn er an einer Stelle behauptet, er habe seine Vorlage *nit von wort zulo wort sunder von sin zulo sin getütschet* (nicht Wort für Wort, sondern dem Sinn nach

ins Deutsche gebracht) (Bl. 15ᵛ). Dadurch eröffneten sich ihm übersetzerische Freiheiten, die er zu historischen, biographischen und sachlichen Einschüben nutzte. Für die Ergänzungen hat Steinhöwel vor allem die lateinische 'Augsburger Chronik' des frühhumanistisch interessierten Benediktiners Sigismund Meisterlin (Kat. 211, 212) sowie die seit 1472 im Druck vorliegenden 'Genealogiae deorum et dearum' Boccaccios ausgewertet, aber auch Horaz, Ovid und andere Autoren der klassischen Antike für die lateinischen Sinnsprüche in den Überschriften verwendet. Er scheint ein zumindest teilweise lateinkundiges Lesepublikum im Blick gehabt zu haben. Mit seiner Übersetzung bezeugt Steinhöwel einmal mehr das frühhumanistische Interesse in Deutschland an den Themen Frauen, Liebe und Ehe. Da die Biographien eine Vielzahl moralisch bedenklicher Elemente enthalten, die von Mord bis Verrat reichen, glaubte der Übersetzer dem Leser im Prolog und in einem vorgeschalteten Register moralisierende Nutzanweisungen geben zu müssen (hier ausgestellt, Bl. 6ᵛ). Die Wirkungsgeschichte von Steinhöwels Übersetzung bis in die erste Hälfte des 16. Jahrhunderts spiegeln mehrere Druckabschriften, vier Nachdrucke nach 1500 (VD16 B 5816–5818) sowie literarische Bezeugungen von Jörg Wickram bis Hans Sachs. Im vorliegenden Exemplar ist der Text durchgehend rubriziert und alle Holzschnitte sind sorgfältig mit verschiedenen Farben von zeitgenössischer Hand koloriert. Im Register und im Text finden sich vereinzelt lateinische Glossierungen von zwei Händen des 15. und frühen 16. Jahrhunderts, was dafür spricht, daß Steinhöwel mit seiner Übersetzung tatsächlich eine zweisprachige Leserschaft erreichte.

GW 4486. – Hain *3333. –* VB *2617. –* Amelung, Peter: *Der Frühdruck im deutschen Südwesten 1473–1500. Eine Ausstellung der Württembergischen Landesbibliothek Stuttgart, Bd. 1: Ulm. Stuttgart 1979, S. 76–79 (Nr. 9). –* Dicke, Gert: *Art. 'Steinhöwel, Heinrich', in:* ²VL *9, 1995, Sp. 258–278 (Lit.), v.a. Sp. 267–269.*

JG

71 Giovanni Boccaccio: De claris mulieribus (deutsch von Heinrich Steinhöwel), Auszug

[Ulm: Johann Zainer, um 1474–1475]. 2°
Papier, 22 Bll., 28,5 × 20,5 cm
Vorbesitzer: Der Band kam 1835 mit Teilen der Bibliothek des preußischen Generalpostmeisters Karl Ferdinand von Nagler in das Berliner Kupferstichkabinett.
SM-PK KK, Ink. 130 bl. (Sign. 2633)

Aufgeschlagen Bl. 10ᵛ/11ʳ: Vier Holzschnittillustrationen berühmter Frauen der Antike.

1ʳᵛ leer (1ᵛ handschriftlich nachgetragenes Register), 2ʳ-22ʳ Boccaccio: De claris mulieribus (deutsch), 22ᵛ leer; Auswahlausgabe mit 80 Holzschnitten und deutschen Bildbeischriften, eine Holzschnittbordüre; moderner Pappeinband, erste Hälfte 20. Jh.

Nur wenig später als Steinhöwels Erstausgabe seiner Übersetzung von Boccaccios 'De claris mulieribus' ins Deutsche (Kat. 70) ging bei Zainer in Ulm diese Auswahlausgabe in den Druck. In dieser finden sich nur die Holzschnitte von den Stöcken des Vorgängerdrucks mit neuen Bildbeischriften. Das hier ausgestellte Exemplar ist das weltweit einzige erhaltene dieses ungewöhnlichen Buches, das von der arbeits- und finanzökonomischen Arbeitsweise des Druckers sowie von der außerordentlichen Wirkung der qualitätvollen Holzschnittserie auf das zeitgenössische Publikum zeugt. Ein Leser hat noch im letzten Viertel des 15. Jahrhunderts neben einer Blattzählung zahlreiche lateinische Randglossen hinzugesetzt und ein Register vorgeschaltet, auf das sich die Blattzählung bezieht. Auf Bl. 1ʳ hat dieser Glossator unter anderem die Titel von Boccaccios 'De claris mulieribus' sowie 'De remediis utriusque fortunae' von Francesco Petrarca erwähnt, des in Deutschland in der zweiten Hälfte des 15. Jahrhunderts meistgelesenen Textes des sogenannten 'Vaters des Humanismus'. Diese beiden Schriften verraten den lateinischsprachigen Hintergrund und die humanistischen Interessen des unbekannten Besitzers des vorliegenden Buches. Rubrizierung und Kolo-

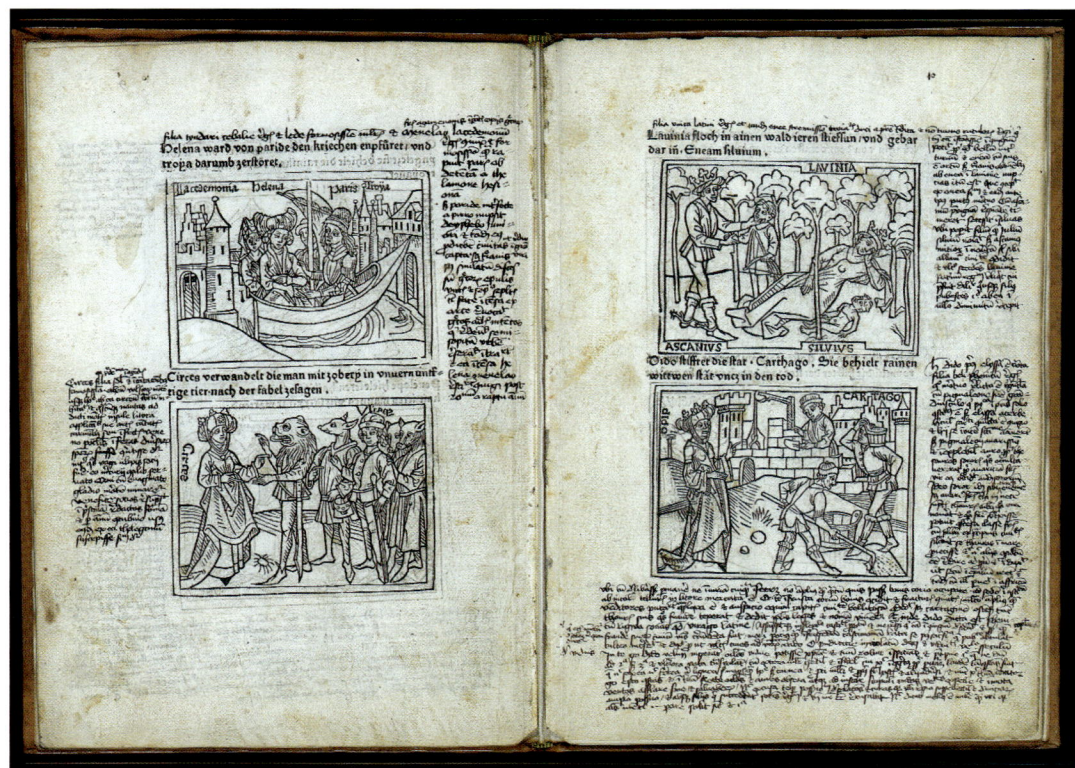

Kat. 71, 10ᵛ/11ʳ

rierung brechen im vorliegenden Exemplar kurz nach dem mit einer gedruckten Rankenbordüre geschmückten Textanfang ab (Bl. 2ʳ). Die hier ausgestellte Doppelseite (Bl. 10ᵛ/11ʳ) zeigt Illustrationen zu vier Frauenbiographien aus Boccaccios Werk. Auf Bl. 10ᵛ oben wird der prächtige Empfang der afrikanischen Königin Nicausa (hier: *Nicaula*) durch König Salomo gezeigt, darunter die Aussetzung der beiden sagenhaften Romgründer Romulus und Remus kurz nach ihrer Geburt durch Rhea Silvia (hier: *Rhea Ylia*). Reizvoll ist die Darstellung mehrerer mittelalterlicher Musikinstrumente – zweier Knickhalslauten, einer Harfe und einer Schalmei – zur Biographie der griechischen Lyrikerin Sappho (Bl. 11ʳ oben). Die literarische Tätigkeit der Liebeslyrikerin deuten nicht nur die Bücher an, die auf einem Pult und einer bankartigen Ablage im Hintergrund liegen, sondern vor allem ein Liebespaar im Türeingang. Aus dem Leben der Tullia hat der Holzschneider auf Bl. 11ʳ unten eine Szene ausgewählt, in der die römische Patrizierin ihren Mann, ihre Schwester und ihren Vater durch Überfahren mit einem Wagen brutal töten läßt. Bis auf diese Illustration hat der Glossator alle Holzschnitte am Rand mit umfangreichen lateinischen Anmerkungen versehen, die historische Informationen zu den Abbildungen bieten.

GW 4489. – HAIN 3334. – VB 2618. – AMELUNG, PETER: Der Frühdruck im deutschen Südwesten 1473–1500. Eine Ausstellung der Württembergischen Landesbibliothek Stuttgart, Bd. 1: Ulm. Stuttgart 1979, S. 78 (Nr. 10).

JG

72. Francesco Petrarca: Historia Griseldis (deutsch von Heinrich Steinhöwel)

[Ulm: Johann Zainer, vor 9. April 1474]. 2°
Papier, 12 Bll., 24,5 × 17,5 cm
Vorbesitzer: Der Band befand sich mindestens seit 1840 in Berlin und kam wohl noch in diesem Jahr in die Königliche Bibliothek.
SBB-PK, Inc. 2630

Aufgeschlagen Bl. 4ʳ: Heimführung und Einkleidung des Bauernmädchens Griseldis durch den Adeligen Walther.

1ʳ–12ᵛ Steinhöwel: Griseldis; zehn Holzschnitte mit einer Wiederholung, am Textanfang Holzschnittbordüre mit Wappen Steinhöwels und der Stadt Ulm; einfacher Pergamenteinband auf Pappe, Mitte 19. Jh.

Die Erzählung von 'Griseldis', einem armen Bauernmädchen, das von einem reichen Edelmann zur Ehefrau genommen, von diesem dann aber verstoßen und erst nach unmenschlichen Prüfungen wieder in den Ehestand aufgenommen wird, zählt zu den weitverbreiteten

Erzählstoffen des europäischen Mittelalters. Giovanni Boccaccio hat eine Bearbeitung dieses Stoffes mit unüberhörbarer Kritik am Verhalten des adeligen Ehemanns an den Schluß seiner berühmten Novellensammlung 'Decamerone' gestellt. Diese Version übersetzte Boccaccios väterlicher Freund Francesco Petrarca ins Lateinische, deutete die Geschichte allerdings als geistliche Metapher für das Verhältnis von menschlicher Seele (Griseldis) und Gott (Ehemann). Petrarcas Fassung lag dem Ulmer Stadtarzt Heinrich Steinhöwel für seine Übertragung ins Deutsche vor. Er schloß diese 1461 ab und brachte sie genau zehn Jahre später in Augsburg in den Druck. Im Unterschied zu den Fassungen Boccaccios und Petrarcas hat Steinhöwel in seiner Version jede persönliche Deutung an der ungerechten Behandlung der Griseldis vermieden. Er band den Text vielmehr in ein verlegerisches Programm ein, über das die Vorrede des hier vorliegenden Ulmer Drucks Aufschluß gibt (Bl. 1ʳ). Steinhöwel verweist hier auf seine deutsche Fassung von Boccaccios 'De claris mulieribus', die er um 1473/74 in Ulm in den Druck gebracht hatte (Kat. 70) und ergänzt: *So bedunket mich nit unbillich syn, das sie ouch by andern erlüchten frowen waren hystorien geseczet werde* (Es scheint mir nicht unbillig zu sein, daß sie [d. h. die 'Griseldis'] auch den anderen wahren Geschichten der 'Berühmten Frauen' zugeordnet werde) (Bl. 1ʳ). Die Einbindung der 'Griseldis' in die 'Erlüchten Frauen' wird im Ulmer Druck, dessen Textvarianten eine erneute Überarbeitung gegenüber der Augsburger Vorgängerausgabe durch Steinhöwel verraten, durch eine neue Holzschnittserie unterstützt. Dieser Illustrationszyklus entstand in derselben Ulmer Werkstatt, aus der kurz vorher auch die Abbildungen zu den 'Erlüchten Frauen' hervorgegangen waren. Ein Großteil der zeitgenössischen Leser hat Steinhöwels Programm aufgegriffen und aus den Exemplaren beider Drucke tatsächlich Sammelbände angelegt. Steinhöwels Neuausgabe wurde in den siebziger Jahren in Ulm noch mehrfach aufgelegt, lebte bis 1520 in zahlreichen Nachdrucken aus Straßburg, Augsburg (Kat. 73) und Nürnberg sowie einem niederdeutschen Druck (Lübeck, um 1477/78) fort. Das Berliner Exemplar ist rubriziert und vereinzelt mit Unterstreichungen und Textbesserungen versehen. Auf dem ausgestellten Bl. 4ʳ findet man über dem oberen Holzschnitt den handschriftlichen Eintrag *1474* in gotischen Ziffern. Offensichtlich handelt es sich hier um das Datum der Rubrizierung. Der Holzschnitt selbst zeigt die Heimführung der *Griseldis* am Beginn der Geschichte durch den bei Steinhöwel *Waltherus* genannten Edelmann. Zwischen der ländlichen Armut auf der linken und dem höfischen Gepränge auf der rechten Seite entsteht durch Requisiten wie Klei-

mer tůn.ſunder nůmer gedenken das wider dÿnen
willen vnd gemůt ſpe.́ vnd tůſt ŏch nůmer niches (vñ
hieſſeſt mich in den tod gan) das mir ſchwer werde.
Es iſt gnůg ſprach der herr. ·⁌·⁌·

Also fůrt er ſie vß dem huß offenlich vnd zaiget ſie
aller menig.́ die iſt mÿn wÿb (ſprach er) die iſt ewer
frow die ſŏllen ir eren.́ die ſŏllē ir lieb haben.́ vñ ob ir
mich lieb habḗ/ſo babē die fůr die aller tůriſtē vñ bēſtē

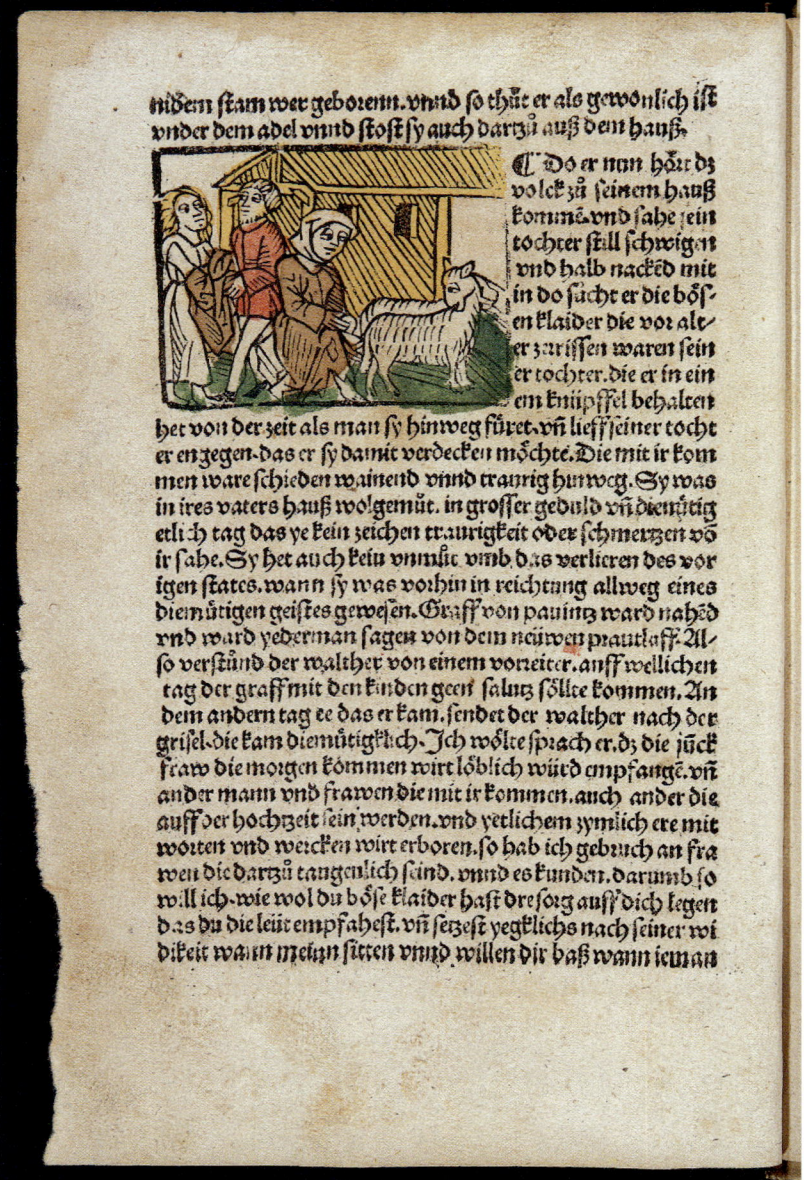

nidem stam wer geboren.vnnd so thůt er als gewonlich ist
vnder dem adel vnnd stost sy auch dartzů auß dem hauß.

Do er nun hort dz
volck zů seinem hauß
kommen.vnd sahe sein
tochter still schweigen
vnd halb nacket mit
in do sucht er die bos-
en klaider die vor alt
er zerissen waren sein
er tochter.die er in ein
em knüpffel behalten
het von der zeit als man sy hinweg füret.vn lieff seiner tocht
er entzegen.das er sy damit verdecken mochte.Die mit ir kom
men ware schieden wainend vnnd trauirg hinweg.Sy was
in ires vaters hauß wolgemůt.in grosser geduld vñ dienstig
etlich tag das ye kein zeichen trauirgkeit oder schmerzen võ
ir sahe.Sy het auch kein vnmůt vmb das verlieren des vor
igen states.wann sy was vorhin in reichtung allweg eines
diemütigen geistes gewesen.Graff von pauintz ward nahed
vnd ward yederman sagen von dem neüwen prautlauff.Al
so verstünd der walther von einem vorreiter.auff wellichen
tag der graff mit den kinden gen salintz solte kommen.An
dem andern tag ee das er kam.sendet der walther nach der
grisel.die kam diemütigklich.Ich wolte sprach er.dz die jůck
fraw die morgen kommen wirt loblich würd empfange.vñ
ander mann vnd frawen die mit ir kommen.auch ander die
auff der hochzeit sein werden.vnd yetlichem zimlich ere mit
worten vnd wercken wirt erboren.so hab ich gebruch an fra
wen die dartzů tangenlich sind.vnnd es kunden.darumb so
will ich.wie wol du bose klaider hast dresorg auff dich legen
das du die leüt empfahest.vñ setzest yegklichs nach seiner wi
dikeit wann in dein sitten vnnd willen dir baß wann ieman

Kat. 73, 9ᵛ

dungs- und Architekturelemente – dargestellt ist u. a. die
Kate von Griseldis Vater – ein reizvoller Kontrast. Im
unteren Holzschnitt vollzieht sich mit dem Kleiderwech-
sel der Griseldis vor den Augen Walthers und seines Hofstaats symbolisch die Wandlung des einfachen Bauernmädchens zur höfischen Dame. So konnten auch die
zeitgenössischen Leser die ‘Griseldis’ als Exempel einer
ungewöhnlichen adeligen Karriere betrachten, die von
einem spektakulären sozialen Aufstieg über einen katastrophalen Niedergang zur endgültigen Rehabilitierung
und gesellschaftlichen Anerkennung führte.

Copinger 4715. – VB 2630. – Dicke, Gerd: Art. ‘Steinhöwel,
Heinrich’, in: ²VL 9, 1995, Sp. 258–278, hier Sp. 264–267 (Lit.).

JG

73 Francesco Petrarca: Historia Griseldis (deutsch von Heinrich Steinhöwel)

Augsburg: Johann Schaur, 5. Oktober 1497. 4°
Papier, 12 Bll., 19 × 12,5 cm
Vorbesitzer: Der Band befand sich im 19. Jahrhundert im russischen
Landschloß in Zarskoje-Zelo bei Sankt Petersburg. Über das Luzer-
ner Antiquariat Gilhofer & Ranschburg kam er 1932 in den Besitz
der Preußischen Staatsbibliothek.
SBB-PK, Inc. 323,10

Aufgeschlagen Bl. 9ᵛ: Rückkehr des Bauernmädchens Griseldis in die
väterliche Kate; Bl. 10ʳ: Prüfung der adeligen Ehefrau Griseldis durch
Walther.

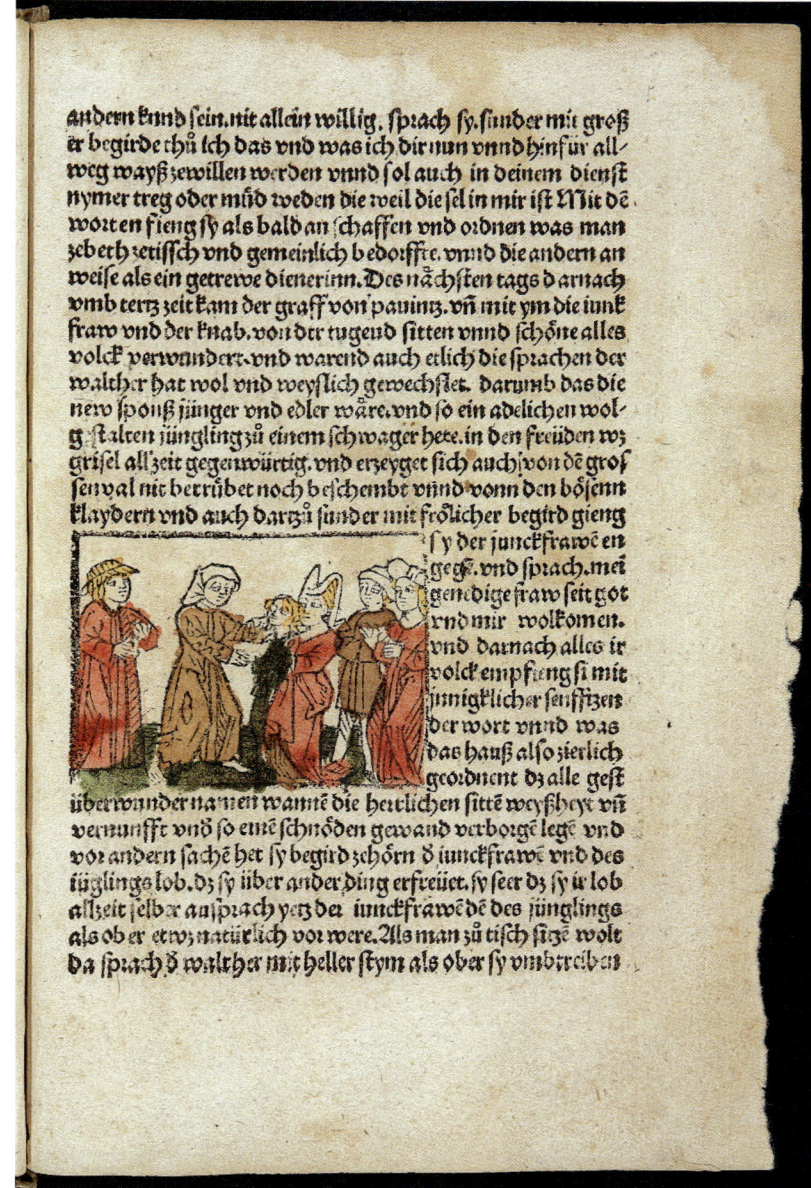

Kat. 73, 10ʳ

1ʳ Titel, 1ᵛ leer, 2ʳ–11ʳ Steinhöwel: Griseldis, 11ᵛ–12ᵛ leer; 9 kleinformatige Holzschnitte mit einer Wiederholung, eine gedruckte Initiale; neuerer Pappeinband, um 1900.

Das Berliner Exemplar ist die einzige erhaltene Kopie dieser Ausgabe von Steinhöwels deutscher 'Griseldis' aus Schaurs Druckwerkstatt in Augsburg. Die Ausgabe gehört zu einer Reihe Augsburger Nachdrucke der Ulmer Edition von 1473/74 (vgl. Kat. 72). Wie alle Ausgaben der 'Griseldis', die aus der schwäbischen Buchmetropole Augsburg hervorgingen, ist auch die vorliegende mit recht groben Holzschnitten illustriert, wie es für die volkssprachlichen Drucke des 15. Jahrhunderts aus Offizinen dieser Stadt typisch ist. Hier sind die neun kleinformatigen, direkt in den Text gestellten Holzschnitte

von ungelenker Hand mit grüner, gelber und roter Wasserfarbe koloriert. Der ausgestellte Holzschnitt auf Bl. 9ᵛ zeigt eine Doppelszene, in der links Griseldis' Vater seine halbnackte Tochter nach ihrer Verstoßung wieder unter sein Dach aufnimmt und dieser *die bolesen klaider die vor alter zerrissen waren* reicht (Z. 8–10); rechts geht die Zurückgekehrte ihrem Vater *in grosser geduld vnd diemuletig* (Z. 16) beim Melken der Schafe zur Hand. Der Holzschnitt auf Bl. 10ʳ zeigt Griseldis bei der Probe ihrer Mutterliebe durch ihren adeligen Ehemann Walther (links). Die dort dargestellte Gegenüberstellung mit ihren beiden Kindern wird letztlich zu ihrer Wiederaufnahme an den Hof und zu ihrer endgültigen Akzeptanz als Ehefrau und Mutter den Edelmann führen.

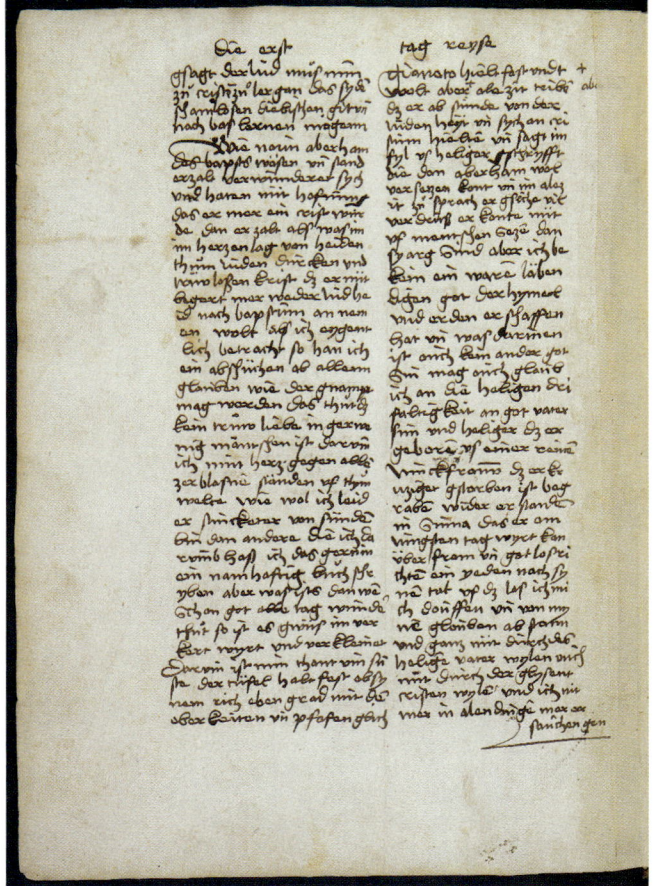
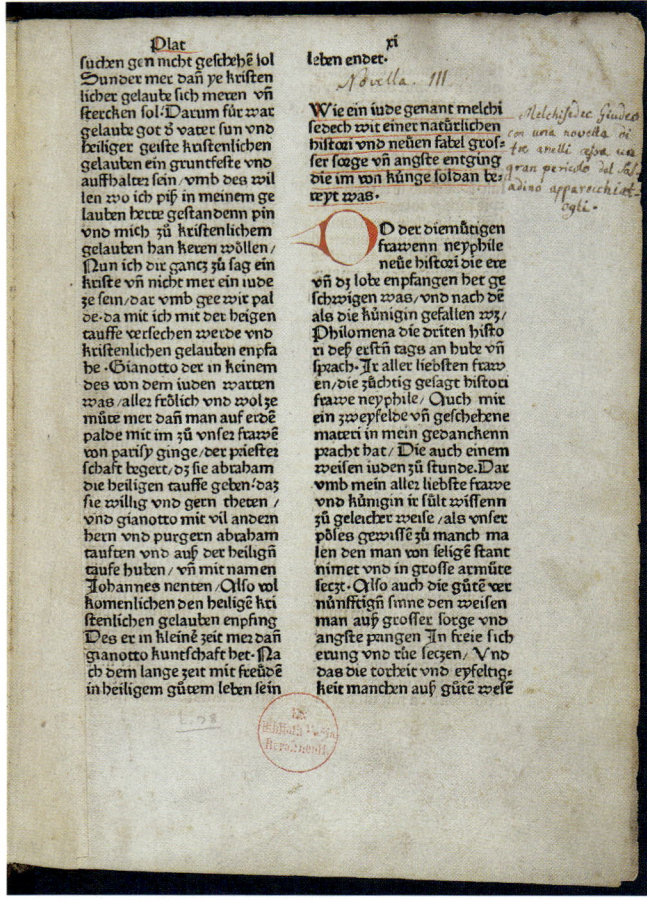

Kat. 74, 13ᵛ/14ʳ

VB 323,10. – GILHOFER, H./RANSCHBURG, H.: *Versteigerungs-Katalog 8: Bibliotheken der russischen Zaren in Zarskoje-Selo, Herzog Albrecht von Sachsen-Teschen, Dr. Albert Figdor in Wien*, Wien 1932, S. 53 (Nr. 212).

JG

74 Giovanni Boccaccio: Decamerone (deutsch von Arigo)

[Ulm: Johann Zainer, um 1476]. 2°
Papier, 391 (von 398) Bll., 29,5 × 22 cm
Vorbesitzer: Zu Beginn des 16. Jhs gehörte der Band dem Bürger Guillaume Melost von Zürich, blieb danach ununterbrochen im Besitz verschiedener angesehener Bürgersfamilien der Stadt, bis er 1832 an die Stadtbibliothek Zürich ging. Dort als Dublette ausgesondert kam das Buch in die Sammlung Meusebach und mit dieser 1850 in die Königliche Bibliothek.
SBB-PK, Inc. 2616

Aufgeschlagen Bl. 13ᵛ/14ʳ: Übergang von den handschriftlichen Ergänzungen der verlorenen ersten Lage zum gedruckten Teil.

1ʳᵛ leer (fehlt), 2ʳ–398ʳ Boccaccio: Decamerone (deutsch); Bll. 2–18 (Prolog und Textbeginn) fehlen, 13 Bll. um 1500 in Schwaben handschriftlich ergänzt (Bll. 6–7 fehlen; 1ʳ Titel, 1ᵛ leer, 1ʳ–13ᵛ Beginn von Buch 1, aber ohne Prolog); zeitgenössischer Schweinsledereinband mit Stempelpressungen auf Holz, gebunden zwischen 1476 und 1516 in der für die Drucker Konrad Dinckmut und Konrad Mancz arbeitenden Werkstatt „Drachenrolle" in Ulm (KYRISS, Einbände 2, S. 134–135 [Werkstatt 126]; SCHUNKE, Schwenke Sammlung 2, S. 261).

Boccaccios berühmte Novellensammlung 'Decamerone', eines der bekanntesten Werke der Weltliteratur, wurde als Ganzes erst im dritten Viertel des 15. Jahrhunderts ins Deutsche übersetzt. Urheber dieser Übertragung war ein Heinrich, der sich verhüllend mit der italienisierenden Form seines Vornamens 'Arigo' nannte. Identifizierungsversuche mit den Nürnbergern Heinrich Schlüsselfelder und Heinrich Leubing, einem in Perugia tätigen Stempelschneider *maestro Arigo* aus Ulm oder dem Ulmer Frühhumanisten Heinrich Steinhöwel haben bislang nicht überzeugen können. Die zweifellos profunden Italienischkenntnisse des Übersetzers sowie der Ort des Erstdrucks könnten für seine Herkunft aus einer der

Ulmer Fernhandelsfamilien sprechen, die fast alle sehr enge Geschäftsbeziehungen nach Italien unterhielten. Der sprachliche Befund der Übersetzung spricht freilich eher für einen Südtiroler. Da vor der Drucklegung keine Handschrift einen Transfer der Übersetzung aus dem äußersten Süden des Reiches nach Ulm bezeugt, bleibt eine abschließende Antwort auf die Frage nach der Herkunft des Übersetzers offen. Arigo, der übersetzungstechnisch zwischen einer imitierenden Nachbildung seiner Vorlage und einem freieren Zugriff nach dem Vorbild seiner Zeitgenossen Niklas von Wyle bzw. Heinrich Steinhöwel steht, hat Boccaccios italienisches Original in der Grundstruktur relativ getreu wiedergegeben. Starke Kürzungen nahm er nur am Erzählrahmen vor, vermutlich deshalb, weil sich die Verhältnisse der bei Boccaccio beschriebenen „schönen Gesellschaft" aus Florenz im Pestjahr des Jahres 1348 nicht ohne weiteres auf die süddeutschen Verhältnisse im dritten Viertel des 15. Jahrhunderts übertragen ließen. Dadurch treten bei der deutschen Übersetzung die Inhalte der hundert Novellen stärker in den Vordergrund. Im Gegensatz zu den großen Ausgaben mit Holzschnittzyklen aus Ulm, die in den siebziger Jahren bei Zainer unter Steinhöwels Regie entstanden, fehlen in der vorliegenden Ausgabe die Illustrationen. Vielleicht spielte hier eine finanzielle Überforderung des unbekannten Verlegers eine Rolle. Daß der Ausgabe jedoch wegen der fehlenden Bilder kein Verkaufserfolg geworden sei, ist Teil germanistischer Legendenbildung. Vielmehr wurde der Text bis ins 17. Jahrhundert immer wieder nachgedruckt und erreichte damit eine längere Überlieferungsspanne als alle anderen Texte des deutschen Frühhumanismus. Ein deutlicher Schwerpunkt liegt dabei im 16. Jahrhundert und ist offenbar ein Reflex auf das sprunghaft ansteigende Interesse an italienischsprachigen Humanistenschriften zu dieser Zeit. Im vorliegenden Exemplar hat noch im 17. Jahrhundert ein unbekannter Leser, dem zweifellos das Original vorlag, vereinzelt Glossen in italienischer Sprache hinterlassen (Bl. 14^r). Beim Blick auf den Übergang von den handschriftlichen Ergänzungen der ersten Lage zur ersten erhaltenen Druckseite (Bl. 13^v/14^r) fällt auf, wie sehr der Schreiber bemüht war, das Layout des gedruckten Textes zu imitieren und dadurch den Defekt des Druckexemplars zu kaschieren. Vielleicht hat die Ergänzungen ein berufsmäßiger Schreiber im Umfeld derjenigen Ulmer Buchbinderwerkstatt vorgenommen, in der der vorliegende Druck gebunden worden ist.

GW 4451. – HAIN 3279=3280. – VB 2616. – AMELUNG, PETER: Der Frühdruck im deutschen Südwesten 1473–1500. Eine Ausstellung der Württembergischen Landesbibliothek Stuttgart, Bd. 1: Ulm. Stuttgart 1979, S. 18–19, 44–45. – MÜLLER, JAN-DIRK: Art. 'Arigo', in: ^{2}VL 11,1, 2000, Sp. 125–130 (Lit.). – BERTELSMEIER-KIERST, CHRISTA: 'Griseldis' in Deutschland. Studien zu Steinhöwel und Arigo. Heidelberg 1988 (Lit.).

JG

75 Niklas von Wyle: Translationen

[Esslingen: Konrad Fyner, nach 5. April 1478]. 2°
Papier, 252 Bll., 28,5 × 21 cm
Vorbesitzer: Der Band kam 1850 mit der Sammlung Meusebach in die Königliche Bibliothek.
SBB-PK, Inc. 1138,5

Aufgeschlagen Bl. 100^r: Holzschnittlombarde zu Beginn der 'Translatio' zum Brief zur Hauswirtschaft und Kindererziehung von Bernhard von Clairvaux.

1^r leer, 1^v–2^r Inhaltsverzeichnis, 3^v–6^v Niklas von Wyle: Widmungsbrief an Georg von Absberg (Stuttgart, 5. April 1478), 7^{rv} leer, 8^r–251^v Niklas von Wyle: Translatzen, 252^{rv} leer; gedruckte Initialen und Lombarden; zeitgenössischer Schweinsledereinband mit Stempelpressungen auf Holz, gebunden zwischen 1478 und 1516 in der Werkstatt „Wengenkloster / Konrad Dinckmut" in Ulm (KYRISS, Einbände 3, S. 128–129 [Werkstatt 167]; SCHUNKE, Schwenke-Sammlung 2, S. 263).

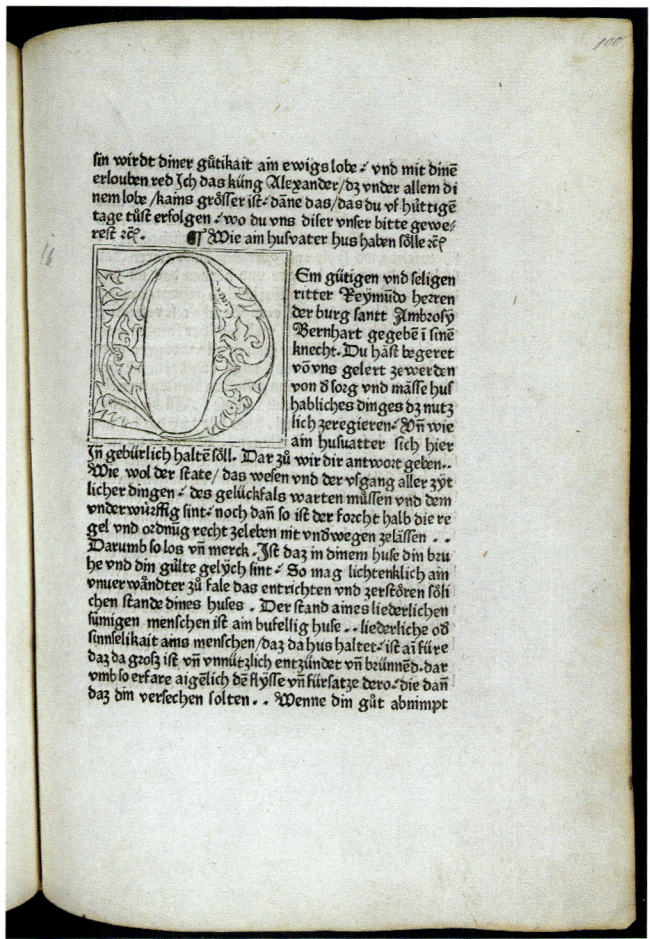

Kat. 75, 100^r

Im April 1478, ein Jahr vor seinem Tode, brachte der württembergische Vizekanzler und Frühhumanist Niklas von Wyle eine Reihe von 18 seiner Schriften in einer Sammelausgabe bei Fyner in Esslingen in den Druck. Die von ihm als *translationen, translatzen* und *tütschunge* bezeichnete Sammlung deutet an, daß es sich bei den aufgenommenen Stücken in der Hauptsache um Übersetzungen handelte. Diese waren 1461–1478 parallel zu Wyles Tätigkeiten als Lateinlehrer und Stadtschreiber in Esslingen und als zweiter Kanzler am Stuttgarter Hof entstanden. Den Abschluß der Sammlung machte eine eigenständig konzipierte Brieflehre in deutscher Sprache. Für seine Übersetzungen hat Wyle durchwegs lateinische Vorlagen italienischer Humanisten des 14. und frühen 15. Jahrhunderts ausgewählt, alles Autoren, die im dritten Viertel des 15. Jahrhunderts auch in Deutschland zur Pflichtlektüre der lateinisch lesenden Frühhumanisten zählten. Enea Silvio Piccolomini und Poggio Bracciolini ragen mit fünf und sechs Stücken bei weitem heraus. Für die Drucklegung der Texte, die zum Teil schon vor der Esslinger Sammelausgabe handschriftlich oder als Separatausgabe verbreitet worden waren, hat sie Wyle noch einmal überarbeitet und chronologisch grob geordnet. Glücklicherweise hat er bei dieser Textrevision letzter Hand die originalen Widmungsschreiben zu den einzelnen Texten nicht entfernt, so daß es möglich ist, auch heute noch die von Eyb intendierte Wirkung seiner Texte auf sein Publikum abzuschätzen. Demzufolge stieß Wyle mit seinen 'Translationen' nicht nur bei befreundeten Intellektuellen verschiedener südwestdeutscher Städte und Klöster, sondern vor allem im Adel und bei den Amtsträgern der Höfe in Stuttgart, Rottenburg/Neckar und Baden auf Interesse. Da Wyles Technik des bewußten Wort-für-Wort-Übersetzens mit dem Ziel einer exakten Imitation seiner lateinischen Vorlagen eine gute Kenntnis des Lateinischen voraussetzte, blieb sein Publikum von vornherein auf eine kleine Schicht begrenzt. Gerade wegen dieser sprachlichen Exklusivität scheinen seine Texte aber ihre Faszination auf die Zeitgenossen entfaltet zu haben. Dazu kam eine breite, für die humanistische Lektüre typische Auswahl an Formen (Traktat, Brief, Rede, Novelle) und Themen (Frauen und Liebe, Philosophie, Politik). Das vorliegende Exemplar könnte seine ersten Leser in Ulm gefunden haben, wo es auch gebunden wurde. Nach Ulm weist auch ein zweites Exemplar des Esslinger Drucks (BSB, 1 an Cgm 1137), der mit dem Ulmer Frühhumanisten Heinrich Steinhöwel dem Antipoden von Wyles Übersetzungskonzept gehörte. Da in der Esslinger Ausgabe keine Illustrationen vorgesehen sind, konnte sich das Interesse des Lesers ganz auf die Textlektüre richten. Es mag mit der sprach-

lichen Exklusivität der deutschen Schriften Wyles zusammenhängen, daß seine 'Translationen' erst 1510 und 1536 in Straßburg und Augsburg nachgedruckt wurden und danach nicht mehr aufgelegt wurden. Offenbar erlosch im Reformationszeitalter das Interesse an Wyles kühnem Vorstoß, Textkunstwerke in deutscher Sprache zu verfassen, die stilistisch dem lateinischen Vorbild ebenbürtig sein sollten. Ausgestellt ist eine Doppelseite mit dem Widmungsbrief Wyles an Georg von Absberg, in dem der Humanist seinem Kollegen und Freund am Stuttgarter Hof ausführlich erläutert, *warumb ich dise translaciones uf das geneweste dem latin nach gesetzet hab* (warum ich diese Übersetzungen auf das Genaueste dem Lateinischen nachgebildet habe) (Bl. 4ʳ, Z. 21–22).

HAIN-COPINGER *16224*. – *VB 1155*. – WORSTBROCK, FRANZ JOSEF: Art. 'Niklas von Wyle', in: ²VL 6, 1987, Sp. 1023–1035 (Lit.), v.a. Sp. 123–130.

JG

76 Niklas von Wyle: Goldener Esel (nach Poggio Bracciolini und Lukian)

[Straßburg: Heinrich Eggestein, um 1480]. 2°
Papier, 28 Bll., 28,5 × 19,5 cm
Vorbesitzer: Der Band kam 1940 aus der Bibliothek eines nicht näher bekannten Rudolph Schmilinski in den Bestand der Preußischen Staatsbibliothek.
SBB-PK, Inc. 2157,5

Aufgeschlagen: Bl. 1ᵛ: Die Rückverwandlung des Esels durch Fressen von Rosenblüten; 2ʳ: Textbeginn mit Rankenbordüre und Eingangslombarde.

1ʳ Reimprolog, 1ᵛ Titelholzschnitt, 2ʳ–4ᵛ Vorrede an Graf Eberhard im Bart, 5ʳ-28ʳ Wyle: Goldener Esel, 28ᵛ leer, Bll. 24, 27–28 fehlen (durch moderne Kopien ersetzt); Randleiste mit gedruckter Initiale und zwei freien Wappenschilden am Textanfang, 7 schmale Holzschnitte (mit einer Wiederholung), gedruckte Lombarden; moderner Ledereinband auf Pappe, 20. Jh.

Der 'Goldene Esel', ein abenteuerlicher Verwandlungsroman eines Menschen in die Gestalt eines Esels, ist eine der berühmtesten Erzählungen des griechischen Dichters Lukian. Mit der lateinischen Version des Humanisten Poggio Bracciolini lag Niklas von Wyle bereits eine gekürzte Fassung dieses Textes vor. Seine Übersetzung ins Deutsche widmete er dem württembergischen Grafen Eberhard im Bart. Als Druck erschien sie erstmals um 1478 in Augsburg, dann im Sammeldruck von Wyles 'Translationen' (vgl. Kat. 75) und schließlich in der hier vorliegenden Straßburger Ausgabe. Von diesem

Kat. 76, 1ᵛ/2ʳ

Druck, der dem Augsburger Erstdruck fast seitengleich nachgesetzt ist, sind nur noch drei Exemplare überliefert. Obwohl im vorliegenden Exemplar einige Blätter verlorengegangen sind, besticht es durch eine durchgehende Kolorierung der großformatigen Holzschnitte. Ausgestellt sind der Titelholzschnitt (Bl. 1ᵛ) sowie der Textbeginn mit Initiale und Randleiste, deren Wappenschilder von einem zeitgenössischen Besitzer nachträglich koloriert wurden (Bl. 2ʳ). Der auf Bl. 27ʳ wiederholte Titelholzschnitt zeigt den Esel bei seiner Rückverwandlung durch Fressen von Rosenblüten. Insgesamt spricht die Qualität der Ausstattung im vorliegenden Buch für eine Rezeption der burlesken Geschichte vor dem Hintergrund des spätmittelalterlichen Abenteuerromans in deutscher Sprache. Dementsprechend steht die anspruchsvolle Sprachgestaltung Wyles und sein Versuch einer kompromißlosen Nachbildung der lateinischen Sprache im Vergleich zu seinen 'Translationen' klar im Hintergrund.

Copinger 533a. – Reichling 604. – Schmidt, *Gebrauch von Druckgraphik*, 2157,5. – Worstbrock, Franz Josef: Art. 'Niklas von Wyle', in: ²VL 6, 1987, Sp. 1023–1035 (Lit.), hier: Sp. 1026 (Nr. 13).

JG

77 Terenz: Eunuchus
(deutsch von Hans Neithart)

Ulm: Konrad Dinckmut, 1486. 2°
Papier, 104 Bll., 29 × 21 cm
Vorbesitzer: Um 1500 im Besitz eines bislang nicht identifizierten Kaspar Nol; 1602 von der Regensburger Stiftsfrau Capitis Kramer vulgo Elisabeth Batzlingerin dem Stiftskustos am Regensburger Obermünster Georg Mänkart geschenkt. Über verschiedene, vermutlich noch in Regensburg ansässige Privatbesitzer kam der Band 1903 in das Kupferstichkabinett.
SM-PK KK, Ink. 135 bl. (Sign. 2520)

Aufgeschlagen Bl. 39ᵛ/40ʳ: In die Studienausgabe integrierter Holzschnitt mit Gesprächsszene auf der Straße einer mittelalterlichen Stadt.

Kat. 77, 39ᵛ/40ʳ

1ʳᵛ leer (fehlt), 2ʳ–8ʳ Einführung, 8ᵛ–9ʳ leer, 9ᵛ–102ʳ Terenz: Eunuchus (deutsch), 102ᵛ–104ʳᵛ leer (letztes Bl. auf Spiegel des Rückdeckels geklebt); 28 dreiviertelseitige Holzschnitte; zeitgenössischer Halbledereinband (Lederbezug entfernt), um 1500.

Der Ulmer Richter und Bürgermeister Hans Neithart (um 1430 – um 1490/1502) schuf mit seiner Version der Komödie 'Eunuchus' des Terenz die erste Übersetzung eines antiken Schauspiels ins Deutsche, die ihren Weg auch in den Druck fand. Als Verleger des Erstdrucks bei Dinckmut in Ulm hat er nicht nur die Übersetzung des Textes samt Kommentar und literarischer Einleitung besorgt, sondern auch die Gestaltung des Layouts ganz wesentlich bestimmt. Er konzipierte den Druck des antiken Komödientextes als Studienausgabe – ein in deutscher Sprache bis dahin unbekanntes Verfahren. Dieses Konzept verrät den Humanisten, der erste Anregungen wohl in der 1435 am Ulmer Münster gestifteten Bibliothek seines Onkel Heinrich Neithart fand. Als bestellter Pfleger dieser Büchersammlung fiel in seinen Aufgabenbereich wohl auch die Sondierung des Buchmarkts. So konnte er für seinen 'Eunuchus' als lateinische Vorlagen eine Handschrift mit dem Text und Kommentar sowie zwei 1476 in Mailand und 1478 im oberschwäbischen Schussenried erschienene Druckausgaben finden. Weshalb Neithart aus dem Corpus des Terenz gerade den 'Eunuchus' auswählte, bleibt unklar. Im Vorwort spricht er nur pauschal den moralischen Nutzen an, den man durch die lesende Beschäftigung mit den Eigenarten des einfachen Volkes erzielen könne. Als im Jahre 1499 in Straßburg die erste deutsche Gesamtausgabe des Terenz erschien, nahm man unter ausdrücklicher Erwähnung des Übersetzers auch den Text der vorliegenden Ausgabe des 'Eunuchus' auf. Neitharts Übersetzung genoß also auch damals noch ein hohes Ansehen. Das vorliegende Exemplar des Ulmer Drucks ist durchgehend rubriziert. Die Holzschnitte mit ihrer auffällig schematischen

Architekturdarstellung wurden von einem zeitgenössischen Leser spärlich und blaß mit gelber, roter, brauner und blauer Farbe koloriert. Die ausgestellte Doppelseite (Bl. XXXᵛ/XXXIʳ = 39ᵛ/40ʳ) zeigt die typische Gestaltung der Neithartschen Studienausgabe mit einem zentralen, in einer großen Texttype gesetzten Textblock und einem umrahmenden Kommentar in kleinerer Schrift. Die groben Gesichtszüge der Personen in den Holzschnitten spiegeln die Lokalisierung des Schauspiels im einfachen Volk. Im ausgestellten Holzschnitt überrascht die Figurendarstellung durch die Darstellung einer als *mörin* bezeichneten Frau schwarzer Hautfarbe in spätgotischer Festkleidung sowie die Zeichnung des obskuren Titelhelden *Dorus Eunuchus* als Narren mit Schellenkappe und Streitkolben. Auch in anderen Holzschnitten der Ausgabe wird moralisches Fehlverhalten mit den Narrenattributen bezeichnet. Damit ist bereits einige Jahre vor Erscheinen des 'Narrenschiffs' des Basler Humanisten Sebastian Brant (vgl. Kat. Nr. 79) die Verbreitung der Narrenfigur in der frühhumanistischen Literatur Südwestdeutschlands gut belegt.

HAIN-COPINGER 15436. – VB 2649. – AMELUNG, PETER: Art. 'Neithart, Hans', in: ²VL 6, 1987, Sp. 899–903 (Lit.).

JG

Kat. 78, 1ʳ

78 Sebastian Brant:
Von der wunderbaren Geburt des Kindes bei Worms

[Augsburg: Johann Schönsperger, nach 10. Sept. 1495]. 2°
Papier, 1 Bl. (einseitig bedruckt), 36 × 26 cm
Herkunft unbekannt; im 19. Jh. im Besitz der Königlichen Bibliothek.
SBB-PK, Inc. 253 Ebl.

Ausgestellt Bl. 1ʳ: Bedruckte Seite des Flugblatts über die siamesischen Zwillinge von Worms.

1ʳ Brant: Von der wunderbaren Geburt, 1ᵛ leer; ein kleiner Holzschnitt mittig im Text; vollständig erhaltenes, auf neuerem Papier aufgezogenes Exemplar; moderner Pappumschlag.

Der Typus einseitig bedruckter Flugschriften (Einblattdrucke) etablierte sich als neues Medium literarischer Publizistik erst Ende des 15. Jhs. im öffentlichen Bewußtsein. Sebastian Brant, der Humanist und Verfasser des 'Narrenschiffs' (Kat. 79), hatte an dieser Entwicklung einen großen Anteil. Er entwarf zahlreiche Flugblätter, mit denen er in dichterischer Form außergewöhnliche Naturerscheinungen als politische oder moralische Vorzeichen auszudeuten versuchte. Der hier ausgestellte Einblattdruck ist ein typischer Vertreter dieser Gattung. Die Geburt siamesischer Zwillinge am 10. September 1495 in Bürstadt bei Worms wird von Brant als Menetekel für die königliche Reichspolitik Maximilians I. und dessen Verantwortung für die ganze Christenheit verstanden. Der Habsburger hatte auf dem Wormser Reichstag am 7. August, also in unmittelbarer zeitlicher und örtlicher Nähe der Zwillingsgeburt, den Kurfürsten Kriegshilfen gegen Frankreich und die Türken abgetrotzt und damit äußerlich die Stärke des Reichsgedankens unterstrichen. Beide Ereignisse motivierten Brant zur Abfassung eines lateinischen Gedichts, das er wenig später ins Deutsche übersetzte. Beide Versionen erschienen als eigenes Flugblatt bei Johann Bergmann in Basel. In der Ausdeutung des Naturereignisses als symbolisches und mahnendes Vorzeichen religiöser und politischer Mißstände stellte Brant Maximilian als den Kopf der Zwillinge vor, die Kurfürsten hingegen als deren zwiefältigen Leib. In beiden Fällen führt Uneinigkeit zu einer lebensbedrohenden Situation. Mit seiner politischen Adresse an Maximilian im Vorspann der hier ausgestellten deutschen Fassung in einem Augsburger Nachdruck der Erstausgabe schiebt Brant dem König eine Schlüsselfunktion bei der Lösung der politischen Uneinigkeit zwischen Monarch und Fürsten, zwischen Reich und Kirche zu. Die hier zum Ausdruck kommende reichskonservative Einstellung Brants ist typisch für die Humanisten am Oberrhein um 1500. Humanistisch ist im vorliegenden Flugblatt seine Selbstinszenierung als Dichter und Prophet, aber auch seine Kompetenz als Historiker durch das Herausarbeiten einer Reihe von Fällen wunderbarer Geburten von der Antike bis zum Mittelalter. Das Berliner Exemplar des Augsburger Drucks wurde aus einem alten Einbanddeckel herausgelöst. Die angeschnittenen Zahlen und marginale Text- und Bildverluste beweisen, daß der Einblattdruck ursprünglich noch größer war. Von der vorliegenden Edition haben sich lediglich drei Exemplare erhalten, darunter ein Fragment. Diese Überlieferungssituation ist typisch für die Publikationsform des Einblattdrucks, denn Verbrauchstexte wie Kalender, Schützenbriefe, Ablaßbriefe und auch politische Pamphlete wie Brants Flugblatt wurden als Verbrauchstexte selten aufgehoben. Dennoch hat ein zeitgenössischer Leser dem Holzschnitt, der mittig im Text als Blickfang diente, mit einer hellgrünen, ockerfarbenen und hellgelben Kolorierung etwas mehr Aufmerksamkeit geschenkt.

GW 5029. – COPINGER 1242. – Einblattdrucke 464. – VB 253. – SACK, VERA: *Flugblätter und Flugschriften*, in: *Sébastien Brant, 500e anniversaire de 'La nef des folz' = 'Das Narren Schyff', zum 500jährigen Jubiläum des Buches von Sebastian Brant: 1494–1994. Ausstellungskatalog. Basel 1994, S. 82–96, v. a. S. 85f.* (Lit.).

JG

79 Sebastian Brant: Narrenschiff

Basel: Johann Bergmann von Olpe, [11. Februar] 1494. 4°
Papier, 158 Bll., 21,5 × 15 cm
Vorbesitzer: Der Band gehörte ab etwa 1500 dem Nürnberger Bürger und Humanisten Christoph Scheurl (1481–1542); über unbekannte Zwischenstationen kam er zwischen 1841/42 und 1881/82 in die Königliche Bibliothek.
SBB-PK, Inc. 604 (an Inc. 607)

Aufgeschlagen Bl. 32ᵛ: Holzschnitt von Albrecht Dürer zum Thema maßloser Überschuldung; 33ʳ: Randglosse des Juristen Christoph Scheurl zu einer Passage über das Borgen mit Bezug auf seine Studienzeit in Bologna.

1ʳ Titelblatt, 1ᵛ–156ᵛ Brant: Narrenschiff, 157ʳ–158ʳ Register, 158ᵛ leer; 114 Holzschnitte (mit 9 Wiederholungen), gedruckte Randleisten; halber Ledereinband über Holz, um 1500 (Lederbezug im 20. Jh. ersetzt)

Das 'Narrenschiff', eine umfassende gereimte Moralsatire in deutscher Sprache, ist das bis heute bekannteste Werk des Basler Juristen und Humanisten Sebastian Brant. Bis zum Erscheinen von Goethes 'Werther' 1774 war dieses Buch der größte Verkaufserfolg eines literarischen Textes in deutscher Sprache. Sebastian Brant, der im frühen Verlagsgeschäft in Basel gegen Ende des 15. Jhs. als Korrektor einen bedeutenden Einfluß ausübte, hat das Werk direkt für den Druck geschrieben. Textvarianten im Erstdruck zeigen, daß er noch unter der Presse in den Wortlaut des Textes eingegriffen hat. Der hier ausgestellte Erstdruck erschien, dem Narrenthema gemäß, zur Fasnacht des Jahres 1494 bei dem mit Brant befreundeten Kleriker und Humanisten Johann Bergmann von Olpe. Das 'Narrenschiff' verdankte seine Popularität neben der volkstümlichen Reimpaarform und dem populären Narrenthema vor allem den qualitätvollen Illustrationen, die zum Teil von dem jungen Albrecht Dürer stammen. Sie bestimmen das Layout des Erstdrucks mit einer Bildseite links und einer Textseite rechts pro Doppelseite – ein Konzept, das wohl auf Brant selber zurückgeht, denn dieser hat auch bei anderen Druckausgaben den Reißern von Holzschnitten Bildentwürfe (*visierliche anweisungen*) als Vorlagen geliefert. Für die weite Verbreitung des 'Narrenschiffs' in Europa sorgten während der Inkunabelzeit Übersetzungen ins Lateinische (von Brants Schüler Jakob Locher), ins Französische (drei verschiedene Versionen), ins Niederdeutsche und Niederländische. Allein bis 1500 gingen 25 Ausgaben der verschiedenen Versionen in den Druck. Fast alle sind mit Nachschnitten der originalen Bilderfolge geschmückt und unterstreichen die Attraktivität des ausgeklügelten Text-Bild-Konzepts auf dem Markt gedruckter Bücher. Das vorliegende Exemplar, eine von 10 erhaltenen Kopien der Erstausgabe, ist angebunden an den Erstdruck von Lochers lateinischer Übersetzung des 'Narrenschiffs' (GW 5054). Diese war am 1. März 1497 bei Johann Bergmann in Basel erschienen und erlebte wie das deutsche Original zahlreiche Auflagen. Beide Ausgaben hat um 1500 der Nürnberger Bürger und städtischen Rechtsberater Christoph Scheurl zu einer Art zweisprachigen Ausgabe vereinigt. Drei Exlibris hat der Besitzer des Bandes zwischen 1497 und 1542 in die Innenseiten des Einbandes eingeklebt. Unter den vereinzelt eingetragenen Glossen und Unterstreichungen von seiner Hand findet sich in der deutschen Ausgabe ein interessanter Eintrag zum Thema unvernünftiger Verschuldung: Zum Doppelvers *Wem wol ist mit nemmen vff borg/Der hat zů bzalen gantz keyn sorg/*(Wem es beim Geldaufnehmen auf Pump wohl ist/der sorgt sich wenig ums Bezahlen) (Bl. 33ʳ,

Kat. 79, Vorderdeckel (eingeklebtes Exlibris des Besitzers Christoph Scheurl)

Z. 19–20) vermerkte Scheurl am Rande *contra nostros qui bononię erunt* (das ist gegen die Unsrigen gerichtet, die sich in Bologna aufhielten). Der Eintrag gehört in die Zeit von Scheurls Studium der Rechte an der Universität Bologna zwischen 1498 und 1506. Er illustriert einerseits den studentischen Alltag deutscher Scholaren in Italien, unterstreicht andererseits aber auch die praktizierte 'Volkstümlichkeit' von Brants 'Narrenschiff', dessen Reiz wohl vor allem davon ausging, keinen Stand mit schonungsloser Moralkritik zu verschonen. Der auf Bl. 32ᵛ ausgestellte Holzschnitt illustriert die Gefahr, die mit maßlosem Borgen verbunden ist, mit zwei im Text

versteckten Sprichwörtern: „Wölfe fressen keine Dornen" (*zyl*) und „Fasse nie den Esel am Schwanz". In der linken Randleiste auf Bl. 32ᵛ wird der im Text angesprochene Konflikt zwischen Weisheit und Narrheit zusätzlich durch in Ranken verstrickte Narren und eine obenauf sitzende Eule unterstrichen.

GW 5041. – HAIN 3736. – VB 604. – *Sébastien Brant, 500e anniversaire de 'La nef des folz' = 'Das Narren Schyff', zum 500jährigen Jubiläum des Buches von Sebastian Brant: 1494–1994. Ausstellungskatalog. Basel 1994 (Lit.).*

JG

III.9 Didaktische Literatur

Die Überlieferung der spätmittelalterlichen didaktischen Literatur im Berliner Bestand

Im Zusammenspiel mit der allegorischen und satirischen Literatur versteht sich die didaktische als volkssprachliche Aufklärungs- und Sachliteratur und verfolgt ein Hauptziel: sie will Informationen und Orientierungshilfen vor allem für die Gestaltung der zwischenmenschlichen Beziehungen anbieten, wobei sie ihre Beispiele der täglichen Lebenspraxis entnimmt und auf Fiktionen und Idealbilder ohne Realitätsbezug weitgehend verzichtet. Damit folgt sie dem schon von Horaz formulierten allgemeinen Anspruch, den die Literatur insgesamt erfüllen sollte: *prodesse et delectare* ('nützlich sein und erfreuen').

Die didaktische Literatur des deutschen Mittelalters stellt sich in einem breit gefächerten Repertoire dar. Mit den 'Enzyklopädien' folgt sie lateinischen Vorbildern, die schon in der Spätantike entwickelt wurden (Cassiodor, Martianus Capella, Isidor von Sevilla). Seit dem 12. Jahrhundert erlebt die Gattung einen Aufschwung mit den Werken des Honorius von Autun und der Herrad von Landsberg, sie kulminiert im 13. Jahrhundert in den 'Specula (naturale, doctrinale, historiale)' des Vinzenz von Beauvais, dringt auch in den romanischen Sprachbereich ein (Rosenroman, dazu Teil 2: 'Breviari d'amor') und wird mit dem etwa 1408/10 entstandenen, aus zahlreichen lateinischen Quellen schöpfenden 'Ring' Heinrich Wittenweilers auch im deutschen Sprachraum heimisch. Die Lehrdichtung dieses Konstanzer Juristen bietet eine Bestandsaufnahme der spätmittelalterlichen Welt, dargestellt in großer Lebendigkeit, Vielschichtigkeit und mit künstlerischem Geschick. Sie verfolgt das Ziel, praktisches Orientierungswissen zu vermitteln. Die Dichtung ist eingebettet in das Handlungsgerüst der Liebes- und Hochzeitsgeschichte eines Bauernpaares mit deutlicher Anlehnung an die Neidhart-Lieder. Der Text ist nur in einer Handschrift überliefert (München, Bayerische Staatsbibliothek, Cgm 9300) und hat keine Rezeptionsspuren hinterlassen.

Einen weniger anspruchsvollen Typ verkörpern die 'Kompendien', die keine 'Universalität' anstreben, sondern sich auf Teilbereiche beschränken. Tugend- und Morallehren bilden ein besonders beliebtes Thema. Als beispielhaft möge hier der 'Welsche Gast' des Thomasin

von Zerklaere gelten. Die Berliner Sammlung überliefert den in 21 Handschriften und Fragmenten nachgewiesenen Text neben anderen Handschriften in einem besonders schön illuminierten Exemplar aus der 1882 erworbenen Sammlung des englischen Bibliophilen Alexander Douglas, 10th Duke of Hamilton (Kat. 80). Das didaktische Lehrgedicht des im oberitalienischen Friaul geborenen späteren Domherrn von Aquileja ist die umfangreichste Verhaltens- und Wissenslehre des 13. Jahrhunderts, geschrieben für ein höfisches Publikum. Es bietet Handreichungen auf dem Wege zu einem 'idealen' höfischen Menschen. Anders dagegen ist der um 1300 vollendete 'Renner' Hugos von Trimberg, weltlicher Lehrer an der Stiftsschule St. Gangolf in Bamberg, zu bewerten. Diese Lehrdichtung wandte sich an kein bestimmtes Publikum, sondern erhoffte sich Resonanz in allen Ständen. Die große Themenvielfalt der lebendigen Darstellung (ethisch-moralische Reflexionen verknüpft mit den sieben freien Künsten, Naturwissenschaften, Medizin, Erziehungslehre, Literatur, praktisches Wissen), angereichert durch Exempel und Anekdoten, verleiht dem Werk eher den Charakter einer 'Enzyklopädie' des zeitgenössischen Wissens als den eines 'Kompendiums' (GLIER S. 441). Der 'Renner' erfreute sich einer außerordentlicher Breitenwirkung und wurde noch im 18. Jahrhundert gelesen. Die Berliner Handschrift (Kat. 86), eingeleitet mit einer ansprechenden Initiale, war bereits Bestandteil der Kurfürstlichen Bibliothek und bietet eine noch auf Hugo selbst zurückgehende Textfassung.

Als didaktisches 'Kompendium', angelegt in Form einer Exempelsammlung, ist auch die wohl beliebteste mittelalterliche Sammlung von Erzählungen, genannt 'Gesta Romanorum', einzustufen. Der lateinische Text ist in der ersten Hälfte des 14. Jahrhunderts entstanden und, mannigfach redigiert, in circa 250 Handschriften und 40 Drucken bis in das 16. Jahrhundert überliefert. Die ältesten deutschen Übersetzungen stammen noch aus dem 14. Jahrhundert. Sie sind in 12 Redaktionssträngen überliefert, verteilt auf zahlreiche Handschriften und Drucke (noch nicht systematisch erfaßt). Erzählung und 'Moralisatio' werden in jedem Stück miteinander fest verknüpft und erfüllen so das Publikumsbedürfnis nach Unterhaltung und Belehrung in vorzüglicher Weise. Die 'Gesta' sind jahrhundertelang ein nahezu unerschöpfliches Motiv- und Stoffreservoir geblieben. Die Berliner Bibliothek besitzt neben zahlreichen lateinischen Fassungen auch mehr als ein halbes Dutzend Handschriften deutscher Übersetzungen.

Weitere Sachgebiete der mittelalterlichen Kompendien bilden die Naturlehren, die Minne- sowie die Schachallegorien mit ihrer Ständekritik. Die deutschen

Schachallegorien beruhen auf der um 1300 entstandenen lateinischen Prosafassung des italienischen Dominikaners Jacobus de Cessolis 'De moribus hominum et de officiis nobilium super ludo scacchorum' (Über das menschliche Verhalten und die Pflichten des Adels anhand des Schachspiels). Sie entwickeln ein Ordnungs- und Regelsystem für die menschliche Gesellschaft, in das sich die einzelnen Mitglieder nach Rang und Leistungsvermögen einpassen können, außerdem erweitern sie die Verhaltensregeln auf alle Stände, so etwa bei Konrad von Ammenhausen. Zwei gute Beispiele dieser Kategorie bieten die Berliner Handschriften Hdschr. 413 (Kat. 89: Jacobus de Cessolis, dt.) und Ms. germ. fol. 692 (Kat. 91: Konrad von Ammenhausen).

Vorschläge und Empfehlungen für das richtige Verhalten bilden auch den Inhalt von Fürsten- und Ritterspiegeln. Sie können dabei adlige Ständekritik aus stadtbürgerlicher Sicht enthalten oder satirisch untersetzt sein, wie der 'Spiegel des Regiments' des pfälzischen Adligen Johannes von Morschheim, in dem in allegorischer Form Hofintrigen und Niedertracht geschildert werden und ein Appell an die Fürsten um Besserung und Läuterung ergeht. Die Ende des 15. Jahrhunderts entstandene Dichtung erfuhr bis in das 17. Jahrhundert hinein mehrfache Druckauflagen.

Auf langer literarischer Tradition beruhen die gnomischen Sammlungen, das sind didaktische Großdichtungen, die vorrangig Material für den Schulunterricht sammeln. Sie waren weit verbreitet von der Spätantike bis in die Neuzeit und bieten das europäische Wissens-, Bildungs- und Gebrauchsgut mehr oder minder umfangreich. Das wohl beliebteste Werk ist der 'Cato', ein Lehrgespräch zwischen Vater und Sohn über Verhaltensregeln und Moralbegriffe, zurückgehend auf die im 4. Jahrhundert entstandenen 'Disticha Catonis'. Um die Mitte des 13. Jahrhunderts entstanden die ersten deutschen Übersetzungen, spätere Fassungen stammen u. a. von Sebastian Brant und Martin Opitz; die Textdarbietung erfolgt häufig zweisprachig. Der 'deutsche Cato' ist in zahllosen Handschriften und Drucken bis in das 19. Jahrhundert hinein überliefert, darunter auch in mehr als 10 Handschriften in der Berliner Sammlung.

Der in der Überlieferung auch als 'Supplementum Catonis' bezeichnete 'Facetus: Cum nihil utilius' in gereimten Hexameterpaaren gehörte im späteren Mittelalter neben den 'Disticha Catonis' zu den am meisten verbreiteten gnomischen Sammlungen. Beide Texte werden häufig zusammenhängend überliefert. Der 'Facetus' bietet Anstands- und Verhaltensregeln für den praktischen Gebrauch, aber auch Lehren für das religiöse Verhalten (darin abweichend vom 'Cato') und wurde bis in das 16. Jahrhundert hinein sogar als Schulbuch verwendet. Die seit der ersten Hälfte des 14. Jahrhunderts bekannt gewordenen deutschen Übersetzungen liegen in etwa 20 verschiedenen Fassungen vor und schließen sich sehr häufig wie beim 'Cato' dem vorangestellten lateinischen Verspaar an. Die Überlieferung in Handschriften und Drucken ist breit gestreut. In der Berliner Sammlung wäre neben anderen Handschriften hinzuweisen auf Ms. germ. fol. 643 aus der Bibliothek Meusebach und auf die zahlreichen Fragmente des 14. und 15. Jahrhunderts in Ms. germ. quart. 664 aus dem Besitz Hoffmanns von Fallersleben. Weitere Textzeugen finden sich (ebenso für den 'Cato') in der Signaturengruppe der 'Manuscripta latina' der Berliner Bibliothek.

Eine annähernde Ausstrahlung und Verbreitungsdichte erreichte Freidanks 'Bescheidenheit', eine um 1230 entstandene umfangreiche Sammlung von Reimpaarsprüchen, in denen in der Manier eines antiken Epigramms sprichwortartig Lehren oder Einsichten zu verschiedensten Themen formuliert werden. Teile der Sammlung (circa 1000 des etwa 5000 Verse umfassenden Corpus) wurden im 14. Jahrhundert in das Lateinische übersetzt und als Schultext verwendet. Die locker gruppierten prägnanten Sprüche oder Spruchgruppen sind in den Handschriften variabel angeordnet und wurden schon früh zusammen mit lateinischen Texten überliefert. Passagen aus der 'Bescheidenheit' finden sich in fast allen Spruch- oder Reimreden-Sammlungen. Die Berliner Sammlung bietet sieben bedeutsame Handschriften, darunter Ms. germ. fol. 1428 (Kat. 82) mit über 70 sonst nicht bekannten Versen nach der Feststellung Wilhelm Grimms, der die Handschrift für seine zweite Freidank-Ausgabe (1860) aufspürte, und Ms. germ. quart. 1484 (Kat. 81) mit dem Einschub der Reimpaarrede 'Vom Pfennig', von der hier die wohl älteste Fassung vorliegt.

Neben den umfangreicheren Werken präsentiert sich die didaktische Literatur auch in einer Fülle von Kleinformen: in Lehrgedichten, in Lehr- und Streitgesprächen, sowie in Reimreden, deren Lehrinhalte aus fast allen Wissens- und Lebensbereichen stammen. Heinrich der Teichner entwickelte hier einen eigenen, besonders eingängigen Typ der Reimreden: anspruchslos in der formalen Gestaltung, wenig variabel und mit unverkennbarer Schlußsignatur, etwa: *also sprach der Teychner* oder in ähnlichen Formulierungen (vgl. Kat. 96 mit 'Autorenbild'). Die einfache Gestaltung gestattet es in ganz besonderem Maße, eine Fülle von unterschiedlichsten Themen breitenwirksam didaktisch zu verarbeiten und ein Publikum in vielen Bevölkerungsschichten anzusprechen. Er setzt hiermit Traditionen fort, die bereits in den Spruchdichtungen Freidanks und des Strickers zu beobachten sind. Spruchgut beider Dichter ist in das Teichner-Corpus mit und ohne Namensnennung eingeflossen. Der 'Teichner' wurde zur Bildungslektüre. Schon zu Teichners Lebzeiten wurde sein Werk zum Kaufobjekt, spätere Zeugnisse belegen sogar einen beachtlichen Leihverkehr im stadtbürgerlichen Milieu. Bei anhaltender handschriftlicher Verbreitung gelangte jedoch keine Teichner-Sammlung, im Gegensatz zu Freidanks 'Bescheidenheit', in die Programme der Druck-Offizinen.

Weitere beliebte didaktische Kleinformen, einzeln oder in Überlieferungsgemeinschaften auftretend, sind die Exempel, 'Bispel', Fabeln und Mären, die stets mit einem mehr oder weniger umfangreichen Erklärungsteil ausgestattet sind. Diese Kleinformen können außerdem zu Sammlungen oder Zyklen zusammengefaßt werden, die dann in der Regel circa 100 Stücke enthalten. Je nach Anlage und Umfang können diese Sammlungen durchaus Kompendien-Charakter annehmen. Besonderen Anklang und rasche Verbreitung (36 Handschriften und zwei Drucke) fand der 'Edelstein', eine um die Mitte des 14. Jahrhunderts von dem Berner Dominikaner Ulrich Boner angelegte, oft illustrierte Fabelsammlung mit eindeutig lehrhaftem Kern. Das bei Albrecht Pfister um 1463/64 in Bamberg gedruckte und mit zahlreichen Holzschnitten prächtig ausgestattete Exemplar gehört zu den herausragenden Stücken des Berliner Bestandes (Kat. 67).

Verschiedenen Typen der didaktischen Literatur ist das umfangreiche Werk der französischen Autorin Christine de Pizan zuzuordnen: Tugend- und Fürstenspiegel mit den Handbüchern für die Erziehung junger Frauen und Männer, Bispelsammlungen als allegorische Didaxe mit den 'Epistre Othea' u. a. Ihre Texte sind in zahlreichen Handschriften und Drucken sowie in volkssprachlichen Übersetzungen überliefert. Das seit den 50er (oder 60er) Jahren des 15. Jahrhunderts in deutscher Übersetzung vorliegende *buoch von dem vechten und von der ritterschafft* ('Livre des fais d'armes et de chevalerie') ist ein Handbuch der ritterlichen Erziehung, ein strategischer Leitfaden und eine Richtlinie für gerechtes und angemessenes Verhalten in der kriegerischen Gesellschaft des Mittelalters. Dieser bisher einzige deutsche Textzeuge ist in Ms. germ. fol. 1705 (Kat. 97) überliefert. Offenkundig wird hier das bewundernswerte Selbstbewußtsein einer Autorin, die 'männliche' Domäne aufzubrechen. Das um 1410 entstandene Werk ist in 21 Handschriften und Frühdrucken überliefert. 1489 erschien in London eine englische Übersetzung von William Caxton.

GLIER, INGEBORG: *Allegorische, didaktische und satirische Literatur*, in: ERZGRÄBER, WILLI u. a.: *Europäisches Spätmittelalter* (Neues Handbuch der Literaturwissenschaft Bd. 8). *Wiesbaden 1978, S. 425–454.* – HENKEL, NIKOLAUS: *Deutsche Übersetzungen lateinischer Schultexte. Ihre Verbreitung und Funktion im Mittelalter und in der frühen Neuzeit. Mit einem Verz. der Texte (MTU 90). München und Zürich 1988, S. 86–92 ('Cato' und Freidank), 228–231 ('Cato'), 245–247 ('Facetus: Cum nihil utilius'), 253–255 (Freidank).* – BUMKE, *Geschichte, S. 327–343 (Lit.).* – CRAMER, *Geschichte, S. 100–115 (Lit.).*

RS

80 Thomasin von Zerklaere: Der welsche Gast

Südwestdeutschland (Text), Burgund? (Bilderzyklus), um 1400
Pergament, 120 Bll., 32 × 24 cm
Vorbesitzer: Wahrscheinlich im Besitz Kaiser Maximilians I. (1459–1519), seiner ersten Gemahlin Maria von Burgund oder seiner zweiten Gemahlin Bianca Maria Sforza, nachträglich österreichisches Allianzwappen in die Anfangsinitiale (5ra) eingefügt. Im 19. Jahrhundert in der Sammlung des Alexander Douglas, 10th Duke of Hamilton. 1882 Ankauf der Sammlung vom Preußischen Staat. Die Handschrift wurde zunächst dem Königlichen Kupferstichkabinett Berlin zugewiesen, 1889 zur Deckung der Unkosten wieder verkauft und schließlich 1896 im Antiquariat Quaritch von der Königlichen Bibliothek erworben und der Hamilton-Sammlung zugeordnet.
SBB-PK, Ms. Hamilt. 675

Aufgeschlagen Bl. 6v/7r: Gegenüberstellung höfischer Tugenden: das *Recht* trifft das fliehende *Vnrecht* und bringt es zu Fall, die heransprengende *Milt* hebt die fliehende *Arge* aus dem Sattel, die *Vnmuezz* (Geschäftigkeit) treibt die *Muezz* (Trägheit und Bequemlichkeit) in die Flucht, *Frumchait* (Redlichkeit) und *Gerüedir* (Tastsinn) versuchen die von dem *Pôswicht* zusätzlich beinflußte *Trachait* (Trägheit) zur Tätigkeit zu bewegen (6v); die Jungfrau im Einflußbereich der Laster *Lüg*, *Rüm* (Prahlsucht) und *Spot* (7r).

1v–117v Thomasin von Zerklaere: Der welsche Gast (Inhaltsangabe in Prosa, v. 1–14752) (Sigle H); 114 zumeist in den Text integrierte gerahmte Miniaturen mit Beischriften oder Schriftbändern, die den Inhalt illustrieren; dunkelblauer Maroquin-Einband, auf dem VD+HD Rahmenleiste gefüllt mit Fabeltieren und Ringornamenten in Goldpressung, London, aus der Werkstatt des Christian Samuel Kalthoeber (1780–1813).

Thomasin von Zerklaere (so nennt er sich im Prolog zum 'Welschen Gast') wurde um 1186 im oberitalienischen Friaul geboren, das als italienisch-deutsches Grenzland im 13. Jahrhundert eine vermittelnde Funktion zwischen italienischer und deutscher Kultur ausübte. Seine Familie gehörte zum Stadtadel von Cividale. Urkundlich ist er als Domherr von Aquileja bezeugt und stand sicher in Verbindung mit dem Patriarchen von Aquileja, Wolfger von Erla (zuvor Bischof von Passau), der u. a. als Mäzen deutscher Dichter (Walther von der Vogelweide) und italienischer Gelehrter bekannt geworden ist. Im Nekrolog der Stiftskirche von Aquileja steht

Hie sol mein vor red ende han
Ich wil ein anders heben an
Ich ger von got guter sinne
Meins ersten puechs ich hie beginne
Ich han gehoret und gelesen
Ein man sol ungern mussig wesen
Ein redlich bederb man sol
Zu allen zeiten sprechen wol
Oder tun der gedenken
Von dem weg sol er nicht wenken
Mussig ist ungen leuten ein unruge
Tragheit zimpt nicht wol nichent
Wen man nicht ze tun hat
Wan las den sin und den rat
Daz man entweder spreche wol
Oder gedenken daz man sol
Wer huipsch sin wil und gefueg
Der gewinnet nimer genug
Unterie an den drin dingen
Im mag daran vil wol gelingen
Wer in tugent lebt mussiklichen
Der nert in alter lasterlichen
Von er nicht tun wolte
Do er mocht daz er solte
Wer an unzucht sin nichent wendet
Der hat sin alter gar geschendet

der undatierte Eintrag *Tomasinus de Coclara Canonicus obiit …* Der hier erwähnte Verstorbene ist sehr wahrscheinlich mit dem Dichter identisch.

Thomasin schrieb seinen 'Welschen Gast' (oder 'Fremdling aus Italien') im Winter 1215 / 16 und erhoffte sich als interessiertes Lesepublikum *frulome ritter, gulote vrowen* und *wise pfaffen* (v. 14695 u. 14696), also die adlige Hofgesellschaft, wobei Fürsten und Herren besonders angesprochen werden (vgl. Bumke, Geschichte, S. 330). Das Werk gilt als umfangreichstes Lehrgedicht (14752 Verse, aufgegliedert in 10 Bücher) des 13. Jahrhunderts und beinhaltet eine höfische Verhaltens- und Wissenslehre. Im Mittelpunkt stehen die höfischen Tugenden *staete* (Beständigkeit), *mâze* (Richtschnur zum maßvollen Handeln des Menschen in allen Lebenslagen), *reht* (das Vermögen, Gerechtigkeit zu üben, gesetztes Recht zu schützen und zu pflegen) und *milte* (Barmherzigkeit), die nur mit Gottes Hilfe wirklich erreichbar sind. Ergänzt wird sein Tugendspiegel durch eine Wissenschaftslehre mit der Darstellung der sieben freien Künste und ihrer Rolle auf dem Wege zum 'idealen' höfischen Menschen.

Thomasins didaktische Dichtung erfreute sich beachtlicher Beliebtheit und ist in zwei Fassungen (A und G, jeweils redaktionell überarbeitet) in insgesamt 24 Handschriften und Fragmenten überliefert. Ein Bilderzyklus (maximal 120 Bilder), konstant in Thema und Ausführungsort, der sehr detailliert den didaktischen Gehalt des Lehrgedichts erläutert und zum integralen Bestandteil des 'Welschen Gastes' wurde, findet sich in 13 Handschriften; in vier weiteren Handschriften ist er angelegt, aber nicht ausgeführt. Diese feste Verknüpfung von Bild und Text in beiden Überlieferungssträngen legt es nahe, dass der Autor selbst die Bildgestaltung konzipiert hat.

Der Dialekt der Berliner Handschrift ist niederalemannisch, die Entstehung des Textes daher in Südwestdeutschland anzusiedeln ist (Frühmorgen-Voss, S. 38). Schriftduktus und Miniaturen dagegen sind französisch beeinflußt und weisen eher nach Burgund, woher auch Maximilians erste Gemahlin Maria stammte. Der prachtvoll ausgestattete und sicher zu einem repräsentativen Anlaß angefertigte Bilderzyklus folgt mit kleineren Varianten der in der ersten Hälfte des 14. Jahrhunderts. entstandenen, aus Regensburg stammenden Handschrift der Forschungsbibliothek Gotha Memb. I 120 (Sigle G), die mit 120 Bildern den umfangreichsten Zyklus enthält. Die Berliner Handschrift und die reich geschmückte ehemalige Erbacher Handschrift (heute New York, Pierpont Morgan Library, Ms. G. 54), vermutlich aus der Werkstatt des Trierer Erzbischofs Kuno von Fal-

kenstein (1362–1388), sind die beiden einzigen Prachthandschriften und heben sich damit von der übrigen Überlieferung deutlich ab.

Kat. Berlin Hamilton, S. 323–324. – Kries, Friedrich Wilhelm von: *Textkritische Studien zum Welschen Gast Thomasins von Zerclaere. Berlin 1967 (Quellen und Forschungen zur Sprach- und Kulturgeschichte der germanischen Völker N.F. 23 <147>), S. 34–36.* – Ders. (Hg.): *Thomasin von Zerclaere. Der Welsche Gast. Bd. 1: Einleitung, Überlieferung, Text, die Varianten des Prosavorworts. Göppingen 1984 (GAG 425,1), S. 50. Bd. 4: Die Illustrationen des Welschen Gasts: Kommentar mit Analyse der Bildinhalte und den Varianten der Schriftbandtexte. Verzeichnisse, Namensregister, Bibliographie. Göppingen 1985.* – Frühmorgen-Voss, Hella: *Mittelhochdt. Lit. u. ihre Illustration. Ein Beitrag zur Überlieferungsgeschichte, in:* Dies.: *Text und Illustration im Mittelalter. Aufsätze zu den Wechselbeziehungen zwischen Literatur und bildender Kunst. Hg. u. eingel. v.* Norbert H. Ott. *München 1975 (MTU 50), S. 1–56, hier S. 35–44.* – Wenzel, Horst (Einführung): *Thomasin von Zerclaere. Der Welsche Gast. Farbmikrofiche-Edition der Handschrift Ms. Hamilt. 675 der Staatsbibliothek zu Berlin – Preußischer Kulturbesitz. München 1998.* – Wenzel, Horst und Christina Lechtermann (Hgg.): *Beweglichkeit der Bilder. Text und Imagination in den illustrierten Handschriften des 'Welschen Gastes' von Thomasin von Zerclaere (Pictura et poesis 15). Köln, Weimar, Wien 2002, S. 261–262: Beschreibung der Handschrift* – Cormeau, Christoph: *Art. 'Thomasin von Zerclaere', in* ²VL 9, 1995, Sp. 895–902 (Lit.).

RS

81 Freidanks Bescheidenheit
Vom Pfennig u. a.

Österreichisch (Steiermark), 2 Teile, datiert 1428 und 1424
Papier, 327 Bll., 27,5 × 20,5 cm
Vorbesitzer: 1847 im Besitz des Leipziger Bibliophilen, Buchhändlers und Antiquars Theodor Oswald Weigel, sodann im Besitz des Handschriftensammlers Guilelmo Libri, der die Handschrift 1862 verkaufte (Sotheby-Auktion 1862), dort erwarb sie Sir Thomas Phillipps (Phill. Ms. 16376). Zusammen mit anderen Handschriften aus der Bibliothek Phillipps gelangte sie in den Besitz Sir Max Wächters, der sie in einem Schenkungsakt 1912 der Königlichen Bibliothek übereignete.
SBB-PK, Ms. germ. quart. 1484

Aufgeschlagen Bl. 271ʳ: *Mich hat bericht der Frijdank.*

1ʳᵃ–116ʳᵃ Gesta Romanorum (Auszüge), 117ʳᵃ–162ʳᵃ Jacobus de Cessolis: Schachbuch (deutsche Prosa), 164ʳᵃ–168ᵛᵃ Athanasius: Glaubensbekenntnis, Traktate von den Engeln und der Seele, 168ᵛᵃ–200ᵛᵃ Konrad von Megenberg: Naturlehre (Buch II), 200ᵛᵃ–223ᵛᵇ Naturwissenschaftlicher Fragespiegel, 224ʳᵃ–226ᵛᵃ Prophezeiungen und Klage über die Sittenverderbnis, 227ʳᵃ–270ᵛᵃ Regimen sanitatis (deutsche Prosa), 271ʳᵃ–277ᵛᵇ und 309ʳᵃ–314ʳᵇ Sprüche aus Freidanks Bescheidenheit, unterbrochen durch die Rede vom Pfennig (274ʳᵛ), 278ʳᵃ–286ᵛᵇ Der deutsche Cato, 287ʳᵃ–307ᵛᵇ Hugo von Trimberg: Der Renner (Auszüge) u. a.; Einband aus rotem Saffianleder mit reicher Goldverzierung und Goldschnitt im Empirestil im mittelbraunen Lederschuber, 19. Jahrhundert.

Freidanks 'Bescheidenheit', angeordnet in Versparen, umfaßt circa 5000 Verse und gehört zu den bedeutendsten Werken der deutschen didaktischen Dichtung, ist aber als zusammenhängendes Textcorpus nur selten überliefert. Es ist kein unveränderliches Werk, sondern 'anwendungsbezogen', d. h. Auswahl und Zusammenstellung der Verse richten sich nach dem jeweiligen Verwendungszweck und dem Kontext, in den sie eingebettet sind. Freidanks Sprüche, die sich mitunter durch besondere Bildhaftigkeit auszeichnen und z.T. zu heute noch durchaus geläufigen Sprichwörtern zählen (z. B. „Hunger ist der beste Koch"), sind in außerordentlich vielfältiger Weise passiv und aktiv rezipiert worden und erfreuten sich auch als Bestandteil von Schultexten großer Beliebtheit.

Die aus zwei ursprünglich selbständigen Teilen bestehende Berliner Handschrift besitzt eine durchgängige spätmittelalterliche Zählung und dürfte bald nach der Entstehung zusammengebunden worden sein. Die vielleicht aus dem Clarissenkloster Paradeis zu Judenburg in der Steiermark stammende, sicher dort nicht geschriebene Miszellanhandschrift, im Kolophon auf Blatt 161vb nennt sich ein *Jorius* als Schreiber, bietet eine Verhaltenslehre und ist aufgrund des hier vereinigten Textangebots dem Typ der 'Hausbücher' zuzuordnen, die neben höfischer und bürgerlicher Provenienz in größerer Anzahl auch in geistlichem Besitz nachweisbar sind. Die aufgenommenen Freidank-Texte im Verbund mit dem deutschen Cato und Hugos 'Renner' dienten weniger einer Wissensvermittlung, sondern waren verstärkt auf die Seelsorge und die pädagogischen Betreuung der Laien ausgerichtet, indem sie insbesondere Verhaltensmuster zur Bewältigung der Alltagsprobleme anboten (dazu JÄGER, besonders S. 199 und 205).

Hervorhebenswert ist in der Berliner Handschrift der Einschub der Reimpaarrede 'Vom Pfennig' in die Freidank-Auszüge (Bl. 274^{rv}). Das Gedicht über die Macht des Geldes ist in drei Fassungen überliefert, der hier vorliegende Text präsentiert die wohl älteste Fassung I mit Anlehnung an die didaktische Dichtung Heinrichs des Teichners, überliefert z. B. auch in SBB-PK, Ms. germ. quart. 1107 (Kat. 15), Bl. 71^v–73^v und Ms. germ. fol. 564 (Kat. 96), Bl. 156^r–158^r.

JACOBS/DEGERING, *Neue Erwerbungen 2*, S. *91–101*. – JÄGER, BERNDT: *'Durch reimen gute lere geben'. Untersuchungen zu Überlieferung und Rezeption Freidanks im Spätmittelalter (GAG 238).* Göppingen 1978. – NEUMANN, FRIEDRICH: Art. *'Freidank'*, in: ²VL 2, 1980, Sp. 897–903. – GLIER, INGEBORG: Art. *'Vom Pfennig'*, in: ²VL 7, 1989, Sp. 561–563.

RS

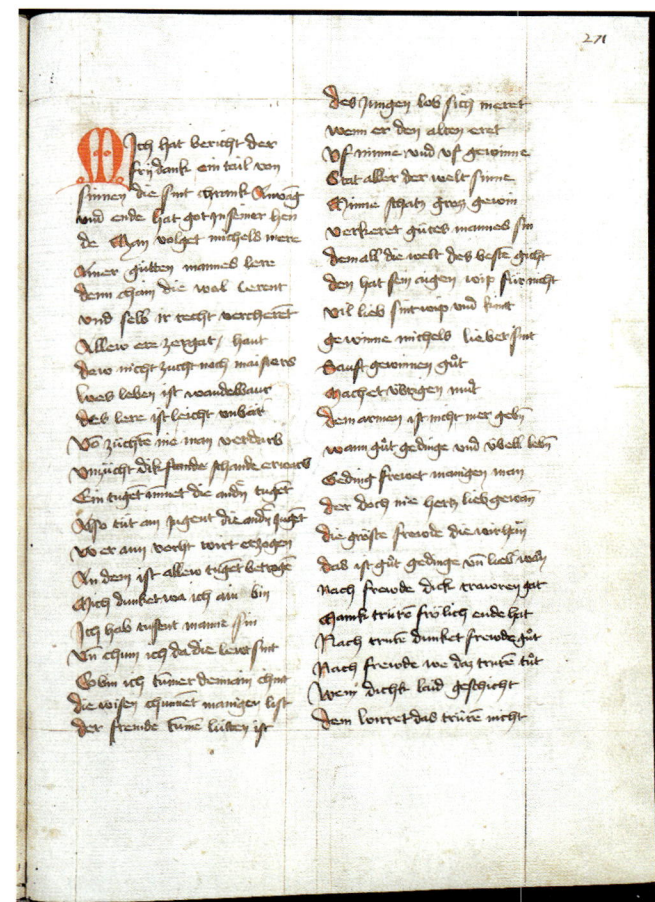

Kat. 81, 271^r

82 Freidanks Bescheidenheit u. a.

Mitteldeutsch (ripuarisch), 1462
Papier, I,185,I Bll., 27 × 20 cm
Vorbesitzer: 1462 geschrieben von Johannes aus Büllesheim (Rheinland), Glöckner in Liblar; aus der Bibliothek des Fürsten Salm, die am 28. Mai 1816 versteigert wurde; ab 1835? im Besitz von Hans Conon von der Gabelentz in Poschwitz bei Altenburg/Sachsen; 1930 von der Preußischen Staatsbibliothek im Antiquariat Martin Breslauer, Berlin, angekauft.
SBB-PK, Ms. germ. fol. 1428

Aufgeschlagen Bl. 184^v/185^r: Textschluß; rubrizierter Eintrag des Schreibers.

1^r–51^v Gerard von Vliederhoven: Cordiale (dt.), 51^v–59^v Isidorus Hispalensis: Synonyma (dt. Auszüge aus Buch II), 60^r–91^v Freidanks Bescheidenheit (Auszüge, Handschrift G), 92^r–95^v Didaktische Sprüche und kurze Prosatexte, 96^r–128^v Legende der hl. Elisabeth, 129^r–174^r Rabbi Samuel: Epistola ad Rabbi Israel (dt.), 174^r–185^r Anastasius Sinaita: Disputatio Judaeorum contra s. Anastasium abbatem (dt.); primitiv-groteske Initialen mit Drachendarstellungen; heller Ledereinband auf Pappdeckeln mit Rollen- und Einzelstempeln (Fleuronnée).

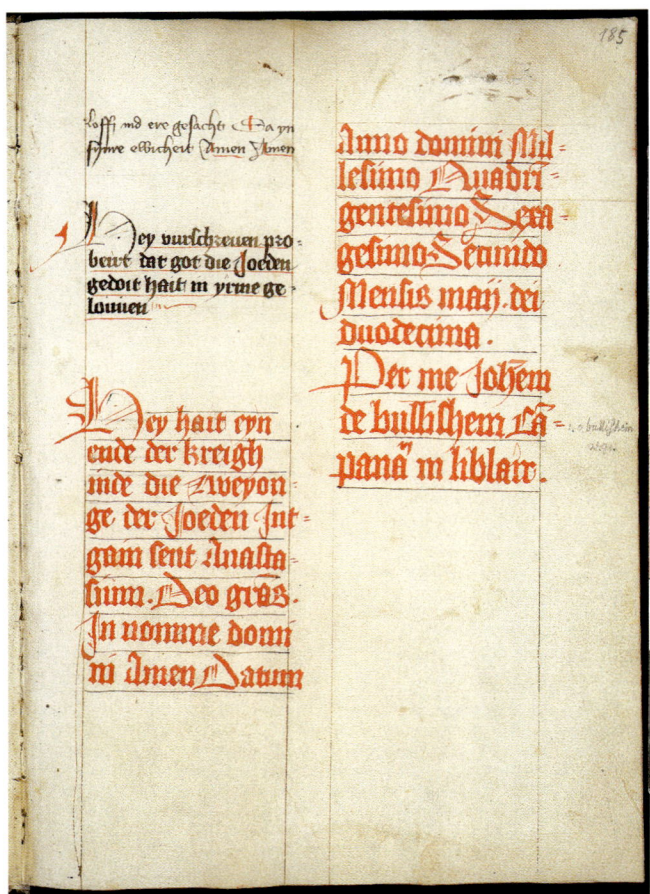

Kat. 82, 185ʳ

zur Verfügung: „Sie erhalten beifolgend das von Ihnen gewünschte Manuscript. Es wird mir sehr angenehm sein, wenn es Ihnen von einigem Nutzen sein und durch Sie auch für das Publicum nutzbar gemacht werden kann, und ich bitte Sie, es ganz nach Ihrer Bequemlichkeit zu gebrauchen und mit der Zurücksendung sich nicht zu beeilen." (17. Januar 1853, Nachlaß Grimm 1022). Am 19. März 1853 bestätigt VON DER GABELENTZ den Empfang der Rücksendung und schreibt: „Dass Ihnen jeden beliebigen Gebrauch davon zu machen freisteht, versteht sich von selbst, und kann es mir selbst nur erwünscht sein, wenn Sie irgend etwas der Veröffentlichung Werthes darin gefunden haben." (l.c.) GRIMM fand darin „der Veröffentlichung Werthes", nämlich über 70 sonst nicht bekannte Verse, die er seiner Neuausgabe von 1860 einfügte, die Handschrift erhielt die Sigle G im Überlieferungsstemma.

Die Freidank-Verse sind eingebettet in deutsche Übersetzungen zumeist theologischer lateinischer Texte (darunter die Legende der hl. Elisabeth) und bilden das Mittelstück im Kontext mit lehrhaften Sprüchen in dieser Sammelhandschrift. Sie dürfte für Laien zusammengestellt worden sein, um lateinische Literatur durch Übersetzungen auch in Kreisen Lateinunkundiger zu verbreiten. Das Freidank-Intermezzo bietet hier eine ermunternde Auflockerung der doch anspruchsvollen Lektüre.

Eine Abschrift der Freidank-Verse aus dieser Handschrift besaß auch der Frankfurter Mediziner Georg Johann Burkhard Franz Kloß (1787–1854), einer der großen Bibliophilen und Sammler des 19. Jahrhunderts. Er bemerkt unter dem Text, daß diese Abschrift 1823 in Friedberg angefertigt und von ihm revidiert wurde und daß die Vorlage aus der 1816 versteigerten Salm'schen Bibliothek stammt. Die Abschrift befindet sich heute in der Bonner Universitätsbibliothek (Ms. S 1258).

Der letzte Vorbesitzer der Handschrift, HANS CONON VON DER GABELENTZ (1807–1874), einer der hervorragendsten theoretischen Sprachforscher und praktischen Sprachkenner seiner Zeit, trat insbesondere durch seine mit Julius Loebe veranstaltete dreiteilige Ausgabe von Ulfilas' gotischen Bibelfragmenten hervor, die noch heute von grundlegender Bedeutung durch intelligent berichtigte Lesungen der Mailänder Palimpseste, durch eine Fülle grammatischer Beobachtungen und durch ein unübertroffenes griechisch-gotisches Glossar ist. Über den erfolgreichen Fortgang und den geplanten Abschluß der Arbeiten berichtet er Jakob Grimm im Oktober 1835. Im September 1836 schickt er ihm ein Exemplar der soeben erschienen Ausgabe mit der Bitte um Beurteilung. Auch mit dem Bruder WILHELM GRIMM pflegte er Kontakte, insbesondere nach dessen 1834 erschienenen Freidank-Ausgabe. WILHELM GRIMM entdeckte danach eine Reihe weiterer Handschriften mit Freidank-Texten, darunter auch die sich im Besitz des Herrn VON DER GABELENTZ befindliche. Dieser stellt sie Grimm bereitwillig zur Vorbereitung seiner neuen Freidank-Ausgabe

BECKER, PETER JÖRG: *Staatsbibliothek Preußischer Kulturbesitz. Kurzes Verzeichnis der von Hermann Degering nicht mehr erfassten germanischen Handschriften in Folio: Ms. germ. fol. 1384. – Ms. germ. fol. 1500. Berlin 1986 (masch.schriftl.),* S. 19–20. – GRIMM, WILHELM: *Freidank.* 2. Ausgabe. Göttingen 1860, S. V und XV. – JÄGER, Freidank, S. 45, 85, 174–175, 216, 219. – Freidank-Auszug aus dieser Handschrift (Bl. 87–89ᵛ) abgedruckt in SOLTAU, LEONARD VON: *Ein Hundert Deutsche Historische Volkslieder. Gesammelt u. in urkundl. Texten geordnet.* Leipzig 1836, S. LV–LVIII. – Das 'Marburger Repertorium der Freidank-Überlieferung' (www.uni-marburg.de/hosting/mr/mrfd/welcome.html) verzeichnet in Form eines beschreibenden Katalogs die gesamte Überlieferung der Sprüche Freidanks in Handschriften, Drucken und Inschriften von den Anfängen bis ins 16. Jahrhundert. Es wird mit Unterstützung der Deutschen Forschungsgemeinschaft seit 1999 unter der Leitung von JOACHIM HEINZLE am Institut für Deutsche Philologie des Mittelalters der Philipps-Universität Marburg von STEFANIE HEIN, BARBARA LEUPOLD, JULIA WEITZEL erarbeitet, vgl. dazu HEINZLE, JOACHIM u.

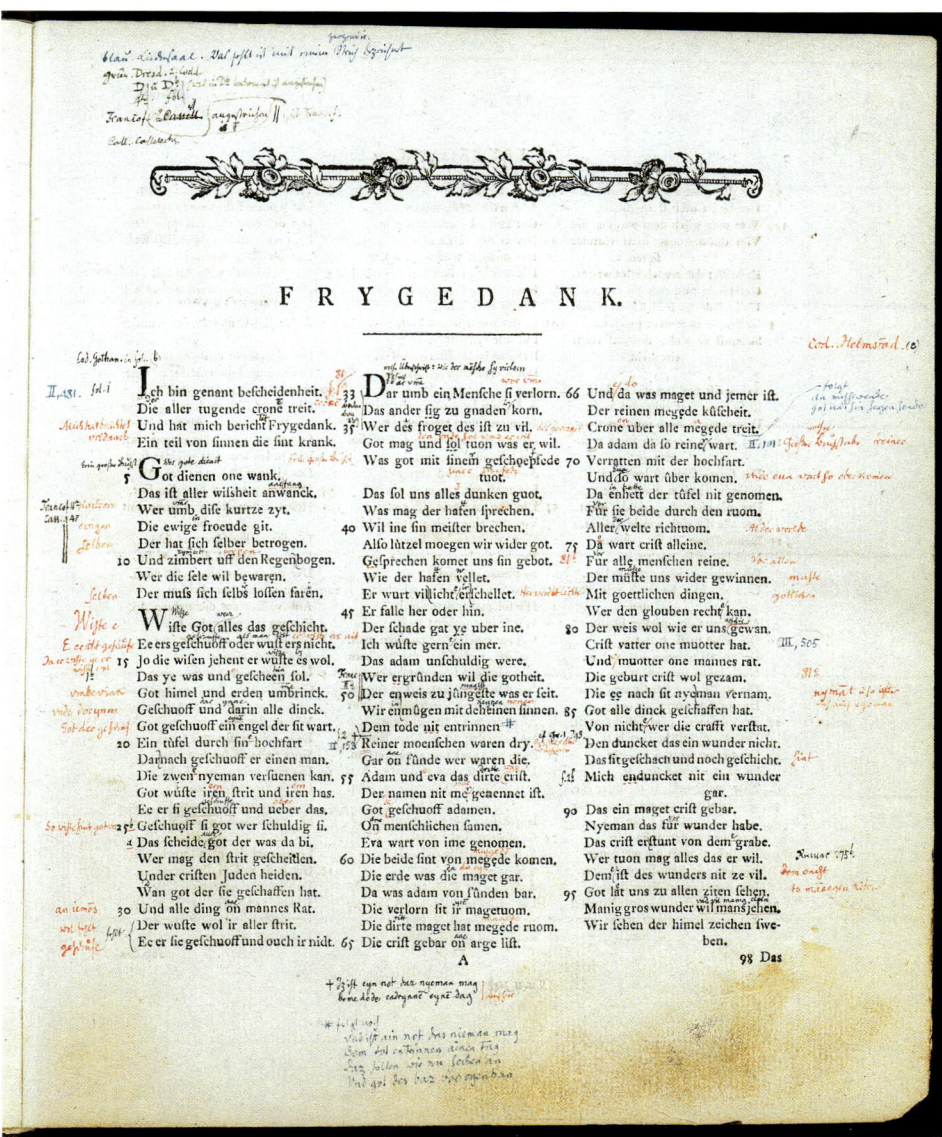

Kat. 83, S. 1

Stefanie Hein: *Das 'Marburger Repertorium der Freidank-Über-lieferung'*, in: *ZfdA 131, 2002, S. 274–275* (Internet-Fassung: *http://www.uni-marburg.de/hosting/zfda/maphilo12_hein.html*).

RS

Aufgeschlagen S. 1 mit Notizen von Wilhelm Grimm.

Die beiden Separata stammen aus Müller, Christoph Heinrich (1740–1807, Sprach- und Literaturwissenschaftler, Philologe): Sammlung deutscher Gedichte aus dem XII., XIII. und XIV. Jahrhundert. Bd. 2.

83 Frygedank. Ein Lehr-Gedicht sittlichen Inhalts aus dem XII. oder XIII. Iahrhundert aus einer schoenen Handschrift abgedrukt.

Berlin 1784: Spener. 36, 32 S., 26 × 22 cm
Vorbesitzer: Aus dem Nachlaß der Brüder Grimm, der im Februar 1869 von der Königlichen Bibliothek angekauft wurde.
SBB-PK, Libr. impr. c. n. mss. quart. 122

Beide Sonderdrucke sind Handexemplare Wilhelm Grimms und enthalten zahlreiche eigenhändige Randbemerkungen, An- und Unterstreichungen. Abgedruckt ist die Handschrift N der Überlieferung der Freidank-Verse. Sie befand sich in der Stadtbibliothek Straßburg (ehemals Johanniterbibliothek), ist dort verbrannt und nur durch diesen Abdruck erhalten. Die Bemerkungen Grimms beinhalten Kollationen mit anderen Handschriften und Notierungen der Lesarten. Sie waren Vorbereitungen zu seiner 1834 in Göttingen erschienenen Freidank-Ausgabe. Er veranstaltete 1860 eine 2. Auflage, nachdem er zahlreiche weitere Handschriften gefunden hatte, darunter auch Handschrift G, das spätere Ms. germ. fol. 1428 (s. Kat. 82).

Kat. Berlin SB Nachlaß Grimm, T. 2, S. 666, Nr. [1].

RS

84 Vridankes Bescheidenheit

Hrsg. von Wilhelm Grimm. Erstausgabe.
Göttingen: Dieterich 1834. CXXX, 438 S. (S. 395–436 fehlen), 17,5 × 11 cm
SBB-PK, Nachl. Grimm 95

S. 124: Notierung von Parallelüberlieferungen in den verschiedenen Handschriften, von Wilhelm Grimms Hand.

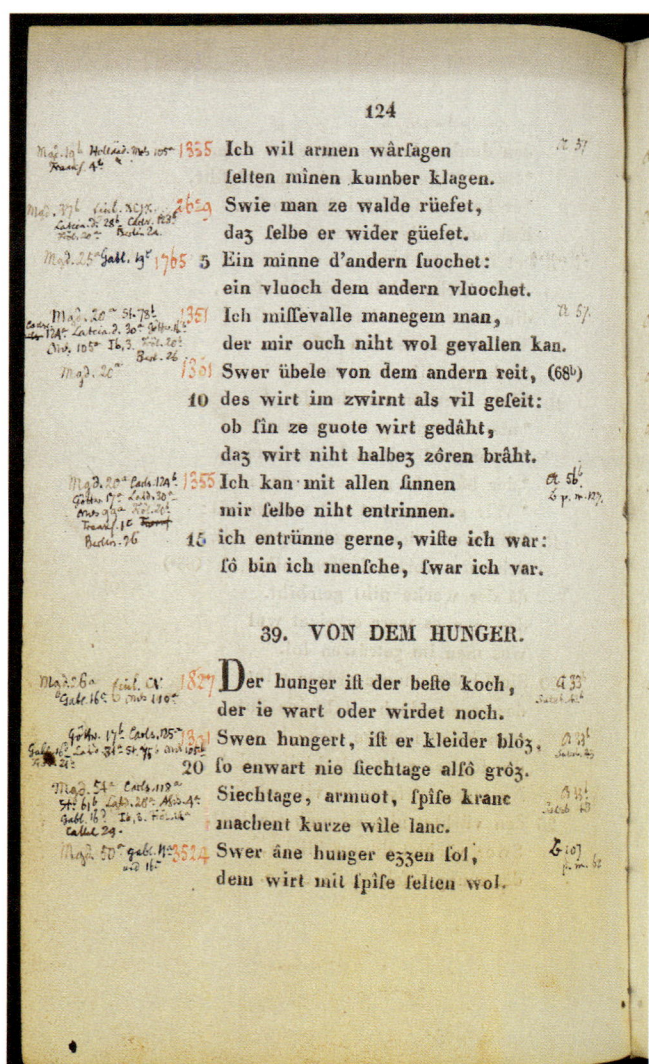

Kat. 84, S, 124

Handexemplar WILHELM GRIMMS mit vielen An- und Unterstreichungen, Randbemerkungen, Notizen, auch auf dem Nachsatzblatt, und zahlreichen Benutzungsspuren. Er notiert akribisch Versübereinstimmungen mit anderen Handschriften am Textrand und ergänzt Lesevarianten im textkritischen Apparat. Auf dem Nachsatzblatt zitiert er Urteile von Gelehrten (z. B. MORIZ HAUPT, KARL LACHMANN) über das Verhältnis von Freidank zu anderen mittelalterlichen deutschen Dichtern, insbesondere zu Walther von der Vogelweide.

WILHELM GRIMM hatte durch seine überraschende (unhaltbare) Hypothese, der Name 'Freidank' sei ein Pseudonym für 'Walther von der Vogelweide', vorgetragen am 15. März 1849 (und ergänzt am 13. November 1851) an der Königlichen Akademie der Wissenschaften in Berlin, eine kontroverse Diskussion ausgelöst, in der ihm der Germanist FRANZ PFEIFFER (1815–1868) am heftigsten Widerstand leistete. Daß der wissenschaftliche Streit sich in einer (durchaus nicht immer selbstverständlichen) moderaten Form vollzog, bestätigt PFEIFFER in einem Brief an Grimm vom 9. August 1855 aus Stuttgart (Nachl. Grimm 95, Beil. 91), in dem er sich u. a. über die Zusendung einer weiteren Schrift Grimms über Freidank und die Tierfabeln bei den Meistersängern bedankt: „Aus der Zusendung... habe ich entnehmen zu dürfen geglaubt, dass Sie mir wegen meiner Streitschrift über Freidank nicht zürnen. ... Ich glaube auch, dass Beides, aufrichtige Verehrung und offene Bekämpfung in wissenschaftlichen Dingen sehr wohl nebeneinander bestehen kann... Ich kann Sie darum versichern, dass ich in Ihrer Gegenschrift nichts gefunden habe, was mich verletzt... hätte, so wenig ich auch dadurch meine Ihrer Ansicht über Freidank entgegengestellten Behauptungen für widerlegt halte. Sie haben von Ihrem Rechte, sich zu vertheidigen, Gebrauch gemacht, wie ich von dem meinigen, einen erkannten Irrthum zu bekämpfen... Inzwischen erscheint vielleicht Ihre verheißene neue Ausgabe der Bescheidenheit und gibt mir Veranlassung auf die Streitfrage zurückzukommen und meine Widerlegung in eine[r] Recension niederzulegen." In einem Briefentwurf vom 5. Oktober 1855 (Nachl. Grimm 95, Beil. 93) entgegnet GRIMM: „Es bestand nun der Unterschied dass ich im Suchen der wahrheit zu meiner ansicht gelangt war, Sie aber in dem zweifellosen besitz derselben sich glaubten. ... Sie teuschen sich aber wenn Sie glauben die mehrzahl sei in der hauptsache auf Ihrer Seite: bei Ihnen steht nur wer von der unmöglichkeit meiner behauptung überzeugt ist, nicht aber wer noch zweifelt... Lachmann schloß damit, dass meine hypothese möglich sei, aber nicht wahrscheinlich, und das ist meines wissens auch Haupts ansicht. Es müssen unbekannte größen sein, die, wie Sie, in meinen behauptungen nichts als irrthümer erblicken... Unser friedliches verhältnis ist natürlich nicht gestört..." WILHELM

GRIMM starb kurz nach dem Erscheinen der 2. Ausgabe des Freidank, sein Bruder Jakob sandte Pfeiffer ein Exemplar. Die Grimm'sche Leistung beurteilt er mit großer Zurückhaltung und schreibt am 21. Dezember 1860 aus Wien an Karl Bartsch (1833–1888): „Von dieser bin ich sehr enttäuscht, statt der frühern, abgesehen von der Walther-Hypothese, sehr schönen Einleitung und den Anmerkungen, erhalten wir auf fast doppelt so vielen Seiten, als der Text einnimmt, einen unermeßlichen Wust von, zum großen Theil werthlosen und völlig entbehrlichen Lesarten. ... Ich gestehe offen, dass *ich* keine Freude an der neuen Ausgabe habe." (KOPPITZ, HANS-JOACHIM [Hg.]: Franz Pfeiffer / Karl Bartsch. Briefwechsel. Köln 1969, S. 93).

Die Freidank-Überlieferung ist außerordentlich dicht und variantenreich. Offen ist bisher die Frage, ob und wie Freidank seine Sprüche beim Niederschreiben geordnet hat. Die Anordnung in den Textausgaben ist im wesentlichen durch die Arbeiten von WILHELM GRIMM bestimmt worden und richtet sich nach den Handschriften, die als dominant beurteilt wurden. In der Erstausgabe ist es die wohl im späteren 13. Jahrhundert entstandene Heidelberger Handschrift Cod. pal. germ. 349 (Sigle A), ergänzt durch die Gothaer Handschrift Chart. B 53 (Sigle B), deren lockerer Ordnung gefolgt wird. In der 2. Ausgabe (1860) tritt die Salzburger Handschrift M I 137 (Sigle C) hinzu. Spätere Bearbeiter legen den Grimm-Text zwar zugrunde, glauben aber durch die Hereinnahme weiterer Handschriften eher an eine kreative Unordnung, bedingt durch konkrete tägliche Lebensumstände des Dichters, so BEZZENBERGER (1872) mit Handschrift N (Straßburg, verbrannt, Abdruck bei CHR. H. MÜLLER, vgl. Kat. 84), der reichsten Sammlung der Sprüche, oder PAUL (1899) mit der Berliner Handschrift Ms. germ. fol. 20 (Sigle a) aus Daniel Sudermanns Besitz, deren planlose Reihung er für ursprünglich hielt. Die moderne germanistische Forschung neigt dazu, sich bei einer neuen Textausgabe doch eher an A (B) zu orientieren und die Überlieferungszweige gesondert zu kennzeichnen.

Kat. Berlin SB Nachlaß Grimm, T. 1, S. 73. – BEZZENBERGER, HEINRICH ERNST: *Fridankes Bescheidenheit. Neudruck der Ausgabe 1872. Aalen 1962.* – PAUL, HERMANN: *Über die ursprüngliche Anordnung von Freidanks Bescheidenheit (Leipzig 1870, Diss.) und in: Sitzungsberichte der Königlich Bayerischen Akademie der Wissenschaften, phil.-hist. Kl. München 1899, H. II, S. 167–294.*

RS

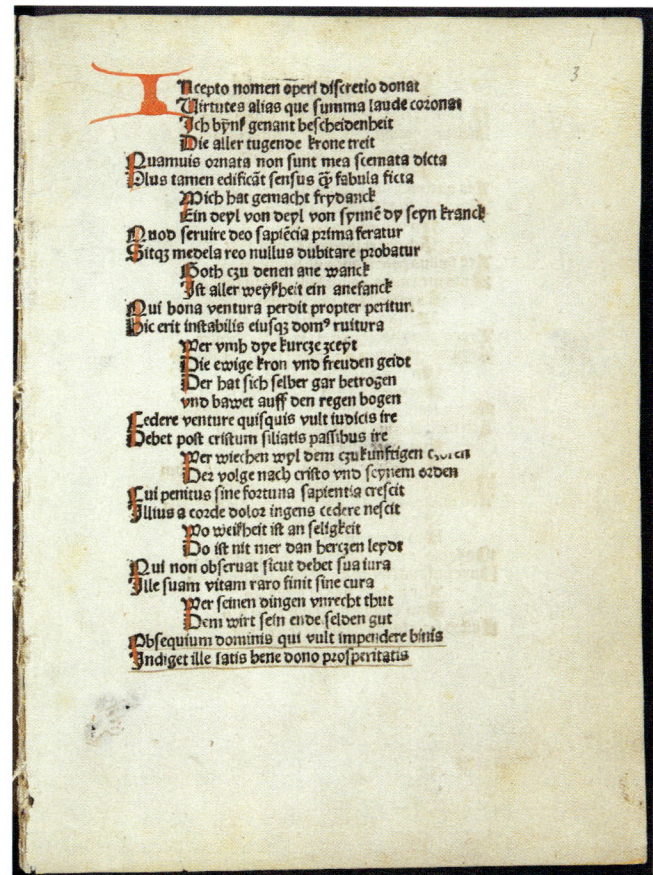

Kat. 85, 2ʳ

85   Freidank: Bescheidenheit (deutsch und lateinisch)

[Leipzig: Konrad Kachelofen, um 1490], 4°
Papier, 36 Bll., 20,5–21 × 15 cm
Vorbesitzer: 1819 in der Sammlung des Sprachforschers und Predigers Johann Christian Zahn in Dehlitz an der Saale nachgewiesen; 1850 als Teil der Sammlung Meusebach von der Königlichen Bibliothek erworben.
SBB-PK, Inc. 1271

Aufgeschlagen Bl. 2ʳ: Beginn des Textes.

1ʳ Titel, 1ᵛ leer, 2ʳ–36ᵛ Freidank: Bescheidenheit; abgesetzte Verse, die deutschen Reimpaare eingerückt; rot und gelb rubriziert, einige handschriftliche Hervorhebungen, Pappeinband des 19. Jahrhunderts.

Die zweisprachige Sammlung umfaßt 543 deutsche Reimpaarsprüche religiösen und moralischen Inhalts sowie ihre lateinischen Übersetzungen. Der Autor und der Werktitel werden in den beiden ersten Reimpaaren genannt: *Ich bynsz genant bescheidenheit / Die aller tugende krone treit / Mich hat gemacht frydanck / Ein deyl … von synnen dy seyn kranck.* (Urteilskraft bin ich genannt, welche die Krone aller Tugenden trägt. Freidank hat mich gemacht, so gut es seine schwachen Kräfte zuließen). Das mittelhochdeutsche *bescheidenheit* ist in diesem Zusammenhang nicht mit der neuhochdeutschen Bescheidenheit (*modestia*) zu verwechseln, sondern sie bezeichnet die Urteilskraft, die es erlaubt, zwischen Richtig und Falsch zu unterscheiden (*discretio*). Der in den Eingangsversen folgende Hinweis auf die beschränkten Fähigkeiten des Dichters ist ein klassischer Bestandteil hochmittelalterlicher Exordialtopik.

Die frühe Wirkung der im ersten Drittel des 13. Jahrhunderts entstandenen Spruchdichtung Freidanks wird bezeugt durch seine zweimalige Nennung in den Literaturkatalogen Rudolfs von Ems (in der Erstfassung des 'Alexanders' bald nach 1230 und im 'Willehalm von Orleans' um 1240). Der Sprachstand, die Überlieferungsgeschichte und sekundäre Zeugnisse weisen deutlich auf eine Herkunft Freidanks aus dem mittelalterlichen Herzogtum Schwaben.

Einzelne Verse scheinen bereits im ausgehenden 13. Jahrhundert ins Lateinische übersetzt worden zu sein; die vorliegende Zusammenstellung von Freidanksprüchen, der einzige Inkunabeldruck dieses Autors, wurde im 14. Jahrhundert (vor 1384/85) für den Schulgebrauch zusammengestellt und ist auch in zahlreichen Handschriften überliefert. Unter dem Titel *Proverbia eloquentis Freydangks* […] umfaßt sie ca. ein Viertel des gesamten überlieferten Textcorpus. Bei den deutschen Versen handelt es sich um viertaktige Verspaare, die lateinischen Passagen streben gereimte Hexameter an (meist versus caudati). Der enge Zusammenhang der Übersetzung mit dem Schulbetrieb wird durch eine Erwähnung in der 'Forma discendi', einem 1346 entstandenen Kanon von Schultexten, belegt: *Fridangi scripta tibi non sunt pretereunda, / Invenies in eis documenta placencia cunctis* (Die Schriften Freidanks müssen Dir bekannt sein, in allen findest Du gefällige Lehren). Eine Ausnahme stellt Freidanks 'Bescheidenheit' insofern dar, als hier der Schullektüre die lateinische Übersetzung eines ursprünglich volkssprachlichen Textes zugrundegelegt wird. Der Verwendung des Druckes als Schultext entspricht auch die Ausstattung des schlichten Gebrauchsbandes, der keinen gedruckten Buchschmuck und kein Kolophon aufweist.

Der Bezug zur Schule ist ein Charakteristikum zahlreicher Inkunabeldrucke aus Leipzig, das über einen überaus lebendigen Schulbetrieb und bereits seit 1409 über eine Universität verfügte.

GW 10323. – HAIN *7360. –* VB *1271. –* CROUS *27. –* JÄGER, BERND: *„Durch reimen gute lere geben". Untersuchungen zu Überlieferung und Rezeption Freidanks im Spätmittelalter (Göppinger Arbeiten zur Germanistik; 238). Göppingen 1978 (Lit.). –* NEUMANN, FRIEDRICH: *Art. 'Freidank', in:* ² VL *2, 1980, Sp. 897–903. –* HENKEL, NIKOLAUS: *Deutsche Übersetzungen lateinischer Schultexte. Ihre Verbreitung und Funktion im Mittelalter und in der frühen Neuzeit. Mit einem Verzeichnis der Texte (MTU 90). München und Zürich 1988.*

KG

86 Hugo von Trimberg: Der Renner

Nordrheinfränkisch, nach 1387
Papier, II,397,I Bll., 30 × 20 cm
Herkunft und Schreiber unbekannt; aus der Kurfürstlichen Bibliothek.
SBB-PK, Ms. germ. fol. 17

Aufgeschlagen Bl. 1ʳ: Textbeginn.

1ʳ–398ᵛ Hugo von Trimberg: Der Renner (v. 1–24611; Fassung B, Bx1); 1 zwölfzeilige Fleuronnée-Initiale; brauner Ledereinband auf Holzdeckeln mit Stempelschmuck, 19. Jahrhundert.

Weder Geburts- noch Todesjahr Hugos sind urkundlich verbürgt. Nach Angaben aus seinen Werken wurde er um 1230 bis 1235 geboren, trat im Alter von 25 bis 30 Jahren die Stelle eines *magister* bzw. *scriptor scolarum* (eines weltlichen Lehrers) am St. Gangolf-Stift in Bamberg an und starb wohl bald nach 1313. Zeit seines Lebens hatte er um ein ausreichendes Auskommen zu ringen. Frühzeitig begann er daher mit dem Kopieren von Büchern und verfaßte mindestens zwölf eigene Schriften, deren Höhepunkt die große Lehrdichtung 'Der Renner' bildet. Nach eigenem Zeugnis wurde das Werk im Jahre 1300 vollendet und erfuhr bis zu seinem Tode zahlreiche Nachträge. Mit 25 000 Versen ist es die umfangreichste deutsche Lehrdichtung des Mittelalters mit breit gestreuter Überlieferung in mehr als 70 Handschriften und einem Druck. Noch Gottsched, Herder und Lessing haben Hugos Dichtung bewundert. Der Titel 'Renner' stammt nicht von Hugo selbst, sondern von Michael de Leone, der ihn in seinem 'Hausbuch' so aufgenommen hat. Es soll die dichterische Verfahrensweise, das Hin- und Herrennen von einem Gegenstand zum anderen, kennzeichnen.

Der Text des 'Renner' liegt in zwei Fassungen vor (A: Unterteilung in 42 ungleichmäßige Kapitel mit vorangehenden Kapitelverzeichnissen; B: Unterteilung in sechs Distinktionen, benannt nach den sieben Todsünden, Distinktion 5 behandelt Hass und Neid, und ein zweiter Teil ohne feste Gliederung). Die auf Hugo selbst

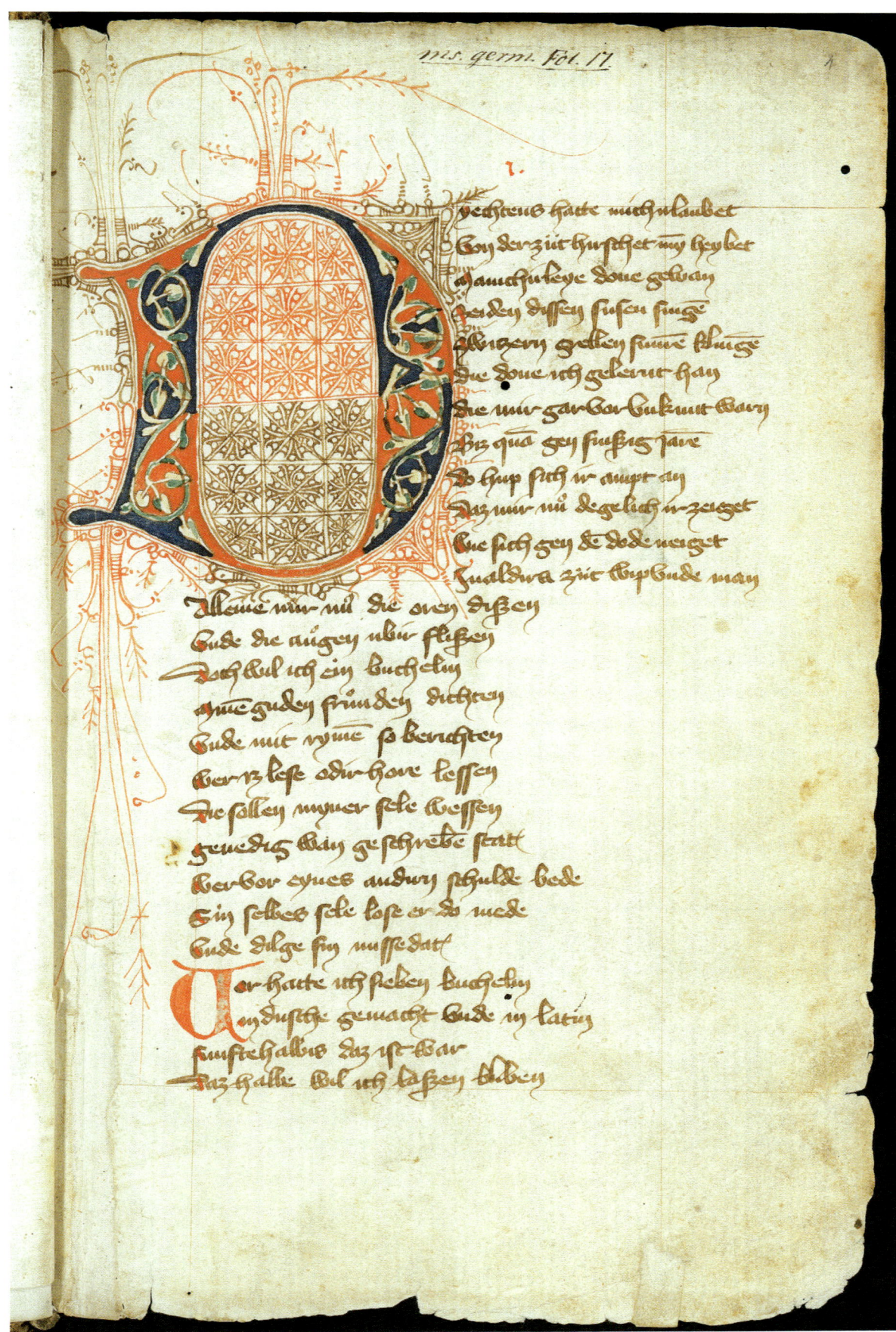

Kat. 86, 1ʳ

Kat. 87, 7ᵛ

zurückgehende Fassung B ist in ihrer markantesten und konsequentesten Form nur in der Berliner Handschrift bezeugt. Dazu gehört Ms. germ. fol. 923,10,1ʳ–2ᵛ, das ursprüngliche, schon im 15. Jahrhundert von der Handschrift getrennte Register. In modifizierter Form ist Fassung B in 30 Handschriften und Fragmenten überliefert; Fassung A wird in 35 Handschriften und Fragmenten bezeugt.

DEGERING I, S. 3, 127. – Hugo von Trimberg: Der Renner. Hrsg. von GUSTAV EHRISMANN. Mit e. Nachwort u. Erg. von GÜNTHER SCHWEIKLE. Nachdr. der Ausg. Tübingen 1908–1911. Berlin 1970, Bd. 4, S. 30–35 (Sigle B). – WEIGAND, Renner, S. 43–45 und 137. – CUADRA, INES DE LA: Der Renner Hugos von Trimberg (Germanistische Texte und Studien 63) Hildesheim 1999 (Lit.).

RS

87 Hugo von Trimberg: Der Renner

Bayern, 1414
Papier, 93 Bll., 30,5 × 21 cm
Vorbesitzer: 1414 geschrieben von Andreas de Waging (i.e. Waging am See, Oberbayern); Bibliothek der Grafen von Ortenburg, Schloß Tambach zu Weitramsdorf bei Coburg / Oberfranken (alter Besitz); 1993 Ankauf mit der Sammlung altdeutscher Handschriften des Hamburger Antiquars Jörn Günther.
SBB-PK, Hdschr. 387

Aufgeschlagen Bl. 7ᵛᵃ: Zusatzverse, nur in dieser Handschrift.

1ʳᵃ–93ᵛᵇ Hugo von Trimberg: Der Renner (v. 177–381, 628–798, 1095–1098, 1127–2220, 2229–3586, 3915–9532, 10098–24605; Vorlagenwechsel: bis v. 798 Fassung By, v. 1127–3586 Fassung Ax, v. 3915 bis Ende wieder Fassung By); Kolophon Bl. 93ᵛ: *Explicit czentilogium Hugonis rectoris sub anno domini M° CCCC° XIIII° in vigilia sancti Bartholomei finiui hunc librum ego Andreas de Waging bonus presbiter*; roter restaurierter Ledereinband auf Holzdeckeln ohne Stempelschmuck.

Der Schreiber hat die Vorlage gewechselt und Umstellungen und Auslassungen vorgenommen, außerdem sechs Zusatzverse hinzugefügt (Bl. 7va hinter v. 4792), die nur in dieser Handschrift stehen. Dadurch ist ein Mischtext aus Fassung B und A entstanden. Die Verse lauten: *Wer kunst gut frewnd ertailt geleich/Der macht schir jung vnn alt reich/Möcht man chunst mit tugunten erben/Manig kind sein vater begund verderben / Wann oft gar nahet gesipp pluit/Vergossen wirt vmb irdischs gut.*

BECKER/BRANDIS, *Sammlung*, S. 260. – EHRISMANN, *Hugo von Trimberg Bd. 4*, S. 45 (Sigle t). – WEIGAND, *Der Renner*, S. 55–58.

RS

88   Hugo von Trimberg: Der Renner

Ostschwäbisch, Mitte des 15. Jahrhunderts
Papier, I,327,I Bll., 28 × 20,5 cm
Vorbesitzer: Herkunft und Schreiber unbekannt; *1589 Onoferus Baur* (305v); 1807 Privatsammlung Hans (Johannes) Adam von Reisach (1765–1820), Lokalhistoriker und Landrichter im bayrisch-schwäbischen Monheim; 1850 als Teil der Sammlung Meusebach von der Königlichen Bibliothek angekauft.
SBB-PK, Ms. germ. quart. 578

Aufgeschlagen Bl. 197v: *Von priestern, von schülern, von gauklärn* mit Wortreklamant.

1r–298v Hugo von Trimberg: Der Renner (v. 79–308, 395–1090, 1166–2266, 2333–2735, 2816–6274, 6307–6789, 6876–24611; Fassung A, Ay→Ay13; 299rv Liebeslied eines Jägers, 300r,304r-305v Chronikalische Notizen, Vorbesitzereinträge (16. Jahrhundert), Namen (17. Jahrhundert), 301r–303r Abschrift zweier Artikel über Rennerhandschriften aus dem Allgemeinen Anzeiger, Nr. 219 und 227, 1807, unterschrieben von *J.G.B.* (i.e. Johann Gustav Büsching, 1782–1829, Germanist); regelmäßige gerundete Bastarda; hellbrauner abgegriffener und beschädigter Ledereinband auf Holzdeckeln.

Die hier vorliegende Fassung A spiegelt die nach 1387 erfolgte Überarbeitung des Textes durch den Würzburger bischöflichen Protonotar Michael de Leone wider, der den 'Renner' in sein 'Hausbuch' aufnahm und den Titel im Sinne der Breitenwirkung und des Erfolgs deutete.

DEGERING 2, S. 107. – KRÄMER, SIGRID: *Ex Bibliotheca Reisachiorum*, in: Scriptorium 34, 1980, S. 95 (Nr. 27). – EHRISMANN, *Hugo von Trimberg, Bd. 4*, S. 124–127 (Sigle o). – WEIGAND, *Renner*, S. 47–49.

RS

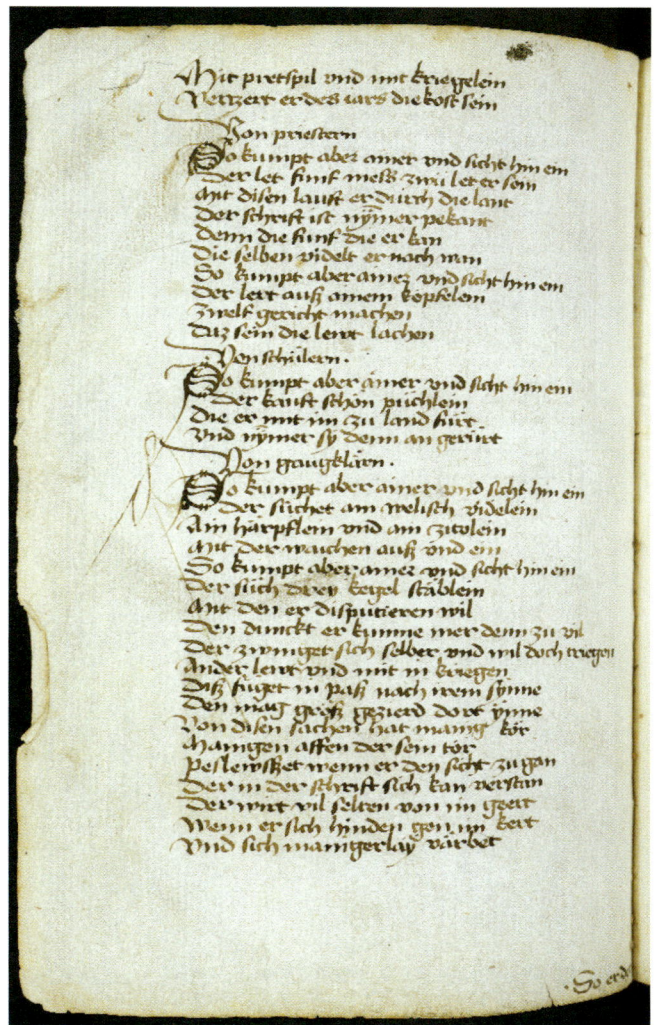

Kat. 88, 197v

89   Konrad von Ammenhausen: Schachzabelbuch

Ulm, 1413
Papier, II,123,I Bll., 29,5 × 20,5 cm
Vorbesitzer: 1413 geschrieben von Nicolaus Sto(c)kar; 1851 von dem Pariser Verlagsbuchhändler und Antiquar Edwin Troß angekauft.
SBB-PK, Ms. germ. fol. 692

Aufgeschlagen Bl.122v/123r das Kolophon mit Schreibervers und Schreibernamen: >*vinis adest vere scriptor vult precium habere*< Qvis hoc scribebat Nicolaus Stokar a[u]rifaber nomen habebat. (123r:) >*Dis bůch wart erfullet an sant Otmar aubent do man zalt von Cristes geburt vierzechen hundert iar vnd darnach in dem xiii jar*<.

1ra–123ra Konrad von Ammenhausen: Schachzabelbuch; spätmittelalterlicher rot gefärbter Ledereinband auf Holzdeckeln mit Streicheisenlinien (Rauten und Diagonalen) und je 5 Metallbuckeln auf dem Vorderdeckel und Hinterdeckel.

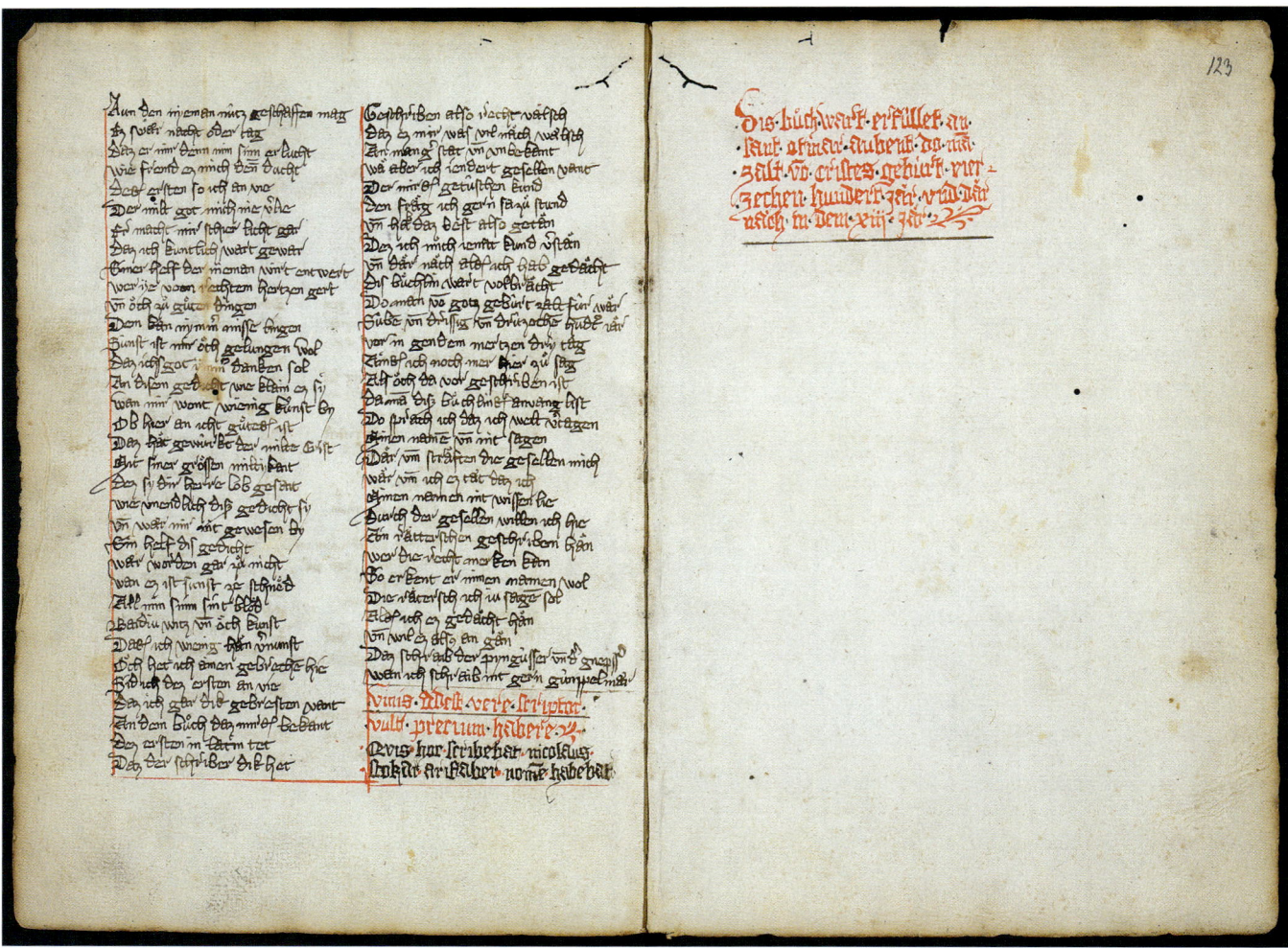

Kat. 89, 122ᵛ/123ʳ

Im 14. Jahrhundert hatte sich mit dem Bürgertum in den Städten ein neues Leserpublikum mit neuen Leseinteressen entwickelt. Neben die sich im Abschwung befindliche höfische Literatur trat eine neue Literaturform, die didaktische Dichtung. Ein typisches Thema war das Schachspiel als Allegorie der in eine feste Ständeordnung gegliederten mittelalterlichen Gesellschaft mit ihren Verhaltensweisen. Es entstanden die sogenannten 'Schachzabelbücher' in Vers- oder Prosafassungen. 'Schachzabel' (zabel = lat.: tabula) bedeutet 'Schachbrett'. Sie schöpfen aus einer lateinischen Quelle, dem 'Liber de ludo scaccorum' des Jacobus de Cessolis, eines Dominikanermönches aus Genua. Veranlaßt durch seine Ordensbrüder schuf er im letzten Viertel des 13. Jahrhunderts sein 'Buch über das Schachspiel', eine etwa 150 Exempla umfassende Schilderung der mit der sozialen Herkunft eng verknüpften menschlichen personifizierten Verhaltensweisen in moralisierender und belehrender Absicht. Den allegorischen Rahmen bilden das im Mittelalter allgemein bekannte

und beliebte Schachspiel und die Schachfiguren. So vertreten König und Königin (die Dame) den Hochadel, die Alten (die Läufer) die Richter, das 'Roch' (der Turm) die landesfürstlichen Beamten, der Ritter (der Springer) den niederen Adel und die 'Venden' (die Bauern, lat.: pedes = Fußvolk, ahd.: fendo = Knabe) den Bürger- und Bauernstand. Es wurde zu einem der beliebtesten Bücher des späten Mittelalters.

Die erfolgreichste (erweiterte und aktualisierte) deutsche (Vers-)Fassung stammt von Konrad von Ammenhausen, 1328 urkundlich als Mönch in Stein a. Rhein belegt und wohl später hier als Leutpriester (Pfarrer) tätig. Dargestellt werden die einzelnen Stände mit ihren Rechten, Pflichten und Untugenden; die bürgerlichen und bäuerlichen Tätigkeiten werden besonders ausführlich behandelt und bieten auch Exkurse in lokale Bräuche und aktuelles Geschehen. Konrads Lehrgedicht ist in fast 30 Handschriften überliefert, darunter acht illustrierten.

Die Berliner Handschrift ist zwar nicht bebildert und gehört auch nicht zu den Leithandschriften in der Textkonstitution, bietet aber interessante Einzelheiten zu ihrer Entstehungsgeschichte. Die Niederschrift wurde Ende August 1413 begonnen und Mitte November beendet. Als Schreiber nennt sich der 1350 geborene Goldschmied Nikolaus Sto(c)kar aus Ulm. Geburtsjahr und Herkunft erschließen sich aus dem Kolophon einer drei Jahre später (1416) entstandenen Sammelhandschrift erbaulicher Schriften, in der er den ersten Textabschnitt schrieb (Lindau, Stadtbibliothek, P I 25). Er gibt hier (Bl. 16va) an, daß er zum Zeitpunkt der Niederschrift bereits 66 Jahre alt war und in Ulm ansässig ist. Nikolaus Sto(c)kar dokumentierte seine Tätigkeit besonders sorgfältig, denn er notiert auch, wieviel Zeit er für die Niederschriften benötigte: für das Schachzabelbuch (123 Bll.) circa 10 Wochen (28. August – 16. November) und für den Textabschnitt (16 Bll.) in der Sammelhandschrift circa 4 Wochen (29. September – 1. November).

Degering 1, S. 76. – Schmidt, Gerard F.: *Art. 'Konrad von Ammenhausen'*, in: ²VL 5, 1985, Sp. 136–139 (Lit.).

RS

90 Jacobus de Cessolis: Das Schachzabelbuch (Prosa-Fassung)

Straßburg: Heinrich Knoblochtzer, 1. September [14]83. 2°
Papier, 40 Bll., 38 × 26 cm
Alter Bestand der Berliner Bibliothek. Frühere Signatur: Libri impressi rari quart. 172
SBB-PK, Inc. 2213

Aufgeschlagen: Bl. 15v / 16r Der Turm (*Das roch auf dem schachzabel*).

1r Titel m. Hlzs, 1v leer, 2r–39v Jacobus de Cessolis: Das Schachzabelbuch, Bl. 40 leer; Pappeinband des 19. Jhs.

Die gedruckten Schachzabelbücher des 15. Jhs. knüpfen direkt an die handschriftliche Tradition des Mittelalters an, und wie diese sind sie noch keine Anleitung für das Brettspiel. Unverändert sind die sich um den König gruppierenden Figuren Sinnbilder einer ständisch gegliederten Gesellschaft, ausgenommen die Geistlichkeit. Die spielerischen Möglichkeiten der Figuren sowie ihre Bezeichnungen weichen noch sehr von den späteren, bzw. heute bekannten Spielregeln ab, wovon besonders die Dame und der Läufer betroffen sind. Vor den 'edlen' Figuren stehen die 'unedlen', die Bauern, die jeweils einen Beruf – wie Zimmermann, Wollweber oder auch Schreiber – symbolisieren, aber auch den Typ des

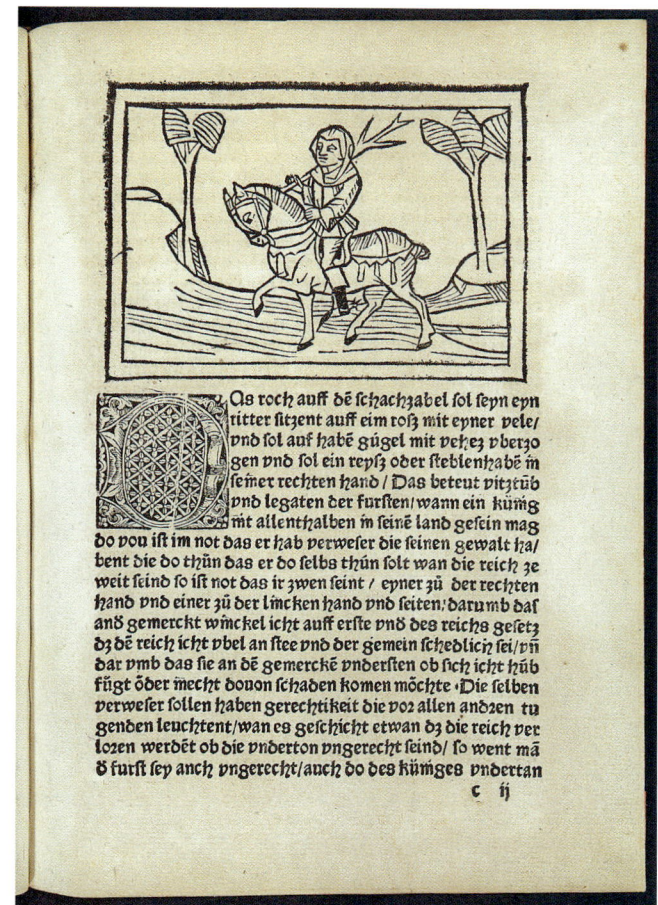

Kat. 90, 16r

Asozialen und Außenseiters, dargestellt mit Geld und Würfeln in der Hand, verkörpern. Jacobus ist es zu verdanken, daß er durch seine allegorischen, mit didaktischen Floskeln und Zitaten angereicherten Darstellungen die ablehnende Haltung der Kirche überwinden konnte und das Brettspiel als nützliche Beschäftigung propagierte. Die Übertragung in verschiedene Volkssprachen und die weite Verbreitung durch das gedruckte Buch geben Zeugnis davon.

Der 1477 in Augsburg erschienene Erstdruck bildete die Vorlage für die nachfolgenden Ausgaben, deren dritte Heinrich Knoblochtzer produzierte. Alle weiteren Ausgaben erschienen bereits in harter Konkurrenz mit anderen Druckern, was jedoch für einen sicheren Absatzmarkt, vor allem in den großen Städten Süddeutschlands, spricht. Das ursprünglich in aristokratischen Kreisen heimische Spiel gehörte zum Kanon ritterlicher Fertigkeiten. Der Buchdruck förderte nunmehr die Übernahme dieser Spieltradition durch ein bürgerliches Publikum. Anfang des 16. Jhs. findet dieser Typ der allegorischen Schachbücher ein Ende. An seine Stelle treten die neuen Schachbücher, die sich auf die Regeln des Spiels konzentrieren und die Theorie und Philosophie des Schachspiels begründen.

Die dem Druck beigegebenen Holzschnitte sind noch keine Lehrbilder, da ihre Figuren die Ständelehre versinnbildlichen und eine soziale Rangordnung darstellen. Die einfache und konkrete Symbolik ließ sich durch Künstler und Formschneider sinnvoll gestalten. Knoblochtzer setzte 16 Holzschnitte ein, darunter eine Wiederholung. Es sind Nachschnitte der Bildstöcke, die Günther Zainer in seiner Erstausgabe verwendete. Dieses in der Zeit des Frühdrucks geläufige Verfahren senkte merklich die Herstellungskosten. Die noch der mittelalterlichen Bildtradition verbundenen Umrißholzschnitte, die grob schraffiert sind und zwei gestaltende Formschneider erkennen lassen, sind im vorliegenden Exemplar nicht ausgemalt. Die Holzschnittinitialen verwendete Knoblochtzer in vielen seiner Drucke.

GW 6530. – Hain-Copinger *4897. – VB 2213. –* Kliewer, Heinz-Jürgen: *Die mittelalterliche Schachallegorie und die deutschen Schachzabelbücher in der Nachfolge des Jacobus de Cessolis. Heidelberg 1966. –* Schmitt, Anneliese *(Hg.): Jacobus de Cessolis: Schachzabel. Faks. der Ausg. Augsburg, J. Schönsperger 1483 (Bibliothek seltener Bücher im Neudruck 2). Leipzig 1981 (Lit.). –* Schwob, Anton: *Art. 'Schachzabelbücher', in ²VL 8, 1992, Sp. 589–592 (Lit.).*
AS

91 Jacobus de Cessolis: Das Schachzabelbuch (Prosa-Fassung)

Bayern, 1466
Papier, I,71,I Bll., 21 × 14 cm
Vorbesitzer: Geschrieben von Hieronymus Weintrager; Schachbibliothek James Wilson Rimington-Wilson, versteigert bei Sotheby, London 1928 und bei Bernard Quaritch, London 1929; 1935 im Besitz von Mrs. Milton E. Getz, Beverly Hills/California; Schachbibliothek Robert Blass, Zürich; 1993 Ankauf mit der Sammlung altdeutscher Handschriften des Hamburger Antiquars Jörn Günther.
SBB-PK, Hdschr. 413

Aufgeschlagen Bl. 41ᵛ/42ʳ: [D]*er funft vennd der sol sten vor der kunigin* (Von den Ärzten und Apothekern).

1ʳ–61ʳ Jacobus de Cessolis: Das Schachzabelbuch, 61ʳ–67ᵛ Legende von der Hl. Katharina; spätgotischer dunkelbrauner Ledereinband auf Holzdeckeln mit schönem Stempelschmuck (Blattreliefs durch Kopfstempel, Bogenfries).

Neben den vier deutschen Vers-Bearbeitungen des Schachzabelbuches mit jeweils bekannten Verfassern, entstanden vier weitere deutsche Prosa-Übertragungen, deren Autoren bisher nicht ermittelt werden konnten.

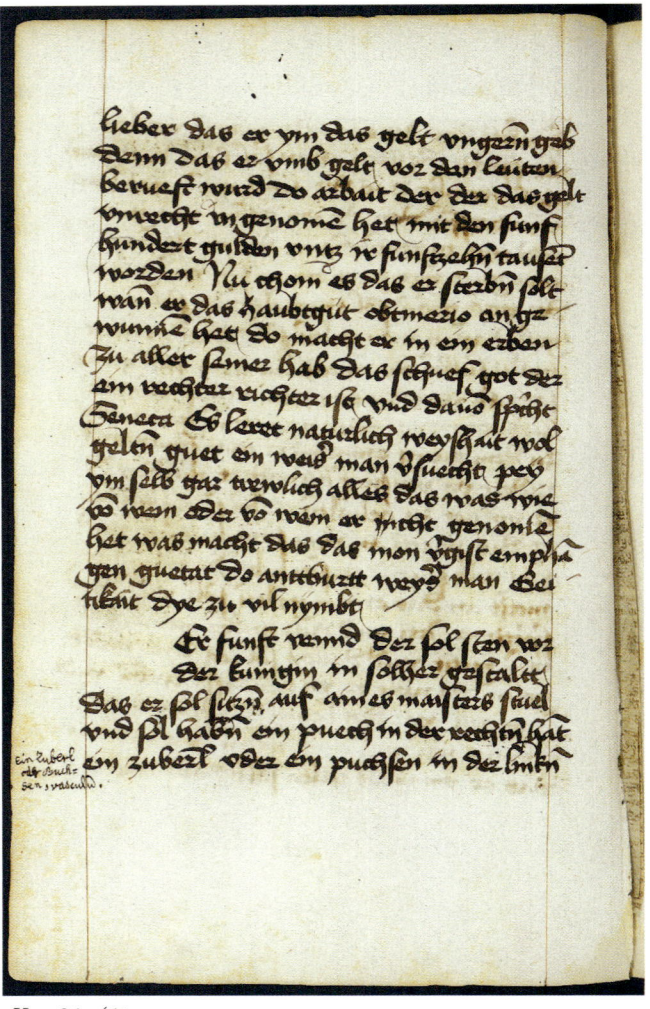

Kat. 91, 41ᵛ

Zwei Übersetzungen sind in jeweils nur einer Handschrift vertreten. Die dritte, zugleich älteste, bietet den umfangreichsten und geschicktesten Text; sie wird durch zwei Handschriften präsentiert. Die vierte gekürzte Variante, auf der dritten basierend und von Gerard F. Schmidt als „2. Fassung" bezeichnet, fand die weitaus häufigste Verbreitung in insgesamt 39 Handschriften und vier Frühdrucken aus Offizinen in Augsburg und Straßburg.

Die Berliner Handschrift gehört zur 2. Fassung. Die Niederschrift des *puech*(s), das außerdem noch die Legende der hl. Katharina enthält, wurde von Hieronymus Weintrager am *erchtag vor sand Philipps tag* (= 29. April) 1466 beendet. Die Datierungsform *erchtag* für 'Dienstag' folgt bairischer Gewohnheit. Der für die Initialen ausgesparte Platz blieb unausgefüllt. Hervorhebenswert ist der zeitgenössische reliefierte Einband, dessen Eigenart in plastischen Blattornamenten besteht, die durch

Kopfstempel erzeugt worden sind. Weitere Schmuckelemente auf dem Einband bilden Einzelstempel (Lilien, Blattwerk mit Blüte u. a.) und ein für den süddeutschen Raum häufiger belegter schöner Bogenfries. Diese Einbandgestaltung ist nach dem Urteil der Einbandforscher speziell in Deutschland angesiedelt, tritt in der zweiten Hälfte des 15. Jahrhunderts auf und ist vergleichsweise gering verbreitet.

BRANDIS, TILO u. PETER JÖRG BECKER: *Kurzes Verzeichnis der nach 1945 erworbenen Handschriften Hdschr. 1–456 der Staatsbibliothek Preussischer Kulturbesitz Berlin. 1986–1997 (masch.schriftl.),* hier S. [78] (Beschreibung von BECKER). – DE RICCI, SEYMOR u. WILLIAM JEROME WILSON: *Census of Medieval and Renaissance Manuscripts in the United States and Canada. Bd. 1. New York 1961 (Nachdruck der Ausg. 1935),* S. 16, Nr. 26 (Bibliothek Milton E. Getz, Beverly Hills, Calif.) – SCHMIDT, GERARD F. (Hg.): *Das Schachzabelbuch des Jacobus de Cessolis, O.P. in mittelhochdeutscher Prosa-Übersetzung. Berlin 1961 (Texte des späten Mittelalters 13),* S. 16 (Zürich, Kat. der Schachbibl. Dr. Robert Blass, 1950, Handschrift Nr. 10). – SCHWOB, ANTON: *Art. 'Schachzabelbücher',* in: ²VL 8, 1992, Sp. 589–592 (Lit.).

RS

92 Der deutsche 'Cato' u. a.

Ostfränkisch, um die Mitte des 15. Jahrhunderts
Papier, 212 Bll., 14,5 x 10 cm
Vorbesitzer: Aus dem Besitz des Breslauer Germanisten und deutschen Altertumsforschers Johann Gustav Gottlieb Büsching (1783–1829), 1829 von seiner Witwe angekauft.
SBB-PK, Ms. germ. oct. 101

Aufgeschlagen Bl. 98ʳ: >*Ein meyster Katho was genannt…*< mit E-Initiale.

Lat.-dt. Sammelhandschrift: Kalender, Praktiken, Arznei- und Kräuterbücher, 'Somniale Danielis' (dt.) in Vers- und Prosaversion (87ᵛ–97ᵛ, 172ᵛ–176ᵛ), 'Cato'(dt.) (98ᵛ–115ʳ, Sigle F bei ZARNCKE), Ps-Bernhardus Claraevallensis: Epistola ad Raymundum militem de cura domus (dt. Bearbeitung), Visionsberichte, Bußgedicht, 'Lucidarius' (dt.); spätmittelalterlicher dunkelbrauner Ledereinband auf Holzdeckeln mit Metallbuckeln und Langschließen (eine erhalten).

Der Text geht auf die lateinischen 'Disticha Catonis' zurück, eine spätantike Sammlung von praktischen Lebensregeln für den privaten Gebrauch, die ein Vater seinem Sohn erteilt. Der 'Cato' prägte als Schulbuch die Jugend des Mittelalters und der frühen Neuzeit; er war unverzichtbare Anfangslektüre aller Lateinschüler neben der 'Ars minor' des Donatus. Der Text wurde in fast alle europäischen Volkssprachen übersetzt; die erste mittelhochdeutsche Fassung, zugleich die Gesamtübersetzung, der lateinische Text in Parallele, entstand um die Mitte des 13. Jahrhunderts. Eine zweite Gruppe entwickelte sich im Schwäbischen zu Beginn des 15. Jahrhunderts. Daneben sind kürzende Bearbeitungen und Teilübersetzungen überliefert. Der deutsche 'Cato' präsentiert sich in einer Vielfalt von Fassungen und Gruppierungen, ungewöhnlich für deutschsprachige Texte, und findet auch in den Frühdrucken eine überaus große Verbreitung.

Da die Gebrauchszusammenhänge der deutschen Übersetzungen bisher noch keine umfassende Erforschung erfahren haben, teilte NICOLAUS HENKEL (S. 229) die Überlieferung vorläufig in sechs Typen, wobei er zwei Typen in der Tradierung *ohne* lateinischen Text unterschied: (a) eingebettet in 'unterhaltende', z.T. auch 'belehrende' Literatur, und (b) im Verbund mit didaktisch-fachliterarischen Texten. Die Berliner Handschrift bietet den 'Cato' ohne die lateinische Version im Kontext mit belehrenden, didaktisch-fachliterarischen, geistlichen und auf den praktischen Gebrauch orientierten Texten und präsentiert sich damit als Kombination von Typ (a) und (b).

DEGERING 3, S. 42–43. – HENKEL, NIKOLAUS: *Deutsche Übersetzungen lateinischer Schultexte. Ihre Verbreitung und Funktion im Mittelalter und in der frühen Neuzeit. Mit e. Verz. der Texte. München 1988 (MTU 90),* S. 228–231 und Reg. – PALMER, NIGEL F. u. KLAUS SPECKENBACH: *Träume und Kräuter. Studien zur Petroneller 'Circa instans'-Handschrift und zu den deutschen Traumbüchern des Mittelalters. Köln, Wien 1990 (Pictura et poesis 4),* S. 134. 136–137. – BALDZUHN, MICHAEL: *Verzeichnis der deutschen Cato-Handschriften und Drucke (Online-Version: www.rrz.uni-hamburg.de/ SFB538/a7/hv.html),* vgl. auch DERS.: *Verzeichnis der deutschen Cato-Überlieferung am Teilprojekt A 7 des SFB 538 „Mehrsprachigkeit",* in: ZfdA 131, 2002, S. 272–273 (Internet-Fassung: http:// www.uni-marburg.de/hosting/zfda/maphilo11_baldzuhn.html).

RS

93 Der deutsche 'Cato' (vulgo Disticha Catonis), (lateinisch und deutsch)

Nürnberg: Hieronymus Hölzel 1500, 4°
Papier, 14 Bll., 19,5 × 14 cm
SBB-PK, Inc. 1929

Aufgeschlagen Bl. 1ʳ: Magister cum discipulis.

Bl. 1 Titel, Bl. 2–15 Der deutsche Cato; zwei Titelholzschnitte, Kolumnentitel, gedruckte Initialen, Verse abgesetzt; Bibliothekseinband des 19. Jahrhunderts.

Nicht der im Text erwähnte Marcus Porcius Cato Censor ist der Verfasser der 'Disticha Catonis', einer Sammlung moralischer Sentenzen, sondern ein unbekannter Didaktiker des 3. Jahrhunderts. Der Grund für die Wahl des fingierten Autors liegt in dessen Autorität als idealtypischem Repräsentanten altrömischer *virtus* begründet. Die vorliegende Version des lateinischen Textes, die sogenannte Vulgatfassung, umfaßt eine Eingangsepistel

Cathonis carmen de moribus p̃ Anthonium Mancinellum correctum.

Kat. 92, 98ʳ

(*Cum animadverterem…*), in der ein Vater seinen Sohn auffordert, die beigegebenen Praecepta zu studieren, sowie die auf vier Bücher aufgeteilten insgesamt 144 Distichen. In der Druckfassung nicht enthalten sind hingegen die 57 'Breves sententiae' in Prosa, die dem Text in karolingischer Zeit hinzugefügt wurden. Die Sentenzen des 'Cato' vermitteln Regeln für die praktische Lebensführung vor allem im privaten, zwischenmenschlichen Bereich; ihre überzeitliche Gültigkeit erlaubte eine problemlose Rezeption des vorchristlichen Werkes auch im christlichen Mittelalter.

Die herausragende Bedeutung des lateinischen 'Cato' im gesamten mittelalterlichen Abendland beruht auf seiner Verwendung als Anfangslektüre im Lateinunterricht; diese Funktion erklärt auch die zahlreichen Übersetzungen in nahezu alle europäischen Volkssprachen. Insgesamt wurde der Cato im 15. Jahrhundert 127 Mal gedruckt, davon allein 39 Mal in Deutsch. Der älteste Hinweis auf eine deutsche Übersetzung des 'Cato' findet sich bereits zu Beginn des 11. Jahrhunderts in einem Brief Notkers III. von St. Gallen (Labeo/Teutonicus) an den Bischof Hugo II. von Sitten. Ob er dieses Vorhaben aus-

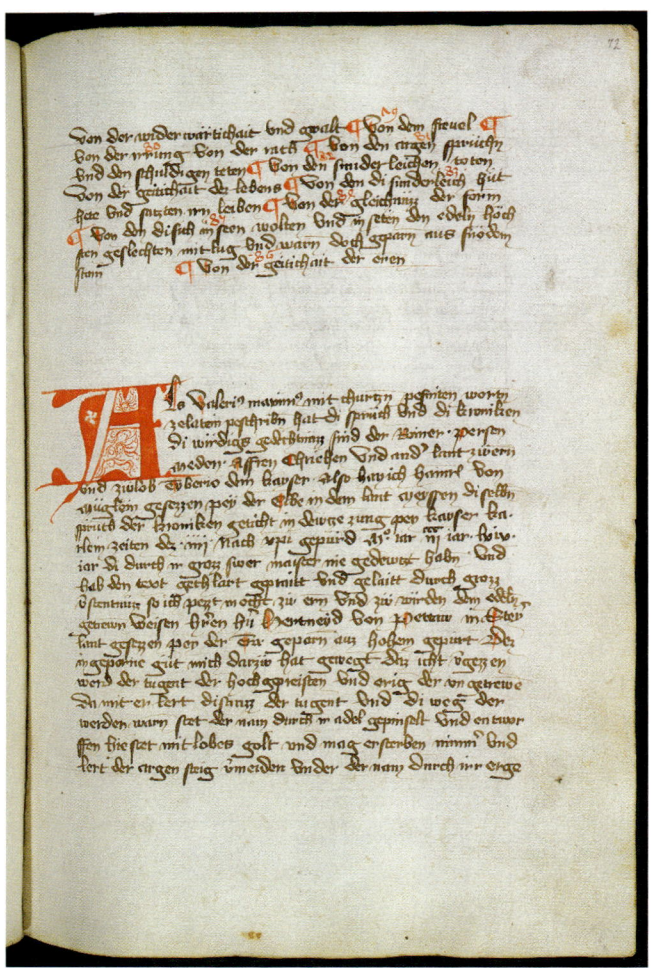

Kat. 94, 72ʳ

geführt hat, ist nicht bekannt. Die älteste bekannte deutsche Übersetzung entstand in der zweiten Hälfte des 13. Jahrhunderts im bayerisch-österreichischen Sprachraum. Die im Nürnberger Inkunabeldruck vorliegende Fassung läßt sich seit dem Beginn des 15. Jahrhunderts nachweisen und scheint in Schwaben entstanden zu sein; sie gibt die lateinischen Distichen in paargereimten, viertaktigen Vierzeilern wieder. Die deutschen Verse sind ebenso wie die lateinischen abgesetzt, sie sind in einer kleineren Type gesetzt und erscheinen im Druck eingerückt.

Der Drucker Hieronymus Hölzel, der sich im Kolophon der vorliegenden Ausgabe *concivis Nurembergensis* nennt, stammte ursprünglich aus Traunstein in Oberbayern. Seine Tätigkeit als Drucker reicht von 1500 bis 1525, der Schwerpunkt seiner Publikationen lag auf lateinischen Lehrwerken (Alexander de Villa Dei, Donatus, Perger, Ebrardi etc.).

Die Schulszene des Titelholzschnittes, ein häufig verwendetes 'Magister cum discipulis'-Motiv, wurde von Hölzel allein im Jahr 1500 sieben Mal für Lehrwerke verwendet; zwei Nachschnitte dieses Holzschnittes wurden zu Beginn des 16. Jahrhunderts von den Druckern Matthias Hupfuff in Straßburg und Friedrich Pepyus in Nürnberg verwendet. Ein zweiter Holzschnitt auf der Versoseite des Titelblattes zeigt den gelehrten Kirchenvater Hieronymus, der den Lateinschülern als *vir trilinguis* aufgrund seiner Sprachkenntnisse als Vorbild dienen soll.

HAIN 4715. – VB 1929. – SCHREIBER, W. L. *und* HEITZ, PAUL: *Die deutschen „Accipies" und Magister cum discipulis-Holzschnitte. Als Hilfsmittel zur Inkunabelbestimmung (Studien zur deutschen Kunstgeschichte 100).* Straßburg 1908. – BRUNNER, INGRID ARVIDE: *On Some of the Vernacular Translations of Cato's Distichs,* in: BUEHNE, SHEEMA Z.: *Helen Adolf Festschrift,* New York 1968, S. 99–125. – WORSTBROCK, FRANZ JOSEF: *Deutsche Antikenrezeption 1450–1550. Teil I. Verzeichnis der deutschen Übersetzungen antiker Autoren. Mit einer Bibliographie der Übersetzer (Veröffentlichungen zur Humanismusforschung 1).* Boppard am Rhein 1976. Nr. 83. – KESTING, PETER: *Art. 'Cato',* in: ²VL I, 1978, Sp. 1192–1196. – HENKEL, NIKOLAUS: *Deutsche Übersetzungen lateinischer Schultexte. Ihre Verbreitung und Funktion im Mittelalter und in der frühen Neuzeit. Mit einem Verzeichnis der Texte.* München 1988.

KG

94 Heinrich von Mügeln: Valerius-Maximus-Auslegung u. a.

Bayern, 14. und 15. Jahrhundert (Hand C datiert 1402)
Papier, 209 Bll., 30,5 × 21 cm
Vorbesitzer: Im 16. Jahrhundert im Besitz eines *Henricus Saendrych* (?) *Ve..sticker* (?); später im Besitz des Bonner Juristen und Historikers Eduard Böcking (1802–1870), er schenkte die Handschrift 1852 dem Berliner Juristen und Rechtshistoriker Karl Gustav Homeyer. Mit dessen Nachlaß gelangte sie 1875 in die Königliche Universitätsbibliothek Berlin (Ms. iur. 89), wurde 1893 ausgeschieden und an die Königliche Bibliothek abgegeben.
SBB-PK, Ms. germ. fol. 1093

Aufgeschlagen Bl. 72ʳ: Textanfang.

1ʳ–3ʳ 'Der Könige Buch' (Ausz.: Geschichte Josephs), 3ʳ–69ᵛ 'Schwabenspiegel': (3ʳ–51ʳ) Landrecht, (51ʳ–66ᵛ) Lehnsrecht, (67ʳ–69ʳ) Register, 71ʳ–209ᵛ Heinrich von Mügeln: Valerius-Maximus-Auslegung; 3 Schreiberhände (A: Text 1+2, B: Register, C: Text 3); zeitgenössischer, stark abgenutzter Ledereinband mit Resten zweier Schließen.

Gegen Ende des 13. Jahrhunderts ist eine zunehmend lehrhafte Funktion der Literatur zu beobachten, die auch in der höfischen Dichtung neue Formen und Inhalte entstehen ließ. Minnereden, Minnelehren oder Minneallegorien treten an die Stelle des Minnesangs, dem Informationsgehalt wird eine höhere Bewertung zuteil als der ästhetischen Qualität. Heinrich von Meißen (gen. 'Frauenlob') inauguriert für ein höfisches Publikum die belehrende Spruchdichtung ('Sangsprüche'), vielfältig in der Thematik, mit 'wissenschaftlichem' Anspruch.

Als bedeutsamer Vertreter der didaktischen Literatur, insbesondere der Spruchdichtung, gilt der mit einer umfassenden Bildung ausgestattete Dichter und Schriftsteller Heinrich von Mügeln, mit einiger Wahrscheinlichkeit aus dem Meißnischen stammend und wohl längere Zeit am Prager Hof Karls des IV. präsent. Seine Schaffenszeit dürfte mit der Regierungszeit Karls (1346–1378) zusammenfallen. Eine umfangreiche Verbreitung fanden sein 'Psalmenkommentar', eine Bearbeitung des lateinischen Psalmenkommentars von Nikolaus von Lyra, seine 'Sprüche'-Sammlung und seine 'Valerius-Maximus-Auslegung', die hier vorgestellt wird. Es ist eine kommentierende Übersetzung der 'Facta et dicta memorabilia' des Valerius Maximus, eine dem römischen Kaiser Tiberius gewidmete Exempelsammlung, die für den Unterricht in den Rhetorenschulen bestimmt war. Heinrich benutzte sicher dazu auch den Valerius-Maximus-Kommentar des italienischen Augustiner-Eremiten Dionysius de Burgo (circa 1280–1342). Er widmete seine 'Auslegung' 1369 Hertneid (junior) von Pettau, dem Landesmarschall der Steiermark. Diese sehr beliebte spätmittelalterliche Sammlung ist in 22 Handschriften und Fragmenten sowie einem Inkunabeldruck (Augsburg Anton Sorg: 1489) überliefert.

Die Exempelsammlung der Berliner Handschrift steht im Kontext mit dem 'Buch der Könige' und dem 'Schwabenspiegel'. Während letztere Texte häufig zusammen überliefert werden, ist die Verbindung mit der 'Valerius-Maximus-Auslegung' bisher singulär. An der Herstellung der Handschrift waren drei Schreiber beteiligt. Eine Datierung trägt nur die letzte Abschrift: *Explicit Translacio Valerii. Anno Domini M° quadringentesimo secundo finitus est iste liber in translacione Sancti Nicolay episcopi* (= 9. Mai 1402). Dem kodikologischen Befund zufolge sind die Texte jedoch als Einheit aufgefaßt und von vornherein zusammengebunden worden. Der Text der Berliner Handschrift (Sigle B) besitzt nach HILGERS (S. 225–230) eine Reihe von Eigenheiten, die er mit keiner anderen Fassung teilt, vor allem Sonderlesarten, Änderungen gegenüber der Vorlage u. a. Die Änderungen sind moderat und intelligent vorgenommen worden. Eine systematische Untersuchung würde sicher Indizien liefern für das Textverständnis des Schreibers (und Lesers) und einen weiteren Baustein zur Wirkungsgeschichte der 'Valerius-Maximus-Auslegung' hinzufügen können.

DEGERING 1, S. 152. – ZUMKELLER, ADOLAR: *Manuskripte von Werken der Autoren des Augustiner-Eremitenordens in mitteleuropäischen Bibliotheken (Cassiciacum 20). Würzburg 1966, S. 109–110, Nr. 234a.* – HILGERS, HERIBERT A.: *Die Überlieferung der Valerius-Maximus-Auslegung Heinrichs von Mügeln. Vorstudien zu einer krit. Ausgabe (Kölner germanistische Studien 8). Köln, Wien 1973, S. 26–30: Beschreibung der Handschrift und S. 225–230: Textanalyse.* – OPPITZ, WOLF-DIETER: *Deutsche Rechtsbücher des Mittelalters. Bd. 2: Beschreibung der Handschriften Köln, Wiesbaden 1990, S. 383.* – STACKMANN, KARL: *Art. 'Heinrich von Mügeln', in ²VL 3, 1981, Sp. 815–828 (Lit.). – Eine kritische Textausgabe fehlt bisher.*

RS

95 Heinrich von Mügeln: Valerius-Maximus-Auslegung

Bairisch-österreichisch, um 1470–1480
Papier, 1 Bl., 27 × 21 cm
Vorbesitzer: Aus der Bibliothek Joachims, Baron in Windhaag bei Perg (Oberösterreich): *Bibliotheca Windhagiana 1664* (Vermerk auf dem Münchener Blatt, Inv. Nr. 18855), die Sammlung gelangte 1786 in die Kaiserliche Hofbibliothek Wien; Sammlung Bernhard M. Rosenthal, San Francisco, 1988 im Antiquariat Bernard Quaritch, London versteigert; 1993 Ankauf mit der Sammlung altdeutscher Handschriften des Hamburger Antiquars Jörn Günther.
SBB-PK, Hdschr. 404

143rv Heinrich von Mügeln: Valerius-Maximus-Auslegung: Buch 9,6,4,2–9,8,3; zwei Zierinitialen: (1) goldfarben (Höhe 3 cm) auf blauem Grund mit weißem Filigran und farbigen Blattrankenausläufern mit Goldpollen (Kap. 8), (2) blau mit Blattwerk gefüllt (Höhe 3 cm) auf rotem, goldgerautetem Grund mit farbigen Blattwerkausläufern (Kap. 9).

Das Berliner Fragment (fol. 143rv) gehört zu einer ehemals vollständigen Handschrift (Sigle f₂), von der sich weitere Blätter in Graz (Steiermärkisches Landesarchiv, FG 8: 1 Bl.), Pennsylvania (University Park, The Pennsylvania State University Library, o. S.: 12 Bll.) und in München (Staatliche Graphische Sammlung, Inv. Nr. 18850–18861: 12 Bll.) befinden. Das mit qualitätsvollen Initialen und Lombarden (zu Beginn der Exempel) ausgestattete Blatt enthält Benutzungsspuren von neuzeitlicher Hand: die mit Tinte notierten Buch- und Kapitelangaben. Der Text insgesamt weist besonders viele Änderungen und Varianten auf und läßt sich in das Überlieferungsstemma nicht eindeutig einordnen.

Zu den Fragmenten in Graz und Pennsylvania vgl. HILGERS, HERIBERT A.: *Die Überlieferung der Valerius-Maximus-Auslegung Heinrichs von Mügeln. Vorstudien zu einer krit. Ausgabe (Kölner germanistische Studien 8). Köln, Wien 1973, S. 40–42: Beschreibung und S. 293–297: Textanalyse.*

RS

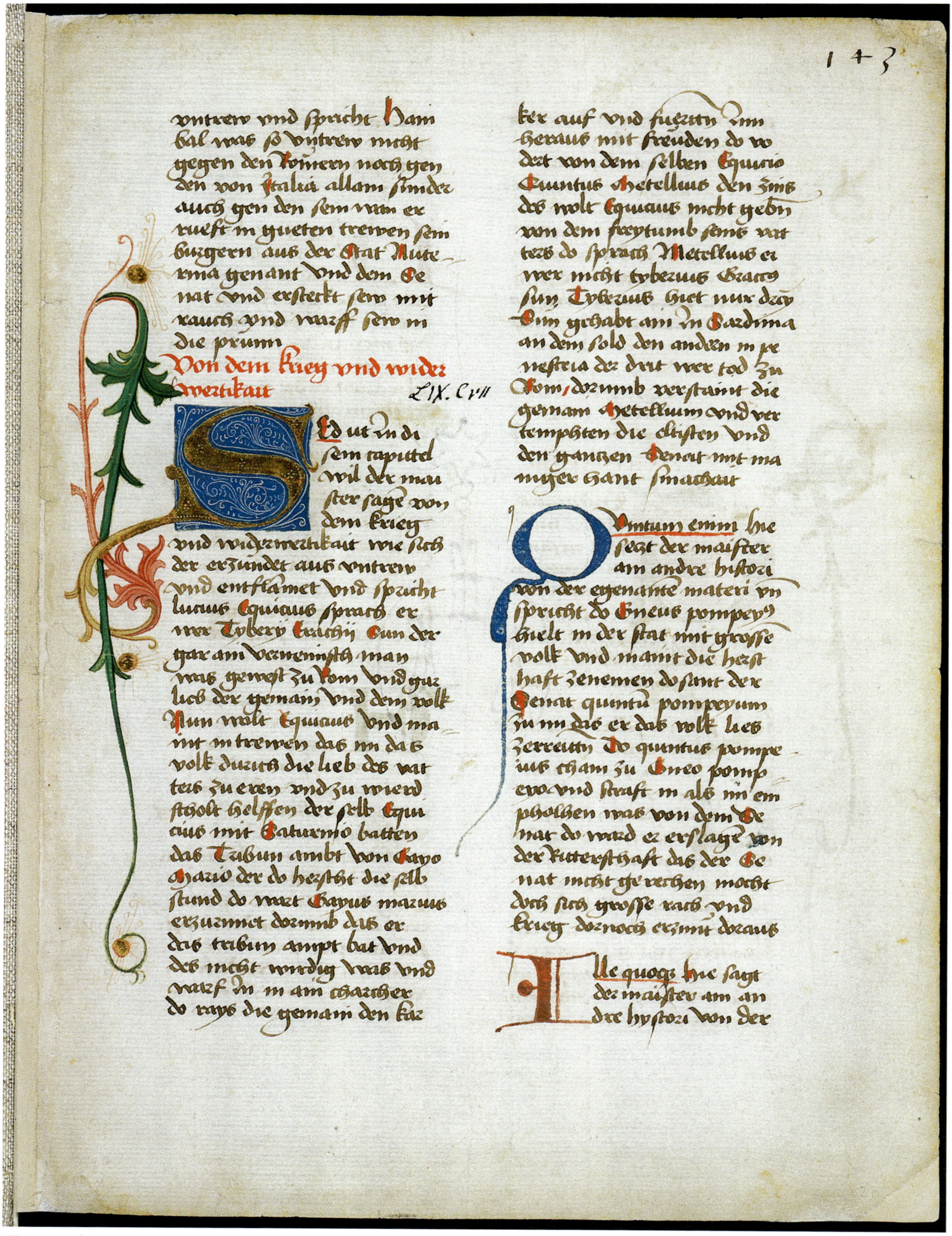

vntrew vnd spricht Han
bal was ist vntrew nicht
gegen den Römern noch gen
den von Italia allain sinder
auch gen den sein väm er
rueft in güeten trewen sein
burggern aus der stat Mute
rina genant vnd den Se
nat vnd ersteckt sew mit
rauch vnd wäreff sew in
die prünn

**Von dem krieg vnd wider
werikait** *LIX. Cvii*

Jd ut in di
sem capittel
wil der mai
ster sage von
dem krieg
vnd widerwerikait wie sich
der erzündet aus vntrew
vnd entflamet vnd spricht
lucius Equcius sprach er
wär Tyberij crachij Sun der
gar ain vernemister man
was gewest zu rom vnd gar
lieb der gemain vnd dem volk
Nun wolt Equcius vnd ma
int in trewen das im das
volk durch die lieb des vat
ters zu eren vnd zu wierd
scholt helffen der selb Equ
cius mit Saturnio batten
das Tribun ambt von Gayo
mario der do heischt die selb
stund do ward Gayus marius
erzürnet darumb das er
das tribun ampt bat vnd
des nicht wirdig was vnd
warff in in ain charcher
do rays die gemain den kar

ker auf vnd fuegtten im
heraus mit freuden do w
det von dem selben Equcio
Quintus Metellus den zins
des wolt Equcius nicht gebn
von dem freytumb seins vat
ters do sprach Metellus er
wär nicht tyberius Gracus
Sun, Tyberius hiet nur drey
Sün gehabt ain in Sardinia
an dem sold den andern in pe
nestela der drit wär tod zu
Rom, darumb verstaint die
gemain Metellum vnd ver
tempften die edisten vnd
den gantzen Senat mit ma
niger hant smachait

Quintum enim hie
sezt der maister
ain andre histori
von der egenante materi vn
spricht do Gneus pompeyus
hielt in der stat mit grosse
volk vnd maint die herst
haft zenemen do sint der
Senat quintu pompeyum
zu in das er das volk lies
zerreutn do quintus pompe
ius cham zu Gneo pomp
eio vnd straft in als im em
pholhen was von dem Se
nat do ward er erslage von
der ritterschaft das der Se
nat nicht ge rechen mocht
doch sich grosse rach vnd
krieg darnoch erzint daraus

Ille quoqs hie sagt
der maister ain an
dre hystori von der

Von den vier töchteren gotts vnd von vier geschlechten hie in der welt

Hie heb ich an ze tichten vnd wil geistlich vnd welltlich gaystlich … welltlich sach vrichten

Danach hebt sich an der maister
zeychnere zu tychten, vnd will gayst=
lich vnd welltlich sachen außrichten.
damit er tüt die leüt lere, der sich dz
gar will eren

96 Heinrich der Teichner: Didaktische Reimreden

Augsburg, 1472
Papier, 333 Bll., 28 × 19 cm
Vorbesitzer: 1472 geschrieben von Conrad Müller (= Konrad Bollstatter) von Öttingen im Ries; 1845 von dem Berliner Verlags- und Sortimentsbuchhändler Abraham Isaac Asher für die Königliche Bibliothek erworben.
SBB-PK, Ms. germ. fol. 564

Aufgeschlagen Bl. 7ᵛ/8ʳ: Der lesende Autor in einem Medaillon mit Umschrift *Hie heb ich an zů tichten vnd wil gaystlich und weltlich sachen vsriehten*; [8ʳ:] Anfangsseite mit Zierinitiale.

1ʳ–7ᵛ Werksregister, 8ʳ–333ʳ Heinrich der Teichner: Didaktische Reimreden (235 Gedichte, darunter 10 Gedichte von Heinrich Kaufringer und 5 weitere von anderen); zahlreiche farbige Fleuronnée-Initialen (blau, rot, grün), schwarz-rote Initialen in Cadellenmanier jeweils am Seitenanfang, 1 blaue Blattwerksinitiale (Höhe 8,5 cm) auf zweifarbig gerahmtem Goldgrund mit Blattrankenausläufern und Goldpunkten am Seitenrand, 1 ganzseitige Miniatur (Autorenbild); mittelbrauner Kalbsledereinband des 19. Jahrhunderts, floraler Außenrahmen in Goldprägung, Innenrahmen aus schmalen Goldlinien mit floralen Eckstempeln.

Dises Půch ist geendet vnd außgeschriben worden uon Conrade müller von Ötingen auff Sampstag nächst vor Sant Bartholomeus des hailigen zwölffboten tag Anno domini M CCCC LXXII. Mit der Berliner Handschrift präsentiert sich ein datiertes Zeugnis aus der Werkstatt des in Augsburg ansässigen Conrad Müller (= Konrad Bollstatter) (vgl. dazu Kat. 57: 'Berliner Weltgerichtsspiel'). Auch hier findet sich im Bild des lesenden Autors (Bl. 7ᵛ) die stark holzschnittartige Silhouette und die kräftigen, lebhaften Farben rot, blau, grün, gelb mit flüchtigen Schattierungen, die in den Augsburger Arbeiten der 70er Jahre des 15. Jahrhunderts immer wieder anzutreffen sind. Die Blattwerksinitiale mit dem dreiseitigen Randornament auf der gegenüberliegenden Anfangsseite passt ebenso zu den Augsburger Werkstattarbeiten dieser Zeit.

Nicht nur der Schreiber, sondern auch der Autor nennt sich in der Handschrift: *Mayster Teychner.* Heinrich der Teichner gilt durch die Vielfalt seiner Themen und die Qualität seiner Dichtung als der bedeutendste Vertreter der Reimrede im späten Mittelalter. Vergleichbar etwa dem 'Neidhart' besaß er eine eigene 'Verfassersignatur': *Also sprach der Teychner,* die bald als Gattungsbezeichnung betrachtet wurde, unter der sich auch Unechtes subsumieren ließ. Der wohl um 1310 geborene und vor 1377 gestorbene Dichter ist urkundlich nicht bezeugt. Äußerungen in seinem Werk und sein Beiname lassen vermuten, daß er wohl aus Oberösterreich stammt, in oder bei Wien später seßhaft gewesen sein könnte und wahrscheinlich nicht in Hofdiensten gestan-

den hat, wozu die große Offenheit und Freimütigkeit in seinen Anschauungen gut passen würde. Überliefert sind knapp 800 Reimreden mit circa 69 000 Versen, verteilt auf mehr oder minder umfängliche Sammlungen in 15 Handschriften und ein oder wenige Gedichte in 29 weiteren Handschriften. Heinrich der Teichner behandelt im weitesten Sinne ethisch-moralische und theologische Themen, darin eingeschlossen Überlegungen zu Ständeordnung und -kritik, wobei der Klerus mit besonders kritischer Aufmerksamkeit bedacht wurde, Beobachtungen zu den Berufsgruppen, Reflexionen über die verschiedensten Zustände des menschlichen Lebens. Seine Reimreden sind ein „Kompendium der Lebensweisheit" (CRAMER, Geschichte, S. 104), entnommen aus der Lebenspraxis, allgemein verständlich, ohne stilistische Ambitionen und Attitüden für den praktischen Gebrauch bestimmt. Trotz der Vielfalt im Detail verfolgen sie eine klare Zielsetzung: die Laienunterweisung.

Des Teichners Reimreden sind kein in sich abgeschlossenes Corpus, das auf eine Urfassung zurückgeht. Da sie ähnlich wie Neidharts Lieder für den Vortrag bestimmt waren, unterlagen sie mannigfachen Umformungen, Ergänzungen oder Kürzungen durch den Autor selbst oder durch Bearbeiter je nach Zuhörerkreis, Anlaß, Absicht oder Auftrag. Daher ist auch jede Fassung einer Reimrede in jeder Handschrift ein eigenständiger Text, unikal in dieser Überlieferung.

Die Besonderheiten der Berliner Handschrift (Sigle O) bestehen darin, daß sie eine der umfangreichsten Sammlungen von Teichners Reimreden enthält, zudem über 20 Reimreden bietet, die nur in dieser Handschrift überliefert sind. Sie geht auf eine alte augsburgische Sammlung zurück, aus der auch die noch zu Lebzeiten des Teichners entstandene Augsburger Handschrift E (München, Bayerische Staatsbibliothek, Cgm 574, 24ʳᵃ–85ᵛᵇ) schöpft.

DEGERING 1, S. 69. – WEGENER, S. 103. – NIEWÖHNER, HEINRICH: *Des Teichners Gedichte. II,* in: *ZfdA* 69, 1932, S. 145–208, besonders S. 206–208: *Eigengut der Handschrift O.* – LÄMMERT, EBERHARD: *Reimsprecherkunst im Spätmittelalter. Eine Untersuchung der Teichnerreden.* Stuttgart 1970. – GLIER, INGEBORG: Art. 'Heinrich der Teichner', in: ²VL 3, 1981, Sp. 884–892 (Lit.). – Ausst.kat. Berlin 1988, S. 188, Nr. 88.

RS

97 Christine de Pizan:
Das bůch von dem vechten vnd der ritterschafft (Teil I–IV)

Bern, 3. Drittel des 15. Jahrhunderts
Papier, 334 Bll., 29,5 × 21 cm
Vorbesitzer: Im Besitz von Jakob I. vom Stein (gest. nach 1480), Herr zu Münsingen, einem adligen, 1585 ausgestorbenem Berner Geschlecht; Papierstreifen im Spiegel des VD (linker Rand) mit dem Besitzermonogramm *.i.u.s.*, darunter Wappen der Herrschaft von Strätlingen (Pfeilspitze), deren eine Hälfte 1459 in den Besitz Jakobs und seiner Brüder gelangt war; 1562 kam die Handschrift wahrscheinlich mit dem Verkauf des Steinschen Anteils an der Herrschaft Münsingen an Johannes Steiger (gest. 1581), Schultheiß von Bern, in den Besitz der Familie Steiger, gehörte nach Johannes' Tod vermutlich dessen Sohn Georg (gest. 1610), dem neuen Herrn von Münsingen und dem Begründer der Linie Steiger-Münsingen; Familienbesitz sicher bis Ende des 19. Jahrhunderts; Basel, Privatbesitz bis 2002; Ankauf im Antiquariat Jörn Günther, Hamburg.
SBB-PK, Ms. germ. fol. 1705

Aufgeschlagen Bl. 4ᵛ/5ʳ: Inhaltsverzeichnis zu Teil I; Prolog.

2ʳ–192ʳ Christine de Pizan: Das bůch von dem vechten vnd der ritterschafft (Teil I–IV), hochalemannisch; fantasievolle, cadellenähnliche Initialen, z.T. mit Profilköpfen, zu Beginn jeder Kapitelüberschrift und in den Inhaltsverzeichnissen; 5- bzw. 4-zeilige rote oder grüne Lombarden mit mannigfacher Ausgestaltung am Kapitelanfang (bis 144ʳ); spätgotischer dunkelbrauner Ledereinband auf Holzdeckeln mit Stempelschmuck auf dem Vorderdeckel und Hinterdeckel, wahrscheinlich aus einer Berner Buchbinderwerkstatt, wohl frühestens zu Ende der 60er Jahre des 15. Jahrhunderts.

Christine de Pizan gehört zu den vielseitigsten, intelligentesten und selbstbewußtesten Autorinnen des europäischen Mittelalters, sie ist zugleich die erste Berufsschreiberin Frankreichs. Sie wurde um 1365 als Tochter des Bologneser Gelehrten Tommaso di Benvenuto da Pizano, der kurz zuvor als Leibarzt und Astrologe an den königlichen Hof Karls V. in Paris berufen worden war, in Venedig geboren und starb wohl 1430 wahrscheinlich bei ihrer Tochter in der Abtei von Poissy bei Paris. 1368 siedelte Christines Familie nach Paris über. Sie wuchs also in einem intellektuell anspruchsvollen Milieu im Umfeld des Königshofes auf. Nach dem frühen Tod ihres Gatten (1390) war sie, inzwischen Mutter zweier Kinder, wohl eine zeitlang als Kopistin in der königlichen Kanzlei tätig. Ihre literarische Tätigkeit begann um 1400 am Hofe des Herzogs von Orléans, neben Anjou und Burgund ein Zentrum des literarischen, sozialen und künstlerischen Lebens. Hier entstanden ihre ersten Werke, u. a. die 'Cent Ballades', ein Balladenzyklus, dessen Themen in ihren späteren Werken ausführlicher behandelt wurden, und die 'Epistre Othea', ein Sendschreiben der Göttin der Weisheit, Othea, an den trojanischen Helden Hektor. Dieses wohl populärste allegorisch-didaktische Werk ist ein Ludwig von Orléans gewidmeter Traktat zur Rittererziehung, worin Christine, ausgehend von my-

thologischen Beispielen, moralische und religiöse Lehren erteilt, die auch ein Laienpublikum erreichen sollen. Er steht damit in der Tradition der ritterlichen Moraltraktate und der religiös-didaktischen Abhandlungen. Mit dem 'Dit de la rose' schaltet sie sich in die kontrovers geführte Debatte um die Frauenfeindlichkeit des von Jean de Meun verfaßten zweiten Teils des 'Rosenromans' ein und bringt bereits hier ein ihr sehr wichtiges Thema ein, dessen Darstellung in ihrer 'Cité des Dames' eine großartige Vertiefung findet: die Verteidigung der Frauen und ihrer Fähigkeiten gegen die Verleumdungen der Männer und die Kritik am negativen Frauenbild ihrer Zeit. Dadurch wurde sie auch einem breiteren Publikum bekannt. Ihre zweite Schaffensperiode (zwischen 1405 und 1418) umfaßte, bedingt durch einen drohenden Bürgerkrieg infolge der Rivalitäten zwischen den Herzögen von Orléans und Burgund und inmitten des Hundertjährigen Krieges, vorwiegend zeitkritische Werke, darunter auch ihre dem französischen Thronfolger Ludwig von Guyenne gewidmeten Traktate zur Fürstenerziehung. Dazu gehört der vermutlich von dem burgundischen Herzog Johann Ohnefurcht für den Thronfolger in Auftrag gegebene und um 1410 vollendete 'Livre des Fais d'armes et de Chevalerie'. Es handelt sich um einen militärkundlichen Traktat in vier Teilen, der „zugleich ein Handbuch der ritterlichen Erziehung, einen strategischen Leitfaden und ein Gesetzbuch der Menschenrechte der kriegerischen Gesellschaft des Mittelalters darstellt" (ZÜHLKE, S. 185), beruhend auf den antiken Schriftstellern Vegetius: 'De re militari', Sextus Julius Frontinus: 'Strategemata', Valerius Maximus: 'De dictis et factis memorabilibus' und auf Honoré Bouvets 'Arbre des batailles', einer gegen Ende des 14. Jahrhunderts entstandenen und Karl VI. gewidmeten kriegsrechtlichen Abhandlung, die souverän kombiniert und mit zeitgenössischem Erfahrungswissen geschickt angereichert werden. Die Behandlung dieses für eine Frau ungewöhnlichen Stoffes rechtfertigt Christine ausführlich im Prolog, einerseits unter Hinweis auf ihr bisheriges erfolgreiches Schaffen, was sie für ein so schwieriges Thema legitimiere, und andererseits unter Hinweis auf ihre Leitfigur Minerva, die Göttin der Weisheit und der Kriegskunst, deren Wirken sie sich verbunden fühle und deren Beistand bei der Erfüllung dieser schwierigen Aufgabe sie sich anvertraue. 21 Handschriften sowie Frühdrucke belegen die Breitenwirkung des Werkes. Sie teilen sich in zwei Gruppen: die früher entstandene und sorgfältiger ausgeführte Gruppe A mit Christines Namensnennung und die Gruppe B, in der ihr Name unterdrückt wurde, ein Indiz dafür, daß die Besetzung einer „rein männlichen" Domäne durch eine Frau keine allgemeine

5

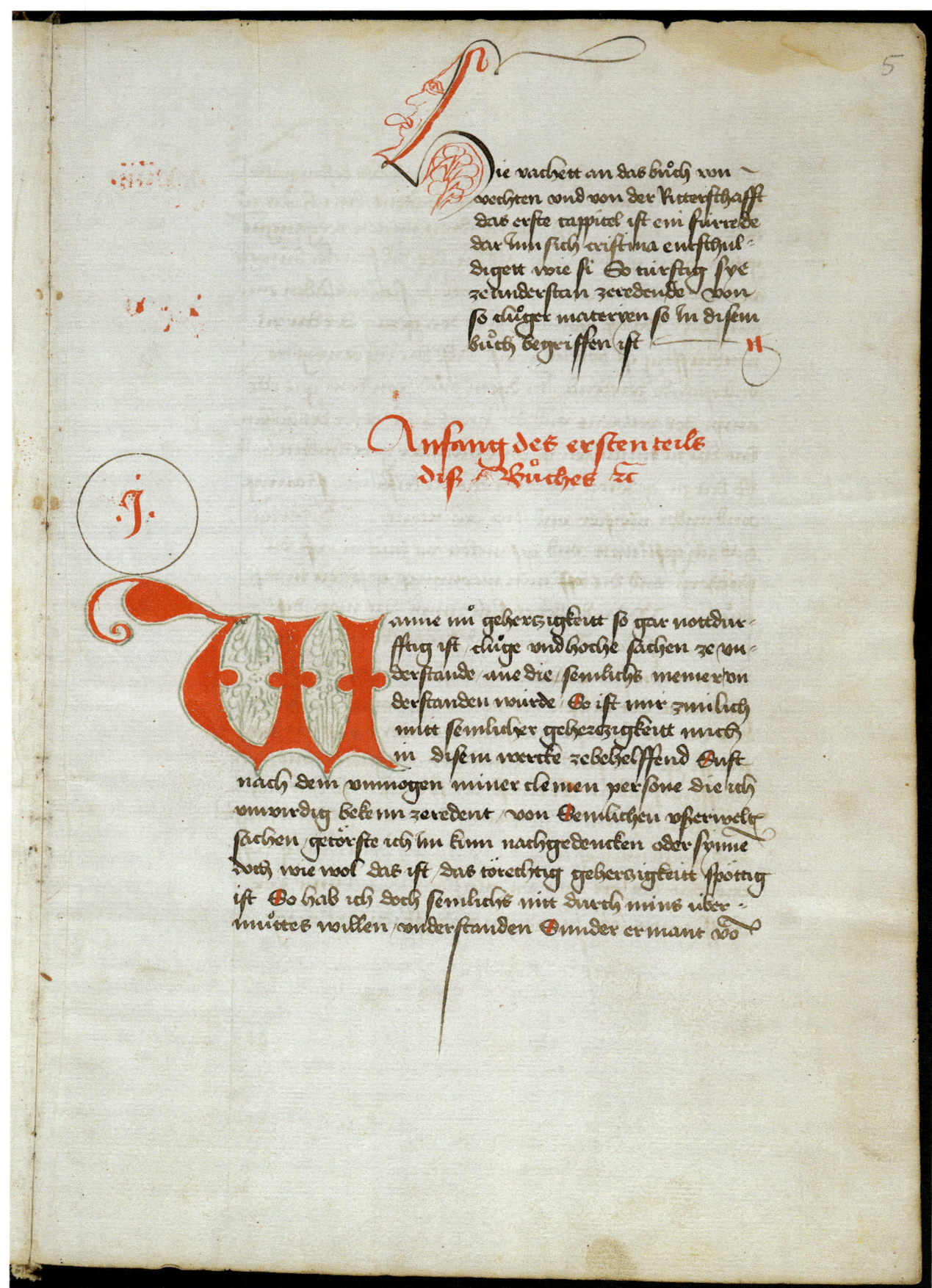

Die vachett an das buch von
rechten vnd von der Ritterschafft
das erste capitel ist ein furrede
dar inn sich cristina entschul-
diget wie si so turstig sye
ze vnderstan ze redende von
so edeler materyen so in disem
buch begreiffen ist

**Anfang des ersten teils
diß Büches zc**

Wanne min gehertzigkeit so gar notdür-
stig ist edige vnd hoche sachen ze vn-
derstande une die semlichs meine verstanden wurde So ist mir zimlich
mitt semlicher gehertzigkeit mich
in disem werte zebehelffend sust
nach dem vnmogen miner clemen persone die ich
vnwirdig keken zeredent von semlichen osterwelt
sachen getörste ich inn kim nachgedencken oder synne
ich wie wol das ist das törechtig gehertzigkeit spottig
ist So hab ich doch semlichs nit durch mins vber-
mittes willen vnderstanden Sunder ermant wo

Akzeptanz fand. Die Wirkung reichte dennoch über den französischen Sprachraum hinaus. Vermutlich schon in den 50er (oder 60er) Jahren des 15. Jahrhunderts entstand eine alemannische Übersetzung nach einer Vorlage aus der Gruppe A, erst 1489 folgte eine englische Übersetzung von William Caxton, veranlaßt durch König Heinrich VII.

Die Berliner Handschrift ist der bisher einzige, erst vor wenigen Jahren in der Schweiz entdeckte Textzeuge einer deutschen Übersetzung und verstärkt damit, überraschend vor allem durch die frühe Entstehungszeit, die zeitgenössische europäische Breitenwirkung. Denn zuvor war über die Verbreitung der Werke Christines im deutschen Sprachraum kaum etwas bekannt. Sie bietet zugleich ein hervorragendes Beispiel für eine frühe Form französisch-deutschen Kulturtransfers. Ihre Entdeckung und Erwerbung durch eine öffentliche Sammlung dürfte als herausragendes Ereignis für die germanistische Mediävistik gelten. Die nahezu unversehrt erhaltene Handschrift ist zudem ein überaus bedeutsames Zeugnis für die europäische Rezeption dieser außergewöhnlichen mittelalterlichen Autorin.

Der Codex gehörte Jakob I. vom Stein aus Bern, der sein Eigentum mit der Jahreszahl *1453* (die Lesung ist nicht vollkommen zweifelsfrei gesichert) kennzeichnet. Aus kodikologischen Gründen (Wasserzeichenbefund, Einband, weiterer nach dem Binden eingeklebter Besitzeintrag) dürfte er aber, wahrscheinlich als Auftragsarbeit in einer Schreibwerkstatt, erst in den 60er Jahren des 15. Jahrhunderts entstanden sein. Der Besitzer war, wie auch andere einflußreiche Berner Geschlechter (Erlach, Ringoltingen, Bubenberg u. a.), integriert in eine literarisch interessierte Gesellschaftsschicht mit regen Beziehungen zu den Herzögen von Burgund, zum französischen Hof und damit zur französischen Literatur. Ob Jakob vom Stein jedoch eine Rolle bei der Auslösung des Übersetzungsauftrags gespielt hat, bleibt ungewiß. Sein Exemplar ist eine Kopie ohne Übersetzerwidmung nach einer bislang unbekannten Vorlage. Der Besitz der Handschrift bezeugt dagegen sein historiographisch-didaktisches Interesse, das sich ebenso in der 1469 für seine Sammlung erworbenen speziellen Fassung der Chronik des Jakob Twinger von Königshofen und der ‘Berner Chronik’ offenbart (Bern, Burgerbibliothek, Ms. hist. helv. I, 41). Ob er mit der Anschaffung von Christines Werk auch einen praktischen Nutzen verband, vielleicht den Gebrauch als Handbuch für einen eventuell selbst abzuleistenden Heerdienst in Bern oder ob ein eher allgemeines Interesse am Thema ihn zum Erwerb bewog, bleibt offen.

SCHNEIDER-LASTIN, WOLFRAM: *Christine de Pizan deutsch. Eine Übersetzung des ‘Livre des fais d’armes et de chevalerie’ in einer unbekannten Handschrift des 15. Jhs. (Handschriftenfunde zur Literatur des Mittelalters, Beitrag 122)*, in: ZfdA 125, 1996, S. 187–201 nebst Abdruck des Prologs und 2 Abb. (Einband VD u. Bl. 5ʳ: Beginn des Prologs). Eine synoptische Textausgabe wird vorbereitet. – DERS.: Art. ‘Christine de Pizan (Pisan)’, in: ²VL 11, 2000, Sp. 320–323, bes. Sp. 321–322. – Zur Textanalyse vgl. ZÜHLKE, BÄRBEL: *Christine de Pizan in Text und Bild. Zur Selbstdarstellung einer frühhumanistischen Intellektuellen (Ergebnisse der Frauenforschung 36)*. Stuttgart, Weimar 1994, S. 185–191.

RS

IV

98 Biblia pauperum
(Blockbuch, Fragmente)

Ostmitteldeutschland (Sachsen ?), um 1460
Papier, 6 Bll. (5 Doppelbll., je 14 x 16–20 cm und ein Einzelblatt
13,5 × 8 cm)
Vorbesitzer: In den siebziger Jahren des 20. Jhs. im Besitz des
Colorado College (siehe LANSBURGH, S. 70), 1993 mit der Sammlung des Hamburger Antiquars Jörn Günther von der SBB-PK erworben.
SBB-PK, Hdschr. 405

Aufgeschlagen Bl. 6ᵛ–7ʳ.

1ʳ–5ᵛ Jordanus von Quedlinburg: 65 Artikel der Passion (Fragmente
des 8., 37. und 46. Artikels); 6ʳ–11ᵛ Biblia pauperum (Fragmente);
Bastarda von zwei Händen; auf 3ʳ, 5ʳ, 7ʳ, 9ʳ und 11ʳ Holzschnitte;
Platz für zwei- bis vierzeilige Initialen gelassen, nicht ausgeführt.

Ein Blockbuch besteht aus im Handdruck oder Reiberdruckverfahren hergestellten, meist einseitig (selten zweiseitig) bedruckten Blättern. In diesem Fall handelt es sich um ein Blockbuch mit Holzschnitten, bei dem der dazugehörige Text mit der Hand eingetragen wurde. Lediglich die an den Figuren stehenden Namen wurden gleich im Block mitgeschnitten. Blockbücher mit nur illustrierenden Holzschnitten sind nicht zwangsläufig die Vorläufer, sondern existierten gleichzeitig neben Blockbüchern, in denen nicht nur die Illustrationen, sondern auch der Text in Holztafeln geschnitten wurde.

Das Berliner Blockbuch enthält Fragmente einer Biblia Pauperum (voran gehen Fragmente eines Passionstraktats des Jordanus von Quedlinburg). Eine Biblia pauperum ('Armenbibel') ist ein meist reich bebildertes Werk, in dem die wichtigsten Szenen aus dem Leben Jesu zwei Motiven aus dem Alten Testament gegenübergestellt sind. Diese Motive werden als Vorereignisse für das Leben Jesu gedeutet. Bibliae pauperum sind sowohl in Handschriften als auch als in Drucken überliefert. In Deutschland entstanden etwa 10 Blockbuchausgaben der Biblia pauperum. Anders als die meisten Ausgaben dieses Werkes ist das Berliner Blockbuch kleinformatig und eher schlicht ausgestattet.

Die Holzschnitte bestehen hier aus einem passepartoutähnlichen Rahmen, dessen linke Seite eine Leiste mit Figuren trägt. Die hier benutzten Rahmen wurden wiederholt verwendet, denn zwei der Blätter sind mit demselben

Kat. 98, 6ᵛ/7ʳ

Rahmen versehen. Das Binnenfeld von Bl. 7ʳ ist mit einem Holzschnitt gefüllt, der auch in einem Heidelberger Blockbuch (Heidelberg, UB, Cpg 438) eines von drei kleineren Feldern eines größeren Rahmens besetzt. In die Binnenfelder zweier anderer Holzschnitte wurden Federzeichnungen eingefügt. Da ihre Linienführungen auffallend starr sind, könnte es sich hierbei eher um Pausen bereits existierender Holzschnitte als um Vorzeichnungen für einen Holzschnittreißer handeln. Vorbilder für diese Federzeichnungen sind nicht bekannt.

Das Berliner Fragment, dessen handschriftlicher Text als ostmitteldeutsch identifiziert wurde, ist für die Lokalisierung einer lateinischen Biblia pauperum in Heidelberg von Bedeutung. Sie wurde bislang nur durch die übrigen Blockbuchteile, die jedoch ein abweichendes Wasserzeichen aufweisen, als ostmitteldeutsch lokalisiert. Deren Holzschnitte wurden dagegen zumeist als niederländisch oder vom Oberrhein stammend bezeichnet. Aufgrund des gemeinsamen Holzschnittes der Berliner und der Heidelberger Blockbücher müssen die Heidelberger Holzschnitte jedoch ebenfalls als ostmitteldeutsch angesehen werden.

LANSBURGH, MARK: *The Illuminated Manuscript Collection at Colorado College*, in: Art Journal 29 (1970), S. 61–70. – BECKER/BRANDIS, Sammlung, S. 266–269. – SCHMIDT, PETER: *Rhin supérior ou Bavière? Localisation et mobilité de gravures au milieu de XVᵉ siècle*, in: Revue de l'Art 120 (1998), S. 68–88. – Kat. deutschsprach. illustr. Hss., Bd. 5,1 S. 76–78 (Lit.).

ASCH / EO

99 Bibel

Franken?, wohl vor 1468
Papier, 544 Bll., 32,5 × 21,5 cm
Vorbesitzer: Kurfürstliche Bibliothek.
SBB-PK, Ms. germ. fol. 67

Aufgeschlagen Bl. 298ᵛ–299ʳ.

1ʳ–356ᵛ Altes Testament (ohne die Bücher einiger Propheten); 356ᵛ–456ᵛ Neues Testament, mit den Evangelien in Form einer Evangelienharmonie, ohne die kanonischen Briefe; 457ʳ–483ᵛ Historienbibel des Neuen Testaments; 484ʳ–546ᵛ Vitas Patrum; Kursive und Bastarda von fünf Händen, die lagenweise wechseln; sehr schlichte rote und blaue Lombarden; Überschriften in rot; restaurierter Holzdeckeleinband mit rotem Schafsleder überzogen, ursprünglich mit Buckeln versehen.

Diese Handschrift bietet den biblischen Stoff in einer recht freien Übersetzung. Der Übersetzer versuchte, den Text verständlicher zu machen, indem er zahlreiche schwer zu deutenden Textstellen und Wiederholungen tilgte, ganze Abschnitte zusammenfaßte und dunkle

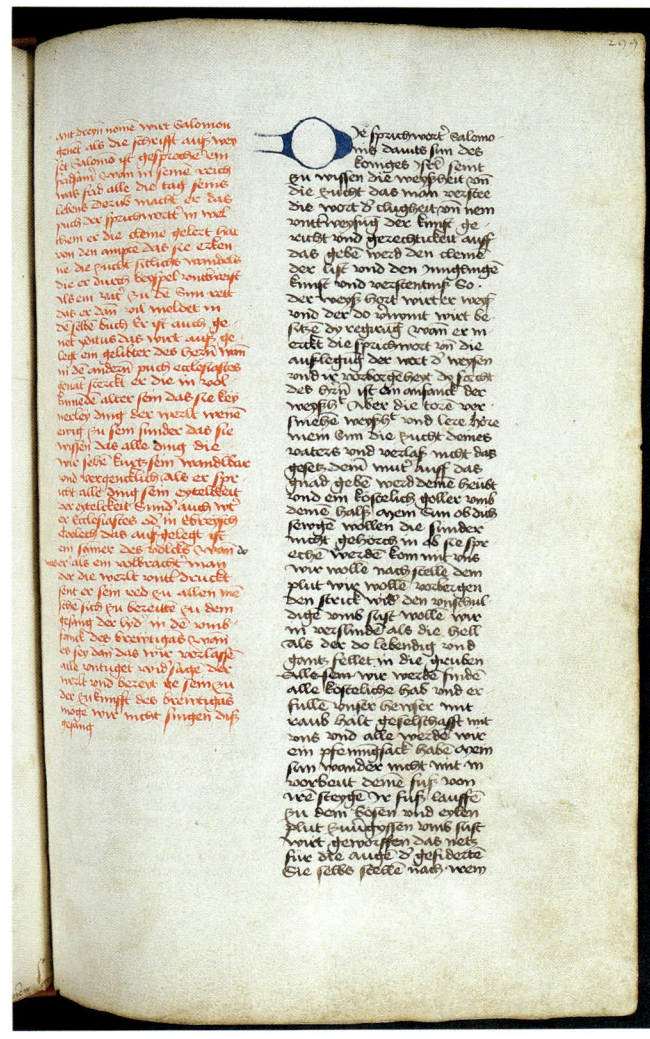

Kat. Nr. 99, 299ʳ

Passagen umschrieb. Geradlinig erzählende Abschnitte hingegen wurden fast unverändert übersetzt. Dieses zugrunde liegende Konzept der Verständlichkeit ist möglicherweise auch der Grund für die Auslassung einiger Bücher der Propheten im Alten Testament sowie der kanonischen Briefe im Neuen Testament. Dem Autor waren anscheinend die Hussiten bekannt, denn im Prolog zum Buch Hiob läßt er diesen, der nach den Angaben am Anfang des Buches im Lande Uz lebte, *in dem land der hussiten* wohnen. Eine theologische Begründung für diese Lokalisierung läßt sich kaum finden.

Den Text der Evangelien hat der Bearbeiter in Form einer Evangelienharmonie in ein einziges Werk zusammengeführt. Hierbei wird die Geschichte des Lebens Jesu aus den vier Evangelien kompilatorisch zusammengestellt. Daran schließt der Kopist eine noch freiere Bearbeitung des Neuen Testaments als Historienbibel an (zur Historienbibel siehe Kat. 105). Den Schluß bildet eine 'Vitas Patrum'. Es handelt sich hierbei um eine Sammlung von Lebensbeschreibungen, Lehrgesprächen und Aussprüchen der ersten christlichen Eremiten und Mönche.

Die Schriftsprache läßt vermuten, daß die Handschrift in Franken oder Thüringen entstanden ist. Bemerkenswert ist eine Notiz des 15. Jahrhunderts auf der Innenseite des Rückendeckels: *1465 hett ich hochzeit ad 16 july und zoch heym in unsz heim ad 30 july.* Es folgen einige weitere gleichzeitige Notizen der selben Hand, u. a. bezüglich der Geburt von Kindern, von denen die letzte auf das Jahr *68* verweist. Hieraus ließe sich schließen, daß die Handschrift bereits vor 1468 geschrieben wurde bzw. in den Besitz des Schreibers der zitierten Notiz gelangte und von ihrem Besitzer als Hausbibel benutzt wurde. Die Funktion einer Bibel als 'Familienstammbuch' läßt sich bis unsere Zeit weiterverfolgen.

DEGERING *1, S. 8.* – WALTHER, *Bibelübersetzung, Sp. 413–427.* – ROST, HANS: *Die Bibel im Mittelalter. Beiträge zur Geschichte und Bibliographie der Bibel. Augsburg 1939, S. 327–328.* – SPLETT, JOCHEN (Hg.): *das hymelreich gleicht einem verporgen schatz in einem acker…. Die hochdeutschen Übersetzungen von Matthäus 13, 44–52 in mittelalterlichen Handschriften (Litterae 108). Göppingen 1987, S. 41* (Nr. 111, Lit.) sowie Abb. S. 172.*

ASCH / EO

100 Biblia (deutsch), Pars 2

Nürnberg: Anton Koberger, 17. Februar 1483, 2°
Papier, 586 Bll., 40 × 27,5 cm
SBB-PK, Inc 1691ᶜ

Aufgeschlagen Bl. 417ʳ: Die Jünglinge im Feuerofen.

Pars 1, Bl. 1–295 (fehlt), Pars 2, Bl. 296–586; 109 kolorierte Holzschnitte, rubriziert; zeitgenössischer Nürnberger Verlegereinband, Rindsleder über Holz, blindgeprägt mit Einzelstempeln und Streicheisen, Beschläge und Schließen teilweise modern ergänzt.

Die Bibel des Nürnberger Druckers und Verlegers Anton Koberger von 1483 gilt aufgrund des harmonischen Verhältnisses von Illustration, Satzspiegel und Drucktypen als eine der schönsten der insgesamt 18 deutschen Bibeln vor Luther; sie ist der 11. deutsche und gleichzeitig der 9. oberdeutsche Bibeldruck. Der Text wurde gegenüber den Vorläufern revidiert, fehlerhafte Lesarten wurden berichtigt und veraltete Ausdrücke modernisiert. Anstelle des Registers, auf das Koberger verzichtete, sind über fast allen Kapiteln und Psalmen Inhaltsangaben eingefügt. Auf dem Text der Koberger-Bibel beruhen un-

ter anderem zwei Nürnberger Drucke der Apokalypse von 1498, die von Albrecht Dürer mit 15 Holzschnitten ausgestattet wurden (VB 1774 und 1775).

Die Druckstöcke der 109 Holzschnitte sind von den beiden niederdeutschen Kölner Bibeln von 1478/79 übernommen (Kat. 102). Es ist davon auszugehen, daß Anton Koberger, der über Geschäftsverbindungen in ganz Europa verfügte, bereits der Gesellschaft angehörte, welche die Finanzierung der Kölner Bibeln ermöglichte; offensichtlich hatte er sich das weitere Verwertungsrecht der teuren Druckstöcke bereits zu diesem Zeitpunkt gesichert. Ein Hinweis dafür, daß die Druckstöcke ursprünglich für eine andere Ausgabe konzipiert wurden, gibt die doppelte Rahmung der Bilder, die an den Seiten oft beschnitten werden mußten, um dem vorgegebenen Maß der Spalten zu entsprechen (vgl. den abgebildeten Holzschnitt mit den Jünglingen im Feuerofen, Dan. 3, 1–97). Ihre vierte und letzte Verwendung fanden die Kölner Druckstöcke 1522 bei der Halberstadter Bibel des Lorenz Stuchs.

Ein Indiz für den verlegerischen Weitblick Kobergers ist auch die klare Aufteilung des Absatzraumes: Waren die Kölner Bibeln für den niederrheinischen bzw. den niedersächsischen Raum bestimmt, blieb für seine Ausgabe das große oberdeutsche Gebiet. Aufgrund der großen Leistungsfähigkeit der Kobergerschen Werkstätten und der rund 150 überlieferten Exemplare hat man eine Auflage von rund 1000 bis 1500 Exemplaren vermutet.

Die Besonderheit des vorliegenden Exemplars besteht darin, daß es sich in allen Teilen seiner Ausstattung um ein Verlegerexemplar handelt. Koberger ließ seine Bücher häufig in einer eigenen Werkstatt auf Vorrat kolorieren und rubrizieren. Ein Vergleich der erhaltenen Exemplare zeigt, daß sich eine einfachere Ausstattung von einer aufwendigeren, gleichzeitig auch teureren unterscheiden läßt. Die Prachtausgaben, denen auch der Berliner Band zuzurechnen ist, zeichnen sich durch ein größeres Farbspektrum aus, hinzu kommt die Verwendung von Blattgold, die aufwendige kalligraphische Gestaltung der Initialen sowie die Rubrizierung aller Versalien. Auch bei dem Einband handelt es sich um einen typischen Koberger-Einband, der in einer eigenen Buchbinderwerkstatt oder als Auftragsarbeit für ihn entstanden ist. Dem entspricht die Gesamtkonzeption des Einbandes mit dem Titeldruck auf der Vorderseite ebenso wie das verwendete Stempelmaterial.

HAIN *3137.* – GW *4303.* – VB *1691.* – SCHRAMM *8, Abb. 357–473.* – ROZSONDAI, MARIANNE: *Über die „Koberger-Einbände", in: Gutenberg-Jahrbuch 1974, S. 311–323.* – EICHENBERGER, WALTER u. WENDLAND, HENNING: *Deutsche Bibeln vor Luther. Die Buchkunst der achtzehn deutschen Bibeln zwischen 1466 und 1522. Berlin u.*

Des

Der steyn.der da schlug die seul ist worden eyn grosser berg.vnd hat erfüllt alle erde. Ditz ist der trawm.vñ o künig wir wöllen sagē sein auß legung vor dir. Du bist ein künig der künig .vñ got des hymels hat dir gegeben das reich.Die sterck.vñ das keyserthum vñ die glori. vnd alle ding.in den da wonē die sün der menschen.vnd die tyer des ackers vñ dy vögel des hymels .vñ hat sy gegeben in sein hand . vnd hat gesetzet alle ding vnder deinem gebot.Darumb du bist das güldin haubt.Vnd nach dir steet auff ein ander reich.mynder deñ du.Eyn silbrins.vñ dz dritt reich ist erin.oder glockenspeys ein das da wirt herschen aller erde.vnd dz vierd reich wirt als eysnin.In welcherweyß das eysen zer müst vñ zemt alle ding.also zernüst ditz vñ zer knischt alle ding.Aber das du hast geschē einē teyl als einē scherben des hafners .vñ einē teyl eysnin der füß.vñ der finger.das reich wirt ge teylet.das doch wirt von der gruntueste des ey sens entspringen. Das ander das du sahest ver mischet eysen mit dē scherbē auß dē kot.vñ die finger der füß auß ein teyl eysnin.vñ auß ein teyl irdisch.das reich wirt auß ein teyl starck. vñ zerknischet auß ein teyl.das du sahest.dz vermischet eysen mit dem scherben auß kot.sie werden vermischet dē menschlichen samē.aber sie werden im nit anhangen als das eysen nit mag werden vermischet mit dē scherben.Aber in den tagen diser reich got des hymels wirt er kücken ein reich.dz da nit wirt verwüstet ewigk

Propheten .CCCCXVI.

lich.Vnd sein reich wirt nit geantwurt einem an dern volck.Aber es wirt zerknischen vnd ver wüsten alle dise reich.vnd es wirt steen ewigk lich.Das ander.das du sahest.das ein steyn ist abgehawen von dē berg on hende .vnd zermüs set den scherben.vnd das eysen.vnd dy glockē speyß oder ere.vnd das silber . vnd das gold.d groß got hat gezeyget dem künig dy ding .die darnach sind künfftig. vnd der trawm ist war. vñ sein außlegung ist getrew. Da viel nabucho donosor auff sein antlytz vnd anbettet danielē vnd er gebot.das sy im opfferten dy gotz opffer vnd dē weirauch. Vnd d künig redet vñ sprach zu danielem. Fürwar ewer got ist ein got der götter.vnd eyn herr der künig . er eröffent dye heymlichen ding .wann du mochtest aufftun dise heymlichkeit.Da erhöht der künig danielē in die höh vnd gab im vil gabe vñ manige gift vnd setzet in zu eim fürsten über alle gegent d babiloner.vñ einen pfleger der meysterschaff ten über alle weysen der babiloner. Aber dani el begeret von dem künig.vñ er setzet sydrac mi sac.vnd abdenago über alle werck der gegent der babiloner. Aber daniel was in dē türn des künigs.

Das dritt Capitel.wie na

Buchodonosor ein güldine seuln ließ setzen daz das volck dy anbetten solt.Da aber sydrack mi sac vnd abdenago . die nit anbetten wolte . so wurden sy in einen glüenden ofen gesetzet.

erodus

haten heft. vñ aaron settete dat in dat tabernakel tho bewarende. Jodoch de kyndere israel eten dat broed men vertich yaer lang. so langhe beth se queme in dat land dat bewanlik was*¶ in dat land chanaan.¶Mit

desser spyse worden se ghettodet bet dat se rorede de ende *¶ des inghanghes/ des landes chanaan. vnde gomor te mate is dat teinde del ephi*¶gomor is ene mate so dar weghen twe vñ vertich ey gere¶

dat xviii. capittel secht wo dat

volk nicht to drinken hadde. vñ murmelte ieghe moysen. vñ wo moyses stridede yeghen amalech. vnte wo he ene atterwan.

Hyrumme alle de velheit der kyndere israel is vord gheghan vá der wüstenie sin vormidelst ere waninghen nach te rete des heren*¶nichte dat de here to en sprak. me de sule des wolkens te en voreghante was wisede en dat/ vñ settete ere telde in raphidim dar ne water was deme volke*¶bequeme/ to drinkende. se

kyuete wedter moysen. seghghede Ghif vns water dat wy drynke.Moyses antwerdede Wat schel de gi wedter my. vñ worume bekore gi te here. vñ dat volk dorstede dar ume ghebraktes wille des waters. vñ kurrede wedd moysen. seghghe de. Worume hefstu vns late ghā vth egipte. vppe dat du vns do derest. vnte vnse kyntere vñ vnse quick. vormidelst dorste.hirume rep moyses to deme here. seghghente Wat schal ik te desseme volke dōn.ene luttike wyle noch is. so werd id mi stene te. Vñ de here sede to moysen Gha vor dat volk hen. vñ nim mit di vā te oldeste israel*¶dath se tughen dat dar nene borne sint/ vñ te rote dar mede du dat vled sloghest nym in dyne hāt vñ gha. See ick werte dar

Altenburg 1980, S. 91–96. – WENDLAND, HENNING: *Eine fünfhundertjährige Inkunabel. Anton Kobergers deutsche Bibel, in: Philobiblon 28, 1984, S. 30–37.* – REINITZER, HEIMO: *Art. 'Oberdeutsche Bibeldrucke', in: ²VL 6, 1987, Sp. 1276–1290.*

KG

101 Biblia mit Glossen nach den Postillen des Nicolaus de Lyra (niederdeutsch)

Lübeck: Steffen Arndes, 19. November 1492, 2°
Papier, 492 Bll., 37 × 26,5 cm
Vorbesitzer: Benjamin Stabenau
SBB-PK, Inc. 1486

Aufgeschlagen Bl. 39ʳ: Das Volk Israel durchquert die Wüste.

2 Bde. (Bd. 1 Bl. 1–250, Bd. 2 Bl. 251–492); Rindsledereinband über Holzdeckeln; Blinddruck mit Einzelstempeln; zwei Schließen; 152 Holzschnitte, darunter zahlreiche Wiederholungen, durchgehend koloriert.

Die Lübecker Bibel nimmt aufgrund ihrer sprachlichen Qualität, der Substanz ihrer Glossen, aber auch wegen der Ausdruckskraft und Plastizität ihrer Illustrationen eine herausragende Stellung unter den gedruckten niederdeutschen Bibeln ein; sie ist der 15. deutsche und gleichzeitig der dritte niederdeutsche Bibeldruck.

Die theologischen Schwerpunkte der Glossierung deuten auf einen franziskanischen Hintergrund des Bearbeiters, der evtl. zum Kreis der spätmittelalterlichen Erbauungsschriftsteller um das Lübecker Katharinenkloster zählte. Eine textliche Besonderheit stellen die beiden hier zusätzlich überlieferten außerkanonischen Bücher Esra III und IV dar (Bl. 185–198). Die 92 für die Illustrationen verwendeten Druckstöcke gehen auf zwei unbekannte Künstler zurück. Der Hauptmeister (A) schuf die Illustrationen zu den fünf Büchern Mose, seine Holzschnitte übertreffen die darauffolgenden des Meisters (B) sowohl in der künstlerischen Konzeption wie auch in der technischen Ausführung. Neben der Lübecker Bibel schuf der Hauptmeister, der u. a. mit dem bedeutendsten Lübecker Künstler des ausgehenden Mittelalters, Bernt Notke, und mit dem spanischen Hofmaler Juan de Flandres in Verbindung gebracht wurde, auch die Holzschnitte des Lübecker Totentanzes (BORCHLING/CLAUSSEN 151) und der in Lyon erschienenen Terenz-Ausgabe (COPINGER 15424).

Die aufgeschlagene Seite zeigt oben das Volk Israel in der Wüste Sin. Mose schlägt mit seinem Strock auf einen Stein am Berg Horeb, wodurch er eine Quelle entspringen läßt und so die Israeliten vor dem Verdursten rettet

(Ex. 17, 1–7). Die untere Abbildung stellt den Kampf zwischen Amalek und Josua dar. Josua wird von Mose, der auf der Spitze eines Hügels seine Hände über ihn erhebt, unterstützt. Da der Kampf jedoch den ganzen Tag andauert, stützen Aaron und Hur die Arme des Mose (Ex. 17, 8–16). Der szenische Charakter der Holzschnitte wird durch ihre perspektivische Rahmung noch verstärkt.

Da sich der aus Hamburg stammende Drucker Steffen Arndes in italienischen Prozeßakten *Stepahno Aquila de Magonza* nennt, darf man vermuten, dass er seine Ausbildung als Setzer, Schriftschneider und Schriftgießer in Mainz erhalten hat. In den 1470er Jahren ist Arndes in verschiedenen Städten Italiens bezeugt; nach einer Zwischenstation in Schleswig, wo er ein 'Missale Slesvicense' sowie einige Kleindrucke produzierte, nahm er 1486 seine Tätigkeit in Lübeck auf. Neben seiner Arbeit als Drucker war Arndes auch als Gerichtsschreiber tätig; er starb 1515/16 oder 1519 in Lübeck.

REICHLING 3143. – GW 4309. – VB 1486. – SCHRAMM 11, *Abb. 948–1047.* – CROUS 197. – WAHL, HANS (Hg.): *Die 92 Holzschnitte der Lübecker Bibel aus dem Jahre 1494. Weimar 1917.* – BORCHLING, CONRAD u. CLAUSSEN, BRUNO: *Niederdeutsche Bibliographie. Gesamtverzeichnis der niederdeutschen Drucke bis zum Jahre 1800, 2 Bd. Neumünster 1931–1936.* – ISING, GERHARD: *Die niederdeutschen Bibelfrühdrucke (Deutsche Texte des Mittelalters 54/1–6). Berlin 1961–1976.* – ANZELEWSKY, FELJA: *Der Meister der Lübecker Bibel von 1494, in: Zeitschrift für Kunstgeschichte 27, 1964, S. 43–59.* – EICHENBERGER, WALTER u. WENDLAND, HENNING: *Deutsche Bibeln vor Luther. Die Buchkunst der achtzehn deutschen Bibeln zwischen 1466 und 1522. Berlin u. Altenburg 1980.* – SCHWENCKE, OLAF: *Art. 'Niederdeutsche Bibeldrucke', in: ²VL 6, 1987, Sp. 977–986.*

KG

102 Biblia mit Glossen zu einzelnen Büchern nach den Postillen des Nicolaus de Lyra (Kölner Bibel e, niederdeutsch)

Köln [Bartholomäus von Unckel für Johann Helmann und Arnold Salmoster in Köln und Anton Koberger in Nürnberg (?) 1478/79] 2°
Papier, 544 Bll., 41,5 × 29,5 cm
SBB-PK, Inc. 1010

Aufgeschlagen Bl. 30ᵛ: Kindheitsgeschichte Moses.

Bl. 1 leer, Bl. 2–543 Biblia, niederdeutsch, Bl. 544 leer (Bl. 1–4 und 544 fehlen); 123 Holzschnitte, darunter Wiederholungen, Leisten, zum Teil Minuskeln für Initialen, Kolumnentitel; rubriziert, ein Holzschnitt koloriert; Einband des 19. Jahrhunderts.

Zwei gleichzeitig entstandene Kölner Bibeln von 1478/79 bilden den Beginn des niederdeutschen Bibel-

¶ Dat boeck

antwoorden · de Hebreeschen wyue sint nyet so
die egipcien · sy kunnen en seluen behelpen vn =
der sich ende eer wy thoe en komen so hebben
sy ghetelet · Got dede den heuemodegen woel
ende dat volck woes ende wart sere gesterckt

ende want die heuemodere got vntvruchte de
he tymmerde en huysete · dar vmb geboet pha
rao all sime volcke · ende sprack wat mans kun
ne geboren weert werpet in dat water ende wat
vrouwen kunne behalder

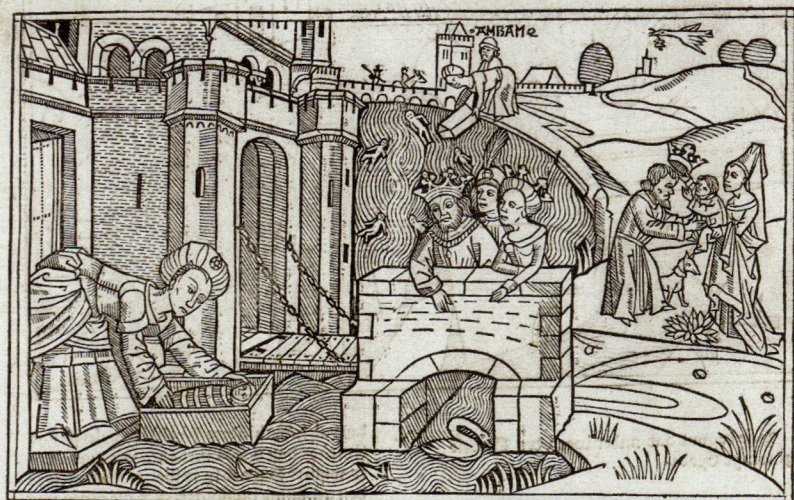

¶ Dat · ij · Capittel wo Pharaois dochter eyn
kint vant · ende noemde dat Moyses · ende wo
Moyses dye egipcien doetsloech ende halp de
hebreeschen ¶

Aer na quam eyn man van de huyse
Leui ende nam eyn huysfrouwe synes
geslechtes · die vntfenck ende getelede
eynen sone ende sach dat he schone was · sy ve
hoede en drie maende · Do sy dat nyet langher
verhoeden en konde · do nam sy eyn korueken
van beysen ghemaket · ende besmerde dat myt
lyme ende myt pyecke · ende lede dat kindeken
dar in ende sette dat vnder loessche an deme
ouer des waters · ende syn suster stunt van ver =
nes ende merckde dat wo dat gaen solde · Dye
Pharaons dochter is nedder ghegaen to dem
water sich to wasschen · ende ere iunckfrouwen
gingen langhes dat ouer des waters ende als
sy sach dat koruekin halden in den bysemen sy
sande eynen van eren megede · ende dede dat ha
len · ende dede dat op ende vant daer inne eyn
kindeken schreyende · Sy verbarmede sich syner
ende sprack · Dyt is eyn van den hebreeschen
kinderen · Doe sprack des kindes suster wyltu
dat ick gae ende hale eyn hebreesch wiff de dat
kint moge vp teen · Sy antwoorde ya · dye ma

get ginck enwech ende esschede sin moder · To
der sprack Pharaoms dochter nym dat kynt
ende voede dat my · ick sal dy dinen loen geue
dat wiff nam ende voede dat kint · ende do dat
gealdede doe gaff sy dat Pharaoms dochter
ende sy vorwelde dat in dye stede ers soens ·
Sy noemde finen namen Moyses ende sprack
want ick hebbe dat vit deme water ghenome
In den daghen do moyses ghewoes he ginck
vit to sine broders en sach ere bedruckms ende
he sach eynen egipcien man slaende eyne va den
hebreer sinen broders · en he vmbsach sich hyr
en dar en he en sach nyemat by em · he sloech
den egypcien ma en groeff en vnder dat sant
Des anderen daghes als he vitginck he sach
twey ioede kyue · do sachte he deme dye deme
anderen vnrecht dede · War vmb slepstu dyne
nepsten? he antwoorde wye hefft dy eyne vor
sten ende eynen rychter auer vns ghemaket ·
wyltu my yet ock doden als du gisteren dedest
deme egypcier? Moyses dye vntvruchte sich
ende sprak · wo is dyt word apenbaer worde?
Pharao hoerde desse rede ende soechte moyses
doen to doden · he vloe van sime angesichte · en
woende in dem lade madian · ende sat by eyme
putte · Die priester madian hadde seue dochte
re die quame water to putten sy vulde de trage

druckes. Die Tatsache, daß ein so aufwendiges Unternehmen wie die Produktion einer bebilderten Vollbibel gleichzeitig in zwei sprachlich unterschiedlichen Fassungen begonnen wurde, zeigt deutlich, daß die Drucker und Herausgeber auf den gesamten niederdeutschen Sprachraum als Absatzgebiet zielten. Während die niedersächsische Fassung mit dem Bindewort *unde* (KBu) für den niederdeutschen Raum östlich von Münster hergestellt wurde, zielte die niederrheinische Version mit dem Bindewort *ende* (KBe) auf das westliche Westfalen sowie den niederrheinischen Raum.

Nicht sicher geklärt ist die Frage nach dem Drucker der Kölner Bibeln; lange Zeit wurde Heinrich Quentell favorisiert, jüngere Forschungen von SEVERIN CORSTEN machen jedoch wahrscheinlich, daß Bartholomäus von Unckel, dessen Typenmaterial zum Teil in den Besitz Quentells gelangte, als Drucker anzusehen ist. Der Gesellschaft, die sich offensichtlich zur Finanzierung des Projektes bildete, gehörten neben Unckels Schwiegervater Johann Helmann auch der Buchhändler Arnold Salmoster sowie der Nürnberger Drucker Anton Koberger an, der anschließend die Druckstöcke der Kölner Bibeln übernahm.

Im Gegensatz zu den sieben älteren oberdeutschen Bibeldrucken erstreckten sich die Holzschnitte der Kölner Bibeln erstmals über beide Textspalten, wodurch der Charakter des Druckes als Bilderbibel betont wird. Auch wenn die Holzschnitte sowie die zu Beginn einzelner Bücher verwendeten Zierleisten französisch-niederländisch-flämische Einflüsse aufweisen, ist das direkte Vorbild der Illustrationen wohl doch in den 100 Federzeichnungen einer niederrheinischen Bibelhandschrift zu sehen, die heute in Berlin aufbewahrt wird (Kat. 106, Ms. germ. fol. 516). Diese Handschrift stimmt zumindest für das Buch Daniel auch textlich deutlich mit den Kölner Bibeln überein. Weit mehr als der Text erweisen sich jedoch die Holzschnitte, die durch ihre Wiederverwendung in der oberdeutschen Koberger-Bibel von 1483 (Kat. 100, SBB-PK, 2° Inc 1691ᶜ) im ganzen deutschen Sprachraum verbreitet wurden, als stilbildend. Verkleinerte Kopien der Holzschnitte, enthalten Grüningers Straßburger Bibel von 1485 (GW 4304) sowie zwei Ausgaben Schönspergers in Augsburg von 1487 und 1490 (GW 4305, 4306), deren Stöcke 1507 und 1518 von Johann und Silvan Otmar erneut verwendet wurden (VD 16: B 2675, B 2676). Auch die Holzschnitte der Lübecker Bibel von 1494 (Kat. 101, SBB-PK, 2° Inc 1486) und Dürers Illustrationen zur Apokalypse von 1498 (Copinger 3354b), die ihrerseits in der Buchillustration der Lutherbibeln ihre Nachfolge fanden, setzen die Kenntnis der Kölner Holzschnitte voraus.

Der Holzschnitt der abgebildeten Seite der Kölner Bibel e zeigt – in einem Bildraum vereint – drei Szenen aus der Kindheitsgeschichte Mose. In der Biegung des Flusses am Horizont ist die Aussetzung des Kindes zu sehen, links im Vordergrund seine Auffindung und Errettung durch die Tochter des Pharao (Ex. 2, 1–8). Am rechten Bildrand wurde – ohne Bezug auf den biblischen Text – eine Szene aus der Moses-Legende aufgenommen: Der Knabe Moses nimmt Pharao die Krone vom Haupt, um sie zu zerbrechen.

HAIN 3141. – GW 4308. – VB 1010. – SCHRAMM 8, Abb. 357–473. – ISING, GERHARD: *Die mittelniederdeutschen Bibelfrühdrucke* (Deutsche Texte des Mittelalters 54/1–6). Berlin 1961–1976. – *Die Kölner Bibel (Faksimile der Ausgabe von 1478/79*). Hamburg 1979. – EICHENBERGER, WALTER u. WENDLAND, HENNING: *Deutsche Bibeln vor Luther. Die Buchkunst der achtzehn deutschen Bibeln zwischen 1466 und 1522*. Berlin u. Altenberg 1980, S. 65–86. – CORSTEN, SEVERIN: *Die Kölner Bilderbibeln von 1478. Studien zu ihrer Entstehungsgeschichte*, in: *Die Kölner Bibel 1478/79. Studien zur Entstehung und Illustrierung der ersten niederdeutschen Bibel (Kommentarband)*. Hamburg 1981, Sp. 49–74. – REITZ, HILDEGARD: *Die Illustration der Kölner Bibel*, in: *Die Kölner Bibel 1478/79. Studien zur Entstehung und Illustrierung der ersten niederdeutschen Bibel (Kommentarband)*. Hamburg 1981, Sp. 75–142. – *Verzeichnis der im deutschen Sprachbereich erschienenen Drucke des XVI. Jahrhunderts*. Hg. von der Bayerischen Staatsbibliothek in München in Verbindung mit der Herzog-August-Bibliothek in Wolfenbüttel, 25 Bd. Stuttgart 1983–2000. – SCHWENCKE, OLAF: Art. '*Niederdeutsche Bibeldrucke*', in: ²VL 6, 1987, Sp. 977–986.

KG

103 Historienbibel

Bayern oder Österreich, 1472
Papier, 260 Bll., 42 × 28 cm
Vorbesitzer: Auf dem Vorsatz ein unidentifizierter Besitzvermerk (Monogramm) von 1539. Seit dem 16. Jahrhundert im Besitz der Grafen von Starhemberg (Riedegg bzw. Eferding), der den Einband anfertigen und mit einem Supralibros versehen ließen. 1889 von der Königlichen Bibliothek erworben.
SBB-PK, Ms. germ. fol. 1108

Aufgeschlagen Bl. 4ᵛ/5ʳ; s. auch Abb. S. 25.

1ʳ–260ᵛ Historienbibel; große Bastarda von einer Hand; 217 Miniaturen im Profilleistenrahmen; Kapitelanfänge mit großen, wenig qualitätvollen blauroten Fleuronnée-Initialen, sonst schlichte rote und blaue Lombarden; Holzdeckeleinband des 16. Jhs. mit weißem Schweinsleder überzogen und mit Rollenstempeln verziert (Reformatorenrolle und Salvatorrolle), darauf in der Mitte das Supralibros des Grafen von Starhemberg.

Die vorliegende Historienbibel (Gruppe IIIb bei VOLLMER; zur Gattung siehe Nr. 105) bietet nicht nur den Stoff des Alten Testaments. Nach der 'Alten Ee' (1ʳ–232ʳ) folgt in einem relativ kurzen Appendix die 'Neue Ee' (232ᵛ–260ᵛ). Letztere erzählt von einigen neutestamentlichen Begebenheiten wie der Geburt Christi oder dem

Das puech

der geschepft

ist er geschepft von nichte und spricht wol
am geist warm die sel ist am geist und gibt
dem menschen das leben und den adem Dy
geschrift spricht auch got gab dem menschen
in geschossen ein lebentige sel wann der me
nsch sel ist untödlich und mit dem ist sy
besunder von anderlay tierlein sel die da
todlich sein Hie sprechent etlich dar der
menschen sel von gottliche wesn sey gemacht
das mag nicht gesein wenn war das
wäre So wäre der mensch umb nichte
mit geslechter wag als got Als Augustinus
spricht des ist nicht wann got der ist unsterb
lich Hie ist auch ze mercken das der
mensch in ains männlich gestalt als
pey dreyssig iar gemacht sey und do
der leichnam geformet und geschickt
war do ward im dy sel in gegossen Do
er die sel hiet Adames leichnam in ge
gossen ward erst beschaffen wurde oder
sy vor mit den engeln beschaffen ward und
dem leichnam in gegossen do der geformet
ward des mag man nit gantze warheit
mer gehaben Und do satzt got Adamen
in das wunschleich paradis das er darinne
lebt mit freuden und hies in essen aller
frucht die dy erd in dem paradys gepär
Allain den paum der vernufft übel und
guts verpot er im das er do stuend mitten
in dem paradis Und sprach wann du
der frucht essest Do muestu sterben des
ewigen tods

Darnach sprach got dem menschen ist nit
nucz das er ain sey wir süllen im
ain hilff machen die im pey wön will und
gleichs sey Do fuert got alle tier der erde
euch den lebentig geist geben was zu
tieren Adamen als sy im ain wort ge
schöpft würden Aber es geschach nit
den tieren die sy zu ain ander in ainer
stund prachten die tier würden zu ain and
gefüegt durch zwayer sach willen dy
erst das sy uns Herre hiet Adamen under
tan macht und das er under den tieren
allen seinen gleich nicht sich noch finde
die ander sach das im Adam nam geb
dapey man sy erkäante Do gab adam den
tieren allen nam und nant sy in ire aygen
zungen Do adam seine geschlecht nicht
vand do ordnet got das adam entschlief
und nicht vollen entschlieff Hie mynnt
man es also das adam in dem entschlaffen
entzuckt ward und in würden haymlichs
dins offenbar und do er entwacht Do
satzt er und weyssagt künftige dinge
von der ainigung christi und der christen
hayt und von der künftigen sinflut und
kränken do got hiet Adamen den paum

der kunst übel und gut verpot das tut er
macht mit seiner stymme das er geredt hab
er hat das gepot geben mit ain creatur als
er offt red mit den weyssagn und mit den
engeln Der paum der kunst übel und
gut was darumb also genant wann das
ee kumen übel und guts volgt und genug
nach dem essen der frucht wann wir wist
der mensch nicht was übel oder gut was
wann er hiet sein dannoch nicht versuecht
Hie nennet man das gut den gesunt das
übel den siechtumb oder das gut nem und
dy gehorsam das übel die ungehorsam
wann do der mensch dy frucht az do ward
er erst geware wie schädlich die ungehor
sam war und wie güt die gehorsam ge
west war wie fraw Eva geformet ward

Do Adam entschlieff do nam got der
Herre sein rypp ain sein fleisch und zann
mitt einander Und woecht dar mit dem dinst
der zunge und macht das weyb das fleisch
nach dem fleisch das zann von den zann
und stelt sey für adam Und sprach wachst
und mert euch und erfüllt alles erdreich
den vische der mers Dem gefügel des hymls
und allen tieren des erdreichs werdet be
herrschen Do sprach adam du pist ain zann

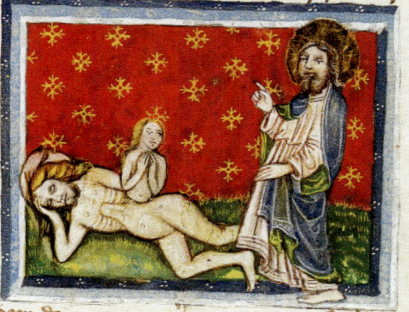

von dem zann meins zann und ain fleysch von
mein fleysch durch des werdes willen
dar die geschrift hie spricht sein dy leut
in ainem besal thonen und spricht das
vor aus dem paradis dem Adam ain weib
gemacht sey und in dem paradis dy ander
uns die erst sey von layim gemacht Aber
die ander von hend Adamen ypp recht
als Adam spricht das erst weib ist im nit
aus dem layim vor dem paradis gesetzt
Aber mir in dem paradis ist dy ander ge
macht von meinem zann und von meinem
fleysch Aber das mag nicht gesein wal
der war hayt Wann die geschrift spricht
nur von ainem weib weil das ist das dy
geschrift von der materi redt Hie
mag man der frawen würdigkeit ze
mercken an dreien dingen Ains das sy

bethlehemitischen Kindermord. Dann wird die Geschichte in großen Schritten weiter geführt bis zu Karl
dem Großen, wobei der Schwerpunkt auf der Aufzählung von Kaisern und Päpsten liegt. Auch sagenhafte
Gestalten wie König Artus oder Ereignisse, die uns aus
dem Nibelungenlied bekannt sind, wurden in die Erzählung eingeflochten. Diese Ereignisse sind bereits in der
Hauptquelle des neutestamentlichen Appendix, der
'Weltchronik' des Heinrich von München enthalten.
Hauptquellen für die Textpartien, die als Ergänzungen
in das Alte Testament aufgenommen wurden, bilden dagegen die 'Historia scholastica' des Petrus Comestor und
die 'Christherrechronik'.

Die Handschrift wurde laut Kolophon 1472 am
Sonnabend vor dem Fest der Geburt Mariens beendet.
Die farbenfrohen, von einem abgestuft getönten Profilleistenrahmen umgebenen Miniaturen in Deckfarbenmalerei wurden wohl im süddeutsch-österreichischen
Raum angefertigt. Nach WEGENER lassen sich zwei
Zeichner unterscheiden. Die Figuren sind mit zeitgenössischen Gewändern dargestellt, durch die Mißachtung
von Proportion und Perspektive wirken die Illustrationen jedoch recht altertümlich. Dies könnte auch damit
zusammenhängen, daß es sich bei der Handschrift um
die Kopie einer älteren Vorlage handelt.

Die Miniaturen auf Blatt 4^v/5^r zeigen Ereignisse aus
der Schöpfungsgeschichte im Buch Genesis. Bemerkenswert
ist hier die plastische Darstellung der Schöpfung Evas
aus dem Leib Adams auf Blatt 5^r.

DEGERING I, S. 154. – VOLLMER, HANS: *Ober- und mitteldeutsche
Historienbibeln (Materialien zur Bibelgeschichte und religiösen
Volkskunde des Mittelalters 1). Berlin 1912, S. 148–150. – WEGENER,
S. 104–109. – Ausst. kat. Berlin 1988, S. 180–181 (Nr. 84). – KORN-
RUMPF, GISELA: Heldenepik und Historie im 14. Jahrhundert. Dietrich
und Etzel in der Weltchronik Heinrichs von München*, in: GEB-
HARDT, CHRISTOPH u. a. (Hgg.): *Geschichtsbewußtsein in der deut-
schen Literatur des Mittelalters. Tübinger Colloquium 1983.* Tübin-
gen 1985, S. 88–109.

ASCH / EO

104 Historienbibel des Alten Testaments

Österreich, Teil I: Mitte des 15. Jahrhunderts; Teil II: 1404
Papier, 228 Bll., 29 × 21 cm
Vorbesitzer: Die Handschrift gelangte vermutlich vor 1780 aus der
Wiener Artistenfakultät in die Benediktinerabtei Seitenstetten. 1924
wurde sie an den Wiener Antiquar Joseph Satinober verkauft, 1926
vom Verein der Freunde der Königlichen Bibliothek der Preußischen
Staatsbibliothek geschenkt.
SBB-PK, Ms. germ. fol. 1413

Aufgeschlagen Bl. 9^v/10^r.

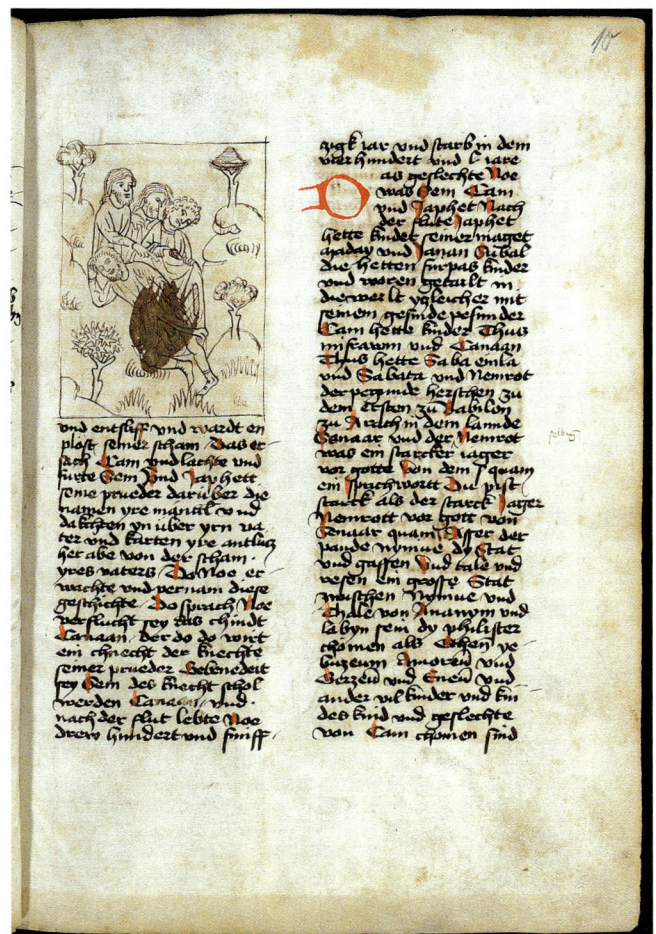

Kat. 104, 10^r

I: 5^r–171^r Historienbibel des Alten Testaments (Textverlust),
171^v–174^v leer. II: 175^r–225^v Heinrich von Langenstein: Erkenntnis
der Sünde (226^r auf gleicher Lage Fragment eines Märes vom Almo-
sen); Bastarda von insgesamt 5 Händen (drei in Teil I, zwei in Teil II);
schlichte, manchmal ungelenke rote Lombarden; Illuminierung mit
Federzeichnungen, zunächst sparsam gelb, grün, ocker und grau
koloriert, später nicht mehr koloriert; oft auch nur Platz gelassen, der
nicht gefüllt wurde; neuer Holzdeckeleinband unter Verwendung des
alten Überzugleders, Schließen und Beschläge verloren.

Diese Sammelhandschrift vereint zwei ursprünglich
selbständige Teile, die aber wohl schon im 15. Jahrhundert zusammengebunden wurden. Teil I besteht aus
einer Historienbibel des Alten Testaments (zur Historienbibel siehe Kat. 105) mit 62, teilweise kolorierten
Federzeichnungen. Sie wurde nacheinander von drei
Händen geschrieben, die Illuminierung wurde anscheinend phasenweise diesen drei Abschnitten hinzugefügt.
Dies könnte erklären, weshalb der erste Abschnitt am
reichsten ausgestattet ist. Die kolorierten Federzeichnungen nehmen in einfacher, aber anschaulicher Form
Bezug auf den Text. Bei der zweiten Hand fehlt die

Kolorierung der Federzeichnungen; zum Schluß wurde oft genug nur Platz für eine Illuminierung gelassen, die jedoch nicht mehr ausgeführt wurde. Etwas ungewöhnlich ist das detailgetreue Bild zu Noahs Trunkenheit (Bl. 10ʳ), auf das ein sittenstrenger Benutzer einen Tintenfleck gekleckst hat. Die Schrift weist auf eine Entstehung der Handschrift um die Mitte (2. Drittel?) des 15. Jahrhunderts hin. Die Schriftsprache läßt Österreich oder Bayern als Schriftheimat dieses Teils vermuten.

Teil II tradiert einen katechetischen Traktat, die 'Erkenntnis der Sünde' des Heinrich von Langenstein. Dieser Traktat behandelt zunächst die Buße im allgemeinen, dann die Sieben Hauptsünden. Der Autor erläutert dabei die Gründe für die Meidung von Sünden und bietet Ratschläge und Hilfsmittel dagegen. Wie das Kolophon berichtet, wurde dieser Teil 1404 am Vorabend des Festes des heiligen Achatius und der zehntausend Märtyrer beendet. Auf das letzte Blatt der letzten Lage hat eine weitere Hand neun Zeilen eines Märes eingetragen, das aber offensichtlich nicht beendet wurde. Ein Märe ist nach HANNS FISCHER eine diesseitig-profane selbständige Erzählung mittleren Umfangs in Versen (nicht zu verwechseln mit dem modernen Märchen). Ein neuzeitlicher Benutzer hat auf fol. 131ʳ mit groben Strichen einen Bettler mit Holzbein und Umhang gezeichnet.

LAMPERT, HANS OTTO: *Beschreibung von 23 bei Degering nicht mehr erfaßten Handschriften der ehemaligen Preußischen Staatsbibliothek Berlin. Tübingen 1970 (maschinenschriftl. Magisterarbeit), S. 25–27.* – BECKER, PETER JÖRG: *Kurzes Verzeichnis der bei Hermann Degering nicht mehr erfaßten germanischen Handschriften in Folio Ms. germ. fol. 1384 – Ms. germ. fol. 1500. Berlin 1986, S. 12–13.*

ASCH/EO

105   Historienbibel des Neuen Testaments

Steyr (Oberösterreich), geschrieben 1447, illuminiert 1452
Papier, 246 Bll., 28 × 20,5 cm
Vorbesitzer: Früher Besitzer war der Buchmaler Linhart Eckmanshofer; 1929 von der Preußischen Staatsbibliothek erworben.
SBB-PK, Ms. germ. quart. 1861

Aufgeschlagen Bl. 64ᵛ/65ʳ

1ʳ–126ᵛ Historienbibel (unvollständig); 127ʳ–144ᵛ Etymachietraktat (wegen Textverlust unvollständig); 145 Nachsatz; Bastarda von einer Hand; über 260 kolorierte Federzeichnungen; schlichte rote Lombarden; Einband 1930 vollständig erneuert (alte Deckel erhalten).

Eine Historienbibel stellt eine freie Prosabearbeitung des biblischen Stoffes dar, bei der die eigentlichen biblischen Geschichten zwar vollständig wiedergegeben, jedoch mit Materialien aus Chroniken, apokryphen Büchern und theologischen Werken ergänzt wurden. Der Schwerpunkt liegt auf den Büchern des Alten Testaments; den neutestamentlichen Geschichten, wenn sie überhaupt behandelt werden, wird in den meisten Textfassungen sehr viel weniger Platz eingeräumt. Die über 100 erhaltenen Handschriften können nach VOLLMER in neun Gruppen eingeteilt werden und zeugen von einer lebhaften Rezeption vor allem im süddeutschen Raum während des gesamten 15. Jahrhunderts. Die meisten Handschriften mit einer Historienbibel sind illuminiert; sie stammen überwiegend aus dem Besitz adliger und patrizischer Laien, aber auch aus Klöstern. Historienbibeln dienten bis zum Aufkommen gedruckter Bibelübersetzungen als Erbauungs- und Geschichtsbücher.

Anders als in den meisten Historienbibeln ist der Schreiber dieser Handschrift nicht anonym geblieben. Laut Kolophon wurde sie 1447 von Niclas Czipser, Organist und Bürger von Steyr, geschrieben. Von seiner Hand stammt auch der anschließende Etymachietraktat. Wenige Jahre später, 1452, fügte Linhart Eckmanshofer eine große Zahl farbig ausgemalter Federzeichnungen hinzu, wie eine Notiz unter Czipsers Kolophon verrät. Die Illuminierung ist, trotz der Vielzahl der benutzten Motive und Darstellungsformen, von eher bescheidenem Niveau; die wenig kunstvollen Umrisse in Tinte sind jedoch farbenfroh ausgemalt.

Die Darstellungen nehmen sowohl in der Historienbibel als auch im Etymachietraktat Bezug auf den Text. In der Historienbibel verdeutlichen sie einzelne Episoden auf einfache, aber eindeutige Weise. Die Miniatur auf Blatt 64ᵛ zeigt den Selbstmord des Judas Iskarioth, nachdem er Christus verraten hatte. Der Teufel führt seine Seele mit sich in die Hölle. Die Miniaturen auf Blatt 65ʳ zeigen die Weitergabe der 30 Silberlinge, die Judas für den Verrat Christi erhalten hatte, sowie die Geißelung Christi. In der letzten Miniatur wurden die Gesichter der Schergen nachträglich entstellt.

Bei dem Etymachietraktat handelt es sich um einen bildlich eingekleideten Traktat über die wichtigsten Tugenden und Laster. Darin erscheinen zunächst die Laster, personifiziert als Ritter auf Tieren reitend. Die im Mittelalter mit Lastern oder negativen Eigenschaften oder Verhalten verbundenen Tiere sind hier z. B. der Bär (Unkeuschheit), der Esel (Trägheit), das Kamel (Zorn) oder der Drache (Neid). Danach folgen die Kardinaltugenden, die gegen die entsprechenden Sünden ankämpfen. Sie treten ebenfalls als Ritter auf, die auf positiv konnotierten Tieren reiten und deren Embleme auf ihren Schilden dargestellt sind. So reitet die Keuschheit auf einem Einhorn gegen die Unkeuschheit, die Mildtätig-

163

vorstede Noch is gekome
der schuldener und wilt
nemen myne zwene soe-
ne eme zo dienende Do
sprach helyseus wat haus
du in dyme huyse Sy ant-
worde nyet dan en we-
nich oelyths Doe sprach
der prophete Ganck und
lene vassere die nyet cley-
ne synt van allen dynen
naburen Und ganck und
sluyss die dou zo / wan du
da ynnen bist und dyne
kyndere und guyss in alle
vesse Doe dede dese vrau-
we dijt und volte alle vassere und vrangede dem soe-
ne na deme vasse hey ant-
worde Ich hayn geyn me

Doe stoynt der oelyth Do
kundigde die vrauwe dat
deme propheten Do sprach
hey Ganck und verkouff yn
und betzaele den schuldener
Ind leue mit dynen kynde-
ren van deme oeuerigen
Dat geschach dat helyseus
stedes geynck durch suna
und qwam tzo eynre vrau-
wen und as mit yr dat broit
Doe sprach sy zo yrem manne
der man der hie stedes zo
vns gheyt der is hillich
machen wir eme eyn ge-
mach / want hey her zo vns
kompt dat hey dae ynne
blyue Dat geschach zo eynre zyt dat helyseus dar q
qwam und restede da Doe

keit auf einem Hirsch gegen den Geiz, die Geduld auf einem Elefanten gegen den Zorn, die Andacht auf einem Steinbock gegen die Trägheit. Im Text werden die Sünden und Tugenden ausführlich beschrieben, ebenso die Embleme auf den Schilden der Ritter. Dazu werden die einschlägigen Bibelzitate und Aussprüche der Kirchenväter aufgeführt.

BECKER, PETER JÖRG: *Verzeichnis der an Degering anschließenden Ms. germ. quart.-Handschriften in der damaligen SBPK (Maschinenschriftliche Beschreibung angefertigt 1986–1989).*

ASCH / EO

106 Historienbibel des Alten Testaments ('Niederrheinische Historienbibel')

Niederrhein (Köln?), um 1457–1460
Papier und Pergament, 350 Bll., 27,5 × 20,5 cm
Vorbesitzer: 1837 von der Königlichen Bibliothek aus dem Besitz des Medizinalrates Walther erworben.
SBB-PK, Ms. germ. fol. 516

Aufgeschlagen Bl. 162ᵛ/163ʳ.

1ʳ–259ᵛ Historienbibel des Alten Testaments; 260ʳ–331ʳ Psalterium mit Cantica und Litanei; 332ʳ–350ᵛ Apokalypse. Qualitätvolle schlaufenlose Bastarda ('gotische Hybrida') von einer Hand; 100 kolorierte Federzeichnungen; zahlreiche rote und blaue Fleuronnée-Initialen im niederländisch-niederrheinischen Stil; moderner Einband (rotes Rindleder über Holzdeckeln).

Die sogenannte 'Niederrheinische Historienbibel' der Staatsbibliothek zu Berlin gehört zu den prachtvollsten der über 100 erhaltenen Historienbibel-Handschriften (zur Gattung siehe Kat. 105). Die Wasserzeichen belegen, dass sie wohl um 1457–1460 entstanden ist, die Schreibsprache (ripuarisch) weist auf den Niederrhein als Schriftheimat hin. Da St. Quirinus in der Litanei an hervorgehobener Stelle eingefügt wurde, ist Neuss oder ein anderer Ort im Rheinland, wo dieser Heilige besonders verehrt wurde, als Bestimmungsort der Handschrift möglich.

Bei einigen Figuren in den Federzeichnungen finden sich Anklänge an Figuren auf den Gemälden Stefan Lochners, der 1442–1451 in Köln tätig war. Weitere und wichtigere Verbindungen gibt es jedoch zu Zeichnungen und Miniaturen in nordniederländischen Handschriften. In der jüngeren Forschung wurde wiederholt auf die ikonographischen Parallelen mit Miniaturen in niederländischen Stundenbüchern hingewiesen und die Vermutung geäußert, daß wenn der Maler nicht selber aus den Niederlanden stamme, war er wohl in einer mit

niederländischen Vorlagen ausgestatteten Kölner Werkstatt tätig war.

Die Grundlage der Bilder ist eine Federzeichnung in dunkelgrauer oder brauner Tinte; alle Einzelheiten an Figuren und Gegenständen sind durch Umrißlinien bezeichnet. Die Bilder sind mit transparenten Wasserfarben koloriert, wobei allerdings die Farbpalette eher beschränkt ist (HANKE). Fast alle Szenen sind in einer Landschaft angesiedelt. Bemerkenswert ist die 'Monumentalität' vieler Zeichnungen, die durch die große Zahl der dargestellten Figuren, Gebäude und Gegenstände hervorgerufen wird. Durch diese Wirkung wird die Historizität der alttestamentischen Ereignisse betont. Bemerkenswert ist auch die raffinierte Darstellung von Häusern, Palästen und weiterer Gebäude, einschließlich ihrer Innenräume.

In der Federzeichnung auf Blatt 163ʳ werden zwei Szenen aus dem vierten Buch der Könige nebeneinander dargestellt: links mehrt der Prophet Elisäus das Öl der Witwe und rechts erweckt er den Sohn der Sunamitin (IV Rg 4, 1–7 u. 32–36).

Schon im 19. Jahrhundert wurden Übereinstimmungen zwischen den Federzeichnungen der 'niederrheinischen Historienbibel' und den Holzschnitten des Kölner Bibeldrucks von 1478/79 festgestellt. Fazit verschiedener Untersuchungen ist, daß die Federzeichnungen der Handschrift als mittelbare oder unmittelbare Vorlage für die Holzschnitte gedient haben.

Ausst. kat. Berlin 1988, S. 178–179 (Nr. 83). – HANKE, MARION: *Die Niederrheinische Historienbibel in der Handschriftenabteilung der Staatsbibliothek zu Berlin – Preußischer Kulturbesitz. Schriftliche Hausarbeit zur Erlangung des Grades eines Magister Artium (masch.-schriftl.). Berlin 1994 (grundlegend, Lit.).*

ASCH / EO

107 Historienbibel des Alten Testaments (dt. u. lat.)

Franken (Nürnberg?), Mitte des 15. Jhs.
Papier, 557 Bll., 31,5 × 22 cm
Vorbesitzer unbekannt.
SBB-PK, Ms. germ. fol. 565

Aufgeschlagen Bl. 250ᵛ/251ʳ.

1ʳ–557ᵛ Historienbibel des Alten Testaments; 558ʳᵛ leer; grobe Bastarda von zwei Händen (Tinte schlägt oft durch das Papier durch); schlichte Lombarden in Tinte oder rot; gelbgrünliche Schnittbemalung; zeitgenössischer Holzdeckeleinband mit braunem Schafsleder überzogen und mit Streicheisenlinien und Einzelstempeln verziert (Blindstempel schlecht erhalten); Eckbeschläge, Buckel und Schließen verloren.

Diese Historienbibel enthält nicht nur die paraphrasierende Übersetzung des Alten Testaments (Gruppe IA nach VOLLMER), sondern auch eingeschobene lateinische Textpartien der Bibel. Daß es sich bei dem lateinischen Text um eine Rückübersetzung aus dem Deutschen handelt, läßt sich an Übersetzungsfehlern erkennen. Während zuerst nur einzelne Passagen übersetzt sind, ist eines der letzten Bücher, Judith, so gut wie vollständig lateinisch enthalten. Auf Blatt 414ᵛ–420ᵛ ist eine Hoheliedfassung in Versen eingeschoben. Einen ungewöhnlich breiten Raum nimmt die Alexandergeschichte ein (Bll. 524ʳ–533ᵛ).

Der gesamte Text wird von 851 halb- bis ganzseitigen Abbildungen begleitet. Es sind durchweg mit verdünnten Wasserfarben kolorierte Federzeichnungen auf einfachstem Niveau. Eine Doppelreihe von Federstrichen dient als Rahmen. Am oberen Rand sind häufig lateinische oder deutsche Anmerkungen in flüchtiger Kursive zu erkennen, die dem Illustrator als Anweisungen dienen sollten. Diese Anmerkungen verweisen möglicherweise auf ein Musterbuch.

Bei den teilweise plumpen und steif wirkenden Figuren wurden weder Proportion noch Perspektive sonderlich beachtet, ihre Gesichter bleiben ohne Ausdruck. Dafür ist die Gestik ausgeprägt und zeigt sich in schwungvollen Strichen. Die fast skizzenhaften Zeichnungen deuten den Inhalt der biblischen Ereignisse mehr an als sie ausführlich zu beschreiben oder gar zu interpretieren. Bei den Textpassagen, die der Autor aus Enikels Weltchronik übernommen hat, lehnen sich auch die Bilder stark an die Vorlage an. Für die Illustrationen der aus Petrus Comestor übersetzten Partien hingegen wird eine eigene schöpferische Interpretation des Zeichners angenommen, da hierfür keine Vorlagen bekannt sind. Aufgrund einiger Wappen und des Dialektes der deutschsprachigen Partien wird eine Herkunft der Handschrift aus dem Nürnberger Raum angenommen. Die mutmaßliche Entstehungszeit der Handschrift (Mitte des 15. Jahrhunderts) bezieht sich auf den Stil der Schrift und der Zeichnungen.

Die Textpartien und Zeichnungen auf Blatt 250ᵛ und 251ʳ beziehen sich auf Kapitel 16 des Buches Richter. In diesem Kapitel wird erzählt, wie Delila von Simson das Geheimnis seiner übermenschlichen Kraft erfährt. Diese Kraft verliert er nur, wenn man ihm seine Haare abschneidet. Während Simson schläft, schneidet Delila ihm die Haare ab. Daraufhin wird er von den Philistern in ein Gefängnis überführt, wo er eine Mühle drehen soll. Die Zeichnung auf Blatt 250ᵛ zeigt Delila, die die Haare des geschlagenen Simsons schneidet, die auf Blatt 251ʳ die Blendung Simsons durch Delila wie auch Sim-

Kat. 107, 251ʳ

son, der das Mühlrad im Gefängnis dreht und bei den Frauen der Philister liegt.

DEGERING 1, S. 62. – MERZDORF, THEODOR *(Hg.)*: *Die deutschen Historienbibeln des Mittelalters nach vierzig Handschriften. Nachdruck der Ausg. Stuttgart 1870. Hildesheim 1963.* – VOLLMER, HANS: *Ober- und mitteldeutsche Historienbibeln (Materialien zur Bibelgeschichte und religiösen Volkskunde des Mittelalters 1). Berlin 1912,* S. 47–48. – WEGENER, S. 79–90. – ROSS, D.J.A.: *Illustrated Alexander-Books in Germany and the Netherlands. A study in comparative iconography. Cambridge 1971,* S. 108–113. – STEDJE, ASTRID: *Die Nürnberger Historienbibel. Textkritische Studien zur handschriftlichen Überlieferung mit einer Ausgabe des Weidener Fragments. Hamburg 1968,* S. 72–75. – SCHMIDT, VIKTOR M.: *A Legend and its Image. The Aerial Flight of Alexander the Great in Medieval Art. Groningen 1995,* S. 143 u.ö.

ASCH/EO

108 Bibel
('Preußenbibel')

Preußen (Königsberg oder Marienburg?), 4. Viertel des 14. Jhs.
Pergament, 342 Bll., 37 × 27 cm
Vorbesitzer: Gelangte im 18. Jh. in das spätere Staatsarchiv Königsberg (möglicherweise aus dem Archiv der herzöglichen Kanzlei zu Königsberg oder dem Archiv Tapiau). Nach 1945 vorübergehend im Archivlager Göttingen, seit 1978 im Geheimen Staatsarchiv.
GStA – PK, XX HA Hs. 1 (alte Signatur: Staatsarchiv Königsberg, Mscr. A 191)

Aufgeschlagen Bl. 364ᵛ/365ʳ.

S. 5–415 Klaus Kranc: Übersetzung der Prophetenbücher; S. 416–420 leer; S. 421–624 Versparaphrase des Buchs Hiob; S. 625–684 Versparaphrase der Apostelgeschichte; Textualis von mindestens zwei eng verwandten Händen; zahlreiche qualitätvolle blaurote Fleuronnée-Initialen sowie 36 historisierte Initialen mit Randleisten oder Schriftspiegelrahmen in Deckfarbenmalerei und Blattgold.

Die in dieser kostbaren Handschrift überlieferte Übersetzung der alttestamentarischen Bücher der Propheten wurde von Klaus Kranc, Franziskaner in Thorn, auf Wunsch Siegfrieds von Dahlenfeld angefertigt. Die Namen des Übersetzers und des Auftraggebers sind in einem Akrostichon in der Reimvorrede zu dieser Übersetzung enthalten. Die vorliegende Handschrift ist die einzige, in der die ostmitteldeutsche Bibelübersetzung Krancs überliefert ist. Schon in der älteren Forschungsliteratur zur deutschen Bibel wird die sprachliche Kraft des Werkes hervorgehoben.

Siegfried von Dahlenfeld, der Auftraggeber des Werkes, amtierte 1347–1359 als Oberster Marschall des Deutschen Ordens in Königsberg. Diese Amtszeit und eine weitere Jahreszahl am Ende des Hiobtextes bieten einen terminus ante quem für die Datierung der Übersetzung. Die Handschrift ist jedoch etwas jünger. Die Schrift und die historisierten Initialen lassen vermuten, dass sie erst gegen Ende des 14. Jahrhunderts entstanden ist. Sie wäre somit nicht das Widmungsexemplar für Siegfried von Dahlenfeld. Obwohl keine gesicherte Angaben vorliegen, geht die Forschung davon aus, dass diese prachtvolle Handschrift in Ostpreußen, möglicherweise in Königsberg oder Marienburg, für einen hohen Würdenträger des Deutschen Ordens angefertigt wurde.

Die Versparaphrasen des Buches Hiob und der Apostelgeschichte, die ebenfalls in dieser Handschrift enthalten sind, stammen wohl nicht von der Hand des Schreibers, der die Übersetzung der Prophetenbücher kopierte. Schrifttyp, Blatteinteilung und Ausstattung belegen jedoch, daß diese Texte gleichzeitig und am selben Ort entstanden sind. Die drei Texte sind vermutlich seit ihrer Entstehung in einem Band zusammengebunden. Der Einband (rotes Leder über Holzdeckeln) ist neu (19. oder 20. Jahrhundert); die ältere und besonders qualitätvolle Ziselierung der Schnitte blieb bei der Erstellung dieses Einbandes erfreulicherweise erhalten.

Verziert ist die ganze Handschrift, vor allem die Prophetenbücher, mit farbenprächtigen historisierten Initialen. Diese Initialen finden sich sowohl am Anfang der gereimten Prologe wie auch am Anfang der Bibelbücher. Hervorzuheben ist die reichliche, ja verschwenderische Verwendung von Blattgold auf vielen Seiten. Die Figuren in den Initialen, die nur gelegentlich individuelle Züge aufweisen, stellen überwiegend alttestamentarische Propheten dar, ohne Bezug auf die in dem Bibelbuch beschriebenen Ereignisse zu nehmen. Stäbe mit Blatt- oder Eichelmuster, die sich von den Initialen auf den Blatträndern entlang ranken, zieren zusätzlich die Seiten. Die obersten Zeilen der insgesamt sehr niveauvollen Textualis wurden gelegentlich verlängert und mit Cadellen verziert. Die historisierte Initiale auf Blatt 365ʳᵃ zeigt den Propheten Amos mit dem König von Juda (oder von Israel).

HERRMANN, TONI: *Buchmalerei im Deutsch-Ordenslande. Die Aquinoauslegungen Ms. 885, 886, 887 der Staats- und Universitätsbibliothek Königsberg und der Sammelband Ms. A 191 des Staatsarchivs Königsberg*, in: Altpreußische Forschungen 12 (1935), S. 232–255. – SCHMIDTKE, DIETRICH: *Repräsentative deutsche Prosahandschriften aus dem Deutschordensgebiet*, in: HONEMANN/PALMER, Deutsche Handschriften, S. 352–378. – MEINERS, IRMGARD: 'Kranc (Cranc), Klaus', in: ²VL 5, Sp. 337–338. – BENNINGHOVEN, FRIEDRICH: *Unter Kreuz und Adler. Der Deutsche Orden im Mittelalter. Ausstellung des Geheimen Staatsarchivs Preußischer Kulturbesitz anläßlich des 800jährigen Bestehens des Deutschen Ordens.* [Berlin] 1990, E 46 S. 126–127. – Kat. deutschsprach. illustr. Hss., Bd. 2 S. 103–105, 221–222.

ASCH/EO

de abir vol wissenhaftikeit. Er
wislarte in den sellen gezıten. bi
den tobel. naum. ionas. olee vn
maias ıphetirten. Meiste hat
er gesprochen widir di zehen ge
slechte. vnd wenuig hat er von
den zehen geslechten dar vndir
geslochten. Disen namd herre
von der zal der hirten vnd larite
in dar er zu samarien spdigere.
Den der pfalter amasias zu ph
loge quelete mit slegen dar nach
lin sun ozyas slue en mit etme
rigele al durch den slaf. Nu wurt
er halb tot gewurt in sin lant. vn
starb kurtzlichen. dar nach wart
siner ze der vunden. vnd wart ce
grabon mit sinen vetern. *Vz ist
di worede. vn begınet sich amos
der yphere. daz erste capittul*

Je wort
amos
der da
nias uf
der wede
zu the
cue die
lach ub
ısrahel
bin den
tagen oziie des kuniges vo iuda
vnd bin den tagen ieroboam io
as sun des kuniges von ısrahel
zwey iar vur der erdbibunge vn
sprach. Der herre wirt brrume
von sion. vnd von iherusale wir
er geben sine stimme. vnd di sch
onde weyde des greildes hat ge

weynit. ez wortalwit. vnde der
wirbil uf carmeli ist wrrockent.
Diz spruch d herre. Ubir di vol
heit damasc. vnd uben viere wil
ich en nicht bekeren. Hirvmme daz
er getreder hat galaad mit yseri
nen waynen. vnd ich wil senden
ein vuer in azaelis hus. vn daz
vrezzen benadays husere. vn wil
zubrechen di rigele damasc. vn
wil wrterbin di inwoner von de
me velde des abgotis. vnd den da
helt daz scepter von deme huse
der wolluit vnd der vnkuscheit.
vnd daz volk von syrien wirt ge
tuben zu gyrenen spricher der her
re. Diz spricht der herre. Bobin
di bosheit gaze. vnd bobin viere
wil ich in nicht bekeren. hirvme
daz er hin we getuben hat daz vol
lekumene gewencnisse daz er iz
belluzze zu ydumea. vnde wil
senden ein vuer in di mur gaze.
Diz wirt vorswenden ire hlusere.
vnd wil zustoren di inwoner von a
zato. vnd den der da helt daz scept
von ascalon. vnd wil wenden mi
ne hant uf accaron vnd di oleyste
der palestinoz. werden wrterbin
spricht der herre got. Diz spricht d
herre got. Bobin du bosheit tyri
vnd bobin viere wil ich in nicht be
keren. Hirvmme daz sie verslem mit
haben das vollenkumen gewencnis
se zu ydumea. vnd haber nicht ge
dacht an di svne der brudere. vnde
wil senden vuer in di mur tyri
vnd daz wirt vorzern ir hlusere.

V

HEILIGENLEGENDEN
UND
ERBAUUNGSLITERATUR

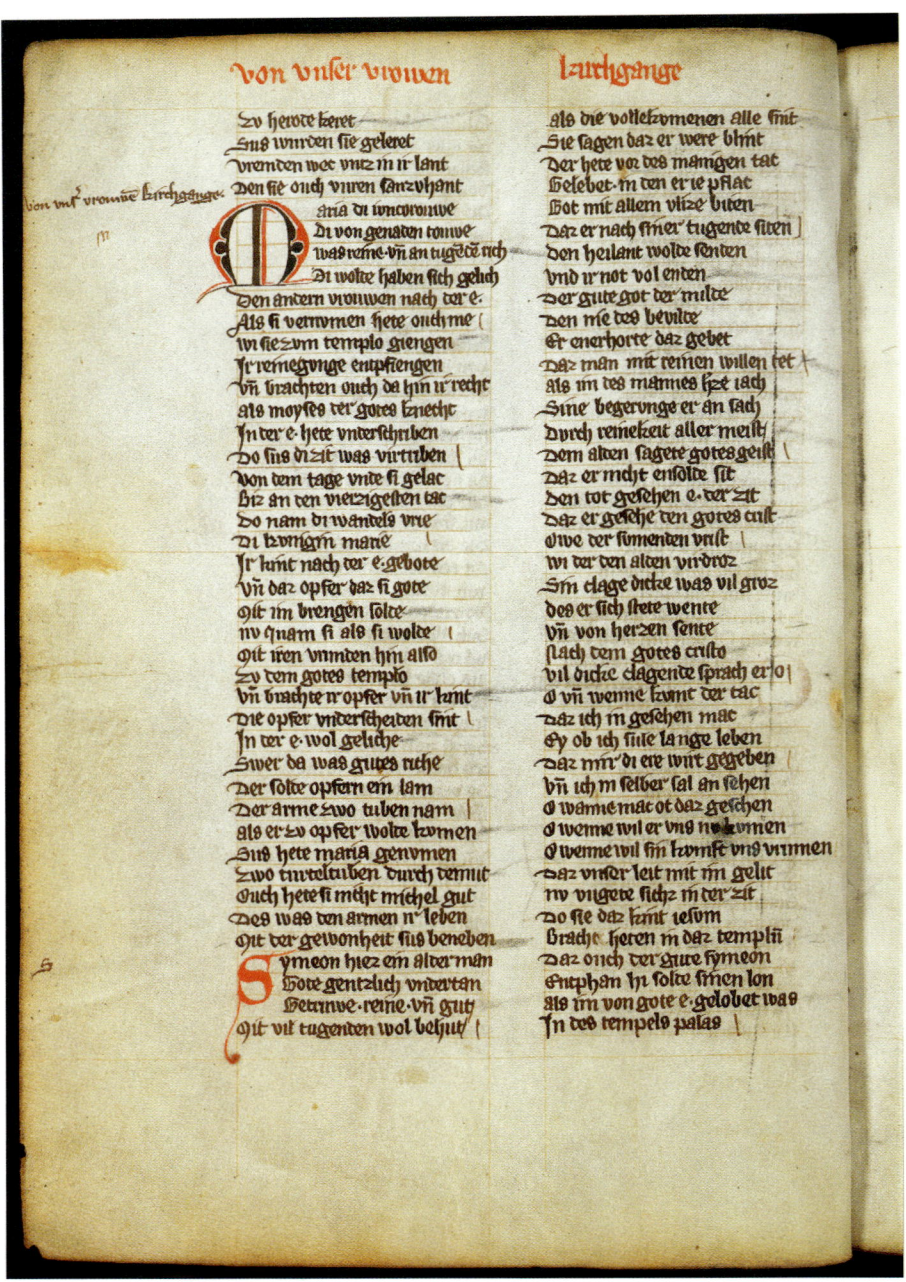

Kat. 109, 15ᵛ

109 Passional

Ostmitteldeutsch, um 1300
Pergament, 248 Bll., 26 × 19 cm
Vorbesitzer: Friedrich Heinrich von der Hagen (1780–1856), der die Handschrift 1826 von dem Geographen und Historiker Friedrich Wilhelm August Bratring (1772–1829) ertauscht hatte. Dieser hatte sie angeblich in Görlitz erworben. 1856 kam die über 40 altdeutsche Handschriften umfassende Sammlung von der Hagens an die Königliche Bibliothek Berlin.
SBB-PK, Ms. germ. fol. 778

Aufgeschlagen Bl. 15ᵛ/16ʳ: Anfänge der Geschichten *von vnser vrowen kirchgange*, d. i. Lichtmeß, und *von vnsers herren kintheit*.

Sehr gleichmäßige gotische Buchschrift (Textualis), 2 Spalten, meist 42 Zeilen; an den Legendenanfängen größere, schwarz-rot ornamental gespaltene Initialen; unverzierter Ledereinband über Holzdeckel, 14. Jh. mit Langriemenschließen (die untere modern ergänzt); die ersten Blätter durch Hitzeeinwirkung stark gebräunt.

Das 'Passional' ist eine gereimte Legendensammlung in 3 Büchern mit insgesamt knapp 110 000 Versen, Ende des 13. Jahrhunderts in ostmitteldeutscher Schreibsprache von einem wahrscheinlich franziskanischen Geistlichen verfaßt. Von demselben Autor, der absichtlich seinen Namen und den seines Auftraggebers nicht nennt,

Kat. 110, 2. Vorsatzblatt verso

stammt auch das kurz vorher entstandene 'Väterbuch', eine deutsche Versifizierung der frühmittelalterlichen 'Vitaspatrum'-Sammlung (s. zu Kat. Nr. 110, Ms. germ. fol. 1158, 1ʳ). Der keineswegs nur, wie der Name 'Passional' vermuten läßt, Märtyrergeschichten enthaltenden Sammlung – es ist die erste große, auch dichterisch bedeutende Sammlung von Heiligenleben in deutscher Sprache – liegt als Quelle die um 1270 erschienene, sich bald größter Beliebtheit erfreuende 'Legenda aurea' des Jacobus de Voragine zugrunde, deren Ordnung nach dem Heiligenfestkalender allerdings nur im 3. Buch des 'Passionals' mit 75 Legenden übernommen wurde. Im 1. Buch werden die Legenden um die Jungfrau und Jesus nach dem ordo naturalis zu einem geschlossenen Marienleben mit anschließenden Wundern (diese 25 Verserzählungen gehören zu den anrührendsten Denkmälern der mittelhochdeutschen Literatur!) zusammengestellt, im 2. die Apostellegenden, beide mit Anhängen und Vor- und Nachreden. Diese Bücher sind wie auch in der vorliegenden Handschrift stets gemeinsam, nirgends aber zusammen mit dem 3. Buch überliefert. Von den bis heute bekannt gewordenen insgesamt 25 Handschriften und 116 fragmentarischen Überlieferungszeugen des 'Passionals' bietet die Berliner Handschrift den ältesten und bei weitem verläßlichsten Text, der nahe dem verlorenen Original stehen dürfte und für jede moderne Edition (die bis heute fehlt) Grundlage sein muß. Erstes Verbreitungsgebiet der Handschriften im frühen 14. Jahrhundert ist das preußische Kernland des Deutschen Ordens. Obwohl direkte Zeugnisse fehlen, ist eine Auftragserteilung zur Abfassung des Gesamtwerks mit der Heraushebung der Marienlegenden und die forcierte Distribution der Abschriften durch diesen straff durchorganisierten Orden, dessen Patronin Maria ist, sehr wahrscheinlich. Die bewundernswert einheitliche orthographische und graphische Gestalt der Berliner Handschrift von Buch 1 und 2, die die Tendenz zu einer konsequenten literarischen Schreibsprache im Einflußgebiet des Ordens zeigt, sprechen dafür.

Degering I, S. 110. – Gesammtabenteuer, hrsg. v. Friedrich Heinrich v. d. Hagen. Bd 3. Stuttgart, Tübingen 1850, S. 787 Nr. 71. – Richert, Hans-Georg: Studien zum Passional. Diss. masch. Hamburg 1960, S. 153 u. 158–169. – Marienlegenden aus dem Alten Passional, hrsg. v. Hans-Georg Richert. Tübingen 1965 (Altdeutsche Textbibliothek. Nr. 64), S. X–XII. – Richert, Hans-Georg: Wege und Formen der Passionalüberlieferung. Tübingen 1978 (Hermaea N.F. 40), S. 19ff. – Gärtner, Kurt: Zur Überlieferungsgeschichte des 'Passionals', in: ZfdPh 104, 1985, S. 40–52. – Richert, Hans-Georg: 'Passional' (Art.), in: ²VL 7, 1989, Sp. 332–340.

TB

110 Vitaspatrum
(deutsch)

Mittelbayrisch, um 1475
Papier, 333 Bll., 29 × 20 cm
Vorbesitzer: 1894 mit dem Nachlaß des Generalmajors Clemens von Radowitz (1832–1890) von der Königlichen Bibliothek Berlin erworben.
SBB-PK, Ms. germ. fol. 1158

Aufgeschlagen Eingangsminiatur vor Bl. 1ʳ: Die Miniatur, die von Wegener zu allgemein als „Landschaft mit einigen Altvätern" gekennzeichnet wird, illustriert in allen Einzelheiten die zu Anfang des Textes dargelegte Trias der Mönchstypen: *Sanctus Jeronimus schreibt vnns von sant Pauls, dem hailigen altuater, der vnder allen munchen der erst ainsidel was, wann es sind dreyerhand munchen: Ainerley munch sind die in den Clöstern, sind vnder der regel in der gehorsam. Die andern, die sich von der welt in die wüsten gezogen hand vnd ainig In iren zellen sind. Die dritten munch sind genampt anochariten. Das sind die in den wälden sind vnd kain zell hand, wann das si vnder den bämen vnd vnder den stauden wonung hand vnd kraut vnd wurtzen ir speiß ist.* Die perspektivisch komponierte Zeichnung hebt deutlich die jeweilige Behausung hervor: oben Bergkloster und Stadt mit Kirche und Monasterium, davor 3 Mönche der regulierten Mönchsgemeinschaft, rechts unten mit dem Bach Klause und dem Eremitenmönch Paulus von Theben und seitlich links Waldwildnis mit drei Anachoreten, davon einer nackt mit Lendenschurz aus Laub – alle gruppiert um den in der Einöde sitzenden „Ersten Zeugen und Vater des Einsiedlertums" Hieronymus, selbst Büßermönch mit Kardinalshut, mit Hinweisgebärden aufeinander bezogen.)

Inhalt: 1ʳ–161ʳ Legendenteil in der 'Alemannischen' Textfassung mit Meinrad-Vita (144ʳ–151ʳ) und Engellehre (154r–161ʳ), anschließend 162ʳ–330ʳ 'Verba seniorum', dt. in der 'Baierischen' Fassung; 2 Ochsenkopfwasserzeichen von 1474/75; 1ʳ große goldene, ziselierte Initiale S(anctus Jeronimus) auf grün-rot geteiltem quadratischen Blattwerkgrund, zu den Einzelviten im zweispaltigen Text 42 sorgfältig schraffierte Heiligendarstellungen; vor 1ʳ ganzseitige Miniatur, koloriert; moderner Einband, Schnittflächen des Buchblocks rot.

In der Benediktinerregel (Kap. 42,3) wird den Mönchen vorgeschrieben, nach dem Mittagessen sich zusammenzusetzen und von einem unter ihnen sich zu ihrer Erbauung Texte vorlesen zu lassen – *et legat unus collationes vel vitas patrum aut aliud quod aedificet audientes.* Unter dem Namen 'Vitaspatrum' ist seit dem 6. Jahrhundert eine anfangs nur aus wenigen von den Kirchenvätern Athanasius (um 295–373) und Hieronymus (um 347–419/420) verfaßten Heiligenlegenden bestehende, im Laufe der folgenden Jahrhunderte ständig erweiterte lateinische Sammlung von Lebensbeschreibungen, Lehrgesprächen, Anekdoten, Parabeln, Ermahnungen und Sentenzen der ersten in der Wüste Ägyptens oder des Vorderen Orients lebenden Eremiten und Mönchsgemeinschaften bekannt und zahlreich überliefert. Diese Altväterleben gehörten zu den grundlegenden Schriften der monastischen Bewegung des Abendlandes. Im 14. Jahrhundert sind sie ins Deutsche übersetzt (in dem umfangreichen 'Väterbuch' auch versifiziert) worden und waren hauptsächlich in Südwestdeutschland und Bayern verbreitet. Die vorliegende Handschrift präsentiert in Bestand und Anordnung der Texte zusammen mit einer Handschrift in St. Gallen und einer in Wien als einzige eine Version, die sich genau an die lateinische Überlieferung des Historia-monachorum-Teils der 'Vitaspatrum' hält und neu die Meinradlegende aufnimmt, d. i. die volkstümlich ausgestaltete Lebensbeschreibung des bekannten schweizerischen Einsiedlers und Märtyrers Meinrad mit Einweihung der Gnadenkapelle und Engelweihe des Klosters Einsiedeln.

WEGENER S. 109–110. – KLEIN, KLAUS: Meinrad (Art.), in: ²VL 6, 1987, Sp. 319–321. – BLUMRICH, RÜDIGER: Überlieferungsgeschichte als Schlüssel zum Text, in: Freiburger Zeitschrift für Philosophie u. Theologie 41, 1994, S. 214–215. – WILLIAMS, ULLA: Die 'Alemannische Vitaspatrum', Tübingen 1996 (Texte u. Textgeschichte. 45), S. 25*. 75*. 77*, DIESELBE: Vitaspatrum (Art.), in: ²VL 10, 1999, Sp. 452–454.

TB

111 Hartmann von Aue: Gregorius

Süddeutschland, wahrscheinlich 1. Viertel des 13. Jahrhunderts
Pergament, 10 Streifen (Reste eines Doppelblattes), circa 13 × 11 cm
Vorbesitzer: 1998 herausgelöst aus SBB-PK, Ms. lat. quart. 302 (Falze zur Verstärkung der Lagenmitte) und in die Sammlung 'Fragmenta' eingegliedert. Die Handschrift wurde 1862 von Johann Albert Friedrich August Meinecke, Direktor des Joachimsthalschen Gymnasiums in Berlin, an die Königliche Bibliothek verkauft.
SBB-PK, Fragm. 275

Aufgeschlagen Bl. (= Spalte) b/c: Die Auffindung des in einem Fäßchen ausgesetzten Säuglings Gregorius durch zwei Fischer vor der Küste einer Insel; der sich in der Obhut des Inselherrn, eines Abtes, befindliche, nunmehr erwachsene Gregorius entdeckt seine vornehme Herkunft.

Hartmann von Aue: Gregorius (v. 869–976 und 1403–1505, insgesamt 170 Verse, ganz oder teilw. entziffert, Sigle N). Verse nicht abgesetzt, durch Reimpunkte getrennt. Das ursprüngliche Doppelblatt läßt sich gut rekonstruieren, denn die Streifen überliefern fortlaufenden Text mit nur geringen Lücken. Es bildete sehr wahrscheinlich das 2. Doppelblatt eines Quaternio und enthielt vermutlich 207 Verse.

Hartmann von Aue bezeichnet sich selbst als „ein(en) Ritter, (der) so gebildet war, dass er Bücher lesen konnte" ('Armer Heinrich', v. 1–2). Herkunft und Wirkungsstätte dagegen liegen, wie bei vielen deutschen Dichtern des Hochmittelalters, im Dunkeln. Es wird angenommen, daß er seiner alemannischen Sprache wegen im Südwesten zwischen 1185 und 1205 tätig war, viel-

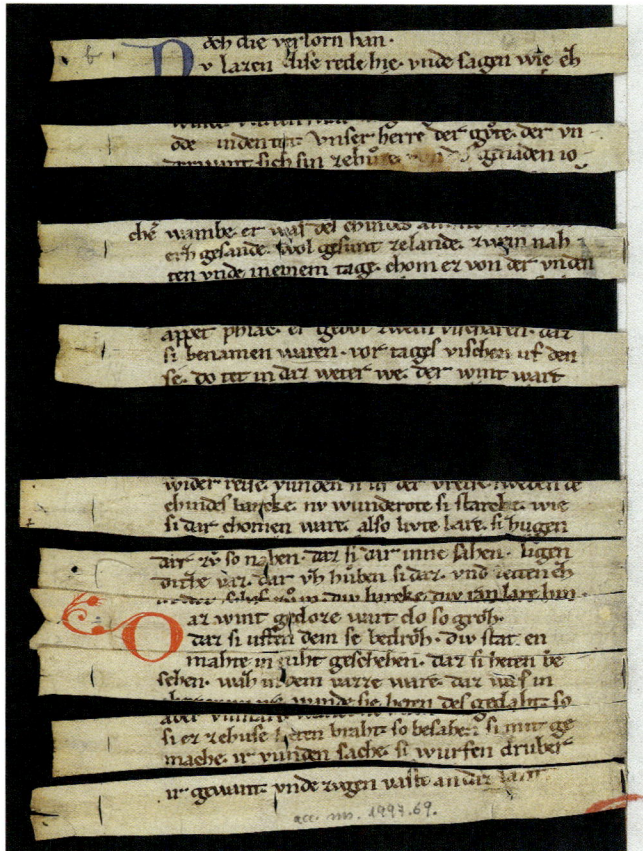

Kat. 111, Spalte b

leicht am Hofe der Herzöge von Zähringen, wenn sich eine Verwandtschaft Hartmanns mit der in der ersten Hälfte des 12. Jahrhunderts belegten zähringischen Ministerialenfamilie von Aue nachweisen ließe. Neben Wolfram von Eschenbach und Gottfried von Straßburg gehört Hartmann von Aue zu den bedeutendsten höfischen Epikern der Stauferzeit. Er schrieb zwei Artusromane ('Erec' und 'Iwein'), zwei legendenhafte Erzählungen ('Gregorius' und 'Der arme Heinrich'), eine Minnelehre und 18 Lieder (überliefert in der Manessischen und der Weingartner Liederhandschrift).

Der in verschiedensten Ausprägungen und Varianten bereits seit der Antike überlieferte spannungsreiche Stoff vom 'guten Sünder', der schuldlos schuldig wird, und dennoch durch unbeirrbare Bußbereitschaft und festen Glauben an Gottes Gnade gerettet werden kann, ist das zentrale Thema in Hartmanns Verslegende vom hl. Papst Gregorius, einer fiktiven Person. Gregorius ist die Frucht einer inzestösen Liebesbeziehung der verwaisten Kinder des Fürsten von Aquitanien. Der Vater (Bruder) stirbt auf der anschließenden Bußfahrt, die Mutter (Schwester), nunmehr Landesherrin, büßt durch Askese und Eheverzicht. Das Kind Gregorius, ausgestattet mit Geld

Von sant Gregorio

ES was ein reycher edelman in Aquitania in den welschen landen der het zwey kind bey seiner frawen einen sun vn ein tochter. Sy waren gar schön. Da starb in ir muter schier. vnd da die kind bey zehen iaren waren da ward der vater auch siech. vnd west wol das er sterben must.vnnd sandt nach den besten in dem land den er wol getrawet.vnnd da sy nun zu im kamen da sach er seine kind mit grossem iamer an.vñ sprach. Sol ich yetzund von euch scheyden.nun wolt ich erst freud mit euch habe ge habt.vnd beuelhe die kind den herren. vnd da er sach das die kind weynte.da sprach er zu de sun.warum weynest du.nu gefelt dir doch ein michel land.ich sorg nur vmb dein schwester. vnd sprach.Sun biß deiner schwester getrew. vnd haß sie lieb.vnd haß vor allen dinge gott lieb der muß ewer beyder pflegen.vnd laß dir mein sel empfolhe sein.damit verschyed er. Da vnderwand sich der iunckherr des landes vnd seiner schwester.vnd pflag ir mit rechte trewen.vnd was sie von im begert von kleyden od von andern dingen dz gab er ir alles.vñ wonten all zeyt bey einander in rechter trew vnnd liebe.Nun neyd der böß geyst die reyne liebe vnd mocht ir nit erleyden zwischen zweye ge schwistreyen.vnnd verkert dem iungling sein getrewe lieb die er het zu seiner schwester in ein falsche böse lieb .Dz er sein schwester beschlieff das sie eines kindes schwanger ward. Da sie das mercket da ward sy ser betrubt.vnd stellet sich iemerlichen.vnd da d iungling sein schwester betrubet sah .Da sprach er, Liebe

schwester sag mir warumm du als ser traurest. gewirt dir ichtz.Da erseufftzet sie von hertze vnd sprach.Bruder es ist mir vnbillich dz ich betrubt bin Dañ ich bin an der sel vnd an dem leyb tod.O we mir arme weyb war zu bin ich geboren.wann ich haß durch deiner falschen lieb willen gottes huld verloren.Dar zu so bin ich auch zu schande worde vor allen menschē, vnd muß ewigklich geschendt sein. wann ich trag ein kind bey dir.Da was er ser betrubt vnd weynet iemerlichen.Da sah sy in an vnd sprach.Bruder geh aß dich wol .vñ trost dich gottes güte.

Da sprach der iunckherre.ich wil vns wol raten.wir sullen es einē weysen herren sagen dem hat mein vater gar wol getrawet.vnd be folhe vns im an seine todtbett.Dz sitzt in meinem land vnd ist gar getrew. vñ was vns der rett das sullen wir thun.so kumme wir mit erē da von. Da ward sie gar fro vnd geuiel ir der ratt gar wol.vnd sandten nach im. vnnd da er kam da empfiengen sie in gar schön vnd furten in in ij kamer.vnnd der iunckherr sprach zu im. Ich getraw nyemant baß dañ dir. Das laß vns geniessen vnd rat vns dz best. Darzu waiß wir wollen dir ein groß leyden klage da stet all vnser ere an.Da sprach er. sagt mir was euch gebreste.Da sagt im der iunckherr dz sein schwester eines kindes bey im schwäger were vnd bat in das er im hulff vnd riet das sy da von heymlich kamen dz sie nit zu schande wur den.Da sprach der weyß man.ich rat euch dz ir die herren zu einem hoff her ladet vnd solt

und einer Herkunftstafel, wird in einem Fäßchen auf dem Meer ausgesetzt, strandet wohlbehalten auf einer Insel, gelangt in die Obhut des dortigen Abtes, der ihn einem Fischer in Pflege gibt. Schließlich erfährt Gregorius von seinem Findelkindschicksal und erbittet vom Abt den Abschied, um Ritter zu werden. Durch Wind und Wetter wird er an die Küste Aquitaniens getrieben

und gerät an den Hof seiner ihm unbekannten, von Freiern bedrängten schönen Mutter. Er leistet ihr Beistand in Not und Gefahr und vermählt sich schließlich mit ihr. Nach Bekanntwerden der schrecklichen Wahrheit tröstet er sie und ermahnt sie zu Askese und Buße, er selbst unterzieht sich strengster Buße auf einer einsamen Insel, gekettet an einen Stein. Nach 17 Jahren veranlassen

Wunderzeichen seine Wahl zum Papst. Die ungewöhnliche Begnadigung läßt auch Mutter und Sohn in reiner Liebe zueinander finden. Hartmann gelingt es in meisterlicher Weise, Legendenmotive und Elemente des höfischen Romans miteinander zu verweben. Weltliches und büßendes Leben werden nicht als Gegensätze konstruiert. Er komponiert einen dynamischen zielgerichteten Handlungsverlauf und verzichtet auf Verurteilung. Menschliches Dasein unterliegt der Unsicherheit und der ungewollten Verstrickung in furchtbare Verfehlungen, die allein Gottes Gnade lösen kann.

Hartmanns Versnovelle ist in 12 Handschriften und Fragmenten überliefert. Das Berliner Fragment gehört in die Gruppe der zuverlässigen Textzeugen und stützt mehrfach korrekte Lesungen, die bisher nur erschlossen, nicht aber bezeugt werden konnten.

Die weiteste Verbreitung des Textes fand die deutsche Prosafassung 'Von sant Gregorio auf dem stain' in der um 1400 entstandenen Sammlung von Heiligenlegenden mit über 100 Handschriften und Drucken.

SCHIPKE, RENATE: *Hartmanns 'Gregorius'. Ein unbekanntes Fragment aus dem Bestand der Staatsbibliothek zu Berlin, Preußischer Kulturbesitz*, in: Fata Libellorum. Festschrift für Franzjosef Pensel zum 70. Geburtstag. Göppingen 1999 (GAG 648), S. 263–277 mit Abb. – CORMEAU, CHRISTOPH: *Art. 'Hartmann von Aue'*, in: ²VL 3, 1981, Sp. 499–520 (Lit.). – DUCKWORTH, DAVID: *Gregorius. A Medieval Man's Discovery of his true self.* Göppingen 1985 (GAG 422). – ERNST, ULRICH: *Der 'Gregorius' Hartmanns von Aue im Spiegel der hs. Überlieferung. Vom Nutzen der Kodikologie für die Literaturwissenschaft*, in: Euphorion 90, 1996, S. 1–40, bes. S. 14–27.
RS

112 Der Heiligen Leben (Sommer- und Winterteil)

Nürnberg: Anton Koberger, 5. Dezember 1488, 2°
Papier, 386 Bll., 40 × 28,5 cm
Vorbesitzer: Bibliotheksstempel: *Ex Bibliotheca Ministerii Cellensis.*
SBB-PK, Inc. 1732b

Aufgeschlagen Bl. 251ᵛ: Gregorius auf dem Stein.

Bl. 1ʳ leer, Bl. 1ᵛ–2ᵛ Register, Bl. 3ʳ–386ᵛ Der Heiligen Leben. 259 kolorierte Holzschnitte, Blattzählung, Kolumnentitel, rot und blau rubriziert, Initialen mit Gold ausgelegt. Zeitgenössischer blind- und braungestempelter Nürnberger Kalbsledereinband über Holzdeckeln (SCHUNKE, Schwenke-Sammlung 2, 2000. Nürnberg: farbige Platte; KYRISS 144, Textband S. 93), Titelaufdruck in Gold „Passional", zwei Schließen (defekt), Messingbeschläge, Rücken ergänzt.

Zahlreiche Anzeichen deuten darauf hin, daß 'Der Heiligen Leben', eine Sammlung von zumeist 250 kalendarisch angeordneten Heiligenlegenden, in den Jahren zwischen 1384 und 1421 in Nürnberg, evtl. im Umkreis des dortigen Dominikanerklosters, entstanden ist. Relativ schnell entwickelte sich die speziell für den deutschen Sprachraum geschaffene Sammlung zum beliebtesten deutschen Legendar und übertraf in ihrer Verbreitung sogar die deutsche Übersetzung der 'Legenda aurea' des italienischen Dominikaners Jacobus de Voragine. Zu den insgesamt 154 Handschriften, die teilweise den gesamten Text, teilweise auch nur Auszüge überliefern, treten bis 1521 34 hoch- und 8 niederdeutsche Inkunabel- und Frühdrucke; nach 1521 ließ vor allem Luthers ablehnende Stellung zum Heiligenkult und zu den Legenden, die er als „Lügenden" verspottete, weitere Druckausgaben nicht mehr rentabel erscheinen. Während die meisten Drucke 'Der Heiligen Leben' aufgrund ihres Umfanges in zwei Bänden konzipiert sind (der einleitenden Winterteil umfaßt die Zeit von Ende September bis Ende März, der Sommerteil die Zeit von Anfang April bis Ende September) ist der vorliegende Nürnberger Druck Anton Kobergers von Beginn an für eine einbändige Ausgabe angelegt, die – wiederum auffallend – mit dem Sommerteil beginnt.

Ihre große Popularität verdankt 'Der Heiligen Leben' – neben dem Verzicht auf explizite theologische und patristische Bezüge – vor allem der Aufnahme zahlreicher im deutschen Sprachraum verehrter Heiliger, die in der 'Legenda aurea' fehlen, wie zum Beispiel Bonifazius, Gallus, Kilian oder Magnus von Füssen. Daneben fällt auf, daß bei Heiligen wie Georg, Oswald und dem Kaiserpaar Heinrich und Kunigunde häufig nicht auf hagiographische Quellen zurückgegriffen wurde, sondern auf ältere volkssprachliche Versdichtungen, die bereits fest in der – auch weltlichen – mittelalterlichen Erzähltradition etabliert waren. In besonderer Weise trifft dies auf die Legende des 'Gregorius auf dem Stein' zu, die auf einer mittelhochdeutschen Versnovelle Hartmanns von Aue basiert: Der Protagonist dieser Legende, der Inzestsohn und Muttergatte Gregorius, der als 'guoter Sünder' zum Papst erhoben wird, ist weder ein historischer Papst, noch ein kirchlich approbierter Heiliger (Kat. 111). Um dem Gattungszusammenhang des – ursprünglich für die klösterliche Tischlesung konzipierten – Legendars entsprechen zu können, wurde die prosifizierte Gregorius-Legende gegenüber der Hartmannschen Vorlage stark gekürzt und auf das äußere Handlungsgerüst reduziert; aufgegeben werden vor allem zentrale Charakteristika der ursprünglich ritterlich-höfischen Lebenswelt des Gregorius wie *minne* und *ere* (so z. B. das 'Lob der Ritterschaft', Hartmann, Gregorius V. 1531 ff.).

Der Holzschnitt eines unbekannten Künstlers vereint in einem Simultanbild zwei Szenen der Gregorius-Le-

267

gende: Rechts den auf einem Felsen im See angeketteten Sünder Gregorius und seinen Pflegevater, einen Fischer, der den Schlüssel zu den Ketten im See versenkt, und links die Wiederauffindung des Schlüssels durch die römischen Legaten, die 17 Jahre später bei der Suche nach einem neuen Papst auf Gregorius stoßen.

HAIN 9981. – *VB 1732.* – SCHRAMM 17, *Abb. 56–314.* – ZINGERLE, IGNAZ V. (Hg.): *Von Sant Gregorio auf dem Stain und Von Sant Gerdraut. Aus dem Winter-Theile des Lebens der Heiligen. Innsbruck 1873.* – SÖDER, ROLAND: *Märterbuch und Prosapassional. Untersuchungen zur Legendenüberlieferung im dreizehnten und vierzehnten Jahrhundert. Diss. Würzburg 1972.* – WILLIAMS-KRAPP, WERNER: *Studien zu 'Der Heiligen Leben', in: Zeitschrift für deutsches Altertum 105, 1976, S. 274–303.* – MERTENS, VOLKER: *Verslegende und Prosapassional. Zur Prosafassung von Legendenromanen in 'Der Heiligen Leben', in: Honemann, Volker u. a. (Hgg.): Poesie und Gebrauchsliteratur im deutschen Mittelalter. Würzburger Colloquium 1978. Tübingen 1979, S. 265–289. –* KUNZE, KONRAD: *Art. 'Der Heiligen Leben', in: ²VL 3, 1981, Sp. 617–625.*

KG

113 Sammelhandschrift geistlicher Texte: Glaubensdisputationen, Evangelistar, Heiligenlegenden und -predigten, Gebete und andere Texte

Westmitteldeutsch, um 1450
Papier, 349 Bll., 28,5 × 20,5 cm
Vorbesitzer: 1939 von der Preußischen Staatsbibliothek aus Münchener Privatbesitz erworben.
SBB-PK, Ms. germ. quart. 2025

Aufgeschlagen Bl. 82ʳ: Das in Reimpaaren verfaßte 'Streitgespräch zwischen Jude und Christ' ist bisher nur aus der unbebilderten Gedichthandschrift Cgm 1020 in München bekannt und noch nicht ediert. Es behandelt wie die bekannte Prosadisputation zwischen St. Anselmus und Maria über Christi Leiden Fragen über den Glauben. Die auf der Vorseite dem Text vorangestellte ungerahmte Zweifigurenminiatur gibt eindrucksvoll die Lebhaftigkeit des Disputs wieder.

Bl. 267ʳ: Die Titelillustration zeigt, wie das bereits verwundete, von der erlösten Königstochter gezähmte und vor die Stadt geführte Ungeheuer von dem Ritter Georg erschlagen wird. Die auffallend fein gezeichnete, lavierte Stadtsilhouette ist nach den vielen charakteristischen Kirchtürmen und dem Kran auf dem Dom eindeutig als die von Köln am Rhein zu erkennen (Abb).
Bl. 1–47 vorgebundener jüngerer Teil (um 1500) mit deutschen Perikopen von Weihnachtsabend bis Neujahr (2ʳ–7ᵛ), sonst leeren Bll.; 48ʳ–66ʳ 'St. Anselms Frage an Maria'; 67ʳ–71ᵛ Wochentagsbetrachtungen, 72ʳ–82ʳ Verslegenden von St. Margareta und St. Dorothea; 82ᵛ–86ʳ Glaubensdisputation zwischen einem Juden und einem Christen; 89ʳ–241ʳ Evangelistar mit Erläuterungen (*glosen*); 242ʳ–246ᵛ Salve regina, deutsch; 251ʳ–329ᵛ, 'Mitteldeutsche Predigten', das sind 31 Heiligenlegendenpredigten im Jahreszyklus: St. Stephan (26. Dez.) bis St. Thomas apostolus (21. Dez.) mit Nachtrag (bis 336ʳ) von St. Vitus und Modestus (15. Juni); 336ᵛ–340ᵛ *vßlegunge* der 12 Apostel; 340ᵛ–346ʳ Gebete an St. Dorothea und St. Sebastian, kleinere Texte zum Lebensalter Mariens, zu den Zehn Geboten, zur Geschichte des Kartäuserordens sowie Lebensregeln, ein Wacholderrezept, Wetter- und Kalendersprüche; ab Bl. 72 meist gerahmte Titelminiaturen zu den einzelnen Texten, überwiegend mit Heiligendarstellungen, ab 330ʳ kolorierte Randzeichnungen von Marterwerkzeugen und gegenständlichen Symbolen, insgesamt 51 Miniaturen.

Die Handschrift zeichnet sich durch eine Vielzahl für die Laienfrömmigkeit des 15. Jahrhunderts charakteristischer populär-theologischer, z. T. in Zyklen zusammengefaßter Kleintexte sowie durch ihre reiche und künstlerisch nicht unbedeutende Bildausstattung aus. Keine der sowohl in Versen als auch in Prosa abgefaßten Schriften kann mit einem Verfassernamen verbunden werden. Die Haupttexte: 'St. Anselms Frage', das Evangelistar

Kat. 113, 82ʳ

mit Kommentar und die Reihe der 'Mitteldeutschen Predigten', die von ihrem wesentlichen Inhalt her ein reines Heiligenlegendar darstellen, sind jeweils mehrfach überliefert. Die germanistische Fachwelt hat bisher nur punktuell von der vorliegenden, vom Textbestand und der Textqualität her bemerkenswert guten Berliner Überlieferung Kenntnis genommen. Die Heiligenpredigten sind als Musterpredigten etwa zum Vorlesen in einem Konvent – die Handschrift könnte nach dem Bericht zur Ordensgeschichte am Schluß und nach ihrer Sprache in einem Kartäuserkloster im Rheinfränkischen entstanden sein – zu interpretieren. Auf die Passionsgeschichte des hl. Georg folgt die im 13. Jahrhundert populär gewordene Erzählung von der Befreiung der Stadt Sylena von dem Drachen als eingeschobener Sondertext aus der 'Legenda aurea' des Jacobus de Voragine.

WILLIAMS-KRAPP, WERNER: *'Mitteldeutsche Predigten' (Art.), in: ²VL 6, 1987, Sp. 614–616. –* WESTFEHLING, UWE: *Glückliches Köln. Graphische Kunst aus 10 Jahrhunderten. Köln 1992, S. 16 u. 234. –*

Leyplich vbunr die tut wee vber anne vlassn menschn voller vnderganng
noch tausent stund mer

vor in seinem
pittren leyden
an hunlestkn
troft mussen.
Ist im groffe
iamer vor alli
pein

Bot von hmil hat mich
gelassent des leydn ich trag
schwerlich an maffe

Du pist worden ein aff vnd
ein tor. Vnd an den eren
schwertzer dan ein mor

mit effuch vnd galln
woltn vore su trenkch mit sthaln

Repertorium deutschsprachiger Ehelehren der Frühen Neuzeit, hrsg. v. ERIKA KARTSCHOKE. Bd 1, 1, Berlin 1996, S. 160–161 (Kurzbeschreibung der Handschrift).

TB

114 Der Heiligen Leben, Heinrich Seuse: Vita, Büchlein der ewigen Weisheit

Ostbayern, um 1480
Papier, 235 Bll., 30,5 × 21 cm
Vorbesitzer: Kloster Altenhohenau bei Wasserburg am Inn: *2ᵛ Item Das puch gehort in das kloster czu altenhohenaw…* Im 19. Jahrhundert Karl Hartwig Gregor von Meusebach (1781–1847), dessen Handschriftensammlung und Bibliothek 1850 von der Königlichen Bibliothek Berlin erworben wurde.
SBB-PK, Ms. germ. fol. 658

Aufgeschlagen Bl. 147ᵛ: In der aufgeschlagenen 5. Miniatur zu Kapitel 20 der 'Vita' wird in naiv-drastischer Zeichnung der „von der Welt niedergezogene Mensch", d. i. Seuse selbst als Diener der Weisheit, in seiner größten Verlassenheit, von Teufeln, Tieren und Mitmenschen gequält und verhöhnt, dargestellt. Der unten spielende Hund weist auf das Schlüsselerlebnis Seuses hin, nämlich die von ihm eines Tages im Klostervorhof beobachtete Fußtuchszene hin, in der er erkannt hat, daß nicht die durch Askese und Selbstpeinigung dem Körper zugefügten Leiden zur „Heiligkeit" führen, sondern daß der Mensch wie ein Fußtuch, das von dem Hund zerfetzt wird, gänzlich dem Leiden, das ihm von anderen angetan wird, ausgeliefert sein soll, bevor er – als Muster für den Weg zum Seelenheil anderer – höhere Stufen der mystischen Entrückung erlangt.

2 Teile (Bl. 1–86 und 87–235) mit gesonderten alten Blattzählungen; 1 Textbl. nach Bl. 96 verloren; Ochsenkopfwasserzeichen des 2. Teils ist 1478 u. a. in Papieren von Wasserburg belegt; spitze, fast kursive Bastarda von 1 Hand, ab 228ᵛ gleichzeitige Hand mit runderer Bastarda; 2 Spalten, 30–38 Zeilen; im 2. Teil 11 ganzseitige kolorierte Federzeichnungsminiaturen auf einzeln eingehefteten Blättern, auf deren Rückseiten der Corpustext weitergeschrieben ist; 88ʳ rote Blattwerkinitiale auf blauem Grund, 93ᵛ goldene IHS-Embleme im Text; brauner Lederband mit gotischen Einzelstempeln.

Von der Bibliothek des Dominikanerinnenklosters St. Peter und Paul in Altenhohenau in Oberbayern, das 1235 gegründet und 1465 durch Schwestern des Nürnberger Katharinenklosters zu strengerer Observanz reformiert worden ist, haben sich 49 Handschriften erhalten. Der Legendenteil der vorliegenden Handschrift (Bl. 1–85) enthält die Lebens-, Martyriums- und Wundergeschichten von St. Augustinus bis St. Furseus (geordnet nach den Festtagen ab 28. August, mit Nachträgen St. Wendalin und St. Euphraxia) und stellt die unmittelbare Fortsetzung des in der Münchener Handschrift Cgm 244 aus Altenhohenau erhaltenen 1. Teils: Johannes der Täufer bis König Ludwig (24. Juni bis 24. August) dar. Beide sind 1475–1480 offenbar kurz nacheinander für die Klosterbibliothek aus einer (verlorengegangenen) Sommerteilhandschrift des überaus populären deutschen Prosalegendars aus der Zeit um

1400, des anonymen Sammelwerkes 'Der Heiligen Leben' kopiert worden.

Ein ebenso der Erbauung dienender, gängiger Lesestoff der Zeit – besonders für Frauen der reformierten Orden – sind die im 2. Teil unserer Handschrift (Bl. 87–233) enthaltenen autobiographischen, mystisch-theologischen Schriften aus dem 'Exemplar' (s. zu Kat. 115, Inc. 127) des Mystikers Heinrich Seuse (1295/1296–1366): die 'Vita' und das 'Büchlein der ewigen Weisheit'. Letzteres fand in der umgearbeiteten lateinischen Fassung von 1331/34 als 'Horologium sapientiae' bis heute weltweite Verbreitung. Den beiden deutschen Büchern waren – offenbar von Seuse selbst – zur besseren Veranschaulichung des geistigen Gehalts ein programmatischer Bilderzyklus beigegeben, der sich in verschiedener Ausformung späterer Kopisten in sechs Handschriften und zwei frühen Drucken erhalten hat.

DEGERING 1, S. 72. – WEGENER S. 121–122. – MBKD 4, 2, 1979, S. 600 u. Erg.bd. 1, 1989, S. 11. – KUNZE, KONRAD: 'Der Heiligen Leben' (Art.), in: VL 3, 1981, Sp. 617–625. – WILLIAMS-KRAPP, WERNER: *Die deutschen u. niederländischen Legendare des Mittelalters.* Tübingen 1986 (Texte u. Textgeschichte. 20), S. 194. – KERSTING, MARTIN: *Text und Bild im Werk Heinrich Seuses.* 2 Bde. Diss. Mainz 1987, S. 17–18. – DIETHELM, ANNA MARGARETHA: *Durch sin selbs unerstorben vichlichkeit hin zuo grosser loblichen heilikeit. Körperlichkeit in der Vita Heinrich Seuses.* Bern u. a. 1988 (Deutsche Literatur von den Anfängen bis 1700. Bd 1), S. 167. – HAAS, ALOIS M., KURT RUH: *Seuse, Heinrich* (Art.), in: ²VL 8, 1992, Sp. 1109–1129. – *Der Heiligen Leben. Bd 1, Der Sommerteil, hrsg. v. MARGIT BRAND u. a.* Tübingen 1996 (Texte u. Textgeschichte. 44), S. XVIII u. 463–583 (Edition). – HAMBURGER, JEFFREY F.: *The visual and the visionary.* New York 1998, S. 247–249 u. 589.

TB

115 Heinrich Seuse: Exemplar u. a.

Augsburg: Anton Sorg, 19. April 1482
Papier, 254 Bll., 27,5 × 19 cm
Vorbesitzer: 1847 als Teil der Bibliothek des Grafen Etienne Méjan erworben.
SBB-PK, Inc. 127

Aufgeschlagen Bl. 108ᵛ: Meditationsbild.

Bl. 1–108 Vita (Teil 1), Bl. 109–174ʳ Büchlein der ewigen Weisheit, Bl. 174ᵛ–190ʳ Büchlein der Wahrheit, 190ᵛ–218ʳ Briefbüchlein, 218ᵛ–254 Rulman Merswin: Neunfelsenbuch (Teil 2 mit neuer Blattzählung) (Bl. 1 fehlt); zeitgenössischer Augsburger Rindsledereinband über Holz (Augsburg, Bämler-Drucke, SCHUNKE, Schwenke-Sammlung 2, S. 11 f.) mit Spuren zweier Schließen; 16 kolorierte Holzschnitte, Kolumnentitel mit Blattzählung, gedruckte Initialen; handschriftlicher Eintrag auf Bl. 2a *Pertinet ad P. Arnandum Ruepp O.P. A. 1791.*

Der um 1295/97 geborene Heinrich von Berg, der sich nach der Familie seiner Mutter Sus oder Süs nannte, trat als 13jähriger in das Konstanzer Inselkloster der Dominika-

ner ein. Seuse erhielt seine umfassende wissenschaftliche Ausbildung zunächst in Konstanz oder Straßburg, danach von 1323/24 bis 1327/28 am 'studium generale' in Köln, wo er Schüler Meister Eckharts wurde. Es folgten zwanzig Jahre pastoraler Tätigkeit innerhalb und außerhalb des Konvents, mit der auch häufig seelsorgerische Reisen verbunden waren, daneben widmete sich der Mystiker auch der Ordensreform sowie seiner literarischen Tätigkeit. Aufgrund eines Interdikts mußte Seuse Konstanz 1338/39 als papsttreuer Dominikaner und entschiedener Gegner Kaiser Ludwigs des Bayern kurzfristig verlassen. Seit 1347/48 fand er in Ulm, wo er bis zu seinem Tod 1366 lebte, einen neuen Wirkungskreis. Hier redigierte er seine literarischen Arbeiten und stellte seine deutschen Werke 1362/63 in einer Ausgabe letzter Hand, dem sogenannten 'Exemplar', zusammen.

Über den Textbestand der Sorgschen Druckausgabe dieses Werkes hinaus überliefern die vierzehn erhaltenen Handschriften noch das große Briefbuch, vier Predigten sowie das Minnebüchlein, bei dem die Autorschaft Seuses jedoch ungesichert ist. Obwohl die Druckausgabe, der einzige Inkunabeldruck von Seuses deutschen Werken, durch die neu einsetzende Blattzählung auf Blatt 109 nach der Vita deutlich in zwei Teile zerfällt, ist sie aufgrund der gemeinsamen Inhaltsangabe und der durchgehenden Buchzählung als einheitliche Ausgabe konzipiert.

Seuse selbst, dem an einer besonders engen Verbindung von Text und Bild gelegen war, stattete das 'Exemplar' mit Bildern und Sprüchen aus, deren Anschaulichkeit den irdischen Menschen *wider auf zuo dem minneklichen got... ziehe*. Die 16 Holzschnitte der Ausgabe stammen vom sogenannten Kreuzfahrtmeister, wobei vor allem die Vita Seuses reich mit großformatigen Illustrationen ausgestattet ist, die eng mit der Bilderhandschrift des Benediktinerstiftes Einsiedeln zusammenhängen (Cod. 710 [322]). In seiner Vita schildert Seuse seine Entwicklung vom *anfangenden* über den *zunehmenden* Menschen bis zu *überwesenlicher Vollkommenheit* und stellt so in *bildreicher weise* das christliche Erlösungs- und Heilsgeschehen im Spiegel eines einzelnen Menschen dar. Besonders deutlich wird dieser Aspekt in der *via mystica*, dem Meditationsbild auf Bl. 108ᵛ, das den Text abschließt: Aus dem unendlichen und körperlosen *abgrunde* offenbart sich die göttliche Weisheit im dreieinen Gott und gelangt durch einen Engel zum Menschen, dessen Seele – dargestellt in der Gestalt eines Kindes – durch die Betrachtung und *imitatio* Christi aus ihrer irdischen Befangenheit erlöst und zur Gemeinschaft mit Gott erhoben wird. Das modisch gekleidete Paar unten rechts hingegen ist nicht auf Gott ausgerichtet, es verfällt dem Tod.

Copinger 5688. – VB 127. Schramm 4, Abb. 770–788. – Crous 24. – Pleusner, Christine: *Tradition und Ursprünglichkeit in der Vita Seuses*, in: Filthaut, Ephrem M. (Hg.): *Heinrich Seuse. Studien zum 600. Todestag. 1366–1966*. Köln 1966. – Holenstein-Hasler, Anne Marie: *Studien zur Vita Heinrich Seuses*, in: Zeitschrift für schweizerische Kirchengeschichte 62, 1968, S. 185–332. – Breuer, D.: *Zur Druckgeschichte und zur Rezeption der Schriften Heinrich Seuses*, in: Chloe. Beihefte zum Daphnis 2, 1984, S. 5–26 u. 29–49. Kersting, Martin: *Text und Bild im Werk Heinrich Seuses. Untersuchungen zu den illustrierten Handschriften des Exemplars.* 2 Bände. Mainz 1987. – Haas, Alois M. u. Ruh, Kurt: *Art. 'Seuse, Heinrich'*, in: ²VL 8, 1992, Sp. 1109–1129.

KG

116 Christlich-erbauliche Hausbuchsammlung in Reimpaaren

Nördliches Elsaß, um 1440–1460
Papier, 154 Bll., 26,5 × 19,5 cm
Herkunft ungeklärt; seit Mitte des 19. Jhs. im Bestand der Königlichen Bibliothek.
SBB-PK, Ms. germ. fol. 742

Aufgeschlagen Bl. 101ʳ: Illustration zum Verbot des Ehebruchs.

1ʳ–20ʳ und 76ᵛ–77ᵛ Gereimte christliche Lebenslehre (Fragment), Bl. 20ʳ–31ʳ und 77ᵛ–91ᵛ Albertanus von Brescia: De doctrina docendi et tacendi (deutsch: Vom Reden und Schweigen, mit Ehe- und Gesindelehre), 66ʳ–69ʳ Johannes der Wise: Marienlob, 69ʳ⁻ᵛ Marienlied, 70ʳ–73ʳ Glossenlied nach dem Ave Maria, 73ᵛ–76ᵛ Marienleben (Prosa), 91ᵛ–94ᵛ Mönch von Salzburg: Marienlied, Bl. 95ʳ–143ᵛ Katechetische Reimpaarsammlung, 144ʳ–154ᵛ und 31ᵛ–65ᵛ (fehlerhafte Lagenvertauschung bereits in der Vorlage!) Der slecht (d. h. „rechte") weg zuo dem himelriche; Bl. 1 fehlt, zwischen Bll. 10–11, 94–95 und 137–138 mehrere Bll. verloren; 81 mit Wasserfarben ausgemalte Federzeichnungen ohne Rahmung, zumeist halbseitig in den Text integriert (elsässische Werkstatt, um 1440/60); Reimpaare abgesetzt; moderner Lederhalbband über Holzdeckeln.

Die vorliegende Handschrift überliefert eine Sammlung erbaulicher, belehrender und haushaltspraktischer Schriften, die unter den Vorzeichen christlicher Lebensführung stehen. Der Großteil der Texte ist anonym überliefert. Der einfache Stil vierhebiger Reimpaarverse, der in den belehrenden Haupttexten bisweilen ermüdend wirkt, ist hier und da durch eingestreute Strophenlieder und ein kurzes Prosastück, inhaltlich durch Beispielserzählungen nach Art von Predigtexempeln aufgelockert. Als mutmaßliche Zielgruppe der Textsammlung kommen Ehefrauen adeliger oder bürgerlicher Oberschichten in Frage; auf sie dürften die vom anonymen Redaktor eingearbeiteten Schriften über Ehe, Kindererziehung und Gesindeführung abgestimmt gewesen sein. Diese Texte lassen das Textensemble in den Bereich volks-

Dis ist das nünde gebott

u dem nünden male gib ich dir rat

Sit gott die Ee gemacht hat

Und keinen orden anders mere

So soltu wissen das die Ee

Erhöhet ist mit gottes crafft

Do von soltu mit meisterschafft

Alsus bewaren dinen lip

Das du keines mannes elich wip

Begerest zu keinen stunden

sprachlicher Hausbuchliteratur einordnen. Die meisten Texte der Berliner Handschrift finden sich als Sammlung in vier weiteren Handschriften, die 1430–1480 ebenfalls an Ober- und Mittelrhein niedergeschrieben wurden. Drei der fünf Textzeugen sind illustriert, so auch die Berliner Handschrift. Bei dieser sprechen Brüche im Inneren der Texte auf die Benutzung einer fehlerhaften Vorlage. Schreibdialekt, Illustrationsstil und das verwendete Papier sprechen übereinstimmend für die Fertigung um 1440/60 in einer unbekannten Werkstatt im unteren (d. h. nördlichen) Elsaß. Im nächsten Umfeld, in der Werkstatt des Diebolt Lauber in Hagenau/Unterelsaß, entstand um 1427/30 auch der mit der Berliner Handschrift am engsten verwandte Dresdner Codex M 60. Die qualitätvolle Ausstattung der Berliner Handschrift spiegelt das Bedürfnis einer vermögenden Leserschicht, auch in der Buchkultur dem repräsentativen Lebensstil des spätmittelalterlichen Adels und städtischen Patriziats nachzueifern. Die Inhalte hingegen sind einfacherer, pragmatischer Natur. Die ausgestellte Bildseite (Bl. 101ʳ) gehört zu einem längeren Reimpaartext, der systematisch die Grundlagen christlicher Frömmigkeit – die zehn Gebote, die sieben Sakramente, die sechs Werke der Barmherzigkeit, die sieben Tagzeiten der Passion usw. – vermittelt. Hier wird mit dem Ehebruch das neunte Gebot (nach den Bibelstellen Ex 20,17 und Dtn 5,17) illustriert und auf die Lebenswirklichkeit bürgerlicher Oberschichten übertragen: Ein älterer Mann in prächtiger, pelzverbrämter Kleidung sitzt vor seinem Haus auf einem Kissen, vielleicht sogar sprichwörtlich auf dem Sack seines aufgehäuften Vermögens. Hinter seinem Rücken betritt eine Dame, die durch eine Haube als seine Ehefrau ausgezeichnet ist, mit ihrem jungen, ebenfalls vornehm gekleideten Liebhaber das Haus für ein heimliches Stelldichein. Wird der hintergangene Ehemann mit einem Rosenkranz in seiner Hand als rechtschaffener Christ vorgestellt, so erscheint der junge Liebhaber als warnendes Beispiel für ungezügeltes Begehren, die Frau als leichtfertig Verführbare. Mit dieser Motivwahl deutet der Illustrator die beunruhigende Diskrepanz zwischen bürgerlicher Ehemoral und dem als Minne im 12./13. Jahrhundert entwickelten adeligen Konzept „freier" Liebe und die daraus resultierende soziale Problematik in der Lebenswelt spätmittelalterlicher Städte an.

Degering 1, S. 101. – Wegener, S. 66–70. – Ausst.kat. Berlin 1988, S. 192 f. – Geiss, Jürgen: Art. Waldbruder, in: ²VL 10, 1999, Sp. 611–612.

JG

117 Meßerklärung
Messe singen oder lesen

Fränkisches Zisterzienserkloster (Heilsbronn?), 1471
Pergament, 106 Bll., 30 × 22 cm
Vorbesitzer: Aus der Bibliothek des seit Anfang des 17. Jhs. nachweisbaren Erfurter Jesuitenkollegiums; nach Auflösung des Ordens 1786 an die Königliche Bibliothek Erfurt; seit 1909 in der Königlichen Bibliothek in Berlin.
SBB-PK, Ms. germ. fol. 1287

Aufgeschlagen 105ᵛ/106ʳ: Textschluß mit Kolophon / Amplexus (Umarmung) Bernhards von Clairvaux, mit Stifterbild und zwei Wappen.

2ʳ–105ᵛ Meßerklärung *Messe singen oder lesen*; 3 ganzseitige Miniaturen in Deckfarbenmalerei: 1ᵛ Heimsuchung Mariens, 63ᵛ Kreuzigung Christi als Kanonbild und 106ʳ Amplexus Bernardi, die beiden letzten Miniaturen auf punziertem Goldgrund; 2ʳ, 64ʳ Schmuckinitialen mit Rankenwerk; brauner Ledereinband über Holzdeckeln mit Einzelstempeln aus dem Kloster Heilsbronn, restauriert, auf Vorder- und Hinterdeckel je 5 Buckel auf Zierbeschlägen, 2 Schließen; punzierter Goldschnitt, jedoch nicht im Bereich der 1. Lage.

Die Handschrift bietet die älteste deutsche Gesamterklärung der Messe, die inhaltlichen Kriterien zufolge wahrscheinlich in Augsburg oder Umgebung von einem anonymen Weltkleriker verfaßt und am dortigen Ritus ausgerichtet wurde. In ihr sind einleitend die Vorschriften für Bau und Weihe einer Kirche, den zelebrierenden Priester und die Meßliturgie aufgeführt; anschließend wird der Ablauf der Meßfeier von Anfang bis Ende vorgestellt und der lateinische Wortlaut der Ordinariums- und Propriumstexte wiedergegeben, übersetzt und erläutert. Dies umfaßt in der ausgestellten Handschrift sogar die Konsekrationsworte, die vom Priester still zu beten waren *vnd dem gemaÿnen menschen verporgen* bleiben sollten. Während der früheste Druck der Meßauslegung, der vor 1480 bei Friedrich Creussner in Nürnberg erschien (GW 3085, in Berlin SBB-PK, Inc. 1822) und trotz einiger Textabweichungen eng mit der Berliner Handschrift verwandt ist, ebenfalls die Worte des Meßkanons zur Wandlung aufweist, sind sie in der nur wenig jüngeren zweiten Auflage Creussners (ebenfalls GW 3085) und in dem Augsburger Druck von Johann Bämler von 1484 (GW 3086, in Berlin SBB-PK, Inc. 88) nicht mehr enthalten, da – so der Augsburger Druck – *sŏlliches mitt nichten dem leÿen zÿmmet noch gebŭrt sich darmit zŭ bekümern.*

Folglich wenden sich der zweite und dritte Druck eindeutig an Laien, während die Frage nach dem intendierten Publikum für den Text, wie ihn das Ms. germ. fol. 1287 bietet, nicht mit Sicherheit zu beantworten ist. Die deutsche Sprache machte die Meßerklärung *Messe singen oder lesen* zwar für Lateinunkundige und damit auch für viele Laien erst rezipierbar, Zweck des Werkes

49
ist 78 Jar   Da dis buch geschriben ist

Kat. 117, 106ʳ

war aber gerade nicht, *das die leyen sollen daruon oder darmit messe lernen vnd die zehaben · Sunder das wir lernen andechtiklich messe hörn/das es gott zu lob vnd eren kum / vnd vnser sele zu trost.* Durch diese Formulierung wird das Zielpublikum entweder von den Laien abgegrenzt oder aber über die Laienschaft hinaus auf Geistliche ausgeweitet.

So muß es nicht verwundern, daß die ausgestellte Handschrift, die im Kolophon (105ᵛ) auf 1471 datiert ist und damit die älteste der drei bekannten Handschriften der Meßerklärung bietet, aus einem Kloster, genauer aus einem Zisterzienserkloster stammt. Hinweise hierfür bieten der Einband, welcher der ersten Buchbinderwerkstatt des Zisterzienserklosters Heilsbronn nahe Nürnberg zuzuweisen ist (Stempel der Gruppe c, benutzt zwischen ca. 1470 und vor 1485: KYRISS, UB Erlangen, Tafel 5, Nr. 3, 5–6, 8–9, Tafel 6, Nr. 13, 17), und das Bild des Amplexus Bernardi auf Bl. 106ʳ.

Diese Illustration zeigt rechts den am Kreuz hängenden Christus in Umarmung mit Bernhard von Clairvaux, einem der frühen Äbte des Zisterzienserordens, der durch sein Wappen unter dem Kreuz, das Habit und die Attribute Buch, Mitra und Krummstab (aus der Mitra herausragend, aber weitgehend abgeplatzt und daher kaum mehr zu erkennen) charakterisiert ist. Wie schon das Heimsuchungsbild auf 1ᵛ, das auf einen Kupferstich des Meisters E. S. zurückgeht (vgl. Ausst.kat. Berlin ²1987, S. 73; zur Vorlage LEHRS und 'Meister E.S.'), könnte auch diese Szene auf einer graphischen Vorlage beruhen (vgl. SCHREIBER).

Nicht zum Bildtypus gehört der die Umarmung beobachtende, betende Zisterziensermönch auf der linken Seite, der wohl den Stifter der Handschrift darstellt und deshalb ein weiteres Indiz für deren Entstehung in zisterziensischem Umfeld bietet. Er wird durch das Wappen zu seinen Füßen als Angehöriger des fränkischen Adelsgeschlechts von Hetzelsdorf kenntlich gemacht (zur Familie allgemein die beiden Publikationen von VOIT). Ein Mitglied dieser Familie läßt sich im Kloster Heilsbronn anhand edierter Nekrologien oder Urkundenregesten jedoch nicht nachweisen. Da zudem – wie auf der aufgeschlagenen Seite erkennbar – der Rest der rubrizierten Zeile neben der Datierung auf Bl. 105ᵛ bis zur Unlesbarkeit getilgt wurde und damit wohl der Name eines Schreibers oder vielleicht auch eines Besitzers, läßt sich nur vermuten, daß die Handschrift in Heilsbronn auch geschrieben wurde. Immerhin bestätigt der Schriftdialekt die Entstehung der Handschrift im fränkischen Raum, die in einer gewissen, wenn auch keineswegs unüberbrückbaren Diskrepanz zur Ausrichtung des Textes auf Augsburg und Umgebung steht. Gerade

jedoch diese Diskrepanz, aber auch die bemerkenswerte Ausstattung dieser Handschrift machen das Maß des Bedarfs an einer volkssprachlichen Meßerklärung in dem eher lateinisch geprägten zisterziensischen Umfeld deutlich.

LEHRS, MAX: *Geschichte und kritischer Katalog des deutschen, niederländischen und französischen Kuperstichs im XV. Jahrhundert. 2. Textband. Wien 1910, Nr. 17, und 2. Tafelband. Wien 1910, Nr. 128 auf Tafel 52.* – DEGERING 1, S. 172. – WEGENER, S. 101–103. – KYRISS, ERNST: *Die Einbände der Handschriften der Universitätsbibliothek Erlangen (Katalog der Handschriften der Universitätsbibliothek Erlangen. 6,2). Erlangen 1936 (Nachdruck Wiesbaden 1971), S. 1–29, Tafel 1–19. – Die älteste deutsche Gesamtauslegung der Messe (Erstausgabe ca. 1480). Hrsg. und eingeleitet von FRANZ RUDOLF REICHERT (Corpus Catholicorum 29). Münster 1967 [Edition anhand der Drucküberlieferung].* – SCHREIBER, WILHELM LUDWIG: *Handbuch der Holz- und Metallschnitte des 15. Jahrhunderts. 3. Aufl., Nachdruck. 3. Bd. Stuttgart 1969, Nr. 1272. – VOIT, GUSTAV: Der Adel am Obermain. Genealogie edler und ministerialer Geschlechter vom 11. bis 14. Jahrhundert [Die Plassenburg. 28]. Kulmbach 1969, S. 137–139. – VOIT, GUSTAV: Die Herren von Hetzelsdorf, in: Fränkische Schweiz 1977, S. 510–512. – Meister E.S. Ein oberrheinischer Kupferstecher der Spätgotik. München 1986, S. 27–28 und Abb. 9. – Ausst.kat. Berlin ²1987, S. 73–75 (Lit.). – ILLING, KURT: Art. Meßerklärung 'Messe singen oder lesen', in: ²VL 6, 1987, Sp. 446–448 (Lit.).*

ABR

118 Otto von Passau: Die 24 Alten

Elsaß, 1430–1435
Papier, 289 Bll., 27,5 × 20 cm
Vorbesitzer: Vor 1610 in die Sammlung Daniel Sudermanns (1550–1631) gelangt, die zwischen 1661 und 1680 für die Kurfürstliche Bibliothek Berlin erworben wurde.
SBB-PK, Ms. germ. fol. 81

Aufgeschlagen Bl. 1ᵛ: Vision von der Anbetung der Majestät Gottes in Regenbogenmandorla. Der Apostel Johannes, links mit Nimbus innerhalb der zweigeteilten Gruppe der 24 Ältesten stehend, weist auf den thronenden Christus als Weltenherrscher.

Oberrheinische Bastarda, 2 Spalten, rubriziert; Datierung nach den Wasserzeichen: 1431 und wenig später; ganzseitige Eingangsminiatur und 25 spaltenbreite, dreiseitig gerahmte Miniaturen mit Darstellung der Alten als Stand- bzw. schreitende Figuren (1 Typusbild für das Register; der 8. Alte klein am unteren Rand von 44ʳ nachgetragen); abgeschabter Ledereinband der Zeit über Holzdeckeln, auf dem seitlichen Schnitt: *xxiv alten*.

Die Sentenzensammlung 'Die 24 Alten oder Der goldene Thron der minnenden Seele' von Otto von Passau, nach dessen eigener Aussage 1386 in Basel zusammengetragen, erfreute sich seit Anfang des 15. Jahrhunderts gleichsam als Erbauungsbuch und Vademecum für alle wichtigen christlichen Lebensfragen größter Beliebtheit. In dieser in elsässischer Schreibsprache geschriebenen

Dis buch ist genant die xxiiij alten or
der gulden thron der minnenden selen

Kat. 118, 1ᵛ

Handschrift liegt ein charakteristischer Überlieferungszeuge aus der Frühzeit der Verbreitung des Werks vor, die
im alemannisch-elsässischen Raum ihren Anfang nahm
und sich bald auf die Schweiz, Schwaben, Bayern und
Ostfranken, später auf den Niederrhein und die Niederlande erstreckte. Offenbar in einem Skriptorium eines
Laienklosters eilig kopiert, ist der Text von gleichzeitiger
Hand durchgehend auf Schreibfehler, Auslassungen und
Doppelnotierungen hin zur Erstellung einer flüssigen
Lesefassung korrigiert worden, die sich für den Vortrag
in Gemeinschaft oder die private erbauliche Lektüre eignete.

Die Handschrift enthält zur leicht überschaubaren
Büchergliederung und zur Hervorhebung der sich haupt-
inhaltlich auf höchste christliche Autoritäten berufenden
Zwecksetzung der Lehrschrift einen Bilderzyklus mit
eben den biblischen 24 Ältesten aus der Apokalypse, die
zu den ehrwürdigsten Gewährsleuten zählen. Diese sind
schematisch mit den traditionellen Attributen der Dignität und Autorität: Krone, Vollbart, Kürschwerkborten
und Hinweisgebärden, versehen. In der Eingangsminiatur (1ᵛ) ist die Vision von der Anbetung der Majestät
Gottes nach der Offenbarung des Johannes, Kap. 4, dar-

gestellt. Die Zeichnungen wurden lange dem berühmten Atelier serieller Bilderhandschriftenproduktion des Diebold Lauber in Hagenau zugeschrieben, ohne daß in Figurenstil und Kolorierung konkret schlüssige Beziehungen aufzuweisen wären; die farbigen, d. i. rot und blau alternierenden Hintergrundfassungen und Rahmen sprechen vielmehr deutlich gegen eine Verwandtschaft mit der Lauberwerkstatt, deren Figuren sonst stets freistehen. Von einer Herkunft aus dem Oberrheinischen bzw. Elsaß, wo nachweislich mehrere Werkstätten in der Zeit tätig gewesen sind, wird man aber ausgehen können (Saurma-Jeltsch ordnet die Handschrift dem „Umfeld" von Lauber zu).

Die Wirkung des in zahlreichen Text- und über 40 mit ähnlichem Bildprogramm ausgestatteten Handschriften und einigen Druckausgaben überlieferten Erfolgsbuches – man kann die '24 Alten' als eines der für die populäre Theologie und die Frömmigkeitsgeschichte des Spätmittelalters bedeutendsten Bücher bezeichnen – zeigt sich noch zweihundert Jahre später, u. a. in dieser Handschrift in den engagierten Lesenotizen des protestantischen Erbauungsschriftstellers und geistlichen Lyrikers Daniel Sudermann: in der 10. Altenrede (65ᵛ) bemerkt er z. B. zu der Behauptung, Kräuter- und Wurzelamulette seien von bösen Geistern, am Rand: *ist aber falsch, sind zu Artzney vnd nit zur Zauberey.*

DEGERING I, S. 10. – WEGENER S. 30–31. – KAUTZSCH, RUDOLF: *Diebolt Lauber u. seine Werkstatt*, in: ZfB 12, 1895, S. 76. – SCHMIDT, WIELAND: *Die vierundzwanzig Alten Ottos von Passau*, Leipzig 1938 (Palästra 212) (Neudruck 1967), S. 81 Nr. 28 u. S. 253 f. – HORNUNG, HANS: *Daniel Sudermann als Handschriftensammler*, Diss. masch. Tübingen 1956, S. 225–227. – OTT, NORBERT H.: *Deutschsprachige Bilderhandschriften des Spätmittelalters und ihr Publikum*, in: Münchner Jahrbuch der Bildenden Kunst, F. 3, 38, 1987, S. 110–113. – Kat. deutschsprach. illustr. Hss. I, 1991, S. 141 f. Nr. 4.8. – SAURMA-JELTSCH, LIESELOTTE E.: *Spätformen mittelalterlicher Buchherstellung*. Wiesbaden 2001, Bd 2, S. 6 Nr. 5 (Beschreibung) m. Abb. 47, Bd. 1, S. 56–59 u. 95.

TB

119 Otto von Passau:
Die vierundzwanzig Alten
oder Der goldene Thron

Augsburg: Anton Sorg, 14. Oktober 1483
Papier, 203 Bll., 29 × 20 cm
SBB-PK, 4° Inc. 135

Aufgeschlagen, Bl. 5ʳ: Christus in der Mandorla umgeben von den vierundzwanzig Alten.

Bl. 1–202 Die vierundzwanzig Alten, Bl. 203 leer (Bl. 203 fehlt); zeitgenössischer Augsburger Rindledereinband über Holzdeckeln mit Titelstempelung (SCHUNKE, Schwenke-Sammlung 2, Augsburg Bogenfries I, KYRISS 77); Blattweiser. 26 kolorierte Holzschnitte, darunter zahlreiche Wiederholungen, Blattzählung, gedruckte Initialen.

Nur wenig ist über Otto von Passau, den Verfasser der 'Vierundzwanzig Alten' bekannt; die vier erhaltenen urkundlichen Belege, die aus den Jahren 1362–1386 stammen, stimmen mit dem überein, was dem Text selbst zu entnehmen ist: *Disz buoch ist genant die xxiiii. alten oder der guldin tron geseczt von bruoder Otten von passowe etwan leszmeyster der minderpruoder barfuossen kloster der stat basel...* (Dieses Buch heißt 'Die vierundzwanzig Alten oder der goldene Thron', verfaßt von Bruder Otto von Passau, einst Lektor im Barfüßerkloster der Minderbrüder in der Stadt Basel). Problematisch ist die exakte Datierung des Werkes, obwohl eine der Handschriften den 2. Februar 1385 als Termin seiner Vollendung angibt; demgegenüber läßt sich eine der erhaltenen Texthandschriften (Karlsruhe, BLB, Cod. St. Georgen 64) glaubwürdig auf das Jahr 1383 datieren.

Aus der Kompilation von Sentenzen von über 100 Autoren, die durch verbindende Texte zusammengefügt sind, bildet der Text eine umfassende christliche Lebenslehre, wobei die Textauszüge überwiegend aus der Bibel sowie aus Werken spätantiker und mittelalterlicher Kirchenlehrer sowie antiker Dichter und Philosophen stammen; demgegenüber fällt das Fehlen zeitgenössischer Theologen wie Meister Eckhart, Johannes Tauler und Heinrich Seuse auf. Die thematische Gliederung des Textes beruht auf den 24 Ältesten, von denen die Offenbarung des Johannes berichtet: *Und rings um den Thron standen vierundzwanzig Throne, und auf den Thronen saßen vierundzwanzig Älteste in weißen Gewändern und mit goldenen Kränzen auf dem Haupt.* (Apok. 4,4). Den 24 Ältesten kommt somit eine Funktion bei der Textgliederung zu, gleichzeitig soll ihre biblisch bezeugte Nähe zu Gott dem von ihnen direkt Verkündeten zusätzliche Autorität verleihen. Den Aspekt der Gottesnähe veranschaulicht auch der abgebildete Holzschnitt, der die 24 Alten elliptisch aufgereiht an den Seiten des in der Mandorla thronenden Christus zeigt.

Auch wenn der Kult der 24 Ältesten im lateinischen Christentum, im Gegensatz zur Ostkirche, von kirchlicher Seite nicht autorisiert wurde, läßt sich ihre Verehrung im 14. und 15. Jahrhundert zumindest für den südostdeutschen Raum nachweisen. Von dem großen Interesse, das dem Text Ottos von Passau entgegengebracht wurde, zeugen neben den ca. 125 erhaltenen Handschriften, darunter 41 illustrierte Handschriften, sechs deutsche sowie zwei niederländische Inkunabel-

Kat. 119, 5ʳ

drucke. Die vorliegende zweite Ausgabe Sorgs – insgesamt der dritte Druck des Textes – bildet einen Nachdruck seiner eigenen Ausgabe vom 10. März 1480 (Hain 12128, SBB-PK, 4° Inc 116). Die Illustrationen, deren Druckstöcke vom sogenannten Sorgmeister stammen, fanden in beiden Ausgaben Verwendung. Geworben hat Anton Sorg für den vorliegenden Druck in zwei Buchhändleranzeigen von 1483/84 und 1486.

Auch wenn sich der Text nach seiner eigenen Aussage an eine allgemeine Leserschaft wendet, ergab eine Analyse der Textüberlieferung, daß das Werk überwiegend in Nonnenklöstern rezipiert wurde, während es in Männerklöstern nur als pastorales Hilfsbuch oder für die Laienbrüder Verwendung fand. Im laikalen Bereich liegt der Schwerpunkt der Rezeption vor allem bei den städtischen Oberschichten.

Kat. 120, 218r

HAIN *12129*. – *VB 135*. – SCHRAMM *4, Abb. 495–503*. – BURGER, KONRAD: *Buchhändleranzeigen des 15. Jahrhunderts. Leipzig 1907, S. 12, Tafel 26*. – VOULLIÉME, ERNST: *Eine neue Bücheranzeige des Anton Sorg in Augsburg, in:* HUSUNG, MAX JOSEPH *(Hg.): Buch- und Bucheinband. Fs. Hans Loubier. Leipzig 1923, S. 43–47*. – SCHMIDT, WIELAND: *Die vierundzwanzig Alten Ottos von Passau (Palästra 212). Leipzig 1938*. – SCHNYDER, ANDRÉ: *Art. 'Otto von Passau OFM', in: ²VL 7, 1989, Sp. 229–234*. – HOFFMANN, K.: *Art. 'Älteste, vierundzwanzig', in: Lexikon der christlichen Ikonographie 1, 1989, Sp. 107–110*.

KG

120 Theologisch-mystische Sammelhandschrift

Westschwäbisch und elsässisch, 1498/1499
Papier, 335 Bll., 29,5 × 21,5 cm
Vorbesitzer: Straßburg, St. Nicolaus in undis, nach 1592 Daniel Sudermann (1550–1631), nach 1661 mit dessen gesamter Handschriftensammlung durch Kauf an die Kurfürstliche Bibliothek Berlin.

SBB-PK, Ms. germ. fol. 88

Aufgeschlagen Bl. 218ʳ: Johann Geiler von Kaysersberg, Predigt 'Von den neun Früchten des Klosterlebens'. Die große Fleuronnéeinitiale *S* mit farbiger Rankenbordüre zum Eingangszitat: *Sehend wie gut vnd frölich ist es Do die brüder wonend in eins* (Psalm 132,1) enthält eine Miniatur des traditionellen Pfingstbildes mit der Taube des heiligen Geistes über Maria bzw. der Ecclesia im Kreise der Apostel, mit der in naiver Assoziation wohl allgemein auf die Begnadung und Heiligung einer Klostergemeinschaft bildlich hingewiesen werden sollte.

Teil 1 westschwäbisch: 2ʳ–136ᵛ Heinrich von St. Gallen: Marienleben, Magnificat-Auslegung, Passionstraktat 'Extendit manum', 136ᵛ–155ʳ Konrad Bömlin: Passions- und Eucharistie-Predigten, 155ʳ–161ᵛ Beichtspiegel; Teil 2 elsässisch: 169ʳ–186ʳ 'Abendrede Christi', 187ʳ–212ʳ Apokalypse, dt., 218ʳ–255ᵛ Johannes Geiler von Kaysersberg: 'Von den neun Früchten des Klosterlebens', 255ᵛ–260ᵛ Heinrich Seuse: Hohelied-Predigt, 260ᵛ–263ʳ Thomas von Lampertheim: 'Von 6 Stunden der Nacht', am Schluß 71 leere Blätter; nachträglich sind 2 Pergamentbll. mit ganzseitigen, künstlerisch hochstehenden Miniaturen in feiner Zeichnung (Kolorierung unvollendet) eingefügt worden: 1ᵛ Lebensbaum, 190ʳ die apokalyptische Vision des Johannes; im 2. Teil feine Fleuronnéeinitialen, davon 10 größere, mit Gold und Silber besetzte historisierte Initialen mit Figuren und Szenen der Heilsgeschichte; gelblicher Rollenstempeleinband über Holzdeckeln, Anfang 16. Jh.

Die Handschrift stellt ein typisches Zeugnis der überaus regen Sammel- und Abschreibetätigkeit der Straßburger Dominikanerschwestern dar, in deren Kloster St. Nicolaus in undis die in Süddeutschland weit verbreitete Observanzbewegung, das ist die strenge Befolgung der Regeln eines asketisch-geistigen Klosterlebens, 1431 ihren Anfang genommen hatte. Ihre Bibliothek ist bis zur Reformationszeit ständig vermehrt worden und gehört mit heute noch 86 nachweisbaren Bänden – davon sind die meisten in der Staatsbibliothek zu Berlin erhalten – neben der des Katharinenklosters zu Nürnberg zu den größten Frauenkonventsbibliotheken des Spätmittelalters überhaupt. Die Textsammlung setzt sich aus einem aus Schwaben importierten und einem wahrscheinlich in Straßburg selbst geschriebenen Teil, beide an mehreren Stellen auf 1498 und 1499 datiert, mit 14 Einzeltexten in Prosa zusammen. Sie dienten der theologischen Unterweisung, der Schriftauslegung, der Beichtpraxis sowie der geistlichen Erbauung der Nonnen. Die meisten Texte können bestimmten Autoren, die für die oberrheinische Reformbewegung innerhalb der Bettelorden maßgeblich waren und viel gelesen wurden, zugewiesen werden. Es sind der berühmte Dominikanermystiker Heinrich Seuse (1295/6–1366), die Franziskanerprediger und volkstheologischen Schriftsteller Marquard von Lindau (gest. 1392) und Heinrich von St. Gallen (geb. um 1350), der Kustos der schwäbischen Minoritenkonvente, Konrad Bömlin (1380–1445), sowie der Visitator in Obersteigen (Elsaß) und Vikar an St. Nicolaus in Straßburg, Thomas von Lampertheim (um 1500). Von

besonderer Bedeutung für das Straßburger Dominikanerinnenkloster St. Nicolaus, außerhalb der Stadt *in undis*, d. i. bei den Wassern, gelegen, war der Universitätsgelehrte und wortgewaltige Prediger des Straßburger Münsters, Johann Geiler von Kaysersberg (1445–1510), der nachweislich von 1489 bis 1495 in dem Frauenkloster gepredigt und sich der geistlichen Fürsorge der Schwestern angenommen hat. Seine hier aufgeschlagene Predigt 'Von den neun Früchten des Klosterlebens' beinhaltet eine in mitreißender Rhetorik abgefaßte Lobpreisung der spirituellen Vorteile und Annehmlichkeiten des regulierten Pönitenzlebens im Konvent. Sie ist von der Geiler-Forschung bisher noch nicht angemessen behandelt und gewürdigt worden. – Die Handschrift enthält zahlreiche Randnotizen des geistlichen Liederdichters Daniel Sudermann, der große Teile der Bibliothek des 1592 aufgehobenen Straßburger St. Nicolaus-Konvents zur eigenen Lektüre und Erbauung aufgekauft hatte.

DEGERING I, S. 10. – *Geiler von Kaiserberg*, hrsg. v. PH. DE LORENZI, Bd 3, Trier 1883, S. 299–344. – WEGENER S. 119–120. – HORNUNG, HANS: *Daniel Sudermann als Handschriftensammler. Diss. masch. Tübingen 1956, S. 155–160.* – VÖLKER, PAUL-GERHARD: *Die deutschen Schriften des Franziskaners Konrad Bömlin, T. 1. München 1964 (MTU Bd 8), S. 8–11.* – Kat. deutschsprach. illustr. Hss. 1, 1991, S. 241–243. – RÜTHER, ANDREAS, SCHIEWER, HANS-JOCHEN: *Die Predigthandschriften des Straßburger Dominikanerklosters St. Nikolaus in undis,* in: *Die deutsche Predigt im Mittelalter,* Tübingen 1992, S. 169–193, bes. S. 181 ff. – COSTARD, MONIKA, in: *Repertorium der ungedruckten deutschsprachigen Predigten des Mittelalters,* hrsg. v. HANS-JOCHEN SCHIEWER u. VOLKER MERTENS, Bd 1, T. 1, Tübingen 2002, S. 520–530 (Hs. B II) (im Druck).

TB

121 Der große Seelentrost; Johannes von Freiburg: Summa confessorum, deutsch

Erfurt, um 1460 und 1462
Papier, I + 294 Bll., 30,5 × 21 cm
Vorbesitzer: Erfurt, Benediktinerabtei Petersberg; 1909 aus der ehemaligen Universitätsbibliothek Erfurt in die Kgl. Bibliothek Berlin übernommen.
SBB-PK, Ms. germ. fol. 1286

Aufgeschlagen Bl. Iʳ: Beginn des Großen Seelentrostes mit der Verurteilung weltlicher Literatur. Besitzeinträge: *Monasterij Petrensis Erffordiae Anno 1669* und *Liber Bibliothecae regalis monasterij S. Petri Erfordiae* [18. Jh.], vgl. KRÄMER S. 225.

Die Handschrift besteht aus zwei, von jeweils anderen Händen, aber ungefähr gleichzeitig geschriebenen Teilen; Teil 1 (Seelentrost): Kursive, Teil 2 (Beichtspiegel, vom Schreiber auf 1462 datiert): Bastarda; rubriziert; Blattweiser; Lesezeichen in Form eines zeitgenössischen Handschriftenfragments beiliegend; Teil 1: Wasserzeichen - Picc-Turm II 343, 346, 348 (1458–1465) und - Picc Dreiberg VII 2127

(1459); originaler Lederband über Holzdeckeln, 7 Kantenbeschlags-
bleche und 8 Buckel verloren, 2 Schließen bis auf die Haken und
Bleche verloren, Erfurter Arbeit, unter den Einzelstempeln Herz mit
Pfeil, SCHUNKE, Schwenke-Sammlung I, ~ Tafel 136, Nr. 73, dazu
Band II, S. 80–81 (1456–1459); Hirsch, SCHUNKE, Schwenke-
Sammlung I, ~ Tafel 140, Nr. 33, II S. 88; Hund, SCHUNKE,
Schwenke-Sammlung I ~ Tafel 143, Nr. 4, II S. 195 (Northeim, zu-
gewanderter Erfurter Meister); Vorderspiegel wie hinterer Spiegel bestanden, wie die Schriftabklatsche zeigen, aus einem Pergamentblatt
aus einer hebräischen Handschrift (daraus noch die Ansetzfalze vorhanden), die möglicherweise in einem Pogrom für die Schere des
Buchbinders rekrutiert wurden; zum jüdischen Buchwesen in Erfurt
vgl. den Ausstellungskatalog: Jüdische Handschriften restaurieren,
bewahren, präsentieren. Jüdische Kultur im Spiegel der Berliner
Sammlung. Bearbeitet von PETRA WERNER. Berlin 2002; eine systematische Erfassung aller derart zerstörten hebräischen Handschriften,
von denen Fragmente in Büchern und Akten erhalten sind, steht aus
und wäre wünschenswert. Schriftdialekt: ostmitteldeutsch.

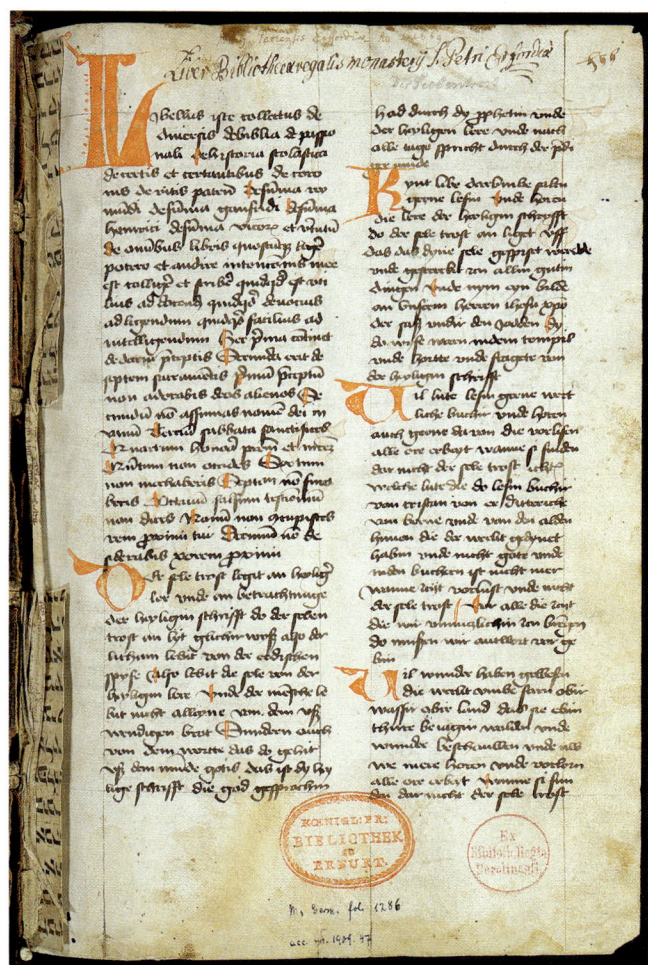

Kat. 121, 1. Textseite

Der Seelentrost ist mit Johannes' von Freiburg Summa
confessorum in deutscher Übersetzung zusammengebunden, einem weit verbreiteten Handbuch für Beichtväter, das die zu beichtenden Vergehen juristisch wie
theologisch betrachtet. Die Handschrift wird einem
praktischen Seelsorger gehört haben, der Laien unter-
richtete und religiös betreute. Diese Handschrift des
Seelentrostes ist ungefähr anderthalb Jahrzehnte vor der
1474 einsetzenden und bis 1800 andauernden Drucküberlieferung des bedeutenden, international über
Nord-, Nordost-, Mittel- und Westdeutschland wie in
den Niederlanden und Skandinavien vielfach überlieferten Erbauungsbuchs geschrieben. Der wohl in der zweiten Hälfte des 14. Jahrhunderts in Niederdeutschland
verfaßte Seelentrost ist für die „Laienkatechese" (PALMER
Sp. 1033) gedacht, er erklärt und exemplifiziert in Form
eines Zwiegesprächs zwischen Meister und Schüler die
10 Gebote. Die Erklärung weiterer Glaubenslehren wie
der Sakramente, der Todsünden, der Freuden Mariä, der
Gaben des heiligen Geistes usw., die erst einen umfassenden Katechismus ausmacht, ist im Großen Seelentrost
nicht mehr ausgeführt worden. Der Große Seelentrost
verdankte seine Beliebtheit – die in ungefähr fünfzig
Handschriften und ebensoviel nachfolgenden Druckauflagen zum Ausdruck kommt – seinen zahlreichen, aus
literarischen Quellen eingestreuten Exempeln, Legenden, Mirakeln und historischen Anekdoten, die die
geistliche Unterweisung in schmackhafte Unterhaltung
einbetten. Das ermöglichte es dem unbekannten Verfasser, sich gleich zu Beginn keck gegen weltliche Literatur auszusprechen: *Vil lute lesin gerne wertliche buchir
vnde horen auch gerne davon die vorlisen alle ere erbeyt
wanne si finden dar nicht der sele trost ichtes welche lute die
do lesin buchir von tristan von [h]er ditteriche von berne
vnde von den alden hunen die der werlt gedynet habin vnde*

*nicht gote vnde in den buchern ist nicht mer wanne zeyt
vorlust* (Seelentrost, ausgestellte Handschrift Blatt I^r,
Mitte der rechten Spalte; frei übersetzt: Viele Leute lesen
gern weltliche Bücher und hören auch gern solche
Bücher vorlesen: alle ihre Mühe bleibt umsonst, denn sie
finden keinerlei Trost der Seele darin, diese Leute, die
Bücher von Tristan lesen und von Herrn Dietrich von
Bern und von den alten Hunnen, die allesamt Diener
der Welt und nicht Gottes waren, und in der Lektüre
dieser Bücher steckt nichts wie Zeitverlust). Beispiele
überflüssiger, müßiger und schädlicher Lektüre werden
der Helden- und Dietrichepik und der höfischen Epik
entnommen, die sicherlich pars pro toto stehen sollen.
Gemeint sind Gottfrieds Tristan (zu dem sich in anderen
Textfassungen noch Wolframs Parzival gesellt), Dietrich-
epen wie Dietrichs Flucht, Rabenschlacht und Alpharts
Tod, und schließlich die Nibelungen, die die Hunnen
oder Ungarn am Hof König Etzels besuchen. Die Pole-

mik gegen die profane Literatur war verbreitet. Sie zeigt allerdings auch deren fortwährende Wirkungsmächtigkeit, sei es in unveränderter Textgestalt im Dienste alter Adelsvorstellungen, sei es später in der Verarbeitung der alten Dichtungsstoffe für die Unterhaltung weiterer Kreise. Jedenfalls beweist das Zitat nebenbei die Verbreitung dieser Dichtungen in Niederdeutschland und die Gleichberechtigung von eigener Lektüre und oraler Texttradition auch noch für das spätere Mittelalter. Schon um 1300 hatte Hugo von Trimberg im Renner seine warnende Stimme gegen unglaubwürdige Geschichten voll eitler Phantasie erhoben (BECKER, Handschriften, S. 239). Klerus wie bürgerliche Autoren waren sich im 15. wie 16. Jahrhundert einig, daß die alten Helden- und Rittermären unter dem Gesichtspunkt der Seelenheilserwartung und -erlangung ebenso wie dem Aspekt der bürgerlichen Kosten-Nutzenrechnung nichts taugten und abzulehnen seien: *vor alle die zeyt die wir vnnuczlichin zcubrengen do mußen wir antwort vorgebin* (Seelentrost, Fortsetzung des oben zitierten Textes: für jede Stunde, die wir unproduktiv verbringen, müssen wir Rechenschaft ablegen). Gebote des christlichen Glaubens und Gesetze des frühneuzeitlichen Kapitals verschränken sich. Freilich findet der gewitzte Volksmund eine Antwort und stellt (in der Vorrede zum Heldenbuch. Straßburg: Johann Knobloch 1509, Bl. a2ᵛ) eine andere Kalkulation im Utilitätsdenken vor: es sei besser, in diesem Buch zu lesen *dan das man sitzt vnd sauffet / vnd schand vnd laster hauffet*.

SCHMITT, MARGARETE *(Hg.): Der große Seelentrost. Köln, Graz 1959 (Niederdeutsche Studien 5), besonders S. 18*. –* KRÄMER, SIGRID: *Handschriftenerbe des deutschen Mittelalters. Teil 1, München 1989 (MBKD Ergänzungsband 1). –* PALMER, NIGEL F.: *Seelentrost, in:* ²VL Bd. 8, 1992, Sp. 1030–1034.

PJB

122 Fridolin, Stephan: Schatzbehalter

Nürnberg: Anton Koberger, 18. November 1491. 2°
Papier, 354 Bll., 34 × 26 cm
Vorbesitzer: Benediktinerkloster Wessobrunn, handschriftliche Eintragung Bl. 1ʳ; im Vorderdeckel gedrucktes Exlibris des Klosters Wessobrunn von J. Erasmus Belling (18. Jh.); Abb. in LEININGEN-WESTERBURG, K. E. GRAF ZU: Deutsche und Oesterreichische Bibliothekszeichen. Exlibris. Stuttgart 1901, S. 301.
SBB-PK, Inc. 1734

Aufgeschlagen: Bl. 160ᵛ/161ʳ Salomons Freudenmahl / Die Kreuzigung.

Bl. 1 leer, 2ʳ–4ʳ Vorreden, 4ᵛ–353ʳ Schatzbehalter *Vahet hie an das buch. das der schrein oder schatzbehalter der waren reichtuemer des hails vnd der ewigen seligkeit heisset.* 353ᵛ und 354 leer; heller Schweinslederband mit dicht aneinander gereihter Blütenranke aus einer Straßburger Werkstatt Anfang des 16. Jahrhunderts, ein Beispiel für die frühe Form der Rolleneinbände.

Der angesehene Franziskaner-Observant Stephan Fridolin (um 1430–1498) wirkte seit 1480 als Lektor der Nürnberger Franziskanerklosters und viele Jahre als Prediger und Beichtvater der Klarissen. Diese Aufgaben bestimmten seine schriftstellerische Tätigkeit, z. B. seine Predigtzyklen über Hymnen und Psalmen (1492) und seine Erläuterungen von Teilen des Breviers. Seine erfolgreichsten, anonym erschienenen Erbauungsschriften und Andachtsbücher waren der 'Schatzbehalter' (1491), dem 'Der geistliche Herbst' und 'Der geistliche Mai' (Kat. 132) folgten. Die Autorschaft Fridolins ist durch eine zeitgenössische handschriftliche Eintragung aus dem Kloster Rebdorf gesichert. Der 'Schatzbehalter', der hundert Betrachtungspunkte – *gegenwürff* – des Leidens Christi abhandelt, ist für Laien bestimmt. Er basiert inhaltlich auf patristischen und franziskanischen Quellen und gibt Zeugnis von der Vertrautheit des Autors mit der scholastischen Methode, mit dem Werk des Aristoteles und mit der von der Devotio moderna beeinflußten methodischen Meditation. Fridolins Werke gehörten zu den Ausnahmen, die von der Gegenreformation akzeptiert und noch Anfang des 20. Jahrhunderts empfohlen wurden.

Aus dem Text geht hervor, daß Fridolin an der Ausarbeitung des ikonographischen Programms beteiligt war. Durch die 96 ganzseitigen Illustrationen (darunter 5 Wiederholungen) aus der Nürnberger Werkstatt von Michael Wolgemut und Wilhelm Pleydenwurff erlangte die Druckausgabe Berühmtheit. Vorstufen für diesen Bilderzyklus finden sich in Wolgemuts Skizzenbuch; die programmatische Zusammenarbeit mit dem Autor ist im Druck formuliert: ... *das ettliche gegenwürff von pildwerck figuren haben, umb der layen willen, für die diß büchlein allermaist entworffen ist* ... (Bl. 4ᵛ). Die Bedeutung dieser Ausgabe liegt somit auch in der Gestaltungsabsicht und Komposition. Sie belegt den gewachsenen Sinn für Hell und Dunkel im Holzschnitt, das Streben nach Ausdrucksvielfalt und die Weiterentwicklung des linearen Holzschnitts zur malerisch-plastischen Buchillustration.

Die sechszundachtzigist figur

GW 10329. – HAIN *6236. –* HAIN-COPINGER *14507. –* SCHRAMM *17 Abb. 315–406. – VB 1734. –* BELLM, RICHARD: *P. Stephan Fridolin, Der Schatzbehalter. Ein Andachts- und Erbauungsbuch aus dem Jahre 1491. Textbd, Bildbd. Wiesbaden 1962. –* BRÜCKNER, WOLF-GANG: *Hand und Heil im Schatzbehalter und auf volkstümlicher Graphik, in: Anzeiger des Germanischen Nationalmuseums 1965, S. 60–109. –* KUNZE, HORST: *Geschichte der Buchillustration in Deutschland. Das 15. Jahrhundert. Leipzig 1975, Textbd S. 362–368, Bildbd S. 282–296. –* SCHMIDTKE, DIETRICH: *Art.* 'Fridolin, Ste-phan', *in:* ²VL *2, 1980, Sp. 918–922 (Lit.). –* SCHUNKE, *Schwenke-Sammlung 1, Tafel 221 Nr 138,* SCHUNKE, *Schwenke-Sammlung 2, S. 248.*

AS

123 Heinrich von S. Gallen: Passionstraktat 'Extendit manum...' Daran: Gebete

Augsburg: Anton Sorg, 1. Februar 1483, 4°
Papier, 112 Bll., 19 × 14,5 cm
Vorbesitzer: Karl Ferdinand Friedrich von Nagler (Stempel).
SBB-PK, Inc. 131

Aufgeschlagen Bl. 1ᵛ: Abraham will seinen Sohn opfern.

Bl. 1ʳ leer, Bl. 1ᵛ–107ʳ Passio Christi, Bl. 107ᵛ–111ʳ Gebete, Bl. 111ᵛ und 112 leer; 28 kolorierte Holzschnitte, darunter zwei Wieder-holungen; Einband des 19. Jahrhunderts.

Der nach seinem lateinischen Incipit *Extendit manum...* (Schon streckte Abraham seine Hand aus und nahm das Messer, um seinen Sohn zu schlachten, Gen. 22,10; vgl. den abgebildeten Holzschnitt) benannte Passionstraktat schildert das Leiden und Sterben Christi vom Freitag vor Palmsonntag bis zum Kreuzestod, der Grablegung und Himmelfahrt. Das Werk verbindet bernhardinisch-fran-ziskanische Kompassio-Mystik mit scholastischer Argu-mentationskunst und traditioneller Figuralallegorese. So deutet bereits die Vorrede des Textes – mit Bezug auf die Kirchenväter – die angebotene Opferung Isaaks durch Abraham als Präfiguration für den Erlösertod Christi.

Aufgrund seiner Überlieferungsbreite und weiterer Wirkungsgeschichte, seiner theologischen Substanz, aber auch wegen der souveränen sprachlichen Gestaltung kann der Traktat als die bedeutendste Passionsgeschichte des deutschen Mittelalters gelten. Gerade die – teilweise fast neuhochdeutsch anmutende – Modernität der Satz-fügung (Parallelismus, Satzrhythmus) weist auf Böhmen als Entstehungsort des Textes. Tatsächlich ist die Zu-schreibung des Werkes nicht unproblematisch, über-liefert doch nur eine einzige späte Handschrift (Wien, Nationalbibliothek, cod. 12546 aus dem Jahre 1462) das Verfassersignum *Maister heinrich von sand Gallen ze Prag.*

Heinrich von St. Gallen, der mutmaßliche Verfas-ser des Werkes, wurde wohl um oder kurz vor 1350 in St. Gallen geboren. 1371 wurde er in Prag zum Bakka-laureus, 1373 zum *magister in artibus* promoviert; belegt ist er in Prag bis 1397, zuletzt als *baccalarius in theolo-gica.* Nach dem Abzug der Deutschen aus Prag 1409 wirkte Heinrich von St. Gallen – hierauf deutet zumin-dest der Verbreitungsraum seiner späteren Schriften – vermutlich im nord- bis westbayerischen bzw. im ale-mannischen Raum.

Der vorliegende Sorgsche Druck ist bereits die fünfte Ausgabe des Textes, der im 15. Jahrhundert insgesamt zwölfmal gedruckt wurde, hiervon allein zehnmal in Augsburg. Als Vorlage diente Sorg sein eigener Druck vom 18. November 1480, den er seiten-, meist auch zeilengetreu nachdruckte und von dem auch die Holz-schnitte stammen (der Verlust des neunten Holzschnit-tes wurde durch eine Wiederholung des elften ersetzt).

Die drei von Sorg im Anschluß abgedruckten Gebete sind handschriftlich weit verbreitet. Das Gebet *Du König der Ehren... Du starker Leo von Juda...* stammt aus dem Gebetszyklus zum Leben und Leiden Christi, den Johan-nes von Indersdorf 1426 für sein Beichtkind Elisabeth Ebron verfaßte (München, BSB, Cgm 49).

HAIN *12444. – GW 12175. – VB 131. –* SCHRAMM *4, Abb. 546–552, 554–571, 769. – Faks. der Holzschnitte: Die Augsburger Passion von 1480 (Das alte Bilderbuch 2). Potsdam 1924. –* SCHMIDT, WIELAND: *Heinrich von St. Gallen, in: ZfdPh 57, 1932, S. 233–243. –* RUH, KURT: *Der Passionstraktat des Heinrich von St. Gallen (Diss. Zürich). Thayngen 1940. –* RUH, KURT: *Studien über Heinrich von St. Gallen und den „Extendit manum"-Passionstraktat, in: Zeit-schrift für Schweizerische Kirchengeschichte 47, 1953. –* HILG, HARDO *u.* RUH, KURT: *Art.* 'Heinrich von St. Gallen', *in:* ²VL *3, 1981, Sp. 738–744.*

KG

Kat. Nr. 123, 1ᵛ

VI

HEILSSPIEGEL

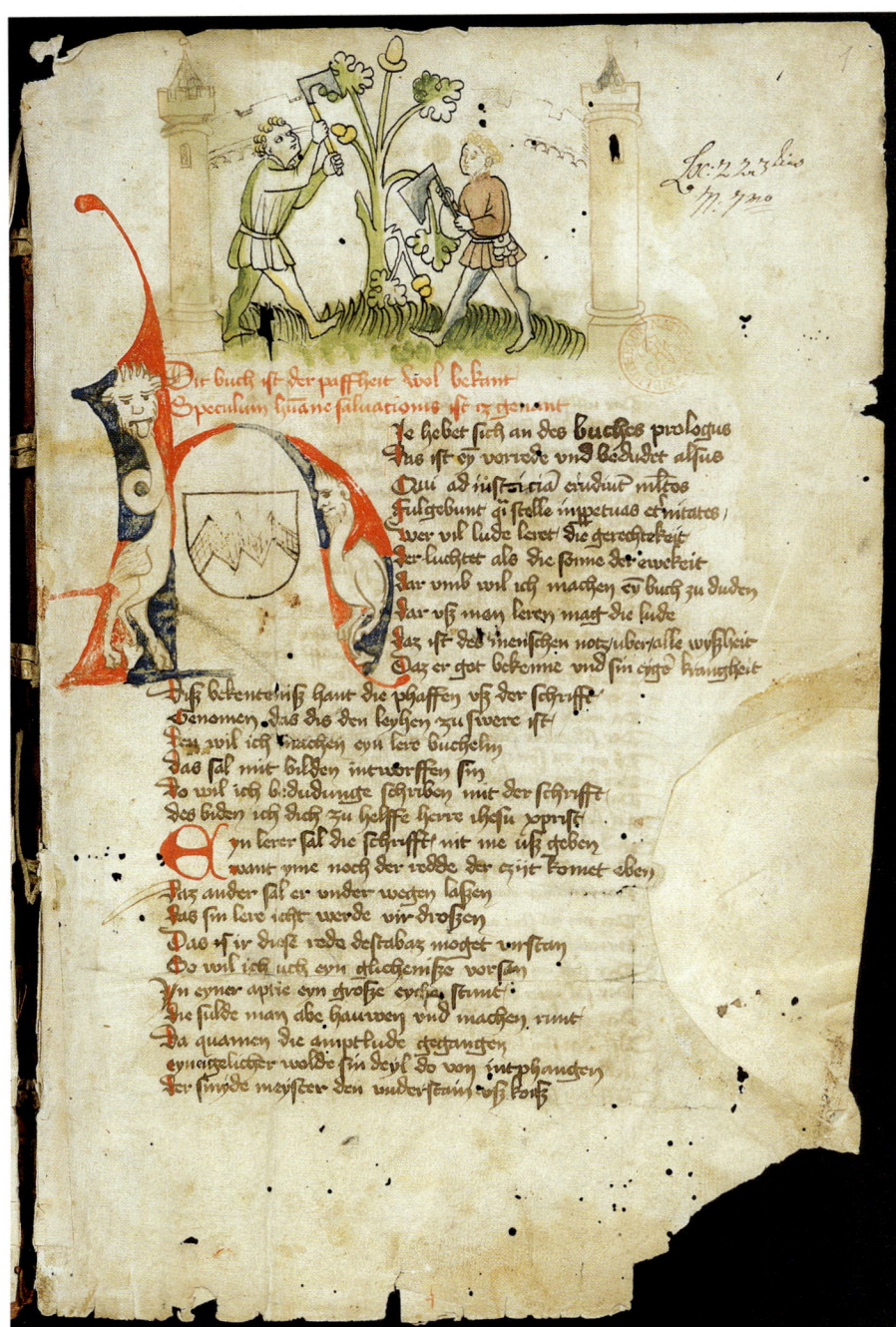

Kat. Nr. 124, 1ʳ

124 Deutsche Versübersetzung des Speculum humanae salvationis/ Maria-Magdalenen-Legende

Rheinland, 1440/1450
Papier, 122 Bll., 40,5 × 27 cm
Vorbesitzer: Eingeklebter Besitzvermerk des Klosters Steinfeld in der Eifel (15. Jh.); 1802 enteignet; ab 1807 im Fonds Maugérard der Bibliothèque Nationale, Paris; 1815 Rückführung in die Königliche Bibliothek.
SBB-PK, Ms. germ. fol. 245

Aufgeschlagen 1ʳ: Eichengleichnis.

1ʳ–70ʳ Deutsche Versübersetzung des Speculum humanae salvationis, 70ᵛ leer, 71ʳ–122ʳ Verslegende von Maria Magdalena, 122ᵛ leer; 174 kolorierte Federzeichnungen (Speculum: 139, Legende: 34); brauner Ledereinband mit Stricheisenverzierung über Holzdeckeln, beschädigt, Beschläge verloren.

Das Speculum humanae salvationis (Spiegel des menschlichen Heils), im frühen 14. Jahrhundert entstanden, ist einer der erfolgreichsten Buchtypen des späten Mittelalters, wie die heute noch über 400 erhaltenen Handschriften und zahlreichen Übersetzungen, allein elf ins Deutsche, belegen. Anhand eines Bilderzyklus werden einzelne Szenen der Heilsgeschichte mit je drei typologischen Parallelen kombiniert, also mit Szenen, die als Vorausdeutungen dieser Heilsereignisse interpretiert werden und die vor allem aus dem Alten Testament entnommen sind. Jedes der Kapitel enthält exakt 100 Verse und ist mit vier Miniaturen bebildert.

Die vorliegende Handschrift gehört wie Kat. 125 zu der erfolgreichsten deutschen Versübersetzung. Die Übersetzung ahmt präzis die Anzahl der Verse der lateinischen Vorlage nach; auf der inhaltlichen Seite sind Kürzungen und Verdeutlichungen festzustellen, welche mit der Aufbereitung des theologisch komplexen Gehalts für ein Laienpublikum einhergehen. Im Prolog (fol. 1ʳ) wird die Intention des Buches umschrieben: *Diß bekenteniß hant die phaffen vß der schritt/Genomen, das dis den leyhen zu swere ist,/Den wil ich machen eyn lere buchelin/Das sal mit bilden intworffen sin* (Z. 11–14: „Diese Erkenntnis haben die Kleriker der Schrift entnommen; da diese für Laien zu schwierig ist, will ich ein Lehrbüchlein machen, das mit Bildern aufgebaut ist"). Die warm kolorierten Miniaturen, die in diesem Speculum stets durch Säulen gerahmt werden, sind also integraler Bestandteil des Werks. Die einleitende Miniatur illustriert das angewendete Verfahren durch das Eichengleichnis: von einem gefällten Baum holt sich jeder Klosterbruder jenen Bestandteil, der ihm bei seiner Aufgabe nutzt, also der Bäcker die Zweige für Brennholz, der Schreiber die Eicheln für seine Tinte usw. Ebenso will der Autor Belege aus der Schrift zusammenlesen, die für seine Lehre passend erscheinen – wobei auch darauf verwiesen wird, daß ein Phänomen je nach Aspekt verschiedene Bedeutungen verkörpern kann: ob eine typologische Parallele für Gott oder für den Teufel steht, ist der deutenden Auslegung überlassen.

Eine entsprechende große blaurote Schmuckinitiale mit im Buchstabenkörper ausgesparten Fabelwesen findet sich nur ein zweites Mal in der Handschrift: am Anfang der umfangreichen Verslegende zum Leben der Maria Magdalena. Diese gibt nach dem Vorbild der lateinischen „Episode" das legendarische Weiterleben der biblischen Figuren Maria Magdalena, Martha und Lazarus inklusive ihrer Überfahrt nach Marseille wieder. Das kaum verbreitete, nur hier vollständig überlieferte Werk ist wohl die Dichtung eines Mitteldeutschen und stammt eventuell noch aus dem 13. Jahrhundert.

DEGERING I, S. 35. – WEGENER, S. 50–55. – KNAUS, HERMANN: *Rheinische Handschriften in Berlin*, in: *Archiv für Geschichte des Buchwesens 14, 1973, Sp. 257–284, hier Sp. 274.* – STORK, HANS-

WALTER/WACHINGER, B[URGHART]: *Art. 'Speculum humanae salvationis',* in: ²VL 9, 1995, Sp. 52–65, hier Sp. 58 f. – BREITENBACH, EDGAR: *Speculum humanae salvationis. Eine typengeschichtliche Untersuchung.* Straßburg 1930, S. 26 f. – KLAMT, LOTHAR: *Die handschriftliche Überlieferung der deutschen Versübersetzung des „Speculum humanae salvationis".* Magisterarbeit (masch.) Münster 1961, S. 27. – WILLIAMS-KRAPP, WERNER: *Art. 'Maria Magdalena',* in: ²VL 5, 1985, Sp. 1258–1264, hier Sp. 1261. – BOXLER, MADELEINE: *„ich bin ein predigerin und appostlorin". Die deutschen Maria Magdalena-Legenden des Mittelalters (1300–1550). Untersuchungen und Texte (Deutsche Literatur von den Anfängen bis 1700, 22).* Bern u. a. 1996, S. 385–408.

MS

125 Deutsche Versübersetzung des Speculum humanae salvationis

Westfalen, um 1400
Pergament, 71 Bll., 28 × 19,5 cm
Vorbesitzer: 1827 im Besitz von Dr. Tross in Hamm belegt; 1835 mit der Sammlung Nagler von der Königlichen Bibliothek erworben.
SM-PK KK, 78 A 12

Aufgeschlagen 15ᵛ: Geburt Christi, Traum des Mundschenken; 16ʳ: Aarons Stab, Augustus und Sibille.

1ʳ Abklatsch von Bindemakulatur; 1ᵛ–71ʳ Deutsche Versübersetzung des Speculum humanae salvationis, 71ᵛ Abklatsch; 70 Bildseiten mit je zwei kolorierten Federzeichnungen; Pergamenteinband mit Kalbslederrücken, 1967 erneuert.

Die Handschrift gehört wie Kat. 124 zu der erfolgreichsten deutschen Versübersetzung des lateinischen Speculum humanae salvationis, die in 26 vor allem mittel- und niederdeutschen Textzeugen ab etwa 1350 belegt ist. In ihrer Anlage vertritt sie einen anderen Typus: auf einer aufgeschlagenen Doppelseite steht der komplette Text eines Kapitels, auf der nächsten sind die zugehörigen vier Miniaturen zusammengestellt. Wie das typologische Denken funktioniert, zeigen die Illustrationen zum 8. Kapitel: zur Weihnachtsszene mit heiliger Familie, Engel, Hirt und Herde treten drei typologische Parallelen, nämlich der Traum des ägyptischen Mundschenken (Gn 40,9–13), Aarons grünender Stab (Nm 17,1 ff.) und das Treffen von Augustus und der Wahrsagerin Sibille, die nach dem Bericht der Legenda aurea die Geburt Christi prophezeit habe. Der Austrieb am trockenen Stab Aarons wird als Vorausweisung auf die jungfräuliche Geburt Christi verstanden. Der Traum des gefangenen Mundschenks, er gebe dem Pharao drei Trauben, deutete zunächst auf seine Freilassung in drei Tagen. Als typologischer Bezug wird ausgeführt, daß Christus als Rebe zu verstehen sei, die am Kreuz gekeltert wurde und Gottes Zorn wie Wein versöhnte. Die Miniaturen sind

durch Bildbeischriften und Spruchbänder erläutert; die hier stehenden Verse und teils launigen Bemerkungen sind unabhängig vom Text gebildet. Neben den Namensnennungen *(octauianus de keyser),* dem lautmalerischen *Virlare tirlare* des flötenspielenden Hirten bei der Geburtsszene und den Reden der dargestellten Personen (Sibille: *Dit kint is groter dan du hir vmme salstu daz anbeden* – „Dies Kind ist größer als du, darum sollst du es anbeten") tritt zu jedem Bild ein Verspaar, so: *Hir wert gheboren de hillighe crist. | De ewich eyn got gheboren ist* und *Dit is de royte aaronis. | de dorre was vnd nů doch gron is* („Hier wird der heilige Christ geboren, der als ewiger Gott geboren ist" – „Dies ist der Aaronsstab, der dürr war und jetzt doch grün ist").

Wescher S. 198 f. – Stork, Hans-Walter / Wachinger, B[urg-hart]: Art. 'Speculum humanae salvationis', in: ²VL 9, 1995, Sp. 52–65, hier Sp. 58 f. – Breitenbach, Edgar: Speculum humanae salvationis. Eine typengeschichtliche Untersuchung. Straßburg 1930, S. 26. – Klamt, Lothar: Die handschriftliche Überlieferung der deutschen Versübersetzung des „Speculum humanae salvationis". Magisterarbeit (masch.) Münster 1961, S. 18 f. – Appuhn, Horst (Hrsg.): Heilsspiegel. Die Bilder des mittelalterlichen Andachtsbuches Speculum humanae salvationis. Dortmund ²1989, S. 128 f.

MS

126 Spiegel menschlicher behaltnis

Alemannisch, um 1450–1460
Papier, 65 Bll., 31 × 21,5–22 cm
SM-PK KK, 78 A 17

Aufgeschlagen 55ᵛ: Der verworfene Stein – 56ʳ: Christi Himmelfahrt.

1ʳ–65ᵛ Spiegel menschlicher behaltnis; 130 kolorierte Federzeichnungen; unverzierter Ledereinband über Pappdeckeln.

Den Titel „Spiegel menschlicher behaltnis", also Spiegel des menschlichen Heils, trägt die verbreitetste Prosaübersetzung des Speculum humanae salvationis (vgl. Kat. 124), die in 21 Handschriften seit dem frühen 15. Jahrhundert sowie in mehreren Drucken (vgl. Kat. 127) überliefert ist. Die Auflösung der lateinischen Reimpaare in Prosa bedingt die Auflösung der strengen Seitenaufteilung, wie sie die anderen ausgestellten Speculum-Handschriften aufweisen: da die Kapitel des deutschen Textes unterschiedliche Länge aufweisen, ist ein genauer Gleichlauf von Text- und Bildzyklus nicht mehr gewährleistet. In der Handschrift, die pro Seite eine Miniatur einrückt, werden zum Ausgleich mehrfach Teile der Textspalte leergelassen. Am Anfang, am Ende und an drei Stellen innerhalb sind insgesamt 25 Blatt verloren.

Kat. 126, 55ᵛ

Zur Verzierung sind blau / rote Initialen angebracht; die ersten Zeilen der Kapitel sind in einer kalligraphischen Textualis geschrieben, die sich von der sonstigen Bastarda abhebt. Die kolorierten Federzeichnungen sind mit großer Detailtreue gestaltet, wie die Darstellung der Bauhütte am Ende von Kap. 32 zeigt, gegenüber dem Eingangsbild zum folgenden Kapitel, das die Himmelfahrt Christi mit der Auferstehungsfahne zeigt, schwebend auf einer Wolke mit bordiertem Rand. Die Bauhütte dient als typologische Parallele zur Auferstehung: wie der Stein, den die Bauleute verworfen haben (Lc 20,17 f.), zum Schlußstein wurde, so wurde Christus erst verschmäht und dann erhöht. Während andere Handschriften des Heilsspiegels in der entsprechenden Miniatur das Einsetzen des Schlußsteins abbilden, liegt hier der Schwerpunkt auf einer detaillierten Darstellung der Bauhütte, der Steinmetze mit ihrem Werkzeug, der Kranwinde und der Steinzange zum Anheben der Steine sowie des Fundaments, das deutlich eine Kirche mit Apsis und Strebepfeilern vorstellt.

WESCHER S. 206–209. – STORK, HANS-WALTER / WACHINGER, B[URGHART]: Art. 'Speculum humanae salvationis', in: ²VL 9, 1995, Sp. 52–65, hier Sp. 60f. – LEHMANN-HAUPT, HELLMUT: Schwäbische Federzeichnungen. Studien zur Buchillustration Augsburgs im 15. Jahrhundert. Berlin/Leipzig 1929, S. 22.

MS

127 Spiegel menschlicher behaltnis

[Augsburg: Anton Sorg, o. J.] 4°
Papier, 132 Bll., 27,5 × 19,5 cm
SM-PK KK, Ink. 46 bl. (Sign. 2636)

Aufgeschlagen 52ᵛ–53ʳ: Leiden Lamechs und Hiobs.

1ʳ–131ᵛ: Spiegel menschlicher behaltnis, 132 leer; 196 Holzschnitte; Pappeinband mit Lederecken.

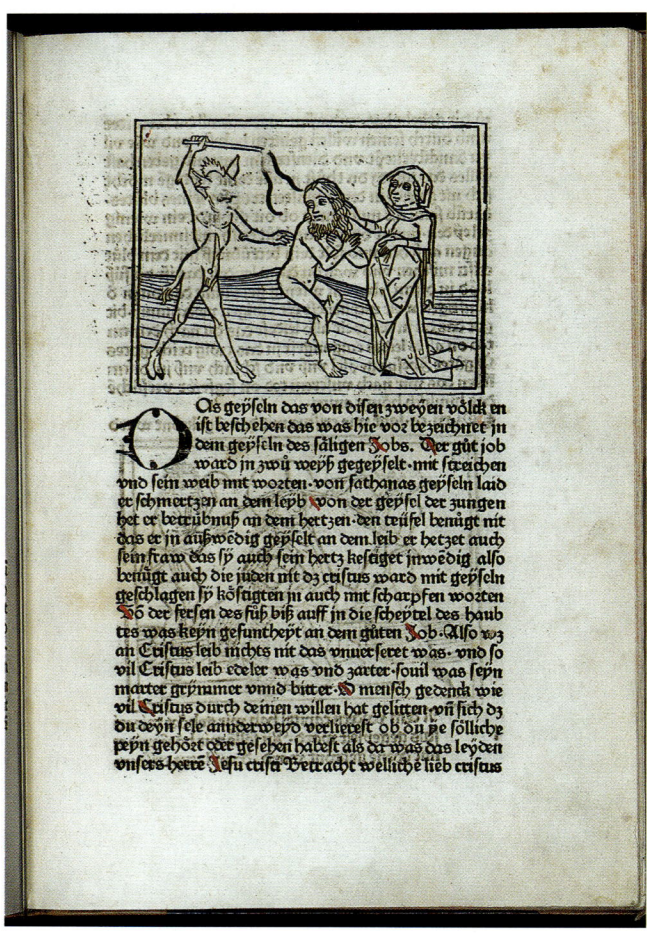

Kat. 127, 53ʳ

Die erfolgreiche Verbreitung der deutschen Übersetzung des Speculum humanae salvationis (vgl. Kat. 126) wird an mehreren Druckauflagen deutlich. In Augsburg entwickelte sich verhältnismäßig früh ein Markt für volkssprachliche gedruckte Bücher; einen wesentlichen Anteil daran hatte der Drucker Anton Sorg, der in einer Buchanzeige von 1483/84 nicht weniger als 36 volkssprachliche Texte anbot. Aus seiner Presse sind Bände wie der deutsche Lucidarius, eine deutsche Bibel und ein Schwabenspiegel erhalten.

Der vorliegende 'Spiegel menschlicher behaltnis' belegt Sorgs Streben nach qualitativ hochstehenden, aber mit begrenztem Aufwand herstellbaren Auflagen. Für die Abschnittsinitialen ist Raum freigelassen, so daß sie nachträglich eingemalt werden konnten; nur die Zierinitiale auf fol. 1ʳ ist gedruckt. Auch die Rubrizierung ist von Hand eingetragen.

Die aufgeschlagene Seite zeigt die typologischen Parallelen zur Geißelung Christi (Kap. 20): so wie Christus von Juden und Heiden mißhandelt wurde, so wurde Lamech von seinen Frauen, Hiob von seiner Frau und vom Teufel geplagt (Iob 2,7–9, vgl. die Erläuterung: Das geyseln das von disen zweyen völcken ist beschehen das was hie vor bezeichnet in dem geyseln des säligen Jobs – („Die Geißelung, die diese beiden Völker vornahmen, war vorangezeigt in der Geißelung des seligen Hiobs"). Erkennbar ist die hohe Qualität des noch nicht abgenutzten Druckstocks: daß der Kopf des bocksbeinigen Teufels beschädigt erscheint, ist kein Druckfehler, sondern eine Benutzerspur, die in zahlreichen Speculum-Handschriften und -Drucken anzutreffen ist. Offensichtlich haben viele Leser die Gesichter von Teufeln, Folterknechten und Schergen auf dem Papier geschlagen und gekratzt, was zur Zerstörung dieser Partien führte. Diese Spuren der Lektüre zeugen von der unmittelbaren, auch körperlichen Teilhabe beim Lesen der Passion.

VB 180. – STORK, HANS-WALTER / WACHINGER, B[URGHART]: Art. 'Speculum humanae salvationis', in: ²VL 9, 1995, Sp. 52–65, hier Sp. 60f. – SCHMIDT, ADOLF: Bücheranzeige von Anton Sorg in Augsburg 1483/84, in: Gutenberg Jahrbuch 5, 1930, S. 119–125. – KÜNAST, HANS-JÖRG: „Getruckt zu Augspurg". Buchdruck und Buchhandeln in Ausgburg zwischen 1468 und 1555, Tübingen 1997, S. 86–91, 240–243.

MS

VII

PREDIGTEN, VISIONSLITERATUR

Predigten und Visionsliteratur

so si solten gan in die kilchen vnd mess hören vnd bredigen so stand si vor der kilchen vnd gugent dar in als ein hunt in ein kuchi, mahnt ein anonymer Prediger seine Gemeinde: „Statt in der Kirche zu sein und Messe und Predigt zu hören, lungern sie vor der Tür herum und schauen in die Kirche wie ein Hund in die Küche".[1] Die Gemeindeschelte eines Predigers verweist auf den Rang der Predigt als zentrales Medium der Verkündigung christlicher Glaubenswahrheiten. Dieser Rang wird auch durch die Stellung der Predigt in der deutschen Literaturgeschichte verdeutlicht: Predigten gehören nicht nur zu den ältesten überhaupt überlieferten deutschsprachigen Texten ('Isidor-Gruppe' um 800), sondern bilden am Beginn der Entwicklung deutscher Prosa im 12. und 13. Jahrhundert auch die quantitativ bedeutendste Textgruppe.[2] Zwischen 1150 und 1250 dürften weit mehr als 1000 deutschsprachige Predigten verschriftlicht worden sein. Es waren fast ausschließlich Musterpredigten für die predigende Geistlichkeit selbst, die sich im Sinne eines *Dormi secure* ('Schlafe ruhig') – so der Name einer spätmittelalterlichen lateinischen Mustersammlung – mit Vorlagen versorgte, um der offenkundig gestiegenen Nachfrage bzw. der erkennbaren Notwendigkeit zu predigen, Herr zu werden.

Die frühen Sammlungen folgten in ihrer Organisation dem Kirchenjahr: Sie bieten Predigten für die Sonntage und die wichtigen Festtage, immer wieder unterbrochen durch Blöcke von Predigten zu den bedeutenden Heiligen. Von einem einzigen Bearbeiter einer Sammlung der frühen Predigten, einem Augustinerchorherren aus Polling und Mitarbeiter in der Brixener Diözesanverwaltung, erfahren wir in einem lateinischen Vorwort seinen Namen und erhalten Informationen, wofür, aber nicht für wen seine Predigtsammlung gedacht ist.[3] Er nennt sich *Cûnradus prespiter* und bezeichnet es als Aufgabe eines Priesters, so zu predigen, daß das Volk ihn verstehen kann: „Ich wende mich an die Prediger Christi, die Christus lieben, Christus verkünden und nicht sich selbst, und besonders an die beliebten und erfolgreichen Priester, denen entweder die Bücher fehlen oder die wie Martha mit alltäglichen Geschäften belastet sind und nicht wie Maria zu den Füßen des Herrn sitzen können, d. h. die heiligen Schriften meditieren können. … Deshalb habe ich mich zu dieser Ausgabe, die auch den Verstand der Gelehrten fordert, in der Muttersprache und nicht in Latein verleiten lassen, damit dem Leser und Hörer der Zugang um so leichter falle."[4] Diese Ausführungen können sich sowohl auf Laienbrüder als auch

auf Nonnen beziehen, schließen aber auch die Verwendung der von Priester Konrad kompilierten und vermutlich teilweise selbst verfaßten Sammlung als Predigt *ad populum* nicht aus. Auch textimmanent geben uns die frühen deutschen Predigten keinen eindeutigen Hinweis auf ihr Publikum. Bei manchen möchte man aufgrund der Anrede *carissimi fratres* eher ein klösterliches Publikum vermuten, bei anderen wiederum fehlt jede Orientierungsmöglichkeit.

Als Ort der frühen deutschen Predigt wird der Gottesdienst zu sehen sein, da die Predigten häufig auf das liturgische Gerüst der Messe verweisen: Einige nehmen mit Rückverweisen auf das „eben gehörte" Evangelium oder die Epistellesung Bezug und verzichten darauf, der Predigt den Text nochmals voranzustellen. Andere schließen direkt an die Predigt ein Sündenbekenntnis an, obwohl es sich in diesen Fällen nicht um Bußpredigten handelt.[5] Vereinzelt findet sich am Schluß einer Predigt die Aufforderung an die Gemeinde, ihren 'Ruf' zu erheben, was auf eine spezielle Gattung des deutschsprachigen geistlichen Liedes bezogen werden muß, die im gottesdienstlichen Rahmen ihren Platz hatte.[6] Antiphone, Responsorien oder andere liturgische Texte schließlich stellen wie in der lateinischen Predigt der Zeit beliebte Predigtinitien oder Unterthemen der Predigten dar und werden häufig mit der Formel *als wir singen unde lesen* eingeleitet.

Die großen Predigtsammlungen bieten Predigten für die Sonn- und Feiertage des Kirchenjahres. Es gibt im Textcorpus der frühen deutschen Predigt nur etwa halb so viele Heiligen- wie Sonn- und Feiertagspredigten.[7] Die vorhandenen Predigten belegen, daß vorrangig an den Marienfeiertagen und an den Festtagen der Apostel gepredigt wurde. Nur vereinzelt treten Predigten für die Feiertage weniger wichtiger Heiliger auf wie z. B. in den 'Tiroler Predigten' (Kat. 130): Dort findet sich z. B. eine Predigt auf den hl. Vigilius, den Patron des Bistums Trient, und andere Lokalheilige der Bistümer Brixen und Trient, so daß die Entstehung der Sammlung dort vermutet werden darf.

Ihren Höhepunkt erreicht die Produktion deutschsprachiger Musterpredigten mit den 'Schwarzwälder Predigten', einer der einflußreichsten und verbreitetsten deutschen Predigtsammlungen des Spätmittelalters, die Ende des 13. Jahrhunderts entstanden ist, und zwar mit großer Wahrscheinlichkeit bei den Franziskanern (Kat. 129). Nach Aussage der Überlieferung wurde die Sammlung, die aus einem Temporale (55 Nrn) und einem Sanktorale (46 Nrn) besteht, jedoch nicht zum Gebrauch im eigenen Orden geschaffen, sondern war als Musterpredigtsammlung *ad usum clericorum* gedacht.

Gegenüber älteren Predigthandbüchern bieten die 'Schwarzwälder Predigten' eine bemerkenswerte qualitative Weiterentwicklung: Es handelt sich durchgehend um Sermones, deren Quelle im Bereich des Temporale die 'Sermones de tempore' des Franziskaners Konrad von Sachsen und im Sanktorale die 'Legenda aurea' des Dominikaners Jacobus de Voragine sind. Die Sonn- und Festtagspredigten zeichnen sich durch eine große Eigenständigkeit im Umgang mit ihrer Vorlage aus und bieten nach lateinischem Thema und lateinischer Dispositio eine Paraphrase der Tagesperikope (gelegentlich auch der Epistel), an die sich die deutsche Fassung der Disposition anschließt und zu einer thematischen Predigt überleitet. Sammlungstypisch sind die sogenannten *urkunden*, bei denen es sich um narrative Exempla zumeist aus dem Alten Testament handelt, die anschließend einer Allegorese unterzogen werden. Das Alte Testament, insbesondere die historischen Bücher, werden in einmaliger Weise ausgewertet und für die Paränese genutzt. In der Überlieferung werden gerade diese Exempla immer wieder mittels Glossierung hervorgehoben. Dies verweist auf ihre Bedeutung für die Popularität dieses Predigtjahrgangs, der damit zu einem Kompendium alttestamentlicher Erzählungen in der Volkssprache wird. Inhaltlich stehen Gnade und Barmherzigkeit Gottes im Mittelpunkt.

Eine neue Qualität erreicht die Predigttätigkeit mit Meister Eckhart (ca. 1260–1328) und der mystischen Predigt der deutschen Dominikaner am Beginn des 14. Jahrhunderts.[8] Die Themen der mystischen Predigt schließen sich nur selten an die liturgischen Texte des Sonn- oder Festtages an, obwohl der Prediger soweit möglich auf ein Wort oder Thema der liturgischen Texte zurückgreift und an dieses die Ausführung seiner häufig klar gegliederten Predigt anknüpft. Meister Eckart äußert sich über die Themen seiner Predigt folgendermaßen (Quint 53): *Swenne ich predige, sô pflige ich ze sprechenne von abgescheidenheit und daz der mensche ledic werde sîn selbes und aller dinge. Ze dem anderen mâle, daz man wider îngebildet werde in daz einvaltige guot, daz got ist. Ze dem dritten mâle, daz man gedenke der grôzen edelkeit, die got an die sêle hât gelegt, dar der mensche dâ mite kome in ein wunder ze gote. Ze dem vierden mâle von götlîcher natûre lûterkeit – waz klârheit an götlîcher natûre sî, daz ist unsprechlich. Got ist ein Wort, ein ungesprochen Wort.* („Wenn ich predige, so pflege ich zu sprechen von Abgeschiedenheit und daß der Mensch ledig werden soll seiner selbst und aller Dinge. Zum zweiten, daß man wieder eingebildet werden soll in das einfaltige Gut, das Gott ist. Zum dritten, daß man des großen Adels gedenken soll, den Gott in die Seele gelegt hat, auf daß der Mensch

damit auf wunderbare Weise zu Gott komme. Zum vierten von der Lauterkeit göttlicher Natur – welcher Glanz in göttlicher Natur sei, das ist unaussprechlich") (Meister Eckhart, Deutsche Werke, Bd. 2, S. 528,5–529,2). So sehr sich nach diesen Äußerungen Eckharts Predigt auf seine Zuhörerschaft und weniger auf die theologischen Inhalte zu konzentrieren scheint, enthält sie doch keine konkreten Anweisungen für die mystische Gotteserfahrung oder auch nur eine religiöse Lebensweise. „Abgeschiedenheit", „Gelassenheit" und Passivität sind vielmehr Voraussetzungen für eine gnadenhafte Mitteilung Gottes.[9] Eckharts deutsche Predigten werden nicht in geschlossenen Sammlungen überliefert, sondern in kleinen Gruppen, vereinzelt, in Auszügen und häufig anonym, wie es auch in Kat. 130 der Fall ist.[10] Die Überlieferungsweise ist nicht unüblich für mystische Predigten, kann aber auch mit dem Prozeß gegen Eckhart zu tun haben, der mit der Bulle „In agro dominico" und der Verurteilung bzw. Kritik von 26 Sätzen aus Eckharts Werken am 27. März 1329 – also nach seinem Tod – abgeschlossen wurde.

Zwei Phänomene nehmen im 15. Jahrhundert entscheidenden Einfluß auf die Predigt: die religiösen Reformbewegungen, besonders die dominikanische Observanzbewegung, und die Einrichtung städtischer Prädikaturen mit hohem Prestigewert. Die Einführung der strengen Observanz in den Bettelordenskonventen und die gleichzeitigen benediktinischen Reformbewegungen sowie die Devotio moderna haben auf die Produktion und Reproduktion geistlicher Literatur im monastischen Bereich höchst anregend gewirkt.[11] Insgesamt gesehen ist die Literaturgeschichte der deutschsprachigen Predigt im 15. Jahrhundert noch weitgehend 'terra incognita'. Allein der Bestand der Staatsbibliothek zu Berlin Preußischer Kulturbesitz besteht aus ca. 2790 Predigten, von denen ca. 1700 unveröffentlicht sind. Die Mehrzahl der ungedruckten Stücke stammt dabei aus dem 15. Jahrhundert.[12] Dies verweist auf die gegenwärtig unlösbaren Probleme, Predigt im 15. Jahrhundert zu überblicken und angemessen zu beschreiben. Neben der Abschrift älterer Predigtsammlungen tritt die Verschriftlichung der von den Lektoren in den Klöstern gehaltenen Predigten. Das führt zu einer Art Hausüberlieferung, die bei entsprechender Bestandserhaltung für einzelne Klöster gut nachvollziehbar ist (vgl. Johannes Kreutzer Kat. 128).[13] Ein Zentrum der Reformbewegungen war die spätmittelalterliche Weltstadt Nürnberg, dessen Dominikanerinnenkloster St. Katharina mit mehr als 600 Bänden die größte bekannte Bibliothek eines Frauenklosters hatte.[14] Nicht weniger berühmt war das Nürnberger Klarissenkloster, das unter dem Priorat von Caritas Pirckheimer sogar die Reformation für einige Jahre überstand. Stephan Fridolin (Kat. 132) war langjähriger Betreuer der Nürnberger Klarissen und seine Schriften wurden von Caritas eigenhändig kopiert.

Im Kultur- und Frömmigkeitsraum der spätmittelalterlichen Stadt überschneiden sich in der mündlichen und schriftlichen Paränese Kloster- und Pfarrpredigt. Einer der berühmtesten spätmittelalterlichen Prediger war Johannes Geiler von Kaysersberg, der die Prädikatur am Straßburger Münster inne hatte: Geilers in Augsburg 1488 vorgetragener Predigtzyklus 'Berg des Schauens' behandelt unter Berufung und in Anlehnung an sein Leitbild Jean Gerson[15] Fragen des kontemplativen Lebens vor einem Laienpublikum. Insgesamt 19 Predigten bilden den Zyklus, den er in der Adventszeit 1488 wohl erstmals vortrug: *zwar all tag ze möglich zwischen V und VI fieng er an.* Der Predigtzyklus wird in unterschiedlichen Fassungen aus dem Augsburger Raum überliefert. Geiler selbst verwendet ihn erneut in einer formal und stilistisch überarbeiteten Fassung, aber ohne wesentliche inhaltliche Veränderungen im Rahmen der Frauenseelsorge ('cura monialium') bei den Straßburger Dominikanerinnen und Reuerinnen (Straßburger Fassung). In dieser Form fand der Predigtzyklus dann Aufnahme in den 'Predigten teutsch', die 1508 vermeintlich *on sein wissen vnd zu thun* gedruckt wurden. Indem Geiler dem Programm seines Vorbildes Jean Gerson folgt, der ausdrücklich die Laienunterweisung auf hohem Niveau in der Volkssprache fordert, bricht er mit dem Bildungsmonopol des etablierten Klerus. Klerikerschelte gehört daher auch zum festen Repertoire seiner Predigten. Dabei scheut er nicht davor zurück, auch komplexe theologische und spirituelle Sachverhalte, gelegentlich vereinfachend, zum Gegenstand seiner Predigten zu machen. „Geiler bekräftigt Gersons Auffassung, daß eine 'Theologia mystica' nicht elitäre Spiritualität sein dürfe, sondern eine Gebets- und Bußfrömmigkeit sein müsse, die bis zur mystischen Vereinigung führen und die auch jeder Gläubige unabhängig von seiner Bildung nachvollziehen könne."[16] Diese ausdrückliche Hinwendung zum Laien scheint auch biographische Spuren bei Geiler hinterlassen zu haben. Er wurde am 16. 7. 1445 als Sohn eines Stadtschreibergehilfen in Schaffhausen geboren, studierte in Freiburg bis zum Magister und wurde 1475 in Basel zum Doktor der Theologie promoviert. 1476 erhielt er aufgrund einer 'Bürgerinitiative' einen theologischen Lehrstuhl in Freiburg, den er allerdings zugunsten einer Prädikatur in Würzburg aufgeben wollte. Allerdings gelang es dem Straßburger Altammeister Peter Schott, Geiler 1478 direkt nach Straßburg zu holen.

Offenkundig standen die 'simplices' schon frühzeitig im Mittelpunkt von Geilers Interesse.

Als neuer Predigttyp entstehen im Spätmittelalter Predigtsammlungen für zuhause: die Plenarien mit der Glosse. Die Entstehung der Plenarien trägt vermutlich dem Bedürfnis der Leser Rechnung, die Texte der Messe, vor allem den Perikopentext und autorisierte Ausführungen zu diesem zur eigenständigen Verfügung zu haben. Wie MERTENS darlegt, kann das Plenar als Zeugnis des Funktionswandels der aus Perikopenpredigten bestehenden Predigtbücher gesehen werden, die zunächst als Hilfsmittel für den Prediger konzipiert waren, später vor allem im klösterlichen Bereich als Erbauungslektüre gelesen wurden und schließlich der Selbstunterweisung von Laien dienten.[17] Im Basler Plenar, das 1514 von Adam Petri erstmals gedruckt und danach fünf Neuauflagen erfuhr, werden Anweisungen für das Lesen aus dem Plenar gegeben: *Die teutschen bücher seind dar zů gůt/das du an den gebannen tagen solt vnderwegen lassen vnnütz geschwetz vnd wort vnd nachreden. Das du darinn lesest/vnd deine kinder dar zů gewenest/das sy an den feyrtagen ir zeyt damit vertreyben/vnd darine lesen [...] Also thů du auch/hast du gůtte bücher/laß sy an dem sontag nach der predig/nach dem nachtessen/vnd vnderweiß dein gesint/vnd sag inen was dar inn stand.*[18] Verwandt mit diesem Sammlumgstyp ist die außergewöhnliche Handschrift 'Born des Lebens' (Kat. 131), die für eine vermögende Frau zur Privatlektüre angelegt wurde.

Von der Predigt zur Visionsliteratur

Predigten behandeln das Jüngste Gericht, d. h. 'Himmel, Hölle und Fegefeuer', und regen zu Visionen an. Dies gibt uns Gelegenheit, den wortmächtigsten Prediger des 13. Jahrhunderts kennenzulernen, den Franziskaner Berthold von Regensburg.[19] Es besteht kein Zweifel daran, daß Berthold sowohl lateinisch als auch in der Volkssprache predigte, doch der Großteil der ihm zugeschriebenen deutschsprachigen Predigten beruht auf dem Versuch seiner Zeitgenossen und Mitbrüder, insbesondere des Augsburger Konvents, die Bedeutung dieses Volkspredigers literarisch anspruchsvoll zu dokumentieren.[20] Chroniken berichten – natürlich übertreibend –, er habe vor 200 000 Zuhörern gepredigt und eine Fahne dabei gehabt, um immer mit dem Wind sprechen zu können.[21]

Berthold von Regensburg behandelt das Thema des Jüngsten Gerichts in seiner Predigt *Von zwelf scharn hern Jôsuê.*[22] Der Text existiert in zwei Fassungen. Ich konzentriere mich auf die literarisch und rhetorisch anspruchsvolle Fassung X. Bertholds Text steht außerhalb des Temporale und ist für eine lesende oder hörende Aufnahme außerhalb des Kirchenraums bestimmt. Er inszeniert das Jüngste Gericht wie eine Entscheidungsschlacht und bezieht sich zu diesem Zweck typologisch auf Josuas Kampf gegen Jericho. 12 Heerscharen, und zwar Geistliche, Richter, Märtyrer, Jungfrauen, Witwen und Eheleute jeweils zweigeteilt, kämpfen gegen die Vertreter der 7 Todsünden. Die Märtyrer sind die Geschworenen beim Jüngsten Gericht und richten mit Gott die, *die an den tac koment mit houbetsünden âne riuwe und âne bîhte und âne buoze* ('die an diesem Tag in Todsünde ohne Reue, Beichte und Buße erscheinen', 182,19 f.). Hingegen sind alle, die *buoze nach gnaden* erfahren haben, im Fegefeuer geläutert worden und gehören damit zu den Heiligen, die vom Himmel aus zum Jüngsten Gericht anreisen: *Unde dâ von gît man iu kristenliuten buoze nâch gnâden, swes ir hie ûf ertrîche niht gebüezet, daz iu daz in dem vegefiure abe brinnet. Und als ez danne in dem vegefiure abe gebrinnet gar, sô sint sie heilic und varnt in daz himelrîche sâ zehant. Als si danne ze dem himelrîche koment ûz dem vegefiure, sô sint sie heilic* (183,18–24). Damit verweist Berthold deutlicher als die gesamte frühe deutsche Predigt auf das herrschende Jenseitsmodell: Unmittelbar nach dem Tod wird über die Seele im Partikulargericht geurteilt: Himmel, Fegefeuer oder Hölle. Beim Jüngsten Gericht wird diese Entscheidung nur noch bestätigt. Der himmlische *locus amoenus* und der höllische *locus terribilis* werden dann allerdings mit Seele und Leib bezogen. Darin liegt die neue Qualität. Deutlicher als alle seine deutschsprachigen Vorgänger verweist Berthold damit auf die Tatsache, daß das entscheidende Urteil schon unmittelbar nach dem Tode gefällt wird.

Visionsliteratur

Die Thematik des Jüngsten Gerichts in der Predigt zu behandeln, ist eine Art der Vermittlung der letzten Dinge. Einen anderen Traditionszweig bilden die 'Jenseitsreisen'.[23] Ihre Dignität gewinnen sie aus der apokryphen 'Visio Sancti Pauli'. Demnach hatte der Apostel Paulus eine Jenseitsvision, die in seiner apokryphen Apokalypse berichtet wird. Der Aufbau ist folgender: Fund der Apokalypse im Hause des Apostels Paulus in Tarsus zur Zeit Kaiser Theodosius I., Visionsbericht über Erlebnisse in der anderen Welt, Ich-Form, Trennung von guten und sündigen Seelen unmittelbar nach dem Tod, Trennung von Leib und Seele, Ansprüche der Engel und Dämonen auf die Seele und Schilderung der Straforte.

Der Kern der Jenseitsreisen besteht aus einer Art 'Sightseeing-Tour' durch die Stätten der Verdammnis, das Paradies, das Gelobte Land und die Stadt Christi. Die unmittelbare Funktion ist klar: Erziehung durch Abschreckung. Eine lateinische Gattungstradition entwickelt sich seit dem Frühmittelalter: 'Visio Fursei' (7. Jh.), 'Visio Drycthelmi' (8. Jh.), 'Visio Lazari' (12. Jh.; Kat. 134), 'Visio monachi Eyneshamensis' (12. Jh.) etc.

Eine neue Qualität erreichen diese Visionsberichte mit der 'Visio Tnugdali' (um 1150, Kat. 133).[24] Diese Jenseitsreise betrifft einen Vertreter des Adels, den irischen Ritter Tundalus. Die ritterliche Existenz wird problematisiert: Im Aufbau des Werks spiegelt sich die beispielhafte Bekehrung des sündigen Ritters Tnugdal. Der erste Teil beschreibt, wie Tnugdals Seele den Körper verläßt und von seinem Schutzengel durch eine Reihe von Folterungsstätten in die unterste Hölle geführt wird. Dort kehren sie um, worauf die Seele aufwärts durch abgestufte Himmelsregionen geführt wird, bis ihr auf dem Gipfel eines Berges die Gabe der Allwissenheit und die unmittelbare Anschauung Gottes beschieden werden. Die unmittelbare Wirkung gewinnt die Tundalvision durch die Person, einen Ritter, der plötzlich stirbt, als brutal und unbarmherzig verschrien ist und nach seiner Reanimation vom Saulus zum Paulus wird. Anders als in den vorausgehenden Visionen ist Tnugdal bzw. seine Seele nicht nur Beobachter, sondern Betroffener. Die Vorführung der Höllenstrafen beinhaltet auch den Vollzug dieser Strafen an Tundalus selbst, d. h. er ist der einzige Visionär, der die Strafen am eigenen Leib erdulden mußte. Gott greift persönlich in das Leben Tnugdals ein. Ziel ist dessen *conversio*. Tnugdal wird damit zu einem exemplarisch Bekehrten.

Bemerkenswerterweise treten die Jenseitsreisen ihren Siegeszug in der Volkssprache erst im Spätmittelalter an, d. h. im späten 14. und 15. Jahrhundert.

Eine zweite Schiene der Visionsliteratur verbindet sich mit spezifischen Formen weiblicher Frömmigkeit.[25] Dort wird die Frau zum Medium göttlicher Offenbarung: Eine frühe und prominente Vertreterin ist Hildegard von Bingen. Sie wurde 1098 als zehntes Kind einer Adelsfamilie in Rheinhessen geboren, wurde achtjährig in eine Klause bei den Benediktinern auf den Disibodenberg (Nahe/Glan) gegeben und übernahm 38jährig die Leitung dieser Frauengemeinschaft. Als Zweiundvierzigjährige beginnt sie 1141 zu schreiben, und zwar auf göttlichen Befehl hin. Visionen soll sie schon als Kind gehabt haben. 1147/48 bestätigt Papst Eugen III. auf einer Synode in Trier die Gottgegebenheit ihrer Visionen. Fortan kann sie 'veröffentlichen'. Tatkräftig unterstützt wurde ihr Anliegen durch den Zisterzienser Bernhard von Clairvaux. Autorinnenbilder zeigen sie visionär inspiriert durch die göttlichen Feuerzungen des Heiligen Geistes. In ihrer Hand hält sie eine Wachstafel, um ihre Schauung gemäß dem göttlichen Schreibbefehl niederzuschreiben. Hinter ihr befindet sich ihre geliebte Sekretärin Richardis. Deutlich getrennt durch ein architektonisches Bildelement sehen wir einen Mönch, der – am Schreibpult sitzend – eine Handschrift schreibt. Es ist der Benediktiner Volmar von Disibodenberg, der über Jahrzehnte hinweg die 'Reinschrift' (Coautorschaft) von Hildegards Visionen übernahm.[26]

Um 1200 nimmt die Zahl der Frauen zu, die aufgrund ihrer religiösen Lebensentscheidung nicht nur die sozialen Bindungen an ihre Familien aufgeben, sondern auch aufgrund ihrer Visionen und Auditionen Aufsehen erregen. Jakob von Vitry nennt sie die 'neuen Heiligen unserer Zeit' und dokumentiert mit seiner Vita der Marie von Oignies (1177/78–1213) erstmals eine solche weibliche Ausnahmeexistenz.[27] Im deutschsprachigen Raum gehört im 13. Jahrhundert Mechthild von Magdeburg (um 1210–1282) zu diesen Frauen, die erstmals in deutscher Sprache ihre Offenbarungen aufzeichnet, tatkräftig unterstützt von den Dominikanern. Ihr Werk trägt den Titel 'Fließendes Licht der Gottheit'.[28]

Europaweit treten bis zum Ende des Mittelalters immer wieder begnadete Frauen hervor: In Frankreich Maguerite Porete (1310 verbrannt), Hadewijch (Mitte 13. Jh.) in den Niederlanden, in Italien Katharina von Siena (1347–1380), in Schweden Birgitta (1303–1373, vgl. Kat. 133). Die Literarisierung ihrer Visionen und Auditionen durchläuft stets redaktionelle Prozesse, die durch Vertreter der kirchlichen Institutionen kontrolliert werden. Nur aus der Feder Elsbeths von Oye, einer Züricher Dominikanerin, besitzen wir vermutlich ein Autograph.[29] Zu diesen Frauen gehören aber nicht nur prominente Namen. In einer Handschrift der SBB-PK, Ms. germ. quart. 191, hielt sich bis in die neunziger Jahre des letzten Jahrhunderts der Offenbarungsbericht einer namenlosen Basler Handwerkersfrau verborgen, der 'Seligen Schererin', die uns berichtet, wie sie während einer Predigt ihres Beichtvaters in der Barfüsserkirche eucharistische Visionen hatte:

Besunder ein gros gůt vnd gnode beschach ir in der kirchen zulo den barfůssen. Do predigte ir bihter vf den greten (Stufen) *in der kirchen vor dem kor... do sach sú ein crútze vor ir sweben mit vj vettichen* (Flügeln) *geschrencket in glicher wise geformet dem crútz, daz sente Franciscus sach, vs dem im die v minnezeichen wurden in gedrucket. Vnd swebete daz crútz vor sancte Paulus alter. Vnd sú sas dar gegen vor der marteler alter vnd sach, daz vier strolen blůtes flussent*

vs den fünf minnezeichen, zwen strole vs den henden vnd einer vs den fůssen vnd einer vs der siten. Vnd die vier strol blůtes flussent vornan zů sammen vnd wart vornan ein stam oder strol vnd flos ir in iren munt. Vnd sú befant befůntlich berůrde vnd gesmag des blůtes in irem munde vnd wart gar ser von dem minne trang (Liebestrank) *gestercket vnd erfrowet.*[30]

---

[1] 'Rheinauer Predigtsammlung', Zürich, ZB, C 102a, S. 53.

[2] HANS-JOCHEN SCHIEWER: German Sermons in the Middle Ages, in: BEVERLY MAYNE KIENZLE (Hg.): The Sermon (Typologie des Sources du Moyen Age Occidental 81–83). Turnhout 2000, S. 861–961 u. 115–142.

[3] VOLKER MERTENS: Das Predigtbuch des Priesters Konrad. Überlieferung, Gestalt, Gehalt und Texte (MTU 33). München 1971; DERS.: „Texte unterwegs". Zu Funktions- und Textdynamik mittelalterlicher Predigten und den Konsequenzen für ihre Edition, in: Mittelalterforschung und Edition, hg. von DANIELLE BUSCHINGER u. WOLFGANG SPIEWOK (Wodan 6). Amiens 1991, S. 75–85.

[4] ANTON E. SCHÖNBACH: Altdeutsche Predigten, Bd. 3. Graz 1891. Nachdruck Darmstadt 1964, S. 4 (Predigtbuch des Priesters Konrad).

[5] REGINA. D. SCHIEWER: Predigten zum Fest der Epiphanie – Predigten auf die heiligen Engel. Theologie in der Volkssprache um 1200, in: VOLKER MERTENS, HANS-JOCHEN SCHIEWER u. WOLFRAM SCHNEIDER-LASTIN (Hgg.): Predigt im Kontext. Tübingen 2003.

[6] VOLKER MERTENS: Der Ruf – eine Gattung des deutschen geistlichen Liedes im Mittelalter?, in: ZfdA 104 (1975), S. 68–89.

[7] WERNER WILLIAMS-KRAPP: Mittelalterliche deutsche Heiligenpredigtsammlungen und ihr Verhältnis zur homiletischen Praxis, in: VOLKER MERTENS u. HANS-JOCHEN SCHIEWER (Hgg.): Die deutsche Predigt im Mittelalter. Tübingen 1992, S. 352–360.

[8] KURT RUH: Meister Eckhart. Theologe, Prediger, Mystiker, 2. Aufl. München 1989; DERS., Geschichte der abendländischen Mystik, Bd. 3: Die Mystik des deutschen Predigerordens und ihre Grundlegung durch die Hochscholastik. München 1996, S. 216–353; GEORG STEER: Eckhart der *meister,* in: MATTHIAS MEYER u. HANS-JOCHEN SCHIEWER (Hgg.): Literarische Leben. Rollenentwürfe in der Literatur des Hoch- und Spätmittelalters. Tübingen 2002, S. 713–753.

[9] Zur Verortung Eckharts im spannungsgeladenen Dreieck von Philosophie, Theologie und Mystik s. NIKLAUS LARGIER: Meister Eckhart. Perspektiven der Forschung, 1980–1993, in: ZfdPh 114 (1995), S. 29–98.

[10] GEORG STEER: Die Schriften Meister Eckharts in den Handschriften des Mittelalters, in: HANS-JOCHEN SCHIEWER u. KARL STACKMANN (Hgg.): Die Präsenz des Mittelalters in seinen Handschriften. Tübingen 2002, S. 209–302.

[11] WERNER WILLIAMS-KRAPP: Observanzbewegungen, monastische Spiritualität und geistliche Literatur im 15. Jahrhundert, IASL 20 (1995), S. 1–15; REGINA D. SCHIEWER, Sermons for Nuns of the Dominican Observance Movement, in: CAROLYN MUESSIG (Hg.): Monastic Preaching (Brills Studies in Intellectual History 90). Leiden u. a. 1998, S. 75–92.

[12] HANS-JOCHEN SCHIEWER u. VOLKER MERTENS (Hgg.): Repertorium der ungedruckten deutschsprachigen Predigten des Mittelalters. Der Berliner Bestand, erarb. von SUSANNE BEHNE, JOCHEN CONZELMANN, MONIKA COSTARD, BRITTA-JULIANE KRUSE, MICHAEL MECKLENBURG u. H.-J. SCHIEWER: Philologische Datenverarbeitung WOLFRAM SCHNEIDER-LASTIN, Bd 1, T. 1–2: Die Handschriften aus dem Straßburger Dominikanerinnenkloster St. Nikolaus in undis und benachbarte Provenienzen. Tübingen 2003.

13 ANDREAS RÜTHER / HANS-JOCHEN SCHIEWER: Die Predigthandschriften des Straßburger Dominikanerinnenklosters St. Nikolaus in undis. Historischer Bestand, Geschichte, Vergleich, in: VOLKER MERTENS u. H.-J. SCH. (Hgg.): Die deutsche Predigt im Mittelalter. Tübingen 1992, S. 169–193.

14 BURKHARD HASEBRINK: Tischlesung und Bildungskultur im Nürnberger Katharinenkloster. Ein Beitrag zur Rekonstruktion, in: MARTIN KINTZINGER, SÖNKE LORENZ u. MICHAEL WALTER (Hgg.): Schule und Schüler im Mittelalter. Köln, Weimar, Wien 1996, S. 187–216.

15 HARTMUT KRAUME: Die Gerson-Übersetzungen Geilers von Kaysersberg. Studien zur deutschsprachigen Gerson-Rezeption (MTU 71). München 1980.

16 WERNER WILLIAMS-KRAPP: Johann Geiler von Kaysersberg in Augsburg. Zum Predigtzyklus „Berg des Schauens", in: JOHANNES JANOTA u. W. W.-K. (Hgg.): Augsburg während des 15. Jahrhunderts (Studia Augustana 7). Tübingen 1996, S. 265–280, hier S. 276.

17 VOLKER MERTENS: Das Verhältnis von Glosse und Exempel im Basler Plenar des Adam Petri von 1514, in: WALTER HAUG u. BURGHART WACHINGER (Hgg.): Exempel und Exempelsammlungen (Fortuna vitrea 2). Tübingen 1991, S. 223–238.

18 Zitiert ebd., S. 225.

19 Vgl. WERNER RÖCKE: Nachwort, in: Berthold von Regensburg, Vier Predigten. Mittelhochdeutsch / Neuhochdeutsch, übers. u. hg. von W. R. (RUB 7974). Stuttgart 1983, S. 235–264.

20 GEORG STEER: Bettelordens-Predigt als 'Massenmedium', in: JOACHIM HEINZLE (Hg.)v Literarische Interessenbildung im Mittelalter. DFG-Symposion 1991 (Germanistische Symposien. Berichtsbände 14). Stuttgart, Weimar 1994, S. 314–336.

21 Röcke [Anm. 20], S. 236.

22 Berthold von Regensburg, hg. von FRANZ PFEIFFER u. JOSEPH STROBL, Bd.1–2. Wien 1862–1880. ND mit e. Vorw. von KURT RUH. Berlin 1965, Bd. 1, S. 182–195.

23 Mittelalterliche Visionsliteratur. Eine Anthologie, ausgew., übers., eingel. u. komment. von PETER DINZELBACHER. Darmstadt 1989.

24 NIGEL F. PALMER: „Visio Tnugdali". The German and Dutch Translations and their Circulation in the Later Middle Ages (MTU 76). München 1982.

25 KURT RUH: Geschichte der abendländischen Mystik, Bd. 2: Frauenmystik und Franziskanische Mystik der Frühzeit. München 1993, S. 85–371.

26 HANS-JOCHEN SCHIEWER: Möglichkeiten und Grenzen schreibender Ordensfrauen im Spätmittelalter, in: BARBARA HELBLING u. a. (Hgg.): Bettelorden, Bruderschaften und Beginen in Zürich. Zürich 2002, S. 179–188.

27 RUH [Anm. 28], S. 85–90; URSULA PETERS: Religiöse Erfahrung als literarisches Faktum. Zur Vorgeschichte und Genese frauenmystischer Texte des 13. und 14. Jahrhunderts (Hermaea 56). Tübingen 1988, S. 9–39.

28 Mechthild von Magdeburg: 'Das fließende Licht der Gottheit', hg. von HANS NEUMANN Bd. 1: Text, bes. von GISELA VOLLMANN-PROFE (MTU 100). München 1990; Mechthild von Magdeburg: Das fließende Licht der Gottheit, 2., neubearb. Übersetzung, mit Einf. u. Komm. von MARGOT SCHMIDT (Mystik in Geschichte und Gegenwart. Abt. I. 11). Stuttgart-Bad Cannstatt 1995.

29 WOLFRAM SCHNEIDER-LASTIN: Literaturproduktion und Bibliothek in Oetenbach, in: BARBARA HELBLING u. a. (Hgg.)v Bettelorden, Bruderschaften und Beginen in Zürich. Zürich 2002, S. 189–198.

30 HANS-JOCHEN SCHIEWER: Auditionen und Visionen einer Begine. Die „Selige Schererin", Johannes Mulberg und der Basler Beginenstreit, in: Simona Slanicka (Hg.), Begegnungen mit dem Mittelalter in Basel (Basler Beiträge zur Geschichtswissenschaft 171). Basel 2000, S. 55–90.

HJS

128 Johannes Kreutzer OP: Predigten, Sendbriefe und Traktate

Straßburg, Dominikanerinnenkloster St. Nikolaus in undis, 1468 / 69
Papier (Bl. 5 und Bl. 18 Pergament), 323 Bll., 22,5 × 14,5 cm
1592 vom Handschriftensammler Daniel Sudermann erworben; Kauf der Sammlung Sudermann nach dessen Tod (ca. 1631) durch Kurfürsten Friedrich Wilhelm von Brandenburg für seine Schloßbibliothek.
SBB-PK, Ms. germ. quart. 158

Aufgeschlagen Bl. 5^r: Textbeginn der 'Hoheliedauslegung'.

2^r–3^r Inhaltsverzeichnis, 3^v–4^v leer, 5^r–167^v Johannes Kreutzer OP: Hoheliedauslegung, 167^v–168^r Leben und Tod des Johannes Kreutzer, 168^v überwiegend Bernhard von Clairvaux zugeschriebene Sprüche zum Lob der Tugend, 168^v–221^r Johannes Kreutzer OP: Unterweisung an eine Klosterfrau (zu Ps. 104,4), 221^r–233^r Johannes Kreutzer OP: Sendbrief I zu Jc 4,8, 233^r–241^v Johannes Kreutzer OP: Sendbrief II zu Jc 4,8, 241^v–246^r Johannes Kreutzer OP: Predigt zur Haltung im Leiden, 246^r–282^r Johannes Kreutzer OP: Predigtreihe zur Kommunion, 282^r–288^v leer, 289^r–311^r Johannes Kreutzer OP (?): Vaterunserauslegung, 311^r–313^v Johannes Kreutzer OP (?): Traktat über die Andacht, 313^v–315^v Johannes Kreutzer OP: Herbstjubel I, 315^v–318^r Johannes Kreutzer OP: Herbstjubel II, 318^r–323^v Johannes Kreutzer OP (?): Traktat über die Betrachtung des inneren Leidens Christi, 323$^{r/v}$ leer; bis 321^r (außer 281^v–282^r) systematische Rubrizierung mit roten Initialen und Lombarden verschiedener Größe, Strichelungen von Buchstaben, Unterstreichungen und Überschriften in roter Tinte; Holzdeckeleinband mit braunem Lederüberzug verziert mit dreifachen Streicheisenlinien parallel zu den Rändern, Mittelfeld in Rauten aufgeteilt, in den Schnittstellen vorn kleine Rosetten, in den Rauten Doppeladler-, Blatt-, Blüten- und Rosettenmotive, Pergamentinnenspiegel: liturgischer Text in romanischer Minuskel (seit Restaurierung 1997 separat aufbewahrt).

waz in dissem bûch stot ist alles des vorg[enannte]*n meister Joh*[anne]*s Krûczers lere* (2^r). – Der Dominikaner Johannes Kreutzer, dem in dieser Überschrift zum Inhaltsverzeichnis die in dieser Handschrift überlieferten geistlichen Prosatexte zugeschrieben werden, wurde zwischen 1424 und 1428 geboren. In seinem Leben vollzog er den radikalen Wandel vom Gegner zum Vertreter der Bettelmönche. Kreutzers Eintreten für die Weltgeistlichkeit und ihre Interessen in den 50er Jahren des 15. Jahrhunderts gipfelten darin, daß er 1456 aus Straßburg verbannt wurde. Neun Jahre später legte er seine Ämter an der Universität Basel nieder und trat in das Kloster Gebweiler ein. Seinen Klostereintritt hatte er von der Reform des Dominikanerkonvents und der Wiedererrichtung des Gebweiler Dominikannerinnenklosters Engelporten abhängig gemacht. 1466 wurde er Prior. Johannes Kreutzer starb 1468 in Rom, wo er als Repräsentant der dominikanischen Reformbewegung beim Generalkapitel des Ordens die Reform des Straßburger Dominikanerinnenordens St. Agnes erreichen wollte.

Der vorliegende Codex bietet die umfänglichste Predigtüberlieferung Kreutzers, der seit seiner Wahl zum

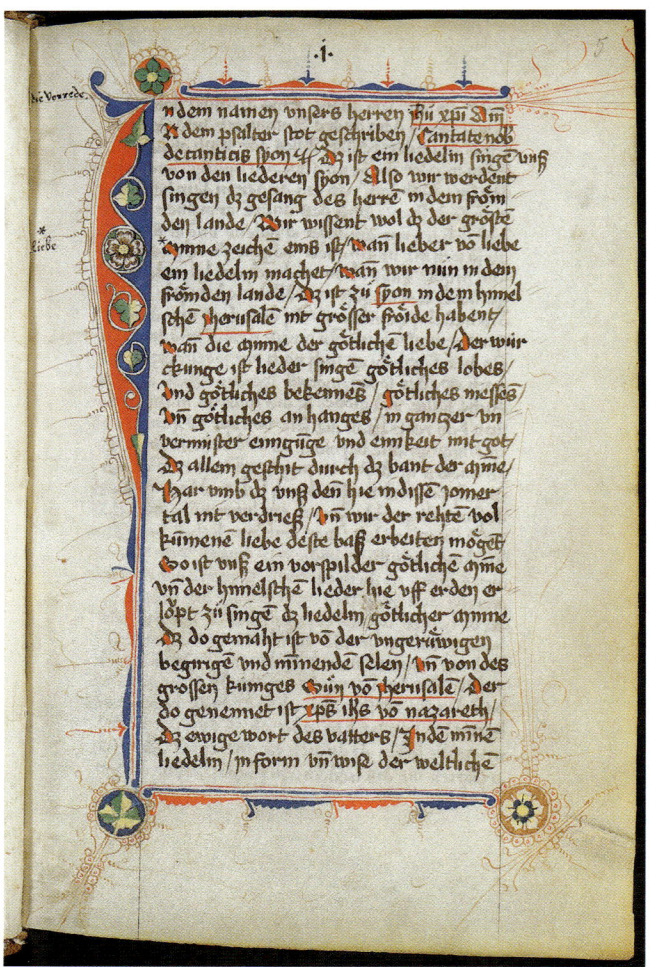

Kat. 128, 5ʳ

Domherrn in Basel 1459 zu regelmäßiger Lehr- und Predigttätigkeit verpflichtet war und dessen Predigten noch
1466 den später berühmten Straßburger Münsterpredi-
ger Johannes Geiler von Kaysersberg beeindruckten. Neben
11 Predigten sind die Auslegung des Hohen Lieds, das
unvollendet gebliebene Hauptwerk Kreutzers, sowie
mehrere geistliche Anleitungen in Sendbrief- und Trak-
tatform enthalten. Der Codex gibt sich als Autorsamm-
lung, die aufgrund der Entstehungszeit kurz nach Kreutzers Tod (Eintrag im vorderen Innenspiegel: *1469*) den
Charakter einer 'Ausgabe letzter Hand' besitzt.

Eine solche Sammlung konnte am wahrscheinlichsten
im Heimatkonvent des Verfassers zusammengestellt werden
(SCHMIDT). Dort verfügte man auch über die biographischen Kenntnisse, die die an das Hoheliedfragment
anschließenden Angaben zur Person (167ᵛ–168ʳ) bezeugen. Sie sind durch den eingeknoteten Blattweiser
(Bl. 168) gekennzeichnet und enthalten neben Auskünften
zum Tod Kreutzers die zweite Autorzuschreibung (167ᵛ)
der Sammlung. Sofern Gebweiler der Entstehungsort ist,

muß nach Lage der kodikologischen Befunde die Sammelhandschrift jedoch von vornherein für das befreun-
dete reformierte Straßburger Dominikanerinnenkloster
St. Nikolaus in undis gefertigt worden sein: Mit anderen
Codices des Nikolausklosters verbindet diese Handschrift das verwendete Papier, die Einbandstempel auf
dem mit braunem Leder überzogenen Holzdeckel und
die Bastarda der fünf Schreibhände (HORNUNG).

Der ersten Schreibhand oblag gleichzeitig die Textredaktion. Von ihr stammen größere Textanteile, das auf
einer seperaten Lage beigebundene Inhaltsverzeichnis,
die eingeklebten Notizen zu Johannes Kreutzer, Korrekturen auf 105ᵛ, 106ʳ, 123ᵛ und 161ᵛ sowie wahrscheinlich die Rubrizierung. Bemerkenswert sind die kolorierte
I-Initiale 5ʳ (s. Abb.) und drei rot-blaue Initialen, die mit
Rankenornamenten verziert sind (18ᵛ, 169ʳ, 289ʳ). Die
Handschrift in niederalemannischer Schreibsprache ist
durchgängig einspaltig angelegt.

Unter den späteren Eintragungen (z. B. verschiedene
Signatureinträge mehrerer Jahrhunderte auf dem Einband, dem vorderen Innenspiegel und 2ʳ) sind die Besit-
zer- (1ʳ u. 2ʳ) und sonstigen Vermerke (1ʳ, 2ʳ, 3ʳ) von
Daniel Sudermann (1550 – ca. 1631) hervorzuheben.
Sie sind ein weiteres Indiz für die Zugehörigkeit der
Handschrift zum Bestand des Klosters St. Nikolaus in
undis. Der mystische Schriftsteller Sudermann sammelte, seiner bibliophilen Neigung und mystisch-spi-
ritualistischen Frömmigkeit folgend, über 80 Handschriften mit spätmittelalterlicher Erbauungsliteratur aus
oberrheinischen Klöstern zusammen. Bände des Straßburger Nikolausklosters machen den weitaus größten
Teil der Sammlung aus, weil sie von Sudermann nach
der Auflösung des Klosters 1592 erworben werden
konnten. Die Handschriften-Sammlung Sudermanns
wurde vom Großen Kurfürsten, Friedrich Wilhelm von
Brandenburg (1620–1688), gekauft und befindet sich
heute im Besitz der Staatsbibliothek zu Berlin – Preußischer Kulturbesitz.

DEGERING 2, S. 27. – KRÄMER, SIGRID: *Handschriftenerbe des deutschen Mittelalters. Teil 1 (Mittelalterliche Bibliothekskataloge
Deutschlands und der Schweiz. Ergänzungsband 1)*, München 1989,
S. 746. – VOGTHERR, KURT: *Handschriftenbeschreibung der Akademie der Wissenschaften Berlin 1934*. – LANDMANN, FLORENT: *Johannes Kreutzer aus Gebweiler (+ 1468) als Mystiker und Dichter geistlicher Lieder. In: Archiv für elsässische Kirchengeschichte, Neue Serie
5, 1953/54, S. 21–68; Neue Serie 8, 1957, S. 21–62*. – HORNUNG,
HANS: *Der Handschriftensammler Daniel Sudermann und die Bibliothek des Straßburger Klosters St. Nikolaus in undis. Diss. Tübingen 1956, S. 127–129*. – SCHMIDT, WIELAND: *Johannes Kreutzer. Ein elsässischer Prediger des 15. Jahrhunderts, in: Wieland Schmidt. Kleine
Schriften. Festgabe der Universitätsbibliothek der Freien Universität
Berlin für Wieland Schmidt zum 65. Geburtstag. Wiesbaden 1969,
S. 227–259*. – HONEMANN, VOLKER: *Art. Johannes Kreutzer, in: ²VL
5, 1985, Sp. 958–963*. – RÜTHER, ANDREAS u. HANS-JOCHEN SCHIE-

WER, *Die Predigthandschriften des Straßburger Dominikanerinnenklosters St. Nikolaus in undis. Historischer Bestand, Geschichte, Vergleich,* in: MERTENS, VOLKER u. HANS-JOCHEN SCHIEWER (Hgg.): *Die deutsche Predigt im Mittelalter. Internationales Symposium am Fachbereich Germanistik der Freien Universität Berlin vom 3.–6. Oktober 1989.* Tübingen 1992, S. 169–193. – VOGELPOHL, ELISABETH: *Lassen, Tun und Leiden als Grundmuster zur Einübung geistlichen Lebens. Studien zu Johannes Kreutzer* (Münsteraner Theologische Abhandlungen 50), Altenberge 1997. S. 69–73.

CST

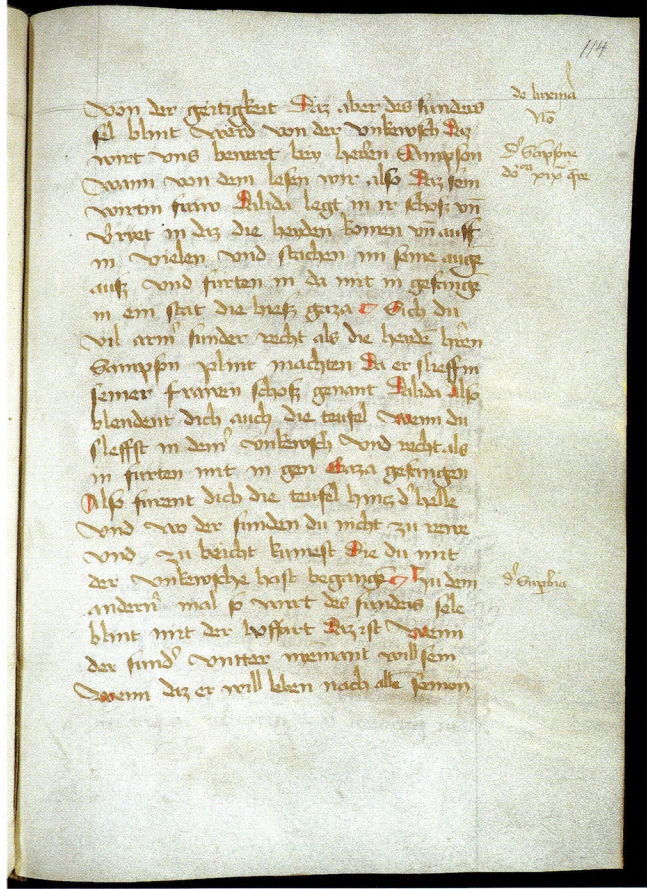

Kat. 129, 114ʳ

129 Schwarzwälder Predigten

Bayern, 1474–1478
Pergament, I + 351 Bll., 21 × 15 cm
Vorbesitzer: Die Handschrift stammt aus dem Besitz des Freiherrn Karl Hartwig Gregor von Meusebach (1789–1847) und gelangte zusammen mit der gesamten Meusebachschen Bibliothek 1850 in den Besitz der Königlichen Bibliothek zu Berlin.
SBB-PK, Ms. germ. quart. 596

Aufgeschlagen Bl. 114ʳ: Predigt auf Quinquagesima mit marginalen Hinweisen auf den Inhalt, z. B. *de luxuria* ('Über Unkeuschheit').

Die 'Schwarzwälder Predigten' sind am Ende des 13. Jahrhunderts als Musterpredigtsammlung wohl von Franziskanern für die predigende Geistlichkeit insgesamt verfaßt worden. Sie bestehen aus einem Zyklus von Sonn- und Festtagspredigten (55 Nrn.) und von Heiligenpredigten (46 Nrn.). Die Sonntagspredigten entwickelten sich zum beliebtesten spätmittelalterlichen Predigtzyklus, der noch in 33 Handschriften überliefert wird. Ein Grund für den Erfolg muß man wohl in der Vorliebe für exemplarische Geschichten aus dem Alten Testament sehen, die als *urchunden* bezeichnet werden und zur Begründung der Glaubenssätze dienen. Die Berliner Handschrift stammt aus dem letzten Viertel des 15. Jahrhunderts und gehört damit zu den drei spätesten Überlieferungszeugen. Die Verwendung von kostbarem Pergament dokumentiert die Wertschätzung der Predigten durch den unbekannten Besteller des Codex. Die Marginalien der Handschrift verraten ein besonderes Interesse an den sammlungstypischen biblischen Erzählungen. Insgesamt finden sich am Rand 91 Verweise auf Erzählungen aus AT und NT: *Alt Ee de Jona historia* (16ʳ), *Daniele de Rege walthaser et de eius Conuiuio* (84ʳ) oder *j Genesis de Adam* (99ʳ). Das aufgeschlagene Blatt dokumentiert einen besonderen Fall: Unkeuschheit bewirkt die Blindheit der Seele (am Rd.: *de luxuria*). Als Exemplum wird die Geschichte von Samson und Dalida anerzählt. Anschließend erhält der lateinkundige Nutzer den Hinweis, er finde die ganze Geschichte in der Predigt zum 19. Sonntag nach Pfingsten (*hanc historiam si tibi placuerit require in domi-*

nica. .xviiij. post pentecosten). In der Berliner Handschrift fehlt dieser Hinweis im Text: Er steht dafür am Rand: *Nota de Sampsone domnica xixᵃ quere* ('Beachte die Geschichte von Samson! Suche beim 19. Sonntag!').

DEGERING II, S. 109. – HANS-JOCHEN SCHIEWER: *Die 'Schwarzwälder Predigten'. Entstehungs- und Überlieferungsgeschichte der Sonntags- und Heiligenpredigten,* München 1996, S. 135–142.

HJS

130 Tiroler Predigtsammlung

Kartause *Sulcs* (vielleicht Allerengelberg in Schnals), 2. Hälfte 14. Jahrhundert
Papier, 149 Bll., 21 × 15 cm
Vorbesitzer: 1861 Kauf durch den Sammler Sir Edward Dering; 1866 im Verkaufskatalog von J. Mortons angeboten; 1912 gelangt der Codex im Zuge der Sir Max Wächterschen Schenkung aus der Sammlung von Sir Thomas Phillipps in die heutige Staatsbibliothek.
SBB-PK, Ms. germ. quart. 1486

Aufgeschlagen Bl. 29ʳ: Beginn der Predigt auf den Hl. Vigilius.

Iʳ/ᵛ Inhaltsverzeichnis, 1ʳ/ᵛ Münchner Glauben und Beichte, 1ᵛ–87ʳ Tiroler Predigtsammlung, 87ᵛ–91ᵛ Marienmirakelsammlung der Sammlung HM, dt., 91ᵛ Vaterunser, 92ʳ–94ʳ Dicta über die Armut, 94ʳ Ps.-Albertus Magnus: Neun Sprüche, 94ᵛ–95ᵛ Meister Eckhart OP: Predigt, 96ʳ–97ᵛ Traktat der höchsten Vollkommenheit, 98ʳ–102ᵛ Der ínslac, 102ᵛ–104ʳ Johannes Franke OP: Von zweierlei Wegen, 104ʳ–111ʳ Meister Eckhart OP, Eckhart-Umkreis u. a.: Predigten, 111ʳ–ᵛ Spruch von den 12 Dingen, 111ᵛ–112ʳ Eckhart-Umkreis: Predigt, 112ʳ–ᵛ Sechs Dinge zur Vollkommenheit, 112ᵛ–113ᵛ Meister Eckhart OP: Predigtexzerpt, 114ʳ–115ᵛ Vaterunserauslegung, 116ʳ–133ᵛ Mönch von Heilsbronn OCist.: Buch von den sechs Namen des Fronleichnams, 134ʳ–ᵛ Dicta über die Rede, 134ᵛ–136ᵛ Dicta über die Gottesfurcht, 136ᵛ–137ᵛ Von den 12 Staffeln der Geduld, 137ᵛ–138ʳ Ps.-Albertus Magnus: Paradisus Animae, dt., 138ʳ Traktat: Viel Nutzen des Schweigen, 138ʳ–143ʳ Lektionen aus den Evangelien, 143ʳ–145ᵛ Predigt, 145ᵛ–146ᵛ Stimulus amoris, dt., 146ᵛ Von den zehn Seiten der Harfe, 146ᵛ–147ᵛ Indulgenciae urbis Romae, dt.; durchgängig systematische Rubrizierung; Koperteinband aus Schweinsleder.

Die Handschrift bietet im ersten Teil eine einzigartige Sammlung früher deutscher Heiligenpredigten. Die frühen deutschen Predigten lassen sich entstehungs- und überlieferungsgeschichtlich der Zeit von 1170 bis 1230 zuordnen. Es handelt sich dabei um ein umfangreiches Textcorpus von beinahe 900 Predigten, die ersten deutschsprachigen Prosatexte der Literaturgeschichte, die zum Teil mehrfach überliefert sind. Außerdem ist die sogenannte 'Tiroler Predigtsammlung' die umfangreichste Zusammenstellung von mittelhochdeutschen Predigten für die Eucharistiefeier an den Heiligenfesten.

Der Codex selbst stammt aus der 2. Hälfte des 14. Jahrhunderts, wie die Wasserzeichen des verwendeten Papiers (zwei Sterne und zwei Kreise verbunden durch eine Linie, wie BRIQUET 3225 von 1371; Widderkopf im Profil, wie BRIQUET 15484 von 1381) und die Schrift belegen. Das zweispaltig angelegte Inhaltsverzeichnis auf dem beigebundenen Pergamentdoppelblatt, dessen zweite Hälfte als hinterer Innenspiegel in den Einband eingearbeitet ist, datiert auf das Jahr 1323 (M ccc xxiij, Iʳ). Diese Datierung wurde aus der Vorlage übernommen, die das Verzeichnis trotz des Verlustes von neun Zeilen und der Fragmenthaftigkeit weiterer neun Zeilen auf Iʳᵇ und Iᵛᵃ gut wiedergibt und so Veränderungen offenlegt: Einzelne Heiligenpredigten wurden hinzugefügt, die Predigt auf das Fest der Heiligen Agnes wurde versetzt und der im Inhaltsverzeichnis genannte 'Sermo de mortuis' (vermutlich eine Leichenpredigt) fehlt. Im Ganzen bildet der Codex die ältere Vorlage gut ab.

Bei einem annähernd vergleichbaren Verhältnis dieser Quelle zu ihren Vorbildern, die nach Ausweis der komplexen Parallelüberlieferung bis in die Zeit vor 1200 zurückgehen, käme dem größten Teil der Sammlung die eingangs postulierte Sonderstellung zu. Nur eine eingehende Untersuchung der 'Tiroler Predigt-

sammlung', die bisher aussteht, kann jedoch in dieser Frage für Klarheit sorgen. In diesem Zusammenhang ließe sich dann auch klären, ob die Predigt auf Thomas Becket (1118–1170) einen Hinweis auf den 'terminus post quem' des Corpus bietet. Der Erzbischof von Canterbury wurde 1173, drei Jahre nachdem ihn königstreue Ritter während der Vesper in der Kathedrale ermordet hatten, kanonisiert.

Die Schreibsprache ist ostfränkisch mit bairischen Elementen, die bei der zweiten Hand (ab 82ʳ) stärker ausgeprägt sind. Auf dem vorderen Innenspiegel findet sich der spätere Eintrag *Carthusus Sulcs* (vielleicht auch *Julcs* oder *Dulcs*). Da es im fränkisch-nordbairischen Raum keine Karthause vergleichbaren Namens gab, handelt es sich wohl um die nahe Brixen gelegene Karthause Snals (Schnals) (MERTENS). In den Tiroler Raum weist auch die Auswahl der Heiligenpredigten. Diese lokale Zuordnung wird durch das eröffnende Bekenntnis zum Heiligen Vigilius (1ʳ), die Formulierung *her ze triende* (29ʳ, Z. 16, s. Abb.) und die Aussage zum Bistumspatron Trients *do machot er ein chirchen da hiute sin heiliges munster stet* (29ʳ, Z. 23, s. Abb.) in der Vigiliuspredigt selbst (29ʳ/ᵛ) unterstrichen.

Die Anordnung der Heiligenpredigten nach dem Kirchenjahr und das Inhaltsverzeichnis geben dem Codex Handbuchcharakter. Die Predigten beginnen mit einem lateinischen Initium, das übersetzt wird, und erzählen die Viten der Heiligen. Der zweite Teil der Handschrift mit den überlieferungsgeschichtlich späteren und inhaltlich abweichenden Predigten war gleichwertiger Bestandteil des Handbuchs. Das belegt die einheitliche Einrichtung und Gestaltung.

Die zum Teil ausradierten Einträge auf dem vorderen Innenspiegel und auf Iʳ (Signaturen, Katalognummern, Besitzvermerke) dokumentieren den Weg der Handschrift in die Staatsbibliothek, wobei sich ihre Spur nach der Säkularisierung der Kartause Schnals zunächst einmal verliert. Auch die Signaturenschildchen und Schriftzüge auf dem Koperteinband aus Schweinsleder, der am Rand mit rotem Leder eingefaßt ist, geben einen Eindruck von den häufigen Besitzerwechseln.

DEGERING 2, S. 245 f. – Mitteilungen aus der königlichen Bibliothek 3, 1914, S. 102–125. – Die kleineren althochdeutschen Sprachdenkmäler. STEINMEYER, ELIAS VON (Hg.). Berlin 1916, S. 349 f. – MERTENS, VOLKER: Das Predigtbuch des Priesters Konrad. Überlieferung, Gestalt, Gehalt und Texte (Münchener Texte und Untersuchungen zur deutschen Literatur des Mittelalters. Bd. 33). München 1971, S. 12–14. – PRIEBSCH, ROBERT: Deutsche Handschriften in England. Bd. 1. Hildesheim 1979 (= Nachdruck der Ausgabe Erlangen 1896–1901), S. 128–139. – MERTENS, VOLKER: Art. Tiroler Predigtsammlung, in: ²VL 9, 1995, Sp. 936–939.

CST

29

s gehalten vns ze dem ewigen lip · Der güten güte sant Iohes demúot do er ein
chint was · do lie er die frúnte vnd floch in die wúste · von den lúten sin gewant was
vnsenfte vz gebenten har gemachet · sin ezzen was armeclich · das tet er alles vnbe
die súnde búsde vnsers hren · Do die lúte siner heilicheit innen wurden · do zugen
si zú im · den riet er der sele gewarheit · genúge toufter in dem iordane in wante
ôch das er christ were · Do sprach sant Iohes · ich en pin des niht wert · das if ich
dem christ sinen schůh riemē uf winte · Da der heilige man sant Iohes sach das
der heilige christ zú im chom · das er in tôfte · do zeiget er in mit den vingere ·
vnd sprach · Dise ist das himelische lamp · das der werlte súnde verdecket · Als hort
er des ewigen vater stimme · Hic est filius meus dilectus · Diz ist min lieber sun
den sult ir hôren · dem sult ir warten sin · Er sach ôch den heiligen geist uber
in chomen · Dar nach lie er · sich tôptē durch die warheit Nu manet in siner genaden

von sant vi..
..n ze trien..
..pischaft vn ..

Beatus virgi. vigilius genere romanus nobilitatis · sue generositate sce cousacone ·
studio Adenaut · Vnser hre sant vigilij des hochzit ir húte beger · der was ein edel
hre von rome geborn · vnd was ein vil wol geleter hre · sin edele vnd sin chúnste die ge-
ziert er mit heiligen werē · Do chom er her ze triende · vnd was schacho hie · vnd diente dem almehtigē got · so flizeclich das er vil manch zeichen durch sinen willen tet ·
vnd durch sin gebet an den siechen begie · e er bischolf wurde · Do er do ze bischoff erwelt wart · do wihten der patriarche von agelea ze bischolf · Dar nach predigot er
das heilige gotes wort den vngeloubegen heiden · wan in den geiten in dirre stat mer
heiden waren denne christen · Do er do alle die heiden bekerte die in dirre stat waren
mitte heiligen gotes wort · vnd mit de grozzen zeichen · die er begie an allen den die
sinen genaden súchten · Do machot er ein chrasen da húte sin heiliges münster stet ·
vnd diente da mitte dem almehtigen got · so flizeclichen · vnd so herteclichen das er den
lúten mit sinen gebet vmbe got genade erwarf · die plinten machot er gesehende
die ir gehôrde mene heren den gab er · wider die stimen machot er sprechende · die mit dem
tiufel behaft waren · die erledegot er · die miselsuhtich waren die reinot er · Swelher
slahte siechtum si heren die mit rehtem gelouben mit waren riwen irer súnde zú zim
chomen die machot er alle gesunt · Alsam múz er iuch gesunt machen an dem leibe vnd an
der sele · In den selben zeiten · do waren inzerkathb der stat · vnd indou pistume aller meiste
mie wan heiden die diu abgote vnd den tiufel ane betten · Do sante der liebe hre sant
vigilig sine brieue · dem bischofe von berne · vnd dem bischolf von brisse · vnd enbot in
also · Sine vil liebe geistlichen prúder ir ne sult niht vergezzen des heiligen gotes wort ·
als vch der heilige christ zú gaodbiot das ir das spachen sult den vngeloubegen lúten ve..
vnd bekeren von ir vngelouben · das der vnser alt wider wart der tiufel ir sele niht habe
die vnser hre der heilige christ mit sime tode von den ewigen tode erloset hat · vnd
erstanden ist von dem tode · war got vnd war mensch · Do si dise poetschaft vernemen ·
Do enbuten si im also · lieber prúder vigilig · vare in vnser bistume · vnd gewinne dem
almehtigen got · die sele widere die der tiufel insiner verchnússe noch hat · vnd zeige
in den wech der warheit · Do der heilige hre sant vigilig dise poetschaft vernam · do
sprach er also · Ego epeo peratus sum mau z est · Ich pin durch den bereit den tot emphahen
der durch mich vne gerichte den tot ze empfahen · an dem heiligen crúce · das er vne von

131 Born des Lebens. Predigtzyklus für eine wohlhabende Frau

Erfurt (?), Ende des 14. Jhs.
Papier, 230 Bll., 15 × 10 cm
Vorbesitzer: Erfurt, Benediktinerkloster St. Petri
SBB-PK, Ms. germ. oct. 617

Aufgeschlagen Bl. 1ʳ: Beginn des Predigtzyklus 'Born des Lebens'.

Die Handschrift gehörte, vermutlich bis 1803, den Benediktinern auf dem Petersberg in Erfurt. Die gelehrten Mönche hinterließen ihren Besitzeintrag auf dem ersten Blatt: *liber sancti petri in erfort* und ergänzten ihn um eine Inhaltsangabe: *Item sermones de tempore et de aliquibus sanctis in wlgari* (Predigten auf das Kirchenjahr und auf einige Heilige in der Volkssprache). Sie waren aber vermutlich nicht die ersten Besitzer der Handschrift, nicht nur, weil die Brüder keine deutschen Bücher benötigten und über eine Laienbrüderbibliothek in Erfurt nichts bekannt ist, sondern weil der Epilog zum 'Born des Lebens' eine andere Spur legt: „Zwei Gründe haben den Autor (*tichter*) dazu veranlaßt, dieses Buch zu schreiben (*tichtene*). Der Erste ist: Ein tugenthaftes Beichtkind (*erbere tochter*) bat ihren geistlichen Seelenführer (*bichtvater*), verschiedene Textstellen der Evangelien auszulegen und ein Buch in Deutsch zu verfassen, von dem sie Nutzen haben könne…" (220ʳ/ᵛ). Eine Frau wird so zur Initiatorin des Predigtzyklus. Nichts zwingt zu der Annahme, daß es sich dabei um eine Ordensfrau handeln muß. Es ist sehr gut vorstellbar, daß der Auftrag von einer Frau des Erfurter Patriziats kam, denn auch und gerade die Laien forderten eine nachdrückliche seelsorgerische Betreuung ein. Eine Situierung des Auftrags in Erfurt mit Bezug zum Benediktinerkloster auf dem Petersberg (Patrozinium: Peter und Paul) legt die Struktur der Sammlung nahe, deren Heiligenteil (193ʳ–220ʳ) ausschließlich Texte bietet, die sich auf Petrus, gelegentlich kombiniert mit Paulus beziehen. Darüber hinaus bietet der Epilog eine Gebrauchsanweisung für die 94 Predigten der Sammlung, die stets in vier Auslegungsteile gegliedert sind (*principal punct*), die selbst jeweils noch einmal vierfach untergliedert sind. Marginalien verweisen auf die Hauptpunkte, und auch die erste Predigt verweist auf diese Struktur, indem sie zum Bibelwort *Tolle puerum* (Mt 2,20) den *geistlich iosep* vierfach auslegt. Der überlieferungsgeschichtliche Zufall hat uns in dieser Handschrift vermutlich das 'fromme Tachenbuch' einer Erfurter Patrizerin bewahrt, das noch der inhaltlichen Entdeckung harrt.

DEGERING *III, S. 238.* – KRÄMER, SIGRID: *Handschriftenerbe des deutschen Mittelalters, T. 1–3 (MBKD Erg.-Bd. 1–3), München 1989–1990, I, S. 225.* – THEELE, JOSEPH: *Die Handschriften des Benediktinerklosters St. Petri zu Erfurt, Leipzig 1920.*

HJS

132 Stephan Fridolin: Geistlicher Mai, Geistlicher Herbst

Ingolstadt, Franziskanerinnenkloster St. Johannes im Gnadenthal, erstes Drittel 16. Jahrhundert
Papier, 193 Bll., 21 × 15,5 cm
Vorbesitzer: Im 18. Jahrhundert im Besitz des Mediziners Hobler; 1975 von der SBB-PK erworben.
SBB-PK, Hdschr. 110

Aufgeschlagen Bl. 2ʳ: Textbeginn des 'Geistlichen Mai'.

1ʳ/ᵛ leer, 2ʳ–160ʳ Stephan Fridolin: Geistlicher Mai, 160ᵛ leer (Eintrag: *Den tag des H*[errn] *Creitz Erhöbung fangt man dea herbst an*), 161ʳ–193ʳ Stephan Fridolin: Geistlicher Herbst, 193ᵛ leer; unsystematische Rubrizierung mit roter Tinte; brauner Halbledereinband über Holzdeckeln mit Resten einer Schließe (vorn: Begrenzung durch doppelte Streicheisenlinien, Innenraum durch Einzellinie in Rauten aufgeteilt, äußere Linien und Rauteninnenräume mit einfachen Kreisstempeln verziert; hinten: Begrenzung und Innenraumeinteilung durch doppelte Streicheisenlinien, in den vier Rauten ovale Heiligenbilder).

Hie vacht an ain schonne kuczbeillige ler […] *haist der geistlich maij* (2ʳ) heißt es zum Auftakt der ältesten bekannten Überlieferung des 'Geistlichen Mai' des Franziskanerobservanten Stephan Fridolin, die diese Handschrift zusammen mit dessen 'Geistlichen Herbst' bietet. Die entstehungsgeschichtliche Reihenfolge der Erbauungsschriften zur Passion Christi wurde hier entsprechend der Abfolge der Jahreszeiten und des Kirchenjahrs abgeändert. Fridolins Rückgriff auf Bilder der erwachenden Natur im Frühling und der Weinernte im Herbst zur Auslegung der Passionsthematik ist nicht ungewöhnlich. Auch andere Geistliche nutzten den Erfahrungsschatz ihrer Rezipienten. Neben Naturerscheinungen dienen u. a. auch Fastnachtskrapfen, das Rezept für ein Hasengericht oder die Ausstattung eines Pilgers der Vermittlung geistlicher Inhalte.

Stephan Fridolin (ca. 1430–1498) ist erstmals 1460 als Prediger des Bamberger Franziskanerklosters belegt. Bei der Rückkehr von einer Romreise wurde er 1479 zusammen mit einem Ordensbruder von Piraten nach Korsika entführt, bald darauf aber wieder freigelassen. Seit seiner Rückkehr bis zu seinem Tod, unterbrochen nur von einem Aufenthalt in Basel zwischen 1487 und 1489, war er im Dienste des Nürnberger Franziskanerklosters

2

Hie vahet an ain schorne hübzbeil=
lige ler: Die gar sidirlich ist gei
stlichen eingeschlossen psonē: Dar zu
sy vntterweist vn gelairt werdn
irdische ding zu versthmechen: vn
jm allain anhangen: vn haist
der geistlich maii.

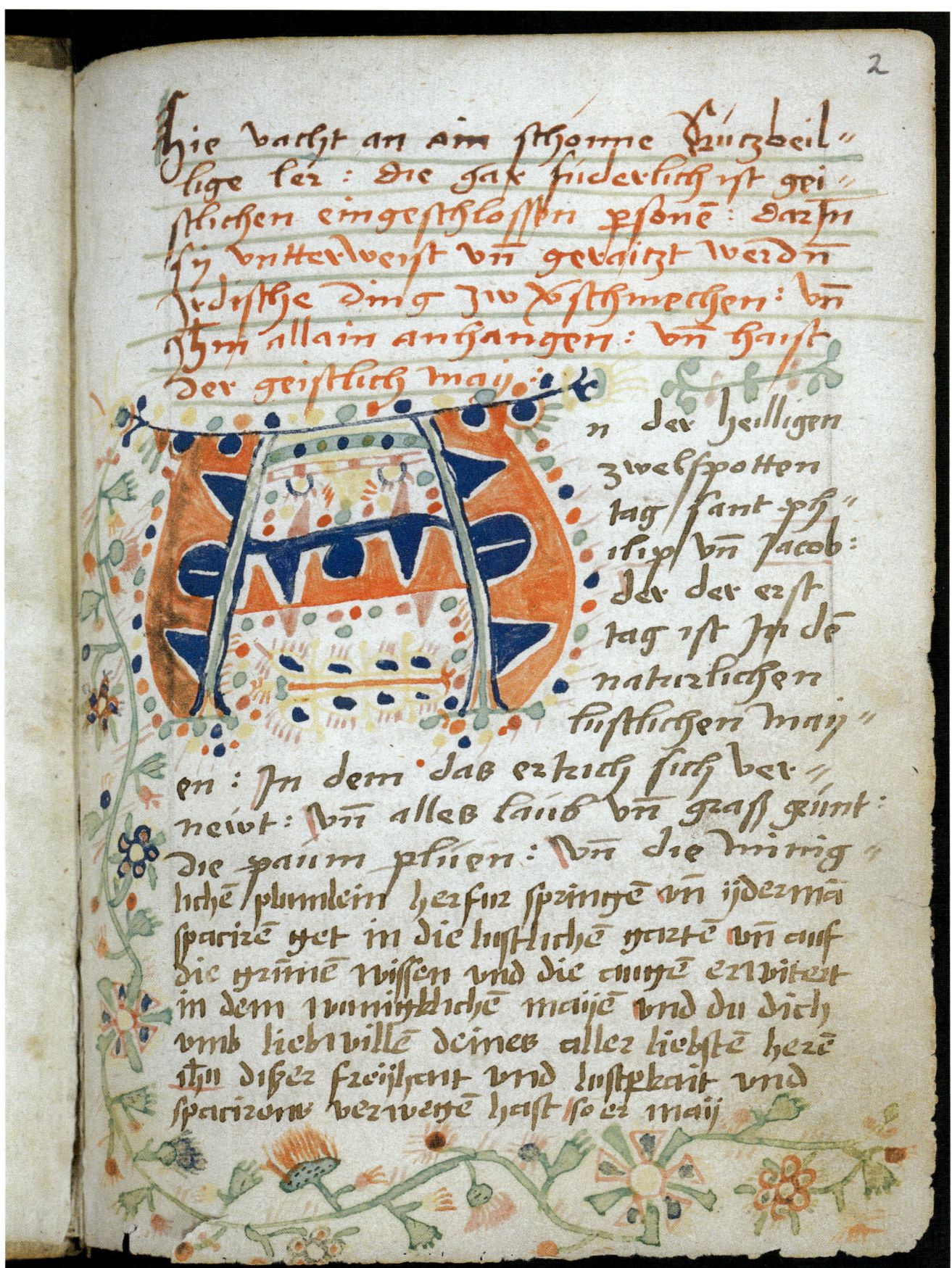

n der heilligen
zwelfpotten
tag sant ph=
ilips vn Jacob:
der der erst
tag ist Jn dē
naturlichen
lustlichen maii.

en: Jn dem das ertrich sich ver=
neiut: vn alles laub vn grass grünt:
die paum plüen: vn die mirrig=
lichē plumlein herfur springē vn idermā
sparirē get in die lustlichē gartē vn auf
die grünē wisen vnd die augē erbitet
in dem wunniklichē maiē vnd du dich
vmb liebwille deines aller liebste herze
in diser frohhait vnd lustkait vnd
spariorum verwene hast so er maii

tätig. In beiden Städten betreute er die Schwestern des örtlichen Klarissenklosters. Außerdem erreichte er mit seinen Schriften und Predigten sehr bald auch ein Laienpublikum.

Die beiden allegorischen Passionsschriften richten sich jedoch an die Klarissen: Die Texte werden in den Überschriften geistlichen Rezipienten anempfohlen, die immer wieder angesprochen werden, und die gegebenen Verhaltensregeln beziehen sich auf das Klosterleben. Dabei verweisen die eher beiläufige Erwähnung des herbstlichen Regelfastens (161^r, Z. 27 bis 161^r, Z. 3) und die Bezugnahmen auf die Heiligen Clara und Franziskus (66^r, 85^r, 108^r) auf die franziskanische Ordensfamilie. Selbst wenn man die Datums- und Wochentagsangaben im 'Geistlichen Mai' (34^r, 46^r, 49^v, 76^v, 89^r, 105^r) für authentisch hält und zur Datierung heranzieht, läßt sich nicht entscheiden, wann die Schrift verfaßt wurde. Als Abfassungszeit kommen die Jahre 1484/85 und 1494/95 infrage. Der 'Geistliche Herbst' entstand damit zwischen 1480 und 1494, in jedem Fall aber vor dem 'Geistlichen Mai'.

Die Handschrift selbst war auch im Besitz eines Franzikannerinnenklosters, wie auf dem hinteren Innenspiegel vermerkt ist: *Daz púch kert den swóstern decz goczhawszz Sant Johannecz in Ingelstat.* Die beiden enthaltenen Erbauungsschriften wurden wohl für die Tischlesung im Konvent und die private Lektüre der Schwestern genutzt, denn der einspaltig angelegte Codex präsentiert sich als Gebrauchshandschrift mit deutlichen Benutzungsspuren. Der durch Bleistiftlinien begrenzte Schriftraum (16,2 x 11,6 cm) ist mit 25 bis 27 Zeilen von einer Hand gefüllt. Die Begrenzungslinien wurden dabei häufig ignoriert. Von der gleichen Hand stammen die wenigen Korrekturen und Ergänzungen an den Blatträndern. Mehrfarbige Initialen kennzeichnen den Beginn einer jeden Schrift. Die achtzeilige Initiale auf 2^r (s. Abb.) ist mit einer mehrfarbig gestalteten, anspruchsvollem Fleuronnée nachempfundenen Blumenranke mit Stern- und Distelblüten verziert. Der Anfangsbuchstabe der Überschrift zum zweiten Text (161^r) ist weniger aufwendig gestaltet. Desweiteren gibt es drei mehrfarbige Initialen mit (33^v) und ohne (69^r und 100^r) floralem Schmuck sowie rote Lombarden und Überschriften als Gliederungssignale. Es wurde Papier verschiedenster Herkunft verwendet.

Die Innenspiegel des Halbledereinbandes sind mit Pergament einer makulierten lateinischen Handschrift aus dem 13. Jahrhundert beklebt, die einen zweispaltigen juristischen Text mit umfangreicher Kommentierung an den Blatträndern überliefert. Pergamentfalze der gleichen Handschrift finden sich zwischen den Blättern

12 und 13 sowie 183 und 184. Neben dem Besitzvermerk der Ingolstädter Schwester gibt es auf dem vorderen Innenspiegel einen entsprechenden Eintrag aus dem 18. Jahrhundert: *Ex dono d*[omini] *medici Hobler 1785.* Am 28. November 1975 wurde die Handschrift von der Staatsbibliothek auf der Auktion 209 bei Hauswedell & Nolte erworben.

Krämer, Sigrid: *Handschriftenerbe des deutschen Mittelalters. Teil 1 (Mittelalterliche Bibliothekskataloge Deutschlands und der Schweiz. Ergänzungsband 1). München 1989, S. 374.* – Hauswedell & Nolte: *Handschriften. Autographen. Mit 30 Abbildungen und 21 Tafeln. Auktion 209 am 28. November 1975, S. 6 u. Tafel 1.* – *Erwerbungen in den Jahren 1975, in: Mitteilungen der Staatsbibliothek Preußischer Kulturbesitz 9, 1977, Heft 3, S. 124–140, bes. S. 124 f.* – Schmidtke, Dietrich: *Art. Stephan Fridolin, in: ²VL 2, 1980, Sp. 918–922 (ohne diese Handschrift).* – Ders.: *Studien zur dingallegorischen Erbauungsliteratur des Spätmittelalters. Am Beispiel der Gartenallegorie (Hermea NF 43). Tübingen 1982.* – Seegets, Petra: *Passionstheologie und Passionsfrömmigkeit im ausgehenden Mittelalter. Der Nürnberger Franziskaner Stephan Fridolin (gest. 1498) zwischen Kloster und Stadt (Spätmittelalter und Reformation. N. R. 10). Tübingen 1998, bes. S. 91–121.* – Brandis, Tilo: *Mittelalterliche deutsche Handschriften. 25 Jahre Neuerwerbungen der Staatsbibliothek zu Berlin – Preußischer Kulturbesitz, in:* Schiewer, Hans-Jochen u. Karl Stackmann (Hgg.): *Die Präsenz des Mittelalters in seinen Handschriften. Ergebnisse der Berliner Tagung in der Staatsbibliothek zu Berlin – Preußischer Kulturbesitz, 6.–8. April 2000. Tübingen 2002, S. 303–335, hier S. 316.*

CST

133 Epistel des Rabbi Samuel an Rabbi Isaac (in der Übers. Irmhart Ösers) – Visio Tnugdali – Birgitta von Schweden: Offenbarungen

Danzig (?), 1461
Pergament, I + 166 Bll., 36 × 27 cm
SBB -PK, Ms. germ. fol. 532

Aufgeschlagen Bl. 103^r: Ende der 'Offenbarungen' mit Kolophon des Schreibers.

Die Handschrift ist in mehrfacher Hinsicht ein ungewöhnliches Stück. Sie kam 1838 als einzige deutschsprachige Handschrift aus polnischen Klöstern in die Königliche Bibliothek. Obwohl der Codex nur aus 166 Blättern besteht, ist er von beeindruckender Größe und schuldet sein imposantes Volumen dem kräftigen Pergament, das als Beschreibstoff gewählt wurde. Beides, Größe und Beschreibstoff, machen die Handschrift zu einer kostspieligen Anschaffung, die nur durch die besondere Rolle der 'Offenbarungen' der hl. Birgitta von

snt so komen andere vnde treten zu
den gnaden vn vor allen vsinbe
runge van alden vnd von iungen
so las das dir leczte sin das ich dir
sage zu neapolim das myn gerichte
wirt vulbrocht · das do in ewikeyt
ist verbedaich wer in hoffart stirbit
vnd nicht ruwe gnade irwirbit der
mus sterbin ewig tot Do dy geschi
hte waren gehort Cristus sprach
zu der brut disse wort Den vmsire
tag noch der zut so wirstu dynes
lebenams entnymt So gauck mit
groser pynikeyt vnd entpfach dy
sacramenta der selikeyt vnde dor
noch euch dy bruedere alle vor dich
vnde sage wy sy sullen lobin mich
vnde wen dy worte gescheen also
zwusschen der bruedere heude do ·
do saltu uff gebin dyne geyst zu
ewigen lebin · Vnde so kumstu in
dem monster clar · vn dy hemeli s
sche dar Do du dich ewigk vrou
west mit mir der hemel hot ere
vnd getuuge von dir Do is sua
an den suptte tag Brigitta gink
alse sy pflag zu der kurchen Also
mit ganczer pynikeyt Cristus
quam ir abir zu her sprach ich
bin komen nu Das ich dich nu
tragin van hynne in der hemels
schel · Als dy messe gesprochen
was Brigitta zwusschen den bru
ders sas Sy sayte en alle dy wort
dy sy von gote hatte gehort Ouch
hysch sy gotis lichenam Der prior
bar schnre zu ir quam Her gab
ir das heylge sacrament Sy spch
hys willekome myn heyland Sy
starp vnder eren henden Sy kur
deme eneleude Der lichena wart
enthalden Mit vreuden vnd mit
..l Dy hy nicht gescrebin steen

Ally geet sunne Brigitten buch vs :
Vnde ist vs deme latino zu dutsche
gebracht von worten zu worte Also
ys in deme texte lyd Vnd ys vulbrocht
vn der parzal vnsers heren · Tusent
dryhundert vnde in deme achten vnd
newnczigesten iare an sinte johns bap
tisten abinde In gotis name Amen ?

Sunder dis buch ist vs gescreben
Jn den iaren vnsers heren ihu xpi
Tusent vierhundertvnde in deme eyn
vndesechtzigesten iare uff abint sin
Georij des heilige ritters vnde mer
telers · Pine johanne wirzenhuse
kathedral' In Gdantzk :

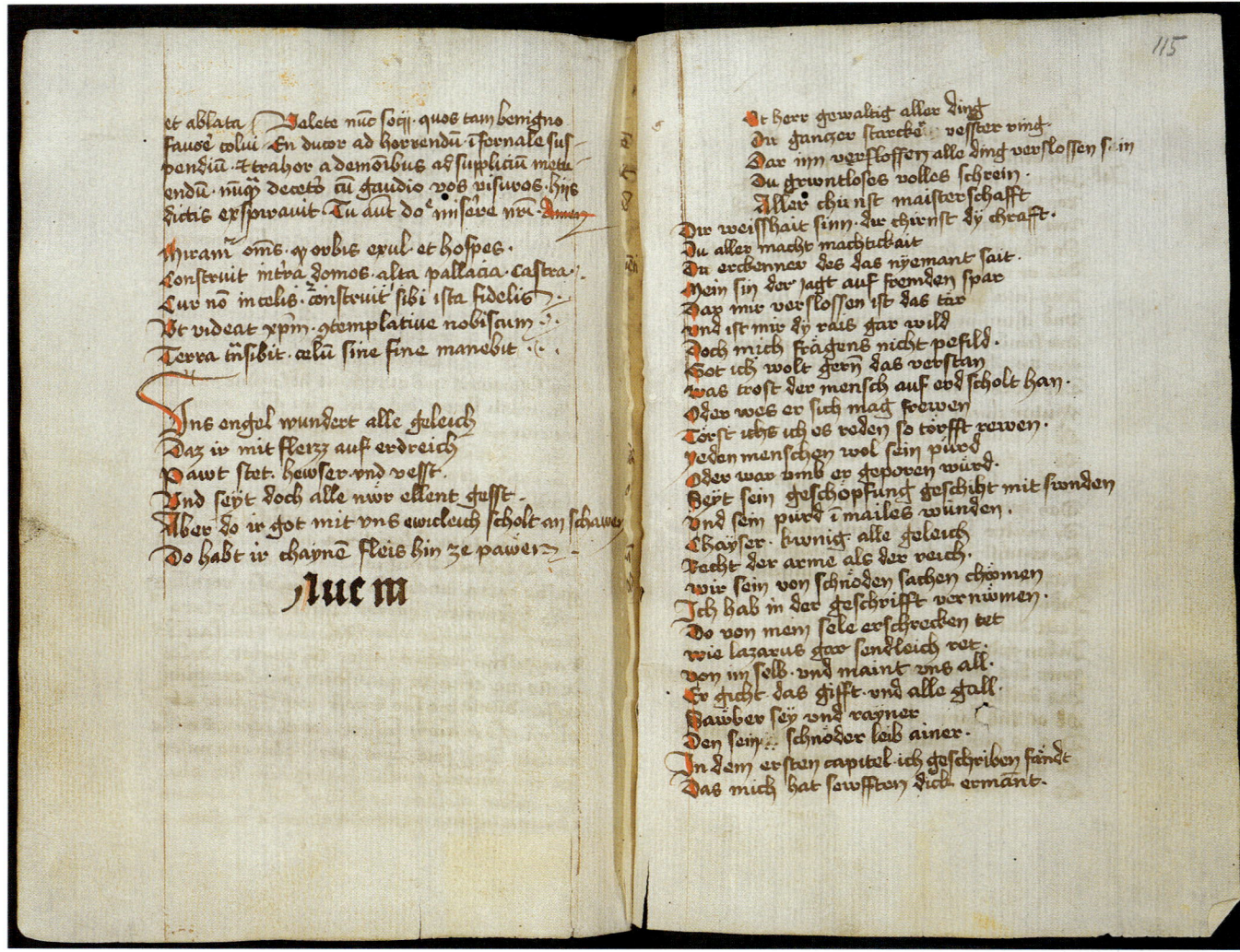

Kat. 134, 114ᵛ/115ʳ

Schweden in diesem Codex erklärt werden kann. Die beiden anderen Texte, der antijüdische Traktat und die Jenseitsvisionen des irischen Ritters Tundalus, verschwinden daneben, obwohl sie zum inhaltlichen Konzept zu gehören scheinen. Eine Situierung der heute verbundenen Handschrift erlaubt die Schlußschrift des Schreibers: *Sunder dis buch ist vs gescrebin … Per me Johannem witczenhusen kathedralis Jn Gdanczk* (103ʳᵇ). Demnach können wir davon ausgehen, daß Johannes Witzenhusen die Handschrift 1461 in Danzig fertigstellte. In Danzig wurde 1397 eines der ersten Häuser des noch jungen Birgittinnenordens gegründet. Birgitta war 1391 von Bonifaz IX. heilig gesprochen worden, nur 19 Jahre nach ihrem Tod in Rom. Ihre wohl ursprünglich altschwedisch aufgezeichneten ca. 700 Visionen existieren nur in lateinischen Übersetzungen ihrer Beichtväter, die dann zum Ausgangspunkt neuer Übersetzun-

gen in fast alle Volkssprachen des mittelalterlichen Europa wurden. Der Kolophon informiert uns aber auch über die Entstehungszeit der ostmitteldeutschen Übersetzung in unserer Handschrift: *Vnde ist vs deme latino czu dutsche gebracht von worten czu worte also ys in deme texte lyd vnd ys vulbrocht yn der yarczal vnsers heren. Tusent dryhundert vnde in deme achten vnd neunczigesten yare an sunte Johannis baptisten abinde In gotis namen Amen* (103ʳᵇ). Schenken wir dieser Aussage glauben, dann entstand diese Übersetzung 1398, nur ein Jahr nach der Gründung des Birgittinnenklosters in Danzig. Damit rücken Übersetzung und Klostergründung eng zusammen, und wir hätten die älteste deutsche Übersetzung der 'Offenbarungen' Birgittas vor uns. Naheliegend ist es auch, das repräsentative Erscheinungsbild der Handschrift mit dem Rang des Textes für das Danziger Birgittinnenhaus zu verbinden.

DEGERING I, S. 60. – MONTAG, ULRICH: *Das Werk der heiligen Birgitta von Schweden in oberdeutscher Überlieferung. Texte und Untersuchungen, München 1968, S. 15.* – PALMER, NIGEL F.: *'Visio Tnugdali'. The German and Dutch Translations and their Circulation in the Later Middle Ages, München 1982, S. 353–355.*

HJS

134   Visio Lazari (deutsch)

Kartause Buxheim, 1. Hälfte des 15. Jhs.
Papier, I–V + 150 Bll., 22 × 15 cm
SBB-PK, Ms. lat. quart. 374

Aufgeschlagen Bl.: 114ᵛ/115ʳ Mahnung der Engel/Beginn der deutschen Reimpaarfassung der 'Visio Lazari'.

Die Kartause Buxheim, der Herkunftsort der Handschrift, wurde 1402 gegründet und liegt 5 km nordwestlich von Memmingen. Die barockisierte Anlage ist noch heute eine imponierendes Baudenkmal; die bemerkenswerte Bibliothek wurde allerdings nach der Aufhebung des Klosters 1803 in alle Winde verstreut. Nicht wenige der Buxheimer Handschriften kamen nach deren Versteigerung 1883 oder auf anderem Wege nach Berlin. Bemerkenswert ist die Position der spätmittelalterlichen Reimpaarfassung der „Visio Lazari' inmitten lateinischer Texte. Diese Anordnung wurde auch zur Grundlage der bibliothekarischen Erfasssung der Handschrift im 15. Jahrhundert auf einem vorgebundenen Pergamentblatt: Die „Visio' wird als vierter von acht Texten aufgeführt: *Visio lazari in teutunico de penis ...* ('Visio Lazari in Deutsch von den Höllenstrafen'...). Lazarus gehört zusammen mit Maria und Martha zu den bethanischen Geschwistern. Seine Erweckung von den Toten wird Jo 11,1 ff. berichtet und bot einen Anknüpfungspunkt, um seine Person mit einer Jenseitsreise zu verbinden: Die eigentliche Vision, die auf einen langen Prolog des Verfassers folgt, berichtet aus der Ich-Perspektive über die Erkundung der Hölle und die Konfrontation mit Feuer, Eis, Finsternis, Gestank und Körperstrafen. Die Pointe dieser Vision ist ein Zusammentreffen des Lazarus mit den Altvätern, denen er von der Geburt Christi berichtet. Das Paradies ist ausgeblendet, wird aber durch das Textensemble unserer Handschrift der 'Visio Lazari' auf Bl. 114ᵛ (Abb.) – ebenfalls in Reimpaaren – vorangestellt:

> *Vns engel wundert alle geleich*
> *Daz ir mit fleizz auf erdreich*
> *Pawt stet. hewser vnd vesst*
> *Vnd seyl:t doch alle nwler ellent gesst*
> *Aber do ir got mit vns ewicleich scholt an schawen*
> *Do habt ir chaynen fleis hin ze pawleen.*
> *Amen*

(Wir Engel sind alle gleichermaßen erstaunt, daß ihr in dieser Welt mit Mühe Städte, Häuser und Burgen baut, obwohl ihr doch nur erbarmenswerte Gäste hier seid. Dorthin, wo ihr Gott mit uns in Ewigkeit schauen könnt, treibt euch keine Mühe.)

MBKD, Bd. 3, S. 87. – KRÄMER, SIGRID: *Handschriftenerbe des deutschen Mittelalters, T. 1–3 (MBK Deutschlands u. der Schweiz Erg.-Bd. 1–3), München 1989–1990, I, S. 225.* – VOIGT, MAX: *Beiträge zur Geschichte der Visionsliteratur im Mittelalter (Palaestra 146), Leipzig 1924, S. 42–118.*

HJS

VIII

135 Gebetbuch einer Fürstin?

Prag (Miniaturen), Rheinfranken? (Text), um 1400
Pergament, 78 Bll., 14,5 × 10,5 cm
Vorbesitzer: Einst im Besitz des Dichters Achim von Arnim (1781–1831); 1901 und 1905 im Kunsthandel angeboten (München: Jacques Rosenthal, Katalog 27 und 36); 1914 von der Königlichen Bibliothek erworben.
SBB-PK, Ms. germ. oct. 489

Aufgeschlagen Bl. 2ᵛ/3ʳ: Miniaturen: Anbetung der Hl. Drei Könige, Darbringung im Tempel

1ʳ–12ᵛ 24-teiliger Bilderzyklus zum Leben und Leiden Christi, 13ʳ–60ʳ diverse Gebete, vor allem an Maria und Christus gerichtet, 61ʳ–61ᵛ zwei Miniaturen: Stigmatisation des hl. Franziskus, Christus als Weltenrichter, 62ʳ–77ᵛ Marien- und Kommuniongebete, 78ʳ Miniatur: Marienvision; roter, genarbter Maroquineinband mit Goldprägung, 1. Hälfte 19. Jh.

Zu Beginn des Bilderzyklus, auf 1ʳ kniet die Erstbesitzerin betend vor einer Anna selbdritt. Der umgelegte Hermelinmantel zeichnet sie als zur adligen Oberschicht gehörige aus. Im Text tauchen einige Male weibliche Formen für das betende Subjekt auf (z. B. 62ʳ *ich arme,*

Kat. 135, 78ʳ: Marienvision (Maria im Strahlenkranz erscheint einem Mönch)

75ʳ *mir armen*). Dennoch ist es ungewiß, ob Bilderzyklus und Gebetstexte originär zusammengehören. Denn die Miniaturen, die einem Mitarbeiter der Prager Wenzelwerkstatt zugewiesen werden können, stehen der von HUGO SUOLAHTI als mittelrheinfränkisch bezeichneten Mundart entgegen. Möglicherweise haben die Miniaturen hier eine Zweitverwendung erfahren: Der vorgeschaltete Miniaturenzyklus befindet sich auf zwei selbständigen Lagen (2 III¹²); die Bilder im hinteren Teil der Handschrift stehen außerhalb des regelmäßigen Lagenverbunds auf Einzelblättern (I–1⁶¹, 1⁷⁸), wobei die letzte Miniatur heute überdies als hinterer Innenspiegel fungiert. Ob sie einstmals Bestandteile einer weiteren, nunmehr verlorenen Bilderlage waren, läßt sich nicht mehr eruieren. Sowohl der autonome Bilderzyklus als auch die Einzelminiaturen haben keinerlei Bezug zum Text.

Alle 27 Miniaturen können dem Meister der Paulus-Briefe zugeschrieben werden, der nach dem Codex 2789 in der Wiener Nationalbibliothek so benannt wird (vgl. M. ROLAND: Die Handschriften der alten Wiener Stadtbibliothek in der Österreichischen Nationalbibliothek [Publikationen aus der Wiener Stadt- und Landesbibliothek 4]. Wien 1999, S. 82–83). Trotz seines eher mediokren Könnens war er Mitarbeiter eines lose organisierten Werkstattverbundes, dessen prominentester Auftraggeber König Wenzel IV. von Böhmen gewesen ist (vgl. Die Wenzelsbibel. Vollst. Faksimile-Ausg. der Codices 2759–2764 der Österreichischen Nationalbibliothek Wien. Kommentar von H. HEGER, I. HLAVÁČEK, G. SCHMIDT u. F. UNTERKIRCHER. Kommentarbd. 2 [Codices selecti 70]. Graz 1998). Abgewandelt kehren einige Kompositionen aus dem vorliegenden Leben und Leiden Christi-Zyklus in einem 'Missale Pragense' wieder, an dem er als zweite Kraft mitgewirkt hat (Zittau, Christian-Weise-Bibliothek, Mscr. bibl. sen. Zitt. A VII: 1987/88 gestohlen; 2002 zurückgekehrt).

Problematisch ist nach wie vor die Deutung des nimbierten Mönchs auf 78ʳ, dem – von einem Engel herangeführt – Maria als Himmelskönigin in einer Vision erscheint. Ohne Kind dargestellt hält sie ihre Arme leicht überkreuz und scheint mit der rechten Hand auf etwas Imaginäres hinzuweisen. HERMANN DEGERING wollte in dem Mönch den Augustinereremiten Nikolaus von Tolentino erkennen. Da dieser aber erst 1446 heilig gesprochen worden ist, steht diese Lesart im Widerspruch zur Datierung. Die ihm zu Füßen liegende Mitra deutet überdies gewöhnlich auf ein ausgeschlagenes Bischofsamt hin, was auf denselben nicht zutrifft. Ernst von Pardubitz, der erste Erzbischof von Prag (1343–1364), hat seine Insignien allerdings auch als Zeichen besonderer Demut und Verehrung abgelegt (vgl. die Glatzer Madonna in

Berlin, SMB-PK Gemäldegalerie, Inv.-Nr. 1624, oder ein von ihm gestiftetes Graduale in Prag, Bibliothek des Metropolitankapitels, Sign. P 7, Blatt 1b).

Vom Text her bedeutsam ist die gereimte Paraphrase der Sequenz *Ave praeclara maris stella* (13ʳ–22ᵛ), die schon das Interesse der Brüder Grimm erregte. Eine von ihnen nach dieser Handschrift verfertigte Abschrift befindet sich heute gleichfalls in der Berliner Staatsbibliothek (Ms. germ. quart. 909, 5ᵃʳ–7ᵇʳ). Neben diesem in Deutschland und Böhmen beliebten Reimpaargedicht wurde aber offenbar nur ein Kommuniongebet (67ᵛ–69ʳ) aus dem Prager Kulturkreis rezipiert (vgl. KLAPPER, Nr. 59).

PETER OCHSENBEIN hat in einem grundlegenden Aufsatz (s.u.) und zwei kleineren Artikeln (Rezension zu Ausst.kat. Berlin ²1987, in: AfdA 92, 1981, S. 75–78; Art. Stundenbücher, in: ²VL 9, 1995, Sp. 468–472) insgesamt 25 deutschsprachige Gebetbücher – wobei er zwischen Privatgebetbüchern und Stundenbüchern unterschied – aus dem 14. Jahrhundert zusammengetragen (bei zwei Angaben ist die Signatur zu korrigieren: Statt Cod. brev. 28 der Stuttgarter Landesbibliothek dürfte Cod. brev. 25 gemeint gewesen sein, statt Nürnberg, Stadtbibliothek, Ms. Cent. VII,8 muß es Ms. Cent. VI,86 heißen). Zwei Handschriften sind aus seinem Corpus allerdings wieder zu streichen, da sie zur Gruppe der Medinger Gebetbücher gehören, die erst sehr viel später entstanden sind (Trier, Bistumsarchiv, Cod. I,528 u. Cod. I,529; vgl. Kat. 138). Der Bestand kann heute jedoch um sieben Codices erweitert werden (Fulda, Bibliothek des bischöflichen Priesterseminars, o. Sign.; Gießen, Universitätsbibliothek, Hs. 878; Hannover, Kestner-Museum, Inv. Nr. WM. Ü. 22; ʼs-Heerenberg, Huis Bergh, Hs. 52; München, Bayerische Staatsbibliothek, Cgm 87 [vgl. Dat. Hss. Dtschld 4,1, S. 8]; Pannonhalma, Szent Benedekrend Központi Főkönyvtára, Cod. 118.I.46; St. Petersburg, Publichnaia biblioteka im. M.E. Saltykova Shchedrina, Deutsch. O.V.N 1 2 fol.), so daß sich nunmehr eine Gesamtzahl von 30 ergibt. Damit gehört das vorliegende Gebetbuch aber immer noch zu den raren Zeugnissen früher volkssprachlicher Frömmigkeit.

DEGERING 3, S. 161–162. – WEGENER, S. 130–131. – SUOLAHTI, HUGO: *Eine mittelhochdeutsche Paraphrase der Sequenz Ave praeclara maris stella*, in: *Mémoires de la Société Néo-Philologique de Helsingfors 5, 1909, S. 505–545, hier S. 512–514.* – STANGE, ALFRED: *Deutsche Malerei der Gotik. Bd. 2, Berlin 1935, S. 76–77, 86.* – Ausst.kat. Berlin ²1987, S. 76–77, Nr. 36. – OCHSENBEIN, PETER: *Deutschsprachige Privatgebetbücher vor 1400*, in: HONEMANN/PALMER, *Deutsche Handschriften*, S. 379–398, hier S. 384, Nr. 1, S. 390–395. – Kat. deutschsprach. illustr. Hss. 5, S. 91–95, Nr. 43.1.27., Abb. 17, 18 (Lit.).

RC

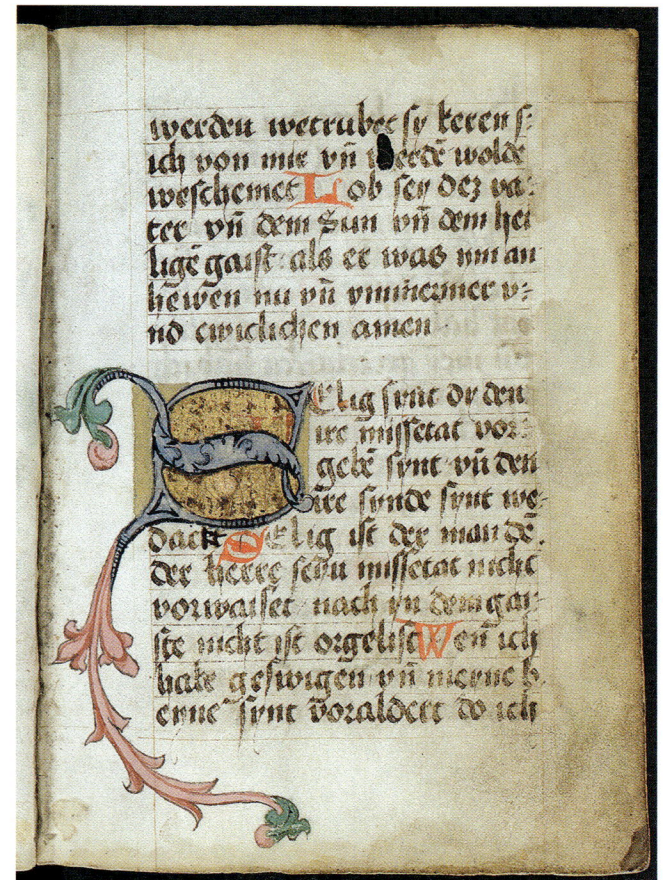

Kat. 136, 2ʳ

136 Gebetbuch mit Bittgebet des Milíč von Kremsier

Österreich oder Bayern, Ende 15., Anfang 16. Jh.
Pergament, 146 Bll., 11,5 × 8,5 cm
Vorbesitzer: Erstbesitzerin war eine Frau namens Ursula, die sich mehrfach in den Gebeten nennt (z. B. 21ʳ *...ich arme Vrsula dein diemietigs dyernlein...*); im vorderen Innenspiegel Eintrag *Diß Buchl ist herr sebastian von Bedt* [?] *zu Betzendorff gewest vnd von meiner ahnfrau frau Regina von Bedt* [?] *geborne von Rödern, vor einen schatz vnd lieb gehaltn worden, welche mir vnderschribin solches büchl etlich wenig tag vor irem Endt verehrt. Anno 1614 Wolff freiherr von Bedt* [?]; 1999 von Hans-Jörg Leuchte, Berlin, erworben.
Slg. Leuchte, Ms. XX

Aufgeschlagen Bl. 1ᵛ/2ʳ: Ende des 1., Beginn des 2. Bußpsalms

1ʳ–15ᵛ Sieben Bußpsalmen mit Litanei (darunter *... wenceslae, Stanislae, floriane...*, *Anastasia...*, *künigundis ...*, *Hedwigis*), 16ʳ–17ᵛ Nachtrag, 18ʳ Klebespuren, 18ᵛ–25ʳ *Das ist dy erhebung des herczen zw got dem herren... O Du ebigs vnd aller vber treflichichtes guet almechtiger got Ich vergich vnd bekenne heut...*, 25ᵛ–28ᵛ Tägliches Dankgebet, 28ᵛ–31ᵛ Johannes von Indersdorf, Gebete zur Dreifaltigkeit aus der Sammlung für Herzog Wilhelm III. von Bayern (HAIMERL, Frömmigkeit, S. 155, Anm. 965, Nr. 1; S. 156, Anm. 966 u. 967), 31ᵛ–33ᵛ Johannes von Indersdorf, Mariengebet (HAIMERL, Frömmigkeit, S. 156,

Anm. 971), 33ᵛ–36ʳ Gebete zum Schutzengel, 36ʳ–37ᵛ Johannes von Indersdorf, Gebete zur Dreifaltigkeit aus der Sammlung für Herzog Wilhelm III. von Bayern (HAIMERL, Frömmigkeit, S. 155, Anm. 965, Nr. 2 u. 3), 37ᵛ–39ʳ Johannes von Indersdorf, Gebet zu Christus aus der Sammlung für Herzog Wilhelm III. von Bayern (HAIMERL, Frömmigkeit, S. 156, Anm. 970, Nr. 3), 39ᵛ leer, 40ʳ–42ᵛ Mariengebete *O Du heilige Juncfraw Maria eyn erleuchterin aller werlt vnd eyn stern des meres mach vns czu erkennen deinen güttigen sun vnsern herren ihm xpm…, O du almechtigiste kaiserin aller wirdikeit O Du edle künigin al aller mildikeit O du hochgeporne fürstin aller guetikait…*, 42ᵛ–57ᵛ Dreifaltigkeitsgebete des Petrus Damiani in der Übersetzung von Johann von Neumarkt (KLAPPER, Nr. 9,1–3), 57ᵛ–60ʳ Augustins' Dreifaltigkeitsgebet in der Übersetzung von Johann von Neumarkt (KLAPPER, Nr. 10), 60ʳ–63ʳ Milíč von Kremsier, Bittgebet zu Christus (KLAPPER, Nr. 32), 63ʳ–63ᵛ Fürbittgebet (KLAPPER, Nr. 96,17), 63ᵛ–81ʳ Anselms Mariengebete in der Übersetzung Johanns von Neumarkt (KLAPPER, Nr. 18, 20, 21, 19; erneut Nr. 21), 82ʳ–89ʳ Sancta Maria, dt. (ähnlich KLAPPER, Nr. 98,2), 89ᵛ–92ᵛ leer, 93ʳ–98ᵛ Rosenkranz Mariens (50 Artikel) mit Schlußgebet, 98ᵛ–107ᵛ Heiligengebete (Sebastian, Barbara, Schutzengel [2], zu allen Engeln, Apostel), 107ᵛ–119ᵛ Kommuniongebet, St. Bernhards Kurs (HAIMERL, Frömmigkeit, S. 48, Anm. 247), 119ᵛ–120ᵛ Annengebet mit Ablaß von Papst Alexander VI. aus dem Jahre 1494, 121ʳ–123ʳ Seelengebet, 123ʳ–128ᵛ Heiligengebete (Maria Magdalena, Helena, Ursula), 128ᵛ–129ᵛ Anfang des Johannesevangeliums (Io 1,1–18), 130ʳ–131ᵛ Passionsgebet nach einer Steininschrift in S. Giovanni in Laterano, mit Ablaß von Papst Bonifatius VIII., 132ʳ–136ᵛ leer, 137ʳ–144ʳ Psalm 84, Antiphon Haec est dies, dt., Psalm 71, 144ʳ–145ʳ Gebet zu Gottvater, 145ʳ–146ᵛ Kommuniongebet; fünf vier- bis fünfzeilige Buchmalerinitialen mit Rankenausläufern (1ʳ, 2ʳ, 3ᵛ, 7ʳ, 9ᵛ), zahlreiche drei- bis siebenzeilige blaue Lombarden mit rotem Fleuronnée (innerhalb von Hand 2: 19ʳ–89ʳ); brauner Ledereinband, Einbandstempel stark abgerieben (vierblättrige rhombische Blüte), 15., Anfang 16. Jh.

Aufgrund einer Ablaßrubrik auf 120ʳ–120ᵛ kann eine der vier Schreiberhände des Gebetbuchs auf die Jahre 1494–1503 datiert werden: Für ein vorangehendes Annengebet, heißt es dort, habe Papst Alexander VI. 1494 einen Ablaß bestätigt. Da hinter dem Namen des Papstes eigens vermerkt wird, daß er *yetzt ein pabst ist*, und dieser Zusatz nachträglich wieder durchgestrichen wurde, muß dieser Teil der Handschrift (93ʳ–131ᵛ) vor Ende seines Pontifikats entstanden sein († 1503). Schriftbild und Dekor der zu Beginn stehenden sieben Bußpsalmen (1ʳ–15ᵛ) zeigen allerdings das Gepräge der 60er und 70er Jahre des 15. Jahrhunderts. Der Hauptteil des Bändchens (19ʳ–89ʳ) ist von einer Hand geschrieben, die aufgrund einer feineren Feder anfangs gebrochener und kleinteiliger anhebt, indes ihr deutlich anzumerken ist, daß sie die neumodische Fraktur, die sie zu imitieren sucht, nicht gewohnt war und deshalb gegen Ende mehr und mehr in den ihr gemäßeren Duktus einer ausgewogenen Bastarda zurückfällt. Die dazugehörigen, in flüchtiger Kursive ausgeführten Rubriken heben sich von dieser, um Gediegenheit bemühten Schreibarbeit eigentümlich ab. Auch der Schreiber, der für die letzte Lage verantwortlich war, hat sich nicht sonderlich um ein schönes Erscheinungsbild bemüht (137ʳ–146ᵛ).

Der Codex ist nicht vollständig erhalten: Vermutlich fehlt zu Beginn eine Lage, mit Sicherheit aber neun einzelne Blätter (vor Bl. 6, 10, 17, 100, 118, 128, 132, zwei vor 137). Zwei von ihnen wurden wohl wegen Buchmalerinitialen und Ranken (vor 6 und 10), zwei andere wegen einst vorhandener Miniaturen (vor 100: Sebastian, vor 128: Ursula) herausgeschnitten. Diese verlorenen Miniaturen gehörten zu Heiligengebeten, die mittels kleiner kupferfarbener Blattweiser, die sonst zum leichteren Auffinden einzelner Passagen am äußeren Blattrand sitzen, eigens hervorgehoben wurden, da sie hier an den unteren Kanten von Blatt 99 und 127 befestigt sind. Dadurch konnte die Erstbesitzerin rasch und gezielt das Gebet zu ihrer Namenspatronin sowie vermutlich dasjenige zum Schutzheiligen ihres Mannes aufschlagen. Auf 18ʳ und vor Blatt 132 dürften zudem einst graphische Blätter eingeklebt gewesen sein.

Für die Herkunftsbestimmung des Bändchens gibt es zwar mancherlei Anhaltspunkte wie etwa Mundart, Heiligenlitanei, Textüberlieferung, Stil der Initialen, Einbandstempel, Provenienzeintrag, doch sind aus all diesen Kriterien fürs erste nur recht widersprüchliche bzw. indifferente Resultate zu erzielen: So weist die Handschrift unterschiedliche Dialektmerkmale auf, die Heiligenlitanei könnte zwar auf die engen Beziehungen zwischen Nürnberg und Prag anspielen, wozu auch die starke Rezeption von Gebeten aus dem Prager Kulturkreis passen würde. Mit den Gebeten, die der um die bayerische Klosterreform bemühte Indersdorfer Propst Johannes Rothuet (1382–1470) für sein Beichtkind Herzog Wilhelm III. von Bayern-München verfaßt hat, weitet sich allerdings der Gesichtskreis, insbesondere da diese Texte auch gedruckt vorlagen (vgl. F. GELDNER: Zwei seltene baierische Wiegendrucke, in: Gutenberg-Jahrbuch 1960, S. 110–117). Eines der Mariengebete (40ᵛ–42ᵛ) wird andernorts jedoch als Ablaßgebet überliefert, welches Papst Innozenz VI. (1352–1362) Herzog Albrecht II. von Österreich (1298–1358) nach Wien geschickt habe. Dazu würde der Stil der Buchmalerinitialen wie auch der in der Litanei genannte hl. Florian als Patron von Oberösterreich gut passen. Die Einbandstempel sind zu schlecht erhalten, um aus ihnen noch Schlüsse ziehen zu können. Der Besitzereintrag vom Anfang des 16. Jahrhunderts ließ sich bisher nicht verifizieren, das Geschlecht der von Rödern bestand aus einem märkischen und schlesischen Zweig, welches aber auch zu Perg in Österreich ansässig war.

Der Wert des bislang unpublizierten Codex besteht für die Germanistik vornehmlich in einer kleinen, unscheinbaren Rubrik auf 60ʳ: Dort nämlich wird ein Gebet, das dem wegen seines leidenschaftlichen Einsatzes

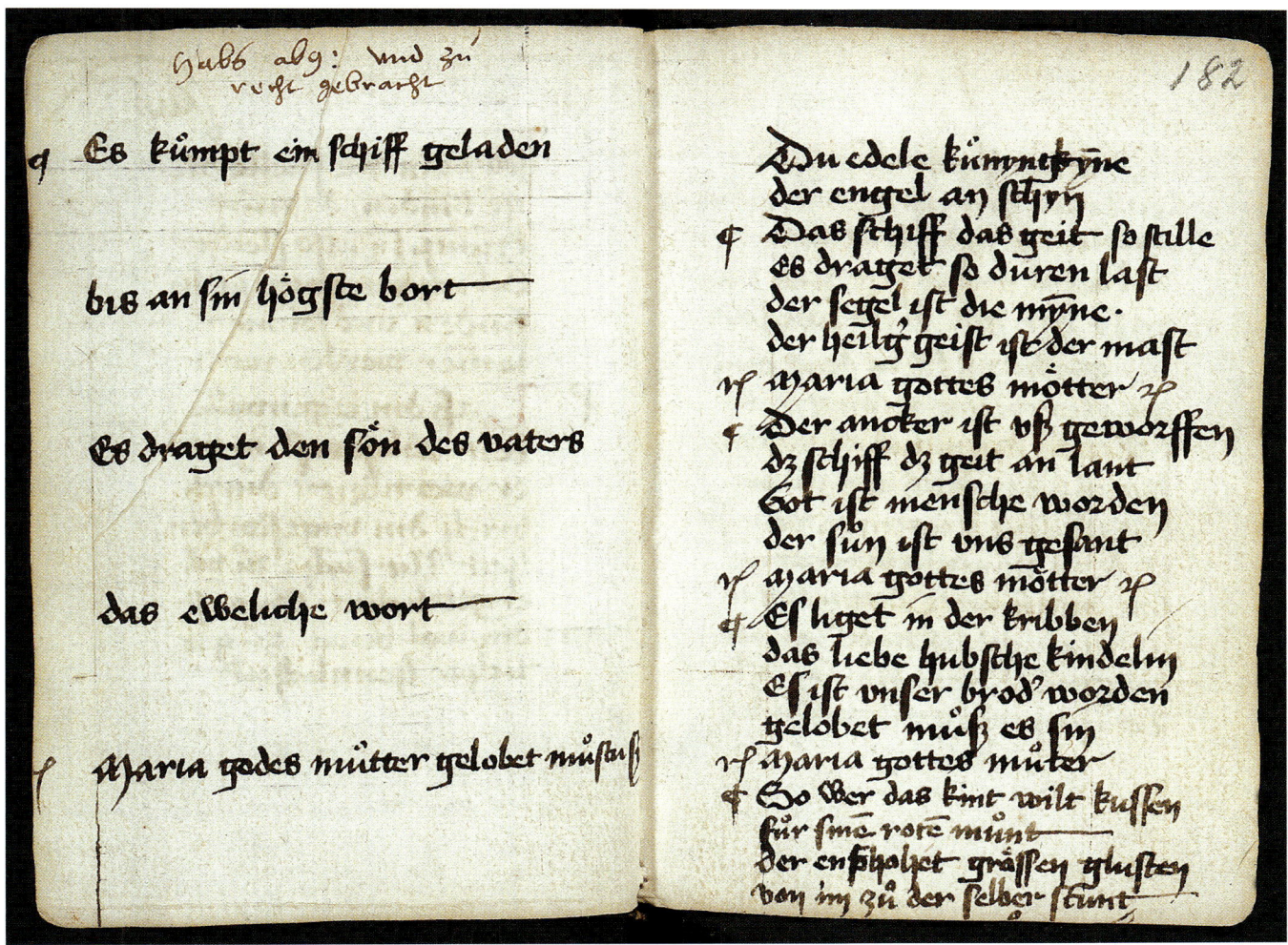

Kat. 137, 181ᵛ/182ʳ: Lied 'Es kommt ein Schiff geladen'

für die Klosterreform öfters der Häresie verdächtigten Prager Bußprediger Milíč von Kremsier (ca. 1320–1374) bislang nur hypothetisch zugeschrieben wurde, dezidiert zugewiesen *Das hernach geschriben gepet ist vmb dy tötlichen sund Milicius* (vgl. KLAPPER, S. XXI, 198–200, Nr. 32).

RC

137 Elsässisches Nonnengebetbuch

Straßburg, Dominikanerinnenkloster St. Nikolaus in undis, um 1450
Papier (nur Bl. 23 Pergament), 248 Bll., 11 × 8 cm
Vorbesitzer: Daniel Sudermann (1550 – ca. 1631), religiöser Dichter und Handschriftensammler (auf 2ʳ dessen Name und Devise als Monogramm, außerdem öfters Notate von seiner Hand am Rand); noch vor Gründung der Kurfürstlichen Bibliothek (1661) für die Schloßbibliothek erworben.
SBB-PK, Ms. germ. oct. 53

Aufgeschlagen 2ᵛ/3ʳ: Federzeichnung: Christi Gebet am Ölberg, gegenüber Tagzeiten zur Passion.

3ʳ–18ᵛ Tagzeitengebete zur Passion, 19ʳ–21ʳ Passionsgebet, 24ʳ–41ʳ Bernhard von Clairvaux (?), Gebet zu den Gliedern Christi (Salve mundi salutare, dt., s. Ms. germ. oct. 42, 94ᵛ–104ᵛ), 41ʳ–61ᵛ anonyme Predigt über Io 19,17 (s. Ms. germ. oct. 58, 32ᵛ–49ᵛ), 62ʳ–64ʳ Thomas von Aquin (?), Kommuniongebet (Omnipotens et misericors deus, dt.), 64ʳ–67ᵛ Bedas Gebet von den sieben letzten Worten Christi am Kreuz, 67ᵛ–70ʳ Mariengebet, 70ᵛ Segen, 71ʳ–85ʳ fünf Kommuniongebete, darunter Summe sacerdos, dt. (s. Ms. germ. oct. 42, 61ʳ–65ʳ), Venturin von Bergamo, *O herre jhu xpe mache mich arme sünderin dz ich dich begirlichen vnd hiezeklichen vnd steteklichen liep habe …*, 86ʳ–94ᵛ Gebet zu den Gliedern Christi, 95ʳ–97ᵛ vier Ablaßgebete, darunter Anima Christi, dt., 98ʳ–106ʳ Sancta Maria, dt., geschrieben von *Brůder lienharcz*, 106ᵛ–108ʳ Gebetsgruß an Christus, voran Exempel, 108ʳ–117ᵛ Tagzeitengebete zur hl. Ursula mit ihrer Gefolgschaft, 116ʳ–117ᵛ Acht Verse St. Bernhards (Illumina occolos, dt.), 118ʳ–125ᵛ Tagzeiten vom Leiden Christi (65 Artikel auf die Tagzeiten verteilt, s. Ms. germ. oct. 66, 113ʳ–116ᵛ), 125ᵛ Weisheitssprüche, 126ʳ–128ʳ Drei Paternoster, 129ʳ–130ᵛ Sechs Stücke, um zu prüfen, ob man ein wahrer Nachfolger Christi sei, 131ʳ–132ʳ Empfehlnis zu Christus, 132ᵛ–133ᵛ Lesestück *Ker dich zů dir selbes vnd mercke eben wo dir gebristet ...*, 133ᵛ–135ʳ Sieben himmlische Freuden Mariens, 135ʳ Ablaßgebet, 136ʳ–137ᵛ Tischsegen, 137ᵛ–138ᵛ Salve regina, dt., 138ᵛ–139ʳ Regeln, um das ewige Leben zu erlangen, von Augustinus für eine Gräfin aufgeschrieben, 139ʳ–139ᵛ Gebete zur Elevation von Hostie und Kelch, 141ʳ–168ᵛ Jordanus von Quedlinburg, '65 Artikel der Passion', auf die Tagzeiten verteilt (s. Ms. germ. oct. 37, 29ʳ–78ʳ), 169ʳ–175ʳ 24 Ave Maria zu Ehren der Freuen Mariens, voran Exempel, 175ʳ–180ᵛ Heinrich Seuse, Auszug aus dem 'Großen Briefbuch' (aus Brief XII), 180ᵛ–181ʳ Ps.-Tauler, Lied *Ich mois die creaturen fliehen vnd hertzen einickeit ...* (s. Ms. germ. oct. 42, 93ᵛ–94ᵛ), 181ᵛ–182ʳ Lied 'Es kommt ein Schiff geladen', 182ᵛ–183ʳ Gebet, das Maria die hl. Birgitta gelehrt hat, 183ᵛ–184ᵛ Vergleich zwischen einem geistlichen Menschen und dem Erdreich, 185ʳ–189ʳ Zwölf Stücke über das Leiden Christi, 189ʳ–192ᵛ Von der Himmelfahrt Christi, 192ᵛ–213ʳ sechs Kommuniongebete, 213ʳ–214ᵛ Gebet vom süßen Namen Jesu, 214ᵛ–224ᵛ Gebete zu den zwölf Aposteln, allen Heiligen, dem hl. Thomas, allen Engeln, zum Schutzengel, 225ʳ–226ᵛ Gebet zum hl. Petrus (lat.), 226ᵛ–230ʳ Thomas von Aquin (?), *Ich bitte dich barmherciger got verlich mir alles dz dz dir gevellig sy ...* (Concede mihi, dt.; s. Ms. germ. oct. 42, 90ʳ–92ᵛ, Ms. germ. oct. 64, 59ᵛ–61ʳ), 234ʳ–238ᵛ: Thomas von Aquin (?), Mariengebet (O beatissima et dulcissima virgo, dt.), 239ʳ–245ʳ fünf lateinische Ablaßgebete, 245ᵛ–246ᵛ Anfang des Johannesevangeliums, lat. (Io 1,1–14); zwei hinzugebundene Bilder: 2ᵛ Federzeichnung: Christi Gebet am Ölberg mit minnender Seele, 23ᵛ Schaubild mit den fünf Wunden Christi, vier beschriftet *demütikeit, götliche min, gehorsame, gelossenheit*, darüber *Ego amaui te*, darunter *Discere amare*; Kopereinband: außen rotes Leder, teilweise zerfetzt, innen Pergamenturkunde (Stiftung einer Seelenmesse für *Erhard* [?]), fast gänzlich verblaßt (sorgfältig mit Saumstich an den Rändern zusammengenäht), auf dem Rücken Reste von Hornplättchen, 15. Jh.

Bei dem Gebetbuch, das aufgrund seines schmiegsamen Einbandes und des handlichen Formats ein wahres Taschenbüchlein ist, handelt es sich um eine Sammelhandschrift: Dies zeigt sich nicht nur an den unterschiedlichen Schreiberhänden (wobei einzelne noch verschiedene Federn und Tinten gebrauchten), sondern auch an der unregelmäßigen Lagenbildung und den diversen Papiersorten, die zudem im Format noch gelegentlich geringfügig schwanken.

Die Herkunft des Bandes aus dem Dominikanerinnenkloster St. Nikolaus in undis läßt sich nur indirekt erschließen: HANS HORNUNG konnte neben kodikologischen Argumenten (Vergleiche von Einbänden und Schreiberhänden) auch Parallelen in der Textüberlieferung (s.o.) und provenienzgeschichtliche Gründe anführen. Der frühneuzeitliche Handschriftensammler Daniel Sudermann, der vermutlich einstmals am Straßburger Bruderhof als Erzieher von Adelssöhnen tätig gewesen ist (der spätere Kurfürst von Brandenburg Johann Sigismund, 1571–1619, und dessen Bruder Johann Georg, 1577–1624, standen vielleicht als Knaben unter seiner Obhut), hat fast ausschließlich Codices aus dem 1592 aufgehobenen St. Nikolaus-Kloster erworben. HORNUNG kannte insgesamt 86 mittelalterliche Handschriften aus Sudermanns Besitz; das im Erscheinen begriffene Repertorium der ungedruckten deutschsprachigen Predigten des Mittelalters (Bd. 1: Die Handschriften aus dem Straßburger Dominikanerinnenkloster St. Nikolaus in undis und benachbarte Provenienzen. Hg. von H.-J. SCHIEWER u. V. MERTENS) listet mittlerweile 103 Handschriften auf. Wenn Sudermann auch einige Male die in seinen Augen ruhmreiche Herkunft seiner Handschriften aus dem Kloster, in dem der von ihm hochgeschätzte Johannes Tauler einst als Prediger tätig gewesen ist, erwähnt (z. B. bei Ms. germ. oct. 41; Ms. germ. oct. 42; Ms. germ. oct. 47 u. Ms. germ. oct. 50), so hat er sich dennoch bemüßigt gefühlt, die Wege, auf denen die Bände auf ihn gekommen sind, ein wenig zu verschleiern: Mehrfach findet man Namen von vermeintlichen Verwandten in seinen Büchern, die offensichtlich als Vorbesitzer fungieren sollten, so in Ms. germ. oct. 50, 1ᵛ *Magalena Sudermans*, 112ʳ *K. Sudermanß*, Ms. germ. fol. 77, 4ᵛ *katerine sunderman*, Ms. germ. quart. 202, 3ʳ *Katharina Suderman*. In diesem Falle läßt sich unter der Quarzlampe noch auf dem vorderen Innenspiegel der Name *Katarina Sudermann* lesen, der – vom Duktus her zu urteilen – von Sudermann selbst geschrieben sein dürfte.

Obgleich Sudermann von der religiösen Ausrichtung her ein Anhänger der spiritualistischen Lehren Kaspar Schwenckfelds war, wußte er nichtsdestoweniger den mystischen Inhalt des vorliegenden Büchleins zu schätzen. Auf 1ʳ hat er vermerkt *Eß sind etliche gute gebeth hierinne. Des herrn Taul:* [Johannes Tauler, um 1300–1361] *auch M: Eckh:* [Meister Eckhart, um 1260–1328] *H: Seusse* [Heinrich Seuse, um 1295/97–1366]. *Auss Closter.* Die meisten Zuschreibungen an das berühmte Dreigestirn der deutschen Mystik hat er allerdings selbst vorgenommen (vgl. 129ʳ, 180ᵛ, 181ᵛ Tauler, 131ᵛ Tauler oder Seuse, 175ʳ Seuse), sie sind heute vielfach nicht mehr haltbar. Dennoch zeugen seine Kommentare von einer ungewöhnlich frühen und ernsthaften Auseinandersetzung mit der Materie, die so weit reichte, daß er einige Stücke für den Druck aufbereitet hat. Zu den beiden auf 180ᵛ und 181ᵛ notierten Liedern merkte Sudermann z. B. am Rande an *Taulerus habs trücken lassen* bzw. *habs abg: vnd zu recht gebracht.* Beide Texte finden sich denn auch in den von Sudermann herausgegebenen Drucken 'Schöne auserlesene Sinnreiche Figuren' (Teil II. Straßburg 1620, Bl. 2) bzw. 'Etliche Hohe geistliche Gesänge' (Straßburg, um 1626, Bl. F) wieder. Die '65 Artikel' des Jordanus von Quedlingburg (141ʳ–168ᵛ), die Sudermann auf 140ᵛ als *Passional, mit angehengten gebettlin* annonciert und von denen *vor Jaren etwz außgezogen, gebessert, vnd getruckt worden* sein soll, ließen sich dagegen als Druck nicht aufspüren.

Schon bevor die Handschrift in Sudermanns Besitz gelangte, war sie eifrig gebraucht worden und zerlesen. Zu Bedas 'Gebet von den sieben letzten Worten Christi am Kreuz' verspricht eine vorausgehende Rubrik (64ʳ) demjenigen, der es alle Tage andächtig mit gebeugten Knien betet, daß ihm weder böse Geister noch böse Menschen Leid zufügen werden, noch daß er ungebeichtet sterben, sondern daß ihm 30 Tage vor seinem Tode die Jungfrau Maria hilfreich erscheinen werde. Eine Hand des 15. Jahrhunderts hat dazu kritisch angemerkt: [Das solt ir nit gelauben] *libe swester ader das gebet solt ir geren lesen*, wobei der erste Teil später wieder ausradiert worden ist. Verschiedene Ablaßversprechungen blieben dagegen unangerührt stehen (so auf 64ʳ, 95ʳ, 95ᵛ, 96ᵛ, 135ʳ, 139ʳ, 239ʳ, 240ʳ, 242ʳ, 244ᵛ 245ᵛ), nur auf 168ᵛ wurde der Satz *Dru tusent tage abloß von dem noch geschribenen gebet* durchgestrichen.

Für die zeitliche Einordnung der Handschrift waren vordringlich die Wasserzeichen ausschlaggebend, obgleich diese bislang nicht präzise bestimmt sind (von Hornung wurde der Buchstabe P [Bl. 14, 15] und der Ochsenkopf mit einkonturiger Stange und Stern [Bl. 52, 83, 104 und 107] mit Briquet III 8588 ff. u. Briquet IV 13938 in Verbindung gebracht). Unabhängig davon könnte der auf 106ʳ sich nennende *Bruder lienharcz*, in dem Hornung den Beichtvater des Klosters vermutet hat, einen Anhaltspunkt für die Datierung liefern. Leider läßt sich dieser jedoch archivalisch nicht verifizieren (vgl. S. Schmitt: Geistliche Frauen und städtische Welt. Kanonissen – Nonnen – Beginen und ihre Umwelt am Beispiel der Stadt Straßburg im Spätmittelalter [1250–1525]. Habil.-Schrift Mainz 2001 [Typoskript]). Aus kunsthistorischer Sicht wurde von Christian von Heusinger als nächstes Vergleichsstück ein Predigtband aus dem Nikolauskloster herangezogen (Berlin, SBB-PK, Ms. germ. quart. 22), der zu Beginn eine Kreuzigung mit Maria und Johannes enthält (2ᵛ) und 1445 datiert ist (3ʳ). Andere Handschriften bzw. Fragmente sind leider undatiert, so etwa eine Verkündigung in einem Legendar aus dem Straßburger Dominikanerinnenkloster St. Katharina (Straßburg, Bibliothèque Nationale et Universitaire, Ms. 2743 [ehem. L germ. 640 4°], 7ᵛ) oder der hl. Dominikus, der nachträglich einem in das Elsaß gelangten Psalter vorangestellt wurde (Antiquariat H. Tenschert, Rotthalmünster 1990, Katalog XXV [Leuchtendes Mittelalter II], S. 130–135, Nr. 13), wie auch eine ausgeschnittene Miniatur mit Maria und dem Jesusknaben im Garten (München, Staatliche Graphische Sammlung, Inv.-Nr. 34485) oder ein sitzendes Jesuskind im Grünen (London, British Museum, Inv.-Nr. 1895-1-22-15). Eine historisierte Initiale mit der büßenden Maria

Magdalena in einem Gebetbuch in Philadelphia (University of Pennsylvania, The Walter H. and Lenore Annenberg Rare Book & Manuscript Library, MS Codex 141, 1ʳ) gehört stilistisch wohl ebenfalls in diesen Kontext, obgleich die Handschrift jüngst für Köln reklamiert wurde (vgl. Leaves of Gold. Manuscript Illumination from Philadelphia Collections. Edited by R. Tanis with the assistance of J. A. Thompson. Ausstellungskatalog Philadelphia 2001, S. 123–125). Das Gros derartiger von Hans Wegener als typische Nonnenarbeiten klassifizierten Malereien findet sich jedoch in Handschriften, die in der zweiten Hälfte des 15. Jahrhunderts entstanden sind, z. B. 1461 (Freiburg i. Br., Adelhausenstiftung, Inv. Nr. A 1206 [ehem. Leihgabe Augustinermuseum, Inv.-Nr. 11724]), 1481 (Leipzig, Deutsches Buch- und Schriftmuseum, Klemm-Sammlung I,104), 1487 (Dillingen, Studienbibliothek, XV,215), 1492 (Karlsruhe, Badische Landesbibliothek, Hs. Thennenbach 4), 1493 (Basel, Universitätsbibliothek, A VI 38). Der eigenwillige Stil, der „die feinsten Stimmungen einer gottseligen Welt..." (von Heusinger) auszudrücken vermag, war offenbar in reformierten elsässischen Nonnenklöstern ausgeprägt worden. Auffälligerweise stammen fast alle derartigen Malerein aus dominikanischen und franziskanischen Frauenklöstern, wobei diejenigen dominikanischer Provenienz im allgemeinen sparsamer mit Buchschmuck ausgestattet sind. So auch in diesem Fall, wo eine als Einzelblatt hinzugebundene Federzeichnung mit Christi Gebet am Ölberg einen Zyklus von Passionsgebeten eröffnet (2ᵛ), während alle nachfolgenden Leidensstationen unillustriert blieben. Dagegen bieten zwei Handschriften aus Klarissenklöstern, die eine umfangreiche Folge von Gebeten zur Heilsgeschichte, genannt der 'Ewig Ursprung', überliefern, mit 44 bzw. 14 Miniaturen sehr viel reicheres Anschauungsmaterial (Karlsruhe, Badische Landesbibliothek, Cod. Donaueschingen 437; St. Paul im Lavanttal, Stiftsarchiv, 2/2). Hier wie dort aber wurde in die Bilderzählung die Figur der minnenden Seele integriert, die mitfühlend das Geschehen verfolgt, um so ein zusätzliches Stimulans für die im Gebet angestrebte mystische Vereinigung zu gewinnen. Daß in dominikanischen Konventen offenbar mehr Wert auf Didaktik gelegt wurde, zeigt sich auch an dem zweiten Bild in dieser Handschrift (23ᵛ): Gewöhnlich würde man zu dem Bernhard von Clairvaux zugeschriebenen Gebet zu den Gliedern Christi den sogenannten Amplexus, d. i. die Umarmung des vom Kreuz herab sich zum hl. Bernhard niederbeugenden Christus, erwarten. Abgehoben vom unmittelbaren Erzählgehalt wird stattdessen ein Schaubild mit den fünf Wunden Christi geboten, das es auf einem höheren intellektuellen Niveau aufzuschlüsseln gilt: Nach Ursula Weymann soll die betende Klosterfrau in den fünf Wunden die christlichen Tugenden göttliche Minne, Geduld, Demut, Sanftmut und Reinheit erkennen (*discere amare*). Eine ähnliche Auslegung hat der Straßburger Priester Ulrich vom Grünenwörth in einer Predigt ausformuliert, wo die Seele lernen soll, von Ast zu Ast des Kreuzes zu fliegen, um zur geistlichen Vereinigung zu gelangen. Dabei entspricht der *minenklichen wunde* des linken Fuß *gelossenheit aller zittlicher dinge*, der des rechten Fuß *abesterben aller liplicher gluste*, der der linken Hand *vnbeholfelichen vndergang in allen dingen in den du von allen creaturen gehasset wurst* und der der rechten Hand *entziehunge gôtteliches trostes* (Ms. germ. quart. 182, 272r–274r [Handschrift aus St. Nikolaus in undis], vgl. M. Costard: Art. Ulrich vom Grünenwörth, in: ²VL 9, 1995, Sp. 1265–1266.).

Von den sechs anderen in Berlin aufbewahrten Gebet- und Andachtsbüchern aus St. Nikolaus in undis war nur noch Ms. germ. oct. 37 einstmals illustriert: Zu den '65 Artikeln' des Jordanus von Quedlinburg hatte man dort sechs graphische Blätter eingefügt, die heute jedoch herausgelöst sind (Klebespuren auf 28r, 44v, 49v, 61v, 74v, 76v).

Degering 3, S. 23–25. – Wegener, S. 65–66, Abb. 57 (2ᵛ). – *Die illuminierten Handschriften und Einzelminiaturen des Mittelalters und der Renaissance in Frankfurter Besitz. Hg. von Georg Swarzenski, bearb. von Rosy Schilling. Frankfurt a. M. 1929, S. 213.* – Weymann, Ursula: *Die Seusesche Mystik und ihre Wirkung auf die bildende Kunst. Berlin 1938, S. 54, 56–57, 122, Bild 29 (2ᵛ).* – Steingräber, Erich: *Neun Miniaturen aus einer Franziskusvita, in: Zeitschrift für schweizerische Archäologie und Kunstgeschichte 13 (1952), S. 237–241, hier S. 240.* – von Heusinger, Christian: *Studien zur oberrheinischen Buchmalerei und Graphik im Spätmittelalter. Diss. (masch.) Freiburg i. Br. 1953, S. 84–95.* – Hornung, Hans: *Daniel Sudermann als Handschriftensammler. Ein Beitrag zur Straßburger Bibliotheksgeschichte. Diss. (masch.) Tübingen 1956, Bl. 14, 117–119, Abb. von 180ᵛ+181ʳ vor Bl. 118.* – von Heusinger, Christian: *Spätmittelalterliche Buchmalerei in oberrheinischen Frauenklöstern, in: Zeitschrift für die Geschichte des Oberrheins 107 (1959), S. 136–160, hier S. 158, Anm. 91.* – Hofmann, Georg: *Seuses Werk in deutschsprachigen Handschriften des späten Mittelalters, in: Fuldaer Geschichtsblätter 45, 1969, S. 168.* – Büttner, Frank O.: *Imitatio pietatis. Motive der christlichen Ikonographie als Modelle zur Verähnlichung. Berlin 1983, S. 51, 208, Abb. 37 (2ᵛ).* – Ruh, Kurt; Schmidtke, Dietrich: *Art. Thomas von Aquin, in: ²VL 9, 1995, Sp. 812–838, bes. Sp. 833–835.* – Ausst.kat. Berlin ²1987, S. 123, Nr. 89 (Lit.). – Rüther, Andreas; Schiewer, Hans-Jochen: *Die Predigthandschriften des Straßburger Dominikanerinnenkloster St. Nikolaus in undis. Historischer Bestand, Geschichte, Vergleich, in: Die deutsche Predigt im Mittelalter. Internationales Symposium am Fachbereich Germanistik der Freien Universität Berlin vom 3.–6. Oktober 1989. Hg. von Volker Mertens u. Hans-Jochen Schiewer. Tübingen 1992, S. 169–193, hier S. 193.* – Gnädinger, Louise: *Johannes Tauler. Lebenswelt und mystische Lehre. München 1993, Abb. S. 427 (180ᵛ), S. 429–430.* – *Die Karlsruher Passion. Ein Hauptwerk Straßburger Malerei der Spätgotik. Ausstellungskatalog der Staatlichen Kunsthalle Karlsruhe. Stuttgart 1996, S. 233, Nr. 56, Abb. 194 (2ᵛ).* – Hamburger, Jeffrey: *Nuns as Artists. The Visual Culture of Medieval Convent. Berkeley, Los Angeles, London 1997, S. 92–94, Abb. 65 (2ᵛ).* – Honemann, Volker: *Art. Venturin von Bergamo, in: ²VL 10, 1999, Sp. 235–238.* – *Spiegel der Seligkeit. Privates Bild und Frömmigkeit im Spätmittelalter. Ausstellungskatalog des Germanischen Nationalmuseums. Nürnberg 2000, S. 183–184, Nr. 20, Farbabb. von 2ᵛ.* – Rapp, Francis: *La prière dans les monastères de dominicaines observantes à Colmar et à Strasbourg au XVᵉ siècle, in: Les dominicaines d'Unterlinden. Ausstellungskatalog Colmar, musée d'Unterlinden. Bd. 1, Colmar 2000, S. 171–180, Abb. 1 (3ʳ), Farbabb. 4, 5 (2ᵛ, 23ᵛ).* – *Verborgene Pracht. Mittelalterliche Buchkunst aus acht Jahrhunderten in Freiburger Sammlungen. Ausstellungskatalog Freiburg i. Br., Augustinermuseum. Lindenberg 2002, S. 96.* – Vgl. künftig die Dissertation von Thomas Lentes über die Gebetbücher aus St. Nikolaus in undis.

RC

138 Niederdeutsches Osterorationale aus dem Zisterzienserinnenkloster Medingen

Medingen bei Lüneburg, um 1515–1520
Papier, äußere und innere Bll. der Sexionen Pergament (Palimpseste), 313 Bll., 14 × 10,5 cm
Vorbesitzer: Iʳ J[ohann] G[otthard] Nerger (1716–1766); auf dem vorderen Innenspiegel Exlibris von Friedrich Jacob Roloff (1721–1788), Prediger an der Jerusalems-Kirche zu Berlin, dessen Büchersammlung 1789 von Friedrich II. für die Königliche Bibliothek erworben wurde.
SBB-PK, Ms. germ. oct. 48

Aufgeschlagen Bl. 58ᵛ/59ʳ: Gebete während der Ostervesper, Randminiatur: Christus erscheint Maria.

1ᵛ–311ʳ Gebete und Betrachtungen zu den liturgischen Tagzeiten und Messen von Karsamstag bis Pfingsten; 14 Randminiaturen (1ᵛ, 2ᵛ, 6ʳ, 11ᵛ, 12ᵛ, 29ʳ, 30ʳ, 50ʳ, 59ʳ, 83ʳ, 90ʳ, 92ᵛ, 95ʳ, 98ᵛ), drei im Textfeld befindliche (61ᵛ, 67ᵛ, 119ʳ), zwei historisierte Initialen (79ᵛ, 189ᵛ), erstere eine nicht getilgte Darstellung dreier Geistlicher während der Konsekration von einer wiederverwendeten Pergamentseite (Paris, 14. Jh.); zahlreiche Blattgold- und Fleuronnéeinitialen; brauner Ledereinband mit Knospenstempel und Rolle mit allegorischen Figuren (VENVS, LVCRECIA, PRVDEN[TIA]), 16. Jh.

1987 erschien posthum ein Beitrag von Walther Lipphart für das Verfasserlexikon, in dem er insgesamt 23 Orationalien aus dem Zisterzienserinnenkloster Medingen zusammengestellt hatte. Noch im selben Jahr konnte Gerard Achten der stattlichen Liste die vorliegende Handschrift hinzufügen. Seither sind drei weitere hinzugekommen: Göttingen, Staats- und Universitätsbibliothek, Cod. theol. 242; Hamburg, Staats- und Universitätsbibliothek, Cod. theol. 2199; Hildesheim, Stadtarchiv, Best. 52 Nr. 376 (alt HM 376). Zwei bislang unbekannte gälte es erst noch, genauer auf ihre Zugehörigkeit hin zu prüfen (London, The Guildhall Library, Ms. 1366; Magdeburg, Kulturhistorisches Museum, Bibliothek, Bi 105). Denn wenn auch die mei-

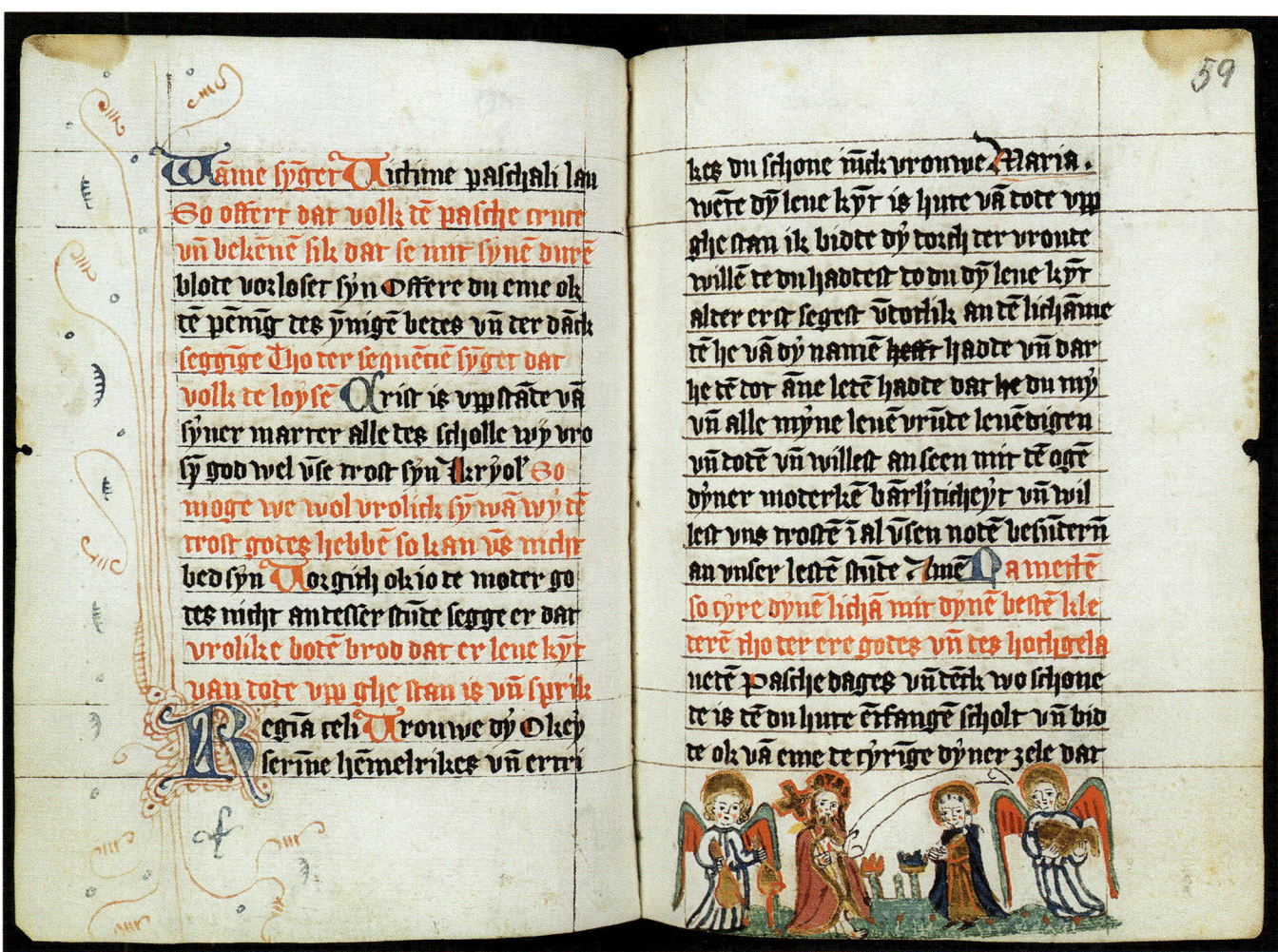

Kat. 138, 58ᵛ/59ʳ

sten dieser mit Betrachtungen, Gebeten und Gesängen für unterschiedliche Perioden des Kirchenjahres angefüllten Bände aus Medingen stammen, waren derartige Textkorpora auch in anderen Lüneburger Frauenklöstern gebräuchlich: Zu diesen zählen die beiden Zisterzen Isenhagen und Wienhausen, sowie drei dem Benediktinerorden angehörende Häuser (Ebstorf, Lüne und Walsrode). WOLFGANG IRTENKAUF hat überdies für das Benediktinerinnenkloster Neukloster bei Buxtehude ein solches Orationale nachgewiesen (Das lateinisch-niederdeutsche Oster-Orationale der Cäcilia Hüge aus dem Jahre 1524, in: Jahrbuch des Vereins für niederdeutsche Sprachforschung 97, 1974, S. 108–112). GERARD ACHTEN machte überdies darauf aufmerksam, daß diese spezielle Andachtsform später bei den Weißfrauen in Köln weiter tradiert worden ist.

Als Hinweis auf Medingen kann das Vorkommen des hl. Mauritius gewertet werden, da er der Schutzheilige

des Kloster gewesen ist. Weil dieser aber auch der Patron von Ebstorf war, können oft erst die in weißer Zisterziensertracht abgebildeten Nonnen mit rotem Krönchen auf dem Haupt, der sogenannten Corona, die Herkunft eindeutig klären. Gewisse Fürbitten (für Gatten, Kinder und die Stadt Lüneburg) sowie der fast ausschließliche Gebrauch der niederdeutschen Sprache sind hingegen Indizien, daß die Nonnen einige der Handschriften für Patrizierinnen aus dem nahegelegenen Lüneburg angefertigt haben, die am Gottesdienst in Medingen teilnehmen wollten (so Kopenhagen, Det Kongelige Bibliotek, Thott. 130 8°; Trier, Bistumsarchiv, Abt. 95/528 u. Abt. 95/529; Hamburg, Staats- und Universitätsbibliothek, Ms. 151b in scrin.; Wolfenbüttel, Herzog August Bibliothek, Cod. Extrav. 300.1). Die Gotharer Handschrift Membr. II 84 wurde gemäß eines Eintrages auf 77ᵛ–78ʳ z. B. für die Frau des Lüneburger Bürgermeisters Heinrich Tobinck hergestellt.

Die Gebetbücher, die aufgrund des reichen Vorkommens von Liedern (z. T. mit Melodien) und Reimgebeten eine einzigartige Quelle darstellen, haben durch ACHTEN jedoch eine neue Beurteilung erfahren: Über Jahrhunderte hinweg hatten verschiedenste Gelehrte einen Teil der Handschriften in das 14. Jahrhundert datiert, ungeachtet der Tatsache, daß einige Codices, die aufgrund von Schreibereinträgen oder identifizierbaren Wasserzeichen eindeutig in das 15., 16. Jahrhundert verwiesen, stilistisch dasselbe Gepräge zeigen. Das altertümliche Aussehen von Schrift und Dekor hatte sowohl germanistische wie auch kunsthistorische Forscher in die Irre geführt (vgl. z. B. A. MANTE: Ein niederdeutsches Gebetbuch aus der zweiten Hälfte des XIV. Jahrhunderts. [Lunder germanistische Forschungen 33]. Lund/Kopenhagen 1960; W. LIPPHARDT: Niederdeutsche Reimgedichte und Lieder des 14. Jahrhunderts in den mittelalterlichen Orationalien von Medingen und Wienhausen, in: Jahrbuch des Vereins für niederdeutsche Sprachforschung 95, 1972, S. 66–131; B. UHDE-STAHL: Figürliche Buchmalereien in den spätmittelalterlichen Handschriften der Lüneburger Frauenklöster, in: Niederdeutsche Beiträge zur Kunstgeschichte 17, 1978, S. 25–60). Auch die im Kloster Lüne erhaltenen Bildteppiche, die in ganz ähnlicher Manier gearbeitet und nachweislich in den Jahren 1492 bis 1508 entstanden sind, hätten ein deutlicher Fingerzeig sein können (s. M. SCHUETTE: Gestickte Bildteppiche und Decken des Mittelalters. Bd. 1: Die Klöster Wienhausen und Lüne, das Lüneburgische Museum. Leipzig 1927). Seit ACHTEN geht man nun davon aus, daß alle Medinger Gebetbücher im Zeitraum von etwa 1470 bis 1520 entstanden sind. Der Aufschwung des Skriptorium setzte demnach unter der Ägide von Propst Tilemann von Bavenstedt (1469–1494) ein, der seit 1477/1478 intensiv die Reform des Klosters betrieben hat.

Den Handschriften ist ein charakteristisches Erscheinungsbild eigen: Bei Betrachtungstexten wechselte man alle zwei bis drei Zeilen zwischen roter und schwarzer Tinte, wohingegen die Gebetstexte durchgängig in Schwarz geschrieben sind. Initialen sowie das sie umgebende Fleuronnée wurden abwechslungsreich in den Farben Rot, Blau, Rosa, Orange und Blattgold ausgeführt, wobei letzteres kräftig aufgetragen wurde. Dessen ungeachtet drückt sich eine Wertschätzung der Arbeit in dem Umstand aus, daß man zum Schutz über den Blattgoldinitialen Gaze oder kleine Papierzettelchen festgenäht hat – auch wenn dadurch der Text gelegentlich nicht mehr lesbar war. Die Miniaturen selbst sind zierliche, etwas zittrige Gebilde, über deren Unbeholfenheit jedoch ihre fröhliche Unbekümmertheit gegenüber darstellerischen Schwierigkeiten obsiegt.

Aufgeschlagen sind hier die Seiten, wo während der Ostervesper vom Volk nach der Sequenz *Victimae paschali laud*[es] der Osterleis *Crist is vppstanden* angestimmt wird (58ᵛ). Auf die Osterantiphon *Regina coeli* [laetare] folgt dann ein Gebet zu Maria, in dem es heißt ... *ik bidde dy dorch der vroude willen de du haddest do du dyn leue kynt alder erst segest vndotlik an dem lichname* ... (59ʳ). Wenn auch in den Evangelien nirgends berichtet wird, daß Christus nach der Auferstehung seiner Mutter erschienen ist, wurde dies dennoch für unzweifelhaft erachtet. Nach Ambrosius ('Liber de virginitate', cap. III,14; PL 16, Sp. 283) soll Christus sogar zuerst – wie an dieser Stelle behauptet – seiner Mutter erschienen sein. Im Kloster Lüne hat sich ein Teppich aus dem Jahr 1503 erhalten, auf dem alle Erscheinungen Christi nach seiner Auferstehung gezeigt werden (14). Anders als hier, wo auf dem unteren Blattrand Christus seiner Mutter auf einer blumenreichen Wiese, begleitet von musizierenden Engeln, grüßend gegenübertritt, überrascht dort der Sohn seine Mutter in ihrem Gemach am Betpult kniend (vgl. SCHUETTE, S. 48–50, Taf. 50, 51). Im vorliegenden Gebetbuch sind nur noch zwei weitere Szenen illustriert (83ʳ Christus erscheint Maria Magdalena, 90ʳ Christus erscheint den beiden Frauen). Wenige Seiten zuvor ist Christus zu erblicken, wie er sich soeben aus dem Grabe erhebt (50ʳ). In sechs anderen Medinger Osterorationalien, die gleichfalls über Miniaturen auf den unteren Blatträndern verfügen, schwankt die Anzahl der ausgewählten Erscheinungsszenen zwischen drei und elf (Gotha, Forschungsbibliothek, Ms. Memb. I 84; Hannover, Niedersächsische Landesbibliothek, Ms. I 74; Hildesheim, Dombibliothek, Ms. J 29; Kopenhagen, Det Kongelige Bibliotek, Thott. 120 8°; Münster, Staatsarchiv, Dep. Altertumsverein Nr. 301; Oxford, Bodleian Library, Ms. lat. liturg. f. 4; die neu aufgefundenen Handschriften in London und Magdeburg besitzen ebenfalls solchen Randschmuck). Eine ganzseitige Miniatur mit der Auferstehung Christi im Zentrum (17 x 12 cm), die im Beisein von Maria und einer weiteren Heiligen sowie Johannes d. T. (?) und dem hl. Mauritius erfolgt, könnte ebenfalls aus Medingen oder Ebstorf stammen (vgl. Wien, Gilhofer & Ranschburg, Auktion XIX: 27./28. 10. 1905, S. 29, Nr. 83, Taf. IX). Daß man in den Heideklöstern intensiv das österliche Geschehen nachvollzogen hat, belegen neben einem fragmentarisch erhaltenen Osterspiel (Wienhausen, Klosterbibliothek, Hs. M 7, olim Hs. D) anschaulich auch Bildwerke aus dem Kloster Wienhausen, wo ein hölzerner Sarkophag mit dem toten Leichnam Christi sowie ein aus dem Grabe steigender Erlöser heute noch im Nonnenchor bzw. im ehem. Armarium aufgestellt sind (vgl.

J. HAMBURGER: Art, Enclosure, and the Pastoral Care of Nuns, in: The Visual and the Visionary. Art and Female Spirituality in Late Medieval Germany. New York 1998, S. 35–109, bes. S. 71–89, Abb. 1.25 u. 1.26).

Der darauffolgende Ostersonntag wird in der Handschrift von einer über Nonnen und Laien aufgehenden (61ᵛ) und am Abend wieder niedersinkenden Sonne (119ʳ) eingefaßt. Am Ende des Tages findet die mystische Hochzeit der Seele mit Gott statt, wobei man *deme brudeghamme die brud in syn brudbedde tho bringhende… plecht* (125ʳ). Das Geleit geben bei dieser, aus der mittelalterlichen Brautmystik heraus erwachsenen Vorstellung Maria, die unschuldigen Kinder, Engel, die 24 Alten, Apostel, Märtyrer – unter denen der hl. Mauritius (126ʳ) eigens erwähnt wird –, Bischöfe und Äbte, Beichtiger und Jungfrauen.

Beschlossen wird der Zyklus auf 310ᵛ mit den Worten *Hir negest giff dessen vroliken dage gude nacht vnd sprik Wes ghegrot vnd hebbe gude nacht du keyserlike dach en orsprung des leuendes du bist en beslutinge vnd en ende der Paschelken vroude wy hapen dy tho beghande in der ewyghen klarheyt sunder ende…*

DEGERING 3, S. 21. – WEGENER, S. 141–142 (mit Abb. von 83ʳ). – [AUGUSTIN, JOHANN FRIEDRICH SIGISMUND]: *Bibliotheca Roloffiana. Teil 1–2. Berlin 1789, Teil 1, S. 389, Nr. 2754.* – ACHTEN, GERARD: *De Gebedenboeken van de Cisterciënzerinnenkloosters Medingen en Wienhausen, in: Miscellanea Neerlandica. Opstellen voor Dr. Jan Deschamps ter gelegenheid van zijn zevengtigste verjaardag. Onder redatie van* ELLY COCKX-INDESTEGE *en* FRANS HENDRICKX. *Bd. 1–3. Löwen 1987, Bd. 3, S. 173–188, Abb. 2 (11ᵛ+12ʳ).* – LIPPHARDT, WALTHER, *Art. Medinger Gebetbücher, in: ²VL 6, 1987, Sp. 275–280.* – *Ausst.kat. Berlin ²1987, S. 136, Nr. 104, mit Abb. von 61ᵛ.*

RC

139 Gebetbuch mit Metallschnitten der Stöger-Passion

Bayern, 1450–1460
Pergament (Bll. 1–20) und Papier (Bll. 21–36), 13,5 × 9 cm
Vorbesitzer: Es ist heute nicht mehr zu eruieren, wann das Bändchen in das Kupferstichkabinett gelangt ist; nach dem Inventarstempel zu schließen (ovaler Stempel *Kupferstichsammlung der Königlichen Museen*, LUGT 1606), muß dies vor 1920 geschehen sein.
SM-PK KK, Cim. 23

Aufgeschlagen Bl. 21ᵛ/22ʳ: Metallschnitt mit dem letzten Abendmahl und der Fußwaschung, gegenüber Gebet zum letzten Abendmahl.

1ʳ–8ʳ 32-teiliger Passionszyklus, 8ʳ–10ʳ Zehn irdische Freuden Mariens, 10ʳ–14ᵛ drei Kommuniongebete, 15ʳ–19ʳ 15 Paternoster des Papstes Cölestin, 19ᵛ–20ᵛ leer (Krakelzeichnung), 21ʳ–35ᵛ 16 Gebete eines 18-teiligen Passionszyklus aus dem Umfeld der Stöger-Passion mit 14 kolorierten Metallschnitten der Stöger-Passion, 36ʳ–36ᵛ zwei Gebete zu Johannes d. T.; mit Pergament überzogener Pappeinband,

auf dem Buchrücken in Tinte *Passion, geschrotene Arbeit*; roter Schnitt, 19. Jh. (?).

Trotz des traurigen Erhaltungszustandes – brüchiges, löchriges Papier, unsensibler Beschnitt an den Längsseiten, Blattverluste – ist das schmale Bändchen eine Kostbarkeit: Denn nur noch in Wien, Paris und Detroit existieren weitere Exemplare von handgeschriebenen Gebetszyklen mit Metallschnitten der Stöger-Passion, wobei derjenige in Wien mit insgesamt 18 Metallschnitten der einzig vollständig erhaltene ist (Albertina, Inv.-Nr. 727-744/1929), während nach Detroit und Paris jeweils nur ein versprengtes Blatt gelangt ist. Der Name Stöger-Passion geht auf den Forscher zurück, der 1833 die Metallschnitte zuerst als Bestandteil einer Inkunabel bekannt gemacht hat (München, Bayerische Staatsbibliothek, 8° Inc. s. a. 104ᵐ), die nicht nur das früheste gedruckte Gebetbuch darstellt, sondern auch als erster illustrierter Druck überhaupt gilt (F. X. STÖGER: Zwei der ältesten deutschen Druckdenkmäler. München 1833). KONRAD HAEBLER konnte etwa ein Jahrhundert später erweisen, daß dieser Druck bereits die sechste Auflage gewesen sein muß, welche noch vor dem Jahre 1462 die Presse verlassen hat. Da die Metallschnitte in den handschriftlichen Exemplaren allesamt von weniger schadhaften Platten stammen, müssen diese schon vorher im Umlauf gewesen sein. Im Nachhinein können HAEBLERS Ergebnisse durch eine 1458 datierte Handschrift bestätigt werden, in der ein vereinzelter Metallschnitt kontextunabhängig auftaucht (ehem. München, Hartung & Karl, Auktion 14, 19.–20. 11. 1975, Nr. 8) sowie durch eine Abschrift, die vermutlich nach der sechsten Druckausgabe verfertigt wurde und 1463 datiert ist (ehem. London, Sotheby's, 12. 7. 1939, Nr. 7).

Im Unterschied zu den gedruckten Ausgaben, die 20 Metallschnitte enthalten, verfügen die handschriftlichen Folgen nur über 18 Illustrationen. Bei ihnen fehlen die Szenen Kreuzannagelung und Pfingsten. Der Zyklus hebt stets mit dem Einzug Christi nach Jerusalem an und schließt mit dem Jüngsten Gericht. Die Folge muß als kleines Heftchen verkauft worden sein, das sich aus einer Lage mit neun Doppelblättern zusammensetzte, auf denen jeweils zwei Metallschnitte nebeneinander gedruckt waren. Durch das Falten gerieten die Bilder vor dem Falz auf verso-, nach dem Falz auf recto-Seiten, so daß die leeren Rückseiten des Folgeblattes von dem Erwerber nach Belieben beschrieben werden konnten, nur in der Mitte mußte er noch ein Einzelblatt für weiteren Text einfügen, damit sich immer Bild- und Textseiten regelmäßig gegenüber standen. Bei dem Berliner Exemplar ist das äußere Doppelblatt mit den Metallschnitten Palmsonntag und Jüngstem Gericht sowie das innere mit der Kreuztragung und dem Schweißtuch der Veronika verloren. Die Folge beginnt zwar auf 21^r mit dem Gebet zu Palmsonntag, jedoch ohne das vorausgehende Bild; erst umseitig stehen sich korrekt der Metallschnitt mit dem letzten Abendmahl und der Fußwaschung Christi mit dem dazugehörigen Text gegenüber (21^v/22^r).

Die vorangebundenen Blätter in diesem Bändchen wurden von anderen Händen auf Pergament geschrieben und sind als individuelle Ergänzung des Besitzers anzusehen; der Schrift nach zu urteilen, dürften sie ein wenig älter sein.

Bilderfolgen wie die Stöger-Passion gehörten seinerzeit wohl zu den Alltagsgegenständen. Der Metallschnitt ist eine eher grobe Technik, wenn auch mittels verschiedener dabei zum Einsatz kommenden Punktpunzen an sich eindrückliche Effekte zu erzielen sind, denn mit ihrer Hilfe können feinste Übergänge von lichten und dunklen Passagen geschaffen werden. Häufig sind die Arbeiten jedoch unsensibel ausgeführte Werkstücke, bei denen aus der Platte mit dem Stichel gerade soeben die notwendigen Linien herausgestochen worden sind. Beim Gewand Christi auf 21^v kamen zwar Punktpunzen in drei verschiedenen Größen zur Anwendung, diese aber wurden rein ornamental, ohne jedwedes Gespür für Volumen, welches erst durch an- und abschwellende Verdichtung zu schaffen ist, gesetzt. Wie der Holzschnitt ist auch der Metallschnitt ein Hochdruckverfahren. Da das Herausschneiden von Metall jedoch viel mühsamer ist, heben sich bei letzterem zumeist wenige weiße Partien vom dunklen Grund ab. Die mediokre Qualität der Blätter zeigt sich insbesondere, wenn man die hierfür benutzen Vorlagen daneben legt: Gefangennahme, Grablegung und Auferstehung kopieren nämlich Kupferstiche vom Meister der Spielkarten bzw. aus dessen Schule (LEHRS 16; 9, 10).

Nach Fragmenten in London und Oxford zu schließen, wurde die Stöger-Passion auch als Blockbuch nachgedruckt. Offenbar hat es im 3. Viertel des 15. Jahrhunderts eine lebhafte Konkurrenz zwischen verschiedenen Reproduktionstechniken gegeben.

Kat. 139, 21^v/22^r

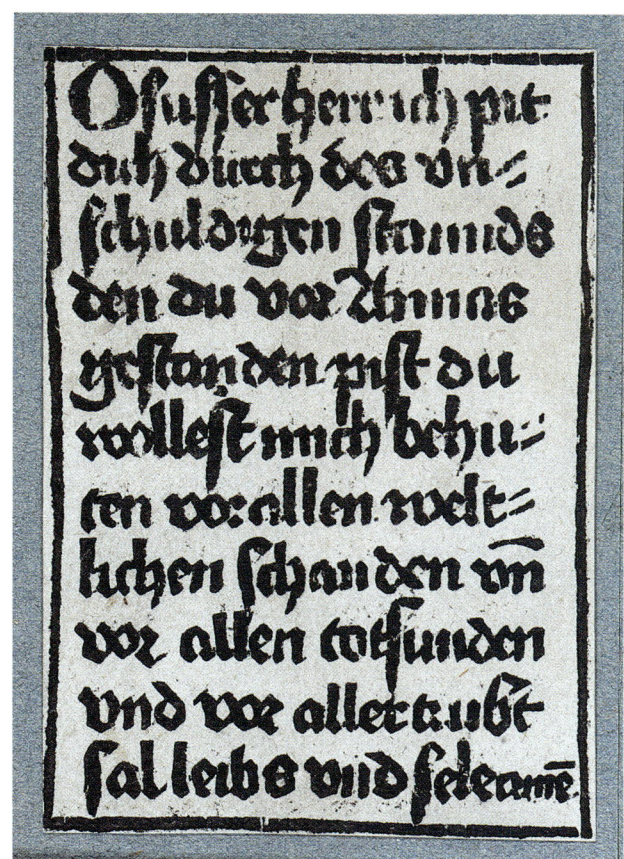

Kat. 140, Bogen 2, untere Hälfte: Holzschnitt mit der Verleugnung Petri sowie dazugehöriges Gebet

SCHREIBER, *Handbuch*, Nr. 2232, 2243, 2253, 2262, 2273, 2281, 2288, 2324, 2364, 2376, 2386, 2395, 2424, 2474, 2500. – HAEBLER, KONRAD: *Die italienischen Fragmente vom Leiden Christi. Das älteste Druckwerk Italiens*, in: *Beiträge zur Forschung. Studien aus dem Antiquariat Jacques Rosenthal*, N.F. 1. München 1927, S. 5–39. – FIELD, RICHARD S.: *A Passion for the Art Institute. Print Quarterly 3* (1986), S. 190–216. – SCHMIDT, *Gebrauch von Druckgraphik*, Bd. 1, S. 255–273, Bd. 2, S. 9–10, Abb. 274 und 274a. – *Kat. deutschsprach. illustr. Hss. 5*, S. 50–53, Nr. 43.1.16., Abb. 34 (Lit.).

RC

140 Blockbuchfragment eines Leben- und Leiden Christi-Zyklus

Nürnberg, um 1465–1470 (Druckstöcke), Abzüge vom Ende des 16. Jhs. oder später
Papier, 32 Ausschnitte aus einem Blockbuch (16 Bild- und 16 Textseiten), 8–8,5 × 5,5,–6,5 cm
Vorbesitzer: Nach einem Exlibris auf dem vorderen Innenspiegel einstmals im Besitz des Juristen, Politikers und Schriftstellers Friedrich Carl von Moser, 1723–1798 (vgl. ADB 22, 1885, S. 764–783); laut PASSAVANT gelangten die Blätter über die Sammlung W. Liel, Berlin, in diejenige von T. O. Weigel (1812–1881), Leipzig; nach SCHREIBER und MOLSDORF einst Bestandteil der Sammlung des 1916 verstorbenen Dr. Apel in Ermlitz bei Leipzig; einem weiteren Exlibris im vorderen Innenspiegel zufolge wohl im ersten Drittel des 20. Jhs. im Besitz von *C. E. Kapp*; unten rechts Bleistifteintrag *Von Frau Ritt*[er-

guts] *Bes*[itzerin] *Max Müller/geb. Wendenburg/bei der Auflösung der Klosterroder/Bibliothek erhalten/Seeburg, April 1928*; laut Inventar 1963 von Ruth Wäscher, Halle a. d. Saale, erworben.
SM-PK KK, Cim. 4

Aufgeschlagen Bogen 2: Holzschnitte und Textseiten mit der Gefangennahme Christi und der Verleugnung Petri.

Zwei zerschnittene Bögen eines Blockbuches mit 16 Holzschnitten bzw. 16 Textseiten, den Zeitraum von der Fußwaschung bis zur Beweinung Christi umfassend, schmale Leisten um Bild- und Textfelder, Holzschnitte unkoloriert, 10–11 Zeilen Text, verso-Seiten leer; im 18. Jh. jeweils vier Fragmente paarweise auf blaue Tonpapierbögen montiert und in eine Mappe eingelegt.

Die Fragmente bilden den Mittelteil eines Zyklus zum Leben und Leiden Christi (9. bis 24. Gebet), der insgesamt 32 Bild- und 32 Textseiten umfaßt. Anfang und Schluß desselben haben sich in Paris erhalten (Bibliothèque Nationale, Rés. Xylo. 35 und 36). Voraus gehen die Ereignisse von der Verkündigung an Maria bis zum letzten Abendmahl (1.–8. Gebet), anschließend folgen noch die Stationen von der Grablegung bis zum Jüngsten Gericht (25.–32. Gebet). Die gesamte Folge war offenbar auf vier Druckstöcken untergebracht: Auf zwei Druckstöcken befanden sich jeweils 16 Holzschnitte, auf zwei weiteren jeweils 16 Felder mit Text. Ein unzerschnittener Text-Bogen in Paris (Rés. Xylo. 36) besitzt noch die ursprünglichen Maße H 42 x B 34,5 cm. Die Textbögen sollten wohl mit der bedruckten Seite nach unten weisend auf die bedruckten Seiten des dazugehörigen Bilderbogens gelegt werden, so daß sich nach Zerschneiden und Falten eine Lage aus 32 ineinandergelegten Doppelblättern im Sedez-Format ergab, bei der die Holzschnitte jeweils auf der verso-Seite, die entsprechenden Texte aber auf der gegenüberliegenden recto-Seite zu stehen kamen.

Die beiden auf ein Bild-Textpaar folgenden leeren Seiten konnten anschließend zusammengeklebt werden, um den Lesefluß nicht unnötig zu stören. Die einzelnen Themen müßten demnach auf den Bögen folgendermaßen angeordnet gewesen sein (s. beistehendes Schema):

Rekonstruktion:
Die punktierten Linien bezeichnen die erforderlichen Schnitte des Papiers, die Doppellinien kennzeichnen die Faltkanten.

1. Paris: Bogen mit Holzschnitten

1. Verkündigung	32. Jüngstes Gericht	2. Heimsuchung	31. Pfingsten
3. Geburt Christi	30. Himmelfahrt Christi	4. Beschneidung	29. Ungläubiger Thomas
5. Anbetung der Hl. Drei Könige	28. Noli me tangere	6. Darbringung im Tempel	27. Auferstehung
7. Palmsonntag	26. Christus in der Vorhölle	8. Letztes Abendmahl	25. Grablegung

2. Paris: Bogen mit Gebetstexten

31. Pfingsten	2. Heimsuchung	32. Jüngstes Gericht	1. Verkündigung
29. Ungläubiger Thomas	4. Beschneidung Christi	30. Himmelfahrt	3. Geburt Christi
27. Auferstehung	6. Darbringung im Tempel	28. Noli me tangere	5. Anbetung der Hl. Drei Könige
25. Grablegung	8. Letztes Abendmahl	26. Christus in der Vorhölle	7. Palmsonntag

3. Berlin: Bogen mit Holzschnitten

9. Fußwaschung	24. Beweinung	10. Gebet am Ölberg	23. Kreuzabnahme
11. Gefangennahme	22. Kreuzigung	12. Verleugnung Petri, Christus vor Annas	21. Kreuzannagelung
13. Christus vor Kaiphas	20. Entkleidung	14. Christus vor Herodes	19. Kreuztragung
15. Geißelung	18. Handwaschung des Pilatus	16. Dornenkrönung	17. Ecce homo

4. Berlin: Bogen mit Gebetstexten

23. Kreuzabnahme	10. Gebet am Ölberg	24. Beweinung	9. Fußwaschung
21. Kreuzannagelung	12. Christus vor Annas	22. Kreuzigung	11. Gefangennahme
19. Kreuztragung	14. Christus vor Herodes	20. Entkleidung	13. Christus vor Kaiphas
17. Ecce homo	16. Dornenkrönung	18. Handwaschung des Pilatus	15. Geißelung

Das hier vorgestellte Verfahren barg jedoch einen gravierenden Schönheitsfehler in sich: Insgesamt mußten nämlich 64 Blätter – obzwar durch das Zusammenkleben der leeren Rückseiten numerisch auf 33 Blätter reduziert – zu einer einzigen Lage zusammengebunden werden (XXXII[64] bzw. XVI+1[33]). Denn die motivische Anordnung macht es erforderlich, daß die Pariser Blätter die Berliner umfassen. Neben einer gewissen Unhandlichkeit dürfte eine schlechte Haltbarkeit des Bändchens daraus resultiert haben: Die Blätter einer solch umfangreichen Lage waren geradezu prädestiniert dafür auszureißen. Und so verwundert es nicht, daß sich kein einziges intaktes zeitgenössisches Exemplar erhalten hat. Die vorliegenden Abzüge können aufgrund des vorhandenen Wasserzeichens frühestens aus dem 16. Jahrhundert herrühren, wenn sie nicht sogar noch jünger sind. Im Catalogue des Incunables der Bibliothèque Nationale (Bd. 1,1: Xylographes et A. Paris 1992, S. XXV–XXVI, VV-3, Taf. V, Nr. 17) werden die Wasserzeichen BRIQUET Nr. 916–921 und 924–926 als Vergleich herangezogen, von denen jedoch keines dem vorliegenden genau entspricht; am nächsten verwandt ist Nr. 920 (Nürnberg, 1582, 1592–1594). Teile desselben Wasserzeichens finden sich auch in Berlin auf dem Blatt mit dem Gebetstext zur Kreuzigung. Das Fehlen der beim Abreiben des Papiers auf dem Druckstock mit einem Ballen typischen Reliefbildung und die auf der Rückseite nicht durchgeschlagene Druckerfarbe (beides Gründe, die beim Aufkommen des Blockbuchs um die Mitte des 15. Jahrhunderts nur den einseitigen Druck erlaubten) sind weitere Indizien für die späte Entstehungszeit.

Bereits 1920 erkannte FRANZ MARTIN HABERDITZL die Verwandtschaft zu drei in Wien erhaltenen Holzschnitten (SCHREIBER, Handbuch, Nr. 202a, 454, 591), die vergröberte Nachschnitte von dem Gebet am Ölberg, der Kreuzigung und der Ausgießung des Hl. Geistes darstellen. Qualitätvoller sind die dem Blockbuch zugrundeliegenden Entwürfe jedoch in einer Serie überliefert, die in einer lateinischen Brevier-Handschrift eingebunden ist (London, British Museum, Department of Prints and Drawings, 158˙b.3). Allein 20 Holzschnitte finden hier ihre Entsprechung (SCHREIBER, Handbuch, Nr. 41a, 56a, 69c, 108c, 152d, 175b, 161a, 199a, 222b, 298a, 314a, 351b, 676a, 448a, 500a, 510a, 528a, 583a, 590a, 616a). Da diese Handschrift vor 1461 entstanden sein muß und aus dem Nürnberger Dominikanerinnenkloster St. Katharinen stammt, erhält man durch sie einen gewissen Anhaltspunkt für die Lokalisierung und Datierung des vorliegenden Blockbuchs (vgl. C. DODGSON: Catalogue of early German and Flemish woodcuts preserved in the Department of Prints and

Drawings in the British Museum. Bd. 1, London 1903, S. 138–148, Nr. A 142; SCHMIDT, Gebrauch von Druckgraphik, Bd. 2, S. 24–26). Denn die 1914 von WILHELM MOLSDORF allein aufgrund von Schriftvergleichen vorgenommene Zuschreibung an den von ca. 1445 bis 1480 in Nürnberg tätigen Briefmaler Hanns Paur ist keineswegs zwingend. Durch eine weitere, heute in Augsburg befindliche Handschrift, die 1466 von einem Hanns Lidrer wohl ebenfalls in Nürnberg geschrieben worden ist (Universitätsbibliothek, Cod. I.3. 8° 5; vgl. SCHMIDT, Gebrauch von Druckgraphik, Bd. 1, S. 36–44, Bd. 2, S. 3–5), verdichten sich aber die Hinweise auf die fränkische Reichsstadt, da hierin nochmals drei Holzschnitte vorkommen, die erneut Kompositionen des Blockbuchs reproduzieren (SCHREIBER, Handbuch, Nr. 247a, 278b, 175a). Die von WILHELM LUDWIG SCHREIBER 1902 vorgenommene Einschätzung, das Blockbuch für das Produkt eines Nürnberger Kartenmachers aus der Zeit um 1465–1470 zu halten, erfährt auf diese Weise eine Bestätigung.

In der Reihung London – Augsburg – Berlin / Paris – Wien läßt sich eine immer nachlässiger werdende Umsetzung der einstmals recht ansprechenden Entwürfe verfolgen. Offenbar hat dieser Qualitätsverlust jedoch keineswegs Käufer abgeschreckt, denn die Berliner Abzüge stammen von abgenutzten, teilweise schadhaften Holzstöcken und belegen somit, daß die schlichte Publikation durchaus Absatz gefunden hat. Ein durchgehender Längsriß durch je vier Bild- (Nr. 23, 21, 19, 17) und vier Textholzschnitte (Nr. 23, 21, 19, 17) bestätigt unabhängig von der Chronologie der Ereignisse nochmals die obige Rekonstruktion und weist die Anordnung des Ecce homo (Nr. 17) in der Berliner Mappe zwischen Nr. 13 und 14 als irrig aus (laut SCHREIBER sollen die Pariser Abzüge allerdings von wenig benutzten Holzstöcken herrühren). Daß die Entwürfe nicht ursprünglich für das Blockbuch gefertigt worden sind, zeigt sich unabhängig von der nuancenreicheren Bewahrung der Kompositionen in den beiden Handschriften an dem Blättchen mit der Verleugnung Petri: Im dazugehörigen Gebet wird ausschließlich von dem Verhör Christi durch Annas berichtet, eine Szene, die im Holzschnitt in den Hintergrund verlegt und nur ausschnitthaft durch ein Fenster zu erblicken ist. Im Vordergrund steht dagegen Petrus, der gegenüber der Magd abstreitet, zum Gefolge Christi zu gehören (diese Komposition findet man leicht verkleinert nochmals auf einem Holzschnitt in Washington [National Gallery of Art, Rosenwald Collection, B-3025]; das Blättchen könnte Relikt einer weiteren, verlorenen Kopienfolge sein; vgl. Fifteenth Century Woodcuts and Metalcuts from the National Gallery of Art

Washington, D. C. Catalogue prepared by R. S. FIELD. Washington [1965], Nr. 43). Ursächlich für diese Text-Bilddiskrepanz könnte die für Blockbücher erforderliche Textverknappung gewesen sein. Vergleichsweise geringe Herstellungskosten machten dieses anspruchslose Produkt vermutlich konkurrenzfähig zum Buchdruck. Denn das erste illustrierte gedruckte Gebetbuch, die sogenannte Stöger-Passion, war bereits vor 1462 im bayerischen Raum in sechster Auflage erschienen (vgl. Nr. 139).

PASSAVANT, JOHANN DAVID: *Le Peintre-Graveur, Bd. 1, Leipzig 1860, S. 52–53. – Bilderatlas zur Geschichte der deutschen Nationallitteratur. Eine Ergänzung zu jeder deutschen Literaturgeschichte. Nach den Quellen bearb. von* GUSTAV KÖNNECKE. *2. verb. und verm. Aufl. Marburg 1895, S. 102, mit zwei Abb. –* SCHREIBER, WILHELM LUDWIG: *Manuel de l'amateur de le gravure sur bois et sur métal au XVᵉ siècle. Bd. IV: Catalogue des livres xylographiques et xylo-chirographiques (Handbuch der Holz- und Metallschnitte des XV. Jahrhunderts IX). Leipzig 1902, S. 330–335, Bd. VIII, Berlin 1900, Pl. LXXXXV, LXXXXVa. –* MOLSDORF, WILHELM: *Schrifteigentümlichkeiten auf älteren Holzschnitten als Hilfsmittel ihrer Gruppierung (Studien zur deutschen Kunstgeschichte 174). Strassburg 1914, S. 6–8, Taf. 2. –* HABERDITZL, FRANZ MARTIN: *Die Einblattdrucke des XV. Jahrhunderts in der Kupferstichsammlung der Hofbibliothek zu Wien. Bd. 1: Die Holzschnitte. Wien 1920, S. 7. – Kunst der Reformationszeit. Ausstellungskatalog Altes Museum Berlin. Berlin 1983, S. 47, Kat. Nr. A 11, mit vier Abb. – Blockbücher des Mittelalters. Bilderfolgen als Lektüre. Hg. von der Gutenberg-Gesellschaft und Gutenberg-Museum. Gutenberg-Museum Mainz. 22. Juni 1991 bis 1. September 1991. Mainz 1991, S. 364, 386, 410.*

RC

141 Berthold: Zeitglöcklein des Lebens und Leidens Christi

Reutlingen?, um 1494
Papier, 212 Bll., 16,5 × 11,5 cm
Vorbesitzer: Allianzwappen auf 1ᵛ nicht identifiziert; spätestens seit Anfang des 17. Jhs. in klösterlichem Besitz: Auf 1ʳ und dem vorderen Innenspiegel Namen ausradiert, nachher Eigentum von *Anna Bardtenstainerin*, von 1639 bis 1651 Äbtissin im Zisterzienserinnenkloster Kirchheim am Ries (vorderer Innenspiegel), die das Buch wohl an Schwester *Elisabet Röbin* weitergereicht hat; 1803 im Zuge der Säkularisation an das Haus Oettingen-Wallerstein überkommen; 1935 von der Staatsbibliothek aus dem Kunsthandel erworben.
SBB-PK, Ms. germ. oct. 703

Aufgeschlagen Bl. 36ᵛ/37ʳ: Schlußgebet der 3. Stunde, Anfang der 4. Stunde mit fehlerhafter Federzeichnung: Darbringung im Tempel anstelle der Flucht nach Ägypten.

1ᵛ–207ʳ Berthold: Zeitglöcklein des Lebens und Leidens Christi; acht Federzeichnungen (davon drei eingeklebt), 32 Holzschnitte (zwischen 1934–1935 als Ersatz für herausgelöste Probeabzüge bzw. Einblattdrucke eingeklebt); brauner Ledereinband mit Granatapfelmuster, Laubranke, Streicheisenlinien, Anfang 16. Jh.

Bis heute ist es ungewiß, wer sich hinter dem Autornamen Berthold verbirgt: Im Prolog zur lateinischen Ausgabe dieses Werkes ('Horologium devotionis') gibt sich der Verfasser als ein Priester des Dominikanerordens zu erkennen (*…ego fr*[ater] *Bertholdus, sacerdos ordinis predicatorum…*). Eine Gleichsetzung mit Bruder Berthold (von Freiburg), der eine deutsche Rechtssumme geschrieben hat, wurde aufgrund von Ähnlichkeiten in den Vorreden beider Werke erwogen – ist aber nicht erwiesen und würde überdies nicht sehr viel weiter führen, da dessen erschlossene Lebenszeit zu Beginn des 14. Jahrhunderts auch nur auf einem hypothetischen Konstrukt beruht. Dem lateinischen Vorwort des 'Horologium devotionis' ist weiterhin zu entnehmen, daß dieses Andachtsbuch zunächst in der Volkssprache verfaßt und erst später in das Lateinische übersetzt worden ist (*… unum libellum Teutonica lingua composui quem Horologium devotiones nominavi*). Ursprünglich hatte man demnach auf eine Leserschaft in Laienkreisen abgezielt. Wohl um dieser das meditative Versenken in die Leidensgeschichte Christi zu erleichtern, wurde der Text mit Bildern versehen (4ᵛ *Das bild christi ansehen in der gestalt als denn yetliche stund vordert vnd hieby funden wurt*).

Dem Gebetszyklus liegt eine Zeitstruktur zugrunde, die sich an den zwölf Stunden des Tages und der Nacht orientiert. Im Stundentakt sollen jeweils ein bis drei Stationen der Lebens- und Leidensgeschichte Christi rekapituliert werden: Dabei wird der Bogen von der Verkündigung über die Kindheit Jesu, sein Wirken auf Erden und seine Passion bis zum Jüngsten Gericht gespannt. Die einzelnen Abschnitte sind streng didaktisch gegliedert: Nach einer kurzen Anrufung der göttlichen Gnade (*Deus in adiutorium meum intende…*) wird das sogenannte Fundament in Form einer knappen Inhaltsangabe gelegt (*Hilff mir herr Jhesu criste andechtiglich betrachten…*), auf die eine eingehendere meditative Betrachtung folgt, aus der dann der Nutzen für den Menschen gezogen wird, um abschließend in ein Gebet einzumünden. Zu Beginn des Zyklus versinnbildlicht eine kleine Zimmeruhr das zugrundeliegende Zeitmotiv (1ᵛ). Titel und Konzept des Buches spielen auf eine technische Errungenschaft des Spätmittelalters an, nämlich der kleiner stundenschlagender Uhren; da diese jedoch erst im 15. Jahrhundert allgemeinere Verbreitung fanden, dürfte die Entstehungszeit des Werkes wohl eher in dieser Periode zu vermuten sein. Parallel zum fortwährenden Gebet der Kleriker, die sich alle drei Stunden zum Chorgebet versammelten, wurde hier in Idealform ein Gebetspensum für Laien vorgestellt, mittels dessen sie sich die Heilsgeschichte stetig vergegenwärtigen sollten.

Praktisch dürfte jedoch kaum jemand die Gebete so verrichtet haben. In der Vorrede betont der Autor, dem die *anzündung des gemüts* (2ʳ) ein vorrangiges Anliegen war, denn auch eigens, daß jeder Leser nach seinem Fassungsvermögen und seiner inneren Bereitschaft Menge und Abschnitte auswählen solle.

Die erhaltenen Handschriften des 'Zeitglöckleins' und des 'Horologium devotionis' stammen überwiegend vom Ende des 15., Anfang des 16. Jahrhunderts. Nur drei Codices lassen sich etwas früher datieren, nämlich in das 2. Viertel (Weimar, Herzogin Anna Amalia Bibliothek, Oct. 49; vgl. demnächst: Bibliographien und Kataloge der Herzogin Anna Amalia Bibliothek. Die lateinischen Handschriften bis 1600. Bd. 1: Die Signaturengruppen Fol max, Fol und Oct. Bearb. von B. C. BUSHEY), 2. Drittel (St. Gallen, Stiftsbibliothek, Cod. 1142, S. 13–46; Hinweis von N. F. Palmer, auf den die Identifizierung des Textes und der Datierungsvorschlag zurückgeht) bzw. in die Mitte des 15. Jahrhunderts (Kassel, Landesbibliothek, 4° Ms. theol. 97; vgl. künftig K. WIEDEMANN: Manuscripta theologica. Die Handschriften in Quarto [Die Handschriften der Gesamthochschul-Bibliothek Kassel, Landesbibliothek und Murhardsche Bibliothek der Stadt Kassel]). Größere Verbreitung hat das Werk offenbar erst durch den Buchdruck gefunden: Von 1488 an erschienen bis zur Jahrhundertwende allein sieben deutsche sowie sechs lateinische Ausgaben (GW 4166–4177, HAIN 16280), die allesamt illustriert wurden; die Anzahl der Bilder schwankt dabei zwischen 14 und 42. Die meisten überkommenen Handschriften scheinen von den Drucken abgeschrieben worden zu sein, wobei man nolens volens auf Bilder verzichtet hat (so z. B. Berlin, SBB-PK, Ms. germ. quart. 1817 nach GW 4169 oder Stockholm, Kungliga Biblioteket, Til. Ty. 2 nach GW 4171). Die vorliegende Handschrift ist die einzig bekannte deutschsprachige mit einem Illustrationszyklus, die überdies eine interessante Mittlerfunktion zwischen drei verschiedenen Druckausgaben einnimmt: Bevor die Handschrift 1935 von der Staatsbibliothek erworben wurde, barg sie fünf Holzschnitte, die in der ersten deutschen (Kirchheim im Elsaß: [Marcus Reinhard, um 1491]), und 28 Holzschnitte, die in der zweiten deutschen Ausgabe (Basel: [Johann Amerbach] 1492) Verwendung fanden. Diese müssen zwischen 1934–1935 herausgelöst und durch Holzschnitte aus einem Frühdruck ersetzt worden sein (Ulrich Pinder: *Der beschlossen gart des rosenkranzes marie.* Nürnberg: [Friedrich Peypus für Ulrich Pinder], 9. 11. 1505) – vermutlich, weil man die ursprünglichen Holzschnitte, deren Rückseiten unbedruckt waren, als Probeabzüge bzw. Einblattdrucke für besonders wertvoll

Kat. 141, 37ʳ

erachtete und deshalb separat veräußert hat (fünf davon befinden sich heute in Washington, National Gallery of Art, The Rosenwald Collection, B-3422a bis B-3422e). Kein Interesse hegte man dagegen für die acht Federzeichnungen, die den Zyklus eröffnen: Fünf von ihnen sind qualitätvolle Vorzeichnungen für die Holzschnitte der sechsten deutschen Ausgabe ([Reutlingen: Michael Greiff, um 1494]), drei weitere hingegen grobe Nachzeichnungen nach ebenjener Ausgabe, die – wie die Holzschnitte – nur eingeklebt sind. Ein Versehen des Zeichners hatte vermutlich zur Aufgabe seiner Bemühungen geführt: Nachdem er auf 31ʳ ein Bildfeld übersprungen hatte, rutschte die Darbringung im Tempel an die Stelle, die für die Flucht nach Ägypten vorgesehen war (37ʳ). Nach Entdecken des Fehlers wurde die Zeichnung kurzentschlossen mit dem entsprechenden Holzschnitt aus der Basler Ausgabe von 1492 überklebt; der Einfachheit halber ist man dann wohl so weiter verfahren. Die falsch plazierte Zeichnung, die unbeabsichtigt erst wieder beim Entfernen der Holzschnitte ent-

Kat. 142, 12ᵛ/13ʳ

deckt wurde, ist deshalb die einzige der fünf Vorzeichnungen, die unkoloriert geblieben ist.

LAMPERT, HANS OTTO: *Beschreibung von 23 bei Degering nicht mehr erfaßten Handschriften der ehemaligen Preußischen Staatsbibliothek Berlin. Magisterarbeit Tübingen 1970 (Typoskript),* S. 70–74. – BAUMEISTER, ENGELBERT: *Formschnitte des fünfzehnten Jahrhunderts in den Sammlungen des fürstlichen Hauses Oettingen-Wallerstein zu Maihingen. Bd. 2 (Einblattdrucke 52).* Straßburg 1920, S. 10–11, Nr. 30–34. – Karl & Faber, München, 11. Mai 1934. *Auktion IX: Bibliophile Kostbarkeiten aus den Bibliotheken S. D. d. Fürsten Öttingen-Wallerstein in Maihingen und des Augsburger Patriziers Marcus Fugger (III. Teil) und Beiträge aus anderem Besitz,* S. 11, Nr. 62. – WECK, HELMUT: *Art. Berthold,* in: ²VL 1, 1978, Sp. 801–802. – *Kat. deutschsprach. illustr. Hss. 5,* S. 96–102, Nr. 43.1.28., Abb. 49–51 *(Lit.).*

RC

142 Bertholdus: Zeitglöcklein des Lebens und Leidens Christi

Nürnberg: Friedrich Creussner, 6. IV. 1493, 8°
Papier, 126 Bll., 18 × 13,5 cm
Vorbesitzer: Exlibris Karl Hartwig Gregor de Meusebach 1850 (CROUS, Bücherzeichen Nr. 27).
SBB-PK, Inc. 1819

Aufgeschlagen Bl. 12ᵛ/13ʳ: Holzschnitt von Christi Geburt.

1ʳ Titel, 1ᵛ leer, 2ʳ Bertholdus: Zeitglöcklein des Lebens und Leidens Christi, Bl. 127 und 128 fehlen; Pappeinband mit Supralibros der Königl. Bibliothek.

Da die Bilder die Leser nach dem Wunsch des Autors gefühlsmäßig auf seine Meditationen über die Leidensgeschichte Jesu Christi einstimmen sollten (vgl. Nr. 141), verließen alle Drucke des „Zeitglöcklein" die Presse illustriert, die deutsche Originalfassung sowie die lateinische Übersetzung. Einige Frühdrucker verwendeten (aus Rentabilitätsgründen) ihre Serien mehrfach, und zwischen einzelnen auch in unterschiedlichen Städten ge-

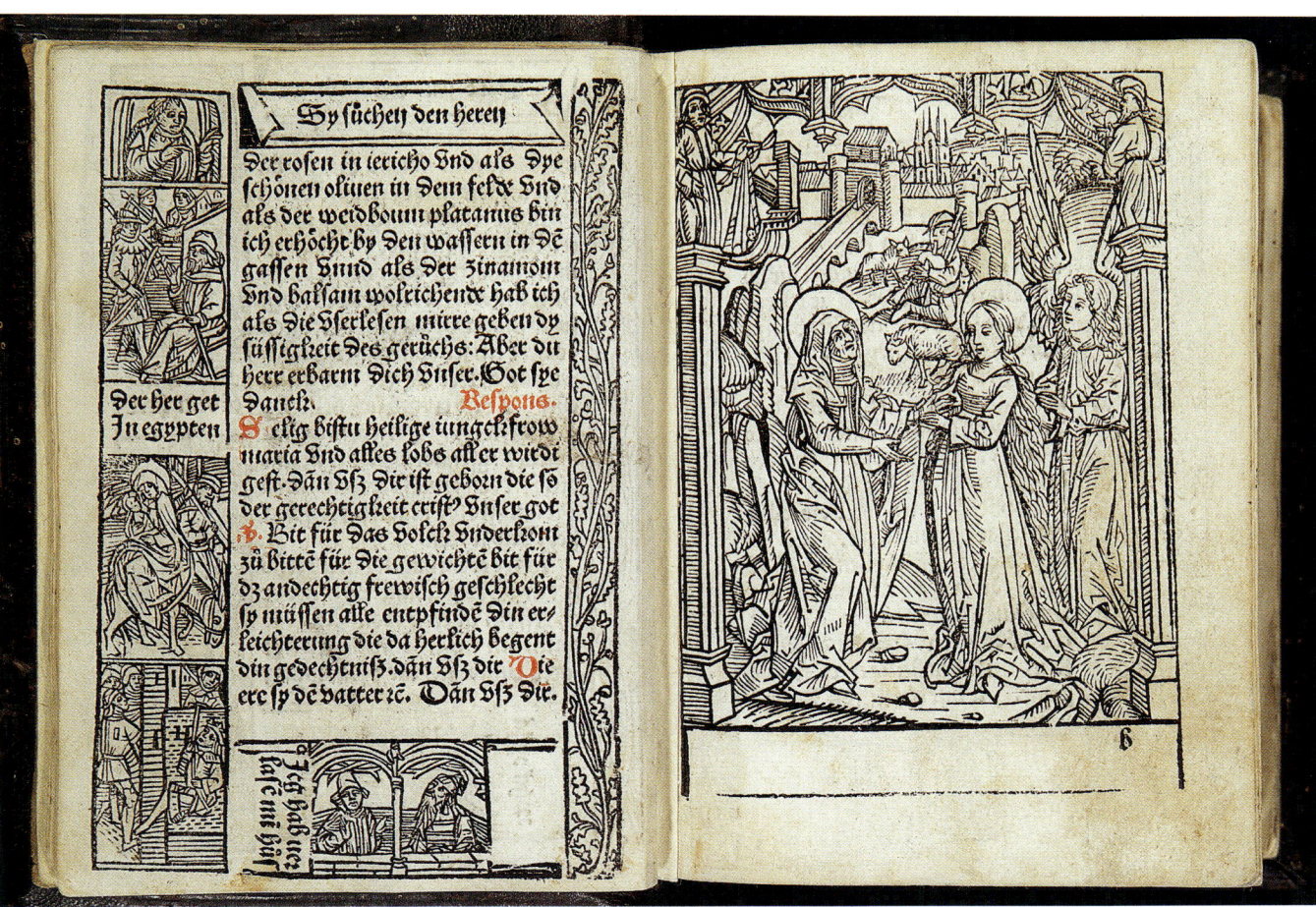

Kat. 143, a$_{viij}^{v}$/b$_j^r$

nutzten Folgen bestehen Abhängigkeiten, da die Künstler oft Vorlagen anderer kopierten.

Besonderes Interesse haben in letzter Zeit Holzschnitte gefunden, die zuerst in dem lateinischen Druck Friedrich Creussners in Nürnberg (11.V.1489, GW 4174) verwendet und in der deutschen Ausgabe vom 6.IV.1493 (GW 4169) der gleichen Offizin wiederholt wurden. Für einen Teil dieser Folge hat die Forschung den jungen Albrecht Dürer ins Gespräch gebracht, doch wird diese These heute auch skeptisch beurteilt.

Eine kunsthistorische Erörterung dieser Problematik kann hier nicht erfolgen. Es kann nur wiederholt werden, daß die Kunstgeschichte neue Akzente gegenüber der Nürnberger Werkstatt von Dürers Lehrer, Michael Wolgemut, beobachtet hat. Unser Inkunabelexemplar ist nach der Gewohnheit der Zeit z.T. mit Deckfarben koloriert, was nach unserem Gefühl die graphische Qualität gerade dieses Werks beeinträchtigt, da die Lineamente darunter nicht mehr zu erkennen sind. Vielleicht glaubte man damals aber, durch starke Farben die emotionelle Wirkung zu steigern?

GW 4169. – HAIN 16279. – VB 1819. – Albrecht Dürer 1471–1971. Ausstellung des Germanischen Nationalmuseums, Nürnberg, 21. Mai – 1. Aug. 1971. 2. Aufl. München 1971. Nr. 109 und 367. – Albrecht Dürer. Woodcuts and Wood Blocks. Ed. WALTER L. STRAUSS. New York 1979(1980) Nr. 4.

HN

143 Stundenbuch nach dem Gebrauch von Rom

[Kirchheim: Marcus Reinhard], 1491, 8°
Papier, 121 [von 132] Bll., 13 × 9,5 cm
Vorbesitzer: Laut Eintrag auf dem Vorsatzblatt hat das Buch Johann Schindberger [oder Schnidberger] zu Buchhorn (?) 1616 Weslo (?) Schindberger [oder Schnidberger] aus Überlingen geschenkt; später im Besitz eines Dr. Gresser (I^v); seit 1947 im Bestand der Staatsbibliothek nachgewiesen, damals Öffentliche Wissenschaftliche Bibliothek Berlin geheißen (im Magazin aufgefunden).
SBB-PK, Inc. 1214.20

Aufgeschlagen Bl. a$_{viij}^{v}$/b$_j^r$: Ende der 3. Lesung zur Matutin des Marienoffiziums mit figurativer Holzschnittbordüre der Gruppe II, gegenüber Holzschnitt mit der Heimsuchung.

a$_j^v$–e$_{viij}^r$ Kleines Marienoffizium, e$_{viij}^r$–f$_{ij}^v$ Beichte, f$_{ij}^v$– f$_{vj}^r$ Offizium vom Leiden Christi, f$_{vj}^r$–f$_{viij}^v$ Offizium vom Hl. Geist, [A$_j^r$]–A$_{vj}^v$ Totenvesper, A$_{vj}^v$–D$_{vj}^r$ Totenvigil, D$_{vj}^v$–F$_{iij}^v$ Sieben Bußpsalmen mit Litanei und Fürbitten, F$_{iiij}^r$–F$_{viij}^r$ Gebete zur Dreifaltigkeit, zum Antlitz Christi, F$_{viij}^v$–G$_{vij}^r$ Mariengebete, G$_{vij}^v$–J$_{ij}^v$ Heiligensuffragien, J$_{v–ij}^v$–K$_j^r$ Gebet zum hl. Kreuz, K$_j^r$–K$_{ij}^r$ Gebet zur Elevation von Brot und Kelch, K$_{ij}^v$–K$_{iij}^r$ Kommuniongebete, K$_{iiij}^r$ Inhaltsverzeichnis, Kolophon *Gedruck zů cleinen troya da man zalte von der geburt cristi 1491*, K$_{iiij}^v$ leer; 13 große [von 16] und 28 kleine Holzschnitte, zahlreiche figurative Holzschnittbordüren; brauner, abgenutzter Ledereinband mit zwei Platten und anderen Stempeln, Rücken erneuert, Ende 16. Jh.

Gedruckte Stundenbücher in Deutschland sind selten, deutschsprachige allzumal. Konrad Fyner brachte um 1480 in dem schwäbischen Städtchen Urach, dem damaligen Regierungssitz des württembergischen Hofes, den ersten deutschsprachigen Druck heraus – allerdings noch ohne jedweden Buchschmuck (COPINGER 4841; Exemplar in Berlin: SBB-PK, 8° Ink. 2676). Etwa fünf Jahre später wurde in Köln das erste mit drei Holzschnitten verzierte Stundenbuch verlegt (SCHREIBER 4061). Aber erst Marcus Reinhart im elsässischen Kirchheim wagte es 1490 / 1491, einen Druck derart opulent auszustatten, wie dies 1490 in Paris in Mode kam und sich dort zum Standard ausbilden sollte: Neben 44 Holzschnitten diversen Formats wurde nämlich bei vorliegender Inkunabel fast jede Seite mit figurativen Holzschnittbordüren verziert (in Frankreich gilt die Ausgabe Paris: Antoine Vérard, 20. 8. 1490, nach Auskunft von C. Zöhl als frühester Druck mit historisierten Bordüren). Thematisch lassen sich die Randeinfassungen zu drei verschiedenen Folgen zusammenfassen: I. Wilde Männer und Frauen, Kinderspiele, Engel, Wurzel Jesse, diverse Ranken ([Aa$_{iij}^r$–Aa$_{viij}^v$]). II. Gottvater als Weltenschöpfer, Heilsgeschichte mit jeweils zwei typologischen Typen (49teilig: von der Mariengeburt bis zum Marienpreis), Propheten (als Paare und einzeln), Banderolen, Ranken (a$_{ij}^v$–f$_{viij}^v$, E$_{viij}^v$–K$_{iiij}^r$). III. Totentanz (A$_j^v$–E$_{iiij}^v$).

Um 1490 / 1491 hatte Marcus Reinhard bereits zwei lateinische Stundenbücher verlegt (BOHATTA I 455; SCHREIBER 4573), die sich aber in Hinblick auf Auswahl und Anordnung der Texte von der deutschen Edition unterscheiden. Die erste lateinische Ausgabe verfügt überdies noch nicht über die ausführlichen Bordürenzyklen II und III. Diese sind erst bei der zweiten lateinischen Ausgabe zum Ausstattungsprogramm hinzugekommen. Obgleich undatiert muß letztgenannter Druck noch vor dem deutschen erschienen sein: Der Holzschnitt mit der Heimsuchung, der eigentlich die Laudes des Marienoffiziums zu eröffnen hätte, geriet beispielsweise bei der deutschen Ausgabe fälschlich in den Abschnitt der vorausgehenden Tagzeit. Vermutlich wurde das aufwendige Holzschnittprogramm in einem separa-

ten Arbeitsgang vor dem Text gedruckt. Dabei berechnete man den Platz, der für den Text erforderlich war, anhand der zweiten lateinischen Ausgabe. Dort steht der Holzschnitt mit der Heimsuchung wie in der deutschen Ausgabe auf Blatt b$_j^r$ – allerdings korrekt zu Beginn der Laudes. Eine von SCHREIBER um 1495 angesetzte zweite deutsche Ausgabe dieses Stundenbuches weist diesen Fehler zwar ebenfalls auf (SCHREIBER 4569); wahrscheinlich ist das seiner Beschreibung zugrunde liegende St. Gallener Exemplar jedoch identisch mit der Ausgabe von 1491. Holzschnittmaterial und Satz jedenfalls scheinen übereinzustimmen, ausgerechnet die Ecke mit der Jahreszahl auf Blatt K$_{iiij}^r$ aber ist in dem vermeintlich späteren Druck abgerissen.

Für die Jahre von 1485 bis 1517 lassen sich nur zehn deutschsprachige illustrierte Stundenbuchdrucke nachweisen: Neben dem Kölner Druck und der Kirchheimer Ausgabe kennt man noch verschiedene niederdeutsche Ausgaben: Vier davon kamen in Lübeck, zwei weitere in Paris – eine davon vermutlich in Kommission für Ghert Weghener in Lübeck (SBB-PK, Dv 7870 R.) –, zwei weitere in Leipzig heraus. In Süddeutschland hat es nach Marcus Reinhard offenbar kein Drucker mehr unternommen, ein volkssprachiges Stundenbuch zu verlegen. Diese Gebetbuchform scheint dort von den 1498 zum ersten Mal in Straßburg auf Latein, nachfolgend auch auf Deutsch herausgekommenen 'Hortulus animae'-Drucken vollkommen verdrängt worden zu sein, einer ausnehmend erfolgreichen Gebetsanthologie, die neben wesentlichen Stundenbuchelementen – wie dem Kalender, dem Marien- und Totenoffizium und den sieben Bußpsalmen – zahlreiche andere Gebetstexte bereit hielt und noch reichhaltiger mit Buchschmuck ausgestaltet war (vgl. M. C. OLDENBOURG: Hortulus animae [1494]–1523. Bibliographie und Illustration. Hamburg 1973).

Das Berliner Exemplar von Marcus Reinhards deutschem Stundenbuch ist nicht ganz vollständig: Am Anfang fehlt eine ganze Lage ([Aa$_j$] bis [Aa$_{viij}$]), weiter hinten drei einzelne Blätter (c$_{iij}$, A$_j$ und A$_{viij}$). Nach anderen Exemplaren zu schließen, ist zu Beginn ein Titelblatt, ein Holzschnitt mit Aderlaßmann samt Erläuterungen und ein Kalender zu ergänzen. Auf c$_{iij}$ dürfte ein Holzschnitt mit der Geburt Christi die Prim des Marienoffiziums eröffnet und auf A$_j$ die Auferweckung des Lazarus der Totenvesper vorangestanden haben, so daß insgesamt 16 große Holzschnitte die Inkunabel schmückten.

Die Kirchheimer Drucke sind wahrscheinlich von französischen Inkunabeln angeregt worden. Dafür spricht zum einen die Biographie von Marcus Reinhard, der von 1477 bis 1482 in Lyon eine Druckerei betrieben hat und sich erst 1489 – nach einem Aufenthalt in Straßburg bei seinem Bruder Johannes Grüninger (alias Johannes Reinhard) – in Kirchheim niedergelassen hat, sowie zum anderen das Gebet zum hl. Bischof Claudius von Besançon (H$_{viij}$–J$_j$), dessen Gedenktag am 6.6. z. B. in Lyon als festum fori begangen wird. In Lyon selbst war bis 1490 allerdings nur ein Stundenbuch erschienen (Lyon: Jean Du Pré, 11. 4. 1490), welches nicht die unmittelbare Vorlage abgegeben hat. Bisher konnte aber auch unter den zahlreichen Pariser Drucken weder für die lateinische noch für die deutsche Version das konkrete Vorbild ausfindig gemacht werden. Allein für einige Holzschnitte lassen sich dort motivische Übereinstimmungen entdecken, so in den Stundenbüchern des Jean Du Pré – der wohl nicht mit dem Lyoneser Jean Du Pré identisch ist – (vgl. z. B. Johannes auf Patmos; die Verkündigung, umrahmt von der Wurzel Jesse; die beiden sich mit Windrädern befehdenden Kinder auf Steckenpferden mit Paris: Jean Du Pré, [um 1488]), des Philippe Pigouchet (vgl. Gottvater als Weltenschöpfer mit [Paris]: Philippe Pigouchet für E., J. u. G. de Marnef, [um 1489]) oder des Antoine Vérard (vgl. die drei Lebenden und die drei Toten mit Paris: Antoine Vérard, 3. 4. 1488 [1489]). Für die Totentanzbordüren – obgleich französisch im Aussehen und ob des dunklen Hintergrundes wohl von Metallschnitten kopiert – hat sich bis heute kein früherer französischer Beleg aufzeigen lassen. Marcus Reinhards Stundenbücher aus den Jahren [1490/1491], 1491 stellen hierfür die ältesten Zeugnisse dar. Für den heilsgeschichtlichen Bordürenzyklus findet sich die nächste Parallele ebenfalls erst einige Jahre später, wiederum in einem Druck des Jean Du Pré (Paris: Jean Du Pré, 17. 5. 1495). Da dort allerdings bereits vier Bildstreifen fehlen (Kreuzigung, Grablegung, Christus erscheint den Aposteln, Himmelfahrt Christi), steht zu vermuten, daß der für Reinhard maßgebliche Prototyp heute wohl verloren ist.

COPINGER 3125. – [WINTER, URSULA]: Ms. germ. oct. 1251, in: Handschriftenkataloge der Königlichen und Preussischen Staatsbibliothek Berlin (Dienstkataloge 10,5), 17+2 Bll. (Typoskript). – MASSMANN, H. F.: Literatur der Todtentänze, [Teil 2], in: Serapeum II (1841), S. 161–223, hier S. 219–220. – PROCTOR, ROBERT: Marcus Reinhard and Johann Grüninger, in: Bibliographical Essays. London 1905, S. 19–38, fig. 6. – LACOMBE, PAUL: Livres d'heures imprimés au XVe et au XVIe siècle conservés dans les bibliothèques publiques de Paris. Paris 1907, S. 337–338, Nr. 544. – SCHREIBER, WILHELM LUDWIG: Catalogue des incunables a figures imprimes en Allemagne, en Suisse, en Autriche-Hongrie et en Scandinavie. Bd. 1–2 (Manuel de l'amateur de la gravure sur bois et metal au XVe siècle IV, V). Leipzig 1910–1911, Bd. 1, S. 244, Nr. 4060. – [CLEMEN, OTTO]: Horae nostrae dominae secundum ecclesiae Romanae. Kirchheim i. E., Markus Reinhard c. 1490 (Zwickauer Facsimiledrucke 22). Zwickau 1913, S. 5–6. – BOHATTA, HANNS: Bibliographie der Livres d'Heures, Officia, Hortuli animae, Coronae B.M.V., Rosaria und Cursus B.M.V.

des 15. und 16. Jahrhunderts. Wien ²1924, S. 59, Nr. 1481. – BEER, JOHANNES: Die Illustration des Lebens Jesu in den deutschen Frühdrucken (c. 1460–1500). Göttingen 1929, S. 72–73. – GELDNER, FERDINAND: Die deutschen Inkunabeldrucker. Ein Handbuch der deutschen Buchdrucker des XV. Jahrhunderts nach Druckorten. Bd. 1: Das deutsche Sprachgebiet. Stuttgart 1968, S. 277–279. – Katalog der Bibliothek Otto Schäfer Schweinfurt. Teil 1: Drucke, Manuskripte und Einbände des 15. Jahrhunderts. Bearb. von MANFRED VON ARNIM. Stuttgart 1984, 1. Halbbd., S. 342–345, Nr. 161. – Antiquariat Dr. Jörn Günther, Katalog 2: Fünfundzwanzig frühe deutsche Drucke (1471–1554), Hamburg 1995. S. 85–89, Nr. 23.

RC

144 Mariengebetbuch

Süddeutschland (Text), Gent (Miniaturen, Einband), letztes Viertel 15. Jh.
Pergament, 213 Bll., 15,5 × 11 cm
Vorbesitzer: Laut Eintrag auf dem hinteren Innenspiegel 1571 im Besitz von *suster kunner van Coppen van ner emmerich*, die das Buch von ihrer Freundin Magdalena von Moers (1522–1567), geb. Gräfin von Nassau, erhalten hat; 1835 mit der Sammlung des preußischen Generalpostmeisters und späteren Staatsministers Carl Ferdinand Friedrich von Nagler (1770–1846) in das Kupferstichkabinett gelangt.
SM-PK KK, 78 B 11

Aufgeschlagen Bl. 66^v/67^r: Beginn der Komplet des Marienoffiziums, gegenüber Miniatur mit dem bethlehemitischen Kindermord.

1^r–12^v Kalender, 13^v–72^r Kleines Marienoffizium, 72^v–177^r Mariengebete, 177^v–210^r Edmund von Canterbury, Marienpsalter; 13 ganzseitige Miniaturen, sieben weitere herausgeschnitten, 33 Gent–Brügger Streublumenbordüren, zahlreiche Buchmalerinitialen; brauner Ledereinband mit Fabelwesen, Tierfriesrolle, umgeben von Schrift *Ora pro nobis sancta/dei genitrix vt/digni efficiamur promis/sione xpristi*, von Joris van Gavere, Gent (Rücken erneuert), Ende 15., Anfang 16. Jh.

In einer Rubrik auf 142^r heißt es über das nachstehende Mariengebet dieses sei *gefunden worden zu Crockaß in vnser frauen kirchen*. Leider läßt sich diese Angabe, die für die Lokalisierung höchst aufschlußreich wäre, nicht zweifelsfrei verifizieren: BODO BRINKMANN schlug vor, den Ort mit dem oberfränkischen Trockau gleichzusetzen – für den allerdings keine Marienkirche nachgewiesen ist. Der Kalender enthält keine spezifischen Hinweise (einiges spricht für die Diözese Augsburg, anderes eher für Konstanz), er wurde aber auch erst später vorgeschaltet, denn er ist von anderer Hand in einer flämischen Bastarda geschrieben. Das Marienoffizium folgt einem Typus, der offenbar in ganz Süddeutschland verbreitet gewesen ist und dessen genaue Bestimmung bisher noch nicht gelungen ist. Mit Sicherheit kann nur davon ausgegangen werden, daß die Lagen nach Beendigung der Schreibarbeiten zum Ausmalen und Binden nach Gent gesandt wurden. Dort müssen in einer Werkstatt

Kat. 144, 66ᵛ/67ʳ

aus dem Umkreis des Maximilian-Meisters (benannt nach einem Gebetbuch Kaiser Maximilians I. in der Österreichischen Nationalbibliothek in Wien: Cod. 1907) 20 ganzseitige Miniaturen als Einzelblätter in den fortlaufend geschriebenen Text der Handschrift eingefügt und mit Initialen und Bordüren komplettiert worden sein. Aus dieser über eine weite Distanz erfolgten Arbeitsteilung dürften die Unstimmigkeiten im Layout resultieren: Entgegen flämischen Gepflogenheiten stehen die ganzseitigen Miniaturen zu Beginn eines Textes nämlich nicht auf verso-Seiten, sondern je nachdem, wo das Incipit eines neuen Abschnitts hinfiel, gerieten die dazugehörigen Bilder auf die gegenüberliegende Seite. So hebt die Komplet des Marienoffiziums auf 66ᵛ an, folglich mußte die dazugehörige Illustration aus der Kindheitsgeschichte Christi, der bethlehemitische Kindermord, notgedrungen auf die rechte Seiten geraten (67ʳ), derweil die Rückseite frei blieb und auf diese Weise den Lesefluß unschön stört. Irritierend wirkt auch der in schwungvoller Bastarda geschriebene Text mit leich-

tem Flatterrand rechts gegenüber den nach strengem Reglement ausgeführten Initialen. Auch die vierseitigen Bordüren, die um Text- und Bildfeld gelegt wurden, vermögen hier keine harmonische Einheit mehr zu stiften. Jedoch lenkt das grausige Geschehen bei der hier aufgeschlagenen Miniatur von diesen ästhetischen Schwachpunkten ab: Vor einer idyllisch gelegenen Wasserburg hauen und stechen zwei Soldaten mit Säbeln und Schwertern in heftiger Agitation auf zwei bereits niedergestürzte Frauen mit ihren Kindern ein.

Während die Miniaturen zum großen Teil einem Vorlagenschatz entlehnt sind, der einige Jahre zuvor in der Werkstatt des Meisters der Maria von Burgund angelegt worden ist – wenn er nicht sogar zum Teil noch älter ist (vgl. demnächst hierzu Eberhard König) – und über den Maximilianmeister weiter bis zu Simon Bening tradiert worden ist, repräsentieren die Bordüren eine jüngere Entwicklungsstufe innerhalb der Gent–Brügger Buchmalerei: Plötzlich wölben sich Akanthusranken, die vordem plan auf dem Blatt lagen, plastisch hervor, über die

Seite verstreute Beeren und Blüten werfen zarte Schatten, zwischen denen sich Falter flüchtig niedergelassen haben. Diese Form von Wirklichkeitserfassung bis hin zur Augentäuschung ist eine Neuerung, zu deren Verbreitung der Maximilianmeister als einer der ersten mit beigetragen hat.

Eine weitere Besonderheit dieses Gebetbuches besteht in dem Umstand, daß alle Texte ausschließlich Maria gewidmet sind. Dabei ist der größte Textblock, eine deutsche Übertragung des Marienpsalters des Edmund von Canterbury (177^v–210^r), bislang der Forschung nicht bekannt gewesen.

WESCHER, S. 172. – WINKLER, FRIEDRICH: *Die flämische Buchmalerei des XV. und XVI. Jahrhunderts. Künstler und Werke von den Brüdern van Eyck bis zu Simon Bening.* Leipzig 1925, S. 103, 113, 158. – BIERMANN, ALFONS W.: *Die Miniaturhandschriften des Kardinals Albrecht von Brandenburg (1514–1545),* in: *Aachener Kunstblätter 46 (1975),* S. 15–310, hier S. 63, 92, 119, Abb. 57, 63, 113, 155, Anm. 293. – DE WINTER, PATRICK M.: *A Book of Hours of Queen Isabel la Católica,* in: *The Bulletin of the Cleveland Museum of Art 67 (1981),* S. 342–427, hier S. 388, Abb. 93, S. 424. – TESTA, JUDITH ANNE: *The Beatty Rosarium. A manuscript with miniatures by Simon Bening (Studies and facsimiles of Netherlandish Illuminated Manuscripts.* Hg. von JAMES H. MARROW*). [Kommentarbd. zum Faksimile].* Graz 1986, S. 135, Anm. 2. – BRINKMANN, BODO: *Die flämische Buchmalerei am Ende des Burgunderreichs. Der Meister des Dresdener Gebetbuchs und die Miniaturisten seiner Zeit (Ars nova. Studies in Late Medieval and Renaissance Northern Painting and Illumination.* Hg. von MARYAN W. AINSWORTH und EBERHARD KÖNIG*). Text- und Tafelbd.* Turnhout 1997, Textbd. S. 181, Anm. 120, S. 375–376, Textabb. 106. – *Kat. deutschsprach. illustr. Hss. 5,* S. 62–68, Nr. 43.1.18., Taf. X, XI (Lit.).

RC

145 Gebetbuch des Matthäus Schwarz

Augsburg, 1521
Pergament, 60 Bll., 12 × 8,5 cm
Vorbesitzer: Gemäß Wappen (I^v, 4^v, 7^v, 10^v, 16^v, 25^v, 30^v, 32^v, 36^r, 38^v, 54^v, 59^v) und Inschrift auf I^v für Matthäus Schwarz (1497–1574), Buchhalter der Fugger in Augsburg, gefertigt; 1835 im Besitz des Expedits-Directors der k.k. Landesregierung zu Linz Moriz Wimmer in Steyer; 1854 an das Prämonstratenser-Chorherren-Stift Schlägl verkauft; 1936 vom Kupferstichkabinett erworben.
SM-PK KK, 78 B 10

Aufgeschlagen Bl. 30^v/31^r: Miniatur mit der Anbetung des Kindes durch Maria und Matthäus Schwarz, gegenüberstehend Mariengebet.

1^r–27^v Zehn Gebote, Gebete zur Dreifaltigkeit, Psalm 50 (4. Bußpsalm), Auslegung des Pater noster, Bedas Gebet von den sieben letzten Worten Christi am Kreuz, Gebet, vor einem Kruzifixus zu sprechen (Ablaßgebet), Credo, dt., Passionsgebete, Acht Verse St. Bernhards, 27^v–46^v Mariengebete, 46^v–50^v Heiligengebete, 51^v–53^v Seelengebete, 54^v–57^v Kommuniongebete, 57^v–59^r Gebet zum Jüngsten Gericht; 14 Miniaturen, sieben weitere herausgeschnitten, sechs ganzseitige Porträts, zehn trompe-l'œil-Abbildungen von Plaketten

und Medaillen, sieben historisierte Initialen, 21 vierseitige Bordüren; roter Ledereinband mit Goldaufdruck à l'éventail, 18. Jh.

Das Gebetbuch des Matthäus Schwarz ist ein Kuriosum, und zwar nicht wegen seines Textinhalts – der sich aus katechetischen Grundbausteinen wie den zehn Geboten, dem Credo, Magnificat, Salve regina oder Auslegungen des Pater noster bzw. Ave Maria zusammensetzt –, sondern vielmehr aufgrund seiner einzigartigen Ausstattung. Das schmale Bändchen, das nur 60 Blätter umfaßt, bietet auf 14 Seiten Miniaturen religiösen Inhalts, in die zumeist der Auftraggeber als kleine Staffagefigur integriert worden ist (4^v, 7^v, 10^v, 16^v, 25^v, 30^v, 32^v, 38^v, 42^v, 52^r, 54^v), auf sechs weiteren Seiten Porträts vom Auftraggeber (in Halb- und Ganzfigur) sowie von vier bekannten Augsburger Stadtstreichern (!) und auf zehn Seiten trompe-l'œil-Abbildungen von italienischen Plaketten bzw. Medaillen mit antiker oder mythologischer Thematik. Das Werk diente dem Eigentümer wohl nicht so sehr zur Andacht, als vielmehr zum Renommieren. Auf 20^v jedenfalls hat er betrübt vermerkt *Am Reichstag 1548 zu Augspurg, liehe ich diß Büechlein Herrn Ant° Bischoff zu Arras* [Antoine Perrenot de Granvelle, 1517–1586] *vnd Fra Pietro de Sotto kö. kay. mt. Confessor* [Pedro de Soto, Beichtvater Karls V.]*, da seind mir 7 stückh gestolen vnd herausgeschnitten, so ains in das ander… fl. kost hat…, erstlich alda ist gestannden Sanct Gregoris Ambt hallter nachmalen b. Maria historj, nachmalen mein Engel vnd Patron mit 6 Bildern. Das jüngst gericht, Adam vnd Eva Im Paradeis, Davit mit Urias, diser Adam vnd Davit waren fast kunstlich gemacht.* Eine Folge dieser dreisten Plünderung könnte die Numerierung der in den Bordüren ausgelassen herumspringenden Putten gewesen sein (bei der hier aufgeschlagenen Seite wurden sieben als Nr. 24 bis 30 gezählt).

Der kunstsinnige Auftraggeber, dem wir eine kostümgeschichtliche Quelle ersten Ranges verdanken (das Braunschweiger Trachtenbuch, in dem er sich Jahr für Jahr in seinem neuesten Gewand abbilden ließ: Braunschweig, Herzog Anton Ulrich-Museum, Hs. 27 Nr. 67a), war Buchhalter der Fugger in Augsburg und hatte in seiner Jugend selbst Ambitionen als Künstler gehabt (vgl. LIEB, S. 86). Die Wertschätzung künstlerischen Könnens zeigt sich nicht nur in der obigen Formulierung, die verlorenen Miniaturen seien sehr kunstvoll gefertigt gewesen, sondern auch in der Wahl des ausführenden Buchmalers Narziß Renner (die Miniaturen auf I^v, 7^v, 10^v, 16^v, 17^r, 25^v, 33^r, 42^v sind mit seinem Monogramm signiert). Wenn dieser zuweilen auch in der handwerklichen Ausführung etwas nachlässig war, zeichnete er sich doch durch eine eigenwillige Origina-

Kat. 145, 30ᵛ/31ʳ

lität aus. Für das vorliegende Projekt hat er sich verschiedenste Vorlagen dienstbar gemacht: So nutzte er graphische Blätter von Albrecht Altdorfer, Albrecht Dürer, dem Petrarcameister, Hans Sebald Beham, Hans Burgkmair, Lucas Cranach, Girolamo da Treviso, Georg Glockendon d. Ä., Wolf Huber, Lucas van Leyden und Martin Schongauer, um sie für seine Zwecke abzuwandeln.

Grundlage für die hier aufgeschlagene Miniatur mit der Anbetung des Kindes (30ᵛ) war zum Beispiel ein Holzschnitt Albrecht Altdorfers (BARTSCH 49), von dem er die Raumarchitektur und den Ausblick auf die Ruinenlandschaft mit dem heidnischen Götzenbild übernahm. Vom Meublement blieben nur der Thronvorhang und die Deckenlampe erhalten, das raumgreifende Podest, auf dem Maria und ein musizierender Engel ursprünglich saßen, verschwand ebenso wie die hoheitsvolle Säule. Stattdessen wurde ein ebenerdiger Renaissancethron für Maria in den Saal gerückt, von dem aus die vormals statuarisch distanzierte Muttergottes sich nunmehr affektvoll zu dem ihr zu Füßen liegenden Kinde vorlehnt. Der einst vor der Madonna auf die Knie

gesunkene anonyme Beter wurde verkleinert rechts außen an den Rand geschoben. Das beigefügte Wappen gibt ihn nun als Matthäus Schwarz aus, der sich ergriffen über das Christkind beugt.

Für ein anderes Blatt verwendete Narziß Renner eine wilde Donaulandschaft Wolf Hubers (BARTSCH 7), in der sich ursprünglich Georgs Kampf mit dem Drachen abspielte, um darinnen König David einsam in Buße sinnieren zu lassen; im Vordergrund wiederum Matthäus Schwarz als Repoussoirfigur (4ᵛ).

Gegen jedwede Konvention fanden auch zwei Miniaturen im Querformat in das Gebetbuch Eingang: Auf 10ᵛ basiert die weite Panoramalandschaft und der Golgathahügel mit den drei Kreuzen im Hintergrund auf einem Stich Lucas' van Leyden (BARTSCH 74), die rückansichtige Reiterfigur im Mittelgrund stammt jedoch aus Schongauers großer Kreuztragung (LEHRS 9) und das Hündchen vorn im Bild ist Dürers hl. Eustachius entlehnt (BARTSCH 57). Ebenso pasticciohaft verfuhr der Buchmaler bei der letzten Miniatur, einer Darstellung der Susanna im Bade (59ᵛ): Hierfür hat er die von einem

85 x 107,5 cm großen Holzschnitt aus dem Tizian-Um-
kreis stammende Stadtkulisse auf ein Format von 6,5 x
8,5 cm reduziert (vgl. Tiziano e la silografia Veneziana
del cinquecento. Catalogo a cura di M. MURARO e D.
ROSAND. Introduzione di F. BENVENUTI, presentazione
di R. PALLUCOLINI. Venedig 1976, S. 83–84, Nr. 10,
Abb. 39), während die Figur der Susanna aus Albrecht
Altdorfers kleinem Kupferstich 'Venus nach dem Bade'
(BARTSCH 34) nur geringfügig in der Größe zu verringern war (6,2 x 4,1 cm).

Narziß Renner hatte nicht nur eine bunte Kollektion
von aktuellen, zum Teil seltenen graphischen Einzelblättern zur Hand, sondern wohl auch teure Druckwerke
wie etwa den für Kaiser Maximilian I. geschaffenen
'Theuerdank' (vgl. 1ʳ Eberjagd). Auch perspektivische
Lehrbücher wie Georg Glockendons Adaption von 'De
artificiali perspectiva' des Jean Pèlerin standen ihm zu
Gebote (der Kirchenquerschnitt auf 54ᵛ ist daraus entnommen). Daneben muß er Zugang zu einer umfangreichen Sammlung von italienischen Plaketten und Medaillen gehabt haben (mit Arbeiten von Moderno, Cara-
dosso, Giovanni Francesco di Boggio, Fra Antonio da
Brescia, Vittore Gambello gen. Camelio, Giovanni Maria Pomedelli), in der auch ein Modell von der Fugger-

kapelle zu St. Anna in Augsburg stand (vgl. 17ʳ, 55ʳ).
Derartige Kleinplastiken sowie auch die kostbaren Pre-
tiosen und Goldschmiedearbeiten, die auf diversen
Freiräumen und in den Bordüren als Schaustücke in
trompe-l'œil-Manier präsentiert werden (zum Beispiel
der Doppelpokal oben rechts auf 31ʳ oder das dünnwandige
Glasgefäß auf 26ʳ), lassen das Gebetbuch als eine Kunst-
kammer en miniature erscheinen.

HABICH, GEORG: *Das Gebetbuch des Matthäus Schwarz (Sitzungsberichte der Königlich Bayerischen Akademie der Wissenschaften.
Philos.-philol. und hist. Kl., Jg. 1910, 8. Abh.). München 1910. –*
LIEB, NORBERT: *Die Fugger und die Kunst im Zeitalter der hohen
Renaissance (Schwäbische Forschungsgemeinschaft bei der Kommission für Bayerische Landesgeschichte Reihe 4, Bd. 4. Studien zur Fug-
gergeschichte 14. Hg. von GÖTZ FREIHERR VON PÖLNITZ). München
1958, S. 88, 376 (ältere Lit.).* – MERKL, ULRICH: *Buchmalerei in
Bayern in der ersten Hälfte des 16. Jahrhunderts. Spätblüte und End-
zeit einer Gattung. Regensburg 1999, S. 54, 329–335, Nr. 35, Farbabb.
88F, 90F–94F, Abb. 243, 245, 247, 248, 250–254.* – Kat. deutschsprach. illustr. Hss. 5, S. 53–62, Nr. 43.1.17., Taf. XIII (Lit.). –
MERKL, ULRICH: *Narziss Renners Leben und Werk, in: Das deutsche
Gebetbuch der Markgräfin von Brandenburg. Hs. Durlach 2, Badische Landesbibliothek Karlsruhe. Faksimile mit Kommentar von
ULRICH MERKL, UTE OBHOF, MICHAELE NEIDL. Luzern 2002,
S. 21–40, bes. S. 31–32, Abb. 6.*

RC

IX

RECHTSHANDSCHRIFTEN

Deutsche Rechtshandschriften. Anmerkungen zur Verschriftlichung des Rechts

Gesetzgebung, Gesetzbücher und Schriftlichkeit der Rechtskultur gehören so zur alltäglichen Ausstattung der Moderne und der Organisation ihres Staates, daß mancher sich gar nicht vorstellen kann, daß es jemals anders gewesen sein könnte. Am Beispiel von fünfzehn Rechtshandschriften des 13. bis 15. Jahrhunderts aus dem Besitz der Berliner Staatsbibliothek, ausgewählt aus mindestens 150, sollen die Wirkungen des gegen Ende des 11. Jahrhunderts zuerst in Oberitalien einsetzenden Prozesses der Verschriftlichung der abendländischen Kultur auf die mündliche Rechtskultur Deutschlands, vor allem die Nord- und Ostdeutschlands, an einigen Beispielen und Buchtypen kurz beleuchtet werden. Nicht also die Darstellung des gesamten Spektrums der Rechtsliteratur mit all ihren sachlichen und geographischen Facetten, nicht die Literaturgeschichte dieser Werke, die teilweise von anderen längst geschrieben ist, sondern allein ein Teilaspekt der deutschsprachigen Rechtsliteratur, die Verschriftlichung dieses Rechts und gegebenenfalls die Verwissenschaftlichung der Rechtskultur, sind Gegenstand dieser kleinen Skizze.

Zu den Grundgegebenheiten der mittelalterlichen deutschen Rechtskultur gehört bis weit in das 15., teilweise bis in das 16. Jahrhundert hinein seine Mündlichkeit, die Autorität des gesprochenen vor dem geschriebenen Wort. Einer tief und fest in der Schriftlichkeit verwurzelten Kultur wie unserer modernen fehlt es an unmittelbarer Erfahrung sich vorzustellen, wie eine auf dem gesprochenen Wort, auf Mündlichkeit ruhende Rechtskultur sich tatsächlich organisiert und wie Recht sich in ihr konkretisiert. Sie neigt daher dazu, die strukturell und qualitativ fremden Regeln der Oralität im Lichte der Kategorien einer Schriftkultur zu deuten und zu übersehen, daß mündlich oder schriftlich überlieferte Traditionen nicht unterschiedliche Existenzweisen ein und derselben Sache bezeichnen, sondern daß die Sachen selbst im jeweiligen Medium einen qualitativ anderen Charakter annehmen. Wenn Kaiser Friedrich II. im Mainzer Reichslandfrieden von 1235 beklagt, daß man in Deutschland nach von alters her überlieferten Gewohnheiten und ungeschriebenem Recht lebe und Urteile mehr nach willkürlicher Meinung als nach schriftlich festgelegtem Recht treffe, denunziert er nicht nur aus der Perspektive eines auf autoritative Schriftlichkeit zielenden herrschaftlichen modernen Staatsverständnis-

ses mündlich tradierte Rechtsgewohnheiten, sondern enthüllt zugleich einige strukturelle Unterschiede zwischen mündlicher und schriftgestützter Rechtskultur. Das gesprochene Wort als Zentrum jeder oralen Tradition ist flüchtig. Daher basiert mündlich überlieferte Information auf vorhergehender mündlicher Information, die zumindest eine Generation alt ist. Das gilt auch für die mündlich überlieferten Rechtsgewohnheiten des Mittelalters, die Regeln, die alle Beteiligten binden. Diese Gewohnheiten stellen jedoch keine im Prinzip geschlossene, nur ungeschriebene normative Legalordnung, kein umfassendes System von Regeln dar, sondern gründen, wie Jürgen Weitzel herausgearbeitet hat, im Konsens, in der Überzeugung gegenwärtiger Richtigkeit. Sie sind, solange die Rechtsgenossen im unstreitigen Konsens leben, gleichsam unsichtbar. Erst wenn der Konsens zerbricht, erst, wie es im Reichslandfrieden heißt, *in causis et negociis*, erst wenn das Recht zerbrochen ist, im Streit also, wird die orale Rechtsgewohnheit, das Recht sichtbar, und zwar im Gericht. Im öffentlichen und mündlichen gerichtlichen Verfahren wird der Konflikt durch einen neuen Konsens bereinigt, wird also Recht gefunden, geschaffen und konkretisiert. Daher wird im mittelalterlichen Sprachgebrauch – beispielsweise auch dem Eikes von Repgow – 'Recht' in der Mehrzahl der Fälle mit 'Gericht' gleichgesetzt. Schriftloses Recht ist auf das Gericht ausgerichtet. Seine Feststellung liegt in der Hand der Urteiler, der Rechtsgenossen, die, wie der Landfrieden spottet, durch Äußerung ihrer *opinio*, ihrer rechtlichen Auffassung im konkreten Einzelfall, das Recht, das Urteil, das *iudicium*, finden. Das Rechtsgebot, die Durchsetzung des gefundenen Urteils dagegen, die *sententia*, steht einer anderen Person, dem Richter und Herrn zu. Zwischen Urteiler und Richter besteht – anders als im gelehrten Recht des Spätmittelalters und in der Moderne – Gewaltenteilung. Im Unterschied zum schriftlichen Recht, zum Gesetzesrecht, wird in der oralen Rechtskultur keine außerhalb des gerichtlichen Verfahrens schriftlich existierende Norm durch das Gericht als Text ausgelegt und durchgesetzt, sondern die Norm wird im Verfahren für den Einzelfall gefunden und schließlich vollzogen. Der Landfrieden von 1235 hat für diesen wesentlichen Unterschied zwischen mündlicher und schriftlicher Rechtskultur ein feines Gespür, wenn er ausdrücklich vermerkt, daß im gewohnheitsrechtlichen Gerichtsverfahren gesetztes Recht, das *statutum iuris*, zum einen nicht eingeführt, zum anderen nicht autoritativ ausgelegt und umgesetzt wird, da der Bezugspunkt der oralen Rechtskultur das gesprochene Wort, die „Meinung", die *opinio* der Urteiler ist. Eine weitere, im Landfrieden allerdings nicht angesprochene, aber in der rechthistorischen Literatur regelmäßig behandelte Notwendigkeit mündlicher Rechtskultur ist die Formstrenge des mittelalterlichen Prozesses mit der Unwandelbarkeit des einmal in ihm gesprochenen Wortes sowie der vorgeschriebenen Verwendung spezieller Formeln für einzelne Rechtstatsachen. Diese Form geregelter Sprachlichkeit macht die Aussagen der Streitenden für alle Parteien berechenbar. Denn diese Ritualisierung des Verfahrens, diese Verwendung allgemein bekannter 'Textbausteine', diese korrekte, abwandlungsfreie Wiederholung vorgegebener Formeln ermöglicht den Abgleich des im Gerichtsverfahren gesprochenen Wortes mit dem gespeichertem Wissen der Rechtsgenossen und sichert die Identität und Kontinuität des schriftlich nicht objektivierten gerichtlichen Verfahrens für alle Beteiligten.

Dieser Welt der oralen Rechtskultur, die nur schattenhaft in schriftlichen Quellen greifbar wird und bis heute nicht angemessen in den Blick der Forschung geraten ist, stehen im Früh- und Hochmittelalter, bis in den Anfang des 12. Jahrhunderts nur Inseln der Schriftlichkeit und schriftlicher Rechtskultur als Modell für die Verschriftlichung oraler Rechtskultur gegenüber. Das Christentum als Buchreligion und damit die Kirche in ihrer institutionellen Vielfalt ist seit der zweiten Hälfte des 4. Jahrhunderts Träger einer lateinischen Schriftkultur und einer ununterbrochenen und gefestigten schriftlichen Rechtskultur. Seit dem 5. und 6. Jahrhundert gibt es zahlreiche und umfangreiche handschriftliche Sammlungen von Konzilscanones und päpstlichen Dekretalen, die in Bezug auf ihre Rechtsgeltung über Jahrhunderte hinweg einander gleichgestellt sind. Nach der Mitte des 12. Jahrhunderts jedoch tritt neben das 'Decretum Gratiani', neben Gratians neue autoritative Sammlung des älteren kirchlichen Rechts, verstärkt päpstliches Dekretalenrecht, also schriftliche päpstliche Einzelfallentscheidung von Rechtsstreitigkeiten, und wird zum fast alleinigen Instrument der Rechtsfortbildung. In autorisierten, geordneten und publizierten Sammlungen werden diese Dekretalen neben dem 'Decretum' zu autoritativ verpflichtenden Präzedenzentscheidungen für den kirchlichen Richter und zu wissenschaftlich auslegbaren Texten durch die gelehrten Juristen der im 12. Jahrhundert entstehenden Rechtsschulen, die Kanonisten. Außerhalb der Kirche, im Bereich weltlicher Herrschaft, bestimmen Nähe und Ferne zur Antike die Schriftlichkeit des Rechts. Die frühmittelalterlichen Aufzeichnungen der Stammesrechte sowie die karolingischen Kapitularien, für die neben dem mündlichen Satzungsakt in vielen Fällen auch die schriftliche Satzungsform nachweisbar ist (Reinhard Schneider), sind für das Rechtsleben des

12. Jahrhunderts nicht mehr von Bedeutung. Die Wiederentdeckung dagegen der Kodifikation des römischen Rechtes durch Justinian, des 533/534 in Kraft getretenen Corpus Iuris Civilis, sollte auf längere Sicht die europäische Rechtskultur revolutionieren. Die Rezeption der justinianischen Gesetzgebung nimmt in Italien in der zweiten Hälfte des 11. Jahrhunderts ihren Ausgang von den 'Digesten' und führt dort in einem komplexen Prozeß durch die Arbeit der Rechtsschulen zugleich zur Rückgewinnung und Aneignung der anderen Teile dieser Kodifikation. Neben den Textbüchern des Kirchenrechts, dem 'Decretum Gratiani' und den Kodifikationen der päpstlichen Dekretalensammlungen seit dem Beginn des 13. Jahrhunderts, bilden die Bücher des Corpus Iuris Civilis, die 'Digesten' und der 'Codex' mit ihren jeweiligen Teilen sowie die 'Institutionen' das zweite, entscheidende Modell für die Verschriftlichung der europäischen Rechtskultur seit dem 12. Jahrhundert. Am römischen Recht lernt Europa, wie Franz Wieacker einmal bemerkt, „die vitalen Konflikte des zwischenmenschlichen Lebens nicht... durch Gewalt zu entscheiden, sondern durch intellektuelle Diskussion des autonomen juristischen Sachproblems... Dieser neue Anspruch des Juristen hat das öffentliche Leben in Europa für immer juridifiziert und rationalisiert..." (Privatrechtsgeschichte der Neuzeit. 2. unveränd. Nachdr. der 2., neubearb. Aufl. von 1987. Göttingen 1996, S. 69).

Die erwähnten Formen der Schriftlichkeit sind Modelle für die Verschriftlichung der oralen Rechtskultur, aber letztlich nicht die Ursachen dieses Prozesses, der selbst Folge und Ausdruck einer umfassenderen und tiefgreifenderen Veränderung und Dynamisierung der europäischen Gesellschaft und Kultur seit der Mitte des 11. Jahrhunderts ist, die oft nur als „Renaissance des 12. Jahrhunderts" beschrieben wird. Diese Expansion und dieser Umbruch sind im wesentlichen zunächst Ausdruck eines sozialen und ökonomischen Wachstumsprozesses, in dessen Folge Bevölkerungswachstum, Landesausbau, allgemeine Entfaltung städtischen Lebens, soziale und politische Differenzierung, Konzentration und Bürokratisierung der politischen Herrschaft und damit der Bedarf an „Funktionären" der Macht und des Wortes zunehmen. Die neuen Anforderungen und komplexeren Verhältnisse verlangen rationale Formen der Erziehung, Schriftlichkeit und Fachbildung in vielen Bereichen. Recht, aber auch Medizin und Theologie gewinnen an Bedeutung und werden manchem zur lukrativen Chance. Nicht nur die Zahl der Lehrer, Schüler und Schulen steigt deutlich, wie Guibert von Nogent um 1115 einmal bemerkt, sondern auch die der

Urteiler, Richter und – im Süden – der Notare. Die neue soziale und räumliche Mobilität der Menschen erhöht den Bedarf an Schriftlichkeit allerorten erheblich, im Zuge der sogenannten Ostsiedlung auch für die Umgestaltung des Nordens und Ostens Europas zwischen Elbe und Weichsel.

Seit der Mitte des 12. Jahrhunderts ist in den europäischen Ländern in regional unterschiedlicher Dichte in allen Rechtskreisen eine zunehmende Tendenz zur Rechtsaufzeichnung zu beobachten, ein „Drang zur Kodifikation" (STEN GAGNÉR). Diese Welle der Verschriftlichung des Rechts reicht von Einzelregelungen bis zur Fixierung umfassender Rechtskomplexe, von einzelnen Landfrieden, Siedlungsprivilegien, Hof- und Stadtrechten, Statuten und Ordonnanzen bis hin zu nach dem Vorbild Justinians und Gratians gebildeten Kodifikationen, die Regelungen der Gesamtheit oder zumindest größerer Teilgebiete des Rechts in einem Codex beinhalten. Dazu gehören im 13. Jahrhundert sowohl herrschaftlich sanktionierte Rechtssammlungen und Gesetzbücher wie beispielsweise die Konstitutionen von Melfi, der Sizilien betreffende 'Liber Augustalis' Kaiser Friedrichs II. (1231), päpstliche Dekretalensammlungen wie 'Liber Extra' (1234) und 'Liber Sextus' (1298) oder die verschiedenen Redaktionen der 'Siete Partidas' in Kastilien (nach 1256) als auch zahlreiche Rechtsbücher, herrschaftlich nicht sanktionierte Sammlungen von Rechtsgewohnheiten wie beispielsweise in England Bractons 'De legibus et consuetudinibus regni Angliae', in Frankreich Philippe de Beaumanoirs 'Coutumes de Beauvaisis' oder in Deutschland 'Sachsen-' und 'Schwabenspiegel'.

Diese Kodifikationsbewegung wird von der Ausbildung einer Gesetzgebungsideologie begleitet, die sich, wie der oben zitierte Reichslandfrieden von 1235 zeigt, deutlich gegen die überkommene tradierte Rechtsordnung der Rechtsfindung und der Rechtsgewohnheiten richtet und den Anspruch auf Geltung neu gesetzten herrschaftlichen Rechts erhebt. Diese Entfaltung des Gesetzgebungsrechts stützt sich anfangs im wesentlichen auf zwei Quellen, auf das sich im Investiturstreit reformierende Papsttum sowie auf die justinianischen Kodifikationen. Das gegen die ottonisch-salische Kirchenherrschaft, gegen das Herkommen gerichtete Streben Papst Gregors VII. nach 'libertas' findet seinen Ausdruck in dem Anspruch dieses Papstes im 'Dictatus papae' (1075), daß nur er allein neues Recht setzen dürfe: *Quod illi [sc. papae] soli licet pro temporis necessitate novas leges condere...* Der Gesetzgebungsanspruch des Kaisers dagegen konnte sich auf Justinian berufen, da es u. a. in den Digesten (1.4.1) heißt, was der Kaiser bestimme, habe Gesetzeskraft: *Quod principi placuit, legis habet vigo-*

rem... Die platonisierende Schule von Chartres um Wilhelm von Conches formuliert um 1125 die Neuartigkeit des hinter diesen Ansprüchen stehenden theoretischen Problems begrifflich, indem sie erstmalig im lateinischen Mittelalter ein von Menschen gesetztes 'positives' Recht einem von den Menschen nicht gesetzten 'natürlichen' Recht gegenüberstellt. Der hier beginnende historische Prozeß kulminiert schließlich im modernen Gesetzgebungsstaat.

Rechtsbücher wie 'Sachsenspiegel' und 'Schwabenspiegel' (Kat. 146–152 und Kat. 157) dagegen sind weder Gesetze noch Gesetzbücher. Sie werden in der deutschen rechtshistorischen Literatur als 'Privatarbeiten' bezeichnet, obwohl dieselbe Forschung seit Jahrzehnten darauf insistiert, daß Begriffe wie 'öffentlich' und 'privat' auf die Rechtsverhältnisse des Mittelalters sinnvoll nicht angewendet werden können. Gemeint ist mit diesem Ausdruck, daß es sich bei diesen Kodifikationen nicht um Gesetze, nicht um „allgemeine Rechtsnormen in Urkundenform" (ARMIN WOLF) handelt, die autoritativ und herrschaftlich gesetzt sind und sanktioniert werden, sondern um Aufzeichnungen von Rechtsgewohnheiten durch Einzelpersonen, die ohne herrschaftlichen Auftrag handeln und deren Werke daher mangels formeller Sanktion auch keine rechtliche Geltung beanspruchen können. Wenn die in den Rechtsbüchern schriftlich fixierten Rechtsgewohnheiten teilweise dennoch rechtliche Autorität erlangen, dann ist zu fragen, wie dies historisch geschehen kann. Einige der in dieser Ausstellung präsentierten Beispiele können die unterschiedlichen Formen deutlich machen, durch die kodifiziertes Recht Geltung beanspruchen und erlangen oder in seinem Anspruch auch scheitern kann. Der 'Sachsenspiegel' bildet darunter das aufschlußreichste Modell.

Als Verfasser des 'Sachsenspiegels' (Kat. 146–151, Kat. 157–158) nennt sich in der Reimvorrede ein *Eike van Repchowe* (v. 266), der mit einer Person gleichen Namens identisch sein dürfte, die zwischen 1209 und 1233 an ostsächsischen Gerichtsorten entlang von Saale und Mulde in sechs Urkunden als Zeuge verschiedener Rechtsakte genannt wird und dessen Familie vermutlich in Reppichau zwischen Köthen und Dessau ansässig ist. Diese kargen Bemerkungen enthalten das, was man mit Sicherheit über einen der bedeutendsten niederdeutschen Autoren des Mittelalters aussagen kann. Alles weitere ist wissenschaftliche These oder Spekulation. Seine ständische Herkunft (Edelfreier oder Ministeriale), seine Bildung (Vertrautheit mit der Bibel, einige Grundkenntnisse in der Theologie und im kanonischen Recht) und Ausbildung (Schulbesuch in Halberstadt, Magdeburg oder Halle; kein Rechtsstudium an einer Universität), seine vermutete 'ursprüngliche berufliche' Bestimmung (Kleriker), seine Beziehungen zum Hof der Grafen von Anhalt und anderes sind in der wissenschaftlichen Literatur phantasievoll und konträr erörtert worden, ohne letztlich zu Gewißheiten geführt zu haben. Auch über den Entstehungsort des Werkes ist viel geschrieben worden. Sicher ist wegen des Sprachstandes der ältesten Fragmente die Entstehung im elbostfälischen Sprachgebiet (Kat. 146); lokale Eingrenzungen aber wie beispielsweise auf die Burg Falkenstein (Kat. 157), die Quedlinburger Stiftskirche, Reppichau oder den Hof der Grafen von Anhalt dagegen sind spekulativ. Entstanden ist der 'Sachsenspiegel' nach 1220 und vor 1235, nach der 'Confoederatio cum principibus ecclesiasticis' und vor dem Mainzer Reichslandfrieden. Alle weiteren scharfsinnigen Versuche, innerhalb dieses weiten Zeitraums ein genaueres Datum zu bestimmen, sind nicht zwingend und daher von der Forschung nur mit großer Zurückhaltung aufgenommen worden. Nach Aussage der bekannten Reimvorrede (v. 261–280) ist der 'Sachsenspiegel' ursprünglich in lateinischer Sprache abgefaßt worden, bevor er auf Bitten des Grafen Hoyer von Falkenstein ins Deutsche übertragen wurde. Diese Fassung ist verloren, über eine mittelbar abgeleitete Version, den sogenannten 'Auctor vetus de beneficiis', aber partiell rekonstruierbar. Historisch und im Rahmen dieser Ausführungen jedoch ist nur die deutsche Fassung von Interesse.

Der 'Sachsenspiegel' hat, wie bereits bemerkt, als 'Privatarbeit' in einer vom Herkommen geprägten Ordnung zunächst keine rechtliche Geltung und Autorität. Die erhaltenen rund 460 Handschriften und Fragmente des Werkes zeigen jedoch, daß es im deutschen Sprachraum eine außerordentlich bedeutende Wirkung entfaltet hat, so daß sich die Frage nach den Ursachen dieses bemerkenswerten Erfolges stellt. Die Antwort darauf muß zum einen in der Legitimation des Werkes durch den Autor selbst, zum anderen in der Akzeptanz dieser Legitimation durch ein spezifisches Publikum und der sich anschließenden Kanonisierung und Verwissenschaftlichung seiner Rechtsaufzeichnung gesucht werden.

Zur Legitimation seiner Rechtsaufzeichnung greift Eike von Repgow auf verschiedene Vorstellungswelten zurück, durch die er sein Werk in den Vorreden und Prologen komplex begründet und ihm von Anfang an einen zentralen Rang zuzuweisen versucht. Zum einen ist es – in der Tradition der geistlichen Literatur des 12. Jahrhunderts – ein 'speculum', ein 'Spiegel', ein Buch, das das Recht der Sachsen faktisch getreu dem Herkommen und den von den Vorfahren überkommenen Traditionen nach in einem Bild zeigt, das zugleich auch Vorbild ist, das daher Seins- und Sollensaussage, Abbild und Vorbild vereint (v. 151–153, v. 178–190). Zum anderen findet das Recht als Menschenwerk – in Übertragung eines Satzes von Augustin – wie die Schöpfung insgesamt seinen Quellgrund in Gott: *Got is selve reht, dar umme is em recht lef* (Prolog). Zum dritten schließlich ist das sächsische Recht insbesondere dort, wo es gegen den christlichen Glauben verstieß, von Kaiser Karl dem Großen in der Tradition Kaiser Konstantins neu geordnet und neu gesetzt worden (Textus prologi, Landrecht I 18 § 1–3). An diese verschiedenen Legitimationsstränge konnten die Späteren insgesamt anschließen oder im Rezeptionsprozeß zur Rang- und Ansehenserhöhung des Werkes einzelne Elemente wesentlich verstärken. Wie viele der hier ausgestellten Handschriften zeigen, ließ man den 'Sachsenspiegel' in Analogie zu Digesten und Codex zum einen durch bloßen Initialschmuck (Kat. 147, Kat. 158), zum anderen auch verbal durch Bezug auf die spätere Glossierung des Werkes durch Johann von Buch ausdrücklich als Kaiserrecht, als Setzung Karls des Großen oder Friedrich Barbarossas erscheinen (Kat. 148).

An der Textentwicklung des 'Sachsenspiegels' im 13. und 14. Jahrhundert sowie an der Gestalt und Ausstattung der ihn überliefernden Handschriften sind der Legitimitäts- und Rangzuwachs sowie die Wandlung dieses 'privaten' Rechtsbuches in ein autoritatives Textbuch deutlich ablesbar. Die deutsche Urfassung des Sachsenspiegels wird während des 13. Jahrhunderts durch Änderungen und Ergänzungen aktualisiert und erweitert, die anfangs vermutlich noch von Eike von Repgow selbst (zweite deutsche Textfassung), später jedoch von unbekannten Bearbeitern (dritte deutsche Textfassung) stammen. Texthistorisch am wichtigsten von diesen nacheikischen Rezensionen ist die vierte deutsche Fassung, die vermutlich zwischen 1261 und 1270 in Magdeburg entsteht. Mit ihren Aktualisierungen und umfangreichen Novellen, die zudem Kenntnisse des römischen Rechts beweisen, bildet sie die Basis für alle späteren Fassungen, vor allem für die Bilderhandschriften des Sachsenspiegels und für die um 1300 in Brandenburg entstandene sogenannte Glossenvorlage (Kat. 149), die neben einer Handschrift der ersten Textfassung als Hauptvorlage für die Sachsenspiegelglosse des Johannes von Buch (Kat. 148) und damit letztendlich für die Sachsenspiegel-Vulgata (Kat. 150) dient.

Der Text des 'Sachsenspiegel' ist, wie man sieht, von Anfang an über ein Jahrhundert erweitert, gekürzt und umgestellt worden. Die ständige Veränderungen der Fassungen sind sowohl Ausdruck sich ausbildender Nutzung des Werkes als auch Verfestigung einer Traditionsbildung, in der dieser Rechtsaufzeichnung zunehmend ein autoritativer Wert, ein normativer Anspruch zuge-schrieben wird. Die Benutzung des 'Sachsenspiegels' durch Hallenser und Magdeburger Schöffen in den Jahren 1235 und 1261 für Rechtsmitteilungen wie auch die oben erwähnte vierte Textrezension des Werkes zeigen, daß offensichtlich die Kollegien rechtskundiger Männer, die Schöffen in Halle und Magdeburg, und wohl auch schon gelehrte Juristen die Träger der Traditionsbildung wie auch der Texterweiterung sind. Sie scheinen den institutionellen Rahmen zu bilden, in dem sich die Text-entwicklung im letzten Drittel des 13. Jahrhunderts sta-bilisiert, bevor um 1325 durch den aus der Altmark stammenden gelehrten Juristen und märkischen Hof-richter Johannes von Buch mit der Glossierung des 'Sachsenspiegels', mit der kommentierenden Deutung und der am gleichzeitigen gelehrten Recht orientierten Verwissenschaftlichung der Auslegung eine fast völlige Stillstellung der Textentwicklung eintritt. Aus der 'Pri-vatarbeit' des Eike von Repgow ist in einem langen Pro-zeß juristischer Traditonsbildung und normativer Rang-erhöhung ein autoritatives Textbuch geworden, ein *tex-tus*, wie es im lateinischen Prolog der Buchschen Glosse (v. 172, 174, 226, 254) heißt, der durch die gelehrte Glosse im Lichte des römischen und kanonischen Rechts ausgelegt wird. Seitdem verändert sich daher nur noch die Glosse, nicht aber mehr der zu kommentierende *tex-tus* selbst. Damit wird der 'Sachsenspiegel' zumindest dem Anspruch nach anderen autoritativen Textbüchern – beispielsweise dem 'Decretum Gratiani', dem 'Liber sextus', dem 'Codex' und den 'Digesten' – gleichgestellt. Was JAN ASSMANN für andere historische und kulturelle Zusammenhänge gezeigt hat, daß nämlich die Kanoni-sierung eines Textes seine Deutung erfordert und er so zum Ausgangspunkt von Auslegekulturen wird, gilt auch für die mittelalterlichen Verschriftlichungsprozesse. In einer politischen Struktur aber, die wie das Reich bis weit in das 14. Jahrhundert hinein keine Rechtsschulen und Universitäten wie Bologna oder Paris, also keine Zen-tren institutionalisierter wissenschaftlicher Interpreta-tion kennt, in denen von der Urfassung des 'Decretum Gratiani' bis hin zu den dort mit Versendungsurkunden veröffentlichten päpstlichen Dekretalensammlungen die Kanonisierung und gelehrte Auslegung autoritativer Textbücher nicht nur des Rechts verankert ist, kann der Prozeß der Kanonbildung institutionell nur prekär oder diskontinuierlich abgesichert sein und daher nur in Aus-nahmefällen gelingen. Es ist daher sicherlich kein Zufall, daß mit dem 'Sachsenspiegel' (Landrecht und – später – Lehnrecht) sowie dem Magdeburger Weichbildrecht nur Rechtsbücher aus dem Bereich des sächsisch-magde-burgischen Rechtskreises in größerem Umfang glossiert

werden, die im Gebiet der deutschen Ostsiedlung im Magdeburger Schöffenstuhl und dessen Oberhoffunk-tion sowie in den Tochterstädten einen gewissen institu-tionellen Rückhalt auch durch gelehrte Juristen haben (vgl. beispielsweise Kat. 149, aber auch Kat. 158).

Die Folgen der Legitimitätsstrategien des 'Sachsen-spiegels' und der rangerhöhenden Traditionsbildung von der 'Privatarbeit' hin zum autoritativen Textbuch müssen sich in den Überlieferungszeugen widerspiegeln. Es gehört zu den größten Auffälligkeiten der Rezeptions-geschichte dieses Rechtsbuches, daß angesichts der 460 bekannten vollständigen oder fragmentarischen Hand-schriften dieses 1220/1235 entstandenen Werkes Text-zeugen aus dem 13. Jahrhundert kaum vorhanden sind. Die Überlieferung ist außerordentlich spärlich (vgl. den allerdings unspezifischen Überblick bei OPPITZ, Rechts-bücher 1, S. 95); sie setzt verstärkt erst nach 1300 ein. Höchstens fünf bis sechs Fragmente, darunter ein wich-tiges Berliner (Kat. 146), und zwei vollständige Codices, der Harffer Sachsenspiegel von 1295 (OPPITZ, Rechts-bücher 2, Nr. 1036) und die berühmte Quedlinburger Handschrift (OPPITZ, Rechtsbücher 2, Nr. 657), sind aus der Zeit vor 1300 erhalten. Auch wenn es sicherlich gewagt ist, auf einer solch geringen Materialbasis gene-relle Aussagen über Gestalt und Aussehen der frühen 'Sachsenspiegel'-Handschriften zu machen, so scheint sich doch die Tendenz abzuzeichnen, daß die ältesten Handschriften-Fragmente sich durch Quart-Format, Langzeilen, unscheinbare gotische Buchschrift (Textua-lis) auf mittlerem kalligraphischen Niveau und einfache Ausstattung von den ersten vollständigen Handschriften abgrenzen. Der Harffer Sachsenspiegel und die Quedlin-burger Handschrift setzen sich durch ihr Folio-Format und, soweit es den Codex aus dem Ostharz betrifft, auch durch eine kalligraphisch herausragende Buchschrift (Textura) und Fleuronnée-Ausstattung bereits von den frühen Fragmenten ab. Die berühmten vier Bilderhand-schriften des Sachsenspiegels in Dresden, Heidelberg, Oldenburg und Wolfenbüttel, in denen Bildstreifen den Rechtstext gleichsam bildlich glossieren und die wahr-scheinlich auf ein Ende des 13. Jahrhunderts ebenfalls im östlichen Harzvorland lokalisierbares Illustrations-modell und einen dort entstandenen Archetypus zurück-gehen, weisen schon der verlorenen Vorlage eine in Aus-stattung und Schrift qualitativ wesentlich höheren Rang als den Fragmenten zu. Unterscheiden sich die Sachsen-spiegel-Kopien aus der Mitte des Jahrhunderts kaum von anderen beliebigen Texthandschriften, so ändert sich die-ses Bild, wenn auch nicht durchgehend, so doch in charakteristischen Einzelfällen deutlich in den letzten Jahren vor der Jahrhundertwende und dann verstärkt im

14. Jahrhundert. Der 'Sachsenspiegel' wird in seinen Kopien gleichsam 'hochgeschrieben', bevor er zunächst bildlich und dann im Sinne der Zeit wissenschaftlich ausgelegt wird. In einer Reihe von Handschriften erhöht sich das kalligraphische Niveau der Schriften deutlich, das Aufkommen der Glosse erfordert unterschiedliche Schriftgrade derselben Schrift (Kat. 149, Kat. 158) oder die Verwendung von höherrangiger Textura für den *textus* (Kat. 150) und von Textualis für die Glosse. Am deutlichsten ist der Form- und Rangwandel des 'Sachsenspiegels' hin zu einem autoritativen Textbuch – geschrieben in einer Schrift, für die einige Schreibmeister bezeichnenderweise den Namen *textus* verwenden – in einigen Handschriften zu sehen, die in ihrem Layout Nachahmungen der großen Bologneser Codices des gelehrten Rechts darstellen. In ihnen wird der 'Sachsenspiegel' allein durch die Seitengestaltung mit den 'Digesten' oder dem 'Codex' Justinians auf eine Stufe gestellt (Kat. 148). Die Rechtspraxis des 14. Jahrhunderts verfährt ebenso, wie Karl Kroeschell gezeigt hat.

Der Umwandlungsprozeß des 'Sachsenspiegel' von einer 'Privatarbeit' zu einem autoritativen Textbuch, der sich auch kodikologisch in der Ausstattung und Ausgestaltung der erhaltenen Handschriften nachweisen läßt, impliziert selbstverständlich noch keine Geltung, keine Gesetzeskraft des in ihm aufgezeichneten Rechts im Gerichtsverfahren. Denn die Anwendung dieses Rechts muß im jeweiligen Verfahren erst bewiesen werden, es sei denn, wie vielfach in den westfälischen Städten geschehen, der 'Sachsenspiegel' wird durch regelmäßige öffentliche Verlesung Teil der städtischen Rechtsordnung. Dennoch: Die Kanonisierung und wissenschaftliche Kommentierung dieser verschriftlichten Rechtsaufzeichnung und ihre formale Gleichstellung mit dem gelehrten Recht in den Handschriften erlaubt über die Textauslegung ein Einbringen und Eindringen in die Rechtspraxis des Spätmittelalters. Daher ist es auch nicht verwunderlich, daß in Analogie zum gelehrten Recht die Auslegekultur des 'Sachsenspiegels' und des Sächsisch-Magdeburgischen Rechts sich seit dem 14. Jahrhundert verfeinert und neben einer detaillierten prozeßrechtlichen Literatur, den sogenannten Rechtsgangbüchern (z. B. 'Richtsteig Landrechts'), um 1400 auch eine Hilfsmittelliteratur für die Rechtspraxis entsteht, in der der 'Sachsenspiegel' und die Rechtsquellen des gelehrten römischen und kanonischen Rechts gleichberechtigt ausgewertet werden (Kat. 156, Kat. 159). Diese sich verästelnde Auslegekultur unterscheidet den 'Sachsenspiegel' von dem anderen großen deutschen Rechtsbuch, dem 'Schwabenspiegel', der ebenfalls bis in die Initialen der Handschriften hinein sich als Kaiserrecht zu legiti-

mieren versucht. Im Gegensatz zu seinem sächsischen Vorbild ist er aber nie in der oben beschriebenen Weise kanonisiert und wissenschaftlich glossiert worden; seine textliche Gestalt bleibt daher instabil (Kat. 152).

Die Verschriftlichung des Rechts hat über den bisher skizzierten Bereich hinaus, wie oben angedeutet, seit dem 13. Jahrhundert fast alle Rechtskreise erfaßt. Aus diesem weiten Feld können in dieser Ausstellung nur die schriftlichen Aufzeichnungen des Stadtrechts an zwei Beispielen vorgestellt werden, um die unterschiedlichen Formen und wesentlichen Konsequenzen der Verschriftlichung aufzuzeigen. Das 'Stadtrecht von Goslar' aus dem zweiten Drittel des 14. Jahrhunderts (Kat. 155) scheint ähnlich wie Eike von Repgows 'Sachsenspiegel' eine 'Privatarbeit' gewesen zu sein, deren Weg zur rechtlichen Geltung sich allerdings wesentlich einfacher gestaltete als der seines großen Vorbildes. Aus der Vorrede des Rechtsbuches geht nämlich hervor, daß der Goslarer Rat mit Zustimmung der Kaufleute, Bergleute und Gilden diese schriftliche Rechtsaufzeichnung als offizielle Kodifikation anerkannte und sie nur einer geschlossenen Öffentlichkeit zugänglich machte. Zugleich verdeutlicht der Umstand, daß dieses Stadtrechtsbuch eine Vielzahl unbeschriebener Blätter für das Nachtragen und Ergänzen neuen, von den Kaufleuten, Bergleuten und Gilden anerkannten Rechts enthält, die besondere Qualität dieses Stadtrechts und die Konsequenzen seiner Verschriftlichung. Der Text ist nicht kanonisch. Denn es handelt sich nicht um uraltes, traditionelles Recht, sondern junges, neues und ständig weiterzuentwickelndes Recht, dem sich seine Träger gegenüber der jeweils erreichten Gestalt kritisch verhalten können. Während mündliche Tradierung immer auf die Wiederholung des Gleichen zielt, macht erst die Schriftform das kritische oder bewußt erneuernde Verhalten gegenüber der Tradition möglich, das das Goslarer Stadtrecht in Intention und Layout zum Ausdruck bringt. Verschriftlichung des Rechts ermöglicht aber auch die Transferierbarkeit und damit die Auswahl und die Kombination der rechtlichen Modelle vor allem in neu erschlossenen Gebieten wie im Bereich der sogenannten Ostsiedlung. Der 'Alte Kulm' von 1394 aus dem Deutschordensland (Kat. 154) ist eine solche Kombination von verschriftlichtem Recht vor allem aus Magdeburg, Breslau und dem 'Schwabenspiegel'.

Schrift und schriftliches Recht sind auch Instrumente der Herrschaft. Daher führen Rechtsaufzeichnung, Kodifikation, Gesetzgebungsideologie hin zum souveränen modernen Staat mit seinem Gewaltmonopol und seiner umfassenden schriftlichen Regelungs- und Gesetzgebungsmacht, sei er nun absolutistisch, diktatorisch oder demokratisch organisiert. Die Ansätze dazu zeigen sich bekanntlich bereits im Spätmittelalter und dort daher auch in den Rechtsaufzeichnungen und Popularisierungen des gelehrten schriftlichen Rechts. Das 'Oberbayerische Landrecht' von 1346 (Kat. 153; vgl. auch Kat. 147) ist eine der bedeutendsten obrigkeitlichen, territorialen Rechtssetzungen des 14. Jahrhunderts im Reich, die im revolutionierenden Bruch mit dem rechtlichen Herkommen in Anlehnung an das römische Recht die Rechtsvereinheitlichung zum Zwecke der Konsolidierung der Landesherrschaft an die rationale Autorität des kodifizierten Rechtes, allein an den Richter und die „lex scripta", an das *recht půch* und damit an die außerhalb des Gerichtsverfahrens existierende schriftliche Norm zu binden trachtet. Die Beharrungskräfte des hergebrachten Verfahrens der Rechtsfindung mit ihrer Unterscheidung von Urteiler und Richter waren jedoch so stark, daß die Umsetzung ausschließlich obrigkeitlicher Gerichtsbarkeit im 14. und in der ersten Hälfte des 15. Jahrhunderts im landesherrlichen Bereich noch zum Scheitern verurteilt war und daß man unter Kaschierung an den alten Prinzipien der Rechtsfindung festhielt.

Neben der obrigkeitlichen Rechtssetzung führt der Weg in die Moderne über das gelehrte Recht mit dem selbst das Recht in den schriftlich fixierten Rechtsbüchern und Gesetzen suchenden und findenden Richter. Daher wächst im Spätmittelalter für ein volkssprachliches Laienpublikum der Bedarf an Popularisierungen dieses andersartigen, ihm unvertrauten schriftlichen Rechts und Rechtsverfahrens. Abgesehen von der sehr erfolgreichen, hier nicht ausgestellten, die gesamte zur Beichtpraxis gehörende Rechtsmaterie darstellenden deutschsprachigen Bearbeitung der 'Summa confessorum' des Johannes von Freiburg, der Rechtssumme Bruder Bertholds, gehört die deutschsprachige Version des 'Belial' des Jacobus de Theramo (Kat. 160–162) mit circa 80 Überlieferungszeugen zu den außerordentlich erfolgreichen populären Darstellungen des legistisch-kanonistischen Zivilprozesses. Es ist daher sicherlich kein Zufall, daß ausschließlich die volkssprachlichen Versionen dieses Werkes illuminiert sind und in ihren Miniaturen vor allem die Schriftlichkeit und Professionalisierung dieses Prozesses wie auch die mit Hilfe ihrer Berater allein das Recht suchenden und schließlich urteilenden Richter dargestellt werden. Es galt, dieses neue, moderne Paradigma den juristischen Laienpraktikern zu vermitteln.

Zur Literaturgeschichte der hier ausgestellten und behandelten Rechtsbücher vgl. außer der zu den einzelnen Katalognummern angegebenen Literatur zusammenfassend JOHANEK, PETER: *Rechtsschrifttum,* in: DE BOOR/GLIER, *Geschichte, S. 396–431.*

Zum Deutschen Recht und zum mündlichen dinggenossenschaftlichen Gerichtsverfahren vgl. WEITZEL, JÜRGEN: *Art. 'Deutsches Recht',* in: *LexMA 3, 1986, Sp. 777–781;* DERS., *Dinggenossenschaft und Recht. Untersuchungen zum Rechtsverständnis im fränkisch-deutschen Mittelalter. Teilbd. 1–2 (Quellen und Forschungen zur höchsten Gerichtsbarkeit im alten Reich 15, 1.2). Köln, Wien 1985, bes. T. 1, S. 89–106, T. 2, S. 1333–1357, 1474–1477.*

Die Bemerkungen zum Mainzer Reichslandfrieden von 1235 beziehen sich auf das folgenden Abschnitt des Textes: . . . licet per totam Germaniam constituti vivant in causis et negociis privatorum consuetudinibus antiquitus traditis et iure non scripto, quia tamen ardua quedam . . . nondum fuerat specialiter introducta, quorum partem aliquam, si quando casus trahebat in causam, ficta magis opinio quam statuti iuris aut optente contadictorio iudicio consuetudinis sentencia terminabat . . . constitutiones quasdam . . . fecimus promulgari . . . Übersetzung: „. . . weil jedoch auch die Bewohner ganz Deutschlands bei ihren eigenen Streitsachen und Händeln nach den von alters her überlieferten Gewohnheiten und nach ungeschriebenem Rechte leben, weil dabei aber einiges Bedeutsame . . . noch nicht eigens eingeführt war und, wenn der Zufall davon einen Teil in einen Streitfall einführte, diesen eher eine willkürliche Meinung als ein Urteilspruch nach festgesetztem Recht oder ein Spruch nach erlangtem Gewohnheitsrecht mit abweichendem Entscheid abschloß, daher . . . haben Wir . . . einige Erlasse . . . verkünden lassen . . .". Hier zit. nach: Quellen zur deutschen Verfassungs-, Wirtschafts- und Sozialgeschichte bis 1250. Ausgewählt u. übers. von LORENZ WEINRICH *(Ausgewählte Quellen zur deutschen Geschichte des Mittelalters 32). Darmstadt 1977, Nr. 119, S. 462–465.*

Zur oralen Kultur des Früh- und Hochmittelalters überhaupt vgl. RICHTER, MICHAEL: *The Formation of the Medieval West. Studies in the Oral Culture of the Barbarians. Dublin 1994.*

Zur schriftlichen Rechtskultur des Früh- und Hochmittelalters vgl. die Einzelbeiträge in CLASSEN, PETER (Hg.): *Recht und Schrift im Mittelalter (Vorträge und Forschungen 23). Sigmaringen 1977.*

Zum römischen Recht aus der Fülle der Literatur vgl. einführend STEIN, PETER G.: *Römisches Recht und Europa. Die Geschichte einer Rechtskultur. Aus d. Engl. von Klaus Luig. Frankfurt am Main 1996.*

Zur Geschichte der Rechtskodifikationen und der Gesetzgebung vgl. GAGNÉR, STEN: *Studien zur Ideengeschichte der Gesetzgebung (Acta Universitatis Upsaliensis. Studia Iuridica Upsaliensia 1). Stockholm, Uppsala u. a. 1960;* WOLF, ARMIN: *Gesetzgebung in Europa 1100–1500. Zur Entstehung der Territorialstaaten. 2., überarb. u. erw. Aufl. München 1996.*

Zur Verschriftlichung der Kultur und des Rechts allgemein vgl. ASSMANN, JAN: *Das kulturelle Gedächtnis. Schrift, Erinnerung und politische Identität in frühen Hochkulturen. München 1992, bes. S. 87–129;* DILCHER, GERHARD: *Kaiserrecht, Universalität und Partikularität in den Rechtsordnungen des Mittelalters,* in: *Rivista internazionale di diritto comune 5, 1994, S. 211–245;* DERS., *Mythischer Ursprung und historische Herkunft als Legitimation mittelalterlicher Rechtsaufzeichnungen zwischen Leges und Sachsenspiegel,* in: WUNDERLI, PETER (Hg.): *Herkunft und Ursprung. Historische und mythische Formen der Legitimation. Sigmaringen 1994, S. 141–155;* DERS., *Oralität, Verschriftlichung und Wandlungen der Normstruktur in den Stadtrechten des 12. und 13. Jahrhunderts,* in: KELLER, HAGEN u. a. (Hg.): *Pragmatische Schriftlichkeit im Mittelalter. Erscheinungsformen und Entwicklungsstufen (Münstersche Mittelalter-Schriften 65). München 1992, S. 9–19.*

Die Literatur zum 'Sachsenspiegel' füllt Bibliotheken. Vgl. einführend und die Forschung zusammenfassend (mit der wichtigsten Literatur) LÜCK, HEINER: *Über den Sachsenspiegel. Entstehung, Inhalt und Wirkung des Rechtsbuches. Mit einem Beitrag zu den Grafen von Falkenstein von* JOACHIM SCHYMALLA *(Veröffentlichungen der Stiftung Schlösser, Burgen und Gärten des Landes Sachsen-Anhalt 1). Halle an der Saale 1999.*

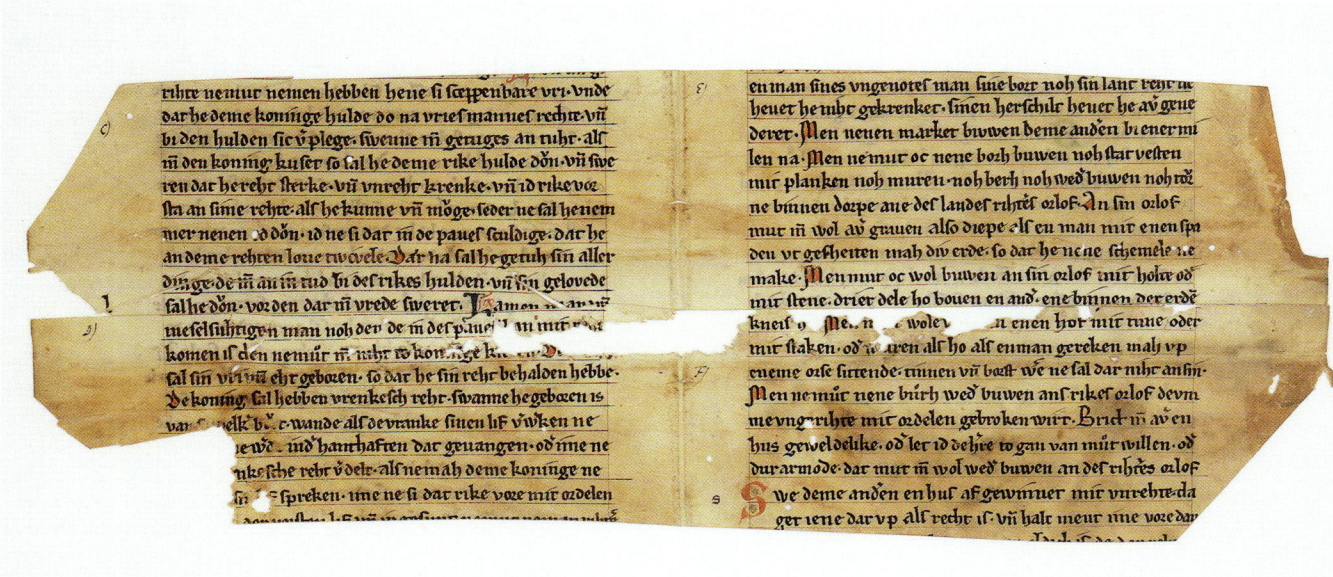

Kat. 146, 1ᵛ/2ʳ

Zur Entstehung und zum Illustrationsmodell der Bilderhandschriften des Sachsenspiegels vgl. das bisher in der Spezialforschung nicht beachtete lateinische, aus Quedlinburg stammende Fragment in Berlin, SBB-PK, Ms. lat. fol. 887. Dazu VÄTH, PAULA: Die illuminierten lateinischen Handschriften deutscher Provenienz der Staatsbibliothek zu Berlin – Preußischer Kulturbesitz. 1200–1350. Teil 1: Text. Teil 2: Abbildungen (Staatsbibliothek zu Berlin – Preußischer Kulturbesitz. Kataloge der Handschriftenabteilung. Reihe 3. Illuminierte Handschriften 3, 1.2.). Wiesbaden 2001, T. 1, S. 121–122 Nr. 87 mit T. 2, Abb. 266–267, 269.
Literaturnachweise zu den anderen erwähnten Rechtsbüchern und Rechtstexten finden sich in den entsprechenden Katalogbeschreibungen.

BM

146 Eike von Repgow: Sachsenspiegel (Fragment)

Elbostfälisch, 13. Jh., Mitte
Pergament, 2 Bll., 11 × 15,5 cm
Vorbesitzer: Um 1836 aus dem Besitz von Friedrich Wiggert (1791–1871), Magdeburg, an den Berliner Rechtshistoriker Carl Gustav Homeyer (1795–1874); über die Universitätsbibliothek der Berliner Universität mit Homeyers Nachlaß 1893 an die Königliche Bibliothek zu Berlin.
SBB-PK, Fragm. 22

Aufgeschlagen Bl. 1ᵛ/2ʳ: Sachsenspiegel-Landrecht, Buch III § 54–55, 65–67, rubriziert, mit roten und blauen Initialmajuskeln.

1ʳ–2ᵛ Eike von Repgow: Sachsenspiegel, Landrecht, Buch III, Art. 46 § 2, 52 § 1–55 § 1, 65 § 2–70 § 2. Textklasse I (Kurzformen), Ordnung Ia (Erste deutsche Fassung). – 2 zusammengehörige Pergamentstreifen aus 1 Doppelbl. einer Hs in 4°; Schriftspiegel (Breite) 11 cm. –

Moderner Pappumschlag, 20. Jh.; Aktenstücke mit Transkriptionen des Fragments von Wiggert und Homeyer und eine Akademie-Abhandlung Homeyers (1871) sind beigeheftet.

Dieses unscheinbare Fragment des 'Sachsenspiegels' dürfte einer der ältesten erhaltenen Textzeugen dieses Rechtsbuches, wenn nicht gar der älteste überhaupt, sein. Die in Langzeilen mit einer Buchschrift mittleren Niveaus (Textualis) sowie mit roten und blauen Initialmajuskeln beschriebenen, einfach rubrizierten Streifen eines ehemaligen Doppelblattes stammen von einer Hand, die in die Mitte des 13. Jahrhunderts zu gehören scheint. Trotz unübersehbarer gotischer Schriftmerkmale – einfache Brechung der Schäfte, Gabelung der Oberlängen, Verwendung des runden r, jedoch nur in der or-Ligatur, Gebrauch von Majuskeln auch in deutschsprachigen Texten – wirkt die Schrift insgesamt noch relativ breit und offen, so daß der seit ERIK ROOTH in der Forschung wiederholt vertretene Datierungsansatz in die Jahrhundertmitte gut begründet erscheint.

Textgestalt und sprachliche Form stützen diesen Befund. Das Berliner Fragment überliefert vom dritten Buch des Landrechts die Artikel 46 § 2, 52 § 1 – 55 § 1 sowie 65 § 2–70 § 2. In III Art. 52 § 1 fehlt, ohne Sinn und Gedankengang zu stören, ein wichtiger Satz am Schluß, der in allen anderen älteren Handschriften vorhanden ist. Der Überlieferungszufall wollte es, daß in den beiden Berliner Streifen jener Teil der ursprünglichen Handschrift erhalten ist, der es ermöglicht, die Position des Berliner Fragments in der Geschichte der Textentwicklung des Sachsenspiegels genau zu bezeichnen. Die unmittelbare Folge von III 52 auf III 46 und das Fehlen des Schlußsatzes III 52, der damit entgegen der anderslautenden Meinung Eckhardts (Rechtsbücherstudien III, 53) insgesamt eine Sonderstellung erhält, weisen diesen Textzeugen der deutschen Urfassung des Sachsenspiegels zu (Ordnung Ia). Die Sprache des Berliner Bruchstücks zeigt nach den Untersuchungen von ERIK ROOTH und RUTH SCHMIDT-WIEGAND (1991) eine Reihe von Einzelerscheinungen, die, ohne hier auf Einzelheiten eingehen zu können, für das Elbostfälische charakteristisch sind (vor allem mnd. lang -ê = ie, ei, z. B. kiesen, tie, gesheiten, s. III 69 § 3 und 66 § 3). Daneben ist ostfälischer Einfluß auf die Sprachformen erkennbar (mnd. lang -ô = o, z. B. stol, s. III 52 § 1).

Die Sprache der Berliner Fragmentstreifen erlaubt es, den Entstehungort der Handschrift näher zu bestimmen: Sprachgeographisch entstammt das Fragment dem elbostfälischen Gebiet, das sich westlich der Elbe zwischen Magdeburg und Halle und dem Ostharz (Gernrode) erstreckt. Dieser Raum ist auch die engere Heimat Eikes von Repgow, des Autors des Sachsenspiegels, dessen Sprache daher, wie ROOTH auf der Grundlage dieses Fragments vermutet, „in weit höherem Grade als das Elbostfälische des 14. Jhs. als eine Spielart des Ostfälischen zu betrachten" ist.

Die Altertümlichkeit von Schrift und Textgestalt dieses wertvollen Berliner Fragments sowie seine Entstehung im elbostfälischen Sprachgebiet legen es nahe, in Übereinstimmung mit der wissenschaftlichen Forschung in ihm das der „Urfassung" Eikes von Repgow am nächsten stehende Überlieferungszeugnis überhaupt zu sehen, das vielleicht „unmittelbar aus der Urhandschrift des Sachsenspiegels abgeschrieben worden ist" (ECKHARDT).

Die Provenienz des Fragments bestätigt die Vermutung über seine Entstehung. FRIEDRICH WIGGERT, seit 1814 Lehrer, später Professor und Direktor am Domgymnasium zu Magdeburg, Historiker und Sammler von Bruchstücken alter Handschriften, hat die beiden Streifen um 1836 nach eigener Aussage „aus der innern Seite des Einbandes eines alten Buches" abgelöst, ohne allerdings den ursprünglichen Trägerband zu benennen. WIGGERTS berufliche Stellung läßt vermuten, daß es sich dabei um einen Druck aus der Bibliothek des Magdeburger Domgymnasiums gehandelt haben dürfte. Eine von WIGGERTS Hand stammende Transkription des Fragments sowie der eigenhändige Entwurf HOMEYERS für einen Vortrag in der Königlichen Akademie der Wissenschaften zu Berlin im Jahre 1871 über dieses und verwandte Bruchstücke sind Fragm. 22 nach der Herauslösung aus dem Nachlaß Homeyer seit den dreißiger Jahren des 20. Jahrhunderts beigefügt.

HOMEYER, *Rechtsbücher* Nr. 145. – OPPITZ, *Rechtsbücher* 2, Nr. 78. – HOMEYER, *Genealogie*, S. 92 (Nr. 342). – ECKHARDT, *Rechtsbücherstudien III*, S. 20–21, 52–53 (zu III 52 § 1), 99–101 (Ed.). – ROOTH, ERIK: *Saxonica. Beiträge zur niedersächsischen Sprachgeschichte (Skrifter utgivna av Kungl. Humanistika Vetenskapssamfundet i Lund 44). Lund 1949, S. 235–243, 249–252 (Ed.).* – KROESCHELL, KARL: *Rechtsaufzeichnung und Rechtswirklichkeit: Das Beispiel des Sachsenspiegels, in:* CLASSEN, PETER (Hg.): *Recht und Schrift im Mittelalter (Vorträge und Forschungen 23).* Sigmaringen 1977, S. 349–380, hier 357–358. – SCHMIDT-WIEGAND, RUTH: *Der Sachsenspiegel. Überlieferungs- und Editionsprobleme, in:* SCHMIDT-WIEGAND, RUTH, u. Dagmar Hüpper (Hg.): *Der Sachsenspiegel als Buch (Germanistische Arbeiten zu Sprache u. Kulturgeschichte 1). Frankfurt am Main 1991, S. 19–56, hier 24–25, 27–28, 32–34.* – Zu Friedrich Wiggert und Carl Gustav Homeyer vgl. *ADB 42, 1897, S. 468–469 und ADB 13, 1881, S. 44–53.*

BM

147   Eike von Repgow: Sachsenspiegel (erste Fassung)

Niederländisch, um 1405
Pergament, 102 Bll., 25,5 × 17,5 cm
Vorbesitzer: 1860 aus dem niederländischen Buchhandel für die Königliche Bibliothek zu Berlin erworben.
SBB-PK, Ms. germ. fol. 820

Aufgeschlagen Bl. 6ʳ: Karl der Große mit Richtschwert und Reichsapfel; Zierinitialen, Randleisten und Blattranken.

*1ʳ Besitzvermerk, 15. Jh. – 1ʳᵃ–4ᵛᵇ Rubrikenregister – 5ʳᵃ–ᵛᵇ leer – 6ᵛᵇ–8ᵛᵇ Sachsenspiegel: Reimvorrede (ab v. 97), Prologus, Textus prologi (Art. 1–3) – 8ᵛᵇ–61ᵛᵇ Sachsenspiegel, Landrecht, in 202 Artikeln (Art. 4–206). Ordnung Ia (Erste deutsche Fassung) – 62ʳᵃ–100ᵛᵃ Sachsenspiegel, Lehnrecht, in 138 Artikeln (Art. 207–344). Ordnung Ia (Erste deutsche Fassung) – *101ʳᵛ leer. – Miniatur, Zier- und Goldinitialen mit Fleuronnée; roter Lederband über Pappe mit ornamentaler Rückenvergoldung, Supralibros und goldenem Schnitt, 18. Jh. Akz. Nr. 6729

Die regionale Verbreitung der Textzeugen der ersten deutschen Fassung des Sachsenspiegels gehört zu den aufschlußreichen Eigentümlichkeiten der Überlieferung dieses Rechtsbuches: Von den neun vollständig erhaltenen Handschriften dieser Textklasse stammen nur drei (OPPITZ, *Rechtsbücher* Nr. 248, 657, 1166) aus dem erweiterten sächsischen Kerngebiet, sechs dagegen (Nr. 149, 347, 400, 403, 533, 537) aus den Randgebieten seines Geltungs- und Wirkungsbereiches; die Schreibsprache in fünf dieser sechs Handschriften, darunter im Berliner Codex, ist niederländisch. Dieses Ungleichgewicht hat bisher wenig Aufmerksamkeit hervorgerufen, da die Forschung sich mehr für die Ausbreitung des Sachsenspiegels nach Süden und Osten als nach Westen, insbesondere zum Niederrhein, interessierte. Gerade dort aber müssen sich, wie die überlieferungskritischen

Die dede grote zonde
Want menich of hyt
conde · Gheerne scade
dade · Wie gheerne ic
gode bade · Dat dit boec
conde elc goet man
Ourechten luden is
niet · en gan Hier be
ghint dat prologhe
vanden spieghel
van zassen · I·
So hoe onrecht
si der man
Can hi hem des wel
verstan · Dat hi mit
rechte can ghewromé
Ende can hi dan des in
ende comen · Gheerne
hys ghemetet · Onrechtes hem dicke ver
drietet · Ende doncket
zelden goet · Recht waert hem scade doet · En
hoertet ongheerne zaé
Dat recht nieman le
ren en caen · Dat den
luden Allen wel can
bevallen
So wie hem rechtes versteet ·

od had
de die
zassen
wel be
dacht ·
Smit dit
boec in duutsche is ghebracht · den luden Al
ghemene · Doch is der
herde dene · Die gode so
eren · Dat si haren vlijt
An gode keren · Een dene
werret mi daer an
Des ic ghebeteren niet
en can · Dat is oft een
verleyer levet · Ende hi
euel daer an meer het ·

Untersuchungen von ECKHARDT (Rechtsbücherstudien III, S. 15) gezeigt haben, die Vorlagen der erhaltenen frühen Textzeugen gekreuzt und gegenseitig beeinflußt haben. Wie früh der Sachsenspiegel bereits an den Niederrhein kam, zeigt ein seit Homeyer häufig zitiertes flandrisches Gedicht aus dem 13. Jahrhundert, wonach *dat duutsce loy vertelt, dat von onrechter gewalt eygendom is comen* (ECKHARDT ebd. S. 52), was sich nur auf die berühmte Quaestio über den Ursprung der Unfreiheit im Sachsenspiegel (III 42 § 6) beziehen kann.

Die erhaltenen niederländischen Handschriften der ersten Textfassung reichen nicht in diese Zeit zurück; sie greifen jedoch vermutlich über Zwischensprossen auf ältere Vorlagen zurück, die im westfälischen oder niederfränkischen Sprachgebiet (Geldern, Kleve) zirkulierten. Die niederländische Version dieser ersten Textfassung des Sachsenspiegels ist wahrscheinlich im 14. Jahrhundert in Gelderland oder Overijssel entstanden (DE GEER, Einleitung zur Ausgabe, S. VIII). Fast alle erhaltenen Textzeugen dieser Fassung stammen aus der Zeit um 1400. In den Niederlanden, einem Randgebiet der Sachsenspiegel-Rezeption, griff man offenbar in nicht unerheblichem Maße in einer Zeit, in der man im sächsischen Kerngebiet der Rezeption die erste Textfassung schon seit über einem Jahrhundert durch die zweite, dritte und vierte, die glossierte, Version ersetzt hatte, auf einen längst 'überholten' Text zurück, der im Zentrum der rechtlichen Aneignung mangels Aktualität meist längst zu Makulatur geworden war. Die Überlieferungschance einer veralteten Textfassung, ihr 'Überleben' in einer signifikanten Anzahl von Textzeugen, ist daher an der Peripherie der rechtlichen Bedeutung des Sachsenspiegels deutlich größer als im Zentrum; die Ursachen für die Kopienhäufung um 1400 sind damit jedoch noch nicht erklärt.

Innerhalb der fünf Textzeugen der ersten Fassung in niederländischer Sprache ist eine Gruppe von drei Handschriften erkennbar, die deutliche textliche, paläographische, sprachliche, künstlerische und zeitliche Parallelen aufweist: die Handschriften in Berlin, Den Haag und in der Bodmeriana (OPPITZ, Rechtsbücher, Nr. 149, 347, 400). Landrecht und Lehnrecht des Sachsenspiegels bilden in der Berliner Handschrift – wie auch in den beiden anderen – noch eine Einheit; beide Bücher, deren Beginn nur durch eine Initiale gekennzeichnet wird, sind in Artikel gegliedert, die durchgängig jeweils bis 344 gezählt und durch ein Rubrikenregister erschlossen sind. Die vulgate Bucheinteilung und die für die späteren Fassungen charakteristischen Novellen, insbesondere der Anfang der Reimvorrede und 'Von der Herren Geburt', fehlen. Geschmückt sind diese Bände durch ein oder zwei spaltenbreite Miniaturen, vier größere

Zierinitialen mit Deckfarbenmalerei auf Goldgrund sowie eine Vielzahl von goldenen Initialen mit rotem oder violettem Fleuronnée; die Anfänge von Landrecht und Lehnrecht sind in Register und Text zusätzlich zu den Zierinitialen durch Randleisten mit Blattranken besonders hervorgehoben.

Alle drei Bände sind offenbar für ein adliges Publikum in Serie hergestellt worden, von einem einzigen Kopisten in einer gut lesbaren gotischen Buchschrift (Textualis) geschrieben und trotz ikonographischer Differenzen von verschiedenen Künstlern vermutlich desselben Ateliers in einem einheitlichen Stil ausgestattet, der von der kunsthistorischen Forschung als 'Dirc van Delft-Stil' oder 'höfischen Stil' (1395–1415) bezeichnet wird. Der Schriftdialekt der Handschriften ist immer Holländisch, so daß der Schreiber dieser drei 'unzeitgemäßen' Handschriften aus der Provinz Holland stammen dürfte. Auf etwa die gleiche Region deuten auch Buchschmuck und Buchmalerei; denn als mögliches geographisches Zentrum des Hofstils gilt seit den Untersuchungen von JAMES H. MARROW eher Utrecht als Geldern oder Den Haag (MARROW in: DEFOER, Golden Age, S. 11). Dieser Stil, der die holländische Buchmalerei um die Wende vom 14. zum 15. Jahrhundert bestimmt und der seinen Namen einigen frühen Handschriften des Dirc van Delft verdankt, wird zunehmend mit Herrschaft und Hof der bayerischen Wittelsbacher in den Niederlanden in Verbindung gebracht. Um Albrecht von Bayern (1336–1404), Sohn Kaiser Ludwigs des Bayern, seit 1353 Herzog von Niederbayern-Straubing, seit 1358 Regent, seit 1389 Graf von Holland, Seeland und Hennegau, und seine zweiten Frau Margarete von Kleve (gest. 1411) hatte sich vor der Jahrhundertwende in Den Haag „a small but thriving court" (MARROW, ebd. S. 10) gebildet, der mit der Entstehung einiger prunkvoller Handschriften in Verbindung gebracht wird. Ist es bei einigen Handschriften dieses 'Hofstils' nur die prunkvolle Ausstattung, die perfekte Malerei und die reiche Technik, die der kunsthistorischen Forschung die Annahme einer höfischen Provenienz nahelegen, so bieten neben dem Stundenbuch der Margarete von Kleve, der Gräfin, meines Erachtens gerade die Sachsenspiegel-Handschriften direktere Hinweise, die – ungeachtet kleinerer Differenzen zu den übrigen Vertretern dieses Gesamtstils – eine Zuordnung gerade dieser Rechtshandschriften zu dem Hof der Wittelsbacher nahelegen und damit zugleich die Kopienhäufung um 1400 erklären können.

Während in den beiden anderen Handschriften am Beginn des Sachsenspiegels Christus als Weltenrichter dargestellt ist, enthält die Berliner Handschrift dort eine

Miniatur (Blatt 6ʳ), die in den beiden anderen Codices mit kleinen ikonographischen Abweichungen den Anfang des zweiten Teils des Sachsenspiegels, das Lehnrecht, schmückt. Vor einem geometrischen Hintergrund sitzt der Kaiser des Heiligen Römischen Reiches in einem blauen Gewand auf seinem Thron mit Richtschwert und Reichsapfel. Eine Krone mit Lilienreif bedeckt sein Haupt, zu seinen Füßen kauert ein Löwe; das erläuternde Wappenschild mit dem Reichsadler ist der Miniatur des Kaisers am linken Rand des Blattes zugeordnet. Die Position der Miniatur am Beginn des Buches zeigt, daß es sich hier um ein Autorenbild handeln muß, also um ein Bildnis des Verfassers, das einer Ausgabe seines Werkes vorangestellt ist. Für den Auftraggeber dieser Handschrift ist also der Kaiser der Autor des Rechtsbuches, das Rechtsbuch also Kaiserrecht. Die Ikonographie der Eingangsminiatur nimmt in dem Bilde des Kaisers als Gesetzgeber mit den Insignien herrschaftlicher und richterlicher Gewalt Elemente auf, wie sie vielfach auch die Eingangsseiten der Handschriften des Römischen Rechts, des 'Digestum vetus' und des 'Codex', schmücken. Über die Person des Kaisers klärt der Sachsenspiegel selbst auf. Bekanntlich führt Eike von Repgow im Textus prologi, der eigentlichen Eröffnung des Rechtsbuches nach den Vorreden, den Ursprung des Sachsenrechts auf Konstantin und vor allem Karl den Großen zurück. Daran anknüpfend hat die spätmittelalterliche Tradition, mit weitreichenden Folgen vor allem die Glosse des Johann von Buch zum Sachsenspiegel (um 1325), das Rechtsbuch Eikes von Repgow zu einem Privileg Karls des Großen erklärt, der daher in der Miniatur gemeint sein dürfte.

Einige ikonographische Elemente der Kaiser-Miniatur deuten aber auch auf weitere Quellen hin, die der hier behandelten Gruppe niederländischer Sachsenspiegel-Handschriften als Modell gedient haben dürften. Der thronende Kaiser im blauen Mantel mit Reichsapfel, der zu seinen Füßen kauernde Löwe, das an den Rand gesetzte Reichswappen – dies sind Details, die sich in der Eingangsminiatur einiger Handschriften einer obrigkeitlichen Rechtssetzung wiederfinden, die ebenfalls in Serie hergestellt wurde und die am holländischen Hofe der Wittelbacher insbesondere Albrechts nicht unbekannt gewesen sein dürfte: das Oberbayerische Landrecht von 1346 (vgl. auch Kat. 153). Vier, drei davon von einem einzigen Schreiber ausgefertigte Handschriften dieser Rechtskodifizierung enthalten eine Titelseite mit einer W-Initiale, die – nach dem Vorbild des Majestätssiegels von 1327/1328 – Ludwig den Bayern als Rechtssetzer auf einen aus Adlern und Löwen gebildeten Thron sitzend mit seinen vor ihm knienden vier Söh-

nen zeigt; der Schriftspiegel ist von einer mit Wappen besetzten Ranke umgeben (Wien, ÖNB, Cod. 2786, vgl. FINGERNAGEL, ANDREAS und MARTIN ROLAND: Die illuminierten Handschriften und Inkunabeln der Österreichischen Nationalbibliothek, Bd. 10: Mitteleuropäische Schulen I [ca. 1250–1350]. Textbd. Tafel- und Registerbd. [Österreichische Akademie der Wissenschaften, Phil.-hist. Kl., Denkschriften 245, 1.2] Wien 1997, Textbd., S. 349–350, mit weiteren Nachweisen, und Tafelbd., Farbabb. 39). Dieser offensichtliche Modellcharakter des bayerischen Rechts- und Gesetzbuches für die künsterliche Ausstattung der Gruppe der niederländischen Sachsenspiegel-Handschriften legt die Vermutung nahe, daß dem niederländischen Hof der Sachsenspiegel in der einzigen ihm zugänglichen, den lokalen Verhältnissen sprachlich angepaßten Form als ein Rechtsbuch erschien, das in den niederländischen Besitzungen der Wittelsbacher der herrschaftlichen Rechtssetzung und Rechtsvereinheitlichung dienen sollte. Dies würde erklären, weshalb auch die niederländischen Handschriften wie ihr Vorbild in Serie und offensichtlich für ein adliges, also Herrschaftsrechte ausübendes Publikum hergestellt wurden.

Adliger Vorbesitz ist für zwei der erhaltenen drei Handschriften seit dem Ende des 15. Jahrhunderts nachweisbar, für das heute in der Bodmeriana befindliche sowie für das Berliner Exemplar. Stammt jenes aus dem Besitz der Freiherrn von Doornick, so war dieses, wie aus einem Besitzvermerk hervorgeht, im Besitz von Zweder van Culemborg, einem Sohn des Hubert van Culemborg, Richter in Eck und Maurik (bei Wijk bij Duurstede). Dieser Zweder von Culemborg ist auch als Schreiber einer Chronik seines Geschlechts (1271–1493) bezeugt (POTTHAST, Wegweiser 2, 882). Die neuzeitliche Besitzgeschichte der Handschrift ist entgegen den vielfach irrigen Angaben in der gesamten modernen Literatur bereits von HOMEYER 1842 und 1861 detailliert aufgeklärt worden: Über den holländischen Reichsarchivar Hendrik van Wijn (1740–1831), der den Codex zwischen 1770 und 1774 auf einer Auktion in Den Haag kaufte und davon Kopien, die sich noch in Den Haag befinden, anfertigen ließ, und den Ratspensionär Pieter van Bleiswijk (1724–1790), gelangte der Band wohl 1791 an die Familie des späteren Besitzers B.A.C. de Lange van Wijngaarden und über dessen Nachlaß an den Amsterdamer Buchhändler Frederik Müller, von dem die Königliche Bibliothek zu Berlin die Handschrift im Februar 1860 erwarb.

DEGERING 1, S. 114. – WEGENER, S. 134. – Ausst.kat. Berlin 1975, S. 150–151, Nr. 106. – HOMEYER, Rechtsbücher Nr. 78. – OPPITZ,

Rechtsbücher 2, Nr. 149. – HOMEYER, *Sachsenspiegel 2.1, 1842, S. 16–17 Nr. 29 (diese Hs.).* – HOMEYER, *Sachsenspiegel 1, ³1861, S. 27 mit Anm. * zu Nr. 374.* – DE GEER VAN JUTPHAAS, BARTHOLD J. L., *De Saksenspiegel in Nederland. 2 Teile (Werken der Vereeniging tot Uitgave der Bronnen van het Oude Vaderlandsche Recht. Eerste reeks, 10).* 's-Gravenhage 1888. hier: 1, S. IX; S. 1–191 (Ed. unter indirekter Benutzung dieser Hs.). – MÜLLER, ERNST, *Eine niederländische Sachsenspiegelhandschrift,* in: *Zeitschrift der Savigny-Stiftung für Rechtsgeschichte, Germ. Abt. 38, 1917, S. 305–309, hier: 307 Anm. 2.* – ECKHARDT, *Rechtsbücherstudien III, S. 3, 21.* – DESCHAMPS, JAN, *Middelnederlandse handschriften uit Europese en Amerikaanse bibliotheken. 2., herz. druk (Tentoonstelling ter gelegenheid van het honderdjarig bestaan van de Koninklijke Zuidnederlandse Maatschappij voor Taal- en Letterkunde en Geschiedenis).* Leiden 1972, S. 271–272. – DEFOER, *Golden Age, S. 36–37, Nr. I,6.* – PROSKE – VAN HEERDT, DORINE, *The Dirc van Delft-Style: Structure and Chronology,* in: VAN DER HORST, KOERT, u. JOHANN-CHRISTIAN KLAMT (Hg.): *Masters and Miniatures (Studies and Facsimiles of Netherlandish Illuminated Manuscripts 3).* Doornspijk 1991, S. 245–254. – WETZEL, RENÉ, *Deutsche Handschriften des Mittelalters in der Bodmeriana. Mit einem Beitrag von Karin Schneider (Bibliotheca Bodmeriana. Kataloge 7).* Cologny-Genève 1994, S. 64–67, bes. S. 65.

BM

148 Eike von Repgow: Sachsenspiegel (mit sog. Buch'scher Glosse)

Ostfalen (?), 14. Jh., 2. Drittel
Pergament, 151 Bll., 48 × 34,5 cm
Vorbesitzer: Im Juni 1837 von dem Dortmunder Gymnasialdirektor Bernhard Tiersch für die Königlichen Bibliothek zu Berlin erworben.
SBB-PK, Ms. germ. fol. 512

Aufgeschlagen Bl. 92^v/93^r: Text und Kommentar, mit Initialen, Lombarden, Cadellen mit Masken.

*1^r–^{v} Nachträglich hinzugefügter Spiegel im Vorderdeckel, vermutlich von B. Thiersch um 1836 eingeklebt, um 1965 auf Wunsch von Luise von Winterfeld abgelöst; Leimspuren, ehem. gefaltetet, abgerieben, Rostspuren und Beschädigungen durch die Nägel der ehem. Langriemenschließen fehlen, kleinere Textverluste, lose beiliegend: Notariatsinstrument von 1403 Aug. 20 mit Transsumpt einer Urkunde des Dortmunder Notars *Theodericus Hoyke de Nyenborgh, clericus Monasteriensis diocesis* von 1403 Juli 29, betreffend Leibrenten in Dortmund. – *2^r vorderes, wegen der Rostspuren und Löcher von den Befestigungen der Nägel für die ehem. Langriemenschließen ursprüngliches Spiegelbl., mit Besitzvermerk: *Item dyt boick hort...s[?] Christoffer Henxsteberghe alleene to. Anno xli dominica oculi* (= [14]41 März 19). Darunter Transkription des Vermerks von der Hand Thierschs, mit der doppelten Datierung 1441 und 1461; darüber, auch von seiner Hand (?), eine Hausmarke. – *2^v leer. – 1^r auf Rasur sehr große, moderne Signatur unbekannter Herkunft: *Nr. 567*; Besitz- und Erwerbungsvermerke, teilweise radiert, von Bernhard Thiersch, Dortmund, 1836; Akzessionsnummer und Signatur der Kgl. Bibliothek, Berlin. – 1va–149vb Sachsenspiegel-Landrecht, mit sog. Buch'scher Glosse, in 3 Büchern, mit 64, 71, 68 gezählten Artikeln. Ordnung IVa (Kurzhandschriften); Glossenklasse: Ordnung Ib (Kürzere Glosse). Die Reimvorreden und Von der Herren Geburt, I 7–14 § 1, I 36, II 37–38, III 51, III 74, III 81 § 2–91 fehlen; die Glosse bricht dagegen erst zu III 81 § 2 ab; zwischen f. 148 und f. 149 nicht mehr vorhanden wegen Blattverlustes III 79–80 § 1 und Teile der Glosse zu

III 79. Umgestellt gegenüber der Vulgata-Zählung sind folgende Artikel: I 26 hinter I 32; I 61 § 2–4 hinter I 60 § 2; I 65 § 2 hinter I 66; II 32–33 hinter II 39; II 51 § 3 hinter II 52. Am Anfang der Bücher jeweils Rubrikenregister (1va–2vb; 35^{vrb}–38ra; 85rb–87vb); die Rubriken Homeyers Hauptform X zugehörig, s. HOMEYER, Genealogie, S. 185. – Initialen und Cadellen mit Masken; unverziertes Leder über Holz, 15. Jh., Mitte, ehem. Langriemenschließen. Akz. Nr. 880.

Die Textentwicklung des Sachsenspiegels, die im 13. Jahrhundert durch Ergänzungen und Erweiterungen von Eike von Repgows Urfassung bestimmt wurde, fand in einer vielleicht in der Mark Brandenburg entstandenen Textfassung, die eng mit den berühmten Bilderhandhandschriften verwandt ist und den Glossenhandschriften zum Sachsenspiegel als Hauptvorlage diente, um 1300 ihren vorläufigen Abschluß (Ordnung IIe). Eine neue Phase der Textentwicklung, die nicht ohne Folgen für die allgemeine Gestalt des Grundwerkes selbst blieb, wurde durch die wissenschaftliche Glossierung des Landrechts durch Johannes von Buch auf der Basis der deutschen Urfassung (Ordnung Ia) und der sogenannten Glossenvorlage (Ordnung IIe) eingeleitet. Die ursprüngliche Einheit von Landrecht und Lehnrecht, die die Textversionen des 13. Jahrhunderts noch kennzeichnete, wurde durch eine schärfere Trennung der Überlieferung beider Bücher ersetzt; die übliche Bucheinteilung des Landrechts in drei Bücher und – parallel dazu – die getrennte Artikelzählung für Land- und Lehnrecht bildeten sich aus.

Die um 1325 entstandene Glosse zum Landrecht des Sachsenspiegels ist ihrem Kern nach ein Werk des dem ritterlichem Adel angehörenden und aus Buch bei Tangermünde stammenden gelehrten Juristen und märkischen Hofrichters Johannes von Buch (ca. 1290 – ca. 1356). Der Glossator, der in Bologna studiert zu haben scheint und der – wie seine Familie – in enger Beziehung zu den Markgrafen von Brandenburg stand, setzte sich das Ziel, den Sachsenspiegel mit dem gelehrten, also mit dem römischen und dem kanonischen Recht der Zeit zu erklären, um die Berufung auf ihn im geistlichen Gericht zu erleichtern, und ihn, als Privileg Karls des Großen angesehen, von Fehlern zu reinigen. Dennoch ist diese erste wissenschaftliche Kommentierung des Landrechts so, wie sie heute in den Handschriften überliefert ist, ein uneinheitliches Werk, in dem vom Gesichtspunkt der Textkritik aus verschiedene Textschichten zu unterscheiden sind und sich Zusätze angelagert haben, die nicht von Johannes von Buch stammen dürften. Es ist daher sicherlich kein Zufall, daß es den unterschiedlichsten Bemühungen zum Trotz bis heute keine moderne, kritische Ausgabe der sogenannten Buch'schen Glosse gibt.

In der Anwendung des gelehrten Rechts auf den Sachsenspiegel wählte Johannes von Buch einen längst be-

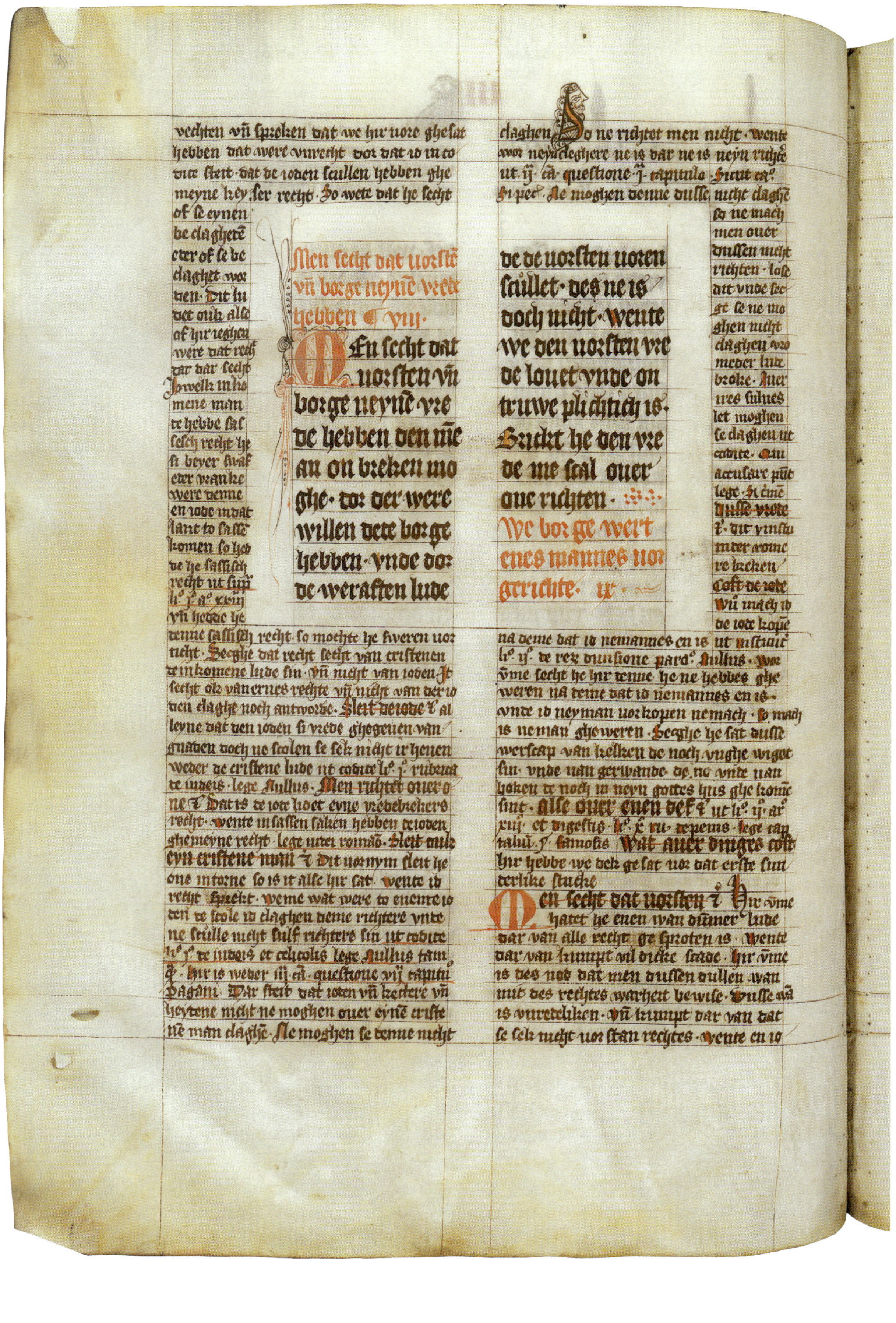

vechten vñ sproken dat we hir uore ghesat
hebben dat were unrecht vor dat id id to
uore steit dat de ioden scullen hebben ghe
meyne key ser recht · So wete dat he secht
of se eynen
de claghere
eter of se be
claghet wor
ten · Dit lu
det ouk alse
af hir reghen
were dat recht
dar dar seelso
Iwelk in ho
mene man
te hebbe sal
selch recht he
si beyer swak
eter wranke
were denne
en iode indat
lant to sasse
komen so hed
de he sassisch
recht ut sun
hᵒ ijᵉ xxiij
vñ hedde he
denne sassisch recht · so mochte he hveren uor
ticht · Seeghe dat recht secht van cristenen
te inkomene lude sin vñ nicht van ioven · It
seeht dat van eues rechte vñ nicht van der io
ten claghe noch antworde · Sleit de iode t al
leyne dat ten ioven si vrede ghegeuen van
gnaden doch uo scolen se sek nicht ir heuen
weder de cristene lude ut eodure hᵒ ij rubrica
te iudeis lege Aulius · Men richtet ouer o
ne t dat is iote iodet eyne vredebrekers
recht · wente in sassen saken hebben te ioden
ghe meyne recht · lege iudei romad · Sleit ouk
eyn cristene man t dit uo nym sleit he
one intorne so is it alse hir sat · wente it
recht sprekt · weme wat were to enemete io
ten te scole id claghen deme richtere vñ
ne scrille nicht sulf richtere sin ut eodire
hᵒ ijᵉ te iudeis et celeolis lege Aulius tam
q̃ Hir is weder si ea questione vij capituli
Bagani · Dar steit dat ioten vñ kestere vñ
heytene nicht ne moghen ouer eyne criste
ne man elaghse · Se moghen se denne nicht

Men secht dat vorste
vñ borge neyne vrede
hebben Cvij·

M
en secht dat
uor sten vñ
borge neyne vre
de hebben den vie
an on breken mo
ghe· to der were
willen dete borge
hebben · vnde dor
de werasten lude

claghen · So ne richtot men nicht · wente
vor neyacleghere ne is dar ne is neyn riche
ut· ij· eã questione J· capitulo · heut eã?
hi pee· Ne moghen denne dusse nicht daghse
de de uorsten uoten scullet · des ne is
doch nicht · wente
we den uorsten vre
de louet vnde on
truwe plichtich is·
Brickt he den vre
de me scal ouer
one richten ·

We borge wert
enes mannes uor
gerichte· ix·

na deme dat id nemannes en is
hᵒ ij te rex ouisione parᵒ · Aulius · woe
vme secht he hir denne he ne hebbes ghe
weren na deme dat id nemannes en is
wnte id neyman uor kopen nemach · so mach
is neman ghoweren · Seeghe he sat dusse
werscap van kelken de noch vnghe wiget
sin vnde van gerwande de ne vnde van
ioken te noch in neyn gottes hus ghe komen
sint · alle ouer enen vek t ut hᵒ ij ar
xij et oigestis hᵒ ãᵉ te repemis lege cap
talui J̃ knuolis · Wat auer dingres woet
hir hebbe we dek ge sat uor dat erste sint
terlike stucke

M
en secht dat uorsten i̅ Hir vme
hatet he enen wan diuier lude
dar van alle recht ge hroten is · wente
dar van krumpt uil dicke schade · hir vme
is des not dat men dussen dullen wan
mut des rechtes warheit bewise · Dusse wan
is unredeliken· vñ krumpt dar van dat
se sek nicht uor stan rechtes · wente en io

kannten Weg, der in den italienischen Rechtsschulen, insbesondere in Bologna, seit dem 12. Jahrhundert zur Auslegung autoritativer Textbücher entwickelt, verfeinert und zu Meisterschaft geführt worden war, den der scholastischen „didaktisch-exegetischen Methode" (Peter Weimar), den Glossenapparat. Unglossiert blieben jene Artikel des Landrechts, die ihm als nicht authentisch galten, also dem behaupteten Privileg Karls des Großen erst später zum Teil angeblich von Otto I., Otto II. und Friedrich Barbarossa zugefügt wurden (I 36, III 51, III 82 § 2–91). Die Masse des Textes aber wurde Artikel für Artikel in der Weise glossiert, wie es ihm seine Bologneser Autoritäten und Lehrer vorgeführt hatten: Die Verbindung zwischen Text und Glosse wird durch ein Lemma hergestellt, das den Anfang oder eine Textstelle innerhalb des zu glossierenden Artikels zitiert; Introductiones titulorum oder legum, d. h. einleitende Erklärungen und Übersichten zu einem Kapitel oder Artikel, Wort, Text- und Sacherklärungen im engeren Sinne, längere Divisiones et Distinctiones, also kleine Abhandlungen über Begriffsbestimmungen und -unterscheidungen, schließlich Allegationen, also Verweisungen auf Parallelstellen in den autoritativen Rechtsquellen folgen in der Regel. Man hat einmal gezählt, daß die Glosse zum Landrecht über 6200 Allegationen aus dem römischen und kanonischen Recht enthält. Die wirkungsgeschichtliche Bedeutung dieses wissenschaftlichen Kommentars zum Sachsenspiegel kann man kaum unterschätzen. Sie ist an der Zahl der erhaltenen Glossenhandschriften deutlich zu erkennen: 178 Codices sind erhalten, davon 106 vollständige und 72 fragmentarische.

Die Glossierung autoritativer Textbücher stellte an die Schreiber von Handschriften hohe Anforderungen, wenn die Struktur eines Textes und die des begleitenden Kommentars auf einer begrenzten Fläche sichtbar gemacht werden sollten. Das Ziel war, auf einer Buchseite den Text und den dazugehörigen Kommentar, das 'Wort' und seine 'Auslegung', synoptisch gegenübertreten zu lassen, so daß ein koordinierter Doppeltext entstand, der die parallele Lektüre ebenso wie das Abzweigen und Springen des lesenden Auges erlaubte. Die Anordnung von zwei Texten auf einer Buchseite, also auf einer zweidimensionalen Fläche im Rahmen eines gewöhnlich als Rechteck angelegten Schriftraums, hat eine Vielfalt von Formen und Erscheinungen hervorgerufen, von denen für die Sachsenspiegel-Handschriften im wesentlichen zwei von Bedeutung sind. Die einfachere und für den Schreiber problemlosere Form ordnet in einer zweispaltigen Handschrift Text und Glosse jeweils aufeinander folgend an (vgl. Kat. 149). Repräsentativer, für Sachsen-

spiegel-Handschriften viel seltener gebraucht und für ein Skriptorium viel schwerer zu beherrschen war der im 13. und 14. Jahrhundert den Markt mit den Textbüchern und Glossenapparaten des römischen und kanonischen Rechts beherrschende Typ der Bologneser Rechtshandschriften, der dann wieder für die Typographie der Frühdrucke dieser Werke bestimmend wurde. Das autoritative Textbuch wurde zweispaltig in einer größeren Buchschrift (Textura) etwas oberhalb der Seitenmitte so angeordnet, daß an den Außenseiten sowie ober- und unterhalb dieses 'Textfensters' genügend Platz für die in kleinerer Buchschrift (Textualis) zu schreibende, den Text umklammernde Glossierung blieb. Wie die aufgeschlagenen Seiten dieser Berliner Sachsenspiegel-Handschrift des Bologneser Typs zeigen, gliedern auch hier Initialen, Lombarden, Rubriken, Rubrizierungen für Allegationen und die durch größeren Schriftgrad hervorgehobenen Lemmata den Text. Diese Art der Ausstattung erleichtert dem Benutzer wesentlich die Orientierung und stellt über die hervorgehobenen roten Lombarden optisch den Bezug zwischen Text und Kommentar her. Cadellen mit Masken schmücken vor allem im letzten Drittel eine Reihe von Blättern.

Der paläographische Befund insbesondere der zahlreichen Randeinträge legt eine Entstehung des Codex im zweiten Drittel des 14. Jahrhunderts nahe, und zwar eher in der ersten als in der zweiten Hälfte dieses Zeitraums. Der Schriftdialekt, ein Mittelniederdeutsch mit ostfälischen Eigenheiten, deutet auf Ostfalen als geographischen Ursprung des Bandes. Die Behauptung Steffenhagens, die Schreibsprache sei Westfälisch, ist dagegen irrig, auch wenn die spätere Geschichte dieser Handschrift mit diesem Raum eng verbunden war.

Das Sachsenrecht blieb das ganze Mittelalter hindurch in Westfalen das Landrecht, so daß der Sachsenspiegel vor allem über das Erbrecht als 'geschriebenes Landrecht' in die westfälischen Stadtrechte eindrang und neben den Stadtbüchern der sächsischen Rechtsprechung zugrunde gelegt wurde. Durch öffentliche Verlesung des Landrechts des Sachsenspiegels wurde – wie in Soest – vielfach die Bürgergemeinde auf den Rechtstext vereidigt, so daß dieses Rechtsbuch in den städtischen Ratsstuben nicht fehlen durfte. Dies beweist neben einer Vielzahl anderer Sachsenspiegel-Handschriften auch dieser Berliner Codex. 1441 gehörte er, wie der Besitzvermerk zeigt, dem aus einem reichen Dortmunder Kaufmanns- und Patriziergeschlecht stammenden Christoffer Hengstenberg (1425 bis 1494 urkundlich genannt; 1495 verstorben). Er hatte wie sein Bruder in Rostock studiert, war wie seine Vorfahren Ratsherr und mehrfach erster oder zweiter Bürgermeister Dortmunds. Seit wann die

Sachsenspiegel-Handschrift in seinem Besitz war, ob er sie geerbt oder selbst erworben hat, ist aus dem Vermerk nicht erkennbar. Auch die Interpretation WINTERFELDS, Bernhard Thiersch, S. 95–96, der Besitzvermerk deute auf einen Verkauf der Handschrift an den Dortmunder Rat im Jahre 1441 hin, da Christoffer Hengstenberg fünf Tage vor diesem Eintrag (1441 März 14) seine Dortmunder Bürgerschaft – zeitweilig – aufgesagt hatte, überinterpretiert die kurze Notiz. Sicher ist nur, daß der Codex aus dem Besitz Christoffer Hengstenbergs oder eines seiner Nachfahren in den Besitz des Dortmunder Rates und dann des Stadtarchivs gelangt sein dürfte. Dort befand er sich bis ca. 1835.

Bernhard Thiersch (1793–1855) scheint um 1836 diese Handschrift dem Stadtarchiv Dortmund entfremdet zu haben, um sie der Königlichen Bibliothek zu Berlin zum Kauf anzubieten, nachdem der Versuch, sie über die Grimms nach Göttingen zu verkaufen, wegen seiner zu hohen Preisforderungen gescheitert war. Die Bibliothek erwarb die Handschrift nach längeren Verhandlungen in Juni 1837 für 60 Thaler, was in etwa einem Monatsgehalt des Verkäufers entsprach. Die Angelegenheit dieses Verkaufs – ob rechtmäßig oder unrechtmäßig – hat mehrfach nachhaltig die Dortmunder Bürgerschaft bis 1905 und die historische Forschung bis 1965 beschäftigt, wobei die Waage zuletzt mehr einer Verurteilung als einem Freispruch Thiersch zuneigte. Denn die kodikologische Analyse der Berliner Handschrift zeigt, daß Thiersch offenbar bewußt danach trachtete, die Spuren des Vorbesitzers zu tilgen und falsche Spuren zu legen. Die Affäre um den Verkauf der Handschrift fand um so mehr Aufmerksamkeit, als Thiersch, aus Kirchscheidungen bei Freiburg an der Unstrut stammend, als angesehener und berühmter Mann galt. Er war Direktor des Dortmunder Gymnasiums (seit 1833), vor allem aber Dichter des Preußenliedes („Ich bin ein Preuße, kennt Ihr meine Farben"), der volkstümlichen preußischen Hymne bis 1918. Sein Grabmal in Bonn ließ König Friedrich Wilhelm IV. 1857 setzen.

Index librorum Berolin. 1837/1838, S. V–VI, S. XXXV, Nr. 81 (mit Beschreibung von Homeyer). – DEGERING 1, S. 57. – HOMEYER, *Rechtsbücher Nr. 53.* – OPPITZ, *Rechtsbücher 2, Nr. 122.* – HOMEYER, *Sachsenspiegel 1,* ³1861, S. 34; für die Ed. des Textes unter der Sigle Cd vollständig verglichen. – STEFFENHAGEN, *Landrechtsglosse VIII, S. 314–315, Nr. 7.* – STEFFENHAGEN, *Landrechtsglosse IX, S. 708.* – SINAUER, ERIKA, *Studien zur Entstehung der Sachsenspiegelglosse, in: NA 50, 1935, S. 475–581, hier bes. S. 508–509.* – MEININGHAUS, AUGUST, *Das Dortmunder Patriziergeschlecht von Hengstenberg. Eine Regestensammlung mit Stammtafel, Wappen- und Siegeltafel. Dortmund 1930, S. 54–68, bes. S. 55 (diese Hs.).* – PRÖHLE, H., Art. 'Thiersch, Bernhard', in: ADB 38, 1894, S. 4–6. – WINTERFELD, LUISE VON, *Bernhard Thiersch und der Dortmunder Sachsenspiegel, in: Beiträge zur Geschichte Dortmunds und der Graf-*schaft Mark 62, 1965, S. 71–99. – NOWAK, ELISABETH, *Die Verbreitung und Anwendung des Sachsenspiegels nach den überlieferten Handschriften. Phil. Diss. Hamburg 1965, S. 134–135, 180.* – HÜPPER, DAGMAR, *Sachsenspiegelrezeption im Rechtsbuch der Stadt Herford,* in: HELMERT-CORVEY, THEODOR (Hg.), Rechtsbuch der Stadt Herford. Vollständige Faksimile-Ausgabe im Original-Format der illuminierten Handschrift aus dem 14. Jahrhundert. Kommentarbd. Bielefeld 1989, S. 160–181, hier: S. 164, 177 u. Abb. 8.

BM

149 Eike von Repgow: Sachsenspiegel (Glossenhandschrift, lat. und dt.)

Schlesien, um 1386
Pergament, 240 Bll., 42 × 28,5 cm
Vorbesitzer: Von Oberbergrat Karl Wilhelm Aemilius Steinbeck (1785 – nach 1852) in Brieg (Schlesien) im August 1850 für die Königliche Bibliothek zu Berlin erworben.
SBB-PK, Ms. germ. fol. 631

Aufgeschlagen Bl. 85ᵛ/86ʳ: Gerichtsszene; Text und Kommentar verschränkt.

1ʳᵃ–37ʳᵃ Weichbildrecht (Vulgata), mit singulärer, „durchaus eigenthümlicher Glosse" (Homeyer) und (36ʳᵃ–37ʳᵃ) Rubrikenregister. Am Anfang Text- und Glossenverlust wegen Blattverlustes. Text in 112 gezählten Artikeln und dem ungezählt angehängten Judeneid; Textbeginn in Art. 10, einige Art. fehlen. Zum Textbestand detailliert STEFFENHAGEN, Landrechtsglosse I, S. 49, 79–83. Ed. DANIELS/GRUBEN, Weichbildrecht, Sp. 81 Art. 11 § 1 – Sp. 175 Art. 136. Textspecimen der Glosse dieser Hs. bei HOMEYER, Richtsteig, S. 399–406. – 37ʳᵇ–39ᵛᵇ Mainzer Landfrieden Kaiser Friedrichs II. von 1235, mit Zuschreibung an Albrecht I. und Kapitelverzeichnis, dt., unter der Rubrik: *Hy hebit sich an keiser Albrechtis seczunge.* Ed. des Landfriedens von 1235 mit teilweise abweichender Artikelfolge in WILHELM, FRIEDRICH (Hg.), Corpus der altdeutschen Originalurkunden bis zum Jahre 1300. Bd. 1: 1200–1282, Lahr 1929–1932, hier: Nr. 4, S. 12–17 passim; Ed. der vorliegenden Version des Textbuches unter Vergleichung mit dieser Hs. bei BOEHLAU, Novae Constitutiones, S. 1–47. – 40ʳᵇ–234ᵛᵇ Sachsenspiegel-Landrecht, dt. und lat., mit interpolierter Glosse, in 3 Büchern, mit 70, 72, 86 Artikeln und (40ʳᵇ–40ᵛᵃ) Einleitung in vier Absätzen zu Name und Geschichte des Sachsenspiegels sowie zu einigen technischen Grundbegriffen des gelehrten Rechts. Textklassen des dt. und lat. Landrechts: Klasse II (Langformen): Ordnung IIe (Glossenvorlage) und Klasse III (Latein. Versionen): Ordnung IIIc (Versio vulgata); Glossenklasse: Klasse II (Längere Glosse). I 26 steht im deutschen Text hinter I 31, III 51 hinter III 91. Zu Ausfall, Stellung und Zählung weiterer Artikel im dt. und lat. Text sowie zur Teiled. der Einleitung vgl. STEFFENHAGEN, Landrechtsglosse I, S. 49–56; zur Buch'schen Glosse mit Interpolationen aus Magdeburger Schöffensprüchen insgesamt, zu ihrer Zuschreibung an den Rechtslehrer *Andreas* (d. h. wohl Johannes Andreae) sowie zu ihren Differenzen zur Glosse des Nikolaus Wurm ebd. S. 50, 56–79. – 11 Miniaturen und historisierte Initialen, vermutlich neun weitere grobschlächtig herausgeschnitten; eine Federzeichnung am Rande; rote, blaue, grüne und gelbe Lombarden, teilweise mit Fleuronnée; Cadellen mit Masken; rubriziert; dunkelbrauner Lederband über Holz mit Buckeln und Schlössern, ehem. Schließen, 15. Jh.; Rücken 19. Jh. erneuert. Akz. Nr. 3439.

Die Urfassung des Sachsenspiegels wurde während des 13. Jahrhunderts durch Änderungen und Ergänzungen aktualisiert und erweitert, die anfangs vermutlich noch von Eike von Repgow selbst (zweite deutsche Textfassung: Ordnung Ib), später jedoch von unbekannten Bearbeitern (dritte deutsche Textfassung: Ordnung Ic) stammten. Texthistorisch am wichtigsten von diesen nacheikischen Rezensionen wurde die vierte deutsche Fassung, die erste der sogenannten Langformen (Ordnung IIa), die nach ECKHARDT zwischen 1261 und 1270 in Magdeburg entstand. Ihre Aktualisierungen und umfangreichen Novellen, von denen keine einzige das Lehnrecht betrifft, beweisen Kenntnisse des römischen Rechts. Sie bildete die Basis für alle späteren Fassungen, vor allem für die sogenannten Glossenvorlage (Ordnung IIe), die Rezension also, die der Glossator Johannes von Buch (vgl. Kat. 148) zur Hauptvorlage seiner Kommentierung wählte.

Die mit ihr – wie auch in der hier ausgestellten Handschrift – stets verbundene lateinische Version des Sachsenspiegels wurde vom Glossator für ein den Sachsen von Karl dem Großen gegebenes Privileg gehalten, das Eike von Repgow bearbeitet und verdeutscht habe. In Wirklichkeit handelt es sich jedoch, wie die textkritische Forschung gezeigt hat, um eine späte Rückübersetzung des Werkes aus dem Deutschen, die auch nichts mit der lateinischen Urfassung des Rechtsbuchs verbindet, deren Übertragung in die Muttersprache Eike von Repgow nach Aussage der berühmten Reimvorrede des Sachsenspiegels auf Anregung des Grafen Hoyer vornahm. Rückübersetzungen aus dem Deutschen, die untereinander nicht verwandt sind, sind seit dem späten 13. Jahrhundert in verschiedenen Versionen erhalten. Zwei von ihnen entstanden in Schlesien, eine dritte, die hier ausgestellte Vulgata, eine reine Landrechtsübersetzung auf der Grundlage der Ordnung IIe (Glossenvorlage), im ersten Drittel des 14. Jahrhunderts wahrscheinlich in Brandenburg.

Die beiden Haupttexte dieser Handschrift, die Weichbildvulgata und der Sachsenspiegel, sind glossiert. Die Glossierung des Weichbildvulgata, also des städtischen Magdeburger Rechtes, gilt als singulär, d. h. kein weiterer Überlieferungszeuge ist bekannt. Der Glossator, der auch über Kenntnisse in den Techniken des gelehrten Rechts verfügt zu haben scheint, ist vor allem mit Magdeburg vertraut, das Magdeburger Recht ist sein Recht, ja, er gibt seine Zugehörigkeit zu den Magdeburger Schöffen zu erkennen. Diesem Verfasser der Weichbildglosse schreibt STEFFENHAGEN auch die Interpolationen in die Sachsenspiegelglosse dieser Berliner Handschrift zu, in der in die ursprüngliche, die Buch'sche Glosse (vgl. Kat. 148), Zusätze eingeschoben sind, die vom Interpolator als Magdeburger Schöffensprüche ausgegeben werden. Dieser Interpolator kannte sich in den Methoden und Textbüchern des gelehrten Rechts aus; seine Begrifflichkeit ist geprägt von der „didaktisch-exegetischen Methode" der juristischen Scholastik (PETER WEIMAR). Er disputiert, argumentiert, glossiert, beweist, entscheidet und spricht; wie im gelehrten Recht verwendet er zum autoritativen Schriftbeweis die Technik der Allegation. Auch wenn STEFFENHAGENS Annahme eines einzigen Autors für Weichbildglosse und Glosseninterpolation letztlich nicht über jeden Zweifel erhaben ist, so existieren doch Beziehungen zwischen beiden Glossierungen, da die Weichbildglosse die Interpolation zitiert.

Dieser Glossator scheint bald nach 1329 in Magdeburg gearbeitet zu haben (vgl. die Nachweise bei STEFFENHAGEN, Landrechtsglosse I, S. 59, 60 Anm. 3, 76 Anm. 3, 78–79).

Alle in dieser Handschrift vereinigten Texte, Versionen und Glossen stammen aus dem westlichen Teil Brandenburgs und aus Magdeburg. Diese Region zwischen Altmark und Magdeburg bis hin zum Harz bildet in den Jahrzehnten von 1260 bis 1330 das Gravitationszentrum für die Aktualisierung, Weiterentwicklung, Illustration und die wissenschaftliche Erschließung von Sachsenspiegel und Weichbildrecht. Hier verbinden sich seit dem 13. Jahrhundert sächsisches Recht in Form des Sachsenspiegels und sächsisches Magdeburger Stadtrecht in Form des Weichbildrechtes zu einer Einheit und treten teils parallel, teils unabhängig zur großen Siedlungsbewegung des Hochmittelalters ihre gemeinsame Wanderung in den europäischen Osten an, nach Schlesien und Polen, in das Deutschordensland, nach Litauen, Weißrußland und die Ukraine, um nur einige Gebiete zu nennen. Die räumliche Streuung und Ausbreitung des Rechts schlägt sich in den erhaltenen Handschriften nieder und erklärt, daß eine so vom Magdeburger Rechtsdenken geprägte Handschrift wie die hier vorgestellte in Schlesien entstehen konnte.

Für die Präsentation des Nebeneinanders von Text und Kommentar hat der Schreiber dieser Handschrift im Gegensatz zu dem von Ms. germ. fol. 512 (Kat. 148) ein einfaches, an die Organisation der Schreibarbeit keine allzu schwierigen Anforderungen stellendes und, wie man an den aufgeschlagenen Seiten sieht, doch unübersichtliches Verfahren gewählt. Jeder Artikel wird in der Regel durch eine – mit roter Tinte geschriebene (daher der Name) – Rubrik eingeleitet, die kurz den Rechtsinhalt des Artikels bezeichnet. In den beiden Textspalten der Buchseite folgen dann der Text des lateinischen, des deutschen Sachsenspiegels und – in etwas kleinerem Schriftgrad – die Glossierung dazu abschnittsweise aufeinander. Die gotische Buchschrift (Textualis) für die autoritativen Textbücher und die Glosse unterscheidet sich nur durch die jeweils verwendete Größe, nicht durch das kalligraphische Niveau. Der Beginn eines Artikels der verschiedenen Sachsenspiegelversionen und der Glosse ist jeweils durch eine farbige Lombarde, teilweise mit Fleuronnée, hervorgehoben, die Texte selbst sind durch farbig alternierende Paragraphenzeichen gegliedert. Die Allegationen, die Verweisungen auf die Quellen und Parallelstellen des gelehrten und des sächsichen Rechts, die 'auctoritates', die die einzelnen Behauptungen des Glossators begründen sollen, sind rubriziert, also rot unterstrichen.

Der besondere Reiz dieser Berliner Handschrift liegt in den Miniaturen, die teilweise am Beginn, teilweise auch in der Mitte eines Artikels lose in den zweispaltigen Text eingestreut sind. Die leider nicht mehr vollständig erhaltenen Illustrationen des Bandes dürfen aber nicht dazu verleiten, diese Handschrift den Bilderhandschriften des Sachsenspiegels zuzurechnen, auch wenn sich stellenweise die Bilderfindungen berühren. Während die 'codices picturati' einem Illustrationstypus folgen, in dem Text- und Bildkolumnen parallel nebeneinander stehen und der Bezug zwischen Text und Bild durch die Wiederholung von Abschnittsbuchstaben visualisiert wird, leiten sich die Berliner und die mit ihr verwandten Handschriften von völlig anderen Ausstattungsmodellen her. Vorbild für ihre Illustrierung sind, wie schon KLOSS (Buchmalerei, S. 84f.) richtig gesehen hat, die Handschriften des gelehrten Rechts aus Frankreich und vor allem aus Norditalien, in denen die Miniaturen innerhalb eines Werkes ebenfalls in die Textspalten eingestellt sind, auf dem Eingangsblatt spätestens seit dem Anfang des 14. Jahrhunderts vielfach zweispaltig, innerhalb der Werke meist einspaltig.

Das Spannungsverhältnis der teilweise illustrierten Berliner Sachsenspiegelhandschrift zu den 'codices picturati' wird jedoch nicht nur in der Illustrationsweise, sondern auch in den Bilderfindungen deutlich. Die Eingangsminiatur der Berliner Handschrift mit der Darstellung der Zweischwerterlehre (Blatt 44ra, vgl. KLOSS, Buchmalerei, Abb. 102) steht den Randleistenminiaturen in den Bilderhandschriften des Sachsenspiegels in Dresden, Wolfenbüttel und Oldenburg wesentlich näher als den Illustrationen des gleichen Themas in den Handschriften des Decretum Gratiani, die in ihren späteren Bologneser Gestaltungen eine Adaption der Bildformel der 'Traditio legis' darstellen. Umgekehrt verhält es sich dagegen bei den Illustrationen zu den Verwandtschaftsverhältnissen im ersten Buch des Landrechts. Die baumförmige Verwandtschaftstafel der Berliner Handschrift (Blatt 46vb) steht eindeutig in der Tradition der kanonistischen Verwandtschaftstafeln und nicht in der des Gliederbildes der Bilderhandschriften, wie SCHADT (Arbores, S. 292–301) überzeugend nachgewiesen hat.

Auch im bildlichen Detail folgt diese Handschrift ihrer unbeholfen und plump kolorierten Federzeichnungen zum Trotz eher dem Vorbild der gelehrten Rechtshandschriften als dem der Bilderhandschriften. Die Gerichtsszene, die auf den aufgeschlagenen Seiten (Blatt 85v/86r) den Anfang von Text und Glosse zu Sachsenspiegel-Landrecht Artikel I 59 (in der Handschrift Art. I 60) ziert, bietet keine vertiefte Visualisierung des Textes, wie man es aus den Bilderhandschriften kennt. Die Illustrie-

rung knüpft im vorliegenden Fall nur allgemein an die Rubrik und den letzten Satz des langen Artikels an, bezieht sich aber ebenso auf die nachfolgenden Artikel. Wie in allen Rechtshandschriften üblich, wird das Gerichtsverfahren in der Darstellung von Gesten und Körperhaltung begleitet, die Frage, Antwort, Diskussion, Kontroverse, Zustimmung oder Ablehnung ausdrücken. Der Richter sitzt in roter Robe auf einer Bank. Neben ihm in grüner Robe der Vorsprecher, der Wortführer einer Partei, der sich in den strikt formalisierten Formen des Prozessverfahrens auskennt, mit den Klägern oder wohl eher – wegen der auf sie selbst zeigenden Gestik – Beklagten, für die er, wie seine Handbewegung zeigt, spricht. Am Rande mit einer Peitsche (?) der Gerichtsbote, das Vollstreckungsorgan des Gerichts. Hier wird also nicht das Besondere eines Artikels des Sachsenspiegels, sondern nur allgemein eine beliebige Gerichtsszene dargestellt.

Die paläographische Befund verweist die Handschrift in das letzte Viertel des 14. Jahrhunderts, und zwar nach Schlesien, wie mehrere Indizien nahelegen. Der Schriftdialekt ist, wie KLOSS schon zu Recht gegen WEGENERS These einer Herkunft der Handschrift vom Mittelrhein bemerkt und wie eine erneute Prüfung bestätigt hat, ostmitteldeutsch (z. B. „pf" für „p": scheppfinbar; „i" für „ê": irst u. a.). Schrift und Texteinrichtung stehen dem zweiten Band der ehemals Liegnitzer Sachsenspiegel-Handschrift (Kat. 158) sehr nahe. Die plumpe Malerei im verlorenen ersten Band des Liegnitzer Sachsenspiegels (OPPITZ, Rechtsbücher 2, Nr. 938) und in der hier beschriebenen weist KLOSS (Buchmalerei, S. 87) sogar der gleichen Hand zu. Die Konsequenzen sind evident, denn die Berliner Handschrift stammt daher nicht nur aus der gleichen Region (Schlesien), sondern auch aus der gleichen Zeit. Der erste Band des Liegnitzer Sachsenspiegels aber ist datiert, und zwar in das Jahr 1386 (KLOSS, Buchmalerei, S. 229), so daß die Berliner Handschrift in etwa um die gleiche Zeit entstanden sein dürfte. Ob die Bände aber in der von KLOSS postulierten Werkstatt des Nikolaus Wurm in Liegnitz entstanden sind, ist dagegen bloße Vermutung. Auftraggeber des Bandes könnte der Rat einer schlesischen Stadt gewesen sein, worauf der Einband hinzudeuten scheint, der das Rechtsbuch neben den Schließen zusätzlich durch zwei Schlösser gegen unbefugte Einsichtnahme schützte. Präzise Hinweise zur Provenienz der Handschrift fehlen oder befanden sich vielleicht auf einem der verlorenen Blätter. Die Königliche Bibliothek zu Berlin hat die Handschrift, die in der Literatur nach ihrem ehemaligen Eigentümer gelegentlich immer noch als 'Steinbecksche Handschrift' bezeichnet wird, im August 1850 von Karl Wilhelm Aemilius

Steinbeck (1785 – nach 1852) erworben, der nach dem Studium in Halle a. d. S. seit 1805 in Schweidnitz als Bergrichter und Justizrat und seit circa 1815 in Brieg am Schlesischen Oberbergamt als Oberbergrat tätig war.

DEGERING 1, S. 68. – WEGENER, S. 13. – HOMEYER, *Rechtsbücher Nr. 63*. – OPPITZ, *Rechtsbücher 2, Nr. 133*. – BOEHLAU, *Novae Constitutiones, S. II Nr. 6 (= S. 2), S. XIX*. – HOMEYER , *Sachsenspiegel 1, ³1861, S. 37, 38, 42, 57–59, 119; für die Ed. des Textes unter der Sigle DF teilweise verglichen*. – HOMEYER, *Richtsteig 1857, S. 69, 399–406 (Teiled. der Weichbildglosse dieser Hs.)*. – STEFFENHAGEN, *Landrechtsglosse I, S. 47–83 (grundlegende Textanalyse dieser Hs.)*. – STEFFENHAGEN, *Landrechtsglosse VIII, S. 10, Nr. 10*. – SCHWERIN, CLAUDIUS FRHR. VON, *Rez. zu: R. Jecht, Über in Görlitz vorhandene Handschriften des Sachsenspiegels und verwandter Rechtsquellen… Görlitz 1906, in: Historische Vierteljahrsschrift N.F. 10 = 18, 1907, S. 236–244, hier: S. 240–244*. – KLOSS, *Buchmalerei, 83–93, 181–182*. – BUCHDA, GERHARD, *Enthält die Glosse zum sächsischen Weichbild echte Schöffensprüche, in:* FROTZ, GERHARD, *und* WERNER OGRIS (Hg.), *Festschrift Heinrich Demelius zum 80. Geb. Erlebtes Recht in Geschichte und Gegenwart. Wien 1973, S. 25–50, bes. S. 26–27*. – SCHADT, HERMANN, *Die Darstellung der Arbores Consanguinitatis und der Arbores Affinitatis. Bildschemata in juristischen Handschriften. Tübingen 1982, S. 299–300, 322*. – SCHMIDT, RODERICH, *Das Verhältnis von Kaiser und Papst im Sachsenspiegel und seine bildliche Darstellung, in:* SCHMIDT-WIEGAND, RUTH (Hg.), *Text-Bild-Interpretation. Untersuchungen zu den Bilderhandschriften des Sachsenspiegels Text- u. Tafelbd. (Münstersche Mittelalter-Schriften 55). München 1986, S. 95–115*.

BM

150   Eike von Repgow: Sachsenspiegel (Vulgata-Fassung)

Magdeburg, 1369
Pergament, 157 Bll., 38,5 × 27,5 cm
Aus der Kurfürstlichen Bibliothek zu Berlin
SBB-PK, Ms. germ. fol. 10

Aufgeschlagen Bl. 57ᵛ/58ʳ: Landrecht, Buch III, Anfang, U-Initiale mit goldenem Buchstabenkörper; rote und blaue Fleuronnéeinitialen.

1ʳᵃ–4ᵛᵃ Sachsenspiegel: Reimvorrede, Prologus, Textus prologi, Von der Herren Geburt – 4ᵛᵃ–5ʳᵃ Magdeburger Dienstmannenrecht – 5ʳᵃ–5ᵛᵇ Judeneid – 5ᵛᵇ–14ʳᵇ Kapitelverzeichnis und Sachregister zu Sachsenspiegel, Landrecht – 14ʳᵇ–19ʳᵃ Kapitelverzeichnis zu Sachsenspiegel, Lehnrecht – 19ʳᵃ–80ʳᵃ Sachsenspiegel, Landrecht in 3 Büchern zu 71.72.91 Art. Ordnung IVc (Vulgata) – 80ʳᵃ–112ᵛᵃ Sachsenspiegel, Lehnrecht in 80 Art. Ordnung IVc (Vulgata) – 112ᵛᵇ–117ʳᵇ Kapitelverzeichnis zum Weichbildrecht – 117ᵛᵃ–148ʳᵇ Weichbildrecht in 117 Art. – 148ᵛ Judenverordnung des Markgrafen Heinrich von Meißen von 1265 – 149ʳᵃ Kapitelverzeichnis Richtsteig Landrechts – 149ʳᵇ–157ʳᵇ Johannes von Buch, Richtsteig Landrechts (unvollständig, bricht ab mit Kap. 32) – 157ᵛ Nota, 15. Jh., mit einem *gesette* Kaiser Friedrichs und einer Willkür des Magdeburger Rates über Zinsgut (mit Bezug auf das Jahr 1350); rote und blaue Fleuronnée-Initialen, an den Buchanfängen mit goldenem Buchstabenkörper; Lederband über Pappe, 19. Jh., Anfang.

Die wichtigsten sächsischen Rechtsbücher, der 'Sachsenspiegel' mit Land- und Lehnrecht, das in Magdeburg oder Halle um die Mitte des 13. Jahrhunderts aufgezeichnete 'Weichbildrecht', neuerdings auch 'Rechtsbuch von der Gerichtsverfassung' genannt, das Rechtsgangbuch 'Richtsteigs Landrecht' des Johannes von Buch (um 1335) sowie eine Reihe kleinerer Texte sind in diesem Codex zu einem Band vereint, den man daher einmal nicht ganz zu Unrecht als „Corpus iuris Saxonici" (HOMEYER) bezeichnet hat. Denn die Zusammenführung all dieser Texte und ihre Verschränkung mit dem Sachsenspiegel ist nicht historischer Zufall, sondern Ausdruck eines bewußten Plans, jene späte, allgemein verbreitete und verbindlich gewordene Textfassung des Sachsenspiegels (Vulgata), wie sie in den Glossenhandschriften vorliegt, unter Abstoßung der Glosse (Ordnung IVc) mit anderen wichtigen Rechtstexten zu einem leicht benutzbaren Folianten zu verbinden.

Der Ort dieses Unterfangens scheint Magdeburg gewesen zu sein. Dieser repräsentative Codex, keine Luxushandschrift, doch das Niveau üblicher juristischer Gebrauchshandschriften deutlich übertreffend, wurde nach Aussage des Kolophons (Blatt 157ʳᵇ) bis auf kurze Nachträge (Blatt 148ᵛ, 157ᵛ) und trotz abweichenden Schriftgrades des letzten Textes (Blatt 149ʳᵃ–157ʳᵇ) wohl insgesamt von *Nicolaus… natus de Britzen*, also von Nicolaus aus Treuenbrietzen bei Jüterbog, im Jahre 1369, wie man die verschlüsselt angegebene Jahreszahl *milicuxcijt* mit Hilfe einer kleinen Emendation auflösen muß, geschrieben, und zwar vermutlich in Magdeburg, zumindest aber im Erzbistum Magdeburg. Auf Magdeburg als Entstehungsort der Handschrift weisen der Schreiber, die ausdrücklich auf die Stadt an der Elbe sich beziehenden Texte des Bandes, die auf eine kritische Magdeburger Textrezension aus der Mitte des 14. Jahrhunderts zurückführbare Sachsenspiegel-Version dieser Handschrift sowie – vor allem – der Sprachstand, der nach den detaillierten Untersuchungen von BÄRBEL MÜLLER als ein ostfälisch/elbostfälisch geprägtes Mittelniederdeutsch mit einigen mitteldeutschen Sprachelementen bezeichnet werden kann.

Schrift, Text- und Sacheinrichtung, Ausstattung und Gebrauchsspuren verraten die Auftraggeber und Nutzer dieses Bandes, bei denen es sich ohne Zweifel um juristisches Fachpublikum, um Richter, Gericht und Schöffen gehandelt haben muß. Die große, deutliche Buchschrift, eine Textura, die auf Abkürzungen weitgehend verzichtet und die man in der Terminologie des spätmittelalterlichen Schreibmeisters Johann van Haghen als 'textus semiquadratus' bezeichnen könnte, erleichtert die Lesbarkeit des Textes; die rationale Organisation der Textein-

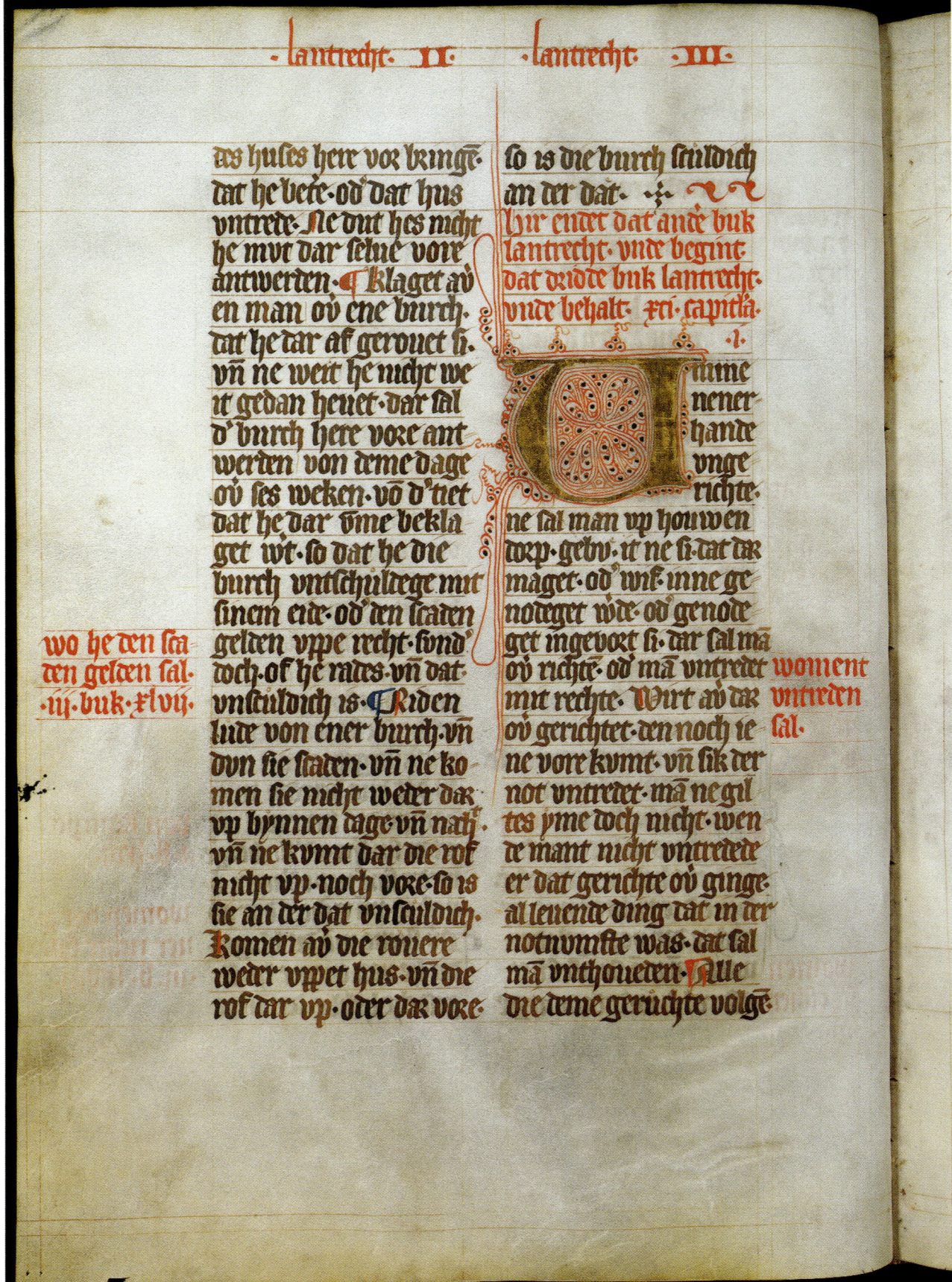

es hules here vor bringt
dat he bete· od dat hus
vntrede· Ne dut hes nicht
he mut dar selue vore
antwerden· ¶Klaget av
en man ov ene burch·
dat he dar af gerouet si·
vñ ne weit he nicht we
it gedan heuet· dar sal
d'burch here vore ant
werden von deme dage
ov ses weken· vo d'tiet
dat he dar vme bekla
get wt· so dat he die
burch vntschuldege mit
sinem ede· od den scaden

wo he den sca
den gelden sal·
iij· buk· xlvij·

gelden vppe recht· sond
doch· of he rades· vñ dat
vnsculdich is ¶Riden
lude von ener burch· vñ
dvn sie scaden· vñ ne ko
men sie nicht weder dar
vp bynnen dage vñ nath
vñ ne kvmt dar die rof
nicht vp· noch vore· so is
sie an der dat vnsculdich·
¶Komen av die rouere
weder vppet hus· vñ die
rof dar vp· oder dar vore

so is die burch sculdich
an der dat· ⁘
¶Hyr endet dat ande buk
lantrecht· vnde begint
dat dridde bnk lantrecht·
vnde behalt· xri· capitla
·i·

neuer
hande
vnge
richte
ne sal man vp houwen
twep· gebv· it ne si dat dar
maget· od wif· inne ge
nodeget wde· od genode
get ingevort si· dar sal ma
ov richte· od ma vntrede·
mit rechte· Wirt av dar

woment
vntreden
sal·

ov gerichtet· den noch ie
ne vore kvmt· vñ sik der
not vntredet· ma ne gil
tes yme doch nicht· wen
de mant nicht vntredet
er dat gerichte ov ginge·
al leuende ding dat in der
notnvmfte was· dat sal
ma vnthoueden· ¶Alle
die deme geruchte volget

richtung mit ihrer Hierarchisierung der Initialen in Größe und Farbigkeit von den Buchanfängen bis hinab zu den einzelnen Kapiteln, die Strukturierung der Kapitel durch abwechselnd rote und blaue Paragraphenzeichen sowie die systematische Verwendung von Seitentiteln mit Buchzählung ermöglichen dem Benutzer eine schnelle und präzise Orientierung beim Aufsuchen einzelner Textstellen. Dem gleichen Ziel sowie einer gewissen Systematisierung der Rechtsmaterie dienen die verschiedenen Kapitelverzeichnisse und Sachregister dieser Handschrift zu den einzelnen Rechtbüchern sowie die in den roten Randeinträgen enthaltenen Verweisungen auf andere autoritative Kapitel und Paragraphen des Sachsenspiegels. Diese sogenannten Remissionen haben also eine ähnliche Funktion wie die formal anders strukturierten Allegationen in den Kommentaren des kanonischen und römischen Rechts. Die Intensität der Gebrauchsspuren in der Handschrift bestätigt, daß der Band hauptsächlich von juristischen Praktikern benutzt wurden, die überwiegend die Bücher des Landrechts, und dort insbesondere die Abschnitte, die das Erbrecht betreffen, konsultierten.

Die beschriebenen Eigenschaften des Bandes, die die mittelalterlichen Auftraggeber forderten, insbesondere die Deutlichkeit der Schrift und die Seltenheit von Schreibnachlässigkeiten, haben auch die wissenschaftsgeschichtliche Bedeutung dieser Handschrift für die historische Forschung des 19. und auch noch des 20. Jahrhunderts maßgeblich bestimmt. Es gibt – neben den Bilderhandschriften und den Textzeugen aus der Zeit um 1300 – nur wenige Sachsenspiegel-Handschriften, die so nachdrücklich und wirkungsmächtig wie Ms. germ. fol. 10 das wissenschaftliche Bild von der Form des in der Rechtspraxis tatsächlich genutzten Werkes geprägt haben. CARL GUSTAV HOMEYER hat diese Handschrift zum Grundtext seiner großen und ständig verbesserten Ausgaben des Werkes seit 1827 gemacht; VON DANIELS und andere sind ihm darin für einige andere Texte des Bandes gefolgt. Auch heute noch gilt diese Berliner Sammelhandschrift als Grundlage einer zukünftigen modernen überlieferungskritischen Edition des Sachsenspiegel (BÄRBEL MÜLLER).

Die Handschrift gelangte – neben einer Reihe anderer, aus Magdeburger Besitz stammender Stücke – offenbar bereits zur Zeit des Großen Kurfürsten in den Besitz der Berliner Bibliothek, wie einer der typischen eigenhändigen Vermerke Johann Raues, des ersten Bibliothekars, in der Handschrift selbst über die Anzahl der Blätter (Blatt 157ʳ) und die Nennung des Bandes im ältesten Handschriftenkatalog der Bibliothek (1668) zeigen (Berlin, SBB-PK, Ms. Cat. A 465, f. 128ᵛ Nr. XL).

WILKEN, *Bibliothek*, S. 229. – DEGERING I, S. 1. – Berlin, SBB-PK, Ms. Cat. A 556: Ms. germ. fol. 10. – HOMEYER, *Rechtsbücher* Nr. 41. – OPPITZ, *Rechtsbücher 2*, Nr. 110. – HOMEYER, *Sachsenspiegel 1*, ³1861, S. 92–96 (mit vorliegender Hs. als Grundtext für die Ed.). – HOMEYER, *Sachsenspiegel 2.1*, 1842, S. 4–5; 118 (mit vorliegender Hs. als Grundtext für die Ed.). – DANIELS, ALEXANDER VON (Hg.), *Dat buk wichbelde recht. Das sächsische Weichbildrecht nach einer Handschrift der Königlichen Bibliothek zu Berlin von 1369*. Berlin 1853 (Druck nach dieser Hs.). – HOMEYER, *Richtsteig*, 1857, S. 2 Nr. 2 (Ed. unter Benutzung dieser Hs.) – STECH, LORENZ, *Die Dienstrechte von Magdeburg und Hildesheim*. Diss. jur. Göttingen 1969, S. 1–2, 133–136 (diese Hs. als Leiths. für die Ed. des Dienstmannenrechts). – MÜLLER, BÄRBEL, *Die Berliner Sammelhandschrift Mgf 10 und ihre Bedeutung für die überlieferungskritische Ausgabe des Sachsenspiegels*. (Germanistische Arbeiten zu Sprache und Kulturgeschichte 19) Frankfurt am Main u. a. 1991 (Druck des Judeneides und des Sachregisters zu Sachsenspiegel, Landrecht, nach dieser Hs. S. 213 und 215–216). – DIES., *Kapitelverzeichnisse und 'Sachregister' zum Sachsenspiegel in Mgf 10 und in der Wolfenbütteler Bilderhandschrift: Ein Vergleich*, in: SCHMIDT-WIEGAND, RUTH u. DAGMAR HÜPPER (Hg.): *Der Sachsenspiegel als Buch*. (Germanistische Arbeiten zu Sprache u. Kulturgeschichte 1) Frankfurt am Main 1991, S. 143–168. – DIES., in: *Der sassen speyghel. Sachsenspiegel – Recht – Alltag*. Bd. 1. Hg. von EGBERT KOOLMAN u. a. Oldenburg 1995, Nr. LB 6, S. 380–381.

BM

151 Eike von Repgow: Sachsenspiegel (Landrecht)

Basel: Bernhard Richel, 1474, 2°
Papier, 257 Bll., 38,5 × 29,5 cm
SBB-PK Inc. 398

Aufgeschlagen Bl. 62ʳ.

Bl. 1 leer, Bl. 2ʳ–6ᵛ Inhaltsverzeichnis, Bl. 7ʳ–8ᵛ Prosaprologe, Bl. 8ᵛ–10ʳ Versprolog, Bl. 10ᵛ–206 Eike von Repgow: Sachsenspiegel (Landrecht) mit Glosse, Bl. 207–208ʳ Hermann von Oesfeld: Cautula und Premis, Bl. 208ʳ–228ᵛ Johann von Buch: Der Richtsteig Landrechts (Processus iudicarius), Bl. 229ʳ–253ᵛ Landrecht, Bl. 254ʳ–257ʳ Tammo von Bocksdorf: Additiones zum Landrecht und zur Glosse. Gedruckte Initialen, rot und blau rubriziert, handschriftliche Eintragungen; zeitgenössischer Rindslederband über Holzdeckeln, blindgestempelt mit Streicheisen und Einzelstempeln; Schnitt marmoriert, Reste neuzeitlicher Blattweiser.

Der 'Sachsenspiegel' ist das erste große Werk und zugleich der erste datierte Druck des Basler Druckers Bernhard Richel, der aus Ehenwiler stammt und am 12. März 1472 erstmals in Basel urkundlich bezeugt ist.

In der frühen Druckgeschichte wurde entweder nur der erste Teil des 'Sachsenspiegels' das Landrecht, das sich mit dem bäuerlich-adligen Lebensraum beschäftigte und sich betont auf das sächsische Recht beschränkt, gedruckt (neun Drucke im 15. Jahrhundert, darunter zwei niederdeutsche) oder nur der zweite Teil, das Lehnrecht,

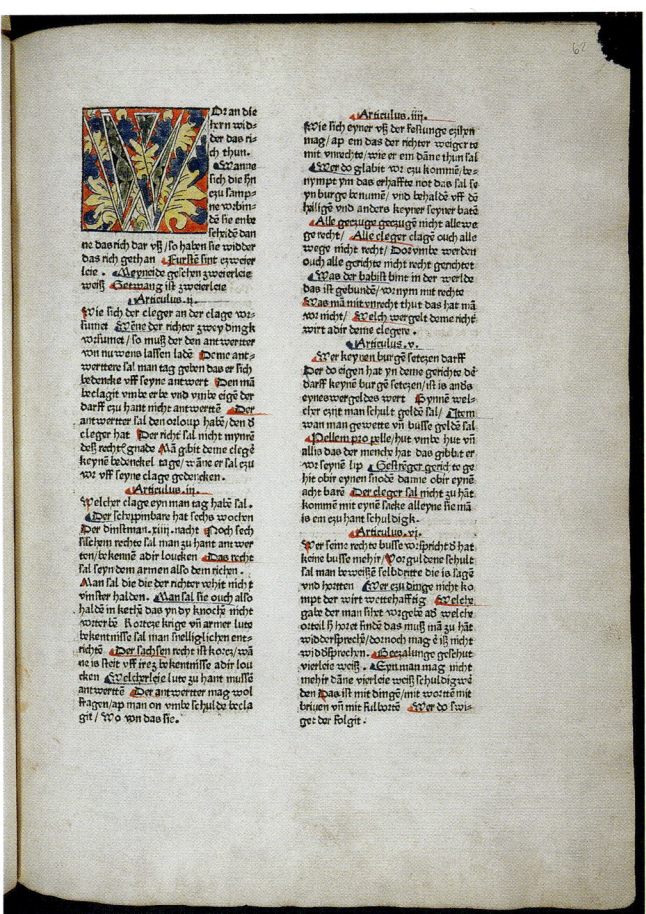

Kat. 151, 62ʳ

Glosse des Naumburger Bischofs Dietrich von Bocksdorf aus der Mitte des 15. Jahrhunderts versehen, wobei
die Glossen unmittelbar auf die einzelnen Artikel folgen.
Eingeleitet wird der Landrechtsteil des 'Sachsenspiegels'
im vorliegenden Erstdruck von allen Vorreden: *Von der
Herren geburt*, einem jüngeren Zusatz, von der *Praefatio
rhytmica*, die zum Teil (V. 97–280) authentisch ist, und
dem zweiten, ebenfalls authentischen Prosaprolog (*Prologus* und *Textus Prologi*).

Manches spricht dafür, daß Bernhard Richel auch der
Drucker der unfirmierten Erstausgabe des zweiten Teiles
des Sachsenspiegels ist, wobei die fragliche Ausgabe nur
das anonyme *Weichbild* und das *Remissorium* des Dietrich von Bocksdorf, nicht jedoch das Lehnsrecht des
Eike von Repgow enthält (GW 9265). Dieser auf 'um
1475' datierte Druck wurde am 16. Dezember 1482 als
Vorlage der zweiten Ausgabe Anton Sorgs verwendet;
fraglich ist, ob die am Ende des Textes gedruckten Initialen B. R. (Bernhard Richel?) den Drucker bezeichnen;
auch das verwendete Typenmaterial und die mitteldeutsche Sprache des Druckes lassen keine sicheren Rückschlüsse zu.

HAIN *14074*. – *VB 398*. – GW *9256*. – KISCH, GUIDO: *Sachsenspie-
gel-Bibliographie*, in: *Zeitschrift für Rechtsgeschichte. Germanistische
Abteilung 90. 1973, S. 73–100*. – SCHMIDT-WIEGAND, RUTH: *Art.
'Eike von Repgow'*, in: ²VL 2, 1980, Sp. 400–409. – EBEL, F.: *Art.
'Sachsenspiegel'*, in: *Handwörterbuch zur deutschen Rechtsgeschichte
4, 1990, Sp. 1228–1237*. – SCHMIDT-WIEGAND, RUTH u. HÜPPER,
DAGMAR (Hgg.): *Der Sachsenspiegel als Buch. Vorträge und Aufsätze
(Germanistische Arbeiten zu Sprache und Kulturgeschichte 1).
Frankfurt am Main u. a. 1991*.

KG

das – ausgehend von der Heerschildordnung – eher allgemein und lehrhaft abgehandelt wird (vier Drucke im
15. Jahrhundert). Ergänzt werden diese Teile jedoch jeweils durch Glossen, weitere Rechtsbücher und sonstige
Additionen. Der sogenannte 'Holländische Sachsenspiegel', der in vier Inkunabeldrucken vorliegt, ist keine
Übersetzung des deutschen Textes, sondern ein selbständiges Rechtsbuch aus der Mitte des 15. Jahrhunderts.

Die vorliegende *editio princeps* von 1474, eine Ausgabe des Landrechts, überliefert den Textbestand der sogenannten 'Hochdeutschen Sammlung A'; sie umfaßt
die drei Bücher des Landrechts, sowie vier weitere, ergänzende Texte: Die beiden Prozeßbelehrungen 'Cautula
und Premis' des Magdeburger Juristen Hermann von
Oesfeld, 'Der Richtsteig Landrechts' des märkischen
Hofrichters Johann von Buch (Processus iudiciarius), das
lateinische 'Landrecht' (liber 1–3) und die 'Additiones
zum Landrecht und zur Glosse' des Juristen und Theologen Tammo von Bocksdorf. Der eigentliche Landrechtsteil des 'Sachsenspiegels' ist mit der umfangreichen

152 Schwabenspiegel
(systematische Form)

Wien, 15. Jh., 3. Viertel (1463)
Papier, 338 Bll., 29,0 × 21,0 cm
Vorbesitzer: Im Jahre 1889 mit Teilen der Bibliothek des Fürsten Camillo
Heinrich von Starhemberg, Schloß Eferding bei Linz, für die König-
liche Bibliothek zu Berlin erworben.
SBB-PK, Ms. germ. fol. 1117

Aufgeschlagen Bl. 196ᵛ: Schluß der Prologe und Titel des nachfolgenden Werkes; Bl. 197ʳ: historisierte C-Initiale, darin Kaiser mit
Schwert, Krone und Reichsapfel.

1ʳ Ehem. Spiegelbl., bis auf Federproben leer. – 1ᵛ Urkunde des Leon-
hart Kastner, Bürgermeister der Wiener Neustadt, 1428. – 2ʳ Datum:
›Anno domini 1463‹. – 2ᵛ leer. – 3ʳ–177ʳ Privilegien, Ordnungen und
Handfesten für Wien und Umgebung, mit (78ʳ–146ʳ) Wiener Stadt-
rechtsbuch von vor 1360. (3ʳ) am Anfang eines Privilegs von 1320
Januar 21 historisierte B-Initiale des sog. Lehrbüchermeisters mit
König Friedrich dem Schönen. (169ʳᵛ) leer. Zahlreiche Privilegien

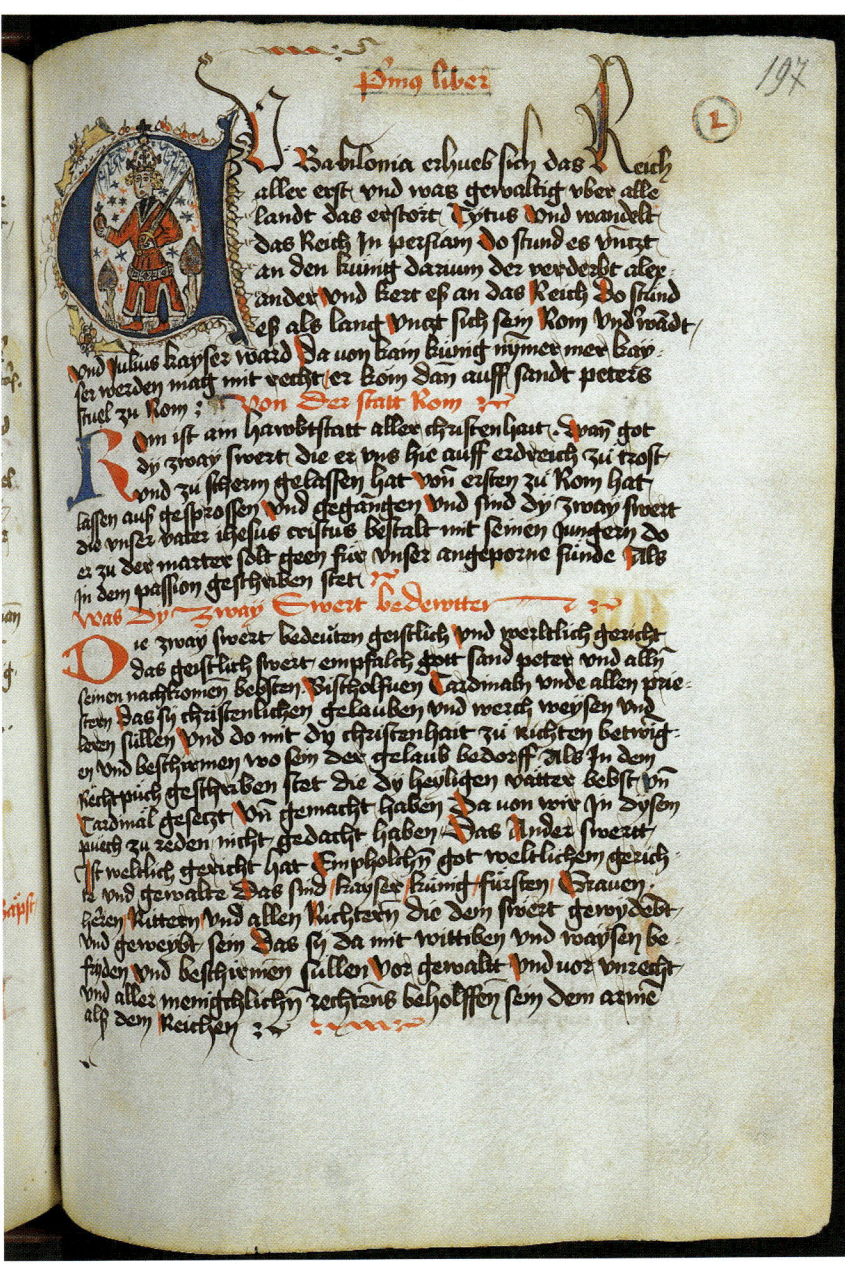

Kat. 152, 197ʳ

und Ordnungen gedruckt bei TOMASCHEK, J. A. (Hg.), Die Rechte und Freiheiten der Stadt Wien, Bd. 1–2 (Geschichtsquellen d. Stadt Wien 1,1–2). Wien 1877–1879, passim, beginnend mit Bd. 1, Nr. 26, S. 89–90; Druck des Stadtrechts von vor 1360 bei SCHUSTER, HEINRICH MARIA (Hg.), Das Wiener Stadtrechts- oder Weichbildbuch, Wien 1873, S. 45–134 (ohne Kenntnis dieser Hs.). – 177ᵛ–181ᵛ leer. – 182ʳ–188ᵛ Register der vorausgehenden Privilegien und Urkunden. – 189ʳ–193ᵛ Register der nachfolgenden Werke. – 196ʳ–293ᵛ Schwabenspiegel, Landrecht und Lehnrecht in 3 Büchern. *Quid est fides… Durch die manigualtigen guete… Der mensch der alle ding… Man sol wissen das drew gepott in dem rechten sind… ›Hie nach hebt sich an Ain Rechtpuech als das die Bäpst, kunig vnd kayser gemacht vnd bestätt haben etc.…‹ Cu Babilonia erhueb sich das Reich aller erst…–…der hat verlorn inn hab dann eehafft not gesawmmet etc.…* Sytematische Form, Ordnung IVc. Dies. Fassung u. a. auch in Giessen, UB, Ms. 976, f. 1–78 (a.d. 1419), und Nürnberg, Germ. Natio-nalmuseum, Hs. 24042, f. 1ʳ–107ʳ. Zu Inhalt und Charakter dieser Version am Beispiel der Nürnberger Hs. vgl. ROCKINGER, LUDWIG, Über eine Schwabenspiegelhandschrift, in: Anzeiger für Kunde der deutschen Vorzeit, N.F. 22, 1875, Nr. 1, Sp. 1–6. – 294ʳ–322ʳ Feuerwerkbuch von 1420. Am Schluß: ›*Grates deo i. h. 1463° etc.*‹ Zu Werk, Überlieferung und Druck vgl. SCHMIDTCHEN, VOLKER, in: ²VL 2, 1980, Sp. 728–731 (mit dieser Hs.). – 322ᵛ–325ᵛ leer. – 326ʳ–336ʳ Tabelle über das Brotgewicht im Verhältnis zum Mehlpreis für die Bäcker der Stadt Wien. – 336ᵛ–337ᵛ leer. – *338ʳ Ehem. Spiegelbl., hebräisches Fragment. – *338ᵛ leer. – Bastarda, überwiegend von zwei Händen (I: 3ʳ–188ᵛ; II: 189ʳ–322ᵛ); rubriziert; sechs historisierte Initialen von 2 verschiedenen Händen; dunkelbrauner Blindstempeleinband auf Holz, Kantenbeschläge, ehem. je 5 Buckeln und 2 Schließen, 15. Jh., 2. Hälfte; Rücken 1936 erneuert; Besitzvermerk (3ʳ): *Ex libris illustrissimi Domini Henrici Guilelmi Comitis a Starhemberg, Riedegg* (1)*652.*

Der Schwabenspiegel ist nach dem Sachsenspiegel das bedeutendste deutsche Rechtsbuch. In seinem Ursprung ist auch er eng mit dem Werk Eikes von Repgow verbunden, denn anfangs ist er nicht mehr als eine Umsetzung des Sachsenspiegels ins Oberdeutsche. Durch die Vermittlung des Franziskaner-Ordens, der in Magdeburg ein Generalstudium unterhielt, scheint nach 1265, aber vor 1275 eine Sachsenspiegel-Handschrift der zweiten deutschen Fassung in das Augsburger Minoriten-Kloster gelangt zu sein. In einem mehrstufigen Prozeß (Augsburger Sachsenspiegel, Deutschenspiegel, Schwabenspiegel-Urfassung) fand dort in einem relativ kurzen Zeitraum (1274–1276) die Umsetzung und Aneignung des sächsischen Rechtsbuchs statt, an dessen Ende ein oberdeutschen Rechtsbuch steht, daß sich seit dem Beginn der 80er Jahre des 13. Jahrhunderts in Süd- und Westdeutschland bis nach Hessen, aber auch in der Schweiz, in Österreich, Mähren, Schlesien und sogar in Deutschordensland ausbreitet oder teilweise dort rezipiert wird.

Die Überlieferung ist vielschichtig, kann in dieser Ausstellung aber paradigmatisch nur an einem Beispiel dargestellt werden. Ähnlich wie beim Sachsenspiegel werden abweichende Redaktionen unterschieden (Kurz-, Lang-, Normal- und systematische Formen). Die textliche Stabilität der Versionen jedoch scheint geringer zu sein als bei dem sächsischen Rechtsbuch, was nicht zuletzt am Fehlen einer gelehrten mittelalterlichen Glosse zum Schwabenspiegel liegen dürfte. Von den zahlreichen Fassungen des Werkes sind etwa 350 Handschriften bekannt, davon die große Masse aus dem 15. Jahrhundert. Eine kritische Edition des Werkes existiert angesichts dieser Sachlage bis heute nicht.

Der Modifikationsprozeß des Sachsenspiegels in Augsburg orientierte sich zwar an Aufbau und Artikelfolge des Sachsenspiegels, zielte aber im wesentlichen darauf, spezifisch sächsische Rechtselemente auszusondern und im Rückgriff auf die Quellen des gelehrten Rechts, auf römisches und kanonisches Recht, auf Kapitularien, Volksrechte, Reichsgesetze sowie die Bibel ein Rechtsbuch zu schaffen, dessen Geltungsbereich *tevtzelant* ist, wie es im Deutschenspiegel heißt. Die Autoren der Umarbeitung legitimieren ihr Unterfangen, indem sie ihr Rechtsbuch ausdrücklich als Kaiserrecht verstehen und ausgeben, zumal ja auch ihre Quelle, der Sachsenspiegel, spätestens am Ende des 13. Jahrundests als Werk Karls des Großen und Konstantins galt. Der heute übliche Name 'Schwabenspiegel' ist eine in bewußter Parallele zum Rechtsbuch Eikes von Repgow gewählte Bezeichnung, die erst auf einen berühmten Herausgeber des frühen 17. Jahrhunderts, Melchior Goldast, zurückgeht (1609).

Die vorliegende Handschrift überliefert eine späte,

vielleicht erst gegen Ende des 14. Jahrhunderts entstandene, bisher nie näher untersuchte systematische Fassung des Schwabenspiegels, in der die Artikel nach sachlichen Prinzipien neu angeordnet sind. Die älteste Handschrift dieser Textform stammt aus dem Jahre 1419. Auch diese Rezension folgt nachdrücklich der mittelalterlichen Grundauffassung vom Schwabenspiegel als Kaiserrecht, so daß das Rechtsbuch seine Legitimation und damit seine Geltung historisch-fiktiv auf kaiserliche Setzung zurückführt. Der Redaktor der systematischen Fassung geht sogar noch weiter. Er bezieht in seine Legitimationskonstruktion auch noch den das Rechtsbuch bestätigenden König, der im Spätmittelalter nicht immer Kaiser sein muß, und – wohl wegen der Zweischwerter-Lehre und der benutzen kanonistischen Quellen – den Papst ein, wie der Titel (Blatt 196ᵛ) zeigt. Die vom zweiten Zeichner recht plump gezeichnete C-Initiale am Beginn des Werkes (Blatt 197ʳ) mit der Darstellung eines Kaisers (Karl der Große?) mit den Insignien seines Richteramtes, mit Schwert und Reichsapfel, verbildlicht die fiktive historische Konstruktion.

Die Handschrift ist in Wien, der Region um Wien oder in Wiener Neustadt entstanden, und zwar im Jahre 1463, wie die ausdrücklichen Datierungen für die erste und die zweite Hälfte beweisen. Auf das genannte Entstehungsgebiet deuten zum einen die Handfesten und Privilegien, die als Einbandmakulatur verwendete Urkunde sowie der Schreibdialekt, zum anderen die künstlerische Ausstattung. Von den unterscheidbaren zwei Zeichnern ist einer identifzierbar. Die historisierte Initiale mit der Darstellung König Friedrichs des Schönen am Anfang der Privilegiensammlung (Blatt 3ʳ) ist dem sogenannten 'Lehrbüchermeister' zuzurechnen, dessen Werkstatt um die Wende zur zweiten Hälfte des 15. Jahrhunderts im Dienste des Wiener Hofes sowie anderer weltlicher und geistlicher Institutionen arbeitete. Im Besitz der Grafen (erst seit 1765 Fürsten) von Starhemberg auf Schloß Riedegg bei Gallneukirchen im oberösterreichischen Mühlviertel ist der Codex seit 1652 nachweisbar. Wie viele andere Bände dieser Sammlung könnte auch er in der Zeit nach 1580 erworben worden sein, als die Bibliothek nach Ausweis der zahlreichen neu angelegten Kataloge offenbar recht schnell wuchs. Allerdings dürften Handschriften regionalen Rechts auch zum selbstverständlichen adligen Bücherbesitz gehört haben, so daß auch ein früherer Erwerb möglich wäre. Die 1865 von Schloß Riedegg nach Schloß Eferding bei Linz verbrachte Bibliothek wurde 1886 von Fürst Camillo Heinrich von Starhemberg zum Verkauf angeboten. Nach lustlosen Verhandlungen von Berliner Seite gelangten im Jahre 1889 220 Handschriften und 46 (von 317) Inkunabeln aus dieser österreichischen Sammlung in die Königliche Bibliothek zu Berlin.

DEGERING 1, S. 155. – WEGENER, S. 93–94. – HOMEYER, Rechtsbücher S. *26 und Nr. 108. – OPPITZ, Rechtsbücher 2, Nr. 182. – ZIEGLER, CHARLOTTE, Ein unbekanntes Werk des 'Lehrbüchermeisters', in: Österreichische Zeitschrift für Kunst und Denkmalpflege 34, 1980, S. 1–8, hier: S. 4 Anm. 19 mit Abb. 6. – Zum Haupttext vgl. JOHANEK, PETER, Art. 'Schwabenspiegel', in: ²VL 8, 1992, Sp. 896–907. – DERS., Art. 'Spiegel aller deutschen Leute', in: ²VL 9, 1995, Sp. 94–100.

BM

153 Oberbayerisches Landrecht von 1346

Bayerisch, 14. Jh., Mitte; Nachträge 15. und 16. Jh.
Pergament und Papier, 64 Bll., 32,0 × 22,5 cm
Vorbesitzer: Im Oktober 1894 aus dem Frankfurter Buchhandel für die Königliche Bibliothek zu Berlin erworben.
SBB-PK, Ms. germ. fol. 1164

Aufgeschlagen Bl. 5ᵛ: Register; Bl. 6ʳ: Einführungspatent mit W-Initiale.

*1ʳᵛ bis auf Besitzvermerk ad libros C. Klee, 19. Jh., leer; ders. Besitzvermerk auch 13ʳ in marg. – 1ʳᵃ P-Initiale (ausgeschnitten und eingeklebt) auf gepunztem Blattgoldgrund mit Akanthusranken sowie Buchtitel, Bayern, 15. Jh., 3. Viertel. – 1ᵛ leer. – 2ʳᵃ–5ᵛᵇ Register der Tituli des Landrechts. – 6ʳ–49ᵛ Oberbayerisches Landrecht von 1346; Artikelzählung und einige Artikel in jüngerer Kursive am Rand nachgetragen; die ursprünglich vorhandenen Bll. 45–46 durch zwei neue Bll. mit einigen zusätzlichen Artikeln von späterer Hand ersetzt – Nachträge, 16. Jh.: 50ʳ–57ᵛ Alphabetisches Schlagwortregister zum Landrecht. – 58ʳᵛ leer. – 59ʳᵛ Auflistung von Arten des Rechts und gereimte Lebensregeln. – 60ʳ–61ʳ Rechts- und Gerichtsregeln, Anfang fehlt, gezählt 4–10. – 62ᵛ–64ᵛ leer; zwischen Bl. 61 und 62 eingebunden ein Brief von Ludwig Rockinger, München, 1886 August 31, an einen früherer Besitzer über den Textbestand dieser Hs. – Papier: *1.10.50–63. – Intensive Gebrauchsspuren; einfache gotische Buchschrift (Textualis); rote Lombarden und Tituli in rot; Halblederband auf Holz, Deckel mit dem Buchblock abschließend, mit je 5 Buckeln und einer Schließe sowie ehem. zusätzlich 2 Langriemenschließen, 14. Jh., 2. Hälfte. Akz. Nr. 1894, 267.

Im Prozeß der Verschriftlichung des Rechts in Deutschland seit dem Ende des 12. Jahrhunderts nimmt das Oberbayerische Landrecht von 1346 eine besondere Stellung ein. Es ist eine der bedeutendsten obrigkeitlichen, territorialen Rechtssetzungen des 14. Jahrhunderts überhaupt. Seine rechtspolitische Leistung liegt in der Rechtsvereinheitlichung zum Zwecke der Konsolidierung der Landesherrschaft, indem es die bestehenden Rechte und Gewohnheiten sammelt und sie zugleich vereinheitlicht. Zukunftsweisend ist, daß es die urteilenden Rechtsfinder subsumtiv an die Autorität der 'lex scripta', an die Rechtssätze des recht plůch bindet und im Falle offener Rechtsfragen – in der Tradition des römi-

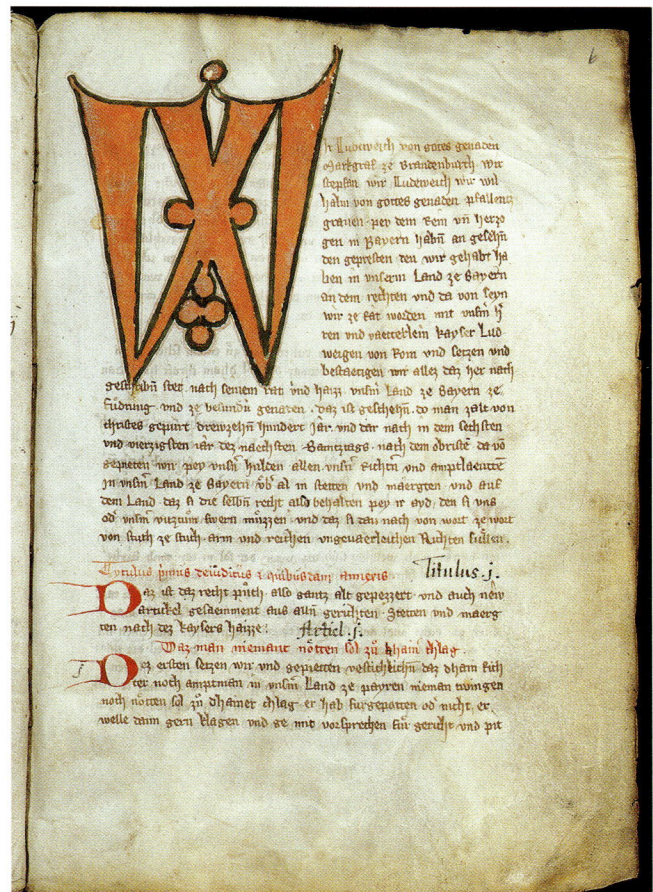

Kat. 153, 6ʳ

schen Rechts – die Anrufung des Landesherrn als Gerichtsherr und Gesetzgeber vorschreibt (Art. 6). Der Geltungsbereich dieser bayerischen Kodifikation, deren obrigkeitlicher Charakter es von den sogenannten 'Privatarbeiten' wie den Sachsenspiegel oder das Goslarer Stadtrecht unterscheidet, umfaßte räumlich Oberbayern in seinem Territorialbestand von etwa 1335 und galt dort nach manchen Reformationen bis in das 17. Jahrhundert, in manchen Gegenden sogar bis in die napoleonische Zeit.

Die Publikation des Landrechts erfolgte, wie dem Einführungspatent zu entnehmen ist, am 7. Januar 1346 durch die vier Söhne Kaiser Ludwigs des Bayern. Der Textredaktion von 1346 ist bereits 1335 eine verlorene und wohl kaum rekonstruierbare Erstfassung vorausgegangen. Die Publikation von 1346 war offenbar von der serienmäßigen Herstellung einer großen Zahl von Handschriftenkopien begleitet, die man sich aber wahrscheinlich nicht als Anfertigung nach Diktat vorstellen darf, wie es in der Zeit durchaus üblich war und wie LIE-

BERICH (HRG 3, 1984, Sp. 1130) vermutet hat. Auch wenn eine genaue paläographische Untersuchung der frühen Textzeugen, etwa 14 der 155 bekannten Handschriften, noch fehlt, so zeigen doch erste Sondierungen, daß dieselben Schreiber in verschiedenen Handschriften als Kopisten derselben Textabschnitte auftreten, so daß eine Vervielfältigung nach Diktat wenig denkbar scheint (SCHLOSSER/SCHWAB, S. 14).

Einige dieser frühen Handschriften ähneln sich auch im Format, der einfachen Buchschrift und Rubrizierung sowie der Ausstattung. Die *W(ir)*-Initiale der Promulgatio von 1346 ist in vier von ihnen, den Handschriften in Cambridge, München und Wien, im Rückgriff auf das Majestätssiegel Ludwigs des Bayern als aufwendige Bildinitiale gestaltet, die offensichtlich später als indirekte Vorlage für einige der niederländischen Sachsenspiegel-Handschriften diente (vgl. Kat. 147). Einige andere Handschriften, das Münchener 'Archivexemplar', die 'Kitzbüheler Gerichtshandschrift', diese Berliner Handschrift sowie einige weitere, bieten dagegen lediglich eine recht kunstvoll oder, wie im ausgestellten Fall, recht grob gestaltete W-Initiale als Schmuck am Textbeginn (vgl. auch Codices manuscripti 32/33, 2000, S. 8 mit Abb. 21 und 23).

Die Provenienzgeschichte der Handschrift ist undurchsichtig. Die Spezialisten für die Überlieferung des Oberbayerischen Landrechts (JAROSCHKA) ordnen diese Berliner Handschrift der Herrschaft Hohenaschau im Chiemgau zu, so daß sie auch in den modernen Editionen des Textes unter dieser Bezeichnung aufgeführt wird. Es bleibt aber ungeklärt, auf welche Begründungen sich diese Klassifizierung stützt. DEGERINGS Aussage, sie habe sich im Emaus-Kloster in Prag befunden haben, beruht auf heute nicht mehr überprüfbaren Unterlagen. Die Identität des Vorbesitzers „C. Klee" ist ebenfalls nicht mehr zu entschlüsseln. Sicher ist nur, daß die Königliche Bibliothek den Band im Oktober 1894 über den Handel von Joseph Baer in Frankfurt am Main gekauft hat.

DEGERING 1, S. 161. – WEGENER, S. 101. – SCHLOSSER, HANS, u. INGO SCHWAB, *Oberbayerisches Landrecht Kaiser Ludwigs des Bayern von 1346. Edition, Übersetzung und juristischer Kommentar.* Köln, Weimar, Wien 2000, S. 8, 12, 25–43; Ed. unter Heranziehung dieser Hs. – SCHWAB, INGO (Hg.): *Das Landrecht von 1346 für Oberbayern und seine Gerichte Kitzbühel, Kufstein und Rattenberg. Krit. Ed. der Georgenberger Handschrift Ms. 201 (Fontes rerum Austriacarum. Abt. 3, Fontes iuris 17).* Wien, Köln, Weimar 2002, S. 11. – Zu Werk und Sache: LIEBERICH, H., in: *HRG 3*, 1984, Sp. 1129–1133. – JAROSCHKA, WALTER, *Das oberbayerische Landrecht Kaiser Ludwigs des Bayern,* in: *Wittelsbach und Bayern. Die Zeit der frühen Herzöge. Von Otto I. zu Ludwig dem Bayern. 1,1: Beiträge zur Bayerischen Geschichte und Kunst 1180–1350.* München 1980, S. 379–387. – DERS., *Ludwig der Bayer als Gesetzgeber,* in: Zeit-

schrift für bayerische Landesgeschichte 60, 1, 1997, S. 135–142, S. 138 (diese Hs.).

BM

154 Alter Kulm

Westpreußen, 1394
Pergament, 64 Bll., 30 × 25 cm
Vorbesitzer: Vermutlich 1818 mit der Büchersammlung des Lehrers und reformierten Pfarrers Friedrich Karl Gottlieb von Duisburg aus Ostpreußen an die Königliche Bibliothek zu Berlin.
SBB-PK, Ms. boruss. fol. 237

Aufgeschlagen Bl. 5ᵛ: Register; Bl. 6ʳ: Textbeginn mit rot-grün geteilter Initiale.

1ʳ s. unten. – 1ᵛ Kurze Exzerpte aus dem Sachsenspiegel; Aufstellung der wichtigsten Rechtsbücher, 15. Jh., Ende – 2ʳᵃ–6ʳᵃ Artikelverzeichnis des Alten Kulm – 6ʳᵃ–63ʳᵇ Alter Kulm in 5 Büchern. Am Schluß: ›Geschirben[!] vnde geendit ist dys buch noch gotes geburt tvsent dry hvndirt indeme vyr vnde nünczegisten Jare an dem nehesten vrytage noch vnsir vrauwen tage würczewye.‹ [=1394 August 21] – 63ᵛ–64ʳ Notizen: Regeln für ein Ding (Gerichtstag); Relationen zwischen verschiedenen Münzsorten; über Maße und Gewichte in Danzig, Elbing und Königsberg, 15. Jh. – 64ᵛ s. unten. – Textura ('textus rotundus' in der Terminologie des Johann van Haghen); Rubriken in rot; rote und grüne Lombarden; an den Buchanfängen meist rot-grün-geteilte Initialen, teilweise mit grobem Fleuronnée; 1ʳ. 64ᵛ Fragment von einem ehem. Einband (?): 2 Perg.bll. aus einem gedruckten Missale, vermutlich Peter Schöffer, 15. Jh., Ende; Pappband der Bibliothek, 19. Jh. Schreibsprache: Ostmitteldeutsch.

Sachsenspiegel und Magdeburger Recht gehen bei ihrem gemeinsamen Weg in den Osten Europas seit dem 13. Jahrhundert eine Symbiose ein, die von der rechtshistorischen Forschung als 'sächsisch-magdeburgisches Recht' bezeichnet wird. Auf dieser Grundlage entstehen durch Fortbildung und Ergänzungen neue Sammlungen und Rechtsbücher, die zunächst insbesondere für Schlesien und das Deutschordensland und dann darüber hinaus Bedeutung gewinnen.

Aus Breslau stammt eine systematisch geordnete Bearbeitung von Schöffensprüchen und anderem Material, insbesondere von Magdeburgischen Statuten, Rechtsbüchern und Breslau-Magdeburger Rechtsweisungen, die in die zweite Hälfte des 14. Jahrhunderts datiert wird und für die sich der Name 'Systematisches Schöffenrecht' eingebürgert hat. Dieses Recht wird im Deutschordensland, in Kulm, noch vor Ende des 14. Jahrhunderts (vor 1394) mit einer ersten Novellenschicht rezipiert und von einem unbekannten Verfasser durch Auslassungen, Artikelversetzungen, Hinzufügungen und eine Reihe wörtlich aus dem Schwabenspiegel entnommener Stücke zu einem neuen Rechtsbuch umgearbeitet. Diese Rechtsaufzeichnung, die unter dem Namen 'Der

Alte Kulm' im Deutschordensland, in Polen und der Ukraine große Verbreitung findet, ist in fünf Bücher eingeteilt: 1. De senatoribus, 2. De scabinis et de judice; 3. De vulneribus, homicidiis et de iniuriis; 4. De resignationibus, dotalitiis, devolutionibus et tutoribus; 5. Iura communia. Die Bedeutung Kulms als Mitglied der Hanse, als eine der sechs größten Städte des Ordenslandes und als Oberhof für die Städte kulmischen Rechts hat sicherlich zur Wirkung dieses reich überlieferten Rechtsbuches beigetragen, das nach mehreren Revisionen als 'Jus Culmense' in West- und Ostpreußen teilweise bis weit in die Neuzeit hinein gültig blieb.

Die Berliner Handschrift, nach Auskunft des Kolophons im August 1394 in ansprechender Buchschrift geschrieben und mit repräsentativem Anspruch ausgestattet, ist eine der ältesten, wenn nicht die älteste erhaltende Handschrift des Alten Kulm überhaupt. Entstanden ist sie mit Sicherheit in Westpreußen (Kulm?) oder im westlichen Ostpreußen, wie einige kleinere Nachträge (Blatt 64^r) zeigen. Vermutlich befand sich sich um 1584 in Thorn, als der dortige Bürgermeister Heinrich Stroband der ersten Druckausgabe des Alten Kulm aller Wahrscheinlichkeit nach die heutige Berliner Handschrift zugrundelegte. Die Königliche Bibliothek zu Berlin erwarb den Band vermutlich 1818 über das preußische Innenministerium zusammen mit der kleinen Borussica-Sammlung des reformierten Pfarrers in Samrodt bei Preußisch Holland und ehemaligen Danziger Lehrers, Friedrich Karl Gottlieb von Duisburg (1764–1824), der in seiner Zeit auch durch Schriften zur Danziger Geschichte bekannt war. Zwar enthält diese Handschrift des Alten Kulm, obwohl in der Signaturenfolge zusammen mit den übrigen von Duisburgischen Bänden aufgestellt, nicht jenen kleinen charakteristischen handschriftlichen Hinweis auf die Herkunft aus der genannten Sammlung, Zweifel an dieser Provenienz scheinen aber nicht angebracht zu sein. Denn C. K. Leman hat wohl auf Grund von Informationen durch den Oberbibliothekar Friedrich Wilken, den Leiter der Berliner Bibliothek, die Handschrift 1838 von Duisburg zugeordnet.

Homeyer, Rechtsbücher Nr. 132 u. 1107. – Oppitz, Rechtsbücher 2, Nr. 83 u. 1418. – [Heinrich Stroband], Das alte Cölmische Recht. Thorn 1584. (Druck des Werkes wahrscheinlich nach dieser Hs.). – Leman, C. K. (Hg.), Das alte Kulmische Recht, mit einem Wörterbuche, Berlin 1838, S. X–XII (diese Hs.) und S. 13–198 (Ed. unter Benutzung dieser Hs.). – Steffenhagen, Emil, Deutsche Rechtsquellen in Preußen vom XIII. bis zum XVI. Jahrhundert, Leipzig 1875, S. 5 Nr. 1, S. 29 Nr. 104 u. S. 201–204. – Zu Werk und Sache: Laband, Paul, Das Magdeburg-Breslauer systematische Schöffenrecht aus der Mitte des 14. Jahrhunderts. Berlin 1863, passim. – Johanek, Peter, Art. 'Alter Kulm', in: ²VL 1, 1978, Sp. 267–269. – Zum Vorbesitzer: Wilken, Bibliothek, S. 146. – FS Staatsbibliothek,

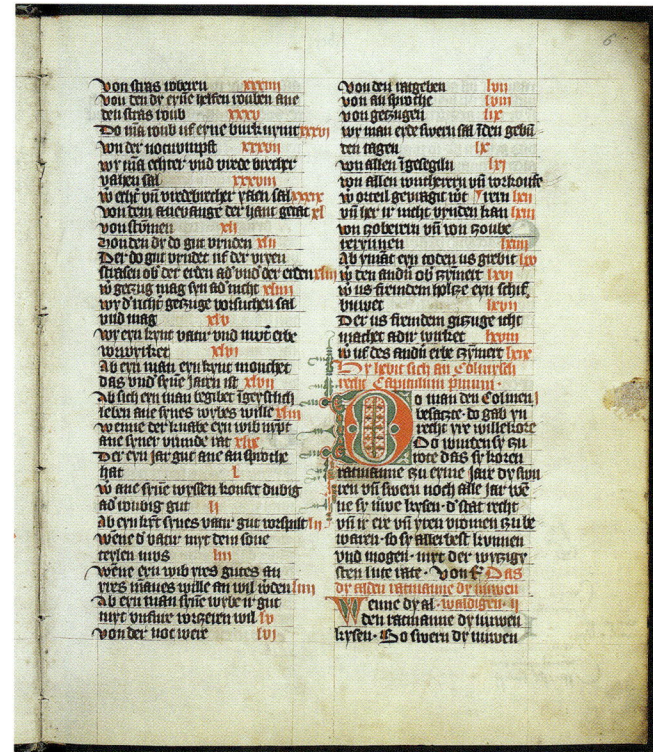

Kat. 154, 6^r

S. 327 mit Anm. 46. – Schwarz, in: Krollmann, Christian (Hg.), Altpreußische Biographie. Bd. 1, Königsberg 1941, S. 153.

BM

155 Stadtrecht von Goslar (zweite Redaktion)

Ostfälisch (Goslar?), 14. Jh., 3. Viertel
Pergament, 154 Bll., 30 × 25 cm
Vorbesitzer: 1841 aus dem Besitz des Berliner Bibliothekars Dr. Theodor Bruns für die Königliche Bibliothek zu Berlin erworben.
SBB-PK, Ms. germ. fol. 536

Aufgeschlagen 88^v: Für Ergänzungen bewußt freigelassenes Blatt; 89^r: Beginn des 3. Buches mit rot-blau geteilter Fleuronnée-Initiale.

1ra–153vb Stadtrecht von Goslar, zweite Redaktion, in 5 Büchern; innerhalb der Bücher und am Ende jeweils zahlreiche Blätter für Nachträge und Ergänzungen freigelassen. – Kaum Gebrauchsspuren; einige Randeinträge, vor allem aus dem 16. Jh.; rote und blaue Lombarden, rot-blau geteilte Initialen an den Buchanfängen, teilweise mit Fleuronnée; Kolumnentitel, Seitenüberschriften und Artikelzählung in rot; dunkelbrauner Lederband über Holz, Deckel mit dem Buchblock abschließend, mit Streicheisenlinien und je fünf blütenförmigen Schmuckbuckeln, ehem. zwei Langriemenschließen, 14. Jh., Ende; Rücken erneuert, 19. Jh. Akz. Nr. 1052.

Die mittelalterliche Stadt, eine der „originellsten Leistungen" (ARNOLD ESCH) des Zeitalters, bezieht ihre historische Kraft aus der sich seit dem 12. Jahrhundert zur Stadtgemeinde zusammenschließenden Bürgerschaft, die einen vom umgebenden Land abgegrenzten besonderen Rechts-, Friedens- und Wirtschaftsbereich schafft. Auf den Grundlagen älterer Rechtsschichten wie Kaufmannsrecht, Gewohnheit und Privileg sowie – mit der Gemeindebildung einhergehend – autonom geschaffener und durch Bürgereid verbindlich gemachter Rechtssetzung entwickelt sich ein eigenes, spezifisches städtisches Recht, das zunächst nur mündlich tradiert wird. Verstärkt seit dem 13. Jahrhundert steigt wie in anderen Rechtsbereichen auch in den Städten – beginnend mit dem Mühlhäuser Stadtrecht, dem sogenannten Reichsrechtsbuch (1224–1231) – die Tendenz zur Rechtsaufzeichnung, zur schriftlichen Fixierung auch der inneren Normen des eigenen Rechtskreises.

Die Freie und Kaiserliche Reichsstadt Goslar am Nordrand des Harzes, die ihren Wohlstand dem Rammelsberger Erzbergbau verdankt, besitzt eines der bedeutendsten Stadtrechte, dessen Kodifikation „an Systematik, juristischer Durchdringung und Klarheit kaum ihresgleichen" unter den mittelalterlichen Stadtrechten Deutschlands findet (EBEL, Über das Stadtrecht, S. 14). Die Bedeutung dieser Rechtsaufzeichnung wird dadurch verstärkt, daß Goslar schon vor der schriftlichen Fixierung seines Rechtes direkt oder indirekt als Mutterrechtsstadt für einige um den Harz gelegene sächsischthüringische Städte (u. a. Osterode, Halberstadt, Quedlinburg, Aschersleben, Blankenburg, Wernigerode, Nordhausen) Oberhof war und so das Zentrum eines kleinen, aber gewichtigen Stadtrechtskreises zwischen Braunschweig und Magdeburg bildete. Einige der Tochterstädte dieses Rechtskreises besaßen daher nachweislich Handschriften des Goslarer Stadtrechts.

Die Kodifikation des Stadtrechts ist in zwölf Handschriften erhalten, von denen fünf eine erste und sieben eine zweite Redaktion überliefern. Die ältere Fassung wurde nach den Untersuchungen EBELS wahrscheinlich um 1330 aufgezeichnet, die jüngere um 1350. Das Goslarer ist eines der umfangreichsten Stadtrechte des deutschen Mittelalters überhaupt, dessen gewaltige Stoffmasse von 860 bzw. 892 Paragraphen oder Artikeln unterschiedlicher Länge auf fünf Bücher aufgeteilt ist. Eine vorhergehende, urspüngliche Einteilung in zwölf Bücher bleibt jedoch weiterhin sichtbar, denn die Paragraphen- oder Artikelzählung gliedert das Material unabhängig von der Fünf-Bücher-Einteilung in zwölf, jeweils einzeln gezählte Abschnitte. Rechtssystematisch reduziert sich diese komplexe Zählung wie in den späten, systemati

schen Handschriften des Sachsenspiegel-Landrechts auf eine einfache Dreigliederung, die offenbar in Norddeutschland seit dem 14. Jahrhundert unabhängig vom römischen Recht entwickelt wurde: 1. Buch Familien- und Vermögensrecht, 2. Buch Verbrechen, 3. und 4. Buch Gerichtliches Verfahren. Im 5. Buch werden Bestimmungen verschiedenen Inhalts zusammengestellt, die rechtssystematisch in den anderen Büchern keinen Platz finden.

Der Verfasser dieser herausragenden Kodifikation ist unbekannt. Das Fehlen jeglicher Spuren römischen Rechts läßt vermuten, daß er keine der großen Universitäten in Frankreich oder Italien besucht hat. Für seinen Herausgeber, WILHELM EBEL, ist der unbekannte Autor, der offenbar allein den „Rechtsstoff, den er größtenteils, wahrscheinlich nur in ungeschriebener Übung beobachtete, in Begriffe, Sätze und schließlich ein System gebracht" hat, ein „juristisches Genie", Eike von Repgow durchaus vergleichbar (Über das Stadtrecht, S. 23). Seine systematische, begrifflich präzise, etwas schulmeisterliche, auf Spitzfindigkeiten reagierende Arbeitsweise ist deutlich sichtbar, wenn er Rechtsformeln wie 'binnen Landes' und 'binnen Jahr und Tag' (Buch 1 IV Art. 1–3) definiert: *Dit hetet binnen landes: twischen der Elve unde der Wesere unde twischen Doringhen unde der sehe… Jar unde dach is: en iar unde ses weken unde dre daghe* (Blatt 27ᵛ/28ʳ).

Ob der unbekannte Verfasser das Stadtrechtbuch im offiziellen Auftrag des Rates verfaßt hat oder ob es sich nur, wie die Juristen etwas unglücklich formulieren, um eine sogenannte 'Privatarbeit' handelt, läßt sich nicht mehr feststellen. Sicher ist nur, daß nach Aussage der kurzen Vorrede, die auch in der Berliner Handschrift enthalten ist, der Goslarer Rat mit Zustimmung der Kaufleute, Bergleute und Gilden dieses Werk als offizielle Kodifikation anerkannte. Rezipiert wurde diese Aufzeichnung nicht nur, wie angedeutet, im Goslarer Stadtrechtskreis, sondern auch darüber hinaus. Sie war eine der wichtigsten Quellen für das einflußreiche Meißener Rechtsbuch von 1357/87.

Die Berliner Handschrift des Stadtrechtbuches gehört mit dem in Schreibsprache, Schrift, Ausstattung und Format eng verwandten, im Goslarer Archiv aufbewahrten, kurz vor 1351 entstandenen Exemplar des Goslarer Rats (OPPITZ, Rechtsbücher 2, Nr. 616; Ed. Stadtrecht, S. 16–17, Nr. 9 und Abb. nach S. 120) zu den ältesten Handschriften der zweiten, jüngeren Redaktion des Werkes. Der repräsentative Eindruck, den diese Handschrift macht, wird durch die große, deutliche, auf Abkürzungen weitgehend verzichtende und daher gut lesbare Textura erreicht, die man in der Terminologie des

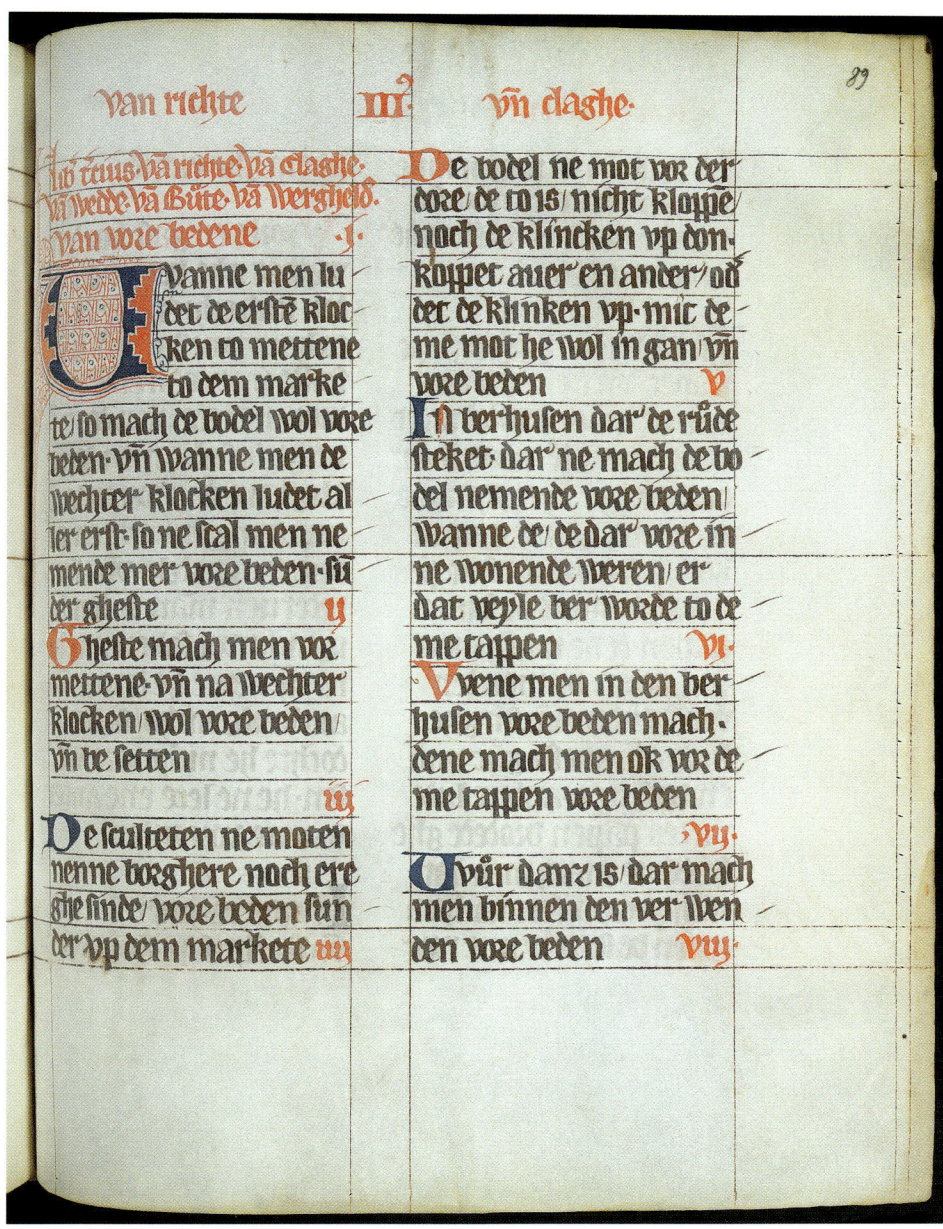

Kat. 155, 89ʳ

Schreibmeisters Johann van Haghen als 'textus praescisus vel sine pedibus' bezeichnen darf. Das Charakteristikum dieser anspruchsvollen, im 14. Jahrhundert in Deutschland und Böhmen vor allem für liturgische Handschriften sehr beliebten Kalligraphie besteht darin, daß zwar wie beim 'textus quadratus' die Bögen doppelt gebrochen, die Schäfte aber auf der Fußlinie rechtwinklig abgeschnitten sind. Bemerkenswerterweise ist auch die für die autoritativen Textbücher in den italienischen Rechtshandschriften gebräuchliche 'Littera Bononiensis' oder 'Rotunda' eine Modifikation des 'textus praescisus'. Wie in einigen anderen der ausgestellten Rechtshandschriften erleichtern Seiten- oder Kolumnenüberschriften, Rubri-

ken, Hierarchisierung der Initialen und Lombarden sowie die Artikelzählung und Absatzbildung die Orientierung in der Handschrift. Ein Register allerdings, das in manchen Codices des Goslarer Stadtrecht vorhanden ist, fehlt hier.

Zu den Eigentümlichkeiten des Berliner Exemplars des Stadtrechtsbuches gehört die Vielzahl teurer, unbeschriebener Pergamentblätter für Nachträge und Ergänzungen innerhalb und am Ende der einzelnen fünf Bücher, wie die aufgeschlagenen Seiten (Blatt 88ᵛ/89ʳ) zeigen. Die Absicht, die sich dahinter verbirgt, erläutert die Vorrede des Stadtrechts recht deutlich. Dort heißt es, daß einzutragendes Recht, nachdem es von den Kaufleu-

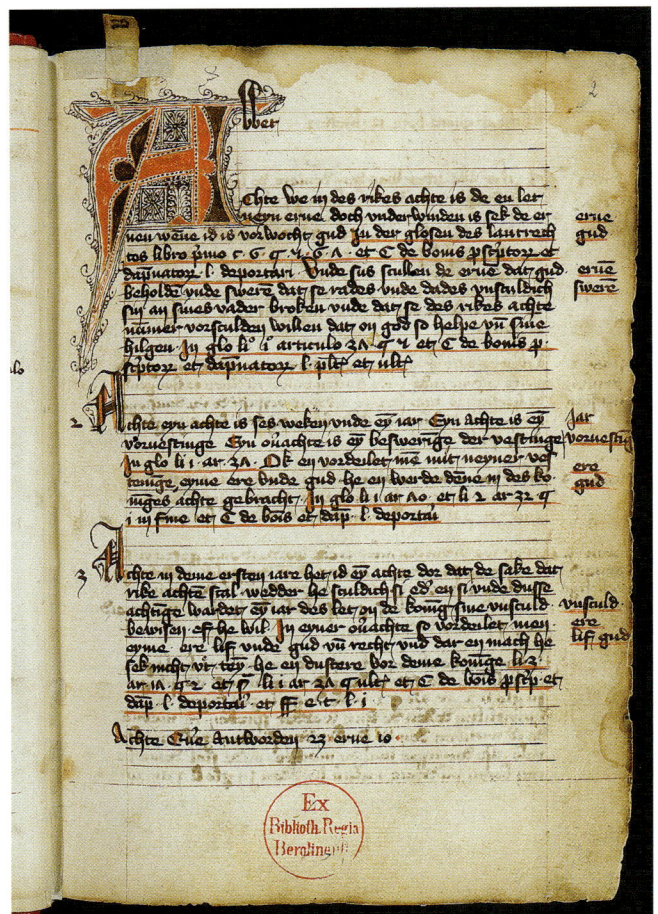

Kat. 156, 2ʳ

buel... intellexit...), im Besitz eines Mitgliedes der Familie Trautenbuhl gewesen zu sein, deren Mitglieder als Juristen in Goslar, Halberstadt und an der Universität Wittenberg nachweisbar sind. In die Königliche Bibliothek zu Berlin gelangte er im Februar 1841. Verkäufer war der ehemalige Student der Theologie in Tübingen und Halle, der Gehilfe (seit 1837) und Kustos (seit 1849) der Königlichen Bibliothek zu Berlin, Dr. Theodor Bruns (1813–1886), ein Enkel des um das Goslarer Stadtrecht verdienten Helmstedter Professors und Bibliothekars Paul Jakob Bruns (1743–1814).

DEGERING 1, S. 60. – OPPITZ, *Rechtsbücher 2, Nr. 124.* – GÖSCHEN, OTTO, *Die Goslarischen Statuten, mit einer systematischen Zusammenstellung der darin enthaltenen Rechtssätze und Vergleichung des Sachsenspiegels und vermehrten Sachsenspiegels, Berlin 1840, S. IX.* – EBEL, WILHELM (Hg.), *Das Stadtrecht von Goslar, Göttingen 1968, bes. S. 17, Nr. 10, S. 29–183 (Ed. unter Benutzung dieser Hs.).* – DERS., *Über das Stadtrecht von Goslar,* in: *Hansische Geschichtsblätter 87, 1969, S. 13–30.* – Zu Theodor und Paul Jakob Bruns vgl. PAUNEL, *Staatsbibliothek, S. 237; ADB 3, 1876, S. 450–452;* EBEL, *Ed. Stadtrecht, S. 7–8.*

BM

156 Abecedarium 'Achte' bis 'Wunden'

Niederdeutsch (zwischen Harz und Solling; Northeim?), 1414
Papier, 214 + 2 Bll., 30 × 21 cm
Vorbesitzer: Von Jakob Grimm aus dem Stadtarchiv Kassel ausgeliehen und mit den Grimmschen Handschriften und Drucken 1869 an die Königliche Bibliothek zu Berlin.
SBB-PK, Ms. germ. fol. 924

Aufgeschlagen Bl. 1ᵛ: Abkürzungen des gelehrten Rechts; Bl. 2ʳ: Textbeginn mit rot-schwarz geteilter Initiale.

1ʳ Konkordanztabelle der römischen und arabischen Ziffern von 1–100. – 1ᵛ Kurze Liste der wichtigsten benutzten lateinischen Abkürzungen des gelehrten Rechts. – 2ʳ–207ʳ Abecedarium 'Achte' bis 'Wunden'. *Abbet. Achte. We in des rikes achte is de en let nein erve... 2. Achte. Eyn achte is ses weken vnde eyn iar...; 3. Achte in deme ersten iare...–... eyne wunden etc. Wunden quere deir 5 vorvesten 4. ›Anno domini millesimo quadricentesimo decimo quarto dominica secunda post pascha qua cantatur misericordia domini* [=1414 April 22] *completus est liber iste per Conradum de Northeym‹.* – 207ᵛ–209ʳ Alphabetisches Verzeichnis der Stichworte. – 209ᵛ Besitzvermerk, 15. Jh.: *Presens liber pertinet consolatui Cassellensis ad consistorium eiusdem.* – 210ʳ–213ᵛ leer. – 213aʳ–213bᵛ dazwischengebunden: Brief von Friedrich Christoph Schmincke (1724–1795) an Bürgermeister Chr. L. Goeddaeus (1723–1793) über Inhalt und Datierung der Abecedar-Handschrift. o.O. 1767 November 20. – 214 bis auf Federproben (214ᵛ) leer. – Bastarda; einfach rubriziert; Initialen, meist sehr einfach, am Beginn der einzelnen Buchstaben des Alphabets. – Halblederband der Bibliothek über Pappe, 20. Jh., Anfang.

Die alphabetische Anordnung ganzer Wissensgebiete oder des Wissens überhaupt scheint in der Moderne so

ten, Bergleuten und Gilden geprüft worden sei, am systematisch zugehörigen Platz einzuordnen sei (EBEL, Ed. Stadtrecht, S. 29).

Die Berliner Kopie des Stadtrechts dürfte im 3. Viertel des 14. Jahrhunderts entstanden sein, und zwar in Goslar, wie der Schrift- und Ausstattungsvergleich mit der verwandten, auf um 1351 datierbaren, oben erwähnten Goslarer Ratshandschrift zeigt. Ostfälische Eigenheiten im Schriftdialekt (z. B. *iowelc, nemet*) stützen diesen Befund. Über die weitere Geschichte dieser Handschrift sind nur Vermutungen möglich. Aus späteren Zusätzen zum Stadtrecht geht hervor, daß der Goslarer Rat offenbar Einzelpersonen erlauben konnte, Kopien des Stadtrechtsbuches zu besitzen, wenn nur gewährleistet war, daß kein Fremder ohne Zustimmung des Rates darin las (EBEL, Ed. Stadtrecht, S. 29). Es ist daher denkbar, daß auf diese Weise Ratsfamilien über Exemplare des Stadtrechts verfügen konnten. Im 16. Jahrhundert scheint dieser Band, wie aus einem Randeintrag hervorgeht (Blatt 83ʳᵃ: *...antecestor meus dom. D. Christ. Trauten-*

selbstverständlich geworden zu sein, daß nur selten gefragt wird, ob dieses Ordnungsprinzip sich wirklich von selbst versteht. Schließlich wird für den Vorteil, Einzelwissen leicht nachschlagen zu können, sachlich und systematisch Zusammengehöriges in isolierte Einzelheiten aufgespalten. Im Mittelalter dagegen galt die alphabetische Anordnung als Mißachtung der logischen und systematischen Ordnung und Beziehung der Dinge in der von Gott geschaffenen Welt. Alle großen Enzyklopädien des Früh- und Hochmittelalters sind daher systematisch angelegt. Abgesehen von einfachen Wortlisten, Glossaren, Rezepten sowie Stein- und Kräuterlisten beherrschte die systematische Stoffanordnung die Szene.

Erst mit dem 13. Jahrhundert, mit dem Aufkommen von Scholastik und Universitäten, griff die Idee Raum, Sachgebiete mit Hilfe alphabetischer Anordnung schneller und leichter suchbar und verfügbar zu machen. Alphabetische Indices, Konkordanzen und Predigthilfen (Sammlungen von 'Distinctiones') entstehen für Theologen. Für das gelehrte Recht, für Legistik und Kanonistik, wurde der erste alphabetische Traktat im Jahre 1242 geschrieben. Seit dem 14. Jahrhundert häufen sich dann Werke dieser Art, die den Rechtsstoff einzelner oder mehrerer Rechtsbücher erschließen. In alphabetischer Anordnung werden juristische Fachausdrücke und seltene Begriffe im Rückgriff auf die autoritativen Rechtsbücher erklärt oder definiert. Diese Literatur richtete sich weniger an Gelehrte als an Praktiker.

Ein Jahrhundert später, um 1400, entstanden die ersten vergleichbaren Werke für die deutschen Rechtsbücher, Abecedarien oder Rechtsabecedarien genannt. Das hier ausgestellte Abecedarium, nach erstem und letztem Stichwort 'Achte bis Wunden' genannt, ist in vier Handschriften erhalten, die mit Ausnahme einer in Hildesheim genutzten Kopie aus dem Gebiet zwischen Harz und Solling, aus der Gegend um Northeim, stammen (OPPITZ, Rechtsbücher 2, Nr. 159, 197, 342, 1038). Das Werk dürfte auch in dieser Region entstanden sein, wie einige ostfälische Eigenheiten der Schreibsprache zeigen. Die Berliner Handschrift ist die älteste, 1414 von einem Schreiber aus Northeim angefertigt. Der unbekannte Autor hat den Sachsenspiegel und die Sachsenspiegel-Glosse zum Landrecht ausgewertet und in den Allegationen zu den einzelnen Stichworten auch auf die Quellen des gelehrten Rechts Bezug genommen. Mehrere aufeinanderfolgende, identische Stichworte hat er durchnumeriert, um sie in Vor- und Rückverweisen durch Angabe von Stichwort und Nummer präzis zitieren zu können. Die Abkürzungsliste (Blatt 1ᵛ), die die Zitierweise der autoritativen legistischen und kanonistischen Rechtsbücher meint erläutern zu müssen, deutet

auf Rechtspraktiker als Nutzer des Werkes. Die Besitzgeschichte bekräftigt dies. Die Handschrift war, wie der Besitzvermerk und der beigebundene Brief zeigen, vom 15. Jahrhundert bis 1767 nachweislich im Besitz des Rates der Stadt Kassel, bevor die Handschrift über Jakob Grimm mit dessen Buchnachlaß in die Königliche Bibliothek zu Berlin gelangte.

DEGERING 1, S. 131. – HOMEYER, Rechtsbücher Nr. 88. – OPPITZ, Rechtsbücher 2, Nr. 159. – Kat. Berlin SB Nachlaß Grimm 2, S. 701–702, Nr. 2043. – Zu Werk und Sache: BENNA, A. H., Art. 'Abecedarien', in: HRG 1, 1971, Sp. 5–6; ULMSCHNEIDER, HELGARD, Art. 'Rechtsabecedarien (deutsch)', in: ²VL 7, 1989, Sp. 1058–1061.

BM

157 Eike von Repgow: Sachsenspiegel (Asseburger Handschrift)

Mitteldeutschland, 1473
Papier, 299 Bll., 31 × 21,5 cm
Vorbesitzer: Vom Großen Kurfürsten von den Herren von der Asseburg für die Kurfürstliche Bibliothek zu Berlin erworben.
SBB-PK, Ms. germ. fol. 12

Aufgeschlagen Bl. 299ᵛ: Textschluß mit Kolophon und Schenkungsvermerk von 1665.

Dazu: Wernigerode, LHASA Rep. H Falkenstein-Meisdorf Nr. 3095, Bl. 56ʳ–57ᵛ (aufgeschlagen 56ᵛ: Konzept einer Antwort an den Großen Kurfürsten).

1ʳᵃ–3ᵛᵃ Sachsenspiegel-Landrecht: Reimvorrede (v. 1–280), Von der Herren Geburt – 3ᵛᵇ–10ʳᵃ Register zu Buch 1–3 – 10ʳᵃ–261ᵛᵃ Sachsenspiegel-Landrecht mit der Glosse des Johannes von Buch in 3 Büchern zu 72.72.87 Art., mit Prolog (unglossiert) und Textus prologi. Textklasse IV (Glossierte Formen), Ordnung IVc (Vulgata); Glosse: Klasse II (Längere Glosse). Am Schluß: *Hir volget nach der Richtestig. Scriptum anno domini mccccᵒlxxiii vigilia omnium sanctorum* (=1473 Oktober 31) – 261ᵛᵇ–299ᵛᵇ Johannes von Buch, Richtsteig Landrechts, ohne Register und Rubriken zu 49 Kap. Am Schluß: *Quo finito sit laus Ihesu Christo. Sub anno domini mccccᵒxxiii vigilia presentacionis gloriose virginis Marie* (=1473 November 20) – 299ᵛᵇ Schenkungsvermerk von 1665. – Bastarda; einfach rubriziert; rote Lombarden; Text und Glosse in denselben Textspalten alternierend, Text durch etwas größeren Schriftgrad hervorgehoben; Lederband über Pappe, 19. Jh., Anfang.

Die populäre Legende, nach der Eike von Repgow als Lehensmann im Auftrage des Grafen Hoyer auf Burg Falkenstein über dem Selketal im Ostharz den Sachsenspiegel niedergeschrieben habe, ist alt, aber nicht mittelalterlich. Den mittelalterlichen Juristen, Schreibern und Buchmalern galten bekanntlich, wie viele der hier ausgestellten Handschriften zeigen, Karl der Große und in Teilen einige der sächsischen Kaiser und Friedrich Bar-

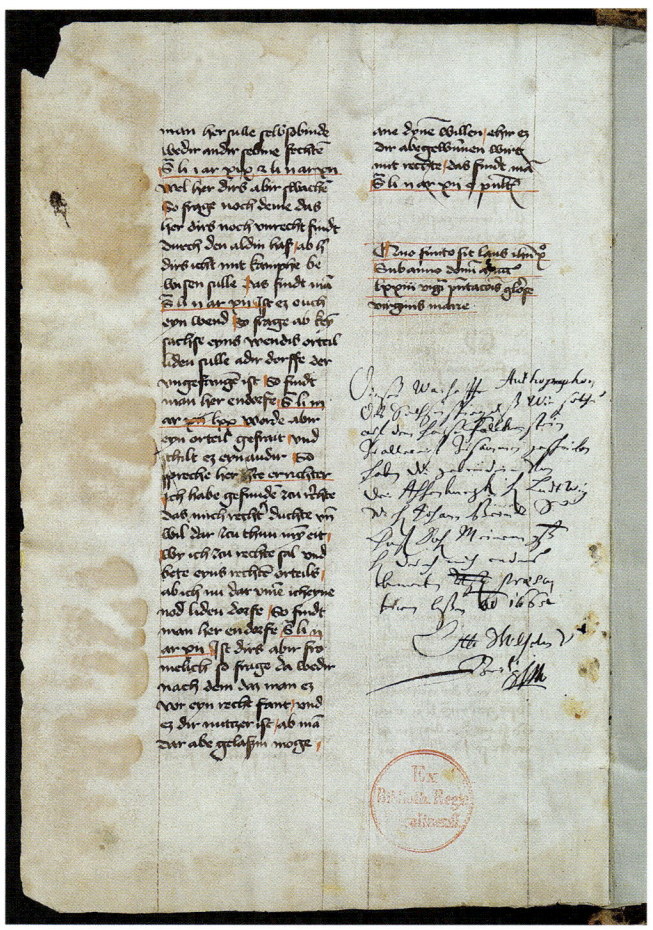

*Kat. 157, 299*ᵛ

barossa als Schöpfer des im Sachsenspiegel kodifizierten Rechts.

Erst die gelehrte Literatur des 17. Jahrhunderts, insbesondere das Werk Hermann Conrings (1643), zeigt die Haltlosigkeit der mittelalterlichen Legitimationsstrategie für die Absicherung des Sachsenspiegelrechts auf und rückt Eike von Repgow stärker in das Rampenlicht der historischen Bühne, die er sich allerdings mit Graf Hoyer von Falkenstein teilen muß. Dem hierarchischen Bewußtsein der nachfolgenden Zeit, das sich einen Rechtskundigen, Gelehrten oder auch Künstler nur als Lakaien eines adligen Herrn vorstellen konnte, gilt Graf Hoyer als eigentlicher Schöpfer des Werks, den Eike von Repgow nur unterstützte. Um 1800 dringt dieses gelehrte Geschichtsverständnis, angereichert um die scheinbar naheliegende Vorstellung, Burg Falkenstein sei der Entstehungsort des Werkes, in die Reise- und Bäderliteratur des Harzes ein und beherrscht seitdem die populäre Geschichtsvorstellung. Die Verknüpfung von Personen, Werk und Ort, von Eike von Repgow, Graf Hoyer, Sachsenspiegel und

Burg Falkenstein wird seit dem frühen 19. Jahrhundert als Faktum angenommen und durch ständige Wiederholung zum populären, stehenden Bild, dessen Beleuchtung nur die Brechungen des deutschen Zeitgeistes des 19. und 20. Jahrhunderts verändern, sei es im gründerzeitlichen Roman, im neogotischen Bleiglasfenster, in nationalsozialistischen Thingfeiern und Gedenksteinen oder gegenwärtig in sachlich-kritischer Ausstellung. Den Anstoß für all diese historischen Phantasmagorien bot der Sachsenspiegel selbst am Schluß der Reimvorrede (v. 261–266), nach der Graf Hoyer von Falkenstein (ca. 1211–1250) Eike von Repgow gebeten habe, den ursprünglich lateinischen Text ins Deutsche zu übertragen. Die moderne wissenschaftliche Forschung knüpft an diese tradierte Gedankenwelt an, wenn sie das Werk entweder vage in den Ostharz oder präziser in die Umgebung des Falkensteiners nach Quedlinburg lokalisiert (Karl August Eckhardt), oder geht in Konsequenz neuer Paradigmen andere Wege, wenn sie den Hof eines Reichsfürsten, des Grafen von Anhalt, als Entstehungsort bestimmt, an dem Eike von Repgow und Hoyer von Falkenstein – ohne Lehensbindung – einander begegnet sind (Peter Johanek).

Das älteste bekannte Zeugnis für die Vorstellung von einem – ähnlich wie Martin Luther – auf einer Burg, dem Falkenstein, den Sachsenspiegel aufzeichnenden Eike von Repgow ist in einer Berliner Handschrift zu finden, die der Große Kurfürst für seine 1659 in Berlin gegründete Bibliothek seit 1661 zu erwerben trachtete. Der Herrscher, immer auf der Jagd nach kostbaren Stücken, schreckte dabei vor Pressionen nicht zurück, um seine Sammlung zu vergrößern. Der Erwerb der Sachsenspiegelhandschrift erhellt an einem Einzelfall recht deutlich, welche Methoden er dabei anwandte. In einem heute leider nicht mehr auffindbaren Brief aus Cleve vom 8. März 1661, den Trippenbach 1915 mitgeteilt hat, schreibt er kurz und bündig an die Brüder Ludwig und Johann Berndt von der Asseburg, deren Familie den Falkenstein seit 1437 besaß, er habe *vernommen, daß in eurer Bibliothec das erste Original des alten Sachßenrechts und eine illuminierte Bibel auf Pergament in sechs Tom. vorhanden; Gleich wie Wir nun, solche gerne bey Unserer Bibliothek wissen möchten, Unß auch zu euch gnädigst versehen, daß ihr Unß damit wilfahren werdet, So gesinnen Wir an euch gnädigst, Unß solche zu überlassen.* Als Gegenleistung bot er an, *euch dahingegen eine Gnade zu erweisen.* Die Brüder haben auf diesen Befehl des Kurfürsten dilatorisch reagiert. Das Konzept einer Antwort zu Händen des Obersten von Berlepsch aus der Zeit nach 1661 an den Kurfürsten ist erhalten (Außenstelle Wernigerode, Landeshauptarchiv Sachsen-Anhalt, Rep.

H Falkenstein-Meisdorf Nr. 3095, Blatt 56ʳ–57ᵛ; vgl. auch TRIPPENBACH, S. 458–459). Es ist voller Bedenken und Einwände, um den Forderungen nicht übereilt nachgeben zu müssen. Die Brüder betonen, daß die gewünschte *Bibel uns allerdinges nicht eigenthümlich zukombt sondern nur pignoris loco* [= als Pfand] *vor etliche hundert goldtgulden unserem* (?) *seligen großvatter verseßet worden; der alte Sachßen Spiegel auch, weil Er auf dem Hause Falckenstein zuerst componirt, von einem der vorigen alten Herren Bischöfe zu sonderbahrem gedächtnis wieder dahin gegeben undt bisher dabey verwahrlich behalten worden.* Dennoch seien sie bereit, die beiden Bücher *Seiner Churfürstlichen Durchlaucht… zu schuldigster unterthänigster bezeigung allemahl gern* [zu] *überlassen.* Unter Berufung auf die versprochene *gnade* des Landesherrn baten die Brüder um ein Entgegenkommen bei strittigen Patronatsrechten, was den Brüdern in den nächsten Jahrzehnten jedoch außer hohen Prozeßkosten kaum etwas einbrachte.

Nach Jahren schließlich trennen sie sich doch von der gewünschten Sachsenspiegel-Handschrift, dem heutigen Ms. germ. fol. 12 der Staatsbibliothek zu Berlin, wie dem Schenkungsvermerk (Blatt 299ᵛᵇ) von der Hand des Obersten von Berlepsch zu entnehmen ist: *Dieses warhaffte Authographon des Sachsenspiegelß wie solches auf dem Hause Falckenstein zu allererst zusammengeschrieben haben die gebrüdern von der Assenburgk Herr Ludtwig und Herr Johann Berndt Seiner Churfürstlichen Durchlaucht, Meinem gnädigsten Herrn, durch mich endesbenanten… praesentiren laßen anno 1665. Otto Wilhelm v. Berlepsch.* Keinem der Beteiligten ist offenbar aufgefallen, daß das angebliche *warhaffte Authographon,* wie darüber in derselben Textspalte zu lesen ist, im Jahre 1473, also gut 250 Jahre nach der Entstehung des Sachsenspiegels, geschrieben wurde. Der Kurfürst hat nicht das Originalmanuskript Eikes von Repgow, keine wertvolle Zimelie, sondern nur eine gängige, einfach ausgestattete, späte Vulgata-Handschrift erworben.

DEGERING 1, S. 1. – Berlin, SBB-PK, Ms. Cat. A 556: Ms. germ. fol. 12. – HOMEYER, *Rechtsbücher Nr. 43.* – OPPITZ, *Rechtsbücher 2, Nr. 112.* – HOMEYER, *Sachsenspiegel 1,* ²*1835,* S. XIX, Nr. 6 (vorliegende Hs. zum Vergleich für die Ed. herangezogen). – HOMEYER, *Sachsenspiegel 1,* ³*1861,* S. 37, 38, 118. – HOMEYER, *Richtsteig,* S. 2 Nr. 3 (Ed. unter Benutzung dieser Hs.). – HOMEYER, *Genealogie,* S. 126, 127, 129, 130, 139. – STEFFENHAGEN, *Landrechtsglosse VIII,* S. 313, Nr. 4. – STEFFENHAGEN, *Landrechtsglosse IX,* S. 712. – TRIPPENBACH, MAX, *Asseburger Familiengeschichte. Nachrichten über das Geschlecht Wolfenbüttel-Asseburg und seine Besitzungen.* Hannover 1915, S. 456–459. – MÜLLER, KURT, *Wahrheit und Dichtung um Eike von Repgow,* in: Anhaltische Geschichtsblätter 13, 1937, S. 1–20. – JOHANEK, PETER, *Eike von Repgow, Hoyer von Falkenstein und die Entstehung des Sachsenspiegels,* in: Civitatum communitas. Studien zum europäischen Städtewesen. Festschrift HEINZ STOOB zum 65. Geburtstag (Städteforschung A, 21,II). Köln, Wien 1984, S. 716–755, hier: S. 716–720. – LÜCK, HEINER, *Über den Sachsenspiegel. Entstehung, Inhalt und Wirkung des Rechtsbuches. Mit einem Beitrag zu den Grafen von Falkenstein von Jochen Schymalla* (Veröffentlichungen der Stiftung Schlösser, Burgen und Gärten des Landes Sachsen-Anhalt 1). Halle an der Saale 1999, S. 11–12.

BM

158 Sachsenspiegel-Lehnrecht (mit der von Nikolaus Wurm erweiterten Glosse)

Schlesien (Liegnitz), 14. Jh., 4. Viertel (1386/1387)
Pergament, 345 (ursprünglich 389) Bll., 40 × 30 cm
Vorbesitzer: Mit der Sammlung Günther im Jahre 1993 für die Staatsbibliothek zu Berlin – Preußischer Kulturbesitz erworben.
SBB-PK, Hdschr. 392

Aufgeschlagen Bl. 150ᵛ/151ʳ: Prolog der von Nikolaus Wurm erweiterten Glosse zum Lehnrecht des Sachsenspiegels mit Q-Initiale, darin Kaiser Friedrich, thronend, und Eike von Repgow.

27ʳᵃ–128ʳᵇ Magdeburger Weichbildvulgata, mit Glosse in der ursprünglichen, kürzeren Fassung. Textbeginn (27ʳᵃ) mitten in der Glosse zu Art. 8; (29ᵛᵇ) Art. 9 – (127ʳᵇ) Art. 135 und ungezählt angehängt (127ᵛᵇ–128ʳᵃ) Judeneid. Die Glosse endet mit dem ottonischen Schlußprivileg. Ed. DANIELS/GRUBEN, Weichbildrecht, Sp. 77–175 (Text), Sp. 214–438 (Glosse). Am Schluß: *…sub umbra alarum magnifici Ruperti Lvgeniczensis.* – 128ᵛ leer – 129ʳᵃ–145ʳᵃ Mainzer Landfrieden Kaiser Friedrichs II. von 1235, dt., mit Zuschreibung an Albrecht I. und Glosse des Nikolaus Wurm. *Incipiunt Nove constituciones domini Adalberti.* Zur Ed. des Landfriedens von 1235 mit teilweise abweichender Artikelfolge vgl. oben zu Berlin, SBB-PK, Ms. germ. fol. 631, f. 37ʳᵇ (Kat. 149). Ed. des vorliegenden Rechtsbuchtextes (Const. I–XIV) und seiner Glosse (in Auszügen) unter Benutzung dieser Hs.: BOEHLAU, Novae Constitutiones, S. 1–47. – 145ᵛ–146ᵛ leer. – 148ʳᵃ–382ᵛᵇ (= alt 391ᵛᵇ) Eike von Repgow, Sachsenspiegel-Lehnrecht, mit der von Nikolaus Wurm erweiterten längeren Glosse. (148ʳᵃ–150ᵛᵃ) Register: *In nomine domini nostri Ihesu Christi incipiunt Constituciones Frederici imperatoris que et feudorum intitulantur…* (150ᵛᵃ–151ᵛᵇ) Prolog, mit Glosse. ›*Hic incipit prologus.*‹ *Quoniam ut ait Seneca fragilis est memoria hominum… Der menschin gedanke gebrechelich ist…* (151ᵛᵇ–382ᵛᵇ) Eike von Repgow: Sachsenspiegel-Lehnrecht, mit Glosse. *Swer lenrcht* (!) *kunnen wolle… Glosa:* ›*Ir sult wissin waz ein herschilt sy.*‹ *Eyn herschilt ist eyn undirscheit der ritterschaft…* Bricht ab in Art. 77 § 5 (gezählt als 76). Ehemals 81 Artikel. – Die Bll. 1–26, 82, 147, 209–211, 275–280 und 383–389 (alt gezählt: 392–398) fehlen seit dem Zweiten Weltkrieg. Gotische Buchschrift in unterschiedlichem Schriftgrad für Text und Glosse; Rubriken und rote Überschriften; 15 (von ehem. 26) Federzeichnungen, 2 Initialen, davon eine (150ᵛᵃ) historisiert. – Heller Schweinslederband über Holz, 16. Jh., Anfang, mit je 5 Messingbeschlägen, 2 neue Schließen. In den Vorderdeckel eingeklebt gedrucktes Exlibris von *Dr. Jörn Günther Ms 11.*

Die Grundtexte der wichtigsten deutschen Rechtsbücher, insbesondere die des sächsisch-magdeburgischen Rechts, liegen am Anfang des 14. Jahrhunderts vor. Dieser Abschluß der Textentwicklung geht einher mit dem

Beginn der wissenschaftlichen Kommentierung dieser Textbücher, mit der Anwendung der in den italienischen und französischen Schulen entwickelten scholastischen Methoden der Textexegese, Glossierung und Disputation auf das einheimische Recht. Die gelehrten und auch halbgelehrten Juristen bemächtigten sich der volkssprachlichen Rechtsbücher und interpretieren sie im Lichte der autoritativen Textbücher des römischen und kanonischen Rechts. Normbildend ist das Werk des märkischen Hofrichters Johann von Buch (vgl. Kat. 148), wie die Weiterentwicklungen seiner Glosse zum Landrecht des Sachsenspiegels und ähnliche Glossierungen anderer Rechtsbücher durch gelehrte Juristen zeigen. Vor 1386 und 1387 und vielleicht nach der Jahrhundertmitte entstanden die Glosse zum Lehnrecht des Sachsenspiegels und die ursprüngliche Glosse zur Weichbildvulgata. Die Zeit von der Mitte des 14. Jahrhunderts bis weit über den Anfang des 15. Jahrhunderts hinaus wird zum Höhepunkt der gelehrten Glossierung und der Kompilation neuer Rechtsbücher und Hilfsmittel dazu. Der Großteil der hier ausgestellten deutschen Rechtshandschriften dokumentiert gerade diese Entwicklung.

Der aus Neuruppin stammende Nikolaus Wurm, dessen Biographie nur schemenhaft durch einige Selbstzeugnisse bekannt ist, gehört in diese Wirkungslinie wissenschaftlicher Kommentierung des sächsisch-magdeburgischen Rechts. Er scheint in Bologna unter Johannes de Lignano (gest. 1383) studiert zu haben und um 1400 in Diensten Herzog Ruprechts von Schlesien und Liegnitz gestanden zu haben. 1401 allerdings erhält er eine Leibrente vom Görlitzer Rat. Sein wissenschaftliches Werk ist, glaubt man der rechtshistorischen Literatur der letzten 150 Jahre, sehr umfangreich, wenn auch nicht übermäßig verbreitet. Die Mehrzahl der Werke seiner sogenannten 'ersten Schaffensperiode', die vor 1386, also gut ein Jahrzehnt vor seiner nachweislichen Tätigkeit in Schlesien entstanden sein müssen, ist allerdings anonym überliefert. Die Zuschreibung an ihn beruht auf inhaltlichen und stilistischen Parallelen, wobei vielfach eine vermutete Zuweisung eine andere stützt. Moderne textkritische Untersuchungen und Vergleiche fehlen, so daß Zweifel an den Zuschreibungen erlaubt scheinen.

Einer der wichtigsten Zeugen für Wurms sogenannten erste Schaffensperiode ist der vorliegende Codex, der zweite Band des Großen Liegnitzer Sachsenspiegel, der sich vor 1688 im Liegnitzer Rathaus und bis 1945 in der Liegnitzer Kirchenbibliothek St. Peter und Paul befand, bevor er 1993 für die Staatsbibliothek zu Berlin aus Privatbesitz angekauft wurde. Der erste Band (Oppitz, Rechtsbücher 2, Nr. 938), der seit 1945 verschollen ist, ist datiert, und zwar in das Jahr 1386 (vgl. Kat. 149), so

daß auch die Werke und anonymen Glossen im etwa gleichzeitigen, dazugehörigen zweiten Band vor diesem Zeitpunkt entstanden sein müssen. Für die ursprüngliche, kürzere Glosse zur Weichbildvulgata, für die durch Boehlau dem Nikolaus Wurm zugeschriebene Glosse zu den sogenannten 'Constitutiones Alberti' und die durch Homeyer Wurm zugewiesenen Erweiterungen zur Längeren Glosse zum Sachsenspiegel-Lehnrecht ist die Vollendung des ehemals Liegnitzer Codex jeweils 'terminus ante quem'.

Die Weichbildvulgata und den Anfang der 'Constitutiones Alberti' schmückten ursprünglich 26 grobe, skizzenhafte Federzeichnungen, von denen die Barbarei des Herausschneidens nach 1945 nur 15 überlebt haben. Auf der „künstlerischen Höhe der Zeit" (Kloss, Buchmalerei, S. 87) befindet sich dagegen eine historisierte Q-Initiale am Anfang des Lehnrechtsteils der Handschrift (Blatt 150va), die wohl von demselben Maler wie die Ausstattung einer ehemals Görlitzer, nunmehr Breslauer Rechtshandschrift (Oppitz, Rechtsbücher 2, Nr. 271) stammt. Der Glossierung des Lehnrechts geht in der Berliner Handschrift ein mit *Quoniam* beginnender lateinischer Prolog voraus, der von sich behauptet, ein Seneca-Zitat zu sein, in Wirklichkeit aber dem Anfang der 'Summa arboris actionum' des katalanischen, um 1213 in Bologna lehrenden Legisten Pontius de Ilerda (Ed. Guido Rossi, Milano 1951, S. 45) entnommen ist. In dem Initialbuchstaben thront in einem blauen, grüngefüttertem Mantel, mit dem Reichsbanner in der linken, dem Reichsapfel in der rechten Hand sowie der Reichskrone ein König oder Kaiser, vor dem außerhalb des Buchstabens eine Figur in einem tiefgrünen Gewand kniet. Um die Bedeutung dieser Initiale, die der Ikonographie des Dedikations- und Autorenbildes folgt, verstehen zu können, muß man wissen, daß der Autor der Glosse wie auch ausdrücklich der Schreiber dieser Handschrift (Blatt 148ra) das Lehnrecht als eine kaiserliche Satzung betrachten, die sie dem Staufer Friedrich I. Barbarossa zuschreiben. Die Initiale stellt daher den rechtsstiftenden Kaiser dar, vor dem vermutlich der die Satzung als nur aufzeichnend gedachte Autor Eike von Repgow kniet. Da Eike jedoch nicht eigentlich der Autor des Rechtsbuches ist, kann er, wie in dem ikonographischen Muster eigentlich zu erwarten, auch kein zu dedizierendes Werk überreichen. Wie das Landrecht des Sachsenspiegels ist auch das Lehnrecht Kaiserrecht, das eine von Karl dem Großen (vgl. Kat. 147), das andere von Friedrich I. Barbarossa seine rechtliche Legitimation beziehend.

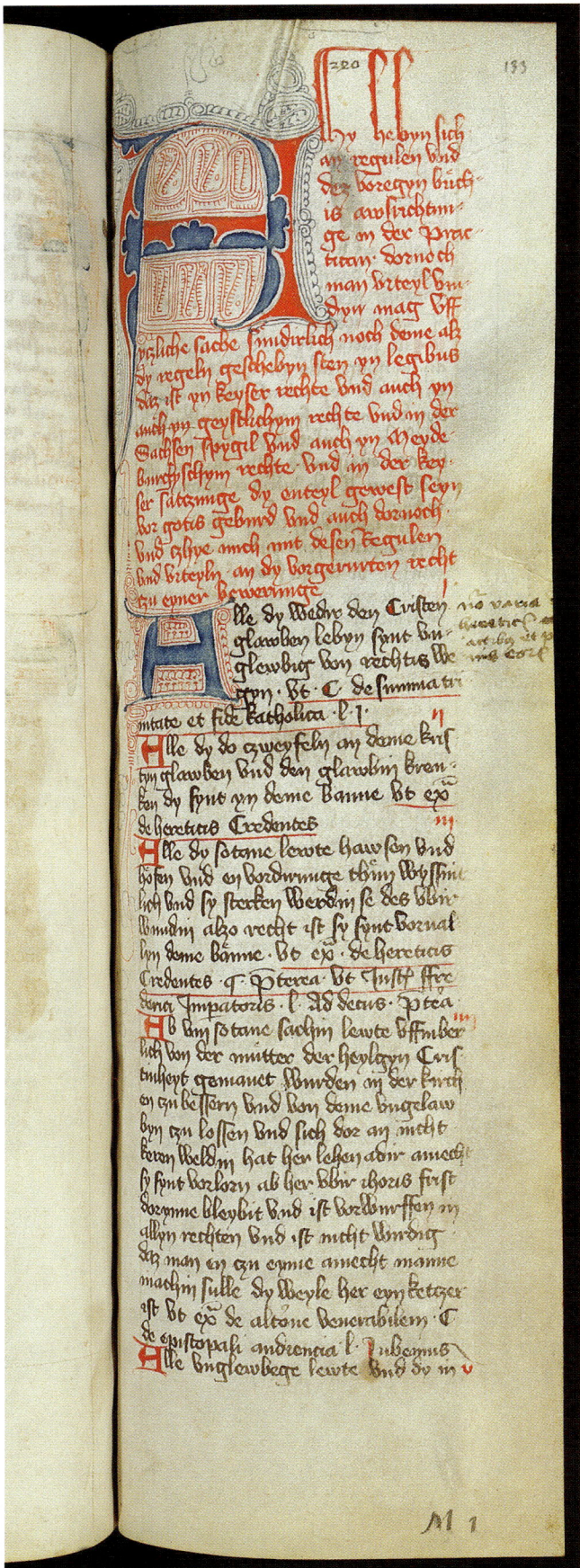

Kat. 159, 133ʳ

BRANDIS, *Präsenz*, S. 318, Nr. 52 mit Abb. 14. – HOMEYER, *Rechtsbücher* Nr. 717. – OPPITZ, *Rechtsbücher 2*, Nr. 1295d. – BOEHLAU, *Novae Constitutiones*, S. III Nr. 9 (= W. 2). – HOMEYER, *Sachsenspiegel 2.1*, 1842, S. 24 Nr. 54, S. 73–79, S. 343–355 (Textspecimen mit den Zusätzen dieser Hs.). – KLOSS, *Buchmalerei*, S. 86–88, 229–231. – Dr. JÖRN GÜNTHER, *Antiquariat Hamburg. Mittelalterliche Handschriften und Miniaturen, Katalog und Retrospektive*, [ca. 1992], S. 201–205. – BECKER/BRANDIS, *Sammlung*, S. 270–271. – SCHIEWER, HANS-JOCHEN, Art. 'Wurm, Nikolaus', in: ²VL, 1999, Sp. 1446–1447, Nr. 2. 3. u. 5 (diese Hs. genannt).

BM

159 Nikolaus Wurm: Blume des Sachsenspiegels

Schlesien (Breslau?), 15. Jh., 1. Viertel (1416–1420)
Pergament und Papier alternierend, 340 Bll., 40,5 × 14 cm
Vorbesitzer: Vom lutherischen Prediger Gottlieb Ernst Schmid (1727–1814) aus Berlin im Jahre 1803 als Geschenk an die Königliche Bibliothek zu Berlin.
SBB-PK, Ms. germ. fol. 120

Aufgeschlagen Bl. 132ᵛ/133ʳ: Beginn des 4. Buches der 'Blume des Sachsenspiegels' mit rot-blau geteilter Fleuronnée-Initiale.

*1ʳ–*3ᵛ Historische Notizen zur Geschichte Schlesiens und Breslaus, 18. Jh. – 1ʳ–120ᵛ Nikolaus Wurm: Blume des Sachsenspiegels: (1ʳ–74ᵛ) Buch 1, mit lat. Prolog *Ad decus et decorum*, verkürzt; (75ʳ–111ᵛ) Buch 2: *Practica communis*; (111ᵛ–120ᵛ) Buch 3: *Practicae speciales*, bricht ab in der 3. Practica. – 121ʳ–129ᵛ Eingeschoben: Register zu Buch 1–2 der Blume des Sachsenspiegels. Am Schluß: *Anno domini millesimo quadrigentesimo vicesimo. Registrum supra notatum conscriptum est per manus alterius scriptoris.* – 130ʳ–132ʳ Eingeschoben: Willkür der Stadt Breslau. – 132ᵛ leer. – 133ʳ–307ᵛ Blume des Sachsenspiegels, Buch 4: Rechtsregeln. Der lat. Prolog *Ad decus et decorum* fehlt. Etwa 2400 alphabetisch nach ihrem zufälligen Anfangswort geordnete Rechtssätze. – 308ʳ–331ᵛ Mainzer Landfrieden Kaiser Friedrichs II. von 1235, dt., mit Zuschreibung an Albrecht I. und Glosse des Nikolaus Wurm. *Wir her Albrecht Romischer keysir...* Am Schluß: *Et sic est finis horum florum... Sub anno nativitatis domini millesimo quadricenthesimo decimo sexto in vigilia nativitatis Christi ffinitus est liber iste... per manus Jacobi Lüssin etc.* Ders. Text mit ders. Glosse in Berlin, SBB-PK, Hdschr. 392, f. 129ʳᵃ–145ʳᵃ (Katalog Nr. 158). Weitere Nachweise dort. – 331ᵛ–337ᵛ Register zu den Rechtsregeln, 15. Jh., Nachtrag. – Äußere und innere Doppelbll. der Lagen aus Pergament; Bastarda, bis auf 121ʳ–132ʳ, 331ᵛ–337ᵛ von einer Hand; Artikelzählung, Allegationen rubriziert; rote Lombarden; 1ʳ. 133ʳ rot-blau geteilte Fleuronnée-Initialen. Schwarzer Lederband über Holz, mit Rollenstempel (David, Paulus, Johannes, Salvator), datiert *15 71* und Buchbinderzeichen *H D* im David, 2 Schließen. In den Vorderdeckel eingeklebt gedrucktes Exlibris von Gottl. Ern. Schmid mit Schenkungsvermerk für die Kgl. Bibliothek zu Berlin, 1803.

Nikolaus Wurm, dessen Biographie und dessen Bedeutung für die Glossierung des sächsisch-magdeburgischen Rechts schon kurz gewürdigt wurden (vgl. Kat. 158), hat neben einer Vielzahl ihm nur von der Forschung zugeschriebener Werke mit Sicherheit zwei Rechtsbücher selbst im Auftrage Herzog Ruprechts von Schlesien-Liegnitz abgefaßt, 1399 das Liegnitzer Stadtrechtsbuch und, etwas früher, 1397 die 'Blume des Sachsenspiegels'. In der hier ausgestellten Handschrift der 'Blume des Sachsenspiegels' nennt der Autor sich und seinen Auftraggeber ausdrücklich im lateinischen Prolog zum dritten Buch (Blatt 112ʳ): *ad desiderium vel optatum serenissimi principis domini Ruperti ducis Slesie clarissimi domini Legniczensis per Nicolaum Vermis nuncupatum de nova Ryppyn Hawelbergensis dyocesis collectum, non pro modo sed pro forma practicandi sub dei nomine.*

Die 'Blume des Sachsenspiegels', der vermutlich die nur anonym überlieferte 'Blume von Magdeburg' vorausging, scheint in verschiedenen Schritten entstanden zu sein, wie der Textbestand einiger der insgesamt acht erhaltenen Handschriften zeigt (vgl. insbes. Berlin, SBB-PK, Ms. germ. fol. 535).

Über Titel, Sinn und Zweck seines Werkes gibt Wurm in prologartigen Einleitungen Auskunft: (Blatt 1ʳ) *Hy hebit sich an di Blume ubir der Sachsen Spygil den wir auch lantrecht heyssen und ubir weycbyldis daz wir auch meydeburgisch recht heyssen und stat recht.* Im Vorspann zum – hier ausgestellten – vierten Buch wird er deutlicher: (Blatt 133ʳ) *Hy hebyn sich an regulen … in der practicam, donoch man urteyl vindyn mag uff yczliche sache sundirlich nach deme alz dy regeln geschebyn sten yn legibus daz ist yn keyser rechte vnd auch yn … geystlichym rechte vnd in der Sachsen spygel vnd auch yn Meydeburgschym rechte …* Eine Gesamtdarstellung des sächsisch-magdeburgischen Rechtes für den praktischer Gebrauch, vermittelt mit römischem und kanonischem Recht, ist seine Absicht. Dies zeigt deutlich, wie stark Wurm in der von Johann von Buch initiierten wissenschaftlich-scholastischen Glossierung des einheimischen Rechts steht und wie berechtigt die Bemerkung eines Gelehrten des 18. Jahrhunderts war, Wurms Ziel sei die Schaffung einer „Jurisprudentia Romano-Germanica" (BÖHME) gewesen.

Von den vier Büchern des Werkes überliefert die vorliegende Handschrift drei vollständig, nämlich die beiden ersten, das Buch der Klagen (mit einer Geschichte des Rechts) und die *practicae communes.* Das dritte Buch, die *practicae speciales,* ebenso unsystematisch wie das zweite, ist nur zum Teil enthalten. Das vierte Buch mit den nach dem zufälligen Anfangswort sortierten circa 2400 Rechtsregeln ist in dieser Handschrift durch einige Einschübe von den ersten Teilen getrennt. Da dieser Teil gelegentlich auch separat überliefert wird, hat die Abgrenzung vielleicht entstehungsgeschichtliche Gründe.

Die auf 1416 und 1420 datierte Handschrift dürfte, wie die ostmitteldeutsche Schreibsprache und die auf Breslau weisenden Texte und Nachträge zeigen, in Schlesien, in oder im Umkreis von Breslau entstanden sein. Das eigenwillige, hohe und schmale Format, das an

Rechnungsbücher erinnert, deutet auf eine Kanzlei, eine städtische oder adlige, als Auftraggeber und Nutzer des Bandes, also auf Rechtspraktiker wie im Falle der Abecedarien. In die Königliche Bibliothek zu Berlin gelangte er, nachdem er sich 1733 offenbar noch in Schlesien befand (HOMEYER, Richtsteig, S. 355), im Jahre 1803 als Geschenk eines Büchersammlers, der in 60 Jahren, wie es heißt, über 12 000 Bände zusammengetragen hat. Der großzügige Geber dieses Stückes wie auch eines Teiles seiner Sammlung, „reich an den seltensten und kostbarsten Ausgaben der römischen Klassiker und an Kuriosis in allen Fächern und Sprachen", war nach Auskunft des eingeklebten, gedruckten Exlibris der am 16. August 1727 in Spandau geborene lutherische Prediger am Friedrichs-Waisenhause in Berlin, das ehemalige Mitglied der von dem Bibliothekar J. E. Biester geleiteten Geheimen Mittwochsgesellschaft, Gottlieb Ernst Schmid (gest. 1814), dem die Bibliothek auch das berühmte 'Söldnerleben im Dreißigjährigen Krieg' (Ms. germ. oct. 52; Ed. JAN PETERS, Berlin 1993) verdankt.

DEGERING 1, S. 13. – Berlin, SBB-PK, Ms. Cat. A 556: Ms. germ. fol. 120. – HOMEYER, Rechtsbücher Nr. 45. – OPPITZ, Rechtsbücher 2, Nr. 114. – HOMEYER GUSTAV, Die deutschen Rechtsbücher des Mittelalters und ihre Handschriften. Berlin 1856, S. 20, 22–23 (diese Hs.). – BOEHLAU, Novae Constitutiones, S. III Nr. 11 (= W. 3). – Zu Werk und Sache: HOMEYER, Richtsteig, S. 355–381 (Inhaltsparaphrase mit Textspecimen aus dieser Hs., vgl. S. 355). – BÖHLAU, HUGO (Hg.), Die Blume von Magdeburg. Weimar 1868., bes. S. 20–24. – OPPITZ, Rechtsbücher 1, S. 67. – LEUCHTE, HANS-JÖRG, Das Liegnitzer Stadtrechtsbuch des Nikolaus Wurm. Hintergrund, Überlieferung und Edition eines schlesischen Rechtsdenkmals (Quellen und Darstellungen zur schlesischen Geschichte 25). Sigmaringen 1990, S. XXVIII. – SCHIEWER, Hans-Jochen, Art. 'Wurm, Nikolaus', in: ²VL, 1999, Sp. 1446–1447, Nr. 7 (diese Hs. genannt). – Zum Vorbesitzer: Preußisch-brandenburgische Miszellen, Jg. 1804, Bd. 1, S. 227–228. – FISCHER, OTTO, Evangelisches Pfarrerbuch für die Mark Brandenburg. Berlin 1941, Bd. 2,2, S. 757 (als Johann Ernst S.).

BM

160 Jacobus de Theramo: Belial (deutsch)

Oberfranken, 15. Jh., 2. Viertel (1445)
Papier, 145 Bll., 30,5 × 21 cm
Vorbesitzer: Mit der Bibliothek Meusebach im Jahre 1850 für die Königlichen Bibliothek zu Berlin erworben.
SBB-PK, Ms. germ. fol. 657

Aufgeschlagen Bl. 33ᵛ/34ʳ: Salomon berät mit seinen Ratgebern nicht-öffentlich über das Endurteil; Salomon verkündet den Vertretern der Parteien das Endurteil; s. auch Abb. S. 24.

*1ᶦᵛ leer – 1ʳ–60ʳ Jacobus de Theramo, Belial, deutsch, Übersetzung A – 60ᵛ–61ᵛ leer – 62ʳ–135ʳ Jacobus de Theramo, Belial, lateinisch.

Am Schluß: *Finitus per Con*[radum] *1445*. – 135ᵛ–*144ᵛ leer. – Bastarda, von einer Hand; einspaltig; rubriziert; Fleuronnéeinitialen; 2 Deckfarbeninitialen mit Rankenwerk (1ʳ, 62ʳ); 30 kolorierte Federzeichnungen, stellenweise Maleranweisungen erhalten. – Dunkelbrauner Blindstempelband über Holz, 15. Jh., 2. Hälfte, ehem. 2 Schließen; Rücken erneuert, 19. Jh. In den Vorderdeckel eingeklebt gedrucktes Exlibris *Ex bibliotheca Karoli Hartwici Gregorii de Meusebach*. Im Vorderdeckel mit Bleistift Interimssignatur der Bibliothek Meusebach von dem Germanisten Julius Zacher (1816–1887), um 1848/49: *Z.8070*.

Das gemeinhin 'Belial' genannte Werk wird in manchen Handschriften und Drucken des lateinischen Originals als 'Litigatio Christi cum Belial sive Consolatio peccatorum' oder auch als 'Processus Luciferi contra Jesum' bezeichnet. Ein Rechtsstreit, ein Prozeß, zwischen Christus und dem Teufel ist also Gegenstand dieser Schrift. Der Vorfall, der diesem – fingierten – Verfahren zu Grunde liegt, geht, quellenkritisch gesprochen, auf einen Bericht über die Höllenfahrt Christi in einem apokryphen Evangelium zurück. Nach der Darstellung im 'Belial' steigt Christus nach seinem Kreuzestod zur Hölle hinab, begehrt dort Einlaß, was ihm aber verweigert wird. Die Höllenfürsten verriegeln sogar die Pforte, woraufhin Christus sich gewaltsam Eintritt verschafft. Er legt den Höllenfürsten Satan in Ketten, befreit die Patriarchen, Könige und Propheten, mit denen er nach seiner Erlösungstat die Hölle verläßt, um sie ins Paradies zu geleiten. Die ob der Ereignisse bestürzten Teufel beschließen, um ihren verlorenen Besitz wiederzugewinnen, im Vertrauen auf Gottes Gerechtigkeit ihr Recht vor seinem Gericht zu suchen und sich den Schaden ersetzen zu lassen, indem sie Christus verklagen. Dieser Vorfall bildet Klagegrund und Ausgangspunkt eines langen und komplexen legistisch-kanonistischen Zivilprozesses, der von beiden Seiten durch ihre jeweiligen Prozeßvertreter, Belial für die Höllengemeinde, Moses für Christus, nach allen Regeln juristischer Kunst vor dem von Gott eingesetzten 'iudex delegatus', Salomon, ausgefochten wird und schließlich in einem Schiedsverfahren endet, nach dem am Tage des Jüngsten Gerichts die Gerechten und die Ungerechten geschieden werden sollen. Beiden Parteien bleibt somit die Chance erhalten, die Menschen jeweils für ihr Anliegen zu gewinnen.

Dieses 1382 vollendete Werk des Jacobus de Theramo (ca. 1350–1417), aus Theramo in den Abruzzen, Kleriker, Kanonist, päpstlicher Familiar und Bischof verschiedener italienischer Diözesen, verknüpft juristische und heilsgeschichtliche Denkmuster zu einer untrennbaren Einheit, die die Schrift gleichzeitig als 'consolatio peccatorum' und als 'ordo iudicarius', also als Erbauungsbuch und als prozeßrechtliches Einführungswerk, erscheinen lassen. Von der deutschen Übersetzung des 'Belial' existieren zwei Fassungen, eine nur schmal überlieferte, sich eng an das lateinische Original anlehnende Version (Übersetzung B) sowie eine kürzere und freiere, recht populäre, den juristischen Gehalt der Vorlage betonende Fassung (Übersetzung A). Während das lateinische Original ohne Bildschmuck blieb, sind 23 von insgesamt circa 80 bekannten Handschriften der deutschen Versionen illustriert. Die Untersuchungen von NORBERT OTT haben gezeigt, daß im Gegensatz zum lateinischen Original, das eher auf ein gelehrtes, theologisch-kanonistisch gebildetes Publikum zielte, die beiden deutschen Fassungen offenbar überwiegend in Kreisen juristischer Laienpraktiker rezipiert wurden. Dieser volkssprachlichen Popularisierung des gelehrten Rechts dienen auch die Illustrationen, die vielfach die Schriftlichkeit des legistisch-kanonistischen Zivilprozesses betonen. Vor dem Hintergrund eines durch Schriftlosigkeit, Öffentlichkeit und Mündlichkeit sowie fehlende Professionalität und Bürokratisierung gekennzeichneten Prozeßablaufs nach dem einheimischen, dem sogenannten 'germanisch-deutschen' Recht sind durchgängige Schriftlichkeit und Professionalisierung sowie der weitgehende Verzicht auf Mündlichkeit und – damit einhergehend – Öffentlichkeit ein wesentliches Kennzeichen des Zivilprozesses nach römischem und kanonischem Recht. Dieses neue, moderne Paradigma galt es, den juristischen Laienpraktikern zu vermitteln, in Text und Bild.

Unter den vier illuminierten 'Belial'-Handschriften der Staatsbibliothek ist die vorliegende Handschrift die bedeutendste. Ihre 30, weit über dem Durchschnitt stehenden lavierten Federzeichnungen zeichnen sich durch das Unschematische der Bilderfindungen (WEGENER) sowie einen Variationsreichtum der Details (Kleidung, Mobiliar, Schreibgeräte, Bücher) aus, die die Bilder beleben. Die Handschrift ist 1445 vollendet worden, vermutlich in Oberfranken. Darauf deutet nicht nur die Schreibsprache hin, sondern auch eines der beiden Wappen, das sich in der Ranke auf der Eingangsseite der Handschrift befindet (Blatt 1ʳ). Dieses geteilte, silber, rot und blaue Wappen ist das Stammwappen des fränkischen Geschlechts von Schaumberg (vgl. Adelslexikon. Hauptbearb. WALTER V. HUECK. Bd. 12 [Genealogisches Handbuch des Adels 125], Limburg 2001, S. 344–346). Ein Angehöriger dieser Familie könnte der Auftraggeber und Erstbesitzer dieser Handschrift gewesen sein. Die Betonung der herrschaftlich-repäsentativen Dimension des Rechtsvollzugs sowie das hohe Anspruchsniveau in der künstlerischen Ausstattung dieser Handschrift hat man in der Forschung auf diesen adligen Auftraggeber zurückgeführt. In die Königliche Bibliothek zu Berlin gelangte der Band im Jahre 1850 zusammen mit der

34

Un dem xbj tag in dem apzilen komen bed teil moyses und Beleal
fur daz gericht und begerten vrteil zugeben

Beleal
Almit

mose

Alomon thet fur sich daz zeichen des heiligen creutzes und ruft
an den nomen gottes und saß auf den rechst stul und gab
entlich die urteil die also geschriden wozn Wir salomon kung zu theln,
ein geschafter richter von gotlicher gewalt vmb ein sach die da ist zwische

Bibliothek des Freiherrn Karl Hartwig Gregor von Meusebach (1781–1847), dessen herausragende Sammlung von knapp 40 000 Einzelbänden zur Geschichte der deutschen Literatur vom 15. bis zum Ende des 18. Jahrhunderts auch 113 Handschriften vorwiegend des späten Mittelalters und 67 Handschriftenfragmente enthielt. Unbekannt ist leider, woher Meusebach diesen, im erhaltenen handschriflichen Katalog unter der Interimssignatur *Z.8070* beschriebenen Codex erwarb (Berlin, SBB-PK, Ms. Cat. A 500).

Die Schriftlichkeit des Zivilprozesses sowie die herrschaftlich-repräsentative Dimension in der Darstellungsweise dieser Handschrift kommt in den beiden ausgestellten Federzeichnungen deutlich zum Ausdruck. Der Bezug der Illustrationen zum Text ist direkt; in den Zeilen unmittelbar vor oder nach den Zeichnungen wird das Thema der Bilder benannt. In dem einen (Blatt 33ᵛ) berät Salomon mit seinen Ratgebern im nicht-öffentlichen, schriftlich fundierten Prozeß über das Endurteil. In einem Innenraum stehen Salomon mit Szepter und Krone und seine drei rechtskundige Ratgeber um einen Tisch und diskutieren offensichtlich Rechtssätze aus den aufgeschlagenen autoritativen Rechtsbüchern. Diese Beratungsszene ist in der gesamten 'Belial'-Ikonographie singulär. Salomons Verkündigung des Endurteils (Blatt 34ʳ) findet ebenfalls in einem Innenraum statt. Salomon thront, das Kreuzzeichen schlagend, inmitten seiner auf gesonderten Bänken sitzenden Räte und Beisitzer. Zwei Vertreter dieses „juristischen Hofstaats" (NORBERT OTT) tragen die herrschaftlichen und richterlichen Insignien, Reichsapfel und Schwert, einer ein autoritatives Rechtsbuch. Im Vordergrund stehen die Prozeßvertreter der streitenden Parteien, die gestenreich um die Urteilsverkündigung bitten, Belial, mit Knopfaugen und hoher, in gekrümmter Spitze endender Mütze, sowie Moses.

DEGERING 1, S. 72. – WEGENER, S. 46–50. – *Schöne Handschriften,* S. 77–78. – Auss.Kat. Berlin 1975, S. 156, Nr. 112. – Auss.Kat. Berlin ²1987, S. 78, Nr. 38. – OTT, NORBERT H., *Rechtspraxis und Heilsgeschichte. Zu Überlieferung, Ikonographie und Gebrauchssituation des deutschen 'Belial' (Münchener Texte und Untersuchungen zur deutschen Literatur des Mittelalters 80). München 1983, S. 267–272, 292, 348–360. – Kat. deutschsprach. illustr. Hss. 2, S. 32–35, Nr. 13.4. – Zu Werk und Sache auch:* STINTZING, RODERICH, *Geschichte der populären Literatur des römisch-kanonischen Rechts in Deutschland am Ende des fünfzehnten und im Anfang des sechszehnten Jahrhunderts. Leipzig 1867, S. 259–279. –* HAGEMANN, HANS-RUDOLF, *Der Processus Belial, in: Festgabe zum siebzigsten Geburtstag von Max Gerwig. Hg. von der Juristischen Fakultät der Universität Basel (Basler Studien zur Rechtswissenschaft 55). Basel 1960, S. 55–83. –* OTT, NORBERT H., *Art. 'Jacobus de Theramo', in: ²VL 4, 1983, Sp. 441–447.*

BM

161 Jacobus de Theramo: Belial (deutsch)

Schwaben, 15. Jh., 3. Viertel (um 1460/70)
Papier, 103 Bll., 31 × 21,5 cm
Vorbesitzer: Mit der Sammlung Günther im Jahre 1993 für die Staatsbibliothek zu Berlin – Preußischer Kulturbesitz erworben.
SBB-PK, Hdschr. 385

Aufgeschlagen Bl. 88ᵛ/89ʳ: Rede des Aristoteles vor den drei anderen Schiedsleuten im Schiedsverfahren; Belial übergibt am Höllenrachen das Endurteil der Höllengemeinde, s. auch Abb. S. 18.

1ʳᵃ–96ʳᵇ Jacobus de Theramo, Belial, deutsch, Übersetzung A. – Bastarda, von einer Hand; 26 kolorierte Federzeichnungen; stellenweise lateinische Maleranweisungen. – Dunkelbrauner Blindstempelband über Holz, 15. Jh., 2. Hälfte, stark berieben, ehem. 2 Schließen. In den Vorderdeckel eingeklebt gedrucktes Exlibris von *Dr. Jörn Günther Ms 4;* Wappen-Exlibris (Kupferstich) des Freiherrn von Landsee, 17. Jh.

Diese Handschrift enthält 26 kolorierte, von einem schwarzen Rahmen eingefaßte Federzeichnungen zu dem an anderer Stelle vorgestellten 'Belial', dem Prozeß zwischen Höllengemeinde und Christus (vgl. Kat. 160). Die hier ausgestellten Seiten zeigen zwei Szenen aus dem Schiedsverfahren, mit dem der Prozeß endet, nachdem Belial auch in der zweiten Instanz mit seinen Argumenten rechtlich nicht durchdringen konnte. Als Schiedsrichter werden von Belials Seite Octavian und Jeremia, von Moses Aristoteles und Jesaja bestellt, die unter Befreiung von den ordentlichen Verfahrensvorschriften innerhalb von sieben Tagen, ausgehend von Salomons Urteil, zu einer Entscheidung kommen, die sie in weitreichenden theologischen Erörterungen schrittweise entwickeln. In der ersten Szene (Blatt 88ᵛ) trägt Aristoteles den teilweise in modisch engen Beinkleidern und spitzen Schuhen gekleideten, stehenden oder sitzenden Schiedsmännern seine Überlegungen vor. Das schriftliche Endurteil der Schiedsmänner (Blatt 89ʳ) übergibt Belial, mit langer, gekrümmter Nase, gebogenen Hörnern, krallenförmigen Füßen und menschlichen Händen, im gegürteten Rock der von ihm vertretenen Höllengemeinde am Höllenrachen. Die Illustrationen stehen jeweils am Beginn der Textabschnitte, auf die sie sich beziehen. Die ursprünglich dort vorgesehenen Initialen sind nicht ausgeführt. Die Figuren sind routiniert und geschickt gezeichnet, während der Bildaufbau recht schematisch ist und kaum räumliche Wirkung entfaltet.

Diese erst vor einem knappen Jahrzehnt erworbene vierte illustrierte 'Belial'-Handschrift der Staatsbiliothek zu Berlin ist auf Grund des Wasserzeichenbefundes um 1460/70 entstanden, und zwar in Schwaben, wohl im Umkreis von Memmingen, wie der Schriftdialekt vermuten läßt. Im 17. Jahrhundert gehörte sie einem Frei-

Kat. 161, 88ᵛ

herrn von Landsee, einem Angehörigen einer reichsadligen Familie, die im 17. Jahrhundert in Konstanz nachweisbar ist (vgl. Adelslexikon. Hauptbearb. WALTER v. HUECK. Bd. 7 [Genealogisches Handbuch des Adels 97], Limburg 1989, S. 152). Über Christie's, wo sie 1986 versteigert wurde, Heribert Tenschert, Rotthalmünster, und die Sammlung Günther (1987) gelangte sie 1993 in die Staatsbibliothek zu Berlin.

Auktionskat. Christie's, London, 25 June 1986, S. 98–99, Nr. 204 (mit Abb.). – Kat. deutschsprach. illustr. Hss. 2, S. 55–58, Nr. 13.15. – Dr. JÖRN GÜNTHER, Antiquariat Hamburg. Mittelalterliche Handschriften und Miniaturen, Katalog und Retrospektive [ca. 1992], S. 67–70. – BECKER/BRANDIS, Sammlung, S. 260–261. – BRANDIS, Präsenz, S. 312, Nr. 16 mit Taf. XXVI.

BM

jrer fürgab ob die vrteyl die herr salomon geben hat
rechtlich sol krafft haben oder nicht Geben in dem para
deiß an dem xxij·tag des aprillen·

Belial nam den prieff vnnd kam für den Jo
seph vnd knyet nyder für in vnnd gabe jm
den prieff/vnd auch die offnen zeücknuß sei
ner dingung·vnd auch den bottenprief den
er von dem Salomon hett·vnd bat den Joseph das er
tät das jm empfolhe wär·Joseph sprach wes begerstu
das jch darinn thun söll·Belial sprach·herr verbiettet
dem salomon das er seiner vrteyl nicht nachküm·biß
das verhörung geschicht vmb die dingung·vnd dar
umb außfindig würd·Joseph sprach geren/vnd scha
ffet seine schreyber das er de salomon schrib eine prieff
also·Dem durchleüchtige herre herr salomõ künig zu
jherusale der ettwen was ein geschaffter richter Em
beüt joseph verweser des künigreichs in egipte landt
ein geschaffter richter der dingung die belial getan hat
vor eüch in got das ewig heyl·Eür herrschafft sol wis
sen das jch empfangen hab gottes prieffe der also steet·
Künig aller künig·herr aller herren·vnd seid mir die

Kat. 162, 52ʳ

162   Jacobus de Theramo:
       Belial (deutsch)

Augsburg: Anton Sorg, 1. Juni 1481, 2°
Papier, 86 Bll., 29 × 20 cm
Vorbesitzer: München, Bayerische Staatsbibliothek (Duplum), hand-
schriftlicher Eintrag *Collegij Soctis JESV Monachij.*
SBB-PK, Inc. 122

Aufgeschlagen Bl. 52ʳ: Belial wendet sich mit dem Urteilsbrief an
Joseph von Ägypten.

Bl. 1 leer (?), Bl. 2–85 Belial, Bl. 86 leer (Bl. 1, 5, 10, 79 und 86 fehlen);
zeitgenössischer Halblederband mit Spuren einer Schließe; die Stempel (zwei rechteckig umrandete Rosetten und ein Bogenfries) deuten
auf eine Augsburger Provenienz des Einbandes; 31 kolorierte Holzschnitte mit Wiederholungen; gedruckte Initialen.

Bei dem vorliegenden, nur in vier Exemplaren überlieferten Augsburger Druck handelt es sich bereits um die
zehnte Ausgabe des im späten Mittelalter überaus verbreiteten Textes. Wie die Mehrzahl der rund 80 Hand-

schriften und die 17 weiteren deutschen Inkunabeldrucke des Belial enthält auch diese Ausgabe die sogenannte zweite Fassung der deutschen Übersetzung; sie umfaßt eine Übersetzervorrede, kürzt die theologischen Dispute der lateinischen Vorlage jedoch zum Teil erheblich, wodurch die juristischen Aspekte des Textes stärker betont werden. Der didaktische Charakter der zweiten Fassung wird bereits in der Vorrede hervorgehoben, in welcher vor der Einfältigkeit gewarnt wird, das dargebotene Geschehen buchstäblich zu verstehen – das Buch sei im Gegenteil dafür geschrieben, *das man daran lerne, wie man ein geistlich recht* [einen geistlichen Prozeß] *soll anfangen, solvieren und beenden.*

Für die 38 Holzschnitte der vollständigen Ausgabe verwendete Anton Sorg die Druckstöcke aus früheren Belial-Ausgaben seiner Augsburger Kollegen Günter Zainer (1472; Copinger 5805) und Johann Bämler (1473; Copinger 5807). Die Schnitte der Zainerschen Ausgabe gehen ihrerseits auf die Handschrift München, Bayerische Staatsbibliothek, Cgm 345, aus der Mitte des 15. Jahrhunderts zurück.

Die aufgeschlagene Seite zeigt den Beginn des Revisionsverfahrens: Belial wendet sich mit dem Urteilsbrief des Richters Salomon, den er aufgrund seiner Verwandtschaft mit dem Beklagten ablehnt, zunächst an Gott und wird von diesem an Joseph von Ägypten verwiesen, der den Rechtsstreit als *geschaffter richter* der zweiten Instanz weiterführen soll. Der links gegenüberliegende Holzschnitt stammt aus der Ausgabe Bämlers, der abgebildete aus dem Zainerschen Druck. Obwohl sich die Schnitte stilistisch recht nahestehen, weisen sie doch einen eklatanten Unterschied auf, der das Sprunghafte der Illustration durch den gesamten Druck hindurch deutlich macht: Während der Belial des Bämlerschen Druckes bekleidet ist, tritt er im Druck Zainers nackt auf. Die Nacktheit erlaubte es dem Künstler, hier mit dem zweiten, auf dem Gesäß platzierten Gesicht, ein charakteristisches Detail einzufügen. Weitere Unterschiede zeigen sich bei der Gestaltung der Füße Belials sowie bei den Hörnern, die sich nur in den Bämlerschen Holzschnitten finden. An den Holzschnitten beider Serien wird deutlich, wie im Belial mit der Schriftlichkeit des Rechtsverfahrens ein wichtiges Unterscheidungselement zwischen dem germanisch-deutschen und dem römisch-kanonischen Recht, dem der Prozeß folgt, aufgezeigt wird.

Der hohe Anteil der Augsburger Drucke an der Produktion der deutschen Belial-Drucke des 15. Jahrhunderts – nicht weniger als 11 der 18 Ausgaben stammen von hier – zeigt eindrucksvoll, welch bedeutendes Zentrum Augsburg für den Druck gerade deutscher Texte bildete.

Copinger 5811. – VB 122. – Schramm 2; 236, 239, 241, 244 f., 248 f., 251 f., 257–259, 263 f. III 6–8, 10 f., 13–15, 17, 19. – Ott, Norbert H.: Art. 'Jacobus de Theramo', in: ²VL 4, 1983, Sp. 441–447. – Ott, Norbert H.: Rechtspraxis und Heilsgeschichte. Zu Überlieferung, Ikonographie und Gebrauchssituation des deutschen „Belial" (Münchener Texte und Untersuchungen zur deutschen Literatur des Mittelalters 80). München 1983 (Lit.). – Ott, Norbert H.: Handschriftenüberlieferung und Inkunabelholzschnitt. Zwei Hypothesen zu den Vorlagen illustrierter „Belial"-Drucke, in: Beiträge zur Geschichte der deutschen Sprache und Literatur 105, 1983, S. 335–379.

KG

163 Libri feudorum (deutsch)

Augsburg: Lukas Zeissenmair, 1494, 2°
Papier, 36 Bll., 26 × 18 cm
Vorbesitzer: 1847 als Teil der Bibliothek des Grafen Etienne Méjan erworben.
SBB-PK, Inc. 326

Aufgeschlagen Bl. 1ᵛ: Belehnungsszene.

Bl. 1ʳ Titel, Bl. 1ᵛ Holzschnitt, Bl. 2–35 Libri feudorum (deutsch), Bl. 36 leer, mit aufgeklebtem Umschlagfragment; daran: Sigismund, Römischer Kaiser: Reformation; Augsburg: Lukas Zeissenmaier, 1. November 1497 (Hain 14730); Jacobus Cessolis: De ludo scachorum (deutsch), Augsburg: [Johann Schönsperger] 29. März 1483 (GW 6529), ein kolorierter Holzschnitt. Zeitgenössischer Rindledereinband über Holz, Blinddurck mit Streicheisen und Einzelstempeln, zeitgenössisches Titelschild *keyserlich Lechenrechtbuch*.

Die 'Libri feudorum' sind eine anonyme Kompilation lehnsrechtlicher Bestimmungen des lombardischen Rechts aus dem 11. und 12. Jahrhundert, die bis ins 19. Jahrhundert eine wichtige Quelle des Lehnsrechts war. Die Texte wurden im 12. und in der 1. Hälfte des 13. Jahrhunderts in die überlieferte Form gebracht und als *decima collatio* den neun *collationes* der Novellen des 'Corpus iuris civilis' angefügt. Als Teil des 'Corpus iuris civilis', in dem die Gesetzeswerke des byzantinischen Kaisers Justinianus I. (527–565) zusammengefaßt wurden, war der Text in ganz Europa verbreitet und ist vielfach glossiert worden. Ungeklärt ist nach wie vor die Frage nach dem Redaktor der Sammlung; die Handschriften nennen zumeist zwei Mailänder Lehnsjuristen, entweder den Konsul Gerardus Niger (Cagapisti) oder Obertus de Horto, der auch als kaiserlicher *iudex* erwähnt wird. Der Titel des vorliegenden Druckes spricht davon, daß das *keyserliche lehenrecht… durch Obertum zusamen gesetzt* sei.

Die deutsche Übersetzung, die der Drucker und Gerichtsbeamte am Augsburger Hof, Jodocus Pflanzmann,

am Silvestertag des Jahres 1482 begann, ist keine wörtliche Übertragung, sondern eine freie, verkürzende Wiedergabe des lateinischen Originals; sie bildet einen wichtigen Schritt im langdauernden Prozeß der Übernahme römischen Rechts im nordalpinen Raum. Um das Auffinden der entsprechenden Stellen im rechtsverbindlichen lateinischen Originaltext zu erleichtern, gab Pflanzmann die Überschriften zusätzlich zur deutschen Übersetzung auch in Latein wieder.

Während die Druckgeschichte des 'Corpus iuris civilis', das insgesamt 197mal zum Teil als Gesamtausgabe, zum Teil in Auszügen gedruckt wurde, bereits 1468 in Mainz begann (SBB-PK, 2° Inc 1520), wurden die in knapp 200 Handschriften überlieferten 'Libri feudorum' insgesamt nur vier Mal gedruckt. Nach zwei lateinischen Ausgaben des Straßburger Druckers Heinrich Eggstein (SBB-PK, 2° Inc 2138 und 2° Inc 2159) erschien 1493 zunächst die erste Ausgabe der Pflanzmannschen Übersetzung bei Eberhard Radolt in Augsburg (VB 302), der 1494, wiederum in Augsburg, die vorliegende Ausgabe von Lukas Zeissenmair folgte.

Der Holzschnitt der abgebildeten Illustration, die eine Belehnungsszene zeigt, wurde bereits von Radolt für die deutsche Erstausgabe verwendet. Der Kaiser, der auf einer erhöhten Bühne thront, ist von drei geistlichen und drei weltlichen Kurfürsten umgeben; vor ihm kniet der Lehnsempfänger, der aufgrund seiner Fahne als Graf von

Württemberg-Mömpelgard (Montbéliard) identifiziert werden kann.

Die beiden deutschen Ausgaben der 'Libri feudorum' gehören zu den überaus seltenen Inkunabeldrucken, für die ein zeitgenössischer, gedruckter Buchumschlag hergestellt wurde. Fragmente dieses ornamentalen gotischen Umschlags haben sich im Berliner Exemplar erhalten und sind heute auf der Rückseite des letzten Blattes aufgeklebt (s. Abb. 163, Umschlag).

Der Bezug zur staatlichen Ordnung ist die thematische Klammer, die die 'Libri feudorum' mit den beiden angebundenen Drucken verbindet. Während die anonyme 'Reformatio Sigismundi' die Neuordnung des geistlichen und weltlichen Standes fordert und die Aufhebung der bäuerlichen Leibeigenschaft verlangt, bietet das 'Schachzabelbuch' des Jacobus de Cessolis eine Allegorie auf die ständisch geordnete mittelalterliche Gesellschaft.

COPINGER 4449. – VB 326. – GW 7777. – CROUS, Bücherzeichen Nr. 22. – BAER, LEO (Hg.): Holzschnitte auf Buchumschlägen aus dem XV. und der ersten Hälfte des XVI. Jahrhunderts. Mit 18 Abbildungen (Einblattdrucke des fünfzehnten Jahrhunderts 90). Straßburg 1936. – DILCHER, GERHARD: Art. 'Libri feudorum', in: Handwörterbuch zur deutschen Rechtsgeschichte 2, 1978, Sp. 1995–2001. – ALTMANN, URSULA (Hg.): Kaiserliches Lehnrecht. Die Libri feudorum in der Fassung des Jodokus Pflanzmann (Augsburg: Lukas Zeissenmair 1494) (Bibliothek seltener Drucke 4). Leipzig 1989.

KG

FACHPROSA

Fachliteratur – Fachprosa

Unter Fachliteratur sind Texte zu verstehen, deren wesentliche Funktion darin besteht, Wissen zu vermitteln. Als Synonyme begegnen die Begriffe Sach-, Wissens-, Gebrauchsliteratur u. a.; sie bezeichnen im Allgemeinen dasselbe, heben im Detail aber besondere Aspekte hervor bzw. entsprechen verschiedenen Entwicklungsstufen dieser Literaturform. Ein fachliterarischer Text ist an einen konkreten Gegenstand und um seiner Autorität beim Leser willen vor allem an Klarheit in der Darstellung, Wahrheitstreue und Objektivität gebunden. Insofern unterscheidet er sich grundsätzlich von den gemeinhin zur Schönen Literatur zu rechnenden literarischen Werken, die für sich das Prinzip der künstlerischen Freiheit in Anspruch nehmen dürfen. Sein Medium ist deshalb eine unkünstlerische, dennoch aber disziplinierte Sprache, der in der Bewertung eines Textes im Gegensatz beispielsweise zu einem wohllautenden Vers, der den Leser für sich einzunehmen sucht, kein eigener Platz gebührt. Sie ist vielmehr – rein funktional, indem sie präzise beschreibt – dem zu erörternden Gegenstand untergeordnet. Sprachlicher Rang zeigt sich hier in der Meisterung komplizierter Sachverhalte und vor allem in der Fähigkeit des Autors, dem Leser einen Erkenntnisgewinn zu verschaffen. Dies ist allerdings mit dem in der allgemein geläufigen Sprache vorhandenen Vokabular unter Umständen nicht immer leicht zu bewerkstelligen. Der Ausweg, um die Ausdrucksmöglichkeiten zum Nutzen präziser Darstellungsweise zu erweitern, ist – ein besonderes Kennzeichen von Fachliteratur überhaupt – die Entwicklung einer den spezifischen Interessen des jeweiligen Fachgebietes dienenden Terminologie: Mit Hilfe von Wortneubildungen, Komposita, der Übernahme von Fremdwörtern aus anderen Sprachen oder von Sinnverschiebungen, d. h. Neuinterpretationen von überholten termini, werden besondere Fachsprachen hervorgebracht, die mitunter, da sich ihre Texte in erster Linie nicht an das Allgemeinpublikum richten, nur den auch mit den Dingen vertrauten Spezialisten verständlich sind. Es entsteht ein von Fach zu Fach unterscheidbares Fach- bzw. Lesepublikum. Die mittelalterlichen Verhältnisse weichen darin nicht von den modernen im Sach- und Fachbuchbereich ab, von der zugegebenermaßen größeren Differenzierung in unserem Buchzeitalter einmal abgesehen. In anderen Fällen sind Kunstsprachen, sogenannte Arkansprachen erfunden und benutzt worden, die einzig die Geheimhaltung eines wirklichen oder auch oft nur vermeintlichen Wissens zum Ziel hatten. Ihr Kennzeichen sind nicht terminologische Neubildun-

gen, sondern komplizierte und dem Außenstehenden meist undurchschaubare Metaphern, die aber andererseits, wie am Beispiel der Kat. 185 zu sehen ist, bei aller Rätselhaftigkeit poetische Züge aufweisen können. Gleichwohl, sind auch die neugefundenen Fachbegriffe in ihrer Intention auf den eng umgrenzten Bereich eines Wissensgebietes beschränkt, so wirken sie doch häufig über diese Grenze hinaus und finden Eingang in den allgemeinen Sprachschatz, vermögen ihn zu erweitern und zu bereichern. Daß sich selbst die poetische Hochsprache der Dichtung der Sprachprägungen der Fachautoren bediente, hat der Heidelberger Mediävist GERHARD EIS repräsentativ an einem Beispiel des Nibelungenliedes (EIS, S. 67–69) bewiesen und damit nicht nur für den Einzelfall die Interpretation einer bisher strittigen Stelle korrigieren können, sondern zugleich auf den Umstand hinweisen können, welche allgemeine Bedeutung der Erforschung der deutschsprachigen Fachliteratur zukommt. Auf die Arbeiten von EIS und auf die durch ihn begründete Schule geht die Schöpfung des Begriffes 'Fachprosa' und die Einrichtung einer ihr gewidmeten Forschungsdisziplin ungefähr in der Mitte des soeben vergangenen Jahrhunderts zurück.

'Fachprosa' steht als prägnanter Ausdruck für die Überschneidung zweier Felder bzw. wissenschaftlicher Ambitionen in einer Teildisziplin der modernen Mediävistik, die sich der Erforschung der deutschsprachigen Überlieferung von (im besonderen Maße auch nichtwissenschaftlichen) Fachtexten als spätmittelalterlicher Literaturtyp verschrieben hat. Die Fachprosaforschung stellt die Weiche in eine von der bisherigen Forschung sowohl auf germanistischer Seite als auch auf Seiten der jeweiligen Wissenschaftsdisziplinen, denen die Texte ja thematisch zugehören, wenig beachteten Richtung. Das betrifft sowohl ihren (fach-) literarischen Rang als auch den inzwischen beachtlich angewachsenen Anteil, den diese Literaturgattung an der Gesamtliteratur gewonnen hatte. Während die eine bis dahin vornehmlich Poesie und Kunstprosa Aufmerksamkeit schenkte, konzentrierten die anderen sich auf die Untersuchung derjenigen wissenschaftlichen Fachliteratur des Mittelalters, die gemeinhin universitärer Herkunft war und deren Autoren allein der Ausdruckskraft des Lateins als tradionell wissenschaftlicher Umgangssprache vertrauten. Beispiele dieser Art fachliterarischer Forschung liefern die bereits im 19. Jahrhundert vorgelegten wissenschaftshistorischen Texteditionen u. a. von KARL SUDHOFF (Medizin), MAX JÄHNS (Krieg und Militärwissenschaft) oder ERNST ZINNER (Astronomie). In der zunehmenden Verbreitung volkssprachiger Fachliteratur ist nicht zuletzt auch ein Zeichen dafür zu sehen, daß ihre Themen auf diese

Weise Eingang in die Allgemeinbildung fanden. Es wurde eine Leserschaft angesprochen, wenn nicht sogar erst geschaffen, die sich auch sozial von der oben schon genannten unterschied, die für ihre Fach- bzw. Wissenschaftsliteratur ausschließlich auf Latein als Gelehrtensprache zurückgriff.

Die Auswahl der in der Ausstellung unter dem Titel 'Fachprosa' vorgestellten acht Themen orientiert sich an dem von Eis und Assion in ihren Überblicksdarstellungen benutzten mittelalterlichen Schema der drei Artes-Reihen über die freien, unfreien und verbotenen Künste. Die höheren und in sich selbst vielfach gegliederten Wissenschaften des Mittelalters, wie z. B. Philosophie und Theologie oder auch Recht, sind als verselbständigte Fachliteraturen zu verstehen und sollen hier nicht zu Wort kommen. Wie die Wissenschaften überhaupt hier nur am Rande stehen, denn nicht die Erforschung neuer Erkenntnisse soll im Mittelpunkt stehen, sondern eine Textgattung, deren Intention es vornehmlich ist, erworbenes Wissen mal in enzyklopädischer, mal in lehrhaft unterweisender Form für die praktische Anwendung nutzbar zu machen. Zu bemerken ist vielleicht noch, daß wir es in einigen Fällen mit typischen Beispielen von Gebrauchsliteratur zu tun haben, denen man in derselben Textfassung kein zweites Mal begegnen wird, da sie je nach der Erfahrung und des Kenntnisstandes ihres Lesers frei verwendet oder mit anderen Texten vermischt werden konnten.

Eis, Gerhard: *Mittelalterliche Fachliteratur. 2. Aufl. Stuttgart 1967.* – Assion, *Fachliteratur.* – Crossgrove, William: *Die deutsche Sachliteratur des Mittelalters (Germanistische Lehrbuchsammlung 63). Bern u. a. 1994.* – Friedrich, Udo: *Art. 'Fachprosa', in: Reallexikon der deutschen Literaturwissenschaft. Bd. 1, 1997, S. 559–562.*

KH

X.1 Medizinische Sammelhandschriften/Kräuterbücher

Medizinische Traktate und Rezepte in Sammelhandschriften

Das Interesse derjenigen, die heute spätmittelalterliche Handschriften erforschen und damit eine Art Archäologie des Buches betreiben, konzentriert sich auf deren Entstehungsgeschichte, die Lokalisierung der Schreib-stuben und Werkstätten, in denen auch die Illustrationen ausgeführt wurden. Hinweise auf Namen von Vorbesitzern, Angaben zu deren Berufen oder zumindest zur Gesellschaftsschicht, der sie angehörten, beziehen sie ebenso in ihre Untersuchung mit ein wie Indizien, die Aufschluß über mögliche Auftraggeber bieten. Erhaltene Rezeptionszeugnisse, wie Randnotizen und Einträge der Schreiberinnen oder Schreiber (s. Abb. SBB-PK, Ms. germ. fol. 1191, 144ʳ), finden ihre Aufmerksamkeit.

Seit der zweiten Hälfte des 14. Jahrhunderts wurden Übersetzungen lateinischer Schriften in die Landessprachen angefertigt. Der Verfasser des um 1400 datierten 'Ortenburger Losbuches' (Kat. 171) betont, er habe eine lateinische Vorlage ins Deutsche übertragen, damit auch Latein-Unkundige die Anleitung zum Wahrsagen verstehen könnten. Als im Laufe der nächsten Jahrzehnte die allgemeine Lese- und Schreibfähigkeit infolge der Gründung 'Deutscher Schulen' zunahm, erwarben Angehörige des Adels wie auch des wohlhabenden Bürgertums, studierte Ärzte oder Theologen Sammelhandschriften, in denen Traktate, Rezeptsammlungen, Kalender, Wetterregeln und Prognostiken vereint sind. Als wertvolle Hausbücher waren sie zwar zum Nachschlagen geeignet, gelangten aber wegen ihres hohen Anschaffungswertes nicht in allseitigen Gebrauch. Ihr Spektrum reicht von unspektakulären Gebrauchstexten, z. B. den ausgestellten Codices (Kat. 166, 168), bis zu kostbaren illustrierten Exemplaren (Kat. 164, 165, 167, 171, 173, 183), deren Bebilderung auch Analphabeten Information bot.

Illustrationen von Aderlaß- und Tierkreiszeichenmännern unterrichteten an der medizinischen Praxis Interessierte, an welchen Körperstellen Aderlässe vorgenommen werden sollten. Diese Ausstellung bietet die Zusammenschau von zwei besonders schön gestalteten Exemplaren (Kat. 164, 165). Mit dem gängigen therapeutischen Verfahren des Aderlasses sollten, ausgehend von der Viersäftelehre (Humoralpathologie), dem Körper verdorbene und damit schädliche Körpersäfte entzogen werden. Nach der antiken Theorie mußte ein Gleichgewicht der vier Körpersäfte Blut, Schleim, schwarze und gelbe Galle vorliegen, damit ein Mensch gesund blieb. Kam es hingegen zu einem Mißverhältnis, war Krankheit die unvermeidliche Folge. Bildliche Darstellungen zeigen sitzende Kranke, deren Hand, um den Blutfluß zu verstärken, einen Stab umfaßt; ihren Arm umschnürt eine Aderlaßbinde. Aus der nahe dem Ellenbogen geöffneten Vene spritzt das Blut in weitem Bogen in ein Gefäß, wo dessen Qualität nach Kriterien wie Farbe, Art der Blutgerinnung etc. beurteilt wurde (s. Abb. S. 343). Neben der Sichtung des beim Aderlaß entnommenen Blutes diagnostizierten Ärzte Krankheiten auch mit dem Verfahren

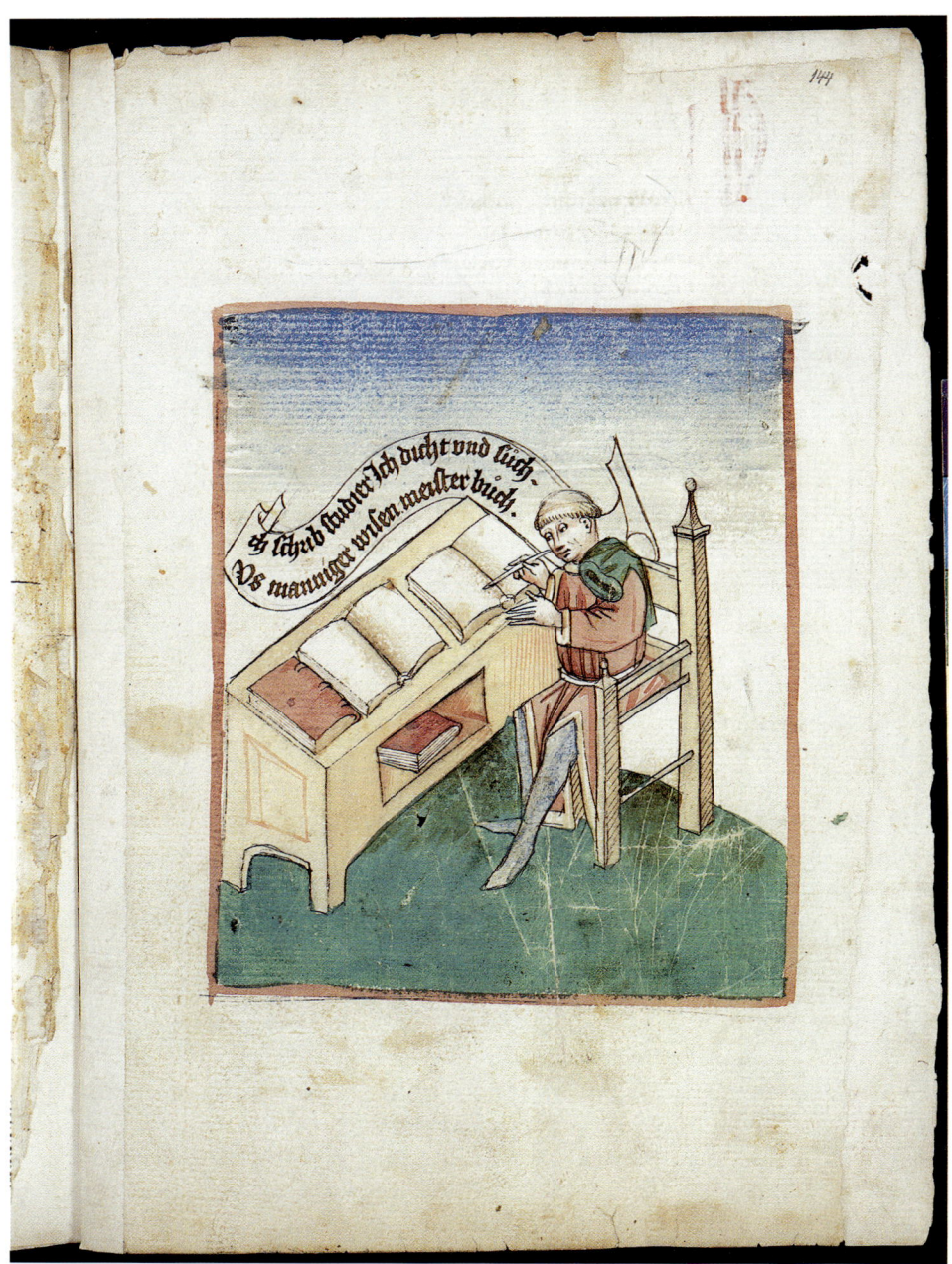

Kat. 165, 144ʳ

der Harnschau. Die zeitgenössischen Astromediziner (Iatromathematiker) gingen darüber hinaus von einem direkten, Gesundheit oder Krankheit bewirkenden Einfluß der Tierkreiszeichen und Planeten auf den menschlichen Körper aus, denn nach mittelalterlicher Lehrmeinung existierte ein Wechselverhältnis zwischen dem menschlichen Körper als Mikrokosmos und seiner Umwelt, dem ihn umgebenden Makrokosmos, wozu auch die Gestirne zählten. Innerhalb der medizinischen Praxis war die Kräuterkunde von großer Bedeutung, da die meisten mittelalterlichen Arzneimittel auf der Grundlage von Pflanzenauszügen hergestellt wurden. Ebenfalls

seit der Antike ordnete man Heilpflanzen dem System der vier Elemente zu, wonach jede Pflanze als heiß, kalt, trocken oder feucht klassifiziert werden konnte. Da die Konstitution von Männern generell für „heißer" als die von Frauen gehalten wurde, behandelte man sie deshalb mit „kälteren" Kräutern als diese. Daneben fanden auch Körperteile und Ausscheidungen von Tieren sowie Mineralien zur Herstellung von Heilmitteln Verwendung. Ärzte und Apotheker, Chirurgen, Chirurginnen und Hebammen gaben den Kranken Heiltränke, Mischungen von Pflanzenauszügen und Wein, Wasser oder Bier; sie stellten Salben und Pflaster, Pillen und Umschläge

Kat. 165, 89ʳ

her und setzten Kräuterbäder an, um nur einige mittelal-terliche Arzneiformen zu nennen.

Der Medienwechsel von der Hand- zur Druckschrift – Das Beispiel Kräuterbücher

Bei der Konzeption des 'Speyerer Kräuterbuches' (Kat. 166), das eine deutsche Übersetzung der heilpflanzlichen Kapitel aus der 'Physica' Hildegards von Bingen tradiert, verzichtete man auf Illustrationen und setzte voraus, das an der medizinischen Wirkung von Pflanzen Interes-

sierte deren äußeres Erscheinungsbild aus der prakti-schen Erfahrung kannten. Mitarbeiter der bereits wie eine Manufaktur organisierten Werkstatt Diebold Lau-bers in Hagenau/Elsaß produzierten von 1425 bis 1467 Handschriften, die bei einer zu verzeichnenden Zu-nahme der Leserkreise oft in mehreren Exemplaren vorrätig gehalten wurden. In einer ebenfalls arbeitsteilig organisierten süddeutschen Produktionsstätte dürften die fünf zwischen 1450 und 1470 hergestellten Codices entstanden sein, die Hartliebs 'Kräuterbuch' (Kat. 167) überliefern. Die darin enthaltenen Pflanzenbilder haben wegen ihrer Naturferne allerdings mehr illustrativen

344 · KAT. 164

denn informativen Charakter. Nahezu zeitgleich begann mit der Fertigstellung des Erstdrucks der Gutenberg-Bibel (1455/56) der Medienwechsel von der Handschrift zum Frühdruck. Um 1475 interessierte sich der Mainzer Domherr Bernhard von Breidenbach für die möglichst naturgetreue Wiedergabe von Pflanzenbildern in gedruckten Texten. Bevor er 1483 zu seiner Pilgerreise ins Heilige Land aufbrach, beauftragte er den Arzt Johann Wonnecke mit der Kompilation eines Kräuterbuches. Auf der Reise zu den Heiligen Stätten der Bibel begleitete ihn der Utrechter Maler Erhart Reeuwijk, der unterwegs Pflanzen, Tiere und die Bewohner fremder Länder „nach der Natur" zeichnen sollte. Ebenfalls 1483 wurde das erste in Italien gedruckte Kräuterbuch ein Verkaufserfolg. Vielleicht deshalb publizierte der durch die „feindliche Übernahme" der Gutenberg-Werkstatt zu zweifelhaftem Ruf gelangte Mainzer Drucker Peter Schöffer im Jahr darauf ein lateinisch-deutsches Herbarium, dessen Absatz ebenfalls prosperierte. Es kam zum Kontrakt zwischen Breidenbach und Schöffer, als dessen Ergebnis 1485 ein publizistisches Großprojekt, der 'Gart der Gesundheit' vorgelegt werden konnte. Darin werden 382 Heilpflanzen, 25 tierische Drogen sowie Edelmetalle und Mineralien beschrieben und durchgehend illustriert. Dessen wichtigste, vom Kompilator allerdings verschwiegene, etablierte Textvorlagen waren der deutsche 'Macer' und das 'Buch der Natur' Konrads von Megenberg, die auch zusammen in einer der ausgestellten Handschriften (Kat. 169) enthalten sind. Mit sechzig Auflagen bis ins 18. Jahrhundert hatte der 'Gart der Gesundheit' eine enorme Wirkung. Jeder – auch wenn illustrierte – Vertreter des obsolet werdenden Mediums Handschrift, wie Johann Hartliebs 'Kräuterbuch', verlor deshalb zwangsläufig binnen kurzem als unzeitgemäß an Bedeutung.

Zukunftsprognostiken in Handschriften und frühen Drucken

Magische Schriften und mantische Verfahren, mit denen Wahrsager einen Blick in die Zukunft tun wollten, aber auch Heilsegen zur Beeinflussung eines Krankheitsverlaufs und Prognostiken zur Ermittlung von Genesungsaussichten stießen auf die Kritik der Kirche, weshalb Codices, die Losbücher und andere Wahrsagetexte enthielten, nicht selten bei einer Bücherverbrennung endeten. Ein Blick in eine medizinische Sammelhandschrift (Kat. 170) zeigt, das unliebsame Schriften auch mittels Durchstreichungen oder durch das Herausreißen von Blättern zensiert wurden. Als Medium zur gesellschaft-

lichen Unterhaltung waren Losbücher hingegen von der Zensur ausgenommen und wurden auch nach Erfindung des Buchdrucks weiterhin publiziert, siehe Georg Wickrams (um 1505–1555/60) 'Kurzweil' genanntes Werk, das erstmals 1539 in Straßburg (die Bearbeitung von 1559 erhielt den Titel 'Das weltlich Losbuch') erschien. Seine Benutzer werden von vornherein in vier Gruppen – Männer, Frauen, Junggesellen und Jungfrauen – geschieden. Zur Unterhaltung trägt die Einführung von Vertretern einer „verkehrten Welt" anstelle von Weisen oder Richtern bei (wie in Kat. 171), zu deren Orakelsprüchen man nach dem Betätigen einer Drehscheibe gelangte. Hier verkündet beispielsweise ein der Welt den Spiegel vorhaltender Narr das Orakel, die Würste bratende Katze, der Laute spielende Ziegenbock oder das in einen Schraubstock gezwängte und dementsprechend leidende Herz, was in der Praxis manches Gelächter hervorgerufen haben dürfte.

BJK

164 Astrologisch-medizinische Handschrift ('Iatromathematisches Hausbuch') mit 'Volkskalender' (Fassung B)

Oberdeutsch, Raum Augsburg/Regensburg, um 1462
Pergament, 24 Bll., 28,5–29 × 22 cm
Die Vorbesitzer der 1834 von einem Berliner Antiquar für die Königliche Bibliothek erworbenen Hs. sind unbekannt.
SBB-PK, Ms. germ. fol. 557

Aufgeschlagen Bl. 16ʳ: Aderlaßmann.

1ᵛ–7ʳ 'Volkskalender', Diözese Augsburg, mit Monatsregeln und Neumondtafeln für die Jahre 1458 und 1477, Sonntagsbuchstaben, Namen der Heiligen für die einzelnen Monatstage (hier werden zusätzlich die sogenannten Claves terminorum – *Slussel der 70 tag* etc. – eingereiht, auf die am Rand durch farbige Schlüssel hingewiesen wird), Zählung der Tage bis zum Eintritt der Sonne in das nächste Tierkreiszeichen, Lunarbuchstaben und Länge des lichten Tages in Stunden und Minuten; ergänzt wird der Kalender durch Hinweise zu Aderlaß und Ernährung (mit den sog. 'Monatsbildern'), Wetterregeln sowie Tierkreiszeichen mit kurzer Erklärung, zweispaltig; 7ᵛᵃ–10ʳ Tafeln und Texte zur Kalenderberechnung; 10ᵛ–14ᵛᵃ Tierkreiszeichenmann mit Tierkreiszeichenlehre; 14ᵛᵃ–18ᵛᵃ Aderlaßlehre mit Aderlaßmann (16ʳ); 18ᵛᵃ–23ʳᵇ Planetenlehre; 23ʳᵇ–24ʳᵇ Berechnung des Mondalters (mit Tafel); 24ᵛ Tafel der Sonnen- und Mondfinsternisse der Jahre 1457–1462.

Aus der Jahresangabe 1458 bzw. 1477 in den beiden Neumondspalten des 'Volkskalenders' ist nicht auf ein

Kat. 164, 16ʳ

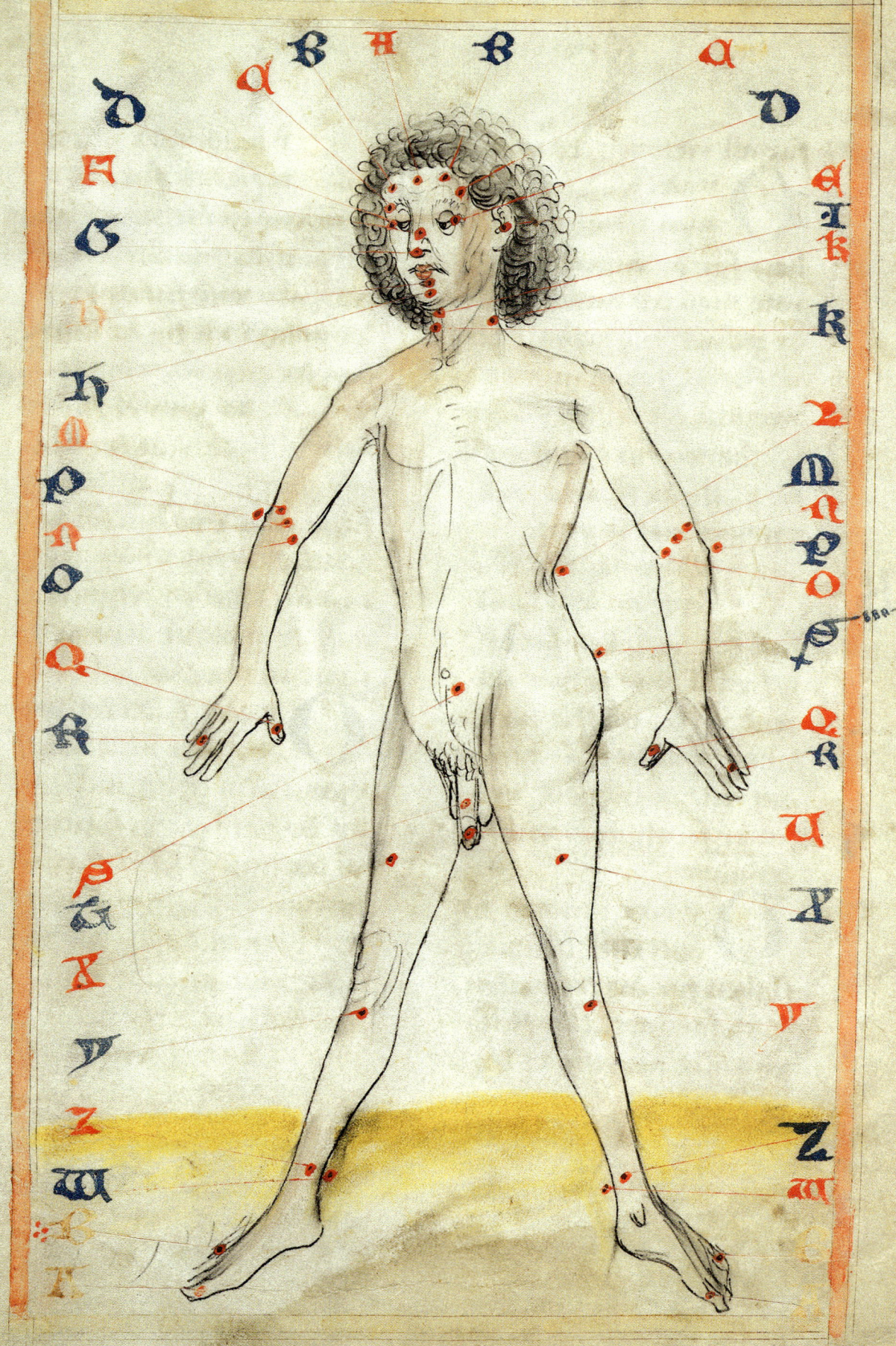

konkretes Entstehungsdatum der Handschrift zu schließen, obschon sie sicherlich in diesem Zeitraum, wahrscheinlich um 1462 fertiggestellt worden ist. In dieses Jahr datiert der Schreiber auf Bl. 24ᵛ den letzten Termin einer partiellen Sonnenfinsternis. Die Sprache und die Namen der in den Kalender aufgenommenen Heiligen verweisen nach Bayern. Wahrscheinlich ist die Handschrift in einer der beiden einander benachbarten Diözesen Augsburg oder Regensburg geschrieben worden, denn die darin aufgeführten Heiligenfeste kommen den Kalendern dieser beiden Bistümer am nächsten, ohne jedoch einem davon ganz zu entsprechen. Der einheitliche Schriftduktus erweist die Arbeit eines Schreibers; in zwei Spalten gegliedert und die Miniaturen geschickt integrierend, ist der Kalender in einer gut lesbaren mal schlaufenlosen und mal schlaufigen Bastarda in bairischer Mundart geschrieben worden. Die von einer geübten Hand ausgeführten, durchgehend kolorierten und lebensnah gestalteten Federzeichnungen lassen das Bestreben erkennen, den Figuren individuelle Züge zu verleihen.

Der Nürnberger 'Kodex Schürstab' (um 1465) aus dem Besitz Erasmus Schürstab d. J. ist eine fast zeitgleich entstandene Handschrift sehr ähnlichen, wenn auch etwas umfangreicheren Inhalts. Diese wurde unter dem Titel 'Altdeutscher astro-medizinischer Ratgeber' bzw. 'Iatromathematisches Hausbuch' als Faksimile veröffentlicht. Neben diesem besonders prächtigen Exemplar sind mehr als zwanzig vergleichbare, teilweise ältere Handschriften dieses Hausbuches bekannt. Die Bezeichnung 'Hausbuch' wurde gewählt, weil Schriften dieser Art vor allem als Handbücher für den privaten Gebrauch konzipiert waren.

Der zu Beginn der vorliegenden Handschrift enthaltene vielseitig angelegte 'Volkskalender' informierte seine Benutzer als Führer von Monat zu Monat über einen großen Bereich praktisch orientierter, vor allem medizinischer Themen. Erwähnt werden der Aderlaß und das Schröpfen, Ernährungs- und Baderegeln sowie Hinweise zum Landbau. Jede Seite des Kalenders illustrieren jeweils ein medaillonartig gefaßtes Tierkreiszeichenbild und eine Alltagsszene, die Handlungen zeigt, welche vollzogen werden sollten, wenn der Mond in einem der Tierkreiszeichen steht. So ist z. B. beim Sternbild des Stieres ein sitzender nackter Mann mit blutüberströmten Rücken zu sehen, von dem ein anderer soeben Schröpfköpfe entfernt (3ʳ). Unter dem Sternbild des Löwen sollte Heu geerntet (4ᵛ), im Zeichen des Steinbocks sollte zur Ader gelassen und geschlachtet werden. Über einem unbesorgt dreinblickenden Schwein schwingt ein Mann schon das Schlachterbeil (7ʳ).

Die in vielen Manuskripten tradierten deutschen 'Volkskalender' lassen sich nach BRÉVART in zwei Textfassungen, A und B, unterscheiden. Fassung A ist seit dem Beginn des 15. Jahrhunderts überliefert. Die seit 1430 tradierte Fassung B enthält Illustrationen, die nicht in Typ A enthalten sind, z. B. einen 'Aderlaßmann' und einen 'Tierkreiszeichenmann', womit der vorliegende Kalender BRÉVARTS Typ B entspräche (s. die Übersicht über alle bekannten Hss. der beiden Textfassungen ebd. S. 240–254; dieser ordnet Ms. germ. fol. 557 allerdings aus nicht nachvollziehbaren Gründen Fassung A zu, s. S. 241).

Ein aufwendig gestalteter 'Tierkreiszeichenmann' (*homo signorum*), der den Einfluß der Tierkreiszeichen auf die einzelnen Körperteile und Organe zeigt und damit vergleichbar mit der Darstellung in Heinrichs von Laufenberg 'Regimen' in der ausgestellten Handschrift (Kat. 165) ist, leitet anschließend einen illustrierten Tierkreiszeichentraktat ein. Ähnlich wie der Tierkreiszeichenmann war die aufgeschlagene Illustration des 'Aderlaßmannes' als Gedächtnisstütze für Bader, Barbiere und Chirurgen gedacht, die sich damit „auf einen Blick" informieren konnten, wo die einzelnen Aderlaßpunkte lagen. Wenn die medizinischen Praktiker zusätzlich unter den rund um den Aderlaßmann angegebenen Buchstaben im Aderlaßtraktat nachschlugen, konnten sie diesem entnehmen, welche Bedeutung dem einzelnen Laßpunkt beigemessen wurde. Zwei Beispiele: Bei Rückenschmerzen sollte die Vene am Ende des Rückgrats, bei Gelbsucht und Erkrankungen der Milz die Vene am Ringfinger der rechten Hand für einen Aderlaß geöffnet werden.

Seit dem Beginn des 15. Jahrhunderts werden in deutschsprachigen Handschriften 'Planetentraktate' in verschiedenen Fassungen überliefert, welche die Eigenschaften der sieben Planeten und ihre jeweilige Wirkung auf die Menschen beschreiben. In der hier enthaltenen Planetenlehre sind die Merkmale der unter dem Einfluß der einzelnen Planeten geborenen „Planetenkinder" zusammengefaßt. Demnach lieben die „Venuskinder" das Saitenspiel, schätzen es, gelobt zu werden, haben schöne, wenn auch bleiche Gesichter mit spitzer Nase und roten Lippen. Mit großem Aufwand betreiben sie die Pflege ihres Äußeren und bevorzugen auffallende Gewänder, zumal alle im Zeichen der Venus Geborenen einen Hang zur Unkeuschheit haben.

Der Erstdruck des illustrierten 'Volkskalenders' (Typ B) erschien 1481 unter dem Titel 'Teutscher Kalender' bei dem Augsburger Drucker Johann Blaubirer (HAIN Nr. 9732 f.) und zwei Jahre später in etwas veränderter Form. Als Inkunabel erfuhr der Kalender fünfzehn Nachdrucke bis 1499; weitere 18 Neuauflagen erschienen bis 1522. Danach scheint das Interesse an seinem Inhalt zurückgegangen zu sein, so daß er aus dem Buchhandel verschwand.

Degering I, S. 62. – Wegener, S. 71 f. – Kat. deutschspr. illustr. Hss. 1, Nr. 11.4.7., S. 382–383, Abb. 190. – Altteutscher astro-medicinischer Rathgeber. Das 'Iatromathematische Hausbuch' dargestellt am Nürnberger Kodex Schürstab. Kommentar zur Faksimile-Ausgabe des Manuskriptes C 54 der Zentralbibliothek Zürich. Hg. von Gundolf Keil, Luzern 1983. – Bini, Daniele u. a.: Astrologia. Art and Culture in the Renaissance. Modena 1996. – Brévart, Francis B.: Chronology and Cosmology. A German Volkskalender of the Fifteenth Century. In: Princeton University Library Chronicle 57 (1996), S. 225–265, hier S. 241. – Brévart, Francis B. / Gundolf Keil: Planetentraktate (und 'Planetenkinder'-Texte), in: ²VL 7, Sp. 715–723. – Crossgrove, William: Die deutsche Sachliteratur des Mittelalters. Bern, Berlin u. a. 1994, S. 126–128. – Keil, Gundolf: Art. Aderlaß, in: LexMA 1, Sp. 150 f. – Mazal, Otto: Die Sternenwelt des Mittelalters. Graz 1993. – Müller, Ute: Mondwahrsagetexte des Spätmittelalters. Phil. Diss. Berlin 1971, S. 148. – Müller-Jahncke, Wolf-Dieter: Astrologisch-magische Medizin und Praxis in der Heilkunde der frühen Neuzeit (= Sudhoffs Archiv, Beih. 25). Stuttgart 1985.

BJK

165 Heinrich von Laufenberg: Regimen

Elsaß (Straßburg?), um 1450/60
Papier, 144 Bll., 29,5 × 21,5 cm
Die spätmittelalterlichen Vorbesitzer der Hs. sind unbekannt; 1825 wurde sie von E.G. Schwetschke in Braunschweig durchgesehen; 1903 wurde sie vom Leipziger Antiquariat List und Francke für die Königliche Bibliothek erworben.
SBB-PK, Ms. germ. fol. 1191

Aufgeschlagen Bll. 23ᵛ–24ʳ: Tierkreiszeichenmann und sehr schöne verschiedenfarbige Initiale. In typischer Weise „regiert" der Widder den Kopf des Mannes, der auf den Fischen steht. S. auch Abb. S. 342, 343.

1ʳ–144ᵛ: Heinrich von Laufenberg: 'Regimen' (mindestens 17 Bll. fehlen, davon abgesehen befindet sich der wertvolle Codex in gutem Erhaltungszustand). Das 'Regimen' ist in dieser Hs., im Vergleich mit der von H. Menge hg. Leithandschrift (BSB München, Cgm 377, Breisgau: um 1470), in einer bearbeiteten Fassung mit veränderter, teilweise erweiterter Kapitelfolge enthalten. Die Handschrift wurde von zwei Händen geschrieben; Hand 1: 1ʳ–141ᵛ, Hand 2: 142ʳ–143ᵛ.

Die elsässische Handschrift des zwar 'Regimen' („Lenkung") genannten, dennoch deutschsprachigen astrologisch-medizinischen Lehrbuches wurde noch zu Lebzeiten des Verfassers Heinrich von Laufenberg (um 1390–1466) geschrieben, der zur Zeit ihrer Entstehung im Straßburger Johanniterkloster lebte. Zwischen 1413

und 1458 sammelte dieser auch anderweitig publizistisch tätige Kleriker geistliche Lieder, die in das umfangreichste und repräsentativste Corpus von Kirchenliedern des 15. Jahrhunderts eingingen. Sein 'Regimen' zeugt als praktisch orientierte Lehrschrift von den vielseitigen Interessen des Johanniters. H. Menge vermutet, die Fassung des 'Regimen' in der Berliner Handschrift könne eine noch von Laufenberg selbst in seinem Straßburger Alterssitz vorgenommene Bearbeitung der ältesten Textfassung von 1429 sein.

Das 'Regimen' umfaßt sieben Teile mit rund 6000 Versen. Das erste Blatt mit den einleitenden Versen, in denen der Verfasser ausführt, er habe sein Buch zum Lobe Gottes geschrieben, zur Unterweisung der Ungelehrten und um selbst nicht müßig zu sein, fehlt in dieser Handschrift. Deshalb beginnt der erste Teil (1ʳ–22ʳ) etwas unvermittelt mit kommentierten Monatsbildern (s. das Bild des Monats September in Husung, Tafel 2), denen auf der Rückseite jeweils die zum Monat gehörenden Tierkreiszeichenbilder beigeordnet sind. Jeder der 12 Abschnitte endet mit einem Kalender, der Hinweise auf die Kirchenfeste enthält. Darauf folgen einige Tabellen zum Auffinden der Neumonddaten, zur Bestimmung der goldenen Zahl etc. Den zweiten Teil (23ᵛ–39ᵛ) über den Einfluß der zwölf Tierkreiszeichen auf die einzelnen Teile des menschlichen Organismus illustriert zu Beginn ein besonders prächtig gestalteter Tierkreiszeichenmann, Sinnbild der im Mittelalter angenommenen engen Verbindung zwischen Astrologie und praktischer Medizin (= Iatromathematik). Nach damaliger Auffassung konnte eine medizinische Therapie ohne die Berücksichtigung des Einflusses der Sterne keinen Heilerfolg erzielen. Stand der Mond in einem der Tierkreiszeichen, sollte nach Auskunft des 'Regimen' der Bereich des menschlichen Körpers, auf den dieses Zeichen Einfluß nehmen konnte, nicht medizinisch behandelt und an dieser Stelle auch nicht zur Ader gelassen werden. In der Schrift lautet die Begründung: *Wann es villichte missegat / So der mon also stat* – Weil es vielleicht mißlingt, wenn der Mond in diesem Zeichen steht (24ᵛ). Ebenso wie die Aderlaßmännchen, auf denen die Stellen eingezeichnet waren, an denen Aderlässe vorgenommen werden konnten – ein Beispiel ist in der ausgestellten Berliner astrologisch-medizinischen Handschrift zu sehen (Kat. 164, 16ʳ) – verhalf ein Blick auf den Tierkreiszeichenmann den medizinischen Praktikern dazu sich zu vergegenwärtigen, welches Tierkreiszeichen gerade Einfluß auf welchen Teil des Körpers oder welches Organ nehmen konnte.

Der dritte Teil (40ʳ–56ᵛ) enthält Erklärungen zur Kraft der Planeten und ihrer Einwirkung auf die soge-

Hie volget an das ander teyl dis buches
vnd seit von den zwölff zeichen eygenschafft
Also sie hie gefiguriret stont besunder

In meiner gestalt man
an mir ersehen mag die nun zeichen hat
welcher gestalt man an die schonnen hat.

nannten „Planetenkinder". Damit waren die unter der Herrschaft eines Planeten geborenen Menschen gemeint, deren Charakterzüge und Aussehen nach einer fortwirkenden antiken astrologischen Vorstellung durch die Kraft des im Geburtsmonat wirkenden Planeten vorbestimmt wurden. Im Mittelalter waren fünf Planeten bekannt, deren Zahl um Sonne und Mond erweitert wurde. In der Handschrift werden demgemäß Saturn, Jupiter, Mars, Sonne, Venus, Merkur, Mond behandelt und jeweils von einem Planetenbild illustriert. Eine Tafel zum Stand der Planeten am Tag und in der Nacht verdeutlicht die Ausführungen; Erklärungen zu den Himmeln (Firmament, Kristallhimmel etc.) folgen.

Im vierten Teil (57^r–65^v) schließen sich Gesundheitsregeln für den Jahreslauf an. In der älteren Textfassung von 1429 wurden die vier Jahreszeiten in Beziehung zu den Lebensaltern von Frauen gesetzt (eine hübsche Jungfrau, eine junge Frau, eine Frau in mittleren Jahren, sowie die gebeugte alte Frau); in der vorliegenden Handschrift fehlen infolge eines Textverlustes die Beschreibungen der ersten drei Frauen. Anschließend werden die vier menschlichen Temperamente Sanguiniker, Melancholiker, Choleriker und Phlegmatiker behandelt. Der fünfte Teil (65^v–103^r) bietet, jeweils illustriert mit einem treffend auf den Inhalt bezogenen Bild, ganzheitlich orientierte Regeln für den Schutz der Gesundheit. Genannt werden: sportliche Übungen, die richtige Wahl von Speisen und Getränken, ausreichender Schlaf, Bäder – darin ist auch eine Warnung vor der Unkeuschheit enthalten, die aus vielerlei Gründen zu vermeiden sei, anschließend der Aderlaß und die „gute Luft", angenehme klimatische Bedingungen, wobei unter anderem vor dem im Herbst auftretenden Pesthauch gewarnt wird. Aderlässe wurden das ganze Mittelalter hindurch von Chirurgen, Badern und Barbieren vorgenommen, um dem Körper überschüssiges Blut und verdorbene oder schädliche Säfte zu entziehen. Dazu öffneten sie eine von der Laßbinde aufgestaute Vene mit dem Laßeisen (der Fliete) und fingen das heraustretende Blut in einem Laßbecken auf. Das Erscheinungsbild des Blutes konnte anschließend ergänzend in einer Blutschau (97^r), die auch bildlich dargestellt ist, analysiert, und eine mögliche Krankheit diagnostiziert werden. Der Vorgang des Aderlassens wird hier in einer Illustration gezeigt (89^r); ein beigefügter Aderlaßmann (93^r) erleichterte den Praktikern die Suche nach den richtigen Laßpunkten.

Im sechsten Teil (103^r–128^v) werden die Gemütszustände (Freude, Leid, Zorn etc.) und todbringende Faktoren behandelt. Hier berücksichtigt der Verfasser

auch die im Spätmittelalter häufig auftretenden Pestepidemien, vermittelt Ernährungsregeln zur Stärkung der körperlichen Abwehr und verweist auf Mittel, die in den Apotheken zur Abwehr der Seuche erworben werden konnten. Der siebte Teil (129^r–141^v) enthält, verbunden mit lebensnahen Illustrationen, Verhaltensregeln für die Zeit von Schwangerschaft, Geburt und Kindbett, welche einer bestehenden Konvention folgend mit noch ausführlicheren Hinweisen zur Pflege von Säuglingen und Kindern kombiniert sind. Das 'Regimen' in dieser Handschrift wird von einer gereimten Zusammenschau über die Wunder Gottes und das Werden und Vergehen im Jahreslauf beschlossen, die wegen eines Blattverlustes am Ende abbricht. Das letzte Blatt der Handschrift (144^r) füllt eines der seltenen Bilder, die einen Verfasser beim Abfassen seines Manuskriptes zeigen. Auf dem beigefügten Spruchband steht: *Jch schrib studier Jch dicht vnd súch – Vs maniger wissen meister bůch* (s. Abb. S. 342).

Zum besonderen Wert der Handschrift tragen die von zwei Zeichnern ausgeführten 71 kolorierten Federzeichnungen bei sowie die meist sehr schön ornamentierten, mehrfarbigen, teilweise mit Blattgold unterlegten Initialen. Über eine schön gestaltete Initiale schrieb ein Betrachter, vielleicht ein Kind, wohl noch im 15. Jh.: *Das ist ein schöner bústab* und malte eine Krakelei darunter (129^r). Alle Miniaturen sind mit gereimten Schriftbändern versehen. Insgesamt legt das Erscheinungsbild des Codex mit der sorgfältig ausgeführten Schrift und dem vielfältigen Buchschmuck nahe, daß es sich die Mitarbeiter des ausführenden Skriptoriums zur Aufgabe gemacht hatten, eine besonders prächtige Handschrift herzustellen. Besonders wertgeschätzt wurde sie unter Umständen als Hausbuch innerhalb einer wohlhabenden Familie weitervererbt oder zählte zu den naturwissenschaftlichen Prachthandschriften einer Klosterbibliothek.

Vollständig oder in Teilen wirkte Heinrich von Laufenbergs 'Regimen' auch als Druckschrift fort (HAIN Nr. 16017). So wurden die daraus entnommenen Anweisungen zur Behandlung von Schwangeren und Pflege von Kleinkindern bis gegen Ende des 17. Jahrhunderts separat in mindestens sieben deutschen und 13 niederländischen Drucken veröffentlicht und mehrfach in Jacob Rueffs 'Hebammenbuch' integriert.

DEGERING 1, S. 164. – RAUNER, E.: Art. *Heinrich von Laufenberg*, in: LexMA 4 (1989), Sp. 2026. – WEGENER, S. 72–76. – Ausst. Kat. Berlin 1975, Nr. 117, S. 159, 182. – GARCÍA BALLESTER, L.: Art. *Astrologische Medizin*, in: LexMA 1 (1980), Sp. 1145. – BECKER, UDO: Art. *Iatromathematik*, in: Herder-Lexikon Astrologie, Astronomie, Kosmologie. Freiburg, Basel, Wien 1981, S. 141–146. – BIEDERMANN, HANS: *Medicina Magica. Metaphysische Heilmethoden in spätantiken und mittelalterlichen Handschriften*. 3. Aufl. Graz 1986. – BINI, DANIELE u. a.: *Astrologia. Art and Culture in the Renaissance.*

Modena 1996. – BRÉVART, FRANCIS B./GUNDOLF KEIL: *Planeten-traktate (und 'Planetenkinder'-Texte),* in: ²VL 7, Sp. 715–723. – HUSUNG, MAX JOSEF: *Über die Entwicklung der Monatsbilder in Kalendern. In: Buch und Bucheinband, FS. zum 60. Geb. v. Hans Loubier. Leipzig 1923, S. 13–32, bes. 28f.* – KEIL, GUNDOLF: *Art. Aderlaß, in: LexMA 1, Sp. 150f.* – LINDBERG, DAVID C.: *Von Babylon bis Bestiarium. Die Anfänge des abendländischen Wissens. Stuttgart, Weimar 1994, bes. S. 291.* – KUNITZSCH, PAUL: *Art. Tierkreis in: LexMA 8, 1997, Sp. 770–772.* – LENHARDT, FRIEDRICH: *Zur Blutschau Heinrich Laufenbergs, in: Würzburger medizinhistorische Mitteilungen 4 (1986), S. 9–21.* – MAZAL, OTTO: *Die Sternenwelt des Mittelalters. Graz 1993.* – MENGE, HEINZ H.: *Das „Regimen" Heinrich von Laufenbergs. Textologische Untersuchung und Edition. Göppingen 1976.* – MÜLLER, UTE: *Deutsche Mondwahrsagetexte aus dem Spätmittelalter. Diss. Berlin 1971, S. 147f.* – MÜLLER-JAHNCKE, WOLF-DIETER: *Astrologisch-magische Medizin und Praxis in der Heilkunde der frühen Neuzeit (= Sudhoffs Archiv, Beih. 25). Stuttgart 1985.* – POULLE, E.: *Art. Planetenbewegung, in: LexMA 6, Sp. 2200–2204.* – SCHIPPERGES, HEINRICH: *Der Garten der Gesundheit. Medizin im Mittelalter. München 1990.* – WACHINGER, BURGHART: *Art. Heinrich von Laufenberg in: ²VL 5, Sp. 614–625.*

BJK

166 Das 'Speyerer Kräuterbuch' mit der dt. Übersetzung der Heilpflanzenkapitel aus der 'Physica' Hildegards von Bingen

Speyer, 1456
Papier, 87 Bll., 28,6 × 20,7 cm
1860 für die Königliche Bibliothek erworben.
SBB-PK, Ms. germ. fol. 817

Aufgeschlagen Bl. 1ʳ: reich fleuronnierte Initiale des Buchstaben „D"; Titel: 'Herbarius' in roter Tinte.

1ʳ–61ᵛ: 'Speyerer Kräuterbuch'; 61ᵛ: med. Rezept; 61ᵛ–66ʳ: Auszüge aus dem 'Bartholomäus'; 66ʳ: Pesttraktat; 66ᵛ: Aderlaßtraktat; 66ᵛ: 'Sinn der höchsten Meister von Paris' mit dem 'Pestbrief an die Frau von Plauen' (Fragment); 67–69: fehlen; 70ʳ: 'Salbeitraktat' (Fragment); 70ʳ⁻ᵛ: Gebrannte Wässer; 71ʳ–72ʳ: Medizinalöltraktat; 72ᵛ–73ᵛ: Weinbuch-Auszug aus dem 'Pelzbuch' Gottfrieds von Franken; 74ʳ–74ᵛ: Aderlaßtraktat (Fragment), Therapie von Komplikationen beim Aderlassen; 74ʳ–74ᵛ: Indikationen für das Aderlassen; 75ᵛ–76ᵛ: 'Vierundzwanzig-Paragraphen-Text'; 77ʳ–84ᵛ: Kurzrezeptar, 'Geiertraktat'; 85ʳ–87ᵛ: Chirurgisches Rezeptar, 87ᵛ: Explicit des Schreibers Wilhelm Gralap; 88ʳ: Technische Rezepte, Scherzrezepte; 88ʳ⁻ᵛ: 'Schwangerenblutschau'; fehlende Bll. führten zu Textverlusten.

Die von dem Speyerer Schreiber Wilhelm Gralap am Tag des Apostels Jakob (21.6. oder 24.7.) des Jahres 1456 vollendete, von einer älteren Vorlage in oberrheinischer Bastarda abgeschriebene Handschrift überliefert das nur in dieser einen Textfassung bekannte 'Speyerer Kräuterbuch'. In 204 alphabetisch nach den Anfangsbuchstaben der Pflanzennamen geordneten, unillustrierten Kapiteln informiert es über die Heilkraft der in der damaligen Medizin gebräuchlichen Arzneipflanzen. Das Herbar ist eine Kompilation verschiedener, aus dem Lateinischen übersetzter, kräuterkundlicher Vorlagentexte: Dazu zählen Odo von Meungs 'Macer' ('De viribus herbarum', um 1170), ein Lehrgedicht in ca. 2000 Hexametern und seine ostmitteldeutsche Übertragung, der 'Deutsche Macer' (um 1225), die in den Schulen des Spätmittelalters als Nachschlagewerke über die Wirkung der Arzneipflanzen benutzt wurden. Außerdem gehört die an der bedeutenden Medizinschule von Salerno entstandene, 250 Kapitel umfassende wichtigste Drogenkunde des Mittelalters, das 'Circa instans' (um 1150) dazu. Seine wichtigste Quelle ist indessen der lateinische Traktat 'De herbis' aus dem 'Liber simplicis medicinae' oder der 'Physica' Hildegards von Bingen (1098–1179), der mit 165 Kapiteln den umfangreichsten Teil des 'Speyerer Kräuterbuches' bildet und die Kräuterkapitel der Vorlage nahezu vollständig, wenn auch etwas gerafft wiedergibt. Wahrscheinlich führte ein Wundarzt die sprachlich und fachlich versierte Übertragung aus. Damit gehört die vorliegende Überlieferung zu insgesamt fünf in den letzten Jahren bekannt gewordenen deutschen Übersetzungen des Kräuterkapitels aus der 'Physica'. Die neuen Handschriftenfunde widerlegen ältere, in der wissenschaftlichen Forschung verbreitete Auffassungen und belegen, daß die medizinisch-naturwissenschaftlichen Kenntnisse Hildegards von Bingen im Mittelalter in landessprachlichen Handschriften verbreitet waren und weit über den Bereich ihres Wirkens als Äbtissin in den Klöstern Rupertsberg bei Bingen und Eibingen oberhalb von Rüdesheim hinaus rezipiert wurden. Nach den Funden der letzten Jahre ist deshalb zu erwarten, daß weitere Übersetzungen von Schriften Hildegards von Bingen in Codices des späten Mittelalters aufgefunden werden. Eine modernen Ansprüchen genügende kritische Edition der lateinischen Überlieferungen der 'Physica' Hildegards von Bingen gehört, trotz aller Beachtung, die eine der wenigen allgemein bekannten Verfasserinnen des Mittelalters schon seit längerem findet, weiterhin zu den Forschungsdesideraten.

Den Drogenmonographien des 'Kräuterbuches' ist eine teilweise gereimte Vorrede vorangestellt, in welcher unter anderem die einzelnen Kräuter, wie damals üblich, nach der antiken Viersäftelehre (Humoralpathologie) den vier Qualitäten heiß, kalt, trocken und feucht zugeordnet werden. Die als heiß eingestuften Kräuter – zu denen der nachfolgend behandelte Liebstöckel zählte – sollten z. B. zur Behandlung von Frauenkrankheiten dienen. Der weibliche Organismus galt damals als kälter als der männliche, weshalb angenommen wurde, Frauen müßten menstruieren, um schädliche Körpersäfte ausscheiden zu können, wogegen Männer diese durch die Hitze ihrer Körper verbrannten.

Die Länge und Ausführlichkeit der einzelnen Pflanzenkapitel ist durchaus unterschiedlich und schwankt zwischen wenigen Zeilen und mehr als einem Blatt der Handschrift. Um einen Eindruck von der Anlage der Drogenmonographien zu vermitteln, wird anschließend das Kapitel über den Liebstöckel (Levisticum officinale W. D.) zitiert, einer oftmals in mittelalterlichen Gärten angebauten Heil- und Gewürzpflanze. Als Grundstoff von Arzneimitteln wurde vor allem der Samen der Pflanze genutzt, besonders bei Milz- und Leberleiden, Schmerzen von Magen und Darm oder Blähungen sowie gegen Melancholie und Tierbisse. Liebstöckel galt daneben als harn- und schweißtreibend, er sollte die Menstruation und den Wochenfluß fördern und zur Behandlung von Schlangenbissen dienen. Nur Hildegard von Bingen erwähnt den Gebrauch der Pflanze gegen Halskrankheiten und Husten. In seinem Namen klingt bereits an, daß der Liebstöckel außerdem seit der Antike zu den Aphrodisiaka zählt; aus seiner Wurzel können Liebestränke zubereitet werden. Früher wurde die Wurzel der stark duftenden Pflanze als zauberabwehrendes Amulett getragen. Wegen seines angenehmen Aromas wird der inzwischen auch als „Maggikraut" bekannte Liebstöckel gern als Zusatz von Suppen und Gemüsegerichten verwendet.

TEXTBEISPIEL:
Kapitel „Liebstöckel" aus dem 'Speyerer Kräuterbuch' (35ᵛ):

CXX Lubisticum
Lubisticum oder ligustus heißt liebstuckel: die ist heiß vnd trucken jm dritten grade. Sin gröst crafft ist an der wurtzeln vnd am samen. A) Liebstuckel, mit win genützet, ist dem menschen güt, dem der mage geswollen ist. B) Also genutzet ist er auch dem gut, der da nicht gedauwen mag. C) Er ist auch gut, genützet, den, den alle jre gesücht jm libe ist. D) Er hilft auch also genützt dem, der mit erbeiten netzet. E) Er hilfft auch also genützet der wibe süchte. (...) M) Wer trüsen hatt an dem halse, das jme die a[n]dern do von zu drensen, der neme dis krut vnd ein wenig me gundereben crut: die siede er zü samen mit wasser, vnd geiß danne das wasser abe vnd leige daz crut vmb den halß also warm, das hilfft den a[n]dern wol.

(Zit. n. der Edition von B. FEHRINGER, dort S. 136. Der recte gesetzte Teil des Kapitels stammt aus dem 'Deutschen Macer', die kursive Passage aus dem Kräuterkapitel des 'Physica' Hildegards von Bingen.)

CROSSGROVE, WILLIAM: *Die deutsche Sachliteratur des Mittelalters.* Bern 1994, S. 198. – DILG, PETER: *Art. Liebstöckel, in: LexMA 5,* Sp. 1968. – *Art. Liebstöckel, in: HWDA 5, Sp. 1297–1299.* – FEHRINGER, BARBARA: *Das „Speyerer Kräuterbuch" mit den Heilpflanzen Hildegards von Bingen. Eine Studie zur mittelhochdeutschen „Physica"-Rezeption mit kritischer Ausgabe des Textes (Würzburger medizinhistorische Forschungen; Beih. 2). Würzburg 1994. Hildegard von Bingen: Heilkraft der Natur – 'Physica'. Übersetzt von MARIE-

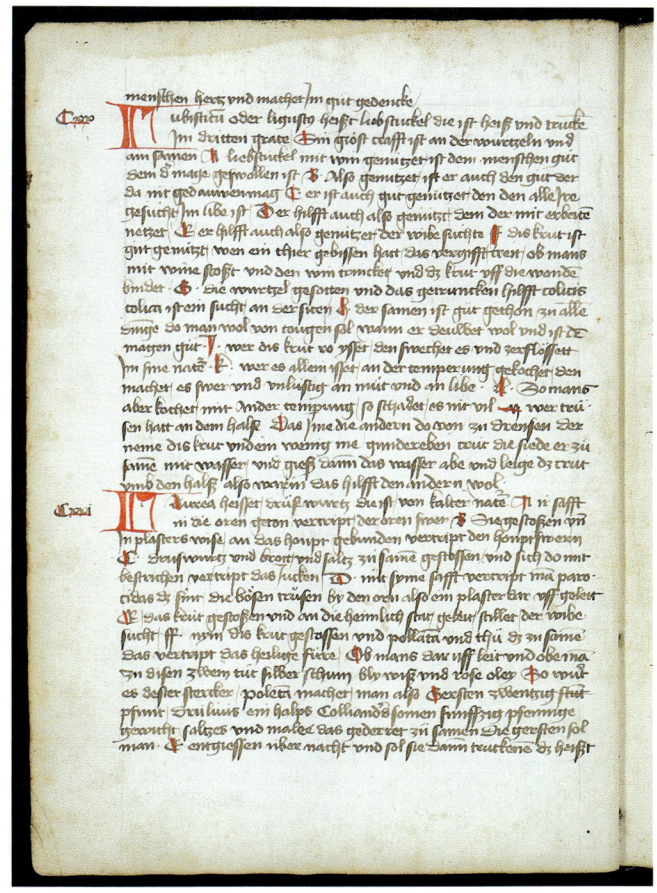

Kat. 166, 35ᵛ

LOUISE PORTMANN. *Freiburg, Basel. Wien ²1991 (moderne dt. Übertragung der 'Physica' unter Berücksichtigung aller zu diesem Zeitpunkt bekannten Hss.).* – Hildegard von Bingen in ihrem historischen Umfeld. Hg. v. ALFRED HAVERKAMP. *Mainz 2000, bes. Abschnitt IV.* – HLAWITSCHKA, EKKEHARD: „*wazzer der tugent, trank der jugent". Text- und überlieferungsgeschichtliche Untersuchungen zum Salbeitraktat (= Würzburger medizinhistorische Forschungen; Bd. 49, mittelalterliche Wunderdrogentraktate 5). Pattensen/Han. 1990.* – KEIL, GUNDOLF/BARBARA FEHRINGER: *Die „Schwangerenblutschau". Eine gynäkologische Bearbeitung des 'A-Kataloges' aus der deutschen Rezeption der „Physica" Hildegards von Bingen (Berlin mgf 817). In: „ein teutsch puech machen". Untersuchungen zur landessprachigen Vermittlung medizinischen Wissens. Ortolf-Studien I. hg. von* GUNDOLF KEIL, *Redaktion* JOHANNES G. MAYER u. CHRISTIAN NASER (= *Wissensliteratur im Mittelalter; Bd. 11). Wiesbaden 1993.* – KEIL, GUNDOLF: *Art. Circa instans, in: LexMA 2, Sp. 2094–2098.* – KEIL, GUNDOLF/PETER DILG: *Art. Kräuterbücher, in: LexMA 5, Sp. 1476–1480.* – KEIL, GUNDOLF: *Odo von Meung, in: LexMA 6, Sp. 1360.* – Kotzur, Hans-Jürgen (Hg.): *Hildegard von Bingen (1098–1179). Bearbeitet von* WINFRIED WILHELMY *und* INES KORING. *Mainz 1998, bes. S. 284–355.* – MÜLLER, IRMGARD: *Die pflanzlichen Heilmittel bei Hildegard von Bingen. Salzburg 1982.* – SCHNELL, BERNHARD (Hg.), in Zusammenarbeit mit WILLIAM CROSSGROVE: *Der deutsche „Macer" (Vulgatfassung). Mit einem Abdruck des lateinischen Macer Floridus „De viribus herbarum". (= Texte u. Textgeschichte 50). Tübingen 2003.*

BJK

Alrawn

Kat. 167, 109ᵛ

167   Johann Hartliebs Kräuterbuch

Bayern (Regensburg?), 3. Viertel d. 15. Jhs.
Papier, 183 Bll., 28,5 × 21,5 cm
Vorbesitzer: Erworben vom Antiquariat Karl und Faber, München (1938).
SBB-PK, Ms. germ. quart. 2021

Aufgeschlagen Bl. 109ᵛ: Alraune.

1ᵛ–176ʳ Zehn Tier- und 162 Pflanzendarstellungen mit Erklärung; 179ʳ–181ʳ medizinischer Ratgeber für jeden Monat; 181ᵛ–183ᵛ Aderlaßmann mit erläuterndem Text; zeitgenössischer Lederband über Holzdeckeln, restauriert.

Im Mittelalter wurden die Extrakte von etwa 500 Pflanzen als Arzneimittel geschätzt. Jede einzelne dieser Pflanzen findet sich unter bis zu fünfzig dialektal unterschiedenen Namen in den Enzyklopädien und Kräuterbüchern dieser Zeit. Johannes Hartlieb (vor 1410–1468), der langjährige Leibarzt Herzog Albrechts III. von Bayern-München, kompilierte zwischen 1436 und 1445 das 'Kräuterbuch', welches in den letzten Jahren zunehmendes Interesse erfährt. Seine von ihm verschwiegene literarische Vorlage war die erste deutschsprachige Enzyklopädie, das um 1350 entstandene 'Buch der Natur' ('Buch von den natürlichen Dingen') Konrads von Megenberg, dessen fünftes Kapitel über die Pflanzen Hartlieb nahezu wörtlich übernahm und durch eigene Ergänzungen erweiterte. Das 'Buch der Natur' geht wiederum auf eine lateinische Enzyklopädie zurück, den 'Liber de natura rerum' des Thomas von Cantimpré, der bereits im 13. Jahrhundert eines der grundlegenden universitären Unterrichtswerke war. Diese „Vernetzung" des im Mittelalter weitergegebenen Wissens resultiert bekanntlich aus der Kontinuität der Wissensvermittlung seit der Antike. Ursprünglich antikes Wissen fand durch die Weitervermittlung der arabischen Gelehrten und die Übersetzung ins Lateinische Eingang in die Unterrichtswerke des Mittelalters. Bisher sind fünf vollständige Hss. des 'Kräuterbuches' bekannt, die zwischen 1450 und 1470 in Süddeutschland (Bayern, Bodenseeraum) bzw. Österreich entstanden.

Ungeachtet seines Namens beginnt das 'Kräuterbuch' mit zehn Drogenmonographien über medizinisch genutzte Körperbestandteile oder -produkte von Tieren. Anschließend werden 160 einheimische oder südeuropäische Pflanzen sowie einige Mineralien nach der alphabetischen Folge der lateinischen Namen in einzelnen Drogenmonographien beschrieben. Darüber hinaus nennt Hartlieb ein deutschsprachiges Synonym des Pflanzennamens und folgt damit den im Mittelalter gebräuchlichen Ordnungsschemata von Kräuterbüchern. Wenige auf den Inhalt bezogene Randnotizen und eingefügte Rezepte deuten darauf hin, daß medizinisch gebildete Personen zu den Vorbesitzern zählten. Ob diese auch die ersten Besitzer oder Benutzer der Codices waren, ist allerdings fraglich, da Ärzte oder Apotheker im Spätmittelalter nicht oft über die Mittel zur Finanzierung einer kostspieligen illustrierten Handschrift verfügt haben dürften. Die Gesamtkonzeption des 'Kräuterbuches' mit der Gegenüberstellung von Text und Bild als konstitutivem Gestaltungsmerkmal läßt darauf schließen, daß Hartlieb selbst die Illustration seines Werkes geplant hat. Vielleicht entstand das älteste Exemplar des 'Kräuterbuches' im Umfeld des Münchner Hofes, an dem er als Arzt tätig war, und wurde später für Angehörige des Adels oder des wohlhabenden Bürgertums als Repräsentations- und Anschauungsobjekt kopiert, das wegen der enthaltenen medizinischen Rezepte durchaus auch als 'Hausbuch' von praktischem Nutzen war.

Der Wiedererkennungswert der im 'Kräuterbuch' enthaltenen, in Farbschattierungen von Grün und Blau über Rosa und Ocker aquarellierten, recht schematisch gestalteten Federzeichnungen, die in den verschiedenen Überlieferungen mehr- oder einfarbig gerahmt sind, ist nur gering. GERHARDT/SCHNELL betonen zu Recht, auch im Vergleich mit ungefähr zeitgleich entstandenen naturge-

treuen Pflanzendarstellungen in der Bildenden Kunst, die auffallende „Naturferne" der Abbildungen. Die Vermittler des mittelalterlichen Buchwissens konzentrierten sich vor allem auf die Heilkraft von Arzneipflanzen und weniger auf deren Erscheinungsbild, ihr Vorkommen oder die günstigste Zeit, in der sie gesammelt werden konnten. Diese eher mündlich weitergegebenen Kenntnisse wurden in der mittelalterlichen Medizin ebenso wie die Fähigkeit zur richtigen Diagnose vorausgesetzt.

Einen Hinweis auf die Bildtradition der Illustrationen des 'Kräuterbuches' bieten nach meiner Ansicht die darin enthaltenen zehn Drogenmonographien von Tieren. Seit längerem sind gemeinsame Überlieferungen des 'Herbarius' von Pseudo-Apuleius zusammen mit den Tiermonographien des 'Liber medicinae ex animalibus' des Kompilators (Arztes?) Sextus Placitus (nach 410 n. Chr.) in Handschriften des Mittelalters bekannt. In der Berliner Handschrift von Hartliebs 'Kräuterbuch' sind die Tiermonographien in folgender Reihung zu finden: Löwe, Hirsch, Wolf, Hase, Maulwurf, Biber, Steinbock, Elefant, Dachs und Igel. Das Tierbuch von Sextus Placitus umfaßt 32 Kapitel: Kapitel 1–12 zeigt vierfüßige Wildtiere, vom Hirschen bis zum Elefanten; Kapitel 13–21 Haustiere, vom Hund bis zur Maus; Kapitel 22–32 fünf „Wildvögel", vom Adler bis zum Raben, und fünf „Hausvögel", vom Hahn bis zur Hausschwalbe. In Hartliebs 'Kräuterbuch' wurden demnach nur Tiermonographien aus der Gruppe der nicht domestizierten Vierfüßler übernommen. Nach einer Sichtung von veröffentlichten Abbildungen aus Handschriften, die den 'Herbarius' des Pseudo-Apuleius und den 'Liber medicinae ex animalibus' des Sextus Placitus überliefern, ist deshalb zu erwägen, daß eine illustrierte Handschrift, die sowohl den 'Herbarius' des Pseudo-Apuleius als auch den 'Liber medicinae ex animalibus' des Sextus Placitus tradierte, eine ikonographische Vorlage der Illustrationen in Hartliebs 'Kräuterbuch' gewesen sein könnte.

100 botanische Juwelen. (SBB-PK Ausstellungskataloge 30). Berlin 1987, Nr. 2. – Ausst.kat. Berlin 1988, Nr. 92, S. 196. – BUCKL, WALTER: Megenberg aus zweiter Hand. Überlieferungsgeschichtliche Studien zur Redaktion B des Buchs von den natürlichen Dingen. Hildesheim, Zürich, New York 1993 (Germanistische Texte und Studien 42). – COLLINS, MINTA: Medieval Herbals. The Illustrative Traditions. London 2000. – GERHARDT, CHRISTOPH/BERNHARD SCHNELL: In verbis in herbis et in lapidibus est deus. Zum Naturverständnis in den deutschsprachigen illustrierten Kräuterbüchern des Mittelalters (= Mitteilungen und Verzeichnisse aus der Bibliothek des Bischöflichen Priesterseminars zu Trier; Bd. 15). Trier 2002. – GRAMS-THIEME, M./M. RESTLE: Art. Pflanzendarstellung. In: LexMA 6 (1993), Sp. 2033–2037. – GRAPE-ALBERS, HEIDE: Spätantike Bilder aus der Welt des Arztes. Medizinische Bilderhandschriften der Spätantike und ihre mittelalterliche Überlieferung. Wiesbaden 1977. – GRUBMÜLLER, KLAUS: Art. Hartlieb, Johannes, in: ²VL 3 (1981), Sp. 480–495. – HAYER, GEROLD/BERNHARD SCHNELL: Zu einer Neuedition von Johann Hartliebs 'Kräuterbuch'. In: Editionsberichte zur mittelalterlichen deutschen Literatur. Hg. v. ANTON SCHWOB. *Göppingen 1994 (Litterae 117), S. 277–283; –* HAYER, GEROLD: *Konrad von Megenberg 'Das Buch der Natur'. Untersuchungen zu seiner Text- und Überlieferungsgeschichte (MTU 110). München 1997, S. 49, 455 ff. –* HAYER, GEROLD (Hg.): *Konrad von Megenberg: Das Buch der Natur. Johannes Hartlieb: Kräuterbuch. Farbmikrofiche-Edition der Handschrift Heidelberg, Universitätsbibliothek Cod. Pal. Germ. 311 und der Bilder aus Cod. Pal. Germ. 300. Einführung und Beschreibung der Handschrift von* GEROLD HAYER *(Codices illuminati medii aevi; 33). München 1997. –* KEIL, GUNDOLF: *Art. Hartlieb, Hans (Johannes). In: LexMA 4 (1989), Sp. 1943 f. –* KEIL, GUNDOLF: *Art. Sextus Placitus Papyriensis. In: LexMA 7 (1995), Sp. 1811. –* KEIL, GUNDOLF/PETER DILG: *Art. Kräuterbücher, in: LexMA 5, Sp. 1476–1480. –* KRUSE, BRITTA-JULIANE: *Heilpflanzen in der Gynäkologie. Darstellung und Indikation in Johannes Hartliebs 'Kräuterbuch'. Im Druck, erscheint in den Braunschweiger Veröffentlichungen zur Geschichte der Pharmazie und der Naturwissenschaften, im Bd. „Tradieren – Aufschreiben – Verschweigen". Zur Geschichte pflanzlicher Drogen in Gynäkologie und Geburtshilfe. –* SCHNELL, BERNHARD *(Hg.), in Zusammenarbeit mit* WILLIAM CROSSGROVE: *Der deutsche 'Macer' (Vulgatfassung). Mit einem Abdruck des lateinischen Macer Floridus 'De viribus herbarum'. (= Texte u. Textgeschichte 50). Tübingen 2003.*

BJK

168 Medizinisch-pharmazeutisch-hauswirtschaftliche Sammelhandschrift

Südrheinfranken, um 1434
Papier, I + 56 S., 20 × 14,5 cm
Vorbesitzer: Der ungebundene Buchblock wurde 1962 aus oberbayerischem Privatbesitz vom Antiquariat C.-E. Kohlhauer in Feuchtwangen erworben und 1988 an die Staatsbibliothek verkauft. Der ehemalige Name der Hs. war 'Kodex Kohlhauer'.
SBB-PK, Hdschr. 319

Aufgeschlagen S. 49: Frauenkrankheiten – 'Von der frauwen krangheit'.

S. 1–7: Tierkreiszeichentraktat; 7–8: Auszug aus Gottfried von Franken: „Pelzbuch", Kap. über den Obstanbau; 8–10: Auszug aus Henrik Harpestræng: 'Liber Herbarum' (mit Zusätzen); 8–9: Rezeptgruppe mit Wetterregeln; 9: dt. Übertragung von (Pseudo-) Henrik Harpestrængs: 'De virtutibus granorum Juniperi' (Wacholderbeertraktat); 10–12: dt. Übertragung von Taddeo Degli Alderotti: Branntweintraktat; 12–13: Eichenmisteltraktat; 13–15: Auszug aus Gottfried von Franken: Pelzbuch, Kap. über den Weinanbau; 15–18: Vierundzwanzig-Paragraphen-Text (Aderlaßtraktat); 19–23: Auszug (Uroskopie) aus dem Thüringischen Bartholomäus; 23: (Pseudo-) Beda Venerabilis: 'Verworfene Tage' (Unglückstage) und drei Rezepte aus dem 'Deutschen Macer'; 23–25: 'Sinn der Höchsten Meister von Paris', verbunden mit dem 'Pestbrief an die Frau von Plauen'; 25–44: Konrad von Eichstätt 'Regel der Gesundheit'; 44–48: Planetenlehre; 48–49: (Pseudo-) Alexander Hispanus 'Dysenterie-Kapitel'; 49–54 'Von der frauwen krangheit', freie Bearbeitung von (Pseudo-) Trotula: 'De secretis mulierum'. 54–56: zwölf medizinische Rezepte.

In der für das Spätmittelalter typischen Form der deutschsprachigen Sammelhandschrift überliefert der Codex zwanzig praktisch orientierte Kurztraktate, Rezepte und Lehrschriften. Neben seinem thematischen Schwerpunkt, der Medizin, informiert er auch über den Obst- und Weinbau und vermittelt Wetterregeln. Gattungsgeschichtlich zählt die Handschrift somit zum Typus des 'Buchs vom Menschen, Tier und Garten'. BRÉVART (S. 250) bezeichnet die nicht illuminierte Handschrift als Fassung B des von ihm untersuchten 'Volkskalenders', der allerdings durch Illustrationen gekennzeichnet ist, was ebenso wie der Inhalt des Codex die Zuordnung bezweifeln läßt. Seine geringe Größe und sein knapper Umfang prädestinierten diesen Codex dazu, in der Tasche mitgeführt und im Bedarfsfall vor Ort als Nachschlagewerk benutzt zu werden. Die Handschrift scheint gezielt auf die persönlichen Interessen seiner unbekannten spätmittelalterlichen Vorbesitzer abgestimmt worden zu sein. Abgesehen von einigen Initialen mit Rankenornamenten ist die von einer Hand in fränkischer Bastarda aufgeschriebene Gebrauchshandschrift schmucklos. Selbst die einzelnen Texteinheiten sind graphisch nur durch umrandete Kurztitel am Rand und nicht durch gliedernde Überschriften voneinander geschieden worden.

Die erste in diesem Codex überlieferte Schrift ist ein Tierkreiszeichentraktat. Darin werden die Charaktereigenschaften der unter den einzelnen Tierkreiszeichen Geborenen ausgeführt und mitgeteilt, welche Handlungen vollzogen werden sollten, wenn der Mond in einem der zwölf Zeichen steht. Steht er z. B. im Zeichen Steinbock, ist es ratsam, zu säen und Bäume zu setzen. Unter dem Sternzeichen Steinbock Geborene seien anderen wohlgefällig und hätten in ihrem Leben Reichtum zu erwarten. Im anschließenden Auszug aus dem 'Pelzbuch' Gottfrieds von Franken wird im Gegensatz dazu empfohlen, Bäume im Herbst zu setzen. Pflanze man sie hingegen im Frühjahr, würden ihre Früchte von „kleinen Würmern" gefressen. Wenn ein Baum blühe, aber später keine Früchte trage, solle ein Loch tief in dessen Stamm getrieben und mit Quecksilber, von Leim umhüllt, gefüllt werden; die Bohrstelle könne anschließend mit einem Hagedorn verschlossen werden. Ein Auszug aus Henrik Harpestrængs 'Liber Herbarum', das seit dem 14. Jahrhundert mehrfach ins Deutsche übersetzt wurde, ist das Kapitel über die medizinische Wirkung der Heilpflanze Raute (Ruta graveolens). Hier heißt es, die Raute mache die Augen klar, erhelle den schweren Kopf, mache Männer keusch, Frauen hingegen unkeusch. Aus dem nordischen 'Kranwittbeertraktat' stammen einige Rezepte zur Verwendung von Wacholderbeeren und -öl. Um 1280 erweiterte Taddeo Alderotti seine 'Consilia' um sieben Kapitel über die medizinische Verwendung des Branntweins, die, bald darauf übersetzt, auch hier übernommen wurden. An einen Auszug aus dem 'Eichenmisteltraktat' schließen sich Ratschläge aus dem zweiten Teil von Gottfrieds 'Pelzbuch' an, in dem der Weinbau behandelt wird. Darin sind z. B. mehrere Anweisungen enthalten, wie trüber Wein geklärt werden könne. Zur Veredelung von schlecht schmeckendem Wein wird die Verwendung einer Mischung aus Quitten, Hopfen und Salbei empfohlen, die kleingeschnitten, gekocht und noch warm in das Faß gegeben werden sollten.

Der folgende '24 Paragraphen-Text' bietet Anleitungen zum Aderlassen und erklärt den jeweiligen therapeutischen Effekt. Nach dem Eingriff empfahl es sich, Anstrengungen zu vermeiden und sowohl beim Verzehr nur leichter Speisen als auch beim Trinken Maß zu halten. Ähnlich praxisorientiert ist der Auszug aus dem thüringischen 'Bartholomäus', in dem die mittelalterliche Diagnoseform der Harnschau erklärt wird. Während einer Harnschau wurde der Urin Kranker von einem Fachkundigen in einem Harnglas besehen. Anhand der festgestellten Merkmale wurde der Kranke nach dem in seinem Körper vorliegenden Verhältnis der Säfte von schwarzer Galle, Blut, Schleim und gelber Galle, einem der vier Temperamente Melancholiker, Sanguiniker, Phlegmatiker, Choleriker zugeordnet und anschließend entsprechend therapiert. Der nachfolgende Hinweis auf die drei besonders gefährlichen Nächte wird (Pseudo-) Beda Venerabilis zugeschrieben. Darin wird den Abergläubischen mitgeteilt: wer in der dritten Nacht nach St. Jacobs Tag, der Nacht nach St. Laurentii und der vierten Nacht vor Lichtmeß geboren werde, dessen Leichnam verwese nicht bis zum Jüngsten Tag.

Angesichts der im Spätmittelalter häufigen Pestepidemien – in einzelnen europäischen Regionen soll die verheerende Pest von 1348–52 bis zu zwei Drittel der Bevölkerung getötet haben – waren die außerdem enthaltenen Schriften zur Pestprophylaxe und -therapie, der 'Sinn der höchsten Meister von Paris' und der 'Pestbrief an die Frau von Plauen' von besonderer Bedeutung. Ergänzende Hinweise zum Aderlassen und diätetische Verhaltensregeln entnahm der Kompilator Konrads von Eichstätt 'Regimen sanitatis'. Die darin überlieferte Planetenlehre nennt die zu bevorzugenden Termine für einen Aderlaß.

Von Interesse ist der unter dem Titel 'Von der frauwen krangheit' enthaltene Traktat über die Menstruation, eine freie Bearbeitung von Pseudo-Trotula 'De passionibus mulierum'. Darin wird erklärt, wie die Menstruation entsteht, weshalb sie manchmal versiegt und wie Frauen mit ausbleibender, zu häufiger oder zu starker Monats-

Kat. 168, S. 49

blutung mit verschiedenen medizinischen Rezepten zu behandeln seien. Bei einer „verstopften Gebärmutter" wird neben einer Räucherung mit Beifuß und mehreren Rezepten unter Verwendung von Kräutern ein Aderlaß an der „Rosenader" beim Knöchel empfohlen. Die zu lange andauernde Menstruation beende ein über dem Bauch gelegter Umschlag unter Verwendung von Wermut oder ein Trank mit zerstoßenen Muscheln. Solche Rezeptsammlungen, in denen verschiedene Möglichkeiten zur Behandlung genannt werden, konnten sowohl für Hebammen als auch für Frauen, die sich selbst heilen wollten, von hohem Gebrauchswert sein.

BRÉVART, FRANCIS B.: *Chronology and Cosmology. A German Volkskalender of the Fifteenth Century*. In: Princeton University Library Chronicle 57 (1996), S. 225–265, hier S. 250. – KEIL, GUNDOLF: *Der 'Kodex Kohlhauer'. Ein iatromathematisch-hauswirtschaftliches Arzneibuch aus dem mittelalterlichen Oberfranken*. In: Sudhoffs Archiv 64 (1980), S. 130–150. – DERS.: *Art. 'Kodex Kohlhauer', in: ²VL 5, Sp. 3 f.* – GREEN, MONICA HELEN: *A Handlist of the Latin and Vernacular Manuscripts of the so-called Trotula Texts*. In: Scriptorium 50 (1996), S. 137–175, 51 (1997), S. 80–104, hier S. 95. – KRUSE, BRITTA-JULIANE: *Verborgene Heilkünste. Geschichte der Frauenme-*

dizin im Spätmittelalter. (= Quellen und Forschungen zur Literatur und Kulturgeschichte; Bd. 5 (239). Berlin, New York 1996, S. 370–378 (mit Edition des Traktats über die Menstruation 'Von der frauwen krangheit'). – HÖGEMANN, ANNELORE: *Der altdeutsche 'Eichenmisteltraktat'. Untersuchungen zu einer bairischen Drogenmonographie des 14. Jahrhunderts* (= WmF 19), Pattensen/Han. 1981, S. 125f. – KURSCHATT-FELLINGER, SABINE: *Kranewitt. Untersuchungen zu den altdeutschen Übersetzungen des nordischen Wacholderbeertraktats.* (= WmF 20). Pattensen/Han. 1988, S. 212, 249. – RIHA, ORTRUN: *Wissensorganisation in medizinischen Sammelhandschriften. Klassifikationskriterien und Kombinationsprinzipien bei Texten ohne Werkcharakter* (= Wissensliteratur im Mittelalter; Bd. 9). Wiesbaden 1992. – ZIMMERMANN, VOLKER: *Rezeption und Rolle der Heilkunde in landessprachigen Kompendien des Spätmittelalters* (= Ars medica; Bd. 2). Stuttgart 1986.

BJK

169 Naturkundliche, astronomische und medizinische Sammelhandschrift

Bayern (Augsburg?), 1453
Papier, 278 Bll., 29,5 × 22 cm
Vorbesitzer: Panthaleon Händpekchen (auch: Hämerpeckh, seit 1472); Hanns Hörbst (Ende 16. Jh.); beide waren Bürger der Stadt Landshut. 1891 wurde die Hs. vom Antiquariat Kirchhoff und Wigand für die Königliche Bibliothek erworben.
SBB-PK, Ms. germ. fol. 1068

Aufgeschlagen Bl. 218ᵛ: Darstellung des Kosmos nach dem aristotelisch-ptolemäischen Weltbild. Illustration zur 'Deutschen Sphaera' des Konrad von Megenberg.

1ʳ–5ᵛ: Register zu Konrads von Megenberg: Buch von den natürlichen Dingen; 5ᵛ–12ʳ: Gottfried von Franken: 'Pelzbuch'; 12ᵛ: medizinische Rezepte; 13ʳ–216ᵛ: Konrad von Megenberg: Buch von den natürlichen Dingen; 217ʳ–240ᵛ: Konrad von Megenberg: Deutsche Sphaera; 242ʳ–268ʳ: Deutscher Macer; 268ʳ–273ᵛ: Tierkreiszeichentraktat; 273ᵛ–274ᵛ: Geiertraktat; 274ᵛ–276ᵛ: medizinische Rezepte, Auszüge aus dem 'Bartholomäus'.

Der gut erhaltene Codex in rotem Schafsledereinband wurde von zwei Händen geschrieben. Seiner Anlage nach ist dieses Hausbuch ein Vorläufer der sogenannten „Hausväterliteratur" des 16. und 17. Jahrhunderts und bot Laien ohne Lateinkenntnisse eine Fülle von Wissen über Erde und Kosmos, Pflanzen und Tiere sowie über die zeitgenössische medizinische Praxis. Das darin enthaltene breit gefächerte Spektrum mittelalterlicher Fachliteratur beginnt mit dem vor 1350 entstandenen 'Pelzbuch' – das Veredeln und Pfropfen von Obstbäumen und anderen Pflanzen wurde im Mittelalter „pelzen" genannt – Gottfrieds von Franken. Diese aus antiken Quellen und praktischen Erfahrungen des Verfassers schöpfende Lehrschrift informiert über Garten- und Weinbau, Obstzucht und -konservierung, Baumveredelung, Kräuterzucht und Kellermeisterei. Erwähnte

Kuriositäten sind während des Wachstums durch aus Holz geschnitzte Modeln verformte Quitten, Kürbisse oder Gurken, die, verziert mit einem menschlichen Gesicht oder einer Tiergestalt, für Amüsement bei Tisch sorgten.

Konrads von Megenberg 'Buch von den natürlichen Dingen' ist das erste systematisierte deutschsprachige Kompendium des naturkundlichen Wissens und der allegorischen Deutung der Natur. Bezüge zur Naturallegorese wurden im Mittelalter vorrangig zur bildlichen Ausschmückung von Predigten hergestellt. Im Mittelpunkt der beiden ersten Teile der Enzyklopädie stehen der Körper und Charakter des Menschen als Mikrokosmos und der ihn umgebende Makrokosmos – auch in ihren Wechselbeziehungen. Tiere, Bäume, Kräuter, Edelsteine und Metalle werden in den folgenden Kapiteln ausführlich behandelt, bevor das Werk mit einem Bericht über geheimnisvolle Brunnen und die Entstehung von Wundermenschen endet.

Diese Berliner Handschrift ist der einzige bekannte Codex, der zusammen mit dem 'Buch von den natürlichen Dingen' die ebenfalls von Konrad von Megenberg stammende 'Deutsche Sphaera', eine Übersetzung der um 1230 entstandenen 'Sphaera mundi' des Engländers Johannes von Sacrobosco überliefert. Dieses mittelalterliche Standardwerk der Astronomie war ursprünglich als Lehrschrift für die universitäre Ausbildung konzipiert. Das in der Abbildung gezeigte Modell des Kosmos geht auf das aristotelisch-ptolemäische Weltbild zurück, wonach die Erde als unbeweglicher Mittelpunkt des Universums von einer Abfolge konzentrisch angeordneter Kreise umgeben ist. Die äußerste Schale des Kosmos bildet danach der Kristallhimmel, an den sich die Sphären des Fixsternhimmels und der sieben Planeten Saturn, Jupiter, Mars, Sonne, Venus, Merkur und Mond anschließen. Weil die Sonne die Mittelposition einnimmt, verfügt sie über die Kraft, alle anderen Planeten zu beleuchten. Diese Vorstellung stand im Einklang mit dem Schöpfungsbericht der Genesis, demzufolge Gott zuerst die Erde und erst danach die sie umgebenden Himmelskörper schuf, weshalb die Verfechter des aristotelisch-ptolemäischen Weltbildes die heliozentrische Vorstellung von einem Kosmos mit der Sonne als Zentrum des Planetensystems bis in die Neuzeit zurückdrängen konnten.

Der folgende 'Deutsche Macer', ein weit verbreitetes, ebenfalls auf eine lateinische Vorlage zurückgehendes Lehrbuch, umfaßt 77 Kapitel über die bekanntesten Heilpflanzen und ihre Bedeutung innerhalb der medizinischen Therapie. Im anschließenden Tierkreiszeichentraktat werden medizinische Anweisungen unter astrologischen Gesichtspunkten erteilt. Die mittelalterlichen

Kat. 169, 218ᵛ

Astromediziner (Iatromathematiker) gingen von einem direkten Einfluß der Gestirne auf die Gesundheit oder Krankheit der Menschen sowie von einer astralen Kraft der Edelsteine und Heilpflanzen aus und benutzten Horoskope, um einen Krankheitsverlauf zu prognostizieren. Zu den Wunderdrogentraktaten zählt der enthaltene Geiertraktat, denn die Körperbestandteile des Geiers galten im Mittelalter als Allheil- oder Wundermittel. Einige allgemeinmedizinische Rezepte beschließen die Handschrift.

Degering 1, S. 149 f. – Kat. deutschspr. illustr. Hss. 1, Nr. II.1.2, S. 346 f. – Bini, Daniele u. a.: Astrologia. Art and Culture in the Renaissance. Modena 1996. – Brévart, Francis B. (Hg.): Konrad von Megenberg. Die Deutsche Sphaera. Tübingen 1980. – Eis, Gerhard: Gottfrieds Pelzbuch. Hildesheim 1966. – Hayer, Gerold: Konrad von Megenberg 'Das Buch der Natur'. Untersuchungen zu seiner Text- und Überlieferungsgeschichte (MTU 110). München 1997. – Hünemörder, Christian: Antike und mittelalterliche Enzyklopädien und die Popularisierung naturkundlichen Wissens. In: Sudhoffs Archiv 65 (1981), S. 339–365. – Mazal, Otto: Die Sternenwelt des Mittelalters. Graz 1993. – Meier, Christel: Grundzüge der mittelalterlichen Enzyklopädik. Zu Inhalten, Formen und Funktionen einer problematischen Gattung. In: Literatur und Laien-

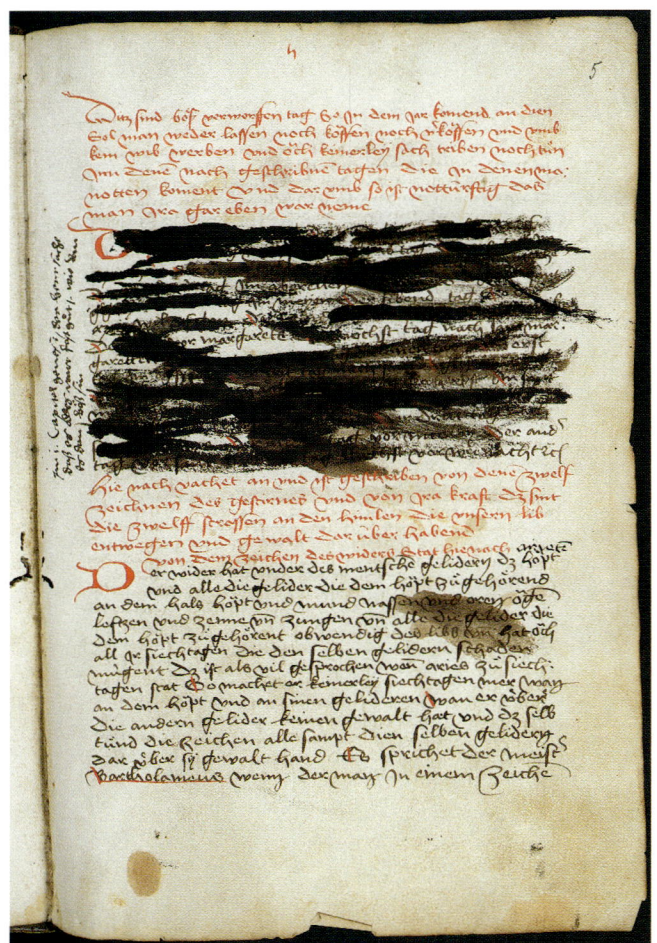

Kat. 170, 5ʳ

bildung im Spätmittelalter und in der Reformationszeit. Hg. v. LUD-GER GRENZMANN *und* KARL STACKMANN. *Stuttgart 1984, S. 467–500. –* KRUSE, BRITTA-JULIANE: *Spätmittelalterliche deutsche Prosa als Instrument der Laienbildung am Beispiel der Handschrift Ms. germ. fol. 1068 der Staatsbibliothek zu Berlin, Preußischer Kulturbesitz. Magistraarbeit am FB Germanistik der FU Berlin, 1988. –* NISCHIK, TRAUDE-MARIE: *Das volkssprachige Naturbuch im späten Mittelalter. Sachkunde und Dinginterpretation bei Jacob van Maerlant und Konrad von Megenberg. (= Hermaea, N.F. 48) Tübingen 1986. –* SCHNELL, BERNHARD *(Hg.), in Zusammenarbeit mit* WILLIAM CROSSGROVE: *Der deutsche 'Macer' (Vulgatfassung). Mit einem Abdruck des lateinischen Macer Floridus 'De viribus herbarum'. (= Texte u. Textgeschichte 50). Tübingen 2003. –* SIMEK, RUDOLF: *Die mittelhochdeutschen Übertragungen von Johannes von Sacroboscos 'Liber de Sphaera'. Zur Funktion der astronomischen Abbildungen in den Handschriften und Frühdrucken. In: Codices manuscripti 13 (1987), S. 57–76, Abb. 2. –* ULMSCHNEIDER, HELGARD: *Ain puoch von latein… daz hât Albertus maisterleich gesamnet. Zu den Quellen von Konrads von Megenberg 'Buch der Natur' anhand neuerer Handschriftenfunde. In: ZfdA 121 (1992), S. 36–63. –* ²VL 1, Sp. 609–615; ²VL 2, Sp. 1137–1140; ²VL 3, Sp. 125–136; ²VL 5, Sp. 221–236.

BJK

170 Medizinische Sammelhandschrift

Alemannisch, 15. Jh., 3. Viertel
Papier, 254 Bll., 31 × 21 cm
Vorbesitzer: Hans Schilig aus dem Schweizer Wallis (16. Jh.). 1891 von Ludwig Rosenthal aus München für die Berliner Handschriftenabteilung erworben.
SBB-PK, Ms. germ. fol. 1069

Aufgeschlagen Bl. 5ʳ: Beispiel einer durchgestrichenen Textpassage.

Teil 1: 1ʳ–4ʳ: Auszüge aus der 'Praktika' des Bartholomäus; 5ʳ–10ᵛ: 'Verworfene Tage' (= Unglückstage) und Tierkreiszeichentraktat; 10ᵛ–18ᵛ: Planetenlehre; 18ᵛ–20ᵛ: Temperamentenlehre: 20ʳ–27ʳ: Aderlaßtraktat; 27ʳ–29ᵛ: Badetrakat; 30ʳ–43ᵛ: 'Deutscher Macer'; 44ʳ–48ᵛ: Aderlaßtraktat; 48ᵛ–53ᵛ: Pesttraktat, Rezepte zur Behandlung von Blattern; 53ᵛ–55ʳ: 'Geiertraktat'; 55ᵛ–89ᵛ: Deutscher Macer (Fortsetzung); 91ʳ–169ʳ: Medizinische Rezepte; 169ᵛ–172ᵛ: Rezepte (Gartenbau, Tierzucht etc.); 173ʳ–179ᵛ: Inhaltsverzeichnis. Teil 2: Inhaltsverzeichnis des medizinischen Hauskalenders; 183ʳ: medizinische Rezepte: 184ʳ–191ʳ: Kalender; 192ʳ⁻ᵛ: lat.-dt. Glossar von Pflanzennamen (Fragment); 196ʳ: gynäkologische Rezepte; 196ᵛ–197ᵛ: 'Sieben Erklärungen zur weiblichen Sexualität und zur Reproduktion'; 198ʳ–207ʳ: Traktat 'Von der Natur der Frauen und ihren Krankheiten'; 207ᵛ–252ʳ: medizinische Rezepte (Wundbehandlung, Herstellung verschiedener Arzneimittel); 254ʳ: Segen gegen Unwetter.

Rezeptnachträge und Randglossen legen nahe, daß sich dieser Codex im Besitz verschiedener medizinischer Praktiker befand. Die in zwei Teile gegliederte medizinische Sammelhandschrift beginnt mit Auszügen aus der 'Praktika' des Bartholomäus, einem medizinischen Standardwerk des Mittelalters. Astronomisch-astrologische Traktate schließen sich an: die sogenannten 'Verworfenen Tage', gemeint sind Unglückstage, ein Tierkreiszeichentraktat, eine Planeten- und Temperamentenlehre. Chirurgen und Bader dürfte der Aderlaß- und Badetraktat interessiert haben. Sowohl das äußere Erscheinungsbild als auch die Wirksamkeit der gängigen Arzneipflanzen wird im 'Deutschen Macer' beschrieben. Das Kräuterbuch ist in dieser Handschrift in zwei voneinander getrennten Teilen überliefert, zwischen die ein weiterer Aderlaßtraktat, ein Pesttraktat, Rezepte zur Behandlung von Blattern und der sogenannte Geiertraktat, einer der mittelalterlichen Wunderdrogentraktate, eingeschoben sind. Ein 80 Bll. umfassender Faszikel tradiert allgemeinmedizinische Rezepte in der klassischen Ordnung „a capite ad calcem" – vom Kopf zu den Füßen. Es folgen praktische Anweisungen zur Härtung von Waffen, zum Obstbau, zu Fischfang und Tierzucht.

Der zweite Teil beginnt mit einem medizinischen Hauskalender, auf den ein unvollständig überliefertes Glossar lateinisch-deutscher Pflanzennamen folgt. Gynäkologische Rezepte, der Kurztraktat: 'Sieben Erklärungen zur weiblichen Sexualität und zur Reproduktion' sowie der bedeutende, einzig in dieser Handschrift überlieferte Traktat 'Von der Natur der Frauen und ihren Krankheiten' führen umfassend in die Theorie und Praxis der mittelalterlichen Frauenmedizin ein. Auf den verbleibenden ungefähr vierzig Blättern der Handschrift befinden sich weitere allgemeinmedizinische Rezepte. Insgesamt bietet dieses Kompendium Grundwissen zu allen Bereichen der mittelalterlichen Medizin und läßt darüber hinaus Rückschlüsse auf die empirischen Kenntnisse einiger darin namentlich genannter Praktizierender zu.

Ein besonderes Merkmal dieser Handschrift sind, in ihrer Art seltene, zensierende Eingriffe. Wohl aus religiösen, durch die Inquisition forcierten Motiven, griffen mindestens zwei frühneuzeitliche Leser zu drastischen Maßnahmen, um ihnen unliebsame Passagen innerhalb der Handschrift zu eliminieren. Es kann vermutet werden, daß sie diese wohl als Indizien für die Suche nach einer von der Kirche verbotenen Kontaktaufnahme mit Dämonen bewertet hatten. Mit kräftigen Federstrichen tilgten sie Beschwörungen, Zaubersprüche und Prognostiken, die vorher für wirksam bei der Behandlung von Zahnschmerzen, Schlafstörungen und Frauenkrankheiten sowie zur Abwehr von Feinden gehalten worden waren oder Aussichten auf eine baldige Genesung von Kranken prognostizieren sollten. Eine dieser unliebsamen Passagen wurde kurzerhand aus der Handschrift herausgeschnitten.

DEGERING II, S. 150. – BRÉVART, FRANCIS B.: *The German Volkskalender of the Fifteenth Century.* In: *Speculum 63* (1988), S. 312–342. – Ders.: *Chronology and Cosmology. A German Volkskalender of the Fifteenth Century.* In: *Princeton University Library Chronicle 57* (1996), S. 225–265, hier S. 250. – BRÉVART, FRANCIS B./GUNDOLF KEIL: *Planetentraktate (und 'Planetenkinder'-Texte),* in: ²VL 7, Sp. 715–723. – CROSSGROVE, WILLIAM: *Zur Erforschung des „Älteren Deutschen Macer".* In: *Sudhoffs Archiv 63* (1979), S. 71–86. – KRUSE, BRITTA-JULIANE: *Verborgene Heilkünste. Geschichte der Frauenmedizin im Spätmittelalter.* (= Quellen und Forschungen zur Literatur- und Kulturgeschichte, Bd. 5 (239). Berlin, New York 1996, S. 261–297. – KRUSE, BRITTA-JULIANE: „Die Arznei ist Goldes wert". *Mittelalterliche Frauenrezepte. Berlin, New York 1999,* S. 221–260. – KRUSE, BRITTA-JULIANE: *Zensierter Zauber. Getilgte magische und mantische Texte in einer Berliner Handschrift,* in: FS Brandis, S. 383–397. – MAZAL, OTTO: *Die Sternenwelt des Mittelalters.* Graz 1993. – RIHA, ORTRUN: *Wissensorganisation in medizinischen Sammelhandschriften. Klassifikationskriterien und Kombinationsprinzipien bei Texten ohne Werkcharakter* (= Wissensliteratur im Mittelalter; Bd. 9). Wiesbaden 1992. – SCHNELL, BERNHARD (Hg.), in Zusammenarbeit mit WILLIAM CROSSGROVE: *Der deutsche 'Macer' (Vulgatfassung). Mit einem Abdruck des lateinischen Macer Floridus 'De viribus herbarum'.* (= Texte u. Textgeschichte 50). Tübingen 2003. – ZIMMERMANN, *Volker: Rezeption und Rolle der Heilkunde in landessprachigen Kompendien des Spätmittelalters* (= Ars medica; Bd. 2). Stuttgart 1986.

BJK

X.2 Wahrsagebücher

171 Ortenburger Losbuch
(Wahrsagebuch)

Mittelbairisch (Straubing?), Anfang 15. Jh.
Pergament, 20 Bll., 22 × 29,5 cm
Vorbesitzer: Gräflich Ortenburgische Bibliothek auf Schloß Tambach zu Weitramsdorf bei Coburg; 1993 aus Privatbesitz für die Handschriftenabteilung der Staatsbibliothek zu Berlin erworben.
SBB-PK, Hdschr. 386

Aufgeschlagen Bl. 20ʳ: Wählscheibe mit arabischen und lateinischen Ziffern, dem Bild eines Gelehrten und einer erhobenen Hand als Aufmerksamkeit heischendes Zeichen.

Das Losbuch wurde von zwei Händen geschrieben: Hand 1 (1ʳ–13ᵛ, 16ʳ–18ʳ), Hand 2 (14ʳ–15ᵛ), dieses deutlich besser erhaltene und sorgfältiger beschriebene Blatt von höherer Qualität wurde wohl ergänzt; Bl. 18ᵛ zeigt mit verschiedenen Einträgen deutliche Benutzungsspuren, Nachträge von zwei Händen auf Bl. 20ᵛ.

Du solt mit lôzbüchen Gotes wilen niht versüchen – dieses Diktum (zitiert nach BOLTE S. 309) aus dem 13. Jahrhundert benennt die offizielle Kritik der Kirche an der Verwendung von Wahrsagebüchern deutlich. Gleichwohl waren Losbücher im späten Mittelalter recht beliebt. Bei den üblichen zufallsgebundenen Losverfahren konnten Würfel oder Drehscheiben benutzt, aber auch Zeichen am Himmel und auf der Erde ausgedeutet werden. Wie die Herkunft der vorliegenden Handschrift aus dem Nachlaß eines vermutlich in Regensburg tätigen Berufsastrologen erweist, der wohl „Meister Jörg" hieß und zwischen 1439 und 1500 lebte, war das Interesse an diesen Praktiken bei manchen durchaus ernsthaft. Eine Zusammenschau der im Spätmittelalter gebräuchlichen Zauber- und Wahrsagemethoden bietet Johannes Hartlieb (um 1400–1468), dessen 'Kräuterbuch' ebenfalls im Rahmen dieser Ausstellung gezeigt wird (Kat. 167). In seinem in aufklärerischer Absicht verfaßten 'Buch aller verbotenen Künste, von Ketzerei und Zauberei' warnt er vor abergläubischen Praktiken, die zu einer Gefangenschaft in den Fallstricken des Teufels führten. Außerdem kritisiert er darin die Verwendung von Losbüchern:

„Es gibt verbreitete Bücher, die man Losbücher nennt. Zu dem einen wirft man die Würfel, in einem anderen läßt man einen Zeiger kreisen bis zu einer Zahl, nach der Zahl entscheidet man dann die Frage, die der Mensch wissen will, sei es um Frauen, Vieh, Erwerb von Amt und Ehre oder was auch immer; ob der Mensch sterbe oder gesunde, ob der Reisende bald heimkehre, ob der Mensch in diesen oder in jenen Angelegenheiten Glück oder Unglück haben werde. Diese üble Sache ist so bis ins Kleinste unterteilt, daß kein Ding in der Welt ist, das man nicht in diesen Fragen fände. Nach diesen Unterteilungen gelangt man an einen Alten, der weist zu einem Richter, und der legt die Antwort aus. Das alles ist Ketzerei und überaus wider Gott, denn es hat keinen Grund, weder göttlich noch natürlich, und ist in den Dekretalen der Heiligen Kirche verboten. Die Losbücher soll Dein Gnaden (Hartliebs Auftraggeber, der Markgraf Johann von Brandenburg, d.V.) und ein jeder Christenmensch meiden und fliehen." (Zitiert nach Fürbeth S. 63.).

Das im Gegensatz zu vielen anderen während der Inquisition zerstörten Wahrsagebüchern erhaltene Losbuch wurde bald nach 1400 von zwei Händen von einer mitteldeutschen Vorlage des späten 14. Jahrhunderts abgeschrieben. Demnach entstand es zu einer Zeit, als die ersten deutschen Übersetzungen ansonsten auf Arabisch und Latein überlieferter Losbücher aufkamen. Der Verfasser führt aus, mit der Übersetzung Lateinunkundigen die Gelegenheit bieten zu wollen, ebenso wie lateinisch geschulte Kleriker mittels eines Blickes in die Zukunft drohenden Schaden rechtzeitig abzuwenden. Sein anvisiertes Publikum waren junge Frauen und Männer der adeligen Oberschicht, denen die Fragen, wenn sie sie selbst nicht lesen konnten, was in einer vorwiegend durch mündliche Kommunikation geprägten Kultur noch häufig vorkam, vorgelesen werden sollten. Der Verfasser seiner Vorlage hatte damit Frauen einen Zeitvertrieb bieten wollen, denn als unterhaltsame Gesellschaftsspiele genutzte Losbücher waren zu dieser Zeit noch geduldet. Keine von ihnen sollte darauf verzichten müssen:

Der maister der es tichtet
Zw dinst allein rainen weyben
Daz sy damit die zeit vertreiben
So sy es hörent oder lesent
Jr chaine sol des niht entwesent (3rb).

Die Benutzungsspuren auf dem teilweise stark abgegriffenen Pergament zeugen von einem regen Interesse an der spielerischen Wahrsagerei. Das Losbuch umfaßt 3472 paargereimte Verse und beginnt mit einer gut 300 Verse umfassenden Einleitung. Zu Beginn (3r–v) werden 28 Fragen genannt, von denen eine ausgewählt werden konnte, z. B. nach dem Ausgang eines Zweikampfes, der Wahl der richtigen Ehefrau, einer erhofften Vermögenszunahme, der erwarteten Geburt eines Erben etc. Den umfangreichsten Teil des Losbuches bilden die jeweils vierzeiligen Antworten von insgesamt 28 arabischen, griechischen, hebräischen und heidnischen „Meistern" oder „Wahrsagern". Ihrer Herkunft und ihrem Metier entsprechend sind sie mit klangvollen Namen wie „Adorana", „Albusan" oder „Cadabula" bezeichnet, das sind die arabischen Namen der 28 Mondstationen. Jedem Meister sind wiederum 28 Orakelsprüche zugeord-

net, die optisch durch abwechselnd rote und blaue Initialen sowie Längs- und Querlinien voneinander geschieden sind. Dieses graphische Gestaltungsmerkmal fehlt auf dem eingangs erwähnten, von einer anderen Hand geschriebenen und möglicherweise nachträglich eingefügten Blatt, auf welchem der Beginn der Antworten mit roten Initialen und Zahlen markiert ist. Rätselhafterweise werden in zusammenfassenden Passagen des Losbuch-Textes 32 Ausgangsfragen und die Antworten von 32 Meistern erwähnt und damit die durchgehende 28er-Struktur des Ganzen konterkariert, was Keil/Schnell annehmen ließ, „dem Verfasser sei das Losverfahren ebenso undurchsichtig wie den spätmittelalterlichen Benutzern gewesen" (zitiert nach Sp. 50).

Als Vorlage seiner Übersetzung hatte der Verfasser nach eigener Auskunft ein *püch von frömden sinnen* (1ra) zur Hand. Dabei wird es sich um eine Fassung des lateinischen geomantischen Handbuches ʻLiber Experimentariusʼ des (Pseudo-)Bernhardus Silvestris gehandelt haben. Im Vergleich weist dieses sowohl die in der Übersetzung genannten 28 Fragen als auch identische Namen der „Meister" auf. Die Berliner Handschrift enthält vier kolorierte Wählscheiben, die auf den ersten Blick den Eindruck erwecken, für die Erlangung eines Orakelspruchs von besonderer Bedeutung zu sein. Eine der beiden Wählscheiben am Ende der Handschrift weist die Tierkreiszeichensymbole auf; alle anderen sind in 28 Felder gegliedert. Auffällig ist die Bezeichnung „Geomantie" über der ersten Wählscheibe. „Die Geomantie (...) begründet ein System von Weissagungen auf astrologischen Daten, die mit der Bewegung des Mondes längs der Tierkreise in Zusammenhang stehen. Die 28 Stationen des Erdplaneten entsprechen den Unterteilungen der Tierkreiskonstellationen. Zu ihnen werden unter arabischen Namen die Richter über jene Fragen gestellt, die an die Zukunft gerichtet sind" (zitiert nach Abraham, S. 73). Ausgehend von der Prämisse, daß den Wählscheiben in einem spielerisch genutzten Losbuch eher die Funktion illustrativen Beiwerks zukommt, während der Weg zur Ermittlung der Zukunftsprognosen nicht zu schwierig sein darf und deshalb mit Hilfe der vier Tabellen zu ermitteln sein sollte, konnte ich das Losverfahren entschlüsseln.

Kat. 171, 20r

Auf welche Weise ließ sich mit dem Losbuch in die Zukunft schauen – Ein Beispiel

Die gewählte Frage – 18 im Haupttext und in der damit korrespondierenden linken Spalte in Tabelle 1 – lautet, ob ein Pilger wieder wohlbehalten nach Hause zurückkehren werde. Blickt man in Tabelle 1 neben der 18. Frage in die mittlere Spalte, so steht dort: *waz geschicht daran*, und rechts daneben: *Such meridies turris* [wohl gemeint: turnus] *saturn.* Konsultiert man nun Tabelle 2, so läßt sich der letzte Hinweis dort in der zweiten Zeile finden. Rechts davon, unter dem Stichwort *Antwurt*, ist nun zu lesen, wie es weitergehen soll: *sich in dem andern tag des manen* – Sieh' beim zweiten Tag des Mondes nach. In Tabelle 3 ist in der vorletzten Zeile unter dem Hinweis auf den zweiten Tag des Mondes vermerkt: *Chum an den Newn vnd zwanczigsten tag* – Gehe zum 29. Tag. In Tabelle 4, Zeile 2, ist unter dem 29. Tag zu lesen: *Sich zu dem richter Anacha ij* – Sieh' beim Richter „Anacha" unter 2. nach. Nach einigem Blättern sind die Sprüche des Richters Anacha gefunden (5rb). Dort lautet das wenig erfreuliche Orakel: *Dein tod dem ist vil gach/Er eilt dir engstlich nach/Er will dich jn sein chlamphen weben/Darnach richt du auch dein leben.* – Dein Tod wird dich plötzlich ereilen/Er ist dir schon eng auf den Versen/Er will dich in seine Fesseln weben/Mit diesem Vorwissen solltest Du Dein Leben führen. – Das Leben des Pilgers wäre demnach ernsthaft bedroht!

Auf die häufige Benutzung der vier Tabellen (2^{rv}) und damit das Interesse an den Orakelsprüchen des Losbuches deuten die auffallenden Abnutzungsspuren, die Finger beim Suchen der richtigen Zeile auf dem Pergament hinterlassen haben.

BECKER/BRANDIS, *Altdeutsche Handschriften*, S. 35–38. – ABRAHAM, WERNER: *Gereimtes Losbuch. Codex Vindobonensis Series Nova 2652.* In: *ZfdPh 90* (1971), S. 70–82. – BOLTE, JOHANNES (Hg.): *Georg Wickrams Werke, Bd. 4* (= Bibl. d. lit. Ver. Stuttgart 230), Tübingen 1903, V–XXXII, S. 1–93, 276–349, bes. S. 298 f.; eingangs zit. Spruch ebd. S. 309. – BRANDIS, *Typologie*, S. 53, 56. – HARTLIEB, JOHANNES: *Das Buch aller verbotenen Künste. Hg. und ins Neuhochdeutsche übertragen von* FRANK FÜRBETH. *Frankfurt a. M. 1989*, zit. n. S. 63. – *HWDA 3*, Art. Geomantie, Sp. 635–647; *HWDA 5*, Art. Losbücher, Sp. 1386–1401. – KEIL, GUNDOLF/BERNHARD SCHNELL: Art. Ortenburger Losbuch, in: ²VL 7, Sp. 49–52. – KEIL, GUNDOLF: Art. Ortenburger Prognostiker (Meister Jörg?), in: ²VL 7, Sp. 52 f. – SCHMIDT, FRANZ: *Die Handschriften der gräflich Ortenburg'schen Bibliothek zu Tambach in Oberfranken*, in: *Serapeum 22* (1842), S. 337–350, 365–368, hier S. 365 f. (mit fehlerhaftem Textzitat).

BJK

172 Losbuch (Versfassung)

[Basel: Martin Flach, um 1485] 4°
Papier, 8 Bl., 28 × 20 cm
Alter Bestand der Berliner Bibliothek, frühere Signatur Na 4311.
SBB-PK, Inc. 424,5

Aufgeschlagen Bl. 1^v/2^r: Drehscheibe und Textbeginn.

1^r leer, 1^v Holzschnitt, 2^r–8^v Losbuch; Pappeinband des 19. Jhs.

Losbücher sind Sammlungen von Orakelsprüchen, deren Wahrsagung und Prognosen nach dem Zufallsprinzip wirken. Ihr Ursprung liegt bei den antiken Würfel- und Buchstabenorakeln; seit dem 12. Jahrhundert wird die Entwicklung durch die arabische Punktierkunst bestimmt. Deutschsprachige Losbücher gibt es seit dem 14. Jh. Die schriftliche Fixierung hatte eine mechanische Deutung und somit Banalisierung zur Folge. Viele Texte sind anonym überliefert, andere verbinden sich mit bekannten Namen wie z. B. Konrad Bollstatter oder Johannes Hartlieb. Sie unterscheiden sich durch unterschiedliche Text- und Bildprogramme.

Der in Basel erschienene Erstdruck des Losbuches, dessen metrische Orakelsprüche fortlaufend gesetzt und durch Virgel abgegrenzt sind, ist ein Unikat. Auch die späteren Ausgaben, oft nur fragmentarisch überliefert, sind selten, was davon zeugt, daß diese Texte verbraucht wurden: damit ist eine wissenschaftliche Aufarbeitung bis heute erschwert. Das vorliegende Losbuch dient ausschließlich der Kurzweil und dem Zeitvertreib, was der unbekannte Autor am Schluß hervorhebt: wer an den Losspruch glaubt, wird mit einem Esel verglichen, der Seide spinnen lernt, und wer fragt, wird *geefft vnd auch betrogen… Es ist nur fabel vnd ist erlogen.* Solche Hinweise sind auch eine Schutzmaßnahme gegenüber Kritik und Sanktionen seitens der Kirche. Die Handhabung wird gleich zu Beginn erläutert: *So mag einer aussen dreen/Und inwendig im rad sehen/Was er fuor ein thir hab gewendt.* Als Losinstrument dient die Drehscheibe, mit deren Hilfe man ein Tier erwählt. Im Text sind die Vögel links und die Vierbeiner rechts angeordnet. Die schraffierten kleinen Holzschnitte erfassen auf anspruchslose Weise und mit einfachen Mitteln die Charakteristika dieser Tiere.

Das vorliegende Exemplar weist starke Gebrauchsspuren auf, die Texte sind durch Kommentare in Versen von zeitgenössischer Hand ergänzt. So heißt es z. B. auf Blatt 2^r unten *Du thuost nutz den Liegen/vnd alle menschen betriegen/dier wart aber noch werden der lon/wa du nie wierst deruon ston/ich wils dier och gesagen hon/dan du wierst bald mit todt abgon/vnd dief jn die hoel be[...]raken/daz thon ich dier jetz sagen/*

Der Lew
Ich bin der künig vber die thirlin/Und
sag dir auff die trewe myn/Was du ge
laubest waß man dir seyt/Das machet
dein einfeltikeit/Mit loß dich genczlich
an die wort/Die man dir seit hie vñ dort
Vor dir düt man gar früntlich/Hyn
der dir müpff man auff dych.

Der Füchß
Ich bin der oberst knecht deß lewen ge
nant/Trew sol dir werden bekant/Von
dem aller liebstē bůlē din/Der din aigē
wil sin/Du solt gefrwet werdeu/Ihre
vff diser erden/Des solt du tanczen vñ
springen/Und frölich dar zů singen.

Der Aff
Ich byn der vntrew knecht/Myn rat
sag ich dir recht/Ich sag es dir fürwar
Du bist ein geborner thor/Was du try
best alſo geren/Das dir kan den seckel
leren/Liest du es vnter wegen/Das
wer dynen pfennig ein gütter segen?

Das Pferd
Ich byn das stolczest pferdtlyn/Und
sag dirß auf die trwe myn/Und sag dir
nit mer dan das/Du thůst mangem gern
vberlast/Du meinſt freündschaft da mit
zů gewinnē/Das geschicht wan ein escl
lernt syden spinnē/Ich wil dir nit sagen
weder böß noch gůt/Wan du treigst ein
hofferrtygen vbermüt:

[handschriftlicher Eintrag]

VB 424,5. – BOLTE, JOHANNES: *Zur Geschichte der Punktier- und Losbücher*, in: Jahrbuch für historische Volkskunde 1, 1925, S. 185–214. – BRÉVART, FRANCIS B.: Art. 'Losbuch (gereimt)', in ²VL 5, 1985, Sp. 912–913. – ROSENFELD, HELLMUT: *Losbücher vom Ende des 15. Jahrhunderts*, in: Archiv für Geschichte des Buchwesens 4, 1963, Sp. 1117–1128. – SPECKENBACH, KLAUS: Art. 'Losbuch', in: *Reallexikon der deutschen Literaturwissenschaft*. Hg. Harald Frieke. Bd 2. Berlin, New York 2000, S. 493–495. – VOULLIÉME, ERNST (Hg.): *Losbuch. Ein scherzhaftes Wahrsagebuch gedruckt von Martin Flach in Basel um 1485*. Berlin 1923.

AS

173 Sammelhandschrift mit astrologischen und mantischen Schriften sowie Farb- und Kochrezepten

Mittelrheinisch, um 1445
Papier, 307 Bll., 37 × 26–27 cm
Die Handschrift gehörte wohl einem Würzburger Mantiker und Astrologen. Aus linksrheinischem Gebiet nach 1801 für die BN Paris konfisziert, nach 1815 (Wiener Kongreß) an die Königliche Bibliothek Berlin. SBB-PK, Ms. germ. fol. 244

Aufgeschlagen Bll. 174ᵛ–175ʳ: links der nackte Planetengott Saturn, versehen mit seinen Attributen Krücke und Sichel, zu seinen Füßen die Tierkreiszeichenbilder Steinbock und Wassermann. Rechts sind auf einem auf mehreren Ebenen angeordneten Handlungsbild die Saturnkinder zu sehen. Dargestellt sind Opfer mittelalterlicher Bestrafungsmethoden: zwei Gefangene, deren Füße oder Hände in einen Stock gezwängt dasitzen; daneben hängt ein toter Gehängter am Galgen, über dessen Kopf ein zur Leichenfledderei bereiter Rabe sitzt; darunter wird ein Mann beim Steinbrechen gezeigt. Im Zentrum des Bildes ist ein fußloser Krüppel mit Knie- und Armstützen zu sehen, der sich mühsam fortbewegt; unten folgt ein Hirte mit vier Schweinen, von denen sich zwei die Pfoten reichen.

1ʳ–191ʳ: Astrologisch-mantisch-diätetische Sammlung, umfangreichste bekannte Sammlung deutschsprachiger Geburtsprognostiken in mehreren Teilen, darin enthalten sind: 1ʳ–6ʳ: Planetenlehre; 6ᵛ–10ʳ: leer; 10ᵛ: Mondkalender; 12ᵛ, 16ᵛ: Benutzereinträge zum Jahre 1457; 11ʳ–22ᵛ: Kalender der Diözese Mainz ('Volkskalender'); 45ʳ–89ᵛ: Von den 48 Sternbildern, dt. (nach Michael Scotus); 89ᵛ–93ᵛ: Von den sieben Planeten; 95ᵛ–158ᵛ: Fünf Traktate über die zwölf Tierkreiszeichen und ihren Einfluß auf den Menschen; 160ʳ–166ʳ: Vom Einfluß der Geburtsmonate auf die Natur des Menschen; 166ʳ–172ʳ: Wochentagsprognosen; 174ʳ–191ʳ: Planetenkindertraktat; 192ʳ–194ᵛ: Phisitors Onomatomantia (Namenmantik); 195ʳ–216ᵛ: Prognostik; 217ʳ–249ʳ: illustriertes Losbuch aus den Planeten; die Fragen und das

Losinstrument fehlen; 250ʳ–284ʳ: Lehrbuch der Geomantie (Punktierkunst); 285ʳ–294ᵛ: 'Rheinfränkisches Kochbuch'; 295ʳ: drei Rezepte zur Herstellung von Goldtinten; zwei Beschwörungsformeln; 296ʳ–301ʳ: Anleitungen zur Herstellung von Farben für die Buch- und Ölmalerei; 302ʳ–303ᵛ: Badevorschriften; 304ʳ–306ʳ: medizinische Rezepte; Fragment einer Chiromantie, einer Anweisung zur Handlesekunst; astronomische Zeichnung (die drei letzten Bll. wurden beim Neueinband am Ende der Hs. eingefügt).

Die ungewöhnlich aufwendig ausgestattete großformatige Sammelhandschrift, deren Titel 'Planeten geschrieben' auf dem Buchschnitt vermerkt ist, überliefert im Rahmen dieses umfassenden Lehrbuches der Astronomie und Astrologie die umfangreichste bekannte Sammlung deutschsprachiger Geburtsprognostiken. Außerdem enthält sie verschiedene medizinische Rezepte, Anweisungen zur Herstellung von Tinten und Farben sowie das 'Rheinfränkische Kochbuch'. Besondere Aufmerksamkeit verdienen die vier seltenen Traktate aus der Praxis spätmittelalterlichen Wahrsagens. Dazu zählt zum einen die älteste bekannte deutschsprachige Namenmantik, 'Phisitors Onomatomantia'. Bei dieser Art der Zukunftsprognostik wurden den Buchstaben des Alphabets Zahlwerte zugeordnet. Die Buchstaben des Namens eines Fragestellers wurden in Zahlwerte umgesetzt und addiert, der Monatstag, an dem z. B. eine Krankheit begonnen hatte, hinzu gezählt und alles durch 29 geteilt. Die mantische Valenz der Restsumme konnte in sechs eingezeichneten Feldern mit positiver oder negativer Bedeutung abgelesen werden, womit die Frage, beispielsweise nach dem Ausgang eines Zweikampfes, einer Krankheit oder auch nach dem Wohlergehen eines Abwesenden beantwortet war.

Weil das Losinstrument, wohl eine Wählscheibe, fehlt, ist das in der Handschrift außerdem enthaltene Losbuch mit der Zukunftsprognostik von Propheten lediglich fragmentarisch erhalten. Eine gebräuchliche und in dieser Handschrift ebenfalls dokumentierte Art der Zukunftsprognostik war die ursprünglich aus dem Vorderen Orient stammende Geomantie, die Weissagung aus der Erde. Nach längerer Konzentration auf eine Frage ermittelte der Geomant die geomantische Figur, indem er viermal hintereinander eine Reihe von Punkten im Sand, auf Wachs, Ton oder Papier markierte. Danach wurden die Punkte in jeder der vier Gruppen gezählt. Für eine Gruppe mit ungerader Zahl setzte der Geomant wiederum einen Punkt, für eine mit gerader Zahl zwei Punkte nebeneinander. Je nach der Abfolge der geraden und ungeraden Punkte ergab sich die Möglichkeit zur Bildung von insgesamt sechzehn geomantischen Figuren, die festgelegte Namen und eine bestimmte Bedeutung hatten; sie sind auf 253ᵛ dargestellt. Die Figuren konnten mit Hilfe eines in 12 Felder geteilten Quadra-

tes, des sogenannten „geomantischen Spiegels", gedeutet werden. Sie funktionieren als Wegweiser zu Orakelsprüchen, die in diesem geomantischen Lehrbuch von vier Müttern, vier Töchtern, vier Nichten, zwei Zeugen und zwei Richtern verkündet werden, die je sechzehn Antworten auf sechzehn Fragen bieten. Im 'Liber Experimentarus' des (Pseudo-) Bernhardus Silvestris wird als Modifikation des Prozesses bereits die Verwendung eines Würfels mit vorgezeichneten Zahlen erwähnt, die der Fragende zu berühren hatte, ohne einen Blick darauf zu werfen. Der Besitz von geomantischen Schriften und die Ausübung der Sandwahrsagekunst wurde bereits zu Beginn des 14. Jahrhunderts von der Kirche offiziell als Form des Aberglaubens verboten, erlebte aber gleichwohl unter dem Namen Punktierkunst im 17. und 18. Jahrhundert als Gesellschaftsspiel eine Renaissance.

Besonderen Wert erhält dieser Codex durch seine 158 meist großformatigen kolorierten Federzeichnungen, die drei gemeinsam in einer Werkstatt tätige Illustratoren ausführten. Die meisten Illustrationen befinden sich im ersten Teil der Handschrift und können hier nur summarisch erwähnt werden (detailliert in: Kat. deutschsprach. illustr. Hss.): Einer Geburtsprognostik zugeordnete Abbildungen sind u. a. die Sternbilder des Tierkreises in Verbindung mit Monatsbildern, auf denen die in den einzelnen Monaten des Jahres üblichen Tätigkeiten dargestellt sind (11ᵛ–22ᵛ). Großformatige, teilweise ganzseitige Darstellungen einzelner Stern- und Planetenbilder folgen (45ʳ–93ᵛ). Fünf Traktate von den Tierkreiszeichen und ihrem Einfluß auf die Menschen schließen sich an (mit den Bildern von zwölf Jungfrauen, deren Charaktereigenschaften in Relation zu dem Sternbild, in dem sie geboren sind, zusammengefaßt werden) (95ʳ–139ᵛ, 142ʳ⁻ᵛ). Danach: Vom Lauf der Sonne durch die Tierkreiszeichen und ihrem Einfluß auf den Menschen, Monatsbilder und eine Planetenlehre (144ʳ–190ʳ) sowie die Porträts einiger Propheten (217ʳ–249ʳ). Die vielfältigen Initialen sind meist in Gold-, Silber- und Farbtinten ausgeführt und zum Teil mit Ranken, Gesichtern und Profilfratzen versehen. Abgesehen von einer Schreibhand, die den Haupttext in rheinfränkischer Mundart zu Papier brachte, lassen Nachträge von anderen Händen auf eine lange Benutzungsgeschichte und ein besonderes Interesse am Inhalt dieser Handschrift schließen.

DEGERING I, S. 35. – WEGENER S. 55–59. – Kat. deutschspr. illustr. Hss. I, S. 341, Nr. 11.4.5., S. 375–381, Abb. 230, 231. – Ausst.kat. Berlin 1988, S. 198. – Art. Geomantie, in: HWDA 3, Sp. 635–647. – ABRAHAM, WERNER: Gereimtes Losbuch. Codex Vindobonensis Series Nova 2652. In: ZfdPh 90 (1971), S. 70–82. – BINI, DANIELE u. a.: Astrologia. Art and Culture in the Renaissance. Modena 1996. – BOLTE, JOHANNES (Hg.): Georg Wickrams Werke, Bd. 4 (= Bibl. d.

lit. Ver. Stuttgart 230), Tübingen 1903, V–XXXII, S. 1–93, 276–349, bes. S. 292 f., 296, 309. – DERS.: *Zur Geschichte der Punktier- und Losbücher. In: Jahrbuch für historische Volkskunde 1 (1925), S. 185–203.* – BRÉVART, FRANCIS B./GUNDOLF KEIL: *Planetentraktate (und 'Planetenkinder'-Texte), in: ²VL 7, Sp. 715–723.* – EIS, GERHARD: *Wahrsagetexte des Spätmittelalters. Darin: Die Sandkunst der sechzehn Richter (= Geomantie), S. 7–13, 29–48; 'Phisitors Onomatomantia', S. 13–16, 49–52.* – *Jahreszeiten der Gefühle. Das Gothaer Liebespaar und die Minne im Spätmittelalter. Hg. v.* ALLMUTH SCHUTTWOLF. *Katalog der Ausstellung auf Schloß Friedenstein in Gotha, 1998, S. 100 f.* – MAZAL, OTTO: *Die Sternenwelt des Mittelalters. Graz 1993.* – MÜLLER, UTE: *Deutsche Mondwahrsagetexte aus dem Spätmittelalter. Diss. Berlin 1971.* – *Münchner Kochbuchhandschriften aus dem 15. Jahrhundert. Hg. v.* TRUDE EHLERT. *Donauwörth 1999, S. 286–303.* – PALMER, NIGEL/KLAUS SPECKENBACH: *Träume und Kräuter. Studien zur Petroneller 'Circa instans'-Handschrift und zu den deutschen Traumbüchern des Mittelalters (= Pictura et poesis; Bd. 4). Köln, Wien 1990, S. 178 f., 215, 218–220.* – *Rheinfränkisches Kochbuch (um 1445). Text, Übersetzung und Anm. von Thomas Gloning, Kommentar von* TRUDE EHLERT. *Donauwörth 1998.* – TROTTEIN, GWENDOLYN: *Les Enfants de Vénus. Art et Astrologie à la Renaissance. Paris 1993, S. 56–59.*

BJK

X.3 Astronomie

Astronomie – Kalender

Im Unterschied zur Astrologie und den mit dieser eng verbundenen Arbeiten zu Kalendern ist die Zahl deutschsprachiger astronomischer Texte im Mittelalter recht gering. Wer sich in dieser Zeit für die Astronomie interessierte, beherrschte in der Regel die lateinische Sprache als Voraussetzung für das Verständnis astronomischer und mathematischer Zusammenhänge. Aus diesem Grunde ist verständlich, daß es von fundamentalen astronomischen Werken, in denen die Lehren der Astronomie, einschließlich der Bewegung der Planeten, der Sonne und des Mondes in ihren technischen und mathematischen Einzelheiten dargestellt wurden, keine deutschen, im weiteren Sinne keine volkssprachigen Übersetzungen gibt.

Diesem Umstand entsprechen auch die mittelalterlichen deutschsprachigen Handschriften der Berliner Staatsbibliothek zu diesen Themenkreisen. Es handelt sich entweder 1. um Texte zur allgemeinen Naturkunde unter Einschluß der Astronomie, 2. um elementare Darstellungen der Astronomie, oder 3. um Arbeiten zum Kalenderwesen. Insofern ist die thematische Breite stark eingeschränkt.

Zu 1. Abschriften und Bearbeitungen von Konrad von Megenbergs 'Buch der Natur' liegen in der Berliner Staatsbibliothek in mehreren Exemplaren vor: Ms. germ. fol. 696 (Kat. 174), 912, 987, 1048, 1068 (Kat. 169), 1174 (Kat. 175) und 1279. Diese Zahl der Handschriften resultiert aus der großen Beliebtheit dieser ersten Naturgeschichte in deutscher Sprache, von der heute über 100 Handschriften bekannt sind. Das Buch wendet sich vor allem an gebildete Laien sowie an Geistliche, die in ihren Predigten allegorische Einarbeitungen aus dem Reich der Natur zur bildhaften Darstellung biblischer Erzählungen, zur Erbauung und zu moralischer Belehrung ihrer Gemeinden heranziehen wollten.

In den Bereich der belehrenden Unterhaltung gehört der 'Lucidarius' (Kat. 180), der in der häufig gewählten, für didaktische Schriften beliebten Dialogform zwischen einem erfahrenen Lehrer und seinem bildungsbeflissenen Schüler verfaßt wurde. Für solcherart Schriften bestand ein großer Bedarf. Der 'Lucidarius' war sehr beliebt; es erschienen etwa 80 Drucke und noch heute sind 68 Handschriften bekannt.

Zu 2. Die beiden Handschriften zur elementaren Astronomie (Kat. 169 und 174) sind sowohl mit Konrad von Megenberg, als auch mit Johannes de Sacrobosco verbunden. Beide sind bearbeitete Übersetzungen der um 1230 entstandenen 'Sphaera' des Pariser Professors. Dieses Buch richtet sich an Benutzer ohne tiefere Vorkenntnisse. Behandelt werden der (geozentrische) Bau der Welt, die ruhende Lage der Erde in der Weltmitte und deren Kugelgestalt, die Kreise des Himmels (Äquator, Ekliptik, Wendekreise, Tierkreis usw.), die Klimazonen der Erde, die Auf- und Untergänge der Gestirne, die Bewegung der Planeten sowie die Sonnen- und Mondfinsternisse (HAMEL). Wegen der klaren didaktischen Aufbereitung, der einfachen, auf jegliche mathematische Ableitung verzichtenden Darstellung, wurde das Werk zu einem der erfolgreichsten Bücher in der Geschichte der Astronomie. Es ist in zahlreichen lateinischen Handschriften überliefert und seit dem Erstdruck in Ferrara 1472 bis um 1600 in mehr als 160 Ausgaben erschienen. Besonders erfolgreich wurden die von Philipp Melanchthon herausgegebenen Ausgaben in Wittenberg ab 1531, die ab 1538 zusammen mit Johannes de Sacroboscos Arbeit über den Kalender erschienen. Der Übersetzer der ersten Handschrift ist unbekannt, die zweite stammt von Konrad von Megenberg.

Zu 3. Die Handschriften zum Thema Kalender stellen in ihrer Auswahl verschiedene Stadien seiner Entstehung dar. Ein sogenannter 'Immerwährender Kalender' (Calendarium perpetuum, Kat. 180) enthält kalendarische Grunddaten, mit deren Hilfe es möglich ist, sich für ein beliebiges Jahr den gültigen Kalender abzuleiten. Der Kalender des Johannes Regiomontanus in einer bearbeiteten Übersetzung (Kat. 178) spezifiziert die Kalender-daten für die Jahre 1475 bis 1513, bzw. bei den Finster-nissen bis 1530. Beide Handschriften sind zwar sauber geschrieben und teilweise koloriert, stellen aber doch Gebrauchshandschriften mit vielen Benutzungsspuren dar.

Ganz anders die beiden folgenden illuminierten Handschriften. Beide sind sorgfältig gestaltet, wenn auch auf ganz unterschiedlichem Niveau. Der kleine Faltkalender (Kat. 181) weist in allen Teilen naive Bildchen mit stark vereinfachten Darstellungen auf. Doch ist die Anordnung in Hinsicht auf die nur bei be-stimmter Faltung sichtbaren kalendarischen Aussagen gut durchdacht und die künstlerische Ausführung an-sprechend. Ganz anders natürlich der Glockendon-Kalender für 1526 (Kat. 182). Er steht in der Tradition künstlerisch aufwendig, mit hoher Meisterschaft gestal-teter, illuminierter immerwährender Kalender, wie sie in den Stundenbüchern eine weite Verbreitung fanden. Sol-cherart Handschriften waren nicht für den täglichen Ge-brauch gedacht, sondern als Meisterwerke der Buch-kunst, als wertvolles Geschenk oder Repräsentations-stück einer privaten Buchsammlung geschaffen.

HAMEL, JÜRGEN: *Geschichte der Astronomie. Von den Anfängen bis zur Gegenwart. Basel (u. a.) 1998, S. 110–116.*

JH

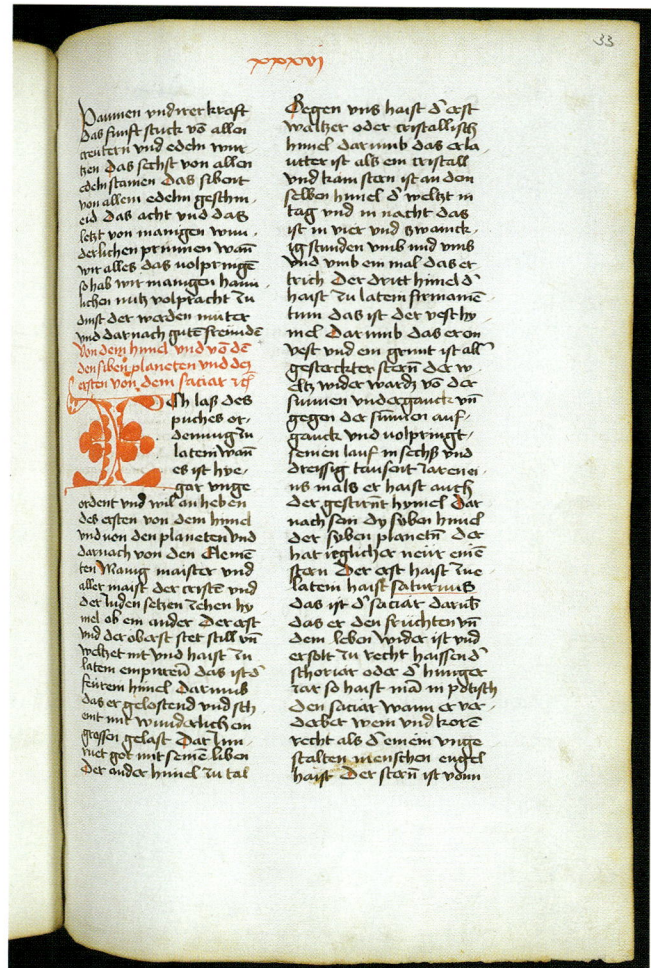

Kat. 174, Bl. 33ʳ

174 Konrad von Megenberg: Buch von den natürlichen Dingen

Bayern (Nürnberg?), 15. Jh., 3. Viertel (nicht vor 1459)
Papier, I (Pergament) + 412 + I (Pergament) Bll., 31 × 22 cm
Erworben 1851.
SBB-PK, Ms. germ. fol. 696

Aufgeschlagen Bl. 33ʳ (= Bl. 36ʳ der alten Foliierung): Beginn des Kapitels zur Astronomie, *Von dem Hymel vnd von den siben planeten vnd des ersten von dem satiar.*

2ʳᵃ–10ᵛᵇ Register für die gesamte Hs.; 13ʳᵃ–224ᵛᵃ Konrad von Megen-berg: Buch von den natürlichen Dingen; 226ʳᵃ–292ʳᵇ Papstchronik, deutsch, aus dem Chronicon pontificum et imperatorum des Mar-tinus Oppaviensis, weitergeführt bis Pius II.; 297ʳᵃ–307ᵛᵇ Flores tem-porum, deutsch, bis zum 5. Weltalter; 310ʳᵃ–377ʳᵃ Kaiserchronik, deutsch, aus dem Chronicon pontificum et imperatorum des Mar-tinus Oppaviensis, weitergeführt bis König Sigismund (regierte 1410–1438, römischer Kaiser seit 1433); 383ʳᵃ–393ʳᵃ Provinciale Romanum, deutsch; 393ᵛᵃ–406ᵛᵇ Kaiser Karl IV.: Goldene Bulle, deutsch; 407ʳᵃ–410ᵛᵃ Varia, darunter eine Aufzählung (407ʳᵃᵇ) der christlichen Orden, *die der romisch kunig Sigmund hat lassen malen zw Costnitz in der kirchen zu den Augustinern* und (409ᵛᵃ–410ʳᵇ) eine Chronik der Hochmeister des Deutschen Ordens bis 1411; zeit-genössischer dunkelbrauner aber schmuckloser Lederband über

Holzdeckeln, dessen gravierte Schließenbleche mit hervorstehenden kugelförmigen Nagelköpfen befestigt sind, für die der Einbandfor-scher ERNST KYRISS nur Nürnberger Beispiele gefunden hat.

Die Handschrift besteht äußerlich aus drei Teilen (Blatt 2ʳᵃ–224ᵛᵃ, Blatt 226ʳᵃ–292ʳᵇ, Blatt 297ʳᵃ–410ᵛᵃ), wobei jeder Faszikel von einem Schreiber auf eigenem Papier hergestellt wurde. Inhaltlich gliedert sich der Band in zwei Komplexe, einen naturwissenschaftlichen (Teil 1) und einen historisch-chronikalischen (Teil 2 und 3). Gegenstand des naturwissenschaftlichen ist der Text Konrads von Megenberg. Der historisch-chronikalische Teil ist wiederum auf zwei Schreiber aufgeteilt, die sich zunächst die Aufgabe teilten, das Chronicon des Mar-tinus Oppaviensis zu kopieren, wobei beide Schreiber unterschiedlich weit vorangekommen sind. Der erste Schreiber übernahm die Chronik der Päpste mit der Fortsetzung bis auf Papst Pius II. Der Bericht über die-sen Papst (inthronisiert 1458) reicht allerdings nur bis ins zweite Jahr und bleibt unvollendet. Außerdem blieben im Text die Stellen, in denen die Dauer seines Pontifikats eingetragen werden sollten, leer. Daraus wäre zu schließen, daß der Schreiber entweder während der Amtszeit Pius' II. schrieb, oder daß seine Arbeit aus unbekannten Gründen an diesem Punkt unterbrochen wurde. Auch die Arbeit des zweiten Schreibers, der die Kaiserchronik übernommen hatte, blieb ohne Abschluß, die Fortsetzung des Werkes des Martinus Oppaviensis endet nach der Darstellung der Regierung König Sigismunds mit der bloßen Nennung des Namens seines Nachfolgers Albrecht II. (Regierungsantritt 1438). Die restlichen Blätter der Lage bleiben leer. Die anschließenden Texte von demselben Schreiber werden von einer kleinen Serie chronikalischer Abschnitte beschlossen, die u. a. Ereignisse in Bayern, insbesondere in Nürnberg beschreiben. Die am Ende (Blatt 410$^{rb–va}$) stehende, auf das Jahr 1421 datierte Liste der sich in diesem Jahr in Nürnberg aufhaltenden städtischen Boten macht wieder einen unfertigen Eindruck. Alle Texte sind in zwei Spalten auf regelmäßig angelegtem Zeilenschema und in gut lesbarer Bastarda geschrieben. Während der erste Teil der Handschrift mit einigen künstlerisch unbedeutenden zweifarbigen Initialen mit grober Binnenzeichnung ausgestattet ist, hat der Rubrikator des zweiten Teils eleganter gearbeitet.

Dem Werk des Konrad Megenberg, *Das ist das puch von den natürlichen dingen das Hat zu teutsch gemacht maister Cunradt von mengenberg*, kurz das 'Buch der Natur' genannt, kommt als der ersten Naturgeschichte in deutscher Sprache eine sehr große Bedeutung zu. Es ist nicht durchgängig ein schöpferisches Werk, doch zeugt es von eigenen Naturbeobachtungen und Studien des Autors, wobei hier nur für die der Astronomie gewidmeten Teile gesprochen werden kann (Blatt 33ra–43ra). Konrad behandelt die sieben klassischen Planeten in der Reihenfolge Saturn, Jupiter, Mars, Sonne, Venus, Merkur und Mond (nur kurz streift er zum Beginn das Empyräum, den Kristallhimmel und das Primum mobile). Für jeden Planeten gibt er sowohl in astronomischer Sicht dessen Stellung im geozentrischen Weltsystem, als auch dessen Umlaufzeiten und sein Aussehen, sowie dessen astrologische Charakteristik. Die Kapitel über das Feuer und die Luft leiten über zu den Kometen, die zu Konrads Zeit (bis ins 17. Jahrhundert hinein) als brennende Ausdünstungen in der Erdatmosphäre galten. Betreffend die angenommenen Wirkungen der Kometen als Unglückssterne nimmt Konrad einen bemerkenswert rationalen, naturkundlichen Standpunkt ein, den er mit eigenen Beobachtungen des Kometen von 1337 in Paris verbindet. Weitere Kapitel

sind der Milchstraße, den Tiefen der Welt, dann den Winden, Lichterscheinungen um die Sonne (Halos), dem Regenbogen, dem Wasser usw. gewidmet. Ist Konrads wichtigste Quelle der 'Liber de natura rerum' des Thomas von Cantimpré, so schöpft er u. a. doch auch aus Isidors 'Etymologien', Bartholomäus' von Anglicus 'Liber de proprietatibus rerum' u. a. und meint, er habe seine Vorlagen um etwa ein Drittel erweitert. Konrads *puch von den natürlichen dingen* war für den Bereich der Laienbildung von sehr großem Einfluß, wovon allein schon die noch vorhandenen mehr als 100 Handschriften (vgl. Kat. 175) sowie mindestens acht Drucke (Erstdruck Augsburg: J. Bämler, 1475; Hain 4041) zeugen. Bemerkenswert ist seine konsequente Übersetzung lateinischer Fachtermini ins Deutsche, mit der er eine große Bedeutung in der Geschichte der deutschen wissenschaftlichen Fachsprache erlangt. Für die Planeten hat er die Namen satiar (Saturn, *darumb das er den früchten und dem leben wider ist und er solt zu recht haissen der storiar oder der hungeriar*, Blatt 36 unten), *helffuater* (Jupiter), *streitgot* (Mars), *sunne* (Sonne), *morgensteren* (Venus), *Kaufher* (Merkur), *manne* (Mond), die *geschöpften sterne* sind die Kometen (DESCHLER).

Konrad von Megenberg (1309–1374) stammt aus einer verarmten Ministerialenfamilie Mittelfrankens, aus der Nähe von Nürnberg, kam zunächst zum Schulbesuch nach Erfurt und studierte in Paris, wurde hier magister artium und lehrte an der dortigen Universität. Nach mehreren diplomatischen Missionen, darunter an der päpstlichen Kurie, nahm er die Stelle des Rektors der Wiener Stephansschule (ab 1365 Universität) an. 1348 ging er nach Regensburg, wurde Dompfarrer von St. Ulrich und lebte dort ab 1363 als Domherr (STEER, Sp. 222).

DEGERING *1, S. 77*. – DESCHLER, JEAN-PAUL: *Die astronomische Terminologie Konrads von Megenberg. Ein Beitrag zur mittelalterlichen Fachprosa (Europäische Hochschulschriften I, 171). Bern 1977*. – JOHANEK, PETER: *Art. 'Bruder Hermann II', in: ²VL 3, Sp. 1051*. – GRAF, KLAUS: *Exemplarische Geschichten. Thomas Lirers 'Schwäbische Chronik' und die Gmünder 'Kaiserchronik' (Forschungen zur Geschichte der älteren deutschen Literatur 7). München 1987, S. 193*. – STEER, GEORG: *Art. 'Konrad von Megenberg', in: ²VL 5, Sp. 221–236*.

JH/KH

Kat. 175, Bl. 29^r

Center: Asia dz ertreich / Affrica · Europa

Hie wil sagen der maister des ersten von den himeln vnd von
den planeten darnach von den vier elementen Als die figur
hie gegenwurteklich zaigt dz bewert ist von den maistern Juden vnd
ich wil an heben des ersten vo~ den himeln vnd von den pla=
neten darnach von den elementen etwan maister vnd aller maist
der cristan vnd der Juden leres setzent zehen himel ob ain ander
der erste vnd der obrist himel stat stille vnd weltzt nicht der
haisset zu latin Empireum das ist der fiurin himel dar
vmb das er glisset vnd schint mit wunderlichem glaste dar
in rüst gott sinen lieben Der ander himel ze tail gegen mo~ genhalb

175 Konrad von Megenberg: Buch von den natürlichen Dingen

Süddeutschland (alemannischer Sprachraum), 15. Jh., 2. Hälfte
Papier, 73 Bll., 30 × 21,5 cm
Vorbesitzer: Bis 1850 Buchhandlung Fincke, Berlin; 1850–1895
George Stephens, Stockholm; 1896 Ankauf durch die Königliche
Bibliothek.
SBB-PK, Ms. germ. fol. 1174

Aufgeschlagen Bl. 29ʳ: Kreisschema des Universums.

1ʳᵃ–28ᵛᵃ Abhandlungen zum Kalender, darin (4ᵛ–10ʳ) Kalender mit
folgenden Bestandteilen: Neumondtafel, Goldene Zahl, Sonntagsbuchstabe, römische Tageszählung, Heiligenkalender (nur die Hauptfeste des Kirchenjahres) mit den Tagen des Eintritts der Sonne in ein
neues Tierkreiszeichen und Lunarbuchstaben, außerdem (12ᵛ) eine
Mondzyklus- und (13ʳ) eine Mondaltertafel, 24ᵛᵇ–28ᵛᵃ zum Aderlaß
(Körperstellen, Termine, Techniken usw.); 29ʳ–73ᵛᵇ Konrad von Megenberg: Buch von den natürlichen Dingen, zum Schluß unvollständig; Bibliotheksband.

Im Jahre 1850 kaufte die Königliche Bibliothek auf einer
Auktion des Berliner Buchhändlers Fincke etliche, auch
deutsche Handschriften. Die hier zu besprechende
Handschrift wurde damals jedoch von dem Stockholmer
Bibliophilen George Stephens (1813–1895) ersteigert,
der diesen Ankauf nebst weiteren Notizen zum Inhalt
auf den vorderen, wohl von ihm eingefügten Vorsatzblät-
tern vermerkte. Erst 1896, als diesmal seine Bibliothek
durch das Antiquariat Otto Harrassowitz in Leipzig veräußert wurde, kam auch diese Handschrift nach Berlin.
Wasserzeichen des Papiers, Schreibsprache und der rot
geschriebene Eintrag des Festes am 26. November für
den hl. Konstanzer Bischof Konrad im Heiligenkalender
können ein Indiz dafür sein, daß die Handschrift in der
Diözese Konstanz entstanden ist. Sie ist von einem
Schreiber in zwei Spalten mit regelmäßiger Zeilenauftei-
lung in einer schlaufigen Bastarda geschrieben worden,
die schon eine starke Neigung zur Kursive aufweist. An
den Stellen, wo der Schreiber in der Kalendererklärung
Platz für die Darstellungen der Tierkreiszeichen gelassen
hatte, fehlen sie. Statt dessen hat dort eine spätere Hand
zur Orientierung ihre Bezeichnungen eingetragen. Der
erste Texte unterweist den Leser in einem ausführlichen
kalendertheoretischen Traktat im Umgang mit dem
Kalender selbst, aber auch mit verschiedenen weiteren
astronomischen bzw. astrologischen Tafeln, die zur Illustrierung und Unterstützung dem Text beigegeben sind.
Legt man allerdings die Inhaltsübersicht auf der ersten
Seite zugrunde, dann müssen einige Blätter, z. B. eines
mit Aderlaßmann, verlorengegangen sein. An zweiter
Stelle steht das Werk Konrads von Megenberg, das unter der
Kat. 174 eingehend besprochen ist. Den Anfang dieses
Textes, der den Hauptteil der Handschrift einnimmt,

ziert auf Blatt 29ʳ ein über den Schriftraum hinausragen-
des Kreisschema des Universums. Dem geozentrischen
Weltsystem entsprechend umkreisen zwischen dreifachem
Himmelsgewölbe und den drei Atmosphären
(Wasser, Luft und Feuer) Sonne, Mond und Planeten die
Erdscheibe; die Umlaufzeiten notierte der Schreiber in
die jeweilige Bahn. Die drei damals bekannten Erdkonti-
nente Asien, Europa und Afrika sind nach dem Vorbild
der in dieser Zeit gebräuchlichen sogenannten T-Karte
in der Form des Buchstaben T angeordnet.

DEGERING 1, S. 162. – *Verzeichniss der ausgezeichneten Bücher-
Sammlung… von dem Lager der früher Fincke'schen Buchhandlung,
welche… durch Th. Müller versteigert werden soll. Berlin 1850,
S. 143 Nr. 26.* – *Otto Harrassowitz. Katalog 221. Leipzig 1896,
Nr. 15.* – MÜLLER, UTE: *Deutsche Mondwahrsagetexte aus dem
Spätmittelalter. Diss. FU-Berlin 1971, S. 186–189.* – *Zum Vorbesitzer
George Stephens s. Svenska män och kvinnor. Biografisk uppslagsbok.
Bd. 7. Stockholm 1954, S. 218–219.*

JH/KH

176 Johannes de Sacrobosco: Das Puechlein von der Spera; Arnold von Freiburg: Libellus Isagogicus des Alkabitius (al-Qabisi)

Wien, um 1385
Pergament, 59 Bll., 31,5 × 25 cm
Vorbesitzer: Mit der Bibliothek Karl Ferdinand von Naglers 1835
erworben.
SBB-PK, Ms. germ. fol. 479

Aufgeschlagen Bl. 15ʳ: Tierkreis mit Weltbild.

1ʳᵃ–14ᵛᵃ Johannes de Sacrobosco: Das Puechlein von der Spera; 15ʳ
Tierkreisabbildung; 16ʳᵃ–51ᵛᵃ Arnold von Freiburg: Libellus Isagogicus des Alkabitius (al-Qabisi); angebunden sind zwei lateinische
Fragmente aus der 1. Hälfte des 15. Jhs: 52ʳᵃ–57ᵛᵇ Missale (Bll. in
konfuser Ordnung), Bayern (?); 58ʳᵃ–ᵛᵇ Nicolaus de Lyra: Postilla
super Psalterium, Anfang mit Zierseite, Langenzenn (?), Augustiner-
Chorherren von Langenzenn; heller Schweinslederband des 18. Jhs.

Der Hauptteil mit den beiden astronomischen Texten ist
von einem Schreiber in sorgfältiger, klarer Textura in
zwei Spalten geschrieben, nach dem Urteil GERHARD
SCHMIDTS (s.u.) um 1385 in Wien. Während die Kapitelanfänge mit unkünstlerischem, rot-blauem Fleuronnée gekennzeichnet sind, werden die Seiten der Text-
bzw. der Buchanfänge im zweiten Text durch prächtige
Zierinitialen im 'niederösterreichischen Randleistenstil'
(SCHMIDT) hervorgehoben: An die farbigen Initialbuchstaben auf mehrzeiligem gerahmten Goldgrund schließen sich bordürenartige Ranken an, auch diese sind

Kat. 176, Bl. 15ʳ

mehrfarbig, teilweise golden. Die Ranken wie den Buchstabengoldgrund durchziehen markante, weiß gehöhte und ornamental verschlungene Linien. Auf den Zierleisten sitzen Tiere, zumeist aus der Vogelwelt, und Fabelwesen. In den dem 'Puechlein' beigegebenen erläuternden Kreisschemata sind Sonne und Mond mit Gold und Silber hervorgehoben. Neben der Tierkreistafel steht als einzige weitere farbige Darstellung unten auf Blatt 3ʳ eine Miniatur, die in diesem Fall die Hydrosphärenkrümmung als Beweis für die Kugelgestalt der Erde nicht ganz einleuchtend zu erklären vermag (bessere Beispiele im Kat. deutschspr. illustr. Hss. 1, Abb. 173 und 175). Diese Abbildung gehört zum Standardbestand aller späteren Elementarlehrbücher der Astronomie bis ins 17. Jahrhundert hinein, für die das Werk des Johannes de Sacrobosco das verbindliche Vorbild darstellte.

Der Text des 'Puechleins von der Spera' (BRÉVART 1979) wurde um 1230 von dem aus dem englisch-schottischen Kulturbereich stammenden Johannes de Sacrobosco (gest. 1256 oder 1244), Professor an der Pariser Universität, verfaßt. Es ist ein Elementarlehrbuch der sphärischen Astronomie (THORNDIKE), das sicherlich als Lehrbuch für die eigenen Vorlesungen konzipiert wurde. Von der Übersetzungsversion des 'Puechleins von der Spera' sind zehn Handschriften überliefert, von denen neben der vorliegenden besonders die in der Pierpont Morgan Library New York (Ms. 722, Blatt 1ʳ–18ʳ, 1. Viertel 15. Jahrhundert), zu nennen ist, welche ebenfalls den 'Libellus Isagogicus' von Alcabitius enthält (ebd., 18ᵛ–48ᵛ). Die Berliner Handschrift (bei BRÉVART als Leithandschrift) diente offenbar als Vorlage für die New Yorker. Sie ist nicht nur die ältere, sondern auch vollständiger als jene, und auch die Illustrationen der New Yorker Handschrift gehen im Detail auf die Berliner zurück. Weitere Übersetzungen der 'Sphaera' wurden von Konrad von Megenberg sowie Konrad Heinfogel angefertigt (vgl. Kat. 169 und 174). Die Abbildung auf Blatt 15ʳ, *Dy figur der Epycikel der stende der richtungen der hinderunge vnd der grossesten hohe aller planeten vnd des mondes snellichait vnd negichait*, erklärt in lateinischer Beschriftung die Bewegungen des Mondes, der Sonne und der Planeten durch den Tierkreis, ihre wechselnden Abstände von der Erde und ihre scheinbar veränderliche Bewegungsgeschwindigkeit. Dieses Modell folgt der Planetentheorie des Ptolemäus, bei dem die Planeten (einschließlich Sonne und Mond) sich nicht direkt um die Weltmitte (d. i. der Mittelpunkt der Erde, *centrum mundi*) bewegen, sondern der Planet zunächst seine Bewegung auf einem Aufkreis (Epizykel, *epiciclus*) vollführt, dessen Mittelpunkt wiederum auf einem Trägerkreis (Deferent, *deferens*) geführt wird. Die Sonnenposi-

tion ist auf dem Bild deutlich mit dem Eingang in das Zeichen des Krebses angegeben, es ist dies der Tag der Sommersonnenwende, des Sommeranfangs. Die Darstellung der Himmelskreise und der Tierkreiszeichen folgt der Tradition.

Gibt der Text der 'Spera' die Grundlagen der Astronomie, so ist die darauf folgende Übersetzung des 'Libellus Isagogicus' von Alcabitius (al-Qabisi) mit den Grundlagen der Horoskopauslegung eines der wichtigsten astrologischen Werke des späten 15. und frühen 16. Jahrhunderts (Erstdruck Venedig: E. Ratdolt, 1482; GW 843). Der lange Zeit am Hof des Saif ed Daula in Mossul wirkende Autor schuf mit dieser Einleitung in die Kunst der Sterndeutung ein Buch, das 1142 durch Johannes von Sevilla (Hispalensis) ins Lateinische übersetzt wurde und in dieser Version der vorliegenden deutschen Übersetzung zugrunde liegt.

Den Besitzer des Bandes wird man am ehesten in einem Vertreter der nichtakademisch gebildeten oberen Schichten vermuten dürfen, der mit dieser zurückhaltend und geschmackvoll illuminierten Handschrift sein Interesse an den Wissenschaften und seine Gelehrsamkeit ausdrücken wollte, die sich jedoch nicht auf die lateinische Sprache erstreckte.

DEGERING 1, S. 53. – WEGENER, S. 15–16. – THORNDIKE, LYNN: *The sphere of Sacrobosco and its commentators. Chicago 1949.* – SCHMIDT, GERHARD, in: *Ausstellung Gotik in Österreich (Schriftleitung Harry Kühnel). Krems an der Donau 1967, S. 150 Nr. 81.* – BISANZ, HANS, in: *Wien im Mittelalter. 41. Sonderausstellung des Historischen Museums der Stadt Wien, Karlsplatz 18. 12. 1975 – 18. 4. 1976. Wien (1975), S. 129 Nr. 311.* – ASSION, PETER: *Art. 'Arnold von Freiburg', in: ²VL 1, Sp. 470–471.* – BRÉVART, FRANCIS B. (Ed.): *Johannes de Sacrobosco. Das Puechlein von der Spera (Litterae. Göppinger Beiträge zur Textgeschichte 68). Göppingen 1979.* – BRÉVART, FRANCIS B.: *Art. 'Johannes de Sacrobosco', in: ²VL 4, Sp. 734 (II.1b).* – Kat. deutschspr. illustr. Hss. 1, S. 344–346 Nr. 11.1.1. (Lit.). – HAMEL, JÜRGEN: *Geschichte der Astronomie. Von den Anfängen bis zur Gegenwart. Basel (u. a.) 1998, S. 110–116.*

JH/KH

177 Astrolab

Spanien, 1029
Messing, Durchmesser 13,5 cm
Vorbesitzer: Mit der Sammlung des Mediziners und Orientalisten Aloys Sprenger 1857 erworben.
SBB-PK, Orientabteilung, Nachl. Sprenger 2050

Die in der bekannten Grundform in zahlreichen Exemplaren erhaltenen Astrolabien wurden von islamischen Astronomen entworfen. Das Astrolab stellt sowohl ein Beobachtungsinstrument, als auch ein Rechengerät dar und erforderte zu seiner Herstellung weitgehende mathematische und astronomische Kenntnisse. Das im Jahre 1029 entstandene Exemplar umfaßt neun verschiedene, beidseitig bearbeitete Einlegscheiben zur Darstellung des Himmels in verschiedenen Orten, darunter die auch hebräisch beschriftete für Cordoba. Die Kenntnis des Astrolabs drang seit dem 10. Jahrhundert über das westliche Kalifat in Spanien nach West- und Mitteleuropa, verbunden mit der zum großen Teil bis heute erhaltenen Übernahme zahlreicher arabischer astronomischer Termini und Sternnamen in die lateinische Fachsprache der Astronomie. Seit dieser Zeit wurden zahlreiche Handschriften zu der mit anspruchsvollen Berechnungen verbundenen Konstruktion, zur Herstellung und zur Berechnung der Örter der Astrolabsterne verfaßt. Die deutsche Handschrift Hdschr. 384e (Kat. 178) zum Kalender des Johannes Regiomontanus enthält im Anhang die Darstellung eines Astrolabs mit einer aus Papier ausgeschnittenen drehbaren Scheibe (Rete) mit Sternpositionen.

Jüdische Handschriften. Restaurieren, bewahren, präsentieren. Ausstellung der Staatsbibliothek zu Berlin – Preußischer Kulturbesitz 4.7.–17.8. 2002. Bearbeitet von Petra Werner *(Ausstellungskataloge N.F. 47a) Teil 1. Berlin 2002, Nr. 56 (Lit.).*

JH

X. 4 Kalender

178 Johannes Regiomontanus: Deutscher Kalender

Diözese Eichstätt, um 1476 (Zusätze: Regensburg, um 1486–1488)
Papier, 26 Bll., 32 × 22 cm
Vorbesitzer: Grafen von Ortenburg auf Schloß Tambach in Weitramsdorf bei Coburg/Oberfranken; seit 1986 im Besitz des Hamburger Sammlers und Antiquars Jörn Günther; 1993 von der Staatsbibliothek erworben.
SBB-PK, Hdschr. 384e

Aufgeschlagen Bl. 14ᵛ: Umrechnungstabelle für die Finsternistafeln; Abb. im Katalog Bl. 15ᵛ: Finsternistafeln für Mond und Sonne.

1ʳ–2ʳ Windrose, astrologisch-medizinische Verse und Notizen (teilweise lat.), Sonnentafel für die Jahre 1475–1534; 2ᵛ–14ʳ Kalender des Johannes Regiomontanus; 14ᵛ–19ᵛ Schemata von Sonnen- und Mondfinsternissen der Jahre 1475–1530 mit Berechnungstafel; 20ʳ–26ᵛ Skizzen, Drehscheibeninstrumente und Tafeln; moderner Pergamentumschlag.

Die vorliegende Handschrift ist eine bearbeitete Abschrift des deutschen Kalenders des Johannes Regiomontanus, wie er um 1474 in Nürnberg erstmals ge-

druckt wurde (Zinner S. 20). Um diese Zeit ist auch die Handschrift entstanden, denn das Wasserzeichen des verwendeten Papiers kann auf 1476 datiert werden. Geschrieben wurde sie – das legen die im Kalenderteil aufgeführten und vom Druck abweichenden Heiligenfeste nahe – in der Diözese Eichstätt. Die Handschrift ist Bestandteil eines aus insgesamt neun Handschriften bestehenden Konvoluts sonst aber überwiegend astrologischer Texte. Die in fast allen Teilen dieser Sammlung mit kleineren eigenen Texten bzw. kurzen Notizen und Zusätzen hervortretende Hand wird mit ihrem ersten Besitzer, einem in Regensburg beheimateten Berufsastrologen, zu identifizieren sein. Ihn glaubt man in dem 'Meister Jörg' gefunden zu haben, dessen unvollständigen Namen eine Anrede in einem fragmentarisch überlieferten Brief nennt. Seine Sammlung war lange Zeit im Besitz der Grafen von Ortenburg in Bayern, ehe sie 1986 verkauft wurde und 1993 in die Berliner Staatsbibliothek kam.

Dieser deutsche Kalender umfaßt sowohl die Monatstafeln als auch die Tafeln der Finsternisse und die Instrumentenanhänge und stimmt in vielen Details präzise mit dem Nürnberger Druck überein. Weggelassen wurden die dem gedruckten Kalender beigegebenen Erläuterungen zu kalendarischen und astronomischen Berechnungen, die für den in diesen Dingen informierten Schreiber keine Bedeutung hatten. Die Monatstafeln enthalten jeweils auf der linken Seite Vorschriften für die Berechnung der Mondphasen mit Hilfe der sogenannten Goldenen Zahl. Auf der rechten Seite befinden sich die Monatstage, versehen mit der neuzeitlichen Tageszählung, den Sonntagsbuchstaben, den Heiligentagen und schließlich dem Sonnen- und Mondlauf. Die Tagesstunden und die für den Aderlaß ungünstigen Termine (*poss* = böse) hat Meister Jörg nachgetragen. Von ihm findet sich außerdem neben persönlichen Bemerkungen (18. September: *An dem tag 16 hor und 30 m. pin ich geporn*, 14. November 1475: Todestag des Vaters) unter dem 13. Oktober auch eine historische Notiz über Herzog Albrecht IV. von Bayern in Regensburg 1488. Die 14ᵛ stehende *Tauell der land und stet* gehört funktionell zu der auf 15ʳ–19ᵛ folgenden Serie der Neu- und Vollmonde für die Jahre 1475 bis 1530, doch betreffen die dort gegebenen Zeitdifferenzen generell die jeweiligen Ortszeiten im Vergleich mit Nürnberg. Für 1475 wird für den 22. März, 6 Uhr und 42 Minuten eine totale Mondfinsternis angezeigt, dessen *halbe werung*, d. h. die Zeit vom Beginn bis zur maximalen Phase und von da an bis zum Ende der Finsternis jeweils 1 Stunde, 47 Minuten beträgt. Bei der Sonnenfinsternis des 29. Juli (*hewmond*) findet sich die Angabe *Neun punct* als Maß der

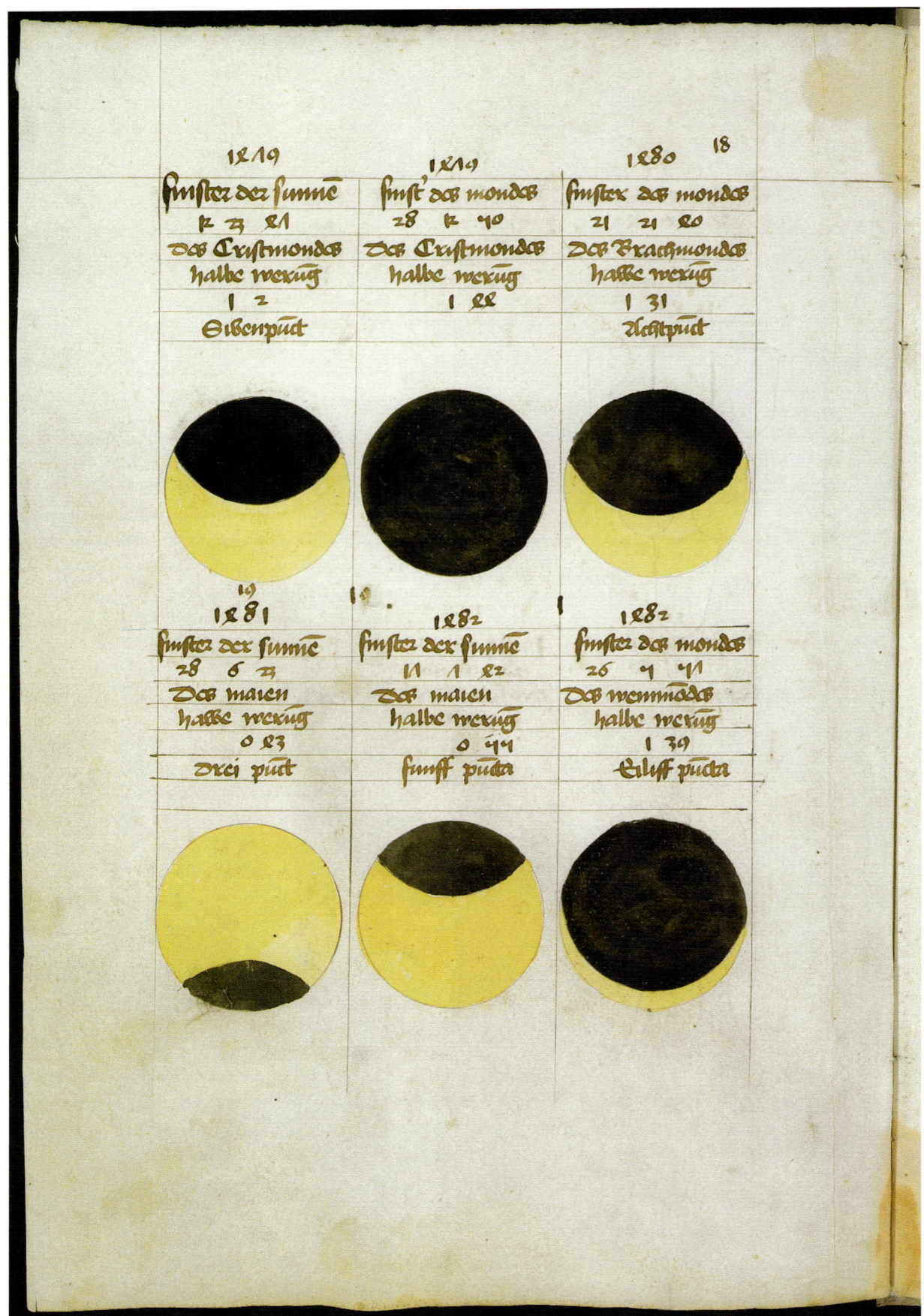

Kat. 179, S. 27

Verfinsterung der Sonne (Durchmesser der Sonne, also die vollständige Verdunkelung, gesetzt als 12 Punkt). Alle Zeiten sind für Nürnberg berechnet, für andere Orte sind die Daten mit Hilfe der genannten *Tauell* umzurechnen. Für die mit *g* bezeichneten Städte sind die Zeiten zu addieren (östlich von Nürnberg, wo es bereits später am Tage ist), für die mit *n* abzuziehen (westlich von Nürnberg, dort ist es früher am Tage). Die Zeitdifferenz für Santiago de Compostella beträgt z. B. 1 Stunde, 40 Minuten; für Ofen (Budapest) sind 50 Minuten zu addieren, für Regensburg 6 Minuten. Der Kopist hat auch das 'Instrumentum veri motus Lunae', ein Gerät mit drehbarer Scheibe zur Berechnung der Mondbewegung gestaltet sowie auf weiteren Seiten ein selbstkon-struiertes Astrolab mit sorgfältig ausgeschnittenem Netz ('Rete'). Die dem Text des Regiomontanus vor- und nachgestellten Blätter sind mit umfangreichen astronomischen und technischen Konstruktionszeichnungen, Berechnungen und Textfragmenten gefüllt. Die Handschrift ist schmucklos, abgesehen von einfachen Rubrizierungen und den gelb-grün gemalten Teilen der nicht verdeckten Teile der Sonnen- bzw. Mondscheibe in den Finsterniszeichnungen.

Siehe Kat. 179. – Keil, Gundolf: *Art. 'Ortenburger Prognostiker',* in: ²VL 7, Sp. 52–54. – Becker/Brandis, Altdeutsche Handschriften, S. 35–36.

JH/KH

179 Johannes Regiomontanus: Deutscher Kalender für 1475 bis 1530

Nürnberg: J. Regiomontanus, um 1474
Papier, 30 Bll., 19 × 15 cm
Vorbesitzer: *Franciscus Christofforus, Ambtmann ab Heiyden, Venetus* (Exlibris des 18. Jhs).
SBB-PK, Ink. 1857

Aufgeschlagen S. 26/27: *Tauel der lande ond stete*; Finsternistafeln für Mond und Sonne für 1475–1479.

S. 1–60 Regiomontanus, Johannes: Deutscher Kalender für 1475 bis 1530.

Johannes Regiomontanus (1436–1476) war einer der einflußreichsten Astronomen der frühen Neuzeit und Vertreter der humanistischen Schule der Naturwissenschaften. Mit revidierten Ausgaben griechischer Werke zur Astronomie wollte er eine neue Grundlage für die Astronomie schaffen. Sein früher Tod verhinderte die weitgehenden Pläne, so daß neben einigen Ausgaben antiker und zeitgenössischer Werke nur der zusammen mit Georg Peuerbach (1423–1461) bearbeitete Auszug aus dem Almagest des Claudius Ptolemäus (Venedig 1496) erschien. Dem um 1474 in der von Regiomontanus in Nürnberg begründeten Offizin gedruckten Kalender ging bereits eine lateinische Version (Nürnberg: J. Regiomontanus, 1474, H 13775) voraus. Er erfreute sich einer großen Beliebtheit, wovon auch die etwa zur gleichen Zeit in Süddeutschland (Diözese Eichstätt) entstandene Kat. Nr. 178 zeugt, die unter Auslassung astronomischer Erläuterungen eine durch wenige Zusätze ergänzte Abschrift des Druckes darstellt.

HAIN *13784. – Der deutsche Kalender des Johannes Regiomontan. Nürnberg, um 1474. Faksimiledruck nach dem Exemplar der Preußischen Staatsbibliothek. Mit einer Einleitung von* ERNST ZIN-NER. *Leipzig 1937 (Veröffentlichungen der Gesellschaft für Typenkunde des XV. Jahrhunderts – Wiegendruckgesellschaft, Reihe B Seltene Frühdrucke und Nachbildungen 1).*

JH

180 Immerwährender Kalender; Heinrich von Mügeln: Psalmenkommentar; Lucidarius

Süddeutschland (Schwaben?), 15. Jh., 1. Drittel
Papier, I + 417 + I (= Bl. 418, Pergament) Bll., 30,5 × 21 cm
Vorbesitzer: 1574 Johann Ernst von Welden zu Erolzheim; Bibliothek des Praemonstratenserklosters Roggenburg (1803 aufgehoben); 1840 erworben von Kaplan Vincenz Hasak in Arnsdorf (Böhmen, später Dechant in Weiskirchlitz); Erzpriester Faber, Neiße; Ankauf

1915 durch die Königliche Bibliothek über das Antiquariat Martin Breslauer, Berlin.
SBB-PK, Ms. germ. fol. 1320

Aufgeschlagen Bl. 2ᵛ/3ʳ: Kalender für Februar und März; Abb. im Katalog: März.

1ʳ–10ʳ Immerwährender Kalender mit komputistischen Tafeln: Lunarbuchstaben, Länge des lichten Tages in Stunden und Minuten, Sonntagsbuchstaben, Heiligenkalender, Goldene Zahl und Neumondtafel, Hinweis auf die Tage des Eintritts der Sonne in ein neues Tierkreiszeichen, dazu kommen lat. Erklärungen (u. a. zum Aderlaß) und komputistische Tafeln (Mondalter, Intervalltafel, Berechnung von Sonntagsbuchstaben und Goldener Zahl, Planetentafeln); 10ʳ–11ᵛ zwei kurze Traktate über die Planeten und Tierkreiszeichen; 13ʳᵃᵇ Predigt für die hl. Barbara, lat., unvollständig; 14ᵛ–403ᵛ Heinrich von Mügeln: Übersetzung des Psalmenkommentars des Nicolaus de Lyra, vom Schreiber Johannes am 15. April 1426 fertiggestellt, 405ʳ–406ᵛ Register; 408ʳ–417ʳ Lucidarius, am 16. Oktober 1427 von Peter Wechmar geschrieben (417ʳ); auf dem hinteren freien Pergamentspiegelblatt (= 418ʳ) ein möglicherweise um 1400 geschriebenes, auf Grund des Buchbeschnitts nur fragmentarisch erhaltenes Stundengebet vom Mitleiden der Jungfrau Maria; brauner Ledereinband der Zeit, Streicheisenlinien auf beiden Deckeln, die Beschläge fehlen.

Die Handschrift besteht hauptsächlich aus drei Teilen, die zwar unabhängig voneinander entstanden sind, aber nicht nur ungefähr gleichzeitig, sondern nach dem Eindruck, den die jeweiligen Schreibsprachen hinterlassen, auch innerhalb einer Landschaft, am ehesten wohl in Schwaben. Der wahrscheinlich älteste unter den hier zusammengefaßten Faszikeln ist der am Anfang stehende Kalender nebst – von anderer Hand geschriebenen – astronomisch-astrologischen Erklärungen und Tafeln. Die verzeichneten Heiligen lassen sich keiner bestimmten Diözese zuordnen, so daß sich der Text einer eindeutigen Lokalisierung entzieht. Daran schließt sich der den Umfang des dicken Bandes bestimmende Hauptteil mit dem verdeutschten Psalmenkommentar des Nicolaus de Lyra an. Ein späterer Schreiber stellte dem Text den fehlenden Prolog (= Vorrede B, s. RATCLIFFE, S. 51) nachträglich voran. Den Abschluß bildet das zu Lebzeiten Heinrichs des Löwen entstandene, dann häufig abgeschriebene sowie in der Wiegendruckzeit gedruckte Volksbuch Lucidarius, das hier in der oft anzutreffenden Version mit zwei Büchern überliefert ist. Die Schreiber verwendeten für die Niederschrift jeweils die für diese Zeit typische Bastarda, hier eine schlaufige mehr zur Kursive neigende Variante. Der Text ist nur schlicht rubriziert. Allein den Beginn des Psalmenkommentars hebt eine 9zeilige rote S-Initiale mit grober Binnenzeichnung etwas hervor. Die Handschrift gehört zu der recht umfangreichen Gruppe von zumeist deutschen, aber auch lateinischen Handschriften und Inkunabeln, die im 19. Jahrhundert der böhmische Pfarrer Vincenz Hasak über mehrere Jahrzehnte hinweg aus unterschiedlichen,

Kat. 180, Bl. 3ʳ

oft unbekannten Quellen zusammentrug, teilweise wieder verkaufte oder gegen andere eintauschte. Bemerkenswert ist diese private Sammlung auch deshalb, weil Hasak sie in eigenen Werken ausführlich vorstellte, siehe dazu z. B. sein Buch 'Der christliche Glaube des deutschen Volkes beim Schlusse des Mittelalters, dargestellt in deutschen Sprachdenkmalen… Nach alten Druckwerken und Handschriften verfaßt', das 1868 in Regensburg erschien. Die Bibliothek Hasaks erwarb wahrscheinlich einige Jahre vor der Jahrhundertwende ein nicht näher bekannter Erzpriester Faber aus Neiße in Schlesien. Von hier aus kam die Handschrift 1915 über das Antiquariat Martin Breslauer, Berlin, in die Königliche Bibliothek.

Immerwährende Kalender, meistens mit den zugehörigen komputistischen Tafeln, sind ein Grundbestandteil nicht nur der direkten Kalenderliteratur des Mittelalters, sondern sie sind vielfach auch liturgischen Werken zur Bestimmung von Heiligentagen und den Zeiten des Osterfestzyklus beigegeben. Mit Hilfe eines Immerwährenden Kalenders ('Calendarium perpetuum') war es möglich, aus einer jahresunabhängigen Kalendertafel selbst Jahreskalendarien zu erstellen, ohne immer wieder eine neue Handschrift anfertigen zu müssen, oder einen neuen Druck zu erwerben. Zum einfachen Gebrauch war es lediglich notwendig, den Sonntagsbuchstaben (dies ist bei der Zählung der Wochentage vom 1. Januar zyklisch A-G der Buchstabe, der auf den 1. Sonntag des Jahres fällt, womit zugleich alle Wochentage des Jahres festgelegt sind; z. B. 2003 Sonntagsbuchstabe E) sowie eine Angabe zur Berechnung des Osterfestes zu kennen (HAMEL/ROTHENBERG). Die Monatstafeln geben zunächst die Tageslänge ('weil'), *wi vil weil der tag teglich hat*, in Stunden und Minuten, es folgen der Sonntagsbuchstabe, die Heiligentage, die Goldene Zahl sowie weitere Angaben zur Berechnung des Neumondes. Die äußeren Ränder sind recht breit für Eintragungen vorbereitet und tragen für die beiden Monate mehrere handschriftliche lateinische Noten.

Der auf das Vorbild des lateinischen 'Elucidarium' des Honorius Augustodunensis zurückgehende deutsche Lucidarius vermittelt in der Form eines Dialogs zwischen einem Lehrer und seinem Schüler das Wissen um die Natur (einschließlich Sonne, Mond und Planeten, den Kometen, den Himmel, die Sphären usw.), die Philosophie und Theologie der Zeit und bildete eines der wichtigsten Werke der Laienbildung auf einer einfachen Stufe.

DEGERING 1, S. 179. – RATCLIFFE, FREDERICK W.: *Die Psalmübersetzung Heinrichs von Mügeln*, in: *Zeitschrift für Deutsche Philologie 84, 1965, S. 46–76 (hier S. 48)*. – STACKMANN, KARL: *Art. 'Heinrich von Mügeln'*, in: ²*VL 3, Sp. 817–818 (III.1)*. – GOTTSCHALL, DAGMAR, u. GEORG STEER (Hrsg.): *Der deutsche 'Lucidarius'. Bd. 1: Kritischer Text nach den Handschriften (Texte und Textgeschichte 35). Tübingen 1994, S. 11*. – HAMEL, JÜRGEN, u. ECKEHARD ROTHENBERG: *Astronomisch-kalendarische Tafel für Inkunabel- und Frühdruckforscher. In: Einblattdrucke des 15. und frühen 16. Jahrhunderts. Probleme, Perspektiven, Fallstudien. Hrsg. von Volker Honemann (u. a.). Tübingen 2000, S. 479–494.*

JH/KH

181 Immerwährender Kalender (Faltkalender)

Ostmitteldeutsches Sprachgebiet (Diözese Meißen?), um 1400
Pergamentleporello, 7,5 × 6,5 cm
Kurfürstliche Bibliothek Berlin.
SBB-PK, Libr. pict. A 92

Aufgeschlagen: Monatsbilder und Heiligenkalender; Abb. im Katalog: Heiligenkalender vom Dezember und Monatsbild vom Januar; Tierkreiszeichen, Zwillinge bis Jungfrau, Monatsbild *Hewmond = Juli*).

Immerwährender Kalender mit Monatsbildern, Heiligendarstellungen, Zodiakus und Tages- bzw. Nachtstundentafeln; moderner Pappumschlag im Schuber.

Diese besondere taschenbuchartige Form des Kalenders hat sich nur in wenigen Exemplaren erhalten. Einige Beispiele hat ALFRED PFAFF vor einiger Zeit vorgestellt, und neulich ist ein dem Berliner Kalender sehr ähnlicher aus dem Antiquariat Günther in Hamburg bekannt geworden (GÜNTHER/O'NEILL). Die Konstruktion ist in allen Fällen dieselbe. Ein langrechteckiges, hier ca. 80,5 × 15 cm großes Pergamentblatt ist einmal in der Länge und elfmal in der Breite gefaltet, so daß die fast quadratische Leporelloform entsteht. Abweichend von den uns bekannten verwandten Handschriften ist dieser Kalender aber an den Querfaltungen zur Hälfte eingeschnitten (ob schon vom Hersteller weise vorausbedacht oder erst vom späteren Besitzer, kann man nicht sagen), so daß der Kalender gewissermaßen zweidimensional – längs die Monate, quer die Tage – geöffnet werden kann. Auf den Außenseiten erkennt man zunächst die sogenannten Monatsbilder, die jeweils einen der Jahreszeit entsprechenden Ausschnitt aus dem bäuerlichen Leben in einer kleinen Miniatur präsentieren. Es sind die auch in anderen Kalendern verwendeten üblichen Themen, die wie überall auch hier mit einem Gelage beginnen, das Ausdruck des Müßiggangs vor dem im Februar einsetzenden Arbeitsalltag ist. Den Monatsbildern gegenüber liegen die Seiten der sie regierenden Tierkreiszeichen. Sie werden anfangs wie die Monate lateinisch, dann deutsch bezeichnet. Jedes bekrönt ein Rad mit genau 24 Speichen, jede einzelne für eine Stunde des Tages stehend. Schwarz gezeichnete symbolisieren die Nachtstunden, rot gezeichnete die Stunden des für die Arbeit nutzbaren Tageslichtes. Der Wert wächst von sechs im Januar auf 18 im Juni (Sommeranfang) und sinkt dann wieder auf acht im Dezember (Winteranfang) ab. Dieselbe Funktion hat die 'Nabe' des Rades, eine rot-schwarze Scheibe, deren Farbverteilung sich in derselben Weise verändert wie das Verhältnis der rot/schwarzen Speichen. Soweit ist diese Seite auch dem heutigen Betrachter verständlich: Man sehe diese Kreistafeln als ein schematisches und vor allem als ein sich selbst erklärendes Pendant zu den sonst üblicherweise am Kalenderrand notierten Stundenzahlen (vgl. Kat. 164 und 182). Rätselhaft bleibt immer noch ein kleiner roter Querstrich, der eine von Monat zu Monat wechselnde Stunde besonders zu kennzeichnen scheint. Für den eigentlichen Kalender steht die innere Doppel-

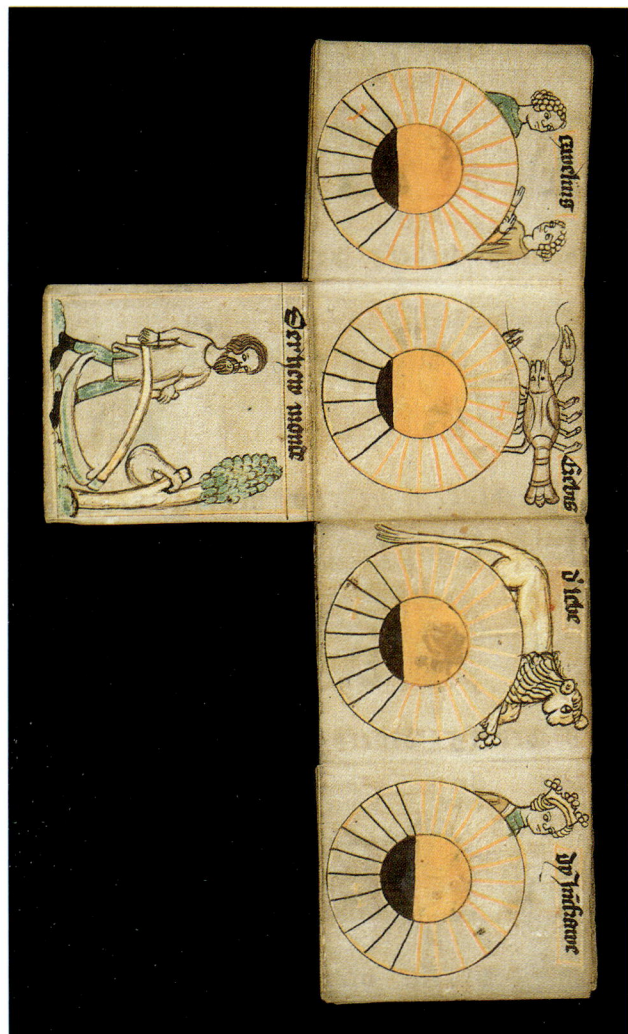
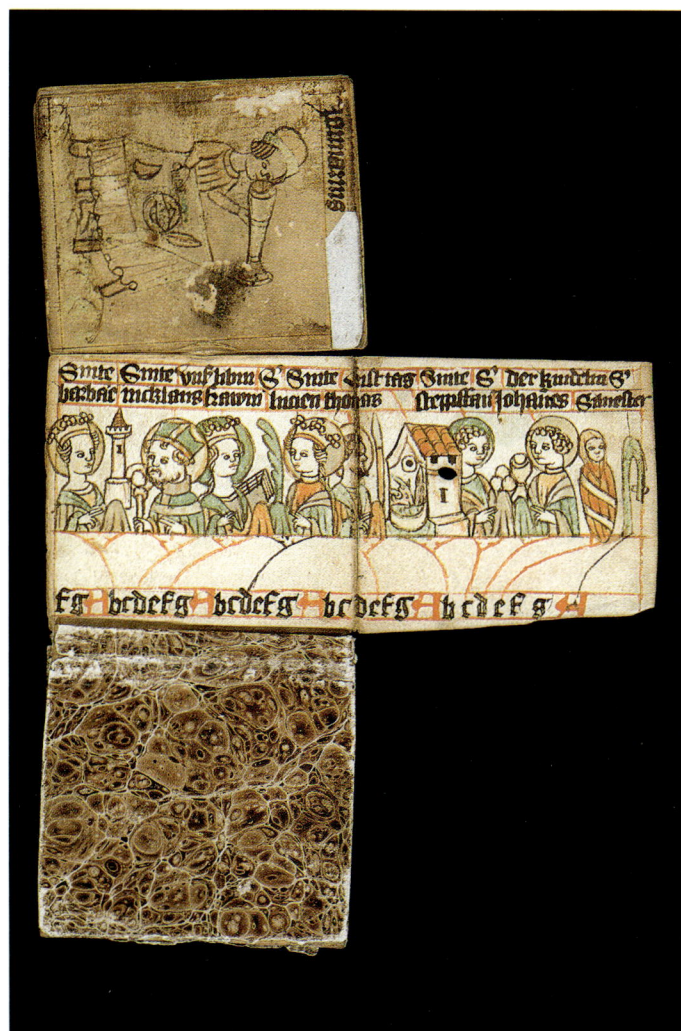

Kat. 181, Tierkreiszeichen, Zwillinge bis Jungfrau, Monatsbild Hewmond = Juli; Heiligenkalender vom Dezember und Monatsbild vom Januar

seite im Querformat zur Verfügung, die dank der beschriebenen Konstruktion für jeden Monat getrennt aufgefaltet werden kann. Die querrechteckige Fläche von 15 x 6,5 cm ist in vier Sektoren gegliedert: Oben nimmt ein rot gerahmter Doppelstreifen die Namen der Heiligen auf, darunter folgen, ungefähr die Hälfte des Blattstreifens beanspruchend, die Miniaturen der Heiligen mit ihren Attributen, in einigen Fällen ersetzt sie ein charakterisierendes Symbol (z. B. drei Kronen für Drei Könige). Durch das dritte Viertel verlaufen feine Linien, die die Heiligendarstellungen mit den Sonntagsbuchstaben im untersten Abschnitt verbinden. Rote und schwarze Linien unterscheiden hohe bzw. niedrige Festgrade. Die Heiligen sind immer in Paaren gruppiert, im Halbprofil einander zugewandt, eine Form, die um einiges differenzierter angelegt ist, als beispielsweise in der bei GÜNTHER/O'NEILL abgebildeten wenig älteren

Handschrift aus Utrecht, der die Berliner Handschrift überhaupt in der Qualität der Zeichnung um einiges überlegen ist. Die Abgrenzung zum nächstunteren Abschnitt vermittelt den Eindruck, als stehen die Heiligen auf einer Empore, in der einen Hand das ihnen zugehörige Attribut haltend, die andere zum Segensgruß erhoben. Für den modernen Betrachter ist auffällig, daß dem Kalender eine numerische, also sowohl römische wie auch neuzeitliche Tageszählung fehlt. Für den mittelalterlichen Besitzer war das kein großes Problem, ihm waren die Heiligentermine geläufig und zusätzliche Orientierung. Ansonsten kann man sich nur an der Folge der Sonntagsbuchstaben bis zum gewünschten Tag entlangzählen (und dabei feststellen, daß die Festtermine korrekt verzeichnet sind, vgl. die Erläuterung in Kat. 180). Alle Miniaturen sind mit der Feder gezeichnet und anschließend mit nur wenigen Deckfarben ausgemalt worden. Heller, weiß gehöhter Gelbton versucht in den Nimben Gold zu imitieren. Der knappe Raum und die Fertigkeit des Malers zwangen zur Vereinfachung: in der Malweise als auch im Umfang des Gezeigten, das sich auf das Notwendige konzentriert; man vergleiche dagegen die Vielfalt der kunstvollen Einzeldarstellungen des Nürnbergers Albrecht Glockendon in Kat. 182. Die Herkunft des Faltkalenders ist nicht eindeutig zu klären. Der Cursus der Heiligenfeste stimmt nahezu ganz mit dem der Diözese Meißen überein, insbesondere, was die in diesem Bistum gefeierten Hauptfeste betrifft, beispielsweise das Fest des Meißner Patrons, des hl. Donatus am 7. August. Abweichungen, zumeist Festgraderhöhungen, können unter dem Einfluß der benachbarten Diözese Breslau in den Heiligenkalender hineingekommen sein. Schließlich deuten einige ins Schlesische weisende Wortformen darauf hin, daß dieser Kalender im Grenzgebiet beider Bistümer entstanden sein könnte, auch wenn er insgesamt an sprachlichem Material wenig aufweist und – so auch seine Funktion – seine Informationen hauptsächlich über seine Bilder vermittelt.

Pfaff, Alfred: *Aus alten Kalendern. Augsburg (1947), S. 78–79, Abb. 28/29. – *Winter, Ursula, in: *Kostbarkeiten der Deutschen Staatsbiblitohek. Im Auftrag der Deutschen Staatsbibliothek hrsg. von* Hans-Erich Teitge *und* Eva-Maria Stelzer. *Leipzig 1986, Abb. 23. – *Borst, Arno: *Die karolingische Kalenderreform (Monumenta Germaniae Historica. Schriften Bd. 46). Hannover 1998, S. 353–354. – The Art of the Book from the Early Middle Ages to the Renaissance: A Journey through a Thousand Years. Ed.* Jörn Günther *u.* Robert K. O'Neill. *Boston-Hamburg 2000, S. 62–63 Nr 24.*

JH/KH

182 Albrecht Glockendon: Kalender 1526

Nürnberg, 1526
Pergament, I + 16 + I Bll., 14 × 10 cm
Vorbesitzer: Joachim Puchbach aus Halle; seit 1572 Wolf von Kreutzen; die Hs. kam wahrscheinlich im Verlaufe des 17. Jhs. in die Kurfürstliche Bibliothek.
SBB-PK, Ms. germ. oct. 9

Aufgeschlagen Bl. 5ᵛ: Maibild.

1ᵛ–13ʳ Kalender mit Monatsbildern und -versen, goldener Tageszählung, Sonntagsbuchstaben, Heiligenkalender der Diözese Bamberg, Lunarbuchstaben und den Stunden der Länge des lichten Tages (der sogenannten großen Nürnberger Uhr); 13ᵛ Aderlaßmann; 14ʳ Tafel zur Bestimmung von Mondstand und günstigen Aderlaßterminen; 14ᵛ Zirkel zur Ermittlung von Goldener Zahl und Sonntagsbuchstaben; 15ʳ die Termine der vier Quatembertage (*goldfasten*) im Kirchenjahr; grüner Lederband mit Umschlag und goldener Randprägung.

Im 1. Viertel des 16. Jahrhunderts, als Kalender und Almanache schon in großer Zahl gedruckt wurden, war ein handgeschriebenes Exemplar etwas Besonderes, zumal in dieser künstlerischen Qualität und aus einer Werkstatt, die bei ihren Zeitgenossen im höchsten Ruf stand und heute in der Forschung als der Ort letzter Blüte der Nürnberger Buchmalerei bezeichnet wird. Begründet hatte sie Jörg Glockendon. Nach seinem Tode machte sich der jüngere Sohn Nikolaus (ein Beispiel seiner Kunst in: Ausst.kat. Berlin 1975, Nr. 163) selbständig, während der ältere, Albrecht, die väterliche Werkstatt weiterführte. Buchmalerei und Holzschnitt waren Albrechts bevorzugte künstlerische Techniken. Aus seinem Œuvre sind hauptsächlich Handschriften überliefert, die zum liturgischen Gebrauch oder für das Stundengebet bestimmt waren. Daraus darf man wohl schließen, daß hierauf der Großteil der Aufträge zielte. Eine der zwei bisher bekannten Ausnahmen, die ein 'weltliches' Thema zum Inhalt haben, ist dieser Prachtkalender en miniature, der sicherlich im Auftrage einer Nürnberger Patrizierfamilie entstanden ist. Die ersten zwölf Doppelseiten beinhalten den eigentlichen, in traditioneller Art als immerwährend eingerichteten Kalender. Er wird durch ein querrechteckiges Monatsbild eingeleitet, gefolgt von acht paarweise gereimten Versen, die allerlei Mahnungen und Vorschriften zum Aderlaß sowie zur allgemeinen Gesundheitsvorsorge enthalten, die indes mehr poetischer Zierrat als strenges Gesetz sein wollen. Es folgen die einzelnen Tage des Monats, deren Beginn eine goldene KL-Ligatur markiert, die für die römische Bezeichnung des ersten Tages (Kalendae, ursprünglich der Tag des Neumondes und damit der erste Tag eines jeden Monats im Mondkalender) steht, in diesem Falle aber lediglich als reine Schmuckinitiale dient, denn der erste Tag (= *1*) ist in die Tageszählung einbezogen worden. Die Reihe der aufgenommenen Heiligen entspricht dem Festkreis des Bamberger Bistums, in dessen Grenzen die Stadt Nürnberg liegt. Daß darin ihr Patron, der hl. Sebald, besonders herausgehoben ist, beweist nicht nur die Nürnberger Arbeit, sondern wohl auch den in dieser Stadt beheimateten Adressaten. Glanzstück dieses Teils sind zweifellos die zwölf Miniaturen zu Beginn jeder Doppelseite, die sogenannten Monatsbilder mit den den Jahreszeiten entsprechenden bildlichen Darstellungen von zumeist bäuerlichen Beschäftigungen (vgl. Kat. 181). Seit der Karolingerzeit hatten sich diese Motive, die auf antike Vorbilder zurückgehen, zu einem festen Bilderkanon entwickelt. Jedes Bild in unserem Kalender (mit Ausnahme des Septembers) wird am unteren Rand durch eine besonders ausgearbeitete Schmuckleiste ergänzt, die Blumen, Lebe-

In disserm mont man baden soll
Tantze stutze sprmgen leben woll
Der mon ist in zwisuche strasse
Sol man tut an de armen lassen
Dein netzell vnnd dein Hende /
Mit eissenn den mrcht wende /
Das dir dann wirdt verheissen
Damit wirst du gar fast gerisse

RPJSM

Der May 31 tag
1   Phlip Jacob walp:
2   Sigmundt ein kurtz
3   Heilig Creutz find
4   Floriam Moritz

wesen und in einem Medaillon das zugehörige Tierkreiszeichen beherbergt. Das vielleicht schönste Bild in diesem Zyklus ist das Bild für den Mai, das stets für ein Sinnbild des Blühens, von Lust und Freude reserviert ist. Albrecht Glockendon hat das häufig anzutreffende Motiv einer Kahnfahrt aufgegriffen, auf der eine heitere, städtisch-elegant wirkende Gesellschaft von Musikanten auf den See vor einem im Hintergrund stehenden Schloß begleitet wird. Das Tierkreiszeichenmedaillon zeigt die Zwillinge in übermütiger, schon frivoler Pose. Hinter dem Kalender, gewissermaßen als astrologischer Anhang, ist ein Aderlaßmann in reicher künstlerischer Umrahmung mit einer Aderlaßtafel beigefügt, mit Hilfe derer und der im Kalender in der rechten Spalte verzeichneten Lunarbuchstaben die für den Aderlaß als günstig erachteten Termine berechnet werden können. Danach folgt ein Kreisschema, das eigentlich zusammen mit dem Sonntagsbuchstaben zur Bestimmung der Goldenen Zahl dienen soll, von Glockendon aber fehlerhaft konstruiert wurde und deshalb nicht zu gebrauchen ist (vgl. DEGERING/STEENBOCK S. 19–20). Das letzte Blatt schließlich gibt etwas zusammenhanglos eine Aufzählung der vier Quatembertage im Kirchenjahr wieder.

Das Werk Albrecht Glockendons ist nicht das Erzeugnis eigener künstlerischer Ideen, sondern fußt auf einem reichen Vorrat an Vorlagen. Italienische, mehr noch niederländisch-flämische Einflüsse, vornehmlich der Gent-Brügger Schule, sind miteinander vermischt festzustellen. Inspiriert wurde es aber auch durch zeitgenössische Nürnberger Meister, insbesondere Albrecht Dürer oder den Holzschneider Sebald Beham. Andererseits werden Einflüsse der Tafelmalerei des 16. Jahrhunderts deutlich: Phantasiearchitektur mit Fabelwesen und Putti rahmen jedes Bild und vermitteln den Eindruck einer Bühne, über die hinweg sich der Blick in eine mehrfach gestaffelte Landschaft weitet. Diese Staffelung ermöglicht die parallele Darstellung mehrerer, bis in die kleinsten Einzelheiten ausgeschmückter Szenen in einem Bild. Albrecht Glockendon hat für den Text die aus der mittelalterlichen Bastarda hervorgegangene Fraktur gewählt, eine kalligraphische Schrift nach dem Vorbild der Musterschriften der Nürnberger Schreibmeister.

Man geht wohl recht in der Annahme, in diesem Kalender keinen Gebrauchsgegenstand zu sehen, dagegen spricht schon der außerordentlich gute Erhaltungszustand, sondern vielmehr ein Zierstück, geeignet zum Geschenk unter Freunden, wie es vorn in der Handschrift dokumentiert ist. 1572 verschenkte Joachim Puchbach aus Halle diesen Kalender an seinen Freund Wolf von Kreutzen. Dieser war sicherlich ein Sproß der gleichnamigen ostpreußischen Adelsfamilie, die in enger,

nicht immer glücklicher Beziehung zum kurfürstlichen Hof stand, der diese Handschrift irgendwann im 17. Jahrhundert auf unbekannte Weise erwarb. Ein weiteres Werk von Albrecht Glockendons Hand besitzt die Staatsbibliothek in dem Stundenbuch Hdschr. 164 (DAENTLER).

DEGERING 3, S. 4–5. – Ausst.kat. Berlin 1975, Nr. 119. – *Albrecht Glockendon: Kalender von 1526. Einführung von* HERMANN DEGERING *und* FRAUKE STEENBOCK. *Stuttgart 1977.* – *Ausst.kat. Berlin ²1987, Nr. 85.* – DAENTLER, BARBARA: *Die Buchmalerei Albrecht Glockendons und die Rahmengestaltung der Dürernachfolge (tuduv-Studien. Reihe Kunstgeschichte 12). München 1984, S. 35–40.* – DORMEIER, HEINRICH: *Bildersprache zwischen Tradition und Originalität. Das Sujet der Monatsbilder im Mittelalter, in: 'Kurzweil viel ohn' Maß und Ziel'. Alltag und Festtag auf den Augsburger Monatsbildern der Renaissance. Hrsg. vom Deutschen Historischen Museum Berlin. München 1994, S. 102–127, hier 116–118.*

JH/KH

X.5 Reiseliteratur

183 Jean de Mandeville: Reisen (anonyme Übersetzung um 1356)

Nordniederdeutsch, wohl aus Lüneburg, 3. V. 15. Jh. (in der Hs.: 1430)
Papier, 160 Bll., 19,5 × 27 cm
Vorbesitzer: Friedrich Jacob Roloff.
SBB-PK, Ms. germ. fol. 204

Aufgeschlagen Bl.140ʳ: Giraffe, mit einem Hirschgeweih gehörnt.

1ʳ–151ʳ: Jean de Mandeville, Reisen. Nachträglich zwischen Bl. 87/88 eingefügt: Von den Planeten und himmlischen Zeichen; 151ᵛ: 'Von den 10 Creisse in Teuschlande' (Fragment, 16. Jh.); angebundene Inkunabel: 'Summa Johannis tho dude'. Magdeburg: Moritz Brandis 1498; siehe HAIN Nr. 7377. Neueinband. Gegen die Datierung der Handschrift auf Bl. 7ʳ: *Jn anno 1430 was dit bok gescreuen* spricht das Ochsenkopf-Wasserzeichen (ca. 1469) sowie der Stil der Zeichnungen.

Eine herausragende Stellung in der spätmittelalterlichen Literatur nimmt Jean de Mandevilles (John Mandeville, Jean de Bourgogne) unterhaltsamer Reiseroman ein. Der Verfasser († 1372) war ein in Lüttich als Astrologe, Naturforscher und Philosoph tätiger Engländer. Seine um 1356 auf Französisch fertiggestellte fiktive Reisebeschreibung ist eine geschickte Kompilation der Berichte anderer wirklicher und angeblicher Reisender. Seine Vorlagentexte entnahm Mandeville möglicherweise der 1351 von Jean Le Long d'Ypres herausgegebenen Sammlung von Reiseliteratur. Diese enthielt unter anderem die lateinische Beschreibung eines mündlichen Berichts des Franziskanermönches Oderico de Pordenone, der etwa siebzehn Jahre lang durch Kleinasien, China, Persien, Indien und Südostasien gereist und drei Jahre in Peking missionarisch tätig gewesen war (um 1330). Außerdem tradiert sie die Darstellung einer Pilgerreise durch Palästina und Ägypten, die der Dominikaner Wilhelm von Boldensele (1336) unternommen hatte. Daneben ist darin Haitons Blütenlese von Geschichten aus dem Orient ('La Flor des Estoires de la Terre d'Orient', 1307) überliefert sowie Marco Polos 'Il Milione' genannter spektakulärer Bericht über seine beiden Reisen und den langjährigen Aufenthalt am Pekinger Hof (1275–1287) und weitere zeitgenössische Pilgerberichte. Die Werke antiker Schriftsteller und mittelalterlicher Enzyklopädisten waren dem um umfassende Wissensvermittlung bemühten Mandeville ebenfalls geläufig.

Aus diesen von ihm verschwiegenen Vorlagentexten schrieb er in einer Zeit, als es noch kein Urheberrecht im heutigen Sinne gab, teilweise wörtlich ab. Der Buchgelehrte inszeniert sich als welterfahrener Reisender und wißbegieriger Beobachter fremder Kulturen, gibt sich bescheiden und hütet sich davor, die Glaubwürdigkeit seines Berichtes durch Übertreibungen zu gefährden, auch wenn er sein spätmittelalterliches Publikum sehr wohl mit den beliebten Beschreibungen wundersamer Fabelwesen und phantastischer Begebenheiten ausgiebig zu unterhalten sucht. Im ersten Teil schildert Mandeville die Pilgerwege nach Jerusalem und in den Nahen Osten, vor allem die Heiligen Stätten und Kairo. Eingeschaltet sind ein fiktiver Dialog mit dem Sultan von Kairo und diverse Wunderberichte. Im zweiten Teil berichtet er über seine Entdeckungen in Afrika und dem Mittleren Osten, die Inselwelt Indiens sowie über China, das Reich des Großen Khans. Anschließend werden das Reich des Priesters Johannes, das Teufelstal, das irdische Paradies und mehrere Inselwelten beschrieben, bevor der Reisebericht mit der Wiederkehr an einen nicht näher benannten Ort endet. Die vermeintliche Authentizität seines Berichts unterstreicht er durch Hinweise auf eigene Erfahrungen: So erwähnt er im häufig zitierten Abschnitt über die Kugelgestalt der Erde und die damit denkbare Möglichkeit zur Umfahrung der Welt, er selbst hätte nicht weiterfahren und prüfen können, ob die Erde rund sei, weil die Begleitschiffe ausgeblieben wären.

Mandevilles außerordentlich erfolgreiches, noch heute in rund 250 Manuskripten und mehreren Inkunabeln vorliegendes Buch wurde vielfach abgeschrieben und in fast alle europäischen Sprachen übertragen. So

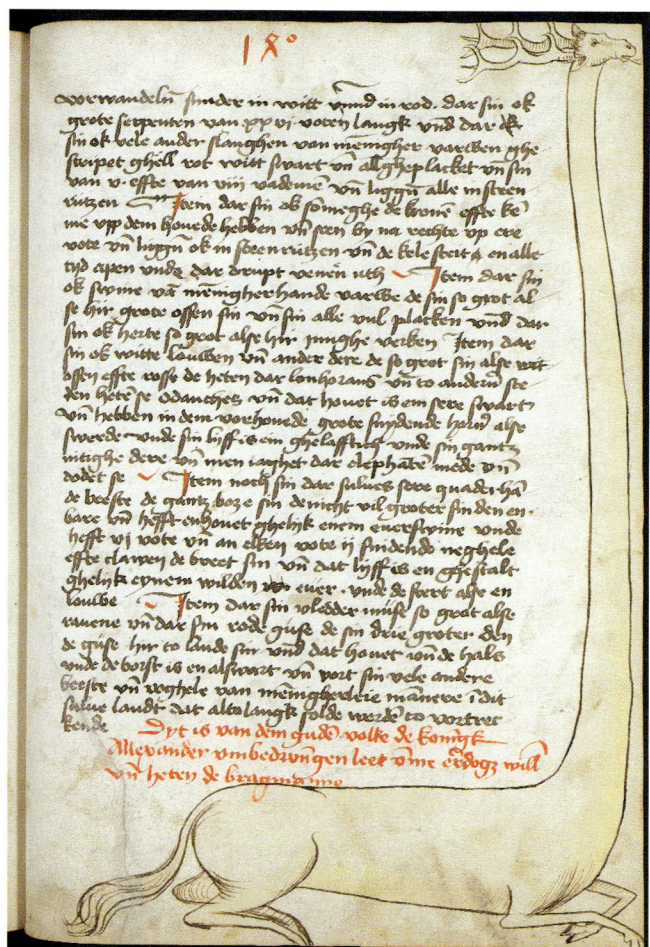

Kat. 183, 140ʳ

verwundert es nicht, daß es sowohl Christoph Kolumbus als auch die Kartographen des 16. Jahrhunderts als mutmaßlichen Erfahrungsbericht studierten. Im deutschen Sprachraum verließen seit der Inkunabelzeit eine Fülle von Druckschriften des Reiseberichtes die Druckerpressen.

Die in der Berliner Handschrift vorliegende, wohl in Lüneburg entstandene nordniederdeutsche Bearbeitung, ist in enger Beziehung mit der niederländischen Übersetzung zu sehen. Zusammen mit der ebenfalls aus dem 15. Jahrhundert stammenden Handschrift Lüneburg, Ratsbücherei, Ms. hist. C 2° 8, ist sie die Abschrift einer gemeinsamen Vorlage. Die Handschrift der Ratsbücherei weist im Vergleich mit dem ausgestellten Berliner Codex vor allem zu Beginn eine Reihe von Ergänzungen auf. Im Unterschied zu den beiden anderen deutschen Übertragungen von Michel Velser und Otto von Diemeringen, die in weiteren, allerdings unillustrierten Handschriften der Staatsbibliothek zu Berlin tradiert werden, wird die deutlich geringere Zahl von handschriftlichen Überlieferungen der niederdeutschen Bearbeitungen und das Fehlen einer entsprechenden Druckversion deutlich.

Beim Durchblättern der Berliner Handschrift fallen einige wenig schraffierte, sorgfältig ausgeführte, mit Wasser- und Deckfarben bemalte Federzeichnungen auf. Zu sehen sind: Eine Ansicht Jerusalems (7ᵛ), der Berg Horeb und der Sinai (30ʳ), ein verdorrter Baum (32ᵛ), vier der damals beliebten sagenumwobenen Fabelmenschen (99ᵛ), ein Wald (123ʳ) und ein Wunderwesen besonderer Art, eine mit einem Hirschgeweih gehörnte Giraffe (140ʳ). Abgesehen von einer zusätzlichen Darstellung des Reisezuges des Großen Khans in der Lüneburger Handschrift stimmen die Illustrationen in diesen beiden Codices überein, was als weiteres Indiz für eine gemeinsame Vorlage gewertet werden kann.

Gehörnte Giraffen, allerdings in naturnäherer Ausführung als die Illustration in der vorliegenden Handschrift, sind auch aus anderen bildlichen Darstellungen bekannt. Beispielsweise wird eine Giraffe mit deutlich kleineren Hörnern, die auch nicht an ein Hirschgeweih erinnern, in Bernhard von Breidenbachs Bericht über seine Pilgerfahrt nach Jerusalem ('Peregrinatio in terram sanctam', Mainz: Peter Schöffer 1486, siehe Kat. 184) oder in Raffaels Deckenmalerei des Schöpfungswerkes in den Loggien des Vatikan (um 1519) gezeigt. Offensichtlich ließ sich ein Lüneburger Buchmaler davon inspirieren, ein Wesen zu zeichnen, von dem er nur wußte, daß sein Hals sehr lang auszufallen hatte. Dieses geschah mehrere Jahrhunderte, bevor die Giraffe Zarafa nach zweieinhalb Jahre langer Reise aus dem Sudan nach Paris gebracht wurde (1827), dort bewunderndes Erstaunen hervorrief und den Kopfputz à la girafe modern werden ließ – die Damen ließen ihre Haare so hoch auftürmen, daß sie auf dem Boden der Kutschen Platz nehmen mußten, die Herren trugen Giraffique-Hüte.

DEGERING, *S. 31.* – WEGENER, *S. 146f.* – JEAN DE MANDEVILLE: *Reisen. Reprint der Erstdrucke der deutschen Übersetzung des Michel Velser (Augsburg: Anton Sorg 1480) und des Otto von Diemeringen (Basel: Bernhard Richel 1480/81) hg. und mit einer Einleitung versehen von* ERNST BREMER. *Hildesheim 1991.* – ALLIN, MICHAEL: *Zarafa. Die außergewöhnliche Reise einer Giraffe aus dem tiefsten Afrika ins Herz von Paris. München, Zürich 1998.* – BAUMGÄRTNER, I.: *Art. Mandeville, Jean de, in: LexMA 7 (1993), Sp. 188f.* – BREMER, ERNST: *Art. Mandeville, Jean de, ²VL 5, Sp. 1201–1214.* – Ders.: *Jean de Mandeville in Europa. Bd. 1: Überlieferungsgeschichte. Bd. 2: Symbiosen, Kollektionsmuster und die Entstehung des Prosaromans. Paderborn 2001.* – EINHORN, JÜRGEN W.: *Spiritalis unicornis. Das Einhorn als Bedeutungsträger in Literatur und Kunst des Mittelalters. München 1976, S. 124, 126, Abb. 7 (mit gehörnter Giraffe), S. 394, Nr. 485.* – GANSER, W. GÜNTHER: *Die niederländische Version der Reisebeschreibung Johanns von Mandeville. Untersuchungen zur handschriftlichen Überlieferung (= Amsterdamer Publikationen zur Sprache und Literatur; Bd. 63). Amsterdam 1985, bes. S. 70–83, 235–247.* – MORRALL, E. J.: *Sir John Mandevilles Reisebeschreibung. Berlin 1974. (= Velser-Version)* – POCHAT, GÖTZ:

Das Fremde im Mittelalter. Darstellung in Kunst und Literatur. Würzburg 1997, bes. S. 111. – REICHERT, FOLKER: *Reisen und Kulturbegegnung im späten Mittelalter. Stuttgart 2001.* – RIDDER, KLAUS: *Jean de Mandevilles 'Reisen'. Studien zur Überlieferungsgeschichte der deutschen Übersetzung von Otto von Diemeringen. München, Zürich 1991.*

BJK

184 Breidenbach, Bernhard von: Reise ins Heilige Land

Mainz: Erhard Reuwich [mit den Typen von Peter Schöffer], 21. VI. 1486. 2°
Papier, 180 Bll., 37 × 29 cm
Vorbesitzer: Bl. 2ʳ stark abgeriebene Provenienzeintragung (englische Sammlung?).
SBB-PK, Inc. 1565

Aufgeschlagen Bl. 84ᵛ/85ʳ: Gruppe mit Sarazenen und Schriftalphabet.

1ᵛ Holzschnitt, 2ʳ–180ʳ Breidenbach, Bernhard von: Reise ins Heilige Land, eingegliedert 7 Ansichten als Falttafeln. Bl. 180ᵛ leer. Neuband nach Restaurierung.

Reiseführer und -beschreibungen waren seit altersher beliebt und bei vielen Völkern verbreitet. Die Anlässe für Reisen unterschieden sich jedoch sehr. Die Berichte – als Handschrift oder Druck auf uns gekommen – geben vielerlei kulturhistorische Aufschlüsse. Am bekanntesten wurden wohl die Kreuzzüge des Mittelalters, deren christliche Zielstellung zwar scheiterte, die aber dennoch zur Belebung des Mittelmeerhandels geführt haben, vor allem aber den Europäern Kunde von der hochentwickelten Kultur des Orients brachten. Nachdem Jerusalem 1244 in die Hände der Mohammedaner (Mameluken) gefallen war, bedurften Pilgerfahrten ins Heilige Land einer kirchlichen Erlaubnis, wofür eine hohe Taxe zu zahlen war. Überhaupt war eine religiös motivierte Pilgerreise für Standespersonen nebst Knechtsgefolge mit hohen Kosten verbunden.

Der um 1440 geborene, aus einem oberhessischen Rittergeschlecht stammende Bernhard von Breidenbach war ein theologisch und juristisch gebildeter Mann, der in Mainz verschiedene Ämter und Pfründen innehatte. Er war Mitglied des Domkapitels und Kämmerer des Erzbischofs Diether von Isenburg, seines einflußreichen Gönners. Mit dem seit 1482 regierenden jungen Grafen Johann zu Solms-Lich und dem Ritter Adam von Bicken, einem Beamten im Gefolge des Grafen, plante er eine gemeinsame Reise ins Heilige Land, vorwiegend geleitet von Erkenntnis- und Wissensdrang. Daß es sich vorrangig um eine Bildungsreise handelte, dafür spricht nicht zuletzt die Tatsache, daß Breidenbach einen 'Bild-berichter' verpflichtete, der alles Sehenswerte zu skizzieren hatte. Breidenbach bezeichnete ihn als seinen Maler, der als Pilger, in Abgrenzung gegenüber den hohen Standespersonen, zu den Knechten gehörte. Im Frühjahr 1483 erhielt Breidenbach vom Domkapitel die Reiseerlaubnis und ein Jahr Urlaub. Teilnehmer waren die drei genannten Standespersonen: *vnser jeder mit sampt synem knecht.* Außer den Knechten waren noch ein Koch, ein Dolmetscher und der aus Utrecht stammende Maler Erhard Reuwich dabei. Über Reuwich ist kaum etwas bekannt, aber durch ihn wurde der Druck dieses Reiseberichts eines der bemerkenswertesten Bücher jener Zeit. Die Reiseroute führte zuerst bis nach Venedig, wo ein Pilgerschiff geheuert wurde. Auf der Seereise wurden Parenza, Korfu, Modon, Rhodos und Cypern berührt. In Jaffa betraten die Pilger heiligen Boden und blieben dort länger als üblich. Dann reisten sie weiter zum Katharinenkloster auf dem Sinai. Graf Johann zu Solms-Lich verstarb in Alexandria.

Die Ausgaben von 1486 haben noch kein Titelblatt, doch einen ganzseitigen Holzschnitt auf Blatt 1ᵛ, in dem die Wappen der drei Adligen und ihre Namen kunstvoll eingearbeitet sind. Breidenbach jedoch ist nicht der Autor der 'Peregrinatio in terram sanctam'. Als Autor bzw. Bearbeiter wurde der Magister der Theologie Martin Roth ermittelt, der die Reisenotizen Breidenbachs und anderer ordnete und sprachlich bearbeitete, wofür er noch weitere Quellen heranzog. Sicher kannte er auch die in den Jahren zuvor erschienenen Reisebrichte Ludolfs von Sachsen oder Hans Tuchers. Im Februar 1486 erschien die lateinische Version, wenige Monate später die deutsche Übersetzung. Während Breidenbach Martin Roth im Buch nicht erwähnt, wird Erhard Reuwich als Illustrator genannt, was in Drucken bisher nicht üblich war. Ebenso wird er als Drucker angeführt. Reuwich arbeitete mit den Typen Peter Schöffers in dessen Mainzer Offizin, war somit als Lohndrucker auf Veranlassung und Kosten Breidenbachs tätig, wie es in der Vorrede heißt. Reuwich übernahm in dessen Auftrag die volle Verantwortung für die Gesamtgestaltung dieses aufwendigen Druckwerks.

Reuwichs Illustrationen sind vielgestaltig: Initialen, Alphabete fremder Sprachen, menschliche Figuren und Tierdarstellungen, kleine Architekturbilder, große Städte- und Landschaftsansichten. Letztere zeigen die Besonderheit seiner Kunst, allen voran die sieben Falttafeln – topographische Bilder in sicherer Linienführung, szenisch aufgelockert und einheitlich im Stil. Hierfür konnte er auf keine Vorbilder zurückgreifen. Diese Autopsie seiner Bilder war von den Initiatoren der Wallfahrt beabsichtigt

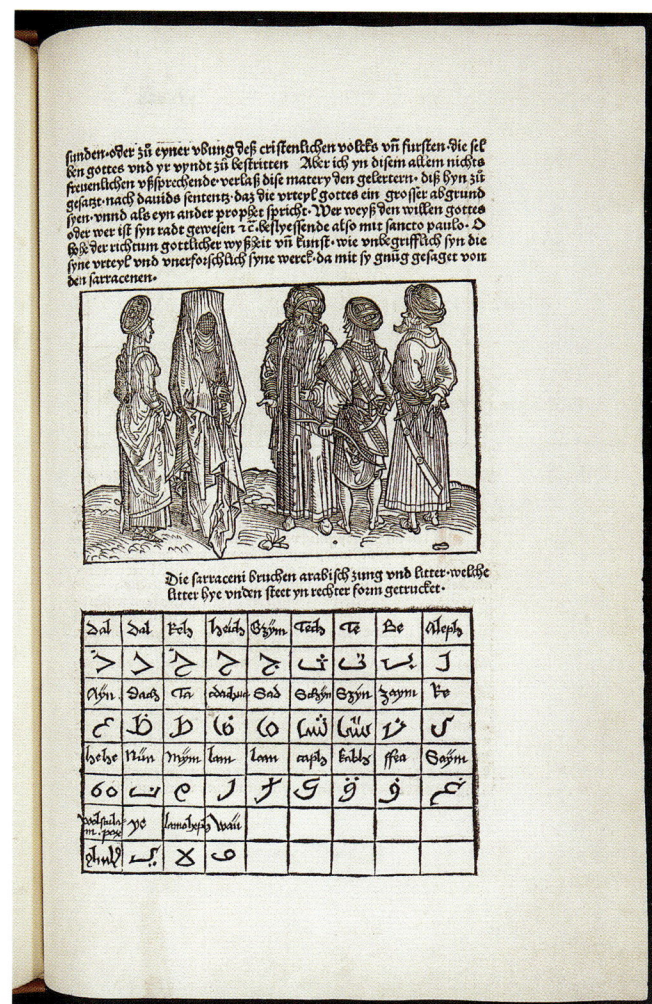

Kat. 184, 85ʳ

und stellte in einer Zeit, in der die Buchillustration noch von einer mittelalterlich-typisierenden Bildvorstellung bestimmt war, einen großen Fortschritt dar.

Nicht nur künstlerisch, sondern auch technisch ist Reuwichs Leistung bemerkenswert. Die topographische Ansicht von Venedig ist 162 cm breit und 26 cm hoch. Dieses Panorama druckte er von vier Stöcken und faltete das zusammengefügte Bild dann mehrmals, um es dem Buchblock einzupassen. Typisch für die Zeit ist die Beschriftung der wichtigsten historischen Gebäude. Gleichfalls künstlerisch gelungen ist der aus drei Stöcken zusammengesetzte 127 cm breite Jerusalem-Holzschnitt; Landschaftsbild und Landkarte wurden hier kombiniert. Seine eigenwillige künstlerische Haltung zeigt sich z. B. in der Darstellung der Grabeskirche. Er zeichnet sie vom Ölberg aus gesehen, also aus östlicher Richtung, doch stellt er nicht die Rückseite der Kirche dar, sondern ihre

Schauseite – ein Kunstgriff, den übrigens auch Albrecht Dürer anwendete.

Originell sind auch Reuwichs Figurenholzschnitte, aus denen die Freude am Fremdartigen spricht. Mit feiner Beobachtungsgabe zeichnet er die Trachten und Kostüme und reichert sie mit typischen Attributen aus dem Alltag an. Diese Bilder haben kulturhistorisch-ethnographischen Wert. Die beigefügten Alphabete orientalischer Schriften gehen auf Aufzeichnungen des Franziskaners Paul Walther von Guglingen zurück, der sich der Reise zu einem späteren Zeitpunkt angeschlossen hatte. Sie verliehen dem Werk, das im 15. Jahrhundert in verschiedene Volkssprachen übersetzt wurde, eine wissenschaftliche Note. Dieser Reisebericht wurde in der Zeit des ausgehenden Mittelalters als eine Art Palästina-Handbuch genutzt und spielte in der Forschung eine bedeutende Rolle.

GW 5077. – Hain-Copinger 3959. – VB 1565. – GECK, ELISABETH: *Bernhard von Breydenbach: Die Reise ins Heilige Land. Ein Reisebericht aus dem Jahre 1483[Teilfaksimile]. Wiesbaden 1977. –* HIPPLER, CHRISTINE: *Die Reise nach Jerusalem. Untersuchungen zu den Quellen, zum Inhalt und zur literarischen Struktur der Pilgerberichte des Spätmittelalters. (Europäische Hochschulschriften. Reihe 1, 968). Frankfurt/Main 1987. –* HUSCHENBETT, DIETRICH: *Art. 'Breidenbach', in ²VL 1, 1978, Sp. 752–754. –* KUNZE, HORST: *Geschichte der Buchillustration in Deutschland. Das 15. Jahrhundert. Leipzig 1975, Textbd. S. 333–343, Bildbd. S. 253–274.*

AS

X.6 Alchemie

Alchemie

Die wichtigste Tugend jeder Wissenschaft ist die Neugier. Sie ist der Antrieb, die Grenzen unseres Wissens immer weiter auszudehnen, sich der absoluten Wahrheit Schritt für Schritt zu nähern, ohne sie aber jemals zu erreichen. Unter allen bekannten Wissenschaften hat vielleicht keine so sehr die Phantasien beflügelt und Sehnsüchte geweckt mit ihrem Versuch, den asymptotischen Charakter menschlicher Erkenntnisfähigkeit aufzuheben, wie die Alchemie. Ihr Ursprung liegt im Dunklen, ebenso wie ihr Name nicht restlos erhellt ist. Soviel scheint gesichert, daß die Alchemie über den griechisch-hellenistischen Bereich unter arabischen Einfluß und von dort ins spätmittelalterliche Europa gekommen ist.

Das (praktische) Ziel des Alchemisten ist es, in einer Reihe spezieller alchemischer Prozesse und Arbeitstech-

niken die naturgegebenen 'unedlen' Urstoffe in unverfälscht reine d. h. 'edle' zu verwandeln, wobei sein höchstes Ziel die Herstellung von Gold ist, das als Ausdruck vollkommener Reinheit gilt. Das mit Gerätschaften vollgestopfte und in allen Ecken brodelnde Alchemistenlabor ist aus zahlreichen Darstellungen bekannt. Sie öffnen dem Betrachter den Blick auf die naturwissenschaftliche Seite der Alchemie: Die Entwicklung elementarer labortechnischer Arbeitsabläufe wie Filtrieren, Destillieren, Sublimieren, Schmelzen etc. und die dazu notwendigen Apparaturen sind das naturwissenschaftliche Hauptverdienst der Alchemie, die Grundlagen der sich später im 18. Jahrhundert von der Alchemie ablösenden Chemie als Teil der rationalen Naturwissenschaften. Das wichtigste und für seinen Erfolg in dem beschriebenen metallurgischen Läuterungsprozeß unbedingt notwendige Hilfsmittel sieht der Alchemist in dem sogenannten Stein der Weisen, den zu finden bzw. herzustellen Höhepunkt der alchemistischen Praxis darstellt. Ohne ihn ist die Umwandlung der Stoffe (Transmutation) nicht zu erreichen. Meist wird er als Elixier, als Tinktur, aber auch als Pulver beschrieben. Die Umwandlung selbst verläuft in einem Prozeß, der in den Schriften der Alchemisten als 'Opus magnum' oder 'Magisterium' bezeichnet wird, in dem über zehn Stufen Werden und Vergehen ineinander übergehen. In einer bestimmten Phase dieses experimentellen Ritus hat der Alchemist den Stein hinzuzufügen (Projektion). Eine wichtige Eigenschaft des Steins ist es, durch sein Einwirken diesen alchemischen Zyklus am Leben zu erhalten. Ihm wird sogar die Fähigkeit zugeschrieben, sich in diesem Prozeß nicht nur nicht zu verbrauchen, sondern sich darin sogar auf wunderbare Weise zu vermehren (Multiplikation). Der Stein wirkt universell und ebenso auf den organischen Bereich, wo er für den Menschen die Funktion der sogenannten Panazee erfüllt. Mit diesem Begriff ist das Allheilmittel gemeint, das den Traum nach Gesundheit, Unsterblichkeit und einer immer wiederkehrenden Jugend erfüllen soll. Die Alchemie verknüpft ihre praktischen Versuche zur Umwandlung der Stoffe mit einer von der Elementartheorie der antiken Naturphilosophie beeinflußten spekulativen, der Mystik verwandten Heilsvorstellung. Zwar hat die spätmittelalterliche Alchemie ihr auf diese Heilslehre ausgerichtetes Denken immer auch religiös ausgeleuchtet, sich in ihren Schriften stets dem christlichen Dogma gebeugt, doch ist an dem Bemühen, das ewige Leben, d. h. das Paradies, aus eigener menschlicher Kraft zu finden, ein blasphemischer Zug nicht zu übersehen. Vielleicht auch aus diesem Grunde, aber vor allem um sich gegen Nachahmer und Betrüger zu sichern, hat sich die Alchemie mit einer absichts- dabei aber auch kunstvoll verwirrenden Terminologie und einer in Rätseln sprechenden bilder- und symbolreichen Metaphorik gegen unbefugte Blicke zu schützen versucht. Nur dem Meister und seinen Adepten sollten sich die Geheimnisse der alchemistischen Schriften offenbaren, nur denjenigen, die den geforderten charakterlichen Anforderungen entsprechen. Diese verlangen vom Alchemisten, gleichermaßen beharrlich wie geduldig und in devoter Haltung an dem Opus magnum zu arbeiten und es durch seine Verschwiegenheit vor Schaden und Mißbrauch zu bewahren, dann wird er sich auch als würdig erweisen und das Glück schließlich nicht ausbleiben. Zu verstehen ist darunter nicht ein auserwählter Mensch, sondern eine dem Magisterium entsprechende Entwicklung des Adepten selbst hin zu einem Ideal, das ihn erst befähigen wird, das Magisterium zum Erfolg zu führen. Wer nicht die Anstrengungen, die das Magisterium verlangt, auf sich nimmt, bleibt für die Enthüllung des letzten Geheimnisses unwürdig, so wie es, um vielleicht das berühmteste literarische Beispiel eines alchemistischen outcasts zu zitieren, Parzival in Wolframs von Eschenbach Epos (vgl. Kat. 33–36) während seines ersten Besuchs auf der Gralsburg verschlossen bleibt. Angesichts des Grals, der nichts anderes ist als der Stein der Weisen, erkennt Parzival nicht die Lösung, die dem siechen Gralskönig Rettung verheißt, und wird, da er sich den alchemistischen Kategorien nicht gewachsen erweist, kühl aus der Gralsburg verabschiedet.

Bei allen Schwierigkeiten, die die Deutung der mystisch verschlüsselten Texte der Alchemie auch heute noch bereitet, hat sie trotzdem und zwar wegen ihrer wunderbaren Vorstellungen, die Grenzen zur Unsterblichkeit und Unendlichkeit zu überschreiten, zu allen Zeiten einen besonderen Zauber auf die Menschen ausgeübt, Kunst und Literatur inspiriert. Man denke nur an die Blaue Blume, die für die Epoche der Romantik seit Novalis' Roman Heinrich von Ofterdingen zum zentralen Symbol für die Sehnsucht nach der Ewigkeit oder dem Goldenen Zeitalter geworden ist. Wer sie finden will, muß denselben schweren Weg der Läuterung und Selbstreinigung gehen, der auch dem alchemistischen Adepten, der nach dem Stein der Weisen sucht, auferlegt ist.

Die Ausstellung versucht mit zwei Handschriften die beiden hier beschriebenen Züge der Alchemie zu verdeutlichen. Das dritte Zeugnis ist ein Blockbuch, das das populäre Bild des betrügerischen Alchemisten wiedergibt:

Der Mystiker (Kat. 185): Die Handschrift erscheint als ein kleines philosophisch-mystisches Kompendium einer auf den Boden biblischer Texte gestellten Alche-mie. Die Metaphorik hat hier nicht allein ihren Grund in der alchemistischen Geheimniskrämerei, sondern folgt vielleicht einer gewissen poetischen Absicht. Dem will auch die kunstvolle und für den mittelalterlichen Betrachter sicher nicht ohne Suggestivwirkung gebliebene Buchmalerei entsprechen. Die ins Sexuelle gewendete Darstellung alchemischer Prozesse, wie hier in der Adaption des Hohenliedes in der siebten Parabel, ist ein beliebtes Motiv der Alchemisten und geht wahrscheinlich auf die Tradition der Weltentstehungsmythen zurück.

Der Praktiker (Kat. 186): Der Verfasser nennt sich bei einem Namen, von dem wir nicht wissen, ob wir ihn glauben können, weil er ausgerechnet mit der Bezeichnung des mittelalterlichen Laboranten identisch ist. Die Handschrift ist, wie man an ihrem Äußeren leicht erkennen kann, eine typische Gebrauchshandschrift, als ein Lehrbuch konzipiert und zur besseren Erläuterung mit einfachen Zeichnungen illustriert. Interessant ist, daß der Autor (wie schon der berühmte Nicolas Flamel) seine alchemistische Autorität mit der Behauptung absichern will, in der Goldherstellung schon erfolgreich gewesen zu sein.

Der Betrüger (Kat. 187): Auch wenn sie mit dem Berufsstand des eigentlichen Alchemisten, für den Praxis und philosophisches Ideengut immer miteinander gekoppelt waren, nichts gemein hatten, davon auch sicher nur das wenigste verstanden oder auch nur wissen wollten, so haben gerade die Fälscher und Scharlatane das Bild von der Alchemie im Laufe der Zeit nachhaltig prägen und ins Negative wenden können. Mit trickreicher Geschicklichkeit und gewissen chemischen Kenntnissen, womit sie sich zumindest ihren 'Kunden' gegenüber überlegen wähnen konnten, vermochten die betrügerischen Goldmacher die Hoffnung auf schnelles Geld vorzugaukeln, ohne natürlich je einmal dieses Versprechen tatsächlich einzulösen. Die Kritik an der Alchemie setzt denn auch hauptsächlich an diesem Punkt an, übersieht allerdings zuweilen, daß die eigentliche Alchemie keineswegs auf den materiellen Gewinn zielt, sondern auf einen Menschentyp, der der Gewinnsucht des Betrügers genau entgegensteht.

Zur Alchemie existieren zahlreiche instruktive Überblicksartikel: KARLE, BERNHARD, in: HWDA 1, Sp. 244–254 (reiche Auswahl der Lit. bis 1927); HARTMAN, SVEN S., u. JOACHIM TELLE, in: *Theologische Realenzyklopädie.* Hg. von Gerhard Krause u. a. Bd. 2. Berlin–New York 1978, S. 195–227; JÜTTNER, GUIDO, u. JOACHIM TELLE, in: LexMA 1, Sp. 329–342; VERENO, MATTHIAS, in: LThK 1, Sp. 347–349; WEYER, JOST, in: *Der Neue Pauly. Enzyklopädie der Antike.* Hg. HUBERT CANCIK u. a. Bd. 1. Stuttgart 1996, Sp. 445–448. – HAAGE, BERNHARD DIETRICH: *Alchemie im Mittelalter. Ideen und Bilder – von Zosimus bis Paracelsus.* Zürich 1996. –

Schwefelbrocken, Mörser und heiße Öfen. Die Alchemie im Deutschen Museum. Ausstellungskatalog. München 1997.

KH

185 Alchemistische Sammelhandschrift

Südwestdeutschland, 16. Jh., 1. Viertel
Pergament, I,99 Bll. (es fehlen Bl. 2, 3, 5), 21 × 15 cm
Vorbesitzer: Georg Friedrich Christoph Frick (1781–1848, Direktor der Königlich Preußischen Porzellanmanufaktur); 1873 von der Königlichen Bibliothek erworben.
SBB-PK, Ms. germ. quart. 848

Aufgeschlagen Bl. Iᵛ: Hermaphrodit.

Iᵛ Titelbild: Hermaphrodit; 1ʳ–50ʳ *Uffgehnde morgenrödte* (= Aurora consurgens, deutsch); 51ʳ–61ᵛ Ps-Albertus Magnus: Libellus de alchimia, deutsch; 61ᵛ–62ᵛ *Die wermbde ist dryerley*; *Von den farbenn*; Liber Methodus, deutsch; 63ʳ–70ᵛ *Von der naturen solis und lune* (De natura solis et lunae); 71ʳ–72ʳ *Putrefactio, das ist die feulung*; 72ʳ–77ᵛ *Das buch von der geschicklheit und proportzion aller planeten* (= Michael Scotus: De transmutatione metallorum, deutsch); 78ʳ–82ʳ Hortulanus: *Ußlegung der heimlikheit Hermetis*; 82ʳᵛ *Ein heubscher spruch welicher die blosse warheit inhellt*; 83ᵛ–86ʳ Auszüge aus dem sog. Geber latinus: Liber de inventione veritatis; (84ʳ) Summa perfectionis magisterii, deutsch; 86ʳ–97ᵛ *Schatz der rechten philosophye* (= Thesaurus philosophiae); brauner Lederband mit Rollenstempeln, 16. Jh.

Die in dieser Handschrift vertretenen Texte sind deutsche Übersetzungen von alchemistischen Traktaten, deren lateinische Fassungen in derselben Ordnung in der Handschrift Rh. 172 der Zürcher Zentralbibliothek aus dem Anfang des 15. Jahrhunderts zu finden sind. In der Berliner Hs sind lediglich einige kleine Stücke ausgelassen. Hauptteil der von einer Hand in sorgfältiger Fraktur geschriebenen Sammlung ist die zu Beginn stehende und reich bebilderte *Uffgehnde morgenrödte*, lateinisch 'Aurora consurgens'. Der Text besteht aus zwei Teilen. Die originelle Leistung des Verfassers des ersten Teils (I = Blatt 1ʳ–20ᵛ) besteht darin, Zitate aus der Bibel, zumeist des Alten Testamentes, die er alchemistisch ausdeutete, mit Auszügen aus einschlägigen Werken alchemistischer Autoren zu einem beeindruckenden Gebäude einer religiös begründeten Alchemie zusammengestellt zu haben. Gegenstand dieses Traktats ist – ohne die Alchemie selbst zu nennen – die Wissenschaft der Weisen, die auch mit der Wissenschaft bzw. Weisheit Gottes (Scientia/Sapientia Dei) identifiziert wird. In fünf grundlegenden Einleitungskapiteln spricht zunächst der unbekannte Autor selbst und beschreibt die Eigenschaf-

Kat. 185, Iᵛ

ten dieser Weisheit, die sich nur dem erschließen wird, der klug aber auch beharrlich nach ihr sucht. Das hier leider verlorene fünfte Kapitel dient der Überleitung in den Hauptteil; es verweist auf den Brauch der Alchemisten, ihren Gegenstand hinter Allegorien und Decknamen zu verstecken, allen Unwissenden ein Rätsel, dem Unwürdigen ein Hindernis. Deshalb wird mit Hilfe von sieben Gleichnissen (Parabeln) im folgenden Hauptteil der wahre Sachverhalt vor ihnen geheimgehalten. Das sprechende Subjekt ist hier nicht leicht auszumachen. Einige Male scheint die Sapientia Dei selbst zu sprechen und den zur Vollkommenheit Strebenden zu führen, während das letzte Gleichnis eine verschlüsselte Adaption des Hohenliedes darstellt: hinter dem Gespräch der Liebenden verbirgt der Autor Prozesse alchemistischer Reagenzien. Im Mittelalter ist die Verfasserschaft Thomas von Aquin zugewiesen worden, was der häufig zu beobachtenden Absicht entsprach, dem Text eine Autorität zu verleihen. Diese Behauptung, noch in jüngerer Zeit wiederholt, ist indes nicht zu beweisen. Der Kompilator ist wahrscheinlich unter den Geistlichen des 14. Jahrhunderts zu suchen. Der zweite Teil (II= Blatt 21ʳ–50ʳ) will den Eindruck einer fließenden Fortsetzung erwecken, ist aber mit großer Wahrscheinlichkeit von einem anderen Autor verfaßt. Die Abhandlung nennt die Alchemie erstmals beim Namen und erklärt sie in fünf Punkten, beginnend mit den Wissenschaften, deren Kenntnisse sie sich zunutze macht – Astronomie, Arithmetik, Medizin. Beide Textteile sind mit einer Serie von farbenprächtigen Deckfarbenminiaturen geschmückt, 31 von ihnen sind in dieser Handschrift erhalten. Sie ähneln denen anderer Handschriften, die dieselbe Textkonstellation überliefern. Besonders auffällig ist die Verwandtschaft sowohl im Aufbau des gesamten Zyklus als auch in den einzelnen Motiven mit der schon genannten aus Rheinau bei Schaffhausen stammenden Handschrift der Zürcher Zentralbibliothek. Die Miniaturen sind außerordentlich kunstvoll gemalt, insbesondere die lebhafte und plastische Figurenzeichnung erweist sie als das Werk eines Meisters der Buchmalerei des frühen 16. Jahrhunderts, der darin seine Rheinauer Vorläuferin, die vielleicht sogar Vorlage war, an künstlerischer Qualität noch übertrifft. Daß auch andere Handschriften aus demselben Bildvorrat schöpfen, läßt auf ein bestimmtes ikonographisches Schema an Miniaturen schließen, das mit diesem Text verbunden ist und dessen Symbolsprache in eine bildliche, nicht minder verschlüsselte überträgt. Darunter sind auch einige Aktdarstellungen, die von einem späteren verständnislosen Besitzer an den für seine Augen besonders anstößigen Stellen grob übermalt wurden. Jeweils erste Miniatur in diesem Bilderkanon ist

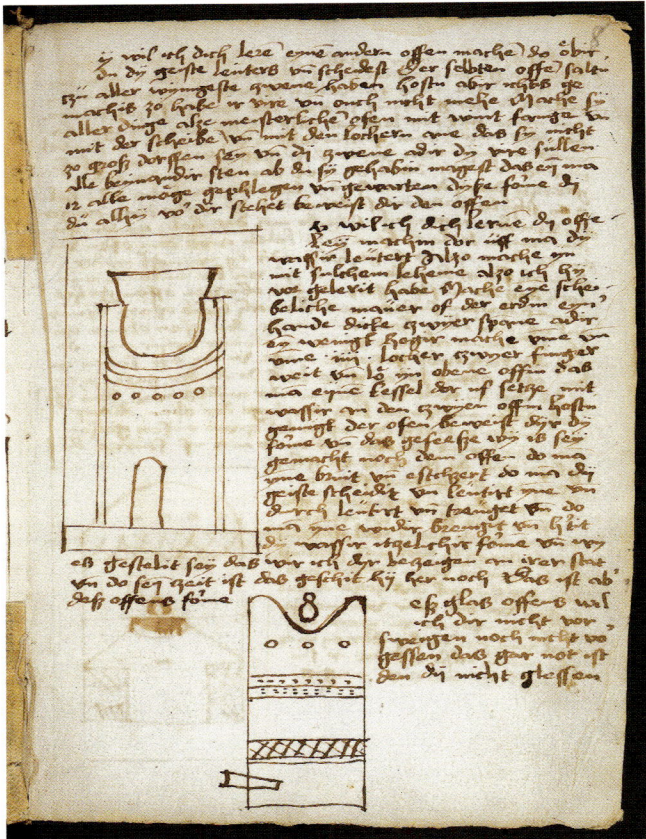

Kat. 186, 8ʳ

raturwissenschaft und Geistesgeschichte 25, 1951, S. 415–435. – Ausst.kat. Berlin 1975, Nr. 120. – TELLE, JOACHIM: Art. 'Aurora consurgens', in: LexMA Bd. 1, Sp. 1245–1246. – VON FRANZ, MARIE-LOUISE in: C.G. Jung, Gesammelte Werke Bd. 14/3. 4. Aufl. Olten 1990 (lat. u. nhd. Text der Aurora consurgens I). – GNÄDINGER, LOUISE in: Zentralbibliothek Zürich. Schätze aus vierzehn Jahrhunderten. Hrsg. von Alfred Cattani und Hans Jakob Haag. Zürich 1991, S. 19–21, 147–149. – Kat. deutschspr. illustr. Hss 1, S. 60–62 (Nr. 2.4.4).

KH

186 Johannes Heinze: Textsammlung zur Alchemie

Ostfränkisch-ostmitteldeutsches Sprachgebiet, 1522–1523
Papier, 55 Bll., 21,5–22 × 16–16,5 cm
Vorbesitzer: 1925 vom Antiquariat Martin Breslauer, Berlin erworben.
SBB-PK, Ms. germ. quart. 1801

Aufgeschlagen Bl. 8ʳ: alchemistische Öfen.

Johannes Heinze: 2ʳ–22ʳ *Der rechte Steig* (s. 2ᵛ); 23ʳ–48ᵛ *Die würdige Kunst, die Alchemie ist genannt*, unvollständig, teilweise lat.; 49ʳ–53ᵛ Rezeptsammlung, unvollständig; zeitgenössischer Leinenkopert.

Gegenüber dem repräsentativ ausgeschmückten Band der Kat. 185 stellt diese Handschrift ein typisches Beispiel einer alchemistischen Gebrauchshandschrift dar. Sie wurde vom bisher unbekannten Verfasser in unregelmäßiger Kursive selbst geschrieben, ist also ein Autograph. Zweimal, auf Blatt 22ʳ und 49ʳ jeweils neben der Datierung, nennt er seinen Namen, der vielleicht auch nur ein Pseudonym ist: *Heintze* hießen bestimmte alchemistische Laboranten. Obwohl der Autor keine Überschriften oder auch nur Titel formuliert hat, ist die Dreiteilung der Handschrift eindeutig. Der zweite und dritte Text sind auf Grund von Blattverlusten unvollständig überliefert. Im ersten erfolgt zunächst eine allgemeine Belehrung über die Hindernisse und Gefahren in dieser 'Kunst', die einen angehenden Adepten nicht, wie der Autor es oftmals erlebte habe, entmutigen dürfen. Er gibt vor, *golt und silbir von kunst czu machin, bessir ijn allir vorsuchunge, bas wen das dij natur geschaffin hat ijn der erdin*, und verspricht dem, der dieser Lehre folgt, *der wirt schire reich*. Andererseits warnt diese Passage aber auch vor den *thoren und narren* und den menschlichen Untugenden: Eitelkeit, fehlende Ausdauer, Ungeduld sowie Fälschung und Betrug. Deshalb formuliert er in acht Geboten die Anforderungen an den seines Standes würdigen Alchemisten, worunter z. B. die Pflicht zur Verschwiegenheit und die Einrichtung eines Geheimlabors genannt werden. Der Autor gibt vor, ein erfahrener Alchemist zu sein, indem er auf den eigenen Erfolg ver-

eine ganzseitige Darstellung eines Hermaphroditen, eine Art programmatisches Titelbild für die gesamte Handschrift. Der Hermaphrodit (Ovid, Metamorphosen IV, Verse 274–388) gilt den Alchemisten als Metapher für die alchemistischen Prozesse zur Herstellung des 'Steins der Weisen'. Um diesen zu erlangen, sei es nötig, das Unvollkommene voneinander zu trennen und neu in Vollkommenheit zusammenzufügen. Übersetzt in das Bild heißt das: das Höhere (aufsteigender Adler) wird vom Niederen (herabgesunkene oder tote Vögel), das Feste (Erde = Hase) vom Flüchtigen (Luft = Fledermaus) geschieden und in der alle Gegensätze aufhebenden Synthese, symbolisiert durch die Figur des Hermaphroditen, neu gefunden; so die für uns rätselhafte Formel.

Insgesamt wurde bei der Herstellung der Handschrift das Hauptaugenmerk wohl nur auf den vorderen Teil gelegt, im hinteren weist der Text Lücken auf, und es fehlen die prächtigen, italienische Vorbilder verratenden Initialen (Blatt 1ʳ und 51ʳ). Auftraggeber und Vorbesitzer der Handschrift sind bisher noch nicht zu ermitteln gewesen.

DEGERING 2, S. 147–148. – EIS, GERHARD: Von der Rede und dem Schweigen der Alchemisten, in: Deutsche Vierteljahresschrift für Lite-

weist, der ihn zur Niederschrift des Traktats veranlaßte, dessen Zweck er folgendermaßen faßt: *Ich will euch be-czeigen den edeln und den oberwunderlichen steijn, den heiligen und gebendeijten steijn… unde her magk wol von lebinden dingen seijn, wen her lebendigk macht und irqwickit alle leichnam* (= Körper) … Der Text versteht sich als Lehrbuch, das mit seinen Beispielen den Lernenden auf dieselbe Stufe des Erfolgs heben will, auf der der hier sprechende Meister selbst schon steht. Ab Blatt 7^r folgt – nach Vergewisserung der esoterischen Grundlagen – der praktische Teil mit Beschreibungen für die Herrichtung des alchemistischen Ofens sowie der alchemistischen Grundstoffe und Substanzen. Hierauf folgt eine Reihe von alchemistischen Rezepten, darunter (wie zuvor angekündigt) zur Herstellung von Gold und Silber. Der zweite Text ist möglicherweise als Fortsetzung des ersten zu verstehen. Er bietet in demselben unterweisenden Ton eine ausführliche Stofflehre mit anschließenden Erklärungen zu den grundlegenden alchemistischen Verfahrensweisen, worauf in der zweiten Hälfte eine Reihe von Rezepten folgt, darunter (Blatt 37^r) ein Gebet in Versform an Gottvater mit der Bitte um Hilfe bei der Suche nach dem 'Stein der Weisen' und (Blatt 47^v–48^r) in lat. Sprache die Alchemie des Rupertus de Constantinopoli. Der dritte Text ist wie der vorherige eine unvollständig gebliebene Sammlung von Rezepten, der in diesem Fall eine Betrachtung der nur selten überlieferten 'Versus Philosophorum' vorausgeht.

KH

187 Vom Antichrist und von den Fünfzehn Zeichen vor dem Jüngsten Gericht

Süddeutschland (Augsburg und Nürnberg?), 15. Jh., 3. Viertel
Papier, 35 Bll., 28 × 19 cm
Vorbesitzer: Bibliotheca Jagielloñska Krakau, dort um 1811/1813 gestohlen; danach im Besitz des Küsters Beinling von St. Elisabeth in Breslau; um 1835/1837 von Karl Ferdinand Friedrich von Nagler möglicherweise schon vorausschauend für das Kupferstichkabinett erworben; 1841 im Berliner Kupferstichkabinett akzessioniert (nach PALMER).
SMB-PK KK, Cim. 7

Aufgeschlagen Bl. 3^v: Der Antichrist lehrt Gold machen.

1^v–25^r Vom Antichrist; 26^r–35^r Fünfzehn Zeichen vor dem Jüngsten Gericht; brauner Ledereinband (um 1841).

Das Blockbuch beinhaltet zwei illustrierte heilsgeschichtliche Texte, keine alchemistische Fachprosa. Aber seine Präsentation eignet sich, das weit verbreitete Bild von der Alchemie zu verdeutlichen, das seit dem Spätmittelalter bis in die Neuzeit und sogar bis auf den heutigen Tag alle anderen Inhalte dieser enigmatischen Disziplin fast zu überdecken scheint: eine klischeehafte Vorstellung von Betrügern (hier der Alchemist als Helfer des Bösen), die andere glauben machen wollen, sie könnten aus unedlen Grundstoffen Gold und Silber gewinnen.

Unter den erhaltenen Bild-Text-Versionen der Antichrist-Vita sticht die vorliegende Darstellung insofern hervor, als sie den Alchemisten mit einem Gehilfen bei der Arbeit in seinem Labor zeigt. Im Hintergrund wiegt und bereitet der Gehilfe die Grundsubstanzen. Vorn hat sich sein Meister dem anwesenden Antichristen zugewandt, zu dem er als sein Lehrer erklärend spricht, während er gleichzeitig den Blasebalg seines Ofens bedient. Darin fabriziert er das falsche Gold, das später (Blatt 13) dem Antichristen dazu dienen soll, die Hörigkeit seiner Anhänger zu kaufen. Die Antichrist-Vita, die hier mit der Schilderung von 15 das Reich Gottes ankündigenden Vorzeichen zu einem in sich geschlossenen Warnbild vor den Gefahren des Abirrens vom Glauben verbunden ist, zeigt die Stationen, die der Antichrist von seinem Aufstieg bis zu seinem Untergang durchläuft. Sie sind dem Leben und Leiden Christi nachgebildet, um dem zeitgenössischen Leser die Verführungskraft des Teufels auch glaubhaft einzuprägen. Denn der Antichrist ist das Produkt des Teufels: Er verkuppelt Vater mit Tochter, bemächtigt sich der Seele des auf diese Weise gezeugten Antichristen und wird ihn fortan führen, die Christen mit Bestechung, falschen Wundern und schrecklichen Martern zur Abkehr von ihrem Gott zu bewegen. Die beiden Prediger Enoch und Elija, die allein den Verführungen durch ihn standhalten, werden mit dem Martertod bestraft, doch bewirkt ein Engel ihre Auferstehung. Der Antichrist wird, da er sich in seiner Himmelfahrt schließlich gegen Gott selbst erhebt, vom Erzengel Michael (Blatt 22) erschlagen. Die Pointe dieser Erzählung, die Aufforderung zur Umkehr vom sündigen Leben, korrespondiert mit dem angeschlossenen zweiten Bildertext, der das Weltenende in den sogenannten '15 Zeichen vor dem Jüngsten Gericht' ausmalt. Vorzeichen der Zerstörung ziehen über die Welt, ehe sie durch Christi Richtspruch – im letzten, hier leider verlorenen Bild – erneuert wird.

Das Blockbuch als Buchtyp erlangte in der verhältnismäßig kurzen Zeitspanne von circa 1450–1530 eine gewisse Bedeutung für die im Vergleich zu handschriftlichen Kopien preiswertere Vervielfältigung von kürzeren, zur weiteren Verbreitung gedachten meist religiösen und oft reich bebilderten Texte. In der Herstellung liegt dem Blockbuch das Prinzip des Einblattdrucks zugrunde:

Der Enndkrist hat bey im maister · Dye in lernen gold machen · vnd ander
zaubrey vnd pös lisst · Vnd das beschicht in der Stat genant Corosaym
Vnd das stet auch geschriben in Compendio Theologie · Vnd vnser herre
fluch der selben stat auch in dem Ewangelio · Do er spricht · Wee dir
Corosaym

Hie gat der Enndkrist von Capharnaym · gen Jherusalem · Vnd lat sich da
ausgeben er sei hailig · Vnd dauon stat auch geschriben in dem puch Compendio Theologie · Vnd vnser herr fluch der selben stat auch in dem
Ewangelio · Vnd spricht also · Wee dir Capharnaym

Text- und Bildteile werden von einem Holzschneider spiegelbildlich in eine Holzplatte geschnitten, die erhabenen Teile gefärbt und die Platte dann aufs Papier gepreßt. Mehrere Einzelblätter werden dann zu einem Blockbuch zusammengebunden. In älteren Ausgaben ist das Papier einseitig (anopisthograpisch), in späteren auch beidseitig (opisthographisch) bedruckt. Das vorliegende Blockbuch ist ein anopistographischer Druck, der nachträglich koloriert wurde.

SOTZMANN, [JOHANN DANIEL FERDINAND]: *Die xylographischen Bücher eines in Breslau befindlich gewesenen Bandes, jetzt in dem königlichen Kupferstich-Kabinett in Berlin, in: Serapeum 3, 1842, Nr. 12–14, S. 177–190, 193–212, insbesondere S. 205–207.* – DREYER, PETER: *Bruegels Alchimist von 1558. Versuch einer Deutung ad sensum mysticum, in: Jahrbuch der Berliner Museen 19, 1977, S. 69–113, insbesondere S. 80–83.* – *Blockbücher des Mittelalters. Bilderfolgen als Lektüre. Hrsg. von Gutenberg-Gesellschaft und Gutenberg-Museum. Mainz 1991, zu diesem Blockbuch S. 357.* – PALMER, NIGEL F.: *Latein und Deutsch in den Blockbüchern, in:* HENKEL/PALMER, *Latein S. 310–336, insbesondere S. 327–329.* – *Apokalypse. Ars moriendi… Die lateinisch-deutschen Blockbücher des Berlin-Breslauer Sammelbandes. Staatliche Museen zu Berlin – Preußischer Kulturbesitz, Kupferstichkabinett, Cim. 1, 2, 5, 7, 9, 10, 12. Farbmikrofiche-Ed. Einführung und Beschreibung von* NIGEL F. PALMER *(Monumenta xylographica et typographica 2). München 1992 (Lit.).*

KH

X.7   Jagd und Kriegswesen

Jagd – Kriegswesen

Jagd und Kriegswesen werden nach der mittelalterlichen Wissenschaftssystematik (maßgeblich zurückgehend auf Hugo von St. Viktor und Bonaventura; s. ASSION, Fachliteratur, S. 46–47) den artes mechanicae, den sogenannten unfreien bzw. dienenden Künsten zugerechnet. Zum einen sind damit praktische Tätigkeiten gemeint (im Gegensatz zu den artes liberales), zum anderen wird auf den sozialen Aspekt ('unfrei') des Handelnden hingewiesen.

Mittelalterliche Berichte oder Schilderungen über die Jagd treten zunächst als Gegenstand des adligen Lebens in der höfischen Literatur entgegen, wofür die Gründe in den Vorrechten des Adels und wohl auch in gewissen Ähnlichkeiten der Jagdvorgänge mit dem Turniersport zu sehen sind. In allegorischen Schilderungen bzw. Darstellungen werden das Jagdmotiv, die Technik des Jagens und die List des Jägers gern verarbeitet. Die Überlie-

rung fachliterarischer Lehrschriften über die Jagd beginnt erst im Übergang zum Spätmittelalter und nimmt im Laufe des 14. Jahrhunderts ein größeres Ausmaß an. Das ist wohl ein allgemeines Phänomen, das auch für die unten zu besprechenden Feuerwerkbücher im speziellen und für die technische Literatur im allgemeinen für diese Zeit zutrifft, da jetzt ein Umschwung von mündlicher zu intensiverer schriftlicher Überlieferung einsetzt. Allerdings, wie die erhaltenen Zeugnisse zeigen, wurde deutschsprachige Jagdliteratur im Vergleich zur umfangreichen französischen nur sehr schmal produziert (SCHWENK). Wichtigstes und frühestes Thema dieser Jagdtraktate ist die Beizjagd, die Jagd mit eigens dazu abgerichteten Jagdvögeln. An den beiden hier vorgelegten Zeugnissen zur Jagd, einer Handschrift eines deutschen Autors und einer (viel späteren) deutschen Übersetzung eines lateinischen Traktats des Italieners Petrus de Crescentiis in einer Inkunabel, ist besonders bemerkenswert, daß die Texte unabhängig nebeneinander stehen. Der deutsche Autor spricht aus der Erfahrung eigener jagdlich erworbener Praxis, ohne ein Anzeichen zu liefern, aus anderen Texten, beispielsweise des Petrus de Crescentiis, Gewinn gezogen zu haben. Der Italiener dagegen ist ein an der Universität ausgebildeter Gelehrter, was seiner Arbeitsweise und dem höheren Anspruch seines Werkes anzumerken ist, Bildungsgut, das in den zitierten (fach-) literarischen Autoritäten zum Ausdruck kommt, und die praktische Anschauung des Landwirts sprechen gleichermaßen aus ihm. Nicht unerwähnt soll bleiben, daß in beiden Traktaten neben dem eigentlichen Jagdthema auch die Pflege der Beizvögel und tiermedizinische Probleme einen wesentlichen Bestandteil bilden.

Zum mittelalterlichen Kriegswesen liegt, wie jetzt auch die umfangreiche Arbeit von RAINER LENG zeigt, eine breite handschriftliche fachliterarische Überlieferung vor. Darin bilden die Feuerwerkbücher, die hier in zwei Handschriften gezeigt werden, nur einen, wenn auch wichtigen Ausschnitt dieser alle Belange des militärischen Bereiches behandelnden Literaturgattung. Praktische, taktische und kriegstheoretische Fragen sind ihr Inhalt. Das 14. Jahrhundert brachte das Pulver nach Europa, und bald begann man, sich seine Wirkung für militärischen Zwecke zunutze zu machen. Im Verlaufe des 15. Jahrhunderts haben die Verbesserungen in der Pulverherstellung zur Entwicklung von artilleristischen Waffen, Büchsen und Kanonen, geführt, die nun eine kriegsentscheidende Bedeutung bekamen. Die in dieser Zeit auf Grund der angewachsenen Effektivität von Feuerwaffen auch zunehmende Furcht vor ihrer Zerstörungskraft führt zu einem zweifachen Interesse, wobei das eine dem anderen naturgemäß entgegensteht.

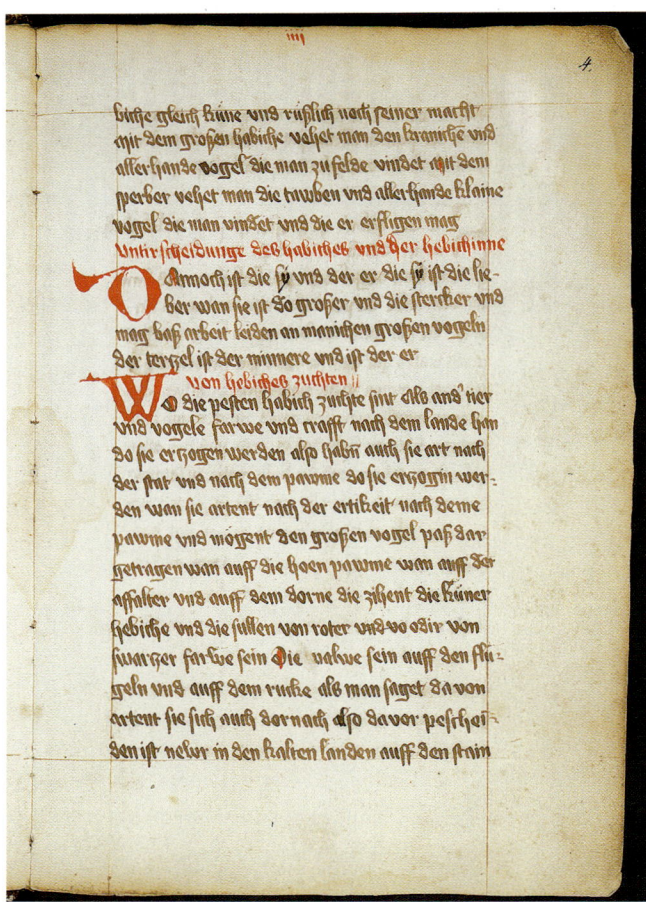

Kat. 188, 4ʳ

Auf der einen Seite steht der militärische Wunsch nach einem siegbringenden Kampfmittel, auf der anderen sucht man nach einer wirksamen Gegenwehr. Kriegstechnische Handschriften, Feuerwerkbücher insbesondere, werden anfangs wohl meist zu einem innerstädtischen Gebrauch geschrieben bzw. kopiert worden sein. Denn, daß dieses Wissen nach Geheimhaltung gegenüber möglichen oder realen Konkurrenten verlangt, will einleuchtend erscheinen. Doch konnte der Informationsfluß kaum lange kontrolliert werden. Das macht schon die lokal verstreute Überlieferung im 15. Jahrhundert und die jetzt stark ansteigende Zahl der kopierten Texte deutlich (auf der anderen Seite erschien das Feuerwerkbuch nie in einer Inkunabelausgabe). Der Autor der Kat. Nr. 190 hat den Stoff des Feuerwerkbuches in die Form eines Lehrgedichts gebracht und sich wohl dabei an dem antiken Modell (Lukrez) orientiert. Im Vordergrund steht hier die Poesie und weniger der Wunsch nach technischer Präzision.

Scheinbar etwas abseits der Fachprosa-Definition steht die dritte Handschrift, ein Fechtbuch, da es ohne erklärende Beischriften geblieben ist. Doch ist es eindeu-

tig Teil der durch Hans Talhofer und Johannes Liechtenauer geprägten Fechtbuch-Überlieferung und deshalb zu Recht dem Abschnitt der Fachschriften zum Thema Kriegswesen zugeordnet. Möglicherweise entstand es im engen Umkreis von Albrecht Dürer. Wegen der lebendigen Anschaulichkeit mag man dieses Skizzenbuch als einen besonderen Schmuck und Abschluß dieser kleinen und sonst nicht so farbenfreudigen Auswahl ansehen.

KRAFFT, FRITZ: Art. 'Artes mechanicae', in: LexMA 1, Sp. 1063–1065. – SCHWENK, SIGRID: Art. 'Jagdtraktate', in: LexMA 5, Sp. 272–274. – LENG, Ars belli (Lit.).

KH

188   Beizbüchlein

Süddeutschland, 1440
Papier, 91 Bll., 21 × 14,5 cm
Vorbesitzer: 1828 von Gottlieb Friedländer erworben, der kurz zuvor als junger Bibliothekar in die Königliche Bibliothek eingetreten war.
SBB-PK, Ms. germ. quart. 351

Aufgeschlagen Bl. 4ʳ: Kapitel über den Habicht.

1ʳ–31ᵛ Beizbüchlein; 35ʳ–40ʳ Weinrezepte; 40ᵛ–50ᵛ Über das Baumpfropfen u. a.; 50ᵛ–57ᵛ Medizinische Rezepte; 58ʳᵛ Ratschläge zur Vogelpflege; 60ʳ–90ʳ Thomas Prischuch: Reimrede auf das Konstanzer Konzil ('Gruntvest', s. ²VL 7, Sp. 843); Bibliotheksband (19. Jh.).

Das in einer charakteristisch linksgeneigten und flüssigen Bastarda geschriebene Beizbüchlein ist das Werk eines erfahrenen Falkners, der es weitgehend unabhängig von der breit überlieferten lateinischen und orientalisch beeinflußten Jagdliteratur verfaßte. Entstanden ist der Text möglicherweise um 1400. Mit der vorliegenden Handschrift besitzt die Berliner Staatsbibliothek die älteste der heute noch erhaltenen Abschriften von diesem Text. Das kleine Kompendium gliedert sich in die 'Jüngere deutsche Habichtslehre' und eine Heilkunde für Beizvögel. Als Quelle für den ersten Teil ist die sogenannte 'Ältere deutsche Habichtslehre' identifiziert worden, deren Aufbau der Autor des Beizbüchleins folgt. Gleichwohl unterzieht er sie einer freien Bearbeitung und inhaltlichen Erweiterung. Geschulte Beobachtungsgabe und sachkundige Kennerschaft sprechen aus seiner gleichermaßen präzisen wie lebendigen Erzählweise. Aufzucht, Abrichtung, tiermedizinische Pflege der Beizvögel sowie Eigenschaft und Taktik des Jägers werden systematisch behandelt. Beeindruckend ist die treffende Zeichnung des Tierverhaltens: des in Deutschland für die Beize bevorzugten Habichts, aber auch der von ihm zu schlagenden Tiere im Moment der Gefahr. Die Souveränität des Autors ist darüber hinaus an seiner Kritikfähigkeit zu messen, insbesondere dann, wenn er, gleichsam seine Auffassung von ehrenhafter, korrekter Jagd formulierend, sich mit einem überehrgeizigen Jagdkollegen auseinandersetzt, der auf Kosten der Gesundheit seiner Beizvögel das Jagdglück zu erzwingen suchte (Blatt 17ᵛ: *das nicht lobelich was*). Obgleich dieser Text neben dem rein jagdlichen Stoff schon einen veterinärmedizinischen Passus enthält, er insofern einen umfassenden Themenkreis bildet, ist allen Handschriften in einem zusätzlichen Teil eine zweite ausführliche Abhandlung medizinischer Details angehängt. Sie ist die Übersetzung einer bisher nicht nachgewiesenen lateinischen Vorlage, die dem Autor der 'Jüngeren deutschen Habichtslehre' zur Ergänzung seines Traktats geeignet erschien. Das Beizbüchlein ist mehrere Male gedruckt worden, das erste Mal um 1480 von Anton Sorg in Augsburg (SBB-PK, Ink. 164).

DEGERING 2, S. 66. – LINDNER, KURT (Hrsg.): *Die deutsche Habichtslehre. Das Beizbüchlein und seine Quellen*. 2. Aufl. (Quellen und Studien zur Geschichte der Jagd 2). Berlin 1964, S. 39–40 (Hs. B) und 139–229 (Text). – SCHWENK, SIGRID: *Art. 'Beizjagd' (I.)*, in: LexMA 1, Sp. 1825–1826. – LINDNER, KURT: *Art. 'Jüngere deutsche Habichtslehre'*, in: ²VL 4, Sp. 916–918. – ERFEN, IRENE: *Art. 'Falkentraktate' (III.)*, in: LexMA 4, Sp. 242–243.

KH

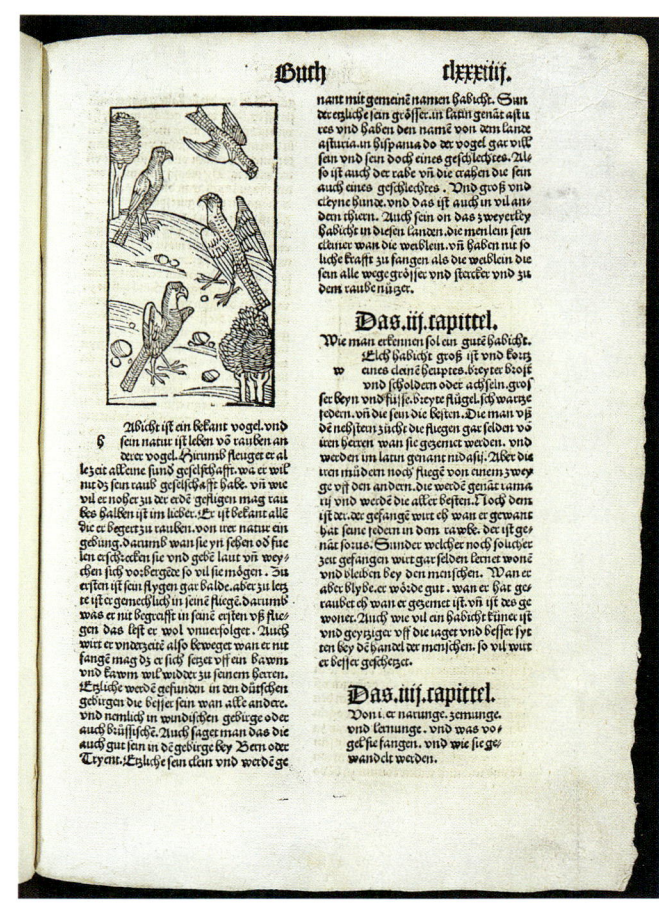

Kat. 189, 184ʳ

189 Petrus de Crescentiis: Ruralium commodorum libri XII, deutsch (2. Ausgabe)

Speyer: Peter Drach, um 1495, 2°
Papier, 210 Bll., 27,5 × 20,5 cm
Vorbesitzer: Kartause Buxheim bis 1803 (alte Signatur L 930); Grafen Waldbott-Bassenheim bis 1883; die Königliche Bibliothek hat die Inkunabel wahrscheinlich anläßlich eines der in den folgenden Jahren beim Antiquariat Ludwig Rosenthal, München, getätigten Kaufgeschäfte erworben.
SBB-PK, Ink. 2045

Aufgeschlagen Bl. 184ʳ: Habichtkapitel mit Holzschnitt.

1ʳ–210ᵛ Petrus de Crescentiis: Ruralium commodorum libri XII, deutsch (*Petrus de Crescentiis zu teutsch mit figuren*) mit 317 Holzschnitten, einige darunter koloriert; zeitgenössischer Halblederband mit gotischen Einzelstempeln.

Petrus de Crescentiis stammt aus Bologna und hat sich dort hauptsächlich in Jurisprudenz ausbilden lassen. In diesem Beruf war er die meiste Zeit seines Lebens für seine Heimatstadt tätig und kam so zu Vermögen und einem ansehnlichen Gut in der Nähe Bolognas. Die Bewirtschaftung dieses Gutes ist auch sicher Grundlage sei-

nes 1305 abgeschlossenen landwirtschaftlichen Hauptwerkes gewesen, das ihm mehr als seine juristischen Arbeiten einen Platz in der mediävistischen Literatur sicherte. Der besondere Wert dieses Werkes liegt in der Synthese von praktischer Erfahrung als Landwirt und einer an den antiken und zeitgenössischen Quellen (z. B. Varro und Albertus Magnus) geschulten Bildung. Moderne Terminologie wird vielleicht von einem Handbuch für den Landwirt sprechen. Es umfaßt zwölf systematisch gegliederte Bücher, worunter die ersten neun den in engerem Sinne landwirtschaftlichen Arbeiten gewidmet sind. Das zehnte gehört der Darstellung der Jagd in allen ihren Formen. Sie war für den mittelalterlichen Leser ein integrativer Bestandteil des ländlichen Lebens und hat deshalb zu Recht einen Platz in diesem Traktat bekommen. Das umfangreichste Kapitel darin ist der Beizjagd gewidmet. Ähnlich wie der Autor des ca. 100 Jahre später entstandenen Beizbüchleins (vgl. Kat. 188) hat auch Petrus de Crescentiis in seinem Jagdabschnitt – abweichend zum vorangehenden Hauptteil – mehr eigene Erfahrung und Sichtweise vermittelt als aus bekannten Vorbildern zitiert. Der wichtigste Beizvogel in Italien ist der Sperber, der ausführlich in einem eigenen Kapitel beschrieben wird. Daß die deutsche Fassung ihn trotzdem nach dem im deutschen Sprachraum beliebten Jagdvogel 'Habicht' nennt, von dem an dieser Stelle aber wiederum ausdrücklich unterschieden wird, geht auf die terminologische Schwierigkeit zurück, die dem Übersetzer der lateinische Begriff 'accipiter' bereitete (LINDNER, S. 67). Man wird im Verlauf der Beizkapitel auf einige Parallelen mit dem jüngeren Traktat des deutschen Kollegen in Kat. 188 stoßen, doch findet dessen jagdliche Ideale verratender Ton bei dem nüchtern urteilenden, wenngleich ebenso versierten Praktiker kein Gegenstück. Das Werk des Petrus de Crescentiis wurde aus der lateinischen Originalsprache schon früh übersetzt, zuerst ins Italienische, u. a. später auch ins Russische. Ins Deutsche gelangten zwei Übersetzungen, eine sogenannte ältere (möglicherweise aus dem Ende des 14. Jahrhunderts), die einige Handschriften überliefern (Ms. germ. quart. 796 bietet auf Blatt 72ᵛ–77ᵛ leider nur einen kurzen Ausschnitt), und eine jüngere. Diese geht vermutlich auf einen Auftrag des Speyerer Druckers Peter Drach zurück, der sie für seine Ausgabe im Jahre 1493 anfertigen ließ. Die Kenntnis dieser Textfassung ist allein dem Drach'schen Druck zu verdanken, auf den zahlreiche Nachdrucke bis ins 17. Jahrhundert hinein folgten und für die Verbreitung im deutschsprachigen Raum sorgten. Indes blieb der Übersetzer – wenn es nicht Drach vielleicht sogar selbst gewesen war – unbekannt. Etwa um dieselbe Zeit brachte Drach auch die lateinische Urfassung heraus, ehe er um 1495 die deutsche Übersetzung ein zweites Mal druckte – neu und gefälliger als zuvor gesetzt. Vor allem aber waren diesmal alle Bücher mit Holzschnitten versehen, nachdem der Buchschmuck der ersten Ausgabe noch unvollendet geblieben war. Ausgerechnet im hier interessierenden 10. Buch fehlten die Illustrationen. Für die im zweiten Teil des Jagdbuches beschriebenen schwierigen Details mittelalterlicher Jagdtechnik (Fallenkonstruktionen u.ä.) bedeuten die bildlichen Darstellungen in der Tat eine immense Bereicherung des Textes. – Peter Drach (der Mittlere, 1455/58–1504) war wohl der bedeutendste Drucker und Verleger im mittelrheinischen Gebiet während der Inkunabelzeit. Thematisch vielseitig und sorgfältig in der Druckgestaltung wurde er zu einem der Gefragtesten seiner Zunft. Deshalb, und weil er eine große Zahl an Buchführern beschäftigte, konnte er seinen Wirkungskreis bis tief ins östliche Mitteldeutschland ausdehnen. Der hier besprochene reich bebilderte Holzschnittband gehört zu seinen herausragenden Produktionen, der zumal von erster zur zweiten Ausgabe die Entwicklung der ästhetischen Ansprüche Drachs an das gedruckte Buch deutlich vor Augen führt.

GW 7832. – LINDNER, KURT: *Das Jagdbuch des Petrus de Crescentiis in deutschen Übersetzungen des 14. und 15. Jahrhunderts (Quellen und Studien zur Geschichte der Jagd 4).* Berlin 1957. – GELDNER, FERDINAND: *Art.* 'Drach, Peter', *in: NDB 4, S. 94–95.* – CROSSGROVE, WILLIAM C.: *Art.* 'Petrus de Crescentiis', *in:* ²VL 7, *Sp. 499–501.* – ANDREOLLI, BRUNO: *Art.* 'Petrus de Crescentiis', *in: LexMA 6, Sp. 1969–1970.*

KH

X.8 Feuerwerkbücher/Fechtbuch

190   'Neues Büchsenwerk' – ein Lehrgedicht

Alemannisches Sprachgebiet, 16. Jh., Anfang
Papier, 26 Bll., 25 × 18 cm
Vorbesitzer: Die Handschrift war an Inc. 2650a angebunden, die zuerst im Besitz von F. J. Schefold, danach von Karl Hartwig Gregor von Meusebach war; 1850 kam dessen Sammlung in die Königliche Bibliothek; 1923 wurde die Handschrift herausgelöst.
SBB-PK, Ms. germ. fol. 710a

Aufgeschlagen Bl. 16ʳ: Kapitel *Wie man die buchs sol zerschiesen.*

1ʳ–26ᵛ Lehrgedicht in Reimen nach dem Prosa-Feuerwerbuch; Pappeinband.

Die handschriftliche Überlieferung des Feuerwerkbuchs ist sehr breit, allein die Berliner Staatsbibliothek besitzt mehrere spät- und nachmittelalterliche Handschriften seines Textes. Militärgeschichtlich ist dieses Buch deshalb interessant, weil hier zum ersten Mal und dazu lehrbuchhaft Details zur Herstellung und zum Gebrauch des Schwarzpulvers im Kriege beschrieben werden. Weite Strecken überbrückende, sogenannte Fernwaffen waren schon dem antiken Kriegswesen bekannt und zu spätmittelalterlicher Zeit längst nichts Neues mehr. Die Feuerwerkbücher beschreiben einen Waffentyp, der – Offensivwaffe zumal – ein Zerstörungspotenzial von bisher nicht gekannter Effizienz über eine große Reichweite zu transportieren vermochte. Das pyrotechnische Prinzip schlug das mechanische, auf Hebelkräfte beruhende klar und revolutionierte nicht nur die Kriegstechnologie, sondern zwangsläufig auch die Kriegstaktik. Das waren lange zwei Gründe, das eigene Wissen gegenüber potentiellen Kriegsgegnern zu verschweigen. Aus dem sprunghaften Ansteigen der Offenlegung zu Beginn des 15. Jahrhunderts ist zu schließen, daß Rezepturen und Techniken inzwischen kriegstechnisches Allgemeingut geworden waren und fortgesetzte Geheimniskrämerei keinen Nutzen mehr versprach. Auf wen die Urfassung des Feuerwerkbuchs zurückgeht, ist trotz

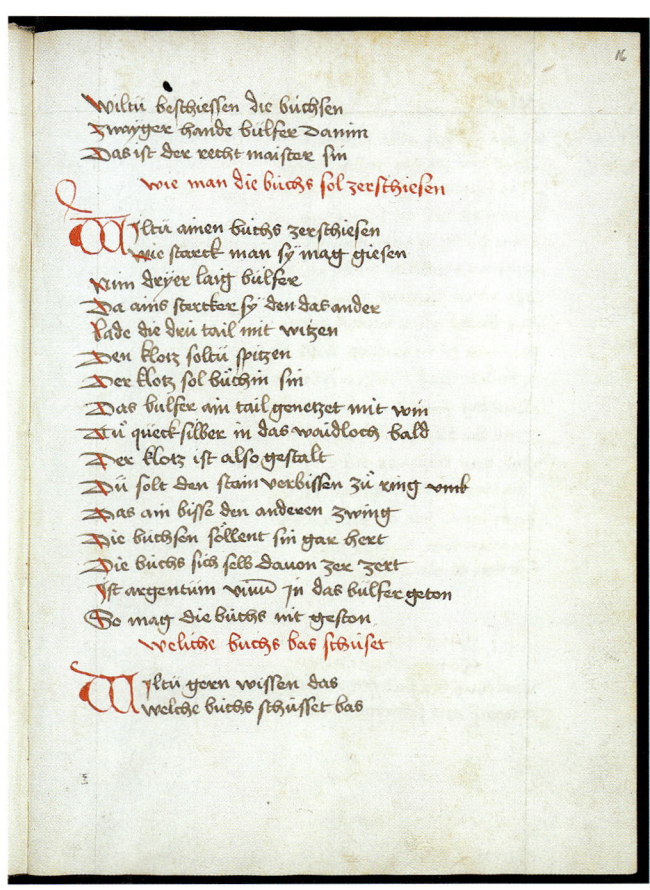

Kat. 190, 16ʳ

früherer Zuschreibungsversuche (z. B. an Abraham von Memmingen oder Hans Schulte) nicht auszumachen. An diesem Umstand werden auch die zahlreichen und vor allem auch verschiedenartigen Bearbeitungen schuld sein, denen der Text im Laufe der Zeit unterzogen wurde. Es handelt sich in all diesen Fällen, und dem unpoetischen Gegenstand durchaus angemessen, um Prosatexte, weshalb sich die vorliegende Bearbeitung als bisher einziges Exemplar in Versen besonders abhebt. Ihr Autor hat aus dem Stoff ein 1257 Verse umfassendes Lehrgedicht geformt und sich dabei einige Freiheiten zugestanden. Textabschnitte stellte er um und nahm mit Rücksicht auf die gebundene literarische Form Kürzungen vor. So sind etwa die sonst am Anfang stehenden und auf eine Art Grundwissen des Büchsenmeisters zielenden Fragen und Antworten hier ins Zentrum verschoben und von zwölf auf zehn gekürzt worden. Der Aufbau des Gedichts gliedert sich folgendermaßen: Blatt 1ʳ–4ᵛ Prolog mit der Legende vom Alchemisten Berthold Schwarz, dem während eines verunglückten Experiments die Entdeckung des explosiven, später nach ihm benannten Pulvers mehr oder weniger unterläuft; darauf folgen die

Mindestanforderungen an Können und Charakter, nämlich *wie sich ain maister halten sol* (Blatt 2ʳ). Blatt 4ᵛ–12ᵛ Rezepte für die Vorbereitung und Herstellung des Pulvers, darunter auch zwei Erklärungen, wie man eine Bresche schlägt bzw. demgegenüber einer Belagerung mit einem Gegenangriff widersteht. Blatt 12ᵛ–16ʳ Zehn Fragen und Antworten für den guten Büchsenmeister. Blatt 16ʳ–26ᵛ Handhabung der Büchse (ein Begriff, der als Synonym zum heute geläufigeren 'Geschütz' zu verstehen ist), artilleristische Erklärungen und weitere Rezepte.

DEGERING 1, S. 78. – HASSENSTEIN (wie Kat. 191), S. 85 Hs. a6. – SCHMIDTCHEN, VOLKER: Art. 'Büchsenwerk' in: ²VL 1, Sp. 1110–1111, meint diese Hs. – LENG, Ars belli, S. 443–444.

KH

191 Feuerwerkbuch

Ostmitteldeutsches Sprachgebiet, 15. Jh., Mitte
Papier, 60 Bl., 19,5 × 14 cm
Herkunft unbekannt.
SBB-PK, Ms. germ. quart. 621

Aufgeschlagen Bl. 50ᵛ: Kanonen.

1ʳ–48ʳ Feuerwerkbuch, Prosafassung; 49ᵛ–60ᵛ Zeichnungen zum Feuerwerkbuch; Pergamenteinband.

Zum Inhalt und zur Geschichte der Entstehung des Feuerwerkbuchs siehe Kat. 190. 1529 wurde das Feuerwerkbuch zum ersten Mal von Heinrich Stainer in Augsburg gedruckt. Der Text des Drucks steht den Fassungen einer Gruppe von Handschriften, darunter Ms. germ. quart. 621, sehr nahe. Es ist denkbar, ihre Versionen als Teilschritte im Prozeß einer vereinheitlichenden Redaktion aufzufassen, deren Endfassung durch den Druck repräsentiert wird. Erst jüngere Handschriften sind illuminiert, teilweise sogar sehr farbenfroh, so z. B. die im 16. Jahrhundert entstandene Ms. germ. fol. 94 oder Ms. germ. quart. 1188 aus dem 17. Jahrhundert. Die dem Text der vorliegenden Handschrift angefügten Illustrationen sind kaum anders als schematisch zu bezeichnen, liefern dafür aber typische Beispiele für Zeichnungen technischer Instrumente bzw. des Kriegsgerätes in dieser Zeit: neben Kanonen vor allem Sturmleitern in verschiedenen Ausführungen und dazu benötigte Ausrüstungen (ähnliche Zeichnungen, z. B. von Flaschenzügen mit unterschiedlichen Übersetzungsstufen, in Ms. germ. quart. 1018,88ᵛff. und in Ms. germ. quart. 132, die sich z. Zt. in Krakau befindet). Die aufgeschlagene Seite zeigt zwei Geschütze, das untere mit einer Vorrichtung zur Höhenjustierung.

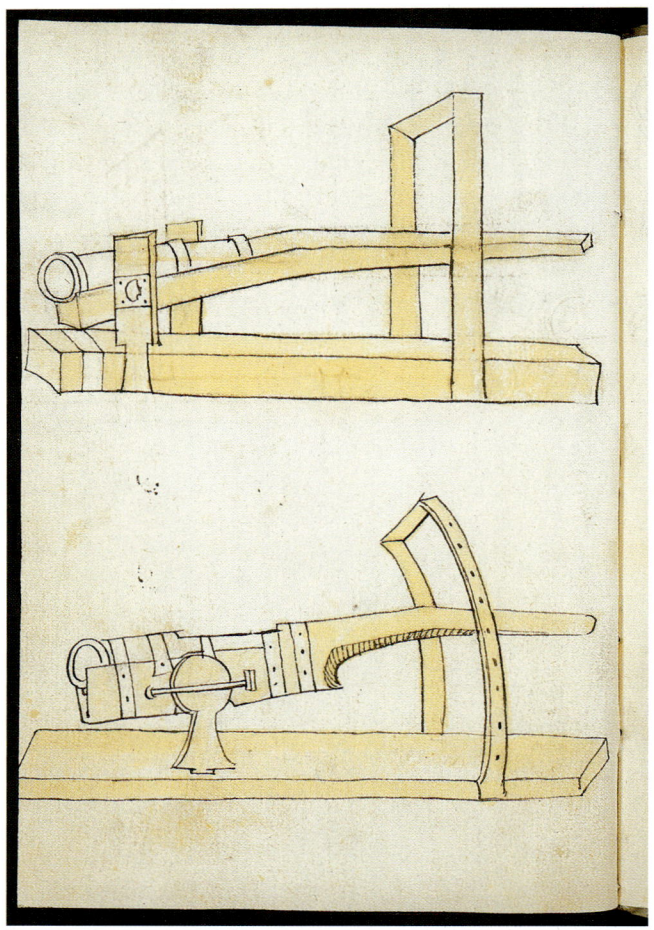

Kat. 191, 50

DEGERING 2, S. 112. – HASSENSTEIN, WILHELM: *Das Feuerwerk-buch von 1420. 600 Jahre deutsche Pulverwaffen und Büchsenmeiste-rei (Die Bücherei der deutschen Technik). München [1943], S. 85 Hs. a1. – SCHMIDTCHEN, VOLKER: Art. 'Feuerwerkbuch von 1420', in: ²VL 2, Sp. 728–731 (Lit.). – LENG, Ars belli, S. 445.*

KH

192 Fechtbuch

Süddeutschland (Nürnberg?), 16. Jh., 1. Viertel (nach 1512?)
Papier, 65 Bl., 32 × 21 cm
Vorbesitzer: 1845 vom Antiquariat Asher, Berlin, erworben.
SBB-PK, Libr. pict. A 83

Aufgeschlagen Bl. 22ᵛ/23ʳ: Übungsfechten mit dem Langschwert; Schwertkämpfer üben Ringerwürfe.

1ʳ–65ᵛ Fechtbuch in Bildern; Halblederband (19. Jh.).

Der Band ist keine Handschrift im eigentlichen Sinne, vielmehr ein Skizzenbuch, das nur auf den ersten vier

Seiten, möglicherweise von seinem Auftraggeber und ersten Besitzer, mit einigen erklärenden Notizen verse-hen worden ist. Jegliche Beischriften und Kommentare, wie sie aus anderen Fechtbüchern bekannt sind, fehlen hier. Auf insgesamt 258 Bildern, zwei je Seite (Blatt 35ᵛ wurde übersprungen), sind unterschiedliche Formen des Fechtkampfes dargestellt, die wie folgt in vierfacher Weise zu gliedern sind: 1) Zu Beginn steht das Fechten in voller Rüstung mit dem Langschwert, der Haupt-waffe des späten Mittelalters, das wegen seiner Größe und seines Gewichts mit beiden Händen geführt wer-den mußte und mehr zum Schlagen als zum wirklichen Fechten taugte. Den Hauptteil machen ab Blatt 7ʳ die Darstellungen des Übungsfechtens in leichter Kleidung aus, erst 2) mit dem aus dem Kampffechten bekannten Langschwert, danach 3) mit kurzem Schwert und klei-nem Faustschild (Buckler) und schließlich 4) mit dem Dolch ('tegen'). Außer dem Fechten ist das Training ohne Waffe gezeigt, z. B. Ringergriffe bzw. -würfe, ein-mal (Blatt 6ᵛ) der sogenannte Kampfring, der dazu diente, einen gerichtlichen Streit durch den Zweikampf der Kontrahenten entscheiden zu lassen. Doch war es üblich, für diesen Part bezahlte Lohnkämpfer zu beauf-tragen. Erfolgreichster unter diesen (im übrigen gesell-schaftlich geringgeschätzten) Zweikämpfern war in der 2. Hälfte des 15. Jahrhunderts Hans Talhofer, dessen besondere Berühmtheit für uns Heutige eher jedoch in dem von ihm verfaßten und in einer Gruppe von Hand-schriften überlieferten Fechtbuch begründet liegt. Ob-gleich in der Tradition Johannes Liechtenauers stehend, dessen Werk den Anfang eines ganzen Systems von Fechthandschriften bildet, ist Talhofers Fechtbuch eine eigenständige Arbeit und Vorbild zumindest eines Teils des Berliner Fechtbuchs, das aus dem Bildvorrat Talho-fers zahlreiche Motive übernommen hat. Stilistisch beweisen die Berliner Figuren allerdings eine enge Verwandtschaft mit der Schule Albrecht Dürers, insbe-sondere das ihm zugeschriebene, 1512 in Nürnberg entstandene Fecht- und Ringerbuch (HILS) ist in der naturalistisch lebendigen Zeichnung und der sparsa-men, auf plastische Wirkung bedachten Lavierung der Körper wiederzuerkennen, die die Illusion schwung- und kraftvoller Bewegungen der Kämpfer vermitteln. Wohl nicht zuletzt auf Grund dieser künstlerischen Be-ziehung liegt es nahe, in dem Dürerschen Fechtbuch ein Vorbild für das Berliner zu sehen, das möglicherweise nicht viel später im näheren Umkreis des Nürnberger Meisters entstanden ist. Das Wasserzeichen in dem Pa-pier des Berliner Exemplars entspricht dem Typ Kro-nenwasserzeichen, der sich in zahlreichen und über seine gesamte Schaffensperiode hinweg von Dürer ver-

23.

wendeten Papieren findet (STRAUSS) und das deshalb eine exakte Datierung nicht zuläßt.

Ausst.kat. Berlin 1988, Nr. 123. – STRAUSS, WALTER L.: *The Complete Drawings of Albrecht Dürer. New York 1974. Bd. 5: Human Proportions, S. 2665–2701 (Fechtbuch), Bd. 6: Appendices & Index, S. 3285–3286 (Wasserzeichen).* – SCHMITT, WOLFRAM: *Art. 'Fecht-bücher, anonyme', in: ²VL 2, Sp. 712–713.* – HILS, HANS-PETER: *Meister Johannes Liechtenauers Kunst des langen Schwertes (Europäische Hochschulschriften. Reihe III. Geschichte und ihre Hilfswissenschaften Bd. 257). Frankfurt a.M. u. a. 1985, S. 43–44 und 119.* – DERS.: *Art. 'Fechten, Fechtwesen', in: LexMA 4, Sp. 324–327.* – KEIL, GUNDOLF: *Art. 'Talhofer, Hans', in: ²VL 9, Sp. 592–595 (Lit.).*

KH

CHRONIKEN

Weltgeschichte als Heilsgeschichte. Bemerkungen zur deutschsprachigen Welt- und Regionalchronistik des Hoch- und Spätmittelalters

Der Sinn geschichtlichen Handelns und Leidens ist von der abendländischen Geschichtsdeutung 1400 Jahre theologisch als Walten eines göttlichen Heilsplans ausgelegt worden, der auf die Erlösung der Menschheit und der gesamten Schöpfung zielt. Aus dieser der historischen Bewegung zugeschriebenen Zielsetzung leitet sich ihr Sinn her. Im Gegensatz zu den griechischen Vorstellungen von der Ewigkeit einer Welt ohne Anfang und Ende macht dieser absolute Endzweck die Geschichte zu einem einmaligen, geradlinigen und unwiederholbaren Geschehen. Gegen die revolutionäre Erwartung eines plötzlichen, radikalen und katastrophalen Endes dieser Welt in der jüdischen und frühchristlichen Apokalyptik, die das gesamte historische Geschehen ebenfalls als zusammenhängende und sinnvolle Einheit begreift, tritt in der Spätantike mit Eusebius, Augustin und Orosius die Konzeption eines 'evolutionär' innerhalb der Geschichte allmählichen Fortschreitens der Menschheit hin zur endgültigen Vollkommenheit und Erlösung, deren unbestimmten Zeitpunkt allein Gott kennt.

Universale Geschichtstheologie im Ausgang von Augustin reicht in ihrem Beginn und ihrem Ende in Sphären, die dem menschlichen Erkennen entzogen sind. Ihr Anfang liegt vor der Erschaffung der Welt, ihr Ende reicht über das Jüngste Gericht hinaus in die Ewigkeit. In ihrem Mittelpunkt steht die Fleischwerdung Gottes, das Erscheinen Jesu Christi. Gott schuf die Welt, Gott wird sie richten. Das Endstück ist das Gegenstück zum Anfang. Bezogen auf die außerhistorischen ersten und letzten Dinge ist die Geschichte das Interim, in dem Gott als Herr der Geschichte sich dem Menschen, der nach dem Sündenfall seine Freiheit gegen seinen Schöpfer mißbraucht, durch Zucht und Strafe offenbart, um ihn gemäß seinen Fähigkeiten durch Reue und Gnade allmählich zu seinem Schöpfer zurückzuführen und die durch den Sündenfall verlorene Ebenbildlichkeit mit Gott wiederherzustellen. Die Heilige Schrift ist das Zeugnis göttlicher Heilsoffenbarung und gibt zuverlässig Aufschluß über die Wirksamkeit Gottes in seiner Schöpfung. Die Sintflut, die Zerstörung Sodoms und Gomorrhas sowie des Turms zu Babel, der Untergang der Ägypter, die Rettung der Israeliten sowie die Lots und seiner Töchter aus Gomorrha, Kreuzigung und Auferstehung Christi, um nur einige biblische Geschehnisse zu nen-

nen, sind daher Zeichen der Gegenwart Gottes in der Geschichte sowie Präfigurationen endgültiger Strafe und Erlösung.

Die profane Geschichte ist aus dem Blickwinkel der Heilsgeschichte in ihrer Wirklichkeit nicht entwertet, aber sie hat für den Glauben keine Bedeutung, ist der Heilsgeschichte nur ein- und untergeordnet. Die Kernthese neuzeitlichen historischen Bewußtseins, daß Menschen ihre Geschichte machen, gilt hier nicht. Der Mensch ist sündig. Über seine Taten, über die guten wie die bösen, wird am Ende geurteilt. Die Geschichte der Welt ist daher zwar stetem Wandel und Wechsel unterworfen, die Reiche entstehen, wachsen und fallen, letztlich aber sind vergangene, gegenwärtige und zukünftige Ereignisse wesentlich gleichartig. Wichtig für den Zeitgenossen ist nur die Bestimmung der eigenen Gegenwart, des eigenen Standortes, sowie die zeitliche Einordnung der Geschichte der eigenen Gruppe (Familie, Stadt, Stamm, Reich) in den Verlauf der Heilsgeschichte. 'Fortschritt' im Sinne der Moderne und wirklich Neues im Vergleich zum Erscheinen Christi gibt es nicht und kann es nicht geben.

Mit der Ausrichtung der theologischen Konstruktion auf ein zukünftiges Ziel hin, mit dem teleologischen Charakter der Gesamtkonzeption, geht nicht nur die Vorstellung von der Existenz einer einzigen, linearen und unwiederholbaren Geschichte der Menschheit schlechthin, sondern auch die von ihrem einheitlichen Verlauf, von den eindeutigen Prinzipien ihrer Gliederung sowie von universeller Gültigkeit dieser Prinzipien einher. Heilsgeschichtliche Konzeption und Periodisierungsschemata in universalhistorischer Absicht bedingen einander. Die eine ist das Korrelat der anderen. Hauptsächlich zwei Einteilungsschemata, in denen sich Heils- und Profangeschichte verbinden, bestimmen in verschiedenen Variationen von der Spätantike bis in die frühe Neuzeit hinein die Geschichtsschreibung, zum einen die in Analogie zu den sechs Schöpfungstagen und den sechs Altersstufen des Menschen gebildete Lehre von den sechs Weltaltern, zum anderen die auf Prophezeiungen im Buch Daniel zurückgehende Lehre von den vier Weltreichen. Die sechs Weltalter, wie sie durch Augustin, Isidor von Sevilla und Beda im Mittelalter kanonisch wurden, ergeben sich aus den biblischen Epochen: von Adam bis zur Sintflut, von Noah bis Abraham, von Abraham bis David, von David bis zur babylonischen Gefangenschaft, von diesem Zeitpunkt bis zur Geburt Christi. Die sechste und letzte Epoche erstreckt sich vom Erscheinen Christi bis zum Weltende, der Wiederkunft Christi. Die Lehre von den vier Weltreichen verankert die Profangeschichte heilsgeschichtlich und eschatologisch, indem sie das Römische Reich, das letzte der vier Weltreiche nach Babylon, den Persern und den Makedoniern, zugleich als letztes Reich vor dem Weltende betrachtet, dessen Existenz das Weltende aufhält. Die Übertragung, 'Translatio', des römischen Reiches auf die Franken, auf Karl den Großen, verleiht daher dem Frankenkaiser und seinen deutschen Nachfolgern sowie dem Reichsgedanken eine eigene heilsgeschichtliche Bedeutung und überfrachtet damit langfristig den Reichsbegriff geschichtstheologisch.

Die hier äußerst grob umrissene theologische Deutung der Geschichte von der Spätantike bis in das 17. Jahrhundert hinein bildet die Voraussetzung mittelalterlicher und frühneuzeitlicher Geschichtsschreibung und ist das Band, das Welt- und Regionalgeschichtsschreibung zusammenhält. Deutung der Geschichte allerdings ist Sache der Theologie (und danach – als mißlungene Neuzeit – der Philosophie), dagegen ist Geschichtsschreibung ('historia') in antiker wie auch mittelalterlicher Methodologie historischer Bericht, der sich im ursprünglichen Wortsinne an das Gesehene und Bezeugte und nur an dieses zu halten hat. Der Geschichtsschreiber berichtet – anders als nach dem Aufkommen des Historismus und der modernen Methodendiskussion – nur die Fakten, deutet sie aber nicht aus – wie der Theologe in der Exegese – oder fragt auch nicht – wie der Philosoph – nach den Gründen der Fakten. Geschichtsschreibung ist Augenzeugenbericht, Erlebnisbericht desjenigen, der 'dabei' gewesen ist und deshalb das unmittelbar Wahrnehmbare vollständig und lückenlos darstellen kann. Geschichte, *historia*, heißt es bei Isidor von Sevilla, *est narratio rei gestae, per quam ea, quae in praeterito facta sunt, dinoscuntur… Apud veteres enim nemo conscribebat historiam, nisi is qui interfuisset, et ea quae conscribenda essent vidisset* (Etymologiae I, 41). Der Erlebnis- und Augenzeugenbericht, sofern für das Gedächtnis aller zur Erinnerung an die wichtigsten Ereignisse bedeutsam, wird theoretisch lückenlos schriftlich überliefert.

Die Konsequenzen dieser Geschichtsmethodologie liegen auf der Hand. Die beste Quelle wie auch die beste Darstellung der Geschichte, der nichts hinzugefügt und die auch nicht umgeschrieben werden kann, ist die primäre Geschichtsquelle. Weltgeschichtsschreibung ist daher retrospektiv notwendigerweise eine Aneinanderreihung von authentischen Augenzeugenberichten, im modernen Sprachgebrauch daher immer 'Kompilation', für die Gegenwart stets Fortsetzung und für die Zukunft offen und ergänzungsbedürftig. Der Geschichtsschreiber ist, wie AMOS FUNKENSTEIN treffend bemerkt, „vornehmlich Fortsetzer". Am Beginn zählt er daher seine

Vorgänger auf, wenn sein Bericht endet, läßt er konsequenterweise in der Handschrift oder im Buchdruck Seiten frei, auf denen spätere Augenzeugen die zukünftigen Ereignisse vor dem Ende der Welt eintragen können. Noch Hartmann Schedel folgt dieser Praxis, wenn er – wie es in der deutschen Fassung seiner 'Weltchronik' heißt – am Ende des sechsten Weltalters vermerkt: *Zu beschreibung mer gschihten oder künftiger ding' sinn hernach ettliche pletter lere gelassen.* In den lateinischen Ausgaben des Werkes folgen tatsächlich drei leere Blätter.

Mit diesen geschichtsmethodologischen Normen ist ein weiteres, allerdings recht komplexes und vielschichtiges Formproblem insbesondere der deutschsprachigen Weltchronistik verknüpft, auf das es bis heute keine umfassende und befriedigende Antwort gibt, nämlich das Verhältnis von Prosa und Vers in der Geschichtsschreibung. HUBERT HERKOMMER (Überlieferungsgeschichte, S. 213–223) hat schon vor Jahren eine Reihe dichtungsfeindlicher Texte zusammengetragen, die eine Gleichsetzung Prosa = Wahrheit und Vers = Lüge implizieren. Seine Belege zeigen, daß für eine Reihe hoch- und spätmittelalterlicher Autoren Versform und Geschichtsschreibung deshalb nicht kompatibel sind. Da beispielsweise Genauigkeit, zeitliche Reihenfolge von Ereignissen und tatsächlich gesprochene Sätze in der schmückenden Reimrede im Gegensatz zur Prosa der Form wegen aufgegeben oder verändert werden müssen, erfüllt der – erfinderische – Reim auf einer sehr elementaren Ebene nicht die methodologischen Grundbedingungen des historischen Berichts, nämlich exakter Erlebnis- oder Augenzeugenbericht der 'facta' zu sein.

Aber in der Debatte um Vers oder Prosa, Lüge oder Wahrheit, Fiktion oder Wirklichkeit spielen auch divergierende und konkurrierende kulturelle Modelle und Normen bei Klerus und Adel, Schule und Hof sowie die jeweilige Gewichtung von Schriftlichkeit und Oralität hier und dort eine entscheidende Rolle. Zu der seit der Spätantike üblichen theologischen Abwertung der Poesie gegenüber der geoffenbarten Wahrheit in den Schriftquellen tritt im Spätmittelalter ein auf die Wissenschaftstheorie des Aristoteles sich beziehender Wahrheitsbegriff der Schulen und Universitäten hinzu, der Poesie, Vers und Reim als unwahr erscheinen läßt. Erhellend sind – neben anderen – die Aussagen eines wohl englischen Magisters der Universität Paris oder Oxford aus dem 14. Jahrhundert, vielleicht William Wheatleys, der in einem später Thomas von Aquin zugeschriebenen und daher recht einflußreichen Kommentar zu einem gereimt abgefaßten Werk, zu 'De consolatione philosophiae' des Boethius, in der Sache deutlich Stellung bezieht: *Item notandum quod Boetius rationabiliter deplangit statum suum ex parte permutationis studii philosophici, quod versum fuit in studium poeticum quo nunc cogebatur uti: proposuit enim Boetius dolorem suum metrice conscribere et non philosophice consolari. Nam studium philosophicum est studium veritatis, quia, 'secundo Metaphysicae', vocari philosophiam scientiam veritatis recte se habet. Studium autem poeticum est studium falsitatis. Nam ex 'prohoemio Metaphisice', secundum proverbium, mentiuntur multa poetae. Item per studium philosophicum acquiritur beatitudo, ex 'decimo Ethicorum'. Per studium autem poeticum falsitatis certitudo, ex 'secundo Metaphysicae'* (Thomas de Aquino, Opera omnia. Ed. Vivès. T. 32, Paris 1879, S. 431a). Anders dagegen der Adel und die Höfe! Sie zeigen sich bis weit in das 14. Jahrhundert hinein unbeeindruckt von diesen Auffassungen subalterner schreibender Schulmeister und Kleriker und halten an ihrer alten, aus einer oralen Kultur herrührenden Norm rezitierter oder gesungener literarischer Vermittlung in Vers und Reim fest, die allem Wandel des Kunstgeschmacks vom Heldenlied über das höfische Epos bis hin zur Reimchronik trotzt und fordert, wie HERBERT GRUNDMANN treffend bemerkt, „Geschichte als Dichtung zu hören" (Geschichtsschreibung, S. 12). Noch zu Beginn des 15. Jahrhunderts erachtet es daher Johannes Rothe als notwendig, sich bei seiner Auftraggeberin, der Landgräfin von Thüringen, dafür zu entschuldigen, seine Weltchronik nicht in Versen, sondern in Prosa abgefaßt zu haben. Weltchronistik in Reimpaarversen gibt sich daher schon durch die Form als eine primär für den Adel und die Höfe bestimmte literarische Gattung zu erkennen, auch wenn sie von Klerikern, Ministerialen oder Stadtbürgern verfaßt ist. Die Auftraggeber der Werke und die erhaltenen Handschriften bestätigen dieses Bild.

Die Darstellung der deutschsprachigen Universal- und Regionalchronistik des Hoch- und Spätmittelalters aus Handschriften Berliner Sammlungen im Rahmen dieser Ausstellung zielt nicht auf eine umfassende literaturgeschichtliche Dokumentation möglichst vieler Autoren und Werke, sondern auf Einblicke in die wichtigsten Typen und Formen volkssprachlicher Geschichtsschreibung in universalhistorischer Absicht am Beispiel herausragender oder bemerkenswerter Einzelstücke: 1. Weltchroniken in Prosa, 2. Weltchroniken in Reimpaarversen, 3. ursprünglich in Rollenform abgefaßte universalhistorische Kompendien, 4. städtische und regionale (Welt-)Geschichtsschreibung, 5. mittelalterliche Weltgeschichtsschreibung und Inkunabeldruck.

Neben die lateinische Geschichtsschreibung tritt in signifikanter Weise – sieht man von der versifizierten, mehr der Geschichtsdichtung als der Geschichtsschreibung zuzurechnenden 'Kaiserchronik' (12. Jahrhundert,

Mitte) ab, von der es in Berlin übrigens keine bedeutenden Handschriftenzeugen gibt – erst seit dem 13. Jahrhundert eine deutschsprachige Universalchronistik, und zwar sowohl in Prosa als auch in Reimpaarversen. Der niederdeutschen 'Sächsischen Weltchronik' in Prosa aus der ersten Hälfte des 13. Jahrhunderts (Kat. 193) stehen von der Mitte des 13. Jahrhunderts bis hin zum letzten Drittel des 14. Jahrhunderts die drei großen gereimten Weltchroniken aus dem alemannischen, thüringischen und österreichischen Sprachgebiet (Rudolf von Ems, 'Christherre-Chronik', Jans Enikel) sowie als Nachzügler die in Bayern entstandene Chronikkompilation Heinrichs von München (Kat. 194–198, Kat. 201) gegenüber. Der Vergleich von Entstehung und Rezeption dieser beiden Chronik-Formen weist einige recht bemerkenswerte Unterschiede auf.

Als volkssprachliche 'Variante' der lateinischen Weltchronistik ist die 'Sächsische Weltchronik' im Laufe des Spätmittelalters zu einem universalhistorischen Standardwerk geworden, das in der 'Fachliteratur' vielfach rezipiert wird, wie neuere Forschungen gezeigt haben (JÜRGEN WOLF). Diese niederdeutsche Chronik ist in ihrem ursprünglichen Kern vielleicht das Werk eines Magdeburger Klerikers. Obwohl ihre Entstehungszeit und ihre Rezensionenfolge (A, B, C) seit langem strittig sind, spricht manches eher für die Frühdatierung (um 1225/1230) als für den späteren Zeitansatz (1265/1270). Unter den drei textlich nur zu einem Viertel übereinstimmenden Rezensionen stechen schon durch die Zahl der erhaltenen Kopien zwei nüchtern-sachliche Fassungen (A und B) deutlich hervor, die sich durch ihre Rezeptionsgebiete und ihr Rezeptionsmilieu deutlich von der dritten Version unterscheiden. Während der Wirkungsbereich der Fassung B, zu der drei der vier illuminierten Handschriften, darunter der ausgestellte Berliner Codex (Kat. 193) gehören, im Kern auf Norddeutschland, vor allem auf hansischen Bereich konzentriert ist, ist die Fassung A – unter Überwindung der Sprachgrenze – besonders in Mitteldeutschland und Süddeutschland einflußreich. Das Rezeptionsmilieu dieser beiden Handschriftengruppen befindet sich seit dem 14. Jahrhundert im Umkreis der Städte und der städtischen Laien, also in einem Milieu, in dem die Geschichtsschreibung für das Recht und seine Begründung immer eine entscheidende Rolle gespielt hat, wie beispielsweise die unter Benutzung der 'Sächsischen Weltchronik' entstandene 'Magdeburger Weichbildchronik' als Teil des Magdeburger Weichbildrechtes zeigt. Die dritte Rezension dagegen (C) setzt sich deutlich von diesem Rezeptionsprofil ab. Diese Fassung ist vor allem durch die als lügnerisch und fabelreich geltende gereimte 'Kaiserchronik' aufgeschwellt. Nur eines der vier illuminierten Manuskripte des Werkes (Gotha, Landes- und Forschungsbibliothek, Ms. Memb. I 90) ist dieser Version zuzurechnen. Ihr regional begrenzter Rezeptionsbereich erstreckt sich offenbar vor allem auf das sächsisch-welfische Machtgebiet und scheint dort auf ein adlig-höfisches Publikum zu zielen, so daß sich von dort eine Brücke zu den großen Reimchroniken der zweiten Hälfte des 13. Jahrhunderts zu ergeben scheint.

Im Gegensatz zur 'Sächsischen Weltchronik' zeigen die Provenienzen der erhaltenen Handschriften des 14. und 15. Jahrhunderts der vier großen, oben genannten Reimchroniken in ihrer regionalen Verbreitung ein massives Übergewicht des süddeutschen und mitteldeutschen Sprachgebietes. Eine Rezeption im niederdeutschen Gebiet scheint fast völlig zu fehlen. Die Sprachgrenze haben diese Werke offenbar kaum überwinden können. Wie schon im Falle der C-Redaktion der 'Sächsischen Weltchronik' finden sie ihr Publikum hauptsächlich am Hof und im Adel. Die Auftraggeber der Werke gehören, soweit sie bekannt sind, bedeutenden Dynastien an: Die 'Weltchronik' des Rudolf von Ems entstand im Auftrag Konrads IV., eines Staufers, die 'Christherre-Chronik' im Auftrag eines Ludowingers, Heinrich Raspes, oder eines Wettiners, Heinrichs des Erlauchten. Auch die Auftraggeber und Besitzer der Handschriften entstammen, wie die Berliner Beispiele und JÖRN-UWE GÜNTHERS Untersuchungen (Weltchronikhandschriften S. 51–61) zeigen, vielfach der Aristokratie.

Die Verfasser der Werke, der Vorarlberger Ministeriale Rudolf von Ems (um 1250/54), der namentlich nicht bekannte Thüringer Kleriker, der die 'Christherre-Chronik' dichtete (1242/47 oder 1254/63), der urkundlich nicht belegte Wiener Stadtbürger Jans Enikel (nach 1272 oder nach 1284), das vermutete 'Autorenkollektiv' unter Heinrich von München (um 1370/80) – sie alle erfüllen in ihren Geschichtswerken die Erwartungen eines Publikums, das am Modell des höfischen Romans geschult ist und das daher auch für die Geschichtserzählung den vierhebigen Reimpaarvers erwartet. Dennoch unterscheidet sich das jeweilige Erzählen voneinander. Während Rudolf von Ems in Befolgung der Grundsätze mittelalterlicher historiographischer Methodologie Sachwissen knapp und lakonisch zu vermitteln versucht, berichtet der Autor der 'Christherre-Chronik' breiter, bibelnäher und deutet gleichzeitig den Geschichtsprozeß in Kommentaren und Incidentien in der Tradition der lateinischen Geschichtsschreibung des 12. Jahrhunderts theologisch aus. Jans Enikel hingegen lockert die enge Beziehung der Weltchronistik zur Heilsgeschichte und erzählt Geschichte in Geschichten, Anekdoten, Fabeln

und Schwänken mehr in der Tradition der 'Kaiserchronik'. Nur Jans Enikels vollendete sein Werk, die anderen beiden blieben Torsi. Nicht zuletzt dieser Sachverhalt hat dazu geführt, daß die einzelnen Werke nur selten in ihrer originalen, d. h. autornahen Form überliefert werden. In der Mehrzahl der Fälle überliefern die Handschriften die drei Chroniken in unterschiedlicher Weise ergänzt, kombiniert und erweitert, so daß Weltchronikkompilationen, sogenannte 'Mischhandschriften' der Regelfall der Überlieferung sind (vgl. Kat. 195, 196, 201). Den Höhepunkt dieser Kompilationstechnik stellt die unter dem Namen 'Heinrichs von München' überlieferte komplexe Chronikkompilation dar (um 1370/80; vgl. Kat. 198), in die umfangreiche Textblöcke historiographischer und belletristischer Werke an geschichtlich passender Stelle teilweise in bearbeiteter und versifizierter Form einkompiliert wurden. Um 1400 dann hat die Reimchronik als Erzählform ihren Höhepunkt überschritten.

Die hier vorgestellten deutschen Weltchroniken übersteigen in ihrem Anspruchsniveau als eine der ganz wenigen Gattungen in der Regel die für volkssprachliche Handschriften übliche Ausstattung und nähern sich in ihrer Qualität überdurchschnittlich oft dem Rang lateinischer Codices an, wie NORBERT OTT zu Recht betont hat. Der heilsgeschichtliche Stoff sowie die Gebrauchssituation der Codices an den Höfen des Adels und der Fürsten dürften diesen Anspruch hinreichend erklären. Die ausgestellten Handschriften verwenden die im 13. und 14. Jahrhundert gängigen Typen der Textillustration: die anspruchsvolle, teilweise auf Goldgrund und teilweise zweizonig ausgeführte ganzseitige Miniatur (Kat. 194 und Kat. 197, aber auch Kat. 201), in die Textspalten eingesetzte Bilder, die die Breite einer Spalte, die zweier Spalten oder gelegentlich auch die Länge einer ganzen Spalte erreichen (Kat. 193, Kat. 196, Kat. 198), Illustrationen an den Rändern der Blätter (Kat. 195) sowie – zuletzt – eine Mischform mit vom Rand in die Spalte wandernden und gewanderten Miniaturen (Kat. 193), die ihren historischen Ausgangspunkt vielleicht in den Bildstreifen der Sachsenspiegel-Handschriften hatte.

Einer anderen Welt, und zwar sowohl textlich und illustrationstechnisch als auch rezeptionsgeschichtlich, gehören einige kompendienhafte Weltchronikkompilationen des Spätmittelalters an (Kat. 202–204), die ihren Ausgangspunkt der Idee und der Form nach letztlich von Modellen der Pariser Schulen des 12. Jahrhunderts genommen haben, von deren Rollenchroniken und Papst-Kaiser-Listen. Während Petrus von Poitiers († 1205) nach dem Bericht der Quellen den Stammbaum des Alten Testaments auf Pergament gezeichnet hat und daher mit seinem 'Compendium historiae in genealogia Christi' als der 'Erfinder' der Rollenchroniken gelten darf, hat Hugo von St. Victor (um 1126) seinem in der Authentizität nicht völlig unumstrittenen 'Liber de tribus maximis circumstantiis gestorum' eine Papst-Kaiser-Chronik beigefügt. Diese beiden Grundmuster weltgeschichtlicher Darstellung in propädeutischer Absicht, die durch Kürze die Fülle des Stoffes zurückdrängen und die durch ihre graphische Struktur die unmittelbare Einsicht in den linearen Verlauf der Geschichte erlauben, haben jeweils allein oder in Kombination seit dem 13. und 14. Jahrhundert eine Reihe von Kompendien zur Weltgeschichte geprägt und beeinflußt (Martin von Troppau, 'Flores temporum', Johannes de Utino u. a.). Die verwickelte und bis heute wenig aufgehellte Geschichte dieser weitverbreiteten synchronistischen, populären, gleichförmigen, teilweise anekdotischen, faktisch recht dürftigen, aber mentalitätsgeschichtlich bezeichnenden 'schulbuchartigen' Gattungsvariante ist noch nicht geschrieben. Viele der erhaltenen Handschriften zeigen, daß diese Werke in der Regel nicht in der Welt der Höfe, des Adels oder des Patriziats, sondern in dem städtischen Milieu benutzt wurden, das sich der Predigt und der seelsorgerischen Betreuung der Mehrheit der städtischen Bevölkerung widmete, im wesentlichen also der Mendikanten, der Bettelorden, denen auch die bedeutenderen Verfasser angehören. Die lateinische Mitüberlieferung der beiden ausgestellten Berliner Handschriften sowie die Predigtmaterialien in einem dieser Bände (Kat. 202) sind ein deutliches Indiz für diesen Sachverhalt. Auch in ihren Illustrationsschemata gehen die aus den Rollenchroniken hervorgegangen Codices eigene Wege. Sie folgen einem Modell, in dem nicht wie in den bisher vorgestellten Weltchronikhandschriften das Bild den Text illustriert, sondern der Text nur den graphisch und linear dargestellten Geschichtsablauf begleitet und teilweise erläutert, in dem nicht der Text das Bild, sondern die graphische Struktur den Text bestimmt.

Obwohl die spätmittelalterliche Regional- und Stadtchronistik in ihrer ganzen Vielfalt kaum überschaubar ist und wesentliche Fragen über ihr Wesen und ihre Gattungen bis heute ungeklärt sind, bilden für die regionale Geschichtsschreibung umfassenderen Anspruchs, wie PETER JOHANEK richtig bemerkt hat, die Weltchronistik, die Universal- und Reichsgeschichte immer und überall den Hintergrund und ein wichtiges Korrelat. Lokale und regionale Geschichte wird in die Universalgeschichte eingebunden, wie in der Chronik Jakob Twingers (Kat. 207), oder als Teil der Geschichte des Römischen Reichs dargestellt, wie in der 'Magdeburger Schöppenchronik'

des Heinrich von Lammespringe (Kat. 205), wie in der formal mehr den 'Flores temporum' folgenden 'Österreichischen Chronik' (Kat. 206) und letzlich auch in dem frühhumanistischen Werk Sigismund Meisterlins (Kat. 211–212) und seiner kritischen Auseinandersetzung mit der Bedeutung der Trojanersage für die Entstehung Augsburgs. Auch die traditionelle historiographische Methodologie wird erklärtermaßen beibehalten, wenn etwa Heinrich von Lammespringe sich ausdrücklich als Fortsetzer älterer Aufzeichnungen versteht und die Magdeburger Schöffen entschieden zur Weiterführung seines Werkes auffordert oder andere die belehrende Funktion des Geschichtsberichts, das Beispiel, das Exempel der von ihnen berichteten Geschichte betonen. Dennoch ist gegenüber den bisher vorgestellten Werken ein Funktionswandel spürbar. Das Gewicht der Zeitgeschichte, der Gegenwartschronistik, obwohl natürlich das eigentliche Geschäft des mittelalterlichen 'Historikers' und insofern nichts Neues, nimmt ebenso zu wie die Darstellung der historischen Dimension der als Bürgergemeinde konstituierten eigenen Stadt und der Bezug auf aktuelle politische Geschehnisse. Die historiographischen städtischen Aufzeichnungen sind vielfach im Auftrag des Rates entstanden und daher häufig – wie die Stadtrechtsbücher – 'Amtsbücher' für den internen Ratsgebrauch, für eine 'geschlossene Öffentlichkeit' und somit zugleich Fachschriften zur Legitimation der bestehenden Verhältnisse. Die Regional- und Stadtchronistik des Spätmittelalters ist Prosaliteratur. Ihre Verfasser, wie auch die hier ausgestellten Handschriften zeigen, sind überwiegend Kleriker oder Mönche: Heinrich von Lammespringe ist Stadtschreiber und Kanoniker, Jakob Twinger Priester, Leopold von Wien Augustinereremit und Sigismund Meisterlin Benediktiner. Nur der Kreis der Auftraggeber dieser Intellektuellen hat sich verändert. Die Fürsten, Höfe und Dynasten der älteren Zeit sind durch die Städte und ihre Räte ersetzt worden. Der Vergleich dieser universalen oder regional ausgerichteten Historiographie mit der gleichzeitigen Geschichtsschreibung in Frankreich und Burgund jedoch läßt eine politische und literarische deutsche Besonderheit unübersehbar werden. Im 'Heiligen Römischen Reich deutscher Nation' fehlt im Spätmittelalter eine die Gesamtheit des Reiches und des Königtums in den Blick nehmende und einende Chronistik analog zu dem großen Werk des Jean Froissart oder den 'Grandes Chroniques de France'.

Nur äußerst wenige Werke der mittelalterlichen Historiographie und Weltchronistik haben den Medienwechsel am Ende des Mittelalters, den Übergang zum Buchdruck, erfolgreich bestanden. Einiges ist zwar gedruckt worden, in der Mehrheit aber ist die bedeutende lateinische und deutsche Weltchronistik von den Inku-nabeldruckern – sicherlich teilweise auch wegen man-gelnder Absatzchancen – nicht berücksichtigt worden. Die Liste der Autoren, die fehlen, ist ohne Zweifel in-teressanter als die derjenigen, die den Übergang in das neue Medium vor 1500 gemeistert haben. Immerhin zwei Repäsentanten der traditionellen Hauptformen mittelalterlicher volkssprachlicher Weltgeschichtsschrei-bung, die umfassende sachliche, zudem regional angerei-cherte Prosachronik und das schematische Kompendium werden gedruckt: Werner Rolevincks sehr erfolgreicher 'Fasciculus temporum' und Hartmann Schedels großfor-matige und teure 'Weltchronik' (Kat. 199 und Kat. 204). Bei beiden Werken jedoch handelt es sich um ak-tuelle, bis in die Gegenwart fortgesetzte, im Falle Sche-dels sogar für den Druck geschriebene illuminierte oder graphisch gestaltete Vertreter ihrer Gattung. Die Fortset-zungen ersetzen gattungsgerecht die mittelalterlichen Vorbilder.

Zur heilsgeschichtlichen Deutung der Geschichte und zur Universal-geschichtsschreibung – insbesondere der lateinischen – allgemein vgl. FUNKENSTEIN, AMOS: *Heilsplan und natürliche Entwicklung. For-men der Gegenwartsbestimmung im Geschichtsdenken des hohen Mittelalters. München 1965. –* GRUNDMANN, HERBERT: *Geschichts-schreibung im Mittelalter. Gattungen, Epochen, Eigenart (Kleine Vandenhoeck-Reihe 209/210). Göttingen 1965 (mit der älteren Litera-tur). –* HAEUSLER, MARTIN: *Das Ende der Geschichte in der mittel-alterlichen Weltchronistik (Archiv für Kulturgeschichte, Beih. 13). Köln, Wien 1980. –* KRÜGER, KARL HEINRICH: *Die Universalchro-niken [nebst] Mise à jour. (Typologie des sources du moyen âge occi-dental 16) Turnhout 1976–1985. –* LÖWITH, KARL: *Sämtliche Schrif-ten. Bd. 1: Weltgeschichte und Heilsgeschehen. Zur Kritik der Geschichtsphilosphie. Stuttgart 1983.*
Zur Methodologie mittelalterlicher Historiographie vgl. ISIDOR VON SEVILLA: *Isidori Hispalensi episcopi Eytmologiarum sive originum li-bri XX. Ed. W. M. Lindsay. Oxford 1911, Neudr. 1962, lib. I, 41. –* FUNKENSTEIN, *Heilsplan (wie oben), S. 70–77.*
Zur Form der deutschsprachigen Weltchronistik – Reim oder Prosa – vgl. besonders HERKOMMER, HUBERT: *Überlieferungsgeschichte der 'Sächsischen Weltchronik'. Ein Beitrag zur deutschen Geschichts-schreibung des Mittelalters (MTU 38). München 1972, S. 213–223.*
Zur gereimten deutschsprachigen Weltchronistik allgemein und hier vielfach dankbar benutzt vgl. KLEIN, *Tradition, S. 1–112. –* Ferner: BUMKE, *Geschichte, S. 343–356. –* Ausst.kat. München 1996. – *Zu den einzelnen Chroniken und ihren Editionen vgl. immer neben der unten aufgeführten Literatur die Nachweise in den Einzelbeiträgen des Katalogs.*
Zur 'Sächsischen Weltchronik' vgl. die Literaturangaben zu Kat. 193.
Zur 'Weltchronik' des Rudolf von Ems vgl. HERKOMMER, HUBERT: *Der St. Galler Kodex als literarhistorisches Monument, in: Rudolf von Ems, Weltchronik. Der Stricker, Karl der Große. Kommentar zu Ms 302 Vad. Hg. von der Kantonsbibliothek (Vadiana) St. Gallen und der Editionskommisssion:* ELLEN J. BEER, JOHANNES DUFT, *u. a. Luzern 1987, S. 127–273. –* WALLICZEK, WOLFGANG: *Art. 'Rudolf von Ems', in: ²VL 8, 1992, Sp. 322–345.*
Zur 'Christherre-Chronik' (Ed. durch KURT GÄRTNER *in Vorberei-tung) vgl.* OTT, NORBERT H.: *Art. 'Christherre-Chronik', in: ²VL 1, 1978, Sp. 1213–1217. –* SCHWABBAUER, MONIKA: *Profangeschichte in der Heilsgeschichte. Quellenuntersuchungen zu den Incidentien der*

'Christherrre-Chronik' (Vestigia Bibliae 15/16). Bern, Berlin u. a. 1997.
Zur 'Weltchronik' Jans Enikels vgl. GEITH, KARL-ERNST: *Art. 'Eni-kel, Jans', in: ²VL 2, 1980, Sp. 565–569.*
Zur 'Weltchronik' Heinrichs von München (zu Teiledd. s. unten) vgl. OTT, NORBERT H.: *Art. 'Heinrich von München', in: ²VL 3, 1981, Sp. 827–837. –* BRUNNER, HORST *(Hg.): Studien zur 'Weltchronik' Heinrichs von München. Bd. 1: Überlieferung, Forschungsbericht, Untersuchungen, Texte (Wissensliteratur im Mittelalter 29). Wies-baden 1998. –* RETTELBACH, JOHANNES: *Studien zur 'Weltchronik' Heinrichs von München. Bd. 2,1: Von der 'Erweiterten Christherre-Chronik' zur Redaktion α. Bd. 2,2: Texte (Wissensliteratur im Mit-telalter 30,1.2.). Wiesbaden 1998. –* KLEIN, DOROTHEA: *Studien zur 'Weltchronik' Heinrichs von München. Bd. 3,1: Text- und über-lieferungsgeschichtliche Untersuchungen zur Redaktion β. Bd. 3,2: Die wichtigsten Textfassungen in synoptischer Darstellung (Wissensli-teratur im Mittelalter 31,1.2.). Wiesbaden 1998.*
Zu den spätmittelalterlichen Geschichtskompendien, zur Weltchronik des Johannes de Utino und zu den Rollenchroniken allgemein vgl. außer der zu Kat. 202 angegebenen Literatur noch BRINCKEN, ANNA-DOROTHEE VON DEN: *Martin von Troppau, in:* PATZE, HANS *(Hg.): Geschichtsschreibung und Geschichtsbewußtsein im späten Mittelal-ter. (Vorträge und Forschungen 31) Sigmaringen 1987, S. 155–193. –* BRINCKEN, ANNA-DOROTHEE VON DEN: *Anniversaristische und chronikalische Geschichtsschreibung in den 'Flores Temporum' (um 1292), in: ebd., S. 195–214.*
Zur Regionalchronistik vgl. GRAUS, FRANTIŠEK: *Funktionen der mittelalterlichen Geschichtsschreibung, in:* PATZE, HANS *(Hg.): Geschichtsschreibung und Geschichtsbewußtsein (wie oben), S. 11–55. –* JOHANEK, PETER: *Weltchronistik und regionale Geschichtsschreibung im Spätmittelalter, in: ebd. S. 287–330. –* MENKE, JOHANNES BERN-HARD: *Geschichtsschreibung und Politik in deutschen Städten des Spätmittelalters. Die Entstehung deutscher Geschichtsprosa in Köln, Braunschweig, Lübeck, Mainz und Magdeburg, in: Jahrbuch des Kölnischen Geschichtsvereins 33, 1958, S. 1–84; 34/35, 1959/60, S. 85–194. –* WRIEDT, KLAUS: *Bürgerliche Geschichtsschreibung im 15. und 16. Jahrhundert, in:* JOHANEK, PETER *(Hg.): Städtische Ge-schichtsschreibung im Spätmittelalter und in der frühen Neuzeit (Städteforschung, Reihe A, Bd. 47). Weimar, Wien 2000, S. 19–50.*
Zu mittelalterlicher Historiographie und Inkunabeldruck vgl. MER-TENS, DIETER: *Früher Buchdruck und Historiographie. Zur Rezep-tion historiographischer Literatur im Bürgertum des deutschen Spät-mittelalters beim Übergang vom Schreiben zum Drucken, in:* MÖL-LER, BERND, HANS PATZE *und* KARL STACKMANN *(Hg.): Studien zum städtischen Bildungswesen des späten Mittelalters und der frühen Neuzeit (Abhandlungen der Akademie der Wissenschaften in Göttingen. Philol.-hist. Kl., 3. Folge, Nr. 137). Göttingen 1983, S. 83–111. –* BRINCKEN, ANNA-DOROTHEE VON DEN: *Die Rezeption mittelalterlicher Historiographie durch den Inkunabeldruck, in:* PATZE, HANS *(Hg.): Geschichtsschreibung und Geschichtsbewußtsein (wie oben), S. 215–236.*

BM

XI.1 Weltchroniken

193 Sächsische Weltchronik

Norddeutschland, 14. Jh., 1. Viertel
Pergament, 126 Bll., 30 × 22 cm
Aus der Kurfürstlichen Bibliothek zu Berlin.
SBB-PK, Ms. germ. fol. 129

Aufgeschlagen Bl. 4ᵛ: Noah; die rote und die blaue Säule der Kinder
Adams; 5ʳ: die drei Söhne Noahs: Sem, Ham, Japhet; die Taube kehrt
mit dem Ölzweig zur Arche Noah zurück; Regenbogen; s. auch Abb.
S. 17.

*1ʳ Ehem. Spiegelbl., leer. – *1ᵛ Besitzvermerk, ausgestrichen: *Diit* (?)
bock hort her Johan Bere, 15. Jh; alte Bibliothekssignaturen: *5. A* und *B
8 15*, 17. Jh. – *2ʳ Titel, von einer Hand des 16./17. Jhs.: *Chronic von Er-
schöpffung der Weldt biß auffs iahr nach Christi gebuhrtt 1229.* –
*2ᵛ leer. – 1ʳ bis auf Besitzstempel und Signatur leer. – 1ᵛᵃ–124ʳᵇ
Sächsische Weltchronik. (1ʳᵃ–2ᵛᵃ) Reimvorrede, v. 1–98: *Nv vor nemet
alghemeyne…–…so moz ir vnvorgheczen wesen*. (2ᵛᵃ–124ʳᵇ) Chronik.
*In aller dinghe beginne schoph god to erst hemel vnd erde…–…Do dit
de keiser vornam. he uor here weder*. Text bricht mitten im Bericht zum
Jahre 1229 ab. Ed. Ludwig Weiland, in: Monumenta Germaniae
Historica, Deutsche Chroniken, Bd. 2, Hannover 1877, S. 65–248
Z. 8. – 124ᵛ leer. – Gotische Buchschrift (Textura), von einer Hand;
wechselnd rote und blaue Lombarden; einige Fleuronnéeinitialen;
369 Miniaturen in rundem oder rechteckigem Rahmen in Deckfarbenmalerei auf Goldgrund. – Dunkelbrauner Blindstempeleinband
über Holz, 15. Jh., Ende; ehem. 2 Schließen und Beschläge.

Die Sächsische Weltchronik des 13. Jahrhunderts, in der
langen Reihe christlicher Weltchroniken vom 3. bis zum
17. Jahrhundert die erste umfassende deutschsprachige
Universalchronik in Prosaform überhaupt, gehört zu den
bedeutendsten und anerkanntesten historiographischen
Standardwerken des Spätmittelalters. Ihre Darstellung
der Weltgeschichte in niederdeutscher Sprache vom Anfang der Welt bis zur Gegenwart fußt im wesentlichen
auf der älteren lateinischen Weltgeschichtsschreibung
(Frutolf von Michelsberg und Ekkehard von Aura, Pöhlder
Annalen, Albert von Stade u. a.) und ist ihrerseits wieder intensiv von der spätmittelalterlichen Historiographie rezipiert worden. Insgesamt 43 Handschriften, darunter
eine fragmentarische und drei vollständige Bilderhandschriften, überliefern das Werk in drei verschiedenen
Hauptrezensionen des Textes, zwei kürzeren (A und B)
und einer längeren (C). Allen Rezensionen gemein ist
nur etwa ein Viertel des Textes. Die grundlegenden textkritischen Fragen über Verhältnis und Reihenfolge dieser
Rezensionen zueinander – und damit auch über die
Datierung des Werkes – sind seit 30 Jahren strittig. Einer
Spätdatierung auf 1260 oder 1275 in Konsequenz einer
Abhängigkeit der Rezensionenfolge von C steht eine
– neuerdings wieder stärker favorisierte und auch etwas

besser begründete – Frühdatierung im Ausgang von der
Fassung A (1229) und B (1237–1242) gegenüber. Einigkeit dagegen herrscht in der Verfasserfrage. Die von der
Forschung seit dem 19. Jahrhundert vertretene Zuschreibung des anonym überlieferten Werkes an Eike von Repgow, den Verfasser des Sachsenspiegels, ist nicht mehr
aufrecht zu erhalten. Denn der Autor der Urspungsfas-
sung der Sächsischen Weltchronik war kein Laie, sondern offenbar ein Angehöriger der *geisteliken lude*, also
eher ein Kleriker als ein Mönch wohl aus Magdeburg
oder Umgebung.

Die Bilderhandschriften der Sächsischen Weltchronik
scheinen sich keinem der im 13. Jahrhundert und am
Anfang des 14. Jahrhunderts gängigen Illustrations-
modelle deutschsprachiger Handschriften (ganzseitige
Miniatur; kleinere, in die Textspalten eingesetzte Bilder;
Bildstreifen wie in den Bilderhandschriften des Sachsenspiegels) zuordnen zu lassen. Der Vergleich mit der ältesten Bilderhandschrift dieser Weltchronik in Gotha
zeigt, daß die kleinen, von Initialen grundsätzlich unab-
hängigen Bilder, die in Aussparungen in der Textspalte
plaziert werden, um den Text-Bild-Bezug unmittelbar
herzustellen, im Laufe der Zeit vom Rand der Buchseite
in die Textspalte zu wandern scheinen. Die Bilder besset-
zen in der Gothaer Handschrift weder eine eigene Bild-
spalte noch den freien Blattrand, sondern existieren teils
auf dem Blattrand, teils in der Textspalte. Erst die drei
späteren Zeugen in Bremen und zweimal in Berlin versuchen, die nur selten Spaltenbreite erreichenden Miniaturen
immer stärker in den Text zu integrieren, allerdings nicht
mit letzter Konsequenz.

Daneben führt zumindest die Berliner Handschrift
einen weiteren Diskurs. Wählen ihre größeren, gerahmten Miniaturen aus der Fülle des historischen Stoffes einzelne Geschehnisse und Details, mit Vorliebe Beschreibungen von Kämpfen, Schlachten, Gewalttätigkeiten
und Bestrafungen, für den bildlichen Kommentar zur
Illustration aus, realisiert, wie in den Geschichtsrollen
seit dem Ende des 12. Jahrhunderts üblich, die durch-
laufende Reihe der runden oder eckigen Bildnismedail-
lons von Adam bis Kaiser Friedrich II. die ungebrochene
Sukzessionsfolge von den biblischen Stammvätern und
den römischen Herrschern bis hin zu den Kaisern des
Mittelalters im Bild, um den chronologischen Gang und die
Einheit der Weltgeschichte offensichtlich zu machen.

Das Doppelprogramm der Illustration wie auch das
eigenwillige Illustrationsmodell der Berliner Handschrift
wird in der Darstellung eines heilsgeschichtlich zentralen
Geschehens aus der biblischen Geschichte, der Sintflut,
deutlich, mit der das mit Adam beginnende erste Weltalter gemäß einem gängigen universalgeschichtlichen, von

der Sächsischen Weltchronik allerdings nicht explizit rezipierten Periodisierungsschema endet. Nach dem biblischen Bericht, dem die Chronik hier stark kürzend folgt, hatte Gott bekanntlich beschlossen, die Menschen wegen ihrer wachsenden Bosheit von der Erde zu vertilgen, *vordelegen*, wie die Chronik schreibt. Nur der gerechte Noah, der drei Söhne, Sem, Ham und Japhet, gezeugt hatte, fand Gnade vor seinen Augen. Ihm befahl Gott, für sich, seine Frau, seine Söhne und deren Frauen sowie paarweise für alles Getier die Arche zu bauen. Die übrigen Menschen und Tiere rottete er durch die Sintflut aus, so daß mit dem Auszug aus der Arche die Weltgeschichte einen neuen Anfang nahm, indem Gott mit den Menschen einen neuen Bund schloß.

Aus der Sukzessionsfolge der 'Erzväter' zeigt die Berliner Handschrift in den Medaillons die Büsten von Noah, in der ikonographisch üblichen Form als bärtigen Mann mit einer Axt (Blatt 4va), und die seiner drei Söhne (Blatt 5ra). Dazwischen schiebt die Chronik eine letztlich auf Flavius Josephus (37 – ca. 95 n. Chr.) zurückgehende Erzählung ein, wonach Adam seinen Söhnen zwei Zerstörungen aller Dinge, eine durch Feuerskraft, die andere durch Wasserfluten, geweissagt hatte. Die Nachkommen Adams errichteten daher zwei Säulen – eine aus Ziegelsteinen, um dem Feuer zu widerstehen, eine aus Naturstein, um dem Wasser zu trotzen. In sie gravierten sie *alle de wisheit de se van Adame vnde van eren vorvaren vernomen hadden* (Blatt 4rb), nach anderen Quellen all ihr Wissen von den Himmelskörpern und deren Ordnung ein. Die zwei Säulen auf Goldgrund, deren Farben, rot für das Feuer und blau für das Wasser, ihre Aufgabe signalisieren, stellt der Miniator an die beiden Seiten einer Textspalte (Blatt 4vb). Flavius Josephus will übrigens die Säule aus Naturstein zu seiner Zeit noch in Syrien gesehen haben.

Die Darstellung der Arche Noah (Blatt 5rb) findet im Text der Chronik keine Basis, doch konnte der Maler hier auf alte, seit frühchristlicher Zeit existierende Bildmuster der Sintflut zurückgreifen. Gezeigt wird – allein dies mit Textbezug – die Ankunft der Arche am Berg Ararat. Das wannenartige, an Bug und Heck mit einem Tierkopf verzierte Schiff trägt einen mehrgeschossigen Aufbau, in dessen Luken Noah und ein zeigender Jüngling sowie jeweils paarweise die Tiere und Vögel zu sehen sind. Auch die Proben Noahs, ob das Wasser gefallen ist, erwähnt der Chronist nicht. Dennoch stellt der Miniator den Raben dar, der nicht mehr zurückkommt, sondern sich am Aas eines bärenartigen Tier gütlich tut, sowie die wiederkehrende, das fallende Wasser – und den Frieden Gottes mit den Menschen – symbolisierende Taube mit dem Ölzweig. Ungerahmt in die Textspalte eingestellt

Kat. 193, 4^v

(Blatt 5rb) ist der Regenbogen, der „Bogen in den Wolken" als erneuertes „Zeichen des Bundes" zwischen Gott und den Menschen (Genesis 9, 16), dessen Bedeutung allerdings nicht der Chronist, sondern nur die Bibel erläutert.

Diese Berliner Handschrift der Sächsischen Weltchronik ist im ersten Viertel des 14. Jahrhunderts entstanden, wie Schrift und Ausstattung nahelegen, und zwar in Norddeutschland. Sie ist damit die jüngste unter den vier erhaltenen illuminierten Handschriften der Sächsischen Weltchronik. Eine genauere regionale Eingrenzung ist gegenwärtig nicht möglich, da die sprachgeschichtlichen und kunsthistorischen Untersuchungen über Ansätze bisher nicht hinausgekommen sind und ihre Lokalisierungen sich eher widersprechen als ergänzen. Die nach RENATE KROOS und LEONIE VON WILCKENS auf den Lübecker oder Lüneburger Kunstkreis verweisenden Miniaturen im englischen Stil stimmen geographisch nicht so recht mit GUSTAV KORLÉNS allerdings nur auf wenigen Textabschnitten beruhenden Analysen zusammen, wonach die Schreibsprache der

Handschrift eher dem Ostfälischen als dem Nordnieder-
sächsischen zuzurechnen ist. Wirklich unvoreingenom-
mene Untersuchungen fehlen, denn wie die dialektgeo-
graphische Bestimmung noch von der Annahme einer
Autorschaft Eikes von Repgow an der Sächsischen Weltchronik beeinflußt war, so dürfte die kunsthistorische
Analyse von der späteren Besitzgeschichte des Bandes
mitbestimmt gewesen sein. Es steht nämlich unzweifelhaft fest, daß die Berliner Handschrift sich schon vor
dem Ende des 15. Jahrhunderts in Lübeck befand, wie
Besitzvermerk und Einband zeigen. Der in dem ausge-
strichenen Eintrag genannte *Johan Bere* ist zweifellos mit einem der zahlreichen gleichnamigen Angehörigen der
Lübecker Ratsfamilie Bere identisch. Die Stempel des
Bucheinbandes wiederum finden sich auf einer Reihe
Lübecker Inkunabeln zwischen 1487 und 1492 wieder.

Auf welchem Wege und zu welchem Zeitpunkt die
Handschrift unter dem Großen Kurfürsten in die
Königliche Bibliothek zu Berlin gelangte, ist wie so häufig unbekannt. In dem von dem ersten Berliner Bibliothekar, Johann Raue (1610–1679), angelegten Katalog
der Sammlung wird sie gleich zweimal genannt, einmal
unter dem auch in der Handschrift (Blatt *2ʳ) eingetragenen Titel und ein zweites Mal von der Hand Christoph Hendreichs (1630–1702) als Nachtrag unter der
auch in der Handschrift befindlichen Signatur *5. A.* (Berlin, SBB-PK, Ms. Cat. A. 465, f. 176ᵛ, Nr. 12 und f.
143ᵛ unter *Addenda*).

DEGERING *1, S. 14. – Berlin, SBB-PK, Ms. Cat. A 556: Ms.
germ. fol. 129. – WEGENER, S. 123–125. – Ausst.kat. Berlin 1975,
S. 148–149, Nr. 103. – Ausst.kat. Berlin 1988, S. 136–137, Nr. 62. –
KORLÉN, GUSTAV: Die mittelniederdeutschen Texte des 13. Jahrhunderts. Beiträge zur Quellenkunde und Grammatik des Frühmittel-
niederdeutschen (Lunder Germanistische Forschungen 19). Lund
1945, S. 74 u. 89–91. – WILCKENS, LEONIE VON: Unbekannte
Buchmalerei und Leinenstickerei des 14. Jahrhunderts im Umkreis
von Lübeck, in: Niederdeutsche Beiträge zur Kunstgeschichte 15, 1976,
S. 71–98, hier: S. 71–76. – HERKOMMER, HUBERT: Überlieferungsgeschichte der 'Sächsischen Weltchronik'. Ein Beitrag zur deutschen
Geschichtsschreibung des Mittelalters (MTU 38). München 1972,
S. 100–101. – MENZEL, MICHAEL: Die Sächsische Weltchronik.
Quellen und Stoffauswahl (Vorträge und Forschungen, Sonderbd.
34). Sigmaringen 1985, S. 18. – HERKOMMER, HUBERT: Art. 'Sächsische Weltchronik', in: ²VL 8, 1992, Sp. 473–500. – WOLF, Sächsische
Weltchronik, S. 99–100 (mit Literaturdokumentation), 149–150, 268,
307–308, 405.*

BM

194 Rudolf von Ems, Weltchronik – Der Stricker, Karl der Große (Fragmente)

Oberrhein (Breisgau?), um 1320–1330
Pergament, I (Pap.) + 23 Einzelbll., 27,5 × 22,5 (ehem. 27,5 × 18) cm
Vorbesitzer: Von August Heinrich Hoffmann von Fallersleben 1850
für die Königliche Bibliothek zu Berlin erworben.
SBB-PK, Ms. germ. fol. 623

Aufgeschlagen Bl. 15ᵛ/16ʳ: Der blinde Samson reißt die Säulen des
Palastes der Philister ein; Kampf der Israeliten mit den Philistern.

*1ʳ Widmung von Jacobus Koning an Hoffmann von Fallersleben,
1826, und Inhaltsbestimmung der Handschrift von Hoffmann von
Fallersleben, Amsterdam 1821. – *1ᵛ Notiz über die Neuordnung
und Neubindung der Blätter in der Kgl. Bibliothek im Jahre 1884
von der Hand des Bibliothekars Wilhelm Erman (1850–1938), mit
Konkordanz. – 1ʳᵃ–20ᵛᵇ Rudolf von Ems, Weltchronik, Fragment,
Textbestand nach Ed. GUSTAV EHRISMANN (DTM 20), 1915: (1ʳᵃᵇ)
v. 165–248, (2ʳᵃᵇ) v. 753–836, (3ʳᵃᵇ) v. 4958–5041, (4ᵛᵃᵇ)
v. 5714–5797, (5ʳᵃᵇ) v. 6974–7057, (6ᵛᵃᵇ) v. 7394–7477, (7ʳᵃᵇ)
v. 7646–7729, (8ʳᵃᵇ) v. 9074–9157, (9ᵛᵃᵇ) v. 9326–9409, (10ᵛᵇ)
v. 10840–10923, (11ᵛᵃᵇ) v. 11428–11503, (12ᵛᵃᵇ) v. 12176–12259,
(13ʳᵃᵇ) v. 14442–14525, (14ʳᵃᵇ) v. 17548–17631, (15ʳᵃᵇ)
v. 21034–21117, (16ᵛᵃᵇ) v. 23469–23552, (17ʳᵃᵇ) v. 27925–29008,
(18ʳᵃᵇ) v. 28691–28774, (19ʳᵃᵇ) v. 29951–30034, (20ᵛᵇ)
v. 32395–32478. – 21ʳ–23ᵛ Der Stricker, Karl der Große, Fragment,
Textbestand nach Ed. KARL BARTSCH, 1857: (21ᵛᵃᵇ) v. 3949–4030,
(22ᵛᵃᵇ) 8141–8224, (23ʳᵃᵇ) 11091–11178. – Hs. anläßlich der Fak-
similierung um 1980 restauriert und 1982 neu gebunden, die vermutete ursprüngliche mittelalterliche Blattanordnung durch Drehen
einzelner Bll. wiederhergestellt, Bll. auf breite Pergamentfalze geheftet
und zwischen die Originalbll. nicht gezählte moderne Pergamentbll.
als Schutz eingebunden; Blattzählung hier entspricht dem gegenwär-
tigen Zustand, daher Abweichungen der Zählung gegenüber Zitaten
in der älteren Literatur. – Gotische Buchschrift; rubriziert; wechselnd
rote und blaue Lombarden; 23 gerahmte, ganzseitige Miniaturen in
Deckfarbenmalerei auf Goldgrund von einer Hand, davon 20 im
Weltchronikteil; 1ᵛ, 3ʳ, 15ʳ Rundstempel Ex Bibliotheca Hoffmanni
Fallerslebens. – Dunkelbrauner Lederband über Holz mit 2 Schließen von 1982. Akz. Nr. 3352 (?).

Die gereimten Weltchroniken in Deutschland beginnen
mit dem Werk eines renommierten Romandichters,
Rudolfs von Ems, eines staufischen Ministerialen, der im
Auftrag Konrads IV. (1237–1254), des nur gewählten,
nie gekrönten Sohnes Kaiser Friedrichs II., an dieser
Chronik gearbeitet hat. Das Werk blieb ein Torso. Die
neuere Forschung vermutet, daß der frühe Tod des
Mäzens (1254) auch den Dichter zur Aufgabe seines Pla-
nes gezwungen hat.

Der Weltgeschichte als Heilsgeschichte folgt in der
Berliner Handschrift Strickers Version der Geschichte
Karls des Großen und seines Neffen Roland. Wie in
einem anderen berühmten illuminierten Codex (St. Gallen, Kantonsbibliothek, Ms 302 Vad.) ist diese Überlie-
ferungsgemeinschaft von Weltchronik und „Staats-

Kat. 194, 15ᵛ

Kat. 194, 16ʳ

roman" (HUGO KUHN) bewußte Konzeption des Auftraggebers zur Legitimation welcher Herrschaft im
konkreten Fall auch immer. Die Verbindung dieser
Stoffkreise begründet die überdurchschnittliche Ausstattung dieser Handschrift. Die ganzseitigen, Zwei-
zonigkeit meist vermeidenden Miniaturen auf Goldgrund mit ihrer auf Repräsentation zielenden Ikonographie vermitteln bewußt den Eindruck von Monumentalität und Prachtentfaltung.

Die Berliner Handschrift ist nur noch ein Schatten
urspünglichen Reichtums, ein Fragment, in dem
23 Textseiten, davon 20 der 'Weltchronik', 23 Miniatur-
seiten gegenüberstehen. Es lohnt nicht, Spekulationen
über die ursprüngliche Fülle des Bildschmucks anzustel-
len, wenn man sich vor Augen hält, daß allein der Text
beider Werke, Vollständigkeit vorausgesetzt, an die 280
Blätter gefüllt haben dürfte. Zur Datierung und Lokalisierung dieses Bandes haben sich in der jüngeren Forschung zwei Eckpositionen herausgebildet, eine Frühdatierung auf „um 1310" mit Lokalisierung in das

Bodenseegebiet und Zürich (IRTENKAUF) sowie eine
Spätdatierung auf 1320/30 mit Lokalisierung an den
Oberrhein (Elsaß-Breisgau), möglicherweise auch
Schwaben (BEER, weitgehend folgend SAURMA-JELTSCH
und GÜNTHER). Die textliche Stellung des Berliner Frag-
ments im Überlieferungszusammenhang hat HERKOM-
MER 1987 präzis beschrieben. Es ist weder Vorlage der
Züricher Chronik noch direkt von der St. Gallener
Handschrift abhängig, auch wenn zu ihr wie vor allem
auch zur Wernigeroder Weltchronik eine besondere
Nähe gegeben ist. Eine sprachgeographische Untersuchung des Berliner Fragments existiert übrigens nicht.
Diese Sachverhalte legen es nahe, vorerst an der Spätdatierung und der Lokalisierung an den Oberrhein fest-
zuhalten. Die unmittelbaren Auftraggeber des Berliner
Codex bleiben über diese allgemeinen Bestimmungen
hinaus ebenso unbekannt wie ihre Besitzer im Laufe der
folgenden Jahrhunderte.

Erst im frühen 19. Jahrhundert wird diese illustrierte
Weltchronik bekannt, als August Heinrich Hoffmann
von Fallersleben sie bei dem Amsterdamer Buchhändler
und Sammler Jacobus Koning (1770–1832) 1821 inhaltlich bestimmte. Koning, der 1826 einen Teil seiner
Sammlung verkaufen mußte, schenkte die Blätter im
gleichen Jahr seinem Freund Hoffmann von Fallersleben. Als dieser vom preußischen Staat seit 1842 politisch und beruflich gemaßregelte und nach der Revolution 1848 zwar amnestierte, aber dennoch aus Berlin
ausgewiesene Dichter nach seiner Eheschließung selbst
in finanzielle Schwierigkeiten geriet, verkaufte er 1850
für einen „Spottpreis" zahlreiche Handschriften, darunter diese, an die Königliche Bibliothek zu Berlin.

Die beiden ausgestellten Miniaturen stehen wegen des
fragmentarischen Charakters der Handschrift in keinem
inhaltlichen Zusammenhang, auch wenn sie beide Erzählungen aus dem Alten Testament illustrieren, die
eine Geschichte aus dem Buch der Richter (16, 23–30;
Rudolf von Ems v. 21124–21186), die andere aus dem
ersten Buch der Könige (bzw. 1. Samuel 14, 20–24;
Rudolf von Ems v. 23404–23484). Samson, der letzte
der großen Richter in der Geschichte Israels und eine
bewunderte Heldengestalt der israelitischen Frühzeit, ist
mit übermenschlichen Kräften begabt. Aus dem reichen
Zyklus von Miniaturen zu seinem Leben hat sich im Berliner Fragment eine Episode erhalten. Der verheiratete
Samson verfällt dem schönen Philisterweib Dalila, der es
schließlich gelingt, das Geheimnis seiner Kraft, seine
langen Haare, zu ergründen. Ihr Verrat ermöglicht es
den Philistern, ihm die Haare zu scheren und ihn zu
blenden. In der Gefangenschaft jedoch wachsen ihm die
Haare wieder nach. Als die Philister am Festtag ihres

Gottes ihn in ihrem Palast zum Gespött machen wollen, bringt der wieder erstarkte Samson das Gebäude zum Einsturz, wobei er zusammen mit seinen Feinden erschlagen wird. Die Miniatur (Blatt 15ᵛ) zeigt den Augenblick, in dem der geblendete Samson, dessen Blindheit die geschlossenen Augen veranschaulichen, im roten Rock mit ausgebreiteten Armen die zwei Säulen umfaßt, auf denen der Palast der Philister ruht. Die gegenüberliegende Miniatur (Blatt 16ʳ) zeigt, wie Theil und Günther zu Recht gegen Irtenkauf bemerken, die Israeliten mit ihrem König Saul an der Spitze im Kampf gegen die Philister. Der Textbezug dieser Miniatur ist nicht mehr ganz eindeutig, da offenbar schon die Maler der Vorlagen ein ursprünglich wohl zweizoniges Bild, von dem hier nur die zweite Szene erhalten ist, nicht mehr richtig verstanden. Für den mittelalterlichen Betrachter ist jedoch der exakte Textbezug nicht so relevant, wenn es dem Maler nur gelingt, seinem höfischen Publikum einen ritterlichen Kampf im Kolorit seiner Zeit dramatisch zu schildern. Erhellend dafür ist, daß Saul, an der Krone auf seinem Eisenhut und dem roten Rock erkennbar, in gleicher Weise wie der in den Kampf ziehende Roland in derselben Handschrift in Strickers 'Karl' (Blatt 21ʳ) dargestellt wird. Ebenso gleichen in Kleidung und Rüstung die kämpfenden Israeliten hier den kämpfenden Franken auf der späteren Miniatur. Ihre Gegner dagegen, die Philister und die Heiden, sind an ihrer – fast immer negativ besetzten – gelben Kleidung und vor allem an ihren spitz auslaufenden, hohen Helmen erkennbar, die unverkennbar orientalische Helmformen aufnehmen. Der Maler ermöglicht auf diese Weise die Identifkation des höfischen Betrachters mit den Israeliten und den Franken, die auf gleiche Weise wie er selbst gekleidet und gerüstet sind. Die Philister, Heiden und Fremden dagegen werden für das betrachtende höfische Publikum durch selbst als negativ empfundene Attribute (orientalisierender Helm, Kleidung, Farbe) deutlich vom Identifikationsangebot ausgenommen.

Degering 1, S. 68. – Wegener, S. 7–10. – Kratzert, Christine: *Die illustrierten Handschriften der Weltchronik des Rudolf von Ems. Phil. Diss. FU Berlin 1974, S. 18, 138–139, 147, 152–153, 155.* – *Ausst.kat. Berlin 1975, S. 140–141 Nr. 93.* – Irtenkauf, Wolfgang: *Rudolf von Ems, 'Weltchronik' – Der Stricker, 'Karl der Große'. Faksimile der Handschrift Ms. germ. fol. 623 der Staatsbibliothek Preußischer Kulturbesitz Berlin. Stuttgart 1980.* – Theil, Edmund: *'Weltchronik', Rudolf von Ems – 'Karl der Große', Der Stricker. Texte und Kommentare. Mit einem Vorwort von Roland Klemig. Bozen 1986 (mit Abb. aller Miniaturen und Textseiten sowie Transkription des Textes).* – Herkommer, Hubert: *Der St. Galler Kodex als literarhistorisches Monument, in: Rudolf von Ems, 'Weltchronik'. Der Stricker, 'Karl der Große'. Kommentar zu Ms 302 Vad. Hg. von der Kantonsbibliothek (Vadiana) St. Gallen und der Editionskommis-*

sion: Ellen J. Beer, Johannes Duft *u. a. Luzern 1987, S. 127–273, hier: S. 133 u. 261 Anm. 612 (Literaturdokumentation), 144–146 (textgeschichtliche Stellung).* – Beer, Ellen J.: *Die Buchkunst der Handschrift 302 der Vadiana, in: ebd., S. 61–125, bes. S. 70 (Ikonographie der Zerstörung des Palastes durch Samson), 86, 92–93.* – Saurma-Jeltsch, Lieselotte E.: *Das stilistische Umfeld der Miniaturen, in: Ausst.kat. Heidelberg 1988, S. 347–348 Nr. J 19 und S. 639.* – Günther, *Weltchronikhandschriften, S. 100–104 Nr. 6 (mit Literaturdokumentation).* – Klein, *Tradition, S. 76 Nr. 12.*

BM

195 Christherre-Chronik, vermischt und fortgesetzt mit Jans Enikel, Weltchronik

Bayern, um 1380
Papier, I (Perg.) + 364 + I (Perg.) Bll., 29 × 20,5 cm
Vorbesitzer: Mit der Sammlung Günther im Jahre 1993 für die Staatsbibliothek zu Berlin – Preußischer Kulturbesitz erworben.
SBB-PK, Hdschr. 389

Aufgeschlagen Bl. 154ᵛ/155ʳ: Untergang der Ägypter; Moses und das Volk Israel blicken zurück auf die Ägypter.

*I*ʳ ehem. vorderer Spiegel, Sprüche und Besitzvermerk (?), 15. Jh.: 1. *Manig fragt mich wie es mir ge, gieng es mir wol, es tät in be.* Dann: *phholf hanns fraubrg.* 2. *Es wart kain winter nie so kalt . . .* – *I*ᵛ Urkunde, dt., beschnitten, 1370. – Ungez. mod. Papierbl. – Iʳ–IIᵛ, 1ʳ–245ᵛ Christherre-Chronik, v. 2485–20967, verschränkt mit v. 997–9396 von Jans Enikel, Weltchronik, lückenhaft. – 247ʳ–362ᵛ Jans Enikel, Weltchronik, v. 13275–24921, lückenhaft. – Ungez. mod. Papierbl. – *363*ʳ ehem. hinterer Spiegel, Spruch: *Es wart kain winter nie so kalt.* – *363*ᵛ Reste einer Urkunde, dt., 1354. – Zu dieser Hs. gehöriges Fragment: Nürnberg, Germanisches Nationalmuseum, Hs. 7217, mit 5 Einzelbll., vgl. dazu Kurras, Lotte: *Die deutschen mittelalterlichen Handschriften. Teil 2. Die naturkundlichen und historischen Handschriften. Rechtshandschriften. Varia (Kataloge des Germanischen Nationalmuseums Nürnberg. Die Handschriften des Germanischen Nationalmuseums Nürnberg 1,2). Wiesbaden 1980, S. 40.* – Am Anfang Bll. mit Textverlust (I–II, 1–13) herausgerissen, teilweise restauriert; Bastarda, von mehreren Händen; rubriziert; Abschnittinitialen, teilweise Lombarden; 219 kolorierte Federzeichnungen auf dem Randstreifen; 225ʳ am oberen Rand, 16. Jh.: *1.5. M 6.5. Z* (= 1565) und Initialen: *A.D.M.R.D.G.A.G.W.S.W.G.* (vielleicht Anagramm des Grafen Joachim von Ortenburg, 1530–1600); bayerisch-österreichischer Schriftdialekt. – Dunkelbrauner Lederband über Holz, mit dem Buchblock direkt abschließend, 15. Jh., mit 4 bzw. 5 Buckeln, Beschlägen und 2 Langriemenschließen; in den Vorderdeckel eingeklebt gedrucktes Exlibris von *Dr. Jörn Günther Ms 8.* – Lose beiliegend: 8 Pergamentfragmente, lat., aus einem Urbar oder Rechnungsbuch, 14. Jh.

Die 'Christherre-Chronik', nach ihrem Anfangsvers *Crist herre, keiser ubir alle craft* benannt, von einem anonymen Thüringer Kleriker verfaßt, vermutlich zwischen 1242 und 1247 oder 1254 und 1263 entstanden, ist nur in wenigen Handschriften in ihrer ursprünglichen, autornahen Fassung überliefert. Die meisten Textzeugen sind

Kat. 195, 154ᵛ/155ʳ

in sogenannten 'Mischhandschriften' enthalten, die verschiedene Weltchroniken in unterschiedlicher Weise kombinieren, ergänzen und erweitern. Wirkungsgeschichtlich bedeutsam wurde in der zweiten Hälfte des 14. Jahrhunderts eine Kombination der 'Christherre-Chronik' mit Auszügen aus der Chronik des Wiener Stadtbürgers Jans Enikel (vgl. auch Kat. 201), die die beiden Chroniken teilweise recht eng verschränkt und mit Enikels Reimpaarversen fortsetzt. Diesem Typus gehört auch die vorliegende Handschrift an.

Die ausgestellten Seiten, ein Textabschnitt aus der 'Christherre-Chronik', berichten, die 'Historia scholastica' des Petrus Comestor († um 1179) in Reimpaarversen paraphrasierend und durch Verwendung von synonymen Doppelformen dramatisch steigernd, die Geschichte vom Auszug der Israeliten aus Ägypten, die Schlußphase, den Durchzug durch das sich teilende Rote Meer und den Untergang der die Israeliten verfolgenden

Ägypter im zurückflutenden Wasser (Exodus 14,19–31). Die Bedeutung dieses heilsgeschichtlich einschneidenden Ereignisses wird von der 'Christherre-Chronik' dadurch unterstrichen, daß sich an den Bericht über den Durchzug und den sich anschließenden Lobgesang Moses in die Geschichtserzählung sowohl ein sogenanntes Incidens (v. 14726–14744; in der Hs. Blatt 156ʳ), das die Heilsgeschichte mit der parallelen Profangeschichte synchronisiert, als auch eine für dieses Werk eigentümliche Bibeldeutung, eine entfernt an disputative Muster der Schulen erinnernde theologische Erörterung (v. 14679–14725), eingeschoben werden: *Nu spricht leicht hie dar zu ein man...* (Blatt 155ʳ Zeile 20–156ʳ).

Den erzählerischen Details und kommentierenden Differenzierungen des Textes steht eine durch ihre Schlichtheit und Formelhaftigkeit sich auszeichnende künstlerische Ausstattung gegenüber, deren Anspruchsniveau, gemessen an den Prachthandschriften dieser

Gattung, als bescheiden bezeichnet werden darf. Dennoch ragt die Handschrift mit ihrem reichen Bilderzyklus von 219 kolorierten Federzeichnungen deutlich über den Standard volkssprachlicher Handschriften hinaus. Der Zeichner der beauftragten Werkstatt reduziert die Szenen und Geschehnisse, verglichen mit den Bildprogrammen älterer Chronik-Handschriften, extrem auf wenige einfache, schematisierte Formen und Personen. Das in den Fluten untergehende Heer der Ägypter beispielsweise besteht noch nicht einmal aus zehn, die sich umschauenden Israeliten aus noch weniger Personen, die größtenteils zudem nur durch Teile ihres Judenhutes angedeutet werden.

Die Handschrift ist auf Grund ihrer Schriftsprache in Bayern entstanden, und zwar um 1380. Die spätere Besitzgeschichte deutet auf adlige Auftraggeber. Der auf Blatt I^r als Besitzer (?) erwähnte Wolf Hans Frauberg ist zwar nicht zu identifizieren, doch dürfte es sich um einen Angehörigen des weit verbreiteten bayerischen Geschlechts der Frauenberger handeln. Seit dem 16. Jahrhundert befand sich der Band wahrscheinlich im Besitz der Grafen von Ortenburg, die 1805 ihren namengebenden niederbayerischen Stammsitz bei Vilshofen gegen das Amt Tambach bei Coburg in Oberfranken tauschten (vgl. Adelslexikon. Hauptbearb. WALTER v. HUECK. Bd. 10 [Genealogisches Handbuch des Adels 119], Limburg 1999, S. 56–58). Auch die Familienbibliothek wurde verlagert. Am Ende des 18. oder am Anfang des 19. Jahrhunderts wurden vermutlich durch den Kunsthistoriker Karl August Böttiger (1760–1835) einige Blätter aus dieser Handschrift entfremdet, die nach einigen Zwischenstationen schließlich dem Germanischen Nationalmuseum in Nürnberg geschenkt wurden. Der Band selbst befand sich seit 1842, als Franz Schmidt ihn beschrieb, nachweislich in Tambach, bevor er 1984 in die Sammlung Günther und 1993 in die Staatsbibliothek zu Berlin gelangte.

SCHMIDT, FRANZ: *Die Handschriften der gräflich Ortenburg'schen Bibliothek zu Tambach in Oberfranken*, in: Serapeum 3, 1842, S. 340–341. – *Jansens Enikels Werke*, hg. von PHILIPP STRAUCH (Monumenta Germaniae Historica. Deutsche Chroniken und andere Geschichtsbücher des Mittelalters 3). Hannover u. Leipzig 1900, S. XXVI–XXVII, Nr. 16. – ALFEN, KLEMENS, PETRA FOCHLER, ELISABETH LIENERT: *Deutsche Trojatexte des 12. bis 16. Jahrhunderts. Repertorium*, in: BRUNNER, HORST (Hg.): *Die deutsche Trojaliteratur des Mittelalters und der Frühen Neuzeit* (Wissensliteratur im Mittelalter 29). Wiesbaden 1990, S. 34. – BECKER/BRANDIS, *Sammlung*, S. 250. – GÜNTHER, *Weltchronikhandschriften*, S. 307–315, Nr. 39a (mit Literaturdokumentation). – KLEIN, *Tradition*, S. 110 Nr. 147 (mit unzutreffender Signatur). – BRANDIS, *Präsenz*, S. 313, Nr. 19 mit Abb. 6.

BM

196 Rudolf von Ems: Weltchronik, mit Auszügen aus Christherre-Chronik, Adam und Eva sowie Jans Enikel, Weltchronik (Fragment)

Elsaß, um 1400
Papier, 4 Bll., 42 × 29 cm
Vorbesitzer: Mit der Sammlung Günther im Jahre 1993 für die Staatsbibliothek zu Berlin – Preußischer Kulturbesitz erworben.
SBB-PK, Hdschr. 396

Aufgeschlagen, Bl. 17^v: Turmbau zu Babel.

17^{ra–vb} Rudolf von Ems, Weltchronik, v. 1216–1350 – 85^{ra–vb} dass., v. 16490–16615 – 103^{ra–vb} dass. v. 19191–19317 – 123^{ra–vb} dass., v. 23667–23800. Ed.: Rudolfs von Ems Weltchronik. Aus der Wernigeroder Handschrift hg. von GUSTAV EHRISMANN (DTM 20). Berlin 1915. – 4 Einzelbll., mit ehem. Blattzählung und 5 lavierten Federzeichnungen aus der Hs. Colmar, Bibliothèque de la Ville, Ms. Bartholdi. – Bastarda, 2 Spalten; rubriziert; Leineneinband, 20. Jh.; in den Vorderdeckel eingeklebt gedrucktes Exlibris von *Dr. Jörn Günther Ms 15*.

Diese vier großformatigen Einzelblätter gehören zu einer im Musée Bartholdi in Colmar im Elsaß aufbewahrten Mischhandschrift, die die unvollendete Chronik Rudolfs von Ems am Anfang mit Auszügen aus der 'Christherre-Chronik' und mit 'Adam und Eva' ergänzt sowie mit Jans Enikels 'Weltchronik' in einfacher Textkombination fortsetzt. Diese Colmarer Handschrift mit ursprünglich 105 lavierten Federzeichnungen ist um 1400 im Elsaß geschrieben und ausgestattet worden. Über ihre Provenienzgeschichte ist nur bekannt, daß sie um 1900 dem französischen Bildhauer Frédéric-Auguste Bartholdi (1834–1904), dem Schöpfer des Löwen von Belfort und der New Yorker Freiheitsstatue, gehörte. Sie soll sich allerdings bereits zuvor 150 Jahre im Familienbesitz der Bartholdis befunden haben. Die vier Berliner sowie zwei weitere Einzelblätter, die sich heute in Bregenz befinden und die jeweils nur Textauszüge aus dem Werk Rudolfs von Ems überliefern, wurden nach 1909 von der ungebundenen Stammhandschrift durch Verschenkung oder Veräußerung abgetrennt und befanden sich von etwa 1940 bis zu ihrer Versteigerung im Jahre 1985 in einer südfranzösischen Schloßbibliothek. Die Berliner Blätter gelangten über die Sammlung Günther 1993 an die Staatsbibliothek zu Berlin.

Der Turmbau zu Babel ist nach dem biblischen Bericht (Genesis 11, 1–9) ein Zeichen menschlicher Hybris schlechthin. Bekanntlich plante das Volk Noahs, das noch in „einerlei Zunge und Sprache" redete, einen Turm von unerhörter Höhe zu bauen, der bis zum Himmel reichen sollte. Gott hinderte es an der Fertigstellung, verwirrte seine Sprache und zerstreute es in alle Welt. Dieses

ny ist allen lüten kunt
ein sprach vnd ein munt
Das billent wir von vnden
vnd die sprach scheyden
Das ir kainer gizmelt
dz er des andren sprach nimmer
vnd sine wort mit verste
das kompt sich niht lenger me
Das wart von got so bekant
sprach vnd ir zung zehant
Das vnder in kainer wort
verstünt des andren wort
Von yenen her von vnten hin
wan dz in allen vnder in
Vn sie glichem geschlecht beleib
die kinder sprach die es treib
In vngerat an der geschicht
warent vnschuldig niht
Die geschlecht gar
vnder aller schar
Mit reden alle gemein
witn paler eilten
Dem beleib hebreische zung
in d sprach vn andelung
Wan sy vz die zelt
von got vnd die herst
Wan ze sprechent ze begern
vnd in die erst man
Durch die erst wandelung
dz so manig zung
Den lüten wart aba bekant
da von deutn wart Babel genant
Das wort betütet schand
den vier vnd ödg dem land
Beleib der schand niemr zehant
Babilonie wart dz lant
Sy eilten do die selbe diet
mit vier vnd zungen von
kamen Also dz keiner
vernam Des andren sprach
do kam dz die zit dz sich tolen
Scheiden als sy wolten
vnd die geschlecht mit den schar

einprägsame Bild von menschlichem Frevel und erneutem Gottesgericht nach der Sintflut sowie von der Entstehung der Sprachenvielfalt und der Teilung der Völker wird seit dem 11. Jahrhundert in der mittelalterlichen Kunst in unterschiedlicher Weise umgesetzt. Im Spätmittelalter dient es meist – wie mit Vorliebe in den Weltchroniken – den mittelalterlichen Baubetrieb darzustellen, so daß diese Miniaturen eine wichtige technikgeschichtliche Quelle bilden.

Die kolorierte Federzeichnung auf den Berliner Blättern nimmt vergleichbar einer bayerisch-österreichischen Bildtradition (vgl. u. a. München, BSB, Cgm 4, f. 25ʳ; Cgm 5, f. 29ʳ), deren Einfluß auch an anderen Stellen in der Colmarer Handschrift sichtbar ist, die ganze Schriftspalte ein, um das Baugeschehen an dem mehrgeschossigen, offenbar quadratischen Turm detailliert zu schildern. Am Fuße des aus Quadern zu errichtenden Bauwerks wird von einem Handlanger Mörtel in einem Bottich zubereitet, von einem zweiten wird dieser über eine Leiter in einer Mulde zu einem Maurer (mit Kelle) getragen, der auf von eingemauerten Rundhölzern getragenen Gerüstbohlen, also auf einem – perspektivisch und technisch recht unglücklich gezeichneten – Auslegergerüst darauf wartet, weitere Steine in das Mauerwerk einzusetzen. Über einen Galgenkran wird über ein Seil ein mit einer Steinzange gehaltener Quader in die aktuelle Bauhöhe hinaufgezogen. An der obersten Stelle des Baus beaufsichtigt offenbar ein Meister das Geschehen. All dem von der Kunstgeschichtsschreibung gepriesenen Detailrealismus dieser Zeichnungen zum Trotz ist auch für einen technischen Laien unübersehbar, daß der Galgenkran der Berliner Zeichnung nicht funktionieren kann. Zum einen dürfte die Krankonstruktion, vergleicht man sie mit den Darstellungen in anderen Handschriften, instabil sein, zum anderen fehlt jede, in anderen Illustrationen zum Thema vorhandene Vorrichtung zum Hinaufziehen des Seiles. Der Zeichner hat offensichtlich seine Bildvorlage mißverstanden.

BECKER/BRANDIS, *Sammlung, S. 258–260.* – GÜNTHER, *Weltchronikhandschriften, S. 125–131, Nr. 9c.* – KLEIN, *Tradition, S. 100 Nr. 121b.* – BRANDIS, *Präsenz, S. 313, Nr. 20 mit Taf. XXVII.* – *Zur dargestellten Sache vgl.* BINDING, GÜNTHER: *Baubetrieb im Mittelalter. In Zusammenarbeit mit* GABRIELE ANNAS, BETTINA JOST *und* ANNE SCHUNICHT. *Darmstadt 1993, passim (mit zahlreichen Umzeichnungen des Baubetriebs und seiner Geräte).*

BM

197 Rudolf von Ems, Weltchronik ('Toggenburg-Chronik')

Lichtensteig (Nordostschweiz), 1411
Pergament, I + 267 Bll., 36,5 × 24 cm
Vorbesitzer: Aus englischem Privatbesitz durch Vermittlung des Antiquars Karl Ignaz Trübner, Straßburg, 1888 für das Königliche Kupferstichkabinett zu Berlin erworben.
SM-PK KK, 78 E 1

Aufgeschlagen Bl. 54ᵛ/55ʳ: Joseph und die Frau des Potiphar.

*1ʳ leer. – *1ᵛ bis auf Besitzstempel des Kgl. Kupferstichkabinetts mit Akz. Nr. leer. – 1ʳ–266ʳᵇ Rudolf von Ems, 'Weltchronik', v. 1–34510, d. h. mit Erster Fortsetzung: *Richter got herre uber craft/Vogte himelscher herschaft…–…Von Ysrahel so sprach er/die biettint hercze unde oren her.* Danach in rot: ›*Nit me hat vor mir dz bů[ch].‹* Ed. GUSTAV EHRISMANN (DTM 20), 1915, S. 1–485. – 266ᵛᵃ–267ʳᵇ leer. – 267ᵛᵃᵇ Kolophon: 1411 Mai 29 (Freitag vor Pfingsten) vollendet Kaplan Dietrich in Lichtensteig die Abschrift des Buches für den Grafen Friedrich von Toggenburg und seine Frau Elisabeth von Matsch; Teildruck bei WESCHER, S. 192, vollständig bei GÜNTHER, Weltchronikhandschriften, S. 88–89. – Gotische Buchschrift, von einer Hand; Spalten- und Seitentitel; rubriziert; wechselnd rote und blaue Abschnittsinitialen, meist mit Fleuronnée; farbige Initialen auf Goldgrund und goldene Initialen auf farbigem Grund; 113 Miniaturen in Deckfarbenmalerei zu 143 Szenen, davon 16 ganzseitig, anfangs auf Goldgrund, dann auf blauem Grund, zumeist gerahmt; vielfach Maleranweisungen. – Dunkler Lederband über Holz mit 2 Schließen, 1996, als Ersatz für den schwarzen Ledereinband des 17. Jhs. Akz. Nr. 443/1888.

Die 'Weltchronik' des Rudolf von Ems, die die Gattungsreihe der deutschsprachigen gereimten Weltchroniken eröffnet, ist Torso geblieben. Sie bricht ihren Bericht mit dem Tod Salomos ab (v. 33346); ein anonymer Fortsetzer, der sich durch einen Nachruf auf Rudolf von Ems zu erkennen gibt, führt das Werk ein Stück weiter fort (v. 36338). Die Handschrift des Berliner Kupferstichkabinetts bietet den gesamten Originaltext der Chronik Rudolfs ohne Zusätze aus anderen Weltchroniken und das erste Drittel der ersten Fortsetzung einschließlich des Nachrufs auf den Dichter.

Im Gegensatz zu einer großen Zahl illuminierter Weltchronikhandschriften nennt der Berliner Codex in einem ausführlichen Kolophon (Blatt 267ᵛ) den Zeitpunkt seiner Fertigstellung, den Namen des Schreibers sowie den des Auftraggebers. Nur über die Person des Malers schweigt er sich aus. Diese Eigenschaft der Handschrift macht deutlich, daß sie nicht wie die große Zahl der spätmittelalterlichen illustrierten Papiercodices der Weltchroniken und Historienbibeln von einer Werkstatt 'fabrikmäßig' auf Vorrat produziert wurde, sondern individuell für einen Auftraggeber nach dessen besonderen Wünschen geschrieben und ausgestattet wurde. Graf Friedrich VII. von Toggenburg († 1436), der letzte Vertreter eines alten, mächtigen und offenbar kunstsinnigen Dynastengeschlechts der Ostschweiz, dem im 13. Jahrhundert der in der Manesse-Handschrift 'porträtierte' Minnesänger Graf Kraft von Toggenburg angehörte, ließ diesen Band für sich und seine Gemahlin Elisabeth aus dem Geschlecht der Vögte, später Grafen von Matsch aus dem Vintschgau (Südtirol) von seinem Kaplan Dietrich in Lichtensteig, dem Hauptort der Grafschaft, abschreiben. Am Freitag vor Pfingsten des Jahres 1411, am 29. Mai, war die Abschrift vollendet. Die Bilder werden die Handschrift zu diesem Zeitpunkt vermutlich noch nicht geschmückt haben.

Ihrem Ausstattungsanspruch nach ragt diese Weltchronik, die nach ihrem Auftraggeber früher fälschlicherweise auch als 'Toggenburg-Bibel', nunmehr zutreffender als 'Toggenburg-Chronik' bezeichnet wird, weit aus der Masse der illustrierten volkssprachlichen Handschriften heraus. Der monumentale Eindruck dieser Prachthandschrift, die im deutschsprachigen Raum am Anfang des 15. Jahrhunderts vereinzelt dasteht und ihrem Anspruch nach eher mit gleichzeitigen französischen und burgundischen Handschriften verglichen werden kann, rührt nicht nur von der Qualität der Malerei, sondern auch von der Materialität des Bandes her, der Verwendung großer, gut bearbeiteter Pergamentblätter, wertvoller Pigmente für die Deckfarben sowie – vereinzelt – von Gold und Silber. Aufwendige Randornamentik, wie sie für vergleichbare lateinische oder französische Codices charakteristisch ist, fehlt allerdings.

Die Entstehung der Handschrift wird über die im Kolophon enthaltenen Informationen hinaus durch eine Reihe erhaltener Maleranweisungen erhellt, die offenbar von der Hand des Schreibers, des Kaplan Dietrich, stammen. Dies macht deutlich, daß der Auftraggeber präzise Vorstellungen vom Bildschmuck der auszustattenden Handschrift hatte. Das ikonographische Programm wurde von ihm festgelegt, und zwar in der Weise, daß offenbar ihm bekannte und zugängliche Handschriften dem Maler konkret als Modell vorgegeben wurden. Die 'Toggenburg-Chronik' ist, wie die Forschung gezeigt hat, textgeschichtlich und ikonographisch stark von einem um 1340/50 entstandenen, in Zürich aufbewahrten Codex (Zentralbibliothek, cod. Rh. 15) abhängig. Man hat daher wohl zu Recht in diesem oder einem eng verwandten Illustrationszyklus das Vorbild für die Toggenburger Handschrift gesehen, zu dem aber für einige Bilder Vorlagen aus anderen Traditionszusammenhängen hinzugetreten sein müssen.

Der Maler, von dem kein weiteres Werk bekannt ist, dürfte, wie allgemein angenommen wird, im Bodenseeraum, vielleicht in Konstanz, beheimatet gewesen sein.

Seine Miniaturen, die sich eng an das vorgegebene ikonographische Schema halten, sind durch eine „fröhliche Buntheit" (Fedja Anzelewsky) kräftiger, ungebrochener Farbtöne und eine Verräumlichung der Szenen gekennzeichnet, die vielfach den Bildrahmen aufbrechen und ihn damit gegenstandslos machen. Die Handlungen der Personen sind durch Blicke eindeutig aufeinander bezogen. Die konventionellen Bildvorgaben werden durch modische Kostüme der Zeit und Einzelheiten der Architektur (Zinnen, Giebel, Dachziegel u. a.) verlebendigt.

Eine der reizvollsten Miniaturen der Handschrift, 'Joseph und die Frau des Potiphar' (Blatt 55ʳ), zeigt, daß den Maler mehr geprägt haben muß als nur die Kunst des Bodenseeraumes, daß er stilistisch vor allem böhmische und wohl auch Einflüsse aus Tirol und Oberitalien in seinem Werk aufgenommen hat. Joseph, der elfte von den zwölf Söhnen Jakobs, ein Träumer und seines Vaters Liebling, wurde aus Haß und Neid von seinen Brüdern an eine Karawane der Ismaeliten nach Ägypten verkauft und dort von Potiphar, dem Kämmerer und obersten Verwalter des Pharao, erworben. Nach dem Bericht der Bibel und dem des Rudolf von Ems (Genesis 39, 7–20; Weltchronik, v. 7150–7215) findet die Frau Potiphars Gefallen an dem Jüngling und will ihn verführen. Als es ihr gelingt, ihn in ihr Schlafgemach zu locken, flieht Joseph, wobei sie ihm seinen Mantel entreißt. Mit dem Kleidungsstück als Beweis verleumdet sie Joseph und beschuldigt ihn der versuchten Notzucht, so daß er ins Gefängnis geworfen wird. Der Maler hat den Augenblick ausgewählt, in dem Joseph vor der mit entblößtem Oberkörper auf ihrem Lager ruhenden Verführerin die Flucht ergreift, wobei sie ihm den Mantel von der Schulter zieht. Der Miniator teilt also „dieses Trugbild lüsterner Hemmungslosigkeit und schamentblößten Verführertums", das sich „weite Kreise der Welt" von Potiphars Weib machen, wie Thomas Mann in 'Joseph und seine Brüder' beklagt. Die in ihrer Erotik in der nordalpinen Malerei der Zeit recht singuläre Miniatur steht, wie Anzelewsky gezeigt hat, neben Anregungen vielleicht aus Tirol hauptsächlich in der Tradition der böhmischen Wenzel-Werkstatt. Sie erinnert an die Bademägde der Wenzel-Bibel ebenso wie an ähnlich gestaltete Innenräume mit Vorhang und Architekturteilen der Wiener 'Willehalm'-Handschrift von 1387 (Wien, ÖNB, Cod. Ser. n. 2643).

Die Handschrift ist erstmals 1795 bekannt geworden, als Johann von Müller sie in seiner Darstellung der Ereignisse von 1436 in 'Der Geschichten Schweizerischer Eidgenossenschaft dritter Theil' (erstmals 1795; hier benutzt: Neue, verb. u. verm. Aufl. Leipzig 1806, 3. Theil,

Dis ist als Joseph des küniges kamermaister kofier knecht was
in Egipten land / vnd ab des kamermaisters wib Josephe ir
batt dz er bi ir schlief das wolt er nit tun si begraif im den
mantel den lies er ir vnd floch von ir

2. Abt., S. 449 mit Anm. 139) erwähnt. Damals befindet sie sich im Eigentum der „Frau Gräfin von Brandis der ältern zu Innsbruck", also wohl der Gräfin Maria Anna geb. Gräfin Trapp (1723–1797), einer Tochter des Franz Jakob Grafen zu Matsch und seit 1740 Gemahlin des Joseph Innocenz Graf von Brandis. Die Gräfin Maria Anna, die lebhaftes Interesse für die Familiengeschichte hatte, sich mit genealogischen und heraldischen Arbeiten befaßte und in Innsbruck neben der Servitenkirche wohnte, ist demnach eine entfernte Nachkommin der Gemahlin des Grafen Friedrich von Toggenburg. Im 19. Jahrhundert wandert die Handschrift durch verschiedene Privatsammlungen, bevor sie durch die Vermittlung von Karl Ignaz Trübner (1846–1907) im zeitlichen, aber nicht sachlichen Konnex mit der Rückerwerbung der Manesse-Handschrift aus einer englischen Privatsammlung, vielleicht der des bibliophilen 4. Lord Bertram Ashburnham († 1878), im November 1888 für das Königliche Kupferstichkabinett zu Berlin erworben wird.

WESCHER, S. 188–192. – ANZELEWSKY, FEDJA: Toggenburg Weltchronik. Vierundzwanzig farbige Miniaturen aus einer Chronik vom Jahre 1411. Aachen 1970. – KRATZERT, CHRISTINE: Die illustrierten Handschriften der Weltchronik des Rudolf von Ems. Phil. Diss. FU Berlin 1974, S. 58–61, 93–94, 136–138 u. passim. – Ausst.kat. Berlin 1975, S. 149 Nr. 104. – IRTENKAUF, WOLFGANG: Rudolf von Ems, 'Weltchronik' – Der Stricker, 'Karl der Große'. Faksimile der Handschrift Ms. germ. fol. 623 der Staatsbibliothek Preußischer Kulturbesitz Berlin. Stuttgart 1980, S. 19–30, 54–55. – HERKOMMER, HUBERT: Der St. Galler Kodex als literarhistorisches Monument, in: Rudolf von Ems, 'Weltchronik'. Der Stricker, 'Karl der Große'. Kommentar zu Ms 302 Vad. Hg. von der Kantonsbibliothek (Vadiana) St. Gallen und der Editionskommission: ELLEN J. BEER, JOHANNES DUFT u. a. Luzern 1987, hier: S. 137 (Literaturdokumentation), 143–144 (textgeschichtliche Stellung). – BEER, ELLEN J.: Die Buchkunst der Handschrift 302 der Vadiana, in: ebd., S. 61–125, bes. S. 86, 96–97 und passim. – GÜNTHER, Weltchronikhandschriften, S. 87–95 Nr. 4 (mit Literaturdokumentation). – KLEIN, Tradition, S. 74 Nr. 2. – Zu K. I. Trübner vgl. ELMAR MITTLER, Die Rückführung, in: Ausst.kat. Heidelberg 1988, bes. S. 25–29 Nr. B 7–13. – Zu Graf Friedrich VII. von Toggenburg vgl. ADB 8, 1878, S. 38–42. – Zur Gräfin Maria Anna von Brandis s. BRANDIS, FERDINAND VON: Das Familienbuch der Grafen von Brandis. Baden bei Wien 1889, S. 167, 169, 171, 204.

BM

198 Heinrich von München: Weltchronik

Bayern, um 1400/1410
Pergament, 328 Bll., 50,5 × 34,5 cm
Vorbesitzer: Aus dem Besitz der Fürsten von Waldeck, Schloß Arolsen, 1928 über das Antiquariat Hiersemann für die Preußische Staatsbibliothek erworben.
SBB-PK, Ms. germ. fol. 1416

Aufgeschlagen Bl. 152ᵛ/153ʳ: Die Eroberung Trojas mit Hilfe der trojanischen Pferde.

1ʳᵃ–328ᵛᵃ Heinrich von München, Weltchronik, mit Einschüben (Textstufe α1). (1ʳᵃ–236ᵛᵃ) Alte Ee, darin (104ʳᵃ–154ʳᵃ) Troja-Kompilation, u. a. aus Konrad von Würzburg, Trojanerkrieg; Jans Enikel, Weltchronik. (237ʳᵃ–328ᵛᵃ) Neue Ee, darin u. a. Willehalm-Zyklus: (271ʳᵃ–288ʳᵃ) Exzerpte aus Ulrich von dem Türlin, Arabel; (288ʳᵃ–298ʳᵇ) Exzerpte aus Wolfram von Eschenbach, Willehalm; (298ʳᵇ–328ᵛᵃ) Exzerpte aus Ulrich von Türheim, Rennewart. – Bastarda, von einer Hand; rubriziert; Seitentitel; wechselnd rote und blaue Lombarden; Initialen an den Abschnittsanfängen; 220 ungerahmte, mit Wasser- und Deckfarben kolorierte Federzeichnungen, mit Beischriften. – Heller Schweinslederband über Holz mit Plattenstempeln, 16. Jh., mit Beschlägen, je 4 Buckeln und 2 Schließen. – Schreibsprache: bairisch. Akz. Nr. 1927.33.

Unter der Chiffre 'Heinrich von München' wird in 18 mehr oder weniger vollständigen Handschriften (sowie in 11 Fragmenten) eine Weltchronik überliefert, die mit etwa 56 000 bis 100 000 Versen zu den umfangreichsten und zugleich elaboriertesten deutschsprachigen Weltchronikkompilationen des Mittelalters überhaupt gehört. Die in den einzelnen Überlieferungszeugen durchweg voneinander abweichenden Texte lassen sich, wie neuere Forschungen gezeigt haben, drei aufeinander aufbauenden Fassungen (Redaktionen) zuweisen. Es scheint so, als ob sich hinter dem Namen 'Heinrich von München' ein 'Autorenkollektiv', eine Weltchronik-Werkstatt mit mehreren Mitarbeitern unter der Leitung eines 'Meisters' verbergen könnte, die wohl um 1370/80 in Bayern auf der Basis einer Weltchronikkompilation, der 'Erweiterten Christherre-Chronik', und unter Heranziehung ein Vielzahl weiterer literarischer Texte die drei Fassungen kompiliert, überarbeitet, erweitert und teilweise versifiziert hat.

Die Berliner Handschrift ist ein Repräsentant der Textstufe α1, also der auf die Erstfassung folgenden Redaktion, die, wie in der ursprünglichen Konzeption vorgesehen, ihren Bericht mit der Zeit Ludwigs des Frommen abschließt. Die bisherigen paläographischen Meinungsäußerungen datieren diesen Codex innerhalb enger zeitlicher Grenzen, zum einen in die Zeit „vor 1400", zum anderen in das „15. Jh., 1. Viertel". Daher kann hier an der in den letzten Jahren üblich gewordenen Datierung auf die Jahre „um 1400/1410" solange festgehalten werden, bis auf paläographisches Vergleichsmaterial sich stützende Untersuchungen vorliegen. Auch kunsthistorisch ist der Band bis heute nicht angemessen analysiert und stilgeschichtlich eingeordnet worden, so daß jede über Bayern oder sogar Österreich hinausgehende Lokalisierung unbegründet erscheint. Der Band selbst gibt über seine Geschichte überhaupt keine Auskunft. Als einer der bedeutendsten Ankäufe in der Zwi-

der richter

schenkriegszeit gelangte er aus dem Besitz der Fürsten von Waldeck aus Schloß Arolsen 1927 an die Preußische Staatsbibliothek.

Der Untergang Trojas gehört im Mittelalter zu den Hauptdaten der Weltgeschichte, und dies in doppelter Hinsicht. Zum einen ordnen die gereimten Weltchroniken die Geschehnisse um die antike Stadt als profangeschichtliche Ergänzung, als Incidens, im heilsgeschichtlichen Cursus des dritten Weltalters der Zeit der Richter zu (nach Ahialon und Abdon, vor die Geburt Samsons), zum anderen gibt es im Mittelalter seit den Franken kaum ein Volk, eine Dynastie oder eine Stadt, die für ihre Herkunft nicht trojanische Abstammung und damit enge Verwandtschaft mit den Römern in Anspruch nehmen. Seit dem 12. Jahrhundert leitet sogar der Adel insgesamt im Reich sein Herkommen von den Trojanern her, so daß Troja zugleich zum ritterlichen Paradigma, zum Modell für Helden- und Rittertaten wurde.

Es verwundert daher nicht, daß die Redaktoren der Heinrich-von-München-Weltchronik für ihr wohl überwiegend adliges und im weiteren Sinne patrizisches Publikum eine umfangreiche Troja-Kompilation aus verschiedenen Quellen in ihr Werk einfügten. Die Zerstörung Trojas wird dort in wörtlicher Übernahme, Paraphrasierung, Kürzung, Ergänzung und Umorganisation der Verse aus Jans Enikels 'Weltchronik' in einer Weise dargestellt, die auf das Faktische, das lineare, handlungsorientierte Erzählen zielt. Nach Enikels Erzählung erobern die Griechen Troja durch die List, drei eherne Rosse auf Rädern – die Quelle für die Vorstellung von drei Pferden ist unbekannt – reichlich mit Gold und fünfhundert gerüsteten und bewaffneten Männern zu füllen. Die Trojaner, über den Scheinabzug der Griechen getäuscht, holen die Tiere in ihre Stadt, was schließlich zu ihrer Niederlage führt (Blatt 151rb–152vb). Für den anschließenden Bericht über die Flucht des Aeneas nach Italien benutzen die Kompilatoren die Weltchronik des Rudolf von Ems als Vorlage (Blatt 152vb). Die über zwei Spalten reichende randlose Miniatur zeigt die Kämpfe der als Ritter gezeichneten Griechen im brennenden Troja, das wie üblich als mittelalterliche Stadt schlechthin dargestellt wird, mit den hinter die Mauern gezogenen drei ehernen Rössern.

WEGENER, S. 16–21. – Ausst.kat. Berlin 1975, S. 150 Nr. 105. – Ausst.kat. Berlin 1988, S. 184–185 Nr. 86. – GÜNTHER, Weltchronikhandschriften, S. 104–111, Nr. 7 (mit umfangreicher Literaturdokumentation). – LIENERT, ELISABETH: Die Überlieferung von Konrads von Würzburg 'Trojanerkrieg', in: BRUNNER, HORST (Hg.): Die deutsche Trojaliteratur des Mittelalters und der Frühen Neuzeit. Materialien u. Untersuchungen (Wissensliteratur im Mittelalter 29). Wiesbaden 1990, S. 350–352 (mit Literatur). – KLEIN, Tradition, S. 35 (diese Hs.), S. 45–47 (textgeschichtliche Einordnung). – SPIEL-

BERGER, ANDREA: Die Überlieferung der 'Weltchronik' Heinrichs von München, in: BRUNNER, HORST (Hg.): Studien zur 'Weltchronik' Heinrichs von München. Bd. 1 (Wissensliteratur im Mittelalter 29). Wiesbaden 1998, S. 127–130 (mit Literatur). – Teilinhaltsübersicht dieser Hs. bei RETTELBACH, JOHANNES: Studien zur 'Weltchronik' Heinrichs von München. Bd. 2,1: Von der 'Erweiterten Christherre-Chronik' zur Redaktion α. Bd. 2,2: Texte (Wissensliteratur im Mittelalter 30,1.2.). Wiesbaden 1998, hier: Bd. 2,1, S. 509–529. Vgl. auch KLEIN, DOROTHEA: Studien zur 'Weltchronik' Heinrichs von München. Bd. 3,2: Die wichtigsten Textfassungen in synoptischer Darstellung (Wissensliteratur im Mittelalter 31,2.). Wiesbaden 1998 (zum Textbestand der Redaktion α überhaupt).

BM

199 Hartmann Schedel: Liber chronicarum (deutsch)

Nürnberg: Anton Koberger, 23. Dezember 1493, 2°
297 Bll., Papier, 43 × 30 cm
SBB-PK, Inc. 1746

Aufgeschlagen Bl. 267r: Unwetter über Konstantinopel.

Bl. 1 Titel, Bl. 2–10 Register, Bl. 11–297 Schedel: Liber chronicarum (deutsch). 1809 Holzschnitte, Kolumnentitel, Blattzählung, gedruckte Initialen. Bibliothekseinband des 19. Jahrhunderts.

...nichts trat bisher ans Licht, das den Gelehrten und jedem Gebildeten ein größeres und reicheres Vergnügen gewähren kann, als das neue Buch der Chroniken mit den Bildern berühmter Männer und Städte... Nicht zu Unrecht wirbt eine lateinische Buchhändleranzeige des Nürnberger Druckers Anton Koberger aus dem Jahre 1493 (EINBLATTDRUCKE 826) mit diesen Worten für die am 12. Juli desselben Jahres erschienene lateinische Weltchronik Hartmann Schedels (2° Inc 1743a), der am 23. Dezember 1493 die vom Nürnberger Losungsschreiber Georg Alt besorgte deutsche Ausgabe folgte.

Über wenige Persönlichkeiten des ausgehenden Mittelalters ist die Nachwelt so gut unterrichtet wie über den 1440 geborenen Nürnberger Humanisten Hartmann Schedel, der sich nach Studienjahren in Leipzig und Padua Anfang der 80er Jahre als Arzt in seiner Vaterstadt niederließ. Die Staatsbibliothek zu Berlin besitzt das handschriftliche Familienbuch Schedels, das unter anderem ein Verzeichnis seiner umfangreichen Büchersammlung sowie eine kurze Autobiographie enthält (SBB-PK, Ms. germ. fol. 447). Spätestens im Jahre 1487 begann Schedel unter Mithilfe zahlreicher Freunde mit den Vorarbeiten für seine Chronik, die weniger eine eigenständige Leistung als vielmehr die gelehrte Kompilation vorliegender Werke, vor allem der Historiographie

Kat. 199, 267ʳ

des italienischen Humanismus, darstellt; verwendet wurden unter anderem die Werke des Jacobus Philippus Foresta von Bergamo, des Flavio Biondo und des Aeneas Silvius Piccolomini. Der Tradition der mittelalterlichen Weltchronistik folgend ist das Werk in sechs Weltzeitalter gegliedert, das siebente, eschatologische Zeitalter bleibt ausgespart. Das 'sechste Alter', die Zeit nach Christus, die zwei Drittel des Werkes umfaßt, gliedert die

Geschehnisse entlang der auch bildlich dargestellten Linien der Kaiser und Päpste.

Weit mehr als dem Text verdankt das Werk seine Bedeutung der herausragenden buchkünstlerischen Ausstattung, wobei vor allem die von 645 Druckstöcken gedruckten 1809 Holzschnitte zu nennen sind, die das Werk zum bilderreichsten Buch der Frühdruckzeit machen. Sie stammen von den Nürnberger Künstlern

Wolfgang Wolgemut und Wilhelm Pleydenwurff, in deren Werkstatt von 1486 bis 1489/90 auch der junge Albrecht Dürer tätig war; die Frage nach seinem Anteil an der Illustrierung der Weltchronik ist nach wie vor umstritten. Die abgebildete Ansicht Konstantinopels mit der Hagia Sophia gehört zu den 32 authentischen Stadtansichten der Chronik. Das Gewitter über der Stadt bezieht sich auf ein Unwetter, das am 12. Juli 1490 *achthundert Häuser verbrannt und dreitausend Menschen getötet* habe; 20 weitere fiktive Stadtansichten wurden zumeist mehrmals für unterschiedliche Städte verwendet. Der aufwendig gestaltete Titelholzschnitt bot den Besitzern der Inkunabel, gedacht war an ein Ehepaar, die Möglichkeit, die Familienwappen in die leeren Wappenfelder einzufügen.

Zur Finanzierung und Durchführung des aufwendigen Druckprojekts hatte sich in Nürnberg ein Konsortium gebildet, dem neben dem Autor, dem Übersetzer und den Illustratoren der leistungsstarke Drucker Anton Koberger, die Mitarbeiter Conrad Celtis und Hieronymus Münzer (Monetarius) sowie die Nürnberger Handelsherren und Bankiers Sebald Schreyer und Sebastian Kammermeister angehörten. 1496 brachte der Augsburger Drucker Johann Schönsperger einen Raubdruck der deutschen Ausgabe auf den Markt (SBB-PK, 4° Inc. 232); dieses gekürzte und wesentlich schlichter ausgestattete Werk muß sich so gut verkauft haben, daß Schönsperger 1497 eine lateinische und 1500 eine zweite deutsche Ausgabe folgen ließ (SBB-PK, 4° Inc 233; VB 250). Diesen Raubdrucken ist es offensichtlich zuzuschreiben, daß die Nürnberger Finanziers Schreyer und Kammermeister 1509 eine geschäftlich höchst unbefriedigende Bilanz ihres buchkünstlerisch überragenden Projektes ziehen mußten.

HAIN 14510. – VB 1746. – SCHRAMM 17, Abb. 408–576. – SLADCZEK, LEONHARD: *Albrecht Dürer und die Illustrationen zur Schedelchronik. Neue Fragen um den jungen Dürer (Studien zur deutschen Kunstgeschichte 342). Baden-Baden u. Straßburg 1965. – Das Buch der Croniken. Hg. von der Bibliothek der Abtei Niederaltaich* [1967–1970]. – ROWAN, STEVEN: *Chronicle as Cosmos. Hartmann Schedel's Nurmberg Chronicle, 1493,* in: *Daphnis 15,* 1986, S. 375–407. – RÜCKER, ELISABETH: *Hartmann Schedels Weltchronik. Das größte Buchunternehmen der Dürerzeit. Mit einem Katalog der Städtansichten.* München 1988. (Lit. S. 236–238). – HERNAD, BÉATRICE u. WORSTBROCK, FRANZ JOSEF: *Art. 'Schedel, Hartmann',* in: ²VL 8, 1992, Sp. 609–621. – FÜSSEL, STEPHAN: *Die Welt im Buch. Buchkünstlerischer und humanistischer Kontext der Schedelschen Weltchronik von 1493 (Kleiner Druck der Gutenberg-Gesellschaft 11). Mainz 1996. – RESKE, CHRISTOPH: Die Produktion der Schedelschen Weltchronik in Nürnberg (Mainzer Studien zur Buchwissenschaft 10 [mit CD-Rom]). Wiesbaden 2000. (Lit. S. 86–102).

KG

200 Hartmann Schedel, Familienbuch (lat. und dt.)

Augsburg, um 1552
Papier, IV + 376 + 3 Bll., 34 × 23 cm
Vorbesitzer: Vom Buchhändler G. Fincke, Berlin, 1828 für die Königliche Bibliothek zu Berlin erworben.
SBB-PK, Ms. germ. fol. 447

Aufgeschlagen Bl. 6ᵛ/7ʳ: Stammtafel – Vorfahren Hartmann Schedels auf väterlicher und mütterlicher Seite seit dem 12. Jahrhundert.

1ʳ–395ᵛ Hartmann Schedel, Familienbuch *Noli me tangere* (1ʳ). In Schedels Bibliothekskatalog (f. 275ʳ) unter den Büchern *a paucis legendi* als *Liber genealogiae et rerum familiarum* genannt. – Blattzählung: 1.2.2a–396; 20 Bll. herausgeschnitten, z. T. mit Text- und Bildverlust, nach Bl. 8 und 16 je 1 Bl. nachträglich eingebunden oder eingelegt; Wasserzeichen: Piccard Dreiberg X 2753 (1553); humanistische Kursive für lat. Texte, Kanzleikursive für dt. Texte, von einer Hand. Buchschmuck: Wappen, Namensmedaillons, genealogische Stemmata. – Roter Lederband über Holz mit Rückenvergoldung, Supralibros, goldenem Schnitt und 2 Schließen, 18. Jh., Anfang. Akz. Nr. 42.

Von der Weltchronik bis zum Familienbuch, von der illustrierten Geschichte der Menschheit in heilsgeschichtlicher Absicht bis zur Aufzeichnung der persönlichen Umstände und Familienverhältnisse, von mittelalterlichen Denkmustern bis zum humanistischen Aufbruch spannt sich das schriftstellerische Werk des berühmten Nürnberger Stadtarztes, Bibliophilen und Humanisten Hartmann Schedel (1440–1514). Das Familienbuch, das er selbst etwas scherzhaft und blasphemisch *Noli me tangere* nennt (Blatt 1ʳ) und *pro utilitate amicorum* zum Ruhme des höchsten Schöpfers zusammengetragen hat (Blatt 2ʳ), ist keine private Dokumentensammlung für die Geheimtruhe, sondern eine das Autobiographische berührende Familiengeschichte für eine – begrenzte – Öffentlichkeit. Deshalb wird es im Bibliothekskatalog auch unter die *libri a paucis legendi*, also die nur wenigen zugänglich zu machenden Bücher gestellt.

Der Band enthält die Genealogie seiner Vorfahren väterlicher- und mütterlicherseits, die seiner Verwandtschaft und seiner Schwager, Wappenbriefe, Testamente und Heiratsverträge, Kaufbriefe über Grundrenten, Zinse, Grundbesitz, Häuser, Gärten, Lehensbriefe, Magister- und Doktorurkunden, einen Katalog seiner Bibliothek, Verbrüderungs- und Ablaßbriefe, Seelgerätstiftungen u. a. Einige Stücke sind dieser Sammlung erst nach Hartmann Schedels Tod eingefügt worden. Es gibt dank des hier sich ansatzweise artikulierenden Bewußtseins von der Notwendigkeit einer quellenbezogenen Geschichtsschreibung und einer literarischen Selbstdarstellung nur wenige spätmittelalterliche und frühhumanistische Intellektuelle, über deren Biographie und persönliche Lebensumstände man so gut informiert ist.

Aller frühhumanistischen 'Modernität' Hartmann Schedels zum Trotz (Sammlung antiker Inschriften, Studium des Griechischen u. a.) zeigt gerade das Familienbuch noch in der Abschrift, wie stark die Angehörigen der städtischen Oberschicht in Lebensstil und Bewußtsein den herkömmlichen Normen einer vom landsässigen Adel bestimmten aristokratischen und feudalen Gesellschaft verhaftet sind. In Nürnberg eifern die ratsfähigen Geschlechter, die sich um 1520 geburtsständisch abschließen und damit als Patriziat ihre quasiadlige, stadtadlige Standesqualität herausstreichen, sowie die wirtschaftlich und beruflich erfolgreichen Familien der nachgeordneten 'Ehrbarkeit' und der – politisch einflußlosen – 'Genannten des Großen Rates', zu denen auch Hartmann Schedel gehört, einem ritterlich-aristokratischen Lebensideal nach. Man erwirbt – wie auch Hartmann Schedel – gemäß adliger Lebensführung Lehen, sichert sein durch Handel, Beruf und Geldgeschäfte erworbenes Vermögen in Land- und Grundbesitz ab, pflegt Wappen und Siegelbilder und weist in Bildmustern, die seit dem 12. Jahrhundert für hocharistokratische Dynastien entwickelt wurden, die Abkunft der eigenen Vorfahren seit unvordenklichen Zeiten nach, um im beschleunigten Wandel der Geschichte die eigene soziale Position legitimatorisch abzusichern. Wie beim Adel ist Genealogie die Denkform, die eigene Geschichte zu veranschaulichen. Innerstädtisch strebt man, wenn man zu den Ehrbaren gehört, den Aufstieg in das Patriziat an. Ihm sucht man sich durch Konnubium – wie wiederum Hartmann Schedel in seiner zweiten Ehe – zu verbinden und seine ständische Ebenbürtigkeit genealogisch zu beweisen. Hartmann Schedel, dessen Wappen ein Mohrenkopf ziert, führt die Familie seines 1451 gestorbenen Vaters und die seiner 1445 gestorbenen Mutter Anna, geb. Grabner, deren sprechendes Wappen zwei Spaten zeigt, auf Vorfahren im 12. Jahrhundert zurück. Der Adel jedoch hatte für Bemühungen dieser Art nur Spott übrig: „Sein Sigel macht er groß und schwere / mit einem herrlichen Schein, / der Adel kumpt im here / aus India über mere / von Muskaten und Negelein."

Die Berliner Handschrift ist – wie ein ähnlicher, kürzlich im Wiener Antiquariatshandel aufgetauchter, inhaltlich allerdings wesentlich ärmerer und weniger umfangreicher Band – eine Kopie des Schedelschen Originals aus der Zeit um 1552, als ein Enkel Hartmann Schedels die Bibliothek an Hans Jakob Fugger (1516–1575) verkaufte. Dieser scheint, wie die Wasserzeichenanalyse zeigt, vom – verschollenen – Original Kopien angefertigt zu haben, von denen eine im April 1828 von dem Ber-

Kat. 200, 6ᵛ

liner Buchhändler G. Fincke (und nicht auf der „Auktion von Legel im Jahre 1832", wie es in der Literatur heißt) für die Königliche Bibliothek angekauft wurde.

DEGERING 1, S. 50. – KRISTELLER, PAUL OSKAR: *Iter Italicum. A Finding List of Uncatalogued or Incompletely Catalogued Humanistic Manuscripts of the Renaissance in Italian and Other Libraries. T. 3: Australia to Germany. London – Leiden 1983, S. 495.* – STAUBER, RICHARD: *Die Schedelsche Bibliothek (Studien u. Darstellungen aus dem Gebiet der Geschichte 6, 2–3). Freiburg i. Br. 1908, S. 1–2 u. passim, S. 252–256 (Teiled.).* – HERNAD, BÉATRICE: *Die Graphiksammlung des Humanisten Hartmann Schedel. München 1990, S. 13–16.* – HERNARD, BÉATRICE u. F. J. WORSTBROCK: *Art. 'Schedel, Hartmann', in: ²VL 8, 1992, S. 609–621, Sp. 609 diese Hs.* – WETSCHEREK, HUGO: *Hartmann Schedels 'Liber Genealogiae et rerum familiarum'. Ein unpubliziertes Manuskript aus Fuggerbesitz (Antiquariat Inlibris. Katalog 8). Wien 2000.* – Zu den zitierten Versen vgl. RÖRIG, FRITZ: *Die europäische Stadt und die Kultur des Bürgertums im Mittelalter. (Kleine Vandenhoeck-Reihe 12/13a). Göttingen 1964, S. 86* – Zum Mauritius-Kult und zu den zahlreichen Negerdarstellungen in deutschen Wappen vgl. SUCKALE-REDLEFSEN, GUDE: *Mauritius – der heilige Mohr. Houston, Tex. 1987, bes. S. 50–52.*

BM

Kat. 201, 90ᵛ/91ʳ

201 Jans Enikel, Weltchronik, vermischt und fortgesetzt mit der Christherre-Chronik

Bayern, um 1445–1450
Papier, 546 Bll., 29,5 × 21 cm
Vorbesitzer: Mit der Sammlung des Generalpostmeisters Karl von
Nagler 1835 für die Königliche Bibliothek zu Berlin erworben.
SBB-PK, Ms. germ. fol. 480

Aufgeschlagen Bl. 90ᵛ/91ʳ: Zerstörung von Sodom und Gomorrha;
Lots Frau als Salzsäule, ein Engel führt Lot und seine Töchter fort.

1ʳ–436ʳ Jans Enikel, Weltchronik, v. 129–9396, verschränkt mit
Christherre-Chronik (Genesis bis Deuteronomium), 436ʳ–455ʳ
Christherre-Chronik, v. 22665–24176 (Josua), Gebet, 455ʳ–546ᵛ Jans
Enikel, Weltchronik, v. 9397–13452 (Saul bis Hiob). – Bastarda, von
einer Hand; rubriziert; Abschnittsinitialen wechselnd rot und grün;
eine Initiale (1ʳ); 127 kolorierte Federzeichnungen; 1ʳ kleiner, runder
Stempel v. N. – Dunkelbrauner Lederband über Holz, mit dem Buchblock
direkt abschließend, 15. Jh., mit je 5 Buckeln und 2 Langriemenschließen, eine davon verloren; als Spiegel liturgisches Fragment, lat.

Die 'Weltchronik' des Wiener Stadtbürgers Jans Enikel,
nach 1272, vielleicht auch erst nach 1284 entstanden, ist
als einzige der drei gereimten Weltchroniken des
13. Jahrhunderts vollendet worden. Dennoch ist auch
dieses Werk nur selten in den Handschriften in seiner
ursprünglichen Fassung überliefert. Die vorliegende Berliner Weltchronikkompilation verschränkt recht klein-
teilig das anekdoten- und geschichtenreiche Werk des
Wieners mit der gelehrten und kommentierenden
'Christherre-Chronik' des Thüringer Anonymus. Im
Gegensatz aber zu einer anderen Berliner Handschrift
der 'Christherre-Chronik' (Kat. 195) bildet hier das
Werk Jans Enikels die Grundlage.

Die bayerisch-österreichische Schreibsprache dieser
Handschrift weist auf Entstehung in Bayern hin, und
zwar auf Grund des Wasserzeichenbefundes wie auch der
Kleidung auf die Jahre um 1445–1450. Diese Berliner
Handschrift ist eng mit einem Band verwandt, der aus

dem Münchener Franziskanerkloster stammt und heute in der Bayerischen Staatsbibliothek (Cgm 250) aufbewahrt wird. Die Nähe beider Zeugen in Textgestalt und Illustrationszyklus, nicht allerdings in Stil und Gestaltung, deutet auf eine gemeinsame Vorlage hin. Details der Provenienz- und Besitzgeschichte des vorliegenden Codex sind nicht bekannt. Sicher ist nur, daß er mit der Büchersammlung des preußischen Generalpostmeisters Karl Ferdinand Friedrich von Nagler (1770–1846) im Jahre 1835 für die Königliche Bibliothek zu Berlin angekauft wurde, wie der alte Stempel (Blatt 1^r) zeigt. Nagler, der zwischen 1811 und 1821 auf Reisen vor allem in Bayern in großem Stil ankaufte, soll den Band nach nicht mehr überprüfbaren Informationen angeblich von einem gewissen Freiherrn Oswald Huyningen-Huene erworben haben.

Die Zerstörung der Städte Sodom und Gomorrha ist wie die Sintflut eines der biblischen und heilsgeschichtlichen Paradigmen für menschliche Schuld und göttliche Strafe, aber auch für das Verschonen der Gerechten in der Strafe. Als Gott beschlossen hatte, die Städte wegen der Bosheit und sittlichen Verkommenheit ihrer Einwohner durch einen Regen von Feuer und Schwefel zu zerstören, bat ihn Abraham, die Gerechten zu verschonen. Aber nur Lot, der Neffe Abrahams, wurde ausgenommen. Nach dem biblischen Bericht und auch nach Jans Enikels Reimen erhielt er durch zwei Engel, die ihn auch aus der Stadt geleiteten, den Befehl, Sodom mit seiner Frau und seinen beiden Töchtern zu verlassen, ohne sich umzublicken. Lots Frau jedoch schaute in ihrer Neugierde zurück und wurde zur Strafe in eine Salzsäule verwandelt (Genesis 19, 12–26).

Das ikonographische Muster, dem auch der Zeichner dieser Handschrift folgt, geht in spätantike Zeiten zurück. Auf das biblische Sodom und Gomorrha, hier wie üblich ohne historistische Distanz als zeitgenössische, ummauerte, mittelalterliche Stadt dargestellt, fallen aus dräuenden Wolken Flammen und Schwefel. Der Dramatik dieser furchtbaren Zerstörung stehen, unmaßstäblich, stereotyp und affektlos gezeichnet, der entgegen der Textvorlage von nur einem Engel geleitete fliehende Lot mit seinen Töchtern und seinem erstarrten, als schlichte Säule dargestellten Weib gegenüber. Bemerkenswert ist die Expressivität der Darstellung der brennenden Stadt in Farbe und räumlicher Gestaltung sowie das, von Wegener als primitiv bezeichnete Darstellungsmittel, den vom Himmel fallenden Schwefel durch über die Seite verspritzte Tintenpünktchen zu veranschaulichen, indem einfach eine Schreibfeder zum Springen gebracht wurde.

DEGERING 1, S. 53. – WEGENER, S. 37–39. – Ausst.kat. Berlin 1988, S. 182–183 Nr. 85. – Jansens Enikels Werke, hg. von PHILIPP STRAUCH (Monumenta Germaniae Historica. Deutsche Chroniken und andere Geschichtsbücher des Mittelalters 3). Hannover u. Leipzig 1900, S. XXVI, Nr. 15. – GÜNTHER, Weltchronikhandschriften, S. 95–100, Nr. 5 (mit Literaturdokumentation). – KLEIN, Tradition, S. 109 Nr. 145.

BM

202 Johannes de Utino: Weltchronik (dt.)

Österreich, um 1460
Papier, 186 Bll., 40,5 × 29 cm
Vorbesitzer: Vom Antiquar Ludwig Rosenthal, München, 1880 für die Königliche Bibliothek zu Berlin erworben.
SBB-PK, Ms. germ. fol. 947

Aufgeschlagen Bl. 3^v/4^r: Erschaffung Evas; Sündenfall und Vertreibung; Adam und Eva bei der Arbeit; s. auch Abb. S. 20.

1^r Von späteren Händen theologische Notizen, lat., 15. Jh., und Titel, 16./17. Jh. – 1^v leer. – 2^r–78^v Johannes de Utino, Weltchronik, dt. (2^r) ›Hie hebt sich an der Prologus in die ainigung dises puechs das da zusam klaubt ist worden von vil historien von Bruder Hansn von Vlotino brüder des myndern Ordens aus dem Bistumb Aquilegia etc.‹ (2^v) leer. (3^r) Adam der erst mensch ward geformiert von got aus erd… Geführt bis 1453 bzw. 1458. Zusätze und Ergänzungen von späteren Händen, teilweise lat. Am Schluß einige Bll., Medaillons und genealogische Tafeln (Herzöge von Österreich und Bayern) für die Fortschreibung der Chronik freigelassen. – 79ra–85ra Ungarnchronik: Ungarische Herrscher von Géza bis Ladislaus Postumus und Matthias Corvinus (969–1458), dt. Zur Ed. des Textes s. unten VIZKELETY, S. 291 und S. 308 Anm. 8. – 85^v–86^v leer. – 87rb–104ra Bücherverzeichnis der Bibel, mit Kapitelverzeichnis und Merkvers, lat. – 104^v–106^v leer. – 107ra–140rb Alphabetum super vetus und novum testamentum. Alphabetisches Personen-, Orts- und Sachregister zur Bibel, lat.: Aaron a quibus pergenitoribus nascitur… – 140^v–141^v leer. – 142ra–177rb Moraltheologisches Sachregister zur Bibel, lat. De abstinencia et jeiunio… De accepcione munerum… Auaricia… –… De penis peccatorum… – 177^v–183^v leer. – 184^r–186^v Theologische und kanonistische Notizen, lat. – Bastarda, von mehreren Händen, 15. Jh., 2. Hälfte; rubriziert; genealogische Stemmata, Namensmedaillons und zahlreiche, meist kreisförmig gerahmte kolorierte Federzeichnungen unterschiedlicher Größe; 2^r, 3^r u.ö. Besitzstempel mit Krone und Namenszug Erberg. – Halblederband über Pappe, 18. Jh., mit Supralibros, dem Wappen der in Krain ansässigen Freiherren v. Erberg (seit 1714) und deren Devise: Vivitur · ingenio · caetera · mortis · erunt. Akz. Nr. 10 930.

Die Idee, die Linearität und Periodisierung des weltgeschichtlichen Geschehens in graphischer Gestalt zu veranschaulichen, geht auf die Pariser Schulen des 12. Jahrhunderts zurück. Mit Hilfe von Linien, Kreisen, didaktischen Schemata und Zeichnungen können stammbaumähnliche Zusammenhänge und Parallelentwicklungen zwischen Heils- und Profangeschichte knapp und einsichtig dargestellt werden. Das ideale Medium für diese offene, bis zum Ende der Zeiten ständig ergän-

Kat. 202, 4ʳ

Heilsgeschichte auf der Rolle in die Endlichkeit der Buchseite eines Codex zu übertragen. Die visuelle Einsichtigkeit des graphisch dargestellten Geschichtsablaufs wird dabei allerdings geopfert, wie auch die ausgestellte Berliner Handschrift deutlich zeigt. Eine zweite Umsetzung ist die der Sprache – aus der lateinischen *compilatio* ein Buch geworden, *das da zusam klaubt ist worden von vil historien* (Blatt 2ʳ). Die hier vorliegende deutsche Fassung hat sich in Text und mit ihren in Medaillons eingefaßten Illustrationen weit vom Original von 1338 entfernt und ähnelt mehr den bereits bearbeiteten buchförmigen lateinischen Fassungen (s. unten MELVILLE Abb. 7, und VIZKELETY S. 299, Abb. Vi3). Die Texte zur Geschichte bis Christi Geburt sind umfangreicher geworden; die Papst- und Kaiserreihen, im Original nur Listen, sind mit kleinen Biographien und Büsten in Medaillonform versehen. Ergänzungen und Nachträge von späteren Nutzern, wie in diesem Band vielfach geschehen, sind vom Schreiber durch bewußt freigelassenen Raum konzeptionell vorgesehen. Getreu dem Original ist die graphische Struktur der Vorlage für die Darstellung bis Christi Geburt stellenweise noch erahnbar. Die Papst- und Kaisergeschichte bis in die Gegenwart folgt einem anderen Muster: durch Zweiteilung der Seiten in einen oberen und unteren Bereich wird wie in einer von links nach rechts zu öffnenden Rolle (vgl. dazu Berlin, SBB-PK, Hdschr. 143, s. Ausst.kat. Berlin 1988, S. 174–175, Nr. 81) die Geschichte der Päpste (oben) und Kaiser (unten) Seite für Seite über die Blätter des Bandes vom Textschreiber bis in die Gegenwart geführt (Krönung Papst Pius' II., 1458, und Krönung Kaiser Friedrichs III., 1452).

Die Handschrift muß wegen ihres originalen Textbestandes um 1460 entstanden sein, und zwar sprachlich im bayerisch-österreichischen Raum. Die auf Wien, Prag und Ungarn sich beziehenden Texte und Nachträge sowie die spätere Besitzgeschichte scheinen auf die Steiermark, Kärnten oder Krain als Entstehungsregion dieser Handschrift zu deuten. Eine genaue sprachhistorische Untersuchung allerdings fehlt. Die lateinische Mitüberlieferung des Bandes zeigt, daß er dem geistlichen Milieu entsprungen sein muß. Die formalen und sachlichen Bibelregister werden als Predigthilfen benutzt worden sein, so daß ein Mendikantenkloster, wegen der Ordenszugehörigkeit des Autors vermutlich ein Franziskanerkonvent, ursprünglich Auftraggeber und Eigentümer des Bandes gewesen sein dürfte. Im 18. Jahrhundert war er Eigentum der seit 1714 dem erbland-österreichischen Freiherrenstand angehörigen, in Laibach und Krain ansässigen Herrn von Erberg, deren Wappen, Devise und Besitzstempel er trägt (vgl. Adelslexikon. Hauptbearb.

zungsbedürftige Gattung der Weltgeschichtsschreibung, in der nicht das Bild den Text, sondern der Text das Bild erläutert, ist die Buchrolle. Petrus von Poitiers schuf um 1170 für diese Gattung von Geschichtskompendien in Rollenform das Modell, dem die gleichgeartete 'Compilatio historiarum veteris testamenti' des 1363 in Cividale del Friuli gestorbenen Franziskaners Johannes de Utino folgt. Das Werk selbst, wie sein Vorbild vielleicht auch für pädagogische Zwecke verfaßt, bietet einen Abriß der biblischen Geschichte von Adam bis zur Geburt Christi, an den sich ein kurzes Verzeichnis der römischen Bischöfe und Päpste seit Petrus in direkter Christusnachfolge sowie eine Kaiserliste anschließt. Die älteste Handschrift dieser, wie schon der Titel sagt, Kompilation verschiedener historiographischer Quellen in Rollenform stammt aus dem Jahre 1338 (Berlin, SBB-PK, Ms. lat. fol. 899, s. Ausst.kat. Berlin 1988, S. 172–173 Nr. 80) und ist dem Patriarchen Bertrand von Aquileia gewidmet.

Die physische Gefährdung der Rollen durch Beschädigung und Zerstörung hat schon früh dazu geführt, die Darstellung der vorläufigen Unabgeschlossenheit der

WALTER V. HUECK. Bd. 3 [Genealogisches Handbuch des Adels 61], Limburg 1975, S. 163–164). 1880 wurde er über das Antiquariat Ludwig Rosenthal in München für die Königliche Bibliothek zu Berlin angekauft.

Der recht flüchtig ausgeführte Illustrationszyklus der Berliner Utino-Chronik setzt nicht wie die Bibeln und Historienbibeln mit der Erschaffung der Welt, sondern entsprechend den einfachen Namensmedaillons der lateinischen Originalvorlage mit den Stammeltern der Menschheit ein, mit drei Rundbildern zur Geschichte Adams und Evas: die Erschaffung Evas, die Vertreibung aus dem Paradies sowie Adam und Eva bei der Arbeit. Die durch und durch konventionelle Ikonographie der Federzeichnungen faßt in schlichter Weise den Zusammenhang von Sündenfall und der Notwendigkeit menschlicher Arbeit – nicht Muße – als Folge der Strafe Gottes im Bild zusammen. Evas Erschaffung, während Adam im Paradies auf einem Hügel ruht, gehört im 15. Jahrhundert zum gängigen Bildmuster aller Historienbibeln. Eva erscheint dabei immer als kleine Figur, die aus der Seite Adams hervorkommt und ihrem Schöpfer die Hände anbetend entgegenstreckt. Die Popularität der hier verwendeten Bildmuster beweist auch die dritte Zeichnung mit der spinnenden Eva und dem den Boden umgrabenden Adam. Nach dem Bericht Thomas Walsinghams hat während des englischen Bauernaufstandes der Priester John Ball 1381 ein Sprichwort, das in dieser oder ähnlicher Form vom 14. bis zum Anfang des 16. Jahrhunderts gebräuchlich war, zum Thema einer die Gleichheit aller Menschen betonenden revolutionären Predigt vor den aufrührerischen Bauern gemacht: „Whan Adam dalf, and Eve span / Wo was thanne a gentilman?"

DEGERING 1, S. 133. – WEGENER, S. 90–91. – OTT, NORBERT H.: *Typen der Weltchronik-Ikonographie. Bemerkungen zu Illustration, Anspruch und Gebrauchssituation volkssprachlicher Chronistik aus überlieferungsgeschichtlicher Sicht,* in: *Jahrbuch der Oswald von Wolkenstein Gesellschaft 1, 1980/81, S. 29–55, hier: S. 44–49.* – OTT, NORBERT, Art. *'Johannes de Utino',* in: ²VL 4, 1983, Sp. 785–788. – MELVILLE, GERT: *Geschichte in graphischer Gestalt. Beobachtungen zu einer spätmittelalterlichen Darstellungsweise,* in: PATZE, HANS (Hg.): *Geschichtsschreibung und Geschichtsbewußtsein im späten Mittelalter (Vorträge und Forschungen 31). Sigmaringen 1987, S. 57–154, hier: S. 76 Anm. 81.* – VIZKELETY, ANDRÁS: *Zur Überlieferung der Weltchronik des Johannes de Utino,* in: MILDE, WOLFGANG u. WERNER SCHUDER (Hg.): *De captu lectoris. Wirkungen des Buches im 15. und 16. Jahrhundert, dargestellt an ausgewählten Handschriften und Drucken. Berlin, New York 1988, S. 289–309, hier: S. 291, 305–307.* – *Zur Sache auch* FROHNE, RENATE: *Die Historienbibel des Johannes von Udine (Ms 1000 Vad). Bern u. a. 1992.* – STUDT, BIRGIT: *Gebrauchsformen mittelalterlicher Rotuli. Das Wort auf dem Weg zur Schrift – die Schrift auf dem Weg zum Bild,* in: WIDDER, ELLEN u. a. (Hg.): *Vestigia Monasteriensia. Westfalen, Rheinland, Niederlande (Studien zur Regionalgeschichte 5). Bielefeld 1995, S. 325–350.*

BM

203 Deutsche Chronik

Bayern, um 1480/1490, und 14. Jh.
Pergament, 118 Bll., 27 × 20 cm
Vorbesitzer: Vom Buchhändler G. Fincke, Berlin, 1846 für die Königliche Bibliothek zu Berlin erworben.
SBB-PK, Ms. germ. fol. 595

Aufgeschlagen Bl. 37ᵛ/38ʳ: Geburt, Kreuzigung und Auferstehung Christi; Taube des hl. Geistes mit den Namen der 12 Apostel, Maria und Magdalena; s. auch Abb. S. 21.

1ʳ Inhaltsverzeichnis sowie Monogramm und Signatur von einer Hand des 15. Jh.s: *.120. E. H.* – 1ᵛ–80ᵛ Deutsche Chronik. Titel im Inhaltsverzeichnis: *Ein Teusche cronica von anefang der welt hintz auff die zeytt des Römischen kaysers Friderico der dritt vnd Babst Sexto...* Text: *Got in der ewigkait des glori vnd machtigkait nit gemeret mag werden wann sy ist volkomen...–...Fridericus. Ein hertzog von Osterreich hertzog Ernsts sun ward ainhalliglich zu Romischen künig erwelt... Bey sein zeitten gewunnen dy Turgken Constantinopel vnd vertriben daraus dy cristen... und geschach darundter groß plut vergiessen.* – 81ʳᵛ leer. – 82ʳ–93ᵛ Honorius [Augustodunensis]: Imago mundi, Buch 1, dt. *›Hyr hebt sich an das půch von der forme vnd pildnuß der welt das gemacht hat Honorius Inclusarius‹. Durch maniger menschen vnderweysung wegen die nit haben genugsame pücher...–...da wonet der künig aller engel etc. ›Hie hat ein enndt daz püchel von der kugel der welt‹.* – 94ʳ–95ᵛ De discretione temporum. *Prima etas continet in exordio sui creacionem mundi ..–... Residuum quinte (!) etatis tempus deo soli est cognitum etc.* Stichwortartiger Überblick über die sechs Weltalter, geführt bis in die Spätantike. – Beigebunden, 14. Jh.: 96ʳ–117ᵛ [Honorius Augustodunensis]: Imago mundi. *›Incipit in mago mundi‹. Ad instrucionem multorum quibus deest copia librorum... Mundus dicitur quasi undique motus...* Teilweise gekürzt, bricht in Buch 3 mit der *Prima Aetas* ab. PL 172, c. 119–166. – *118ʳᵛ leer. – Bastarda, von einer Hand, 15. Jh., 2. Hälfte; Bl. 96–117 gotische Buchschrift, 14. Jh.; rubriziert; genealogische Stemmata mit Namensmedaillons und 21, meist kreisförmig oder oval gerahmten kolorierten Federzeichnungen. – Dunkler Lederband über Holz, 15. Jh., mit Beschlägen und je 5 Buckeln, ehem. 1 Schließe; Rücken 1925 erneuert; im Vorderdeckel Initialen (Anagramm?) und Schenkungsvermerk (?): *1600. S.⁺W. S.I.B.I.L.L.A. W. Jacob Andre Herr zu Brandis... des Herrn ganz gehorsamer... Sohn.* Akz. Nr. 2423.

Die 'Deutsche Chronik' und die Übersetzung der 'Imago mundi' des Honorius Augustodunensis sind, wenn ich recht sehe, in der germanistischen, historischen und kunstgeschichtlichen Forschung bis heute nicht beachtet worden. Parallelhandschriften scheinen nicht zu existieren.

Diese anonyme Chronikkompilation folgt dem Modell der Rollenchronik des Johannes de Utino (vgl. Berlin, SBB-PK, Ms. germ. fol. 947, Kat. 202). Während sie in ihrer graphischen Struktur ihrem Vorbild jedoch viel näher steht als Ms. germ. fol. 947, gibt sie sich im Text viel selbständiger. Sie scheint textlich stellenweise die Utino-Chronik benutzt zu haben, allerdings erwähnt sie es nicht. Darüber hinaus hat sie weitere Quellen herangezogen, die sie zum Teil nennt, zum Teil verschweigt. Stichproben zeigen, daß für den Prolog, insbesondere für das Incipit, wie auch für den Abschnitt über Julius Cae-

Kat. 203, 38ʳ

sar teilweise die Chronik des Jacob Twinger von Königshofen (vgl. Kat. 207) als Vorlage gedient haben dürfte. Gemäß dem Modell der deutschen Reimchroniken enthält sie einen längeren Abschnitt über Troja (Blatt 17ʳ). Als ausgewertete Autoren und Werke werden Petrus Comestor, 'Historia scholastica', die Chronik des Martin von Troppau, Orosius sowie Honorius Inclusarius genannt, d. h. die von demselben Anonymus angefertigte Übersetzung von 'Imago mundi' des Honorius Augustodunensis.

Über mehrere Blätter durchgezogene verschiedenfarbige Linien und Kreise sollen für die Zeit bis Christi Geburt die graphische Gestalt der Rollenchroniken auf die endlichen Seiten eines Codex transponieren. Größere, gerahmte Medaillons gliedern die Linearität der Weltgeschichte in die bekannten sechs Weltalter, wobei wie bei Johannes de Utino jedem Weltalter ein Repräsentant zugeordnet ist, der die heilsgeschichtliche Station markiert und daher in den Medaillons dargestellt wird: Adam, Noah, Abraham, David, Zedekia, der letzte König von Juda, und die Geburt Christi. Die Heils- und Profangeschichte werden parallel abgehandelt. Der

Schreiber oder die Schreiberin hat dafür die einzelnen Blätter oben rechts jeweils alternierend rot oder schwarz mit der Ziffer des jeweiligen Weltalters (*1, 2, 3, 4, 5, 6*) gekennzeichnet. Rote Ziffern werden für die Kennzeichnung der Heilsgeschichte, schwarze für die der Profangeschichte benutzt. Die graphische Struktur endet mit der Geburt Christi. Die sich anschließenden Papst- und Kaiserreihen bis Papst Sixtus IV. und Kaiser Friedrich III. werden mit einer schwarzen *6* durchnumeriert, wobei immer – nur durch Namensmedaillons zusammengehalten – auf jeweils zwei Seiten Papstgeschichte zwei Seiten Kaisergeschichte folgen. Diese Lösung des Darstellungsproblems unterscheidet sich deutlich von dem in Ms. germ. fol. 947 (Kat. 202) gewählten Verfahren. Aller Unterschiede zum Trotz unterstreichen beide Handschriften nachdrücklich die Popularität der Geschichtskompendien in graphischer Gestalt im späten 15. Jahrhundert und können so als handschriftliche Vorläufer und Parallelen zu Werner Rolevincks gedrucktem 'Fasciculus temporum' (Kat. 204) gelten.

Die Miniaturenfolge zu Beginn des sechsten Weltalters stellt Geburt (Anbetung des Kindes durch Maria und Joseph), Kreuzigung und Auferstehung Christi sowie die Ausgießung des Heiligen Geistes dar. Mit skizzenhaften Federzeichnungen „eines geübten Illustrators" (WEGENER) wird hier das Heilsgeschehen historisierend entfaltet. Zugleich werden die den Stationen der Christusgeschichte entsprechenden Feste der Kirche bildlich benannt: Weihnachten, Karfreitag, Ostern und Pfingsten. So traditionell die Ikonographie dieser Zeichnungen auch sein mag, bemerkenswert ist, daß in der Geburtsszene das Christuskind nicht in einer Krippe, sondern nackt auf dem Zipfel eines Mantels liegt. Die hier umgesetzte Bildvorstellung von Armut und Dürftigkeit des menschlichen Daseins, die auf eine Vision der Heiligen Birgitta von Schweden (1303–1373) – hier allerdings extrem reduziert und jeden mystischen Lichts entkleidet – zurückgeht, ist in der vorliegenden Form seit ca. 1440 in der Malerei geläufig. Der auferstandene Christus wird, wie schon im 13. Jahrhundert üblich, den Charakter des Weltenrichters evozierend, ruhig thronend mit Segensgestus und Kreuzesfahne auf dem geschlossenen Grab dargestellt. Die Taube des heiligen Geistes ist von den Namensmedaillons der zwölf Apostel umgeben, also von den Jüngern, denen der heilige Geist die Kraft gegeben hat, die christliche Botschaft vielsprachig zu verkündigen. Für die christliche Kirche ist diese Ausgießung zugleich der Tag ihrer Begründung, den sie im Pfingstfest feiert. Die Darstellung in der Handschrift wirkt, als ob eine räumliche Zentralkomposition als Schemazeichnung in die zweidimensionale Fläche einer

Buchseite projiziert wurde. Auffällig ist, daß neben Maria, die seit dem Hochmittelalter allmählich in das Pfingstbild einbezogen wird, ausdrücklich Maria Magdalena, die Heilige als Büßerin, durch Rubrizierung hervorgehoben wird.

Der Band muß wegen seiner chronikalischen Nachrichten um 1480/1490 entstanden sein. Die Schreibsprache weist trotz einiger fränkischer Elemente wohl auf Niederbayern (WEGENER) als Entstehungsort. Die lateinische Mitüberlieferung in ihm, die anfangs kurzen lateinischen Passagen der Chronik sowie die Übersetzung mit zugehöriger lateinischer Vorlage zeigen, daß er einem geistlichen Milieu entsprungen sein muß, das die Notwendigkeit volkssprachlicher Kommunikation spürte. Ob man die Betonung Magdalenas als einen Hinweis auf eine Entstehung dieser Handschrift in einem Magdalenerinnenkloster interpretieren darf, muß offenbleiben. Immerhin gab es aber in Nürnberg und in Regensburg Klöster dieser Reuerinnen oder Weißfrauen.

Um 1600 gehörte die Handschrift dem Freiherrn Jakob Andrä von Brandis (1569–1629), dem Abkömmling eines alten Tiroler Adelsgeschlechts, der nach Studien an den Universitäten in Prag und Wien zum kaiserlichen Rat und 1602 vom Erzherzog und Deutschmeister Max III., dem Regenten Tirols, zum Regierungsrat und Kämmerer ernannt wurde. Seine historischen Interessen führten zu einer erst 1850 gedruckten 'Geschichte der Landeshauptleute von Tirol'. Das Anagramm und der Schenkungsvermerk in der Handschrift stehen möglicherweise im Zusammenhang mit seiner Werbung um Maria Isabella v. Lamberg, die er nach dem Tode seiner ersten Frau, Sibilla Barbara von Hendl († 1598), im März 1601 in Salzburg heiratete. Die Königliche Bibliothek zu Berlin erwarb die Handschrift 1846 von dem Berliner Buchhändler und Verleger G. Fincke.

DEGERING 1, S. 66. – WEGENER, S. 120–121. – Zum Vorbesitzer vgl. KRONES: Art. 'Brandis, Jakob Andrä', in: ADB 3, 1876, S. 246–247. – BRANDIS, FERDINAND VON: Das Familienbuch der Grafen von Brandis. Baden bei Wien 1889, S. 84–109, bes. S. 85–91.

BM

204 Werner Rolevinck: Fasciculus temporum (deutsch)

Basel: Bernhard Richel, 31. August 1481, 2°
142 Bll., Papier, 27 × 19,5 cm
SBB-PK, Inc. 405

Aufgeschlagen Bl. 64ʳ: Christus als Erlöser.

Bl. 1 leer (fehlt), Bl. 2–14 Register, Bl. 15–142 Werner Rolevinck: Fasciculus temporum (deutsch); Bl. 17–142 gezählt (mit Fehlern); 13 meist unkolorierte Holzschnitte, zahlreiche schematische Holzschnitte, handschriftliche Notizen; Bibliothekseinband des 19. Jahrhunderts.

Der ungemein produktive Autor Werner Rolevinck wurde 1425 in Laer bei Horstmar geboren. Nach dem Besuch der Domschule in Münster und einem Jurastudium an der Kölner Universität trat er 1447 in die Kölner Kartause St. Barbara ein, wo er über 50 historische, theologische, exegetische und juristische Schriften verfaßte. Rolevinck starb 1502 an der Pest.

Der 'Fasciculus temporum', ein knapper synoptischer Abriß der Weltgeschichte, entstand um das Jahr 1470. Eine Besonderheit des Werkes bildet die graphische Gliederung der historischen Ereignisse durch zwei chronologische Linien, die sich durch das gesamte Werk ziehen. Sie geben die Jahreszahlen seit der Schöpfung bzw. vor und nach Christi Geburt an (Abb. 204, 53ᵛ). Entwickelt wurde dieses sowohl in Rollen wie auch in Codices immer wieder eingesetzte Gliederungsverfahren in der zweiten Hälfte des 12. Jahrhunderts von Petrus Pictaviensis, der es aus gezeichneten Stammbäumen Christi ableitete. Neben der übersichtlichen graphischen Gliederung wird die leichte Handhabung der vorliegenden Druckausgabe auch durch das ausführliche, 13 Seiten umfassende Register gewährleistet.

Die abgebildete Seite illustriert das Jahr 33. Christi Erlösertod, der nach mittelalterlichem Verständnis wichtigste Einschnitt der Weltgeschichte, unterbricht die fortlaufende graphische Gliederung; der Holzschnitt, der nicht den gekreuzigten, sondern den auferstandenen Christus zeigt, betont die eschatologische Bedeutung dieses Ereignisses.

Obwohl sich auch sieben Handschriften, die vor 1474 entstanden sind, erhalten haben, geht die gesamte weitere Überlieferung von dem 1474 von Arnold Ther Hoernen in Köln vollendeten Druck aus, den Rolevinck selbst autorisiert hatte (SBB-PK, 4° Inc 725,7). Die 1481 bei Bernhard Richel in Basel unter dem Titel bürdin der zit (Fülle der Zeit) erschienene deutsche Erstausgabe ist eine anonyme Wort-für-Wort-Übersetzung des lateinischen Originals; sie geht nicht direkt auf den autorisierten Druck von 1474 zurück, sondern auf einen 1477 in Speyer erschienenen Nachdruck (SBB-PK, 4° Inc 2000,2). Neben Richels Erstausgabe existiert nur noch eine zweite, 1492 von Johann Prüss in Straßburg vollendete, deutsche Ausgabe (VB 2392). Ein weiterer deutscher Druck, den Anton Sorg in den Jahren 1482 bis 1484 in Augsburg plante, scheint nicht zur Ausführung gekommen zu sein, bei allen überlieferten Frag-

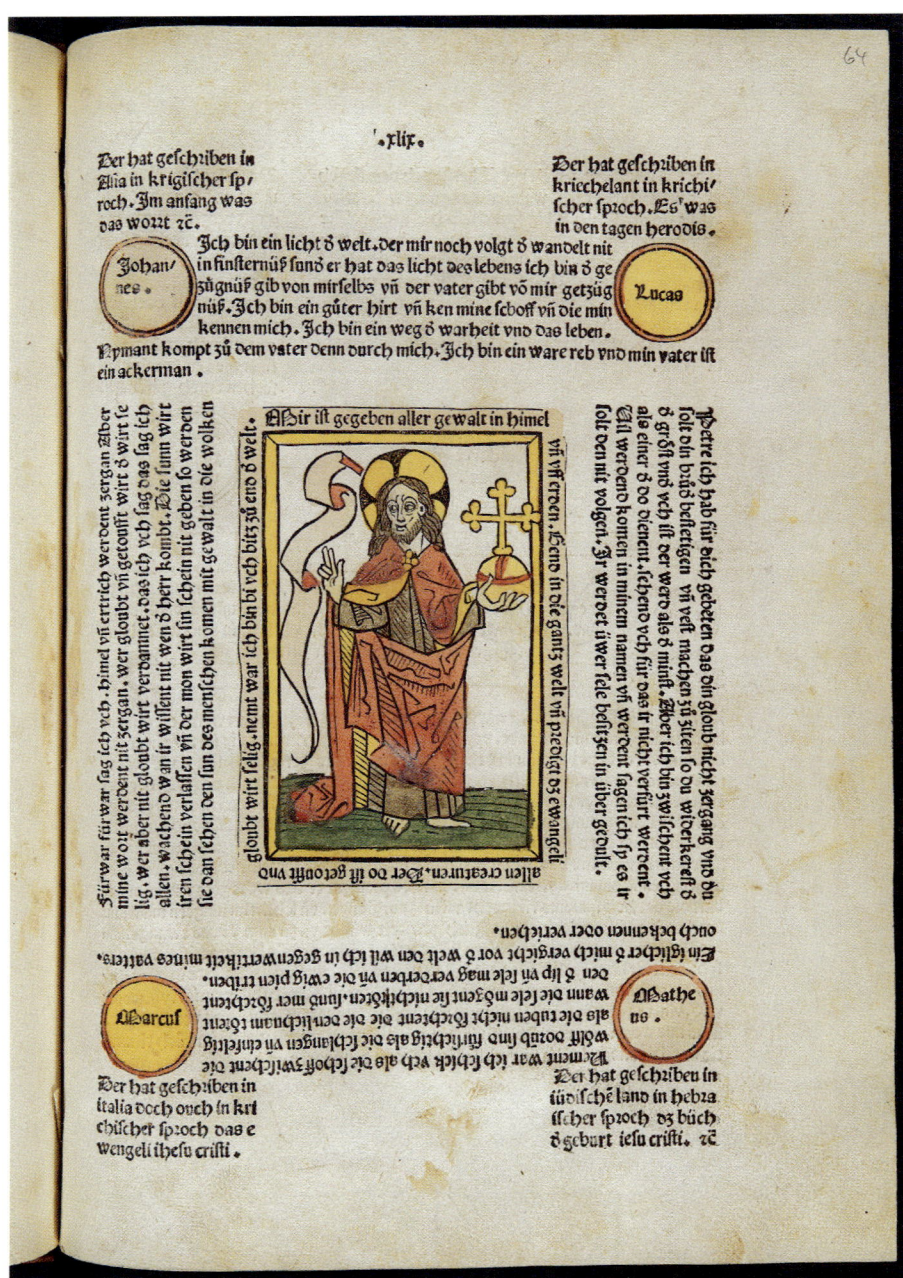

Kat. 204, 64ʳ

menten handelt es sich um einseitig bedruckte Probe-abzüge.

Rolevincks positives Verhältnis zum neuen Medium des Buchdrucks drückt sich nicht nur in seiner engen Zusammenarbeit mit dem Kölner Drucker Arnold Ther Hoernen aus, der innerhalb weniger Jahre 20 Ausgaben seiner Werke druckte, sondern auch in einer Notiz des lateinischen 'Fasciculus temporum', wo er für das Jahr 1457 auf die Mainzer Erfindung hinweist; die deutsche Ausgabe spricht bereits von der schnellen Zunahme der Buchdrucker: *Zů den ziten wurdent... die trucker der bůcher... gemert.*

COPINGER 6939. – VB 405. – SCHRAMM 21, Abb. 281–288. – MEYER, GÜNTER: *Autor – Druck – Publikum. Werner Rolevincks „Fasciculus temporum" und Anton Sorgs Versuch einer deutschen Ausgabe*, in: *Bibliotheksforum Bayern 4, 1976, S. 225–252.* – MELVILLE, GERT: *Geschichte in graphischer Gestalt*, in: PATZE, HANS (Hg.): *Geschichtsschreibung und Geschichtsbewußtsein im späten Mittelalter (Vorträge und Forschungen 31). Sigmaringen 1987, S. 57–154.* – COLBERG, KATHARINA: *Art. 'Rolevinck, Werner OCart'*, in: ²VL 8, 1992, Sp. 153–158. – MARTENS, JOHAN: *The Fasciculus temporum of 1474. On form and content of the incunable*, in: *Quaerendo 22, 1992, S. 292–300.* – OVERGAAUW, EEF A.: *Observations on the manuscripts of Werner Rolevinck's Fasciculus temporum. The Dating of the Fasciculus temporum Manuscript in Arnhem Public Library*, in: *Quaerendo 22, 1992, S. 292–300.*

KG

XI.2 Städte- und Regionalchroniken

205 Magdeburger Schöppenchronik

Magdeburg?, nach 1468
Papier, 229 Bll., 35 × 25 cm
Gehörte bereits 1668 (Raue) zum Bestand der Kurfürstlichen Bibliothek. Möglicherweise direkt aus Magdeburg dorthin gelangt.
SBB-PK, Ms. boruss. fol. 172

Aufgeschlagen Bl. 36ʳ: Beginn der Vorrede.

1ʳᵃ–27ʳᵃ: Register, 36ʳᵃ–37ʳᵇ: Vorrede, 37ʳᵇ–211ᵛᵇ: Magdeburger Schöppenchronik bis zum Jahr 1468; 1ʳᵃ und 36ʳᵃ zwei jeweils 10-zeilige historisierte Initialen (Deckfarbenmalerei mit Goldgrund); Halblederband (2. Hälfte 16. Jh.), Rollenstempel.

Etwa zehn Jahre nach der Übernahme des Amts des Magdeburger Schöffenschreibers im Herbst 1350 begann der Kanoniker Heinrich von Lammespringe (um 1325 – nach 1396) mit der Niederschrift einer seinen Dienstherren zugedachten Chronik. Anders als der seit dem 17. Jahrhundert gebräuchliche Titel nahelegt, handelt es sich bei ihr aber nicht um die Geschichte des Schöffenstuhls, sondern um eine solche der Stadt Magdeburg von ihrer sagenhaften Gründung durch Julius Caesar über die Gründung des Erzbistums bis in die Zeit des Autors. Mit den Schöffen als Publikum war die Chronik eher eine Orientierungshilfe für das praktisch-politische Tagesgeschäft als eine heilsgeschichtliche Interpretation der städtischen Geschichte, wobei das Ideal

Kat. 205, 36ʳ

des Gemeinnutzes die Leitlinie des historischen Entwurfs bildet. Zu diesem Zweck bediente sich Heinrich von Lammespringe unterschiedlicher Quellen. Zog er zur Schilderung der legendären Vorzeit noch *mannege Croneken* heran, so berichtete er im dritten und letzten Teil Zeitgeschichte, also von Ereignissen, die er selbst *ghehort und gesen* hatte. Darüber hinaus ermöglichte es ihm seine Stellung als Stadtschreiber und Rechtsgelehrter, auch ältere städtische Akten und Urkunden für seine Zwecke zu konsultieren. Obwohl keine Auftragsarbeit, entstand auf diese Weise ein offiziöser Text, dessen Fortführung nach dem Willen des Verfassers an die Tätigkeit des Schöffenschreibers gebunden und jedem weiteren Amtsinhaber zur Pflicht gemacht werden sollte. Damit erkennt Heinrich die grundsätzliche „Unvollendbarkeit" einer solchen Chronik des Zeitgeschehens an (MENKE S. 152), und es zeugt von der Wirksamkeit dieser Vorstellung, daß acht weitere Schreiber tatsächlich diese Rolle als Stadthistoriographen erfüllten und den Text nach der Aufgabe des Schreiberamtes durch Heinrich im Jahre 1372 bis 1468 um fast ein weiteres Drittel ergänzten.

Nach Schrift und Ausstattung datiert die vorliegende in niederdeutscher Schreibsprache verfaßte Handschrift in das letzte Viertel des 15. Jahrhunderts. Damit bietet sie den ältesten und besten erhaltenen Text aller zehn bekannten Überlieferungszeugen der Chronik und wurde als Codex A zur Grundlage ihrer Edition gemacht. Unter Umständen stammt das sorgfältig geschriebene Exemplar aus dem Umfeld der Magdeburger Schöffen selbst.

WEGENER, S. *155 f. – Die Chroniken der niedersächsischen Städte. Magdeburg Bd. 1 (Die Chroniken der deutschen Städte vom 14. bis ins 16. Jahrhundert Bd. 7). Nachdr. der 1. Aufl. Leipzig 1869. Göttingen 1962* (Ed.). – MENKE, JOHANNES BERNHARD: *Geschichtsschreibung und Politik in deutschen Städten des Spätmittelalters*, in: *Jahrbuch des Kölnischen Geschichtsvereins 34/35, 1959/60, S. 148–161.* – PETERS, URSULA: *Literatur in der Stadt. Studien zu den sozialen Voraussetzungen und kulturellen Organisationsformen städtischer Literatur im 13. und 14. Jahrhundert (Studien und Texte zur Sozialgeschichte der Literatur 7). Tübingen 1983.* – KEIL, GUNDOLF: *Art. 'Magdeburger Schöppenchronik'*, in: ²VL 5, 1985, Sp. 1132–1142 (Lit.).

RG

206 Leopold von Wien: Österreichische Chronik von den 95 Herrschaften

Österreich (Wien?), um 1400
Pergament, 123 Bll., 31,5 × 21,5 cm
Seit spätestens 1718 im Bestand der Königlichen Bibliothek, wahrscheinlich schon Teil der Kurfürstlichen Bibliothek.
SBB-PK, Ms. germ. fol. 122

Aufgeschlagen Bl. 33ᵛ/34ʳ: Landeswappen der 73. bis 75. Herrschaft; s. auch Abb. S. 15.

Sechs historisierte Initialen mit Rankenwerk (Darstellungen u. a. von Seneca, Christus und verschiedenen Kaisern), Deckfarbenmalerei mit Blattgoldverzierung; 15 Miniaturen österreichischer Landeswappen, Deckfarbenmalerei z.T. auf Goldgrund; zahlreiche im Wechsel rote und blaue Initialen mit Fleuronnée; Halblederband (18./19. Jh.).

Hätte Leopold von Wien sein Werk 1394 in seiner ursprünglichen Fassung belassen und sich damit auf die letzten 14 Herrschaften Österreichs bis in seine Zeit beschränkt, so hätte er seinen Text sicherlich des größten Teils seiner Nachwirkung beraubt. Zwar handelt es sich bei den ersten 81 Herrschaften, die er – wohl auf Initiative Herzog Albrechts III. – in seiner zweiten Redaktion in die Chronologie einfügte, um reine Legenden, aber gerade diese weckten das Interesse des Publikums. Die Vorliebe für die sagenhafte Vergangenheit des Herzogtums ging so weit, daß sich 34 der 52 bekannten Handschriften der Chronik vorwiegend auf die Fabelherrschaften beschränken und Kaiser Friedrich III. noch 1453 eine Wand der Georgskirche in seiner Burg in Wiener Neustadt weitgehend mit deren Wappen ausstatten ließ. Der Herzog hatte Leopold, dem Prior des Wiener Augustiner-Eremitenklosters und Hofkaplan der österreichischen Herzöge, diese Ergänzung wohl nahegelegt, um die eigene Herrschaft auf die Basis einer traditionsreichen Urgeschichte zu stellen und ihr auf diese Weise zusätzliche Autorität zu verleihen. Vergleichbare Konstruktionen, mit denen es Schritt zu halten galt, existierten bereits etwa im Umfeld des böhmischen Hofes. Für zumindest zwei Aspekte dieser Aufgabe bediente sich Leopold auf kreative Weise seiner eigenen Lebenserfahrung. So ließ er sich erstens auf der Suche nach Namensvorlagen offenbar von jüdischen Grabinschriften inspirieren und orientierte sich zweitens bei der Auswahl der Grabstätten seiner Sagenherzöge sehr wahrscheinlich an bekannten Fundorten steinzeitlicher Hügelgräber.

Die vorliegende Handschrift gibt die Rezension B des Werkes wieder und ist nicht lange nach deren Fertigstellung 1398 geschrieben worden. Damit ist sie einer der frühesten Überlieferungsträger des Textes und wurde als solcher Grundlage seiner Edition. Schließlich muß Ms. germ. fol. 122 auf Grund seiner reichen Ausstattung, die der Wiener Hofwerkstatt um den Miniator Nikolaus von Brünn zugeschrieben wird, auch als eine der wertvollsten Handschriften der Chronik angesehen werden und ist in Anbetracht dieser Merkmale wohl dem Umkreis des österreichischen Hofes zuzurechnen.

vor Iren vater vnd ist bei Im
begraben ❡ Die fünf vnd
Sibentzigist herschaft ··
Ihanns ward hertzog
ze Österreich vnd ver-
thient des landes schilt
ze Österreich vnd furt ainen
plaben schilt darinn ainen
guldin Adler am plüt frater
die ander warz

Plüt vnd zwischen ain tunch
frawn haube vnd ain roten
schilt mit ain weissen line
winckel werdt über ❡ Ludweig
was hertzog ze Österreich ❡
newn vnd dreissig Iar ❡ Sein
weib hertzoginn Elend die starb nach Im über vier Iare ❡
Die sind ze wienn dacz vnd ste-
effan begraben ❡ die liessen
zwar chind ainen sun hiez Io-
hanns vnd ain tochter hiez
Dorothea ❡ Dorothea starb

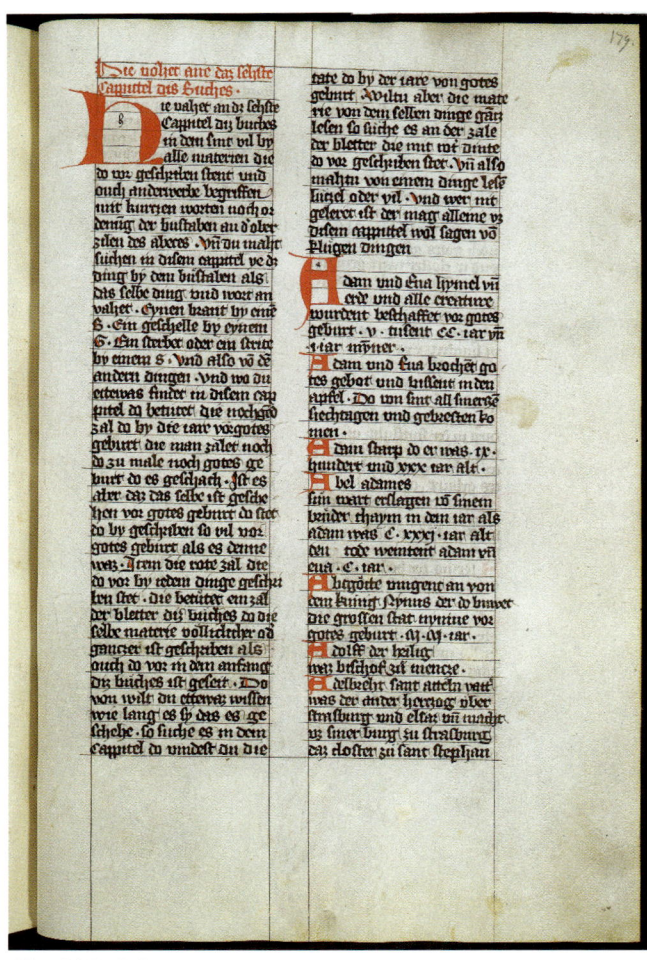

Kat. 207, 179ʳ

DEGERING I, *S. 13.* – *Handschriftenarchiv der Berlin-Brandenburgischen Akademie der Wissenschaften: Berlin, Staatsbibl., Ms. germ. fol. 122, beschr. von* WIELAND SCHMIDT, *Berlin 1933, 5 Bll. (Kopie SBB-PK Ms. Cat. A 556).* – WEGENER, *S. 14 f.* – *Monumenta Germaniae Historica. Deutsche Chroniken 6, Hannover 1909 (Ed.), zur Handschrift bes. S. VII–IX, XCVII und CCVI.* – UIBLEIN, PAUL: *Die Quellen des Spätmittelalters, in:* ZÖLLNER, ERICH *(Hg.): Die Quellen der Geschichte Österreichs. Wien 1982, S. 100–103.* – UIBLEIN, PAUL: *Art. 'Leopold von Wien', in:* ²VL 5, 1985, Sp. 716–724.

RG

207 Jakob Twinger von Königshofen: Chronik

Elsaß, Anfang 15. Jh.
Pergament, 192 Bll., 33 × 23,5 cm
Vorbesitzer: 1855 durch die Königliche Bibliothek vom Kanzlisten des Colmarer Handelsgerichts, H. Chauffour, erworben.
SBB-PK, Ms. germ. fol. 769

Aufgeschlagen 178ᵛ/179ʳ: Beginn des 6. Kapitels, Register.

1 leer, 2ʳᵃ–8ᵛᵃ: Inhaltsverzeichnis, 9ʳᵃ–192ʳᵃ: Jakob Twinger von Königshofen: Chronik, 192ᵛᵇ: Nachtrag: Notiz zum Tod König

Rudolfs von Habsburg; 2ʳᵃ und 9ʳᵃ je eine 9- bzw. 11-zeilige blau-rote Tierinitiale (Federzeichnung mit Deckfarben); Halblederband (2. Hälfte 16. Jh.), Rollenstempel.

Die Chronik des Straßburger Chorherrn Jakob Twinger (1346–1420), die als ein „Schlüsselwerk der mittelalterlichen deutschsprachigen Geschichtsschreibung" (MELVILLE Sp. 1186) gelten darf, ist in zweierlei Hinsicht bemerkenswert. Erstens markiert sie für die Stadt Straßburg den Übergang zur deutschsprachigen Chronistik. Noch die Chronik Fritsche Closeners, den Twinger persönlich kannte und dessen Werk er mit seiner Arbeit fortsetzte, war in Latein abgefaßt worden. Mit seinem in alemannisch-elsässischer Schreibsprache gehaltenen Werk sprach Twinger nun diejenigen *klugen leigen* an, die genauso gern *von keysern bebsten kunigen* lesen wie *gelert pfaffen*. Als diese klugen Laien hatte er die politisch handlungsfähigen Straßburger Stadtbürger im Blick, die seit der Mitte des 14. Jahrhunderts auch die Mitglieder der Zünfte umfaßte. Zweitens verband Twinger auf spezifische Weise den regionalgeschichtlichen Horizont seiner Darstellung mit ihrem universal- und heilsgeschichtlichen Anspruch. Statt in einer annalistischen Erzählfolge die Geschehnisse von Jahr zu Jahr nachzuzeichnen, schildert er nach einem typologischen Eingangskapitel von der Schöpfung bis zu den vorrömischen Weltreichen den weiteren Gang der Welt in vier diachronen Kapiteln. In diesen stehen jeweils die römische Kaiser- und Papst- sowie die Straßburger Bischofs- und schließlich Stadtgeschichte im Mittelpunkt der Betrachtung. Wie die geistlichen und weltlichen Gewalten auf universaler und regionaler Ebene miteinander verknüpft werden und auf diese Weise lokale Begebenheiten ihren welthistorischen Platz finden, so sind diese vier Kapitel ihrerseits auf den heilsgeschichtlich begründeten ersten Teil bezogen. Der in Sprache und Materialaufbereitung erkennbare bildungspolitische Anspruch findet seinen Niederschlag besonders augenfällig im 6. Kapitel, einem übergreifenden alphabetischen Register der eindrucksvollsten Ereignisse. Die Gliederung in vier parallele Zeitschnitte veranlaßte eine solche knappe Zusammenschau, deren Einträge mit kurzen Erläuterungen und den betreffenden Jahreszahlen versehen sind. Dieser Index sollte aber nicht nur auf den eigentlichen Chroniktext verweisen, sondern auch für sich allein genommen bereits ein Informationsgerüst zur Verfügung stellen, damit man *von einem dinge … lutzel oder vil* lesen könne. *Und wer nit geleret ist der mag alleine zu disem cappittel wol sagen von klugen dingen.* Die über 80 erhaltenen Überlieferungsträger der Twingerschen Chronik – die Staatsbibliothek allein besitzt in Ms. germ. fol. 839 und Ms. germ. quart. 1143 zwei weitere Exem-

⸿Das   xxxiiii.   blat

⸿Hie ward die äsch des hussen als er verbrant ward vnd sein gebein in den rein gefürt.

plare – bestätigen den Erfolg des Textes speziell im südwestdeutschen Raum. Die vorliegende Handschrift gehört dem frühen 15. Jahrhundert an und überliefert die Fassung B der Chronik, deren Endpunkt das Jahr 1391 bildet. Von den 51 für die Edition des Textes genutzten Codices ist Ms. germ. fol. 769 die einzig erhaltene Handschrift auf Pergament. Dies und die sorgfältige Verwendung der eher konservativen Textualis als Buchschrift legen einen offiziellen Entstehungszusammenhang oder zumindest einen wohlhabenden Auftraggeber nahe.

DEGERING 1, S. 109. – Die Chroniken der oberrheinischen Städte. Straßburg Bd. 1/2 (Die Chroniken der deutschen Städte vom 14. bis ins 16. Jahrhundert Bd. 8/9). Nachdr. der 1. Aufl. Leipzig 1870/71. Göttingen 1962 (Ed.). – SCHOPPMEYER, HEINRICH: Zur Chronik des Strassburgers Jakob Twinger von Königshofen, in: BERG, DIETER und GOETZ, HANS-WERNER (Hgg.): Historiographia mediaevalis. Studien zur Geschichtsschreibung und Quellenkunde des Mittelalters (Festschrift für Franz-Josef Schmale zum 65. Geburtstag). Darmstadt 1988, S. 283–297. – KIRCHERT, KLAUS: Städtische Geschichtsschreibung und Schulliteratur. Rezeptionsgeschichtliche Studien zum Werk von Fritsche Closener und Jakob Twinger von Königshofen (Wissensliteratur im Mittelalter 12). Wiesbaden 1993. – MELVILLE, GERT: Art. 'Twinger, Jakob, von Königshofen – Croniken (dt.)', in: ²VL 9, 1995, Sp. 1183–1186.

RG

208 Ulrich Richental: Concilium zu Konstanz

Augsburg: Anton Sorg, 2. September 1483, 2°
Papier, 250 Bll., 26,5 × 18,5 cm
Vorbesitzer: Das Exemplar stammt aus der Sammlung des Grafen Etienne Méjan, die 1847 von König Friedrich Wilhelm IV. erworben wurde.
SBB-PK, Inc. 134

Aufgeschlagen Bl. 39ʳ: Jan Hus wird verbrannt, seine Asche in den Rhein gestreut.

Bl. 1 fehlt, Bl. 2–90 chronologischer Teil, Bl. 91–249 Wappendarstellungen, Bl. 250 fehlt. Bl. 2–249 numeriert (mit Fehlern); durchgehend koloriert. Pappband des 19. Jahrhunderts.

Der um 1365 als Sohn des Konstanzer Stadtschreibers Johann Richental geborene Ulrich durchlief vermutlich zunächst eine Ausbildung zum Geistlichen; 1380 erscheint er als *clericus constantiensis*, 1404 bis 1435 ist er als Konstanzer Bürger ohne Amt und erkennbaren Beruf belegt. Das 16. allgemeine Konzil, das 1414 bis 1418 in Konstanz tagte, erlebte er als Augenzeuge; die Aufarbeitung des hier gesammelten Materials kann ungefähr in die 20er Jahre des 15. Jahrhunderts datiert werden.

Richentals Chronik ist deutlich in zwei Teile gegliedert: Der erste Teil schildert die Ereignisse des Konzils in chronologischer Reihenfolge, illustriert mit 39 ganz- bzw. halbseitigen Holzschnitten. Der zweite Teil listet die Teilnehmer des Konzils mit ihren heraldischen Zeichen auf; mit 1161 Wappenholzschnitten bildet dieser Teil das erste bedeutende gedruckte Wappenbuch überhaupt. Neben dem vorliegenden Inkunabeldruck und zwei weiteren Drucken des 16. Jahrhunderts (VD 16 R 2202 f.; SBB-PK, C 4352R und C 4353R) wird die Richental-Chronik in 15 Handschriften überliefert, wobei sich der Text in drei Fassungen einteilen läßt. Der Druck Anton Sorgs überliefert die dritte, gekürzte Textfassung, in der Ulrich Richental von sich selbst zum Teil in der 1. und zum Teil in der 3. Person berichtet.

Die abgebildete Seite zeigt die Verbrennung des Jan Hus am 6. Juli 1415 sowie die Zerstreuung seiner Asche im Rhein. Die Worte *herese archa* auf dem Hut des tschechischen Reformators geben den Grund für seine Verurteilung an – er gilt dem Konzil als Erzhäretiker. Die Wittelsbacher Fahne im rechten oberen Eck verweist auf den Herzog Ludwig VIII. von Bayern-Ingolstadt, der für die Durchführung der Exekution verantwortlich war. Daß die reiche Bebilderung der Chronik bereits vom Autor geplant war, ist durch eine Vielzahl von Hinweisen auf die Illustrationen innerhalb des Textes belegt: Auf den abgebildeten Holzschnitt auf Bl. 39ʳ verweist beispielsweise folgende Textstelle, *do ward er verbrant... und dar nach ward die asch in den rein gefüret als hienach gemalt steet am naechsten blat.* Ihre ikonographische Gestaltung läßt darauf schließen, daß die Bilder des Inkunabeldruckes auf eine der Handschriften zurückgehen. Eine besondere Ähnlichkeit besteht zwischen den Holzschnitten des Druckes und den Bildern der Handschrift G, die aus der Werkstatt Simon Dachers kommt (Karlsruhe, Badische Landesbibliothek, Cod. St. Georgen 63); ausgeführt wurden die Schnitte vom sogenannten Columnameister. Trotz des festen thematischen Bezugs der Holzschnittserie ließen sich einzelne Druckstöcke auch für andere Werke verwenden, so wurde das Vollbild Kaiser Sigmunds mit den Reichsinsignien auf fol. 168ᵛ auch für einen Einblattdruck herangezogen (SCHRAMM 1608, SCHREIBER, Handbuch 2008 m).

COPINGER 5610. – VB 134. – SCHRAMM 4, Abb. 1050–2253. – CROUS 22. – Faks. Ulrich von Richental: Conciliumbuch. Mit einem Nachwort von ERNST VOULLIÉME (Die Inkunabel in ihren Hauptwerken 3). Potsdam 1923. – SCHMID, HELMUT H.: Augsburger Einzelformschnitt und Buchillustration im 15. Jahrhundert (Studien zur deutschen Kunstgeschichte 315). Baden-Baden, Straßburg 1958. – MATTHIESEN, WILHELM: Ulrich Richentals Chronik des Konstanzer Konzils. Studien zur Behandlung eines universalen Großereignisses durch die bürgerliche Chronistik, in: Annuarium historiae conciliorum 17, 1985, S. 71–191, S. 323–455 (Lit.). – MERTENS, DIETER: Art. 'Richental, Ulrich', in: ²VL 8, 1992, Sp. 55–60.

KG

209 Thomas Lirer:
Schwäbische Chronik.
Daran:
Gmünder Chronik (bis 1462)

Ulm: Conrad Dinckmut, 12. Januar 1486, 2°
68 Bll., Papier 25 × 18,5 cm
Vorbesitzer: 1847 als Teil der Sammlung des Grafen Etienne Méjan erworben.
SBB-PK, Inc. 2650

Aufgeschlagen Bl. 11ʳ: Belagerung Ulms.

Bl. 1 leer, Bl. 2–3ʳ Inhaltsverzeichnis, Bl. 3ᵛ–53ᵛ Lirer, Schwäbische Chronik, Bl. 54–67ʳ Gmünder Chronik, Bl. 68 leer (fehlt); 24 Holzschnitte, darunter eine Wiederholung; Bibliothekseinband des 19. Jahrhunderts; Goldschnitt.

Nicht sicher zu identifizieren ist der Verfasser der Lirerschen Chronik, der sich am Ende des Textes als *Thoman Lirer gesessen zů Ranckweil* (Rankweil) *das do gehoert zů dem schloß unn herrschafft Felltkirch* (Feldkirch im Vorarlberg). Entgegen der fingierten Angabe im Druck (1133) ist die Vollendung des Textes in die Jahre 1465 bis 1485 zu datieren.

Daß es sich bei der Lirerschen 'Chronik' nicht um ein historisches Werk handelt, sondern um eine Sammlung pseudohistorischer Erzählungen, gibt bereits der erste Satz des Inhaltsverzeichnisses zu erkennen: *In diser Cronick* werde vermieden, *verdrießlich… langer geschrifft zů lesen*, vielmehr werde *mengerlay schoener alter geschichten* geboten. Ausgangspunkt ist der fiktive römische Kaiser Kurio, der wegen seines christlichen Glaubens aus Rom vertrieben wird, sich im Lande *Kurwalhen* (Graubünden) niederließ und von dem nach Lirer alle bedeutenden schwäbischen Adelsgeschlechter abstammen. Gemeinsam mit seinen Söhnen besiegt Kurio den schwäbischen Adligen Saturnius, dessen Sohn Rumulus *der erst cristenlich hertzog in Schwaben* wird. Die folgenden Episoden sind größtenteils mit den Familien der Grafen von Montfort und Werdenberg verknüpft, sie spielen zumeist in Schwaben, führen den Leser jedoch auch an den Hof des Kaisers von China.

Einen Höhepunkt südwestdeutscher Holzschnittkunst bilden die ganzseitigen Illustrationen des Druckes, für die sich keine Vorlagen nachweisen lassen; offensichtlich wurden sie speziell für das schmale Hochformat des Druckes konzipiert. Sie stammen vom selben Meister, der auch die Illustrationen der Ulmer Terenzausgabe geschaffen hat, die Dinckmut 1486 für Hans Neithart druckte (Hain/Copinger 15436, VB 2649). Der abgebildete Holzschnitt zeigt die Eroberung der Stadt Ulm durch Herzog Rumulus.

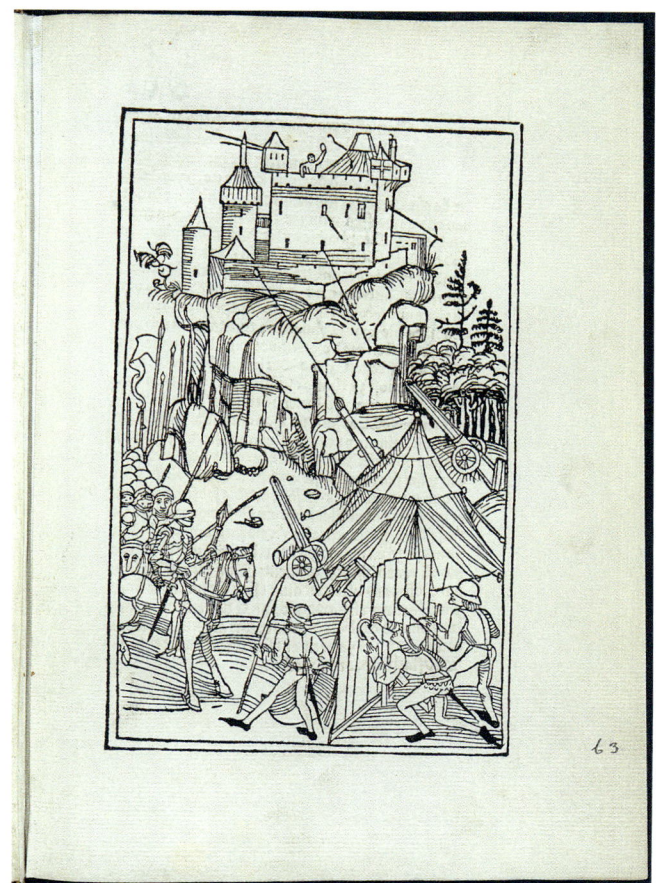

Kat. 209, 11ʳ

Die anschließende 'Gmünder Chronik' – im Vorspann der meisten Handschriften wird der Rat der Stadt Schwäbisch-Gmünd als Adressat genannt – ist ein typisches Beispiel mittelalterlicher Kaiserchronistik. Nach einem kurzen Rückblick auf die Sintflut, die Zerstörung Trojas und die Geschichte Roms folgt eine gedrängte mittelalterliche Kaisergeschichte von Karl dem Großen bis zu Karl IV., wobei zahlreiche Ereignisse der württembergischen Lokalgeschichte eingefügt sind.

Conrad Dinckmut wird bereits 1476 in Ulmer Steuerbüchern als Buchdrucker erwähnt, seine datierten Drucke erstrecken sich über die Jahre 1477 bis 1496. Die 'Schwäbische Chronik' druckte Dinckmut, der stets mit finanziellen Schwierigkeiten zu kämpfen hatte, in den Jahren 1485/86 insgesamt drei Mal (COPINGER 10116 und 10117, HAIN 10118), 1499/1500 erfolgte ein Nachdruck ohne Illustrationen bei Bartholomäus Kistler in Straßburg, wobei die 'Gmünder Chronik' bis ins Jahr 1499 fortgeführt ist (COPINGER 4993). Eine handschriftliche Überlieferung, die Dinckmuts Erstdruck vorausgeht, gibt es nur für die 'Gmünder Chro-

Heſius Adrianus van Hyſpanien der .ƕij. Keyſer

Kat. 210, 77ᵛ

nik'. Als ein Indiz für das weiterlebende Interesse an den Texten auch in der Neuzeit kann die kommentierte Neuauflage des Ulmer Bürgermeisters Johann Reinhard Wegelin aus dem Jahre 1761 gelten.

COPINGER *10117*. – *VB 2650*. – SCHRAMM *VI, Abb. 128–149*. – THURNHER, EUGEN *(Hg.): Thomas Lirer: Schwäbische Chronik (Vorarlberger Schrifttum 8). Bregenz 1967*. – AMELUNG, PETER: *Konrad Dinckmut der Drucker des Ulmer Terenz. Kommentar zum Faksimiledruck 1970. Dietikon-Zürich 1972*. – THURNHER, EUGEN: *Art. 'Lirer, Thomas', in: ²VL 5, 1985, Sp. 847–850*. – GRAF, KLAUS: *Exemplarische Geschichten. Thomas Lirers 'Schwäbische Chronik' und die 'Gmünder Kaiserchronik' (Forschungen zur älteren deutschen Literatur 7). München 1987*. – LIRER, THOMAS: *Schwäbische Chronik. Mit einem Kommentar von Peter Amelung. Stuttgart 1990*.

KG

210   Koelhoffsche Chronik

Köln: Johann Koelhoff der Jüngere, 23. August 1499, 2°
368 Bll., Papier, 33,5 × 22,5 cm
Vorbesitzer: handschriftlicher Eintrag: *Collegij Societatis Jesu Heiligen-stadij 1601*.
SBB-PK, Inc. 1077a

Aufgeschlagen Bl. 77ᵛ: Legende des hl. Maternus.

Bl. 1ʳ Titel, Bl. 2ʳ–12ᵛ Register, Bl. 13–366ʳ Koelhoffsche Chronik, Bl. 367 und 368 leer; 368 Holzschnitte, darunter zahlreiche Wiederholungen, Kolumnentitel, Blattzählung (mit Fehlern), gedruckte Initialen; zeitgenössischer blindgestempelter Rindsledereinband über Holzdeckeln (SCHUNKE, Schwenke-Sammlung 2: Lübeck, Maria spitzoval) mit Resten von zwei Schließen und Beschlägen.

Die nach ihrem Drucker benannte 'Koelhoffsche Chronik' – der Originaltitel lautet *Die Cronica van der hilliger Stat van Coellen* – bildet den Höhepunkt der spätmittelalterlichen Kölner Stadtchronistik. Für die Darstellung der 1500jährigen Geschichte Kölns greift der unbekannte Verfasser auf eine Vielzahl von Quellen zurück. Die Hauptquelle bildet die um 1470 entstandene 'Agrippina' des Kölner Bürgers Heinrich von Beeck, aber auch andere deutsche und lateinische Werke zur Kölner Stadtgeschichte, dazu kommen die Standardwerke der mittelalterlichen Universalgeschichte, unter anderem wurde die nur sechs Jahre zuvor erschienene Weltchronik Hartmann Schedels benutzt (s. Kat. 199), sowie patristische Schriften. Das Werk ist geprägt von einem großen Stolz auf die Vergangenheit und kaisertreue Haltung der *Metropolis ind heuftstat… van gantzen duytschen lande.* Von besonderem Quellenwert ist, neben den Angaben zur Stadtgeschichte der zweiten Hälfte des 15. Jahrhunderts, vor allem der ausführliche Bericht über die Erfindung des Buchdruckes (Bl. 311ᵛ–312ʳ, vgl. Kat. 199). Obwohl in diesem Zusammenhang auch vor der Einführung einer Zensur gewarnt wird, wurde die Koelhoffsche Chronik selbst von dem am 12. November 1499 vom Offizial der erzbischöflichen Kurie erlassenen Kölner Zensuredikt betroffen.

Untersuchungen von Severin Corsten legen nahe, daß der unbekannte Verfasser der Koelhoffschen Chronik dem Augustinerorden angehörte, evtl. stammte er aus dem nur wenige Minuten von Koehlhoffs Haus entfernt gelegenen Augustinerkloster an der großen Sandkaule.

Wie der Text gehen auch die Holzschnitte, deren Größe von 4,5 x 3,5 cm bis zu einer ganzen Seite reicht, auf ältere Handschriften der Kölner Stadtchronistik, vor allem der 'Agrippina' zurück. Die abgebildete Seite zeigt den Streit der Städte Köln, Tongern und Trier um den Leichnam des heiligen Maternus, der in der ersten Hälfte des 4. Jahrhunderts Bischof dieser drei Städte gewesen sein soll. Vor dem Hintergrund der Stadt Köln – zu erkennen ist der unvollendete Dom mit dem Baukran – erscheint den Streitenden ein Engel in Gestalt eines alten Mannes, der ihnen befielt, den Verstorbenen in ein unbemanntes Boot zu legen und es auf dem Rhein treiben zu lassen. Schließlich landet das Boot in Trier, wo Maternus begraben wird. Das Attribut 'heilig' verdankt Köln seinen zahlreichen heiligen Bischöfen, deren Reliquien die Stadt beherbergt und deren Verdienste sie gleichsam umgeben – eine Vorstellung, die im Titelholzschnitt aufgenommen wird.

Der Drucker und Verleger Johann Koelhoff der Jüngere wurde 1487 in der juristischen Fakultät der Universität Köln inskribiert, einen akademischen Grad scheint er jedoch nicht erreicht zu haben. 1493 übernahm er nach dem Tod des Vaters dessen Kölner Offizin sowie sein Typenmaterial, das später in den Besitz des Heinrich von Neuß überging. Neben seiner Drucker- und Verlegertätigkeit war Koelhoff auch als Viehhändler aktiv.

Ein interessantes druckhistorisches Detail findet sich auf Bl. 349. Die offensichtlich zu gewagte Schilderung einer Turnierniederlage König Maximilians sowie eine abfällige Bemerkung über den königlichen Schatzmeister Peter Langhans haben den Drucker veranlaßt, dieses Blatt in einem Teil der Auflage, so auch im Berliner Exemplar, herauszuschneiden und dafür ein neu gesetztes, zurückhaltender formuliertes Blatt einzukleben.

Copinger 4989. – VB 1077. – GW 6688. – Schramm 8, Abb. 749–828. – Cardauns, Hermann: *Die Chroniken der niederrheinischen Städte. Cöln.* 3 Bde. (Die Chroniken der deutschen Städte vom 14. bis ins 16. Jahrhundert 12–14). Leipzig 1875–1877. Bd. 2, 1876, S. 209–636, Bd. 3, 1877, S. 641–918. – *Die Cronica van der hilliger Stat Coellen. Faksimiledruck.* Köln 1972. – Geldner, Ferdinand: *Neue Aspekte des Berichts der Kölner Chronik von 1499 über das Coster-Problem,* in: Archiv für Geschichte des Buchwesens 15, 1975, S. 435–468. – Corsten, Severin: *Die Kölnische Chronik von 1499.* Hamburg 1982. – Beckers, Hartmut: Art. 'Koelhoffsche Chronik', in: ²VL 5, 1985, Sp. 7–10. – Schmitz, Wolfgang: *500 Jahre Buchtradition in Köln. Von der Koelhoffschen Chronik bis zu den Neuen Medien.* Köln 1999, S. 72–85. – Mölich, Georg, Neddermeyer, Uwe, Schmitz, Wolfgang (Hgg.): *Spätmittelalterliche städtische Geschichtsschreibung in Köln und im Reich. Die 'Koelhoffsche' Chronik und ihr historisches Umfeld.* Köln 2001 (Veröffentlichungen des Kölnischen Geschichtsvereins).

KG

211 Sigismund Meisterlin: Cronographia Augustensium, dt.

Augsburg, 1457
Papier, 153 Bll., 28,5 × 21 cm
Vorbesitzer: Aus der Bibliothek des Juristen Friedrich Carl von Savigny. 1862 der Königlichen Bibliothek übereignet.
SBB-PK, Ms. Sav. 28

Aufgeschlagen Bl. 22ᵛ/23ʳ: Beginn des zweiten Teils.

Iʳ–IIIʳ: Vorrede und Widmung an den Rat der Stadt Augsburg, IIIᵛ–VIIIᵛ: Inhaltsverzeichnis, 1ʳ–139ʳ: Sigismund Meisterlin: Cronographia Augustensium, dt.; 1ʳ, 22ᵛ, 48ᵛ und 80ᵛ vier einspaltige 10–12-zeilige Initialen (Federzeichnung mit Deckfarben), lateinische Zitate in großen roten Majuskeln; Lederband über Holzdeckeln (Ende 15. Jh.) mit Streicheisenlinien und Einzelstempeln.

Im Sommer 1456 vollendete Sigismund Meisterlin (um 1435 – nach 1497), Mönch des Augsburger Benediktinerklosters St. Ulrich und Afra, seine im Auftrag Sigismund Gossembrots (1417–1493) in Latein verfaßte

Kat. 211, 22^v

die Chronik dem Rat und ihren möglichen weiteren Lesern ganz konkrete Handlungshilfen bieten, werde man doch durch *die beschechen ding … underricht was man in künftig zeit handlen sol*. Aus Vorsicht gegenüber den zeithistorischen Kenntnissen seines Empfängerkreises sparte Meisterlin gegenüber der lateinischen Fassung jedoch die letzten Jahrzehnte seines Berichts aus und schloß mit Ludwig dem Bayern.

Unmittelbar nach der Übersetzung des Werkes noch im Jahre 1457 gab Sigismund Gossembrot bei Heinrich Pittinger – gleichfalls Konventuale von St. Ulrich – mindestens zwei Abschriften der deutschen Fassung der Chronik in Auftrag. Neben der vorliegenden Handschrift handelt es sich dabei um den Codex 2° Aug. 60 der SuStB Augsburg, beide dürfen zu den frühesten Abschriften des Werkes gerechnet werden. Aufgrund des engen personellen und zeitlichen Zusammenhangs dürfte die Handschrift dem Augsburger Rat als Adressaten der Chronik oder seinem direkten Umfeld zugedacht gewesen sein.

BELLE, EUGEN TRAUTTWEIN VON: *Verzeichnis der von dem verewigten Herrn Staatsminister Carl Friedrich von Savigny mittelst Legats vom 26. Mai 1852 der Königlichen Bibliothek zu Berlin vermachten Werke*, Berlin 1865, S. 92. – LAMPERT, HANS OTTO: *Beschreibung von 23 bei Degering nicht mehr erfaßten Handschriften der ehemaligen Preußischen Staatsbibliothek zu Berlin* (masch. Magisterarbeit), Tübingen 1970, S. 77–80. – COLBERG, KATHARINA: *Art. 'Meisterlin, Sigismund', in: ²VL 6, 1987, Sp. 356–366.*

RG

Chronographia Augustensium. Unmittelbar im Anschluß daran ließ Gossembrot, einer der wichtigsten Protagonisten des deutschen Frühhumanismus, gleichfalls durch Meisterlin eine deutsche Übersetzung für das breitere Publikum der städtischen Führung erarbeiten. Meisterlin akzeptierte nur schweren Herzens, *nach dem ich in teutsch nit sunder mer in latein geübt pin*. Nach einem halben Jahr war auch diese Arbeit getan, so daß der deutsche Text im Januar 1457 dem Augsburger Rat übergeben werden konnte. In seiner Widmung an diesen formuliert Meisterlin sehr prägnant Genese und Zweck seines Werks. Da es bis dahin nur unbefriedigende kurze *materij* gegeben hätte, habe Gossembrot ihn gedrängt, sein gesammeltes Wissen über die Geschichte Augsburgs niederzuschreiben. Dazu habe Meisterlin sich *alt hijstorijen*, besonders aber der *haidnischen maistern puchern* bedient, *die vor Christi gepurt gemacht sind*. Diese Vorlagen lassen bereits erkennen, daß nicht die heilsgeschichtliche Stellung der Stadt und ihrer Vergangenheit, sondern der praktisch-politische Nutzen des Werkes für seine Entstehung ausschlaggebend war. Tatsächlich sollte

212 Sigismund Meisterlin: Cronographia Augustensium, dt.

Augsburg, 1490
Papier, 8 Bll., 19,5–23 × 14,5–16,5 cm
Vorbesitzer: Aus den Sammlungen von Nagler (KK 1050) und von Radowitz (KK 4073–4079) 1835 und 1856 vom Königlichen Kupferstichkabinett erworben.
SM-PK KK, Min 1050 und Min 4073–4079

Alle Blätter ausgestellt.

Acht aquarellierte Federzeichnungen. 4079: Einritt eines Kaiserpaares in eine Stadt (Titelbild zu Teil 1, Beginn der Vorrede); 4073: Japhet und seine sieben Söhne (zu Teil 1, Kap. 10) 4075: Reiterschlacht mit Amazonen (zu Teil 2, Kap. 2); 4076: Amazonen belagern eine Stadt (zu Teil 2, Kap. 3); 4074: Anbetung der Göttin Cisa (zu Teil 2, Kap. 5); 4078: Enthauptung von vier Märtyrern (zu Teil 4, Kap. 3); 4077: Erhebung des Hl. Ulrich (zu Teil 4, Kap. 10); 1050: Grablegung der Hl. Digna (zu Teil 4, Kap. 12).

Die acht Zeichnungen des Augsburger „Meisters von 1477" waren Teil einer illustrierten Handschrift von

Kat. 212, Min 4076

Meisterlins Chronik, deren Bilder wohl zu Beginn des 19. Jahrhunderts herausgeschnitten und einzeln in den Kunsthandel gelangt waren und von der noch weitere 16 Blätter in verschiedenen anderen Sammlungen erhalten sind. Die Rückseite der in der Abfolge des Textes ersten Zeichnung (KK 4079) enthält das Ende des Inhaltsverzeichnisses sowie den Schreibervermerk des Conrad Vayhinger aus Friedberg bei Augsburg. Neben der Erwähnung von Meisterlin als Autor und Gossembrot als ursprünglichem Auftraggeber verweist er ausdrücklich darauf, daß *diese matery ist ... am ersten geschriben von Bruder Hainrich Pittinger conventual,* jenem Benediktiner also, der auch als Schreiber von Ms. Savigny 28 (Kat. 211) in Erscheinung tritt. Mag Vayhinger damit auch lediglich den entsprechenden Schreibervermerk seiner Vorlage adaptiert haben, so war dennoch über drei Jahrzehnte nach Abfassung des Werkes und seiner frühesten Abschrift die Person Pittingers weiterhin mit dem Werk Meisterlins verknüpft. Dies läßt nicht zuletzt die überlieferungsgeschichtliche Bedeutung der von Pittinger geschriebenen Berliner Handschrift Ms. Savigny 28 noch einmal deutlich hervortreten.

WESCHER, *S. 218 f.* – LEHMANN-HAUPT, HELLMUT: *Schwäbische Federzeichnungen. Studien zur Buchillustration Augsburgs im XV. Jahrhundert. Berlin und Leipzig 1929, S. 44–46, 212–216 und Abb. 90–95.* – SWARZENSKI, GEORG *und* ROSY SCHILLING: *Die illuminierten Handschriften und Einzelminiaturen des Mittelalters und der Renaissance in Frankfurter Besitz (Jahresgabe für die Mitglieder der Frankfurter Bibliophilen-Gesellschaft 1926–1928). Frankfurt a.M. 1929, S. 225–226 und Tafel LXXIV.*

RG

XII

BUCHDRUCK
ALS
NEUES
MEDIUM

Welch grosser Nutzen und welche Seligkeit kommt von den Leuten, die gedruckte Bücher machen! Gutenbergs Erfindung und die deutschen Texte

1.

In der bibliothekarischen Tradition wird 1400 als das Geburtsjahr Johann Gutenbergs vermutet, und so konnte man 2000, zu seinem 600. Geburtstag und beim Übergang in ein neues Jahrtausend, den Mainzer Erfinder des Buchdrucks mit beweglichen Lettern nicht nur als „man of the Millenium" feiern, sondern auch ausgiebig über Parallelen bei den Medienwechseln sinnieren: Denn wie wir heute den Siegeszug der elektronischen Medien beobachten und das Gefühl haben, das Buch verliere an Bedeutung, so trat nach der Fertigstellung der zweiundvierzigzeiligen Bibel um 1456 „die Handschrift" zurück, so daß wir das gedruckte Buch bis heute (noch) als das „normale" Transportmittel literarischer Werke und von Fachabhandlungen empfinden. Schrieb jemand hernach einen Text mit der Hand, so verfaßte er eine Vorlage für die – erhoffte – Verbreitung im Buchdruck, oder er sammelte private Notizen zum persönlichen Gebrauch (Kochrezepte, Abschriften), wobei manch einer sicher wünschte, sein Tagebuch oder die Chronik könnte vielleicht doch breitere Kreise interessieren.

Aber auch alles, was vor Gutenberg niedergeschrieben worden war, verdankt seine Wirkung bis in unsere Tage dem Buchdruck. Wäre es bei den zehn großen handschriftlichen Zeugen des Nibelungenliedes (vgl. Kat. 7–10) geblieben, wäre das Werk kaum ins allgemeine Bewußtsein gelangt. Die Entdeckungsgeschichten solcher Texte sind unterschiedlich. Bereits vor der Erfindung des Buchdrucks hatten Humanisten die Handschriftenschätze der Klöster durchstöbert, zuerst nach antiken Klassikern, ob Cicero, ob Livius. Sie edierten sie handschriftlich, später gaben sie die Werke in den Druck. Allmählich änderte sich die Optik: Einer der ersten, der auch nördliche, deutsche Autoren in seine Erkundungen einbezog, war der Humanist Conrad Celtis, der 1501, ein Jahr nach dem Ende der von den Bibliothekaren als besonders herausgehobenen „Inkunabelzeit", in Nürnberg die berühmte Ausgabe der – lateinischen – Werke sogar einer Frau herausbrachte: Roswithas von Gandersheim. Später, als sie sich als Wissen-

schaft etabliert hatte, veranstaltete die Germanistik historisch-kritische Ausgaben oder wenigstens Textabdrucke nach in Handschriften überlieferten deutschen Texten, vereinheitlichte so die Überlieferung und machte die Textgestalt diskutierbar. Die Werke gelangten in den Schulunterricht und fanden Anklang beim Bildungsbürgertum, so daß uns heute viele als „Schöne Literatur" oder wenigstens „Stoffe der Weltliteratur" gegenwärtig sind.

Freilich hatten manche Werke bereits einen Medienumbruch hinter sich. Um 500 entstand der „Kodex", der uns geläufige Papier- oder Pergamentquader des Buches, vorher waren die Texte auf Rollen geschrieben worden. Texte der Antike, die nicht in diese Form übertragen wurden, schafften den Sprung ins Mittelalter nicht. Was überlebt hatte, wurde oft bereits im Wiegendruckzeitalter in die neue Publikationsform überführt, sicher zuerst Werke in lateinischer Sprache, später in Griechisch, sofern es sich um solche Originale handelte. Es folgten Übersetzungen in die Volkssprachen. Es spielt dabei eine untergeordnete Rolle, ob es sich um von den Philologen akzeptierte Originalwerke der Antike oder um philologisch problematische Zuweisungen an große Namen handelte. „Aesop" z. B. war schon am Ausgang des Altertums zum Inbegriff von belehrender Fabeldichtung geworden, gleichgültig ob oder wann ein buckliger phrygischer Sklave dieses Namens gelebt hatte. Weit später verfaßt, berufen sich auch die „Disticha Catonis" (vgl. Kat. 92, 93) auf das Altertum. In beiden Fällen ist es die fundamentale Autorität der antiken Namen, die den Lesern des ausgehenden Mittelalters den Zugang eröffnete und sie zur Lektüre ermunterte. Die Texte waren so im allgemeinen Bewußtsein verwurzelt, daß die Drucker damit rechnen konnten, dafür im neuen Medium, sogar in deutscher Sprache, ein (nachwachsendes, auch privates) Publikum zu finden, obwohl es ja zahlreiche Handschriften gab. Auch erleichterte hier der schmale Umfang den Absatz.

Das westliche Europa des 15. Jahrhunderts, das dem Buchdruck Nahrung bot, war eine relativ einheitliche Kulturregion. Herrschaft wurde in feudalen Ordnungen ausgeübt, mal eher zentralistisch in Großräumen, mal in kleinen und kleinsten Territorien. Alle Lebensanschauungen waren an die Kirche gebunden, die 1492 mit der Einnahme Granadas vor der Reformation eine letzte Flurbereinigung vornehmen konnte. Dennoch gab es im Detail mannigfaltige Unterschiede, ob sie ökonomische oder ideologische Wurzeln hatten. Die ersten Vertreter der Schwarzen Kunst hatten sich darauf einzustellen.

Gutenbergs 42zeilige lateinische Voll-Bibel (GW 4201) steht mit ihrer kräftigen Texttype (Textura) ganz in der Handschriftentradition; allein durch diese Schrift und wegen des damals allgemein verwendeten dicken Hadern-Papiers oder des Pergaments kamen nach dem Druck zwei stattliche Folianten zustande, deren Preis von Privatpersonen schwer aufzubringen war. Sie dürften speziell für institutionelle Käufer (Klöster) bestimmt gewesen sein. Auch die deutschen (und niederdeutschen) Übersetzungen bis 1500 (GW 4295–4309, vgl. auch die Formate der Kat. 98–108) tragen alle die Formatangabe Folio und sind teilweise in zwei Bänden erschienen. Zu gleicher Zeit jedoch boten andere Drucker die lateinische Bibel bereits im Oktavformat an, Johann Froben in Basel (27.X.1495, GW 4275), die Brüder Angelus und Jacobus Britannicus in Brescia (1496, GW 4276) sowie Hieronymus de Paganinis zweimal hintereinander in Venedig: 1492 (GW 4271) und 1497 (GW 4278). Die Typen waren – analog zur Perlschrift der Handschriften – teilweise so winzig, daß mancher wahrscheinlich einen Lesestein, eine Brille oder Lupe gebraucht hat. Hätte es damals Aktentaschen gegeben, man hätte die Ausgaben mühelos zusammen mit anderen Papieren transportieren können. Man kann sie sich gut in den kleinen Wohnräumen von Fachwerkhäusern und in Privatbibliotheken vorstellen! Es brauchte keine Kette, um sie wie in Klosterbibliotheken gegen Diebstahl, Verstellen und Herunterfallen zu sichern.

Von den Übersetzungen in andere Volkssprachen sind die italienischen aufgrund der kleineren Maße und geringeren Stärke der Papierblätter selbst als Foliodrucke weitaus handlicher als die deutschen. Auch sind die erhaltenen Exemplare, wie die in der originalen Vulgata-Fassung, auffällig oft am Textbeginn glanzvoll illuminiert und mit Wappen geschmückt worden, was darauf hindeutet, daß vielfach finanziell potente Familien in Italien (die ein Wappen führten) Bibeln zur privaten Lektüre erworben haben. Mit ähnlichen Abnehmern dürfte auch der Pariser Großbuchhändler Antoine Vérard gerechnet haben, als er seine Ausgabe einer französischen Bibelübersetzung (GW 4310) ebenfalls in Folio publizierte. Er hatte Beziehungen zum Königshof und gewiß auch zum Hochadel, einige Exemplare sind kostbar auf Pergament gedruckt. Neben einer tschechischen Bibel (in zwei Ausgaben: Prag und Kuttenberg, GW 4323 und 4324) wurde auch eine katalanische Übersetzung herausgegeben. Doch die Inquisition verbot sie mit Edikt vom 2. Mai 1498. Alle Exemplare wurden verbrannt. Überhaupt scheint die Kirche in Spanien selbst den Druck lateinischer Bibeln verhindert zu haben, es sind keine Ausgaben überliefert. Es wird deutlich, daß es nicht einfach ist, von einer der damaligen „großen Buchdrucknationen" Europas auf andere zu

schließen, und die Drucker hatten sich auf die regionalen Besonderheiten einzustellen, wenn sie (wie es ja häufig vorkam) ihre Heimat verließen oder ihre Produkte in der Ferne verkaufen wollten.

2

Unser Beispiel der Bibelübersetzungen entspricht der Denkart der Zeitgenossen. Die „Kölnische Chronik" eines unbekannten Verfassers (Kat. 210, hier Abb. 311ᵛ) widmet der Erfindung der Buchdruckerkunst ein eigenes Kapitel „Von der Buchdrucker-Kunst" (*Van der boychdrucker kunst*). Unsere Titelzeile stammt daraus, und einige weitere Passagen seien hier zitiert – auch wenn manche Information (wie die folgende über Straßburg als Geburtsort) nicht den Tatsachen entspricht. Die Gutenberg-Forschung leidet darunter, daß es so wenige Quellenzeugnisse gibt: Hier wird sogar der Erfinder erwähnt: „Der erste Erfinder der Druckerei ist ein Bürger zu Mainz gewesen, der in Straßburg geboren war, und er hieß Junker Johann Gutenberg" (*Mer der erste vynder der druckerye is gewest eyn Burger tzo Mentz. ind was geboren va(n) Straißburch. ind hiesch joncker Johan Gudenburch*, Blatt CCCxij)! Wir lesen ferner Sätze wie: „Sie (die zeitgenössischen Leser) verstehen nicht alle die Heilige Schrift in latein, die sie <nicht> lesen können. So wollen sie sie in deutscher Sprache lesen. (*Sij verstain niet all die hillige schrifft in latijn/die sij kunne(n) lesen. Also geschiet*

Kat. 210, Kölnische Chronik, Bl. 311ᵛ (Ausschnitt)

ouch den die selue schrifft geduytscht lesen...) Oder Blatt CCCxi^v: „...hat der ewige Gott in seiner unergründlichen Weisheit die löbliche Kunst der Druckerei erweckt, daß jeder Mensch auf dem Weg zur Seligkeit selbst lesen oder lesen hören kann... Gott gebe es den Laien, die deutsch lesen können" (*...hait d' ewige got vyss synre vnvyssgru(n)tlicher wijßheit vperweckt die louesam kunst/dat men nu boicher druckt/... dat eyn yeder mynsch mach den wech d' selicheit selffs lesen off hoere(n) lesen... Got geue idt leyen die duytsch kunne(n) lesen*). Die Zitate zeigen, daß die theologische Belehrung als der wichtigste Nutzen der Buchdruckerkunst empfunden wird, Ungelehrtheit, Unwissen und Irrglauben könnten so bekämpft werden. Nebenbei wird hier übrigens ein interessanter Aspekt von Textaneignung, die wir ja als „Lesen" bezeichnen und heute gemeinhin als stillen Vorgang praktizieren, berührt: Im letzten Passus wird „lesen" und „hören lesen" gleichrangig benutzt, ein Zeichen, daß den Menschen, die noch nicht lesen konnten, damals (offenbar in bedeutendem Ausmaß) öffentlich vorgelesen wurde. Ebenso steht in der letzten Fabel von Ulrich Boners „Edelstein" (Kat. 67): „Der Geschichte, wie ihr sie lesen gehört habt" (*Der geschicht als ir habt hore(n) lese(n)*).[1]

Dem Umgang mit Gott, der Gestaltung des Seelenlebens, diente aber nicht nur die Bibel als Basisinformation und Lebensbegleiter. Zeitgenossen schrieben ihre persönlichen Erfahrungen mit Gott nieder, schlossen sich Mönchsorden oder Laienbewegungen (Devotio moderna) an und studierten Texte der Mystiker des Mittelalters: Seuse (s. Kat. 114, 115), Bertholdus (Kat. 141, 142), Tauler. Einige Bücher wie die „Nachfolge Christi" des Thomas a Kempis sind uns bis heute vertraut. Den Druckern bot sich so die Möglichkeit, neben der Bibel schmalere Werke aufzulegen, und sie fanden ein interessiertes Publikum: Haben sie nicht in unseren Tagen die Restauratoren gesäubert, finden wir darin bisweilen Beweise recht intensiver Lektüre: schmutzige, schweißige Finger haben die Blätter umgeschlagen und so Spuren hinterlassen.

Gutenberg war sich schwerlich der Tragweite seiner Erfindung bewußt, und mit der technischen Lösung des „Buchdrucks mit beweglichen Lettern" stellte er seine Adepten vor neue, in diesem Ausmaß nicht gekannte Probleme. Denn die Drucker mußten nicht nur ihre Helfer, Gesellen, entlohnen, sie mußten Druckerschwärze, Blei und Papier kaufen, sie brauchten eine Druckerpresse, den Trockenraum und ein Lager für die fertigen Bücher. Es war zu entscheiden, ob ein Titelholzschnitt genügte oder der Text durchgängig illustriert werden sollte. Der Künstler dafür war zu bezahlen, billig wie viele für uns Namenlose mit ihren unbeholfenen Arbei-

ten, wohl damals schon teuer wie Albrecht Dürer. Alle diese Aufwendungen lohnten sich erst, wenn im Produktionsprozeß eine stattliche Auflage entstand. Deren Höhe zu bestimmen, mußte möglichst realistisch der Bedarf eingeschätzt werden, Diebold Lauber in Hagenau (Kat. 60–62) mit seiner Handschriftenproduktion auf Vorrat sowie all die anderen städtischen Ateliers, die gewerbsmäßig Texte abschrieben, hatten bei der Auswahl der Texte und der Festsetzung der Kopienmenge vor einem ähnlichen Problem gestanden, aber es war wegen des geringeren Ausstoßes kleiner. Anschließend mußten Hunderte identischer Exemplare verkauft werden, was ohne eigene Organisationsformen kaum möglich war. Da viele Auflagen nicht vollständig am Druckort abgesetzt werden konnten, gingen die Bücher in die Ferne. Man konnte die eingespielten Handelsbeziehungen anderer Gewerbe dabei nutzen. Gutenbergs Mainzer Geldgeber Johann Fust starb 1466 auf einer Verkaufsreise nach Paris!

Reklame fördert das Geschäft. Bereits die Frühdrucker setzten Werbezettel ein, „Buchhändleranzeigen", auf denen sie einzelne Ausgaben oder ihre gesamte Verlagsproduktion anpriesen. Ebenfalls der Reklame dürfte das Titelblatt gedient haben, das immer mehr Texten vorangestellt wurde. Handschriften brauchten kein extra Blatt am Anfang nur mit dem Titel und vielleicht dem Entstehungsjahr. In der Auslage eines Buchhändlers jedoch erhöhte ein Bild die Werbewirkung, und ein Titel erlaubte potenziellen Kunden, sich zu orientieren. Man konnte ihn aus dem Setzkasten mit „beweglichen", wieder verwendbaren Typen drucken oder aber, wie z. B. bei Dürers Apokalypse (Kat. 218) oder Riederers Rhetorik (Kat. 237), mit kunstvoll verzierten Buchstaben (zu einmaligem Gebrauch) in Holz schneiden.

Natürlich muß es für die Drucker nahe gelegen haben, Texte in der Sprache aufzulegen, die ihre Umgebung in der Mehrheit tagtäglich sprach. Sie wendeten sich gleichsam an ihre Nachbarn, die lesen konnten oder denen man vorlas. Auch darin ist Gutenberg vorausgegangen: Seiner Offizin entstammen Grammatikausgaben (zum Erlernen des Lateinischen) sowie zwei deutsche Texte, ein „Fragment vom Weltgericht" und ein Türkenkalender. Reich hat das freilich nur wenige Drucker gemacht: Viele der neu verfaßten Bücher in deutscher Sprache wirken wenig spektakulär, und die „reinen" Spezialisten für diese Texte zählen nicht unbedingt zu den großen Namen der Bibliographie des 15. Jahrhunderts mit langer Wirkungszeit und großem Ausstoß. Anton Sorg und Johann Schönsperger in Augsburg, Albrecht Kunne in Memmingen, Heinrich Knoblochtzer in Straßburg und Heidelberg oder Johann Prüss in Straßburg haben gleichzeitig immer auch lateinische Bücher gedruckt!

3

Diese Ausstellung zeigt vielfältig, wie der Buchdruck bereits in seiner Frühphase bis 1500 literarische Traditionen – selbst der Antike – aufnahm und Texte mit Lettern und Druckerpresse vervielfältigte, die zuvor in Klöstern oder laikalen Werkstätten abgeschrieben worden waren. Hinzu kamen neue Texte, so daß wohl das gesamte Alltagsleben berührt wurde. Die staatlichen Kanzleien nutzten die Möglichkeit, ihre Erlasse in großer Stückzahl allen Betroffenen zukommen zu lassen oder Nachrichten in der Bevölkerung breit zu streuen, die Kirche hätte ohne gedruckte Ablaßformulare wohl weit weniger Geld eingenommen.

Auch die Position der Autoren hat sich geändert. Sie konnten schnell mit einer weiten Verbreitung ihrer Werke rechnen. Selbst Verfasser von Kleinschriften hatten eine Chance, an die Nach- oder Umwelt zu gelangen, auch kleine Hefte von vier oder sechs Blatt ließen sich problemlos vermarkten, was besonders den Zeitgenossen zugute kam. Freilich hatten wohl Autoren wie Drucker davon auszugehen, daß mancher der Verfassernamen nur in einem engeren Territorium als Kaufanreiz wirksam wurde: Wie erfuhr man (ohne unsere moderne Kommunikation) weit entfernt von seinen Vorzügen und Meriten?

Die Person des Nürnberger Dichters Hans Folz (Kat. 213) ist auch soziologisch ein eindrucksvolles Beispiel. Seine Schwänke, Fastnachtspiele oder Meisterlieder umfassen im Druck vier bis höchstens zwanzig Blatt in Oktav, dazu kommen Einblattdrucke. Die meisten hat er in einer eigenen Druckerei zumindest einmal selbst hergestellt, ehe sie von anderen nachgedruckt wurden. Wenn wir lesen, daß er in Nürnberg als Wundarzt und Barbier wirkte, ahnen wir, daß er mit Einkünften daraus das tägliche Leben und seine literarische Karriere finanziert hat.

Ähnlich wird der Augsburger Spruchdichter Jörg Preining (Kat. 214) in den Quellen ausdrücklich als Weber und Schreiber bezeichnet.[2] Hans Rosenplüt (Kat. 215) in Nürnberg war gleichfalls handwerklich als Rotschmied und Büchsenmeister tätig. Alle drei kannten ihr Publikum am Ort fast persönlich,[3] ihre Texte sind kurz und entsprechen den in Italien viel gedruckten „Rappresentazioni", Spielszenen, die im Druck nur wenige Seiten füllen. Diese Hefte müssen billig gewesen sein und stehen in starkem Kontrast zu Theatertexten einer ande-

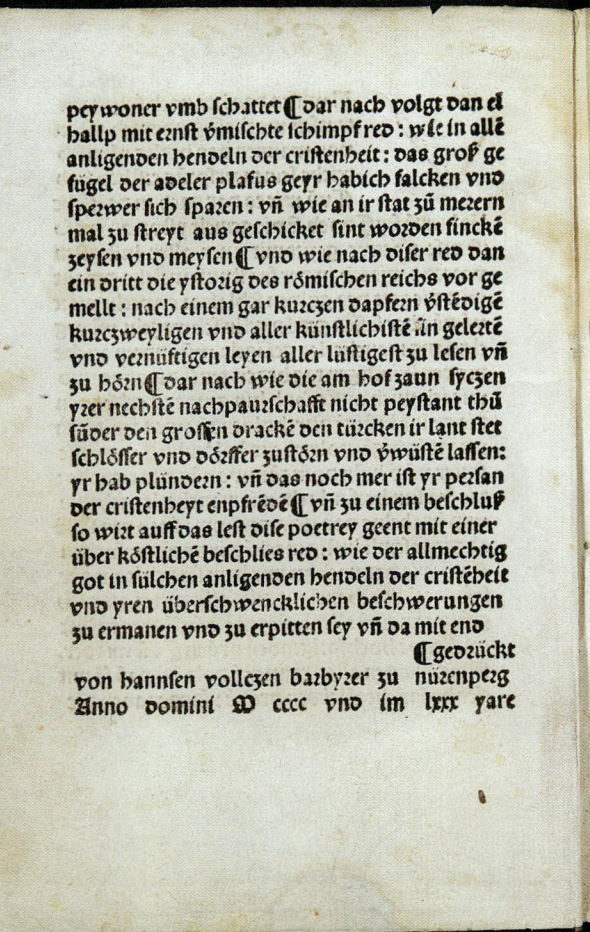

Kat. 213, Hans Folz: Vom Ursprung des heiligen römischen Reiches, Bl. 2ᵛ

ren Volkssprache: Der erwähnte Antoine Vérard in Paris druckte das von Jean Michel bearbeitete „Mystère de la Passion" (Hain 11662) auf über zweihundert Blatt für sein anspruchsvolles Publikum teilweise sogar kostbar auf Pergament! Spiele dieser Art wurden in Frankreich mit großem Aufwand an mehreren Tagen hintereinander aufgeführt.[4]

Wenn die „schöne" Literatur zur „Unterhaltung" Interessenten fand, wieviel mehr dürfen wir das bei Büchern zu Themen erwarten, die die Menschen jener Zeit innerlich beschäftigten und bedrückten. Tatsächlich haben die darauf spezialisierten Drucker der Inkunabelperiode Autoren, die ihnen Ratgeber und Lebenshilfen anboten, ihre Werke offenbar förmlich aus der Hand gerissen. Die Leser haben sie intensiv genutzt – und verschlissen, so daß einige der hier gezeigten Bücher die einzigen Belege für diese Druckausgaben sind. Der Rest der Auflagen ist verloren.

An erster Stelle dürfen wir nach dem, was wir eingangs über den „Nutzen" der Buchdruckerkunst gesagt

Kat. 214, Jörg Preining: Spruch vom Unterschied zwischen guten und bösen Menschen

haben, die Theologie setzen. Bibeln, Gebetbücher, Predigten, Legenden und andere Texte der Frömmigkeit finden wir in gedruckten Zeugnissen in den entsprechenden Vitrinen. Sogar Landesfürsten kümmerten sich um solche Texte! Nach dem Vorwort der „Himmlischen Fundgrube" verlangte Kurfürst Friedrich der Weise von Sachsen, später ja Luthers Förderer, von dem damals berühmten Ablaßprediger Johann von Paltz (Kat. 216), er möge einige Predigten in deutsch verfassen. Natürlich ist Johann der Bitte nachgekommen, aber etwas unwohl war ihm doch, weshalb er schließt: *Bit euer furstlich genad welle nicht vorachten das schlecht teutzsch. So offt vnder einer groben rinden ein guter kern vorborgen."* [5]

Aus der großen Anzahl weiterer Titel, die den Gläubigen die Lebensgestaltung und den Klerikern die Ausübung ihrer Ämter erleichtern sollten, seien einige herausgegriffen: „Auslegung von Sankt Augustins Regel", „Lehre, wie du führen sollst dein Leben", „Beichtspiegel", „Kunst zu sterben", „ABC der göttlichen Liebe"... Daneben gab es natürlich Predigtensammlungen, die „Leben der Altväter" (Vitas/Vitae sanctorum patrum, Kat. 110) oder neue theologische Texte wie die des Johannes Nider.

Kat. 218, Apokalypse, Johannes
verschlingt das Buch, Holzschnitt
von Albrecht Dürer

Auch der unserer Ausstellung den Namen gebende „Seelentrost" (Kat. 121, 217) ist vielfältig aufgelegt worden. In der Vorrede nennt der unbekannte Verfasser die Quellen, die er zu seiner Erläuterung der Zehn Gebote nutzte: Heiligenleben, Passional, die Historia Lombardica (des Jacobus de Voragine) und die Vita Christi – viele begegnen uns unter den Handschriften dieser Ausstellung.

Vom Inhalt her fehlt uns heute zu manchen Werken der Zugang. Er kann sich am ehesten emotionell über Bilder herstellen, die uns wegen der dahinterstehenden Vorstellungswelt anrühren. Ja, aber auch eins der großartigsten Zeugnisse spätmittelalterlicher Graphik wäre ohne Buchdruck nicht möglich gewesen: Albrecht Dürers Holzschnitt-Zyklus zur Apokalypse (Kat. 218). Wir wissen nicht, ob der Künstler mehr anstrebte als ein ganz normales Buch mit Bildern, als er es Anton Koberger in Nürnberg zum Druck in lateinischer und deutscher Sprache übergab. Kunstfreunde haben solche Bücher „umfunktioniert", sie haben die Bilder oft herausgetrennt, der (ja bekannte) Text war ihnen nicht so wichtig. So sind die Einzelblätter im Kupferstichkabinett

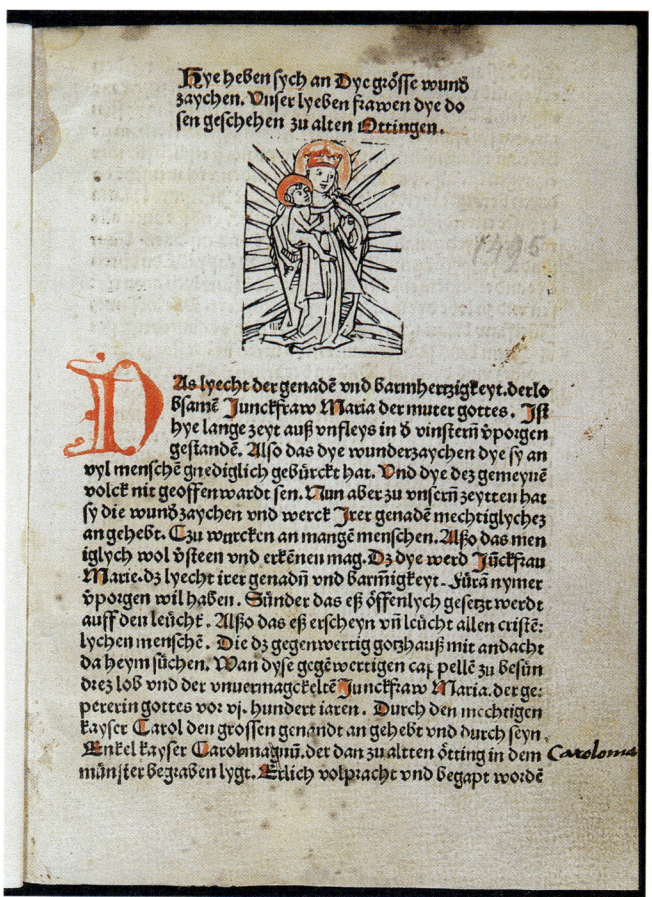

Kat. 221, Wunderzeichen Unserer Lieben Frau zu Altötting, Bl. 1ʳ

heute einzeln im Passepartout gesichert, den deutschen Text der Rückseiten kann man manchmal erahnen. Das Blatt „*Johannes verschlingt das Buch*" nach Offenbarung 10 zeigt Johannes mit einer „richtigen" Handschrift mit den vorgezeichneten Linien, die den Satzspiegel begrenzen sollen. Interessant ist es schon, Dürer vertraute dieses Bild dem neu erfundenen Buchdruck an, ein altes Buch war für ihn aber eine Handschrift! Er wußte nicht, daß zu Johannes' Zeiten Bücher anders ausgesehen haben und Jesu Jünger nicht einen Codex im Pergamentumschlag oder mit Lederbezug und Holzdeckeln hat „verschlingen" (Übersetzung Martin Luthers – auf dem Bild sieht es eher aus, als würde er die Buchstaben einsaugen) müssen, sondern eine (vielleicht Papyrus-)Rolle. „Im Bauch grimmen" (Vers 9) tat beides.

Vielfältig war der Ausstoß an neuen und alten Texten: Auf einem einfachen Einblattdruck (Kat. 219) findet man Ratschläge, wie man sein Leben führen soll, Gott lieben, die Messe besuchen und dem Bösen absagen...Im „Beichtbüchlein" (Kat. 220) sehen wir den

Priester im Beichtstuhl, vor ihm kniet das Beichtkind und bekennt seine Sünden. Hoffahrt, Neid, Zorn, Gier, Unkeuschheit und „*Fraß*" machten es schuldig, so daß es „*Den hungrigen nicht gespeyst... den dorstigen nicht getrenket, trege gewest*" und seine Zeit vertan hat. Die Strafe für Verfehlungen und damit die Zeit im Fegefeuer konnte man zu verringern suchen, indem man Ablässe erwarb. Wer mehr tun wollte als nur einen Ablaßbrief kaufen, unternahm eine Pilgerreise: nach Rom oder zu anderen heiligen Stätten. Andere pilgerten, um von ihren Krankheiten erlöst zu werden. Ein wichtiger Wallfahrtsort war und ist bis heute Altötting, über dessen Wunderheilungen ein Kleindruck berichtet (Kat. 221).

„Hauptsache Gesundheit", wünschen wir uns gelegentlich. Die schlimmste Bedrohung ihres Erdenlebens war für die Menschen im Mittelalter bekanntlich die Pest, deren Epidemien ganze Landstriche entvölkerten. Was wir heute zum Schutz vor Ansteckungen beachten, war unbekannt – und wäre unter den damaligen Lebensverhältnissen meist kaum zu realisieren gewesen. Im Grunde hilflos suchten die Ärzte nach Mitteln, zahlreiche Pesttraktate erschienen, in Latein mehr zum Gebrauch des Arztes, deutsch auch für die Latein-Unkundigen. Entsprechend unterschiedlich war das Niveau der Ratschläge. Hieronymus Brunschwig (Kat. 222) war Wundarzt in Straßburg und hat neben dem Pestbuch eine Chirurgie verfaßt. Er sieht in der Pest eine Strafe Gottes, so daß man sich zuerst mit Gott versöhnen soll, die getreuen Nothelfer Sebastian und Rochus um Schutz bitten – und den „*vindt (Wind) myden und flyhen*". Auch Heinrich von Laufenberg (Kat. 223, s.a. Kat. 165) empfiehlt, auf Wind und Luft zu achten: „*Ich sitz in minem huse bym feur. || Der lufft ist unrein for der tür. ||...*" Ebenso rät ein anonymer Pesttraktat aus Erfurt (Kat. 224), Städte zu fliehen, die von der Pest befallen sind, da man durch die schlechte Luft angesteckt werden kann. Der theologische Aspekt wird berücksichtigt, wenn unter „*bewarung*" gefordert wird: „*Vor allen dingen sollt ihr unkeusch(heit) und leibes wollust fliehen*".

Bereits der griechische Arzt Hippokrates (gest. 375 v. Chr.) hat bei bestimmten Krankheiten den Aderlaß empfohlen. Als Merkfigur für den richtigen Zeitpunkt, zu dem er anzuwenden war, und für die entsprechenden Leiden benutzte man bis ins 18. Jahrhundert das „Aderlaßmännchen" (s.a. Kat. 164). Es war um 1500 offenbar so wichtig, daß selbst kostbar ausgestaltete französische Gebetbücher, die mit Medizin eigentlich nichts zu tun haben, in ihrem Kalenderteil dieses Bild zeigen. Für den Arzt oder Bader gehörten diese Informationen zum Basiswissen, weshalb die Drucker einseitig bedruckte groß-

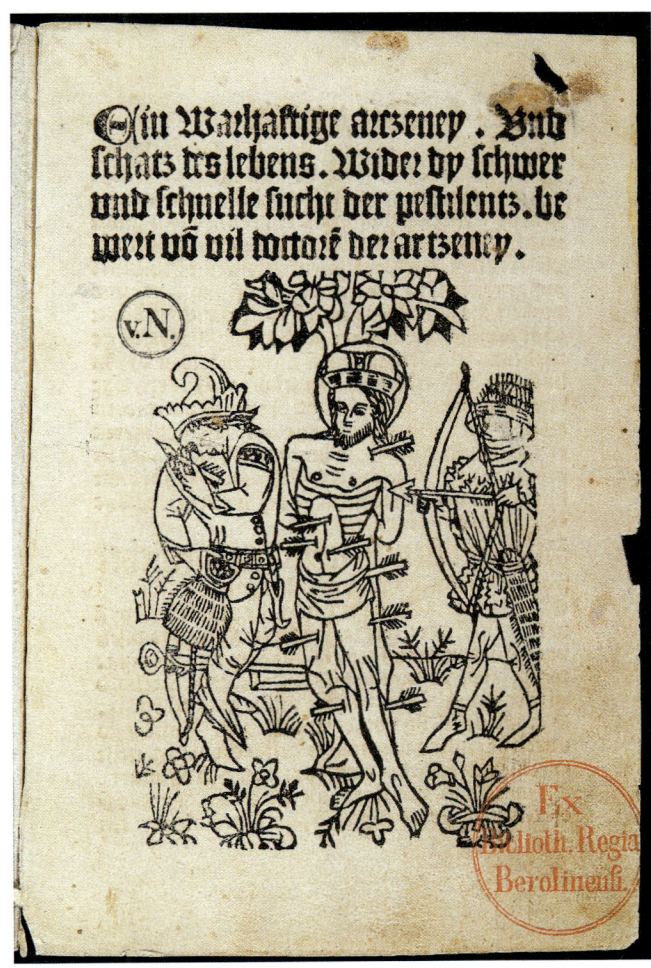

Kat. 224, Wahrhaftige Arznei wider die Pestilenz

fer-Wasser gut zur Kühlung des Kopfes sowie aller Glieder, und es nütze gegen die Pestilenz. Andere Arzneibücher (Kat. 228) bieten Behandlungsmethoden gegen so verschiedene Leiden wie Kurzatmigkeit, Seitenstechen oder Husten..., aber auch sexuelle und Eheprobleme werden berührt: *Was eine Frau fruchtbar macht* und „...*bringt lustige begird den mannen und den frawen*".

Natürlich wurden nicht nur Menschen krank, sondern auch Tiere. Eins der wichtigsten jener Zeit war das Pferd, da es die beste Hilfe auf Reisen und bei Transporten war. „Meister Albrant", Schmied und Stallmeister Kaiser Friedrichs III., schrieb ein „Arzneibuch der Rosse" (Kat. 229), von dem acht Ausgaben aus der Inkunabelzeit erhalten sind – meist in wenigen Exemplaren, so daß man den Verlust weiterer Auflagen vermuten könnte. Die Zahl der Ausgaben belegt das Interesse der Zeitgenossen!

In der Großen Politik bewegte viele Menschen des ausgehenden 15. Jahrhunderts der Vormarsch der Türken. Sie sahen darin wie in der Pest eine Strafe Gottes, und wenn sie weiter östlich, näher ihrem Aufmarschgebiet, lebten, kam wohl blanke Angst hinzu. Die gesamte Bevölkerung aber dürfte mit den Folgen konfrontiert gewesen sein: Die Verteidigung kostete Geld, und um dies zu sammeln, bot die Kirche den Gläubigen Sündenerlaß durch Ablässe an. Global gesehen war deren Erlös für diverse Sachausgaben wie z. B. den Kirchenbau bestimmt, aber besonders wurde der Türkenkrieg damit finanziert. Allein von den siebziger Jahren an bis 1500 veranlaßten die Päpste Sixtus IV., Innozenz VIII. und Alexander VI. sowie untergeordnete Geistliche den Druck von über 250 Formularen „zum Besten des Kampfes gegen die Türken", sicher in hohen Auflagen. Reisende Kommissare – wie der erwähnte Johann von Paltz oder später der von Luther bekämpfte Johannes Tetzel – vertrieben sie überall im Lande. Wer ein solches Papier erwarb, unterstützte die Feldzüge und erhielt – mit Datum persönlich auf seinem Namen eingetragen – Absolution.

Zwei Schriften von Zeitgenossen liefern Berichte von den Kriegen des Jahres 1483 (Kat. 230) sowie Detailinformationen: Jörg von Nürnberg (Kat. 231), „*unsers hailigen vatters büchsenmaister*", der um die dreißig Jahre im türkischen Reich gelebt hatte, beschreibt Land und Leute, Gesetze, die Religion, Fasten und Beten der Türken.

Herrscher des Heiligen Römischen Reiches während fast der gesamten Inkunabelzeit war Kaiser Friedrich III. (gest. 19. August 1493). Er und seine Administration hatten sehr früh erkannt, wie sie das neue Medium für

formatige „Almanache" (Kat. 225) herstellten, die sich Angehörige dieser Berufe in ihre Läden oder die „Praxis" hängen konnten (wie heutige Mediziner ihre Muskeltafeln oder wir Plakate in unsere Wohnungen) – erstaunlicherweise aber wohl nur in Deutschland, denn Blätter in anderen Sprachen als Deutsch und Latein oder aus anderen Druckländern sind nicht überliefert. Astronomische Daten des laufenden Jahres waren mit medizinischen gekoppelt, man erfuhr die Tage der Mondwechsel und – sofern zu erwarten – einer Sonnen/Mondfinsternis, ferner die günstigen Aderlaßtermine und die Arzneien für bestimmte Körperteile (...*an die fuß erczney in pillen*). Selbstverständlich boten die Frühdrucker auch reine „Aderlaßbüchlein" (Kat. 226) an, wo man sich über den Verlauf der Adern und die Wirkung der Eingriffe orientieren konnte: „*Tzwo oderen (Adern) hinder den oren...*" Der Arzt Michael Schrick (Kat. 227) stellt den Nutzen „*gebrannter Wasser*" zusammen, z. B. sei das Saueramp-

Kat. 232, Maximilian. Von der Erledigung der königlichen Majestät, Bll. 1ᵛ/2ʳ

Verwaltungszwecke nutzen konnten. So publizierten sie ihre Gesetze im Buchdruck, und es wurde propagandistisch über bedeutsame politische Ereignisse berichtet. Wichtig für seinen Sohn und Nachfolger Maximilian waren naturgemäß Wahl und Krönung, die in Kleindrucken in deutscher und lateinischer Sprache beschrieben wurden. Aber auch die Auseinandersetzungen des Jahres 1488 in Flandern mit Maximilians Gefangennahme in Brügge wurden aus der Sicht des Hofes dargestellt (Kat. 232). Eine Tradition wurde begründet, die über die Flugschriften der Reformation, für und gegen Luther, und die „Neuen Zeitungen" des 16. Jahrhunderts letztlich zu unserer Tagespresse führt.

Dem Beispiel der Wiener Zentralmacht folgten alsbald die Herrscher einzelner Länder und die Magistrate der Städte. So forderten Kurfürst Ernst von Sachsen und sein Bruder Herzog Albrecht (Kat. 233) in unterschiedlichen Drucken ihre Amtleute, Lehnsleute und Städte zur Heeresfolge auf: *das du dich mit knechten, pferden und harnisch ufs beste rüstigst und allezeit geschickt und gewar-*

net seist… Neben gutem Geld kursierten auch Münzen geringeren Werts, so daß sich Städte oder (wie in unserem Druck) die Fürsten von Bayern gezwungen sahen, diese Prägungen (aus den Niederlanden oder Göttingen in Niedersachsen) in ihren Landen zu verbieten (Kat. 234).

Mit der Pestprophylaxe und der Warnung vor minderwertigem Geld sind wir ganz im täglichen Leben, das freilich auch damals viele weitere Aspekte hatte. Ratgeber waren (wie heute) überall willkommen und erleichterten den Menschen das Leben. Wollte sich beispielsweise jemand schriftlich an den Kaiser oder den Rat einer Stadt (Kat. 235) wenden, war es wichtig zu wissen, wie die korrekte Anrede lautete: *„Dem fürsichtigen, hochweisen Herrn Rat und Bürgermeister…"* Kam es zu einem Prozeß, war es gut, die lateinischen Begriffe für Kläger, Angeklagten und Zeugen zu kennen, und man mußte wissen, wie eine Gerichtsverhandlung abläuft (und daß sie mit der „*Citacion*" beginnt, Kat. 236). Besser natürlich war es, Geschäfte gemäß dem geltenden

Recht abzuschließen und so Auseinandersetzungen zu vermeiden. Friedrich Riederer (Kat. 237) zeigt in seinem „Spiegel der wahren Rhetorik", wie z. B. unterschiedliche Kaufverträge abzufassen waren.

Auch wir ärgern uns über die schlechte Qualität von Waren, und wenn wir unseren Unterhalt als Unternehmer verdienen, müssen wir Maße und Gewichte beachten und die Preise exakt kalkulieren. Der Leipziger Mathematiker Johann Widmann (Kat. 238) hat in seinem Buch „Rechnung auf alle Kaufmannschaft" dafür unzählige Ratschläge zusammengestellt, es geht um die Gelder, die als Zölle zu zahlen sind, die Zusammensetzung von Kerzenwachs, die Legierung von Glockenmetall oder den Gewinn aus dem Gewürzhandel (Safran, der von Spanien nach Nürnberg gebracht wird)...

Mit Gewürzen sind wir bei den angenehmeren Dingen des Lebens, und Anregung für unseren Umgang damit entnehmen wir Koch- und Backbüchern. Auch im Mittelalter waren sie verbreitet, die deutschen trugen in der Inkunabelzeit den Titel „Küchenmeisterei"

(Kat. 239). Sie beginnen mit Fastenspeisen, es folgen Fleisch- und Eierspeisen, das vierte Kapitel handelt über das Salzen, wozu auch Knoblauch benutzt wird (*Willst du Knoblauchsalz weiß und fein haben, so tu Mandelmilch darunter*), das fünfte von Essig und Wein. Das Wild für einen Teil der Fleischgerichte mußte gejagt werden, im Frühdruck gab es wie unter Handschriften „Beizbüchlein" (Kat. 240, vgl. auch Kat. 188), die Ratschläge über die Abrichtung der Habichte oder Falken (bis hin zur Behandlung von Krankheiten) enthielten. Auch Tischsitten wurden, lange vor dem Freiherrn von Knigge, geregelt: *Trink nimmer zu keiner Stund,* || *Wann du hast Speis in deinem Schlund...* (Kat. 241).

Reisen ist uns ein angenehmer Zeitvertreib, und die Deutschen gelten als Weltmeister. Italien steht in der Beliebtheit obenan. Wer im Mittelalter nach Italien reiste – oder wanderte, wollte dort studieren, hatte „Geschäfte", oder er hatte religiöse Gründe. Kleriker besuchten den Vatikan sicher auch „dienstlich", aber für sie wie für alle Pilger war Rom die Hauptstadt der Christenheit und

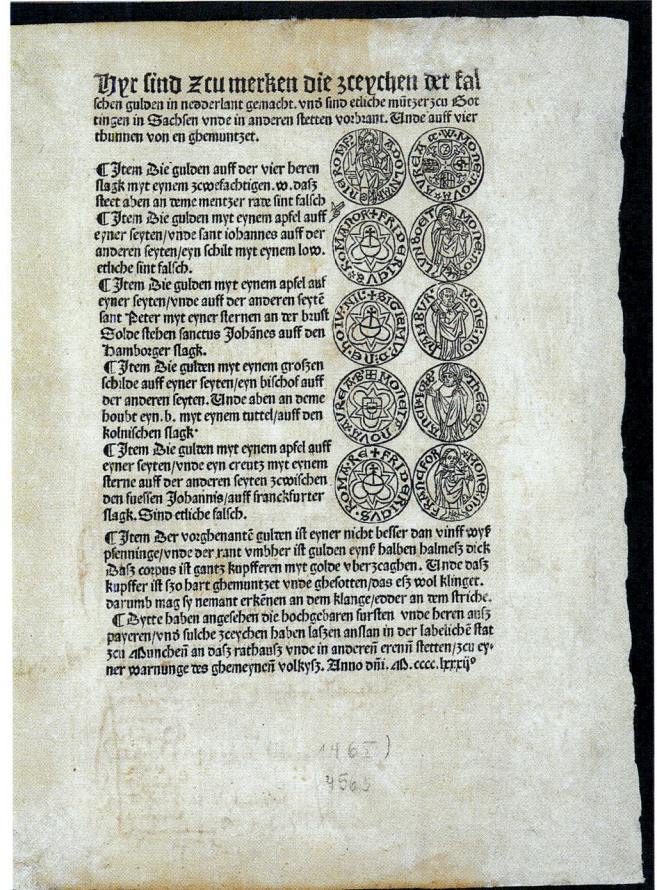

Kat. 234, Zeichen der falschen Gulden

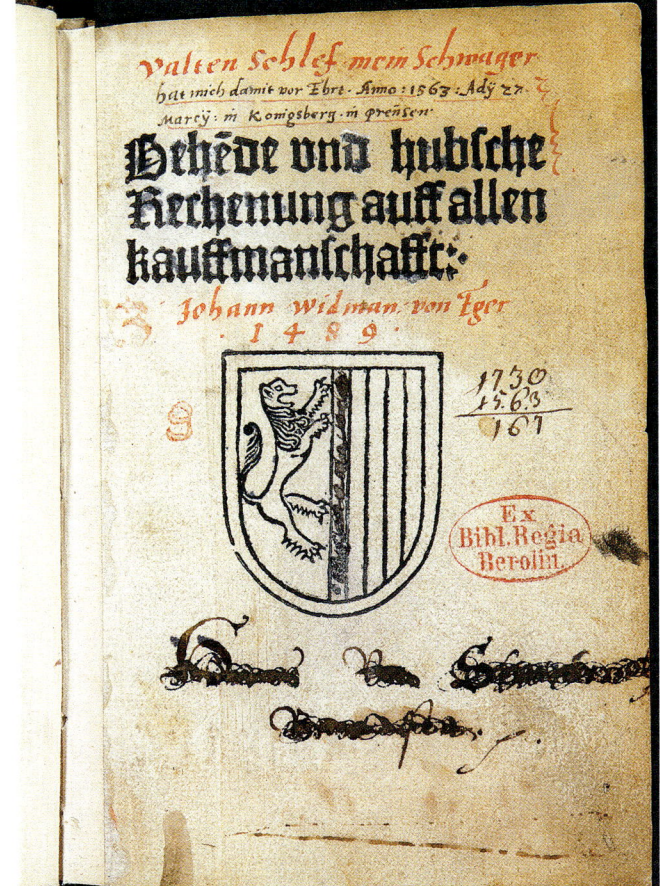

Kat. 238, Johannes Widmann: Rechnung auf alle Kaufmannschaft, Titelblatt

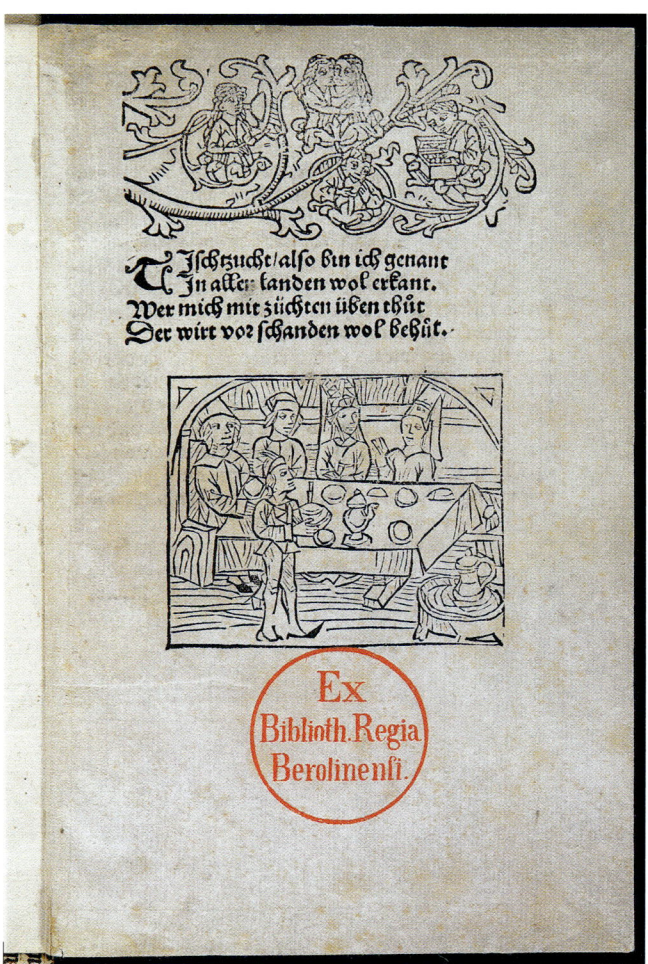

Kat. 241, Jakob Köbel: Tischzucht, Titelblatt

4

Wenn jemand die in dieser Ausstellung gezeigten Inkunabeln nach der Häufigkeit der Druckorte statistisch auswerten und Schlüsse auf den „Buchdruck in deutscher Sprache" ziehen möchte, so sei er erst einmal gewarnt. Jede Sammlung von Kunstwerken oder auch Büchern ist, realistisch betrachtet, abhängig von Zufälligkeiten: was hat man vielleicht geerbt, was war später noch im Handel erreichbar und wann war dafür wieviel Geld da? Bei der Staatsbibliothek zu Berlin kommen die gravierenden Kriegsverluste hinzu, die die Anstrengungen früherer Generationen beeinträchtigen. Außerdem werden bei Ausstellungen immer respektable Stücke ausgewählt, und man entscheidet sich manchmal vielleicht gegenüber dem historisch wichtigen für ein ansehnlicheres Exponat.

Dennoch deckt sich die Reihe der Druckstädte mit dem gesicherten Handbuchwissen, Augsburg ist vertreten, Bamberg, Basel, Erfurt, Eßlingen, Freiburg, Heidelberg, Kirchheim im Elsaß, Köln, Leipzig, Lübeck, Magdeburg, Memmingen, Nürnberg, Passau, Speyer, Straßburg und Ulm. Auch bei den Druckern begegnen uns die großen Namen des deutschen Buchdrucks wie Johann Schönsperger, Anton Sorg, Heinrich Knoblochtzer, Johann Prüss oder Johann Zainer d. Ä., andererseits finden wir manche, die im Buchwesen des 15. Jahrhunderts nur eine untergeordnete Rolle spielten, und von manchen Leitfiguren sind nur wenige Stücke vertreten. So haben wir den Buchdruck in deutscher Sprache vielleicht doch als einen Seitenarm zu werten, etwas abseits vom (kommerziellen) Hauptstrom. Aber sonst durchaus vertraute Erscheinungen entdecken wir auch hier, z. B. die internationale Verflechtung der Buchproduzenten, so daß wir deutsche Drucke in Rom finden – ferner in Venedig, wo der Franzose Nicolas Jenson 1477 eine deutsche Goldene Bulle Kaiser Karls IV. gedruckt hat (HAIN 4079) – oder ein niederdeutsches Stundenbuch in Paris, das Johann Philippi im Lübecker Auftrag hergestellt hat. Leider können wir Beispiele dieserart nicht zeigen, teils aus Platzgründen, teils auch, weil die Staatsbibliothek sie nicht geerbt hat, und als der Handel sie anbot, waren sie wegen ihrer Seltenheit unerschwinglich.

eine Quelle des Heils. Pilgerreisen wurden wegen Verfehlungen gelobt, in praktisch jeder Kirche konnte man Ablässe erwerben und so seine Zeit im Fegefeuer zu verkürzen suchen. Um sich unter den „Angeboten" zu orientieren, gab es eine Art Baedeker, einen Ablaßführer für Pilger: die Mirabilia Romae (Kat. 242). Er lief als Handschrift um und wurde in verschiedenen Textfassungen gedruckt, neben lateinisch in deutsch, französisch, italienisch und niederländisch. So stark waren die auswärtigen Kolonien und die Besucherströme in die Ewige Stadt, daß Drucker diese dort ja fremdsprachigen Texte (oft ihrer eigenen Muttersprachen!) kontinuierlich auflegten und wohl gut verkaufen konnten. Klein im Format, paßten die Drucke in jede Kutte oder Tasche, und der Leser fand die ihm wichtigen Informationen:

> „Dabei auf dem Berg liegt eine Kirche, die heißt Zu Sankt Peter ad vincula, da ist eine Kette, an der Sankt Peter gefangen lag...da ist viel Ablaß an St. Jakobs Tag...viij Tage Vergebung aller Sünden von Pein und Schuld..."

---

1 Ebenso heißt es in der niederländischen Ausgabe der Tundalus-Erzählung (Delft: Christian Snellaert, 27.XI.1495, GW 12838) ...„*diese lesen of horen lesen sellen*", ähnlich im Druck des „Großen Seelentrosts" (Kat. 217). Wir haben diese Passagen wahrscheinlich so zu deuten, daß nach allgemeinem Empfinden damals nicht unbedingt aktiv lesen konnte, wer ein deutsches Buch „aufnahm" (rezipierte), wogegen die Lesefähigkeit unter Lateinkundigen verbreitet war. Sie hatten die Sprache ja anhand einer geschriebenen/gedruckten Grammatik er-

Kat. 242, Mirabilia Romae, Bll. 2ᵛ/3ʳ

lernt, oft indem sie die lateinische Übersetzung eines im Raum zwischen den Zeilen gedruckten deutschen Textes auswendig lernten (Vgl. GW „Grammatica" Nr. 10988–11282). Vgl. dazu auch SCHMITT: Tradition S. 39 und 111.

2   KÜNAST, HANS-JÖRG: „Gedruckt zu Augspurg". Buchdruck und Buchhandel in Augsburg zwischen 1468 und 1555. Tübingen 1997 S. 80.

3   Wie übrigens auch ein in Nürnberg tätiger Schreiber, der Spruch- und Fastnachtsspieldichtung auf Vorrat herstellte. Vgl. RAUTENBERG S. 339. – Der Vergleich zwischen Folz, Rosenplüt und Preining bietet ein Beispiel unterschiedlicher Fernwirkung (durch Besucher oder reisende Buchhändler zustande gekommen?) von Autoren: Von Preining sind nur Einblattdrucke aus dem heimischen Augsburg bekannt, Rosenplüt wurde in Nürnberg, Augsburg, Bamberg, Erfurt, Leipzig, Magdeburg und Würzburg gedruckt, Folz in Nürnberg, Augsburg, Bamberg, Leipzig und Brünn.

4   Wenn man in der letzten CD-ROM des Incunabula Short Title Catalogues (IISTC) nach „German" für deutsche Texte und „vell" für Exemplare auf Pergament fragt, erhält man vier passende Treffer für deutschsprachige Drucke, von denen einzelne Exemplare auf Pergament abgesetzt worden waren: Bonaventura: Psalterium (GW 4800), Die Goldene Bulle (HAIN 4080), Eine hübsche Lehre wider die Verzweiflung (BSB-Ink L-92) sowie – erstaunlicherweise – einen Hans Folz aus Bamberg (GW 10162). Die Liste bei einer Eingabe von „French" und „vell" ist nicht nur wegen der Livres d'heures mit französischen Textpassagen wesentlich länger.

5   Zitat nach VB 1266.4 (REICHLING 573, an Hdschr. 437). Auch der württembergische Herzog Eberhard V. im Bart ließ – zumindest zum eigenen Gebrauch – Bücher aus dem Lateinischen ins Deutsche übertragen. Vgl. DEIGENDESCH, ROLAND: Einbände aus der Kartause Güterstein. In: Einbandforschung 11. 2002 S. 45.

NEUERE LITERATUR IN AUSWAHL

BELLMANN, GÜNTER: *Das bilinguale Sprachlehrbuch als Textsorte und als Zeugnis drucksprachlicher Entwicklungen in frühneuhochdeutscher Zeit.* In: *Textarten im Sprachwandel – nach der Erfindung des Buchdrucks.* Hrsg. v. RUDOLF GROSSE u. HANS WELLMANN. Heidelberg 1996 S. 205–223. *(Sprache – Literatur und Geschichte. 13.)*

EISERMANN, FALK u. VOLKER HONEMANN: *Die ersten typographischen Einblattdrucke.* In: Gutenberg-Jahrbuch 2000 S. 88–131.

ERTZDORFF, XENIA VON: *Romane und Novellen des 15. u. 16. Jahrhunderts.* Darmstadt 1989.

FÜSSEL, STEPHAN: *Gutenberg und seine Wirkung. Frankfurt/Main u. Leipzig 1999.*

GLASER, ELVIRA: *Die textuelle Struktur handschriftlicher und gedruckter Kochrezepte im Wandel. Zur Sprachgeschichte einer Textsorte.* In: *Textarten im Sprachwandel – nach der Erfindung des Buchdrucks.* Hrsg. v. RUDOLF GROSSE u. HANS WELLMANN. Heidelberg 1996 S. 225–49. *(Sprache – Literatur und Geschichte. 13.)*

HENKEL, NIKOLAUS: *Deutsche Übersetzungen lateinischer Schultexte. Ihre Verbreitung und Funktion im Mittelalter und in der frühen Neuzeit. München 1988. (Münchener Texte und Untersuchungen zur deutschen Literatur des Mittelalters. 90.)*

KOHUSHÖLTER, SYLVIA: *Lateinisch-deutsche Bücheranzeigen der Inkunabelzeit. In: Einblattdrucke des 15. und frühen 16. Jahrhunderts. Probleme, Perspektiven, Fallstudien. Hrsg. VOLKER HONEMANN etc. Tübingen 2000 S. 445–466.*

KUNZE, HORST: *Geschichte der Buchillustration in Deutschland. Das 15. Jahrhundert. Textbd, Bildbd. Leipzig 1975.*

MIEDEMA, NINE ROBIJNTJE: *Die „Mirabilia Romae". Untersuchungen zu ihrer Überlieferung mit Edition der deutschen und niederländischen Texte. Tübingen 1996. (Münchener Texte und Untersuchungen zur deutschen Literatur des Mittelalters. 108.)*

Mittelalter und frühe Neuzeit. Übergänge, Umbrüche und Neuansätze. Tübingen 1999. (Fortuna vitrea. 16.)

NEDDERMEYER, UWE: *Von der Handschrift zum gedruckten Buch. Schriftlichkeit und Leseinteresse im Mittelalter und in der frühen Neuzeit. B. 1.2. Wiesbaden 1998. (Buchwissenschaftliche Beiträge aus dem Deutschen Bucharchiv München. 61.)*

NICKEL, HOLGER: *Deutsch im Leipziger Buchdruck während der Inkunabelzeit. In: Textarten im Sprachwandel – nach der Erfindung des Buchdrucks. Hrsg. v. RUDOLF GROSSE u. HANS WELLMANN. Heidelberg 1996 S. 17–27 (Sprache – Literatur und Geschichte. 13.)*

NICKEL, HOLGER: *Inkunabeln als Überlieferungsträger – besonders zeitgenössischer Texte. In: Einblattdrucke des 15. und frühen 16. Jahrhunderts. Probleme, Perspektiven, Fallstudien. Hrsg. VOLKER HONEMANN etc. Tübingen 2000 S. 123–128.*

OTT, NORBERT H.: *Leitmedium Holzschnitt: Tendenzen und Entwicklungen der Druckillustration in Mittelalter und früher Neuzeit. In: Die Buchkultur im 15. u. 16. Jahrhundert. 2. Halbbd. Hamburg 1999 S. 163–252.*

PUFF, HELMUT: *„Von dem schlüssel aller Künsten/nemblich der Grammatica". Deutsch im lateinischen Grammatikunterricht 1480–1560. Tübingen/Basel 1995. (Basler Studien zur deutschen Sprache und Literatur. 70.)*

RAUTENBERG, URSULA: *Buchhändlerische Organisationsformen in der Inkunabel- und Frühdruckzeit. In: Die Buchkultur im 15. u. 16. Jahrhundert. 2. Halbbd. Hamburg 1999 S. 339–376.*

SCHMITT, ANNELIESE: *Tradition und Innovation von Literaturgattungen und Buchformen in der Frühdruckzeit. In: Die Buchkultur im 15. u. 16. Jahrhundert. 2. Halbbd. Hamburg 1999 S. 9–120.*

SCHMITT, ANNELIESE: *Literarische und verlegerische Bucherfolge im ersten Jahrhundert nach der Erfindung der Buchdruckerkunst. In: Jahrbuch für Volkskunde und Kulturgeschichte 31 1988 S. 147–170.*

SCHMITT, ANNELIESE: *Zur Entwicklung von Titelblatt und Titel in der Inkunabelzeit. In: Beiträge zur Inkunabelkunde 3. F. 8.1983 S. 11–29.*

SCHMITT, ANNELIESE: *Möglichkeiten der Verbreitung und Wirkung populärer deutschsprachiger Literatur im 15. Jahrhundert. In: Zur Arbeit mit dem Gesamtkatalog der Wiegendrucke. Vorträge der Internationalen Fachtagung vom 26. bis 30. Nov. 1979 in Berlin. Berlin 1989 S. 137–147. (Beiträge aus der Deutschen Staatsbibliothek. 9.)*

SCHMITT, ANNELIESE: *Zum Verhältnis von Bild und Text in der Erzählliteratur während der ersten Jahrzehnte nach der Erfindung des Buchdrucks. In: Text und Bild, Bild und Text. DFG-Symposium 1988. Stuttgart 1990 S. 168–186.*

SMITH, MARGARET M.: *The Title Page. Its early development 1460–1510. London etc. 2000.*

In der Ausstellung werden zu diesem Beitrag folgende Inkunabeln gezeigt:

Kat. 213, SBB-PK, Inc. 1858, Hans Folz: Vom Ursprung des heiligen römischen Reiches. Nürnberg: Hans Folz 1480. GW 10160

Kat. 214, SBB-PK, Inc. 192.25, Jörg Preining: Spruch vom Unterschied zwischen guten und bösen Menschen. [Augsburg: Johann Blaubirer] Einblattdrucke 1231

Kat. 215, SBB-PK, Inc. 334.5, Hans Rosenplüt: Von dem Mann im Garten. [Bamberg: Johann Sensenschmidt 14]93. HAIN 10714

Kat. 216, SBB-PK, Inc. 1496.3, Johann von Paltz: Die himmlische Fundgrube, niederdeutsch. [Magdeburg: Simon Koch] REICHLING 1915

Kat. 217, SMB-PK KK, Ink. 22 bl. (Sign. 2751), Der Seele trost. Augsburg: Anton Sorg 14.III.1483. HAIN 14583

Kat. 218, SMB-PK KK 1143–1898, Johannes Apostolus: Apocalypsis, deutsch. [Nürnberg: Anton Koberger für] Albrecht Dürer. VB 1775

Kat. 219, SBB-PK, Inc. 2667, Lehre, wie man sein Leben führen soll. [Augsburg, nicht nach 1509] Einblattdrucke 840

Kat. 220, SBB-PK, Inc. 1247, Beichtbüchlein. [Leipzig: Konrad Kachelofen] GW 3781

Kat. 221, SBB-PK, Inc. 1892.10, Wunderzeichen Unserer Lieben Frau zu Altötting. [Nürnberg: Peter Wagner]

Kat. 222, SBB-PK, Inc. 2313, Hieronymus Brunschwig: Pestbuch. [Straßburg] Johann Grüninger, 19.VIII.1500. GW 5596

Kat. 223, SBB-PK, Inc. 2550, Heinrich von Laufenberg: Ein Traktat gegen die Pestilenz. Straßburg: Bartholomäus Kistler 1500. COPINGER 5848 = 4704

Kat. 224, SBB-PK, Inc. 1120, Wahrhafftige Arznei wider die Pestilenz. Erfurt: Hans Sporer 1494. GW 2738

Kat. 225, SBB-PK, Inc. 1223.2, Almanach für Leipzig auf das Jahr 1488, deutsch. [Leipzig: Konrad Kachelofen] GW 1422

Kat. 226, SBB-PK, Inc. 4918, Aderlaßbüchlein. [Straßburg: unbekannter Drucker] GW 220

Kat. 227, SBB-PK, Inc. 76, Michael Puff von Schrick: Von gebrannten Wassern. Augsburg: Johann Bämler, 19.VI 1478. Copinger 5317. In Inc. 201

Kat. 228, SBB-PK, Inc. 1606, Johann Tollat von Vochenberg: Büchlein der Kräuter. [Memmingen: Albrecht Kunne] 1498

Kat. 229, SBB-PK, Inc. 2606.5, Meister Albrecht: Arzneibuch der Rosse. Ulm: Johann Zainer d. J., 1500. GW 824

Kat. 230, SBB-PK, Inc. 1495.5, Berthold Mager: Neue Geschichte von den Türken. Magdeburg: Simon Koch

Kat. 231, SBB-PK, Inc. 1604.5, Jörg von Nürnberg: Geschichte von der Türkei. Memmingen: [Albrecht Kunne] 1496. Hain 9380

Kat. 232, SBB-PK, Inc. 1898, Maximilian. Von der Erledigung der königlichen Majestät. 1488. [Nürnberg: Marx Ayrer] H 10933

Kat. 233, SBB-PK, Inc. 1222.2, Ernst und Albrecht, Herzöge von Sachsen: Ausschreiben betr. die Vorbereitung zu einem Kriegszug. Formular für Lehnsleute. Zwickau, 17.III.1485. [Leipzig: Konrad Kachelofen] GW 9386

Kat. 234, SBB-PK, Inc. 1465, Zeichen der falschen Gulden. [Lübeck? Magdeburg: Bartholomäus Ghotan] Einblattdrucke 1565

Kat. 235, SBB-PK, Inc. 1939.10, Büchlein der Titel aller Stände. [Passau: Johann Petri] GW 5701

Kat. 236, SBB-PK, Inc. 1201, Ordnung zu Reden. Heidelberg: Heinrich Knoblochtzer 1490. H 12072

Kat. 237, SBB-PK, Inc. 1159, Friedrich Riederer: Spiegel der wahren Rhetorik. Holzschnitt von Albrecht Dürer (?). Freiburg: Friedrich Riederer, 11.XII. 1493. Hain 13914

Kat. 238, SBB-PK, Inc. 1224, Johannes Widmann: Rechnung auf alle Kaufmannschaft. Leipzig: Konrad Kachelofen 1489. Hain 13712

Kat. 239, SBB-PK, Inc. 1877, Küchenmeisterei. [Nürnberg: Peter Wagner] Copinger 3457a

Kat. 240, SBB-PK, Inc. 164, Beizbüchlein. [Augsburg: Anton Sorg] GW 3785

Kat. 241, SBB-PK, Inc. 1202, Jakob Köbel: Tischzucht. Heidelberg: [Heinrich Knoblochtzer] 6.III.1492. Copinger 3452

Kat. 242, SBB-PK, Inc. 3457, Mirabilia Romae. Rom: Stephan Plannck 1493

SIGNATURENKONKORDANZ

Staatsbibliothek zu Berlin – Preußischer Kulturbesitz:

Fragm.	Kat.-Nr.
22	146
44	7
244	58
275	111

Hdschr.	Kat.-Nr.
110	132
319	168
382	61
384e	178
385	161
386	171
387	87
388	40
389	195
392	158
396	196

Hdschr.	Kat.-Nr.
402	24
404	95
405	98
413	91
431	26

Inc.	Kat.-Nr.
35	64
76	227
122	162
127	115
131	123
134	208
135	119
138	31
164	240
192.25	214

Inc.	Kat.-Nr.
170b	19
240	32
253	78
323.10	73
326	163
332	67
334.5	215
398	151
405	204
424.5	172
559	66
604	79
1010	102
1077a	210
1120	224
1123	17
1138.5	75

Inc.	Kat.-Nr.
1159	237
1200	16
1201	236
1202	241
1214.20	143
1222.2	233
1223.2	225
1224	238
1247	220
1271	85
1465	234
1486	101
1495.5	230
1496.3	216
1565	184
1604.5	231
1606	228

Inc.	Kat.-Nr.
1691c	100
1732b	112
1734	122
1746	199
1788a	69
1819	142
1857	179
1858	213
1877	239
1892.10	221
1898	232
1929	93
1939.10	235
2045	189
2085	35
2086	35
2157.5	76

Inc.	Kat.-Nr.
2213	90
2223	65
2313	222
2377	13
2538	21
2543	14
2550	223
2606.5	229
2616	74
2630	72
2650	209
2667	219
3457	242
4918	226

Libr. impr. c. n.mss. quart.	Kat.-Nr.
107	25
122	83
150	36

Libr. impr. c. n.mss. oct	Kat.-Nr.
247	45

Libr. pict. A	Kat.-Nr.
83	192
92	181

Ms. boruss. fol.	Kat.-Nr.
172	205
237	154

Ms. germ. fol.	Kat.-Nr.
1	62
10	150
12	157
17	86
18	60
67	99
81	118
88	120
120	159
122	206
129	193
204	183
244	173
245	124
282	22

Ms. germ. fol.	Kat.-Nr.
447	200
464	63
470	42
474	8
475	41
479	176
480	201
512	148
516	106
532	133
536	155
557	164
564	96
565	107
595	203
623	194
631	149
640	30
657	160

Ms. germ. fol.	Kat.-Nr.
658	114
676	99
692	89
696	174
710a	190
722	57
734,2	33
742	116
746	38
763	20
769	207
778	109
779	47
800	59
817	166
820	147
853	11
855	10
922	52

Ms. germ. fol.	Kat.-Nr.
923,5	29
923,7a	27
923,35	43
923,37	34
924	156
947	202
1062	23
1062	46
1063	39
1068	169
1069	170
1093	94
1108	103
1117	152
1158	110
1164	153
1174	175
1191	165
1219	56

Ms. germ. fol.	Kat.-Nr.	Ms. germ. quart.	Kat.-Nr.	Ms. germ. oct.	Kat.-Nr.	Ms. Phill.	Kat.-Nr.
1286	121	764	48	489	135	1741	2
1287	117	795	51	617	131		
1320	180	848	185	703	141	Ms. Sav.	Kat.-Nr.
1379	37	1107	15			28	211
1413	104	1484	81	Ms. Hamilt.	Kat.-Nr.		
1416	198	1486	130	675	80	Ms. theol. lat. fol.	Kat.-Nr.
1428	82	1801	186			481	3
1705	97	1861	105	Ms. lat. quart.	Kat.-Nr.		
		2021	167	374	134	Nachl. Grimm	Kat.-Nr.
Ms. germ. quart.	Kat.-Nr.	2025	113	674	5	30	9
158	128					95	84
284	28	Ms. germ. oct.	Kat.-Nr.	Ms. lat. oct.	Kat.-Nr.	132,9	50
351	188	9	182	445	4		
495	55	48	138			Nachl. Sprenger	Kat.-Nr.
578	88	53	137	Ms. Magdeb.	Kat.-Nr.	2050	177
596	129	101	92	134	6		
621	191	225	18			Yg 3851	49
719	53	280	54				
744	12	483	44				

Geheimes Staatsarchiv – Preußischer Kulturbesitz:

	Kat.-Nr.
XX HA Hs.1	108

Staatliche Museen zu Berlin – Preußischer Kulturbesitz Kupferstichkabinett:

	Kat.-Nr.		Kat.-Nr.		Kat.-Nr.		Kat.-Nr.
Min 1050	212	Min 4078	212	78 E 1	197	Ink. 49 bl. (Sign. 2616)	68
Min 4073	212	Min 4079	212	Cim. 4	140	Ink. 130 bl. (Sign. 2633)	71
Min 4074	212	78 A 12	125	Cim. 7	187	Ink. 131 bl. (Sign. 2631)	70
Min 4075	212	78 A 17	126	Cim. 23	139	Ink. 135 bl. (Sign. 2520)	77
Min 4076	212	78 B 10	145	Ink. 22 bl. (Sign. 2575)	217	B. 70, Inv. 113–1898	218
Min 4077	212	78 B 11	144	Ink. 46 bl. (Sign. 2636)	127		

Deutsches Historisches Museum:

	Kat.-Nr.
R 56/2537	1

Slg. Leuchte:

	Kat.-Nr.
Ms. XX	136

VERZEICHNIS ABGEKÜRZT ZITIERTER LITERATUR

In den Literaturangaben zu den einzelnen Handschriften und Inkunabeln sind Kataloge und Repertorien vorangestellt. Darauf folgen in chronologischer Abfolge weitere wissenschaftliche Veröffentlichungen, um so den Gang der Forschung zu dokumentieren.

ADB

Allgemeine deutsche Biographie. Hg. durch die Historische Commission bei der Königl. Akademie der Wissenschaften. Bd. 1–56. Leipzig 1875–1912.

Assion, Fachliteratur

Assion, Peter: Altdeutsche Fachliteratur (Grundlagen der Germanistik 13). Berlin 1973.

ATB

Altdeutsche Textbibliothek. Bd. 1 ff. Halle/S. u. a. 1882 ff.

Ausst.kat. Berlin 1975

Brandis, Tilo, u. a. (Hgg.): Zimelien. Abendländische Handschriften des Mittelalters aus den Sammlungen der Stiftung Preußischer Kulturbesitz. Wiesbaden 1975.

Ausst.kat. Berlin ²1987

Achten, Gerard: Das christliche Gebetbuch im Mittelalter. Andachts- und Stundenbücher in Handschrift und Frühdruck. 2., verb. u. verm. Aufl. (Staatsbibliothek Preußischer Kulturbesitz. Ausstellungskataloge 13). Wiesbaden 1987.

Ausst.kat. Berlin 1988

Brandis, Tilo, u. Peter Jörg Becker (Hgg.): Glanz alter Buchkunst. Mittelalterliche Handschriften der Staatsbibliothek Preußischer Kulturbesitz Berlin (Staatsbibliothek Preußischer Kulturbesitz. Ausstellungskataloge 33). Wiesbaden 1988.

Ausst.kat. Heidelberg 1988

Mittler, Elmar, u. Wilfrid Werner (Hgg.): Codex Manesse. Katalog zur Ausstellung vom 12. Juni bis 4. September 1988, Universitätsbibliothek Heidelberg. 2., verb. Aufl. (Heidelberger Bibliotheksschriften 30). Heidelberg 1988.

Ausst.kat. München 1996

Deutsche Weltchroniken des Mittelalters. Handschriften aus den Beständen der Bayerischen Staatsbibliothek München und die Sächsische Weltchronik der Forschungs- und Landesbibliothek Gotha. Redaktion Elisabeth Klemm und Ulrich Montag (Bayerische Staatsbibliothek. Schatzkammer 1996). München 1996.

Ausst.kat. Stuttgart 1993

Heinzer, Felix (Hg.): 'Unberechenbare Zinsen'. Bewahrtes Kulturerbe. Katalog zur Ausstellung der vom Land Baden-Württemberg erworbenen Handschriften der Fürstlich Fürstenbergischen Hofbibliothek. Stuttgart 1993.

Bartsch

Bartsch, Adam: Le peintre graveur. Bd. 1–21. Wien 1803–1821.

Becker, Handschriften

Becker, Peter Jörg: Handschriften und Frühdrucke mittelhochdeutscher Epen. Eneide, Tristrant, Tristan, Erec, Iwein, Parzival, Willehalm, Jüngerer Titurel, Nibelungenlied und ihre Reproduktion und Rezeption im späteren Mittelalter und in der frühen Neuzeit. Wiesbaden 1977.

Becker, Die Neidharte

Becker, Hans: Die Neidharte. Studien zur Überlieferung, Binnentypisierung und Geschichte der Berliner Handschrift germ. fol. 779 (c) (GAG 255). Göppingen 1978.

Becker, Überblick

Becker, Peter Jörg: Die deutschen Handschriften der Staatsbibliothek Preußischer Kulturbesitz Berlin bis zum Jahre 1400. Ein Überblick, in: Honemann/Palmer, Deutsche Handschriften, S. 330–341.

Becker/Brandis, Altdeutsche Handschriften

Becker, Peter Jörg, u. Tilo Brandis: Altdeutsche Handschriften. Staatsbibliothek zu Berlin – Preußischer Kulturbesitz (Patrimonia 87). Berlin 1995.

Becker/Brandis, Sammlung

Becker, Peter Jörg, u. Tilo Brandis: Eine Sammlung von vierzig altdeutschen Handschriften für die Staatsbibliothek, in: Jahrbuch Preußischer Kulturbesitz 30, 1993, S. 247–280.

Bergmann, Glossenhandschriften

Bergmann, Rolf: Verzeichnis der althochdeutschen und altsächsischen Glossenhandschriften. Mit Bibliographie der Glosseneditionen, der Handschriftenbeschreibungen und der Dialektbestimmungen (Arbeiten zur Frühmittelalterforschung 6). Berlin, New York 1973.

Bergmann, Spiele

Bergmann, Rolf: Katalog der deutschsprachigen geistlichen Spiele und Marienklagen des Mittelalters. Unter Mitarb. von Eva P. Diedrichs u. Christoph Treutwein (Veröffentlichungen der Kommission für Deutsche Literatur des Mittelalters der Bayerischen Akademie der Wissenschaften). München 1986.

Beyschlag/Brunner, Herr Neidhart

Beyschlag, Siegfried u. Horst Brunner (Hgg.): Herr Neidhart diesen Reihen sang. Die Texte und Melodien der Neidhartlieder mit Übersetzungen und Kommentaren (GAG 468). Göppingen 1989.

Bischoff, Festländische Handschriften

Bischoff, Bernhard: Katalog der festländischen Handschriften des neunten Jahrhunderts (mit Ausnahme der wisigotischen). Teil 1: Aachen-Lambach (Bayerische Akademie der Wissenschaften. Veröffentlichungen der Kommission für die Herausgabe der mittelalterlichen Bibliothekskataloge Deutschlands und der Schweiz). Wiesbaden 1998.

Blaschitz, Neidhartrezeption

Blaschitz, Gertrud (Hg.): Neidhartrezeption in Wort und Bild (Medium Aevum Quotidianum. Sonderbd. 10). Krems 2000 mit CD-ROM u.d.T.: Neidhartrezeption im Bild.

BOEHLAU, Novae Constitutiones
BOEHLAU, HUGO (Hg.): Novae Constitutiones domini Alberti, d. i. der Landfriede v. I. 1235 mit der Glosse des Nicolaus Wurm. Weimar 1858.

DE BOOR/JANOTA, Geschichte
DE BOOR, HELMUT: Die deutsche Literatur im späten Mittelalter. Teil 1: 1250–1350. 5. Aufl. Neubearb. von JOHANNES JANOTA (Geschichte der deutschen Literatur von den Anfängen bis zur Gegenwart 3,1). München 1997.

DE BOOR/GLIER, Geschichte
DE BOOR, HELMUT: Die deutsche Literatur im späten Mittelalter, 1250–1370. Teil 2: Reimpaargedichte, Drama, Prosa. Hg. von INGEBORG GLIER (Geschichte der deutschen Literatur von den Anfängen bis zur Gegenwart 3,2). München 1987.

BOUEKE, Materialien
BOUEKE, DIETRICH: Materialien zur Neidhart-Überlieferung (MTU 16). München 1967.

BRANDIS, Minnereden
BRANDIS, TILO: Mittelhochdeutsche, mittelniederdeutsche und mittelniederländische Minnereden. Verzeichnis der Handschriften und Drucke (MTU 25). München 1968.

BRANDIS, Präsenz
BRANDIS, TILO: Mittelalterliche deutsche Handschriften. 25 Jahre Neuerwerbungen der Staatsbibliothek zu Berlin – Preußischer Kulturbesitz, in: SCHIEWER, HANS-JOCHEN, u. KARL STACKMANN (Hgg.): Die Präsenz des Mittelalters in seinen Handschriften. Ergebnisse der Berliner Tagung in der Staatsbibliothek zu Berlin – Preußischer Kulturbesitz, 6.–8. April 2000. Tübingen 2002, S. 303–335.

BRANDIS, Typologie
BRANDIS, TILO: Die Handschrift zwischen Mittelalter und Neuzeit. Versuch einer Typologie, in: Gutenberg-Jahrbuch 72, 1997, S. 27–57.

BRIQUET
BRIQUET, CHARLES MOÏSE: Les filigranes. Dictionnaire historique des marques du papier dès leur apparition vers 1282 jusqu'en 1600. T. 1–4. Nachdr. der 2. Aufl. Leipzig 1923. Amsterdam 1968.

BUMKE, Geschichte
BUMKE, JOACHIM: Geschichte der deutschen Literatur im hohen Mittelalter (dtv 4552). München 1990.

COPINGER
COPINGER, WALTER ARTHUR: Supplement to Hain's Repertorium bibliographicum. Bd. 1. 2,1.2. Nachdr. der Ausg. London 1895–1902. Mailand 1950.

CRAMER, Geschichte
CRAMER, THOMAS: Geschichte der deutschen Literatur im späten Mittelalter (dtv 4553). München 1990.

CROUS, Bücherzeichen
CROUS, ERNST: Die Bücherzeichen (Exlibris) in den Wiegendrucken der Staatsbibliothek, in: Fünfzehn Jahre Königliche und Staatsbibliothek. Dem scheidenden Generaldirektor Exz. Adolf von Harnack zum 31. März 1921 überreicht. Berlin 1921.

DANIELS/GRUBEN, Weichbildrecht
DANIELS, ALEXANDER VON, u. FR. VON GRUBEN (Hgg.): Rechtsdenkmäler des deutschen Mittelalters. Bd. 1: Das sächsische Weichbildrecht, Jus municipale Saxonicum, Weltchronik und Weichbildrecht in XXXVI Artikeln mit der Glosse herausgegeben. Berlin 1857–1858.

DEFOER, Golden Age
DEFOER, HENRI L.M. u. a. (Hg.): The Golden Age of Dutch Manuscript Painting. Stuttgart 1989.

DEGERING
DEGERING, HERMANN: Kurzes Verzeichnis der germanischen Handschriften der Preußischen Staatsbibliothek. Bd. 1–3 (Mitteilungen aus der Preußischen Staatsbibliothek 7–9). Leipzig 1925–1932.

DEGERING, Neue Erwerbungen 2
DEGERING, HERMANN: Neue Erwerbungen der Handschriftenabteilung. 2. Die Schenkung Sir Max Waechters 1912 (Mitteilungen aus der Königlichen Bibliothek 3). Berlin 1917.

DPhiA
STAMMLER, WOLFGANG (Hg.): Deutsche Philologie im Aufriß. Bd. 1–3 u. Registerbd. 2., überarb. Aufl. Berlin 1957–1969.

DTM
Deutsche Texte des Mittelalters. Bd. 1 ff. Berlin 1904 ff.

ECKARDT, Rechtsbücherstudien III
ECKHARDT, KARL AUGUST: Rechtsbücherstudien III: Die Textentwicklung des Sachsenspiegels von 1220 bis 1270 (Abhandlungen der Gesellschaft der Wissenschaften zu Göttingen. Phil.-hist. Kl. 3. Folge, Nr. 6). Berlin 1933.

EHRISMANN, Hugo von Trimberg
Hugo von Trimberg: Der Renner. Hrsg. von GUSTAV EHRISMANN. Mit e. Nachwort u. Erg. von GÜNTHER SCHWEIKLE. Nachdr. der Ausg. Tübingen 1908–1911. Berlin 1970.

Einblattdrucke
Einblattdrucke des XV. Jahrhunderts. Ein bibliographisches Verzeichnis. Hg. von der Kommission für den Gesamtkatalog der Wiegendrucke. Nachdr. der Ausg. Halle/S. 1914 (Sammlung bibliothekswissenschaftlicher Arbeiten 35/36). Nendeln, Wiesbaden 1968.

FS Brandis
BECKER, PETER JÖRG, u. a. (Hgg.): Scrinium Berolinense. Tilo Brandis zum 65. Geburtstag. Bd. 1–2 (Beiträge aus der Staatsbibliothek zu Berlin – Preußischer Kulturbesitz 10,1.2). Berlin 2000.

FS Pensel
BENTZINGER, RUDOLF, u. ULRICH-DIETER OPPITZ (Hgg.): 'Fata Libellorum'. Festschrift für Franzjosef Pensel zum 70. Geburtstag (GAG 648). Göppingen 1999.

FS Staatsbibliothek
Deutsche Staatsbibliothek 1661–1961. Bd. 1: Geschichte und Gegenwart. Leipzig 1961.

Fundgruben
HOFFMANN VON FALLERSLEBEN, AUGUST HEINRICH (Hg.): Fundgruben für Geschichte deutscher Sprache und Litteratur. Th. 1–2. Nachdr. der Ausg. Breslau 1830–1837. Hildesheim 1969.

GAG
Göppinger Arbeiten zur Germanistik. Bd. 1 ff. Göppingen 1968 ff.

GOTZKOWSKY, Volksbücher
GOTZKOWSKY, BODO: 'Volksbücher'. Prosaromane, Renaissancenovellen, Versdichtungen und Schwankbücher. Bibliographie der deutschen Drucke. Bd. 1: Drucke des 15. und 16. Jahrhunderts (Bibliotheca Bibliographica Aureliana 125). Baden-Baden 1991.

GÜNTHER, Weltchronikhandschriften
GÜNTHER, JÖRN-UWE: Die illustrierten mittelhochdeutschen Weltchronikhandschriften in Versen. Katalog der Handschriften und Einordnung der Illustrationen in die Bildüberlieferung (tuduv-Studien. Reihe Kunstgeschichte 48). München 1993.

GW
Gesamtkatalog der Wiegendrucke. Hg. von der Kommission für den Gesamtkatalog der Wiegendrucke. Bd. 1 ff. Leipzig, Stuttgart, Berlin 1925 ff.

HAIMERL, Frömmigkeit
HAIMERL, FRANZ XAVER: Mittelalterliche Frömmigkeit im Spiegel der Gebetbuchliteratur Süddeutschlands (Münchener theologische Studien 1,4). München 1952.

HAIN
HAIN, LUDWIG: Repertorium bibliographicum, in quo libri omnes ab arte typographica inventa usque ad annum MD. typis expressi [...] recensentur. Bd. 1,1.2. 2,1.2. Nachdr. der Ausg. Stuttgart, Paris 1826–1838. Mailand 1948–1950.

HASSENSTEIN, Feuerwerkbuch
HASSENSTEIN, WILHELM: Das Feuerwerkbuch von 1420. 600 Jahre deutsche Pulverwaffen und Büchsenmeisterei (Die Bücherei der deutschen Technik). München [1943]

HENKEL/PALMER, Latein
HENKEL, NIKOLAUS, u. NIGEL F. PALMER (Hgg.): Latein und Volkssprache im deutschen Mittelalter, 1100–1500. Regensburger Colloquium 1988. Tübingen 1992.

HOMEYER, Genealogie
HOMEYER, GUSTAV: Die Genealogie der Handschriften des Sachsenspiegels, in: Philologische und historische Abhandlungen der Königlichen Akademie der Wissenschaften zu Berlin aus dem Jahre 1859, Berlin 1860, S. 83–204.

HOMEYER, Rechtsbücher
HOMEYER, GUSTAV: Die deutschen Rechtsbücher des Mittelalters und ihre Handschriften. Neu bearb. von CONRAD BORCHLING, KARL AUGUST ECKHARDT und JULIUS VON GIERKE. Weimar 1931–1934.

HOMEYER, Richtsteig
HOMEYER, CARL GUSTAV (Hg.): Der Richtsteig Landrechts nebst Cautela und Premis. Berlin 1857.

HOMEYER, Sachsenspiegel 1, [2]1835
HOMEYER, CARL GUSTAV (Hg.): Des Sachsenspiegels erster Theil, oder das Sächsische Landrecht. Nach der Berliner Handschrift v. J. 1369. 2., vermehrte Ausgabe. Berlin 1835.

HOMEYER, Sachsenspiegel 1, [3]1861
HOMEYER, CARL GUSTAV (Hg.): Des Sachsenspiegels erster Theil, oder das Sächsische Landrecht. Nach der Berliner Handschrift v. J. 1369. 3., umgearb. Ausgabe. Berlin 1861.

HOMEYER, Sachsenspiegel 2.1, 1842
HOMEYER, CARL GUSTAV (Hg.): Des Sachsenspiegels zweiter Theil, nebst den verwandten Rechtsbüchern. Bd. 1: Das Sächsische Lehnrecht und der Reichtsteig Lehnrechts. Berlin 1842.

HONEMANN/PALMER, Deutsche Handschriften
HONEMANN, VOLKER, u. NIGEL F. PALMER (Hgg.): Deutsche Handschriften 1100–1400. Oxforder Kolloquium 1985. Tübingen 1988.

HRG
ERLER, ADALBERT, u. EKKEHARD KAUFMANN (Hgg.): Handwörterbuch zur deutschen Rechtsgeschichte. Unter philologi-

scher Mitarbeit von RUTH SCHMIDT-WIEGAND. Mitbegründet von WOLFGANG STAMMLER. Bd. 1–5. Berlin 1971–1998.

HWDA
BÄCHTOLD-STÄUBLI, HANNS, u. a. (Hgg.): Handwörterbuch des deutschen Aberglaubens. Bd. 1–10. Nachdr. der Ausg. Berlin-Leipzig 1927–1942. Berlin, New York 1987.

Index librorum Berolin.
Index librorum manuscriptorum et impressorum quibus Bibliotheca Regia Berolinensis aucta est a. 1835, 1836, 1837/1838, 1839. Berlin [1836–1840].

Interpretationen
BRUNNER, HORST (Hg.): Mittelhochdeutsche Romane und Heldenepen. Interpretationen (Universal-Bibliothek 8914). Stuttgart 1993.

JACOBS/DEGERING, Neue Erwerbungen 1
JACOBS, EMIL, u. HERMANN DEGERING: Neue Erwerbungen der Handschriftenabteilung. 1. Lateinische und deutsche Handschriften erworben 1911 (Mitteilungen aus der Könglichen Bibliothek 2). Berlin 1914.

JÄGER, Freidank
JÄGER, BERNDT: „Durch reimen gute lere geben'. Untersuchungen zu Überlieferung und Rezeption Freidanks im Spätmittelalter (GAG 238). Göppingen 1978.

JUCHHOFF, Büchersammlung
JUCHHOFF, RUDOLF: Die Büchersammlung des Generalpostmeisters von Nagler in der Preußischen Staatsbibliothek, in: ABB, GUSTAV (Hg.): Von Büchern und Bibliotheken [...] Ernst Kuhnert als Abschiedsgabe dargebracht [...]. Berlin 1928, S. 201–208.

Kat. Berlin Hamilton
BOESE, HELMUT: Die lateinischen Handschriften der Sammlung Hamilton zu Berlin. Wiesbaden 1966.

Kat. Berlin SB Nachlaß Grimm
BRESLAU, RALF: Der Nachlaß der Brüder Grimm. Teil 1–2 (Staatsbibliothek zu Berlin – Preußischer Kulturbesitz. Kataloge der Handschriftenabteilung, Reihe 2: Nachlässe 3,1.2.). Wiesbaden 1997.

Kat. deutschsprach. illustr. Hss.
Katalog der deutschsprachigen illustrierten Handschriften des Mittelalters. Begonnen von HELLA FRÜHMORGEN-VOSS, fortgeführt von NORBERT H. OTT. Bd. 1 ff. (Veröffentlichungen der Kommission für Deutsche Literatur des Mittelalters der Bayerischen Akademie der Wissenschaften). München 1991 ff.

KILLY, Literatur-Lexikon
KILLY, WALTHER (Hg.): Literatur-Lexikon. Autoren und Werke deutscher Sprache. Bd. 1–15. Gütersloh, München 1988–1993.

KLAPPER
KLAPPER, JOSEPH (Hg.): Schriften Johanns von Neumarkt. Teil 4: Gebete des Hofkanzlers und des Prager Kulturkreises (Vom Mittelalter zur Reformation 6,4). Berlin 1935.

KLEIN, Französische Mode
KLEIN, KLAUS: Französische Mode? Dreispaltige Handschriften des deutschen Mittelalters, in: FS Brandis S. 180–201.

KLEIN, Tradition
KLEIN, DOROTHEA: Heinrich von München und die Tadition der gereimten deutschen Weltchronistik, in: BRUNNER, HORST (Hg.): Studien zur 'Weltchronik' Heinrichs von München.

Bd. 1: Überlieferung, Forschungsbericht, Untersuchungen, Texte (Wissensliteratur im Mittelalter 29). Wiesbaden 1998, S. 1–112.

KLL

Jens, Walter (Hg.): Kindlers neues Literatur-Lexikon. Bd. 1–22. München 1988–1998.

Kloss, Buchmalerei

Kloss, Ernst: Die schlesische Buchmalerei des Mittelalters. Berlin 1942.

Koppitz, Tradierung

Koppitz, Hans-Joachim: Studien zur Tradierung der weltlichen mittelhochdeutschen Epik im 15. und beginnenden 16. Jahrhundert. München 1980.

Kyriss, Einbände

Kyriss, Ernst: Verzierte gotische Einbände im alten deutschen Sprachgebiet. Textbd., Tafelbd. 1–3. Stuttgart 1951–1958.

Lachmann, Parzival, Studienausgabe

Wolfram von Eschenbach: Parzival. Studienausgabe. Mittelhochdeutscher Text nach der sechsten Ausg. von Karl Lachmann. Übersetzt von Peter Knecht. Einführung zum Text von Bernd Schirok. Berlin, New York 1998.

Lehrs

Lehrs, Max: Geschichte und kritischer Katalog des deutschen, niederländischen und französischen Kupferstichs im XV. Jahrhundert. Textbd. 1–9 [nebst] Tafelbd. 1–9. Nachdr. der Ausg. Wien 1908–1934. Nendeln 1969.

Leng, Ars belli

Leng, Rainer: Ars belli. Deutsche taktische und kriegstechnische Bilderhandschriften und Traktate im 15. und 16. Jahrhundert. Bd. 1–2 (Imagines medii aevi 12). Wiesbaden 2002.

LexMA

Lexikon des Mittelalters. Bd. 1–9. München, Zürich 1980–1998.

Litterae

Litterae. Göppinger Beiträge zur Textgeschichte. Hg. von Ulrich Müller, Franz Hundsnurscher u. Cornelius Sommer. Bd. 1 ff. Göppingen 1971 ff.

Lülfing, Handschriftenabteilung

Lülfing, Hans: Die Handschriftenabteilung, in: FS Staatsbibliothek, S. 319–380.

Lugt

Lugt, Frits: Les marques de collections de dessins & d'estampes. Nachdr. d. Ausg. Amsterdam 1921. [Nebst] Supplement. La Haye 1956.

MBKD

Mittelalterliche Bibliothekskataloge Deutschlands und der Schweiz. Hg. von der Königl. Bayerischen Akademie der Wissenschaften in München. Bd. 1 ff. u. Erg.-Bd. 1,1–3 (Mittelalterliche Bibliothekskataloge 2). München 1918 ff.

Merker/Stammler

Merker, Paul, u. Wolfgang Stammler (Hgg.): Reallexikon der deutschen Literaturgeschichte. Bd. 1–4. Berlin 1925–1931.

²Merker/Stammler

Kohlschmidt, Werner, u. Wolfgang Mohr (Hgg.) Reallexikon der deutschen Literaturgeschichte. Begr. von Paul Merker und Wolfgang Stammler. 2. Aufl. Bd. 1 ff. Berlin 1955 ff.

Mertens, Artusroman

Mertens, Volker: Der deutsche Artusroman (Universal-Bibliothek 17609). Stuttgart 1998.

MF Neuausg.

Des Minnesangs Frühling. Unter Benutzung der Ausgaben von Karl Lachmann und Moriz Haupt, Friedrich Vogt und Carl von Kraus bearbeitet von Hugo Moser und Helmut Tervooren. Bd. 1: Texte. 38., erneut revidierte Aufl. Stuttgart 1988.

MTU

Münchener Texte und Untersuchungen zur deutschen Literatur des Mittelalters. Hg. von der Kommission für Deutsche Literatur des Mittelalters der Bayerischen Akademie der Wissenschaften. Bd. 1 ff. Tübingen 1961 ff.

NDB

Neue deutsche Biographie. Hg. von der Historischen Kommission bei der Bayerischen Akademie der Wissenschaften. Bd. 1 ff. Berlin 1953 ff.

Neddermeyer, Handschrift

Neddermeyer, Uwe: Von der Handschrift zum gedruckten Buch. Schriftlichkeit und Leseinteresse im Mittelalter und in der frühen Neuzeit. Quantitative und qualitative Aspekte (Buchwissenschaftliche Beiträge aus dem Deutschen Bucharchiv München 61). Wiesbaden 1998.

Oppitz, Rechtsbücher 1

Oppitz, Ulrich-Dieter: Deutsche Rechtsbücher des Mittelalters. Bd. 1: Beschreibung der Rechtsbücher. Köln, Wien 1990.

Oppitz, Rechtsbücher 2

Oppitz, Ulrich-Dieter: Deutsche Rechtsbücher des Mittelalters. Bd. 2: Beschreibung der Handschriften. Köln, Wien 1990.

Palmer, Culture

Palmer, Nigel F.: German Literary Culture in the Twelfth and Thirteenth Centuries. An Inaugural Lecture delivered before the University of Oxford on 4 March 1993. Oxford 1993.

Palmer, Paläographie

Palmer, Nigel F.: Von der Paläographie zur Literaturwissenschaft. Anläßlich von Karin Schneider, Gotische Schriften in deutscher Sprache, Bd. 1, in: Beiträge zur Geschichte der deutschen Sprache und Literatur 113, 1991, S. 212–250.

Paunel, Staatsbibliothek

Paunel, Eugen: Die Staatsbibliothek zu Berlin. Ihre Geschichte und Organisation während der ersten zwei Jahrhunderte seit ihrer Eröffnung, 1661–1871. Berlin 1965.

PBB

Beiträge zur Geschichte der deutschen Sprache und Literatur (Paul und Braunes Beiträge) Bd. 1 ff. Halle (ab 1955 Halle und Tübingen) 1874 ff.

PL

Migne, Jacques Paul (Hg.): Patrologiae cursus completus. Series Latina. Vol. 1–221. Paris 1841–1864.

Potthast, Wegweiser

Potthast, August: Wegweiser durch die Geschichtswerke des europäischen Mittelalters bis 1500. Bd. 1–2. Nachdr. der 2., verm. Aufl. Berlin 1896. Graz 1957.

Reichling

Reichling, Dietrich (Hg.): Appendices ad Hainii-Copingeri

Repertorium bibliographicum. Additiones et emendationes. Nachdr. Fasc. 1–6 [nebst] Indices [u.] Supplementum, München (Suppl. Münster) 1905–1914. Mailand 1953.

RHEINHEIMER, Rheinische Minnereden
RHEINHEIMER, MELITTA: Rheinische Minnereden. Untersuchungen und Edition (GAG 144). Göppingen 1975.

RIECKE, Wolfdietrich
RIECKE, ANNE-BEATE: Überlieferungsgeschichtliche Studien zum mittelhochdeutschen 'Wolfdietrich'. Magisterarbeit FU Berlin 1992 (Typoskript).

ROSE
ROSE, VALENTIN: Verzeichniss der lateinischen Handschriften der Königlichen Bibliothek zu Berlin. Bd. 2: Die Handschriften der kurfürstlichen Bibliothek und der kurfürstlichen Lande. Abt. 1–3 (Die Handschriften-Verzeichnisse der Königlichen Bibliothek zu Berlin 13). Berlin 1901–1905.

RSM
BRUNNER, HORST, u. BURGHART WACHINGER (Hgg.): Repertorium der Sangsprüche und Meisterlieder des 12. bis 18. Jahrhunderts. Bd. 1: Überlieferung. Bd. 3–13: Katalog. Bd. 14.16: Register. Tübingen 1986–1996.

SAURMA-JELTSCH, Spätformen
SAURMA-JELTSCH, LISELOTTE E.: Spätformen mittelalterlicher Buchherstellung. Bilderhandschriften aus der Werkstatt Diebold Laubers in Hagenau. Bd. 1–2. Wiesbaden 2001.

SCHANZE, Liedkunst
SCHANZE, FRIEDER: Meisterliche Liedkunst zwischen Heinrich von Mügeln und Hans Sachs. Bd. 1–2 (MTU 82.83). München 1983–1984.

SCHIPKE, Hartmanns Gregorius
SCHIPKE, RENATE: Hartmanns 'Gregorius'. Ein unbekanntes Fragment aus dem Bestand der Staatsbibliothek zu Berlin – Preußischer Kulturbesitz, in: FS Pensel, S. 263–277.

SCHMIDT, Gebrauch von Druckgraphik
SCHMIDT, PETER: Gedruckte Bilder und handgeschriebene Bücher. Studien zum Gebrauch von Druckgraphik in süddeutschen Handschriften bis etwa 1470. Bd. 1–2. Diss. TU Berlin 1995 (Typoskript). (Erscheint 2003 unter dem Titel: Gedruckte Bilder in handgeschriebenen Büchern. Studien zum Gebrauch von Druckgraphik im 15. Jahrhundert).

SCHNEIDER, Gotische Schriften
SCHNEIDER, KARIN: Gotische Schriften in deutscher Sprache. 1. Vom späten 12. Jahrhundert bis um 1300. Text- und Tafelbd. Wiesbaden 1987.

Schöne Handschriften
BOECKLER, ALBERT, u. HANS WEGENER: Schöne Handschriften aus dem Besitz der Preußischen Staatsbibliothek. Berlin 1931.

SCHRAMM
SCHRAMM, ALBERT: Der Bilderschmuck der Frühdrucke. Bd. 1–23. Leipzig 1920–1943.

SCHREIBER, Handbuch
SCHREIBER, WILHELM LUDWIG: Handbuch der Holz- und Metallschnitte des 15. Jahrhunderts. 3. Aufl. Bd. 1–11. Stuttgart, Nendeln 1969–1976.

SCHUNKE, Schwenke-Sammlung 1
SCHUNKE, ILSE: Die Schwenke-Sammlung gotischer Stempel- und Einbanddurchreibungen nach Motiven geordnet und nach Werkstätten bestimmt und beschrieben. Bd. 1: Einzelstempel (Beiträge zur Inkunabelkunde. 3. Folge 7). Berlin 1979.

SCHUNKE, Schwenke-Sammlung 2
SCHUNKE, ILSE: Die Schwenke-Sammlung gotischer Stempel- und Einbanddurchreibungen nach Motiven geordnet und nach Werkstätten bestimmt und beschrieben. Fortgeführt von KONRAD VON RABENAU. Bd. 2: Werkstätten (Beiträge zur Inkunabelkunde. 3. Folge 10). Berlin 1996.

STEFFENHAGEN, Landrechtsglosse I
STEFFENHAGEN, EMIL: Die Entwicklung der Landrechtsglosse des Sachsenspiegels. I. Eine interpolierte Glossenhandschrift, in: Sitzungsberichte der philosophisch-historischen Classe der Kaiserlichen Akademie der Wissenschaften 98, Wien 1881, S. 47–83.

STEFFENHAGEN, Landrechtsglosse VIII
STEFFENHAGEN, EMIL: Die Entwicklung der Landrechtsglosse des Sachsenspiegels. VIII. Verzeichnis der Handschriften und Drucke, in: Sitzungsberichte der philosophisch-historischen Classe der Kaiserlichen Akademie der Wissenschaften 114, Wien 1887, S. 309–370.

STEFFENHAGEN, Landrechtsglosse IX
STEFFENHAGEN, EMIL: Die Entwicklung der Landrechtsglosse des Sachsenspiegels. IX. Die Überlieferung der Buch'schen Glosse, in: Sitzungsberichte der philosophisch-historischen Classe der Kaiserlichen Akademie der Wissenschaften 114, Wien 1887, S. 691–739.

STEINMEYER/SIEVERS
STEINMEYER, ELIAS, u. EDUARD SIEVERS: Die althochdeutschen Glossen. Bd. 1–5. Berlin 1879–1922.

TEITGE, Erwerbung
TEITGE, HANS-ERICH: Die Erwerbung der Meerman-Phillipps-Handschriften, in: 100 Jahre Handschriftenabteilung. Festveranstaltung in der Deutschen Staatsbibliothek am 9. April 1986 (Beiträge aus der Deutschen Staatsbibliothek 5). Berlin 1987, S. 8–20.

VB
VOULLIÉME, ERNST: Die Inkunabeln der Königlichen Bibliothek und der anderen Berliner Sammlungen. Ein Inventar. [Nebst] Nachtr. (Zentralblatt für Bibliothekswesen. Beih. 30. 45. 49 u. Nachtr. zu 49). Leipzig 1906–1927.

²VL
RUH, KURT, u. a. (Hgg.): Die deutsche Literatur des Mittelalters. Verfasserlexikon. 2., völlig neu bearb. Aufl. Bd. 1 ff. Berlin 1978 ff.

Von Rittern, Bürgern und von Gottes Wort
HORVÁTH, EVA, u. HANS-WALTER STORK (Hgg.): Von Rittern, Bürgern und von Gottes Wort. Volkssprachige Literatur in Handschriften und Drucken aus dem Besitz der Staats- und Universitätsbibliothek Hamburg. Ausstellungskatalog (Schriften aus dem Antiquariat Dr. Jörn Günther, Hamburg, 2). Kiel 2002.

WALTHER
WALTHER, HANS: Initia carminum ac versuum medii aevi posterioris Latinorum. Alphabetisches Verzeichnis der Versanfänge mittellateinischer Dichtungen. 2., durchges. Aufl. mit Ergänzungen u. Berichtigungen zur 1. Aufl. (Carmina medii aevi posterioris latina 1). Göttingen 1969.

WALTHER, Bibelübersetzung
WALTHER, WILHELM: Die deutsche Bibelübersetzung des Mittelalters. Nachdr. der Ausg. Braunschweig 1889–1892. Nieuwkoop 1966.

WEGENER

> WEGENER, HANS: Beschreibendes Verzeichnis der Miniaturen und des Initialschmuckes in den deutschen Handschriften bis 1500 (Beschreibende Verzeichnisse der Miniaturen-Handschriften der Preußischen Staatsbibliothek zu Berlin 5). Leipzig 1928.

WEIGAND, Renner

> WEIGAND, RUDOLF KILIAN: Der 'Renner' des Hugo von Trimberg. Überlieferung, Quellenabhängigkeit und Struktur einer spätmittelalterlichen Lehrdichtung (Wissensliteratur im Mittelalter 35). Wiesbaden 2000.

WENDELER, Meusebachsche Bibliothek

> WENDELER, CAMILLUS: Zur Geschichte des Ankaufs der Meusebachschen Bibliothek, in: Zentralblatt für Bibliothekswesen 1, 1884, S. 213–231.

WESCHER

> WESCHER, PAUL: Beschreibendes Verzeichnis der Miniaturen – Handschriften und Einzelblätter – des Kupferstichkabinetts der Staatlichen Museen Berlin. Leipzig 1931.

WILKEN, Bibliothek

> WILKEN, FRIEDRICH: Geschichte der Königlichen Bibliothek zu Berlin. Berlin 1828.

WOLF, Sächsische Weltchronik

> WOLF, JÜRGEN: Die Sächsische Weltchronik im Spiegel ihrer Handschriften. Überlieferung, Textentwicklung, Rezeption (Münstersche Mittelalter-Schriften 75). München 1997.

ZfdA

> Zeitschrift für deutsches Altertum und deutsche Literatur. Bd. 1 ff. Berlin, Wiesbaden u. a. 1841 ff.

ZfdPh

> Zeitschrift für deutsche Philologie. Bd. 1 ff. Berlin u. a. 1869 ff.

VORBESITZER

REGISTER

te offenn stan / in so reich er wende / wol ir die diese welt
hatt / mit der weyssen hende / wol ir die die keuschen
klait / also preuten gelait / der ist eren vol bereitt ymmer
mer on ende /

Der statt voll /

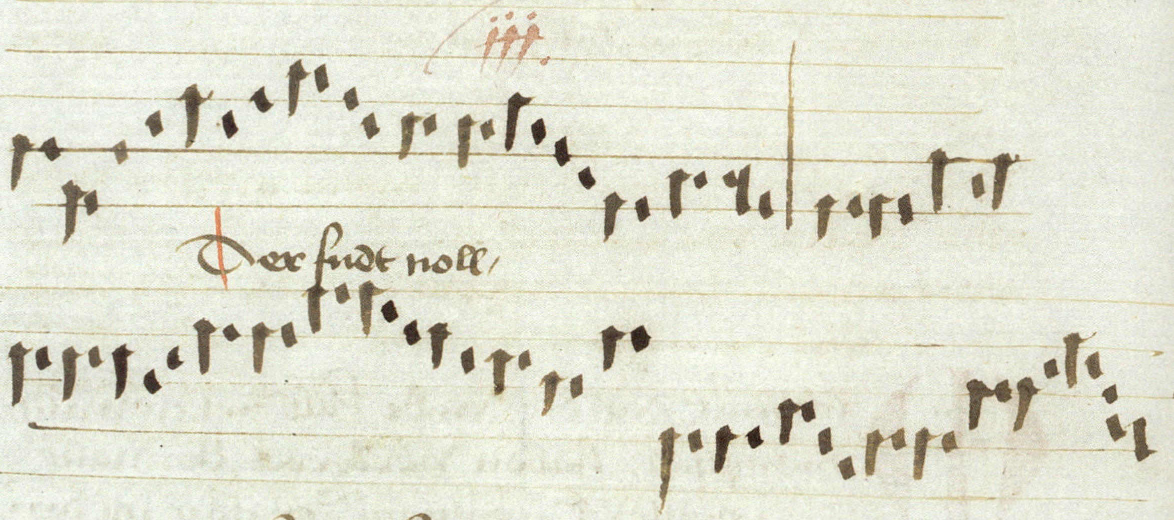

O we lieba sumer zeit / o we plumen vnd
auch klee / o we manyger vurie der now
on mussen sein / vnser freunden wider
streitt / das ist reiff vnd kalter snee / das gibt also rosen
rot gar vnsteuthen schein / also ist vngleich mein
vnd amelwezen froe mein vngelingen see rot
er sich vnd amelwich meins schaden / snid sle lude
vleyssig vnd greuwe / er vnd ekerolff ein vngestund

Winterich

Ekerolff vnd amelmyng advweich vnd adelharett
die haben wider mich gepruset ein sichorhant / manus
odenlich stormig / da von yn gespunggen wart
da sle sich vermassen sle getaten mir ein laid / still
vnd offenbar haben sle den rust geweret / ich ge
wunsch er nymer kemen / das er wolgefar vnd
er weren / hat mir ein mume amt bestroret / das
er mir nie so keube ward / von euch Her bugelmann

Mein freund he got huidain / gebt mir eron weisen
ratt / wie ich zu meine eren an diesen dingen muss komen /

(2)

aller trewen leutt man / das re mir nu der gestalt nur
ist meins freund und meind augen wonne gar beruben / Ia bin
ich verzagt baid herczen und auch mutes / wer ich durch
den willen sein dinste widersett dem gesten ich nimm
bey des leib und gutes / die weil mir der streinist alhie
zu hoffe wertt /

4 Wist ich wen ich solt klagen / meine grossen unge-
mach / den ich von ine leid und langhere geliten han
was mir noch bey meind tagen laides ye von yn ge-
stach / das ist ein windt wann das mir nu der ein hett
gethan / o wo das ich mit mein selbs laster soll ruegen
maind augen wunde greiffee on den fudenoll / er
thun auch / des mocht doch keiser fridrich wenig
so poses strumpff gesellet gute werbun mein woll

5 Her Marcart senstett euch laid es ist zu gut woll
ergangen seut sein hendt nicht weiter kam den auf
den fudelnol / euch laster wer zu braut / Hett er sich
recht verstanden / das sein finger werd gestellet da
man strumpffen soll / euch herczen laid das soll von zu
gut strieden / euch stat und euch laster wer ein tail zu
braut / wer es als ergungen / als er gedacht / er welder
haiden / Ia was sein zeitt / das so die fnufft so hohe
wem im rautt /

6 Her wie was er ye so fasd / das es torst mute an
das er der menigklichen an ire kinderlein greiff
Nun muss er werden alt / das er als strumpffen ts
kan / darnach sie im und des senen haupstes streiff
wann ich wie gestucke strumpff so rugeen / das
er der seuberlichen ir klaider auff ein heuffell braucht
da mocht er seines ungenemen strumpffes nit
empern / darin wie an der menstlichen wie
so laid geschahe